Himmler

Du même auteur

Aux Éditions Héloïse d'Ormesson

« Nous ne savions pas ». Les Allemands et la Solution finale, 1933-1945, 2008. Le Livre de Poche, 2009.

Peter Longerich

Himmler

Biographie *traduite de l'allemand par Raymond Clarinard*

Éditions Héloïse d'Ormesson

Ouvrage traduit avec le concours
du Centre national du livre

Titre original :
Heinrich Himmler

Éditeur original :
Siedler Verlag, 2008

www.editions-heloisedormesson.com

ISBN 978-2-35087-137-0

Sommaire

CINQUIÈME PARTIE
LE GRAND REICH ALLEMAND : ESPACE VITAL ET GÉNOCIDE

SIXIÈME PARTIE
UNE CHUTE PAR ÉTAPES

Prologue

L'après-midi du 23 mai 1945, soit plus de deux semaines après la capitulation de l'Allemagne, un groupe d'une vingtaine de personnes suspectes, des civils et des militaires allemands capturés[1] deux jours plus tôt, fut transféré dans le 31e Civilian Interrogation Camp* des forces armées britanniques, non loin de Lüneburg.

L'officier de service, le capitaine Selvester, se chargea de l'interrogatoire de routine des prisonniers. Un par un, les hommes durent se présenter dans son bureau, pour répondre à ses questions et confirmer leur identité. Il s'était attelé à la tâche depuis un moment déjà quand les plantons lui firent savoir que trois des prisonniers qui attendaient à l'entrée de son bureau faisaient un esclandre. Ils exigeaient de le rencontrer sur-le-champ. C'était tout à fait inhabituel. D'expérience, Selvester savait que la plupart des prisonniers veillaient le plus possible à ne pas attirer l'attention.

Soudain curieux, il ordonna que les trois hommes lui soient amenés. Dans son bureau entra alors un personnage de taille relativement modeste, souffreteux, l'air miteux dans ses vêtements civils, suivi de deux autres, plus grands, à l'allure ouvertement martiale, portant un mélange d'effets civils et militaires. Tous trois étaient soupçonnés par les Britanniques d'appartenir à la Geheime Feldpolizei. Selvester renvoya les deux derniers pour observer de plus près le plus petit, qui était visiblement le meneur. Retirant un bandeau noir qui lui couvrait l'œil droit, celui-ci chaussa des lunettes à monture de corne et, d'une voix calme, se présenta comme celui sur l'identité duquel il était désormais impossible de se méprendre : Heinrich Himmler, ancien Reichsführer-SS, chef de la police allemande, commandant en chef de l'armée de réserve de la Wehrmacht, ministre de l'Intérieur du Reich.

* Camp d'interrogatoire des civils. (NdT)

Selvester fit immédiatement appeler le capitaine Smith, le principal responsable des interrogatoires. Pour plus de certitude, ils demandèrent à Himmler de leur fournir une preuve écrite. Himmler, qui craignait manifestement qu'on recherchât à lui extorquer des aveux, commença par refuser, puis finit par accepter, à la condition que la feuille soit déchirée dès que l'on aurait comparé sa signature avec une copie disponible dans le camp.

Une fois cette question réglée, Selvester entreprit de fouiller personnellement le prisonnier. Il trouva d'abord des papiers au nom de Heinrich Hitzinger, sergent dans la Wehrmacht. Puis, dans la veste d'Himmler, il tomba sur une petite boîte qui contenait une minuscule ampoule de verre pleine d'un liquide translucide. Comprenant qu'il s'agissait d'une capsule de cyanure, Selvester demanda à Himmler, de la façon la plus innocente qui soit, ce que renfermait l'ampoule. Son prisonnier lui répondit que c'était un médicament contre les maux d'estomac. Poursuivant sa fouille, l'officier britannique découvrit une seconde petite boîte, vide. Il en conclut qu'Himmler devait dissimuler sur lui, peut-être déjà en lui, une autre capsule mortelle.

Le prisonnier fut alors soumis à une fouille pénible et minutieuse de ses orifices corporels, mais la cachette la plus évidente, et la plus dangereuse, la bouche, fut sciemment ignorée. Au lieu de cela, Selvester commanda du thé et des sandwiches au fromage qu'Himmler accepta de bonne grâce, sans pour autant retirer de sa bouche un quelconque objet suspect. Il refusa catégoriquement de passer l'uniforme britannique qu'on lui avait offert pour remplacer ses vêtements confisqués : il redoutait d'être photographié et que les clichés ne servent à des fins de propagande. Il resta donc assis en sous-vêtements, une couverture sur les épaules, face au capitaine. Ses compagnons se présentèrent comme l'Obersturmbannführer Werner Grothmann, aide de camp du Reichsführer-SS, et le Sturmbannführer Heinz Macher, un autre membre de son état-major.

Dans la soirée, un officier des services secrets plus élevé en grade les rejoignit et commença à interroger le prisonnier. Pendant ce temps, les Britanniques débattaient du moyen de récupérer sans dommages la capsule de poison qui, se doutaient-ils, se trouvait dans la bouche d'Himmler. On demanda à des médecins militaires s'il serait possible de le droguer pour lui faire perdre conscience, mais cette solution fut rejetée comme étant trop risquée[2].

L'interrogatoire ne prit fin que vers minuit. Himmler fut transféré au quartier général de la 2e armée britannique à Lüneburg. Comme le constata Selvester, tout au long de son séjour au camp 31 Himmler s'était comporté avec empressement, il s'était montré disposé à répondre aux questions des officiers britanniques, leur ayant même parfois laissé l'impression d'une certaine jovialité. S'il avait au début semblé souffrant, il s'était ensuite visiblement repris, après avoir pu se restaurer et se laver.

Une fois à Lüneburg, Himmler fut soumis à une visite médicale complète. À cette occasion, le médecin, le capitaine Wells, aperçut, dans la bouche que son patient n'avait accepté d'ouvrir que contraint et forcé, la pointe bleue d'un objet. Il tenta donc de retirer le corps étranger. Aussitôt, Himmler détourna violemment la tête, croqua la capsule et s'effondra. Un quart d'heure plus tard, les Britanniques, n'étant pas parvenus à lui faire cracher la substance toxique, abandonnaient tout espoir de sauver leur prisonnier. Un examen plus approfondi révéla qu'il avait effectivement absorbé une dose de cyanure[3].

Trois jours après sa mort, Himmler fut mis en terre. N'étaient présents qu'un officier et les trois sergents britanniques qui avaient creusé la tombe. Il n'y eut pas de cérémonie religieuse, la sépulture resta anonyme[4].

Le comportement d'Himmler, durant ses derniers jours, fut contradictoire. Contrairement à d'autres dignitaires nazis, il ne s'était pas supprimé, mais s'était caché, avec toutefois un tel amateurisme que ses compagnons et lui étaient voués à être capturés tôt ou tard. Quand il était ensuite tombé aux mains des Alliés, il leur avait fait savoir qui se tenait devant eux, puis avait fui malgré tout ses responsabilités en se suicidant. Son attitude, à l'opposé des vertus d'un chef SS, vertus dont il s'était lui-même fait l'apôtre – qui affirmaient entre autres qu'il fallait avoir le courage de ses actes, aussi abominables qu'ils aient pu être –, déçut considérablement ses hommes. Si bien que même dans les rangs de ses anciens fidèles la renommée posthume du Reichsführer fut pour l'essentiel négative. L'après-guerre ne verrait pas naître une légende d'Himmler.

En mai 1945, Himmler s'était simplement laissé porter par le flot des millions de réfugiés et de soldats. Sa fin semble tout aussi énigmatique que sa carrière au service du national-socialisme. Comment un personnage aussi falot a-t-il pu accéder à un niveau de pouvoir aussi exceptionnel, comment le fils d'une bonne famille de fonctionnaires catholiques bavarois a-t-il pu devenir l'organisateur d'un système génocidaire s'étendant à toute l'Europe ?

Dans cette biographie, nous nous efforcerons, dans la mesure du possible, de percer cette énigme, de comprendre la personnalité opaque de cet homme, et les motivations derrière ses actes monstrueux. Mais cela ne peut se faire que si l'on s'écarte du modèle d'une « biographie politique », pour prendre en compte la vie d'Himmler dans son ensemble, dans chacune de ses phases, chacun de ses domaines, y compris ceux qui n'ont rien à voir avec la politique.

Cette approche biographique d'ensemble permet de reconstituer le développement de cette personnalité, ses traits de caractère essentiels et ses modes de comportement typiques durant ses « années formatrices », qui s'étendent jusqu'au début de sa carrière politique. Ces éléments faciliteront alors une analyse fructueuse de la partie ultérieure de sa vie. De cette façon, on peut parfaitement expliquer ce qui a amené ce « jeune homme de bonne maison » à intégrer, vers le milieu des années 20, le NSDAP, un groupuscule de radicaux de droite, et ce qui l'a poussé, lui, personnage faible et discret, à transformer les « sections de protection » qu'il dirigeait en formations martiales de la SS sélectionnées en fonction de critères raciaux rigoureux. Par ailleurs, sa personnalité permet de déduire ce qui a pu l'inciter, dans les années qui suivirent, à s'accrocher fermement aux postes qu'il occupait, en dépit des revers et des frustrations, et par conséquent à œuvrer à l'édification d'un système de pouvoir qui contrôlait totalement l'espace assujetti par l'Allemagne. Et, en ce qui concerne les crimes sans précédent qu'il a orchestrés, la justification qu'il en donnait est indissociable de sa conception de la « décence » qui, si on l'ausculte de plus près, s'avère être le masque d'une moralité petite-bourgeoise double.

Mais une biographie d'Himmler peut nous en apprendre encore bien plus. Car la description chronologique et synoptique de ses diverses activités en tant que Reichsführer-SS, chef de la police allemande, commissaire du Reich pour la consolidation de la nation allemande, ministre de l'Intérieur du Reich et commandant en chef de l'armée de réserve, laisse entrevoir que les différents secteurs politiques sous la responsabilité d'Himmler étaient beaucoup plus étroitement liés qu'on le considère en général. Il en résulte des coïncidences surprenantes qui n'avaient jusque-là jamais été prises en compte dans les recherches.

En effet, les recherches sur l'histoire de l'appareil de la SS et de la police s'étaient jusqu'à présent surtout concentrées sur la reconstitution des massacres commis par la SS – l'Holocauste y occupant une place de premier plan –, ainsi que sur les domaines d'activités effectifs de la SS. La répression, l'anéantissement racial, la Waffen-SS, la politique de colonisation et de consolidation de la nation, l'espionnage et autres ont souvent été perçus comme autant de piliers adjacents de l'empire SS.

Pourtant, si l'on veut expliquer ce qui assurait la cohésion de ce système apparemment hétérogène, comment, avec le temps, il s'est arrogé toujours plus de missions, a étendu ses compétences et s'est régulièrement redéfini, il faut s'intéresser à la vie de l'homme qui se trouvait à son sommet. Car c'est Himmler qui n'a cessé de donner de nouvelles définitions du rôle de la SS, lors de phases clairement distinctes les unes des autres.

À partir de la petite troupe de gardes du corps dont il a pris le commandement en 1929, il a très rapidement créé une unité paramilitaire d'élite, fidèle aux dirigeants du parti. En 1933-1934, il a su, en un temps relativement bref, se hisser à la place de chef de la police politique de l'ensemble du Reich. Depuis cette position, il a développé une conception globale pour diriger toutes les forces de l'ordre, qu'il souhaitait fusionner avec la SS en un « corps de protection de l'État », quand Hitler, en 1936, l'eut nommé chef de la police allemande.

Quand le Troisième Reich se lança dans sa phase d'expansion à la fin des années 30, il mit en place de nouveaux projets : outre la colonisation et la « sélection raciale » de la population dans les territoires destinés à être « germanisés », il créa la Waffen-SS et déclencha la politique de répression dans les régions occupées. À partir de 1941, il introduisit une politique de massacres systématiques en fonction de critères raciaux. Cela représentait à ses yeux le premier pas vers un nouvel ordre de domination raciale imposé à l'ensemble du continent européen : le Grand Reich allemand.

Mais dès la fin 1942 le régime se trouva acculé à la défensive, et Himmler modifia une fois de plus ses plans. Il s'employa dès lors essentiellement à garantir la « sécurité » de l'espace que contrôlait encore l'Allemagne nazie et concentra jusqu'à la fin de la guerre pratiquement tous les pouvoirs internes de l'État national-socialiste.

La véritable force d'Himmler réside dans le fait que tous les deux ou trois ans il repensait fondamentalement l'organisation de son pouvoir, confiait des missions spécifiques et interdépendantes aux différentes composantes de cet ensemble, missions qui étaient adaptées à la politique générale du régime et fondées par conséquent tant en termes de pouvoir que d'idéologie. De cette façon, il a été en mesure de réagir à la radicalisation croissante du régime nazi, y contribuant même de manière décisive.

Si l'on considère sa capacité à concilier avec une remarquable efficacité vision du monde et politique en confiant des missions toujours plus étendues à ses SS, une chose est manifeste : seule l'approche biographique permet d'appréhender et d'expliquer l'histoire de la SS sous tous ses angles. Sans l'homme qui se trouvait à son sommet, il est impossible de comprendre cette organisation hétérogène, qui s'est progressivement radicalisée tandis que son domaine de compétences ne cessait de s'accroître.

Il faut également prendre en compte le fait que les préférences, les aversions et les diverses marottes personnelles d'Himmler ont marqué l'organisation et la direction de la SS, et qu'elles ont eu effectivement sur celles-ci un effet structurant. Ainsi le volontarisme de son mode de gestion du personnel, qui passait par la surveillance de la vie personnelle de ses hommes et qui, par bien des aspects, n'est pas sans rappeler le comportement d'une figure du père à la fois forte et bienveillante. Cela vaut également pour ses efforts afin d'établir un culte SS qui correspondait tout à fait à la germanophilie de ce dissident catholique. Le corps de protection de l'État, ce que, dans l'esprit d'Himmler, devait devenir la SS, fut aussi pour lui une sorte de protection personnelle, un bouclier derrière lequel il lui fut possible d'assouvir ses penchants tout en dissimulant ses faiblesses.

Le Reichsführer-SS Himmler ne fut pas un fonctionnaire politique qui disposait des compétences requises pour le poste qu'il occupait. Il s'est plutôt ménagé, au fil du temps, une position de pouvoir unique et sur mesure, à partir des différentes missions que lui confia le Führer. La direction de la SS, le maintien de la cohésion de celle-ci et de sa capacité à se développer en vinrent à représenter sa vie. Plus Himmler a transféré son code de comportement personnel sur la direction de la SS, plus il s'est développé en même temps que sa fonction, plus la personne privée qu'il était a disparu derrière le Reichsführer-SS.

Si nous sommes relativement bien informés sur l'homme jusqu'au début des années 30, à partir de sources diverses (en particulier correspondances et journaux personnels), ces documents privés se font plus rares au fur et à mesure qu'il a été accaparé par le pouvoir et les responsabilités de sa charge. Himmler n'avait pour ainsi dire plus de vie privée. Nous disposons cependant d'un fonds important de documents officiels d'où transparaît clairement la personnalité d'Himmler, avec son style typique, ses ressentiments, ses penchants et ses préjugés. Mais au plus tard vers le milieu des années 30, et en dépit de tels témoignages, la méthode purement biographique, dans son cas, montre ses limites. Or, il serait mal avisé, pour ne pas dire totalement erroné sur le plan historiographique, de vouloir analyser les actes de Heinrich Himmler Reichsführer-SS en se fondant uniquement sur sa vie. On ne saurait réduire l'histoire du national-socialisme aux biographies entrecroisées de quelques-uns de ses principaux chefs.

Il importe plutôt de parvenir à relier de façon logique les éléments biographiques et l'histoire structurelle. Quand, ce faisant, on constatera que l'histoire structurelle occupe une place toujours plus importante dans la vie de notre protagoniste, ce glissement sera la conséquence de la fusion croissante entre la personne et sa fonction. Mais dans chacune des phases de son existence que nous allons dépeindre l'élément biographique garde son sens. Car, dans le national-socialisme, le développement du pouvoir politique était lié de manière indissociable aux biographies des dirigeants du parti. Cela vaut tout particulièrement pour le Reichsführer-SS Heinrich Himmler.

Première partie

Le jeune Himmler

Enfance et jeunesse

En 1980, quelques semaines avant sa mort, l'écrivain allemand Alfred Andersch conclut une « histoire scolaire » autobiographique. Il y dépeignait un cours de grec au lycée Wittelsbacher de Munich, qui s'était déroulé cinquante-deux ans avant les événements composant la trame de son ouvrage. Il s'était inspiré du dernier cours de grec qu'il avait lui-même suivi dans cet établissement, en 1928.

Le drame commence quand le directeur de l'établissement, « Rex », personnage aussi fort que redouté de tous, fait irruption dans la classe. S'ensuit un échange entre Rex et un lycéen d'origine noble d'une grande suffisance. La discussion s'envenime, au point que le directeur finit par exclure de son établissement l'élève insubordonné qui refuse de se soumettre à son autorité. Mais ce n'était que le préambule. Rex fait ensuite venir au tableau le héros de l'histoire, baptisé Franz Kien par Andersch. Il entreprend alors avec une joie manifeste de montrer les piètres connaissances de ce dernier en grec, avant d'achever Kien, qui n'est autre qu'Andersch, dans les règles de l'art, avec cynisme, sournoiserie et rudesse. Finalement, lui aussi est obligé de quitter le lycée.

En fait, apprend-on plus tard, le vrai nom de Rex était Himmler, et Andersch avait intitulé son histoire *Le Père d'un meurtrier*. C'était sa façon de tenter d'aborder le phénomène Himmler : la carrière du génocidaire, avançait-il, est le résultat d'un conflit père-fils dans le cadre duquel Heinrich Himmler s'est transformé en révolutionnaire d'extrême droite, en révolte contre un père trop sévère dont il devint un « ennemi mortel ». « N'était-ce pas une "nécessité naturelle", se demande Andersch, qu'un tel père, selon des règles psychologiques parfaitement compréhensibles, en raison de la lutte entre les générations et des effets paradoxaux de la tradition familiale, produise un tel fils ? » Andersch admet qu'il n'a pas de réponse définitive à cette question.

Les nombreuses lettres de lecteurs que suscita la prépublication de la nouvelle d'Andersch dans la *Süddeutsche Zeitung*, qui provenaient de gens qui avaient eux-mêmes connu Gebhard Himmler, brossent un tableau ambigu : c'était « un de ces types humbles avec les forts, et forts avec les humbles », mais aussi « une personnalité énergique, qui forçait le respect, d'un haut niveau spirituel[1] ».

Otto Gritschneder, célèbre juriste munichois qui a publié plusieurs études critiques sur la justice bavaroise sous le national-socialisme, se souvenait de son ancien professeur Gebhard Himmler « comme d'un Rex véritable (or, quoi de plus important pour des élèves que la vérité ?), qui s'efforçait honorablement de communiquer à nos jeunes âmes le rapport entre la culture et l'histoire de notre patrie et de notre continent ». Gritschneder avait d'ailleurs été le camarade de classe d'Andersch, lequel, racontait-il, avait de piètres résultats. Il était donc normal que sa carrière au lycée Wittelsbacher ait pris fin[2].

Les Himmler et leur fils Heinrich

Gebhard Himmler, le père de Heinrich, était le fils d'un fonctionnaire subalterne de confession protestante, qui avait lui-même vécu une ascension sociale classique. Johann Himmler, né en 1809, était issu d'une famille d'agriculteurs et d'artisans d'Ansbach. Tisserand autodidacte, il avait, au fil d'une carrière riche en bouleversements, servi dans la police et l'armée du royaume de Bavière, jusqu'à atteindre le grade de brigadier-chef. De son départ à la retraite en 1862 à sa mort dix ans plus tard, il continua à travailler dans l'administration du département de Lindau. Quelques mois après son installation à Lindau, Johann Himmler, alors âgé de cinquante-trois ans, épousait Agathe Rosina Kiene, jeune catholique de vingt-neuf ans, fille d'un horloger de Bregenz[3].

En 1865, le couple eut un fils, Gebhard. Son père mourut quand il avait sept ans. Sa mère lui donna une éducation catholique, et ce fut avant tout à son influence qu'il dut cette énergie, cette ambition grâce auxquelles il parvint à s'arracher à ses origines petites-bourgeoises pour entrer dans les cercles académiques. En 1884, il entamait ses études à l'université de Munich, où il s'intéressa principalement aux lettres allemandes et aux langues mortes, études qu'il conclut en 1888 en décrochant son diplôme d'État[4]. Il passa ensuite un certain temps à Saint-Pétersbourg, où existait à l'époque une colonie allemande relativement importante. Il y fut employé comme précepteur privé de la maison du consul honoraire d'Allemagne, le baron von Lamezan[5]. Grâce à son amitié avec

Luitpold, prince régent de Bavière, Lamezan entretenait des liens avec la cour bavaroise. De retour au pays, Gebhard Himmler s'efforça de trouver un poste de professeur dans un lycée. À partir de 1890, il effectua des remplacements dans divers établissements de Munich. Puis, en 1894, il eut l'insigne privilège d'être engagé par le prince Arnulf von Wittelsbach, frère du prince régent et futur roi Louis III, et devint le précepteur de son fils Heinrich[6]. En 1897, après s'être acquitté de cette tâche avec succès, Gebhard Himmler obtint un poste au Wilhelmsgymnasium, lycée munichois de grande tradition[7].

Ce nouvel emploi lui permettait enfin de fonder une famille. En 1897, il épousa Anna Maria Heyder, fille d'un commerçant de Munich. Âgée de trente et un ans, elle avait un an de moins que son mari. Elle aussi avait perdu son père très jeune, à l'âge de six ans, un père ayant déjà cinquante-cinq ans à sa naissance[8]. Elle apportait au couple des biens non négligeables[9].

Gebhard et Anna Maria eurent deux enfants : Gebhard, né en juillet 1898, et Heinrich, qui vint au monde le 7 octobre 1900. Pour la famille, ce fut un grand honneur quand le prince Heinrich, alors âgé de seize ans, se dit prêt, à la demande de Gebhard, à être le parrain de l'enfant. Certes, le prince n'était que neuvième dans la ligne de succession des Wittelsbach, position autrement dit sans espoir, mais avec ce parrainage les liens avec la cour étaient consolidés, circonstance extrêmement importante pour l'avenir d'un Himmler qui sera toujours préoccupé par son ascension sociale[10]. Le dernier-né des Himmler fut logiquement baptisé du nom de son influent parrain. Il reçut pour deuxième prénom Luitpold, en l'honneur du prince régent. Le fils aîné, lui, avait comme deuxième prénom Ludwig, Louis, comme le roi de Bavière décédé en 1886. En 1905, Heinrich eut un petit frère, Ernst.

Une chose est sûre : les Himmler surent mener une vie ordonnée, marquée par la régularité, l'assiduité et la religiosité, typique d'une famille de fonctionnaires munichois jouissant d'une bonne situation au tournant du siècle dernier. Si la mère s'occupait exclusivement du foyer et du bien-être de ses enfants, le père, lui, ne se consacrait pas qu'à son métier d'enseignant, il veillait aussi à léguer autant que possible à ses fils les fruits de ses compétences pédagogiques[11].

La transmission d'une formation englobant la littérature classique, de solides connaissances historiques et la maîtrise des langues mortes jouait un rôle central dans cette éducation. La sévérité avec laquelle le père s'efforçait d'habituer ses fils aux conventions sociales et aux bonnes manières trahit également son sentiment vis-à-vis de la modestie de ses propres origines. L'enseignement dans la foi et la participation active à la vie religieuse allaient de soi. Anna Himmler, en particulier, mettait un tel accent sur l'éducation catholique que son époux pouvait se croire autorisé à mettre en garde contre les excès dans ce domaine[12].

L'autorité paternelle ne s'exprimait pas par l'inaccessibilité ou le despotisme, mais par un travail patient auprès de ses fils. Ils étaient soumis à un système de règlements et d'interdits que le père veillait à appliquer avec précision et un rien de pédanterie. L'influence du père eut un effet durable, et semble s'être accompagnée de bienveillance, d'amour et de tendresse[13]. De plus, Gebhard Himmler consacrait une part considérable de son temps libre à sa collection de timbres, hobby qu'il partageait avec ses enfants. Enfin, il leur apprit la sténographie. Une grande partie de la correspondance familiale est rédigée en abrégé[14].

Himmler père surveillait plus particulièrement les résultats scolaires de ses fils et les obligeait à profiter de leurs vacances pour réviser. Quand son aîné, Gebhard, perdit plus de la moitié de sa première année scolaire à la suite de plusieurs maladies, le père consacra une grande énergie non seulement à lui permettre de rattraper ce qu'il avait manqué, mais à faire de son fils le meilleur de sa classe à la fin de l'année suivante[15]. D'une façon générale, les deux parents veillaient à ce que leurs rejetons aient un « comportement convenable », surtout avec les enfants de la bonne bourgeoisie munichoise.

La volonté de Gebhard Himmler, comme l'a souligné sa petite-nièce, s'afficha de façon particulièrement marquée en 1910, quand il décida de partir en voyage en Grèce sans les siens. Gebhard prit toutes les précautions pour le cas où il ne reviendrait pas vivant. Il écrivit une longue lettre d'adieux à chaque membre de sa famille, lettre où il donnait des conseils détaillés sur la poursuite de leur existence et où il fournissait de nombreux conseils pratiques pour les aider à assurer leur quotidien. Il adressa à son fils aîné Gebhard un véritable catalogue des vertus : il l'invitait à faire preuve de « zèle, sens du devoir, intégrité » et l'appelait à être un « homme vertueux, religieux, fidèle à l'Allemagne ». Cela correspondait exactement aux principes qu'il avait inculqués à ses trois fils[16]. La lettre destinée à Heinrich a malheureusement disparu. Himmler souhaitait, ce que l'on peut également déduire de ces lettres, que ses fils étudient et soutiennent une thèse, mais ni en philologie ni en théologie. Il ne tenait pas non plus à ce qu'ils deviennent officiers.

Dans les années qui précédèrent la Première Guerre mondiale, les Himmler occupèrent des appartements dans des immeubles situés dans des quartiers bourgeois, mais pas exclusivement[17]. Ils employaient du personnel de maison et n'avaient manifestement pas de soucis financiers. Ils entretenaient des contacts fréquents avec de nombreux membres de leur famille et le cercle de leurs relations était relativement étendu[18]. On soignait en outre la relation avec le prince Heinrich, qui suivait de près les progrès de son filleul et veillait à la prospérité des Himmler. C'était une relation tout à fait chaleureuse, comme le montre ce que l'on a pu conserver de la correspondance entre Gebhard et le prince. À Noël, les Himmler recevaient régulièrement la visite du prince et de sa mère qui, après le décès de son époux, le prince Arnulf, avait pris le nom de princesse Arnulf[19].

Conservateurs, monarchistes, catholiques, aisés sur le plan économique et traditionalistes sur le plan culturel, les Himmler vivaient dans un milieu qui offrait un contraste frappant avec l'idée très répandue qui veut que le Munich du tournant du XXe siècle ait été la métropole d'une culture résolument moderne, une cité tournée vers les arts, tolérante et gaie. En réalité, depuis 1900, la modernité culturelle et le libéralisme politique étaient en repli à Munich. Depuis le début du siècle, la municipalité libérale et le ministère bavarois de l'Éducation, lui aussi libéral, se heurtaient aux pressions croissantes du centre catholique conservateur, qui s'en prenait surtout à « l'amoralité », aux tendances non conventionnelles dans la vie culturelle, et en particulier à l'atmosphère artiste et bohème de Schwabing*. Dans cette lutte politicoculturelle, le monde des Himmler était pour l'essentiel bien loin des œuvres de Thomas ou Heinrich Mann, bien loin du *Cavalier bleu*, de la scène des cafés-concerts de Schwabing ou du Jugendstil, l'Art nouveau[20].

En 1902, la famille déménagea provisoirement à Passau, où Gebhard avait obtenu un poste au lycée classique[21]. En février 1903, Heinrich, alors âgé de deux ans, souffrit d'une grave affection pulmonaire. C'est pourquoi la mère partit s'installer avec les enfants pendant quelques mois à Wolfegg, un village dans l'Allgäu, afin qu'il se remette. Heinrich courait le danger d'être atteint de tuberculose, ce qui, pour les enfants en bas âge, était le plus souvent synonyme de condamnation à mort à l'époque. Quand Heinrich eut peu à peu recouvré la santé, ils revinrent à Passau. Mais il est certain que les parents se mirent à redouter les maladies infantiles même courantes qui, avec la constitution très affaiblie de Heinrich, menaçaient de prendre une forme mortelle[22].

En 1904, la famille retourna à Munich, où Gebhard Himmler, promu entre-temps professeur de lycée, occupa un poste au Ludwigsgymnasium. De nouveau, les Himmler s'installèrent dans un appartement, cette fois au 86 de l'Amalienstrasse, juste derrière l'université[23]. Pour Heinrich, ce fut le début d'une période difficile. Son frère aîné Gebhard tomba malade. Lui qui, cette même année, avait

* Le quartier des artistes, situé dans le nord de Munich. (NdT)

entamé sa scolarité, enchaîna les maladies infectieuses et devint alors l'objet de tous les soins maternels et paternels, au détriment de son cadet. En outre, Anna Himmler retomba enceinte. En décembre 1905 naquit Ernst, et Heinrich dut s'accommoder du fait que c'était désormais le petit dernier qui était au centre des attentions parentales[24].

Heinrich se trouvait dorénavant dans la position complexe du fils cadet, coincé entre l'exemple du grand frère plus fort que lui et la nécessité de veiller sur le petit Ernst. Dans cette situation où il craignit peut-être de se retrouver isolé au sein de sa famille, les maladies devinrent pour lui plus que des périodes de souffrance, elles lui offrirent la possibilité de susciter de nouveau l'intérêt de ses parents. Il est possible que cette expérience soit à l'origine de ses malaises psychosomatiques ultérieurs. Il n'en développa pas moins une sorte de condescendance bon enfant vis-à-vis de son plus jeune frère[25].

En 1906, Heinrich entra à l'école catholique de la Salvatorplatz, dans le centre de Munich (et non à l'Amalienschule, où devaient en fait se rendre les enfants de son quartier). Là encore, il connut des débuts difficiles. Comme son frère aîné avant lui, il souffrit de maladies infectieuses tout au long de sa première année, rhumes, rougeole, oreillons, et surtout une inflammation pulmonaire, qui lui firent manquer en tout près de cent cinquante jours d'école. Avec l'aide d'une préceptrice, il put certes rattraper le travail en retard à la maison[26], mais le fait que ses parents, en particulier son père, aient placé de grands espoirs en lui dut accroître la pression qui pesait sur ses épaules dans une constellation familiale bouleversée par l'arrivée du petit frère. D'autant plus qu'en dépit de ses bonnes notes il n'obtenait pas de résultats aussi impressionnants que son frère aîné. Ce n'est qu'en 1908, quand il fut admis à l'Amalienschule, que sa situation semble s'être un peu décrispée. Là, Heinrich, bon élève, se lia d'amitié avec quelques-uns de ses camarades de classe[27].

Pour les fils Himmler, les longues vacances d'été, que la famille passait essentiellement dans les contreforts des Alpes bavaroises, étaient la période la plus excitante de l'année. Les vacances étaient consacrées à la visite de curiosités, à des randonnées, des promenades en bateau et autres loisirs. En 1910, la famille se rendit à Lenggries, et son père confia à Heinrich le soin de tenir un journal sur leur séjour estival. Il en rédigea lui-même les premières lignes afin de guider son fils. Par la suite, il lut et corrigea les notes de Heinrich, et veilla à ce qu'il tienne d'autres journaux lors de leurs vacances suivantes[28].

Il n'est pas étonnant que ces journaux de vacances ressemblent plutôt à un cahier d'exercices scolaire et qu'ils soient occupés par le récit banal et laborieux des activités estivales. En 1911, par exemple, Heinrich consigna dans l'ordre le nombre de fois où il s'était baigné : en tout trente-sept[29]. Heinrich resta fidèle à cette description tout à fait lapidaire du déroulement de la journée, même quand son père cessa de contrôler ses carnets. Il avait substitué sa propre retenue à la supervision paternelle[30].

En 1910, Heinrich entra au Wilhelmsgymnasium, le lycée où son père avait enseigné jusqu'en 1902[31]. À cette époque, le jeune garçon était plutôt malingre et de petite taille, de constitution fragile. Il tombait souvent malade et était d'aspect souffreteux. Son visage rond, où l'on voyait surtout les lunettes qu'il devait porter en toutes circonstances, faisait très enfantin, impression encore renforcée par son menton fuyant.

Quand Wolfgang Hallgarten, un de ses anciens camarades de classe, apprit des décennies plus tard – fuyant les nazis, il s'était réfugié aux États-Unis et était devenu l'un des principaux historiens américains spécialistes de l'Allemagne – que celui que tous appelaient « Himmler » à l'école était en réalité devenu « par la suite cet homme épouvantable », il ne put tout simplement pas croire les faits, pourtant incontestables. Le contraste lui paraissait trop énorme entre le Reichsführer-SS et ce « gamin un peu rondelet, d'une taille en dessous de la moyenne, au visage singulièrement blanc, avec ses cheveux coupés très courts et qui, déjà à l'époque, portait des lunettes dorées sur son nez presque pointu », qui souvent affichait « un sourire mi-gêné, mi-sournois ». Himmler, d'après Hallgarten, était volontiers vu comme un élève modèle par tous les enseignants. La classe, elle, le considérait comme un arriviste et il n'était que modérément apprécié. Hallgarten se souvenait particulièrement bien de la piètre allure d'Himmler en gymnastique, qui faisait la joie de ses camarades. Par ailleurs, il rapportait qu'Himmler ne semblait pas en ce temps-là exprimer de haine des Juifs. Il avait en revanche encore en mémoire ses positions radicalement antifrançaises[32].

En 1913, Gebhard Himmler fut nommé proviseur du lycée classique de Landshut. La famille avait maintenant les moyens de s'installer dans une maison avec jardin[33]. Falk Zipperer, un ami munichois, déménagea lui aussi par chance à Landshut avec sa famille, son beau-père, Ferdinand von Pracher, étant devenu président du conseil départemental. Du point de vue des Himmler, cela constituait un appui idéal pour l'ami le plus proche de leur fils. Cette amitié allait s'avérer durable : en 1937, à l'occasion du mariage de son ami, Himmler donna un déjeuner[34]. En 1938, il le recruta dans la SS et en 1940, Zipperer, entre-temps devenu historien du droit, contribua à un ouvrage rédigé en hommage à Himmler pour son quarantième anniversaire[35]. En 1944 encore, alors qu'Himmler se préparait à ses dernières fêtes de Noël, il inscrivit Lieselotte, l'épouse de Zipperer, sur la liste des personnes à qui faire des cadeaux[36].

Karl Gebhardt, ami d'Himmler de trois ans plus âgé, lui resta lui aussi fidèle jusqu'à la fin de la Seconde Guerre mondiale. Les deux jeunes garçons s'étaient rencontrés à Landshut. Gebhardt devint médecin et prit plus tard la direction d'un sanatorium à Hohenlychen, dans la région de Berlin, un lieu qui, nous le verrons, allait jouer un rôle particulier dans la vie d'Himmler[37]. Heinrich avait également tissé des liens d'amitié avec les enfants du conservateur général Hager, Edi et Luisa[38]. Heinrich n'était donc absolument pas un solitaire, même si ses camarades de classe le considéraient comme un élève modèle assidu et un mollasson. Durant sa scolarité à Landshut, jusqu'en 1919, il décrocha des résultats effectivement supérieurs à la moyenne : il récoltait régulièrement des « très bien » en religion et en histoire, des « bien » et des « très bien » en langues. Son point faible était la physique, où, une année, il dut se contenter d'un « suffisant ». Pour l'année 1913-1914, il obtint l'appréciation suivante : « Un élève ayant apparemment de très bonnes dispositions, qui a obtenu les meilleurs résultats de la classe avec une assiduité de tous les instants, une ambition enthousiaste et une participation animée aux leçons. Son comportement a été exemplaire[39]. »

Une jeunesse en guerre

Dans cet univers bien ordonné, c'est précisément pendant la pause estivale, que la famille passait en 1914 sur le site pittoresque de Tittmoning, à la frontière entre l'Allemagne et l'Autriche, qu'éclata la nouvelle de la crise déclenchée par l'assassinat de l'héritier du trône autrichien à Sarajevo, le 28 juin. La Première Guerre mondiale s'annonçait.

Le journal de Heinrich, où se côtoient les informations alarmantes et les descriptions habituelles de ses loisirs, reflète l'atmosphère de ces journées décisives et de la fin brutale de vacances idylliques. Ainsi peut-on lire, au 29 juillet : « Anniversaire de Gebhard. *Début de la guerre entre l'Autriche & la Serbie.* Excursion au lac Waginger. » Il avait souligné en rouge la phrase sur le début de la guerre. Les entrées des deux jours suivants, qui concernaient évidemment une fois de plus ses activités estivales, ont été biffées et remplacées par la mention, là encore soulignée en rouge : « *Proclamation de l'état de guerre.* » Dès lors, les événements politiques et militaires occupèrent une place de choix dans son journal :

« 1/8. *Mobilisation en Allemagne.* 2ᵉ corps d'armée. Même la territoriale.

2/8. Joué ce matin dans le jardin. Après-midi aussi. 7 h 30 *Déclaration de guerre de l'Allemagne à la Russie.*

3/8. *Infiltrations françaises et russes aux frontières. Aviateurs & espions.* Nous faisons nos bagages au plus vite. »

La famille Himmler revint précipitamment à Landshut. Avec ces vacances brutalement interrompues, c'était toute une époque qui prenait fin.

Dans le journal de Heinrich, les entrées suivantes rapportèrent le déroulement des opérations militaires, au début favorables à l'Allemagne. Ainsi, le 23 août :

« Victoire du Kronprinz allemand au nord de Metz (Longeville). Le prince Heinrich a écrit à Papa. Il a été légèrement blessé lors de l'attaque contre les dragons français. Réponse digne de l'Allemagne à l'ultimatum du Japon. Les Allemands à Gand. Joué du piano. [...] Les Bavarois se sont comportés très bravement dans la bataille de la veille. Nos gars du 16e en particulier se sont excellemment battus à la baïonnette. Toute la ville est pavoisée. Ni les Français ni les Belges n'auraient cru qu'ils se feraient si rapidement tailler en pièces. Le 1er de la territoriale est rappelé. Namur est assiégée. 8 000 Russes faits prisonniers à Gumbinnen. »

Un jour, emballé, il note : « La poursuite des Français par l'armée du prince de Bavière s'avère particulièrement fructueuse (prisonniers, drapeaux & 150 canons). Le 21e corps d'armée entre à Lunéville. L'armée du Kronprinz continue de poursuivre l'ennemi. (En avant sur Longwy.) Le duc Albrecht von Württemberg a battu une armée française qui traversait la Semois. L'ennemi est poursuivi. Butin : prisonniers, généraux, canons, drapeaux. Progression de nos troupes à l'ouest de la Meuse en direction de Maubeuge. Une brigade de cavalerie anglaise qui s'y déployait a été taillée en pièces, formidable ! Hourra ! »

Chaque jour, il se rendait au bureau du journal local, où étaient affichés les véritables bulletins d'information :

« 27/8. [...] Ap.-midi, allé lire les bulletins. Le prince Luitpold de Bavière est décédé à Berchtesgaden d'une inflammation de la gorge. Le petit croiseur *Magdeburg* s'est échoué dans le brouillard près d'Odensholm, dans le golfe de Finlande, et n'a pas pu être remis à flot. [...] Le croiseur a été sabordé. 85 hommes sont portés disparus, une partie sont morts & blessés, l'autre a pu être embarquée sur un torpilleur allemand. Les petits-bourgeois craintifs de Landshut courbent l'échine, répandent des rumeurs terrifiantes [...] & redoutent d'être abominablement massacrés par les cosaques. Aujourd'hui a été publiée la première grande liste de pertes de l'armée bavaroise. »

« 28/8. [...] Défaite de l'armée anglaise. [...] C'est maintenant la grande avancée. Je me réjouis d'autant plus de cette victoire que les Anglais & les Français en sont dépités, & leur dépit doit être conséquent. Falk & moi voudrions grandement faire notre part. On voit bien que l'Allemand de la rue et sa fidèle alliée l'Autriche n'ont pas peur d'un monde rempli d'ennemis. »

Comme il le constatait d'un ton acerbe, son environnement était loin de partager son exaltation : « De toute façon, se plaint-il le 27 août, l'enthousiasme n'est pas particulièrement grand chez ceux qui sont restés en Basse-Bavière. Dans la vieille ville, quand fut connu l'ordre de mobilisation générale, tout le monde pleurnichait. Je ne m'y serais pas du tout attendu de la part des gens de Basse-Bavière, eux qui sont d'ordinaire si bagarreurs. Un soldat blessé a dit la même chose. Bien souvent, des rumeurs terrifiantes & absurdes courent, qui sont toutes inventées par les gens. »

Les habitants de Landshut étaient « aussi apathiques et craintifs que d'habitude, à tel point qu'à la nouvelle d'un repli supposé de nos troupes devant Paris ils en ont presque tous eu la courante et que le cœur leur a manqué. Des rumeurs disent que c'est tout à fait terrible », notait-il le 6 septembre.

Le 30 août, exprimant son mépris pour la population locale et sa compassion pour les prisonniers ennemis, il assista à la réception d'un transport de blessés français à la gare : « Toute la gare était pleine d'habitants de Landshut, grossiers et presque violents, tandis que l'on distribuait de l'eau et du pain à des Français gravement blessés (dont le sort est pourtant moins enviable que les nôtres, car ils sont prisonniers). » Il considérait tout autrement les prisonniers russes, comme le montre une phrase consignée le 4 septembre : « Les Russes faits prisonniers en Prusse-Orientale ne sont pas 70000, mais 90000. (Ils se multiplient comme de la vermine.) »

À l'été 1915, malgré la guerre, les Himmler partirent comme d'habitude en vacances, cette fois à Burghausen. L'arrivée à la gare de Mühldorf éveilla chez Heinrich le souvenir du début de la guerre, un an plus tôt. Bien que les envolées patriotiques de la première phase du conflit soient passées, il avait le souvenir encore vivace de l'été précédent, « où, à peu près à la même époque, nous nous trouvions à faire l'exercice dans la gare. C'était le 6 août, alors que nous revenions de Tittmoning. Quelques jours plus tard, ils sont partis à la guerre joyeux et pleins d'entrain. Combien sont encore en vie aujourd'hui[40] ? »

Tout ce qui se rapportait à la guerre et à l'armée le fascinait. Quand, en septembre 1915, son aîné de deux ans dut visiter des soldats blessés avec ses parents, Heinrich reconnut dans son journal à quel point il l'enviait[41]. Au début de 1915, la Landwehr*, pour s'entraîner, avait creusé des tranchées et des abris visibles depuis sa salle de classe. Il en fut impressionné : son journal comporte un schéma et une description des installations[42].

En juillet 1915, son frère Gebhard fêta ses seize ans et fut appelé dans la territoriale. Il faisait désormais partie de la réserve. Heinrich, jaloux, nota : « Ah, que ne suis-je plus âgé, je serais déjà parti[43]. » Mais Himmler, qui avait quatorze ans au début de la guerre, appartenait à ce que l'on appela la génération de la jeunesse de guerre : trop jeune pour être envoyé au front, mais assez vieux pour suivre avec attention les événements militaires et politiques, et marqué par l'expérience d'avoir vécu le conflit dans toutes ses phases comme un effort national collectif[44].

Ce fut surtout durant les premiers mois que Heinrich et ses amis tentèrent, dans leurs jeux, de rester connectés à la « normalité » de la guerre, qui allait durer quatre ans[45]. Dans son journal, parfois, les frontières se troublent entre la guerre jouée et la vraie : « Joué dans le jardin avec Falk. 1 000 Russes faits prisonniers par nos troupes à l'est de la Vistule. Offensive des Autrichiens », écrivait-il le 26 août 1914. Trois jours plus tard, on peut lire : « Joué à Schild und Schwert** avec Falk. Cette fois avec 40 corps d'armée & la Russie & la France & la Belgique contre l'Allemagne & l'Autriche. Le jeu est très intéressant. Victoire sur les Russes en Prusse-Orientale (50 000 prisonniers). »

De Pâques à l'automne 1915, il fut membre de la Jugendwehr, préparation militaire destinée aux lycéens de son âge. Il y fut noté pour son « zèle tout à fait remarquable[46] ». « Ap.-midi à l'entraînement militaire. Exercice assez minable. Je suis resté un quart d'heure dans un champ plutôt détrempé, mais ça ne m'a pas fait de mal », constate-t-il dans son journal[47].

Heinrich commença à se plaindre de maux d'estomac, un problème qui le hanterait jusqu'à la fin de ses jours[48]. Il s'efforça de surmonter sa faiblesse physique par la pratique du sport : dans son journal, en septembre 1914, il semble suggérer qu'il s'entraînait tous les jours aux haltères[49], et en février 1917 il s'inscrivit dans l'association de gymnastique de Landshut[50].

Entre-temps, la guerre s'était peu à peu rapprochée du quotidien des Himmler. Les restrictions étaient de plus en plus sensibles, en particulier dans l'alimentation et les produits de première nécessité. En novembre 1916, le gouvernement introduisit le « service d'aide patriotique », qui contraignait tous les Allemands de dix-sept à soixante ans qui ne servaient pas dans l'armée à se rendre

* Autre nom de la réserve territoriale dans les provinces de l'empire allemand. (NdT)

** Jeu de stratégie. (NdT)

disponibles pour tous travaux utiles à l'effort de guerre. Le même mois, les Himmler apprirent que le prince Heinrich, le parrain de Heinrich, était tombé en Roumanie. Il n'avait que trente-deux ans. Les Himmler ne pleuraient pas seulement un ami important de la famille, mais aussi le fait que leur accès privilégié à la cour, qui avait offert les plus belles perspectives pour l'avenir de leurs trois fils, était désormais irrévocablement perdu[51].

En 1917, la classe à laquelle appartenait son frère aîné fut appelée sous les drapeaux : Gebhard, dans la territoriale depuis déjà deux ans, fut mobilisé en mai dans le 16e régiment d'infanterie bavarois à Passau, où il devint élève officier[52]. Falk Zipperer aussi quitta le lycée en avril 1917, pour suivre également une formation d'élève officier[53].

Heinrich, qui poursuivait sa préparation militaire depuis octobre dans la Jugendkompanie de Landshut[54], souhaitait leur emboîter le pas. C'est d'ailleurs sur son insistance que son père, durant l'été 1917, entreprit des efforts considérables pour lui trouver un poste d'ordonnance auprès d'un officier d'un des régiments d'infanterie bavarois. Il réussit ainsi à obtenir le soutien du maréchal de cour de la princesse Arnulf, mère du défunt prince Heinrich, qui intervint entre autres en faveur de la candidature de Heinrich auprès des 1er et 2e régiments d'infanterie, unités d'élite. En vain, la liste des candidatures était déjà trop longue[55]. Dans le cadre de sa correspondance avec les autorités militaires, il fut demandé à Himmler père s'il pensait que son fils était prêt à embrasser la carrière d'officier. Il répondit sans détour : « Mon fils Heinrich souhaite ardemment devenir officier de carrière dans l'infanterie[56]. »

Peu après le début de la nouvelle année scolaire – il avait une fois de plus passé la pause estivale à Bad Tölz –, il abandonna brusquement sa scolarité. Jusque-là, il avait accompli sept années de lycée, et était présenté comme un bon élève, à défaut d'être excellent, dans sa dernière appréciation[57]. Son départ de l'établissement semble avoir eu pour motif la crainte d'être mobilisé en tant que lycéen avant que ses efforts pour obtenir un poste d'ordonnance dans un régiment d'élite n'aient abouti. Il réussit à se porter candidat auprès de la municipalité de Ratisbonne pour entrer dans le service d'aide patriotique : en octobre 1917, il fut affecté au bureau d'assistance de guerre, une institution de bienfaisance qui s'occupait des proches des soldats tombés au combat. Au bout de six semaines de cet interlude, il retourna au lycée, le ministère de l'Éducation ayant annoncé que les lycéens de sa classe d'âge ne seraient pas encore appelés[58].

Le soldat Heinrich

Le 23 décembre, il eut la surprise d'apprendre qu'il était pris comme ordonnance dans le 11e régiment d'infanterie. Le maréchal de cour était intervenu une fois encore. Les relations de son père à la cour avaient enfin fait la preuve de leur utilité[59]. Heinrich quitta l'école et, le 2 janvier, entama son instruction au sein du bataillon de réserve du 11e régiment, dans un camp situé près de Ratisbonne[60].

Il signa une de ses premières lettres à ses parents de la clausule latine « *Miles* Heinrich », soldat Heinrich, et le guerrier frais émoulu manifesta entre autres sa virilité en se mettant à fumer[61]. Mais, en dépit de cette virilité affichée, ses lettres presque quotidiennes à ses parents font surtout état des grandes difficultés qu'il éprouvait à s'adapter au monde militaire. Heinrich avait le mal du pays. Il se plaignait de la mauvaise qualité du cantonnement, de la nourriture misérable, qu'il était du reste en mesure d'éviter en se rendant presque tous les soirs à l'auberge. Il réclamait régulièrement des réponses plus fréquentes à ses lettres, demandait des provisions de bouche, du linge propre et d'autres colis censés alléger son existence à la caserne[62]. Quand ses souhaits n'étaient pas immédiatement exaucés – au cours des cinq premières semaines de sa vie militaire, il reçut sept colis de la maison[63] –, il s'outrageait : « Mes très chers parents ! Aujourd'hui, je n'ai encore une fois rien reçu de vous. C'est bien cruel[64]. »

Au bout de quelques semaines, il finit par s'habituer à sa nouvelle vie. Ses lettres ne traduisent plus autant de lamentations, mais sa correspondance montre quand même qu'il restait comme toujours très attaché au foyer et à la famille[65].

À partir de février 1918, il eut droit à des permissions régulières, ce qui lui permit de passer la plupart de ses week-ends à la maison. En revanche, en avril 1918, son frère aîné Gebhard fut envoyé sur le front de l'Ouest, où il prit part à de terribles combats qui entraînèrent de lourdes pertes[66]. Ce qui n'empêcha pas Heinrich d'être hors de lui quand, pendant quelques jours, il ne reçut aucun courrier de chez lui : « Chère mère ! C'est du fond du cœur que je te remercie de vos chères nouvelles (que je n'ai pas reçues). C'est tellement cruel de ne m'avoir de nouveau pas écrit[67]. »

Son entraînement à Ratisbonne touchait à sa fin. Il espérait être lui aussi transféré sur le front, mais fut informé, à son grand dam, qu'on souhaitait l'affecter à une autre formation. « Tu pourrais t'épargner des larmes, écrivit-il à sa mère, qui considérait avec angoisse le départ de son deuxième fils au front. Mais ne vous réjouissez pas trop tôt, ça peut changer tout aussi vite[68]. » Le 15 juin, il poursuivit sa formation à Freising, à tout juste quarante kilomètres de Landshut. Il put donc continuer de se rendre chez lui pour les week-ends[69].

Dans ses lettres, il dépeignait comme toujours le quotidien de sa vie militaire, dont il s'accommodait désormais bien mieux, comme le montrent ses descriptions lapidaires : « Le service est certes très épuisant, mais il reste intéressant. » « Nous sommes fort bien traités. Cet après-midi, nous nous sommes baignés [...] La nourriture est très bonne[70]. » Ses problèmes alimentaires et les nouvelles de sa santé fragile occupaient toujours une place importante[71] ; il ne parvenait apparemment pas à se passer des nombreux « jolis petits colis[72] » de Landshut, pour lesquels il remerciait toujours gentiment les siens (« le gâteau était magnifique[73] »). Son besoin d'attention et d'amour de la part de ses parents était véritablement insatiable, comme le montre sa correspondance. Si, après ses premières difficultés, il s'était efforcé de donner à ses parents une image virile, adulte et martiale (sans doute aussi impressionné par l'exemple de son grand frère qui, au même moment, courait un danger mortel sur le front), il exigeait quand même constamment d'eux qu'ils participent avec amour à ses soucis quotidiens et qu'ils lui apportent leur soutien.

En août, il commença à attendre avec impatience la fin de son instruction à Friesing : « Les cours sont de plus en plus pénibles et rudes. Enfin, nous allons bientôt en avoir terminé », écrivit-il[74]. Cependant, même une fois cette nouvelle formation bouclée[75], il ne fut pas envoyé au front, comme il l'espérait, mais dut subir une instruction : à partir du 15 septembre, il prit part à un entraînement spécial de deux semaines au tir à la mitrailleuse lourde à Bamberg[76]. Bien que sur le front occidental la situation militaire devînt extrêmement critique après l'échec de l'offensive allemande du printemps, l'armée continuait de soumettre ses officiers à une formation d'une redoutable rigueur. À moins que ses supérieurs n'aient estimé que Heinrich n'était pas encore prêt à être envoyé au front comme ordonnance ?

Début octobre, l'instruction à Bamberg prit fin, et après une semaine de permission il dut revenir à Ratisbonne, où il eut pour mission de former les nouvelles recrues[77]. Il se livra à une évaluation pessimiste de la situation : « Politiquement, je crains que l'horizon ne me paraisse noir, très noir », écrivit-il le 16 octobre à ses parents. Comme tant d'autres, il considérait qu'une révolution était désormais inévitable[78].

Pourtant, il espérait encore faire ses preuves au combat. Il annonça avec enthousiasme à sa famille qu'il s'était entretenu avec un lieutenant qui lui avait offert de le faire transférer sur le front[79]. Mais il n'en ressortit rien car, face aux troubles politiques qui avaient éclaté au début du mois de novembre, sa compagnie, qui devait partir pour le front, fut dissoute. Heinrich fut d'abord renvoyé dans ses foyers. C'est à Landshut qu'il vécut les bouleversements politiques et la fin de la guerre : le 7 novembre, la révolution éclata à Munich, le roi de Bavière abdiqua. Le 9 novembre, le conseil révolutionnaire des délégués du peuple prit le pouvoir à Berlin, et le Kaiser Guillaume II s'enfuit aux Pays-Bas. Le 11 novembre, le nouveau gouvernement signait la convention d'armistice, reconnaissant de fait la défaite de l'empire allemand.

Fin novembre, Heinrich revint à Ratisbonne dans l'espoir que l'armée mènerait à son terme l'instruction des élèves officiers de la classe 1900. Il commença par travailler avec son cousin Ludwig Zahler, entre-temps devenu lieutenant, au contrôle du désarmement du régiment. Les deux jeunes gens louèrent une chambre à Ratisbonne[80]. Dans le même temps, il entreprit de préparer son baccalauréat[81].

À Ratisbonne, il sympathisa avec le Parti populaire bavarois, le BVP qui, en novembre 1918, avait été fondé par des personnalités politiques du centre bavarois. Heinrich entra en relation avec un des anciens camarades de classe de Gebhard, qui était maintenant actif au sein de l'organisation du BVP à Ratisbonne, et appela également son père à s'engager en faveur du nouveau parti[82].

Son frère Gebhard, qui avait atteint le grade d'aspirant et avait été décoré de la Croix de fer, revint du front en décembre sans avoir été blessé. Quant à Heinrich, il apprit peu après qu'il ne lui était plus possible de poursuivre sa carrière militaire : en décembre 1918, il découvrit que tous les élèves officiers de la classe 1900 allaient être renvoyés dans leurs foyers[83]. Le 18 décembre, il quitta l'armée et revint à Landshut[84]. Il vécut comme une tare indélébile le fait de ne pas être parti au front et de ne pas être devenu officier. Toute sa vie, il considéra qu'on l'avait empêché de suivre sa véritable vocation, celle d'officier de carrière.

Étudiant en agronomie

De retour à Landshut, Himmler n'avait plus qu'une priorité, terminer le lycée. Il avait jusque-là accompli sept années d'études. Grâce à un règlement d'exception, ayant été officiellement sous les drapeaux à cause de la guerre, il était autorisé à préparer son diplôme de bachelier dans le cadre d'une session de rattrapage de six mois. Et le professeur chargé des cours n'était autre que Gebhard Himmler, son père, qui, avec sa vigueur et sa pédanterie habituelles, dirigea le groupe en n'accordant absolument aucune faveur à son fils[1].

Le meilleur ami d'Himmler était à l'époque Falk Zipperer, revenu de la guerre et qui suivait les mêmes cours que lui. Les deux amis consacraient beaucoup de temps à la rédaction de poèmes. Contrairement à Zipperer, qui était assez doué et avait déjà publié toute une série de textes, Himmler ne parvenait à coucher sur le papier que des rimes laborieuses[2].

Entre-temps, en Bavière, la situation politique s'était détériorée. Le 21 février 1919, Kurt Eisner, premier secrétaire du Parti social-démocrate indépendant d'Allemagne (USPD), devenu ministre-président du Land à l'issue de la révolution, fut abattu par un officier d'extrême droite. Les semaines qui suivirent furent le théâtre d'une polarisation entre le gouvernement de coalition désigné par le Landtag, le Parlement de Bavière, sous la férule de Johannes Hoffmann, le nouveau ministre-président, et le mouvement des conseils, de la gauche radicale, particulièrement bien implanté à Munich. Pour finir, le 7 avril, la gauche proclama l'avènement de la République des conseils à Munich, le gouvernement Hoffmann fuit la ville et se replia sur Bamberg. L'USPD quitta le gouvernement bavarois. Dans le nord de la Bavière, des unités de la Reichswehr et des corps francs – des formations composées de volontaires de retour du front, armés, contre-révolutionnaires et antidémocratiques – se préparaient à prendre d'assaut la capitale de la jeune république[3].

Heinrich reprit ses activités au sein du Parti populaire bavarois, mais ce ne fut que pour peu de temps, comme le montre sa correspondance avec le secrétariat du parti de Ratisbonne[4]. À la fin du mois d'avril, il entra dans le corps franc de Landshut ainsi que dans la compagnie de réserve du corps franc Oberland. Cette unité, fondée par Rudolf von Sebottendorf, président de la société Thulé, d'extrême droite, s'était mise en place avec le soutien du gouvernement Hoffmann afin d'écraser la République des conseils de Munich. Au début de mai, des combats sanglants éclatèrent, auxquels Heinrich ne semble pas avoir pris part[5]. Pourtant, il resta moins de deux mois au sein du corps franc Oberland, où il occupa un poste dans la compagnie de renfort[6], espérant toujours embrasser la carrière d'officier. D'autant plus que le gouvernement avait fait miroiter aux corps francs la possibilité d'être intégrés dans la Reichswehr. Mais quand, en août, ces unités irrégulières furent effectivement acceptées dans l'armée, Oberland n'en fit pas partie.

Des débuts difficiles

En juillet 1919, Heinrich Himmler obtint son baccalauréat sans avoir été obligé de passer véritablement l'examen, conformément à une nouvelle réglementation d'exception favorisant les lycéens appelés sous les drapeaux. Dans la plupart des matières, il avait obtenu des « très bien », sauf en mathématiques et en physique, où il avait dû se contenter de « bien[7] ». La perspective d'une carrière militaire dans la Reichswehr devenant de moins en moins probable, il prit la décision surprenante d'étudier l'agronomie à la faculté technique de Munich. À première vue, ce choix ne correspond pas à l'environnement bourgeois des Himmler, si soucieux de leur statut et de leur progression sociale, surtout que cette famille de citadins n'avait absolument aucun lien avec la terre, et ne connaissait personne qui aurait par exemple pu garantir à leur fils une place d'administrateur sur une exploitation agricole. Au contraire, face à la dissolution annoncée de l'ancien corps des officiers, il fallait s'attendre à ce que de nombreux officiers et autres fils de la noblesse qui auraient normalement choisi la carrière militaire se tournent désormais vers l'agriculture.

Or, ce sont précisément ces circonstances qui permettent d'expliquer la décision d'Himmler : à l'institut d'agronomie, il espérait se retrouver en compagnie d'anciens officiers, contraints de se trouver un nouveau « gagne-pain », mais qui considéraient essentiellement les études comme un moyen de passer le temps avec des gens du même milieu en attendant une nouvelle guerre ou un conflit civil. Là, Heinrich pouvait s'immerger totalement dans le milieu des officiers de réserve et des activités paramilitaires, afin de concrétiser autant que possible son rêve d'une carrière militaire. De plus, l'insécurité générale qui régnait dans l'immédiat après-guerre a pu pousser les parents d'Himmler à accorder par pragmatisme leur bénédiction à sa décision. Ils finirent d'ailleurs par accepter que Gebhard et Ernst fassent eux aussi des études d'ingénieur.

Durant l'été 1919, Himmler père fut nommé directeur du lycée d'Ingolstadt, et la famille réussit à trouver un site près de son nouveau domicile où Heinrich pourrait effectuer son année d'apprentissage nécessaire à son admission à la faculté. Le 1er août 1919, il entama cet apprentissage dans l'exploitation des Winter à Oberhaunstadt. À la ferme, il devait travailler douze heures par jour, six jours sur sept. Le dimanche, il était libre, mais devait quand même s'occuper de l'étable tôt le matin. On peut déduire de ses lettres à ses parents[8] et du « carnet de travail » qu'il entreprit aussitôt de tenir que ces rudes efforts physiques, auxquels il n'était pas habitué, lui pesèrent certes considérablement, mais qu'il était néanmoins fier de ses exploits. Il signait désormais sa correspondance « Heinrich agricola ». Ainsi, le 26 août, il écrivit : « Ce matin rentré les blés. Personnellement chargé 3 ½ charretées. » Et le 29 il notait : « Après-midi, chargé sacs de seigle sur un wagon. 105 pièces à 2 quintaux. Chargé 3 charretées d'orge. » Comme il en avait pris l'habitude du temps de sa vie militaire, il continua à être ravitaillé par les siens en vivres supplémentaires, linge propre et autres produits.

Il espérait renforcer par ses efforts physiques sa constitution fragile[9], mais il fut très vite déçu : dès son deuxième week-end à la ferme, il était cloué au lit, et au bout de seulement cinq semaines d'apprentissage il tombait gravement malade. À l'hôpital d'Ingolstadt, on lui diagnostiqua finalement un paratyphus, et on le garda pendant trois semaines. Entre-temps, les Himmler étaient venus s'installer à Ingolstadt[10]. Le 25 septembre, ils l'emmenèrent à Munich consulter le vieux médecin de la famille, le docteur Quenstedt. Il en vint, d'après Heinrich, au diagnostic suivant : « Hypertrophie du cœur. Pas important, mais un an au repos à étudier[11]. »

Durant son repos forcé, Heinrich lut avec avidité. Il était encore à l'hôpital quand il établit une liste de lectures qui comprenait vingt-huit titres pour les mois de septembre et octobre (après son séjour à l'hôpital, il était retourné vivre chez ses parents)[12].

Il dévora une demi-douzaine de Jules Verne, ainsi que, principalement, des récits historiques, dont trois ouvrages de Maximilian Schmidt, auteur bavarois populaire. Le *Faust* de Goethe fit également partie de ses lectures, tout comme *Altesse royale*, de Thomas Mann, qui fut l'unique œuvre de la littérature allemande moderne sur sa liste et suscita d'ailleurs son mécontentement[13]. En revanche, il trouva « intéressants » les deux volumes d'*Ossian*, une collection de chants de bardes celtes rassemblés par le professeur et écrivain James Macpherson en 1762-1763. Théoriquement glanés dans les Highlands écossais, ces chants étaient en réalité des faux, dont l'auteur n'était autre que Macpherson lui-même. On ne sait pas si Himmler en était conscient. Quoi qu'il en soit, ce genre de sagas héroïques et romantiques étaient à son goût[14].

Vers la fin de sa convalescence, il se tourna vers des lectures politiques. Il lut un pamphlet contre les francs-maçons, à l'époque très répandu, de Friedrich Wichtl, député du Conseil national autrichien, qui faisait du franc-maçon ennemi un stéréotype populaire[15], fort courant en particulier dans les cercles catholiques pendant la Première Guerre mondiale. Wichtl affirmait entre autres que la franc-maçonnerie était fortement influencée par les Juifs, qu'elle rêvait d'une révolution mondiale et était clairement responsable de la guerre. Himmler manifesta son approbation dans un commentaire : « Un livre qui nous dit & nous annonce surtout contre qui nous devrons nous battre. » Reste à savoir si cet appel au combat ne concernait que les francs-maçons ou les Juifs censés agir dans l'ombre derrière eux. Peu de temps auparavant, il avait lu les huit premiers volumes des *Pro-Palästina*, des cahiers publiés par le Comité allemand pour l'implantation juive en Palestine. Il s'était donc confronté à la littérature sioniste, mais n'avait fait aucun commentaire à ce sujet[16].

Premier semestre à Munich

Le 14 octobre, il revint à Munich pour consulter de nouveau le docteur Quenstedt. À cette occasion, « rien de particulier » ne fut décelé concernant son cœur[17]. Désormais, plus rien ne s'opposait à ses études : le 18 octobre 1919, il s'inscrivit à la faculté technique[18].

Heinrich Himmler étudia avec régularité et facilité, et aussitôt, sa santé s'améliora[19]. Au début, il partagea une chambre avec son frère Gebhard, puis il prit une chambre meublée au 28 de l'Amalienstrasse, à proximité de la faculté[20]. Il ne tarda pas à imposer un certain rythme à son quotidien. Il prenait ses repas près de son domicile, dans une pension ouverte aux étudiants et tenue par Frau Loritz, veuve d'un chanteur de l'Opéra royal, et ses deux filles[21]. Il y passait la plupart de ses soirées, et consacrait le reste de son temps libre à un cercle d'amis sur lesquels nous reviendrons. Il allait aussi présenter ses hommages à des connaissances de ses parents – non seulement, semble-t-il, par politesse ou pour satisfaire la volonté des siens, mais parce qu'il prenait plaisir à des fréquentations de ce genre.

Lossow, un ami de la famille, était son confident et se montra, comme il le nota avec joie, « extrêmement aimable[22] ». Il se rendait aussi souvent dans la famille du professeur Rauschmayer, dont la fille Mariele noua par la suite des liens d'amitié avec lui[23]. Mais c'était encore chez les Hager qu'on le voyait le plus fréquemment, leur fille Luisa, qu'il connaissait depuis des années, l'intéressant tout particulièrement. Il lui paraissait naturel de rendre visite à des connaissances et des amis souffrants[24].

En novembre, il entra dans l'Association Apollo, où son père comptait parmi les « membres seniors ». Apollo était une association qui maintenait la tradition des duels d'étudiants*. « À 2 h 30 à la taverne, où ont eu lieu 5 duels. [...] En tout cas, ça durcit les nerfs, et on apprend à supporter une blessure en silence[25]. » La « taverne », qui dans le jargon de l'association désignait les rencontres des « frères[26] », était évidemment indissociable d'une forte consommation d'alcool : « Ce fut fort gai. J'ai bu 8 verres de vin. À minuit trente, nous sommes rentrés en train. La plupart étaient fin saouls, c'était des plus réjouissants. J'ai raccompagné un ou deux frères dans leur turne. Couché à 2 h[27]. »

Sa vie sociale n'empêchait pas Himmler d'être comme toujours un fervent catholique. Il allait à la messe, à la communion et à confesse[28]. Son journal comporte des indications comme : « Dieu va continuer à m'aider[29]. » La messe de minuit de Noël 1919, à laquelle il assista avec sa famille à Ingolstadt, lui fit une forte impression : « Nous nous trouvions devant, dans le chœur, et les célébrations m'ont transporté. Ainsi l'Église avec ses rites fastueux et Dieu par l'enfant qu'il nous donne pèsent-ils sur les hommes[30]. »

Comme beaucoup d'étudiants de la faculté technique, Himmler appartenait à une association d'anciens soldats[31] et servait dans la réserve sur son temps libre : il était membre de la 14e compagnie d'alerte de la 21e brigade de protection[32], formation de réserve de la Reichswehr, et participait à des exercices d'alerte et de

* Le duel d'étudiants, ou *Mensur*, était une tradition remontant au XVIe siècle dans les universités allemandes. Ces affrontements n'étaient pas nécessairement liés à des questions d'honneur. Durant les duels, les combattants exposaient volontairement leur visage et leur crâne, toute blessure reçue et donnant lieu à une cicatrice devenant source de fierté. Cette tradition se perpétua au moins jusqu'en 1939. (NdT)

tir. Après l'écrasement de la République des conseils en mai, Munich était devenu le centre des activités contre-révolutionnaires en Allemagne. Les corps francs et les associations paramilitaires de l'extrême droite, nés pour lutter contre la révolution, existaient toujours. Ils disposaient d'arsenaux considérables et travaillaient en étroite collaboration avec la Reichswehr.

Himmler suivait de près les « actions » de ces unités, et brûlait d'y prendre part. Ainsi, immédiatement après le 9 novembre 1919, premier anniversaire de la révolution, il s'attendait à une intervention militaire, mais la situation resta calme[33]. En décembre 1919, la rumeur fit état d'une menace de putsch. Son unité fut placée en état d'alerte, mais rien ne survint : « À 16 h 30 avec Lu* en état d'alerte. À la caserne du génie, on nous livre des armes, mais sinon, rien. Peut-être qu'il va quand même se passer quelque chose cette année[34]. » Le sentiment de pouvoir être « soldat » l'emplissait de joie : « Instruction jusqu'à 10 h, puis de nouveau sous l'uniforme. Je suis et je reste soldat[35]. » Ailleurs, on peut lire : « Aujourd'hui, je porte de nouveau un uniforme. C'est définitivement ma tenue préférée[36]. »

Le 16 janvier, il apprit que son ancien lieutenant, le baron Arco, avait été condamné à mort pour avoir, le 21 février 1919, assassiné en pleine rue le ministre-président en exercice Eisner[37]. Dans les rangs de la droite, la condamnation suscita un tollé. Les étudiants de la faculté technique prirent part aux manifestations – et ils ne comptaient pas en rester là. Avec le soutien des cercles militaires, une action fut mise au point : on envisagea de libérer le prisonnier, peut-être même de déclencher un putsch. Déjà, Himmler joua à cette occasion un rôle certain. Le lendemain du jugement, il inscrivit dans son journal : « Mis mon uniforme. À 8 h grand rassemblement de tous les étudiants dans le grand Auditorium de l'université pour obtenir la grâce d'Arco. Ce fut une réunion magnifique de patriotisme. Une délégation a été envoyée. Le capitaine St., le lieutenant St., le lieutenant B. et moi sommes allés à la Türkenkaserne. » Là, les délégués tombèrent sur des sympathisants : « Le lieutenant St. a tout arrangé avec un capitaine. L'affaire devrait magnifiquement marcher. À 11 h, de retour à l'université, où, à 13 h 30, la nouvelle est arrivée que la peine était commuée en détention en forteresse. Nous nous sommes grandement réjouis, mais n'en avons pas moins regretté que l'histoire se soit déroulée aussi aisément. Ce sera pour une autre fois. Mais on a pu voir ce que valaient les universités de la Grande Allemagne[38]. » À la faculté technique de Munich, on ne faisait pas qu'étudier. Il révéla ainsi à sa mère : « Ces

* Ludwig Zahler. (NdA)

messieurs les ministres savent bien pourquoi ils ont gracié Arco. Sinon, c'en était fait d'eux. Nous étions tous prêts et avons vraiment regretté que les choses se soient passées aussi facilement. [...] Mais un jour ça viendra[39]. » Comme il ressort de ses lettres à ses parents, pendant le putsch de Kapp, déclenché par des unités des corps francs, il fut placé en état d'alerte et, la nuit, prit part à une patrouille militaire motorisée dans Munich[40].

Quand, en 1920, les Alliés contraignirent le gouvernement du Reich à démanteler les formations de réservistes de l'armée, Himmler entra aussitôt dans l'Einwohnerwehr * nouvellement formée par les autorités bavaroises et allemandes pour contourner l'interdiction alliée[41]. Il s'inscrivit en outre à la société de tir Freiweg, une association aux fondements également paramilitaires[42]. Du reste, son engagement lui offrait des avantages concrets : pour ses visites du week-end chez ses parents, il bénéficiait de billets de train à prix réduit en tant que membre de la 14e compagnie d'alerte[43].

Durant cette période, son journal contient relativement peu de références aux événements politiques. Cela tient peut-être au fait qu'à l'époque ses convictions politiques étaient solides et qu'il évoluait dans un milieu qui, généralement, les partageait. Lors des élections au Conseil général des étudiants, la représentation des étudiants, il vota en faveur des nationalistes allemands[44]. Il fréquentait aussi des rassemblements politiques estudiantins[45]. Lors du sermon de la nouvelle année, les déclarations antiprussiennes d'un prêtre lui déplurent[46] – Himmler n'était pas un défenseur du particularisme bavarois, mais se considérait comme un nationaliste allemand. Un antisémitisme conventionnel, pas encore raciste, était d'ailleurs indissociable de cette vision du monde[47].

Cela lui avait ainsi valu de vivre une grave crise de conscience à la fin de 1919. Les cercles des étudiants « armés » auxquels il appartenait étaient le théâtre d'un vif débat pour savoir si les étudiants juifs pouvaient être « autorisés à accepter un duel », s'ils étaient donc à même d'entrer dans des associations de duels (en fait, à l'époque, les associations n'acceptaient déjà plus les Juifs), voire si l'on pouvait se battre avec des étudiants juifs. C'était une « question d'honneur », fondamentalement, de savoir si les étudiants juifs pouvaient être des membres égaux en titre et en droits des sociétés étudiantes.

Dans le monde estudiantin allemand, qui penchait ouvertement et majoritairement à droite, la tendance à tracer une frontière nette avec les camarades d'étude juifs, voire à contester leur germanité, s'exprimait de façon plus précise :

* Einwohnerwehr : littéralement, *armée des habitants*, force de police paramilitaire créée en avril 1919 et placée sous le commandement de la Reichswehr. (NdT)

on rattachait de plus en plus la définition de la « germanité » à des critères « raciaux ». Le débat sur la question des duels masquait la volonté des étudiants d'extrême droite d'imposer des principes « nationaux » inaliénables dans les statuts des associations estudiantines. Déjà, dans les années 1890, les associations austro-allemandes avaient décrété que les Juifs ne satisfaisaient pas aux critères d'intégration. Après la fin de la Première Guerre mondiale, les étudiants qui professaient un antisémitisme radical tentèrent d'appliquer ce principe à toutes les associations. Ainsi les étudiants catholiques se retrouvèrent pris dans un conflit fondamental, puisque les associations catholiques, pour des questions de principe, s'opposaient à l'exclusion des étudiants d'origine juive. Mais elles aussi étaient majoritairement antisémites, même si leur hostilité aux Juifs avait avant tout des motifs religieux et culturels plutôt que « racistes[48] ».

« Après le souper, je me suis entretenu [...] au sujet des Juifs, de la question d'honneur, etc. Une discussion très intéressante. J'y pensais encore sur le chemin du retour. Je crois que j'entre en collision avec ma religion », écrivit Himmler dans son journal, reconnaissant clairement que, s'il éprouvait de la sympathie pour l'antisémitisme raciste, il ne parvenait pas encore pourtant à épouser un point de vue antisémite radical. « Advienne que pourra, peut-on lire plus loin, j'aimerai toujours Dieu, je continuerai à le prier, à appartenir à l'Église catholique et à la défendre, même si je venais à en être exclu[49]. » Trois jours plus tard, il discuta avec Ludwig Zahler de « principe militaire, d'honneur, d'Église, etc. ».

Lors d'une fête de Noël, alors qu'un ecclésiastique avait tenu un discours qui, selon Himmler, avait été « un véritable prêche », il fut submergé « comme jamais encore auparavant [...] par le conflit intérieur entre [sa] foi et [ses] convictions ». « L'histoire des duels » lui revint une fois de plus, mais il parvint momentanément à surmonter la crise : « Le soir, j'ai prié, j'avais déjà réussi à me sortir de pareille situation. Dieu continuera à m'aider dans tous mes doutes[50]. »

Le « cœur bouleversé »

Falk Zipperer et Ludwig Zahler jouaient toujours un rôle de premier plan dans le cercle des amis munichois d'Himmler. Zahler était en fait plus proche du frère aîné de Heinrich, Gebhard. Mais il passait aussi beaucoup de temps avec son cadet. Ils s'engageaient le plus souvent dans des discussions interminables : « Ludwig m'a raccompagné à la maison et, dans ma turne, nous avons feuilleté des livres et discuté. C'est un homme bon, pour Gebhard et moi, il est comme un frère[51]. »

Pour Heinrich, Falk était « vraiment un cher, un bon ami, un homme d'un grand génie[52] ». Ils étaient comme toujours unis par leur intérêt commun pour leurs poésies. Une complainte qu'ils avaient rédigée ensemble fut même représentée devant leurs amis, pour une œuvre de bienfaisance[53]. « Début à 17 h 30. Voir programme. Tout s'est magnifiquement déroulé, consigna-t-il, ravi. Le dernier tableau, où Lu et Käthe ont dansé en costume rococo, était charmant. Puis mangé des sandwiches et des friandises. Ensuite, nous avons dansé. » Himmler avait pris des cours pour surmonter sa gaucherie naturelle[54]. « Toutes les dames étaient charmantes, surtout Käthe, Mopperl, Friedl. Plus tard, Herr Küffner nous a aussi offert du schnaps. Lu et moi avons trinqué (santé, mon frère, nous sommes toujours les mêmes). Ensuite, nous avons encore dansé. Puis, de nouveau des gages, avec bien des baisers. Nous sommes rentrés vers 2 h 30. Je suis très heureux de cette soirée. Lu et moi avons de quoi nous réjouir[55]. »

À dix-neuf ans, Heinrich commençait en outre à s'intéresser considérablement à deux jeunes filles de son cercle d'amis. Il fit tout d'abord les yeux doux à Luisa Hager, qu'il connaissait depuis l'enfance et qu'il idolâtrait depuis quelque temps. Tous deux entretenaient une correspondance, et Himmler rendait très souvent visite aux Hager[56]. Quand il s'aperçut qu'elle aussi était une fervente catholique pratiquante, il en fut littéralement exalté. Lorsqu'il apprit d'un proche que « cette bonne et courageuse Luiserl communie tous les jours », ce fut « la plus grande joie que j'aie connue de ces 8 derniers jours[57] ». Mais les choses n'allèrent pas plus loin. Luisa, affirma-t-il à plusieurs reprises, était « très renfermée[58] ». « Tout à fait charmante, nota-t-il à l'issue d'une soirée entre amis, mais ne se comporte pas comme je le souhaiterais[59]. » Il en fit ainsi part à Gebhard : « Si l'être aimé savait tout le souci qu'il nous donne, il ne se comporterait sûrement pas de la sorte[60]. »

Maja, l'une des filles de Frau Loritz et amie de Ludwig Zahler, l'attirait également. Il se disait « heureux de pouvoir dire de cette superbe jeune fille qu'elle est mon amie[61] ». Un soir de novembre, qu'il passait une fois de plus chez Frau Loritz, il nota : « Je me suis entretenu tout le temps avec mademoiselle Maja à propos de religion, etc. Elle m'en a dit beaucoup sur sa vie, je viens de me trouver une sœur[62]. »

Les deux amis se voyaient souvent, allaient ensemble au concert[63] et au théâtre[64], visitaient des musées[65], s'amusaient à la patinoire[66], jouaient de la musique[67]. En dépit de la situation politique toujours tendue, des difficultés économiques et des graves problèmes de ravitaillement, le quotidien des étudiants munichois restait relativement facile et agréable. Dans son journal, Heinrich consigna quelques instants précieux : « Les cours généraux ont commencé aujourd'hui. Le soir, nous sommes restés ensemble jusqu'à 12 h, bras dessus, bras dessous[68]. » Le lendemain, son humeur était maussade : « Le soir, nous étions dans la pièce du fond. J'étais terriblement sérieux et accablé. Je crois que nous sommes à l'aube de moments très graves, à moins que cela n'ait une autre signification ? » Et il nota la pensée qui allait l'aider à sortir de cette morosité : « J'attends le combat avec impatience, quand je porterai à nouveau l'uniforme. » La soirée prit alors un tour très harmonieux : « Pour commencer, Maja a chanté *Frauen Liebe und Leid.* Elle a interprété les lieder les yeux embués de larmes. Ludwig, je pense, ne la comprend pas, cette merveilleuse jeune fille. Mais après tout, je n'en suis pas sûr, je ne le reconnais pas. Plus tard, Gebhard et Käthe ont joué du piano. Ludwig et moi étions assis dans le fauteuil, Mariele et Maja étaient assises par terre, serrées contre nous. Nous nous tenions tous enlacés, tant par amour que par amitié fraternelle. Ce fut une soirée que je n'oublierai jamais[69]. »

Les sentiments ne restèrent pas que fraternels, et cela ne fit que compliquer la relation de Heinrich avec Ludwig, qui était en fait l'ami de Maja. « Je comprends de moins en moins Ludwig, pauvre Maja », peut-on lire à la date du 5 novembre dans son journal. Deux jours plus tard, il écrivait au sujet de Ludwig : « Cela me fait de la peine, et plus encore à la brave Maja. Que l'homme est donc une créature misérable. C'est bien vrai. Le cœur ne connaît de repos qu'en toi, ô Seigneur. Que l'on se sent impuissant, on ne peut aider. » Heinrich souffrait d'un chagrin d'amour. Il sombra dans « de sombres pensées et des conflits spirituels », mais ses amis ne devaient rien en savoir[70]. Il souhaitait « être un ami pour mes amis, faire mon devoir, travailler, lutter contre moi-même et ne jamais me laisser aller à perdre le contrôle de moi-même », écrivit-il avec emphase dans son journal[71].

À la mi-novembre, au cours d'une « soirée d'hypnose » chez les Loritz, ses efforts pour ne perdre en aucun cas sa maîtrise de soi furent mis à rude épreuve, quand il tenta « de toutes [ses] forces » de résister à un hypnotiseur qui avait été invité. Il en alla autrement de Maja : « Il a totalement dominé la malheureuse Maja. Cela m'a fait mal, de la voir ainsi. Ce chien, j'aurais pu l'étrangler froidement[72]. » Pour la première fois, il mentionne l'idée de quitter Munich et de partir s'installer comme colon à l'est : « Pour l'heure, je ne sais pas pour qui je travaille. Je travaille parce que tel est mon devoir, parce que je trouve la paix dans mon travail, et je travaille pour l'idéal de la femme allemande avec qui je veux vivre et lutter en tant qu'Allemand à l'est, loin de la belle Allemagne[73]. » Heinrich entreprit d'apprendre le russe[74]. Puis il crut avoir de nouveau confirmation que son destin passait par « la guerre et le combat » : « Gebhard, Lu et moi avons encore longuement discuté, nous nous sommes dit qu'il aurait été si bien de pouvoir rester dans l'armée. Ensemble sur le terrain, etc. Peut-être ne serais-je plus aujourd'hui, un cœur combattant de moins. Mais je ne veux pas faiblir, ne jamais me lâcher la bride. Peut-être me retrouverai-je au combat, à la guerre dans un ou deux ans, et je me réjouis à l'idée d'une guerre de libération, je partirai même s'il ne me reste qu'un membre valide[75]. »

Les références au temps passé avec Maja, le plus souvent entourés de leurs amis, se multiplient. Ils lisaient et faisaient de la musique ensemble, se livraient à des discussions profondes sur Dieu et le monde, se tenaient parfois par la main et s'embrassaient quand ils se séparaient[76]. C'est avec horreur qu'il apprit, à la mi-novembre, que Maja allait quitter Munich en janvier[77]. À la fin de novembre, après n'avoir pu échanger que quelques mots avec elle, il se fit une promesse : « Demain, je dois savoir clairement, la situation est trop affreuse. » Il la rencontra donc de nouveau le lendemain, mais la clarification souhaitée n'eut pas lieu : « Après le repas, ai aidé Maja dans les comptes jusqu'à 11 h 30. Elle m'en a d'ailleurs grandement remercié. Ensuite, retour à la maison[78]… »

Il fut repris de son désir de se jeter dans la bataille : « […] si seulement j'encourais quelque danger, je mettais ma vie en jeu, je pouvais me battre, ce serait quelque chose. Ah, que l'homme, avec ses penchants, son indéfinissable mélancolie, son cœur bouleversé, est donc une malheureuse créature. Et pourtant je suis fier de mener ce combat, je ne succomberai pas[79]. » Dans le même temps, il notait une distance croissante de la part de Maja : « Je ne sais pas si je me l'imagine seulement ou si cela est la réalité. Maja n'a pas été avec moi comme elle était jusqu'à présent. Rentré à la maison vers 1 h[80]. » Il commençait à douter de ses chances auprès de l'objet de son désir[81].

Le 5 décembre, la veille de la Saint-Nicolas, il se réjouit d'un cadeau qu'il attribua à Maja : « Trouvé à la maison une petite corbeille de St-Nicolas. Gebhard y a trouvé un cheveu doré. Je crois que la gentille Maja a préparé la chose. J'ai gardé le cheveu par-devers moi. » Trois jours plus tard, la désillusion était de retour : « En fait, les affaires de la Saint-Nicolas venaient de Mlle Wahnschaffe. On voit bien à quel point un homme amoureux peut se faire des idées. » Que faire ? Il prit une décision : « Aujourd'hui, je me suis détaché de tout intérieurement et ne vit désormais plus que pour moi seul. Si je ne trouve pas la jeune fille qui me séduira par ses qualités et qui m'aimera, alors je partirai en Russie seul[82]. »

« J'espère la voir, peut-on lire dans son journal à la date du lendemain à propos de Maja, quand je serai là dans un an, quand elle aura passé une année à la campagne. Et espérons ainsi que cette charmante personne aura réfléchi, qu'elle aura mûri et qu'elle aura fait son chemin. C'est une battante[83]. » L'année se finit sur des projets : « Puis nous avons joué et bu du punch. Que va nous apporter la nouvelle année ? Quoi qu'il advienne, si Dieu le veut, j'en profiterai pour gagner en maturité et progresser intérieurement sur la voie de la connaissance[84]. »

Mais, à peine quelques jours plus tard, il était de nouveau en proie à « une humeur d'une terrible gravité[85] ». Il eut des discussions particulièrement pénibles avec son frère Gebhard et avec Ludwig Zahler, qu'il énervait manifestement : « Ludwig m'a dit que j'étais trop sensible, et il a parfois raison, certes. Mais pas tout le temps[86]. » Il était contrarié par le comportement de Maja qui, lors d'une des soirées chez les Loritz, l'ignora complètement. S'apitoyant sur son sort, il se plaignit, du reste de façon injustifiée, à propos des prétendus sentiments de Maja à son égard : « Avec Luisa et elle, j'en ai fait l'apprentissage : "Il est difficile de trouver plus insensible que bien des jeunes filles que l'on a pu aimer autrefois"[87]. »

Outre ses maux d'amour, son journal traduit à cette époque le développement de son désir sexuel. Il discutait ainsi avec Ludwig et Gebhard de « la fameuse question "de la femme"[88] ». En novembre, il rapporta que, « sur la place de l'Odéon, une putain nous a accostés ». « Sans succès, bien sûr », s'empresse-t-il d'ajouter, avouant malgré tout : « Mais cela est fort intéressant[89]. » En décembre 1919, il avait parlé de la pièce de Wedekind, *Le Château de Wetterstein*, où les quiproquos sexuels jouent un grand rôle, avec un camarade des associations militaires qui lui avait par ailleurs raconté ses propres expériences marquantes du temps de la guerre : « Je dois dire toutefois que cela ne m'a pas paru être des saletés, mais une question d'intérêt dont un homme mûr se doit d'être tout à fait averti[90]. » En mars 1920, il fut profondément choqué et dégoûté par un livre qui traitait d'une histoire d'amour entre un jeune prêtre et un garçon de quatorze ans : « Dimanche, le 7 mars 1920. 23 h 30, d'une humeur terrible. Munich – typique. Idéalisation d'un homosexuel. Image abominable[91]. »

À la fin de janvier et au début de février 1920, cloué au lit par une grippe, il nota avec un soin méticuleux à quel point ses amis s'occupaient de lui et lui apportaient un soutien moral dont il avait manifestement grand besoin : « Käthe m'apportait toujours mes repas. Lu m'a rendu visite chaque jour, parfois deux fois par jour. Schorschl est aussi venu me voir une fois. Ce sont des bonnes âmes, des personnes chères, et avant tout de bons amis. Käthl a été comme une sœur. Lu est un frère pour moi. Friedl m'a envoyé un œuf ainsi que toutes ses amitiés. C'est quelqu'un de bien[92]. »

Dans l'ensemble, il fut plutôt désenchanté par les expériences de ces premiers temps à Munich. Il n'est donc pas étonnant qu'il ait préféré séjourner chez ses parents : « Rien ne vaut son chez-soi. » Il s'entretenait avec eux, certes brièvement, mais avec une relative liberté, des choses qui le touchaient : « Le soir, promenade avec papa. Nous avons beaucoup discuté. De Luisa, de mon problème russe (surtout avec maman), de l'avenir politique et économique, etc.[93] » À la maison, « je suis un jeune homme joyeux et sans souci, mais dès que je quitte le domicile des parents je me transforme[94] ». Ses relations avec son père (« ce cher papa ») étaient souvent harmonieuses, bien qu'il ait eu régulièrement des sujets de conflit avec ses parents. Comme en avril 1921, où ils traversèrent une crise grave[95].

Comme on peut le voir plus que nettement à la lecture de son journal pour la période de son premier semestre munichois, Heinrich Himmler avait visiblement du mal à établir le contact avec les autres. Non seulement il était, du fait de son âge, inexpérimenté et timide avec les jeunes filles, mais il ne savait pas non plus ce qu'il attendait et pouvait attendre en général des autres dans ses relations personnelles. Il éprouvait de grandes difficultés à évaluer l'état d'esprit de ses proches et à y réagir de façon appropriée. Il n'était pas doué pour le jeu subtil des relations entre les hommes.

Des psychologues parleraient des conséquences d'une faiblesse ou d'un désordre réactionnel de l'affectif[96]. Les gens qui souffrent d'un tel trouble, pendant la petite enfance, ont tendance le plus souvent quand ils sont plus grands, voire adultes, à placer de grands espoirs dans leurs relations avec les autres, espoirs qu'ils ne sont cependant pas en mesure de définir avec précision et qui, partant, ne parviennent pas à se réaliser. Cela a pour conséquence un sentiment de frustration – et le besoin de davantage d'attention. Les personnes affligées de ce problème ont tendance à se sentir constamment exploitées. Il leur arrive de se défouler dans le cadre d'explosions de colère difficilement compréhensibles, puis de développer des stratégies de rapprochement que l'entourage interprète souvent comme des tentatives pour s'assurer des faveurs. Mais ils apprennent aussi souvent à dissimuler leur immaturité par certaines techniques de comportement et à compenser jusqu'à un certain degré dans leurs relations avec les autres.

Comme l'ont déjà clairement prouvé les lettres d'Himmler du temps où il était sous l'uniforme, il luttait en fait contre un besoin inextinguible de sympathie et de sollicitude – au début, avant tout de la part de sa mère, puis, plus tard, de son cercle d'amis. Il recherchait la proximité des autres, tout en ayant toujours le sentiment de ne jamais être vraiment proche d'eux. Il veillait à être toujours serviable, mais était prompt à la colère car il redoutait de passer pour un pantin. Il allait en outre s'apercevoir que son comportement vis-à-vis des autres – quoique bien intentionné – était perçu comme démesuré et suscitait incompréhension et réactions de rejet.

Il s'efforçait d'ailleurs activement de compenser ces faiblesses. Il était aidé en cela par un trait fondamental de sa personnalité, que l'on peut faire remonter à son plus jeune âge : la volonté jamais démentie de se surmonter et de se contrôler. Se dominer, éviter le plus possible l'affect, cela devint pour lui comme une seconde nature. De plus, il espérait, par un travail rigoureux sur lui-même, parvenir à ce stade d'assurance de soi qui lui permettrait de dépasser son immaturité dans le commerce avec autrui. C'est également sous cet angle qu'il faut considérer les règles strictes qu'il s'imposait dans ses contacts personnels : son comportement soigneusement policé, la routine de ses visites de courtoisie, les techniques de conversation, et enfin l'importance qu'il attribuait à sa correspondance régulière et aux échanges de cadeaux. Le lien avec son entourage nécessitait un cadre dans lequel il pouvait se mouvoir.

La façon qu'il avait de se présenter en tant que « soldat » entre justement dans cette logique, par laquelle il visait à la fois à se contrôler et à s'attirer la reconnaissance des autres. De la génération de la jeunesse de guerre, Himmler appartenait à une tranche d'âge de la jeunesse bourgeoise qui vécut la défaite militaire et la révolution comme des moments décisifs de son existence. Pour ces jeunes, les événements de 1918-1919 constituèrent une provocation qui ne pouvait appeler en réponse qu'une réorientation fondamentale dont le but à long terme était de surmonter la défaite tant intérieure qu'extérieure, en changeant de façon de voir et de style de vie.

Ainsi se cristallisa, dans cette génération, un mode de vie qui peut se résumer par les notions de sang-froid, de calme, de dureté et de réalisme, comme l'a démontré en particulier Ulrich Herbert. Les efforts soutenus d'Himmler pour dépasser ses difficultés relationnelles par le strict respect du formalisme et de règles quotidiennes, la fuite ou la maîtrise de toute passion, toute émotion, correspondaient donc également à sa volonté de suivre les exigences de son temps, ce qu'il parvenait plus aisément à accomplir en tant que réserviste que dans sa vie d'étudiant de bonne famille. L'univers militaire, ordonné jusque dans ses moindres détails, satisfaisait son besoin de règles et de contrôle, et face à l'absence d'émotion vers laquelle tendait ce monde d'hommes, ses faibles capacités relationnelles devaient même être perçues comme une vertu. C'est là la clé biographique qui permet de comprendre son enthousiasme pour la chose militaire et – quand la carrière d'officier lui fut refusée – son engagement ultérieur dans le mouvement paramilitaire.

Les origines de ce handicap relationnel, à en croire les psychologues, résident dans la petite enfance, dans le manque d'attention de la part de sa mère et de possibilités. On ne peut que spéculer sur ce qui a pu conduire à ce résultat chez Himmler. Peut-être les fréquentes maladies de son frère aîné ont-elles joué un rôle, tout comme le fait qu'Himmler s'est très tôt vu confronté à la concurrence de son plus jeune frère, et qu'il s'est retrouvé dans la position classique du cadet qui se sent négligé. Quelles qu'aient pu être les causes de ses difficultés à établir des liens avec les autres, elles allaient le hanter toute sa vie.

Des lectures fructueuses

Les turbulences émotionnelles qu'il traversa durant son premier semestre, d'octobre 1919 à mars 1920, eurent un impact sur ses lectures. Sa liste, pour la période, comporte en tout quatorze titres, mais politique et stratégie n'y occupent qu'une place marginale. S'il jugea qu'un livre sur les francs-maçons n'était pas assez critique[97], les *Poèmes et pensées du front* de Walter Flex, parus sous le titre *De la grande communion*, le captivèrent, parce que l'ouvrage « retranscrit fort bien et de manière saisissante, avec l'imagination de l'écrivain, les pensées du soldat[98] ».

Mais à cette époque il lut principalement des romans et des récits où il était surtout question d'amour, d'érotisme et de la guerre des sexes. Il estima que *Bruges-la-Morte*, le roman sombre de Georges Rodenbach, l'histoire d'un homme toujours lié à sa femme défunte qui assassine son amante quand celle-ci tente de prendre la place de son épouse, était « très bon sur le plan psychologique » ; une lecture qui, apparemment, correspondait à l'humeur dépressive d'Himmler en novembre[99]. Il termina *Rosendoktor*, roman populaire de Ludwig Finkh, publié en 1906, « satisfait [...] comme [il ne l'avait pas été] depuis bien longtemps », y voyant un « chant noble, véritablement, en hommage à la femme[100] ». À la fin du semestre d'hiver, il attaqua le *Journal d'une femme perdue*, un best-seller sur le destin d'une jeune fille qui finit par se prostituer. Un livre, nota-t-il manifestement impressionné, « qui permet d'entrevoir le sort terrible de l'homme et qui invite à regarder certaines prostituées d'un autre œil[101] ».

C'est avec grand intérêt qu'il lut *Nora*, pièce d'Ibsen, se livrant à l'analyse suivante des causes de cette tragédie conjugale : « Elle a commis la faute de s'être laissé transformer en marionnette » – « en partie », rajouta-t-il par la suite. Et cet autre commentaire : « Elle ne peut jamais exiger que son époux sacrifie son honneur. » Quant à Helmer, l'époux, il serait coupable d'avoir « lâchement abandonné sa femme alors qu'elle est dans le besoin et d'avoir ensuite agi comme s'il ne s'était rien passé [102] ». D'après Himmler, si Nora vit comme une marionnette contrainte à la dépendance, c'est donc sa propre faute. Il ne lui vint jamais à l'esprit que son époux pouvait être responsable. La question de l'émancipation qu'aborde cette pièce pourtant déjà vieille d'une quarantaine d'années lui était visiblement totalement étrangère. Il ne pouvait pas comprendre Nora, qui finit par rompre les vœux du mariage. Sa vision de la femme, vision tout à fait adolescente que trahissent ses réflexions sur ses lectures, était surtout dominée par l'opposition entre la femme noble et la prostituée. D'ailleurs, la pièce le conforta dans son idée que l'époux se devait avant tout de protéger sa femme – du moins, tant que son « honneur » le lui permettait. Il n'aurait pu mieux exprimer son incompréhension absolue face au débat sur l'égalité des sexes, qui se renforça en Allemagne avec le début des années Weimar.

Au printemps et à l'été 1920, deux ouvrages antisémites sont portés sur sa liste de lectures. Il cherchait manifestement des réponses à la « question juive », qui avait pris corps pour lui avec la discussion sur les duels étudiants à la fin de 1919. En avril, il lut *Les Péchés contre le sang*, un roman d'Artur Dinter qui connut un succès extraordinaire, et qui, s'il suscita son approbation, souleva aussi son scepticisme : « Un livre qui pose avec une netteté effrayante la question juive et ne peut qu'amener à aborder ce sujet avec la plus grande méfiance, tout en s'intéressant aux sources du roman. Car la voie médiane semble sans doute la bonne. L'auteur, je pense, est un peu aveugle dans sa haine des Juifs. – Le livre est un véritable roman à thèse sur des principes antisémites [103]. » En revanche, il approuva sans réserve *Ultimo* de Friedrich Spielhagen [104]. D'après sa liste de lectures, ce n'est qu'à partir de 1922 qu'il recommença à s'intéresser intensément à la question juive. En 1920, Himmler n'était apparemment pas encore disposé à épouser un point de vue antisémite radical.

En 1920, il tomba sur un livre qui l'aida à faire de son inexpérience sexuelle et de son manque de succès auprès des jeunes filles une véritable vertu. Il s'agit de *Nous les jeunes hommes*, œuvre philosophique de Hans Wegener parue en 1906, qui traite précisément du « problème sexuel du jeune homme éduqué avant le mariage [105] ». Wegener y mettait en garde contre l'onanisme, la prostitution ainsi que les relations sexuelles avant le mariage, et recommandait une abstinence générale avant le mariage. Mais, contrairement à d'autres écrits contemporains, il ne se contentait pas de préconiser cette abstinence au nom d'éventuels risques pour la santé, mais en appelait avant tout à l'honneur et à la volonté du jeune homme : la chasteté était présentée comme la quintessence d'une virilité correctement maîtrisée.

L'idée d'une « vénération chevaleresque de la femme pure[106] » était essentielle. Une attitude « ferme » qui permettait d'entretenir des relations amicales et non érotiques avec les femmes : « Cela est bien, car nous foulons ainsi au pied le bestial et, dominant nos sentiments, nous recherchons l'amitié de telles femmes. Elle ne nous sera pas interdite, elle enrichira notre vie personnelle, elle nous rendra ce que nous avons donné, elle échangera avec nous, si nous avons été purs, dans une pureté plus grande encore, elle accroîtra notre force dans ce combat contre nous-mêmes, elle nous adoubera, et cet adoubement nous contraindra notre vie durant à protéger le sexe faible. Tant que nous n'aurons pas trouvé la femme à laquelle nous souhaitons appartenir pour la vie, le commerce amical avec une femme nous est un devoir absolu[107]. »

Un véritable baume pour l'âme meurtrie d'Himmler. Non sans euphorie, il décida de faire des conseils de Wegener sa règle personnelle. Dans sa liste de lectures, il le commenta, réjoui : « Un livre aux idéaux les plus élevés. Élevés, mais atteignables. Et bientôt atteints. – Sans doute le plus beau livre que j'aie lu en ce sens[108]. »

Stage en agronomie

À l'issue de ses deux premiers semestres à Munich, Himmler dut effectuer un stage dans une exploitation agricole. Nous manquons d'informations sur le déroulement de son deuxième semestre, car nous ne disposons d'aucune note dans son journal pour le semestre de l'été 1920. On peut cependant supposer que le séjour obligatoire à la campagne représentait pour lui une occasion particulièrement bienvenue de s'arracher à ses relations munichoises, lesquelles s'étaient compliquées. La famille Rehrl, des proches des Loritz, lui avait trouvé une place de stagiaire dans leur propriété à Fridolfing, en Haute-Bavière, et il attaqua l'année qui l'attendait avec de grands espoirs, comme il l'écrivit à son père : il comptait profiter de « cette paix précieuse » et renforcer, et même « endurcir », son organisme par les travaux des champs. Il espérait en outre « parvenir à apaiser ses nerfs et son âme dans la nature, dans la gravité et la joie du travail et de la vie agricoles[109] ». L'achat d'une motocyclette devait le sortir de son isolement campagnard[110].

Il arriva à Fridolfing le 7 septembre, et ses lettres à ses parents montrent qu'il s'engagea pleinement dans des travaux qui lui étaient inhabituels[111]. Convenablement logé, bien nourri, il établit des liens avec la famille, et s'entendit presque immédiatement avec Alois Rehrl, le propriétaire qui avait dix ans de plus que lui. Une amitié qui allait durer des années[112]. Ils allaient ensemble à la chasse, Himmler visita des foires agricoles, entreprit diverses excursions et randonnées en montagne[113], devint membre du Touring-Club allemand et de l'Alpenverein, le Club alpin[114], et prit part avec un vif intérêt aux réunions locales et aux fêtes traditionnelles[115]. Il s'inscrivit également dans l'Einwohnerwehr[116]. Il se rendait régulièrement à l'église[117] et, durant son temps libre, rendait visite à des connaissances résidant dans les environs[118]. Tout au long de son séjour, il maintint des contacts étroits avec le foyer familial. Comme toujours, sa mère lui envoya de nombreux colis[119], tandis qu'il infligeait de nouveau à ses parents une comptabilité fastidieuse au sujet de l'argent de poche qu'il obtenait d'eux[120]. « Je promets pour toujours d'être un homme appliqué, courageux, & de le rester », écrivit-il à son père dans une lettre pour le cinquante-sixième anniversaire de ce dernier[121].

Durant cette période, ses lectures portèrent davantage sur d'autres drames d'Ibsen, qui lui semblaient un peu trop « réalistes », mais aussi « singulièrement vrais[122] ». Dans *La Comédie de l'amour*, il estimait que « le caractère mensonger et le carcan social de l'amour » étaient cloués au pilori[123]. Dans *Les Piliers de la société*, il appréciait de voir le « mensonge et l'escroquerie sur lesquels est bâtie la société ». Mais surtout il lui importait de constater « comment le bien qui existe dans la société se cristallisait sur des individualités et finissait malgré tout par prévaloir[124] ». Ibsen le confortait dans son principe selon lequel il est possible de maîtriser chaque situation par le contrôle de soi et la force de la volonté. La pièce du dramaturge norvégien sur le pasteur Brand qui, par sa rigueur, aboutit à sa ruine et à celle des autres était pour lui « en ce qui concerne la morale et l'éducation de la volonté un des meilleurs drames, un des plus idéaux que je connaisse. C'est le livre de la volonté, de la morale et de la vie sans compromis[125] ».

Il dévorait en même temps des romans qui mettaient en scène sa vision idéalisée de la femme noble, comme *Die arme Margarete*, d'Enrica von Handel-Mazzetti, ou *Die Heilige und ihr Narr*[126] d'Agnes Günther. Il se passionna aussi pour les récits sur les héros nordiques et germaniques. Il fut impressionné par le roman de Verner von Heidenstam sur le roi de Suède Charles XII, « l'histoire d'un homme de fer, qui inspira un peuple jusqu'au dernier jour de sa vie par son esprit et sa volonté, et qui porta la bravoure jusqu'à l'héroïsme. – Un homme comme nous en aurions tant besoin aujourd'hui [127] ». Il fut totalement enthousiasmé par *Ein Kampf um Rom*, le roman monumental de Felix Dahm sur les Goths, « histoire saisissante et vivante d'un peuple noble et bon de Germains authentiques ». Et il y avait de quoi « pleurer » à la lecture des « perfidies et des intrigues féminines des Romaines [128] ».

Das Licht von Osten, roman de Rudolph Stratz qui avait pour sujet la vie d'un noble d'origine allemande en Estonie pendant la guerre mondiale, lui ouvrit avec « une clarté aveuglante » de nouvelles perspectives sur cet « Est effrayant ». Il fallait avoir lu ce livre « si l'on voulait se faire une idée de l'avenir. Il nous éclaire sur les grandes invasions à l'est, l'énergie et la force intérieure des populations germaniques de la Baltique, sur nos propres forces et faiblesses [129] ».

Les Dames de Tannö, d'Ernst Zahn, l'impressionnèrent tout autant. Le roman parle d'un village dont les habitants décident de ne plus avoir d'enfants, afin de ne pas transmettre aux générations suivantes la maladie du sang qui fait rage parmi eux. Commentaire d'Himmler : « La lutte contre la puissance du sang. Comment mener cette lutte ? L'abnégation la plus noble, jusqu'à la fin. Un excellent roman [130]. »

Il lut divers ouvrages historiques, de préférence ceux qui correspondaient à son nationalisme. Il jugea intéressante une édition de discours tenus lors des débats sur la Constitution de Francfort en 1848, surtout du fait des « analogies avec la révolution actuelle [131] ». En août 1920, il était question de guerre de libération [132] et de la Première Guerre mondiale. Il engloutit en quelques jours un livre de réflexion destiné aux officiers allemands prisonniers qu'il considéra comme « un monument à la valeur allemande intérieure, à sa force spirituelle [...] édifiant, inspirant, source d'attention quant à l'âme allemande [133] ».

À la fin de 1920 et au début de 1921, il enchaîna rapidement cinq romans de Conrad von Bolander. Ce dernier était un prêtre catholique qui, sous un pseudonyme, rédigeait des ouvrages historiques d'autant plus populaires que leur point de vue était ouvertement catholique. On peut déduire des commentaires d'Himmler qu'il n'approuvait pas sans réserve cette position. Il critique plus particulièrement l'opinion antiprotestante de von Bolander, car lui-même considérait comme sacrée la nécessité de surmonter la fracture confessionnelle [134]. Il doutait en outre que von Bolander, avec son point de vue « purement catholique », ait jugé à leur juste valeur les causes de la Révolution française [135]. En revanche, il se montra enthousiaste face au ton polémique des réflexions antimaçonniques de l'auteur. Que celles-ci aient simplement été le fait d'un christianisme conventionnel, sans fondement national, ne le dérangeait visiblement pas [136].

Quand son stage à Fridolfing prit fin en août 1921, c'est plus robuste physiquement et plus sûr de soi qu'il revint à Ingolstadt, où il effectua un autre stage de deux mois dans une fabrique de machines agricoles. Durant le semestre de l'hiver 1921-1922, il reprit ses études à la faculté technique de Munich [137].

Engagement et altruisme

Au début du mois de novembre 1921, Heinrich Himmler reprit donc ses études à Munich. Il trouva une chambre au 9 de la Brienner Strasse, tout près de la faculté technique, de l'université (où il suivait également des cours) et de la bibliothèque d'État[1].

Contrairement à sa première année d'études, il prenait cette fois la plupart de ses repas chez lui. Le contact avec la famille Loritz, point d'ancrage essentiel de son existence durant sa première année, se réduisit à des visites irrégulières. Son vieil ami Ludwig Zahler s'étant entre-temps fiancé avec Käthe Loritz, ce qui avait dû considérablement peser sur l'amitié entre Heinrich et Käthe, Himmler n'était que trop heureux de pouvoir, quand l'occasion se présentait, éviter la promise de son meilleur ami grâce à cette nouvelle organisation[2].

Il ne parvenait cependant toujours pas à s'affranchir de la tutelle de ses parents. À vrai dire, il ne semble pas avoir sérieusement tenté d'acquérir son indépendance. Il effectuait de nombreuses courses pour son père[3] et continuait à recevoir régulièrement en échange des colis de linge et de vivres[4]. « Cette chère maman m'a envoyé de très bonnes choses », notait-il reconnaissant dans son journal au début 1922, alors qu'il venait de fêter ses vingt et un ans[5]. Il maintenait des liens épistolaires étroits avec Ingolstadt et, en fils fidèle à son devoir, il dressait la liste minutieuse de ses tâches[6] et se présentait toujours en étudiant assidu : il « travaillait autant que possible[7] ». Et il s'engageait toujours autant dans la vie sociale et estudiantine. Il chantait dans la chorale de l'église[8], avait repris ses visites, en particulier auprès de connaissances de ses parents[9], et était actif au sein du Conseil général étudiant (AStA), la représentation des étudiants à la faculté technique de Munich. Lors des élections de l'AStA, à la fin de 1921, il se présenta avec succès à la dixième place de la liste des étudiants membres d'associations[10].

L'engagement dans l'Association Apollo, son association estudiantine, occupait le plus clair de son temps libre. Dès le début de l'après-midi, on le trouvait généralement dans la salle d'armes de l'association. Il ne semble d'ailleurs pas s'être toujours bien tiré des exercices d'escrime, auxquels il s'adonnait avec tant d'enthousiasme [11]. Il dut attendre longtemps avant de pouvoir livrer son premier duel, affrontement répondant à des règles strictes et qui devait lui permettre de devenir membre à part entière de sa corporation.

Il ne s'en jeta pas moins avec énergie dans la vie de l'association, où l'honneur était objet de règles complexes, tout comme le comportement à adopter, et où ses camarades et lui se lançaient dans des débats interminables sur des problèmes de discipline et les relations avec les autres associations étudiantes [12]. Toujours soucieux de son devoir, il rendait visite à l'hôpital à des camarades malades ou blessés lors de duels [13], profitait de l'occasion pour mieux connaître les « vieux messieurs » influents de l'association [14], et acceptait volontiers en contrepartie, par exemple lors de voyage, l'hospitalité et le soutien de ses collègues [15].

En dépit de tout son dévouement, il n'obtint pas la reconnaissance qu'il espérait de ses pairs. En novembre 1921, sa candidature au poste de second dans un duel fut rejetée « car on pense qu'elle ne serait pas en de bonnes mains et que de toute façon mon père m'empêcherait de me présenter [16] ». Il ne semble pas lui être venu à l'idée qu'en tant que membre encore relativement jeune et n'ayant jamais participé à un duel il s'était porté candidat pour un rôle auquel il n'était absolument pas préparé.

Il échoua tout aussi piètrement quand, en février 1922, il chercha à occuper le poste de Fuchsmajor* (responsable de la prise en charge des nouveaux membres). « D'un côté, il m'a été pénible de ne pas être choisi, confie-t-il à son journal. De l'autre, c'est fort bien, j'ai plus de temps. Du reste, je n'ai pas travaillé, et beaucoup ne m'aiment guère. Pourquoi ? Parce que des mauvaises langues ont dit des choses à mon sujet à cause du duel et parce que je parle trop [17]. »

Quand le candidat désigné refusa le poste, Himmler proposa de nouveau ses services auprès de deux camarades de l'association, en vain une fois de plus. « Mais je ne reviendrai plus sur le sujet », se promet-il dans son journal [18]. Il s'en voulait clairement de son comportement, qui devait paraître intrusif aux autres étudiants. De même, quand il tenta de rassembler derrière lui l'association lors d'un important débat statutaire en juillet 1922, il essuya un revers. Quand les membres

* *Fuchsmajor*, membre d'une société estudiantine chargé d'accueillir et encadrer les jeunes recrues, surnommées les « renards » (*fuchs*, en allemand). (NdT)

votèrent à l'issue d'une séance nocturne, sa position se retrouva en minorité. Mais il n'en démordit pas : « Échec en droit juridique. Majorité morale[19]. »

Son emploi du temps était particulièrement chargé. Outre ses diverses activités estudiantines et paramilitaires, il était membre de plusieurs associations[20], fréquentait volontiers les cafés, les cabarets et les clubs de danse[21], allait au cinéma[22] et acceptait toutes les invitations. Dans le quartier universitaire, il croisait régulièrement des proches et se livrait le plus souvent possible au « bavardage », comme il l'indiquait dans son journal[23]. Mais, malgré tous ses efforts, la popularité qu'il recherchait tant continuait de lui échapper.

« Le combat m'attend » : le jeune Himmler et l'autre sexe

Dans ses relations avec les femmes, il ne progressait pas non plus. Si son frère Gebhard et son meilleur ami Ludwig Zahler s'étaient trouvé une amie, voire une fiancée, Himmler dut se rendre à l'évidence : pour lui, dans le secteur de l'érotisme et de l'amour, rien n'y faisait.

Non qu'il n'ait trouvé de sources d'intérêt. Ses carnets trahissent même, durant son deuxième séjour munichois, une attirance toujours plus nette, parfois obsessionnelle pour les facettes les plus diverses de la sexualité et tous les problèmes qui peuvent découler des relations avec l'autre sexe. Les descriptions détaillées de femmes s'y multiplient, le plus souvent rencontres de hasard ou objets de désir observés à distance. Lors d'un concert en février, la pianiste, « une belle femme », attisa « ses pensées dans tous les sens ». De même, l'atmosphère libertine du quartier de Fasching alimentait ses fantasmes. « Zipfchen », une « authentique Rhénane », lui fit une forte impression à l'occasion d'une fête à Fasching : « On s'est naturellement tutoyés toute la soirée. C'était une charmante jeune fille de dix-neuf ans, pleine de gentillesse et d'espièglerie, et pourtant une femme mûre, pleine de feu et de tempérament, légère et insouciante, et en même temps pas méchante (comme elle l'a dit elle-même) – nous nous sommes entretenus excellemment[24]. » Une autre rencontre de Fasching a « presque laissé entrevoir ses seins[25] ». L'amie d'un ancien camarade du corps franc de Landshut était « certes une bonne fille. – Mais franchement brutale ». La raccompagnant chez elle après une soirée passée ensemble, son camarade devant prendre le train, il réfléchit : « Je crois que j'aurais pu l'avoir. » Mais : « À la maison et au lit[26]. »

Ses discussions avec Ludwig Zahler, souvent lors de longues promenades en soirée, aidaient Himmler à surmonter ses douloureux emportements. En janvier, nota-t-il, ils avaient « discuté sur le pas de porte de Lu jusqu'à 11 heures des questions sexuelles entre l'homme et la femme. Abstinence, réalisation ». Deux jours plus tard, ils débattaient « des femmes, etc. ». À la mi-février, ils échangeaient abondamment sur le divorce, deux semaines plus tard, c'était toute la liste des sujets en question qui était revisitée : « Procréation, contraception, avortement. Point de vue de l'individu et de l'État. Point de vue de Lu très laxiste[27]. »

Himmler, lui, avait des opinions moralisatrices. Après une soirée à Fasching, il écrivit : « Rentré seulement à 2 heures du matin, ai encore marché avec Lu. Nous avons parlé du danger de telles choses. J'en ai fait l'expérience, on est si proche, en couple, corps contre corps, être contre être, ardemment. On se retrouve en proie à un feu où l'on ne peut que perdre toute raison. Les filles sont tellement parties qu'elles ne savent plus ce qu'elles font. C'est le désir inconscient et brûlant de tout l'individu, désir de libération d'une pulsion naturelle terriblement forte. C'est d'autant plus dangereux pour l'homme, d'autant plus chargé de responsabilités. On pourrait sans se soucier faire ce que l'on veut des filles, or il y a déjà assez à faire à lutter contre soi-même. Les filles me font bien souffrir[28]. » À l'issue d'une autre soirée à Fasching, qui lui parut tout à fait extravagante, il loua sa propre maîtrise : « Il est vraiment terrible de voir jusqu'où cela en pousse certains, Mariele en particulier, elle n'y peut rien, hélas, on ne peut qu'en être désolé. On ne saurait montrer trop de retenue. – Retour à la maison à 12 h 45 avec Lu. En avons parlé. Au lit à 1 heure. »

Au début de l'année 1922, Ludwig fut remplacé par un nouveau partenaire de dialogue sur la question de l'érotisme. Alphons, fils de Frau Wolff, qui lui louait une chambre, était certes aux yeux d'Himmler « un fripon. Mais il ne cesse d'en parler ». Alphons le laissa même lire les lettres d'une amie. « La chose m'intéresse sur le plan psychologique. Il faut aussi apprendre à en savoir plus dans ce domaine[29]. » Himmler finit par devenir le nègre d'Alphons et rédiger les réponses de ce dernier – non seulement à ses amies (« une chose profonde, romanesque, fougueuse, mais bonne[30] »), mais aussi à une autre connaissance, une danseuse de cabaret nommée Fiffi.

Himmler appréciait la possibilité d'aller assister avec Alphons à ses numéros. Prudents, ils ne disaient pas où ils se rendaient à Frau Wolff : « Officiellement à Annast. C'est que je suis le jouvenceau vertueux, or tout le monde saurait ce que nous faisons. Au *Taburin Luitpold.* » Fiffi s'avéra une « jeune fille très convenable ». « Pour elle, la danse est un art auquel elle s'adonne. Avec grand goût, me suis très bien entretenu avec elle. Parlé de ses danses et des autres, de ses costumes, elle accepte calmement les critiques. – Elle a environ 18 ans, une toute petite personne charmante, tranquille, gentille. Elle réagit calmement aux tendresses d'Alphons, seulement à la fin, à la porte de chez elle, elle donne un baiser. [...] Il serait bien malheureux que cette jeune fille tombe entre de mauvaises mains[31]. » Mais quelques mois plus tard la « petite personne charmante » suscitait son ire : « Fumé et bavardé avec Alphons. Fiffi a eu le culot de lui renvoyer sa (notre) lettre[32]. »

Himmler préférait poursuivre sa quête de la femme noble, ce personnage féminin idéal qui prenait une place de plus en plus centrale dans ses représentations et pour laquelle il souhaitait se préserver, à en croire ses fermes résolutions. Käthe, la fille de Frau Loritz, malheureusement déjà fiancée à son meilleur ami Ludwig Zahler, remplissait toutes ces conditions.

Un dimanche soir de janvier 1922, il se retrouva seul avec elle au domicile des Loritz. Emballé, il nota : « Kätherle était assise dans le canapé, elle portait une robe grise qu'elle avait faite elle-même et qui lui allait fort bien. J'étais assis en face d'elle dans le fauteuil. [...] Nous avons très agréablement discuté. Égoïsme, jalousie, etc., de bien des exemples, de Theo, des braves Rehrl, de beaucoup, beaucoup de choses intimes, comme on parle entre amis. Kätherle a été charmante. J'ai pu ainsi lui dire beaucoup de choses et cette fois, nous sommes sûrement devenus très proches. Est-ce que cela durera extérieurement ? Il faut attendre pour le voir, mais intérieurement il y a une confiance réciproque [...] Je suis rentré à la maison très satisfait. Ce fut une soirée merveilleuse[33]. »

En juin 1922, dans le train pour Munich, il rencontra une connaissance d'Ingolstadt : « Elle porte un grand intérêt à l'agriculture, possède même quelques bêtes. Une jeune fille directe, souvent nature, mais aussi, je pense, tout à fait charmante et vive. – On se dit que l'on n'a qu'à faire le premier pas, mais je ne peux pas lui faire la cour, et je ne peux pas encore m'attacher. – Pour ne pas dire que je ne "dois" pas[34]. »

Himmler cherchait sans cesse à provoquer des situations qu'il trouvait érotiques et qui alimentaient ses fantasmes, tout en s'en tenant à son abstinence. Mais il défendait ce principe non seulement parce qu'il pensait qu'il lui fallait attendre d'avoir trouvé « la bonne », mais aussi parce qu'il estimait se trouver au seuil d'une décision qui le mènerait à une existence ne souffrant aucune contrainte : il espérait toujours devenir officier dans une nouvelle guerre, ou s'installer comme colon dans un pays lointain.

« Parlé des femmes, à propos de ce genre de soirée », écrivait-il après une sortie à Fasching au sujet d'une discussion avec Ludwig. « Comme on ne peut passer que peu d'heures ensemble. Le souvenir de tels instants compte parmi les plus purs et les plus beaux que l'on ait. Ce sont des moments où l'on a envie de s'agenouiller et de remercier pour ce qui nous a été donné. Je serai toujours reconnaissant à ces deux chères jeunes filles. Je ne veux pas parler d'amour, mais il est toujours plaisant de passer ainsi quelques heures, et le souvenir en est éternellement agréable. – Il est simplement étonnant de voir à quel point on peut avoir soif d'amour, et pourtant comme il est difficile et lourd de responsabilité de s'engager, de choisir. – On se prend à rêver qu'il n'y ait que combats, guerre, marche. – Je me réjouis de mon duel[35]. »

Tout au long de ses carnets, on retrouve un fil rouge, le refoulement de la question de la sexualité par l'invocation de la virilité, de l'héroïsme et de la violence, l'autosuggestion qui le pousse à rejeter tout attachement en tant que guerrier et héros solitaire : « Je suis d'une humeur étonnante. Malheureux, en manque d'amour, guettant l'avenir. Mais voulant être libre, grâce à l'étranger, grâce à la guerre qui vient, et le regret que le passé soit déjà écoulé. [...] Lu. Couché épuisé[36]. » Et, à l'occasion des fiançailles de Gebhard, il écrivait : « Encore un membre de notre cercle de deux ans qui s'en va, car l'attachement à une femme est fort. Car il faut quitter père et mère et suivre l'épouse. Je suis heureux que deux personnes qui me sont si proches aient trouvé le bonheur. Pourtant – le combat m'attend[37]. »

En mai 1922, il rendit visite à des amis à la campagne. Là, les mœurs étaient des plus relâchées, selon le prude Himmler. Il fut choqué de voir la petite fille de la maison, âgée de trois ans, courir toute nue le soir dans la maison : « Avant d'aller se coucher, Irmgard a sauté partout, toute nue. Je trouve cela inconvenant à l'âge de trois ans, où il faut enseigner la pudeur à l'enfant[38]. »

Il était si irrité par la promiscuité de la famille qu'il s'emporta un peu plus loin dans son journal : « Tous deux sont extrêmement crus, en particulier Friedl, et ils sont pourtant médecins. Elle est bonne, vertueuse et appréhende la vie avec légèreté, avec des lois morales précises. – Lui est un médecin très dévoué, et un très brave homme, il a bien éduqué sa femme, qui peut se montrer très entêtée [...] de temps en temps égoïste, mais patriote et, l'un dans l'autre, un homme bon. – Il y a deux sortes d'hommes, d'un côté ceux qui sont graves, forts, au rang desquels je me compte, et qui sont nécessaires à la société mais qui, selon moi, faillissent s'ils ne se marient pas ou ne se fiancent pas assez tôt, car l'animal humain est beaucoup trop puissant en nous. Peut-être la chute est-elle beaucoup plus dure pour nous. – Et de l'autre, les gens plus légers, auxquels appartiennent des peuples entiers, enflammés, animés d'une vision plus légère de l'existence sans pour autant sombrer dans le mal, qui se marient et courtisent, flirtent, s'embrassent, copulent en toute liberté sans y voir le mal – car c'est humain, et même beau. – Tous deux appartiennent à ce genre-là. Mais je les aime bien, et ils m'aiment bien, et dans l'ensemble j'aime tous les gens comme cela, les Rhénans, les Autrichiens, qui sont tous légers, mais en même temps justes et honorables. – Mais intérieurement je ne peux me considérer comme eux, même s'il est souvent fort plaisant, comme en ce moment, de vouloir y croire[39]. »

Le monde masculin, défini par l'esprit combatif et le comportement guerrier et où il passait l'essentiel de son temps libre, les entraînements à l'escrime et les soirées entre hommes au sein de l'Association Apollo et dans le milieu paramilitaire munichois auquel il appartenait, lui permettaient de fuir et d'oublier tout ce trouble. Il n'en fut donc que plus exaspéré quand un collègue lui prêta, en mars 1922, le livre de Hans Blüher sur « le rôle de l'érotisme dans la société masculine », ouvrage très discuté en son temps, où l'auteur émettait l'hypothèse que l'on ne pouvait expliquer la cohésion des organisations masculines comme le mouvement de jeunesse ou l'armée que par des liens homoérotiques forts. C'étaient précisément ces liens, sur lesquels il fallait du reste jeter un regard absolument positif, qui permettaient aux membres de ces organisations d'accomplir les plus grands exploits.

Himmler en fut scandalisé, comme le montre son journal : « Lu le livre, de quoi être profondément secoué, saisi, on peut se poser la question quel est le but de la vie, mais elle doit bien en avoir un. – Thé. Études. Souper. Encore lu. [...] Exercices. Au lit à 23 h 30, sommeil difficile[40]. » Sur sa liste de lectures, il inscrivit, impressionné : « L'homme a une connaissance colossale de l'érotisme humain, il le maîtrise sur le plan psychique et philosophique. Mais il m'assène un peu trop de philosophie homosexuelle qu'il s'efforce de masquer derrière sa force de conviction et sa culture. » Une chose restait sans équivoque à ses yeux : « Il est évident qu'il faut qu'il y ait une société masculine. Mais je doute que l'on puisse y voir de l'érotisme. De toute façon, la pédérastie pure est une erreur de la part d'un individu dégénéré puisqu'elle est contre nature[41]. »

Le mécanisme de défense d'Himmler vis-à-vis des femmes, qui avaient d'abord nettement éveillé son intérêt érotique, le fait d'avoir brutalement supplanté les représentations érotiques par des fantasmes de violence, mais aussi sa peur face à cette confrontation soudaine avec l'élément homoérotique du monde des associations masculines – ce sont autant de phénomènes qui appartiennent à la panoplie de « l'homme soldat » de l'après-guerre et qui étaient très répandus dans l'environnement où gravitait Himmler à Munich.

Dans les années 70, Klaus Theweleit, dans son étude aujourd'hui considérée comme classique, *Männerphantasien* (*Fantasmes masculins*), a analysé, en s'appuyant sur des mémoires et des romans issus du milieu des combattants des corps francs, le comportement de défense typique de ces hommes face aux femmes. « Le mouvement "vers la femme" s'interrompt brutalement et suscite des images et des pensées qui sont en relation avec la violence. L'idée de femme et l'idée de violence sont accouplées[42]. » Le combattant des corps francs – et le jeune homme qui suivait son exemple dans les mouvements paramilitaires de l'époque – était fondamentalement sans femme. Afin de contrôler ses pulsions et de s'en défendre, il s'était composé une « armure corporelle ». Il ne vivait la fusion corporelle que dans l'ivresse sanglante du combat, voire dans ses fantasmes de combat.

L'image idéale de la femme noble invoquée par Himmler, intangible et désexualisée, à laquelle le jeune homme s'était déjà heurté dans le livre de Wegener, est aussi typique de son milieu que de son époque. Theweleit l'a décrite sous la forme de « l'infirmière blanche », qui n'est une figure ni maternelle ni fraternelle. Pour Theweleit, elle incarne « le concept qui évite toute féminité érotique/menaçante. Elle garantit le respect du tabou de l'inceste avec la sœur, et le lien à une figure de la mère à la fois rassurante et immatérielle[43] ». La rencontre d'Himmler avec la sœur d'un collègue gravement malade, une sœur qui le soignait, le plaça dans un état proche de l'extase : « Ainsi sont-elles, ces jeunes filles, elles s'abandonnent au désir de l'amour, mais peuvent aussi faire preuve d'un amour d'une noblesse exceptionnelle, cela est même tout à fait habituel[44]. »

La guerre, le combat, l'altruisme – il avait beau s'enivrer de cette triade, la guerre, elle, se faisait toujours attendre. Durant son deuxième séjour à Munich, Himmler envisagea alors de nouveau d'émigrer. Mais il s'agissait davantage de chimères que de plans concrets, un moyen de fuir la réalité de l'Allemagne de l'après-guerre.

La Turquie lui parut au début particulièrement attirante. Un collègue turc lui avait donné l'occasion d'en savoir plus sur ce pays et ses habitants : « On obtient autant de terres que l'on peut en cultiver. Les gens seraient très bons et obéissants, il suffit de ménager leurs sentiments[45]. » Puis, après une conférence à l'Association des officiers allemands – le général comte von Goltz était venu parler des pays baltes et de la « question orientale » –, il écrivit qu'il savait désormais « avec certitude que dès qu'il y aura de nouveau une campagne à l'est je partirai. Pour nous, l'Est est ce qu'il y a de plus important. L'Ouest se meurt doucement. C'est à l'Est que nous devons nous battre et nous implanter[46] ».

Le lendemain, il découpa un article de journal sur les possibilités d'émigration vers le Pérou : « Vers où serai-je poussé ? L'Espagne, la Turquie, les pays baltes, la Russie, le Pérou ? J'y pense souvent. D'ici deux ans, je ne serai plus en Allemagne, si Dieu le veut, à moins que l'on ne se batte à nouveau, qu'il y ait la guerre et que je sois soldat[47]. » En janvier, il fit brièvement les yeux doux à la Géorgie, et se demanda une fois de plus : « Où irai-je, quelle femme aimerai-je et m'aimera[48] ? » Quelques semaines plus tard, il reparlait de la Turquie avec Rehrl, son mentor : « L'installation d'un moulin sur le Kebur serait très prometteuse[49]. »

Dans le même temps, ses efforts pour entreprendre une carrière d'officier s'avéraient tout aussi infructueux. Mais, du fait de ses tentatives pour entrer en contact avec des officiers de la Reichswehr, qui s'étaient multipliées depuis le début de 1922 – en décembre de l'année précédente, il avait définitivement obtenu le grade d'aspirant[50] –, et de ses activités, tout au long de l'année, dans les milieux paramilitaires de Munich, il finit par se rapprocher de forces potentiellement putschistes. Ainsi, en janvier, avait-il fait une rencontre importante lors d'une réunion de la société de tir Freiweg : « Soirée du club de tir à l'Arzberger Keller – c'était de nouveau bondé. Le capitaine Röhm et le commandant Angerer étaient présents également, très aimables[51]. »

Frustration

Il n'était de retour à Munich que depuis quelques mois que déjà il se sentait frustré, comme durant sa première année d'études. L'assurance, acquise à Fridolfing, qu'il allait maintenant pouvoir attaquer la vie différemment s'était dissipée. Dans son journal, il ne cesse de se faire des reproches : il n'était tout simplement pas capable de se taire, un « misérable bavard[52] ». C'était là son « pire défaut[53] ». « Certes, c'est humain, mais il ne faut pas[54]. »

Il veillait constamment à manifester devant autrui cette assurance de soi qu'il estimait indispensable – et le plus souvent le résultat, selon lui, n'était pas satisfaisant. « Je ne possède toujours pas le comportement d'une assurance élégante que je souhaiterais », notait-il en novembre 1921[55]. Lors d'une visite de la princesse Arnulf, la mère de son parrain décédé, il avait effectivement oublié, comme il le reconnut par la suite, « de m'enquérir de sa santé », mais dans l'ensemble : « Jusqu'aux adieux, j'ai fait preuve d'un comportement assez sûr[56]. »

Himmler lui-même se considérait comme un personnage malchanceux, un empoté et un indécis. À Fasching, lors d'une grande fête donnée chez les Loritz, dont le domicile avait pour l'occasion été redécoré en « harem », Himmler, qui s'était déguisé en Arabe, écrivit, laconique : « Loritz n'a pas lésiné sur la nourriture, à commencer par le cacao, que j'ai copieusement renversé sur mon pantalon[57]. » Sa description lapidaire d'une soirée dansante dans le cercle de ses confrères d'Apollo est involontairement comique, tout comme la situation qu'il dépeint : « Nous autres Apollonides étions assis à une table avec nos dames. Moi, je n'en avais amené aucune[58]. » Lors d'une visite chez des amis à la campagne, il fut l'objet des railleries de la maîtresse de maison : « Elle m'a agacé ouvertement parce que j'avais dit que je n'avais encore jamais fait la cour à personne, etc., et elle m'a traité d'eunuque[59]. » Par ailleurs, il continuait à souffrir de problèmes d'estomac, surtout quand il avait veillé tard le soir. Il fut ainsi officiellement « dispensé de bière » au sein de son association estudiantine[60].

Himmler éprouvait clairement un sentiment d'infériorité, lié à l'impression récurrente qu'il n'obtenait pas ce qu'il attendait des autres sur le plan émotionnel. Sa difficulté à établir des liens faisait qu'il ressentait souvent un vide profond après avoir rencontré des gens dont il était vraiment proche. Après une visite de sa mère à Munich, qui avait culminé par un café chez les Loritz (« Frau Loritz, Lu, Kätherle, Tante Zahler, Mariele, Pepperl, Tante Hermine, Paula, Maman, Gebhard et moi »), il se sentit d'humeur « très taciturne ». Le soir, il en tira le bilan : « Le résultat de cette journée. Je suis sentencieux et bavard, dépourvu d'énergie. Travaillé sur rien. Maman et tous très charmants, mais nerveux, même Gebhard. Et Gebhard et Paula conversations vides de sens, rires, plaisanteries, rien d'autre. Je serais malheureux, mais pour elle je suis un gars amusant, qui plaisante et s'occupe de tout. Heini va s'en charger. Je l'aime bien, mais ce qui manque, c'est le contact spirituel entre les caractères[61]. »

Même la rédaction de ses carnets devenait parfois un « exercice de volonté[62] ». Quand il était d'humeur dépressive, elle le poussait à brosser de lui-même un tableau encore plus négatif : « Je suis un homme si faible que je n'ai même pas tenu mon journal[63]. » Les témoignages sur ses difficultés avec son entourage se multiplièrent. La relation avec Käthe, son idéal féminin et fiancée de son ami Zahler, traversa en particulier plusieurs crises. Dès novembre, les tensions se faisaient plus fréquentes. Käthe lui reprocha « de mépriser totalement les femmes et de ne les estimer en rien. Or, il y aurait pourtant des domaines où la femme dominerait. – Cela n'a jamais été mon opinion. Je suis seulement opposé à l'idée que la frivolité féminine cherche également à asseoir sa domination dans des domaines où elle n'y entend rien. Un homme juste aimera une femme de trois façons. – En tant qu'enfant chérie, qu'il faut parfois gronder, voire punir dans sa déraison, que l'on protège et choie parce qu'elle est faible et fragile et qu'on l'aime d'autant plus pour cela. – En tant que compagne, en tant que camarade fidèle et compréhensive qui vous côtoie tout au long du combat de la vie, inébranlable au côté de l'homme sans entraver son esprit ni l'enchaîner. – Et en tant que déesse dont l'homme doit baiser les pieds, qui par sa sagesse féminine et sa sainteté ingénue confère une force qui ne se dément pas même dans les combats les plus rudes et apporte le divin aux heures spirituelles de l'âme[64]. »

La crise atteignit un paroxysme au début du mois de décembre 1921 : « Esclandre à cause d'une de mes remarques aujourd'hui à midi. La ritournelle habituelle. Tout ce que je dis crispe. Ce ne serait pas la faute de Lu, on ne parle pas de lui. Le coupable, ce serait moi. Lu ne la comprend pas. D'ailleurs, vous ne nous comprenez pas. Je lui vole Lu, etc. Et de pousser les hauts cris. » Himmler supposa que Frau Loritz était à l'origine de la crise, et prit une décision : « Pour l'heure, je romps avec Frau Loritz et Käthe, pour une période durable. Nos relations ne seront plus que strictement sociales. Si elles sont dans le besoin, elles trouveront toujours en moi l'ami fidèle et immuable que je suis, comme il y a deux ans. Dans ce cas, je serai avec elles comme s'il ne s'était rien passé, et je n'attendrai d'elles aucun remerciement. » Et de toute façon : « Je suis trop fier pour devenir la girouette des humeurs féminines, c'est pour cela que j'ai rompu. Je ne fais pas cela d'un cœur léger, et quand j'y repense, je ne parviens toujours pas à comprendre. » À peine venait-il de l'admettre qu'il s'en prenait à lui-même : « Mais il faut enfin que je fasse preuve de sérieux. Je veux travailler quotidiennement sur moi-même et m'éduquer, il me manque encore tant de choses[65]. »

En janvier, il s'expliqua avec Käthe sur leur fameux canapé, mais en mars c'en fut définitivement terminé de cette paix fragile. Zahler lui avait raconté qu'elle lui reprochait, lors d'un bal récent, « de s'être rapproché d'une demoiselle [elle] pour établir de bonnes relations [avec Lu] », ce qui, selon Himmler, était « de l'égoïsme malsain et de la jalousie féminine ». « C'est désormais un gouffre qui nous sépare[66]. »

Ses carnets laissent entrevoir des divergences avec ses camarades étudiants. Du haut de ses vingt et un ans, il dénonce d'un ton tout à fait condescendant « le manque d'intérêt et l'immaturité des jeunes universitaires de l'après-guerre », ceux qui, contrairement à lui, n'avaient plus à effectuer de service militaire[67]. Pourtant, à l'en croire, l'objectif « de tout homme » était toujours « de devenir un homme droit, juste et franc, qui ne connaît ni la honte ni la crainte, et c'est difficile[68] ». Himmler s'efforça de surmonter cette crise par un programme d'autodiscipline dont fit régulièrement partie, à partir du début de l'été 1922, un entraînement au jiu-jitsu[69].

Mais il continuait surtout de rêver d'un avenir héroïque, face auquel les iniquités du présent n'avaient plus aucun sens. Ce n'est pas un hasard s'il attaqua un nouveau carnet à la fin du mois de mai 1922 par un poème emprunté au *Judas Schuldbuch* de Wilhelm Meister :

> « Si te transpercent
> leurs armes et qu'au combat
> tu sois perdu, l'étendard
> tu ne céderas point.
> Car d'autres le brandiront
> Quand en terre on te mettra
> Et conquerront la gloire
> Dont tu rêvas[70]. »

Les études se terminent

Sa nature sans cesse plus renfrognée et son repli sur soi s'expliquent sans doute aussi par l'inquiétude que suscitait en lui l'approche des examens pour son diplôme. Il était hanté par les soucis de ses parents vis-à-vis de ses activités multiples à Munich, dont la plupart n'avaient aucun lien avec ses études. Quand il lui arrivait d'être submergé de travail, c'était l'image de son père qui lui pesait : « Ambition à cause de Senior[71]. »

Parfois, il cédait à une véritable panique : « On ne peut qu'avoir peur quand on réfléchit aux examens, aux études et au temps, aux études et à la profondeur. Tout est si intéressant, et si peu de temps[72]. » Quelques semaines plus tard, il basculait dans la mélancolie : « Rester songeur face au temps qui passe si vite. La belle et bienheureuse époque des études est bientôt terminée, j'en pleurerais[73]. » Malgré tout, il parvint à s'assurer quelques avantages – les bons contacts qu'il entretenait avec les professeurs, qu'il avait noués en tant que représentant de l'AStA, s'avérèrent utiles. « Le Dr Niklas est tout à fait accommodant, je lui ai dit que je n'avais pas suivi les cours. Je dois le lui rappeler lors de l'examen, il m'interrogera sur mon stage[74]. »

Pour boucler le cursus en agronomie à la faculté technique de Munich, il fallait avoir accompli au moins six semestres. Mais Himmler invoqua un règlement destiné aux mobilisés selon lequel il aurait dû passer une partie des examens au bout de seulement deux semestres, soit durant son stage. Il parvint ainsi à réduire son cursus à quatre semestres. Dans sa requête, il avait déclaré qu'il avait été membre des corps francs d'avril à juillet 1919 et qu'il avait développé « une hypertrophie cardiaque suite à des efforts excessifs dans l'armée[75] ». En réalité, comme il le reconnut dans une discussion avec l'un de ses enseignants, cette conclusion prématurée des études n'était « absolument pas légale », mais il était parvenu à ses fins[76].

Le 23 mars 1922, il conclut la dernière partie de ses examens préparatoires. L'examen final était ainsi considéré comme à moitié passé. C'était la fin du semestre. Himmler retourna pendant quelques jours à Fridolfing, pour refaire le plein d'énergie à la campagne[77]. En mai, il rendit visite à des amis dans un village près de Landshut, puis revint enfin à Munich à la fin du mois pour entamer son ultime semestre d'études.

Au début de 1922, son père avait été transféré à Munich, où il avait pris le poste de directeur du lycée Wittelsbach, établissement réputé. Pour Himmler, cela signifiait un retour partiel sous le contrôle paternel. Jusqu'à ce que son épouse le rejoigne en automne, Himmler père se trouva donc seul à Munich, et il passa ainsi beaucoup de temps avec son fils. Pour ce dernier, il devint clair dès la fin du mois de mai que le retour du père risquait d'être synonyme de difficultés : « Soudain, père est devenu furieux, d'une humeur épouvantable, il m'a fait des reproches, etc. – Mangé. Ma belle humeur était en berne, brisée. Si nous sommes toujours ensemble, la vie risque fort d'être infernale pour nous et pour les parents, et ce sont pourtant des choses si futiles. »

Toutefois, dans l'ensemble, les relations entre le père et le fils se développèrent de façon harmonieuse. Ils se rencontraient le plus souvent pour les repas, parlaient de tout et de rien, se rendirent même une fois ensemble à une manifestation politique[78]. Ils étaient du même avis en politique, et Himmler alla jusqu'à faire part à son père des secrets liés à ses activités paramilitaires[79].

Politisation

Au fil de l'année 1922, la question juive prit une place de plus en plus importante dans ses réflexions, même si, à en juger par les courtes mentions qu'il en faisait, elle s'inscrivait selon lui dans un contexte plus général. Ainsi s'entretint-il au début de février avec son ami Ludwig Zahler de « la question juive, le capitalisme, Stinnes, le capital et le pouvoir de l'argent[80] ». En mars, il aborda avec un autre étudiant « la réforme agraire, la dégénérescence, l'homosexualité, la question juive[81] ».

Au début de 1922, deux ouvrages antisémites se trouvent de nouveau dans sa liste de lectures. Himmler voyait surtout dans le *Judas Schuldbuch* de Wilhelm Meister, déjà cité, la confirmation de ses positions antijuives[82]. Peu après, il lut *Race et Nation*, de Houston Stewart Chamberlain, qui le convainquit avant tout parce qu'il était rédigé selon lui « de manière objective et sans débordement de haine antisémite[83] ». Preuve qu'il rejetait l'antisémitisme violent, relativement répandu dans l'après-guerre et qui s'exprimait par des insultes et des agressions contre les Juifs, mais qu'il jugeait trop vulgaire. Himmler préférait plutôt invoquer des raisons « objectives » pour expliquer ses opinions antisémites. Contrairement à son attitude lors du débat sur les critères à imposer aux étudiants juifs, il entreprit de s'approprier de plus en plus les théories raciales qui lui fournissaient apparemment des arguments allant dans ce sens.

Dès le début de l'année, les descriptions négatives des juifs se multiplient dans son journal. Un certain étudiant était « un type agaçant qui frappe par son aspect fortement juif[84] », dans un endroit précis se trouvait « un public très juif ». Il traita son ancien camarade de classe Wolfgang Hallgarten, organisateur d'une manifestation d'étudiants démocrates, de « gamin juif » et de « crapule juive[85] ». Mais ses carnets montrent aussi qu'il veillait encore, à chacune de ses condamnations, à considérer distinctement les Juifs qu'il rencontrait. En janvier, par exemple, il se rendit à la demande de son père chez un avoué : « Extrêmement aimable et amical. Il ne peut pas cacher le Juif [qui est en lui], il peut être quelqu'un de tout à fait bien, mais ils ont ça dans le sang. Il a beaucoup parlé de société, de connaissances et de relations. Pour finir, il m'a dit que s'il pouvait m'aider en quoi que ce soit il le ferait volontiers. J'ai certes beaucoup de camarades, mais quand même.

– En fait, il n'est pas allé au front, pour des histoires de cœur[86]. » Cependant, à partir de l'été, les descriptions négatives et les réflexions méprisantes sur les Juifs se multiplièrent, tandis que lui-même commençait à se percevoir en tant qu'Aryen, voire « Aryen authentique[87] ».

L'antisémitisme croissant d'Himmler correspond à la phase de sa véritable politisation, durant l'été 1922. Il avait bien sûr toujours manifesté un vif intérêt pour la politique, et ce dès la fin de la guerre. Il n'avait jamais fait mystère de son opposition à la gauche et de ses sympathies pour la droite nationaliste, mais au début de l'été 1922 il sortit de sa réserve : il s'engagea activement, et dans le camp de la droite radicale.

La raison en fut l'assassinat de Walther Rathenau. Aux yeux de la droite, le ministre des Affaires étrangères du Reich incarnait plus que tout autre la République de Weimar honnie : il était calomnié comme le principal représentant de « la politique d'apaisement », et son soutien actif à la démocratie était considéré comme une trahison du fait de ses origines proches de la grande bourgeoisie impériale. Étant en outre juif, il était la cible désignée d'attaques antisémites incessantes. Le 24 juin 1922, un commando d'extrême droite passa à l'action à Berlin.

Dans l'opinion publique, l'attentat suscita stupéfaction et amertume, et entraîna la constitution d'un large front contre l'extrême droite ennemie de la République. Le 21 juillet, en réaction à l'assassinat, le Reichstag vota la « loi sur la protection de la République », qui facilitait la poursuite en justice de délits politiques, mais constituait un net empiétement sur les compétences des Länder. Le gouvernement bavarois refusa de mettre la loi en application et, le 24 juillet, émit lui-même une « ordonnance sur la protection de la Constitution de la République ». Cette concurrence législative déclencha une crise grave entre le Reich et la Bavière, qui ne trouva une solution, le 11 août suivant, qu'à l'issue de négociations acharnées.

Les forces de la droite radicale, essentiellement le NSDAP, tirèrent profit de cette crise pour alimenter leur propagande. Lerchenfeldt, le ministre-président de Bavière, se retrouva en particulier dans le collimateur des critiques en raison de sa volonté de parvenir à un compromis. Dans les rangs de la droite politique bavaroise, personne ne put échapper à la polarisation qui fut la conséquence de ce débat : d'un côté se trouvaient désormais les conservateurs modérés bavarois, rassemblés au sein du BVP et qui soutenaient le gouvernement Lerchenfeldt, et de l'autre l'aile droite du parti, sous la férule de l'ancien ministre-président von Kahr, ainsi que les nationalistes allemands (qui, en Bavière, avaient formé le

Bayerische Mittelpartei) et les divers groupements et associations radicaux, en particulier les nationaux-socialistes. Ces forces s'engagèrent cette fois sans détour dans l'opposition à la République de Weimar, et entreprirent de plus en plus ouvertement de renverser par la violence l'ordre constitutionnel. Il fallut attendre le putsch déclenché par Hitler en novembre 1923 pour que cette alliance prenne fin[88].

Compte tenu de la diversité de cette constellation politique, il serait tout à fait erroné d'interpréter la radicalisation d'Himmler comme une rupture avec les opinions conservatrices du foyer parental, interprétation qu'avance par exemple Andersch dans son histoire scolaire, *Le Père d'un assassin.* Car beaucoup de conservateurs bavarois comme le père d'Himmler eurent tendance, durant ces mois d'été, à appeler à des solutions politiques radicales, ce qui sape la thèse qui voudrait qu'Himmler se soit engagé dans la droite radicale en signe de rébellion vis-à-vis de ses parents. On voit ainsi dans son journal que le père et le fils se sont d'abord rendus ensemble à des manifestations politiques.

Le 14 juin, ils assistèrent à un rassemblement de l'« Alliance allemande du salut contre la honte noire » au cirque Krone. L'alliance se lança en campagne contre le déploiement de troupes coloniales françaises dans la Rhénanie occupée, vécue comme une humiliation nationale. Le principal intervenant de la soirée, le conseiller Stehle, déclara, en citant un article des *Münchner Neuesten Nachrichten*, que « l'occupation de la Rhénanie par des gens de couleur est un crime de sang-froid et bestial, qui vise à la souillure et au rabaissement de notre race et enfin à notre annihilation ». Après la réunion, les participants surexcités formèrent un cortège qui fut dispersé par la police[89]. Dans son journal, Himmler rapporta au sujet de la soirée : « Vraiment beaucoup de gens. Tous criaient "vengeance". Très impressionnant. – Pourtant, j'ai déjà pris part à des choses de ce genre plus belles et plus marquantes. »

Le lendemain, il discuta politique avec son père à la table d'un restaurant. Himmler nous a laissé une description claire de l'éventail des sujets abordés à cette occasion : « Nous nous sommes entretenus avec les propriétaires du restaurant, des gens à l'ancienne, au sujet du passé, de la guerre, de la révolution, des Juifs, des persécutions contre les officiers, de l'époque des conseils, de la libération – du présent, du prix de la viande, de la misère croissante, de l'espoir d'un retour de la monarchie et de l'avenir, de la misère, du chômage, de la lutte, de l'occupation, de la guerre. » Son père et son vieil ami Kastl étaient d'avis, comme nombre de représentants de la bourgeoisie munichoise, que l'on était à la veille de grands bouleversements et d'un grand règlement de comptes politique : « Père a parlé au

Dr Kastl, qui partage lui aussi cette opinion. Qu'un caillou se mette à rouler, et il déclenchera une avalanche. Nous pourrions être à l'aube de grands événements. »

Quelques jours plus tard, la situation politique s'aggravait effectivement avec l'assassinat de Rathenau. Un geste qui suscita l'entière approbation d'Himmler. « Rathenau a été abattu. Je m'en réjouis. Oncle Ernst aussi. – C'était un gredin, mais il était intelligent, nous n'aurions jamais pu nous en débarrasser autrement. Je suis convaincu que ce qu'il faisait, il ne le faisait pas pour l'Allemagne[90]. »

Plutôt surpris, il dut reconnaître, deux jours après l'attentat, qu'il était relativement seul à être de cet avis dans son entourage immédiat : « Déjeuner. La majorité condamne le meurtre. Rathenau est un martyr. Ô, peuple aveugle[91]. » Et « Käthe n'a rien à dire de bon sur les partis de droite », tandis que « Père se montre inquiet des événements politiques[92] ». Le dimanche suivant, une fois encore chez les Loritz, il eut « une discussion déplaisante [...] sur Rathenau, etc. (Quel grand homme il était. Peine de mort pour quiconque appartient à l'organisation secrète.) Les femmes ont évidemment tourné casaque. À la maison[93] ».

Le 28 juin, il prit part à « une manifestation sur la Königsplatz contre les mensonges à propos de la culpabilité », un grand rassemblement « contre les puissances alliées et le traité de Versailles ». Il fut ouvertement déçu par l'attitude indécise de son Association Apollo à ce sujet : « Ça s'est mal passé avec notre société, nous sommes partis avec la faculté technique – La Königsplatz était noire de monde, sans doute plus de 60 000 personnes. Une fête digne et magnifique, sans excès ni inconvenances. [...] Un jeune de la réserve brandissait bien haut un drapeau noir-blanc-rouge* (le capitaine de la police ne l'a pas vu, c'est passible de trois mois de prison). – Nous avons chanté *Wacht am Rhein*, *Deutschland hoch in Ehren*, le *Flaggenlied*, *Musketier*, etc. – c'était splendide. À la maison. Bu du thé. »

Le lendemain, soit cinq jours après l'attentat, il confiait à son journal sur un ton de conspirateur : « Les assassins de Rathenau sont connus. L'Organisation C – terrible, quand on saura tout. » L'Organisation Consul, qui se livrait à des opérations paramilitaires illégales depuis Munich avec le soutien du gouvernement bavarois, appartenait au milieu où se mouvait, dans une sécurité relative,

* Le drapeau de l'empire allemand était tricolore, orné de trois bandes horizontales noire, blanche et rouge. La République de Weimar, en signe de rupture avec le passé impérial, avait choisi pour emblème le drapeau noir-or-rouge, adopté par le Parlement de Francfort en 1848, et aujourd'hui encore drapeau de l'Allemagne. Le tricolore noir-rouge-blanc fut réintroduit en 1933, avant de céder la place au drapeau nazi. (NdT)

Himmler, par son appartenance au club de tir Freiweg et ses liens avec Röhm (personnalité centrale de ce cercle) et d'autres officiers. Au début du mois de juin, lors d'un séjour chez ses parents à Ingolstadt, Himmler avait eu vent de détails sur le réarmement secret en Bavière : « Wagner Willi nous a raconté certaines choses, comment on opère, etc. (entraînement, trafic d'armes)[94]. » Dans les cercles nationalistes, ce genre d'informations circulait abondamment. Mais nous ne sommes plus en mesure aujourd'hui de reconstituer dans quelle mesure Himmler en savait effectivement plus sur les activités de l'Organisation C, plus, en tout cas, que les rumeurs qui s'échangent dans son entourage.

Le 3 juillet, il fit part de son profond mépris pour une « manifestation des étudiants démocrates avec la Ligue républicaine contre la terreur noir-blanc-rouge à la faculté de Munich », organisée par son ancien camarade de classe Wolfgang Hallgarten. On ne pouvait parler de terreur, estimait-il. Quand, quelques jours plus tard, il rendit visite à Kastl à la demande de son père, il apprit : « Je dois rassembler des noms pour une association "noir-blanc-rouge", pour réclamer un référendum sur la réintroduction du drapeau noir-blanc-rouge. Évidemment accepté. À la maison. Dîner[95]. »

Il entreprit aussitôt activement de faire circuler la pétition dans le cercle étendu de ses connaissances, non seulement parmi ses camarades étudiants, mais aussi dans le club de tir Freiweg : « 20 heures, Arzberger Keller, soirée Freiweg. Récolté massivement des signatures. » Ce soir-là, d'autres questions furent cependant abordées, comme l'évoque Himmler sur un ton de nouveau mystérieux : « Discuté de diverses choses avec le lieutenant Harrach et Obermeier, et me suis mis à disposition pour des missions spéciales[96]. » Selon lui, l'heure de la confrontation décisive avec les forces républicaines approchait, et il devait, il en avait l'impression, y jouer un rôle important !

Le 17 juin, son duel eut enfin lieu, ce rite d'initiation tant espéré des étudiants combattants. « J'avais invité Alphons, peut-on lire à ce propos dans son journal. Mon tour était le troisième. Je ne me suis absolument pas énervé. Me suis très bien tenu et ai fait preuve d'une très bonne technique. J'avais pour adversaire Herr Senner, de l'Alemannia. Il a porté de grands coups. J'ai été touché jusqu'au sang cinq fois, comme il s'est avéré par la suite. J'ai été mis hors de combat par une tierce au 13e assaut. [...] La partie aurait pu durer jusqu'à 50 assauts. – C'était suffisant. Le vieux Herr Reichl de Passau m'a rafistolé. 5 points, désinfection. Je n'ai vraiment pas cillé une seule fois. Mon vieux camarade Distl m'a tenu la tête. Toute l'association de Fasching était venue me voir tirer. Kiermeier Klement, d'Alemannia, de Fridolfing, avait amené avec lui Hartan

Sepp, Bader et Jäger. – Ensuite, j'ai regardé tirer Brunner. À la maison. J'ai la tête qui bourdonne, bien sûr. » Himmler père, au lieu d'administrer un sermon à son fils pour la blessure toute fraîche qu'il avait reçue au visage, réagit de façon détendue : « Suis allé voir Père. Papa a ri et n'a pas du tout pris la chose au tragique[97]. »

Quand il comprit que ses projets étaient bâtis sur du sable, Himmler fut encore plus tenté par la radicalisation. La carrière d'officier dont il rêvait n'était plus envisageable, et son autre solution, qui aurait consisté à conclure ses études par une spécialisation en science politique, allait s'avérer tout aussi illusoire. Dès le mois de mai 1922, Himmler s'était porté candidat à la faculté de sciences politiques de l'université de Munich. En juin, il avait reçu du rectorat la nouvelle que ses études en agronomie seraient prises en compte mais sans bourse d'études. Il semblait donc certain de pouvoir poursuivre sa vie d'étudiant à Munich : « Je peux ainsi rester ici pour le semestre d'hiver, c'est bien et les parents aussi vont s'en réjouir[98]. » De toute façon, son père était absolument partisan qu'il poursuive ses études. Il pria d'ailleurs son fils de ne pas s'engager plus avant dans son association, contrairement à ce que Heinrich envisageait, pour mieux se concentrer sur ses études : « L'année prochaine, je ne devrais me consacrer qu'aux sciences[99]. » Quelques mois plus tôt, il avait parlé à son père de l'éventualité d'un doctorat[100]. Le docteur Heinrich Himmler – ainsi les espoirs que ses parents avaient placés en lui auraient été pleinement satisfaits, et ses études en agronomie auraient pu s'intégrer à son parcours universitaire.

En septembre 1922, Himmler ne se prépara toutefois pas au nouveau semestre, mais accepta un travail de bureau mal rémunéré. Les détails de ce changement d'orientation restent flous. Entre juin et septembre, il aurait connu une profonde désillusion, liée à l'idée – probablement véhiculée en premier lieu par son père – que face à l'inflation galopante le revenu des Himmler ne suffisait plus à financer les études des trois fils[101].

Effectivement, au début de l'été 1922, l'inflation atteignit un niveau critique. Depuis l'été précédent, le coût de la vie avait terriblement augmenté : si, en juin 1921 – après près d'un an de stabilité relative –, il était onze fois plus élevé qu'avant la guerre, en juin 1922 il était déjà quarante fois plus haut. « Maintenant, une saucisse vaut 9 marks, c'est épouvantable. Jusqu'où cela ira-t-il », écrivait Heinrich dans son journal[102]. Or, on était encore loin du paroxysme de l'inflation : entre juin et août 1922, les prix doublèrent, puis triplèrent à nouveau d'août à décembre[103].

Les salaires des fonctionnaires ne pouvaient pas suivre une telle évolution. Certes, leurs émoluments avaient constamment augmenté depuis 1918, mais si lentement qu'ils ne pouvaient plus couvrir que 25 à 40 % du coût de la vie, en hausse constante[104]. Même si l'on part du principe qu'une famille bourgeoise comme celle du proviseur de lycée Himmler disposait de moyens de réaliser des économies et de réserves financières, l'épargne dut malgré tout finir par être consumée. Face à une inflation qui durait depuis des années, la pauvreté menaçait.

Manifestement, la famille Himmler se retrouva à ce stade en 1922, et les parents durent faire comprendre à Heinrich qu'ils étaient arrivés au bout de leurs possibilités de financement de ses études[105]. Himmler perdit ainsi ce sentiment de sécurité et d'insouciance matérielle qui avait caractérisé jusqu'alors son existence. Désormais, le foyer parental n'était plus cette base solide sur laquelle il pouvait toujours se replier si ses plans aussi ambitieux que nébuleux venaient à échouer. Quant à l'université, elle n'était plus ce lieu d'observation où l'on pouvait se retrouver fort agréablement entre gens du même bord jusqu'à ce qu'advienne la purification espérée de la situation politique. Au lieu de cela, il lui fallait mettre en application ses compétences en agronomie dans des conditions économiques particulièrement difficiles. Il est clair que ce n'est qu'à ce moment-là que la réalité de l'Allemagne de l'après-guerre a véritablement rattrapé le jeune Himmler, durant l'été 1922. Jusqu'alors, il n'avait, dans ses projets d'avenir, pris en compte ni la situation politique réelle ni les conditions économiques, se contentant de nourrir de vagues illusions quant à son futur.

C'en était fini des rêves. Pour le jeune homme de vingt-deux ans, l'heure était venue de se trouver de nouvelles orientations. Il passa les examens qui lui manquaient à la fin du semestre d'été 1922, avec la mention « bien », et décrocha son diplôme d'ingénieur agronome[106]. Il ne mit pas très longtemps à trouver un emploi. Il fut embauché comme « employé spécialisé auxiliaire » dans la Stickstoff-Land-GmbH, une usine d'engrais située à Schleissheim, près de Munich. Une fois encore, les relations familiales étaient venues à son secours : le frère d'un ancien collègue de son père occupait un poste de responsabilité dans l'usine[107]. Son contrat courait du 1er septembre 1922 au 1er septembre 1923. Selon les documents de l'entreprise, il aurait pendant cet intervalle « pris également une part active au développement de nouvelles fumures[108] ».

Nous ne savons malheureusement pas ce qu'Himmler pensa de ce poste, comment il s'installa dans cette nouvelle vie, ni pourquoi il quitta l'entreprise au bout d'un an, car nous ne disposons d'aucun carnet pour la période allant du début juillet 1922 à février 1924. Cela est d'autant plus regrettable que c'est durant cette période que se produisit l'événement qui fut le moteur de sa décision, essentielle, de faire de la politique son métier. Il participa en effet à la tentative de putsch du 9 novembre 1923.

Vers le putsch d'Hitler

Pendant l'été 1923, la République de Weimar chancela, victime de la pire crise de sa courte histoire. En janvier, la France avait prétexté du retard dans le paiement des réparations allemandes pour occuper la Ruhr. Le chancelier du Reich Wilhelm Cuno avait alors appelé la population locale à la résistance passive. Il y eut des grèves, des baisses de production, la Ruhr se retrouva isolée économiquement et la dépréciation monétaire, déjà catastrophique, échappa dès lors à tout contrôle. En août, un nouveau gouvernement fut formé sous la houlette de Gustav Streseman, rassemblant une grande coalition composée du DVP, du centre, du Parti démocratique allemand (DDP) et du SPD. Le 24 septembre, le gouvernement Streseman renonça à la résistance passive contre l'occupation de la Ruhr[109].

Tandis que les gouvernements socialistes en Thuringe et en Saxe collaboraient de plus en plus étroitement avec le Parti communiste allemand (KPD) depuis l'automne, et mettaient en place des groupes armés, la crise entraîna la radicalisation de la droite extrême en Bavière. En septembre, la section d'assaut du NSDAP (SA), le corps franc Oberland et le groupe armé « Reichsflagge* », commandé par Röhm et dont Himmler faisait désormais partie, formèrent l'Alliance de combat allemande. À la fin du mois, Röhm réussit à placer Hitler au sommet de l'organisation. Mais en réalité, l'homme fort, en coulisse, n'était autre qu'Erich Ludendorff, l'ancien quartier-maître général de l'armée impériale, chef de l'état-major de l'Armée de Terre.

Le gouvernement bavarois ne resta pas sans réagir. Il proclama l'état d'urgence et nomma le ministre-président de 1920-1921, Gustav von Kahr, « commissaire général de l'État », autrement dit, dictateur, pour gérer la situation d'urgence. Face à l'évolution des événements, le groupe Reichsflagge se rangea derrière von Kahr. Puis, avec une partie de ses hommes, dont Himmler, Röhm fonda la Reichskriegsflagge**, nom prédestiné.

* Reichsflagge : Drapeau impérial. (NdT)

** Reichskriegsflagge : Étendard impérial. (NdT)

Le gouvernement du Reich répliqua à l'état d'urgence en Bavière en imposant l'état d'urgence sur l'ensemble du territoire allemand. Quand Otto von Lossow, chef des unités de la Reichswehr stationnées en Bavière, n'obtint aucun ordre de Berlin dans cette situation de conflit, mais se vit au contraire privé de son commandement, le gouvernement bavarois le rétablit dans ses fonctions et couvrit ses troupes et lui de son autorité. Le gouvernement munichois, avec à sa tête le « triumvirat » composé de von Kahr, von Lossow et du chef de la police du Land, Hans von Seisser, se trouvait désormais en confrontation directe avec le Reich, tout en faisant face, en Bavière, à l'opposition de l'Alliance de combat d'Hitler et Ludendorff.

L'Alliance voulait appeler à une dictature de Ludendorff et Hitler à Munich, puis, avec toutes les forces dont elle disposait, marcher sur Berlin armes à la main. En route, il était également prévu d'éliminer les gouvernements socialistes du centre de l'Allemagne. Von Kahr envisageait lui aussi de renverser le Reich, mais plutôt par le biais d'un coup d'État « froid », déclenché par les cercles conservateurs du nord du pays. L'Alliance de combat était donc en présence d'un dilemme : elle ne pouvait pas suivre von Kahr, ne souhaitant pas être réduite à un rôle accessoire, mais elle n'était pas assez forte pour frapper seule.

À cela s'ajoutait un autre problème. À la frontière nord de la Bavière, la Reichswehr, désormais « bavaroise », avait été déployée pour établir un cordon de sécurité paramilitaire contre les gouvernements socialistes en Saxe et en Thuringe avec l'aide de divers groupes armés. L'Alliance de combat se trouvait également engagée dans cette opération, et avait donc dû accepter de se placer sous le commandement de la Reichswehr.

Cependant, en octobre, le gouvernement du Reich envoya des troupes en Saxe et en Thuringe. Le cordon de sécurité à la frontière bavaroise perdait donc toute utilité. De plus, grâce à l'annonce d'une réforme monétaire, Berlin avait su restaurer peu à peu la confiance dans le secteur économique. Au début du mois de novembre, l'étau se resserra sur l'Alliance de combat : elle pouvait craindre que le triumvirat ne s'entende avec Berlin, et il devenait de moins en moins probable qu'elle parvienne à déclencher un putsch. Dans cette situation, les chefs de l'Alliance décidèrent de passer à l'action, espérant entraîner avec eux les forces qui entouraient von Kahr.

Le soir du 8 novembre 1923, le triumvirat devait assister à un rassemblement à la Bürgerbräukeller. L'occasion semblait idéale. Entouré d'hommes en armes, Hitler fit irruption dans l'assemblée, proclama la dissolution du gouvernement bavarois et sa propre nomination à la tête d'un gouvernement national provisoire.

Il exigea de von Kahr, von Lossow et von Seisser qu'ils se rallient à lui. Le déroulement du putsch est connu : dès le lendemain matin, les trois membres du triumvirat prenaient leurs distances vis-à-vis de l'entreprise et autorisaient la police et l'armée à intervenir contre les putschistes. Les partisans d'Hitler et Ludendorff tentèrent malgré tout de prendre le contrôle du centre-ville, mais le putsch avorta sous les balles de la police du Land à la Feldherrnhalle [110].

Les insurgés avaient eu l'intention de s'emparer de l'état-major régional de la Reischwehr, sur la Ludwigsstrasse, où s'étaient déployés Röhm et sa Reichskriegsflagge. Le lendemain matin, les Munichois découvrirent un spectacle des plus inhabituels : l'état-major régional, ancien ministère de la Guerre, était environné de membres de la Reichskriegsflagge, eux-mêmes encerclés par des unités de la Reichswehr fidèles au gouvernement. Derrière les chevaux de frise se tenait un jeune aspirant qui, ce jour-là, eut l'honneur de porter l'étendard du groupe de la Reichskriegsflagge : Heinrich Himmler, le fils du proviseur, connu dans toute la ville, du lycée Wittelsbach. Le face à face entre les forces de l'État et les putschistes se termina dans le sang. Suite à des coups de feu tirés depuis le bâtiment contrôlé par les insurgés, les assiégeants ripostèrent. Deux des putschistes furent tués [111]. Mais, en dépit de cet incident, la Reichskriegsflagge et la Reichswehr aboutirent à un accord dans le courant de la journée : la Reichskriegsflagge se retira sans avoir combattu, ses membres ne furent pas inquiétés. Le porte-étendard Himmler non plus.

Avec ce putsch avorté, c'en était fait des tentatives de la droite radicale de contraindre les conservateurs à former un front uni pour renverser la République. Il faudrait attendre encore dix ans avant qu'une deuxième alliance entre l'extrême droite et les conservateurs ait cette fois plus de succès.

Nouveau départ en Basse-Bavière

À l'issue du putsch avorté, Himmler se retrouva en faillite tant personnelle que politique. Cinq ans après la fin de la guerre, il n'était ni officier ni colon dans quelque lointain pays, mais un ingénieur agronome qui s'efforçait en vain de décrocher un emploi[1]. Ses rêves de bouleversement politique par la violence étaient morts avec la défaite du putsch. Et plus la situation économique et politique se stabilisait, plus la question nationale perdait toute perspective.

Cela n'empêcha pas Himmler de poursuivre ses activités pour le compte du NSDAP, désormais interdit et contraint à la clandestinité. On peut déduire de certaines informations qui transparaissent dans ses carnets que dans les mois qui suivirent la tentative de putsch il servit secrètement de coursier[2]. À la mi-février 1924, il rendit visite à Röhm dans la prison de Stadelheim : « Nous nous sommes entretenus en toute liberté. [...] Je lui avais apporté la *Grossdeutsche Zeitung* et des oranges, ce qui lui a fait très plaisir. Il n'a pas perdu sa belle humeur, et est toujours le bon capitaine Röhm[3]. »

Le même mois, Himmler, qui vivait de nouveau chez ses parents[4], commença à opérer en tant qu'agitateur national-socialiste dans la province de Basse-Bavière, qu'il connaissait depuis l'enfance. Au début, il emprunta la voie du journalisme : il rédigea une contribution politique à la *Langquaider Zeitung*, qu'il intitula la « Lettre munichoise ». Cette dernière était manifestement vouée à devenir un rendez-vous régulier censé soutenir le moral des camarades de Langquaid, où se trouvait un groupe de nazis actifs[5]. Il est impossible de savoir aujourd'hui si ce projet aurait pu se réaliser.

Quoi qu'il en soit, sa première « Lettre munichoise » parut le 24 février dans le *Rottenburger Anzeiger*, journal publié dans la préfecture voisine[6]. La rédaction présenta l'article comme une contribution venant des « cercles nationalistes ». La « Lettre » était écrite sur un ton bavarois léger, mêlant récriminations et fausse naïveté. Himmler s'était clairement inspiré des « Lettres d'un fils », de Ludwig Thomas, rédigés en dialecte bavarois par un député fictif au Parlement local.

Himmler, sous le pseudonyme approprié de Heinz Deutsch, attaquait son article par un court préambule sarcastique : « Il était sans aucun doute plus facile d'écrire des lettres autrefois qu'aujourd'hui. Du reste, il n'y avait pas autant à raconter que de nos jours, et ce n'était pas aussi dangereux. De toute façon, ce n'est pas si facile, il m'arrive même d'hésiter à penser, tant mes pensées ne cessent d'être contraires à la police, et je ne m'entretiens qu'avec qui est déjà mûr pour Landsberg. Il faut donc que j'entoure mon cerveau de fil de fer barbelé et que je m'efforce d'écrire dans un "style bourgeois" domestiqué. »

Suit alors un dialogue politique imaginaire dans un train entre Deutsch-Himmler et un Bavarois visiblement satisfait de lui-même – un « Monsieur, 62 de tour de tête, la moustache en croc, bien nourri, occupé à engloutir quelques saucisses ». Un échantillon : « Dame, avec les Français, c'est bientôt fini si la conférence ne donne rien, c'en sera fini de la monnaie (avec un "pff") ! Ça montre seulement comment le franc (quand il prononce ce mot, il braie comme un âne) est tombé. Les Français, ils rentrent chez eux d'eux-mêmes, ils ne peuvent plus payer. – Alors là, lui dis-je, vous risquez d'attendre longtemps. – Si, si. Si la conférence ne donne rien, c'en sera fini de la monnaie, répéta mon bonhomme. »

Après avoir abordé divers sujets par le biais de son dialogue, Deutsch-Himmler conclut son article de façon assez abrupte par une phrase tout à fait martiale : « Un jour, un auteur allemand a eu ces mots : "Et si vous ne risquez pas votre vie, jamais vous ne la mériterez." On croit aujourd'hui en Allemagne pouvoir spéculer sur la vie en devises et en actions, mais vient le jour où l'empire que Bismarck a forgé par le fer et par le sang, et qui est maintenant dépecé par l'argent, se dressera à nouveau par le fer et par le sang. Et ce jour-là sera le nôtre. »

Dans le même temps, il se mit à jouer les orateurs. Le jour où son article paraissait dans le *Rottenburger Anzeiger*, Himmler défendait « le mouvement de liberté national-socialiste » à Kehlheim, en Basse-Bavière : « Pour la réunion, grande salle comble. Le Dr Rutz* s'est chargé du discours d'introduction, ensuite, pause. J'ai parlé des travailleurs sous le joug des capitaux boursiers, des prix des produits de première nécessité, des salaires et de ce que nous devrions faire nous-mêmes. […] – La réunion a été un franc succès. » Le soir même, une autre réunion était organisée dans un établissement voisin : « Là, dans une auberge, agriculteurs

* Un national-socialiste de Munich. (NdA)

et communistes. D'abord le Dr Rutz, puis moi. Que de la question des travailleurs. [...] Le discours de Rutz et le mien ont frisé le national-bolchevisme. Point capital, la question juive[7]. » Le lendemain, il prenait la parole devant des agriculteurs à Rohr, « fort bien », estima-t-il. À la fin de la réunion, il y eut, ainsi qu'il le nota, un incident avec « un négociant en houblon juif » : « je crois que les paysans l'ont presque écharpé[8] ».

Himmler se sentait bien dans le rôle de membre dévoué du parti : « Nous sommes restés près de 3 heures 45 avec les gens à l'auberge pour répondre à des questions diverses. Ce service du peuple est rude et épineux, ce peuple déçu, souvent maltraité, méfiant, paralysé par la peur de la guerre et de la mort[9]. »

Le lendemain de son passage à Rohr, le 26 février 1924, s'ouvrait à Munich le procès contre les putschistes du 9 novembre 1923. Himmler avait été entendu au début par le ministère public pour son rôle dans l'attaque manquée contre le haut commandement régional, mais sa participation avait été jugée insuffisante pour justifier des poursuites. Au cours du procès, la défense envisagea de l'appeler comme témoin, mais il ne comparut finalement pas devant la cour[10].

Himmler échafaudait toujours des plans pour émigrer. Son camarade d'études turc, avec lequel il avait réfléchi à une éventuelle émigration dès 1921, et qui était resté en contact épistolaire avec lui, proposa de lui trouver un poste d'administrateur de biens en Anatolie occidentale[11]. Himmler se renseigna plus avant sur ce projet[12] ; malheureusement, est-on tenté d'ajouter, il ne parvint pas à se décider à franchir le pas. Un instant, le Caucase fut de nouveau évoqué, pour être aussitôt abandonné (« Domination bolchevique, partage des terres, rien à faire[13] »). Il en alla de même de l'Italie : une connaissance qui résidait à Milan ne laissa que peu d'espoir à Himmler à la suite de sa demande. Pour Heinrich, lui expliqua son correspondant, seule restait la possibilité d'une « activité colonisatrice », peut-être en Ukraine ou en Iran, car : « En tant que simple administrateur de biens, tu aurais finalement autant de perspectives en Allemagne qu'ailleurs[14]. »

Ce qu'il avait évidemment été le premier à conclure. Revenu à la réalité, il dut reconnaître que dans le secteur agricole ses espoirs étaient minces. Au début de novembre 1924, l'Association des ingénieurs agronomes allemands lui répondit[15] que ses chances de trouver un poste important dans une exploitation en Allemagne étaient pratiquement nulles : les seuls postes disponibles étaient ceux d'assistant ou d'adjoint.

La crise

Himmler, qui n'était pas prêt à admettre l'échec de son projet de vie personnelle, professionnelle et politique, s'enferma de plus en plus dans le rôle de l'outsider mis sur la touche. Ce n'était pas lui qui s'était engagé dans une mauvaise voie, c'était son environnement.

Cette vision des choses valait autant pour sa perception de la politique que pour sa vie privée. Son irritabilité, son arrogance et sa manie de toujours vouloir avoir raison, qui, au fil des ans, s'étaient accentuées et avaient été plus d'une fois source de problèmes, s'aggravèrent encore et se confondirent fatalement avec sa tendance, déjà connue, à se mêler des affaires des autres.

On le voit nettement à la façon qu'il eut de s'immiscer dans les fiançailles de son frère Gebhard, en 1923-1924. L'épisode montre à quel point il était profondément frustré après l'échec du putsch, mais il permet aussi de comprendre qu'il en avait conçu une agressivité de plus en plus immature, que ses proches allaient découvrir de manière éclatante.

En novembre 1921, Gebhard s'était fiancé avec Paula Stölzle, fille d'un banquier de Weilheim. Dès le départ, Heinrich eut des préjugés à l'encontre de cette union[16]. À l'époque, il avait choisi un cadeau de fiançailles – après avoir « longuement cherché » – qui masquait à peine les sentiments ambivalents que lui inspirait la décision de son frère : il s'agissait du roman d'Agnes Günther, *Die Heilige und ihr Narr* *[17].

Quand des tensions se firent jour au sein du couple en 1923 – Gebhard reprochait à Paula de s'être comportée de façon trop familière avec un autre homme –, Heinrich, à la demande de son frère, joua les médiateurs. Mais il eut de sa mission une tout autre vision que celle de son aîné[18]. Himmler écrivit une lettre à Paula où il lui rappelait qu'un homme devait « avoir quant à sa promise la certitude, même s'il venait à s'absenter des années durant et qu'elle ne le verrait plus, qu'ils n'auraient plus de nouvelles l'un de l'autre pendant longtemps – ce qui, dans les années de guerre qui ne tarderaient pas à s'annoncer, ne pouvait qu'être le cas –, qu'elle ne serait jamais infidèle, par un seul mot, un seul regard, un seul baiser, un seul geste ou une seule pensée ». Une épreuve que Paula « n'avait su passer de manière irréprochable ». Si elle voulait que son mariage soit heureux,

* Littéralement, *La Sainte et son fou*. Paru en 1913, le roman d'Agnes Günther a pour principale protagoniste une princesse, modèle de dévouement, de sensibilité et de pureté, soutien sans faille de son futur mari, lui-même héroïque. Le livre connut un énorme succès en Allemagne entre les deux guerres. (NdT)

elle devait « se maîtriser avec une force *barbare* ». Comme elle se comportait « sans détermination ni règle » et que son frère était « trop bien pour toi et ne connaît pas assez l'âme humaine », c'était à un autre de se charger de cette tâche : il ne fallait pas s'étonner s'il estimait que c'était « là son devoir[19] ». Paula lui répondit sur un ton aimable mais sans détour et le pria de bien vouloir ne plus se mêler de leurs affaires[20].

L'affaire ne cessa pas de le hanter. À ses yeux, c'était l'honneur familial qui était en jeu. Des mois plus tard, il eut vent d'une autre histoire au sujet de Paula, qui lui donna l'occasion de faire pression sur ses parents afin que soit mis un terme officiel aux fiançailles[21]. Ce ne fut qu'après avoir obtenu gain de cause qu'il fit part de « l'affaire Paula » à son frère : « parlé directement de l'annulation, lui ai confié en toute franchise mon jugement impitoyable ». Lors de cette discussion, Gebhard lui apprit que Paula, « et ce sciemment et de sa propre faute, avait déjà perdu son innocence ». Il fut surpris par le flegme de son frère : « Gebhard prend toute l'affaire (annulation) sans grand mal, il semble plutôt satisfait. Comme s'il n'avait absolument pas d'âme, il frétille comme un caniche. Notre entretien a duré jusqu'à 11 h 30. – Lu le journal. – Dormi. C'est comme ça que l'on perd du temps[22]. »

Quand Gebhard eut signifié par écrit à Paula et ses parents son souhait de rompre les fiançailles[23], la jeune femme, qui était entre-temps parvenue par elle-même à la conclusion qu'un mariage avec Gebhard ne valait pas la peine, lui répondit et reprocha à son ex-fiancé d'avoir « accepté la tutelle de Heinrich et toléré son intrusion entre nous ». « Comment ton frère de deux ans plus jeune a pu se croire autorisé à me donner des leçons en ton nom en invoquant son expérience de la vie et ce qu'il estimait être la meilleure méthode. » Cela l'aurait profondément blessée[24].

Mais Heinrich n'en resta pas là. En mars 1924 – les fiançailles étaient déjà rompues –, il engagea un détective privé afin qu'il rassemble des informations compromettantes sur Paula, et mit au jour de la sorte quelques racontars sans grande valeur[25]. De plus, il se renseigna sur l'ancienne fiancée de son frère auprès d'une connaissance résidant à Weilheim, sans que son aîné le sache et seulement pour le cas où, comme il l'assura à son informateur, l'affaire prendrait de plus amples proportions. Il voulait avoir en main du « matériel » contre la famille Stölzle[26].

Avec « l'affaire Paula », le désir d'Himmler de se mêler des histoires privées des autres et de collecter ainsi des détails sur leur vie avec un intérêt proche du voyeurisme atteignit son paroxysme. Peu à peu, son attitude de donneur de leçons imbu de lui-même, hautain et dépourvu d'humour finit par offenser ses amis les plus proches. On en a la trace dans une lettre à ses amis Friedl et Hugo (dont il avait encore sollicité l'hospitalité quelques mois plus tôt[27]) datée de mai 1924. Le point de départ, banal, en fut une carte postale envoyée trois jours auparavant par Friedl à la mère d'Himmler, et où elle priait Gebhard et Heinrich de conseiller Hugo, comme promis, dans un projet d'achat de voiture. Himmler ne put supporter le ton gentiment ironique de la carte en question :

« Le style de la carte adressée le 20 mai 1924 à ma mère, que nous avons reçue le 22 mai au matin, était franchement blessant pour Gebh. & moi, et tout à fait déplacé. Parler aujourd'hui d'urgence parce que l'on n'a pas eu de réponse depuis trois jours pour une histoire de voiture, c'est à tout le moins exagéré. Manifestement, Friedl n'a aucune notion de ce qu'est l'urgence ! Ensuite écrire "si aucun de tes fils ne veut s'y résoudre". J'espère que Friedl et toi êtes convaincus que je vous suis reconnaissant de votre aimable hospitalité et de l'amitié que vous m'avez jusque-là [*sic* !] témoignée, non pour des raisons conventionnelles, mais par une intime conviction. »

Profondément froissé, il continuait : « Je crois également que tu te souviens que je t'ai dit que vous pourriez toujours compter sur moi, aussi et surtout quand il s'agirait d'une véritable urgence. Je crois aussi pouvoir dire que j'ai toujours exaucé tes moindres souhaits comme s'il s'était agi des miens. Quand bien même Friedl n'aurait pas eu confiance en Gebhard, ce qui n'est d'ailleurs absolument pas mérité, elle aurait au moins pu avoir suffisamment confiance en moi pour savoir que je ne l'aurais pas laissée tomber. »

Himmler fit clairement comprendre à ses amis qu'il attribuait la carte incriminée à une influence bien précise : il ne pouvait s'agir que d'une vengeance de Paula Stölzle qui, soupçonnait-il, persiflait contre lui dans leur cercle d'amis ! Et c'était donc à elle qu'était adressé l'avertissement qu'il valait mieux ne pas s'en prendre à lui. Quand on l'y contraignait, il pouvait « se montrer fort différent » et n'aurait « de cesse d'exclure civilement et moralement son adversaire des rangs de la société ».

Manifestement inconscient de son culot, Himmler n'hésita pas à conclure sa lettre en cherchant à se faire plaindre : « Je suis malheureusement encore là. L'affaire traîne en longueur, que c'en est épouvantable. Cette attente qui dure depuis des semaines est usante. Des semaines que l'on aurait pu utiliser à bien meilleur escient[28]. »

Himmler se vit néanmoins conforté dans son attitude de héros solitaire et de combattant méconnu de la cause nationale. En juin 1924, il reçut une lettre d'une amie, que cette dernière lui avait écrite plus de six mois plus tôt, quelques jours après le putsch, mais qu'elle ne lui avait pas envoyée à l'époque. Himmler respectait cette jeune femme, Maria Rauschmayer, fille d'un professeur munichois – et collègue de son père –, qui, durant l'été 1924, travaillait sur sa thèse[29]. « Mariele » avait déjà été mentionnée à plusieurs reprises dans son journal, sous les traits d'une « jeune fille honorable, réservée et d'un caractère solide, que l'on ne peut que respecter », et dont les opinions patriotiques étaient louables[30].

Maria Rauschmayer écrivit à Himmler en tant que camarade politique : elle voulait le tenir informé des événements et de l'ambiance qui régnait à Munich, elle partageait avec lui un sentiment de colère et de déception face à la « trahison » de von Kahr, et souhaitait le réconforter et lui donner courage. Mais la lettre montre également une profonde sympathie et de l'admiration. Rauschmayer y décrivait ce qu'elle avait ressenti en ce 9 novembre 1923, quand elle avait rencontré Himmler devant le siège de l'état-major régional, l'ancien ministère bavarois de la Guerre :

« Devant le min. de la Guerre. Les troupes de la Reichskriegsflagge, Heinrich Himmler au premier rang, l'étendard au poing, on voyait vraiment comme l'étendard se sentait en sécurité, & lui, comme il en était fier. Je m'avance vers lui, incapable de prononcer un seul mot, mais en moi résonne :

Soyez fiers : je porte l'étendard !
Soyez sans inquiétude : je porte l'étendard !
Gardez-moi en vos cœurs : je porte l'étendard !

Jamais je n'ai échangé de poignée de main plus ferme de toute ma vie, et j'ai su qu'il était comme moi, que depuis des années il ne pouvait plus penser à autre chose que : l'Allemagne l'Allemagne, l'Allemagne. » Et elle concluait : « Cette lettre à mon ami Heinrich. Qu'elle soit pour lui un modeste signe de reconnaissance et de pensée fidèle pour ce geste qui eut lieu en une heure où l'on put de nouveau espérer. Cette lettre a été écrite dans les heures de profonde souffrance et de doute muet qui suivirent[31]. »

En août, il reçut une autre lettre de Maria, témoignage rayonnant de leur communauté d'esprit : « Depuis des années impossible de penser à autre chose, depuis des années travaillé à ce sujet. Peuple & Patrie au plus haut comme une prière issue du plus profond de mon cœur. » Mais elle ne tenait pas à s'engager activement dans les rangs nationalistes. Pour une raison qui ne pouvait que plaire à Himmler : « Vous êtes une troupe de combat qui veut assécher un marécage, et démons et sorcières sont une racaille telle que je ne veux rien avoir à faire avec eux. C'est ainsi que je comprends l'idée de la noble Allemande ! En tant que camarades à vos côtés & puis avec vous après le combat. » Peu de temps auparavant, elle avait, lui écrivit-elle, répondu à la demande de rejoindre une association féminine nationaliste de la façon suivante : « Prenez un réveil & réveillez donc les meilleures jeunes filles que vous pourrez trouver en Allemagne, afin qu'elles restent de pures femmes allemandes – que les hommes, qui n'ont guère le temps pour cela aujourd'hui, sachent enfin où ils peuvent retrouver leur femme. Il doit y en avoir bien peu, car le combat pour l'existence est aujourd'hui encore plus dur pour une femme que pour un homme ; si bien que certaines se marient, qui auraient été idéales, mais sont encore trop jeunes pour savoir attendre, peut-être en vain, du reste[32]. »

Himmler conserva les deux lettres dans ses papiers personnels. Contrairement à Paula qui, comparée à son idéal, l'avait si clairement trahi, « Mariele » apportait une eau nouvelle au moulin de son fantasme de la femme noble qui se préserve pour le guerrier solitaire et célibataire. Quand on voit à quel point cette image de la femme joua un rôle central dans l'idée qu'il se faisait de lui-même en tant qu'homme, soldat, activiste politique et même Germain autoproclamé, on peut entrevoir l'importance extraordinaire que durent revêtir à ses yeux les encouragements de Maria Rauschmayer – surtout à un moment où il se sentait tout sauf sûr de lui.

En quête d'une idéologie

La liste de lectures d'Himmler pour la période 1923-1924 montre qu'il se cherchait une « idéologie » au sens le plus large du terme. Il faut remarquer qu'il s'efforça d'intégrer les éléments clés de l'idéologie d'extrême droite, que l'on décèle de plus en plus dans ses réflexions – l'antisémitisme, le nationalisme extrême, le racisme, l'hostilité à la démocratie –, dans une conception du monde couvrant toutes sortes de domaines.

Il se détachait de plus en plus du catholicisme. Au lieu de cela, il s'intéressait nettement plus à des œuvres qui, comme il le disait, traitaient de façon « scientifique » de phénomènes occultes, par exemple un ouvrage sur « l'astrologie, l'hypnose, le spiritisme, la télépathie[33] » – des sujets qui, au plus fort de l'inflation et des troubles qui y étaient liés, étaient généralement *en vogue**[34].

* En français dans le texte. (NdT)

En 1925, il lut un livre sur les pendules[35], et la même année il s'adressa à un astrologue pour lui demander quatre horoscopes[36].

Une conférence sur l'énigme de la pyramide de Chéops – « histoire et représentation de l'univers écrites dans la pierre, consignées par un génie sous la forme de cette pyramide » – l'impressionna, car elle démontrait « des connaissances d'une précision que nous, hommes cultivés et éduqués, avons perdues depuis longtemps et n'avons jamais retrouvées à cette échelle[37] ».

En janvier février 1923, il avait lu un livre sur le spiritisme, reconnaissant dans ses notes que cette lecture l'avait convaincu de la justesse de l'enseignement spirite. Himmler en déduisit donc qu'il était possible d'entrer en contact avec les âmes des défunts[38]. Dès le mois de mai 1921, il avait lu deux fois en peu de temps un texte prétendant *prouver* l'existence d'une vie après la mort. En dépit d'un certain scepticisme, il avait eu tendance à croire en cette démonstration. « L'errance des âmes », avait-il écrit pour conclure son commentaire[39] – un sujet qui le préoccuperait quand il serait devenu Reichsführer-SS.

En décembre 1923, il s'attaqua à *La Vie de Jésus* d'Ernest Renan, écrit en 1863, et trouva satisfaisante cette interprétation antijuive du fils de Dieu. Mais il n'en considéra pas moins que certains éléments du livre n'étaient « certainement pas justes ». Renan, toutefois, mettait en lumière « parfois ce qui nous est dissimulé[40] ». En février 1924, il s'intéressa à *L'Énigme du monde* d'Ernst Häckel, tout en rejetant complètement sa vision moniste du monde. Les « calomnies et le mensonge sur un dieu personnel, omniprésents et jamais étayés » étaient « carrément écœurants[41] ». En dépit de ses doutes vis-à-vis des enseignements catholiques, il n'avait donc pas encore rompu avec son dieu.

En automne 1923, la littérature antisémite l'intéressait toujours autant. Il fut un peu déçu par un livre sur le « Mauscheldeutsch* », car l'auteur avait « toutes les apparences d'un homme obéissant aux Juifs, et [n'était] en aucune façon un antisémite[42] ». Quelques semaines plus tard, il s'enthousiasmait en revanche pour le *Manuel de la question juive*, publié par Theodor Fritsch, qui comptait depuis les années 1880 parmi les plus importants représentants de l'antisémitisme allemand : « Effrayant même pour un initié[43]. » Peu après, il lut *Le Faux Dieu* : preuves matérielles contre Yahvé, du même auteur. Il est clair que Fritsch renforça les doutes que suscitait en lui la tradition de l'Ancien Testament : « Cela met en lumière certaines choses sur la valeur des récits bibliques dont on ne pouvait pas prendre conscience étant enfant. Et sinon, comme dans

* Terme péjoratif définissant le yiddish germanisé. (NdT)

tous ses livres, la reconnaissance de cette terrible discipline divine et du danger qui nous oppresse[44]. »

En février, lors de son séjour chez ses amis Friedl et Hugo Höfle, il dévora deux romans qui mêlaient antisémitisme et thèmes érotiques, ce qui lui plut considérablement[45]. En septembre 1924, au cours d'un voyage en train, il engloutit une brochure antisémite de l'Association offensive et défensive nationaliste allemande sur la « question raciale ». Elle correspondait tout à fait à ses opinions[46].

Et il tomba enfin sur *Le Pouvoir des puissances obscures*, d'un certain baron Gotthard von der Osten-Sacken. Ce livre, paru en 1924, était un exemple typique d'antisémitisme radical teinté de paranoïa. Ce qu'Himmler comprit parfaitement, sans que cela amoindrisse à ses yeux la crédibilité de l'auteur, comme le montre son commentaire : « Description du système juif de condamnation à mort morale. Il est possible que cela trahisse un certain délire de la persécution. Mais le système, lui, existe sans aucun doute, et il est mis en œuvre par les Juifs[47]. »

On trouve en outre sur sa liste de lectures une succession d'ouvrages antijésuites. Après avoir lu le premier, il notait en novembre 1923 : « Je comprends plus clairement que jamais que l'un des gestes les plus justes et les meilleurs de Bismarck a été de chasser les jésuites du pays[48]. » « L'influence de cet ordre puissant » est, d'après ses notes, évoquée dans le roman *Le Sadique en soutane*, qu'il lut quelques mois plus tard[49].

En mai 1924, le *Manuel ultramontain*, un « règlement de comptes avec le centre et ceux qui en tirent les ficelles », lui offrit une « nouvelle perspective terrifiante sur le fonctionnement interne d'un ennemi. On se sent saisi d'amertume à la lecture de tout cela. Qu'avons-nous donc fait à ces gens, que nous n'ayons pas le droit de vivre ? Et c'est maintenant qu'il faut agir. Nous voulons être allemands et nous battrons toujours à cette fin contre tout ennemi. » Mais ses critiques n'étaient pas dirigées contre la religion chrétienne en tant que telle : « Quels ennemis de la foi et de la religion chrétienne de l'amour sont ces gens-là[50]. » Son commentaire au sujet d'un autre pamphlet antisémite, qui s'intéressait aux « noirs bourreaux révélés du peuple allemand », est significatif : la « question ultramontaine » était « vraiment un phénomène secondaire, et la question juive est prioritaire, et non l'inverse[51] ».

Après l'échec du putsch, il lut aussi deux livres sur Hitler, et déclara à ce sujet dans sa liste de lectures : « C'est vraiment un grand homme, mais surtout un homme juste et pur. Ses discours sont de superbes exemples de germanité et d'aryanité[52]. » C'est d'ailleurs la première fois que le nom d'Hitler est mentionné dans les écrits qui nous sont restés de lui – journaux, correspondance et listes de lectures. Il ne faisait pas partie des partisans nationaux-socialistes qui furent entraînés dans le mouvement par le charisme du « Führer », son engagement politique ayant avant tout été le résultat des événements qui avaient précédé le putsch dans le camp de la droite radicale paramilitaire en 1922-1923. S'il avait à l'époque une idole politique, c'était Röhm, et non Hitler.

Son intérêt pour les thèmes « germaniques », comme il ressort de sa liste de lectures pour les années 1923 et 1924, ne fit pas que se confirmer, il alla en s'accentuant[53]. En septembre 1923, il entama surtout la trilogie romanesque de Werner Jansen, publiée entre 1916 et 1920, version populaire du chant des Nibelungen et d'autres sagas présentée sous forme de récits d'aventures. Jansen avait voulu revisiter ces textes en tant que mythes allemands germaniques, en les truffant de clichés racistes et ultranationalistes. Il devint ainsi une sorte de Karl May* pour un lectorat germanophile majoritairement jeune.

Quelques semaines avant de prendre part au putsch de novembre 1923, Himmler s'attaque à *Das Buch Treue* (*Le Livre de la fidélité*), de Jansen. Il en fut particulièrement transporté : « Un des livres les plus magnifiques et les plus allemands que j'aie lus. Le problème de la fidélité allemande et la description la plus précise de l'État et du peuple y sont magnifiquement traités. Hagen est un personnage idéal[54]. » Avant même d'avoir terminé ce « roman des Nibelungen », il chercha à se procurer le texte de la saga des Nibelungen elle-même : « D'une beauté immortelle, éternelle, tant par la langue que par la profondeur et la germanité », nota-t-il sur sa liste de lectures[55].

Près d'un an plus tard, il lisait le *Buch der Leidenschaft* (*Livre de la passion*) de Jansen, qui l'emballa tout autant : « [...] j'ai le sentiment d'appartenir à ces Germains et que je suis aujourd'hui bien seul à éprouver un tel sentiment[56] ». Cette lecture le poussa une fois encore à se tourner vers un texte originel. Il attaqua *Germania*, de Tacite, et eut ce commentaire : « Tableau superbe, que nos ancêtres étaient nobles, intègres et vertueux. C'est ainsi que nous devrions être de nouveau, ou du moins certains d'entre nous[57]. »

Quelques semaines plus tard, il se régalait de la saga de Gudrun** revue et corrigée par Jansen, et il en fut bouleversé cette fois aussi : « Le chant glorieux de la femme nordique. C'est l'image idéale dont nous, jeunes Allemands, rêvons, pour laquelle nous sommes prêts à mourir en tant qu'hommes, à laquelle on veut

* Karl May (1842-1912) est l'un des auteurs allemands les plus populaires au monde, célèbre pour ses récits se déroulant au Far West.

** La saga des Niflungar, en vieux norrois, dont est issue la version allemande des *Nibelungen*. (NdT) toujours croire et, ajoute-t-il sur un ton légèrement mélancolique, même si l'on est souvent déçu[58]. » Il ne trouverait certes jamais sa Gudrun, mais quand il lui fallut trouver un nom pour sa fille en 1929, le choix lui parut évident.

Outre les romans de Jansen, la lecture du traité de Hans Günther sur les « réflexions héroïques », paru sous le titre *Chevalier, mort et enfer*, constitua une autre expérience majeure en ce qui concerne sa représentation de « l'héroïcité germanique ». Il lut cet ouvrage deux fois dans le courant de l'année 1924 et le commenta de façon concise : « Un livre qui exprime avec des mots et des phrases sages ce que je ressens et ce que je pense, depuis que je pense[59]. » La mythologie germanique, enrichie par tout ce qui touchait à l'occulte, allait devenir pour lui une sorte de religion de substitution.

Agitateur local

Durant l'été 1924, Himmler prit la décision, lourde de sens, de faire du rôle d'activiste politique son métier et une véritable source de revenus. Il commença par travailler pour Gregor Strasser, national-socialiste de Basse-Bavière, activité à laquelle il semble être venu par son engagement en faveur du NSDAP en Basse-Bavière[60].

Strasser, né en 1892, lieutenant en retraite et pharmacien de Landshut, comptait depuis des années parmi les cadres les plus importants du national-socialisme en Basse-Bavière. Il avait pris une part active au putsch de 1923 et se trouvait par conséquent en détention préventive. Cela ne l'empêcha pas de se présenter aux élections du Landtag de Bavière du 6 avril, et du Palatinat le 4 mai 1924, au nom du Bloc national, qui servait d'organisation de remplacement pour le NSDAP interdit. Le Bloc national obtint 17,4 % des voix (autant que les sociaux-démocrates), Strasser fut élu, libéré de prison. Il prit alors la direction du Bloc national au Parlement bavarois. Nulle part ailleurs dans le Reich l'extrême droite ne disposait d'une aussi forte représentation parlementaire. Lors des élections au Reichstag de décembre 1924, Strasser se présenta avec succès pour le compte du Mouvement de liberté national-socialiste, liste commune regroupant des éléments nationalistes et nazis. Quand il fut député au Reichstag, il renonça à son mandat en Bavière.

Strasser, représentant d'un « socialisme allemand », défendait en fait des points de vue différents d'Hitler sur le plan social et économique : il réclamait la « nationalisation » du sol ainsi que des moyens de production, et incarnait au

NSDAP une position nettement anticapitaliste[61]. Sa mission essentielle était désormais de développer le parti dans le nord du pays. C'est d'ailleurs pour cette raison qu'il séjournait fort peu en Bavière, ancienne base de son pouvoir, où Himmler, durant l'été 1924, prit la direction du bureau du parti et géra les affaires du parti en Basse-Bavière[62].

À cette époque, Himmler oscillait entre découragement et désir de tenir bon. En août 1924, il écrivit à la personne qu'il connaissait à Milan (réponse à une lettre où l'ami en question lui avait décrit en termes peu encourageants les perspectives professionnelles en Italie) : « Comme tu le vois, je suis toujours là. J'ai énormément de choses à faire, il faut que je gère et que je développe l'organisation pour toute la Basse-Bavière, et ce dans la bonne direction. Il est impensable que je puisse répondre à une lettre portant sur un éventuel emploi pour moi. Le travail de l'organisation, que je dirige entièrement par moi-même, me convient fort bien et tout irait pour le mieux si l'on pouvait préparer la victoire proche ou un prochain combat pour la liberté, mais, quoi qu'il en soit, c'est un travail où il faut pleinement s'engager, pour nous autres nationalistes, un travail qui ne portera pas ses fruits dans l'immédiat, toujours avec la conscience que le fruit de ce travail ne sera récolté que dans des années, et aujourd'hui, peut-être nous battons-nous pour des positions momentanément perdues. [...]

« Même si nous sommes peu nombreux, nous nous acquittons de cette tâche sans faiblir. [...] Car, il faut le dire, si nous ne le faisons pas, ce travail qui doit être, cette propagation de la pensée allemande, personne ne le fera. C'est un service plein d'abnégation au nom d'une grande idée et d'une grande cause, pour lesquelles nous n'obtiendrons jamais aucune reconnaissance, et du reste n'en attendons-nous pas[63]. »

Les conditions étaient alors favorables à l'agitation national-socialiste en Basse-Bavière. Lors des législatives de décembre 1924, le Bloc national avait remporté par exemple 10 % des suffrages dans la ville de Landshut, et représentait la troisième force politique après le BVP et le SPD. Un résultat qui dépassait de loin les chiffres obtenus par les alliances de divers groupements nationaux-socialistes en Bavière (5,1 %), voire au niveau national (3 %)[64].

En décembre 1924, Hitler fut libéré de la prison de Landsberg. En février, il refondait le NSDAP (l'interdiction avait été levée, Hitler ayant renoncé à toute remise en cause de la légalité du ministre-président bavarois). C'était désormais à Himmler, à Landshut, qu'il incombait de transférer les nationaux-socialistes de Basse-Bavière, rassemblés sous la bannière du Mouvement de liberté national-socialiste par Strasser[65], au sein du NSDAP.

Cela ne se fit pas sans frictions. En juillet 1925, la direction du NSDAP se plaignit à Strasser qu'aucun des formulaires sur lesquels les nationaux-socialistes de Basse-Bavière devaient proclamer leur entrée dans le NSDAP n'était arrivé à Munich, pour ne rien dire des cotisations des membres[66]. Himmler se rendit donc à Munich en août, pour discuter des détails pratiques du transfert de près d'un millier de partisans d'Hitler organisés en vingt-cinq groupes locaux en Basse-Bavière. Par ailleurs, communiqua-t-il à la centrale, il ne travaillerait « évidemment » pas avec Max Amann (alors directeur de la maison d'édition du parti, Eher), avec lequel il était entré en conflit six mois plus tôt lors d'un déplacement à Munich. Il accompagnait sa lettre de la formule, courante dans les milieux nationalistes : « Salutations d'un fidèle Allemand[67]. »

Sa susceptibilité et ses manières peu amènes n'expliquent pas à elles seules les difficultés qui se firent jour entre la centrale munichoise et le bureau de Landshut. Contrairement à ce qu'il dépeignait dans la lettre à son ami, Himmler peina à gérer l'organisation de la cellule de Landshut. Il ne parvenait souvent pas à respecter les délais que lui imposait la centrale. En règle générale, il invoquait en guise d'excuse une surcharge de travail permanente et les fréquentes interventions d'orateurs extérieurs[68].

Le transfert des formulaires que devaient remplir les camarades du parti à l'été 1924 dura en fait jusqu'au début de l'année suivante. L'envoi des cotisations – 10 pfennigs par mois et par membre – à Munich fut tout aussi lent. Himmler n'eut visiblement pas d'autre solution que de réagir aux injonctions de plus en plus pressantes de la centrale en se réfugiant derrière une explication « folklorique » : « Cette longue hésitation, en particulier à Landshut, est moins de l'apathie que la tendance, surtout en Basse-Bavière, à se défier de toute expression & formalité écrite[69]. »

À cela s'ajoutaient des différences de contenu. Ainsi la centrale voulut-elle savoir pourquoi le fondateur du Parti national-socialiste, Anton Drexler, qui n'était plus en odeur de sainteté, avait eu l'occasion de s'adresser à une réunion du parti à Landshut[70].

Himmler pouvait au moins se vanter que la centrale de Munich reconnaissait l'existence du bureau de Landshut[71], et considérait le journal des nationaux-socialistes de Basse-Bavière, le *Kurier für Niederbayern* (publié à 4 000 exemplaires), comme l'organe officiel du parti[72]. Le 2 mai 1926, dans le cadre de ses responsabilités à l'occasion de la session du Gau du NSDAP de Basse-Bavière, Himmler énonça des chiffres laborieusement compilés : en à peu près six mois, 240 lettres avaient été reçues, 480 envoyées. Quant au matériel de propagande, « sous la forme d'éditions spéciales, éditions de combat, correspondance national-socialiste, un petit ABC du national-socialiste, tracts, journaux & brochures », pas moins de « 2131 pièces » avaient été diffusées[73].

Ce bilan ne doit cependant pas masquer le fait qu'Himmler ne se voyait pas en premier lieu comme un bureaucrate du parti pédant et diligent qui contrôlait les activités du parti depuis sa cellule de Landshut. Il considérait bien plus que sa mission était de parcourir le Gau afin de se préoccuper des différents groupes locaux. Rien qu'entre la mi-novembre 1925 et le début de mai 1926, il prit ainsi la parole lors de vingt-sept réunions sur l'ensemble du territoire du Gau (devenant ce faisant l'orateur le plus actif du Gau), et d'une vingtaine d'autres rassemblements hors de son district, non seulement en Bavière, mais aussi en Westphalie et en Allemagne du Nord, dans la région d'Hambourg, dans le Schleswig-Holstein et le Mecklenburg.

Dans le *Kurier für Niederbayern*, l'organe du parti qu'il rédigeait, il mettait bien sûr en avant ses activités d'orateur. Agitateur assidu au niveau local, il abordait principalement des sujets liés à la situation politique du moment : il tempêtait contre le plan Dawes (la réglementation, orchestrée en 1924 par les Alliés, des réparations prévues par le traité de Versailles[74]), justifia l'approbation par les nazis du projet de dédommagement des anciennes maisons princières envisagé par la République[75], et s'en prit vigoureusement aux accords de Locarno[76]. Ses réflexions s'accompagnaient massivement de prises de positions quant à la politique générale et de déclarations favorables à l'idéologie nationaliste. L'antisémitisme devint un de ses leitmotivs : il se répandait contre « les agissements des Juifs dans l'ombre », parlait de la question « des Juifs et du bolchevisme » ou des « dangers de la juiverie[77] ».

Le 9 octobre 1924, il publia dans l'organe du parti un article violemment antisémite : « Le journal, le télégraphe et le téléphone, de brillantes inventions de l'Allemand créatif et de l'esprit aryen », expliquait-il entre autres à ses lecteurs, étaient entre-temps passés « au service des intérêts de la domination juive mondiale ». Il fallait y ajouter une « toute dernière conquête [...] la téléphonie sans fil », qui « pourrait être, en tant que radio récréative, un moyen moderne d'éducation de tout un peuple sur tout le bien et la noblesse d'un monde effrayant », mais qui, en fait, se trouvait « exclusivement aux mains de sociétés juives », avec pour conséquence que « n'étaient diffusés dans le monde que des produits clinquants et purement juifs ou des produits d'un esprit allemand honteusement dévoyé ».

En mai et juin 1925, il s'était attaqué avec une vigueur nouvelle à la franc-maçonnerie, en particulier aux liens supposés entre les francs-maçons et les Juifs. Il venait alors de terminer la lecture d'un ouvrage qui avançait des révélations allant en ce sens (« un livre remarquable ») et qui semble l'avoir inspiré. Dans ce livre, il était question d'une élite historique qui, à ses yeux, incarnait le modèle idéal, la caste guerrière de la société hindoue : « La caste des kshatriya, voilà ce que nous devons être. C'est ce qui nous sauvera[78]. »

C'étaient cependant là des réflexions personnelles, qu'il ne partageait pas avec les agriculteurs de Basse-Bavière. Du reste, il reconnaissait dans ses discours qu'il ne fallait pas mépriser la franc-maçonnerie honnie en tant que modèle d'organisation – comme quand, en mai 1925, il s'exprima à Dingolfing sur « l'existence et les objectifs de la franc-maçonnerie », « rappelant sans cesse que nous, les nationaux-socialistes, ne pouvions qu'apprendre de cette organisation qui fonctionne impeccablement jusque dans les moindres détails, et que nous n'atteindrions jamais notre but tant que nous n'aurions pas éveillé une conscience du devoir comparable[79] ».

En Basse-Bavière, région fortement rurale, Himmler s'étendait également sur les questions agricoles, ce qui, face à la crise agraire de 1925-1926 – bon nombre de paysans s'étaient considérablement endettés les années précédentes et se voyaient désormais confrontés à la chute des prix de vente –, ne pouvait que faire mouche. Le 15 avril 1926, le *Kurier* fit ainsi part d'une manifestation du NSDAP de Plattling, où « M. l'ingénieur agronome Himmler de Lansdhut avait parlé de l'effondrement de l'agriculture allemande ». À en croire le *Kurier*, de « nombreux agriculteurs des villages voisins étaient présents, et ont suivi, captivés, les explications claires et pleines de fougue de l'orateur ».

Himmler avait agrémenté son discours globalement antisémite de maints détails sur la politique agraire censés démontrer ses compétences. Il avait développé « la triste histoire des maux de notre peuple » depuis 1918, avait dépeint « l'étouffement et l'étranglement systématiques de toutes les corporations, tandis que les ultimes représentants de la paysannerie étaient menacés de succomber au capital boursier juif international ». Il avait dénoncé sans pitié les agissements « des prétendus leaders paysans, qu'ils s'appellent Heim ou Kühler, Schlittenbauer ou Gandorfer, puisqu'ils appartiennent tous au capital des prêteurs juifs ». L'ancien employé de l'usine d'engrais de Schleissheim s'en était pris à « l'influence malsaine du syndicat des producteurs d'engrais artificiels », ainsi qu'au rôle, selon lui tout aussi important, de la bourse aux grains, « qui dicte les prix à l'agriculteur, si bien que, outre les lourdes charges et les dépenses, il peut à peine supporter le prix de revient, et c'est pourquoi il est contraint de vendre des parcelles pour une bouchée de pain ou de prendre des crédits à des conditions draconiennes auprès des banques juives ». La seule solution, avait-il assuré, était de « reconnaître enfin qui est vraiment notre ennemi commun, et d'avoir la volonté inflexible de combattre ensemble cet ennemi » ; tous les « Allemands d'origine doivent se rassembler au sein d'une communauté nationale avec le slogan : “Le bien commun avant le bien de chacun”, et édifier un nouvel État sous la bannière à croix gammée que brandit le socialisme national[80] ».

Dans le même temps, Himmler publiait un texte dans les *Nationalsozialisten Briefen*, où il développait des réflexions du même ordre : la « position monopolistique des producteurs d'engrais artificiels » était clairement responsable des coûts d'exploitation qui, associés aux importations bon marché, au prix élevé du crédit et aux spéculations « juives » sur les terres, mèneraient l'agriculture allemande à sa perte[81]. Il reprit le même argument pour le *Kurier für Niederbayern* dans un article paru en juillet 1926[82].

Dans ses discours, Himmler avait volontiers recours à des considérations historiques grandiloquentes pour impressionner son auditoire. Ainsi, à Geisenhausen, le 12 septembre 1925, il expliqua « les connexions profondes entre les voies empruntées par la politique allemande et la politique juive ». Il commença, rapporta le *Kurier*, « par les premiers temps de l'histoire allemande [...] puis passa brièvement en revue la politique et la structure spirituelle des États qui nous entourent [...] débattit du jésuitisme, de la Réforme, de la paysannerie [...] explicita les causes profondes de la guerre de Trente Ans » et en vint enfin à « la politique extrêmement clairvoyante de Bismarck » pour conclure magistralement sa présentation[83]. Le 19 novembre 1925, à Landshut, il détailla lors d'un « discours de deux heures [...] la voie empruntée par la politique juive en Espagne, en France, en Angleterre et en Allemagne du Moyen Âge à nos jours[84] ». À partir de l'automne 1925, on voit qu'Himmler avait de plus en plus souvent recours à la formule « socialisme national », autrement dit la devise politique de son mentor Gregor Strasser[85].

Ses efforts rhétoriques lui valaient de temps à autre des succès immédiats. Le 20 novembre 1924, comme le signala le *Kurier* depuis Achdorf, « après une courte intervention de M. Himmler », un nouveau groupe local du Bloc national fut fondé, « auquel s'inscrivirent aussitôt les vingt-quatre messieurs présents ». À Malgersdorf aussi, où Himmler, à la fin du mois novembre, avait discouru sur « les prochaines élections au Reichstag », un groupe local était créé le soir même[86].

Le 9 mars 1926, ainsi que le rapporta un camarade du parti de Dingolfing, « le camarade Himmler » s'était montré prêt à « nous faire la grâce d'une nouvelle contribution ». La formulation du rapport, qui explique qu'Himmler était « devenu un orateur tout à fait remarquable, d'un esprit profond et acéré, d'une grande connaissance et d'une logique éloquente », laisse entendre que lors des précédentes prestations d'Himmler d'aucuns avaient peut-être un peu moins apprécié qu'il leur fasse « la grâce » de ses interventions[87]. Quoi qu'il en soit, les articles du *Kurier* montrent que la fréquence des discours d'Himmler s'était considérablement renforcée depuis le printemps 1925. Les groupes locaux faisaient plus souvent appel à lui, et il lui arrivait de plus en plus de tenir des discours à l'extérieur du Gau. « Le camarade Himmler a fait très forte impression », commentait le *Kurier* au début d'avril 1926 au sujet d'un discours prononcé à Siegen. D'après l'article, sa tournée dans le sud de la Westphalie avait été un franc succès : « À Niderschelden, Weidenau et Eisern, où le camarade Himmler a également tenu des discours, le succès a été encore plus marqué. Espérons revoir bientôt ce brillant défenseur de notre grande idée. Heil[88] ! »

Dans tous ces discours, un sujet n'avait cependant jamais été mentionné : Adolf Hitler. Cela est d'autant plus remarquable qu'Hitler, dans les années 1925-1926, s'appuyant sur sa réputation de « martyr » du putsch manqué, avait bâti autour de sa personne un véritable culte du guide et qu'il s'en était conséquemment servi pour à la fois imposer un pouvoir littéralement dictatorial au sein du NSDAP et pour étendre la base du parti. La position d'Himmler vis-à-vis d'Hitler, quelque peu modeste, voire distanciée, devait être liée à son mentor Strasser, qui voyait avant tout dans l'Autrichien un tribun utile au « socialisme national », mais qui n'était nullement disposé à se laisser emporter lui-même par la vague d'adoration que suscitait le Führer. Quand Himmler, entre 1925 et 1927, fut péniblement venu à bout du premier volume de *Mein Kampf*, il nota, lapidaire : « On y trouve bien des vérités inquiétantes. » Mais il se montra également critique : « Les premiers chapitres sur sa jeunesse comportent certaines faiblesses[89]. » Il lut le deuxième volume en décembre 1927, plus rapidement, cette fois. Il approuva particulièrement les passages sur « la valeur différente des races humaines ». Himmler souligna ainsi la réflexion d'Hitler, selon lequel il aurait fallu, pendant la guerre, « gazer douze ou quinze mille de ces corrupteurs hébraïques de la nation » – il faisait référence aux fonctionnaires socialistes qu'il rendait responsables de la défaite[90]. Mais rien ne permet de dire que la lecture de *Mein Kampf* ait soulevé son enthousiasme. Le deuxième volume n'est pas mentionné une seule fois sur sa liste de lectures pourtant exhaustive. Apparemment, Himmler ne connut pas d'éveil qui l'aurait entraîné dans le sillage charismatique du Führer.

Si l'on tient compte des activités d'Himmler, de ses discours et de ses déplacements, il n'est pas surprenant que sa mission bureaucratique à Landshut ait été un rien négligée. Ce qu'il reconnaissait lui-même : il lui paraissait plus important de régler les choses sur place, d'être en contact permanent avec les gens « du dehors ». De plus, il avait encore besoin de temps pour ses activités paramilitaires, qu'il poursuivait aussi à Landshut. Cette fois, l'organisation s'appelait la Fédération de tir et de randonnée Tell, qui avait succédé au corps franc Landshut, fondé en 1919 et auquel il avait adhéré dès cette date.

En janvier 1926, la Fédération de tir et de randonnée attira l'attention de la police. La cellule du NSDAP de Landshut, le lieu de travail d'Himmler, fut mise sous surveillance. Et quand, le 12 janvier à midi, il quitta le bâtiment, il fut interpellé par des officiers de la police criminelle, qui souhaitaient l'entendre à la préfecture de police.

La Fédération Tell, comme il l'expliqua à ses interrogateurs, avait pour unique but « l'éducation physique et spirituelle ainsi que la poursuite de la formation de la jeunesse par des exercices de marche et de tir ». L'association ne détenait aucune arme militaire. À l'issue d'une fouille au domicile d'Himmler et du président de la fédération, un certain commandant en retraite Mahler, des documents furent trouvés chez ce dernier, documents qui prouvaient que durant un exercice organisé l'été précédent, les membres avaient été équipés d'armes d'infanterie. Himmler affirma, non sans assurance, qu'en fait, aucune arme n'avait été utilisée, que leur présence n'avait été que « prévue ». Un lieutenant de la Reichswehr vint confirmer ses dires[91]. Il semble que l'enquête n'alla pas plus loin. Manifestement, les autorités ne s'intéressaient guère à la découverte d'activités paramilitaires qui étaient soutenues par la Reichswehr.

Himmler n'avait que vingt-six ans et, malgré ses activités très autonomes à Landshut, il était généralement considéré dans le parti comme « le jeune » qui travaillait pour Gregor Strasser. En avril 1926, le NSDAP local reçut une visite de Rhénanie. Le camarade Joseph Goebbels effectua un voyage de présentation en Basse-Bavière, au cours duquel Himmler l'accompagna. « À Landshut : Himmler : un bon garçon, très intelligent », nota Goebbels avec condescendance dans son journal[92].

Fonctionnaire du parti

En septembre 1926, Gregor Strasser devint directeur de la propagande du NSDAP. Cette nomination était visiblement la conséquence d'une réorganisation au sein du parti, qui avait permis de résoudre définitivement le conflit qui, depuis 1925, enflait entre la centrale de Munich et « la communauté des Gauleiter du NSDAP du nord-ouest de l'Allemagne », des nationaux-socialistes plus orientés à gauche. Les représentants les plus importants de l'aile du « Nord-Ouest allemand » se virent attribuer des postes en vue. Dans le même temps, cela suscitait des dissensions au sein de ce qui était perçu comme le noyau potentiel d'une opposition interne. Déjà, en février 1926, ils avaient dû se soumettre à Hitler à l'occasion de la rencontre dite de Bamberg avec le Führer. Ainsi, outre Strasser, qui pouvait être considéré comme le mentor de la communauté du Nord-Ouest, d'autres furent promus, comme Joseph Goebbels, qui fut envoyé à Berlin en tant que Gauleiter au début d'octobre, et Franz Pfeffer von Salomon, qui prit la direction de la SA le 1er novembre et se rebaptisa aussitôt Franz von Pfeffer [1]. Himmler accompagna Strasser à Munich, devenant son représentant auprès de la centrale du parti [2]. À la fin de janvier 1927, Strasser informa la hiérarchie du NSDAP qu'il avait de plus confié à Himmler le poste de Gauleiter par intérim de Basse-Bavière [3].

Dans les années qui suivirent sa refondation, le NSDAP resta un groupuscule de sectateurs de la droite radicale sans importance, à la marge la plus extrême du spectre politique, qui, lors des élections, obtenait des résultats inférieurs à ceux que les nationaux-socialistes avaient atteints sous d'autres noms en 1924. Mais le NSDAP était la seule formation d'extrême droite à être présente sur tout le territoire allemand et, contrairement à d'autres groupes du même type, il disposait d'une organisation relativement unifiée.

La centrale munichoise, qu'Himmler intégra en 1926, était articulée en plusieurs sections, dont la direction de la propagande : on y trouvait tout d'abord la direction du Reich, sous la férule de Philipp Bouhler, ancien officier et vétéran de la guerre âgé de vingt-sept ans, qui avait échoué dans ses études en lettres allemandes[4]. Bouhler allait acquérir des compétences de plus en plus importantes au sein de la direction de l'organisation du Reich, refondée en juillet 1926 par le général de division en retraite Bruno Heinemann, qui contrôlait également la commission d'enquête et d'arbitrage du parti. En 1928, Gregor Strasser remplacerait Heinemann en tant que directeur de l'organisation du Reich. Dès 1925, Franz Xaver Schwarz, trésorier du Reich, était responsable des finances du NSDAP. Schwarz, qui avait la réputation d'être un homme éduqué et travailleur, occupa d'ailleurs ces fonctions jusqu'à la fin de ce que l'on appela le Troisième Reich, en 1945. Le poste de secrétaire fut d'abord confié au professeur Hermann Schneider, puis à Karl Fiehler, fonctionnaire municipal[5]. Enfin, von Pfeffer, en tant que commandant en chef des SA, était membre de la direction du parti depuis la fin 1926[6]. De plus, Max Amann, avec lequel Himmler s'était déjà querellé l'année précédente, était étroitement lié aux chefs du NSDAP : ancien sergent d'Hitler dans son 12e régiment, il gérait les affaires d'Eher, la maison d'édition du parti.

En dehors de Strasser, qui nourrissait des ambitions politiques, et du patron de la SA von Pfeffer, avide de pouvoir, qui estimait que les sections d'assaut s'inscrivaient dans la tradition des corps francs et souhaitait agir le plus possible sans intervention de sa hiérarchie, la direction du parti était principalement composée de gens d'un talent politique très limité qui se cantonnaient en règle générale à leur domaine de compétences. À ce titre, ils pouvaient en fait, comme Himmler, fonctionner plutôt indépendamment, couverts par l'autorité du chef du parti. Les directeurs des diverses sections étaient autorisés par Hitler à agir en son nom dans leurs secteurs de responsabilités respectifs.

Cette règle correspondait au style de direction d'Hitler, qui ne tenait pas à s'impliquer dans les nombreux litiges, querelles de compétences et autres rivalités au sein du parti, mais préférait attendre à distance qu'ils se résolvent d'eux-mêmes. C'est ainsi qu'il parvint à ne pas compromettre le « Führerprinzip » au contact des affaires quotidiennes. Hitler, qui à l'époque parcourait activement le pays en quête de soutien pour le parti, ne passait que rarement à la centrale. Même ses plus proches collaborateurs avaient du mal à le joindre[7]. Rudolf Hess, son secrétaire privé qui lui était entièrement dévoué et passait aux yeux de beaucoup pour un original, se chargeait de l'essentiel de sa correspondance.

Himmler et les autres fonctionnaires du parti à la centrale se réclamant constamment de l'autorité du Führer dans leur travail, ils faisaient également tout leur possible pour défendre sa position face aux camarades du reste de l'Allemagne – un autre avantage, selon Hitler, de son style de direction. Himmler en particulier jouissait d'une grande liberté d'action, car le responsable de la propagande Strasser, en raison de son mandat au Reichstag et de ses obligations en tant que célèbre agitateur national-socialiste, était très souvent occupé ailleurs[8]. Quand, en janvier 1928, Strasser fut nommé directeur de l'organisation du Reich et qu'Hitler reprit à son compte les fonctions de chef de la propagande, même si ce ne fut que nominalement, la marge de manœuvre d'Himmler s'en trouva accrue.

Himmler s'occupait principalement de questions d'organisation : il gérait la correspondance avec les groupes locaux, leur faisait parvenir le matériel de propagande, évaluait les propositions des camarades dans ce domaine, commandait des rapports, etc. Dans ce cadre, il s'efforça d'unifier les diverses activités de propagande du parti dans tout le pays et de les placer sous le contrôle de la direction de la propagande. À cette fin, depuis octobre 1926, des « règlements et appels » numérotés étaient publiés dans les journaux du parti[9], rédigés par Himmler, ainsi que la brochure *Propaganda*, à partir du printemps 1927, où il détaillait des conseils pratiques pour la formulation de la propagande[10].

De plus, c'était à lui qu'il incombait de coordonner, avec les responsables départementaux, les interventions des orateurs. Il accorda évidemment une grande attention à la préparation des « rassemblements d'Hitler », comme il les définissait dans ses courriers, qui restaient le plus puissant vecteur d'agitation du parti. Il n'était cependant pas en mesure de satisfaire les demandes des groupes locaux, qui espéraient qu'Hitler vienne faire des discours chez eux, d'autant plus que ce dernier veillait à n'organiser qu'un nombre limité de rassemblements. Mais cela ne l'empêchait pas de transmettre des « directives » pour les rassemblements avec le chef du parti et d'envoyer aux groupes des questionnaires sur la préparation de la venue tant attendue du Führer[11]. Le parti manquait d'orateurs charismatiques et capables d'intervenir partout, aussi la demande en intervenants autres qu'Hitler était-elle rarement satisfaite.

Himmler chercha en particulier à profiter de sa fonction de directeur adjoint à la propagande du Reich pour développer un outil d'information complet à l'intérieur du NSDAP. Sur deux pleines pages de sa brochure de propagande, il dressa la liste des treize moyens d'information que les groupes locaux devaient mettre en œuvre dans le pays, ne pouvant s'empêcher d'ajouter l'admonestation suivante : « Le non-respect des délais entraînera un sévère avertissement et sera le cas échéant porté à la connaissance du Führer[12]. » Les groupes devaient entre autres signaler, « pour l'ensemble du territoire, les Juifs résidant dans les environs ou dans le Gau, et même, si possible, les Juifs convertis, avec des informations précises sur la personne, l'âge, le métier et la résidence. Ces informations sont nécessaires si l'on veut mettre enfin en place des statistiques fiables sur les Juifs par rapport à l'ensemble de la population ».

Il était également recommandé de recenser l'ensemble des francs-maçons, le nom de « l'opposant le plus haï », toutes « les adresses connues des Allemands à l'étranger », tous les « actes terroristes, agressions et mauvais traitements commis par le camp adverse contre des camarades depuis la fondation du parti dans le Gau », toutes les « peines de prison et amendes » à l'encontre de camarades « suite à des interrogatoires et des plaintes ». « En cas de besoin », il fallait fournir des informations sur d'autres sujets qu'Himmler n'oubliait pas de détailler.

La brochure atteste autant de la pédanterie d'Himmler et de son désir de tout contrôler que de sa folie des grandeurs, car un tel système d'information et de renseignement, si les groupes locaux et les Gaue avaient vraiment obéi à ses injonctions, aurait largement dépassé les possibilités de gestion de la direction du Reich.

Outre ses autres activités, Himmler était constamment en déplacement. Son emploi du temps de l'époque montre qu'il ne parcourait pas que la Haute et la Basse-Bavière, mais qu'il entreprit également de nombreux voyages dans toute l'Allemagne. En janvier 1927, par exemple, il passa du temps en Thuringe, où se préparaient des élections au parlement local. En février, il se rendit en Westphalie, à la fin d'avril dans la Ruhr, en mai il se trouvait dans le Mecklembourg, là encore pour des élections au Landtag. Sur le chemin du retour, il fit halte à Potsdam et à Chemnitz durant la deuxième moitié de juin, on le vit dans différentes villes d'Allemagne du Nord, le 14 juillet il était à Vienne, à la mi-octobre dans la Hesse. Et ainsi de suite, sans interruption[13].

Lors de ses déplacements, il continuait de jouer un rôle actif en tant qu'orateur du parti. En moyenne, il prenait part à des réunions internes ou intervenait en public plus d'une fois par semaine. À ces occasions, il reprenait à son compte la rhétorique anticapitaliste de son mentor Strasser, comme il ressort par exemple d'un discours tenu le 13 octobre 1926 à Potsdam : « Dans le livre de l'Histoire, des périodes de capitalisme et de socialisme s'enchaînent. Le capitalisme est un système économique artificiel, le socialisme est naturel. » Himmler décrivait ensuite cette succession supposée de phases « socialistes » et « capitalistes ». Il rangeait dans la rubrique « socialisme » la guerre des Paysans*, le règne de Frédéric le Grand, ainsi que les réformes du baron von Stein**. Mais à chaque fois ces tentatives de réforme auraient échoué face au capitalisme.

« Le capitalisme a reconquis le trône. On ne cherche pas à savoir si un homme a de l'honneur, seulement s'il a de l'argent. On ne demande pas d'où vient l'argent, mais seulement si l'homme est d'un bon rapport. Le capitalisme s'est jeté sur la plus grande invention de l'homme, la machine, et l'a utilisée pour asservir les gens. D'où le désir de liberté du peuple, et ainsi la volonté d'être libre s'exprime-t-elle dans la lutte des classes menée par les travailleurs. La bourgeoisie allemande ne le comprend pas, et le combat du socialisme se déroule de la sorte jusqu'en 1918. » Himmler alla même jusqu'à suggérer que dans l'ensemble le national-socialisme et le communisme partageaient une même représentation de l'avenir : « Les aspirations des nationaux-socialistes et du Front rouge sont les mêmes. Les Juifs ont falsifié la Révolution en l'orientant vers le marxisme, lequel n'a pas tenu ses promesses. Nous n'en aborderons pas la raison maintenant. Ce qui explique pourquoi le désir d'une réalisation du socialisme est toujours vivace aujourd'hui[14]. »

On constate déjà qu'il associe dans sa rhétorique des arguments anticapitalistes et antisémites. Dans un discours qu'il tint dans le quartier munichois de Neuhausen en octobre 1926, il déclara, selon un rapport de police : « Quand on affirme que le Juif est plus intelligent et qu'il réussit donc grâce à ses efforts, rien n'est plus faux. Si le NSDAP fonctionnait de façon aussi traîtresse, impitoyable et brutale que les Juifs, il en serait depuis longtemps beaucoup plus loin[15]. »

Un autre rapport de la police nous dépeint un de ses discours devant le groupe local du NSDAP de Ratisbonne, en avril 1927 : « Les Juifs se sont approprié le capitalisme et savent parfaitement faire jouer "l'internationalisme" contre les peuples dans la lutte pour le pouvoir. L'internationalisme met en avant l'idée d'un peuple unique et a pour objectif l'asservissement des travailleurs du monde entier. Pour échapper à ce destin, il n'y a qu'une issue : tous les travailleurs du peuple allemand doivent s'unir conformément à des principes nationaux pour parvenir à mettre en place un régime d'État socialiste. Le but en est l'avènement d'un parti allemand puissant, national, socialiste[16]. »

---

* Jacquerie liée à la Réforme protestante, qui ensanglanta le Saint Empire romain germanique de 1524 à 1526. (NdT)

** Karl von Stein (1757-1831), homme d'État réformateur prussien, qui a favorisé entre autres l'émancipation des paysans. (NdT)

Quelques semaines après qu'Himmler eut pris ses nouvelles fonctions, des élections eurent lieu au Parlement de Saxe. Avec 1,6 % des voix, le NSDAP obtint un résultat très loin des espoirs de ses partisans. Quelques mois auparavant, en juin, il n'avait remporté que 1,7 % des voix dans le Mecklembourg-Schwerin. Dans la province, les camarades du parti imputèrent leur échec à l'incapacité de la centrale – une provocation, pour le directeur adjoint de la propagande fraîchement nommé. À la fin de 1926, les espoirs des fidèles du parti se tournèrent vers les élections au parlement de Thuringe, prévues en janvier 1927. Un certain Fritz Schusnus, promu tête de liste du NSDAP par les responsables locaux, écrivit à Munich en octobre : « Si l'organisation des élections avait été différente dans le Mecklembourg et la Saxe, le résultat n'aurait pas été aussi lamentable. Rien de bon ne sortirait d'une défaite électorale comme en ont connu la Saxe et le Mecklembourg. Je prie donc la direction du Reich de remuer ciel et terre afin qu'au moins en Thuringe l'organisation des élections soit correcte, de façon à ce que l'on n'assiste pas à une confusion absurde comme cela a été le cas en Saxe[17]. »

Mais Himmler n'y pouvait pas grand-chose : le parti ne disposait pas de moyens financiers supplémentaires, répondit-il à Schusnus, et il était inutile d'entreprendre une agitation électorale à grande échelle en décembre[18]. Le NSDAP dut par conséquent se contenter des 3,5 % qu'il décrocha en Thuringe le 30 janvier 1927, un bien maigre résultat.

Désigné par la centrale directeur de campagne pour les élections parlementaires suivantes – dans le Mecklembourg-Schwerin le 22 mai 1927 –, Himmler, conformément à son habitude, procéda de manière systématique. Pour lui, sa mission essentielle était d'organiser un grand nombre de discours d'orateurs du parti dans tout le Land. Les documents existants montrent que sa méthode débouchait sur un certain schématisme : les « orateurs de 1re qualité » prirent part à un total de 63 rassemblements, les « orateurs de 2e qualité » à 15, ceux de 3e rang à environ 300 manifestations dans les municipalités de moindre importance[19].

Mais ce plan ambitieux était menacé d'échec, car Himmler ne voulut donner le signal du lancement de la campagne que quand les camarades du Mecklembourg eurent prouvé qu'ils remplissaient les conditions nécessaires pour participer aux élections. Un mois avant l'échéance, Himmler exigea des camarades du Nord qu'ils aient versé la caution de 3000 marks nécessaire au dépôt officiel de toute candidature et qu'ils aient également réuni les 3000 signatures réclamées. Que ces conditions ne soient pas remplies dans les temps, affirma-t-il catégoriquement, et l'on ne pourrait « prendre part aux élections[20] ».

Les autorités du parti dans le Land furent quelque peu consternées par cette raideur. Les responsables s'entendirent donc pour démarrer la campagne sans attendre le feu vert de la centrale[21]. L'idée d'Himmler, qui voulait limiter la campagne aux quatorze derniers jours, était une « aberration », écrivit un des principaux représentants du NSDAP dans le Mecklembourg. Il aurait été infiniment plus judicieux d'étaler la campagne sur les trois dernières semaines, ce qui, du reste, aurait déjà été trop tard. La faute en revenait à la centrale de Munich, et en particulier à Himmler. À Parchim, dans le Mecklembourg, les nerfs étaient à vif :

« Mais cela aurait été possible si la direction du Reich à Munich n'avait pas adopté un point de vue aussi ridiculement bureaucratique. Pardonnez la dureté de mon ton. Mais c'est ainsi. Mais que pense la direction du Reich de son responsable du Gau du Mecklembourg ? Ce que je veux dire, c'est que, si le responsable du Gau annonce qu'il a rassemblé les 3 000 marks et les 3 000 signatures, la direction du parti doit le croire ! Le responsable du Gau n'est pas un simplet ou un gamin mal dégrossi qui ment ! Si la direction du Reich exige maintenant une attestation policière officielle de ces affirmations du responsable du Gau, c'est une preuve de méfiance sans pareille. » Le NSDAP finit par entrer directement en contact avec Hess, le secrétaire d'Hitler, et on se serait entendu pour ne pas faire dépendre le début de la campagne de la confirmation officielle que les conditions étaient effectivement remplies[22].

Himmler, qui s'était ainsi vu contourner, ne comptait pas rester sans réagir à ces reproches. Mêlant une ironie cinglante à sa manie d'avoir toujours raison, tout en invoquant la plus haute autorité du parti, il riposta dans une longue lettre en dix-huit points où il détaillait l'intervention des orateurs dans le Mecklembourg :

« La sagesse selon laquelle il serait plus pratique de faire de la propagande longtemps avant les élections n'a absolument rien de nouveau pour moi. Même si j'en suis responsable, je me vois contraint de tenir compte d'un autre élément. Le Gau sera financièrement en mesure de supporter une campagne de 14 jours [...]. Nous savons tous fort bien ce qui serait idéal et beau. Mais il nous faut compter avec la réalité. Nous nous en tenons à la propagande pendant les 14 derniers jours. Je souligne à cette occasion le fait que je me suis entretenu avec M. Hitler de cette "aberration", et que M. Hitler s'est dit d'accord avec "l'aberration" en question. »

« M. Hitler en personne » aurait également approuvé que le Gau communique les signatures et le versement de la caution. Qu'une partie des signatures ne soit par exemple pas reconnue par les autorités, et cela « déclencherait inutilement une machinerie gigantesque, dont le coût serait terrible. Il est tout à fait légitime que vous pensiez à votre Gau. Mais il est tout aussi légitime qu'il faille penser plus loin que le Gau. Il n'est là nullement question de méfiance[23] ».

La campagne dans le Mecklembourg s'enfonça un peu plus dans la crise quand il s'avéra, peu de temps avant l'échéance, qu'Hitler ne serait pas disponible pour venir faire un discours. Himmler en informa les camarades du Land le 18 mai 1927, quatre jours avant les élections, d'une façon qui laisse entrevoir que le mécontentement, pour le dire en termes choisis, était considérable dans le Mecklembourg : « En tant que nationaux-socialistes, nous savons bien qu'Hitler n'aurait pas refusé sans une raison vraiment valable. [...] C'est selon moi faire preuve de déloyauté et de lâcheté qu'un responsable local laisse se développer une atmosphère néfaste au sein de son groupe, et qu'il se croise même les bras. Qui, lâchement, se réfugie derrière des “impossible” ou des “nous ne pouvons pas” n'a pas sa place au sein d'une organisation national-socialiste[24]. »

De fait, les nazis du Mecklembourg durent se contenter d'un total de 106 manifestations au lieu des 400 prévues. Le résultat des élections fut catastrophique : 5611 voix, soit 1,8 %[25]. En juillet de la même année, dans le modeste Mecklembourg-Strelitz, le parti ne se présenta même pas. Mais le Mouvement de liberté nationaliste allemand, lui, empocha malgré tout 5 % des suffrages.

À Hambourg, en février 1928, le NSDAP ne récolta que 2,2 %. C'est aussi du temps où Himmler occupait les fonctions de directeur de la propagande du Reich que les nazis essuyèrent une lourde défaite aux législatives du Reichstag, avec 2,6 % des voix (en 1924, le parti n'avait du reste pas dépassé les 3 %, alors qu'Hitler se trouvait encore en prison). Lors des élections du Landtag de Prusse, qui eurent lieu le même jour, ainsi que dans une série d'autres Länder, les résultats furent tout aussi déprimants. Le parti obtint néanmoins des résultats relativement encourageants dans certaines régions agricoles. La direction du parti, qui, surtout sous l'influence de Strasser, s'était principalement efforcée de détourner des formations socialistes les masses laborieuses des villes, appliqua dès lors une tactique où les zones rurales prenaient un poids plus important. Ce qui ne pouvait que convenir à l'ingénieur agronome Himmler qui, de 1924 à 1926, avait déjà opéré comme agitateur dans les campagnes de Basse-Bavière.

En décembre, il proposa donc un nouveau projet de concentration des activités de propagande dans certaines régions. Il eut alors ouvertement recours à des plans qu'il avait déjà développés pour les élections de mai 1927 dans le Mecklembourg, mais qu'il n'avait pu mettre que partiellement en œuvre.

Il annonça aux responsables des Gaue qu'il faudrait déclencher de grandes actions qui, de temps en temps, engloberaient toutes les régions du pays. À cette fin, il s'agirait d'orchestrer dans un Gau déterminé pour une durée de sept à dix jours entre 70 et 200 rassemblements, qui s'accompagneraient d'une semaine de propagande, dont des soirées d'agitation destinées à la SA, aux Jeunesses hitlériennes et à la presse. Les événements seraient placés sous la responsabilité directe de la direction de la propagande du Reich. Des actions de propagande seraient même prévues dès janvier 1929 dans l'« Ostmark* » (terme utilisé dans les cercles nationalistes pour définir l'Autriche), dans le Halle-Merseburg en février et dans la Saxe en mars[26].

Le plan est caractéristique de la pensée schématique d'Himmler. De plus, une fois encore, ses idées dépassaient de loin les possibilités pratiques de l'organisation du parti. À ce stade, la plupart des Gaue n'auraient certes pas été en mesure, compte tenu du développement insuffisant de leurs structures, de mener à bien des campagnes aussi étendues[27]. Enfin, le projet se heurtait au manque notoire d'orateurs capables d'intervenir dans toute l'Allemagne. Himmler plaida alors pour l'extension des formations à distance pour les orateurs du parti, dont Fritz Reinhardt, Gauleiter de Thuringe et propriétaire d'une école de commerce par correspondance, avait la charge depuis 1926, pour en faire une « école des orateurs du NSDAP » officielle[28].

Le projet de « grandes actions » régionales d'Himmler s'articulait toutefois sur des réflexions fondamentales que le parti, peu de temps après, quand il disposa des capacités organisationnelles nécessaires, reprit effectivement à son compte : l'agitation ciblée dans certaines régions, qui atteignit une intensité jusqu'alors inégalée en particulier dans les zones rurales, devint un trait typique du NSDAP dans les années 1930 à 1933[29].

Ce n'est pas seulement le hiatus évident entre ses projets ambitieux, sa volonté constante d'imposer son contrôle et la faiblesse de l'appareil du parti dans la province qui empêchèrent le directeur adjoint à la propagande de devenir une personnalité populaire. Cette situation est également liée à son comportement hautain et arrogant avec les camarades de province, problème qui s'était déjà fait jour lors de la campagne électorale dans le Mecklembourg. Son attitude, qui consistait, en invoquant une prétendue surcharge de travail permanente, à ne jamais trouver le temps pour respecter même vaguement les règles du savoir-vivre, était caractéristique. Sa correspondance de l'époque se distingue par son absence

* La « marche de l'Est ». (NdT)

totale de style, par le rejet des plus infimes formules de politesse et par un contenu réduit à des communications et des directives d'une parfaite sécheresse.

Bien souvent, il réclamait un règlement « par retour du courrier[30] », exigeait « une prise de position immédiate[31] » ou appelait à ce que « le ton de votre lettre [...] revienne à l'essentiel[32] ». Il ne tolérait aucune contradiction. Les remontrances étaient à l'ordre du jour. En avril 1927, il écrivit par exemple au groupe local de Hersbruck : « Je dois dire que nous avons été très étonnés ici de voir comment un groupe local du NSDAP a pu demander une contribution à quelqu'un qui n'est pas un camarade. Peut-être dois-je vous inviter – comme cela devrait être évident pour le responsable d'un groupe local – à lire en entier le manuel de propagande ? Vous pourriez alors déduire de la page 9 que les réunions ne peuvent être réservées qu'aux seuls membres du parti[33]. »

De même, en avril 1927, il incita instamment le groupe local de Hof à organiser une « Journée allemande » : « Je vous recommande de lire les pages 34 et 35 du manuel de propagande, que vous avez sans doute dû commander[34]. » Quand un sympathisant du parti écrivit qu'il souhaitait que le NSDAP se fasse plus précis dans ses attaques, Himmler, en août 1928, lui répondit : « Vous auriez pu tranquillement vous épargner cette dernière phrase, car nous savons bien ce que nous avons à faire, et savons parfaitement où nous devons frapper[35]. »

En juillet 1927, il exigea d'un camarade de Stettin qu'il rapporte « sur l'honneur » les événements internes de la cellule locale, ce qu'il expliquait comme suit : « Vous devez décrire tout ce que vous savez sur les événements de Stettin. » Et : « En tant que responsable SS, votre sens de la discipline doit être si ancré en vous que vous pouvez exécuter un ordre sans vous interroger sur le comment et le pourquoi. Si votre rapport ne nous parvient pas dans les huit jours, j'ordonnerai votre exclusion de la SS et prendrai d'autres mesures[36]. »

Il avait également l'habitude, caractéristique, d'insister lourdement auprès des camarades pour leur faire comprendre que, fondamentalement, leurs requêtes étaient superflues et que, compte tenu de sa surcharge de travail permanente, elles représentaient pour lui un souci inutile : « 1. J'ai reçu votre lettre du 8 mars. 2. Vous aurez beau me submerger de courrier, je ne pourrai malgré tout pas vous envoyer d'autre orateur, car je n'en ai plus. Du reste, vous ne faites que nous compliquer le travail. Mes salutations et Heil[37]... »

Quand il avait affaire à des responsables de haut rang, il débordait au contraire d'empressement. Ainsi ses lettres à Franz von Epp offrent-elles un contraste frappant avec sa correspondance d'ordinaire dépourvue de formes. Il s'adresse constamment à lui comme au « très honorable général » et au lieu de la formule de politesse froide, « salutations allemandes », il conclut avec une extrême servilité : « C'est avec mes salutations que je signe, mon général, votre obéissant et dévoué[38]. »

Himmler avait par ailleurs coutume de justifier ses propres décisions en affirmant qu'elles incarnaient les applications d'ordres d'Hitler, voire d'autres membres de la direction du Reich : « Si je veux faire appliquer l'ordre du Führer, qui exige que les assemblées électorales soient réparties et de fournir correctement toutes les grandes zones d'opération, je dois appeler tous les groupes locaux à respecter l'ordre du Führer[39]. » En février 1927, il répondit par la négative au groupe local d'Aschaffenburg, qui s'était adressé à lui au sujet de l'organisation d'une « Journée allemande », et il ajouta : « Cette décision est définitive et prise en accord avec l'ensemble des représentants de la direction du parti pour le Reich[40]. »

En octobre 1928, il réagit de façon particulièrement violente à une requête publiée dans le *Westdeutscher Beobachter*, journal du parti qui paraissait à Cologne. Quelques jours plus tôt, le journal avait réclamé « l'envoi, le plus rapidement possible, des 25 points du programme et du modèle l'accompagnant[41] ». Himmler avait mal interprété cette demande et en avait déduit qu'à Cologne on ne connaissait pas le programme du parti, alors que le contenu de ce dernier était évidemment connu des camarades de Cologne. Ce que l'on y attendait en revanche de Munich, c'était un format précis que l'on comptait utiliser comme modèle afin de publier le programme dans le journal. Chez Himmler, cette incompréhension fut à l'origine d'une réaction typiquement exagérée :

« Nous n'avions encore jamais eu droit à une demande aussi incroyable de la part de la rédaction d'un journal reconnu par le parti. [...] Je vous conseille de jeter un coup d'œil à votre carnet de membre, de vous faire en outre transmettre par la section du parti pour le Gau de Rhénanie le tract n° 1 : les 25 points du programme, ainsi que les 25 points du programme d'Alfred Rosenberg, et d'y ajouter en outre le cahier n° 1 de la bibliothèque national-socialiste de Gottfried Feder, où vous trouverez les 13 points restants dont vous n'avez pas encore connaissance. Par ailleurs, sachez que chez nous les SA qui n'en ont aucune connaissance sont exclus[42]. »

Les camarades du *Westdeutscher Beobachter* en furent consternés et profondément blessés. Ils regrettèrent que la lettre d'Himmler « ait seulement pu voir le jour », car une telle prise de position « ne faisait rien pour établir ou favoriser des relations de confiance entre camarades. Si je voulais user de votre méthode, peut-être pourrais-je alors vous poser la question de savoir quand vous avez entendu parler pour la première fois du programme du NSDAP. J'en ai connaissance depuis le printemps 1922, et je n'ai aucune raison d'avoir honte de mes réalisations au service du NSDAP. En votre qualité de rapporteur auprès de la direction du Reich, vous devriez justement vous abstenir, dans votre correspondance avec les camarades du parti – au nombre desquels je me compte –, qui ont agi et agissent encore avec un grand succès et au prix de lourds sacrifices pour notre mouvement, d'utiliser des méthodes qui seraient peut-être plutôt dignes d'un saligaud de ponte marxiste[43] ».

Himmler se justifia en se retranchant comme d'habitude derrière ses collègues de la direction du parti : « J'ai montré votre lettre à plusieurs responsables de la direction du Reich avant de vous répondre. Je ne suis pas seul à penser de la sorte. » En dehors de lui, « deux messieurs de la direction du Reich » en étaient arrivés à la conclusion que « vous ne connaissez pas les points, ou du moins que vous les maîtrisez mal[44] ».

Si l'on considère les piètres succès remportés par Himmler et les conflits fréquents qu'il causa pour la direction du parti, on peut se demander pourquoi sa carrière au sein de l'organisation n'a pas pris fin dès les années 20, pourquoi aucun des nombreux conflits dans lesquels il s'est retrouvé impliqué n'a entraîné son expulsion des cercles dirigeants.

Le fait qu'il ait réussi à se maintenir doit tenir à sa volonté de s'adapter aux structures du pouvoir du NSDAP en tant que « parti du Führer », et à sa capacité, au moins, à ne pas se faire d'ennemis parmi les hauts responsables de la direction. À cette époque, la direction munichoise et les camarades provinciaux étaient divisés par un antagonisme lié à des questions de politique, antagonisme qui débouchait régulièrement sur des litiges virulents. Mais une chose garantissait malgré tout la cohésion du parti : le charisme de son chef, autrement dit la capacité d'Hitler à régulièrement convaincre les camarades de province que leurs extraordinaires compétences finiraient par apporter la victoire au NSDAP.

Tant qu'Himmler, dans ses querelles avec les camarades provinciaux, se réclamait de l'autorité du Führer, voire des « messieurs » de la direction du parti, il pouvait être relativement sûr de bénéficier du soutien nécessaire de la part d'Hitler et de ses collègues. Le style de direction d'Hitler, qui consistait à laisser Himmler et les autres fonctionnaires agir de façon plutôt autonome sous sa tutelle, eut comme conséquence, nous l'avons vu, que ceux-ci, dans leur travail, étaient fondamentalement dépendants d'Hitler et qu'ils devaient veiller à ce que son image de guide absolu ne soit pas entachée. En retour, Hitler faisait preuve de loyauté envers ses collaborateurs : s'il avait corrigé à plusieurs reprises le comportement d'Himmler, ou l'avait critiqué face à la base, il aurait risqué de compromettre sa propre autorité. À cela s'ajoutait le fait qu'en la personne de Gregor Strasser, Himmler pouvait compter sur un puissant mentor à la direction du parti, ce qui renforçait d'autant sa position.

Bien qu'il ait désormais fait partie de l'état-major proche d'Hitler, on ne peut guère dire qu'il ait entretenu à l'époque des relations particulièrement étroites avec « Monsieur Hitler ». Ils ne se rencontraient en personne que rarement, et quand Hitler discutait avec son entourage le dialogue se muait très vite en l'un de ses célèbres monologues interminables[45]. De façon marquante, même ultérieurement, Himmler ne laissa que peu de témoignages où il évoquait le souvenir commun du « temps de la lutte » aux côtés d'Hitler. Finalement, le directeur adjoint de la propagande du Reich n'était qu'un petit fonctionnaire du parti au service du Führer, lequel le tenait manifestement à distance.

Expert en agronomie du NSDAP et « Artamane »

Durant ces années, Himmler servait également de spécialiste des questions agricoles pour le NSDAP. Dans ce cadre, il développa des projets de politique agraire, ou de « politique agricole nationale », selon ses propres termes. La crise structurelle de l'agriculture, qu'il avait déjà analysée des années plus tôt, analyse qu'il avait mâtinée de propagande antisémite, trouverait sa solution dans des implantations planifiées, en particulier dans l'est de l'Allemagne. À ses yeux, il serait ainsi possible de contribuer à la régénération et à la « préparation défensive » de « l'organisme national » allemand[46].

Les réflexions d'Himmler sur une « politique agricole nationale » étaient directement en rapport avec son engagement en faveur des « Artamanen », dont on trouve trace dès 1928. Le mouvement des Artamanen apparut en 1924. En 1927, il se dota d'une organisation plus formelle et se rebaptisa l'Association Artam. Il s'agissait d'une association de jeunesse nationaliste qui s'était au début principalement fixé comme objectif d'envoyer des jeunes répartis en groupes (les « Artamanenschaften ») dans les fermes de l'est de l'Allemagne afin d'en chasser les ouvriers saisonniers polonais. Ce projet s'appuyait sur l'idée qu'il fallait que la jeunesse citadine renoue avec « la glèbe » grâce aux rudes travaux des champs, et qu'elle contribue en même temps à garantir « les frontières de la nation ». À la fin des années 20, d'après les chiffres de l'association, deux mille jeunes travaillaient ainsi dans des exploitations agricoles. Ce travail épuisant et mal rémunéré, conçu sur la base du volontariat, représentait pour l'association la première étape d'un rôle actif dans « la colonisation intérieure » de l'est de l'Allemagne : on abordait ainsi un processus national d'implantation. En outre, l'association mettait en avant l'idée d'une « route vers l'Est » : ces activités de colonisation n'étaient pas censées se cantonner à l'avenir au seul territoire allemand[47].

L'association, fief de l'idéologie du sang et du sol, était antislave, antiurbaine et antisémite. Dès le début, elle entretint des liens très proches avec le national-socialisme et nombre d'Artamanen étaient effectivement membres du NSDAP. Friedrich Schmidt, par exemple, président et chancelier de l'association de 1925 à 1927, devint en 1937 chef de la direction centrale de l'éducation du NSDAP. Son successeur, Hans Holfelder, président d'Artam à partir de 1927, était lui aussi très lié au NSDAP[48]. C'est par lui qu'Himmler était en contact avec la hiérarchie de l'association depuis septembre 1927[49].

Les principes de l'association correspondaient à l'enthousiasme qu'avait autrefois éprouvé Himmler pour la colonisation à l'est. Le mode de vie qu'elle préconisait, empreint de simplicité, marqué par de rudes labeurs, le renoncement à l'alcool et au tabac, l'abstinence sexuelle, le retour aux traditions germaniques, s'accompagnait de maximes qu'il défendait également.

Depuis 1928, Himmler était responsable de l'association pour la Bavière, poste où il fut confirmé en janvier 1929, trois semaines seulement après avoir été nommé Reichsführer-SS. En fait, le siège bavarois d'Artam se trouvait dans les locaux de la direction du NSDAP à Munich. Himmler pouvait s'y occuper conjointement des affaires de l'association. En Bavière, l'organisation était peu développée, ne comptant qu'une vingtaine de membres[50].

On ne sait rien des activités d'Himmler au sein de l'association. Il ne semble avoir pris part qu'à deux manifestations au niveau du Reich[51]. En réalité, il avait principalement pour mission de garantir les contacts entre la direction du NSDAP et Holfelder. Il ne collabora qu'à « la demande du parti », comme il l'écrivit par la suite[52]. Il recommandait par exemple aux membres du parti de rejoindre les Artamanen[53] et procédait à l'exclusion des camarades qui avaient rompu leur contrat passé avec l'association[54].

À la fin des années 20, cette dernière fut le théâtre d'une crise grave. Fin 1929, il y eut une brouille entre un groupe qui souhaitait avant tout défendre le principe « de l'élitisme et de la colonisation » et propager un « mode de vie associatif » sur le modèle du mouvement de jeunesse, et ceux des membres qui étaient plus ouvertement favorables au national-socialisme, voulaient transformer le travail volontaire en un service du travail obligatoire et réclamaient l'inféodation de l'organisation au NSDAP. Himmler appartenait à ce deuxième groupe, ce que montrent ses prises de position en qualité de directeur adjoint de la propagande du Reich. Ainsi écrivit-il en 1928, dénonçant les idées proches d'un pastoralisme romantique : « La colonisation intérieure, la culture de la lande, le jardinage sont les ressources des peuples en repli, qui se contentent d'eux-mêmes. Vanter à un peuple la colonisation intérieure comme moyen de sortir de la crise, c'est encore aggraver sa lâcheté[55]. » « La politique de colonisation, déclara-t-il sèchement en 1930, ne peut être mise en œuvre qu'une fois le pouvoir conquis, jamais avant[56]. »

Quand, le 21 décembre 1929, à l'occasion d'une séance du « Reichsthing* » des Artamanen, le groupe favorable à la vie associative vota une motion de défiance à l'encontre de la direction, proche du NSDAP, celle-ci l'exclut très vite de l'organisation. Et Friedrich Schmidt, que nous avons déjà cité, lui imposa une sanction supplémentaire : il lut en public une lettre d'Himmler qui évoquait la possibilité d'une exclusion du groupe en question du NSDAP. Himmler, qui n'était pas présent, avait apparemment préparé cette missive en prévision de l'affaire[57].

Après la rupture – les exclus fondèrent l'association Les Artamanen –, le NSDAP semble s'être moqué de maintenir des liens étroits. Himmler se détourna de son engagement dans le secteur agricole au profit de Richard Walther Darré qui, depuis 1930, travaillait au développement de la politique agricole du NSDAP et s'efforça d'intégrer davantage l'association Artam dans le parti[58].

En tant qu'expert agronome du NSDAP, Himmler, en 1929, fut brièvement chargé de la rédaction en chef de l'hebdomadaire *Der Bunschuh*, « organe de combat de la paysannerie en éveil[59] ». Dans le premier numéro, paru le 2 mai 1929, Himmler expliqua aux lecteurs pourquoi le titre de la publication faisait référence aux révoltes paysannes du XVIe siècle : « Il y a quatre cents ans, la bannière à la botte** s'est déployée pour la première fois quand le paysan allemand s'est dressé contre la servitude personnelle et l'absence de liberté nationale, contre l'oppression et l'exploitation, et qu'il s'est soulevé au nom d'un grand Reich uni de tous les Allemands et au nom du droit de l'homme simple. Et aujourd'hui, en ces heures difficiles pour la paysannerie allemande, la bannière se déploie à nouveau. »

* Thing : assemblée des tribus germaniques. (NdT)

** Bundschuh : sorte de botte paysanne, dont le nom désignait également la ligue des paysans révoltés. (NdT)

L'hebdomadaire proposait un mélange d'informations pratiques destinées au lectorat rural et de contributions politiques et idéologiques. Une rubrique en particulier était intitulée « Le paysan et le Juif ». L'Association Artam y publiait aussi régulièrement ses communiqués.

Si l'on considère le rôle joué par Himmler en tant qu'expert agronome du NSDAP durant ces années, on constate que, d'une part, il truffait ses réflexions dans le domaine de la politique agricole d'idées nationalistes et que, d'autre part, il ne se laissait pas entraîner par des représentations romantiques de l'agriculture. Selon lui, la question du pouvoir était décisive pour parvenir à résoudre les problèmes de l'agriculture allemande : tant que le NSDAP ne gouvernerait pas l'Allemagne, il était absurde de chercher à conférer à l'agriculture allemande une nouvelle structure par le biais de la colonisation. C'est pourquoi il fallait pour commencer intégrer tous les efforts allant en ce sens aux mesures de propagande et d'agitation du NSDAP.

Du « lansquenet solitaire » au père de famille

À la fin de l'été 1927, Himmler fit une rencontre lourde de conséquences : Margarete Boden, sa future femme. Dans son calendrier de poche, il avait coché la date du 12 septembre. Peut-être est-ce le jour où il vit Margarete pour la première fois, et si cette supposition est juste, alors cette rencontre dut se produire à Sulzbach, en Bavière, où Himmler séjourna lors de l'une de ses nombreuses tournées d'orateur[60]. Compte tenu de tout ce que l'on sait de l'idéal féminin d'Himmler, le métier de Margarete n'a rien d'étonnant : elle était infirmière. Tous deux entretinrent immédiatement une correspondance abondante[61]. On a conservé les lettres de Margarete. Celles d'Himmler existent peut-être encore, mais la recherche n'y a pas accès[62]. Quoi qu'il en soit, Himmler tint aussitôt une liste des lettres de Margarete. Avec grand soin, il inscrivit la date et l'heure de leur arrivée sur les lettres elles-mêmes[63].

Il commença par lui envoyer des écrits et des coupures de journaux tout en lui faisant part de ses déplacements au service du mouvement[64]. Elle semble s'être inquiétée des dangers et contraintes que cela impliquait : « Vous êtes donc bien rentré du Brunswick, bien que cela ne se soit pas fait sans combat. Il est trop triste que cela se termine toujours de la sorte, et pas seulement pour les participants[65]. » Le lendemain, elle écrivait : « Mais non – dussiez-vous intervenir vingt fois lors de ces vingt rassemblements, ce serait vraiment terrible. Et cela va durer jusqu'à Noël[66]. » Elle s'enquérait régulièrement de son état de santé[67].

En novembre, la correspondance se fit plus personnelle. Himmler lui ayant fait la remarque que sa dernière lettre l'avait un peu déçu, Margarete répondit : « Je pensais, pour tout vous dire, que vous seriez heureux d'avoir reçu deux lettres en si peu de temps[68]. » Mais pourquoi était-il déçu ? Margarete eut beau tenter d'en savoir plus, Himmler, manifestement, ne tint pas à s'appesantir davantage sur la question[69].

Dès ces premières lettres, il est clair que Margarete Boden était une femme aigrie : « Vos lettres mentionnent toujours la "méfiance" dont je fais preuve & le souhait de la dissiper. Oui, c'est ainsi. J'ai perdu toute foi en l'humanité, surtout en ce qui concerne l'honneur et la rectitude de l'homme vis-à-vis de la femme. Dites-vous bien que cela est pire que d'être devenue méfiante. J'ai peur de croire à la véracité de la parole[70]. » Pourtant, elle s'avoua finalement prête à aller plus loin dans leur relation. Ils envisagèrent de se retrouver à Berlin[71].

Durant cette rencontre, qui eut lieu en décembre, le principe du célibat qu'Himmler avait si vigoureusement défendu semble avoir flanché. Après sa visite à Berlin, ils passèrent au tutoiement. Dans les lettres de Margarete, elle l'appelait désormais, « Mon cher, bien-aimé », « Ma chère caboche », ou « Ma caboche et mon bien-aimé[72] ». Quand elle lui demanda finalement comment elle pouvait s'adresser à lui dans leur correspondance[73], Himmler proposa simplement le diminutif « Heini », qui aurait été le sien quand il était petit garçon. « Mais comment appeler aujourd'hui le "plus grand" garçon ? Autrement », lui répondit-elle, espiègle[74].

Avec Margarete, dans la première phase de leur relation, Himmler endossa pleinement son rôle de « soldat », se présentant comme un « lansquenet » et lui avouant (comme il ressort de ses lettres à elle) : « Nous autres lansquenets devrions en fait rester des solitaires et des proscrits[75]. » Pourtant, le « lansquenet » concédait ses propres faiblesses. Il se lamenta ainsi auprès d'elle de sa « docilité » vis-à-vis de ses parents. « Ne crois pas que ta "docilité" à la maison se remarque, lui écrivit-elle. Premièrement, avec ton caractère, il est tout à fait impossible que tu changes au point que cela cesse, et 2, cela ne serait pas bien. Ce n'est que quand tu es d'avis que tu peux céder que tu le fais, ma caboche, pas vrai[76] ? »

Il ne lui cacha pas non plus son rejet des grandes villes, la véritable peur que lui inspirait la métropole. Elle lui répondit à ce sujet en le tournant gentiment en dérision : « Tu n'as pas besoin d'avoir peur de la "grande ville", je ferai tout mon possible pour te "protéger"[77]. » Elle le questionnait souvent sur ses problèmes d'estomac, dont il allait aussi se plaindre dans les mois suivants, et se dit inquiète du résultat d'une visite chez le médecin. « Tu es allé chez "l'oncle docteur" ?[78] » Himmler, peut-on déduire des lettres de Margarete, attribuait ses fréquents maux d'estomac à des causes psychosomatiques, soit aux efforts qu'il entreprenait constamment pour se discipliner et se contrôler, pour être « courageux et convenable », comme il le disait. En guise de thérapie, il lui fit part de son souhait de pouvoir être une fois « sans courage et inconvenant »[79].

Himmler lui confia apparemment aussi les problèmes que lui posait son apparence extérieure, en particulier son menton fuyant, qui ne correspondant à l'image martiale qu'il voulait donner. « Pourquoi, commenta-t-elle un cliché de lui, as-tu le visage dans ta main ? Est-ce pour cacher ton menton[80] ? »

Mais elle ne tarda pas à douter du fondement émotionnel de cette nouvelle relation : ressentait-il comme un poids son penchant profond pour lui ? Doutait-il peut-être que son amour pour lui ne soit pas aussi fort que ce qu'il ressentait pour elle ? « Mon amour, qui sera toujours, ne doit pas être une charge pour toi. Cela veut dire qu'il ne doit jamais être "trop". Mais tu es convaincu que je n'ai pas atteint le degré nécessaire parce que je n'ai pu faire autrement que dire ce que je ressens tout au fond de moi. À toi de percevoir si cela est encore valide aujourd'hui. Ta phrase, "de même je serai toujours le même pour toi & t'aurai toujours en affection", en dépit de ce que tu ajoutes par la suite, est très dure [...] Il m'est impossible de croire[81] que tu puisses vraiment penser que je ne saurais t'aimer autant que tu m'aimes. » Alors qu'elle lui avouait sa peur de voir son amour être trop pour lui, il l'irrita en lui demandant s'il ne lui écrivait pas trop souvent. Cela voulait-il dire, lui répondit-elle, qu'il ne *voulait* plus lui écrire aussi souvent[82] ?

Margarete Boden était une femme indépendante, qui se réalisait dans son métier – elle dirigeait le service de soins d'une petite clinique privée dans laquelle elle avait également des parts – et se donnait pleinement dans son travail : « En relisant ta lettre, je m'aperçois seulement maintenant que tu as écrit "petit", et tu serais à l'amende, si tu me voyais dans ma clinique[83]... » Mais cette assurance professionnelle dissimulait un profond sentiment d'insécurité.

L'approche des fêtes de fin d'année suscitait en elle de sombres pensées. « J'ai horreur de Noël, c'est une fête de la tranquillité, mais quelle année abominable. À l'automne encore, cela allait, mais j'ai recommencé à croire aux gens. Il me faut donc de nouveau croire, avoir confiance. [...] Si seulement tout cela était du passé, je me ferais volontiers "supérieure"[84]. » La veille de la Saint-Sylvestre, elle lui écrivit : « Demain, c'est ce jour affreux où tout le monde fait la fête & où je dois me retrouver seule. C'est vraiment affreux. Tu vois quelle créature affreusement insatisfaite je suis, toujours à vouloir que tout soit selon sa volonté[85]. » Elle abordait la nouvelle année dans le pessimisme absolu[86].

Dès le début, leur relation s'avéra difficile : « Je ne peux me représenter l'amour, lui dit-elle, sans souffrance ni angoisse[87]. » Et : « Tu ne sais à quel point je suis mortellement triste. [...] Doutes-tu de mon amour ? Je peux dire en toute tranquillité qu'aucune femme ne t'aimera plus que je t'aime. » Et elle ajoutait : « Tu peux me comprendre, tu me comprendras, si, non, puisque tu m'aimes[88]. »

Il passa les fêtes chez ses parents. Il profita entre autres de son séjour pour régaler son père d'un exposé sur les tactiques du combat de rues. « Quel bon fils "chéri" tu fais, lui écrivit-elle. Chez toi, ils n'ont certainement pas constaté ta "docilité". Vilain garçon, comment as-tu pu faire une chose pareille[89] ? »

Du point de vue politique, elle était plutôt modérée. Elle comprenait mal son radicalisme : « Pourquoi brandir le couteau avec une telle soif de sang ? lui demanda-t-elle. C'est quand même bien d'être conservateur[90]. » D'ailleurs, ne se faisait-il pas exploiter par le parti ? « Je ne peux pas concevoir que tu te fasses à ce point asservir par le parti, que tu ne puisses même pas écrire une lettre. Les autres ne se font pas exploiter comme ça. Et tu ne dors même plus [...] et le résultat, c'est que tu es malade et malheureux[91]. » Avec elle aussi, il avait visiblement vanté sa prétendue surcharge de travail, qu'il brandissait constamment comme un bouclier.

Durant les premiers mois de 1928, le couple ne se rencontra que quelques fois, comme à la mi-janvier en Bavière[92], puis, de nouveau, à Berlin au début de février[93], à Pâques, encore à Berlin, à la Pentecôte à Munich[94]. Bien souvent, elle lui rappelait avant leurs retrouvailles d'apporter ces cahiers de devinettes qu'il aimait tant[95]. C'est qu'il n'était pas question de s'ennuyer !

Ses lettres sont pleines de doute en ce qui concerne les possibilités d'un avenir commun. Sans autre commentaire, elle lui écrivit par exemple qu'un proche lui avait « déconseillé d'épouser un homme de sept ans plus jeune[96] ». Pourtant, elle finit par renoncer à son indépendance[97]. En revanche, elle lui fit comprendre que c'en était fini des libertés de sa vie de jeune homme : « Tu aimes te divertir, aller au cinéma, au théâtre. Mon petit chéri, dorénavant, cela sera beaucoup plus rare. Aussi, profite donc de l'occasion[98]. » Quand, conformément à ses habitudes, il lui envoya une lettre dans laquelle il avait numéroté ses diverses requêtes, elle lui interdit d'adopter ce style : « N'écris plus jamais 1), 2) 3). Typiquement fonctionnaire[99]. »

De plus, elle craignait d'être rejetée par les parents Himmler[100]. Elle n'était pas en mesure de leur écrire une lettre : « Mon chéri, il m'est tout à fait impossible d'écrire par moi-même. Mon bon, que de soucis tu vas te faire dans cette relation avec moi, j'ai peur des gens que je ne connais pas[101]. » Aux yeux de la famille Himmler, elle ne pouvait être qu'une amère déception : « Mon chéri, ta bonne belle-sœur, comme je vais la décevoir. Mais je suis tellement méfiante & et je ne peux pas imaginer que l'on puisse vouloir être bon avec moi[102]. »

Au plus tard après leurs retrouvailles en février 1928, Heinrich Himmler et Margarete Boden avaient pris la décision de se marier[103]. Elle régla les formalités de son départ de la clinique et récupéra ses parts. On s'entendit sur un montant de 12 000 marks[104], mais elle ne s'en sentit pas moins flouée par le directeur de la clinique : « Un youpin, ça reste un youpin ! & les autres ne valent pas mieux[105]. » La fondation d'un foyer commun n'alla pas sans difficulté. Ils choisirent une maison en bois préfabriquée, pour laquelle ils avaient fait l'acquisition d'une parcelle à Waldtrudering, près de Munich[106]. Il fallut acheter meubles et ustensiles ménagers. De plus, Himmler envisageait de s'acheter une voiture. Au début, il croyait encore pouvoir prendre une hypothèque, mais, quand il ne réagit plus à ses demandes incessantes[107], il devint clair qu'il n'était rien advenu de cette possibilité. Ils durent donc se débrouiller avec les 12 000 marks de « Marga ». Elle se plaignit de nouveau de ses trop grandes ambitions et de son comportement tout à fait dispendieux[108]. Pour finir, la maison fut portée au cadastre au nom de Margarete[109].

Pour la voiture, elle préféra une Hanomag plutôt que la Dixi, plus chère, dont il avait envie : « La Dixi la moins chère coûte 2 595 marks à Eisenach. Au total, ça devrait plutôt faire dans les 3 000 marks. Chéri, c'est trop cher. Contentons-nous donc de la Hanomag[110]. » Cette fois, Himmler finit par avoir gain de cause, et ils achetèrent la Dixi. Du reste, il n'avait pas encore le permis. Elle lui rappelait constamment qu'il était temps de le passer : « Chéri, qu'allons-nous faire d'une voiture si personne ne peut la conduire[111] ? » Il le passa effectivement le 27 juin 1928[112]. Et ils se marièrent le 3 juillet[113].

Le jeune couple comptait améliorer les modestes revenus du fonctionnaire du parti en vendant des produits de la terre. Le potager devait en fournir une certaine quantité, et ils entreprirent également de s'essayer à l'élevage. Ils se procurèrent un chien. Après tout, Himmler était ingénieur agronome, spécialiste des questions agricoles au NSDAP. Pourtant, la production n'avança guère. Sans cesse en déplacement, Himmler était tenu au courant des résultats par Margarete. En général, les nouvelles n'étaient pas bonnes : « Les poules ne pondent pas encore.

Le chien “gueule” toute la journée. Le cochon bouffe[114]. » « Dimanche, les petits poussins ont éclos. Seulement 23 & 10 sont déjà morts. [...] ils n'avaient pas été assez couvés. Plus jamais ça. La couveuse fonctionne mal et consomme trop de pétrole, les dindes & les poules pondent bien. Ah, mon bon, que va-t-on faire de moi ? Les lapins ne vont pas bien[115] » – « 11 arbres abattus, complètement morts. 8 poiriers et 3 pommiers[116]. » – « Les poules pondent terriblement mal, 2 œufs par jour. Je me fais tant de soucis, de quoi allons-nous vivre & épargner jusqu'à la Pentecôte ? Toujours cette malchance. Je fais des économies, mais l'argent disparaît aussitôt[117]. »

Le 8 août 1929 naquit leur unique enfant. La petite fille, Gudrun, fut baptisée dans la foi protestante[118]. L'agrandissement de la famille ne fit rien pour simplifier leur situation, comme le montrent les lamentations de Margarete : « Ce misérable “Töhle” ne cesse d'aboyer, et l'enfant ne peut pas dormir[119]. » Quant à l'élevage de volailles, il ne progressait guère : « Les poules ne pondent pas assez[120]. »

À la tête de la SS

Pour Himmler, ce fut également une période de bouleversements professionnels. Le fait qu'il ait organisé les prestations des principaux orateurs du parti dut jouer un rôle déterminant dans sa nomination, en septembre 1927, au poste de « Reichsführer-SS adjoint ». Dans ses fiefs, le NSDAP avait mis en place plusieurs « Schutzstaffeln », des « escouades de protection », petits groupes d'activistes avant tout chargés de la sécurité des grandes manifestations et des interventions publiques des responsables du parti.

En sa qualité de directeur de la propagande du Reich, Himmler fut amené, lors de la préparation des rassemblements, à gérer entre autres le déploiement de ces escouades. Ce qui impliquait naturellement une certaine fonction de commandement, qui fut officialisée en septembre 1927 quand il fut nommé Reichsführer-SS adjoint (sous les ordres d'Erhard Heiden). De plus, Himmler avait déjà l'expérience du travail avec la SS : depuis 1926, il commandait l'escouade de son Gau de Basse-Bavière[121].

En 1927, la SS était encore une petite formation. Elle avait été fondée au printemps 1925. À l'époque, Hitler avait confié la mission à son vieux compagnon Julius Schreck de constituer une garde du corps personnelle, une « garde d'état-major » qui, quelques semaines plus tard, fut renommée « Schutzstaffel ».

Dès avant le putsch de 1923, des formations de même type avaient été mises en place. En mars 1923, Hitler avait déjà créé une garde d'état-major, transformée en mai 1923 en « unité de choc Adolf Hitler », sous le commandement de Joseph Berchtold. Presque tous les membres de la SS, dont Schreck, avaient appartenu à l'unité de choc[122].

La nouvelle escouade de protection choisit des uniformes proches de ceux de l'ancienne garde d'état-major et de l'unité de choc : les membres de ces premières formations portaient, outre la vareuse grise de la SA, des casquettes de ski noires ornées d'une tête de mort en argent et des brassards à croix gammée bordés de noir. La Schutzstaffel maintint la tradition : les SS portaient certes désormais la chemise brune, entre-temps introduite dans le parti, mais une cravate noire, une casquette noire à tête de mort et une cocarde noir-blanc-rouge, ainsi que des culottes de cheval et des brassards à croix gammée[123].

En septembre 1925, Schreck, dans une circulaire adressée à toutes les cellules et groupes locaux du NSDAP, leur avait ordonné de constituer des escouades de protection[124]. Dans les directives qui accompagnaient la circulaire, il était expliqué que « l'objectif » de ces escouades était « la protection des rassemblements locaux » du NSDAP ainsi que « le renforcement de l'escorte personnelle d'Hitler dans le cas où notre Führer Hitler viendrait s'exprimer sur place ou à proximité du groupe concerné ». La Schutzstaffel n'était « ni un corps francs, ni une bande de suiveurs, mais une petite légion d'hommes sur lesquels notre mouvement et notre Führer peuvent compter. Il doit s'agir de gens en mesure de protéger nos rassemblements contre les trouble-fête et notre mouvement contre les "mauvais coucheurs professionnels". Dans les escouades de protection, il n'y a ni "si" ni "mais", seulement la discipline du parti ». Par ailleurs, les SS avaient également pour mission de « recruter et rassembler » de nouvelles recrues pour le parti, ainsi que des abonnés et des annonceurs pour le *Völkische Beobachter.*

Enfin, précisait Schreck dans la même circulaire, seuls des membres du parti pouvaient entrer dans la SS. Ils devaient avoir entre vingt-trois et trente-cinq ans, être en bonne santé et « de constitution vigoureuse ». Il devait « s'agir de camarades fidèles à la vieille maxime : "Un pour tous, tous pour un" ». Une escouade de protection se composait d'un chef et de dix hommes, parfois plus dans les villes plus importantes. Elle obéissait à une direction installée à la centrale du parti et était « financée par des dons ». Une autre directive, sur un ton encore plus martial, détaillait les diverses fonctions de l'organisation et soulignait l'indépendance des Schutzstaffeln vis-à-vis du reste du parti : « Ni les groupes locaux ni les directions des Gaue ne doivent se mêler du fonctionnement interne de la SS locale. » La SS n'était pas une « sous-section de la SA, mais se tient à part entière à ses côtés[125] ». Or, à l'époque, il n'existait pas à proprement parler de SA : Hitler repoussa sa refondation jusqu'à la fin de 1926, car il tenait d'abord à imposer le contrôle du parti à ses troupes[126].

En avril 1926, l'ancien chef de l'unité de choc Adolf Hitler, Berchtold, revenu de son exil en Autriche, se vit confier, à la place de Schreck, le commandement des Schutzstaffeln. Le renvoi de Schreck fut sans doute lié à l'idée très répandue que, comme l'avait écrit un des SS à Hitler, « Schreck ne dispose pas des qualités de commandement et d'organisation nécessaire, et ne porte pas un nom garantissant que la SS va devenir une troupe d'élite du mouvement[127] ».

À peine nommé, Berchtold, dans une circulaire envoyée aux chefs des escouades de protection, souligna lui aussi les ambitions élitistes de la SS : elle devait regrouper « les forces les meilleures et les plus actives au sein de notre mouvement ». Peu importait le nombre de ses membres, car « seule comptait la valeur intérieure de chacun[128] ». Lors des assises du parti de 1926, Hitler transmit en outre à Berchtold la « Blutfahne », l'étendard sanglant, autrement dit un drapeau à la croix gammée qui avait été brandi pendant le putsch de 1923 et était théoriquement maculé du sang d'un national-socialiste « tombé au combat[129] ».

Ce n'est qu'à la fin de 1926 que la SS fut subordonnée à la direction de la nouvelle SA sous von Pfeffer. Berchtold perdit ainsi son indépendance, mais obtint le rang de « Reichsführer-SS[130] ». En mars 1927, il fut remplacé par son adjoint, Erhard Heiden, qui n'avait désormais qu'Himmler pour le seconder[131].

Il reste peu de chose des activités d'Himmler en tant qu'adjoint du Reichsführer-SS. Les rares documents qui ont été conservés montrent toutefois qu'il ne se contenta pas de la tâche, limitée, qui consistait à gérer le déploiement des escouades dans le cadre des projets de manifestation de la direction du parti. Il s'efforça aussi de repenser intégralement l'organisation interne de la SS. En septembre 1927, peu après avoir pris ses nouvelles fonctions, dans un « Ordre n° 1 » transmis à toutes les escouades, il annonça clairement que dorénavant la direction de la SS « fonctionnerait de façon plus stricte ». Venait ensuite une liste de commandements : les contributions des membres devaient être versées en temps et en heure, les rapports transmis dans les temps. Il exigeait des Schutzstaffeln qu'elles rapportent constamment « tous les événements [...] de la vie politique ou autre », surtout concernant les activités des ennemis, en particulier les « francs-maçons et les responsables juifs les plus en vue ». Il annonçait la création prochaine d'un « service d'information » complet. Himmler entreprit donc, avec l'aide des SS, de mettre en place un réseau d'information pour son projet, qu'il caressait depuis longtemps, de service de renseignement propre au parti.

Il réglementa également dans les moindres détails le « service SS » quotidien. Il fallait selon lui accorder une grande valeur à « l'ordre serré », comme « le garde-à-vous, le repos, la conversion », et ainsi de suite. En public, la SS ne devait « pas se distinguer d'une unité d'active ». Ses membres, avertit Himmler, devaient se tenir à l'écart de toute querelle interne au parti. Lors des rassemblements, ils ne devaient pas prendre part aux discussions[132]. Il comptait en outre uniformiser davantage la tenue de la SS. Lors des assises du parti au mois d'août, quelques manquements avaient encore été constatés dans ce domaine[133].

En janvier 1929, Hitler renvoya Heiden pour, peut-on lire de source officielle, « des raisons familiales », et régenta sa succession comme suit : « Je nomme commandant de la SS pour le Reich le camarade Heinrich Himmler, jusque-là adjoint au commandant de la SS pour le Reich. » On ne connaît pas les raisons exactes du départ de Heiden et de la nomination d'Himmler. Toutefois, au début, Himmler conserva ses fonctions à la direction de la propagande. À l'époque, Reichsführer-SS était encore une position que l'on pouvait occuper en parallèle[134].

Il est difficile d'établir de quelles forces disposait la SS à l'arrivée d'Himmler. Les informations qu'il donna lui-même par la suite sont fluctuantes : il citait parfois 260 membres, parfois 280, 290 ou 300[135]. Les *SS-Leithefte* parlaient de « 270 hommes exactement[136] ». Il ne faut pas trop évaluer ces chiffres à la baisse, sous peine d'accorder une trop grande importance aux capacités d'organisation d'Himmler. Un rapport de police du 23 mai 1929 fait état de 1 402 membres. Un rapport interne de la SA du 3 mai 1929 cite 748 membres de la SS répartis dans les groupes SS « réguliers », autrement dit organisés en dizaines[137]. Il est peu probable que la SS ait connu une expansion aussi brutale dans les quelques mois qui suivirent la prise de fonctions d'Himmler, puisque les premières mesures qu'il prit visaient à consolider l'organisation plutôt qu'à en accroître rapidement les effectifs[138].

Les assises du NSDAP en août 1929 à Nuremberg constituèrent la première mise à l'épreuve d'Himmler dans son nouveau rôle. Dans un ordre spécial du 6 juillet, il en avait réglé les détails : chaque SS devait participer aux assises. Il fallait se préparer au « service le plus strict ». Il fallait consacrer le temps restant jusqu'à l'événement à des exercices d'ordre serré : « Défilé impeccable en deux colonnes (huit escouades de front). » Ne souhaitant rien laisser au hasard,

Himmler organisa le déplacement de ses SS à Nuremberg comme un voyage d'adolescents en colonie de vacances : « Chaque chef SS me répondra directement et doit veiller à ce que son escouade dispose d'assez de brosses à chaussures et à habits. » Prévoyant, il recommandait d'avoir « bien dormi auparavant » et insistait « expressément » sur l'interdiction de boire de l'alcool tout au long des assises[139].

Peu de temps avant l'événement, il transmit un ordre supplémentaire où il appelait une fois encore à la « discipline la plus stricte », au « plus grand dévouement et au plus grand sens de l'honneur viril », à « l'exécution la plus méticuleuse et la plus exacte de chaque ordre ». Afin de garantir une ponctualité absolue, il exigeait : « Après le regroupement à Nuremberg, les montres doivent être synchronisées. » Plus loin, il ordonnait : « La consommation de boissons offertes par la population pendant le défilé ou l'utilisation des gourdes ne peut se faire que sur autorisation, car boire sans raison sur un estomac vide ou par trop forte chaleur peut entraîner des accidents graves[140]. »

L'arrivée des SS à Nuremberg se déroula de façon satisfaisante : le point fort en fut la cérémonie durant laquelle la SS se vit confier ses dix premières « bannières d'assaut ». Lors du défilé de propagande des formations nazies qui eut ensuite lieu dans les rues de Nuremberg, la SS marcha en formation serrée, sous le commandant d'un Himmler manifestement fier[141].

Très vite, le nouveau Reichsführer-SS n'eut plus beaucoup de temps à consacrer à ses activités à la direction de la propagande. Dès juillet 1929, Hitler avait proposé à Goebbels de remplacer le directeur de la propagande du Reich Gregor Strasser[142]. Goebbels avait revendiqué ce poste en se réclamant de ses activités de Gauleiter de Berlin, où il avait développé un style d'agitation avec un fort impact public. Mais peu après, Goebbels redouta que cette offre ne dissimule une intrigue d'Otto Strasser (qui, comme son frère Gregor, était l'un des principaux représentants de l'aile « gauche » du parti), qui ne lui proposait ainsi qu'un poste « de façade » à Munich pour mieux le supplanter dans le rôle de Gauleiter de Berlin[143].

Cette inquiétude finit par se dissiper. En novembre 1929, Goebbels s'entretint en détail avec Himmler, qui devait lui servir d'assistant, sur la façon de reprendre la direction de la propagande[144]. Goebbels jugeait certes Himmler sous un angle positif, mais éprouvait quelques doutes : « J'ai établi avec lui les principes de notre future collaboration dans le domaine de la propagande. C'est un petit homme charmant. Débonnaire mais aussi un peu indécis. Une créature de Strasser. Mais ça devrait aller[145]. »

Dans les mois qui suivirent, Himmler tint Goebbels au courant de « toutes sortes de curiosités sur la camarilla munichoise », autrement dit sur l'entourage d'Hitler. « Épouvantable », commenta Goebbels au sujet de cette « horrible pétaudière où règnent les cliques [146] ». En mars, Himmler le pressa de prendre en main la direction de la propagande du Reich, mais Goebbels fit des manières, préférant attendre un « appel de Munich ». C'était à Hitler de faire le « premier pas », sinon : « Götz von Berlichingen * [147] ».

En avril 1930, Goebbels finit par céder. La direction de la propagande fut divisée en deux sections : l'école d'orateurs de Fritz Reinhardt et une section II, désormais sous la responsabilité de Goebbels [148]. Dans ses carnets, on peut lire : « Ce soir, encore une réunion avec mon nouveau secrétaire Himmler. Nous nous entendons très vite. Il n'est pas d'une intelligence exceptionnelle, mais il est travailleur et vaillant [149]. » « Himmler s'adapte très bien [150] », il « apprend [151] », mais s'attarde « trop sur les détails », écrivait-il en mai [152].

D'ailleurs, le tandem n'eut pas le temps de s'habituer l'un à l'autre. Car la campagne pour les élections au Reichstag de septembre 1930 s'annonçait. « Hier, RPF, dernière main à la propagande. Dernière réunion avec Himmler. Maintenant, il peut se débrouiller seul. Les principes fondamentaux sont posés. Il ne reste que des problèmes d'ordre technique à régler », nota Goebbels le 29 juillet, une fois les préparatifs bouclés. À ce stade, il devait devenir évident qu'il lui faudrait se trouver un nouvel adjoint après les élections. Car plus le NSDAP se développait, plus le poste de Reichsführer-SS devenait une occupation à plein temps. De plus, l'importance croissante d'Himmler pour le parti fut prise en compte, puisqu'il fut placé dans une position prometteuse lors des élections [153]. Et, effectivement, vers la mi-novembre 1930, ayant réussi à entrer au Reichstag, il abandonna ses fonctions d'adjoint au directeur de la propagande du Reich [154].

En tant qu'organisateur de la propagande du parti, Himmler avait joué un rôle non négligeable dans le succès du NSDAP aux législatives, les nazis étant passés de 2,6 à 18,3 % des voix. La victoire fit l'effet d'un séisme et transforma une formation autrefois marginale en un acteur politique qu'il fallait prendre au sérieux. Pourtant, en tant qu'adjoint de Goebbels, il se retrouva dans l'ombre de ce dernier et ne tira pas de ce succès tous les avantages qu'il aurait pu pour sa

* Götz von Berlichingen (1480-1562) : chevalier et mercenaire allemand, surnommé « Main de Fer ». Son personnage a inspiré un drame à Goethe, qui lui fait dire, à l'acte III : « *Er aber, sags ihm, er kann mich im Arsche lecken* » (« Quant à lui, dites-lui qu'il peut me lécher le cul »). Faire référence à Götz von Berlichingen, c'est un peu comme évoquer le « mot de Cambronne » en français. (NdT)

carrière au sein du mouvement. De plus, il ne sut pas exploiter son mandat au Parlement : bien qu'il fût député au Reichstag jusqu'en 1945, il n'y prit jamais la parole. Il se tira de ses responsabilités au sein de la représentation nazie sans grande gloire [155], et quand, dans le cadre d'une série de textes intitulée *Bibliothèque nazie*, il accusa à tort, dans la brochure *Der Reichstag*, le député libéral Theodor Heuss d'être juif, il dut retirer cette allégation à l'issue de vigoureuses protestations [156].

Pourtant, le mandat eut un avantage pour Himmler : enfin, avec son traitement de député, c'en était fini des difficultés financières. Autre avantage pratique, il jouissait de l'immunité parlementaire et d'une carte de transport gratuit sur les trains de la Reichsbahn. Mais surtout, en abandonnant de ce fait ses responsabilités à la direction de la propagande, il put se concentrer sur une unique activité. Himmler n'était désormais plus qu'une seule chose : Reichsführer-SS.

Reichsführer-SS

Peu avant les législatives de septembre 1930, durant lesquelles le NSDAP réalisa sa grande percée, la SS se retrouva prise dans les remous d'une grave crise née du conflit qui couvait entre la SA et la direction du parti. Elle avait pour origine le débat qu'avait suscité en particulier Walter Stennes, l'un des principaux chefs de la SA dans l'est de l'Allemagne, qui exigeait que les responsables SA soient placés en tête de liste dans ces circonscriptions favorables. La SA n'ayant pas obtenu satisfaction, von Pfeffer, le commandant des Chemises brunes, avait démissionné le 12 août 1930.

L'affaire s'envenima quand Stennes annonça ensuite qu'il s'arrogeait toutes les prérogatives du parti dans son secteur. Le 30 août, il se rendit à la raison, mais quand, le lendemain, lors d'une rencontre entre chefs de la SA, un mouchard SS fut découvert dans la pièce voisine, c'en fut fait de la volonté des SA de parvenir à un compromis : le jour même, des SA pénétrèrent de force dans les bureaux du NSDAP de Berlin, gardés par un peloton de SS. L'échauffourée dégénéra en bagarre ouverte qui ne prit fin qu'avec l'irruption de la police, appelée par les SS.

Dans cette situation, Hitler intervint : il se rendit en toute hâte à Berlin et eut plusieurs discussions avec les mécontents. Le 1er septembre, il tint un discours devant les SA berlinois dans lequel il annonça qu'il prendrait dorénavant lui-même les commandes à la fois de la SA et de la SS. Dans l'atmosphère de liesse qui s'ensuivit, il parvint à arracher aux SA rassemblés un « serment de fidélité[1] ». Au même moment, Augsbourg était le théâtre d'un conflit déclaré entre le parti et les SA. Himmler et le chef de la section SS de Bavière, Sepp Dietrich, vinrent à Augsbourg et eurent toutes les peines du monde à empêcher les SA de détruire les bureaux du parti. À Dachau et Hanau, on assista à des crises comparables en octobre 1930 et en février 1931. Dans les deux cas, les autorités du parti furent protégées par l'intervention des SS[2].

Pendant cette crise, les escouades de protection démontrèrent qu'elles représentaient un contre-pouvoir d'une loyauté absolue envers les dirigeants du parti, contre la SA, ou plutôt contre ses chefs. Au sein de la SS, toujours subordonnée à la hiérarchie des SA, on cultiverait l'idée, dans les années à venir, que les SA, en réalité fidèles et respectables, avaient été victimes de l'agitation fomentée par une direction corrompue et obsédée par le pouvoir. Et contre un tel danger il n'existait qu'un remède efficace : la SS. « Les hommes de la SA n'étaient pas dans l'erreur, écrivait Himmler onze ans après les événements de Berlin, c'étaient seulement Herr Pfeffer et sa camarilla qui se trompaient, eux qui rêvaient de transformer les SA en corps franc chargé de la protection du NSDAP, d'intervenir ainsi sur les décisions politiques et occasionnellement de faire pression sur le Führer[3]. »

C'est après le « putsch de Stennes », pour reprendre le jargon officiel que répandit le commandement de la SS quelques années plus tard, qu'Hitler aurait trouvé la devise « Ton honneur s'appelle fidélité », qui allait dès lors devenir « le principe directeur de tout SS ». Que cela soit vrai ou non, il est caractéristique de la SS qu'elle ait fait une vertu de l'ordre qu'elle avait reçu pendant la campagne électorale, qui lui intimait de ne pas prendre part aux querelles internes du « temps de la lutte[4] ».

SS et SA

À la fin de 1930, quelques mois seulement après la crise provoquée par Stennes, on put croire qu'Himmler avait réussi à soustraire la SS à son inféodation vis-à-vis de la SA. Dans un ordre aux SS de décembre 1930, il affirma : « La séparation totale entre SS et SA, en termes d'organisation et de domaines de compétence, est achevée. » En réalité, cette « séparation totale » ne fut effective qu'après le 30 juin 1930. Jusqu'à cette date, Himmler resta subordonné à la hiérarchie de la SA, qu'Hitler dota de nouvelles réglementations début 1931[5].

Hitler ayant rassemblé sous son autorité personnelle les SA et les SS en septembre 1930, le chef d'état-major de von Pfeffer, Otto Wagener, prit en charge la direction de la SA[6]. Le 30 novembre 1930, Hitler, à l'occasion d'une rencontre des chefs de la SA à Munich, présenta ses nouvelles dispositions pour les sections d'assaut. Il déclara qu'il souhaitait nommer aux commandes de ces dernières Ernst Röhm, rentré en Allemagne après avoir passé plusieurs années en Bolivie.

C'était une décision surprenante. Certes, de 1920 à 1923, Röhm avait tenté, en tant que capitaine dans la Reichswehr, de coordonner les diverses associations de défense en Bavière, devenant ainsi une sorte de « père nourricier » de la SA puisqu'il était étroitement lié à l'histoire de cette organisation. Mais, dès le début, il s'était surtout intéressé au potentiel militaire des troupes de choc du parti : il les considérait comme une association de défense et non, avec Hitler, comme une force auxiliaire du parti. Quand, à l'automne 1923, il avait intégré la SA à une alliance militaire, l'Alliance de combat, il avait *de facto* contraint Hitler à se précipiter dans le putsch du 9 novembre. Après son incarcération, Hitler avait confié à Röhm la réorganisation de la SA, et celui-ci avait immédiatement cherché à intégrer de nouveau la SA dans une organisation de défense unie plus vaste, le Frontbann (la Compagnie du front). Quand Hitler était sorti de la prison de Landsberg à la fin de 1924, les divergences insurmontables entre les deux hommes étaient devenues manifestes. Hitler avait déduit de l'expérience de novembre 1923 qu'une militarisation de la SA, telle que la défendait toujours Röhm, représentait une impasse politique. Röhm avait alors quitté la SA et était parti servir pendant plusieurs années comme instructeur militaire en Bolivie. Mais rien ne prouvait que dans l'intervalle Röhm avait changé d'idée quant au rôle de la SA. Son avis, diamétralement opposé à celui d'Hitler, se trouvait donc conforté par sa nomination[7].

Il est par conséquent difficile d'expliquer pourquoi Hitler le choisit. Fondamentalement, il s'agissait d'une concession à la hiérarchie rétive de la SA qui, composée pour l'essentiel d'anciens officiers et combattants des corps francs comme ce vieux soudard de Röhm, partait du principe que la SA n'avait rien à faire entre « les mains d'un politicien », mais devait être « une troupe commandée par son propre chef », comme le formula dans un mémorandum un des participants à la réunion du 30 novembre[8]. Autre élément en faveur de Röhm, durant son séjour à l'étranger, il ne s'était pas retrouvé impliqué dans les querelles de cliques, et il entretenait toujours de bonnes relations avec Hitler en dépit de leurs divergences d'opinion. Au début de 1931, il prit ses nouvelles fonctions, sous l'autorité du « chef suprême de la SA », Hitler.

Contrairement aux espoirs évoqués par Himmler à la fin de 1930, la SS resta donc soumise à la nouvelle direction de la SA. À la lecture de l'ordre SA n° 1 du 16 janvier 1931 signé par Röhm, on ne pouvait se méprendre : « Le chef suprême de la SA a ordonné le 14/1/1931 la subordination du Reichsführer de la SS au chef d'état-major[9]. » Himmler, on l'a vu, était une vieille connaissance et un compagnon de route de Röhm : lui qui avait été, le 9 novembre 1923, le porte-étendard de la Reichskriegsflagge, l'association paramilitaire de Röhm, avait consciencieusement rendu visite à Röhm, interné dans la prison de Stadelheim après l'échec du putsch. Même pendant son exil bolivien, Himmler avait correspondu avec lui et avait contribué à le convaincre de rentrer en Allemagne[10].

Avec fierté, il avait tenu son ancien mentor au courant de l'évolution de la SS et n'avait pas omis de souligner le rôle qu'il avait autrefois joué dans la Reichskriegsflagge : « Rares sont les chefs de la SS, lui écriva-t-il ainsi en novembre 1929, qui ont eu la chance d'être à votre école. D'ici le printemps, sur ordre du chef, nous comptons atteindre des effectifs imposants, de plusieurs milliers d'hommes, et nous nous y attelons avec opiniâtreté[11]. » En mars 1930, Röhm avait répondu : « Je vous félicite pour le renforcement de votre SS. Moi qui vous connais, je n'avais aucun doute depuis le début quant au fait qu'il s'accomplirait dans l'esprit de notre vieille RKF[12]. »

Il est difficile de savoir si Himmler était déjà averti de l'homosexualité de Röhm. Il dut en avoir vent par des rumeurs, mais a pu n'y voir que de la propagande. Dès l'été 1931, la presse adversaire des nazis fit état de ses soupçons au sujet de l'orientation homosexuelle de Röhm. En mars 1932, la publication de lettres privées de Röhm acheva de dévoiler le pot aux roses[13]. À ce stade, il est probable qu'Himmler ait avant tout cherché à tirer parti de l'orientation sexuelle de son supérieur et des mœurs quelque peu relâchées de nombreux membres de la SA, en présentant la Schutzstaffel comme un pôle de vertu et de discipline à l'opposé de la SA. Nous y reviendrons.

Dès qu'il fut nommé, Röhm entreprit de réglementer les relations entre SA et SS. Dans son ordre SA n° 1 du 16 janvier 1931 déjà cité, il décrétait : « Les missions de la SA et de la SS sont distinctes. Divergences d'opinion et frictions sont par conséquent exclues. » À l'avenir, la SS ne devrait pas représenter plus de 10 % des membres de la SA, la SA ne devait pas recruter dans la SS et réciproquement. Les recommandations détaillées de Röhm permettent d'entrevoir la réalité des frictions en question : « Lors d'une intervention conjointe des SA et des SS, c'est le chef SA ou SS présent le plus élevé en rang et en âge qui exerce le commandement, dans la mesure où il commande un groupe et où les effectifs des SA et des SS présents respectent une proportion de 1 pour 10. » Lors d'« interventions conjointes des SA et des SS au service du parti », c'était à la SA que revenait la « protection du rassemblement ». La « SS a la charge de la protection de l'orateur, de la direction politique et du Führer ». Lors des défilés, les règles suivantes s'appliquaient : « La SA a pour mission primordiale la bonne marche de la propagande. La SS a pour mission de déployer un cordon de sécurité, ainsi que le service d'ordre (patrouilles dans les rues). Lors d'un défilé, la SS, à l'exclusion des éléments du cordon de sécurité, marche en ordre serré à la fin de la colonne de la SA. » Et enfin : « Les injonctions de la SS dans l'exercice de ses fonctions doivent être respectées par tous les dirigeants SA et SS, par les responsables politiques et les camarades du parti [14]. »

La croissance rapide de la SS nécessitait une adaptation constante en termes d'organisation. Dès 1930, trois SS-Oberführerbereiche furent créés, sorte d'autorités régionales dont dépendaient les sections SS [15]. L'ordre n° 25 du 12 mai 1931 introduisit de nouvelles dénominations pour les unités : au lieu de brigades, la SS se subdivisa aussitôt en Standarten (régiments), chaque Standarte étant lui-même décomposé en plusieurs compagnies d'assaut [16]. Pour développer la mobilité de la formation paramilitaire, on mit en particulier l'accent sur la création de « groupes motorisés [17] ». Himmler veilla en outre à professionnaliser le fonctionnement de son état-major qui, dès 1931, fut organisé par règlement en cinq départements [18].

Tandis que la SA s'efforçait d'attirer essentiellement des jeunes gens issus de la classe moyenne et ouvrière, la SS recrutait plutôt des hommes de « meilleures » couches sociales. Mais, régulièrement, il était reproché à la SS de chercher à intégrer des SA dans ses rangs. Ainsi, l'inspecteur général de la SA se plaignit auprès de Röhm de ce « recrutement dans un esprit éloigné de la camaraderie [19] ». La rivalité entre les deux grandes organisations paramilitaires nazies fut encore aggravée parce que la SS se présentait comme le groupe véritablement discipliné qui jouissait de la confiance particulière des autorités du parti [20]. La SS, pouvait-on lire dans un ordre rédigé sur un ton suffisant par Sepp Dietrich, le responsable des escouades de protection pour le Sud, avait été « façonnée par le guide suprême à partir des forces les plus actives du parti en un vecteur de pouvoir particulièrement fiable ». Elle était « faite pour se charger des missions qui découlent de la masse d'obligations et des possibilités d'utilisation de la SA », surtout « dans le service d'ordre et de sécurité [21] ».

Mais la SS allait avant tout être employée par la direction du parti pour juguler l'indiscipline de la SA. En particulier pendant ce que l'on a appelé la deuxième révolte de Stennes, en avril 1931, où la SS a joué le rôle de force de l'ordre interne afin de maîtriser la SA. Si, extérieurement, le conflit qui avait éclaté à la fin de l'été 1930 entre les autorités du parti et la direction de la SA en Allemagne orientale (le secteur de Stennes) semblait réglé, en réalité il n'en était rien. Durant l'hiver 1930-1931, Stennes s'était engagé dans une voie de plus en plus antiparlementaire, qui ne pouvait qu'entrer en collision avec la « tactique légaliste » adoptée par Hitler. Avec son attitude sans cesse plus radicale, Stennes faisait planer le risque d'une interdiction du parti, éventualité considérablement facilitée par le président du Reich dans un nouveau décret-loi. Face à cette situation, Hitler révoqua Stennes au début du mois d'avril. De son côté, ce dernier annonça qu'il « prenait la direction du mouvement » à Berlin et dans les provinces orientales de la Prusse. Stennes fit occuper les locaux du Gauleiter de Berlin par des unités de SA (qui se heurtèrent du reste à la résistance ouverte des gardes SS). S'il put étendre son influence sur une partie des sections d'assaut, il ne parvint cependant pas à déclencher une révolte générale. À Berlin, la direction du parti reprit rapidement le contrôle de ses locaux. Dans les semaines qui suivirent, les cadres des SA dans le nord et l'est du pays firent l'objet d'une purge en règle. Quelque cinq cents SA durent quitter l'organisation[22].

Développement et missions futures de la SS

Environ deux mois plus tard, en juin 1931, Himmler, dans le cadre d'une rencontre des chefs de la SS, fit un long exposé sur « les buts et objectifs de la SS, les relations de la SS vis-à-vis de la SA et l'organisation politique ». C'est l'unique document du « temps de la lutte » où l'on trouve rassemblées les réflexions d'Himmler sur l'avenir de la SS, ses missions et ses objectifs.

Après des remarques sur la « tradition » de la SS en guise d'introduction, Himmler y constatait que la SA n'était plus que « la Ligne », la SS étant elle « la Garde », la « dernière réserve du Führer [...] Chez tous les peuples, quand il s'est agi de lancer les dés du destin, c'est la Garde qui a emporté la décision ». Puisque ce rôle correspondait aux souhaits d'Hitler, « il faut s'en montrer digne, et chacun doit s'y employer [...] car c'est un ordre de notre Führer, et tout ordre doit être obéi ». Himmler poursuivait : « La SS doit devenir une troupe qui rassemble le meilleur matériau humain que l'on peut encore trouver en Allemagne, la SS doit préserver la communauté du sang, toute dégénérescence doit être impossible. » Certes, des « petits défauts persistaient », mais : « Nous sommes sur le point de devenir une troupe meilleure que toute unité d'active, plus disciplinée encore. Ce n'est que quand nous pourrons affirmer que nous sommes capables de concurrencer les meilleures unités d'active que nous mériterons de porter la tête de mort, que nous serons alors la Garde. » Seulement alors, ajoutait-il plus loin, « les anciens combattants du front viendront à nous, et dès lors ce sera la fin des “casques d'acier”. Il n'y aura plus qu'une seule société pour les soldats du front : la SS. »

Dans un passage central de son discours, Himmler développa sa vision d'une future confrontation finale entre « le peuple de la race nordique » d'un côté et « le bolchevisme » de l'autre : « Parviendrons-nous un jour à éduquer et faire croître dans une large mesure un peuple, un peuple de race nordique, en privilégiant les valeurs du sang par un processus de sélection à partir du peuple d'aujourd'hui ? Parviendrons-nous un jour à implanter cette race nordique dans toute l'Allemagne, à en faire de nouveau des agriculteurs et, à partir de ce substrat, à créer un peuple de 200 millions d'habitants ? Alors, le monde nous appartiendra ! Que triomphe le bolchevisme, et ce sera l'extinction de la race nordique, du dernier sang nordique, ce sera l'annihilation, la fin du monde. »

Dans ce combat final, le SS, à l'en croire, devait jouer un rôle de précurseur : « Nous avons la grande, la plus noble mission qui puisse être confiée à un peuple. Sur le plan du patrimoine génétique et de la démographie, nous sommes à l'aube de l'extinction. Nous sommes donc appelés à créer une base qui permettra à la génération suivante de faire l'histoire, et cette histoire sera grande si nous édifions cette base comme il convient. Les meilleurs soldats, les meilleurs Allemands, viendront d'eux-mêmes à nous, nous n'aurons pas besoin d'aller les chercher, dès qu'ils verront que la SS est convenablement organisée, que la SS est vraiment remarquable. »

Il ressort de ce discours fondateur qu'Himmler n'envisageait la confrontation finale fantasmée entre « le peuple de race nordique » et « le bolchevisme » que pour la « génération suivante », et qu'il estimait que sa propre mission était avant tout de constituer la base nécessaire à cette lutte existentielle. La clé de voûte de la constitution de cette organisation d'élite était selon lui la sélection des « meilleurs hommes sur le plan racial » : « Un SSF* ne tolérera pas longtemps de visage de type slave dans son unité, car, tant qu'il se trouvera dans la troupe ou la compagnie, il ne saurait y avoir d'ordre. Il s'apercevra très vite qu'il n'y a pas de communauté de sang avec les autres camarades d'origine plus nordique. Les photographies d'identité qui doivent accompagner la carte d'inscription permettent d'afficher les visages des gardes SS à la direction du parti. Que l'on prenne un Mongol dans la SS, et il est certain qu'il s'enfuira dès la période d'essai, mais, tant que ce Mongol sera dans la SS, il ne sera pas possible de développer l'esprit qui est absolument nécessaire. Le point de rupture est là où l'homme de race pure s'impose alors que l'impur, lui, faillit. »

* SS-Führer : chef SS. (NdA)

La sélection devait passer non seulement par une inspection détaillée du futur chef SS, mais aussi par celle de sa famille : « Dans le choix de ses subordonnés, le responsable doit se montrer particulièrement attentif. Il devra systématiquement s'intéresser à l'environnement et à la famille de celui qu'il a envisagé pour un poste. Un environnement néfaste ne peut jamais donner un bon chef pleinement libre de ses mouvements, il aurait toujours des limitations, ne disposera jamais de la capacité de décision nécessaire à un SSF. »

Enfin, Himmler abordait le rôle de la SS au sein du mouvement nazi : « Nous devons être les meilleurs camarades de la SA, tout en leur servant constamment d'exemple. Nous devons toujours faire tout notre possible sans jamais nous en vanter car, comme le dit un vieux dicton : qui parle beaucoup ne produit rien. » La reconnaissance dont bénéficiait la SS de la part de la direction politique, en raison de sa fiabilité et de sa loyauté, était décisive : « Nous ne sommes pas aimés de tous, il se peut que l'on nous montre du doigt pour les tâches que nous avons accomplies, il ne faut nous attendre à aucun remerciement. Mais notre Führer sait ce qu'est la SS pour lui. Nous sommes son organisation préférée, celle qui a le plus de valeur à ses yeux, car nous ne l'avons encore jamais déçu[23]. »

Le même mois, en juin 1931, Himmler diffusait une « ordonnance provisoire pour le travail de la SS » qui détaillait les obligations du personnel SS. Conformément à cette directive, les membres des escouades de protection devaient se réunir quatre fois par mois : ils devaient prendre part aux soirées de discussion mensuelles des groupes locaux et entreprendre une fois par mois un voyage de propagande. De plus, ils devaient consacrer deux jours par mois « au service SS » proprement dit. Le programme comportait des exercices physiques ainsi qu'un entraînement au jiu-jitsu, qu'Himmler lui-même avait pratiqué avec plus ou moins d'enthousiasme durant ses études.

Une fois encore, Himmler mettait l'accent sur les ambitions élitistes de la SS, qui ne devait pas se rabaisser au niveau des querelles mesquines locales : « La SS ne participe jamais à la discussion lors des réunions de membres. La participation aux soirées de débat, avant lesquelles, pendant toute la journée, aucun SS ne doit fumer et ou aucun n'a le droit de quitter le local, sert à l'éducation politique du personnel SS. » De même, poursuivait-il, les SS ne devaient pas se mêler des affaires internes de la SA.

L'ordonnance précisait en outre quels chants tous les SS devaient connaître[24] et comment ils devaient se vêtir : le costume du SS se composait d'une chemise brune, d'un brassard SS, d'une cravate noire, d'une casquette noire ornée de la tête de mort, de pantalons noirs, de bandes molletières ou de leggings noirs, de chaussures de montagne ou de bottes de cavalerie noires, et d'un ceinturon noir. Il était strictement interdit de porter ou d'utiliser des armes, ce qui pouvait entraîner l'exclusion de la SS et du parti. L'entrée dans la SS faisait l'objet des « critères les plus rigoureux ». Les candidats devaient mesurer au moins un mètre soixante-dix et être âgé d'au moins vingt-trois ans. Sachant que la SA recrutait principalement des jeunes hommes âgés de dix-huit à vingt-cinq ans, cet âge de recrutement plus avancé soulignait la particularité de la Schutzstaffel[25].

Les mois suivants, « l'ordonnance de service » fut agrémentée d'ordres complémentaires, portant sur l'organisation de l'état-major[26], sur l'utilisation d'instruments de musique[27] ou sur la visite médicale des membres de la SS[28]. L'obsession de la hiérarchie SS pour le détail était telle que l'on distinguait six types d'ordre, diffusés par les correspondants de l'organisation SS dans tout le pays[29].

Durant l'été 1931, Himmler prit une décision lourde de conséquences : il décréta la création d'un service de renseignement SS indépendant. Il pensait avoir trouvé l'homme idéal pour cette mission en la personne de Reinhard Heydrich. En avril 1931, Heyrich avait été chassé de la Marine après avoir manqué à son devoir dans une affaire de fiançailles. Un conseil de discipline de la Marine avait estimé que son comportement avait été contraire à l'honneur[30]. Par l'entremise du Gruppenführer-SS Friedrich Karl von Eberstein, Heydrich était entré en contact avec Himmler. Entré dans la SS de Hambourg en juillet 1931, il fut reçu par le Reichsführer-SS, lequel se montra très intéressé par la qualification de Heydrich en tant qu'« officier de renseignement » obtenue dans la Marine (mais il ne savait pas que Heydrich était en fait spécialiste des liaisons radio et de la transmission d'information, et non d'activités d'espionnage). Le 1er août 1931, Heydrich prit les fonctions de chef du nouveau service Ic, dont l'appellation imitait le jargon militaire[31].

Par l'ordre secret de septembre 1931, Himmler décida la mise en place d'un réseau de renseignement qui devait s'étendre jusqu'aux Standarten[32]. Au début, pourtant, l'organisation ne compta qu'un seul collaborateur, Heydrich lui-même. Cela ne changea qu'après l'interdiction de la SA et de la SS en avril 1932, à la suite de quoi le service de renseignement fut camouflé en « service de presse ». Dans les mois qui suivirent, Heydrich parvint non seulement à développer sa centrale, mais aussi à recruter des collaborateurs indépendamment des rapporteurs des Standarten, qui communiquaient leurs observations directement à la centrale. Le 19 juillet 1932 – l'interdiction avait été levée en juin –, Himmler nomma finalement Heydrich chef du service de sécurité (SD) du parti, et dix jours plus tard il lui accordait le grade de SS-Standartenführer[33].

Depuis son grand succès aux législatives de septembre 1930, le mouvement de masse national-socialiste n'avait cessé de s'étendre. Il remportait maintenant aussi des succès constants lors des municipales et des législatives dans les Länder. Il profitait surtout du fait que le gouvernement Brüning, soutenu par le président du Reich à coups de décrets-lois, ne parvenait pas à trouver de réponse à la crise politique et économique, offrant ainsi au NSDAP de nouvelles occasions de dénoncer la panne du « système ».

À l'ombre de la SA, et en concurrence avec elle, la SS se développa de façon considérable. La SA était désormais une organisation de masse, ses membres étant passés, de janvier à décembre 1931, de 88 000 à 260 000[34]. Mais la SS restait très en deçà des 10 % imposés par Röhm. Le 1er janvier 1931, la SS disposait de 2727 hommes. Trois mois plus tard, ils étaient 4490. En octobre 1931, Himmler affirma que la SS alignait plus de 10 000 hommes, auxquels s'ajoutaient 3 000 candidats[35]. À l'époque, elle était organisée en 39 Standarten, regroupés en 8 sections[36].

Dans son discours aux chefs SS de juin 1931, Himmler avait rappelé que ce n'était pas le nombre, mais le caractère élitiste de la SS qui était décisif dans la mission d'avant-garde raciale qu'elle s'était fixée. Il fallait donc également prendre compte des « critères raciaux » dans le processus d'admission au sein de la SS. Durant les premières années, le Reichsführer étudia lui-même les candidatures. Pour cela, expliqua-t-il en 1937 lors d'une conférence devant des officiers de la Wehrmacht, il analysait principalement la photographie du candidat et se posait la question : « Décèle-t-on, dans le visage de cet homme, des traces évidentes de sang étranger, par exemple des pommettes saillantes, communément considérées comme mongoles ou slaves[37] ? » Dans les mois qui suivirent la prise de pouvoir, le nombre de candidatures devint tel que les gens furent pratiquement acceptés sans sélection. Ce n'est que là que l'on introduisit un véritable examen racial, afin de maîtriser le flot.

Mais les candidats n'étaient pas les seuls à être examinés : à la fin de 1931, Himmler exigea, dans son « ordre sur les fiançailles et le mariage », que les futures épouses des membres de la SS soient également soumises à un examen racial et de « santé du patrimoine génétique[38] ». L'ordonnance commençait par la phrase : « La SS est un groupe d'hommes allemands d'origine nordique choisis dans une optique particulière. » Elle précisait que, afin de « sélectionner et préserver le bon sang sur le plan racial et génétique », tous les membres de la SS devaient obtenir une « autorisation de mariage ». Les demandes devaient être traitées par un département racial nouvellement créé, qui devait en outre tenir un « livret généalogique » de tous les SS.

Himmler savait parfaitement qu'en dehors de sa propre organisation, son ordre sur le mariage suscitait l'incompréhension, quand il n'était pas considéré comme risible. Il avait même anticipé cette réaction. Le dixième point de son ordre rédigé sous forme de décalogue affirmait : « La SS est consciente d'avoir franchi une étape d'une grande importance avec cet ordre. Les moqueries, les railleries et l'incompréhension ne nous dérangent pas ; l'avenir nous appartient ! » Douze ans plus tard, Himmler revint sur la question et reconnut dans un discours devant des généraux de la Wehrmacht que le décret sur le mariage « n'avait pas été compris à l'époque dans certains cercles, qui l'avaient considéré comme ridicule, absurde, exagéré, voire l'avaient rejeté[39] ».

Pourtant, l'ordre sur le mariage n'était pas qu'une marotte d'Himmler. Il faisait partie intégrante de ses efforts pour distinguer la SS de la SA plébéienne. Il avait pour but de démontrer qu'au sein de la Schutzstaffel le sujet de la virilité et de la relation entre les sexes était traité de tout autre façon que dans les sections d'assaut. La SA aimait à se présenter comme une bande de rudes gaillards toujours prompts à boire plus que de raison, à se bagarrer, avec une vision très libre de la sexualité (d'où la tolérance pour l'homosexualité dans leurs propres rangs) et qui, en règle générale, vivaient sans contrainte[40]. Le SS, lui, se devait d'être discipliné, de se comporter avec retenue, d'être « aryen » et de contribuer par son mariage à améliorer la « qualité raciale » du peuple allemand.

Himmler nomma à la tête du département racial[41] le Standartenführer Darré, qui avait déjà été responsable de la propagande auprès du Reichsführer-SS[42]. Darré, chef du mouvement agraire nazi qui, à l'époque, avait nettement contribué à l'expansion du NSDAP en tant que mouvement de masse grâce à la mobilisation du « peuple des campagnes » – avec un succès beaucoup plus marqué que ce qu'avait connu Himmler quand il avait été chargé des questions agricoles dans le parti –, était vu comme l'un des hommes d'avenir du national-socialisme[43]. Outre sa réussite auprès des populations rurales, cela s'expliquait par le fait qu'il était l'un des idéologues les plus engagés du mouvement : dans ses travaux, *La Paysannerie, source vitale de la race nordique* et *La Nouvelle Noblesse du sang et du sol*, il avait défendu l'idée qu'il fallait « nordifier » le peuple allemand au moyen d'une politique raciale ciblée. Darré voulait créer une nouvelle noblesse à partir de la « paysannerie », et même réimplanter dans le peuple les racines d'une

« noblesse allemande », en favorisant le développement du patrimoine génétique (« cours de conservation ») et en sélectionnant les futures épouses du point de vue racial. Cette sélection devait être confiée à des responsables de la procréation.

Une passion pour la germanité, l'hostilité au christianisme (que Darré rendait responsable de la chute de la noblesse germanique), une appartenance commune au mouvement des Artamanen : Darré et Himmler partageaient une vision du monde très proche, et les deux hommes nouèrent des relations d'amitié. Avec la nomination de Darré à la tête du département racial, Himmler ouvrait la SS à l'idéologie du sang et du sol et à la mythification de la « germanité ». Himmler qui, au sein du parti, ne s'était jamais fait remarquer par ses propres idées, mais avait plutôt fait carrière comme fonctionnaire, n'aurait pas été à lui seul en mesure d'imposer cette idéologie dans la SS au point d'en faire une philosophie incontournable. Alors que Darré, lui, faisait figure d'autorité grâce à ses travaux et ses succès politiques, ce qui explique pourquoi Himmler s'efforçait maintenant de le rattacher à la SS.

Au début, cela n'alla pas au-delà du geste symbolique sur le plan politique : il faudrait attendre 1933 pour que les candidats à l'entrée dans la SS et leurs futures épouses fassent effectivement l'objet d'une « sélection » en grand nombre[44]. Du reste, durant les premiers temps de son activité en tant que Reichsführer-SS, et même dans son entourage immédiat, Himmler se fixa clairement d'autres priorités.

L'équipe d'Himmler

« Comme tous les Gruppenführer, je dois d'être ce que je suis aujourd'hui à la confiance et à tous les bienfaits du Reichsführer. Non seulement d'avoir accédé à ces hautes responsabilités, mais surtout d'être ce que je suis aujourd'hui grâce à ses grands efforts et son enseignement. Pour moi, le servir sans compter et lui être en tout temps fidèle n'est pas seulement un devoir évident, c'est ma plus grande joie et mon honneur[45]. » C'est ce qu'écrivait Karl Wolff, l'aide de camp d'Himmler, en janvier 1939 à l'occasion de l'anniversaire des dix ans de service du Reichsführer-SS. Et, comme on le voit quand on s'intéresse à la hiérarchie SS des premiers temps, Wolff n'était pas, et de loin, le seul à rendre grâce au Reichsführer pour « tout ce que je suis aujourd'hui ».

Avant 1933, l'équipe dirigeante de la SS fut principalement recrutée dans la génération née entre 1890 et 1900. Presque tous avaient pris part à la guerre, la plupart dès 1914 et en tant qu'officiers. Ils avaient en outre servi le plus souvent dans les corps francs pendant quelques années avant de finir par être rendus à la vie « civile », à laquelle ils ne s'étaient jamais faits et qu'ils avaient vécue comme une relégation sociale.

Wolff lui-même, né en 1900, avait combattu dans les rangs du régiment d'élite de la garde du grand-duc de Hesse, puis était entré dans les corps francs, dont il était sorti plusieurs fois décoré avec le grade de sous-lieutenant. Au début des années 20, il avait d'abord suivi une formation de banquier, avait, après plusieurs tentatives infructueuses, trouvé un travail dans le secteur de la publicité et avait finalement ouvert une agence d'annonces à Munich en 1925. Dans le sillage de la crise économique mondiale, sa société – qui, de façon caractéristique, portait le nom, noble, de son épouse – connut de sérieuses difficultés. En entrant au parti et dans la SS en octobre 1931, Wolff, obsédé par son statut, espérait encore avoir la possibilité de réussir une carrière digne de son rang[46].

August Heissmeyer, né en 1897, dans l'armée à partir de 1915, sous-lieutenant à la fin de la guerre, eut lui aussi un parcours, inscrit dans son dossier personnel de la SS, où l'on retrouve les errements typiques liés à l'échec d'une carrière civile après la guerre. Échec qui, selon lui, expliquait son engagement dans le « mouvement » : « Au début, je travaillais à la filature Marienthal de Hamelin, puis je suis parti à Göttingen durant l'été 1919 où j'ai suivi des cours afin d'obtenir mon baccalauréat. À cause du putsch de Kapp, j'ai dû interrompre mes études. » Heissmeyer participa à l'écrasement de l'insurrection de gauche qui avait éclaté en relation directe avec le putsch, mais : « Comme je n'avais plus aucun espoir de pouvoir vivre d'autres combats, je suis parti, je suis revenu à Göttingen et j'ai obtenu mon baccalauréat en octobre 1920. [...] J'ai alors étudié le droit et l'économie à Göttingen, Kiel, puis de nouveau à Göttingen. [...] J'ai été contraint par l'inflation de quitter l'université et j'ai travaillé comme mineur [...] en Westphalie. » Là, il flirta un temps avec le communisme, mais choisit ensuite une autre orientation : « Bientôt, j'entendis parler du national-socialisme et je fus enthousiasmé. [...] À l'automne 1922, j'ai travaillé dans l'usine chimique Höchst. En février 1923, on m'a confié la protection du département des pesticides. »

Mais, à cause de son activité au NSDAP, Heissmeyer fut licencié en avril 1925. Entre-temps, il s'était marié et avait eu un fils : « Avec ma famille, je suis revenu à Hamelin, chez mes beaux-parents. Tenté de retourner dans l'aviation, échoué. [...] Je suis reparti à Göttingen pour y terminer mes études avec le soutien de mon beau-père. Mais il en est allé autrement puisque très rapidement, en octobre 1925, je suis entré dans la SA. [...] Quand mon beau-père a eu vent de mes activités politiques, il a cessé de me verser mes mandats mensuels. »

Heissmeyer dut alors renoncer à son engagement politique et veiller à nourrir sa famille : « J'ai d'abord trouvé un emploi dans une entreprise d'horticulture spécialisée dans les arbres fruitiers, et j'ai fait venir à Göttingen ma famille, qui avait vécu trois ans loin de moi à Hamelin. Comme personne ne voulait plus d'arbres fruitiers, au bout d'un an et demi je suis entré à l'usine Siemens de Schuckert. [...] Mais, avec les problèmes d'argent croissants et la crise économique, l'usine a fermé. J'ai alors été embauché comme moniteur d'auto-école [...] à Göttingen, où j'ai travaillé de février à décembre 1931. En décembre 1930, je suis entré dans l'escouade SS de Göttingen. J'ai réussi à faire passer l'escouade de 18 hommes à 600 en novembre 1931. » En décembre 1931, il se vit confier le commandement du 12e Standarte et « déménageai à Brunswick, tandis que ma famille, pour des raisons financières, devait rester à Göttingen [47] ». En octobre 1932, il prenait la direction de la section XVII (Münster).

Kurt Wege, né en 1891, était soldat depuis 1911, avait quitté l'armée avec le grade de lieutenant. Les années qui suivirent furent riches en changements : il travailla d'abord dans l'agriculture, entamant des études d'agronomie, qu'il dut interrompre en 1922 à cause de l'inflation. Il fut ensuite employé comme manœuvre, caissier et fonctionnaire, mais fut régulièrement licencié à la suite de dégraissages. En 1926, il tenta de reprendre ses études – « parce que je ne trouvais pas de poste qui me convenait ». Il dut de nouveau les interrompre et s'inscrivit à un cours de comptabilité par correspondance. En attendant, il gagnait sa vie comme « contrôleur » dans le service de garde et de surveillance de Berlin. « Pour des raisons de santé, j'ai dû renoncer à ce travail de nuit exténuant. » Il fut alors engagé à l'essai comme gérant par l'Association nationale des transports, mais : « Suite à un différend entre les deux présidents, je n'ai pas obtenu de poste fixe. Et je suis tombé malade du fait de mes activités de contrôleur. » De 1927 à 1929, il travailla comme représentant. À l'instabilité de sa situation professionnelle s'ajouta une tragédie personnelle : en 1923, son épouse était décédée, et Wege vivait chez sa mère avec ses deux enfants en âge d'aller à l'école. En décembre 1929, il trouva enfin un poste fixe, dans le Gau du NSDAP de Berlin. De là, il obtint en 1931 le poste rémunéré de SS-Oberführer, chef de la section XIII (Stettin) [48].

Richard Hildebrandt, né en 1897, passa son baccalauréat en 1915, s'engagea dans l'armée et quitta l'armée en 1918 avec le grade de sous-lieutenant. Après la guerre, il étudia d'abord l'économie, puis les langues, l'histoire et l'histoire de l'art à Cologne et Munich, sans parvenir à décrocher un diplôme dans l'un ou l'autre de ces domaines. Il travailla dans la banque, puis occupa divers emplois de bureau dans le commerce et l'industrie. Au printemps 1928, il partit aux États-Unis où il effectua « principalement des travaux physiques (fermier, jardinier, artisan) ». En 1930, il revint en Allemagne. Il était actif au sein du NSDAP depuis 1922. Après son retour des États-Unis, il reprit ses activités dans le parti et entra dans la SS en 1931, où il fut nommé aide de camp de Sepp Dietrich, chef de la section de Munich[49].

Friedrich Wilhelm Krüger, fils d'officier né en 1894, quitta le lycée sans avoir son baccalauréat. Il prit part à la guerre et à divers affrontements d'après-guerre en tant qu'officier dans l'infanterie. Il quitta l'Armée de Terre en 1920 avec le grade de lieutenant. Il s'essaya alors à la comptabilité. Mais il perdit son emploi en 1924 et fut embauché à la direction de la voirie de Berlin, d'où il fut de nouveau licencié en 1928. Durant ces années difficiles sur le plan économique, Krüger avait en outre fondé une famille. Marié en 1922, il eut un premier fils en 1929. À la fin de cette même année, il entrait au NSDAP. En 1933, il dirigeait provisoirement la section III (Berlin), puis passa dans la SA, où il obtint de hautes responsabilités. En 1935, il réintégra la SS[50].

Friedrich Jeckeln, né en 1895, ne put terminer ses études d'ingénieur en machine-outil à cause de la Première Guerre mondiale. Il s'engagea dans l'armée et devint sous-lieutenant. À partir de 1917, il servit comme pilote dans le Fliegerkorps. En 1918, il se maria et géra une propriété qui appartenait à son beau-père. Très vite, les deux hommes se querellèrent. Jeckeln déduisit du comportement de son beau-père, comme il l'expliqua à Himmler quelques années plus tard, qu'il s'était lié à une famille qui devait avoir des origines juives. Cette constatation (qu'aucune réalité n'étayait) le poussa à se détacher de plus en plus de son épouse. Il passa alors beaucoup plus de temps en compagnie d'anciens officiers où, comme il l'admit, « l'alcool coulait parfois à flots ». Enfin, il quitta à la fois la propriété de son beau-père et son épouse. Dans les années qui suivirent, il tenta de trouver un autre emploi. Il se remaria, mais, du fait de dettes contractées auprès de son premier beau-père et de la pension qu'il devait verser à son ancienne femme, il connut de graves difficultés financières. « J'étais intérieurement brisé et économiquement ruiné, je ne parvenais pas à réussir ma vie », écrivit-il à Himmler en évoquant cette époque. Dans cette situation déprimante sur le plan personnel, il entra au NSDAP en 1929, au début de la crise économique mondiale. L'année suivante, il intégrait la SS. Quand son ex-épouse se plaignit auprès d'Himmler en 1932 parce qu'il tardait à lui verser sa pension, Jeckeln fit le commentaire suivant :

« Il n'y a que dans une Allemagne libre que j'aurai moi aussi la possibilité de remettre en ordre tout ce qu'a engendré la déchéance du peuple et de la patrie. » Pour lui, l'arrivée des nazis au pouvoir fut une bouée de sauvetage[51].

Werner Lorenz, né en 1891, suivit une formation d'élève officier, fut soldat en 1912 et officier en 1914. Il décrivit son parcours dans l'après-guerre : « Après la fin de la guerre, replié sur la frontière avec mon régiment, commande un escadron du régiment jusqu'en juin 1919, obligé de quitter l'armée, actif au NSDAP depuis 1929, entré à la SS de Dantzig en janvier 1930 », qu'il contribua à développer. Il ne dit rien de ses activités dans le civil de 1919 à 1933. Sur sa carte de SS, seule la mention « soldat » était indiquée[52].

Kurt Wittje, né en 1894, depuis juin 1932 commandant de la section IX (Würzburg), comptait parmi les rares responsables SS qui avaient réussi à rester officier dans la Reichswehr dans les années 20. Mais il avait dû quitter l'armée en 1929, soupçonné d'homosexualité, et travaillait à la direction d'une société anonyme. En 1931, il rejoignit la SS, se gardant bien de révéler les raisons de son renvoi de l'armée[53].

Karl Zech, chef de la section V (Essen), Paul Moder, chef de la section X (Kiel) et Heinrich Schmauser, chef de la section XVI (Zwickau), tous d'anciens officiers, durent s'engager eux aussi dans des voies professionnelles « indignes de leur rang », que ce soit « vendeur, mineur ou employé des mines[54] », « vendeur par correspondance, employé de bureau[55] » ou « banquier[56] ».

Parmi les premiers responsables SS, trois peuvent être considérés comme ayant des origines privilégiées. Ainsi, Josias, prince héritier de Waldeck et Pyrmont, du fait de ses origines, était une exception dans les rangs de la hiérarchie SS. Né en 1896, le prince se battit durant la Première Guerre mondiale, quitta l'armée avec le grade de lieutenant et entreprit des études d'agronomie et d'économie à Munich. C'est là qu'il fit la connaissance d'Himmler[57]. En 1923, il interrompit ses études, sans avoir obtenu de diplôme. Le prince fut ensuite actif dans l'Ordre de la jeunesse allemande, qu'il quitta en 1926, et entra dans la SS en novembre 1929. En septembre 1930, il fut nommé aide de camp, puis « chef d'état-major » d'Himmler[58]. Né en 1895, Udo von Woyrsch, chef de la section VI (Breslau), dut principalement gérer les biens familiaux[59]. Plus tard chef de la police de Munich, Friedrich Karl, baron von Eberstein, né en 1894, devint entrepreneur indépendant dans les années 20, après avoir suivi le parcours militaire habituel : élève officier, engagé volontaire, officier et membre des corps francs. Il entra dans la SS en 1929, mais fut provisoirement affecté à la SA, où il occupa de hautes fonctions[60].

Trois seulement des premiers responsables de la SS n'avaient pas été officiers. Sepp Dietrich, né en 1892, était issu d'un milieu modeste. Travaillant pour commencer dans l'hôtellerie, il fut mobilisé en 1914. Il termina la guerre avec le rang de sergent et rejoignit les corps francs. De 1920 à 1923, il travailla dans la police bavaroise puis, grâce au chef du NSDAP de Munich Christian Weber, à la station-service de ce dernier. À partir de 1925, il travailla pour le parti, qu'il intégra en mai 1928, en même temps que la SS. À peine deux mois plus tard, il était chef du Standarte de Munich. En juillet 1929, il devenait SS-Oberführer pour la Bavière. En juillet 1930, il se vit confier la responsabilité, en tant qu'Oberführer du Sud, de tous les SS du sud de l'Allemagne. En décembre 1931, il fut nommé Gruppenführer. À partir de février 1932, il commanda l'escorte d'Hitler qui, dès mars 1933, assura la garde de la Chancellerie et servit de base à la future « Leibstandarte[61] ».

Kurt Daluege, fils d'un petit fonctionnaire né en 1897, servit dans l'armée à partir de 1916, où il atteignit, comme Dietrich, le grade de sergent. Après la défaite, il fut actif au sein de diverses organisations paramilitaires et prit part à des combats contre des milices polonaises. Inscrit en 1921 à la faculté technique de Berlin, il en sortit ingénieur diplômé du bâtiment en 1924. Dans le même temps, il s'était engagé dans des formations d'extrême droite. En 1923, il entra au NSDAP. Puis il fut admis dans la SA, dont il dirigea la section de Berlin-Brandebourg de 1926 à 1929. Le fait que Walter Stennes fut nommé chef de la SA pour l'Allemagne orientale, plutôt que lui, le poussa sans doute à accepter une proposition d'Hitler et à passer dans la SS, où il prit le commandement de la direction de la Schutzstaffel de Berlin. À ce titre, Daluege allait jouer un rôle clé dans la surveillance interne des remuants SA berlinois. Dans la vie civile, Daluege s'était assuré une existence bourgeoise, qui contraste avec les biographies agitées du reste des responsables SS : il gagnait sa vie comme fonctionnaire à la direction de la voirie de Berlin. Marié en 1926, il était père de trois enfants[62].

Parmi les anciens sous-officiers, citons également Alfred Rodenbücher, chef de la section XIV (Brême) de la SS depuis octobre 1932. Rodenbücher, né en 1900, s'était engagé en 1916 comme mousse dans la Marine impériale, où il accéda au grade de maître. En 1930, il quitta la Marine pour occuper un poste de fonctionnaire subalterne. Deux ans plus tard, ayant obtenu des responsabilités importantes dans la SS en pleine expansion, il put envisager une carrière prestigieuse[63].

Comme Himmler, Rodenbücher appartenait à la génération de la jeunesse de guerre, qui avait été pleinement consciente de la guerre, mais n'avait pu y participer. Fritz Weitzel, né à Francfort en 1904, appartenait lui aussi à cette tranche d'âge, clairement minoritaire dans la hiérarchie SS avant 1933. Ce compagnon métallurgiste avait d'abord été membre des Jeunes travailleurs socialistes, mais avait rallié les nationaux-socialistes en 1923. Peu après la création de la SS en 1925, il entreprit de développer la Schutzstaffel de Francfort. Après avoir occupé divers postes intermédiaires, il obtint la direction de la SS pour tout l'ouest de l'Allemagne. En 1930, il fut élu député au Reichstag, ce qui lui assura une aisance financière[64]. En 1927, Weitzel fut condamné à un mois de prison pour avoir été impliqué dans un avortement[65]. Quand un camarade du parti s'en ouvrit à Himmler, celui-ci lui affirma d'un ton docte qu'il connaissait bien l'affaire et qu'il était « d'avis que l'honneur du camarade Weitzel n'a en rien été souillé ou blessé dans toute cette affaire ». Par la suite, il ignorerait les « lettres de dénonciation » se rapportant à cette histoire[66]. La condamnation n'eut effectivement aucun impact négatif sur le parcours de Weitzel.

Wilhelm Rediess, fils d'un fonctionnaire de la justice né en 1900 à Heinsberg, dans le Bas-Rhin, fut soldat pendant quelques mois à partir de juin 1918, mais il ne fut jamais envoyé au front. Après avoir été démobilisé, cet électricien de formation ne trouva aucun emploi dans sa branche. Il travailla alors comme apprenti dans l'agriculture. De 1924 à 1928, après avoir suivi une spécialisation, il travailla dans différentes entreprises comme ajusteur. « À cause de la crise économique, je me suis retrouvé sans emploi quand l'entreprise a fermé », expliquait-il dans son dossier. Lors de l'occupation de la Rhénanie par les troupes françaises en 1923, il rejoignit le Bloc social-nationaliste, qui se rattacha plus tard au NSDAP. En 1925, il devint chef d'une unité SA à Düsseldorf. En 1930, il entra dans la SS et prit le commandement de la section XI (Coblence) le 1er janvier 1931[67].

Avec un flair remarquable, Himmler s'était entouré d'hommes qui, s'ils ne correspondaient guère plus à ses idéaux ambitieux pour la SS que lui-même, lui étaient en revanche d'une loyauté absolue. Beaucoup d'entre eux se trouvaient pris au piège d'une relation de dépendance vis-à-vis de lui, circonstance qu'il sut utiliser quand il le fallut. Épaulé par cette équipe, il allait entreprendre de restructurer son organisation.

Vers une organisation de masse

À la fin de l'année 1931, Himmler ordonna de calquer l'infrastructure régionale de la SS sur celle des groupes SA. Il subordonna les sections SS à deux commandements de groupes (un pour le sud, l'autre pour le nord de l'Allemagne) qu'il confia respectivement à Weitzel et Dietrich[68]. Dans le courant de 1932, d'autres groupes – Est, Sud-Est, Ouest – vinrent s'ajouter, à partir desquels furent développés par la suite des districts administratifs principaux, les Oberabschnitte. Dans le même temps, les sections se multipliaient. En janvier 1932, Himmler ordonna de mettre en place des unités d'aviateurs SS indépendantes du Fliegerkorps nazi, afin que la Schutzstaffel puisse également attirer les amateurs d'aviation et de vol à voile[69]. En avril 1932, alors que les formations paramilitaires du NSDAP se retrouvaient momentanément interdites, la SS comptait plus de 25 000 hommes. Quand l'interdiction fut levée en juin, ils étaient déjà plus de 41 000[70]. La SS avait réussi à atteindre le quota de 10 % imposé par Röhm, et même à le dépasser légèrement. L'ensemble de l'organisation était financé pour moitié par les cotisations des membres, ainsi que par les dons de contributeurs volontaires[71].

Tenant compte de cette évolution, Himmler entreprit de consolider l'organisation de la centrale munichoise. Le 15 juillet 1932, il créa un département administratif de la SS dont l'ancien commerçant Gerhard Schneider prit la direction. En revanche, l'administration financière, existant depuis 1930 et dirigée par Paul Magnus Weickert, fut supprimée en octobre 1932, Weickert lui-même étant expulsé de la SS, peut-être pour détournement de fonds. Pour Schneider, la voie était désormais libre, et il put s'atteler à développer le département administratif, qui allait jouer un rôle clé dans la centrale SS. Mais lui aussi dut partir en 1934, également soupçonné de malversations. Les cas de Weickert et Schneider ne furent pas les seules erreurs que commit Himmler dans l'attribution de postes de confiance[72].

Outre des mesures organisationnelles de ce genre, Himmler s'efforça de favoriser l'homogénéité au sein du Führerkorps, qui se développait rapidement lui aussi. Du 31 janvier 1932 au 20 février 1933, un Führerkurs spécial fut donné sur son ordre dans le cadre de la « Reichsführerschule » du parti à Munich[73]. À cette occasion, Himmler – pour la première fois en tenue de service noire qui, à l'issue du cours, fut généralisée dans la SS et distinguait nettement les SS des Chemises brunes des SA[74] – fit plusieurs présentations sur « la révolution mondiale, les Juifs, les francs-maçons, le christianisme et les problèmes raciaux[75] », rapporta son futur aide de camp Wolff. En 1939, pour célébrer les dix ans de fonction d'Himmler, Wolff décrivit l'impression que lui avait laissée cette première rencontre avec son Reichsführer :

« Ce qui fut décisif pour tous ceux qui n'avaient encore jamais rencontré le Reichsführer-SS face à face, ce fut cette façon qu'il eut, en passant lentement devant nos rangs, de regarder jusqu'au tréfonds de nos âmes de ses yeux d'une exceptionnelle clarté. Dès lors, chacun d'entre nous ressentit un vivant attachement [...] envers sa forte personnalité[76]. »

Après la guerre, durant son interrogatoire par le ministère public à Munich, il donna une version quelque peu différente de la rencontre : « En réalité, au début Himmler, blême et portant pince-nez, faisait une impression décevante. La rigidité militaire lui faisait défaut, ainsi que l'assurance nécessaire face à son auditoire. [...] Mais, quand on s'entretenait seul avec lui après les présentations, ses yeux, que le scintillement des verres de lunettes rendait irritants, perdaient de leur froideur, et pouvaient paraître soudain très chaleureux et même joyeux[77]. »

Il ne faut pas s'étonner de ce que Wolff ait donné de l'arrivée d'Himmler une description très différente de celle des louanges écrites en 1939. Les différentes facettes du Reichsführer-SS que Wolff a dépeintes – la froideur, le manque d'autorité et d'assurance, qu'il tentait de surmonter par une attitude liante et enjouée – frappèrent nombre de ses contemporains. La contradiction entre l'ambition élitiste et martiale d'Himmler et l'apparente banalité du personnage était encore accentuée par le nouvel uniforme noir si marquant. Himmler avait beau essayer de rehausser son aspect avec une coupe de cheveux très courte, à la militaire, et en portant la moustache, son « visage poupin et blafard, avec ses lèvres minces et décolorées, son menton fuyant et les lunettes dissimulant un regard vide et clignotant », était impossible à oublier, comme le rapporta « Putzi » Hanstaengl, chef du service de presse étranger d'Hitler, qui partagea un temps un bureau avec Himmler à la centrale du parti[78].

Au printemps 1929, Albert Krebs, fonctionnaire nazi de Hambourg, eut l'impression, lors d'un voyage en train de six heures avec lui, qu'Himmler était un homme qui tentait de compenser beaucoup de choses par son comportement, comme il le dépeignit dans ses Mémoires : Himmler, d'après Krebs, « se montrait rude, abrupt, adoptait des manières de soudard et exprimait des sentiments antibourgeois, alors qu'en réalité il cherchait simplement à dissimuler son manque naturel d'assurance et sa gaucherie ». Toujours selon Krebs, « le verbiage délirant et fondamentalement absurde dont il m'abreuva sans interruption » était vraiment insupportable. On ne lui avait « jamais servi autant d'absurdités politiques sous une forme aussi concentrée de la part d'un homme d'une éducation supérieure et aux intérêts politiques professionnels ». Les déclarations d'Himmler étaient « un mélange étonnant de grandiloquence martiale, de réflexions de comptoir petites-bourgeoises et de prophéties enflammées dignes d'un prédicateur de secte[79] ». Himmler n'avait donc toujours pas maîtrisé son besoin de communiquer qu'il s'était si souvent reproché dans son journal quand il était étudiant. Au contraire, désormais associé à une confiance en soi exhibée avec ostentation, il irritait carrément son entourage.

De 1929 à 1932, les quelques dizaines d'« escouades de protection » qui, éparpillées sur l'ensemble du territoire du Reich, ne rassemblaient guère plus de quelques centaines de membres dont la vocation première était de servir de gardes du corps au chef du parti s'étaient transformées en une organisation de masse centralisée. Ce succès n'est pas tant dû à Himmler lui-même qu'au fait qu'en tant que Reichsführer-SS nouvellement nommé en 1929-1930, il s'était retrouvé au cœur d'un processus unique de radicalisation et de mobilisation politique en faveur du NSDAP. Il réussit avant tout à mettre en place des structures organisationnelles qui permirent de détourner vers la SS une partie du flot de centaines de milliers de jeunes gens qui voulaient entrer dans la SA, tout en parvenant à suivre le rythme de cette croissance fulgurante.

C'est durant ces années qu'Himmler fit pour la première fois de sa vie la démonstration d'authentiques qualités d'organisateur. La structure extrêmement hiérarchisée à laquelle il était lié en tant que Reichsführer-SS lui convenait manifestement bien mieux que les relations plus floues qu'il avait trouvées en tant que responsable du Gau de Basse-Bavière ou que directeur adjoint de la propagande. Dans ces deux rôles, il avait été contraint de servir constamment d'intermédiaire entre la centrale et les camarades de la base, qui défendaient des principes différents. Une position qui lui avait clairement pesé.

En outre, il avait développé pour la SS une conception, certes vague, qui allait bien au-delà de la protection du chef du NSDAP et du service de sécurité interne du parti : c'était l'idée d'une garde « d'élite » fondée sur une « sélection raciale » à qui reviendrait à l'avenir la mission utopique de ressusciter la « race nordique ». Et il avait compris qu'une chose comptait pour asseoir le rôle de cette garde au sein du mouvement national-socialiste : la « fidélité » absolue envers la direction du parti, qui distinguait indiscutablement la SS de la SA.

Himmler et la fin de la République

En 1932, en dépit de ses succès électoraux réguliers, le NSDAP ne réussit pas à entrer au gouvernement. Conformément à la Constitution de Weimar, le président du Reich n'était nullement obligé de nommé chancelier le chef du parti le plus puissant. Au contraire, la Constitution lui permettait de gouverner sans le Parlement au moyen de décrets-lois. Et, si l'Assemblée s'opposait majoritairement à la politique du gouvernement, il pouvait la dissoudre.

Le début de l'année 1932 annonça la fin du gouvernement Brüning, toléré par le SPD au Parlement et soutenu à coups de décrets-lois par le président Hindenburg. C'est précisément l'interdiction des SA et des SS, proclamée par Brüning en avril, qui entraîna la chute de son gouvernement. Kurt von Schleicher, qui s'était opposé à l'interdiction pour des questions de « politique de défense », orchestra des intrigues ambitieuses contre le chancelier qui précipitèrent son départ[80].

En coulisse, von Schleicher s'entendit avec Hitler : celui-ci promit que le NSDAP soutiendrait un nouveau gouvernement présidentiel pourvu que les organisations paramilitaires du parti soient de nouveau autorisées et que de nouvelles élections soient organisées. Von Schleicher, en échange, fit tout son possible pour saper la position de Brüning auprès de Hindenburg. Le 30 mai 1932, Hindenburg finit par limoger Brüning et par nommer à la Chancellerie Franz von Papen, un vieil ami de von Schleicher. Ce dernier obtint le portefeuille de la Défense. Conformément à l'accord passé avec Hitler, l'Assemblée fut dissoute, et des élections annoncées pour le 31 juillet 1932. Au moment précis du lancement de la campagne, à la mi-juin, l'interdiction qui frappait la SA et la SS fut levée. Le 20 juillet, le gouvernement von Papen remplaça le gouvernement social-démocrate de Prusse par un « commissaire du Reich », éliminant ainsi un des ultimes bastions de la République de Weimar.

Lors des législatives, le NSDAP remporta son plus grand triomphe. Il s'assura 37,4 % des voix. Après ce succès – les suffrages favorables au parti avaient doublé depuis les élections précédentes –, les membres du NSDAP avaient le sentiment que le pouvoir était désormais à portée de main. Dans l'Est, les activistes nazis déclenchèrent une vague de terreur : ils souhaitaient rompre avec le « cours légaliste » adopté par la direction du parti et se lancer dans une révolte ouverte contre le pouvoir de l'État. À Königsberg, le 1er août 1932, le lendemain des élections, les SA et les SS perpétrèrent une série d'attentats à la bombe et d'agressions contre les adversaires du NSDAP. Un conseiller municipal communiste fut assassiné, l'éditeur de la *Königsberger Volkszeitung*, journal social-démocrate, fut gravement blessé par balles, ainsi que le président du gouvernement de Königsberg, de la droite libérale, et un autre fonctionnaire communiste. Dans les jours qui suivirent, la campagne de terreur s'étendit à toute la Prusse-Orientale et finit par atteindre la province de Silésie, où eurent lieu d'autres attentats et assassinats[81].

Certains indices tendent à prouver qu'Himmler aurait ordonné la campagne de terreur à Königsberg, ayant fourni des instructions en ce sens à Waldemar Wappenhans, chef du Standarte de Prusse-Orientale. Le dossier SS de Wappenhans contient une lettre datée de 1938 où, s'adressant au directeur du personnel de la SS pour dénoncer les critiques dont il faisait l'objet, il rappelait les « services » qu'il avait autrefois rendus. Il aurait, « en tant que chef du Standarte de Prusse-Orientale, exécuté les ordres du RFSS et éliminé les caciques communistes », et avait de ce fait été victime de « persécutions policières et d'un mandat d'arrêt[82] ».

Cette lettre de Wappenhans est un document exceptionnel : en règle générale, dans l'atmosphère de quasi-guerre civile qui régnait de 1930 à 1933, il n'existait dans la SS aucun document portant sur les assassinats politiques. Et après la prise de pouvoir, si l'on loua les « actes héroïques » du « temps de la lutte », on évita de s'intéresser aux détails douteux de la tactique de terreur employée à l'époque. Himmler aussi aurait tendance, dans les années qui suivirent, à taire le rôle qu'il avait personnellement joué dans ces violences politiques.

Pour lui, jamais le recours à la force contre les opposants, leur « élimination », ne posa de problème moral. Comme nous l'avons vu, quand il était encore étudiant, il avait déjà participé activement aux organisations paramilitaires et s'était psychologiquement préparé à l'éventualité d'une guerre civile. L'attentat contre Rathenau en 1922 avait suscité son approbation sans réserve, et il avait pris part à un putsch armé en 1923. Il ne voyait dans l'après-guerre que la continuation du conflit mondial auquel il avait été fondamentalement préparé quand il avait été sous les drapeaux. De son point de vue, les années de stabilité de la République de Weimar ne représentaient qu'une brève interruption dans le combat contre le « marxisme », qu'il s'agissait désormais d'anéantir.

En août 1932, la police et la justice parvinrent encore, au prix de rudes efforts, à juguler la campagne de violence des nervis du parti dans l'est de l'Allemagne. Avec ces affrontements en arrière-plan, le 13 août eut lieu la rencontre décisive entre le vainqueur des élections et le président du Reich. Le camp national-socialiste était fermement convaincu qu'à cette occasion le vieux maréchal Hindenburg allait confier la Chancellerie à Hitler. Mais Hindenburg exigea en fait d'Hitler qu'il collabore seulement avec le nouveau gouvernement. Quand Hitler refusa, il fit publier un communiqué au sujet de la rencontre où il désavouait publiquement Hitler[83].

À partir de cette date, le NSDAP se retrouva de plus en plus sous pression : depuis des années, de grands sacrifices étaient exigés des fidèles du parti, auxquels on avait promis le pouvoir en échange ; or, il s'avérait que, malgré de formidables succès électoraux, le parti était encore bien loin d'entrer au gouvernement. La « tactique légaliste » de la direction n'avait apparemment pas abouti. Quand, à la mi-septembre, on assista une fois de plus à la dissolution du Reichstag et que le parti se retrouva de nouveau confronté à l'épreuve d'une campagne électorale, l'apathie et la désillusion se répandirent dans ses rangs. Les SA, déjà rétifs, furent particulièrement touchés, mais même les SS, si convaincus et disciplinés, ne furent pas épargnés. De plus, leur organisation, après la croissance rapide des mois précédents, connaissait un sérieux fléchissement en termes de recrutement[84].

Une série de rapports d'ambiance du mois de septembre 1932 reflètent les réactions mitigées au sein de la SS. Ainsi, la section IV (Brunswick) signala à la centrale que la nouvelle « dissolution du Reichstag et l'impossibilité d'accéder au pouvoir qui y est liée ont engendré un certain défaitisme dans la SS ». La « foi dans la victoire finale reste cependant intacte. [...] L'esprit de la troupe est révolutionnaire, fidèle au programme national-socialiste[85] » – phrase que l'on peut interpréter comme une critique à l'égard de la tactique, tout sauf « révolutionnaire » mais bien « légale », de la direction du parti.

Le chef du groupement Est de la SS transmit : « le moral de la SS dans mon secteur est bon, et n'a absolument pas cédé la place à la dépression ». Mais l'auteur du rapport tempérait cette déclaration en ajoutant : « Seuls des soucis d'ordre économique rendent plus difficile aux hommes d'accomplir leur devoir, et il leur arrive de céder à la dépression pour des raisons purement financières[86]. »

Dans le groupement Sud, l'atmosphère parmi les SS était « normale ». Toutefois, « le fait que notre mouvement ne soit pas parvenu à prendre le pouvoir [...] a engendré une certaine dépression et un sentiment d'incertitude[87] ». Le groupement du Sud-Est (Silésie) annonçait quant à lui que dans l'ensemble, l'humeur était « bonne ». Cependant, dans certaines formations, il régnait « une mauvaise ambiance à cause de l'incertitude de la situation politique[88] ». Le groupement Ouest rapportait que « l'atmosphère au sein de la SS du groupement Ouest est très bonne, l'esprit combatif de la SS toujours révolutionnaire, la foi dans la victoire et le Führer inébranlable[89] ». La section VII (Dantzig) assurait elle aussi que « l'humeur » était « calme et sereine[90] ».

Le mécontentement de la SS se traduisit entre autres par un accroissement des tensions avec la SA, dont la situation – on s'y considérait comme trahis par les résultats après des années passées au service du mouvement – devint rapidement désespérée[91]. À la mi-décembre, Röhm constata, dans une circulaire confidentielle adressée aux plus hauts responsables de la SA et au Reichsführer-SS, que les « plaintes » se multipliaient « de façon menaçante ces derniers temps [...] au sujet d'une brouille entre la SA et la SS ». Il proposa alors à Curt von Ulrich, son inspecteur général, de convoquer une réunion entre les chefs de la SA et une délégation SS commandée par Himmler. Il suggérait que l'événement ait lieu le 10 janvier 1933[92].

Mais entre-temps la situation politique connut de profonds bouleversements. Aux élections du 6 novembre, le NSDAP dut concéder pour la première fois des pertes, n'obtenant plus que 33,1 % des voix. Pour les forces de la droite conservatrice, ce résultat était un tournant : le NSDAP semblait avoir connu l'apogée de son succès. Il devait être désormais possible d'en garder le contrôle au sein d'un gouvernement de coalition.

Au début de décembre 1932, von Schleicher s'imposa face à von Papen. Il expliqua sans détour au cabinet que la Reichswehr ne serait pas en mesure de tenir en échec à la fois les opposants politiques de gauche et de droite. Par conséquent, il fallait trouver une autre issue à la crise. Von Schleicher était convaincu de pouvoir parvenir à une solution alternative quand, le 3 décembre, Hindenburg le nomma, à la place de von Papen, à la tête d'un gouvernement qui, dans l'ensemble, restait inchangé. Le nouveau chancelier s'efforça de constituer un « front transversal » de syndicats, d'associations, de militaires et de nationaux-socialistes avec pour slogan la création d'emplois. Il espérait ainsi isoler l'aile « gauche » du NSDAP de Gregor Strasser.

Strasser s'entretint effectivement avec von Schleicher, se coupant ainsi des autres responsables du NSDAP. Le 8 décembre, il se retirait de toutes ses fonctions politiques dans le parti. Si Strasser se retrouva ainsi *persona non grata* au NSDAP, Himmler, au début, n'en continua pas moins à rester en contact avec lui. En avril 1933 encore, il confiait à Strasser, qui gagnait entre autres sa vie comme agent immobilier, la vente de son bien à Waltrudering[93].

Pendant ce temps-là, von Papen, toujours tenu en haute estime par Hindenburg, cherchait en coulisse à recomposer le gouvernement avec une participation national-socialiste. Le 4 janvier eut lieu la première rencontre connue entre Hitler et von Papen, au domicile du banquier Kurt baron von Schröder à Cologne.

Himmler prit une part active et joua un rôle éminent dans les prises de contact suivantes : quelques jours plus tard, le 10 janvier, on le vit en compagnie de l'entrepreneur Wilhelm Keppler, qui conseillait Hitler sur les questions économiques, chez l'homme d'affaires berlinois Joachim von Ribbentrop. Au nom d'Hitler, il lui demanda d'orchestrer une nouvelle rencontre avec von Papen. Le 18 janvier, les deux hommes se retrouvèrent dans la villa de Ribbentrop : Hitler, Röhm et Himmler y déjeunèrent avec von Papen. Ribbentrop raconta par la suite qu'à cette occasion Hitler avait une nouvelle fois exigé le poste de chancelier, ce que von Papen avait refusé. Jamais Hindenburg n'accepterait, et von Papen lui-même comptait devenir chancelier avec le soutien d'Hitler. Ce fut au tour de ce dernier de refuser[94].

Quelques jours plus tard – entre-temps, Franz Seldte, chef des Casques d'acier, l'organisation d'anciens combattants, s'était déclaré en faveur d'Hitler –, von Papen révisa sa position et se dit prêt à céder la Chancellerie à Hitler. Sans doute sous son influence, le président du Reich finit par se ranger à cet avis et signala à von Schleicher qu'il ne le protégerait plus en dissolvant à nouveau le Parlement. Von Schleicher n'avait plus qu'à démissionner. Les jalons d'un gouvernement Hitler/von Papen étaient posés.

Deuxième partie

Le Troisième Reich

Reprise en main de la police politique

Le 30 janvier 1933, Hitler fut nommé chancelier d'un gouvernement de coalition. Six mois plus tard, les nationaux-socialistes avaient pris le contrôle de l'ensemble de l'appareil d'État, neutralisé la Constitution, et étaient devenus la force politique incontournable à tous les niveaux de la vie en Allemagne. Contentons-nous de récapituler ici les étapes de ce processus : le décret-loi du 28 février 1933, qui supprima la plupart des droits fondamentaux garantis par la Constitution, en réaction à l'incendie du Reichstag ; la victoire de la coalition emmenée par les nationaux-socialistes aux élections du 5 mars ; la loi sur les pleins pouvoirs du 23 mars, qui élimina le Parlement et attribua au gouvernement des compétences législatives ; la prise de contrôle des municipalités par les nazis ; la mise au pas des Länder ; l'abolition des syndicats et de tous les partis politiques à l'exception du NSDAP ; et enfin l'inféodation de pratiquement toutes les associations, organisations sociales et unions jusqu'au niveau local. Dès juillet 1933, les nationaux-socialistes étaient maîtres de la situation.

Au fil des étapes de cette prise de pouvoir, les mesures venues « d'en haut » et les « actions » quasi révolutionnaires menées par la base du parti s'enchaînèrent. La terreur y joua un rôle central [1]. Elle eut un impact écrasant, même si elle n'était pas encore dirigée ou organisée de façon unifiée. Les nationaux-socialistes ne constituèrent leur appareil de terreur qu'au fur et à mesure de ce qu'ils appelèrent la conquête du pouvoir, et il faudrait encore du temps avant qu'ils ne l'étendent à l'ensemble du Reich. Himmler devint un personnage clé de ce processus, et il finit par s'imposer au détriment de tous ses rivaux.

Le tremplin bavarois

Pour l'essentiel, les nazis, afin de lutter contre leurs adversaires et répandre la terreur, eurent recours aux moyens suivants, qu'ils systématisèrent ultérieurement : la reprise en main de l'appareil policier ; la séparation entre la police politique et le reste des forces de l'ordre, et son instrumentalisation par le nouveau gouvernement ; la nomination de SA et de SS dans la police auxiliaire (Hilfspolizei) ; le système de l'internement d'exception (l'internement de personnes pour une durée indéterminée et sans intervention d'un magistrat[2]) ainsi que la mise en place de plusieurs camps d'internement, où furent arbitrairement enfermés les adversaires réels ou supposés du nouveau régime. La situation d'ensemble fut encore compliquée par la lutte d'influence à laquelle se livrèrent la SA, la SS et l'organisation politique du NSDAP pour prendre le contrôle des instruments de terreur, ce qui aboutit à des résultats différents d'un Land à l'autre.

Dans le plus grand État allemand, la Prusse, Hermann Goering, le deuxième homme le plus puissant du NSDAP qui s'était vu confier la direction du ministère de l'Intérieur local, plaça l'appareil policier sous son contrôle et créa, avec la Police secrète d'État (Geheime Staatspolizei, Gestapo), une police spéciale distincte du reste des forces de l'ordre, dont le but était de lutter contre les opposants. Le 22 février, il transféra à la SA et la SS des missions de police auxiliaire. Mais les deux organisations s'en servirent aussitôt pour se doter elles-mêmes de pouvoirs de police (au lieu de se contenter du rôle d'auxiliaires). Elles arrêtèrent des opposants, réels ou supposés, par dizaines de milliers, et les détinrent dans des camps d'internement provisoires, qu'elles géraient sous leur propre responsabilité ou au nom des autorités de l'État, lequel confia la surveillance des prisonniers à la SA, voire aux SS[3].

La Bavière, le deuxième plus grand Land allemand, fut le dernier à succomber à la prise du pouvoir national-socialiste. Le 9 mars, le ministre de l'Intérieur du Reich Frick nomma le général en retraite Franz von Epp, l'un des nazis locaux les plus éminents, commissaire du Reich de Bavière, invoquant le prétexte que le gouvernement conservateur du ministre-président Heinrich Held n'était pas en mesure de garantir l'ordre public. Des unités de SA et de SS en apportèrent la « preuve » en manifestant bruyamment dans les rues de Munich et en semant les troubles nécessaires[4]. Le soir même, von Epp nommait Adolf Wagner, le gauleiter du NSDAP pour la Haute-Bavière, à la tête du ministère bavarois de l'Intérieur et Heinrich Himmler chef de la police de Munich. La section VI de la police, la police politique, qui, du temps de la République de Weimar, avait coordonné la lutte contre les forces politiques radicales dans toute la Bavière, fut confiée à Heydrich, qui entreprit dans la foulée de transformer la section en une centrale opérationnelle[5].

Le 12 mars, le chef de la police Heinrich Himmler organisa une conférence de presse, où il revint sur les arrestations massives qu'il avait ordonnées les jours précédents : « J'ai ordonné des internements en assez grande quantité. [...] Je me suis vu contraint de prendre ces mesures puisque la ville était le théâtre de tant d'agitation et qu'il m'était impossible de protéger les personnes à l'origine de ces troubles afin de garantir leur sécurité, leur vie et leur santé. Je dois expressément le rappeler : pour nous, le citoyen de confession juive est tout autant un citoyen que ceux d'autres confessions, et nous protégerons tout autant sa vie et ses biens. Nous ne faisons aucune distinction. » Par ailleurs, il avait décidé de faire placer en détention l'ensemble des responsables et des fonctionnaires du Parti communiste allemand, mais aussi de la Reichsbanner et du Front de fer (autrement dit, des formations paramilitaires des partis démocrates, mais aussi des syndicats[6]).

Le 15 mars, six jours après l'avoir nommé à la tête de la police, Wagner faisait Himmler « rapporteur politique auprès du ministère de l'Intérieur » et lui confiait ainsi le contrôle de toute la police politique du Land[7]. Le mois n'était pas terminé qu'Himmler, et ce en sa qualité de Reichsführer-SS, était nommé commandant de la police politique auxiliaire bavaroise, ce qui voulait dire qu'il avait désormais la possibilité d'intégrer des SS dans la police auxiliaire. Au début, une force maximale de 1 020 hommes fut envisagée[8]. Le 1er avril, il fut enfin nommé « commandant de la police politique de Bavière ». Himmler avait dorénavant sous ses ordres en Bavière la police politique, la police politique auxiliaire et les « camps de concentration existants et à venir[9] ». Dix jours plus tard – Himmler avait entretemps confié le poste de directeur de la police au SA-Obergruppenführer August Schneidhuber[10] –, il se voyait également attribuer la responsabilité de l'ensemble des questions d'internement[11].

Conséquence de cette succession de nominations et de transferts de compétences, Himmler se retrouva en très peu de temps aux commandes d'un appareil de pouvoir considérable : il dirigeait une police spéciale détachée des forces de l'ordre habituelles, répandue dans tout le Land et destinée à la lutte contre les opposants politiques, et était autorisé à faire intervenir la SS dans le cadre de ses nouvelles responsabilités. Grâce aux internements, il pouvait procéder à des arrestations arbitraires, et, étant habilité à gérer des camps de concentration, il tenait ces prisonniers en son pouvoir pour une durée indéterminée. Mais surtout, en tant que commandant de la police politique – ce qui était aussi sans doute à l'origine de sa nomination –, il représentait un contrepoids important par rapport aux commissaires spéciaux des SA que Röhm avait placés dans l'administration bavaroise. Ces commissaires spéciaux disposaient eux aussi de pouvoirs de police (qu'ils exerçaient en ayant avant tout recours à la police auxiliaire SA). Mais Himmler était autorisé à donner des instructions à ces commissaires spéciaux pour les questions touchant à la police *politique*[12].

Dès le 13 mars, la police politique avait ainsi commencé à installer un camp d'internement dans l'enceinte d'une ancienne poudrerie à Dachau, près de Munich[13], mesure qu'Himmler rendit publique le 20 mars en invoquant la « sécurité de l'État ». L'heure n'était pas à la « mesquinerie », et l'on prévoyait de quoi abriter cinquante mille prisonniers. Himmler précisa avec morgue qu'il était d'ailleurs inutile de procéder à des interrogatoires au siège de la police, puisque, ce faisant, « chaque interrogatoire coûte un jour de plus au détenu[14] ».

Au début, une centaine de membres de la Schutzpolizei (la police de sécurité) munichoise avait la charge du camp de Dachau. Mais, en sa qualité de chef de la police auxiliaire de Bavière, Himmler, le 2 avril 1933, ordonna de transférer le camp sous le contrôle de la SS[15]. Grâce à ce coup habile, il avait obtenu que la SS remplisse une mission officielle pour l'État, et que ses membres soient de fait rémunérés par les autorités. Le 11 avril 1933, la police de sécurité munichoise se retira de Dachau, où étaient alors enfermés deux cents prisonniers. Dès la reprise en main des installations par les SS, les nouveaux maîtres des lieux se livrèrent à une orgie de violences qui coûtèrent la vie à quatre internés juifs. D'autres meurtres suivirent : les prisonniers mouraient des suites de mauvais traitements, ou étaient abattus[16].

Comme on l'apprit ultérieurement, Hilmar Wäckerle, le commandant du camp, avait émis des « consignes spéciales ». Conformément à celles-ci, le camp était soumis à la « loi martiale », et il présidait même un tribunal interne qui pouvait condamner à la peine capitale[17]. Non seulement les conditions indescriptibles qui régnaient à Dachau étaient connues[18], mais elles poussèrent le ministère public bavarois à intervenir. Dans le courant de ce travail d'investigation, le procureur général Wintersberger confronta Himmler à quatre décès inexpliqués et lui montra entre autres les clichés des cadavres. Mais l'enquête s'enlisa dans des détails juridiques. Elle engendra toutefois des pressions qui obligèrent Himmler, lors d'une réunion convoquée par von Epp en présence des ministres bavarois de la Justice et de l'Intérieur, à accepter de remplacer le responsable, Wäckerle[19].

Himmler lui trouva un successeur qui, à ce moment de son existence, était au creux de la vague, et qui vit dans cette dernière chance qu'on lui offrait la nouvelle mission de sa vie : Theodor Eicke, qui deviendrait plus tard inspecteur des camps de concentration et chef des SS-Totenkopfverbände, qui seraient constituées à partir des gardiens de camp[20]. La nomination d'Eicke, une des premières décisions personnelles marquantes prises par Himmler après l'arrivée des nazis au pouvoir, est un modèle si l'on veut comprendre la stratégie du Reichsführer-SS. Ce dernier s'assurait la fidélité d'individus qui avaient vécu des échecs en associant rigueur disciplinaire, gestes prévenants et confiance apparente, tout en attribuant à ces délinquants des missions qu'ils avaient dans l'ensemble toute latitude pour mener à bien.

Eicke, né en 1892, ancien officier payeur de l'Armée de Terre, avait tenté sans succès, après avoir été démobilisé en 1919, d'entrer dans la police. Il était finalement devenu chef de la section de protection chez IG Farben, à Ludwigshafen, fonction qui le catapulta l'année suivante à la tête d'une section de SA. En 1932, il fut pris en flagrant délit de confection d'explosifs et arrêté. IG Farben le licencia sans dédommagement. À l'en croire, l'affaire aurait été montée contre lui par les chefs du Gau du Palatinat, avec lesquels il était depuis longtemps en conflit. Une version qu'il ne faut sans doute pas prendre au pied de la lettre. Quoi qu'il en soit, il fut condamné à deux ans de pénitencier. Alors qu'il bénéficiait d'une remise de peine pour raisons de santé, il reçut d'Himmler l'ordre de se rendre en Italie. Il fit étape à Munich, où il rencontra le Reichsführer, lequel l'assura de sa bienveillance et de son soutien. À cette occasion, Himmler accorda à Eicke le rang de SS-Oberführer.

En février 1933, Eicke revint de sa propre initiative en Allemagne, sûr qu'avec le changement de régime sa peine serait commuée. Peu après, il se retrouva de nouveau impliqué dans une vive querelle interne au parti. Himmler le convoqua à Berlin et lui reprocha sèchement son comportement. Il lui fit promettre, comme Eicke le raconta, de ne plus jamais se mêler d'affaires politiques, ni de celles de la SS[21].

Malgré tout, le 21 mars, Eicke était une fois de plus arrêté, parce qu'on lui reprochait, peut-être à tort, d'avoir pris part à une action autonome de la SS de Ludwigshafen qui avait entraîné une confrontation ouverte avec la police. Après une grève de la faim, il fut transféré dans une clinique psychiatrique à Würzburg. Himmler le fit alors rayer des cadres de la SS (châtiment plus clément qu'une exclusion officielle) – parce qu'il aurait failli à son serment –, invoquant son « fragile état de santé et sa dépression nerveuse[22] ».

À l'époque, Eicke adressa plusieurs courriers à Himmler, dont une lettre où il se justifiait sur dix-huit pages. Werner Heyde, le directeur de la clinique où se trouvait Eicke, fit part de ses conclusions à Himmler : Eicke n'était pas dérangé. (Quelques années plus tard, Heyde fournirait un certificat de pureté raciale à Eicke, devenu entre-temps inspecteur des camps de concentration, et il joua également un rôle prépondérant dans la campagne d'euthanasie [23].) Himmler réagit : il apporta un soutien financier de 200 marks à la famille d'Eicke et proposa à Heyde de laisser Eicke sortir de la clinique à la Pentecôte. Il avait l'intention de lui « confier un poste, peut-être au service de l'État [24] ».

Quand, le 26 juin, il nomma effectivement Eicke commandant du camp de Dachau, il en fit son vassal, un homme qui devait son nouveau départ exclusivement au Reichsführer. Eicke en était du reste pleinement conscient : « Si mon Führer n'avait pris entre ses mains le destin de l'Allemagne, je serais resté toute ma vie durant au pénitencier et plus jamais je n'aurais été capable d'occuper une fonction publique », écrivit-il à Himmler en novembre 1933 [25].

Eicke ne décevrait pas son supérieur. En très peu de temps, il mit en place à Dachau une forme de gestion des camps qui fut ensuite imitée dans les autres camps de concentration des premiers temps du nazisme : le « modèle de Dachau [26] ». Les points clés de ce système étaient une fermeture totale du camp vis-à-vis de l'extérieur, en particulier l'interdiction absolue de toute fuite, mais aussi la séparation entre les gardes et le commandement, la mise au travail des prisonniers, la systématisation de la violence par l'imposition d'un catalogue de châtiments, « l'ordonnance disciplinaire et pénale [27] », ainsi qu'une gestion plus stricte du personnel de garde, réglementée par des consignes précises [28]. Le but en était de donner l'illusion qu'au règne de l'arbitraire s'était substitué un régime certes rigoureux, mais répondant à des règles. En réalité, l'arbitraire était toujours de mise dans le camp. Les détenus craignaient constamment pour leur vie. Eicke veilla ainsi à empêcher si possible les assassinats arbitraires commis par les gardes. Le droit de tuer les internés devait rester la prérogative de la direction du camp.

« L'ordonnance disciplinaire et pénale » montre clairement que le moindre geste d'un détenu pouvait être interprété comme de l'agitation ou de la mutinerie, crimes passibles de la peine de mort. On peut y lire que quiconque « tient des discours politiques à des fins d'agitation », « collecte, reçoit, dissimule ou diffuse [...] des informations fondées ou infondées à des fins de propagande hostile », « incite les autres à s'évader ou à commettre un délit [...] » serait « pendu comme agitateur conformément au droit révolutionnaire ». Tout détenu qui se rendait coupable de voies de fait, refusait de travailler, incitait les autres à la mutinerie ou même « crie, hurle, invective ou tient des discours pendant la marche ou le travail » serait pendu ou « abattu sur place comme mutin ». Si, du temps du prédécesseur d'Eicke, Dachau était soumis à la « loi martiale », la décision quant à l'exécution d'un détenu ne répondait désormais plus à aucune procédure officielle. Dans les faits, le nombre de meurtres à Dachau ne diminua pas. En fermant le camp, en imposant une discipline plus stricte au personnel et en systématisant la terreur, il était dorénavant plus facile de justifier les assassinats, privant du même coup les autorités judiciaires de toute possibilité d'intervention. Bien souvent, les meurtres étaient maquillés en suicides ou en tentatives d'évasion[29].

Cet effort de dissimulation fut le fait d'Himmler en tant que patron de la police politique, « l'ordonnance disciplinaire et pénale » se réclamant du reste expressément de son autorité. C'était lui qui devait tenir informé le ministre de l'Intérieur des décès enregistrés à Dachau, lui qui faisait passer les assassinats pour des « suicides » ou des « tentatives d'évasion »[30]. Pour cette seule raison, Himmler était au courant des excès et des meurtres commis dans le camp. Il savait également que la triste réalité sur place n'avait qu'un lointain rapport avec l'image, propagée à l'extérieur, d'un « camp modèle ». Himmler se rendit à plusieurs reprises à Dachau. En août 1933, il prit part, en compagnie de Röhm, à l'inauguration d'un monument à Horst Wessel « offert » par les prisonniers[31]. En janvier 1934, à l'occasion d'une réunion des Reichsleiter et des Gauleiter, il invita ces derniers à visiter le camp. Lors de ces passages, il put se convaincre que la direction du camp était en mesure de maintenir l'illusion d'un établissement fonctionnant normalement et de façon ordonnée. En mars 1934, Himmler reçut une lettre du ministre-président de Bavière Siebert qui le félicitait, après une visite à Dachau, pour les conditions qui régnaient dans ce « camp de prisonniers modèle ». Lettre qui fut ensuite reproduite dans la presse allemande[32].

Pourtant, en décembre 1933, le conseil des ministres bavarois débattit d'une série de meurtres inexpliqués à Dachau. Les ministres s'étaient préoccupés à plusieurs reprises déjà des méthodes de persécution qu'utilisait Himmler en tant que commandant de la police politique[33]. Cette fois, le Reichsstatthalter von Epp décida que les meurtres ne seraient pas passés sous silence, comme l'avait demandé le ministre de l'Intérieur sur la requête d'Himmler[34], mais feraient l'objet d'une enquête de la part des autorités judiciaires[35]. Himmler fit intervenir Röhm, qui fit savoir au responsable de l'enquête diligentée par le ministère de l'Intérieur qu'il porterait la question à la connaissance du Führer[36]. Röhm et Himmler s'entendirent sur une tactique de retardement qui finit par s'avérer payante : il ne se passa plus rien jusqu'à ce que, pendant l'été 1934, le procureur chargé de l'affaire soit remplacé et que son successeur classe le dossier. Dans les faits, Dachau échappait désormais à la justice[37].

Si, dans les premiers mois de 1933, ce sont surtout des communistes et des sociaux-démocrates, soit un total de plusieurs milliers de personnes, qui furent ainsi internés[38], en juin 1933, dans le cadre d'une action spéciale, Himmler fit également arrêter les principaux fonctionnaires et l'ensemble des députés régionaux et nationaux du BVP, le Parti populaire bavarois conservateur, à l'exception d'Eugen von Quadt, qui occupait le poste de ministre de l'Économie du nouveau gouvernement. Il obtint ainsi par la force la dissolution du parti[39]. Une fois cela accompli et les membres du BVP remis en liberté, 3965 personnes se trouvaient encore internées en Bavière en août 1933, dont 2420 à Dachau. Confronté aux exigences de von Epp, qui appelait à une réduction des internements, Himmler diminua nettement le nombre des détenus : en juin 1934, ils étaient 2204, dont 1517 à Dachau[40].

Il ne lui avait fallu qu'un an pour mettre en place en Bavière un système verrouillé composé de la police politique, des SS et du camp de concentration de Dachau, qu'il parvint en outre à protéger de toutes les tentatives d'intervention de la part des autorités bavaroises. Vers la fin de cette année 1933 qui lui avait été si favorable, il commença à s'intéresser à la police politique dans les autres Länder. Tactiquement, il évita le plus grand Land, la Prusse, alors directement sous le contrôle du puissant ministre-président Goering.

D'un Land à l'autre

Pour développer la base de son pouvoir hors des frontières de la Bavière, Himmler fit preuve d'une remarquable habileté diplomatique et politique, si l'on tient compte de son attitude souvent maladroite dans les fonctions qu'il avait occupées jusqu'alors. Sa stratégie, qui consistait à confier discrètement des postes clés à des personnes de confiance, ou bien à s'assurer le soutien des titulaires de ces postes en leur offrant des rangs dans la SS, fut couronnée de succès. Himmler réussit à donner aux responsables régionaux du parti l'impression qu'en cédant le contrôle de la police politique à la SS, concrétisée dans les Länder par la nomination d'Himmler au poste de commandant de la police, ils ne cédaient pas une position de pouvoir importante, mais que cela leur garantissait au contraire le soutien de la SS. Le fait que les dignitaires nazis aient si complaisamment cédé à Himmler a une autre explication. Face à la SA qui, Hitler ayant officiellement proclamé la fin de la révolution national-socialiste durant l'été 1933, se distinguait toujours par son manque de discipline et appelait en outre à une « seconde révolution », les nouveaux maîtres des Länder estimaient qu'il était avisé de se chercher d'autres alliés. La SS s'était taillé, les années précédentes, la réputation d'être une organisation d'élite, disciplinée, d'une fidélité inébranlable envers la direction du parti, et en même temps sans aucun scrupule envers les ennemis du national-socialisme, ce qui dut jouer un rôle considérable. Les récents « succès » remportés par la SS sur ses adversaires étaient jugés à l'aune du modèle bavarois mis en place par Himmler[41]. Le fait que la SS ait disposé d'une organisation relativement efficace dans l'ensemble du Reich, dotée de son propre service de renseignement, le SD, était un avantage supplémentaire. Avec le SD, Himmler avait déjà une institution spécialisée dans le renseignement capable de missions locales d'espionnage, mais en intégrant des membres de la police politique dans le SD il se constitua un réseau personnel d'agents. Comme nous allons le voir, durant l'été 1933 le SD connut une crise momentanée, mais à l'automne suivant, quand commença la succession de nominations d'Himmler comme chef des polices politiques régionales, le service de renseignement put se consolider.

Un autre facteur joua en faveur d'Himmler : le fait que la SS, même de façon modeste, était en mesure, dès mars 1933, de déployer ses propres unités armées. Cela commença par la « garde d'état-major » chargée de la protection personnelle du Führer. Le 17 mars 1933, Hitler donna l'ordre correspondant à Sepp Dietrich, chef de sa garde du corps personnelle, qui avait joué un rôle non négligeable dans le développement de la SS dans le sud et le nord de l'Allemagne. Cette unité, forte de 120 hommes venus de la SA comme de la SS et qui portaient l'uniforme de la SS, fut rebaptisée « commando spécial Berlin à désignation particulière » et considérablement renforcée. La Wehrmacht prit en main l'instruction militaire de cette formation désormais forte de près de huit cents hommes. Pour confirmer la position exceptionnelle de cette unité – sorte d'armée privée du dictateur, échappant à la Constitution et aux lois et ne rendant de comptes qu'au Führer –, en septembre 1933, lors du congrès du parti, elle fut renommée « Leibstandarte Adolf Hitler » (garde du corps d'Adolf Hitler). Le 9 novembre 1933, elle prêtait serment à Hitler en personne. Dietrich n'eut d'ailleurs de cesse de rappeler que sa garde était indépendante du Reichsführer, même si cette formation spéciale ne faisait pas qu'assurer la protection du dictateur, mais qu'elle servit également de troupe de choc dans les affrontements avec des adversaires politiques et contribua à renforcer la position de la SS et de son Reichsführer dans la lutte pour le pouvoir et le contrôle de l'appareil de répression dans la capitale du Reich[42].

Au début de l'année 1934, alors que s'annonçait la confrontation avec la SA, Himmler réussit effectivement à réintégrer l'unité dans la hiérarchie SS[43]. En 1933 et 1934, sur l'initiative des autorités de la SS, d'autres « unités politiques » armées furent créées à Munich, Ellwangen, Arolsen, Hambourg et Wolterdingen.

La cité hanséatique de Hambourg fut le premier Land à confier sa police politique à Himmler. Le détail des circonstances de cette nomination offre un remarquable aperçu des tactiques d'Himmler[44]. À Hambourg, les nationaux-socialistes n'étaient pas parvenus à mettre en place un appareil de répression unifié. Au contraire, la situation, comme un peu partout ailleurs dans le pays, était caractérisée par une rude concurrence entre diverses personnalités et cliques pour la prise de contrôle du secteur de la terreur.

Le commandement de la police politique, qui avait été détaché du reste de l'appareil policier, changea plusieurs fois de mains. Il existait en outre un commandement à désignation spéciale directement subordonné au chef de la police en uniforme, renforcé par la police auxiliaire SA et qui procédait de lui-même à des arrestations et des raids. Il était connu pour ses nombreuses agressions et ses excès sanglants. Les prisonniers politiques étaient internés dans deux camps dépendant de la justice, mais aussi de la police régulière. Le SD de Hambourg était pratiquement paralysé par un conflit avec le Gauleiter Karl Kaufmann[45].

Himmler entretenait de bonnes relations avec ce dernier : les deux hommes se connaissaient depuis 1927 et se tutoyaient. En 1933, Himmler effectua plusieurs voyages à Hambourg, non seulement pour consolider ses relations avec Kaufmann, mais sans doute aussi pour établir d'autres contacts. Ainsi, il avait dès le début appuyé la nomination de Carl Vincent Krogmann en tant que premier maire de la ville[46]. Pendant l'été 1933, il offrit à Hans Nieland, d'abord chef de la police, puis sénateur de Hambourg, un grade élevé dans la SS[47]. Après l'entrée de Nieland au Sénat en mai 1933, une autre connaissance d'Himmler prit le commandement de la police, Wilhelm Boltz, également chef de la SA navale (qui, parmi les sections d'assaut, avait la réputation d'être une formation d'élite et prenait ostensiblement ses distances vis-à-vis du comportement vulgaire du reste des Chemises brunes)[48].

Plus important encore, la direction du NSDAP de Hambourg, en octobre, nomma aux commandes de la police politique Bruno Streckenbach, membre de la SS et homme de confiance d'Himmler[49]. Le Gauleiter Kaufmann se vit octroyer le rang de SS-Oberführer[50], et son plus proche collaborateur, le secrétaire d'État

Georg Friedrich Ahrens, fut accepté dans la SS avec le grade de Standartenführer, et nommé chef du SD local[51]. Streckenbach entra également au SD[52]. Il existait désormais à Hambourg un réseau si étroitement maillé entre la SS et le parti que la direction nazie put croire qu'en confiant officiellement le contrôle de la police politique à Himmler, le 24 novembre 1933, elle ne perdrait pas son autorité sur ce secteur vital. Elle se félicita même que des SS de Hambourg puissent dorénavant se charger des missions de la police politique locale avec l'aval de la plus haute autorité de la SS.

L'une des premières mesures prises par Streckenbach fut d'effectuer un voyage à Munich afin d'y étudier le modèle bavarois[53]. Il n'allait pas tarder à appliquer à Hambourg cet exemple d'appareil de répression unifié. Le site d'internement des prisonniers politiques, dans l'enceinte de la prison de Fuhlsbüttel, où un commando SS imposait un régime de terreur réputé pour ses brutalités sadiques, fut subordonné à la police politique. À l'été 1934, les autorités carcérales avaient été dépouillées de leurs ultimes compétences dans ce domaine[54].

En usant de ses contacts personnels, en parvenant à en établir de nouveaux, en se conciliant les pontes du parti en leur distribuant des grades dans la SS et en plaçant des SS à des postes clés, Himmler avait atteint son objectif. Il avait su tirer profit de l'indiscipline de certains SS ou d'unités entières (comme le SD de Hambourg ou la section SS de Fuhlsbüttel), donnant l'impression qu'il pouvait garantir des relations « plus saines » par ses interventions personnelles et en mettant en place les gens qu'il fallait.

Durant ces mois décisifs, Himmler fut constamment en déplacement, pour se faire par lui-même une idée de la situation dans les diverses capitales des Länder. Quelques semaines après son succès à Hambourg, en décembre 1933, Himmler fut nommé chef de la police politique de Lübeck et de Mecklembourg. On connaît mal les détails de cette nomination, mais le fait que le Reichsstatthalter responsable de ces deux villes, Friedrich Hildebrandt, ait été fait SS-Brigadeführer en novembre 1933, et que Ludwig Oldach, qui prit le commandement de la police politique de Mecklembourg en novembre, ait été accepté dans la SS peu de temps auparavant, laisse supposer qu'Himmler procéda dans ces deux Länder du Nord comme à Hambourg[55].

Dans le Wurtemberg[56], il convainquit le Reichsstatthalter Wilhelm Murr d'accorder le statut d'unité d'alerte politique, armée et en caserne, à une partie de la police auxiliaire SS. Pour Murr, la promesse d'une prise en charge de cette unité par le Reich dut jouer un rôle décisif[57]. Ainsi, Himmler disposait déjà d'une base de pouvoir importante dans le Wurtemberg. Au début, son homme de confiance sur place fut Franz Walter Stahlecker, adjoint au chef de la police politique depuis mai 1933. Toutefois, il fut remplacé en novembre, car un litige l'opposait de longue date à son prédécesseur Hermann Mattheiss, qui penchait fortement en faveur de la SA. Le 9 décembre 1933, Himmler fut nommé commandant de la police politique du Wurtemberg. Cela s'explique sans doute par les liens qu'il entretenait avec le Reichsstatthalter Murr et le souhait de ce dernier de rationaliser le coûteux appareil de la police politique[58]. Le fait que l'énergique Werner Best ait dirigé le département Sud-Ouest du SD à Stuttgart depuis l'automne 1933 dut aussi jouer un rôle[59]. Mais ce n'est qu'en mai 1934 qu'Himmler parvint à s'imposer totalement, quand Stahlecker remplaça son ancien supérieur Mattheiss à la tête de la police politique. Mattheiss serait victime de ce que l'on appela le « putsch de Röhm », le 30 juin 1934. Stahlecker fit carrière au sein de la police de sécurité et, en 1941, fut placé aux commandes de l'Einsatzgruppe A, déployé dans les pays baltes.

Le 18 décembre 1933, Himmler prit le contrôle de la police politique dans le Bade[60]. Non seulement il eut le soutien de Hess, au nom d'Hitler, mais aussi du Gauleiter de Bade Robert Wagner et du ministre local de l'Intérieur, Pflaumer, membre de la SS. L'un et l'autre semblent avoir espéré profiter d'un renforcement de la police politique dans l'ensemble du Reich[61].

À Brême, où Himmler noua ses premiers contacts avec les responsables du parti en mai 1933, un violent conflit éclata en octobre de la même année entre le chef de la police Theodor Laue et les SA, réputés pour leurs débordements. À l'occasion de ce conflit, Röhm exclut Laue, depuis longtemps membre des Chemises brunes, des rangs de la SA. Laue se rapprocha alors d'Himmler qui, du reste, comptait déjà un allié important sur place en la personne d'Erwin Schulz, qui dirigeait la Gestapo locale. Dès avant 1933, Schulz avait fait partie de la police politique de Brême et servait à l'époque d'informateur de la SS. Le terrain ayant ainsi été préparé, Himmler, à l'issue de rapides négociations avec le Reichsstatthalter Carl Röver et le maire Richard Markert, réussit le 22 décembre à être une fois de plus nommé chef de la police politique locale[62]. Le 5 janvier 1934, on lui confiait le commandement de la police politique de l'État voisin d'Oldenburg, dont Röver était également Reichsstatthalter[63]. La reprise en main de la police politique dans l'Anhalt[64], le Hesse[65], la Thuringe[66] et la Saxe[67], à la fin de 1933 et au début de 1934, se déroula de même sans heurts.

Dans le cas du Brunswick, il semble avoir de nouveau eu recours à l'attribution de grades SS aux responsables. Sa nomination à la tête de la police politique locale, le 27 janvier, par le ministre-président Dietrich Klagges, fut expressément soutenue par le Reichstatthalter Wilhelm Loeper. Loeper avait déjà fait part en décembre à Himmler de son souhait d'obtenir un rang équivalent au sein de la SS. En février 1934, il devint Gruppenführer[68]. Klagges, lui, obtint ce grade le jour même de la nomination d'Himmler[69]. Ce succès dans le Brunswick était d'autant plus important qu'à l'été, la province avait été le théâtre d'un conflit dommageable entre Klagges et le SD. Himmler y avait mis fin en procédant à un « repli tactique[70] », évitant de nouvelles tensions avec les autorités locales du parti. En avril 1934, la direction de la police politique du Brunswick fut confiée à Friedrich Jeckeln, chef de la SS pour le Nord-Ouest et commandant de la police du Land, qui jouissait tant de la confiance de Klagges que de celle d'Himmler[71].

Il n'y eut que dans les États jumeaux du Lippe et du Schaumburg-Lippe qu'Himmler se heurta à la résistance du gouvernement et du Reichstatthalter responsable des deux Länder, Alfred Meyer. Il lui fallut attendre juin 1934 pour y prendre le contrôle de la police politique[72].

Le fait qu'Himmler – chef, en Bavière, d'un appareil de terreur efficace, et de la SS de tout le Reich – ait pu se positionner en tant que contre-pouvoir de la SA dut peser considérablement dans la décision des autorités des Länder de lui céder le contrôle de leur police politique. La confrontation avec les SA se substituait de plus en plus à la lutte contre les adversaires politiques. On escomptait manifestement que le Reichsführer ferait le nécessaire et qu'il coordonnerait les polices politiques. Dans cet objectif, Himmler avait créé au début de 1934 une « direction centrale[73] ». Autre élément décisif, il ne remettait pas en question le pouvoir des chefs locaux. Au contraire, il leur promettait une loyauté inconditionnelle[74]. De fait, du moins durant les premières années, les responsables nazis locaux conservèrent leur autorité sur « leurs » polices, comme on peut le constater dans le Bade, le Brunswick, Hambourg, la Saxe ainsi que le Hesse[75]. Du reste, en tant que directeur de la police politique en Bavière, Himmler n'était pas omnipotent : il ne put empêcher que Schneidhuber, le chef de la police de Munich, également haut responsable de la SA, n'impose que le traitement des crimes politiques soit retiré à la police politique bavaroise et de nouveau confié au siège central de la police[76].

Si Himmler envisageait déjà à l'époque de contrôler l'ensemble de la police allemande ainsi que tout l'appareil de terreur du Troisième Reich, il semble avoir réussi à masquer ses intentions. En tout cas, il n'existe aucune preuve crédible qu'il ait poursuivi ces objectifs à l'époque[77]. Il paraît plutôt vraisemblable qu'il n'ait eu en ce temps-là d'autre ambition que de rassembler les polices politiques des Länder allemands et de les fusionner avec la SS.

Lutte de pouvoir pour la Gestapo prussienne

La stratégie d'Himmler, qui consistait à s'assurer peu à peu officiellement du commandement des polices politiques régionales, serait restée sans suite s'il n'avait pas réussi à mettre la main sur la police politique du plus grand Land d'Allemagne, la Prusse. Car ce fut seulement quand il eut pris personnellement le commandement de *toutes* les polices politiques qu'il fut en mesure de les harmoniser, et plus seulement d'accumuler les titres de chef de la police. Ce ne fut qu'alors qu'il put en faire un appareil unique qu'il dirigea[78].

La Prusse était le théâtre d'une lutte de pouvoir particulièrement virulente, mais dont les conséquences sont aussi complexes que difficiles à évaluer, entre divers groupes revendiquant le contrôle d'un appareil de répression qui restait à mettre en place. Car c'était la Prusse, tous les intéressés en étaient conscients, qui déciderait à l'avenir de qui aurait sous sa coupe la police politique pour l'ensemble du Reich. Nous ne reviendrons pas sur tous les détails de cette confrontation, mais nous nous intéresserons plutôt aux moments qui offrirent à Himmler l'occasion de favoriser sa nomination au poste d'inspecteur de la police secrète d'État prussienne.

Hermann Goering était au cœur de cette lutte de pouvoir. Il était alors commissaire du ministère prussien de l'Intérieur et également, depuis avril 1933, ministre-président du Land. Au lieu de s'appuyer sur l'instrument de direction traditionnel de la police prussienne, le département de police du ministère prussien de l'Intérieur, il préféra installer le chef des SS de l'Est, Kurt Daluege (qui avait joué un rôle essentiel au sein du parti en mettant un frein aux agissements des SA rebelles de l'Est de l'Allemagne), en tant que « commissaire à désignation spéciale » au ministère de l'Intérieur. Bien qu'il ne lui eût officiellement attribué que des compétences limitées, Goering avait en réalité fait de lui l'homme le plus puissant de l'appareil policier prussien[79]. Daluege avait atteint ce degré d'autorité dans une indépendance relative vis-à-vis de la direction de la SS à Munich. En dépit de son rang élevé dans la hiérarchie SS, il ne faut pas le considérer, ce que l'on serait tenté de faire à première vue, comme le cheval de Troie d'Himmler en Prusse, mais avant tout comme l'homme de Goering qui, en mai 1933, lui confia la responsabilité de son département de police, puis le nomma en septembre suivant commandant en chef de la police de Prusse[80].

Dans le but spécifique de lutter contre les opposants politiques, Goering se dota d'un instrument supplémentaire. Il détacha la police politique, jusque-là intégrée à la police criminelle, et la subordonna à un nouveau Bureau de la police secrète d'État (Gestapa), directement sous son contrôle. Rudolf Diels devint le directeur de cette nouvelle autorité policière essentielle. Depuis 1931, Diels, au sein du département de la police du ministère prussien de l'Intérieur, était responsable de la lutte contre le communisme – cette continuité professionnelle était d'ailleurs caractéristique de cette nouvelle police spéciale, qui recruta d'abord des fonctionnaires issus de la police et de la justice de Weimar. Le Gestapa avait le droit, dans les affaires du ressort de la police politique, d'émettre des directives à destination des sections politiques de la police criminelle dans les circonscriptions de Prusse (ces sections étaient désormais nommées postes de la police d'État, Stapostellen). C'est ainsi que furent posés les jalons de la future police secrète d'État, la Gestapo.

Dans la pratique, il s'avéra qu'en Prusse comme dans les autres Länder les hauts fonctionnaires nazis, entre-temps nommés président, chef du gouvernement et de la police locale, exerçaient une influence considérable sur l'appareil de police régional. Ils s'opposèrent avec un certain succès à la centralisation totale souhaitée par Goering[81]. C'est pourquoi Himmler fit d'abord porter ses efforts sur la province. Afin d'infiltrer la police politique en Prusse, il plaça plusieurs de ses hommes, comme dans les autres Länder, directement à la Gestapo, tout en s'assurant la fidélité de membres de cette dernière en leur distribuant des rangs dans la SS[82].

Mais, en dehors de ces relations transversales, ce fut surtout la police auxiliaire, mise en place par Goering le 22 février 1933[83], qui offrit les meilleures perspectives à Himmler. Au bout d'à peine quelques semaines, il devint évident que les 25 000 SA nommés policiers auxiliaires (et qui représentaient la majorité de la police auxiliaire, aux côtés de 15 000 SS et de 10 000 Casques d'acier[84]) posaient problème. Avec leur comportement brutal qui échappait à tout contrôle, ils risquaient de porter tort à l'autorité du parti et de l'État. Dans cette situation, Goering et Diels virent dans la SS l'appareil idéal pour tenir en échec sa vieille rivale la SA, comme elle l'avait toujours fait depuis 1930 lors de litiges au sein du parti. Elle était, semblait-il, un moindre mal. Le 21 avril 1933, sur décret du ministère prussien de l'Intérieur, les missions de police politique de la police auxiliaire furent exclusivement confiées aux SS. Les policiers SA ne devaient plus que collaborer avec la police traditionnelle[85]. Le ministère reconnaissait ainsi que dans le cadre de la persécution des opposants on entérinait un certain amalgame entre la police politique et la SS, tandis que les SA devraient se limiter à des missions auxiliaires lors des arrestations, des grandes manifestations, etc.

En juin, un indice supplémentaire vint confirmer cette tendance : Röhm, le chef des SA, devint certes commissaire de la police auxiliaire en Prusse, mais Himmler, lui, fut nommé commissaire de la police politique auxiliaire[86]. Dans le même temps, Diels annonça aussi à Daluege, directeur du département de police du ministère, qu'à l'avenir les fonctionnaires de la Gestapo devraient être principalement recrutés dans la SS. Dans les faits, Diels et Daluege veillèrent, les mois suivants, à engager des SS, au mépris des conditions officielles de recrutement[87]. Goering donna ultérieurement son aval[88]. En tant que commissaire de la police auxiliaire SS subordonnée à la Gestapo, Himmler disposait en outre de son propre agent de liaison au Gestapa, l'Untersturmführer Walter Sohst[89], et avec l'aide de Heydrich il put placer plusieurs hommes de confiance à la centrale de la Gestapo[90].

Le 2 août 1933 – entre-temps, Hitler avait proclamé la fin de la « révolution national-socialiste » –, Goering réduisit un peu plus la police politique. Le 1er octobre, Diels rassembla les policiers auxiliaires SS ainsi libérés dans un commandement SS de la Gestapo, sous le SS-Brigadeführer Max Henze. Le commandement prit le contrôle du célèbre centre d'internement de la Columbia-Haus et s'y installa, physiquement séparé de la centrale de la Gestapo, dans le Prinz-Albrecht-Palais. Himmler se retrouva donc avec une unité relativement indépendante au sein de la Gestapo, qui disposait de plus d'un camp de concentration, certes officiellement sous l'autorité de l'État, mais en réalité complètement soumis à l'arbitraire des SS[91]. Le jour même, Himmler relevait Daluege de son poste de Gruppenführer pour l'Est et lui confiait un état-major à désignation spéciale, ce qui revenait à le priver de pouvoir dans la SS[92]. Daluege, entre-temps, qui avait atteint des fonctions clés dans le système policier de Goering, perdit ainsi la possibilité de contrôler les SS de Berlin.

Il existait une autre unité indépendante à Berlin, le commando spécial SS Berlin à désignation particulière, qui fonctionnait comme une « police auxiliaire » contre les opposants et les concurrents. Elle se composait de membres de l'unité créée en mars 1933 par Sepp Dietrich pour assurer la protection personnelle du Führer, devenue la Leibstandarte en septembre 1933[93]. Si Dietrich ne cessait d'insister sur l'indépendance totale de cette force vis-à-vis du Reichsführer-SS, Himmler s'en servit néanmoins comme d'une base de pouvoir dans la capitale du Reich.

En revanche, il comprit assez rapidement que les activités du SD à Berlin ne lui étaient pas vraiment d'une grande aide. Certes, après la prise de pouvoir, Heydrich avait bien transféré la centrale du SD de Munich à Berlin, mais ses nouvelles responsabilités en Bavière l'empêchaient d'agir effectivement dans la capitale. De plus, le service de renseignement du parti qui, le 30 janvier 1933, comptait peut-être trente à quarante collaborateurs dans tout le Reich, en était toujours au stade de l'émergence. Mais surtout, durant l'été 1933, le SD traversa une crise sérieuse quand il lui fut reproché, après les graves conflits avec la direction du parti à Hambourg et dans le Brunswick, de se mêler du fonctionnement interne du NSDAP. Par conséquent, pendant l'été, Heydrich rappela la centrale de la SD à Munich et entreprit de la réorganiser[94].

Himmler consolida la position de Heydrich, qui n'avait jusque-là été que chef d'état-major du SD, en le nommant en juillet directeur du service[95]. Par ailleurs, il garantit sa liberté d'action lors de discussions qu'il eut avec Rudolf Hess les mois suivants. En automne 1933, Himmler se dit d'accord avec le principe qui voulait que le SD n'intervienne plus dans les affaires internes du parti qu'avec l'accord de Hess[96]. En échange, Hess fit savoir le 13 novembre qu'Hitler – contrairement aux rumeurs – avait expressément ordonné le maintien du SD[97]. Quatre jours plus tôt, le 9 novembre 1933, Himmler avait fait du SD un « département » et promu Heydrich SS-Brigadeführer[98].

Heydrich dota la centrale du SD d'un état-major subdivisé en trois divisions opérationnelles – l'intérieur, l'extérieur et les francs-maçons[99] –, représentées jusqu'au début de 1934 dans chacune des sept sections régionales du SD[100]. Le 9 juin 1934, l'adjoint du chef du SD annonça que le SD devenait l'unique service de renseignement du NSDAP[101].

Le SD avait par conséquent bien trop à faire avec son propre avenir pour être utile à Himmler en Prusse. L'insistance du Reichsführer pour que les camps SA « sauvages », que le ministère prussien de l'Intérieur tenait tant à garder sous son contrôle à l'automne 1933, confient leurs prisonniers à la SS fut une erreur. Les multiples meurtres, les mauvais traitements et les agressions commises contre la population dans les environs des camps poussèrent le ministère de l'Intérieur, en novembre 1933, à faire fermer par la police les postes de garde des SS dans les grands camps autour d'Emsland. Paradoxalement, cette défaite d'Himmler eut des conséquences favorables pour ses ambitions en Prusse : avec la fermeture de ces postes de garde, le ministère prussien de l'Intérieur avait montré que, contrairement à l'idée de départ des autorités, il était impossible de soumettre les gardes SS des camps à la supervision de l'État. La leçon en était que l'on ne pouvait à la fois espérer tirer parti de l'effet dissuasif de la terreur SS dans les camps et imposer un contrôle gouvernemental à ces activités. Le modèle bavarois d'Himmler, qui regroupait la police politique et les camps de concentration entre les mains des SS, parut donc être la seule solution [102].

Himmler parvint aussi à profiter de la rupture momentanée entre Goering et Diels à l'automne 1933. Suite, apparemment, aux agissements de Daluege, que Diels considérait comme un traître, Goering se retourna contre ce dernier, qui se réfugia provisoirement en Tchécoslovaquie. Goering ne fut toutefois pas long à comprendre qu'il avait encore besoin de Diels dans la lutte contre la SA – d'autant plus que son successeur, Paul Hinkler, s'était avéré totalement inadapté à son poste [103] –, et il le fit revenir de son exil. Quand il eut repris ses fonctions à Berlin, Diels chercha néanmoins à collaborer plus étroitement avec Himmler. D'ailleurs, il n'était pas encore rentré qu'Himmler lui avait déjà offert le grade de SS-Standartenführer [104].

Mais ce fut en fin de compte la lutte de pouvoir entre Goering et le ministre de l'Intérieur du Reich Wilhelm Frick qui joua un rôle décisif dans le succès d'Himmler en Prusse [105]. Tandis que Goering réorganisait la police prussienne et qu'Himmler réussissait dans une certaine mesure à infiltrer la police politique du plus grand Land allemand, Frick entreprit des efforts considérables pour mettre en place un commandement central de la police qui engloberait la police politique, afin d'unifier l'ensemble de l'appareil de police. Selon cette conception, la question des compétences des Länder dans le domaine policier restait ouverte. C'est précisément à ce sujet que Frick et Goering négocièrent au printemps et à l'été 1933.

Or, ce projet d'unification des ministères de l'Intérieur de Prusse et du Reich offrait de nouveau à Frick la possibilité de placer la Gestapo sous son contrôle [106]. Ce que Goering chercha à empêcher par ce que l'on appela la deuxième loi de la Gestapo, de novembre 1933, par laquelle il attribuait le contrôle de la police secrète d'État au ministère prussien de l'Intérieur, qui dépendait de lui en sa qualité de ministre-président du Land [107]. Diels, qui portait maintenant le titre d'inspecteur de la Gestapo, était ainsi à la tête d'une autorité qui non seulement était rattachée à l'ensemble de l'appareil policier (par la loi d'avril 1933), mais n'était plus en outre soumise à aucune supervision ministérielle. En mars 1934, Goering sépara totalement les postes régionaux de la police d'État (Stapostelle) de l'appareil policier [108]. Cette indépendance considérable d'une police politique qui paraissait échapper à tout contrôle dans le plus grand Land du Reich dut inciter l'ambitieux Himmler à vouloir y transférer le futur centre de son pouvoir. Mais ce chemin-là passait par Goering.

Dès la fin de 1933, Himmler avait entrepris de prendre ses distances vis-à-vis de Röhm, qui était son supérieur sur le papier, pour se rapprocher de Goering. Au début de 1934, il s'efforça de collecter des informations compromettantes contre Diels : avec l'aide de Ludwig Grauert, secrétaire d'État au ministère prussien de l'Intérieur, ainsi que de Hans Gisevius, un collaborateur de Diels, mais aussi en s'appuyant sur des forces nazies intéressées au sein de l'appareil de police (Daluege et Arthur Nebe, conseiller d'administration du Gestapa). Il fit également intervenir la section berlinoise du SD, dirigée par Hermann Behrends, homme de confiance de Heydrich [109]. Si, quelques semaines plus tôt, Himmler avait soutenu Diels contre Goering, il cherchait maintenant à écarter le patron du Gestapa.

En avril, Frick et Goering parvinrent enfin à un compromis : en tant que ministre de l'Intérieur du Reich, Frick ajouta le ministère prussien de l'Intérieur à ses responsabilités, prenant de ce fait le contrôle du plus grand appareil policier du Reich (toujours dirigé par Daluege). Il s'agissait désormais pour lui de s'assurer le commandement des autres forces de police dans le reste du Reich, risquant par là même d'entraver les projets d'Himmler.

Depuis le début de 1934, Frick et Goering avaient tenté ensemble de limiter le système d'internement en Prusse, mais aussi dans les autres Länder [110]. En mars, ils avaient rencontré les Reichsstatthalter en ce sens [111]. En Bavière, le Reichsstatthalter von Epp et le ministre de la Justice Frank avaient eux aussi entrepris de limiter les internements, mais s'étaient heurtés à la résistance du ministre de l'Intérieur Wagner, lequel défendait l'indépendance d'Himmler [112]. En avril, Goering et Frick s'entendirent sur des directives communes au sujet de l'internement [113]. Selon le décret émis par la suite par Frick, les « plus hautes autorités des Länder » étaient en charge des internements (autrement dit, par exemple, le Gestapa prussien ou la police politique bavaroise). Par conséquent, en Prusse, il était impossible de passer outre le veto de Goering pour interner qui que ce soit.

Ayant pris ces mesures décisives, les deux hommes crurent pouvoir céder à Himmler le contrôle de la police politique sur l'ensemble du territoire du Reich, y compris en Prusse. Himmler n'était nullement censé fusionner les polices politiques régionales en une organisation unifiée, mais seulement rassembler leur commandement. On pouvait ainsi croire que l'on avait ramené son influence à des dimensions acceptables. Tout cela fut bien sûr rigoureusement formalisé. Il ne faudrait cependant pas longtemps à Himmler pour transformer cette union personnelle des divers commandements en une véritable position de pouvoir central. Goering, en tant que ministre-président de Prusse, eut beau exiger d'Himmler qu'il lui soumette tout document important, cela ne pouvait être considéré comme un instrument de contrôle efficace, en dépit des assurances zélées du Reichsführer. Goering avait été naïf de confier à Himmler de telles responsabilités en croyant qu'il lui serait ensuite possible de le superviser[114].

Le succès d'Himmler en Prusse, qui ouvrit la voie à sa prise de contrôle de l'ensemble de la police politique du Reich, s'explique donc en partie par sa tactique d'infiltration et de recrutement de personnalités clés dans la SS, en partie par son habileté diplomatique et son évaluation des intérêts et des faiblesses de ses adversaires, en partie aussi par sa capacité à se subordonner à Goering, et par le fait, non négligeable, qu'il n'avait laissé personne se douter qu'il nourrissait peut-être des ambitions allant au-delà du domaine policier. Apparemment, on le jugeait capable de mettre en œuvre le degré nécessaire de coordination entre les différents services de police, sans pour autant le croire à même de se servir de cette fonction pour s'arroger un pouvoir sans limites.

L'un dans l'autre, Himmler avait su utiliser à ses fins les luttes de pouvoir des autres. Le danger réel ou supposé représenté par les SA joua un rôle décisif puisqu'il poussa les deux potentats, Frick et Goering, à laisser de côté leur conflit et à réserver à Himmler une place dans leur compromis qu'ils estimaient modeste. De plus, il est certain que les principaux responsables politiques nazis préféraient encore que la police politique du Reich se trouve entre les mains d'Himmler plutôt que de Frick, qui l'aurait de nouveau centralisée et en aurait fait un appareil policier unifié en tant que police secrète du Reich.

Le 20 avril 1934, Himmler fut nommé « inspecteur de la police secrète d'État en Prusse ». La direction du département de la police secrète d'État fut confiée à son adjoint Heydrich. Officiellement, Goering était toujours chef de la Gestapo[115].

Tandis qu'il œuvrait à décrocher sa nomination aux commandes des polices politiques, Himmler fut confronté au défi que représentait le développement rapide de la SS après la prise de pouvoir. Dans les semaines qui suivirent le 30 janvier 1933, de nouveaux candidats affluèrent en masse. Dès le printemps 1933, le nombre de membres de la SS avait atteint les 100 000. Après une pause d'avril à novembre 1933, il doubla au printemps suivant. Himmler décrivit plus tard cette expansion comme « la crise la plus difficile de la SS ». Il aurait fallu trois à quatre ans pour rectifier ensuite les erreurs que cette croissance entraîna[116]. Jusqu'en 1935, d'après ses propres chiffres, 60 000 membres furent écartés de l'organisation[117].

Le nombre des donateurs connut lui aussi une évolution spectaculaire, passant en 1933 de 13 217 à 167 272. L'année suivante, ils étaient 342 492. Ce chiffre avait ensuite légèrement fléchi, en particulier à cause de l'interdiction de juin 1934, qui proscrivait aussi le recrutement de donateurs. De toute façon, dès 1934, la SS était surtout financée par des subventions du parti (il s'agissait en fait de l'argent des contribuables), mais les montants versés par les « membres donateurs » continuaient de représenter une somme importante : de 204 000 reichsmarks en 1932, ils étaient passés à 4,285 millions en 1933, et à 6,972 millions en 1934[118].

En mai 1933, Himmler transféra son état-major de Munich à Berlin. Le nombre des Standarten doubla, de cinquante à cent. Durant l'hiver 1933-1934, Himmler créa des groupes pour rassembler les sections locales de la SS. Mais dès février 1934, il ordonnait le retour de l'état-major à Munich[119], preuve des aléas de la carrière du Reichsführer à cette époque. Profitant de ce nouveau déménagement, il procéda à une restructuration de la direction de la SS, qui se composerait dorénavant de trois départements (le département SS des opérations générales, le SD et le Bureau pour la race et le peuplement) et de son propre état-major[120].

Toujours en février 1934, il nomma Oswald Pohl, ancien officier payeur de la Marine et vétéran du nazisme né en 1892, chef de l'administration de la SS. Himmler cherchait un spécialiste de l'administration à la fois fiable et expérimenté : les deux prédécesseurs de Pohl, Weickert et Schneider, avaient été limogés, comme on l'a vu, et exclus de la SS. La Schutzstaffel (en tant qu'élément de la SA) percevant depuis 1933 des subventions provenant des caisses de l'État et devant par conséquent rendre des comptes sur l'usage de ces fonds, Himmler avait besoin d'un professionnel à qui confier la gestion du budget du service public[121].

En mai 1933, Himmler et Pohl avaient discuté pour la première fois de son entrée à la direction de la SS. Deux jours après cette rencontre, Pohl avait écrit une lettre à Himmler où il expliquait les raisons de son éventuel changement de poste. Il se trouvait certes fort bien dans la Marine, mais, disait-il, il ne trouvait « pas dans ses activités professionnelles une pleine satisfaction spirituelle, ni la soupape nécessaire à son désir de création et son envie de travailler. Je suis capable et prêt à travailler jusqu'à épuisement[122]. » L'homme plut à Himmler. Après une longue transition, qui tient aux formalités liées à son départ de la Marine, Pohl fut nommé directeur de la section IV (administration) de la SS le 12 février 1934[123].

Quand Himmler prit le contrôle du Gestapa prussien en avril 1934, il quitta de nouveau Munich pour Berlin avec Heydrich. Le reste de la direction de la SS le suivit étape par étape, et prit ses quartiers dans le Prinz-Albrecht-Palais, qui finira par devenir le symbole de la police secrète de l'État nazi [124]. Les piliers du système de terreur étaient en place.

Le 30 juin 1934 et ses conséquences

Himmler avait su profiter de la situation politique complexe et des tensions internes des années 1933-1934 pour progresser au sommet de la police politique. Les services qu'il rendit ensuite pour trancher ce nœud gordien, le 30 juin 1934, créèrent les conditions qui permirent au Reichsführer-SS d'occuper une place centrale dans l'appareil d'État national-socialiste, une position qui ne fut plus jamais remise en question ou menacée par les autres grands du régime.

Les événements qui aboutirent au 30 juin 1934 sont aussi confus que la constellation du pouvoir qui régnait alors sur la politique intérieure du pays. On peut la résumer comme suit : dans l'ensemble, l'amosphère en Allemagne était à l'insatisfaction. Un an après la prise de pouvoir, la crise économique n'avait toujours pas été surmontée. Un tiers seulement des six millions de chômeurs avait trouvé un emploi. Lors des premières élections de « conseils de confiance » dans les entreprises, le résultat fut si catastrophique pour les nationaux-socialistes qu'il ne fut jamais rendu public. Dans l'agriculture, la déception était générale, car le nouveau droit successoral, avec ses clauses de protection particulières, compromettait la possibilité d'obtenir des crédits. De plus, la nouvelle ordonnance du marché introduite dans le cadre du « Reichsnährstand », qui établissait les prix de livraison et imposait des mesures coercitives, était perçue comme injuste. Dans le domaine religieux, la politique annoncée du régime inquiétait les catholiques aussi bien que les protestants, et le comportement de « mandarins » des fonctionnaires du parti suscitait des plaintes de plus en plus fréquentes. Il ne restait plus grand-chose de l'euphorie qu'avait ressentie une partie de la population en 1933 [125].

Avec ces tensions en arrière-plan, la SA s'était de plus en plus transformée en une horde rétive et dangereuse [126]. L'armée du parti national-socialiste rassemblait à la mi-1934 près de 4,5 millions de membres, soit neuf fois plus qu'en janvier 1933. Cette gigantesque croissance n'était pas uniquement liée à la vague d'inscriptions qui avait suivi l'arrivée au pouvoir des nazis, mais aussi à l'intégration d'associations paramilitaires de droite comme les Casques d'acier.

S'appuyant sur cette force de frappe violente, somme toute assez hétérogène, aux structures relativement fragiles et très peu disciplinée, la direction des SA, sous la férule de Röhm, s'efforçait maintenant d'obtenir sa part de l'État national-socialiste. Elle avait d'ailleurs réussi à installer des commissaires SA au sein de l'appareil administratif, à lancer un programme d'armement de certaines sections des SA et à imposer que les états-majors de l'organisation soient pris en charge par le budget de l'État. Le 1er décembre 1933, Röhm avait été nommé ministre du Reich. En dépit de ces succès, on ne voyait toujours pas clairement comment ce qui menaçait de devenir un empire SA allait pouvoir s'intégrer à l'État national-socialiste. Les ambitions de la SA s'accompagnaient de plus en plus souvent, dans le discours de ses chefs, d'un appel à une « seconde révolution ». Le comportement de voyous de nombreux membres de la SA, les violences et les agressions dont ils se rendaient régulièrement coupables, et qui visaient désormais principalement la population, les opposants politiques ayant été réduits à néant, tout cela finit par constituer une nuisance publique qui mettait en outre en lumière le potentiel de brutalité des sections d'assaut.

Mais surtout Röhm remettait en question le rôle de la Reichswehr dans la défense du pays. Si, au début, la Reichswehr et les SA avaient pu s'entendre sur le fait que la SA s'occupait avant tout de la préparation militaire et du renforcement de la protection des frontières, la direction des Chemises brunes ne tarda pas à forger des plans pour créer une milice armée qui – s'ils s'étaient concrétisés – auraient relégué la Reichswehr au rang d'institution de formation au sein d'une armée populaire SA.

Le 28 février 1934, Hitler fit une déclaration devant les autorités de la SA et de la Wehrmacht où il rejetait les grandes ambitions militaires de Röhm. Il poussa ce dernier à parvenir avec la Reichswehr à un accord qui cantonnait les SA à des missions militaires auxiliaires. Röhm y souscrivit, mais fit comprendre à ses adjoints, dès la fin de cette réunion, qu'il n'était pas prêt à se satisfaire de cette réglementation. Ses propos furent ensuite rapportés à Rudolf Hess [127].

Au printemps 1934, dans les cercles conservateurs, d'aucuns espérèrent tirer parti des conflits liés à la SA pour reconquérir du terrain face aux nationaux-socialistes dans la coalition au pouvoir. Certains rêvaient même de rétablir la monarchie, s'attendant au décès imminent de Hindenburg, âgé de quatre-vingt-six ans. Ces courants d'opposition se tournèrent avant tout vers le vice-chancelier von Papen.

Au début de 1934, les adversaires de la SA commencèrent à s'organiser. Selon ses propres dires, Diels, le chef du Gestapa prussien, reçut d'Hitler la mission de rassembler des informations contre la SA. Au début de février, la hiérarchie de la Reichswehr confia la même mission à ses troupes [128]. Quand Himmler et

Heydrich eurent repris les rênes du Gestapa en avril, cette recherche de renseignements compromettants s'accéléra [129]. La Reichswehr lança également en avril une campagne de propagande où l'armée était présentée comme le « bras armé de la nation », ce qui était clairement un affront à la SA [130].

En mai, les forces armées furent de nouveau invitées à signaler toute violation par les SA de l'accord passé en février [131]. Le même mois, la Gestapo et le service de renseignement du ministère de la Reichswehr collaboraient étroitement et échangeaient des informations sur les SA [132]. Werner Best, nommé chef de l'organisation du SD en mars 1934, s'efforça de collecter des informations sur la SA, tout en poursuivant la réorganisation et le développement de la centrale du SD (qui se trouvait encore à Munich à l'époque) [133]. Röhm, parfaitement au courant de ces activités, ordonna en mai 1934 de récolter des renseignements sur le sujet suivant : « Hostilité envers la SA [134] ».

Au début de juin, la situation connut une nouvelle évolution : Hindenburg, gravement malade, se retira dans son domaine en Prusse-Orientale. Le principal soutien des conservateurs était désormais à peu près incapable d'agir. Dès le 11 mai, le NSDAP déclencha une grande campagne de propagande contre « les fauteurs de troubles et les nuisibles », qui s'intensifia encore en juin. La cible était évidente : le parti avait dans le collimateur les détracteurs de la droite conservatrice. Au début du mois de juin, il y eut une longue discussion entre Hitler et Röhm, que celui-ci dut interpréter comme un signe de détente. Il partit en cure et ordonna des « vacances » à la SA pour le mois de juillet [135].

La mi-juin fut le théâtre d'une escalade, qui fut moins due à Röhm qu'à une offensive du vice-chancelier von Papen. Le 17 juin, il tint un discours très remarqué à l'université de Marburg, où il critiqua en des termes très durs le règne de l'arbitraire et de la terreur imposé par les nationaux-socialistes. Quand le ministère de la Propagande interdit la diffusion du discours, von Papen menaça Hitler de soumettre sa démission au président du Reich. L'affaire risquait de dégénérer en crise gouvernementale : le départ de von Papen pouvait remettre en question la survie de la coalition entre les nazis et les conservateurs. Dans ce cas, peut-être Hindenburg se serait-il décidé à limoger le chancelier Hitler. Or, le régime n'était pas encore assez solidement en selle pour surmonter une telle décision sans être ébranlé.

Hitler résolut la crise en choisissant de ne pas s'en prendre prioritairement aux conservateurs. Il leur proposa plutôt de faire front contre la SA. En écartant la direction de la SA, calculait-il, il serait possible de démêler d'un seul coup le nœud des problèmes politiques internes : la masse des mécontents dans les rangs des SA perdrait son porte-voix, c'en serait fait de la menace d'une « seconde révolution », la question de la constitution militaire serait réglée, la majorité de la population accepterait avec soulagement la mise au pas de ce facteur d'instabilité – et l'alliance entre les nationaux-socialistes et les élites conservatrices en sortirait renforcée. Dans la mesure où l'on y verrait la neutralisation d'une menace de coup d'État, même les conservateurs accepteraient sans doute que quelques-uns de ceux d'entre eux qui critiquaient le régime soient également mis sur la touche, voire liquidés.

Ainsi le filet se resserra-t-il à la fin du mois de juin sur la hiérarchie des SA. Depuis le début du mois, des préparatifs étaient en cours. Eicke, le commandant de Dachau, organisa à ce moment-là des exercices de déploiement de SS dans Munich. À la fin de juin, les principaux chefs de section du SD et de la SS se rencontrèrent dans la capitale bavaroise, où Himmler et Heydrich leur annoncèrent que l'on se trouvait à l'aube d'une révolte des SA. Il s'agissait de prendre les « contre-mesures » appropriées[136]. Il semble que la Reichswehr se soit également préparée à cette éventualité[137].

Le 30 juin, Röhm et d'autres hauts responsables de la SA furent internés à Bad Wiessee, où Röhm passait ses vacances. En Silésie, à Berlin et ailleurs, d'autres arrestations eurent lieu. Entre 150 et 200 personnes furent exécutées : outre de nombreux dirigeants SA, des politiciens conservateurs comme l'ancien chancelier von Schleicher, Herbert von Bose et Edgar Jung, deux collaborateurs de von Papen, ainsi qu'Erich Kalusener, ancien chef du département de police du ministère prussien de l'Intérieur et principal représentant de l'Action catholique. Ce fut aussi l'occasion de régler de vieux comptes. Gustav von Kahr, qui avait fait échouer le putsch de 1923 quand il était commissaire d'État, fut victime des commandos d'exécution, tout comme le journaliste Fritz Gerlich, critique acerbe des nationaux-socialistes, ou Gregor Strasser, à qui on n'avait pas pardonné ses contacts avec von Schleicher en 1932. Une personne au moins fut victime d'une confusion tragique : Eduard Schmid, critique musical munichois, fut également assassiné.

Himmler, qui en tant que Reichsführer était toujours le subordonné de Röhm, avait réussi à se trouver au bon moment dans le bon camp dans ce conflit entre le parti, son bras armé, les militaires et les élites conservatrices, sans pour autant s'exposer. Il joua un rôle essentiel dans la mise en œuvre de « l'action », mais extérieurement, rien ne le désignait comme un des responsables.

Ernst Röhm et Gregor Strasser furent exécutés par les SS, eux qui avaient aidé Himmler à jeter les fondations de sa carrière politique et avec qui il avait entretenu de bonnes relations personnelles. S'il avait encore été besoin qu'il fasse la preuve de sa loyauté absolue envers Hitler, le Reichsführer-SS s'en acquitta définitivement le 30 juin 1934[138].

À la suite de l'élimination de la hiérarchie SA, Himmler connut une nouvelle extension formidable de ses pouvoirs. Sa SS, comme l'a dit Ulrich Herbert, « était désormais le nouveau centre moteur du régime et était l'unique gagnante de "l'action Röhm"[139] ». Cela s'explique avant tout par les changements considérables survenus au sein de l'architecture du pouvoir à partir du 30 juin 1934. Les gains politiques énormes réalisés par Himmler sont absolument hors de proportion par rapport au rôle de subordonné qu'il joua tout au long des affrontements en coulisse qui précédèrent les événements.

Le nouveau rôle d'Himmler se traduisit surtout par les changements suivants :

Le 15 juillet 1934, la réglementation déjà annoncée en juin par l'adjoint du Führer entra en vigueur : le SD devenait l'unique service de renseignement du mouvement nazi. Le 20 juillet, Hitler décréta que « compte tenu des grands services » dont s'était acquittée la SS « en relation avec les événements du 30 juin », elle était désormais détachée de la SA et fonctionnerait de manière indépendante[140].

À partir de juin 1934, la Leibstandarte et les sections politiques servirent de base à la constitution des SS-Verfügungstruppe. Eicke, nommé le 4 juillet inspecteur des camps de concentration et chef des gardes, fut chargé de la supervision de tous les camps de concentration sur le territoire du Reich, et commença à développer une deuxième unité SS à l'aide des gardes des camps. Dès le début du mois de mai, un bureau central avait été créé pour le commandant des polices politiques des Länder dans les locaux du Gestapa prussien, étape importante vers l'unification des polices politiques sous l'égide d'Himmler. Il allait maintenant en faire un instrument redoutable[141].

Toutefois, la position d'Himmler n'était pas encore tout à fait consolidée. Frick continuait de penser que les nouveaux instruments de répression dont s'était doté le Troisième Reich et qu'il avait confiés à Himmler – à savoir la Gestapo, le système des camps de concentration qui dépendait d'elle depuis le 30 juin, et le système d'internement – n'étaient que temporaires et qu'il faudrait les ramener sous le strict commandement de l'État une fois la normalisation assurée[142].

Quoi qu'il en soit, immédiatement après la décapitation de la SA, le moment n'était pas favorable à une offensive contre le pouvoir rassemblé entre les mains d'Himmler. Goering mit rapidement un terme au projet. Quand, le 2 juillet, Frick recommanda aux gouvernements des Länder de ne plus collaborer avec des « personnes n'appartenant pas à l'administration », sous-entendu avec le SD, Goering rejeta sèchement cette suggestion concernant la Gestapo et fit justement référence aux événements du 30 juin 1934[143]. Himmler se montra aussi prudent que coopératif. Par décret, il limita de lui-même les rapports du SD avec la Gestapo à la transmission d'informations. Il était en revanche interdit au SD de s'arroger des fonctions exécutives[144].

De son côté, Goering passa à l'attaque contre Frick. Dans une lettre du 6 juillet adressée aux directeurs des Stapostellen, aux présidents de Länder et aux présidents de gouvernement, il affirma que la Gestapo représentait « un élément indépendant de l'administration interne », qui revêtait à ses yeux « une grande importance pour le nouvel État ». Si les directeurs des Stapostellen devaient travailler en étroite collaboration avec les présidents des gouvernements, ils ne pouvaient suivre les directives de ces derniers que si elles ne contredisaient pas les instructions du Gestapa ou de lui-même[145]. En sa qualité de ministre de l'Intérieur du Reich, Frick exigea de tous les gouvernements des Länder qu'ils lui transmettent chaque mois des rapports sur la situation politique, car la mise en place d'une « police politique spéciale » ne les exemptait nullement de leurs responsabilités politiques. Goering céda[146]. Quelques jours plus tard, Frick faisait marche arrière. Il annonça qu'il approuvait finalement la réglementation émise par Goering le 6 juillet, puisque celui-ci lui aurait expliqué qu'il s'agissait d'une solution de transition[147].

Ainsi, la Gestapo s'était affirmée en tant qu'autorité indépendante en Prusse, même si les présidents des gouvernements régionaux, en tant que responsables de leurs administrations, restaient autorisés à envoyer des rapports sur la situation politique au ministère, afin, si besoin était, de rééquilibrer les rapports émis par la Gestapo. Ce n'est qu'en 1936, quand il fut nommé chef de la police allemande, qu'Himmler put mettre fin à ce double emploi.

L'échec du putsch de Vienne

Le 30 juin 1934 fut également le point de départ d'une défaite cuisante pour la SS : l'échec du putsch national-socialiste en juillet 1934, où la Schutzstaffel joua un rôle important[148].

Depuis le printemps 1933, les tensions montaient entre le régime clérical autoritaire du chancelier autrichien Dollfuss et l'Allemagne nazie. En mai, le Reich introduisit la « barrière de mille marks », une taxe de mille reichsmarks sur les visas pour l'Autriche. Le mois suivant, Dollfuss interdit le NSDAP autrichien. En réaction, les nationaux-socialistes autrichiens, soutenus par l'Allemagne, déclenchèrent une vague d'attentats terroristes.

En juin 1934, un groupe de nazis autrichiens, dont « l'inspecteur du Land » du NSDAP autrichien, Theodor Habicht, et le chef des SA, Hermann Reschny, organisèrent un putsch[149]. Les conjurés prévoyaient de capturer les membres du gouvernement Dollfuss lors d'une réunion et de les remplacer par un nouveau cabinet sous la direction d'Anton Rintelen, partisan des nationaux-socialistes. En 1933, le gouvernement Dollfuss avait fermé le Parlement et, dans le courant de l'année, avait ratifié une nouvelle constitution. Les putschistes espéraient que le gouvernement en question ne serait plus considéré comme légitime, si bien que des fractions importantes de la police (infiltrée en grande partie par les nazis) et de l'armée passeraient de leur côté. Le nouveau cabinet proclamerait alors le rattachement de l'Autriche au Reich.

Les nationaux-socialistes autrichiens n'agissaient évidemment pas de leur propre chef. Le 22 juillet, ils obtinrent l'approbation d'Hitler, comme le montre cette réflexion du ministre de la Propagande Goebbels, qui avait assisté à la rencontre : « Question autrichienne. Cela peut-il réussir ? Je suis très sceptique[150]. » Le succès de l'opération reposait essentiellement sur la force de frappe d'une unité SS de Vienne, le Standarte 89. Cette « unité militaire », à l'origine une formation de la SA composée de soldats de métier ou exclus de l'armée pour leurs activités nazies, s'était placée sous les ordres d'Himmler après l'élimination des chefs de la SA, ce qui avait suscité un profond ressentiment dans les rangs des SA autrichiens[151], qui allaient maintenant le lui faire payer.

Le 25 juillet, un commando de la Standarte 89 pénétra dans la Chancellerie, sur la Ballhausplatz, alors en plein conseil des ministres. Prévenus par des fuites de l'imminence du putsch, la plupart des membres du gouvernement parvinrent à quitter l'édifice avant l'assaut. Un groupe sous le commandement d'un ancien officier de l'armée autrichienne, Otto Planetta, réussit néanmoins à atteindre le chancelier Dollfuss. Touché de deux balles dans la confusion, et gravement blessé, il mourut trois heures plus tard, sans que lui ait été accordée une aide médicale ou, comme il le réclamait, un soutien spirituel[152]. Ce sont en particulier les circonstances de l'assassinat de Dollfuss qui contribuèrent à répandre dans la communauté internationale l'image de la SS comme une force implacable et n'ayant que mépris pour l'être humain. Des SS venaient de causer la mort, violente et dans des conditions dégradantes, du chef de gouvernement d'un État souverain. Dollfuss, politicien contesté et à la limite de l'autoritarisme, fit soudain figure de martyr des SS[153].

Dès le courant de la journée du 25 juillet, il devint clair que les organes de sécurité autrichiens ne soutenaient pas le projet de changement de régime. La police, l'armée et la Heimwehr, milice paramilitaire, assiégèrent la Chancellerie. Le soir même, les putschistes se rendaient, contre la promesse qu'ils seraient escortés vers l'Allemagne. Mais avec l'assassinat de Dollfuss le gouvernement autrichien s'estima libéré de cette promesse. Sept putschistes, dont Planetta, furent condamnés à mort et exécutés[154].

En province, beaucoup de nazis interprétèrent les événements de Vienne comme le signal d'un soulèvement général, en particulier en Carinthie et en Styrie. Dans plusieurs villes, des combats éclatèrent entre les SA, les SS, d'autres milices nazies et la police, l'armée et la Heimwehr. À la fin du mois de juillet, Vienne avait rétabli l'ordre. Une analyse détaillée des événements montre que le putsch échoua entre autres parce que les nationaux-socialistes avaient fait preuve d'indécision et qu'ils n'avaient pas agi sous un commandement unifié. Hitler prit ses distances et fit dissoudre la direction du NSDAP autrichien.

Pendant l'année qui suivit, l'échec du coup d'État eut des répercussions, engendrant intrigues et accusations réciproques. La méfiance entre la SS et la SA, qui s'était muée en hostilité depuis le 30 juin 1934, avait contribué à l'avortement de l'entreprise. Si les chefs de la SA avaient promis leur soutien de principe aux insurgés, la SA de Vienne ne s'était pas portée au secours des camarades fort peu appréciés de la SS, tandis que les putschistes, de leur côté, n'avaient accordé que peu d'attention à la préparation et s'étaient mis en danger en agissant unilatéralement. La haute cour du parti intenta à Reschny, chef des SA autrichiens, un procès pour trahison du projet de coup d'État. Mais, sur intervention d'Himmler, l'affaire aboutit à un non-lieu, peut-être sous la pression d'autres hauts responsables du parti.

Ce ne serait que quatre ans plus tard, en avril 1938, dans le sillage immédiat de l'Anschluss, le rattachement de l'Autriche à l'Allemagne, qu'Himmler manderait une enquête exhaustive sur les événements de juillet 1934. La « commission historique du Reichsführer-SS » sur « le soulèvement des nationaux-socialistes autrichiens en juillet 1934 », sous la présidence de Heydrich, conclut que la direction de la SA autrichienne avait considéré la reprise de la Standarte 89 par la SS au printemps 1934 comme une « trahison ». « Les tensions entre une partie de la direction de la SA et la SS, qui s'étaient ouvertement fait jour dans le Reich le 30 juin 1934, furent également perceptibles en Autriche. Cela explique aussi le comportement qu'adopta par la suite la direction SA d'Autriche face aux projets de soulèvements. » Le rapport ne s'étendait toutefois pas sur la culpabilité concrète des SA dans l'effondrement rapide de la tentative de putsch. Au lieu de cela, l'échec fut expliqué par la trahison, des erreurs techniques et des pannes. Les circonstances plus précises de l'assassinat de Dollfuss ne furent pas non plus éclaircies davantage[155].

D'inspecteur de la Gestapo prussienne à chef de la police allemande

Il faudrait attendre l'automne 1935 pour qu'Himmler assure son emprise sur l'ensemble de la police allemande. Cette deuxième phase de l'extension de ses pouvoirs fut favorisée par la situation relativement instable du régime nazi à l'époque.

Cela s'explique principalement par l'évolution dangereuse de la situation internationale. À l'issue du putsch raté en Autriche, l'Allemagne s'était attiré l'hostilité de Mussolini. De plus, la réintroduction du service militaire en mars 1935 ainsi que l'entrée en Rhénanie en mars de l'année suivante – deux violations évidentes du traité de Versailles – pouvaient laisser craindre une intervention de la part des autres puissances. Sur le plan militaire, le Troisième Reich n'était pourtant pas encore prêt à de telles confrontations. Car en 1935, le régime était justement aux prises avec les forces nationalistes conservatrices et avec l'Église, tandis que le parti communiste, contraint à la clandestinité, était toujours actif. Les hiérarques nazis redoutaient donc que leurs ambitieux projets internationaux ne soient torpillés par un effondrement du « front de l'intérieur ». Le « complexe de 1918 », la peur d'un « coup de poignard dans le dos », était très répandu [1].

C'est avec cette réalité en toile de fond qu'Himmler allait réussir, après de longues hésitations, à imposer sa politique et à développer un système de terreur durable dans tout le Reich, verrouillé et en dehors des lois. À cette fin, il lança une offensive à plusieurs niveaux. Pour commencer, il renforça les unités armées de la SS. Ensuite, il fit passer sous son contrôle l'ensemble du système concentrationnaire, qu'il unifia. Puis il renforça et harmonisa la Gestapo, tout en développant une conception plus globale de la lutte politique. Enfin, il fit de cette conception une doctrine de « prévention générale » touchant toute la société, et obtint ainsi d'être nommé chef de la police allemande par Hitler.

La SS ne cessant de croître en même temps que se multipliaient ses missions, une nouvelle réorganisation devenait nécessaire. Par l'ordre du 14 décembre 1934, Himmler l'annonça de nouveau à toute la SS : à l'avenir, une distinction serait établie entre les SS-Verfügungstruppen (comprenant les sections politiques et la Leibstandarte), les unités de gardes SS (SS-Wachverbänden) et la SS générale, l'Allgemeine SS, qui rassemblait tous les autres membres[2].

Les SS armés

Le recours à des SS armés pour éliminer les chefs de la SA le 30 juin 1934 avait été dans l'intérêt de la Reichswehr et avait suscité son approbation. La poursuite du développement, de toute façon limité, de ces unités était bien vue par les militaires, tant que le monopole de la Reichswehr en tant que « bras armé de la nation » n'était pas sérieusement remis en cause. Le 24 septembre 1934, le ministère de la Reichswehr publia des directives pour les SS-Verfügungstruppen en relation avec une décision d'Hitler. La mise en place d'unités armées – trois régiments et une section de renseignement – y était admise (toutefois, seul un état-major de régiment, celui de la Leibstandarte, devait être établi). La création d'unités supplémentaires dans le dessein de constituer une division à part entière était évoquée, mais il était rappelé, de manière significative, qu'elle dépendrait de l'autorisation du ministère de la Défense.

Ces directives montrent bien que la Wehrmacht comptait brider les ambitions de la SS dans le domaine militaire. Fondamentalement, la SS devait rester désarmée. La mise en place d'unités armées était une exception, censée répondre à « des missions de *politique intérieure* particulières qui seront confiées à la SS par le Führer ». Les troupes recevaient leurs ordres du Reichsführer. En cas de guerre, elles se mettraient à la disposition de la Wehrmacht[3]. Celle-ci s'efforçait ainsi de restreindre autant que possible le développement des unités SS et leur capacité de mobilisation en cas de guerre, afin que dans l'éventualité d'un conflit elles ne puissent jouer qu'un rôle auxiliaire sur le plan militaire[4].

Trois Führerschulen étaient prévues, dont deux étaient conçues comme des écoles d'officiers avec une capacité de 250 places chacune. La formation offerte huit mois durant aux élèves officiers dépassait de loin les besoins des Verfügungstruppen tels qu'ils avaient été évoqués dans les directives du 24 septembre[5]. Si l'on y ajoute la requête d'Himmler, qui demanda à la Wehrmacht d'accepter de préférence pour le service militaire des SS qui ne l'avaient pas encore fait, ainsi que son intention déclarée de ne plus recruter à l'avenir dans la SS que des hommes ayant satisfait aux obligations militaires, il devient assez clair qu'Himmler souhaitait transformer à long terme l'Allgemeine SS en une force de réserve pour une armée SS beaucoup plus importante[6]. Dès octobre 1934, dans le cadre d'entretiens directs avec le ministre de la Reichswehr Werner von Blomberg et avec son chef d'état-major Ludwig Beck, Himmler veilla à dissiper les craintes croissantes des militaires, qui redoutaient de perdre leur monopole[7]. Contrairement à la SA, la SS, leur dit-il, ne poursuivait pas d'objectifs dans le domaine de la politique de défense, elle ne deviendrait pas « une organisation militaire parallèle à la Wehrmacht ». La formation et la structure militaires de la SS ne servaient qu'à affirmer son caractère élitiste. Il ressort des documents de l'armée que l'on a conservés que ces déclarations suscitèrent le scepticisme, pour ne pas dire l'incrédulité de ses interlocuteurs[8].

À la lecture des directives de Beck datées du 18 décembre 1934 et portant sur la coopération entre l'Armée de Terre et la SS, on comprend que le commandement militaire cherchât le plus possible à prendre lui-même le contrôle des unités SS. Certes, la mise en place de deux autres unités (une du génie, l'autre de reconnaissance) était autorisée, mais la demande d'Himmler de former sa propre artillerie SS fut rejetée. Le développement d'une division opérationnelle devait donc être reporté le plus longtemps possible. Au début, cette stratégie de négociation s'avéra payante[9]. Le 2 février 1935, Hitler décréta que les Verfügungstruppen ne seraient portées au statut de division opérationnelle et équipées en conséquence qu'en temps de guerre[10].

Pour la direction centrale de la SS, les nouvelles missions et la réorganisation nécessitèrent des efforts considérables. En janvier 1935, Himmler fit donc passer les trois départements créés l'année précédente (le département SS, le SD et le Bureau pour la race et le peuplement) au niveau de directions. « L'état-major du Reichsführer-SS » restait quant à lui son instrument de direction personnel[11]. Quelques mois après l'introduction de cette nouvelle réglementation, le 1er juin 1935, il nomma Oswald Pohl, chef du département administratif au sein de la division du SD, « chef de l'administration de la SS ». Pohl regroupa alors les fonctions de responsable administratif à la fois de la direction du SD et du Bureau pour la race et le peuplement. Dans les années qui suivirent, cela permit à Pohl d'exercer un véritable pouvoir[12].

Mais le principal objectif d'Himmler à l'époque était toujours la lutte de pouvoir autour du système des camps et de la police allemande.

Centralisation et unification du système concentrationnaire

En mai 1934, immédiatement après sa nomination au poste d'inspecteur du Gestapa, Himmler avait confié à Eicke, le commandant du camp de Dachau, le soin de réorganiser le camp de concentration de l'État en Prusse. Le mois n'était pas terminé qu'Eicke prenait le contrôle du camp de Lichtenburg, dans la province prussienne de Saxe, qu'il commença à réorganiser sur le modèle de Dachau. Le 20 juin, il devint officiellement inspecteur des camps de concentration. Théoriquement subordonné à la direction de la SS, il ne rendait *de facto* de comptes qu'à Himmler[13].

Au début de juillet 1934, Eicke – qui avait joué un rôle crucial dans les assassinats du 30 juin – récupéra le camp d'Oranienburg, tenu par les SA, et le ferma. Toute une série d'autres camps plus petits furent également fermés[14]. Il entreprit aussitôt de réorganiser le camp d'Esterwegen – qu'Himmler avait pris « directement » sous son commandement dès le 20 juin –, toujours selon l'exemple de Dachau, et remplaça les gardes SA par des SS[15]. Il procéda de même avec le camp de Sachsenburg, récupéré au mois d'août dans le Land de Saxe[16]. La Columbia-Haus à Berlin, la « prison » du Gestapa gardée par une unité SS, lui fut confiée en décembre 1934, et le petit camp de Sulza, en Thuringe, en avril 1936[17].

Dans le courant de l'année 1935, Himmler parvint, comme nous allons le voir en détail ci-après, à se défendre avec un extraordinaire succès contre les attaques des ministres de l'Intérieur et de la Justice, qui dénonçaient les brutalités en cours dans les camps d'internement. Dans le contexte de ces confrontations, il convainquit le 20 juin Hitler de regrouper les gardes des camps dans une unité militaire et de financer hommes et installations en puisant dans le budget de l'État[18]. Vers le milieu de 1935, la première réorganisation des camps de concentration était achevée. Dans le même temps, le nombre de détenus était désormais d'environ 3000, au minimum.

Un chef de la Gestapo conscient de ses prérogatives

Le 11 octobre 1934, Himmler tint un discours devant le personnel de la direction de la Gestapo. Il profita de l'occasion pour leur rappeler qu'il avait discuté, au même endroit, avec une partie des membres du Gestapa, peu après le 30 juin.

Pour lui, ce jour avait été « le plus dur que puisse vivre un soldat ». Car : « Devoir tirer sur ses propres camarades, aux côtés desquels on s'est battu parfois huit ou dix ans au nom d'un même idéal, mais qui ont failli, c'est la chose la plus terrible qui puisse arriver à un homme. » Pour la Gestapo aussi, ajouta Himmler, le 30 juin avait été une épreuve.

Plus loin dans son discours, il se présenta comme un chef sévère, mais bienveillant. Ses hommes ne devaient pas lui faire parvenir leurs souhaits sous forme de lettres anonymes : « Ma porte vous sera toujours ouverte si vous avez un souhait à exprimer, qu'il s'agisse d'une question liée au département, que vous souhaitez évoquer pour vous, ou pour vos collègues, ou d'un souhait privé, parce que vous vous retrouvez personnellement en difficulté à la suite d'un accident ou d'une infortune. [...] Nous pourrons nous en entretenir librement, et je vous aiderai, ou vous conseillerai, dans la mesure de mes possibilités. » Cela valait également pour les questions matérielles : il ferait tout pour obtenir des instances compétentes que les sommes promises soient versées.

Himmler profita de son discours pour se lancer dans une philippique contre les procédures bureaucratiques, qu'il tourna en ridicule à l'aide d'exemples. Au lieu de cela, il fallait œuvrer avec « la diligence du soldat ». Tous les documents, exigea-t-il, devaient être signés par leur auteur.

Enfin, Himmler brossa le portrait d'une police secrète proche des gens, une sorte d'entreprise de services dans le secteur de la sécurité intérieure : « Le peuple doit avoir la conviction que les autorités les plus justes, qui travaillent de la façon la plus utile qui soit dans le nouvel État, sont celles de la police secrète d'État tant redoutée. Le peuple doit se persuader que, si quelqu'un est arrêté, c'est avec raison, il doit se dire que dans tous les autres domaines où l'État n'est pas menacé les membres de la police secrète d'État sont des gens pétris de vertus humaines, des gens de cœur et justes. » Il invita ses collaborateurs à accueillir les visiteurs « avec politesse et amabilité ». Il ne fallait « rabrouer » personne. Le personnel de la Gestapo devait se concevoir comme des « soutiens », non comme des « dictateurs ».

Il leur dépeignit aussi sa vision d'une ambiance de travail enthousiaste : il faudrait tirer parti des prochains mois pour renforcer les liens de camaraderie et parvenir à ce que « le travail se déroule dans une atmosphère décidée et joyeuse ». Le temps de travail serait d'ailleurs réduit d'une heure. Mais il faudrait également être prêt à travailler parfois plus longtemps. Il était cependant tout à fait disposé à accorder des jours supplémentaires, « pour Noël ou pour une occasion spéciale ». Et il conclut son discours en clamant à trois reprises : « Sieg Heil[19] ! »

Dans les mois qui suivirent le 30 juin, Himmler, alors toujours officiellement adjoint du chef de la Gestapo, veilla surtout à s'assurer une marge de manœuvre suffisante dans ses relations avec Goering, son supérieur direct. Quand il revint sur le travail du Gestapa de 1933 au début de 1935, dans un discours en présence de Goering en 1936, il le décrivit comme « insuffisant »[20], révélant du même coup les objectifs divergents des deux hommes. Tandis qu'Himmler cherchait à écarter tous les obstacles bureaucratiques et juridiques afin de conférer davantage d'efficacité à la Gestapo, Goering, lui, après le 30 juin, s'efforça de trouver des moyens de contrôler plus nettement encore le travail d'Himmler.

En juin 1934, Paul Körner, le secrétaire d'État de Goering, avait demandé à Himmler qu'il lui fournisse dans le courant du mois une liste des cas passibles d'un internement de plus de sept jours. Himmler avait répondu à cette requête de façon dilatoire. Goering reçut certes durant l'été 1934 une liste d'internés en relation avec l'amnistie prononcée par Hitler le 7 août. Mais apparemment, il n'obtint jamais les rapports au cas par cas[21].

En octobre, Goering tenta une nouvelle offensive. Il émit une note à l'adresse de la police secrète d'État où il dressait minutieusement la liste des droits qui étaient toujours les siens en tant que patron de la Gestapo : la diffusion de « directives générales », la « supervision du fonctionnement des services », l'évolution des hauts responsables, l'établissement du budget, et surtout « le contrôle disciplinaire et professionnel de l'inspecteur ». Goering insistait particulièrement sur le fait que ces droits étaient liés à sa fonction de ministre-président du Land de Prusse, et que le Gestapa serait soumis à une véritable supervision administrative[22]. En outre, les camps de concentration étaient effectivement rattachés à l'autorité d'Himmler, non en sa qualité de Reichsführer-SS, comme il l'avait souhaité en août, mais en tant que chef du Gestapa. Sinon, Goering aurait perdu tout pouvoir sur les camps.

Les efforts de Goering pour contrôler Himmler dans le cadre de ses nouvelles fonctions n'aboutirent pas : il ne réussit pas, comme le remarqua un fonctionnaire chargé du dossier au ministère d'État, à « imposer à la police secrète d'État la dépendance prévue par la loi vis-à-vis des autorités chargées de sa supervision ». Le Gestapa put se soustraire à toutes les tentatives de l'administration de réglementer les camps de concentration, en se contentant de ne pas répondre aux requêtes du ministère et en ne réclamant lors de l'établissement du budget qu'une somme globale sans détailler les différents postes.

Le ministère d'État avait entre-temps récupéré la responsabilité du camp d'Esterwegen, et Goering était au courant du régime de terreur arbitraire des camps. Les autorités prussiennes étaient donc confrontées au problème de savoir s'il fallait exiger malgré tout un droit de regard, sachant qu'elles ne réussissaient pas à exercer un contrôle réel, risquant ainsi, toujours selon le même fonctionnaire, d'« engager la responsabilité du [...] ministre-président et des instances ministérielles compétentes dans les mesures prises par la police secrète d'État[23] ».

Aussi Goering, quelques semaines après la diffusion de ses directives, changea-t-il de cap. Le 20 novembre 1934, il annonça qu'Himmler reprenait ses fonctions de chef du Gestapa. Dans les documents officiels, Himmler était désormais habilité à utiliser l'en-tête « Police secrète d'État de Prusse. L'adjoint au chef et inspecteur ». Dans une lettre qu'il adressa à Himmler, Goering lui rappela qu'il se réservait le droit de « superviser des affaires d'importance capitale et d'émettre des recommandations sur des cas particuliers[24] », mais cela ne changeait rien au fait qu'Himmler l'avait emporté.

Gestapo et SD

Comme on l'a vu, après la reprise en main du Gestapa par Himmler et Heydrich en avril 1934, la centrale du SD fut de nouveau transférée à Berlin[25]. En janvier 1935, le département du SD (ainsi que le département de la SS et le Bureau pour la race et le peuplement) devint une direction articulée en trois départements : l'administration et l'organisation (jusqu'en 1935 sous la direction de Werner Best, qui passa ensuite au Gestapa), l'intérieur (Hermann Behrends) et l'extérieur (Heinz Jost)[26].

Dans les années 1933-1934, Himmler avait considéré le SD en premier lieu comme un instrument qui lui permettrait de s'assurer la nomination au poste de chef des polices politiques grâce à un travail de renseignement interne au parti et à l'établissement de réseaux. Dorénavant, le Sicherheitsdienst devenait un service de police secrète complémentaire de la Gestapo. Fin de 1934, le nombre de collaborateurs passait à 850, dont nombre d'universitaires et d'intellectuels[27]. Le SD intérieur ne surveillait pas seulement les opposants réels ou imaginaires du national-socialisme. Il commença à établir systématiquement des rapports sur l'ensemble de la société. Le département extérieur se consacra au développement d'un réseau d'espionnage indépendant. De dimensions relativement modestes à l'époque, ce service semblait encore sans grande importance. Toutefois, il reçut comme mission clé de s'intéresser à la minorité des Sudètes qui pourrait servir de base à des activités en Tchécoslovaquie[28]. Si l'on tient compte du fait qu'en janvier 1934 Goering avait approuvé la proposition du ministère des Affaires étrangères qui souhaitait interdire à la Gestapo toute activité de renseignement à l'étranger, on peut voir dans les agissements d'Himmler et Heydrich une tentative pour contourner grâce au SD cette interdiction, qui ne fut d'ailleurs jamais vraiment respectée[29].

Himmler et Heydrich recherchaient plus généralement une étroite imbrication entre la Gestapo et le SD. À cette fin, Heydrich exigea de tous les membres des polices politiques qui étaient également SS d'entrer dans le SD. À partir de 1936-1937, cela valut aussi pour les membres de la police criminelle. Mais les gens du SD développèrent leur propre réseau à l'intérieur de la Gestapo, si bien que vers la fin des années 30 la police de sécurité et le SD formaient un complexe inextricable[30].

Le 4 juillet 1934, peu après la décapitation de la SA, Himmler avait émis des directives portant sur la collaboration entre la police politique et le SD. Ce dernier, qui venait d'être fait l'unique service de renseignement du parti par Hess, participait, estimait Himmler, à « l'accomplissement des missions de sécurité de l'État et représent[ait] un complément essentiel aux organes d'État chargés de ces missions ». Selon le principe de « la séparation nette des domaines de compétence », Himmler expliqua que les autorités de la police d'État luttaient contre « les ennemis de l'État nazi », tandis que le SD « travaille contre les ennemis de l'idée national-socialiste et anime la lutte et la défense menées par les autorités de la police d'État ». Par conséquent, « tout pouvoir d'exécution était interdit » au SD[31].

Dans une « directive commune » à la police politique et au SD datée de 1935 ou des premiers mois de 1936, Himmler souligna encore ces principes et appela à une collaboration étroite entre les deux institutions. Même si le SD ne devait pas être doté de pouvoirs d'exécution, il devait être tenu informé en tant qu'« organe auxiliaire de la police » et était autorisé à avoir accès aux dossiers. Il pouvait ordonner des fouilles à la Gestapo, et la police politique pouvait aussi lui confier des missions de renseignement[32].

Dans le même temps, on imposa des limites aux capacités du SD à espionner le parti. À la fin de 1935, Heydrich décréta qu'il était désormais interdit d'« enquêter et de surveiller les affaires du parti dans l'ensemble du service de sécurité », car plusieurs bureaux du SD s'étaient « retrouvés englués » dans « les affaires locales, surtout dans de petits Länder et circonscriptions du Reich », et qu'ils n'avaient par conséquent pas toujours été en mesure de « travailler objectivement sur des informations faisant état d'abus commis dans des branches du parti[33] ». Pour le SD, conçu à l'origine comme le service de renseignement du parti, le message était sans équivoque : il devait se concentrer avant tout sur ses nouveaux secteurs d'activité.

La Gestapo et la Reichswehr

Si des tensions se firent jour avec la Reichswehr au sujet des unités armées de la SS, Himmler et Heydrich purent néanmoins compter sur le soutien de l'armée quand il s'agit de développer la Gestapo. Lors de la fondation du Gestapa, celui-ci reprit à son compte les compétences du réseau de contre-espionnage civil, jusqu'alors confiées à la police politique. La Gestapo redoubla donc d'activité dans ce domaine, ce qui entraîna au départ des conflits et des confrontations avec le renseignement militaire. À la fin de 1934, les relations entre la Gestapo et le haut état-major militaire étaient au plus bas. Himmler, Goering et Heydrich firent circuler des rumeurs accusant le chef de l'état-major, Werner von Fritsch, de fomenter un coup d'État. Pour couper court aux tensions, Hitler, dans une déclaration le 3 janvier, assura l'armée de sa loyauté. Himmler lui-même, afin de contribuer à établir des liens de confiance, tint un discours le 13 janvier 1935 devant un parterre d'officiers supérieurs à propos des missions de la SS[34].

Au début de 1935, la situation s'apaisa aussi parce que le renseignement militaire s'était trouvé un nouveau chef en la personne de Wilhelm Canaris, une relation de Heydrich. Contrairement à son prédécesseur Conrad Patzig, un adversaire de la SS, Canaris était relativement ouvert à une collaboration avec le Gestapa[35]. Dès le 17 janvier 1935, Heydrich et Canaris s'entendirent sur une distinction officielle entre le renseignement militaire et la « police de contre-espionnage » civile. Ces « Dix Commandements » stipulaient que la Gestapo était chargée en particulier des missions de contre-espionnage dans les industries de l'armement, de la protection des frontières et de la surveillance des étrangers. Le Gestapa se dota ainsi de sa propre police des frontières. Heydrich, conformément à cette nouvelle répartition des tâches, réorganisa la section III du Gestapa, chargée du contre-espionnage. Au printemps 1935, il détacha le bureau de l'espionnage, sous un nom plus inoffensif, et le rattacha à la section responsable de la lutte contre les ennemis de l'intérieur. Les litiges sur les domaines de compétences furent ainsi évités avec l'Abwehr. De plus, en apparence du moins, la recommandation de Goering, qui interdisait à la Gestapo d'effectuer des missions d'espionnage, était respectée. Au début de 1936, Heydrich confia la direction de la section III à Werner Best, qui coopérait parfaitement avec Canaris[36].

L'arrangement entre Heydrich et Canaris concernait aussi les missions dont le SD se chargerait dans le cadre du contre-espionnage. Il lui incombait désormais exclusivement de s'acquitter de « la collaboration dans le domaine du renseignement », sans pouvoirs d'exécution, pour assurer la sécurité des entreprises de l'armement, pour le renseignement aux frontières ainsi que pour le recrutement d'informateurs. Le SD se voyait ainsi officiellement reconnu pour la première fois dans une mission importante pour l'État[37].

Tandis que le SD profitait à long terme de cette coopération, la Gestapo tira elle immédiatement parti de sa collaboration avec la Reichswehr. En janvier 1935, le ministre de la Défense du Reich Blomberg transmit le protocole de la discussion entre Heydrich et Canaris à propos des « Dix Commandements » au ministre prussien des Finances et lui recommanda – il fut entendu – de soutenir le travail de la Gestapo dans le secteur du contre-espionnage. En outre, il appela le ministre de l'Intérieur Frick à harmoniser la police chargée de cette mission dans l'ensemble du Reich. Il ne s'agissait pas seulement de « créer une organisation unitaire et une direction de la police politique dans le Reich, dans une instance nationale capable de traiter et de travailler avec la Wehrmacht », mais de développer une « police politique du Reich ». Himmler s'était ainsi trouvé un allié dans son projet de rassembler entre ses mains les compétences de la police politique[38].

En décembre 1936, Canaris et Best conclurent un autre accord sur la mise en œuvre des Dix Commandements. Il fut admis que le contre-espionnage militaire avait la préséance sur le contre-espionnage civil, ce qui, de la part de la Gestapo, était une concession considérable à l'armée[39].

L'internement et la loi sur le Gestapa

Malgré la reprise du Gestapa par Himmler, Frick n'en continua pas moins à tenter de limiter les internements arbitraires. Dans une lettre du 30 janvier 1935 au gouvernement de Bavière, le ministre de l'Intérieur du Reich s'inquiétait du grand nombre d'internés en Bavière et rappelait que la responsabilité d'Adolf Wagner, ministre bavarois de l'Intérieur, se trouvait engagée. Frick exigeait que Wagner contrôle les affaires d'internement, comme lui-même le faisait en Prusse. Himmler, prévenu par Wagner, obtint une décision du Führer le 20 février et, ainsi qu'il le nota lui-même en marge d'une copie de la lettre de Frick : « Les prisonniers restent[40]. »

Depuis le début de 1935, les plaintes civiles et les enquêtes se multipliaient à l'encontre des mauvais traitements régulièrement signalés dans divers camps de concentration[41]. Selon les informations de Hans Gisevius, alors membre du département de la police au ministère de l'Intérieur, Frick s'empara, au printemps de cette année-là, de l'affaire la plus retentissante. Un fonctionnaire nazi avait été arrêté par la Gestapo pour avoir critiqué les conditions dans le camp de concentration de Papenburg. D'après Gisevius, Frick exigea d'Himmler la libération immédiate de l'homme et avertit que si une telle chose se renouvelait il ouvrirait une enquête contre Himmler pour détention illégale. La menace resta absolument sans effet.

Gisevius se souvenait d'une autre affaire : l'avocat de la veuve de Klausener, directeur de cabinet ministériel assassiné le 30 juin 1934, avait été incarcéré par la Gestapo parce qu'il avait contesté la version officielle des faits selon laquelle Klausener s'était suicidé, afin que sa cliente puisse toucher une assurance-vie. Gisevius avait transmis un rapport à ce sujet à Frick, qui l'avait envoyé à Hitler. Himmler avait alors porté l'affaire devant un conseil de la direction du NSDAP, qui dénonça pour finir le comportement de Frick.

Himmler parvenait toujours à faire couvrir par les autorités le règne de l'arbitraire qu'il avait imposé aux camps. Sa position se trouva d'autant plus renforcée que, le 2 mai 1935, le tribunal administratif de Prusse statua que les mesures prises par la police secrète d'État ne tombaient pas sous sa juridiction[42]. Cinq jours plus tard, à l'occasion d'une discussion avec Hitler où furent évoquées les plaintes pour mauvais traitements, le chef du Gestapa montrait à Hitler une lettre adressée à Eicke par un ancien détenu de Dachau qui le remerciait « pour le bon temps passé en tant que prisonnier[43] ».

De son côté, dans ses efforts pour limiter le système arbitraire dans les camps, Frick bénéficia de l'appui du ministre de la Justice du Reich Gürtner. Dans une lettre à Frick du 14 mai 1935, Gürtner exigea que les punitions dans les camps fassent l'objet de règles « unifiées et claires ». Il fallait mettre un terme aux mauvais traitements et aux tortures arbitraires, et les gardiens coupables de brutalités devaient être sanctionnés[44].

À ce stade, Himmler avait déjà émis l'idée d'encadrer le Gestapa en Prusse par une loi, afin de mettre ses détracteurs devant le fait accompli. Le Gestapa, suggérait-il, devait être transformé en ministère. Ses compétences étaient évoquées de façon lapidaire : « C'est au chef de la police secrète d'État qu'il revient d'établir quelles sont ses missions[45]. » Toutefois cette ambition se heurta non seulement au refus des ministres prussiens de la Justice et de l'Intérieur, mais aussi à celui de l'ensemble du gouvernement du Land.

Lors de la séance du cabinet du 27 juin 1935, à laquelle Himmler assista, les ministres en profitèrent pour limiter les internements. Ils estimèrent qu'il était inadmissible d'empêcher les détenus de bénéficier d'un avocat. De plus, à l'avenir, il ne serait plus possible d'interner des prisonniers pour une durée indéterminée ou à la place d'une peine de prison. Au ministère de l'Intérieur du Reich, déclara Frick à ses collègues, on travaillait à un projet de loi en ce sens, qui établirait une « réglementation légale » pour les mesures prises par la police secrète d'État. Frick comptait donc couper l'herbe sous le pied à la législation qu'envisageait Himmler en Prusse en lançant une initiative au niveau régional, et ainsi fixer des limites à son système de terreur[46].

Himmler s'impose

Himmler riposta en s'efforçant, durant le printemps et l'été 1935, de démontrer que ses méthodes radicales étaient non seulement nécessaires, mais aussi efficaces. À cette fin, il invoqua en particulier le « danger communiste ».

À l'époque, la Gestapo avait déjà identifié en détail les structures du milieu communiste. Les activistes soupçonnés d'activités communistes clandestines étaient souvent connus au niveau local. Grâce à des mouchards, la police secrète d'État était très souvent en mesure d'isoler l'appareil communiste au niveau régional et de procéder à des arrestations massives. Dans la plupart des cellules du Parti communiste allemand, le même schéma se reproduisit entre 1934 et 1935-1936. Les structures communistes étaient détruites, puis reconstruites au bout de quelques mois, détruites à nouveau, et reconstruites encore. Peu à peu, l'afflux de combattants de la résistance communiste se tarit. Les rares activités clandestines qui subsistaient se déroulaient en réalité au vu et au su de la Gestapo. C'était elle qui choisissait quand éradiquer définitivement les cellules clandestines, et elle organisa, à partir de 1935, des rafles spectaculaires au cours desquelles les communistes étaient internés « préventivement », au lieu de les arrêter à l'issue d'actes de résistance effectifs[47]. Le « danger communiste » était donc un phénomène que la Gestapo contrôlait, ce qui offrait à Himmler le confortable avantage de pouvoir selon ses besoins proclamer des « succès » contre la clandestinité communiste. Ce faisant, il « démontrait » trois choses : le danger toujours présent du KPD, la vigilance de sa police politique et la nécessité d'accroître les compétences de la Gestapo afin de se prémunir contre toute menace à l'avenir.

Dès le 28 mars 1935, Himmler avait transmis un mémorandum détaillé sur le « mouvement communiste » au ministre de la Justice Gürtner. Dans ce document – qui aurait été suggéré par Best –, il ne se contentait pas de dépeindre la menace communiste en des termes sinistres, mais il affirmait aussi qu'elle ne pouvait être vaincue avec les moyens de l'État de droit libéral.

Dans un « État libéral », commentait l'auteur du texte, « la police [avait] les mains liées par les lois officielles ». La « représentation, dans la pensée individualiste et libérale, de l'honneur du délinquant politique lui conférait une certaine impudence face à la police ». Il en allait tout autrement sous le national-socialisme : « Chaque individu est un membre de l'organisme d'État [...] Qu'il s'inscrive en dehors de la société, qu'il se tourne vers la délinquance, et il devient nuisible pour tous, et est alors combattu par tous, c'est-à-dire par l'État. En proclamant l'état d'urgence, l'État, dans ce combat, se trouve en situation de légitime défense. [...] La police est le bras et l'œil de la loi. Dans les conditions engendrées par l'état d'urgence, elle doit avant tout veiller à la sécurité de l'État. Elle peut alors, sans tenir compte de points de vue esthétiques, s'opposer au délinquant, qui méprise les considérations éthiques et morales et qui s'est de lui-même exclu de la communauté du peuple. Il doit sentir que l'État est aussi implacable envers lui qu'il est lui-même intolérant envers l'État. »

Il était donc inévitable que « dans le cadre de l'état d'urgence la police ait recours aux moyens appropriés pour enquêter sur les délinquants », comme il était nécessaire que « l'État national-socialiste autoritaire ait recours à tous les moyens pour contraindre le coupable à se soumettre. Exiger que l'intégrité physique du criminel soit respectée, c'est faire preuve de libéralisme ». C'était bel et bien une justification des méthodes de répression, même si, dans le même mémorandum, Himmler affirmait qu'il avait interdit à la police d'utiliser des « moyens violents » lors des interpellations.

« Le mouvement communiste en Allemagne, peut-on lire plus loin, ne cesse de croître. Cela ne s'explique pas tant par la situation économique que par l'insuffisance des moyens de répression. » Il n'y avait que si le communiste arrêté pouvait « être contraint par tous les moyens de donner son lieu de rendez-vous, sa cachette, etc. » que l'on parviendrait à « s'infiltrer plus avant dans l'organisation communiste » et à priver le KPD illégal de « la capacité de se transformer en un parti de masse[48] ».

Ce document est essentiel car il témoigne d'un changement dans les pratiques de répression : si, jusque-là, la Gestapo avait réagi principalement à des actes de résistance concrets, elle passait maintenant à la lutte préventive contre l'ensemble des milieux du KPD. Pour étayer ses affirmations et démontrer que le danger communiste rôdait partout, Himmler déclencha une vague d'arrestations après l'autre, dans l'ensemble du Reich.

En mars 1935, les cinq membres de la direction opérationnelle centrale du KPD furent arrêtés à Berlin[49]. Dans la Saxe, la Gestapo, le même mois, prit 350 membres du KPD dans ses filets, 300 dans le Gau de Halle-Merseburg et 280 à Düsseldorf[50]. Dans le territoire de la Ruhr, où, dès 1934, le KPD avait été essentiellement dispersé[51], de nouvelles arrestations massives eurent lieu en mai 1935, ainsi qu'à Cologne en juin et juillet 1935[52]. À Hambourg, la Gestapo commença en juin 1935 à procéder à de grandes vagues d'interpellations. À l'automne, elle avait arrêté près de deux mille communistes hambourgeois[53]. À Chemnitz, Zwickau et d'autres villes du Centre, la Gestapo déclencha des vagues d'interpellations au printemps et à l'été 1935[54]. À Munich, où le KPD, depuis 1934, s'efforçait de reconstituer pour la troisième fois sa direction clandestine pour la Haute-Bavière[55], la Gestapo parvint à infiltrer si profondément l'organisation qu'elle put presque orienter les actions du parti selon ses désirs. Durant l'été et l'automne 1935, ainsi qu'à l'été suivant, les groupes communistes de la capitale bavaroise furent définitivement détruits en deux grandes vagues d'arrestations[56].

Le 12 juillet 1935, les arrestations massives battaient déjà leur plein quand Himmler ordonna la première grande action à vocation purement préventive : l'arrestation de milliers d'anciens fonctionnaires du parti communiste dans toute l'Allemagne. Dans le sillage de ce vaste raid, un grand nombre fut placé en « internement préventif[57] ». À l'été 1935, Himmler ordonna en outre d'enfermer dans des camps « entre 200 et 300 communistes » de la région frontalière de la Tchécoslovaquie, en représailles à des échanges de coups de feu entre des garde-frontières et des contrebandiers communistes présumés[58]. En tout, 14 000 communistes furent arrêtés dans le courant de l'année 1935[59].

Les critiques qu'émirent principalement les conservateurs au sujet des excès de la Gestapo et les violences commises dans les camps de concentration étaient vaines. Elles eurent de plus pour conséquence que l'ensemble de l'appareil de la Gestapo, plus organisé, mieux hiérarchisé et discipliné, fut contrôlé et unifié de façon plus efficace par la centrale[60]. Werner Best, nommé adjoint de Heydrich et directeur de la section administrative du Gestapa, joua sous cet angle un rôle considérable[61].

En février 1936, Himmler put consolider sa position au sommet du Gestapa prussien : au bout de près d'un an de consultations, le 10 février, la loi du Gestapa prussien fut adaptée, une loi qui, dans l'ensemble, correspondait à ses idées[62]. Elle allait dans son sens en confirmant la police politique dans son statut d'autorité spéciale indépendante. Et il n'était plus question de limiter les internements, sur lesquels le cabinet s'était pourtant entendu en juin de l'année précédente.

Ce succès s'expliquait en grande partie par l'intérêt personnel d'Hitler pour cette évolution et, le Reichsführer-SS lui étant directement subordonné, lui garantissait le recours à une autorité distincte de l'administration de l'Intérieur, parfaitement opérationnelle et disciplinée car fonctionnant selon les principes de la bureaucratie prussienne, une autorité qu'il pouvait utiliser n'importe quand et contre n'importe qui. Cela avait d'ailleurs été le cas le 30 juin 1934. Une police secrète intégrée à l'appareil de la police et à l'administration, qu'Hitler n'aurait pu faire intervenir qu'en passant par la bureaucratie ministérielle, ne lui aurait pas offert les mêmes garanties. Himmler fut donc l'homme qui permit véritablement à Hitler de développer sa dictature sans limites par le recours à la terreur étatique.

Le fait qu'Himmler ait réussi à transformer le système d'internement, issu du temps des troubles politiques, en une institution durable en dépit de l'opposition des ministères de la Justice et de l'Intérieur, fut à la base de son pouvoir au sein de la dictature. En la personne d'Himmler, l'État des mesures d'exception et de l'arbitraire avait réussi à s'imposer au détriment d'un État de droit fondé sur des lois. Ce fut là que la carrière d'Himmler débuta vraiment dans le Troisième Reich.

« Les métamorphoses de notre combat »

Les efforts d'Himmler afin de dégager la police politique de toute entrave juridique, de lui conférer davantage d'autonomie et d'indépendance, s'accompagnèrent d'une campagne publique que son adjoint Heydrich entama par une série d'articles publiés en mai 1935 dans l'organe de la SS, *Das Schwarze Korps*, sous le titre « Métamorphoses de notre combat[63] ».

La série s'articulait autour de l'idée que, malgré la destruction de toutes les organisations d'opposition, les ennemis du national-socialisme n'étaient pas pour autant vaincus. Le mouvement lui-même ne comprenait pas que la véritable menace venait de « forces spirituelles » qui poursuivaient sans faiblir le combat contre lui. Les « forces motrices de l'adversaire [étaient] toujours les mêmes : la juiverie internationale, la franc-maçonnerie mondiale et le clergé, en grande partie politisé ». (La « franc-maçonnerie », rectifia Heydrich dans le numéro suivant du *Schwarze Korps*, n'était du reste « qu'une organisation servant les intentions de la juiverie »). Ces forces agissaient principalement sous une « forme camouflée » contre le national-socialisme, et de prétendus spécialistes, « convaincus » seulement en apparence, jouaient un rôle clé dans ces manigances. C'était là une attaque frontale contre les adversaires d'Himmler dans l'administration de l'État, qui ne tardèrent pas à être dénoncés comme des ennemis du national-socialisme. Dans ce scénario, le « bolchevisme », jusqu'alors constamment mis en avant comme le pire ennemi de l'État, n'était plus qu'un simple phénomène de façade, derrière lequel se dissimulaient les « véritables » ennemis. Contre ces derniers, la police, à elle seule, ne pouvait rien faire. C'étaient les SS qui avaient pour mission, en tant que « troupes de choc idéologiques », d'être à l'avant-garde dans les « cercles intellectuels ». Quoi qu'il advienne, ce serait un combat sans merci : « Pour préserver notre peuple, nous devons nous montrer durs avec l'adversaire, au risque de lui faire mal, au risque d'être décriés par des gens assurément de bonne volonté qui ne verront en nous que des brutes échappant à tout contrôle. »

Cette série d'articles marque le passage, pour la Gestapo, de l'élimination des organisations communistes clandestines à une conception plus vaste des persécutions contre des « fauteurs de troubles intellectuels » et autres « hommes de l'ombre ». Ces quatre articles furent directement liés au début des persécutions systématiques contre les prêtres et les frères lais catholiques, ainsi qu'à ce que l'on a appelé la deuxième vague antisémite, déclenchée par le parti au printemps 1935 et qui aboutit, en septembre de la même année, à la publication des lois de Nuremberg.

En 1936, les hauts responsables de la SS reprirent publiquement à leur compte les réflexions de Heydrich et les développèrent[64]. Quatre points en particulier étaient mis en exergue : premièrement, pour réussir, la lutte contre les ennemis politiques – Juifs, francs-maçons, prêtres politisés – devait être globale et préventive[65] ; deuxièmement, le travail de la police politique ne pouvait souffrir aucune limitation légale[66] ; troisièmement, la Gestapo, le SD et l'Allgemeine SS devaient être amalgamés en un « corps de protection de l'État[67] » ; et quatrièmement il faudrait faire preuve de dureté et d'implacabilité[68]. Un thème qu'Himmler lui-même ne se lassait pas de répéter.

Déjà, le 12 novembre 1935, lors du discours de présentation de son programme à l'occasion de la Journée du paysan allemand à Goslar, Himmler avait affirmé que la SS veillerait à ce que « la révolution judéo-bolchevique du sous-homme ne puisse plus jamais être déclenchée en Allemagne, le cœur de l'Europe, de l'intérieur ou par des émissaires de l'extérieur. Pour ces forces dont nous connaissons l'existence et les agissements, à la moindre de leurs tentatives, que ce soit aujourd'hui, dans dix ans ou dans mille, nous serons l'épée du bourreau, implacable, impitoyable[69] ».

Le 5 mars 1936, dans un discours devant le Conseil d'État de Prusse – assemblée créée par Goering en 1933 à la place de la représentation des provinces de Prusse, dissoute –, Himmler se décrivit une fois de plus comme « implacable » et « impitoyable ». Il évoqua d'abord les conflits qui avaient précédé la création d'une police secrète indépendante, sans chercher à masquer la satisfaction qu'il éprouvait à en être sorti vainqueur : « Dans le courant de l'année 1934, vint le moment où, avec notre sens des convenances allemand, nous avons réduit les camps de concentration à la portion congrue et avons même caressé l'idée de supprimer la police politique, voire de la reverser dans la police traditionnelle, la police criminelle, dans l'administration générale. » Il avait personnellement défendu « le point de vue opposé » et mis en garde « expressément contre de telles tentations ». En effet : « L'idée que le combat politique contre les adversaires, la juiverie, le bolchevisme, la franc-maçonnerie enjuivée et toutes les forces qui ne veulent pas d'une nouvelle Allemagne ressuscitée est terminé est selon moi une grave erreur, car l'Allemagne n'est qu'au début d'une confrontation qui durera peut-être des siècles, la confrontation mondiale décisive avec ces forces de la sous-humanité. »

C'était la première fois qu'Himmler utilisait la formule pratique par laquelle il désignerait de plus en plus à l'avenir ce conglomérat d'ennemis avec lesquels les SS se considéraient en conflit. Et dans cette optique, il en était venu à son thème de prédilection, le « sens des convenances », dont il développait maintenant une variante extrêmement intéressante. Pour lui, « une des grandes missions du peuple allemand était de renouer avec ce sens des convenances, profondément ancrés en nous, sens des convenances au combat et pureté dans les confrontations physiques, spirituelles, mais aussi intellectuelles, humaines, idéologiques, dans tous les domaines, grands et moins grands, entre nous en Allemagne, et hors de nos frontières avec l'adversaire qui en est digne ». Mais cela ne valait pas pour l'ennemi le plus dangereux, celui auquel il niait une fois de plus le statut d'être humain à part entière :

« Mais il serait absurde d'appliquer cette attitude chevaleresque à la juiverie et au bolchevisme, qui ont fait de l'amoralité, de la trahison et du mensonge les méthodes de leur combat politique, et qui, selon des principes typiquement juifs, considèrent comme une faiblesse de ne pas anéantir l'ennemi. De même, il serait absurde d'adopter un comportement chevaleresque dans le combat contre un jésuite qui se bat pour le pouvoir terrestre, qui se fonde moralement sur une forme de mensonge que nous ne pouvons comprendre, celle de l'enseignement jamais démenti de la *reservatio mentalis*. [...] Plus généralement, il serait grand temps que nous, les Allemands, apprenions à ne plus voir les Juifs et les organisations qu'ils encadrent comme des gens comme nous, porteurs de nos valeurs. »

La Gestapo, poursuivait-il, devait « associer les deux éléments [...] » qui avaient « fait la grandeur de l'Allemagne » : « Le militarisme et le fonctionnarisme[70] ». Mais ce qui ressemblait à une main tendue à l'administration ne doit pas masquer le fait qu'à cette époque, sur le plan politique, les bases étaient posées pour la concrétisation de la « protection de l'État », notion qui allait beaucoup plus loin que ne le laissaient supposer les déclarations publiques des principaux responsables de la SS dans les années 1935-1936. Le Reichsführer-SS comptait prendre le contrôle de toute la police allemande et ainsi imposer une répression préventive où se confondraient la lutte contre les ennemis politiques et l'éradication des racines prétendument « biologiques » de la criminalité.

Déjà, en juin 1935, Hitler avait accepté la proposition d'Himmler de convertir les unités de gardiens des camps de concentration en formations militaires[71]. Puis, le 18 octobre 1935, Himmler réussit à convaincre le Führer qu'il fallait entièrement restructurer la police allemande, et obtint son aval pour reprendre les rênes de l'ensemble des forces de police. Mais la nomination officielle d'Himmler « Reichsführer-SS et chef de la police allemande » ne serait effective que neuf mois après cette rencontre décisive. Il faudrait auparavant en passer par de laborieuses négociations avec le ministère de l'Intérieur. Depuis septembre 1935, Frick échafaudait en effet ses propres projets de nationalisation de l'ensemble de la police et de réintégration de la Gestapo dans l'appareil policier[72].

On peut déduire l'argumentation d'Himmler lors de sa discussion avec Hitler des notes[73] qu'il prit à cette occasion : il parla d'abord des persécutions contre les adversaires politiques qui avaient déjà atteint leur paroxysme à l'époque : « 1) Traitement des communistes » puis, sous la mention « 2) Avortement », il aborda le danger que cela était censé représenter pour « l'intégrité du peuple » et les mesures à prendre. Il se servit du troisième point, « 3) Éléments asociaux », pour accroître les domaines de compétence traditionnels de la police dans le Troisième Reich. Enfin, en 4, il détailla la question des « unités de gardes » et en « 5) Décret sur le Gestapa de Frick », il dénonça les tentatives du ministre de l'Intérieur du Reich pour nationaliser la police et réintégrer la police politique dans l'appareil policier[74].

Lors de sa discussion avec Hitler, Himmler obtint bien plus que la direction de la police. Comme le montre une note qu'il consigna le jour même, Hitler se déclara en outre d'accord avec la création d'écoles d'officiers SS, puis s'entretint avec lui de la possibilité de « troubles internes » et de la nécessité, dans ce contexte, d'un renforcement des SS-Verfügungstruppen[75]. L'amalgame entre SS et police et l'extension de leurs missions dans une conception de la sécurité qui englobait la sphère politique étaient donc déjà prévus. Mais il faudrait attendre la nomination d'Himmler au poste de Reichsführer-SS et chef de la police allemande pour en comprendre quels en seraient les détails.

Quelques jours plus tard, le 21 octobre 1935, Hitler rejetait une proposition de Frick qui exigeait que le Reichssicherheitsdienst lui soit subordonné, et par conséquent aussi la petite unité spéciale qui avait la charge de la sécurité personnelle du dictateur et des principaux responsables du régime. Hitler fit savoir à Frick que la responsabilité officielle du Reichssicherheitsdienst incombait à Himmler. Dans les faits, c'était Hitler qui en avait le commandement et qui procédait en outre à la sélection du personnel. La tentative de Frick ne pouvait donc être perçue que comme la volonté de réduire la marge de manœuvre du dictateur dans un domaine sensible. Sachant qu'il nourrissait des ambitions dans le domaine de la police, c'était fort mal joué de la part du ministre de l'Intérieur du Reich[76].

Himmler poussa systématiquement son avantage. Le 1er novembre 1935, il était de nouveau en discussion avec Hitler. Le ministère de la Justice s'était plaint de l'arbitraire de l'internement et de la terreur qui régnait dans les camps de concentration. Himmler parvint à contrer ces reproches, et il put par conséquent signaler peu après au ministre de la Justice qu'Hitler avait expressément interdit la présence d'avocats dans les affaires d'internement. De plus, le Führer ne voyait aucune raison d'intervenir sous prétexte que le ministère disposait d'une liste de décès dans les camps. En raison de la « gestion scrupuleuse des camps de concentration », ce n'était pas nécessaire[77]. Le ministre de la Justice obtint certes, en mars 1936, l'accord de principe d'Himmler pour que des avocats, qui devaient être nommés en accord avec le Gestapa, assurent la défense des internés. Mais finalement la Gestapo opposa une résistance passive à l'application de cette règle[78]. Il est évident qu'Himmler se disait que les internés ne devaient en aucun cas pouvoir bénéficier de la protection de la loi. C'était justement le caractère arbitraire de l'internement en camp qui lui conférait son impact terrifiant, et Himmler fondait une grande partie de son pouvoir sur cette terreur.

Le 17 juin 1936, Hitler nomma enfin Himmler « Reichsführer-SS et chef de la police allemande au ministère de l'Intérieur du Reich[79] ». La formule « au ministère de l'Intérieur du Reich », dans la pratique, fut à peu près aussi vide de sens que celle qui prévoyait, dans le même décret, qu'Himmler soit « personnellement et immédiatement » subordonné au ministre de l'Intérieur du Reich. Frick avait définitivement échoué à inféoder Himmler à son ministère.

Dans la réalité, on assista au mouvement opposé. Himmler détacha la police de l'administration de l'Intérieur et exerça lui-même l'autorité. L'élément décisif en était l'intégration entre la police et la SS : en tant que Reichsführer-SS, Himmler n'était redevable qu'à Hitler et pouvait donc obtenir directement des directives de son « Führer ». En tant que chef de la police allemande, Himmler s'écarta donc nettement de l'appareil du ministère de l'Intérieur et créa instantanément, avec ses nouvelles « directions centrales » de la police de sécurité (Sipo) sous Heydrich et de l'Ordnungspolizei (Orpo) sous Daluege, un édifice hybride qui ouvrait la voie à la fusion voulue de la SS et de la police[80].

Quand, le 20 septembre 1936, le ministère prussien de l'Intérieur et celui du Reich reconnurent par décret que le Gestapa prenait à sa charge les missions des commandants de la police politique des Länder, les missions dont Himmler s'était jusque-là chargé par l'intermédiaire du bureau central du commandant de la police dans les locaux du Gestapa furent aussitôt transférées à la Gestapo[81]. Ainsi fut créée une police secrète d'État centralisée, ce que les potentats nazis avaient en réalité tenté d'empêcher dans leurs Länder. Ils durent se rendre à l'évidence : ils n'exerçaient plus qu'une influence de principe sur la police politique[82].

Le Corps de protection de l'État

Dans une dictature, les compétences du chef de l'appareil policier sont jaugées à l'aune de sa capacité à neutraliser les ennemis réels ou supposés du régime. Il s'efforcera donc d'une part de prouver l'existence de tels ennemis par une analyse de la menace, et d'autre part de démontrer que les ennemis en question sont éliminés. La difficulté est de parvenir à un équilibre parfait entre menace et répression : si la lutte contre l'ennemi est trop efficace, le potentiel de la menace diminue, ce qui compromet à long terme la position du chef de la police. Mais, s'il dépeint cette menace en termes trop alarmistes, il démontre qu'en dépit de toutes les mesures de répression, le danger, loin de fléchir, progresse, et il apparaît alors comme un incompétent. Il est donc essentiel pour lui de parvenir à ce juste équilibre entre menace potentielle et succès de la répression.

Pour Himmler dans les années 30, cette difficulté se résumait de la façon suivante : les principaux adversaires des nazis étaient les communistes. Depuis 1933, les rapports de la Gestapo et du SD faisaient état d'un développement constant de ce danger et, partant, d'un renforcement incessant de la lutte contre le mouvement communiste. Mais cette tendance ne pouvait se maintenir éternellement, comme expliqué plus haut, si la police de sécurité ne voulait pas voir son travail remis en question. À l'inverse, elle ne pouvait pas non plus proclamer la fin de la menace communiste, sous peine de mettre sa propre existence en danger.

Deux possibilités permettaient de sortir de cette alternative : il fallait élargir le spectre des ennemis et avancer la notion de « défense préventive ». Que la Sipo oriente ses efforts non plus seulement sur la défense face à des menaces concrètes et des actes de résistance déjà commis, mais contre des menaces à moyen ou long terme qui pouvaient provenir d'une multiplicité de points chauds (ou, autrement dit, contre des menaces fictives), et l'appareil de sécurité s'arrachait à sa dépendance fatale vis-à-vis de menaces concrètes. Il fallait donc concevoir le travail de la Sipo comme le résultat d'une politique d'anticipation. En d'autres termes, le succès de la prévention dépendait avant tout de la capacité de persuasion de l'appareil de sécurité et du réalisme avec lequel il dépeindrait les menaces à venir.

Hitler ayant en principe approuvé que la notion de prévention serve de nouvelle base au travail de la police, Himmler, à l'automne 1935, avait déjà accompli un premier pas considérable dans cette stratégie. Le passage à la « prévention générale » se déroula à plusieurs niveaux.

Himmler décida d'abord que la lutte contre le mouvement communiste – évidente dans la perspective d'une prochaine guerre – serait renforcée par des mesures préventives. À l'avenir, il serait donc à la fois possible d'annoncer une diminution des activités communistes et une augmentation du nombre de communistes internés. Cette lutte ne devait plus seulement se fonder sur des actes de résistance réels de la part des communistes, afin de ne plus courir le risque de se voir reprocher un manque de résultats parce que l'on aurait justement trop bien réussi à empêcher de tels actes. Il fallait par conséquent viser plutôt les « hommes de l'ombre », les « fauteurs de troubles » et les « inspirateurs intellectuels », tout en associant le communisme à une série d'ennemis « internationaux ». Dans cette idée d'une défense globale, les persécutions contre les Juifs et les prêtres critiques du régime se durciraient également. Quand le bras de fer avec l'Église prit fin en 1937, la répression se concentra de plus en plus sur la minorité juive.

Ensuite, Himmler étendit le champ de la lutte préventive à toutes les formes d'opposition, même les plus inoffensives et les plus vagues. La diffusion de rumeurs et de blagues, les manifestations publiques de mécontentement vis-à-vis du régime, ou de loyauté vis-à-vis des Églises chrétiennes, tout cela menaçait la cohésion interne du peuple, ce qui obligeait la police de sécurité, garante de la communauté nationale, à intervenir.

De plus, Himmler intégra la lutte contre la criminalité aux missions de la Sipo, puisqu'il présentait la délinquance essentiellement comme la conséquence de défauts biologiques qu'il s'agissait d'éliminer – préventivement. Enfin, il confia aussi à ses services la tâche de s'en prendre prioritairement aux « fléaux de la nation » qu'étaient l'avortement et l'homosexualité, afin de préserver l'essence biologique du peuple allemand.

Le passage à la prévention entraîna une extension et une réorientation considérables du travail traditionnel de la police. En fait, la police se retrouva intégrée à une réforme des compétences de l'appareil répressif. La fusion entre répression politique et lutte contre le crime était la conséquence logique du regroupement de la Gestapo et de la Kripo dans la police de sécurité. Si, comme auparavant, la police restructurée se chargeait de l'exécution du travail, la mission de repérer les dangers potentiels revenait principalement au SD, qui se voulait plus intellectuel et était maintenant plus étroitement lié à la police d'État. Et grâce à la réorientation idéologique des forces de police, en particulier la focalisation des missions de la police en fonction de considérations biologiques, l'intégration de la SS et de la police devenait une réalité.

Himmler sut donc présenter sa reprise de l'ensemble de l'appareil policier en 1936 non comme un simple cumul des pouvoirs, mais comme une nouvelle conception plus globale de sécurité, celle de la fusion entre police et SS. Ce que préconisait désormais Himmler, c'est un Corps de protection de l'État qui devait lutter, conformément à l'idéologie raciale nazie, contre tous les dangers qui menaçaient potentiellement le peuple et la « race aryenne ».

Le 18 juin 1936, lors de sa prise de fonctions de chef de la police allemande, Himmler, dans la cour du ministère prussien de l'Intérieur, tint un discours où il justifia le développement des forces de l'ordre en affirmant qu'il fallait se préparer à combattre des ennemis de l'extérieur. « Nous sommes un pays au cœur de l'Europe, dépourvu de frontières naturelles, entouré par un monde qui se bolchevise de plus en plus, de plus en plus aux mains du Juif sous sa pire forme, celle de la domination brutale du bolchevisme qui détruit tout. Ce serait faire preuve d'une imprudence et d'une bêtise coupables que de croire que cela va prendre fin dans un an, quelques années, voire quelques décennies. Nous devons nous attendre à ce que ce combat soit l'affaire de plusieurs générations, le combat ancestral entre homme et sous-homme sous sa forme moderne du combat des peuples aryens contre la juiverie et sa forme organisée, le bolchevisme. Y préparer tout un peuple, et souder l'ensemble du peuple allemand à la police et à l'ordre de la Schutzstaffel en tant qu'organisation pour la défense du Reich à l'intérieur, comme la Wehrmacht le fait pour la défense à l'extérieur, telle est ma mission[1]. »

La police allemande, « soudée avec l'ordre de la Schutzstaffel » – quelques semaines plus tard, Best reprit cette idée d'Himmler quand, dans le sillage de la nomination de ce dernier, il entreprit, dans un discours fondateur prononcé à la faculté de droit allemand, d'expliquer que le concept de « Corps de protection de l'État », jusque-là utilisé pour recouvrir l'amalgame entre police politique et SS, prenait un nouveau sens : une fusion entre la SS et l'ensemble des forces de police[2]. La nomination d'Himmler au poste de chef de la police allemande, c'était absolument clair, ne voulait cependant pas dire que la Gestapo serait réintégrée à l'appareil policier, mais elle marquait au contraire le début d'un processus qui verrait la police se détacher totalement de l'appareil administratif traditionnel et être intégrée avec la SS au sein d'un « Corps de protection de l'État » tout à fait nouveau.

Quelques mois plus tard, Himmler franchit une étape supplémentaire en proclamant que la police s'écartait définitivement de la légalité. Les années précédentes, aidé de Best et Heydrich, il s'était efforcé d'imposer un statut particulier pour la police politique, affranchie de toute « norme légale ». Il comptait maintenant appliquer cela à l'ensemble de l'appareil policier.

De façon significative, c'est à l'occasion de la réunion constituante du Conseil pour le droit policier, en octobre 1936, qu'Himmler exprima son opposition fondamentale, pour ne pas dire son mépris à l'égard de la légalité. Il affirma que cela pouvait peut-être « sembler étrange » dans les locaux choisis pour cette réunion, la faculté de droit allemand, mais il n'était nullement disposé – « Vous allez le comprendre » – à faire quelque concession que ce soit sur le fond, comme il le souligna en évoquant les premières heures de la prise de pouvoir. « Nous, les nationaux-socialistes, nous sommes attelés à la tâche [...] non en dehors du droit, ce droit que nous portions en nous, mais absolument sans aucune loi. Dès le début, j'ai été d'avis qu'il m'importait peu de savoir que tel ou tel paragraphe de la loi s'opposait à notre entreprise. Pour accomplir ma mission, je fais fondamentalement ce dont je peux répondre selon ma conscience dans mon travail pour le Führer et pour le peuple, et qui correspond au bon sens. »

À cette occasion, Himmler s'étendit sur une autre idée : « Nous, Allemands », ajouta-t-il, du fait du développement historique particulier de [notre] pays, « nous sommes pris de passion pour la réglementation » et « dans la réglementation [...] nous avons évolué sous deux formes, le fonctionnaire et le soldat, dans un respect borné de l'ordre et de la discipline ». Or, la police allemande ne pouvait être « ni uniquement fonctionnaire, ni uniquement soldat ». Il fallait au contraire créer un « fonctionnarisme militaire ». Himmler avait déjà vanté les mérites de cette fusion entre « le soldat et le fonctionnaire » lors de son discours devant le Conseil d'État de Prusse, en mars, et il l'avait présentée comme le modèle d'avenir pour la Gestapo. Il en proposait maintenant une nouvelle version : il recommandait à l'ensemble de la police allemande un modèle de fonctionnarisme militaire qui « sera de plus en plus éduqué – c'est une affaire de générations et de siècles – et qui un jour fera un avec l'organisation ni fonctionnaire ni militaire de la SS, une organisation fondée sur l'ordre, sur le sang, qui défendra la famille, une organisation qui se développera dans les siècles, voire les millénaires à venir[3] ».

En mars 1937, Himmler revint une fois de plus sur les missions de la police. Il profita de la publication d'un ouvrage édité à l'occasion du soixantième anniversaire du ministre de l'Intérieur du Reich Frick, son principal adversaire sur la question de la police. Himmler se servit de son article pour redire, contre Frick que ses biographes décrivent d'ailleurs comme un « légaliste de l'État de non-droit[4] », qu'aucune loi ne devait circonscrire les compétences fondamentales de la police.

Dans l'idée d'Himmler, la police devait remplir deux fonctions essentielles : « a) La police doit accomplir la volonté des autorités de l'État et maintenir l'ordre qu'elles exigent. b) La police doit protéger de toute destruction et de toute corruption le peuple allemand en tant qu'organisme, sa force vitale et ses institutions. » Les compétences d'une police en charge de telles missions « ne devraient donc pas être limitées par des garde-fous officiels, car ces garde-fous seraient contraires aux objectifs des autorités de l'État ». Comme la Wehrmacht, la police « ne peut agir que sur l'ordre des autorités, et non selon des lois ».

Himmler décrivit plus en détail les fonctions de l'Orpo et de la Sipo. Si la première était avant tout chargée du « maintien de l'ordre public », la police de sécurité avait surtout pour « mission la défense contre les agressions venant des forces qui, d'une façon ou d'une autre, risqueraient d'affaiblir ou de détruire la santé, la force vitale et les capacités du peuple et de l'État ». C'est pourquoi la police criminelle devait s'occuper des gens « qui en raison d'une dégénérescence physique ou morale se sont exclus des relations naturelles de la communauté nationale et qui dans la poursuite effrénée de leurs intérêts personnels portent atteinte aux règles émises pour la défense du peuple et de la communauté ». Quant à la police secrète d'État, elle devait livrer « un combat sans merci » contre ceux qui, « en tant qu'instruments des ennemis idéologiques et politiques du peuple allemand, s'efforçaient de détruire l'unité du peuple allemand et sa puissance étatique[5] ».

Dans sa contribution à l'ouvrage en hommage à Frick, Heydrich ajouta aux missions « défensives » de la Sipo déjà mentionnées par Himmler une composante « offensive » : « Par anticipation, elle doit se montrer offensive dans son analyse de tout adversaire, et intervenir de telle façon qu'il ne puisse ni détruire ni corrompre. » Heydrich préconisait en particulier de faire le lien entre la délinquance conventionnelle et la menace idéologique et politique contre le « Troisième Reich ». « Le [...] sous-homme menace doublement la santé et la vie du peuple en tant qu'organisme, dans la mesure où, en tant que criminel, il perturbe et fragilise l'ordre de la communauté et en tant qu'instrument armé, il sert les plans des puissances ennemies. » Les « forces internationales, idéologiques et spirituelles opposées » au nazisme, affirmait Heydrich, se servent de « la sous-humanité, qui a toujours tendance à la décadence et au désordre, mais aussi des partisans de ses propres organisations politiques et idéologiques, la juiverie, la franc-maçonnerie et les Églises politiques. En outre, [elles] se servent de tous les groupes qui, dans le peuple allemand, consciemment ou induits en erreur, défendent des intérêts contraires à leur propre peuple (légitimistes, etc.)[6]. »

Dans cette description de la police de sécurité, tout se confondait désormais : la lutte contre le crime, contre la « sous-humanité », contre le désordre tout simplement, contre les Juifs, les francs-maçons et les Églises ; et contre tous ces phénomènes déplaisants il fallait agir « par anticipation ». On ne pouvait mieux annoncer que la politique préventive de la nouvelle hiérarchie policière comptait s'en prendre à un conglomérat inextricable et hétéroclite d'ennemis de l'État – et que celui qui avait la capacité de définir et de traquer ces ennemis disposait dans la pratique d'un pouvoir illimité. Himmler et Heydrich finiraient par s'imposer dans leur volonté de soustraire la police à la loi. Il n'y eut pas de codification des missions de la police dans le cadre d'un nouveau « droit policier ». Les mesures prises par la police se réclamèrent plutôt jusqu'en 1945 de l'ordonnance du 28 février 1933, consécutive à l'incendie du Reichstag, qui avait suspendu les libertés fondamentales prévues par la Constitution de Weimar. Conformément à cette ordonnance, la police allemande, dont Himmler prit la direction en 1936, agissait en état d'urgence permanent.

À l'époque, quand il abordait le sujet de la police, Himmler ne cessait de brandir la menace de la Gestapo et de la SS dans leurs interventions contre les ennemis de l'État. Ce qui avait pour résultat, reconnaissait-il ouvertement, que la SS n'était pas particulièrement populaire – circonstance qui ne le dérangeait pas puisqu'elle s'inscrivait dans une stratégie délibérée visant à forger une aura de terreur à la Gestapo, la SS et aux camps de concentration. Dès le mois de novembre 1935, Himmler avait reconnu à l'occasion de la Journée du paysan allemand qu'il savait que « certains en Allemagne n'aiment guère voir ces uniformes noirs. Nous le comprenons, et nous ne nous attendons pas à être aimés de tous. Ceux qui tiennent à l'Allemagne nous respecteront, comme nous craindront ceux qui ont mauvaise conscience face au Führer et à la Nation[7] ».

En janvier 1937, dans un discours radiophonique pour la Journée de la police allemande, il déclara qu'il était avant tout de son devoir de « neutraliser tous les adversaires et ennemis malfaisants de l'État national-socialiste. Peu importe qui est l'ennemi, qu'il soit communiste ou réactionnaire ». Il fallait traquer aussi bien le « disciple de Moscou » que le « réactionnaire indécrottable » ou le « geignard confessionnel ». Je sais, poursuiva-t-il, que « mes collaborateurs et moi, par la sévérité nécessaire à l'accomplissement de cette tâche, nous sommes fait quelques ennemis, et que nous nous en ferons d'autres. Mais je suis convaincu qu'il vaut mieux ne pas être compris par quelques-uns, être haï par quelques adversaires, mais remplir son devoir envers l'Allemagne[8] ».

L'image qu'Himmler et les hauts responsables de la SS donnaient de la police, et surtout de la Gestapo, mettait l'accent sur ces menaces, mais aussi sur l'assurance que le citoyen normal n'avait rien à craindre. Qu'il serait traité correctement et équitablement et que, d'ailleurs, la poursuite des opposants avait un caractère purement professionnel. Himmler résuma cette ambivalence dans son discours pour la Journée de la police allemande en 1937 par la formule : « Sévère et implacable quand il le faut, compréhensif et bienveillant quand on le peut[9]. »

Depuis 1933, le régime n'avait cessé de diffuser cette idée d'une police, surtout politique, impitoyable envers les adversaires politiques et les délinquants. Le moteur de cette propagande fut d'abord l'élimination effective de l'opposant communiste ou marxiste. Vers le milieu des années 30, le centre de gravité bascula vers le principe que la police en général, et la Sipo en particulier, garantissait la protection globale de la communauté nationale en réprimant toute agitation de l'opposition « ennemie du peuple » et en étouffant le crime dans l'œuf grâce à des mesures préventives. L'idée de la « justice policière » était souvent évoquée, à savoir l'habitude qu'avait le régime de faire châtier les contrevenants réels ou supposés par la Gestapo. Dans le même temps, on s'efforçait de présenter la police comme « l'ami et l'aide », pour reprendre le slogan officiel, tout en vantant la haute valeur morale du travail des forces de l'ordre.

Dans les nombreux articles de presse et communications, surtout pour la Journée annuelle de la police allemande[10], créée en 1934 et qui, à partir de 1937, s'étendit à une semaine entière, une chose était cependant sciemment suggérée : le mythe de la Gestapo image d'une police secrète omnisciente et omniprésente[11].

Gestapo et SD

La police, dans l'esprit d'Himmler, devait se montrer d'autant plus « compréhensive et bienveillante » qu'elle devait pouvoir compter sur « la collaboration active et la sympathie de chaque compatriote allemand », comme il le souligna dans son discours pour la Journée de la police allemande de 1937[12]. Il se dit d'ailleurs étonné par le volume que représentait dans la pratique cette « collaboration » pour le travail quotidien de la police. Le 22 mai 1936, dans un discours à l'occasion de la fête du solstice d'été, il avait affirmé que les membres de « la police et le service de sécurité » reconnaissaient que « l'Allemagne est le plus grand nid d'inepties que l'on puisse trouver. C'est presque un art que de réussir à éprouver encore du respect pour les gens quand on voit jour après jour comment ils se dénoncent les uns les autres, comment ils exhibent leur propre bêtise. En Allemagne, pas besoin d'agent, on finira toujours par tout vous raconter[13] ».

Les études réalisées sur la Gestapo[14] confirment apparemment cette image d'une société qui se surveillait elle-même. Ainsi, Reinhard Mann, dans son enquête sur la Gestapo de Düsseldorf, conclut que 15 % seulement des dossiers qu'il a analysés[15] avaient été ouverts sur l'initiative de la Gestapo, tandis qu'avec 26 %, les dénonciations venues de la population représentaient une proportion relativement importante. L'historien américain Eric A. Johnson a lui aussi estimé que la Gestapo de Krefeld avait ouvert 24 % de ses enquêtes sur dénonciation[16].

Si l'on s'intéresse de plus près aux catégories de délits concernées, on parvient néanmoins à une image plus nuancée. Les dénonciations étaient assez importantes dans les cas de « honte raciale » et les contacts interdits avec les Juifs, ainsi que ce que l'on appelait les affaires de trahison : la diffusion de rumeurs, de plaisanteries, de faux bruits. Dans le cas des persécutions contre les opposants politiques, les homosexuels, les fidèles des grandes confessions chrétiennes et les témoins de Jéhovah, les dénonciations jouaient un rôle beaucoup plus modeste[17]. Il est par ailleurs essentiel de souligner, comme le fait Johnson, que les dénonciations concernaient principalement des bagatelles, tandis qu'elles étaient beaucoup plus rares concernant des « véritables » adversaires du régime, c'est-à-dire des cas aux conséquences souvent graves. En comparaison, on constate cependant que les chiffres des dénonciations restent relativement faibles, bien qu'elles aient revêtu une importance considérable dans le travail quotidien de la Gestapo. Donc seule une fraction de la population transmettait volontairement des informations à la Gestapo. On ne saurait par conséquent en tirer de conclusions plus générales sur l'état de « la société allemande[18] ».

Bien que la Gestapo ait pu compter sur la « collaboration » de la population surtout pour certains délits comme le maintien de contacts avec des Juifs, il serait faux de prendre au pied de la lettre l'image d'un pays où l'on finissait « toujours par tout vous raconter ».

En regard de ses missions et de sa réputation, l'appareil de la Gestapo était relativement réduit. Au début de 1934, la Gestapo prussienne comptait un peu plus de 1 700 membres, dont environ 700 travaillaient à la centrale. En juin 1935, ils étaient à peu près 2 700, les effectifs de la centrale restant les mêmes. Sur l'ensemble du Reich, on recensait en 1935 quelque 4 200 membres de la police politique, dont 10 % de secrétaires femmes. En 1937, ce chiffre était passé à 7 000[19]. Près des trois quarts venaient des différents services de police de la République de Weimar, 5 % venaient d'autres organes de l'État (comme la justice) et 20 % étaient de nouvelles recrues, principalement des membres du parti[20].

D'un département à l'autre, la proportion de membres de la Gestapo était très différente. Ainsi, en 1937, 53 personnes travaillaient dans la cellule de Bielefeld, pour un département de plus de 870 000 habitants. À Hildesheim, 30 fonctionnaires surveillaient 600 000 personnes, et à Chemnitz 55 collaborateurs étaient chargés de plus d'un million d'habitants[21]. Toutefois, il ne faut pas oublier que la Gestapo pouvait faire appel à une cohorte assez importante d'informateurs. Des « hommes de confiance » se trouvaient au sommet d'un réseau d'informateurs classés par la Gestapo selon leur fiabilité et leur importance. Il s'agissait en partie d'opposants contraints de collaborer, en partie de mouchards rémunérés[22].

Dans ses nouvelles fonctions, Himmler unifia l'appareil de la Gestapo pour tout le territoire du Reich et lui assura la même indépendance vis-à-vis de l'administration que ce qu'il avait imposé en Prusse. Les chefs de cellule devaient certes servir d'« experts » pour les questions de police politique auprès des gouvernements des Länder, et leur étaient donc subordonnés, mais seulement dans la mesure où cela n'était pas « en contradiction avec les ordonnances de la direction centrale de la police secrète d'État ». En cas de litige, c'était à la direction centrale qu'il revenait de décider si un directeur de cellule devait ou non obéir aux autorités d'un Land. « L'intégration » de la Gestapo à l'administration de l'État n'était donc qu'une farce[23].

Le SD, en tant que service de renseignement du parti, ne fut pas directement affecté par la prise de contrôle de la police par Himmler en juin 1936 et la restructuration qui s'ensuivit. Mais le fait que le chef du SD Heydrich ait été placé à la tête de la nouvelle direction centrale de la sécurité, chargée de la Sipo, offrit au SD de formidables perspectives en termes d'influence, même s'il ne devait toujours pas exercer de fonctions exécutives[24].

Dès le début de 1936, Heydrich avait réorganisé la direction centrale du SD. Il procéda en particulier à une répartition des missions du département de l'intérieur, entre « l'analyse idéologique » (d'abord Hermann Behrends, puis Franz Albert Six) et « l'analyse territoriale » (sous Reinhard Höhn, puis sous Otto Ohlendorff). Tandis que « l'analyse idéologique » se concentrait sur les groupes perçus par les nazis comme leur pire ennemi et se subdivisait par conséquent en différents secteurs, « francs-maçons », « Juifs » et « courants confessionnels et politiques »[25], « l'analyse territoriale », elle, entreprenait l'édification d'un réseau d'information et de rapports chargé de l'observation des opposants à tous les niveaux de la vie quotidienne. Elle était organisée en trois groupes : Économie ; Culture-sciences-éducation-nation ; Administration et droit-Parti et État-universités et étudiants.

Le 1er juillet 1937, Heydrich décréta, par ce que l'on appela l'ordre de fonctions, « ordonnance générale pour le service de sécurité du Reichsführer-SS et la police secrète d'État du chef de la direction centrale de la police de sécurité et du SD », de délimiter en détail les deux organisations[26]. Le SD – où, entre-temps, de jeunes intellectuels engagés avaient atteint des postes de responsabilités, établi des contacts avec le milieu universitaire et fait également carrière dans les sciences, pour plusieurs d'entre eux[27] – était ainsi « exclusivement » responsable des sciences, de la nation, de l'ethnologie, de l'art, de l'éducation, du parti et de l'État, de la Constitution et de l'administration, de l'étranger, des francs-maçons et des associations, alors que la Gestapo était « exclusivement » en charge « du marxisme, de la haute trahison, des émigrés ». En ce qui concerne les Églises, le pacifisme, les Juifs, les défenseurs des droits civiques, divers groupes hostiles à l'État, l'économie et la presse, toutes les « affaires générales » étaient confiées « au SD et les cas particuliers à la Gestapo ».

Quelle forme concrète prirent les persécutions pratiquées par la Gestapo à partir de 1936 ? Des statistiques établies par Reinhard Mann en se fondant sur les dossiers de la Gestapo de Düsseldorf pour l'ensemble de la période allant de 1933 à 1945 montrent que 30 % des enquêtes de la Gestapo étaient liées à la poursuite d'organisations interdites, essentiellement le KPD et le SPD (cette branche des activités de la Gestapo fut pratiquement abandonnée pendant la guerre). 29 % des affaires concernaient des comportements jugés déviants sur la voie publique, la plupart du temps des critiques exprimées contre le régime,

17 % portaient sur d'autres types de déviances comme la diffusion de textes écrits ou le fait d'écouter des émissions de la radio ennemie. 12 % des enquêtes étaient liées à des affaires de délinquance classique[28].

Dans son étude sur la cellule de la Gestapo de Düsseldorf, Johnson parvient à la conclusion que ses activités se concentraient sur trois groupes cibles : les Juifs, la gauche, ainsi que l'opposition religieuse et les sectes. Les autres Allemands « ordinaires » – à l'exception des homosexuels – faisaient l'objet d'une surveillance relativement souple et, s'ils se retrouvaient par hasard dans le collimateur des enquêtes de la police secrète, la plupart s'en tiraient avec des avertissements ou des peines modestes[29].

Au fil des années, les persécutions changèrent d'orientation. Si, jusqu'en 1935-1936, la chasse aux communistes avait été au premier plan, dans les années qui suivirent, elle déclina pour une raison très simple : l'appareil du communisme avait été détruit pour l'essentiel en 1936, destruction parachevée en 1937[30]. En 1935, la Gestapo avait arrêté environ 14 000 communistes, en 1936, 11 678, et en 1937, 8 068[31]. Himmler ne cachait pas qu'il pensait garder les cadres communistes dans les camps pour longtemps. Même quand le KPD et ses organisations eurent cessé d'exister, on courait toujours le danger, comme il le dit en 1937, de voir « le poison du bolchevisme contaminer une fois encore [...] de grandes masses de notre peuple[32] ».

Après l'élimination des communistes, la Gestapo et le SD se concentrèrent donc sur les prétendus hommes de l'ombre, les « forces intellectuelles ennemies » – francs-maçons, Juifs et prêtres politisés –, sur lesquels Himmler, Heydrich et Best mettaient de plus en plus souvent l'accent depuis 1935. Là encore, on constate de nettes différences dans les méthodes de persécutions.

Les francs-maçons

Dans ses grands discours des années 30, Himmler citait constamment les francs-maçons en tant qu'ennemis jurés des nationaux-socialistes, toujours associés aux Juifs, aux bolcheviques et aux prêtres politisés[33]. Toutefois, le Reichsführer-SS, depuis sa jeunesse fervent partisan des théories très répandues du complot maçonnique, s'abstenait d'aborder plus en détail les agissements prétendument sinistres des francs-maçons.

En fait, il avait dû entre-temps admettre que les francs-maçons ne représentaient guère une menace pour le régime nazi. Avis que partageaient les spécialistes de la Gestapo et du SD : à partir du milieu des années 30, la lutte contre les francs-maçons n'y fut plus une priorité. Significativement, Heydrich, dans sa série d'articles fondateurs, « Les métamorphoses de notre combat », parue dans le *Schwarze Korps*, avait défini la franc-maçonnerie comme une « organisation de la juiverie », reconnaissant ainsi qu'elle n'était plus considérée comme une source de danger autonome[34].

Du fait de l'hostilité du nazisme, la plupart des loges avaient de toute façon fermé leurs portes d'elles-mêmes dès 1933, ou avaient été dissoutes par les polices politiques des Länder[35]. À l'été 1935, toutes les associations maçonniques avaient été liquidées[36]. Dans le Troisième Reich, les anciens membres de loges étaient désavantagés, par exemple s'ils travaillaient dans la fonction publique[37]. Il leur était interdit de s'inscrire au parti, ce qui leur interdisait automatiquement l'accès à de nombreux postes privilégiés[38]. Mais ils ne firent pas l'objet de persécutions systématiques. Le fait d'être ou d'avoir été franc-maçon n'était d'ailleurs généralement pas passible de peine d'internement.

Cette perte d'importance eut un effet sur l'organisation de la Gestapo et du SD. Si, avant 1933, le SD tenait un fichier spécial pour les francs-maçons[39], au début de 1935, après son déménagement à Berlin, le service se préoccupa plutôt d'ouvrir un « musée de la franc-maçonnerie », où étaient rassemblés le mobilier, les ouvrages et les documents saisis dans les loges[40]. Le « problème », tel était le message, faisait officiellement partie du passé. Au début de 1936, la section du SD qui traitait de la franc-maçonnerie fut fusionnée avec les spécialistes des Juifs et des Églises en un département chargé de « l'idéologie[41] ». À compter de l'été 1937, la Gestapo ne s'en préoccupa plus du tout. Dans « l'ordre de fonctions » du 1er juillet 1937 déjà cité, l'ensemble du secteur de la franc-maçonnerie fut cédé au SD[42].

Les Juifs

Dans les discours d'Himmler, « les Juifs » étaient à la fois les ennemis du national-socialisme et ces « forces spirituelles » qui œuvraient en sous-main. Avec la destruction annoncée du communisme clandestin à partir de 1935, la direction de la SS et la Gestapo renforcèrent leurs actions contre les Juifs. Du reste, dans la plupart des discours d'Himmler à l'époque du pogrom de novembre 1938, on chercherait en vain de longues tirades antisémites. La plupart du temps, il n'abordait les Juifs qu'en passant, en ayant le plus souvent recours à des stéréotypes, dans la liste des ennemis habituels, sans s'étendre plus longuement sur le sujet[43].

Il n'y a que dans son discours-programme de Goslar, à l'occasion de la Journée du paysan allemand, en novembre 1935, soit quelques semaines avant la publication des lois de Nuremberg, qu'il se lança dans une rhétorique antijuive marquée. Il faut noter que le discours fut imprimé sous le titre « La Schutzstaffel, organisation de lutte antibolchevique », ce qui mettait clairement l'accent sur la confusion entre antisémitisme et « antibolchevisme ».

Himmler alla très loin. Il entraîna les agriculteurs rassemblés à Goslar jusque dans la Perse de Xerxès Ier (519-465 av. J-C.), afin de leur dévoiler la perversité morale de la fête juive de Pourim. Cette fête, qui commémorait chaque année le sauvetage des Juifs perses d'un pogrom – Xerxès ayant ordonné le massacre des ennemis des Juifs –, était aux yeux d'Himmler la célébration de « l'anéantissement radical d'un peuple aryen par des méthodes judéo-bolcheviques ». Puis il décrivit d'autres « tragédies » comparables, qui permettaient de « comprendre » que « la main sanglante de notre ennemi éternel, le Juif, sous quelque manteau ou par quelque organisation que ce soit, a toujours été à l'œuvre ». Les événements mentionnés par Himmler comprenaient les « carnages sans merci de Cannstatt et Verden » (référence au massacre des Alamans par Carloman en 746 et des Saxons en 782 par Charlemagne), les procès pour sorcellerie du Moyen Âge et du début des Temps modernes (« Nous voyons flamber les bûchers sur lesquels les corps martyrisés et violentés des mères et des filles de notre peuple furent réduits en cendres lors de la chasse aux sorcières »), « les jugements de l'Inquisition qui dépeuplèrent l'Espagne », la guerre de Trente Ans, la Révolution française (« uniquement une révolution de l'ordre des francs-maçons, cette organisation totalement juive ») ainsi que la révolution russe de 1917.

La validité de son argumentation dut susciter quelques doutes. Même pour des antisémites convaincus, l'idée que des Juifs aient pu, dans l'ombre, manipuler Charlemagne et le pousser à commettre des « massacres de Saxons » et aient comploté pour déclencher l'Inquisition espagnole dut sembler tirée par les cheveux. De plus, en mentionnant les Perses, les Espagnols, les Français et les Russes, il avait tellement allongé la liste des victimes des machinations juives que les « Germains » perdaient leur rôle central de martyrs de la conjuration planétaire des Juifs. Il invita par conséquent son auditoire à s'intéresser non aux détails « avec une objectivité aryenne et allemande excessive », mais plutôt à la « ligne générale ».

Dans les premières années du Troisième Reich, ni la Gestapo ni le SD n'occupèrent une place à part dans les persécutions contre les Juifs. À l'époque, la politique juive du régime se traduisit surtout par un agencement subtil entre les agissements des activistes du parti et la machinerie législative. Le parti déclencha des « actions » contre les Juifs, comme le boycott du 1er avril 1933, les exactions du printemps et de l'été 1935 ou le pogrom de novembre 1938, événements auxquels les autorités réagiront en prenant des mesures légales, afin d'exercer une influence toujours plus oppressante sur la minorité juive. Pour le parti, outre l'état-major de l'adjoint du Führer sous la direction de Hess et Martin Bormann, plusieurs Gauleiter jouèrent un rôle décisif (Goebbels à Berlin, Grohé à Cologne, Streicher à Nuremberg), tandis que du côté de l'État la filière remontait jusqu'au ministère de l'Intérieur du Reich.

Dans le cadre de cette politique, il revenait principalement à la Gestapo de surveiller les activités des organisations juives[44] et de faire appliquer les mesures décrétées au niveau étatique. Très vite, la police secrète se montra de moins en moins encline à attendre les lois et les ordonnances, et prit de telles mesures en fonction de ses propres décrets. En janvier 1935, le Gestapa ordonna par exemple d'interner les émigrés qui rentraient en Allemagne dans des « camps d'éducation », ce qui revint à les placer dans les camps de concentration, comme l'établit clairement une autre ordonnance publiée quelques semaines plus tard[45]. En février 1935, le Gestapa interdit toute manifestation en faveur d'un maintien de la minorité juive en Allemagne[46]. Pour citer un autre exemple, l'interdiction du drapeau, décidée le même mois par la Gestapo, interdisait aux Juifs de hisser le drapeau à croix gammée. La loi correspondante, dite du drapeau du Reich, ne fut passée qu'en septembre 1935[47].

Himmler intervint à plusieurs reprises dans ces interdictions. En juillet 1936, il signa une circulaire qui prévoyait qu'à l'avenir, lors de l'attribution de concessions pour les débits de boisson, il soit précisé si le candidat était juif[48]. Le 15 juin 1936, il transmit au secrétaire d'État du ministère de l'Intérieur du Reich Pfundtner « l'ordre » d'Hitler, qui exigeait que les Juifs ne portent plus de prénom allemand. Le ministère laissa d'ailleurs traîner l'affaire pendant près de deux ans et demi[49].

Mais d'ordinaire Himmler laissait le soin d'appliquer les mesures antijuives à Heydrich qui, dans les années 30, devint le personnage central de la politique juive de la Gestapo et du SD. Un rôle qui allait encore s'accroître, quand Goering, en sa qualité de directeur du « département des devises et matières premières » (organisation qui précéda le système des plans quadriennaux), lui demanda en juillet 1936 de mettre en place un « département de recherche de devises ». Grâce à ces nouvelles responsabilités, Heydrich pourrait, dans les années suivantes, s'en prendre en particulier aux Juifs soupçonnés de vouloir « émigrer » en les accusant de contourner les réglementations sur le change[50]. La décision de Goering fut la première d'une succession de mesures par lesquelles le Reichsmarschall développa les pouvoirs du chef de la police de sécurité et du SD dans la persécution des Juifs. Ainsi, deux chaînes de commandement concurrentes étaient à l'œuvre dans la « politique juive » : Hitler-Himmler-Heydrich, mais aussi Hitler-Goering-Heydrich. Le Reichsführer-SS courait le risque d'être exclu du processus de décision pour manque d'activité antisémite.

Il s'agissait essentiellement, pour la Gestapo comme pour le SD, d'encourager toutes les activités dans le secteur de l'émigration, tout en luttant contre les activités « assimilatoires » des Juifs allemands. « Les efforts de la police d'État doivent avant tout veiller à encourager le sionisme et à soutenir sa volonté d'émigration », affirmait ainsi un rapport du Gestapa de novembre 1934[51]. Il fallait malgré tout savoir dans quelles proportions et qui pouvait être « soutenu ». À partir de 1935, les sièges de la Gestapo recensèrent les Juifs résidant dans leur circonscription, tâche qui, en 1939, était pour l'essentiel achevée[52].

Entre-temps, à la section juive du SD, un groupe de jeunes collaborateurs convaincus s'était rassemblé – Dieter Wisliceny, Herbert Hagen, Theodor Dannecker et Adolf Eichmann – qui entreprit dans le courant de l'année 1937 de développer une conception nouvelle de la politique juive. Ils avaient pour objectif d'harmoniser les différentes méthodes, parfois contradictoires, des persécutions contre les Juifs – les expulsions, l'exclusion des activités économiques et sociales, le pillage économique. L'ordre du 1er juillet 1937, par lequel Heydrich avait confié « l'essentiel des affaires juives » au SD, ne fit que conforter ce groupe dans l'idée qu'en tant que « conseil d'experts », il devait jouer un rôle phare dans la politique juive[53].

Le SD s'impliqua dès lors de plus en plus dans les persécutions contre les Juifs, une activité dépendant en réalité de la Gestapo. Quand l'accord germano-polonais de 1922 sur la Haute-Silésie arriva à son terme en juillet 1937 et que le régime fut également en mesure d'imposer ses lois antijuives dans cette région, Eichmann, envoyé quelques semaines plus tôt à Breslau, se chargea de l'essentiel des préparatifs[54]. Après le rattachement de l'Autriche, cette tactique du SD, qui s'arrogeait ainsi les missions auxiliaires de la Gestapo, fut couronnée de succès[55].

Les Églises

Contrairement aux Juifs, un ennemi parmi ceux que dénonçait Himmler suscitait en lui une véritable passion : le christianisme. Et cela fut particulièrement perceptible quand, lors de réunions de la SS à huis clos, il tint des discours sans aucune concession concernant la politique religieuse.

Ainsi lança-t-il en 1938 : « La destruction de tous les peuples est due aux enseignements chrétiens. Une religion qui a) considère la femme comme un péché, b) décrit le mariage comme un péché mineur, ou en tout cas moins grave que l'autre – un tel enseignement, à terme, ne peut qu'entraîner les peuples dans la tombe. » Le christianisme, affirmait Himmler, était « le destructeur de tous les peuples[56] ». Quand, en 1939, la ville de Vienne confia à la SS la direction de l'Ordre teutonique, il déclara à son auditoire qu'il avait « la volonté absolue » de « rompre nettement » avec deux erreurs fatales de l'histoire allemande : « D'une part avec un enseignement, erroné selon notre conception de la germanité, l'enseignement calamiteux d'un christianisme asiatisé, et d'autre part avec la dissipation du sang [...] qu'engendrent la négation du clan et la négation de la famille[57]. »

Le 9 juin 1942, il prévenait les Oberabschnittsführer : « Nous allons plus que jamais nous employer à nous débarrasser du christianisme. Le christianisme, ce fléau entre tous, qui nous a agressés tout au long de notre histoire, qui nous a affaiblis dans les conflits, nous devons nous en débarrasser. Si notre génération ne le fait pas, il durera, je pense, encore longtemps. Nous devons mentalement nous préparer à cette mission[58]. »

Trois mois plus tard, le 16 septembre 1942, il décrivit le christianisme dans un discours qu'il tint à son quartier général d'été de Hegewald*, en Ukraine, devant des officiers de la SS et de la police, comme « une idéologie perverse et mortifère », puisqu'il considérait « la femme, selon des conceptions typiquement orientales, comme un péché et qu'il n'autorisait la procréation qu'avec le consentement du pouvoir spirituel. Mais le christianisme – et ce fut le moteur le plus puissant de l'Église catholique – décrétait que tout commerce entre l'homme et la femme autrement que pour concevoir était un grave péché[59] ».

Officiellement, Himmler s'efforçait de donner l'impression que les SS étaient neutres sur les questions confessionnelles. Ainsi, en janvier 1934, il avait dû retirer

* Colonie rassemblant environ 10 000 Allemands ethniques (*Volksdeutsche*), implantée par les nazis non loin de la ville de Vinnytsia, où se trouvait également le quartier général du Führer. (NdT)

de la publication un article signalant qu'« une formation SS avait assisté à l'ordination d'un évêque ». C'était, à ses yeux, « incorrect », une « faute de goût », sachant que « les membres de la SS se retrouvaient ainsi aux prises avec leur conscience ». La « politisation de la vie religieuse ne correspond pas à notre idéologie. Même en apparence, il faut absolument l'éviter[60] ». En octobre 1934, il avait exigé l'exclusion des religieux de la SS, et celle des étudiants en théologie en mars 1935[61]. En septembre 1935, il interdit aux membres de la SS toute « responsabilité » au sein de communautés religieuses, en particulier auprès des Chrétiens allemands*[62]. Himmler ne cherchait pas à réformer le christianisme dans un sens national-socialisme. Il voulait plutôt tracer une ligne de démarcation claire vis-à-vis de toutes les communautés chrétiennes quelles qu'elles soient. En novembre 1937, il alla même jusqu'à interdire aux membres de la SS d'assister aux offices religieux en uniforme[63].

Cette politique de distanciation imposait certaines limites aux offensives contre l'Église de la part de la SS. En septembre 1934, dans un ordre, Himmler interdit « strictement toute perturbation et tout manque de tenue lors des cérémonies religieuses de toutes les confessions[64] ». En octobre 1935, il rassura Hitler, visiblement inquiet du comportement hostile à l'Église des SS : rien ne comptait « plus pour lui que la paix entre l'État et l'Église[65] ». Il avait ainsi dû exclure de la SS un Scharführer en juillet 1937 pour « une présentation faisant preuve d'un grand manque de retenue sur les questions confessionnelles[66] ». Un mois plus tôt, il avait interdit « toute attaque contre le Christ en tant que personne [...] lors de l'éducation idéologique », car « de telles attaques ou le dénigrement du Christ en tant que juif sont indignes de nous » et « particulièrement inexactes sur le plan historique ». Et il expliqua qu'il partageait l'idée, répandue dans les cercles nationalistes, d'un « Jésus aryen[67] ». Il refusait ainsi de traiter publiquement le christianisme de « judéo-romain[68] ». En 1941, il écrivit à un caporal qui servait dans la Wehrmacht et qui souhaitait entreprendre des études de théologie qu'il devait « pouvoir réaliser [son projet] de théologien dans la SS, sans tenir compte de considérations de principe ». La règle fondamentale était que la SS devait « se tenir à l'écart des conflits confessionnels[69] ».

Fidèle à cette politique d'apparente neutralité religieuse, la direction SS n'exigeait pas de ses hommes qu'ils quittent l'Église, même si ce geste paraissait souhaitable. À la fin de 1938, 21,9 % des membres de la SS se dépeignaient comme

* Les Chrétiens allemands (en allemand Deutsche Christen, abrégé en DC) étaient un mouvement raciste, antisémite au sein du protestantisme. De 1932 à 1945, ils étaient très proches de l'idéologie nazie, s'opposant à l'Église confessante. (NdT)

« croyants » – comme Himmler – sans appartenir à une confession chrétienne particulière. De façon significative, ce chiffre était de 53,6 % dans les Verfügungstruppen et même de 69 % dans les Totenkopfverbände[70]. Officiellement, Himmler affirmait qu'il laissait à ses hommes la responsabilité de leur appartenance à une confession chrétienne ou non. En 1936, il rappela à l'ordre l'Oberabschnittsführer Weitzel de Düsseldorf pour avoir proposé des discussions sur le thème « Ma rupture avec l'Église » dans le cadre de la formation des chefs SS. Il considérait cela comme « dangereux ». Il suggéra plutôt : « La foi en Dieu et la confession sont-elles la même chose[71] ? » En février 1937, devant les Gruppenführer, il s'opposa fermement à ce que l'on contraigne les hommes à quitter l'Église – cela ne devait nullement devenir un « sport » dans la SS[72].

En 1937, il répondit à un pasteur : « Tout SS est libre d'aller ou non à l'église. C'est son affaire personnelle, dont il doit répondre devant Dieu et sa conscience. » En revanche, le SS ne devait pas être athée, car « c'est la seule idéologie, la seule opinion religieuse qui ne soit pas tolérée dans la SS[73] ». « Je ne m'occupe pas des confessions, disait-il encore devant des officiers en juillet 1944, je laisse cela à chacun. Mais je n'ai jamais toléré un seul athée dans les rangs de la SS. Chacun croit profondément au destin, à un Dieu, à ce que mes ancêtres appelaient, dans leur langue, *Waralda*, les Anciens, à ce qui est plus puissant que nous[74]. »

Lors de la réunion des Gruppenführer de novembre 1936, il avait soutenu qu'il ne fallait pas en particulier « arracher du cœur ce qui est sacré pour les personnes âgées », et en vint à parler d'un « exemple personnel » en guise d'illustration : « Mon père [Gebhard Himmler, mort cette année-là] était – conformément à notre tradition familiale – un chrétien, un catholique, convaincu. Il connaissait assez bien ma position. Mais nous n'avons pas parlé de la question religieuse, à l'exception du caractère délétère et corrompu des Églises chrétiennes, sujet sur lequel nous nous entendions. Jamais je n'ai touché à ses convictions, jamais il n'a touché aux miennes. » Il disait « comprendre » quand quelqu'un lui déclarait : « À cause de mes parents, je dois faire baptiser mon enfant. – Mais bien sûr ! Évidemment ! On ne peut pas changer les gens à soixante-dix ans[75]. »

Les déclarations antichrétiennes d'Himmler citées plus haut, étayées de considérations idéologiques, montrent pourtant que ses témoignages répétés de la tolérance relieuse au sein de la SS avaient une vocation purement tactique. Quand, à la fin de 1940, il assura dans un discours qu'il souhaitait, une fois la guerre terminée, parvenir à « une séparation à l'amiable » entre l'Église et l'État[76], il ne pensait pas que la politique religieuse des nazis devait avoir un objectif. En réalité, il envisageait l'anéantissement du christianisme, qui se dressait sur la voie de la réalisation de ses projets biologiques et nationaux. Mais cette vérité ne put s'imposer. En dépit de ses nombreuses tentatives, le régime ne put jamais se résoudre à faire de l'élimination des Églises chrétiennes et des enseignements chrétiens sa politique officielle. Himmler fut donc obligé de faire preuve de retenue.

Durant les premières années du pouvoir nazi, la Gestapo et le SD concentrèrent leurs mesures de surveillance et de persécution sur le catholicisme. Le régime et le Vatican avaient certes signé le Concordat du Reich en juillet 1933, qui garantissait l'existence de l'Église catholique, mais environ deux ans après la prise de pouvoir, les forces radicales au sein du mouvement entreprirent de modifier le statu quo en leur faveur. Parmi ces radicaux de la politique religieuse se trouvaient essentiellement, outre Hess et son adjoint Bormann, le Reichsleiter Alfred Rosenberg et Himmler, qui optèrent temporairement pour une stratégie visant à priver les Églises de leur position privilégiée en tant qu'institution de droit public, puisque l'heure n'était pas à leur élimination pure et simple. Réduites au statut d'associations de droit privé, les Églises seraient peu ou prou exclues de la vie publique.

Himmler ne prit cependant pas directement en main les mesures à cet effet. Il confia principalement la mission à Heydrich qui, sur la question de l'Église, était exactement du même avis. Le retrait ostensible d'Himmler s'explique en grande partie par le fait qu'il ne tenait pas à se présenter comme un adversaire radical de l'Église et qu'il cherchait à éviter que la SS soit associée à un fondamentalisme antiecclésiastique. Ironie du sort, la section du SD chargée de la politique religieuse fut d'ailleurs dirigée de 1935 à 1941 par un ancien prêtre catholique, Albert Hartl. Entré au parti en 1933, Hartl avait définitivement changé de camp en 1934 et avait été recruté dans le SD. S'étant rendu coupable de dénonciations, sa position était devenue intenable dans l'Église[77].

En 1935, l'État nazi déclencha un raz-de-marée de procès contre les ordres catholiques, en même temps que se déclenchait une formidable campagne de presse contre l'Église. Les enquêtes se focalisèrent sur deux points : d'une part les violations de la législation sur les devises (avec au départ les transactions internationales de divers ordres), d'autre part les problèmes de mœurs supposés de membres des ordres. Les enquêtes dans le secteur financier commencèrent au début de 1935 et devinrent systématiques au mois de mars. La Gestapo et le SD y prirent une part active et profitèrent en particulier de perquisitions dans les monastères pour procéder à la saisie de toutes sortes de documents. Une section spéciale du ministère public berlinois fut chargée des procès en eux-mêmes. Les premiers eurent lieu dès le mois de mai 1935. À la fin de l'année, près de soixante-dix prêtres et moines avait été condamnés dans le cadre d'une trentaine de procès. Certains procès s'étirèrent jusqu'à la guerre[78].

En termes de propagande, les affaires de mœurs contre des prêtres et des moines étaient beaucoup plus utiles pour les autorités. Depuis le printemps 1935, procureurs, police criminelle et Gestapo rassemblaient des informations sur le comportement homosexuel supposé de ces hommes de Dieu, en puisant dans les documents saisis lors des procès pour manipulations financières[79]. Le département concerné à la Gestapo se dota même d'une section spéciale pour traiter les affaires d'homosexualité à la fin de 1935[80]. Le SD participa également aux enquêtes[81]. Ces investigations aboutirent à une vague de procès qui – à l'exception d'une courte pause pendant les jeux Olympiques de l'été 1936 – dura jusqu'à l'été 1937. En tout, il y eut 250 procès « pour mœurs », qui virent plus de 200 membres des ordres catholiques (des frères lais pour la plupart) être condamnés[82].

Dans le même temps, les Églises faisaient l'objet de trois autres offensives : à la mi-1935, l'État nazi limita le champ d'action des associations de jeunesse catholiques à des activités purement religieuses[83]. Puis, par le biais d'ordonnances de la chambre de presse du Reich, une grande partie de la presse catholique fut neutralisée en 1935-1936[84]. Enfin, toujours en 1935, le parti lança une campagne, d'abord en Bavière, puis dans d'autres Länder, destinée à inciter les parents à ne plus placer leurs enfants dans des écoles religieuses, mais dans des « écoles communautaires », autrement dit sans orientation confessionnelle[85]. La Gestapo et le SD jouèrent là encore un rôle non négligeable.

En revanche, la surveillance des Églises protestantes était bien moindre[86]. Entre 1933 et 1935, le régime s'était avant tout efforcé de prendre en main les paroisses protestantes avec l'aide des Chrétiens allemands et de mettre en place un système centralisé des Églises du Reich, projet qui échoua face à la résistance des Églises protestantes. Le conflit s'envenima entre les Chrétiens allemands et l'Église confessante, qui tenait de plus en plus un rôle d'opposant, conflit que seul Hanns Kerrl, nommé ministre des Églises du Reich en juillet 1935, parvint à apaiser. Fondamentalement, Kerrl d'un côté, Himmler et les radicaux de la politique religieuse de l'autre étaient divisés par une profonde divergence. Si Kerrl souhaitait avant tout renforcer les Chrétiens allemands, les radicaux, eux, n'y voyaient qu'une valorisation peu souhaitable des forces chrétiennes. Ils auraient préféré que le régime prenne davantage ses distances vis-à-vis de tous les mouvements chrétiens[87]. La Gestapo et le SD se tinrent à l'écart de ces confrontations. Ils s'efforcèrent plutôt de saper la position de Kerrl au sein du régime puisant entre autres copieusement dans les informations issues du ministère même de Kerrl[88].

Quoi qu'il en soit, Himmler, s'associant plus particulièrement avec Hess, et avec le soutien de Goebbels, parvint à empêcher la réalisation des projets d'intégration des Églises protestantes de Kerrl[89]. « Kerrl veut préserver les Églises, nous voulons les liquider », nota Goebbels en février 1937 à l'issue d'un long entretien avec Himmler et Stuckart à la veille d'un discours de politique religieuse sur l'Obersalzberg. Et il ajouta en guise de conclusion : « Nous sommes séparés par des différences non seulement tactiques, mais aussi fondamentales[90]. »

Au printemps 1937, la politique du régime vis-à-vis des deux Églises connut un tournant[91]. L'encyclique papale *Mit Brennender Sorge* (*Avec une vive inquiétude*) mit fin aux illusions du régime : l'Église catholique ne se soumettrait pas sans résister à la politique religieuse nazie. Et, en ce qui concernait les Églises évangéliques, les responsables du régime durent reconnaître que les Chrétiens allemands n'avaient pas les moyens de retourner les protestants de l'intérieur. Or, alors que les nazis se disposaient à passer à une politique d'expansion extérieure, il semblait avisé de favoriser un retour au calme sur le front intérieur. Hitler se retira progressivement des questions de politique religieuse. On tira un trait sur le nouvel ordre que les radicaux du parti rêvaient d'instaurer dans les relations entre l'État nazi et l'Église. Compte tenu de cette situation, le cadeau qu'offrit Himmler à Hitler pour son anniversaire le 20 avril 1937 était lourd de sens : *La Cour de Lucifer* d'Otto Rahn, une histoire des hérétiques, dans une magnifique édition reliée en porc[92].

La politique qui visait à exclure les Églises de la vie publique étape par étape ne s'en poursuivit pas moins. La Gestapo, dans les années 1937 à 1939, interdit ainsi plus ou moins les associations de jeunesses catholiques, en s'appuyant sur les « découvertes » du SD, sous prétexte qu'elles n'avaient pas respecté l'interdiction d'activités autres que religieuses. On s'abstint cependant de toute action spectaculaire, prudence tactique que l'on retrouve dans le comportement d'Himmler quand il s'agit de prendre de nouvelles mesures contre les institutions catholiques[93]. Quand, en avril 1937, on lui présenta le projet de Kerrl d'interdire les associations catholiques de jeunes gens, il conseilla à la police de sécurité de s'enquérir de l'avis d'Hitler avant de prendre cette décision[94].

Pendant l'automne 1937, Himmler obtint pour la première fois une copie du protocole interne de la conférence des évêques de Fulda, et fut ainsi informé directement des résultats de ce haut conseil des évêques allemands[95]. Il demanda à Heydrich de le transmettre à Kerrl au début de novembre, « en signe de collaboration étroite », à l'occasion d'une réunion sur les questions de politique religieuse[96]. Mais, en dépit de succès ponctuels de cet ordre, la Gestapo et le SD, malgré tous leurs efforts, malgré le recours à des mouchards et des écoutes, ne furent que partiellement informés des discussions internes entre les hauts responsables de l'Église catholique allemande[97].

En revanche, à la demande d'Himmler, la Gestapo consacra une attention considérable aux témoins de Jéhovah, cette petite communauté religieuse d'environ 25 000 membres des soi-disant Étudiants de la Bible[98]. Les témoins de Jéhovah refusaient de prendre part aux élections, de s'adresser le salut hitlérien, de hisser le drapeau nazi, d'entrer dans les organisations nazies, et étaient en outre objecteurs de conscience[99]. Tout cela était en effet incompatible avec les règles strictes de leur vie religieuse. Dès juin 1933, ils étaient interdits en Prusse[100], et chassés du service public[101]. En dépit des interdictions, le groupe poursuivait en bien des endroits son travail missionnaire[102].

Dans le courant de l'année 1936, la Gestapo accrut sa pression sur la communauté, jusqu'à utiliser la torture lors des interrogatoires[103]. En août et septembre 1936 eut lieu la première vague d'arrestations de témoins de Jéhovah dans l'ensemble du Reich[104]. Les Étudiants de la Bible se réorganisèrent dans la clandestinité et procédèrent en décembre 1937 à plusieurs distributions de tracts. La nouvelle vague d'arrestations que cela déclencha aboutit la même année à la quasi-destruction de toute l'organisation. Comme les témoins de Jéhovah refusaient de faire leur service militaire, ils furent traqués sans pitié pendant la guerre[105].

En 1935, Himmler confia au SD une « mission spéciale » antiecclésiastique d'un genre particulier : il s'agissait de la « mission spéciale Sorcières », par laquelle Himmler tenta de calculer la véritable étendue de la chasse aux sorcières historique[106]. La raison en fut la publication par le Reichsnährstand (sous la responsabilité de Darré, lequel partageait les opinions d'Himmler) du *Calendrier des paysans allemands*, en 1935, affaire qui suscita la controverse car le calendrier rappelait, sur un ton ouvertement antichrétien, les « neuf millions [...] de défenseurs des droits, de héros de la foi, d'hérétiques et de sages-femmes (sorcières) qui avaient été assassinés, torturés à mort et brûlés vifs[107] ». Dans son discours à l'occasion de la Journée du paysan allemand à Goslar, Himmler avait évoqué ces événements avec passion : « Nous voyons s'enflammer les bûchers sur lesquels, par dizaines de milliers, furent réduits en cendres les corps martyrisés et pantelants des mères et des filles de notre peuple pendant la chasse aux sorcières[108]. » Peut-être supposait-il qu'une des ancêtres de sa propre famille avait été brûlée comme sorcière[109].

Quoi qu'il en soit, Himmler estima qu'il avait là une chance unique de recenser l'ensemble des innombrables archives éparpillées dans toute l'Allemagne sur la question des persécutions contre les sorcières, puis de puiser dans ce fonds pour mener une campagne de propagande contre l'Église en lui demandant des comptes pour sa responsabilité historique dans ce massacre. Une mission de portée historique pour la SS !

La mission en question fut d'abord confiée à la « section littéraire SS » de la Bibliothèque allemande de Leipzig, qui dépendait du SD, puis fut reprise en 1936 par la section centrale I3 de la direction du SD. Après la mise en place du Reichssicherheitshauptamt (RSHA), la Mission spéciale H * fut attribuée au département d'étude de l'ennemi sous le commandement de Franz Six, lequel aurait en tout disposé de quatorze collaborateurs. L'équipe entreprit d'éplucher systématiquement la littérature abondante qui existait et de retrouver les traces des persécutions contre les sorcières dans les archives allemandes. Ces recherches se déroulèrent secrètement et se poursuivirent jusqu'en 1944. Leurs résultats furent rassemblés dans 33 846 dossiers, qui composaient un « fichier des sorcières » exhaustif.

Himmler demanda par ailleurs à l'écrivain Friedrich Norfolk, qui occupait de hautes fonctions dans la section de Six, de rédiger un roman sur la chasse aux sorcières, et lui commanda également « une grande quantité d'histoires de sorcières plus courtes, de soixante à cent pages [110] ». Herbert Blank, auteur de romans historiques, « prisonnier spécial du RFSS » dans le camp de Sachsenhausen à cause de son travail pour Otto Strasser, reçut l'ordre d'étudier dans sa cellule les minutes des procès de sorcellerie et de s'en inspirer pour écrire des nouvelles [111]. Un livre illustré, un film et une série scientifique ambitieuse furent aussi envisagés [112].

Pourtant, ce gigantesque projet n'en resta qu'au stade de la documentation détaillée. Les documents rassemblés ne firent pas l'objet d'une analyse scientifique, pas plus qu'ils ne donnèrent lieu à une exploitation littéraire et artistique plus générale. On ne sait pas aujourd'hui si les collaborateurs recrutés ne furent pas en mesure d'en faire plus (ou ne le voulurent pas), ou si Himmler fut empêché, pour des raisons de politique religieuse, d'aller plus loin dans son projet.

* Mission spéciale H : H est l'initiale de *Hexe*, sorcière en allemand. (NdT)

La police criminelle

En mai 1944, dans un discours devant des généraux de la Wehrmacht, Himmler déclara : « À l'époque et jusqu'à aujourd'hui, j'ai fait beaucoup de choses – je le reconnais très souvent – que les lois écrites ne rendaient pas possibles, mais qu'autorisaient celles de l'entendement et de la nature. Bien sûr, dans plus d'un cas, j'ai arrêté un criminel qui n'avait rien fait, sans aucune autorisation de la loi. En tant que policier, la loi me prescrivait d'attendre que tel homme, qui avait commis quatre délits et peut-être ce faisant tué deux hommes, qui avait derrière lui quinze ans de pénitencier, soit arrêté pour un nouveau crime ou en flagrant délit[113]. » Se fondant sur le principe qu'il fallait neutraliser le criminel avant qu'il ne commette son acte, Himmler avait décrit avec une logique désarmante le programme qui lui avait permis de transformer la police criminelle en une force de prévention, rêvant de l'avènement d'une « communauté nationale sans criminel ».

Avec le décret sur « la réorganisation de la police criminelle d'État » du 20 septembre 1936, Himmler confia au département de la police criminelle du Land de Prusse la « direction effective de la police criminelle » de tous les Länder. L'étape logique suivante, la transformation en département de la police criminelle du Reich, fut franchie le 15 juillet 1937. L'appareil de la Kripo était désormais centralisé pour l'ensemble du territoire du Reich, hiérarchisé et unifié par le biais d'un système de postes et de commissariats[114].

Nombre des mesures prises sous Himmler visaient à moderniser la police criminelle, ce que de nombreux experts avaient recommandé dès les années 20. La formation fut harmonisée et centralisée, on institua une école d'officiers de la police de sécurité et une école spécialisée de criminologie à Charlottenburg[115]. Le département de la police criminelle du Reich se dota de « centrales » plus spécifiquement chargées des divers types de criminalité (crimes encourant la peine capitale, effractions, fausse monnaie, etc.). Ces centrales traitaient en priorité les affaires nationales et les délits aggravés. Un Institut des techniques criminelles[116] fut fondé, tandis que des laboratoires d'enquête criminelle étaient ouverts pour des missions de routine en province. Une attention particulière était accordée à la collecte et à la transmission efficace des informations[117].

À partir de 1937, Himmler fit nommer dans l'ensemble du Reich des inspecteurs de la Sipo et du SD qui appartenaient pour la plupart à la Gestapo et au SD et qui étaient censés consolider la force de frappe des deux appareils[118]. Mais la fusion espérée entre la Kripo et la Gestapo en police de sécurité ne fut qu'un succès partiel. De nombreux fonctionnaires de la Kripo furent effectivement reversés dans la Gestapo afin d'y combler le manque de spécialistes des procédures d'enquêtes criminelles, mais on n'assista pas pour autant à un échange de personnel systématique entre les deux branches de la police de sécurité, laquelle ne fonctionna jamais vraiment de façon unifiée. Au lieu de cela, les deux branches développèrent des profils différents et gardèrent une certaine rivalité. Une rivalité qui fut encore accrue par Himmler quand il exigea que la Kripo et la Gestapo traquent certains types de « délinquants », comme les homosexuels, les asociaux et les « traîtres raciaux ». Il semblerait que dans le cadre de cette concurrence les méthodes brutales de la Gestapo aient déteint sur la Kripo [119].

L'unification, la centralisation et la modernisation de la police criminelle créèrent les conditions favorables à un glissement des priorités du travail policier vers une prévention du crime. Dès 1933, le régime nazi avait introduit le principe de la « détention préventive » pour les récidivistes. Ces mesures n'avaient cependant concerné que quelques centaines de personnes, qui durent purger leur peine en camp de concentration. Au début de 1937, Himmler décida d'augmenter de façon significative le nombre de prisonniers en détention préventive : « Parce que la criminalité continue d'être beaucoup trop élevée en Allemagne, je décrète que les criminels professionnels devront être incarcérés en beaucoup plus grand nombre qu'auparavant au bout de quelques délits, trois ou quatre, et qu'ils ne devront plus être remis en liberté, annonça-t-il à des officiers de la Wehrmacht en janvier. C'est la seule réponse possible, surtout qu'avec notre sentimentalisme humanitaire et nos lois déficientes, nous relâcherons ces gens, ces assassins, ces cambrioleurs, ces voleurs de voitures, et que les remettre en prison nous coûtera une fortune [120]. »

Dans une dépêche adressée au département de la police criminelle de Prusse le 23 février 1937, il était en outre affirmé que « la population est sérieusement perturbée par les vols, les effractions nombreuses et les graves manquements aux mœurs », et Himmler ordonna de « se saisir » d'environ deux mille « criminels professionnels en un jour sur l'ensemble du territoire du Reich et de les transférer en camp de concentration [121] ». Cette action fut exécutée en mars 1937, et il semble effectivement que deux milliers d'hommes disposant d'un casier judiciaire aient été arrêtés et envoyés en camp. Le nombre de ces personnes en « détention préventive » fut multiplié par cinq par cette action. La détention préventive n'était pas l'exception, mais la règle [122].

L'action du mois de mars 1937 donna le signal de l'escalade et de l'orientation raciste de la prévention criminelle [123]. Car ce passage à la lutte préventive contre la délinquance fut justifié par la génétique. D'après les conceptions des principaux criminologues et de leurs collègues, qui se présentaient comme des « biologistes de la criminalité » – au début de 1938, une « centrale pour la recherche criminelle anthropologique » fut créée au sein du département de la police criminelle –, la criminalité était conditionnée par la génétique. Il importait donc désormais d'« éradiquer » ces groupes sociaux marginaux, que l'on considérait comme porteurs de patrimoines génétiques « asociaux » et donc de tendances criminelles. La lutte contre la criminalité s'était muée en une question raciale, et s'effectuait au service de l'idéologie nazie[124].

La mise en place de la prévention criminelle s'appuyait sur le « décret fondateur sur la lutte préventive contre le crime », publié le 14 décembre 1937 par le ministre de l'Intérieur du Reich, et qui mettait expressément l'accent sur la prise en compte de critères « criminels biologiques[125] ». Conformément à ce décret, la lutte préventive contre le crime devait être assurée de deux façons : d'une part par une « surveillance policière méthodique » des délinquants, qui faisaient l'objet de limitations dans leurs déplacements, d'interdictions de contacts, etc., d'autre part par le développement de « l'internement préventif ». Ces mesures devaient être appliquées non seulement aux gens en délicatesse avec la loi, mais aussi à ceux considérés comme « asociaux[126] ».

En janvier 1938, alors que la police criminelle préparait une vaste opération afin de placer en détention préventive des milliers d'« asociaux », Himmler recommanda à la Gestapo de s'en prendre en même temps aux personnes qui « refusaient de travailler ». Il ordonna plus précisément que les agences pour l'emploi signalent à la Gestapo les demandeurs d'emploi qui avaient refusé par deux fois des postes sans raison valable, ou qui avaient accepté un emploi pour mieux le quitter sans motif solide. L'action dura du 21 au 30 avril. Quand elle fut terminée, Buchenwald comptait près de deux mille prisonniers de plus[127].

La police criminelle démarra son action contre les asociaux (« Arbeitsscheu Reich ») le 13 juin. Dans une dépêche du 1er juin 1938, Heydrich avait exigé des postes de police qu'en l'espace d'une semaine, ils aient placé en détention dans leurs districts « au moins deux cent personnes de sexe masculin capables de travailler (asociaux) ». Dans le cadre de cette action, il fallait principalement viser : les vagabonds, les mendiants, les « Tziganes et les gens qui vivent en nomades comme les Tziganes », les souteneurs ainsi que « les personnes déjà condamnées pour résistance aux forces de l'ordre, coups et blessures, trouble de l'ordre public, violation de domicile, et qui ont par conséquent montré qu'elles ne voulaient pas s'intégrer dans l'ordre de la communauté nationale[128] ».

Le décret du 1er juin justifiait cette action non seulement par le fait que « la criminalité puise ses racines dans l'asocialité », mais citait également un autre motif : la « stricte application du plan quadriennal », qui ne pouvait tolérer que « des asociaux se soustraient au travail et sabotent ainsi le plan quadriennal ». Effectivement, Ulrich Greifelt, mandataire d'Himmler pour le plan quadriennal, avait encouragé ces mesures. Elles s'inscrivaient dans le contexte d'un passage forcé du marché du travail au « service du travail », pour compenser de cette façon le manque alarmant de main-d'œuvre dans le réarmement[129]. Il est significatif que ces mesures aient correspondu au développement d'installations de production sur les sites des camps de concentration, qui avaient besoin de bras. De plus, « Arbeitsscheu Reich » aurait eu pour objectif d'impressionner l'ensemble de cette main-d'œuvre, de l'intimider tout en la disciplinant à l'aube de l'imposition du service du travail civil, qui eut lieu le 22 juin 1938[130].

Heydrich ordonna également le 1er juin que, dans la semaine en question, « tous les Juifs de sexe masculin résidant dans le district et qui ont été condamnés à une peine de prison d'au moins un mois soient placés en détention préventive ». Par ce biais, on comptait très clairement associer une partie de la minorité juive au milieu des asociaux et des criminels – une tendance que l'on retrouve dans la propagande de la presse de cette même semaine[131].

Les raids contre les groupes marginaux « asociaux » se poursuivirent tout au long des mois suivants. À la fin de 1938, 12 921 personnes se trouvaient en détention préventive, et 3 231 faisaient l'objet d'une surveillance systématique[132]. Nous ne disposons pas, il est vrai, de statistiques fiables de la criminalité pour l'ensemble de la période s'étendant de 1933 à 1945. Toutefois, certains éléments prouvent que le taux de criminalité aurait effectivement diminué dans les années d'après 1933. La lutte rigoureuse contre la délinquance, en particulier l'internement de coupables « potentiels », y aurait contribué. Mais ce qui fut aussi décisif, ce fut la dissipation de la crise économique mondiale, qui vit le taux de criminalité, qui avait littéralement explosé entre 1930 et 1933, revenir à un niveau normal[133].

Dans le cadre des mesures contre les « asociaux », la police s'en prit donc plus violemment aux Tziganes. Ces derniers appartenaient aux groupes particulièrement visés par la police criminelle dans les rafles de 1938[134]. Déjà, les années précédentes, ils avaient fait l'objet d'une surveillance accrue et de discriminations de la part des autorités. Depuis 1935, plusieurs grandes villes étaient même allées jusqu'à regrouper les Tziganes dans des camps de rassemblement spéciaux, surveillés et contrôlés[135]. Mais à partir du milieu des années 30 le système nazi avait commencé à fonder les persécutions contre les Tziganes sur de nouveaux principes : les origines de la « peste tzigane » étaient désormais liées à des racines prétendument génétiques, et il fallait l'éradiquer. Les Tziganes furent fréquemment victimes de stérilisations forcées, tandis que la loi sur la protection du sang et la loi sur la santé des époux leur interdisaient de se marier avec des gens « de sang allemand[136] ».

À l'automne 1936, le département de la police criminelle de Prusse ouvrit la voie à la centralisation des persécutions contre les Tziganes, et en 1938 – entre-temps, le département de la police criminelle du Reich avait été établi – une « centrale du Reich pour la lutte contre le nuisible Tzigane » fut créée[137]. À la mi-1939, l'appareil de police criminelle pour la « lutte contre les Tziganes » étendait ses ramifications jusqu'au niveau local. Le département de la police criminelle du Reich travaillait en étroite collaboration avec le Centre de recherche sur l'hygiène raciale du département de la santé du Reich qui depuis 1937 étudiait tous les Tziganes vivant sur le territoire du Reich, Sinti et Roma, dans les domaines de l'anthropométrie et de la généalogie. Se fondant sur cette documentation, le Centre de recherche publia plusieurs dossiers sur l'hygiène raciale où il proposait une classification entre Tziganes « purs » et « métis tziganes »[138].

Himmler soutenait ce travail de classification. Le 8 décembre 1938, il déclara dans une ordonnance fondatrice que la « question tzigane » était une question de « race ». Il exposa aux autorités de la police qu'il fallait « s'attaquer au règlement de la question tzigane par l'essence de cette race ». L'expérience montrait que les « métis représentent la plus grande part de la criminalité des Tziganes. Par ailleurs, on a vu que les tentatives de sédentariser les Tziganes, surtout auprès des Tziganes de race pure de par leur puissant désir de rester nomades, ont échoué. Il apparaît donc nécessaire, afin de résoudre définitivement la question tzigane, de traiter séparément les Tziganes de race pure et les métis ».

Pour y parvenir, Himmler ordonna l'arrestation et l'identification, par photographie et empreintes digitales, de tous les Tziganes, métis tziganes et « personnes qui vivent en nomades comme les Tziganes » dans les six ans à venir[139]. De cette façon, l'ensemble de la population sinti et roma du Reich, soit 25 000 personnes, fut enregistrée par la police criminelle et étudiée personnellement par le Centre de recherche sur l'hygiène raciale.

En juin 1939, Himmler ordonna une « action » spéciale contre les Tziganes du Burgenland autrichien où, conséquence de la politique de sédentarisation forcée des Habsbourg, résidaient quelque 8 000 Sinti et Roma. Le département de la police criminelle du Reich plaça en détention préventive les « Tziganes et métis tziganes, en grande majorité asociaux et réfractaires au travail, du Burgenland ». À la suite de ce décret, des centaines furent déportés dans le camp de concentration de Dachau[140].

La lutte contre l'avortement et l'homosexualité

En dehors des persécutions contre les ennemis politiques et idéologiques du national-socialisme – les communistes, les Juifs, les francs-maçons, les chrétiens – et celle, préventive et de plus en plus implacable, contre le crime, dans le sillage du « service du travail », un sujet préoccupa le chef de la police allemande de 1936 à 1939 : la réglementation sexuelle, autrement dit l'avortement et plus encore l'homosexualité.

En janvier 1937, dans son discours pour le lancement de la Journée de la police allemande (événement qui s'était entre-temps étendu à une semaine entière, avec pour slogan « La police, ton amie et ton aide », et qui mettait en avant le soutien de la population au travail des forces de l'ordre), Himmler avait expliqué sans détour à quel point il s'estimait engagé sur ce terrain. « L'homosexualité et la pratique très répandue des avortements illégaux », affirma-t-il, étaient des « péchés » qui poussaient « chaque peuple vers l'abîme ». Mais la police était prête à « traquer sans pitié ces abominations[141] ». Au printemps 1937, lors d'une réunion de travail à Berlin, il annonça qu'il jugerait à l'avenir l'efficacité de la Kripo à ses succès dans la lutte contre l'homosexualité et l'avortement[142].

Pour Himmler, le combat contre ces deux « péchés » était une affaire personnelle importante. « J'ai vraiment réfléchi nuit et jour à ces deux soucis parmi les plus graves, assura-t-il devant le conseil des spécialistes de la politique raciale et démographique le 15 juin 1937. Pour un homme normal et respectable, il est loin d'être facile de faire la lumière à ce sujet. Je me suis posé la question : sommes-nous tombés si bas que notre peuple est si moralement dépravé et si mauvais[143] ? »

Les conséquences démographiques de l'avortement, ne cessait-il de rappeler, étaient gigantesques. Si, en octobre 1936, dans son discours devant la Commission sur le droit policier, il n'avait pas voulu spéculer sur les chiffres officieux des avortements[144], en février 1937, devant les SS-Gruppenführer, il évalua le nombre des avortements entre 500 000 et 800 000 par an[145]. En septembre de la même année, il citait le chiffre de 400 000[146] devant le conseil des spécialistes de la politique de la race et du peuplement, et en septembre 1938 il se vanta dans un discours devant l'organisation des Allemands de l'étranger qu'il avait été possible de réduire le nombre des avortements de 600 000 à 900 000 en 1932-1933 à 400 000 à 500 000 [147]. Chaque année, 350 000 femmes, calcula-t-il devant les Gruppenführer en février 1937, étaient rendues stériles par des avortements [148]. En juin, il révisait ce chiffre à 100 000 devant le comité des experts [149], et à 50 000 en septembre 1938 [150].

Himmler jouait donc très généreusement avec les chiffres officieux des avortements, selon qu'il souhaitait mettre l'accent sur les dangers démographiques ou au contraire sur les succès obtenus dans ce secteur. Que l'on parvienne à sauver chaque année 100 000 enfants de l'avortement, avança-t-il ainsi devant le comité des experts, et en trente ans on disposerait d'une armée de 400 000 hommes – un bilan qu'il avait d'ailleurs soumis à Hitler dans un mémorandum [151].

C'est dans le discours qu'il tint le 18 février 1937 lors de la réunion des Gruppenführer à Bad Tölz qu'Himmler exprima le plus clairement sa position sur le sujet de l'homosexualité. L'homosexualité – les dangers qui en découlaient et la lutte qu'il fallait mener contre elle – constituait le thème central de son intervention, si souvent citée qu'elle en est venue à incarner l'homophobie d'Himmler [152].

Himmler commença par rappeler que les nationaux-socialistes, lors de leur prise de pouvoir en 1933, avaient découvert quelque deux millions de personnes qui avaient été enregistrées dans des « associations homosexuelles ». Himmler entendait par là des organisations très différentes, qui s'étaient prononcées en faveur de la suppression du paragraphe 175. Il concédait que tous les membres de ces associations n'étaient pas « vraiment homosexuels », mais on pouvait, selon ses estimations, partir du principe qu'il y avait en Allemagne entre un et deux millions d'homosexuels. Il mentionna même d'autres chiffres, encore plus élevés, qui parlaient de quatre millions d'hommes homosexuels. Avec deux millions, affirma Himmler devant les Gruppenführer, c'était entre 7 et 10 % des hommes en âge de procréer qui étaient homosexuels. « Cela signifie, si cela ne change pas, que ce péché va entraîner la disparition de notre peuple. » À cela s'ajoutaient deux millions de tués à la guerre, si bien que « le manque de près de quatre millions d'hommes en âge de procréer » avait semé le désordre dans « l'équilibre des sexes en Allemagne ».

Il était décisif, assena-t-il à son auditoire, que « toutes les choses qui concernent la sexualité [...] ne soient pas l'affaire privée de l'inividu ». En réalité, elles mettent en cause « la vie même du peuple, la puissance mondiale et le déclin. Un peuple qui a beaucoup d'enfants peut prétendre à la puissance et la domination mondiales. Un peuple de bonne race, mais qui a peu d'enfants, détient un aller simple pour la tombe, pour l'insignifiance en cinquante ou cent ans, pour l'oubli en deux cents ou cinq cents ans ».

Himmler entreprit ensuite de dépeindre plus en détail l'impact dévastateur de ce « péché contre la nation » qu'était l'homosexualité : « Pendant des siècles, pendant des millénaires, les peuples germaniques, et en particulier le peuple allemand, ont été régis par l'homme. Cet État masculin est aujourd'hui sur le point de s'autodétruire par l'homosexualité. Selon moi, la principale faute de l'État réside en ce qui suit : l'État, la nation, l'armée et la part que vous-mêmes jouez dans les institutions de l'État, tous doivent leur position à ce qu'ils accomplissent, en dépit des imperfections humaines. » Ainsi, comme dans l'État et l'économie, un supérieur préférera toujours une jeune et jolie sténotypiste, même si elle est moins capable, à une autre, plus efficace, mais moins attirante et plus âgée, et on court le risque qu'un chef orienté vers son propre sexe cède aux mêmes critères érotiques. Mais, quand « un principe érotique, un principe homme-femme, sexuel s'insère dans un État masculin d'homme à homme, c'est le début de la destruction de l'État ».

L'homosexualité, conclut-il, « conduit à l'échec et détruit l'État à sa base. À cela s'ajoute que l'homosexuel est essentiellement un malade sur le plan psychique. Il est faible dans chaque situation importante, il se montrera lâche. Je pense qu'il peut occasionnellement se montrer courageux à la guerre, mais dans le domaine du courage civil, ce sont les hommes les plus couards que l'on puisse trouver ». De plus, les homosexuels sont des menteurs compulsifs. Et : « D'après mon expérience [*sic* !], l'homosexualité aboutit à une incapacité mentale absolue, je serais tenté de dire spirituelle, et à la folie. » Les homosexuels sont susceptibles de céder au chantage ; ils se distinguent par un « besoin irrépressible de communiquer » – caractéristique, rappelons-le, qu'Himmler dans sa jeunesse tenait pour son plus gros défaut. Enfin, « il n'y a – je me dois d'aborder ce point de vue – pas de fidélité dans l'amour entre hommes, comme il y en a sinon dans la simple compagnie des hommes, et bien que ces gens prétendent s'aimer ».

Par conséquent, il fallait combattre l'homosexualité par tous les moyens, sinon, « c'est la fin de l'Allemagne, la fin du monde germanique ». Les Germains noyaient leurs « uraniens » dans les marais : « Cela n'est malheureusement plus possible chez nous, je dois le dire. » Il n'y avait que dans la SS que l'on pouvait traiter ce sujet comme souhaité. Chaque année, d'après Himmler, on recensait entre huit et dix cas d'homosexualité dans la Schutzstaffel. Les coupables – dont le nombre, à en croire les statistiques secrètes de la SS, était d'ailleurs sensiblement plus élevé[153] –, après avoir été jugés et condamnés, étaient « déportés en camp de concentration et […] abattus en tentant de fuir ».

Les déclarations verbeuses d'Himmler montrent bien à quel point l'homosexualité, de son point de vue, menaçait sa propre identité, sa représentation de la masculinité et de l'ordre. Deux mondes absolument incompatibles entraient en collision : le sien, qu'il décrivait par l'enchaînement des notions d'homme-masculinité-amitié virile-fidélité -État, et l'autre, qu'il associait à la féminité, à l'érotisme, à la sexualité débridée, au chaos et à la chute. L'homosexuel, même s'il voulait rester discret, ne pouvait être considéré que comme un ennemi de l'État et devait être éliminé.

Dans le même discours, Himmler revint aussi longuement sur les origines de l'homosexualité : « Dans l'ensemble, nous avons selon moi beaucoup trop masculinisé toute notre vie, au point que nous militarisons des choses impossibles. […] Pour moi, c'est une catastrophe que des organisations de femmes, des communautés et des sociétés de femmes interviennent dans un domaine qui détruit tout le charme féminin, toute la majesté et la grâce féminines. Pour moi, c'est une catastrophe que nous autres pauvres fous d'hommes – je parle en général, car cela ne nous concerne pas directement – voulions faire des femmes un instrument de pensée logique, les éduquer en tout ce qui est possible, que nous voulions tant les masculiniser qu'avec le temps la différence entre les sexes, la polarité disparaîtra. La voie vers l'homosexualité n'est pas loin. »

« Quand un jeune homme amoureux d'une jeune fille, poursuiva-t-il, fait l'objet de railleries pour ce qui est normal, est décrit comme un faible, quand on lui dit qu'un gars ne se montre pas avec des filles, cela ne va pas. Il n'y a que de l'amitié entre garçons. Les hommes font le monde – et l'étape suivante, c'est l'homosexualité. »

Himmler fit également mention des écrits de Hans Blüher sur *Le Rôle de l'érotisme dans la société masculine*, qu'il avait lu en 1922 et dont il résuma les grands principes pour son auditoire : « Voici les idées de Herr Blüher : "De toute façon, la forme la plus haute d'amour n'existe pas entre hommes et femmes, il y a des enfants, c'est un peu bestial. La plus haute forme d'amour, c'est l'amour sublimé entre hommes. Ce n'est que de là que sont venues les plus grandes choses dans l'histoire du monde." […] C'est ce que les jeunes gens, qui se trouvent déjà dans une ambiance terriblement masculinisée et qui n'ont pas l'occasion, dans les camps d'entraînement, d'entrer en contact avec des jeunes filles vont prendre au pied de la lettre. Selon moi, il ne faut pas nous étonner que nous ayons abouti à l'homosexualité en empruntant ce chemin. »

Dans son discours, Himmler s'efforça ensuite d'imputer l'image de la « société masculine érotique » à l'un de ses ennemis jurés : le christianisme. « Je suis intimement convaincu que la prêtrise et le christianisme dans son ensemble constituent une association masculine érotique dont le but est l'avènement et le maintien de ce bolchevisme vieux de deux mille ans. » On pouvait le déduire, estimait-il, du fait que, si plus de la moitié des prêtres de la campagne n'étaient pas homosexuels, l'homosexualité touchait de 90 à 100 % des membres des monastères : « Mais d'ici quatre ans, nous pourrons apporter une preuve tout à fait concluante, je l'espère, que l'organisation de l'Église, dans sa hiérarchie, la prêtrise, est majoritairement une association masculine homosexuelle qui, sur ce principe, terrorise l'humanité depuis plus de mille huit cents ans, exige d'elle les sacrifices les plus sanglants, et s'est montrée par le passé d'une perversion sadique. Il suffit de rappeler les procès des sorcières et des hérétiques.

« La dévalorisation de la femme est une entreprise typiquement chrétienne, une idée que nous avons acceptée jusqu'à notre époque, même les nationaux-socialistes, pour certains païens convaincus. [...] Je sais qu'il existe une certaine tendance, y compris dans nos rangs, à exclure le plus possible les femmes de toutes les manifestations et célébrations. Ce sont les mêmes qui se plaignent que les femmes traînent à l'église, ou qu'elles ne sont pas converties à 100 % au national-socialisme. Et qu'elles ne devraient donc pas se plaindre s'ils traitent les femmes comme des êtres humains de deuxième classe et qu'ils les tiennent surtout à l'écart de notre vie intérieure. [...]

« Nous devons être très clairs. Le mouvement, l'idéologie ne peuvent perdurer que s'ils sont portés par les femmes, car l'homme conçoit tout par l'esprit, tandis que la femme saisit toute chose par le sentiment. Dans les procès contre les sorcières et les hérétiques, c'est la femme allemande qui a le plus souffert, et non l'homme. Les curés savent bien pourquoi ils ont brûlé 5 000 à 6 000 femmes, justement parce qu'elles préservaient émotionnellement l'ancien savoir et les anciens enseignements, et parce que, émotionnellement, elles ne s'en laissaient pas détacher, alors que l'homme, lui, s'y était déjà rationnellement et logiquement disposé. Cela n'a aucun sens. Politiquement, nous sommes finis, je me soumets, je me fais baptiser. »

Après cette courte digression, il revint à son thème de prédilection : « Je constate que l'ensemble de notre mouvement cède à une trop grande masculinisation, et cette masculinisation exagérée fait le lit de l'homosexualité. » Puis, en guise de conclusion, il offrit aux Gruppenführer quelques conseils pratiques, une sorte de liste de choses à savoir, pour ainsi dire : « Veillez, je vous en prie, à ce que nos hommes – comme je l'ai suggéré – aillent danser avec les jeunes filles pour la fête du solstice d'été. Pour moi, il est tout à fait juste que nous laissions les jeunes candidats goûter au plaisir de la danse, du moment que nous n'invitons pas de jeunes filles de mauvaise vie, mais les meilleures, et que nous donnons au soldat SS l'occasion de danser avec les jeunes filles, d'être heureux et de s'amuser. C'est selon moi essentiel, afin que plus aucun ne se retrouve entraîné sur une voie erronée qui aboutirait à l'homosexualité. »

Même auprès de la jeunesse, continua-t-il, il fallait veiller à ce que « le jeune garçon de seize à dix-sept ans passe des soirées ou un moment quelconque avec des jeunes filles à danser. Quinze-seize ans – l'expérience l'a démontré – est l'âge où le jeune garçon est sur le fil. Qu'il conçoive une passion brutale dans la salle de bal ou un amour de jeunesse pour une jeune fille, et il est sauvé, écarté du chemin dangereux. »

« C'est pourquoi, en Allemagne, nous ne devons vraiment pas trop nous inquiéter [...] que les jeunes garçons et les jeunes filles se rencontrent trop tôt et entretiennent des relations sexuelles. Non, sous notre climat, pour notre race et notre peuple, il doit en être ainsi ; le jeune garçon de seize ans y reconnaît son amour le plus pur, le plus sain et le plus idéal. Et du moment où il est épris d'une jeune fille – je me dois de le souligner une fois encore –, il n'est plus question d'onanisme en commun, d'amitié entre garçons de nature sexuelle sous prétexte qu'ils auraient honte devant les jeunes filles. Ils sont désormais liés au genre humain. »

Il est évident que dans ce discours Himmler parlait surtout de lui-même et de son propre développement, voire sous-développement sexuel. Il avait certes couru les salons de danse, courtisé jeunes filles et jeunes femmes et entretenu avec elles des liens d'amitié, mais jusqu'à l'âge de vingt-sept ans il n'avait semble-t-il eu aucune relation intime avec l'autre sexe, puisqu'il s'était même protégé d'un lien plus étroit, et même de toute activité sexuelle, en se réfugiant derrière l'idée qu'il devait se réserver pour une mission « masculine ». Par ailleurs, il avait passé l'essentiel de sa jeunesse dans ces organisations définies par la virilité et qu'il tenait maintenant pour si dangereuses. Et, avant cette époque, il s'était senti très étroitement lié à l'Église catholique, dont il dépeignait désormais les prêtres comme les membres d'une « association érotique homosexuelle ».

On peut donc voir dans ce discours une réflexion plus ou moins inconsciente sur sa propre « mise en danger » face à des tentations homosexuelles dans le passé. Dans une large mesure, c'était un discours d'autocritique, une confrontation avec cette image qu'il avait voulu donner de lui-même et qu'il chérissait tant jusqu'à son mariage en 1928, celle de « l'homme d'armes » ou du « lansquenet solitaire ». On peut expliquer cette rupture avec son ancien idéal et cette volonté de redéfinir la SS comme un « ordre clanique » d'une part, sans aucun doute, par son désir de souligner la différence avec la SA, qui était visée sans détour par ses descriptions des tendances dangereuses à la masculinisation au sein du mouvement nazi. Mais, d'autre part, son discours de février 1937 le montre, Himmler considérait rétrospectivement son rejet d'un idéal de pureté virile comme une rédemption vis-à-vis de sa propre tentation homosexuelle qu'il avait dépeinte en termes si habiles. Dans les mois et les années qui suivraient, il irait beaucoup plus loin dans le développement de l'idée qu'il fallait tenir la jeunesse à l'écart du péril homosexuel, en autorisant un commerce ingénu entre les sexes. Il s'opposa souvent plus tard au tabou des relations sexuelles avant le mariage et à la discrimination à l'encontre des naissances hors mariage[154].

L'homophobie d'Himmler eut non seulement pour conséquence son refus d'une trop grande « masculinisation » du mouvement nazi, mais elle domina aussi la façon qu'il eut d'imposer des normes aux relations entre membres de la SS. Il fallait veiller à éviter les relations émotionnelles trop étroites, à neutraliser autant que possible l'affect. La cohésion de la SS ne devait pas reposer sur une amitié et un éros masculins, mais sur une camaraderie austère, et surtout sur une discipline inflexible, « militaire ». Le Reischführer-SS transmit à l'organisation masculine des SS son désir obsessionnel du contrôle de soi.

Dans la pratique, quelle forme prirent les persécutions policières contre les homosexuels ?

Dans les mois qui suivirent l'assassinat de Röhm et de ses fidèles, la Gestapo et la police avaient commencé à s'en prendre systématiquement aux homosexuels[155]. Cela avait été facilité par le durcissement du paragraphe 175 en juin 1935[156]. Avec la reprise en main de la police allemande par Himmler en juin 1936, les mesures s'intensifièrent. Dès octobre, il signait un décret sanctionnant la création d'un centre pour la lutte contre l'homosexualité et l'avortement dans tout le Reich, et détaillant les procédures d'arrestation des homosexuels[157]. Josef Meisinger, directeur du centre, présidait en même temps le bureau spécial correspondant à la Gestapo, mis en place par Himmler en 1934, et qui, aux côtés de l'appareil de la police criminelle, se chargeait des persécutions contre les homosexuels[158]. Le centre avait principalement comme objectif de répertorier certaines catégories d'homosexuels qui s'étaient retrouvés en conflit avec la loi : d'une part, pour empêcher « l'infiltration » d'homosexuels dans le parti, la Wehrmacht et la fonction publique, d'autre part pour rassembler des informations compromettantes contre des groupes précis (Juifs, francs-maçons, anciens responsables du « système » de Weimar). En 1940, 40 000 fichiers avaient été constitués [159].

S'il est vrai que, suite à ces mesures, le nombre de condamnations augmenta fortement à partir de 1935 – passant de moins de 4 000 en 1933-1934 à plus de 22 000 entre 1936 et 1938 –, ces chiffres prouvent également que la police et la justice ne firent rien pour s'attaquer au spectre des millions d'homosexuels évoqué par Himmler dans son discours [160]. Quelques semaines après ce dernier, en mars 1937, le *Schwarze Korps* avait publié un article qui précisait la position officielle de la SS vis-à-vis du phénomène. Il fallait, y expliquait-on, faire la distinction : seuls 2 % des homosexuels étaient « vraiment des anormaux ; la majorité, en revanche, étaient des gens induits en erreur, qu'il serait possible de débarrasser de leur fardeau grâce au recours à la thérapie du travail, à des mesures éducatives et par la menace de peines ». Si l'article marqua le lancement d'une campagne du *Schwarze Korps* contre les homosexuels, il signala aussi clairement que la direction de la SS n'avait pas l'intention de criminaliser des millions d'hommes [161]. D'ailleurs, lors de la réunion de la police criminelle de mai 1937 déjà citée, Himmler annonça qu'il était possible de transformer la majeure partie des homosexuels en « hommes normaux [162] ».

Le chef de la police allemande eut diverses façons d'intervenir directement dans les persécutions contre les homosexuels. En mars 1937, il exigea que, suite à la révision du droit pénal, les contrevenants ne soient plus seulement condamnés à la prison, mais au pénitencier [163]. En octobre 1937, il prit la décision surprenante de faire arrêter les acteurs ou les artistes pour « fornication contre nature [164] ». En mai 1939, il avisa le département de la police criminelle du Reich qu'il ne fallait pas respecter trop à la lettre la clause de volonté prévue par la loi dans le cas de la stérilisation des homosexuels [165].

Durant la Seconde Guerre mondiale, la persécution des homosexuels ne fut plus une priorité pour la police. Certes, en juillet 1940, Himmler ordonna que soient placés en détention préventive les homosexuels qui avaient eu plus d'un partenaire [166], mais l'accent fut mis sur l'isolement davantage que sur les poursuites. Quand Himmler, trois ans après sa tirade contre les homosexuels de février 1937, revint sur le sujet, cette fois dans un discours devant les Gauleiter et d'autres hauts fonctionnaires du parti, il se dit sûr que « nous vaincrons ce fardeau et cette maladie mortelle d'un peuple. Je pense pouvoir affirmer que ce fardeau n'a plus de prise sur la jeunesse, ou du moins plus de façon conséquente. Dans son ensemble, notre jeunesse s'est largement détournée de cette erreur, si bien que ce fardeau, disons son recrutement, a cessé de peser et que le nombre des hommes qui y succombent a diminué ». D'après lui, le groupe en question n'était « plus que d'un demi-million[167] ».

Himmler croyait-il vraiment qu'en l'espace de trois ans, les trois quarts de tous les homosexuels s'étaient détournés de ce « fardeau » ? Le fait que quelques années seulement après sa crise de panique homophobe il se soit exprimé de façon relativement apaisée sur la question doit être interprété comme une démonstration supplémentaire de son pragmatisme. Puisque la Gestapo et la police ne pouvaient y consacrer beaucoup d'énergie pendant la guerre, il déclara tout simplement que le problème était résolu, exactement comme il avait, vers la fin des années 30, révisé le chiffre des avortements à la baisse, et comme il adapterait, pendant la guerre, sa position sur d'autres questions de politique sexuelle selon l'évolution de la situation. De plus, de son point de vue, il avait de bonnes raisons de ne plus s'exposer dans le domaine de la persécution des homosexuels. En 1938, il avait accusé à tort le commandant en chef de l'Armée de Terre, le général Werner von Fritsch, d'être homosexuel, et avait perdu ainsi une partie non négligeable de son prestige aux yeux d'Hitler.

Apparemment, la SS et la police furent les seules à ne pas bénéficier de cet assouplissement. En novembre 1941, sur décret d'Hitler, l'homosexualité devint passible de la peine capitale dans les rangs de la police et de la SS[168]. Dans l'ordonnance par laquelle il fit connaître cette nouvelle décision, Himmler obligea les membres de la police et de la SS à être « des combattants d'avant-garde dans la lutte pour éradiquer l'homosexualité dans le peuple allemand[169] ». Dans la pratique, il semble pourtant qu'en règle générale fort peu de contrevenants aient été condamnés à mort. Himmler surveillait de près ce genre de verdict, et le commuait parfois[170].

Du reste, l'attitude d'Himmler dans l'affaire de l'écrivain Otto Rahn a de quoi laisser songeur. Les thèmes de prédilection de Rahn – le quête du Graal et l'histoire des cathares – lui avaient valu l'attention et l'admiration du Reichsführer-SS, qui le connaissait personnellement et l'avait entre autres soutenu dans ses recherches sur l'histoire de sa famille. Devenu Obersturmführer, Rahn démissionna brutalement de la SS en 1939, puis se suicida. Il ne parvenait plus à supporter ses tendances homosexuelles.

Himmler jugea l'affaire « particulièrement tragique », Rahn ayant fait tout son possible pour se purifier de ses « erreurs » vis-à-vis de la SS. Aussi, il fit publier dans le *Schwarze Korps* une nécrologie de Rahn signée par Wolff, où l'auteur était présenté comme un « SS exceptionnel », un véritable honneur, en somme[171].

Himmler continua du reste à distribuer en cadeau dans les rangs de la SS *La Cour de Lucifer* de Rahn, qu'il avait offert à Hitler en 1937 pour son anniversaire. Il le fit même rééditer vers la fin de la guerre (ainsi qu'une autre œuvre de Rahn, *Croisade contre le Graal*)[172], contre l'avis des services de Rosenberg, qui émirent des objections au sujet de la « personnalité de l'auteur défunt[173] ».

L'Ordnungspolizei, la police régulière du Reich

Jusqu'à présent, nous nous sommes principalement intéressés aux activités de la Sicherheitspolizei, la Sipo, regroupant la Gestapo et la police criminelle, sous la direction d'Himmler. Mais, durant ces mêmes années, quel fut le développement de l'autre branche, nettement plus importante, de l'appareil policier, l'Ordnungspolizei, ou Orpo ?

En juin 1936, Himmler avait donné des instructions à Kurt Daluege, nommé chef de la police régulière, concernant les missions de cette dernière. En dépendaient surtout la police de protection, la Schutzpolizei (Schupo, la police en uniforme dans les grandes villes), la gendarmerie (équivalent de la Schupo pour les zones rurales), la police de la route, la police municipale ainsi que divers services administratifs, chargés par exemple des secteurs du commerce et de la santé[174].

Le 1er septembre 1936, Himmler flanqua les présidents des provinces prussiennes et les Reichsstatthalter (dans la mesure où ils siégeaient dans les commandements de district) d'inspecteurs de l'Ordnungspolizei, qui exerçaient en premier lieu des fonctions de supervision. Mais à partir de 1937 ils seraient subordonnés aux nouveaux hauts responsables de la SS et de la police, et contribueraient ainsi, dans la logique de nationalisation des autorités policières régionales, à rattacher définitivement l'administration des forces de l'ordre des Länder à l'État[175].

En 1935, en plein réarmement, la police dite rurale fut intégrée à la Wehrmacht, si bien que la police en uniforme perdit près de la moitié de son personnel et passa de plus de 104 000 à moins de 49 000 hommes. En 1938, la police en uniforme – Schupo, gendarmerie et police municipale – avait de nouveau atteint le chiffre de 100 000 hommes. On y recrutait de préférence d'anciens soldats, qui avaient quitté la Wehrmacht au bout de deux à cinq ans de service[176]. Par conséquent, le personnel avec lequel la police en uniforme entra dans la guerre en 1939 se composait pour moitié de débutants, la plupart dotés d'une formation militaire. Ces unités se trouvaient renforcées par des réserves aux effectifs à peu près équivalents.

Si, durant la deuxième moitié des années 30, l'Orpo fut surtout préoccupée par sa propre croissance, elle ne s'en vit pas moins attribuer de nombreuses nouvelles fonctions dans l'État policier nazi. Ainsi la surveillance de la presse, les papiers d'identité, soumis désormais à un régime beaucoup plus rigide, ou la mise en place du fichier national, où tous les Allemands devaient être enregistrés par la police. À cela s'ajoutait la sécurité des nombreuses grandes manifestations, des parades, des défilés, des visites d'État, des barrages lors de manœuvres. D'importants contingents de l'Orpo prirent part aux annexions de l'Autriche, des Sudètes, puis de la République tchécoslovaque. Des milliers de policiers furent en outre déployés dans les territoires occupés[177].

En octobre 1936, Himmler rattacha à la police le « TeNo », le Service technique d'urgence, censé assurer le bon fonctionnement des installations techniques d'urgence en cas de guerre, de catastrophes naturelles ou de troubles internes. En juin 1937, ce service fut subordonné à la direction centrale de l'Orpo[178]. Les pompiers volontaires, soit près d'un million et demi d'hommes, et les pompiers professionnels des grandes villes furent rassemblés dans le cadre de la police de protection contre les incendies, sous les ordres d'un nouvel inspecteur des incendies, lui-même subordonné au chef de l'Ordnungspolizei[179]. Toutes ces mesures avaient déjà pour but de préparer la police à ce qui serait bientôt une de ses missions principales : la protection contre les raids aériens et le secours aux victimes de bombardements en cas de guerre.

Développement du système concentrationnaire

De l'été 1936 à l'été 1937, Himmler fit fermer les petits camps de concentration d'Esterwegen, Sachsenburg, de la Columbia-Haus, de Lichtenburg et Sulza. Il ne resta que Dachau. L'inspection des camps de concentration développa en remplacement un nouveau type de camp, mis en place pour la première fois à Sachsenhausen, près de Berlin[180].

L'idée de ces nouveaux camps reposait sur le principe qu'il fallait regrouper différents secteurs dans un seul complexe – le camp d'internement à proprement parler, la Kommandantur, la caserne des gardes, les logements des membres de la Kommandantur. Selon les termes d'Himmler, qui avait visité le terrain à la fin de 1936[181], il s'agissait d'un « camp de concentration entièrement nouveau, capable d'être constamment élargi, moderne et moderniste », qui garantirait « la sécurité du Reich contre les ennemis de l'État en temps de paix comme en cas de mobilisation [182] ».

À l'été 1937, l'inspection des camps de concentration fit édifier un deuxième camp près de Weimar, à Buchenwald, après qu'Himmler avait encore une fois personnellement étudié les lieux [183]. De plus, Dachau, sur les recommandations du Reichsführer, fut considérablement agrandi [184]. En mai 1938, le camp de concentration de Flossenbürg fut construit [185]. En août 1938, le camp de Mauthausen fut ouvert, après l'Anschluss [186]. Le même mois, l'inspection des camps de concentration installait son nouveau quartier général à Oranienburg (dans le voisinage immédiat de Sachsenhausen). En décembre 1938, on entreprit une extension de Sachsenhausen avec la construction du camp de Neuengamme, dans la région de Hambourg. Ce dernier eut d'abord pour but de relancer une usine de briques locale [187]. En mai 1939, un camp de concentration pour femmes était créé à Ravensbrück [188].

Le développement du système concentrationnaire était clairement une mesure préparatoire à la guerre. Dès le début de 1937, Himmler annonçait qu'en « cas de guerre [...] il faudrait y accueillir un nombre tout à fait énorme de personnages louches [189] ». Prenant en compte cette perspective, le système des camps fut agrandi afin d'abriter de 30000 à 50000 prisonniers. Dès la fin de 1936, le nombre des détenus avait lentement augmenté – au début de 1935, il se situait à son plus bas niveau, soit 3000 personnes – pour atteindre 21000 à la fin d'août 1939. Pendant une courte période après les arrestations massives liées à la nuit de Cristal, leur nombre était passé à plus de 50000 [190].

Comme auparavant, c'était de la Gestapo que dépendaient l'incarcération et la libération des prisonniers. Le service d'Eicke était responsable des conditions de détention. Il existait dans les camps une démarcation nette entre la garde et le personnel de la Kommandantur, qui regroupait le commandant du camp, son état-major, la section politique, le médecin du camp et l'administration [191]. Certaines fonctions subalternes étaient confiées à des détenus, généralement de droit commun, qui obtenaient en retour des privilèges. De cette façon, la SS fit d'une partie des prisonniers des instruments de son système de terreur. Les prisonniers se voyaient attribuer un matricule, qui devait apparaître sur leur vêtement. Durant l'hiver 1937-1938, il fut décidé d'identifier les détenus. Ceux-ci durent porter sur leur veste des triangles de tissu dont la couleur indiquait leur appartenance à l'une ou l'autre des diverses catégories : prisonniers politiques, droit commun, Juifs, homosexuels, etc.

D'après Himmler, les détenus constituaient un véritable kaléidoscope : « Aucun n'est là à tort, assura-t-il à des officiers de la Wehrmacht en janvier 1937.

Ils sont la lie de la criminalité, des détraqués. Il n'y a pas de preuve plus vivante de la loi sur la génétique et la race [...] On y trouve des hydrocéphales, des borgnes, des demi-Juifs, toutes sortes de gens de moindre valeur raciale[192]. » Les multirécidivistes, précisa-t-il devant des généraux SS le 8 novembre 1937, « seraient maintenus dans les camps pendant des années, au moins jusqu'à ce qu'ils se soient habitués à l'ordre, non jusqu'à ce qu'ils soient, selon nous, devenus des gens normaux, mais une fois que leur volonté aura été brisée ». Quant aux « dirigeants bolcheviques », eux non plus ne pouvaient espérer aucune remise en liberté[193].

Mais que faire de tous ces prisonniers ? En 1938, Himmler fixa de nouvelles missions et de nouveaux objectifs au système concentrationnaire[194]. Il commença par ordonner que des entreprises soient créées dans les camps afin que les détenus soient pour la plupart astreints à des corvées. Les nouveaux venus dans les camps étaient en effet des gens qui avaient été jugés asociaux ou réfractaires au travail. Autrement dit, ainsi débutait la phase de « rentabilisation » des camps.

C'est au début de 1937 que fut envisagé pour la première fois d'utiliser les prisonniers comme main-d'œuvre. Le mobile n'était pas *a priori* économique. Il importait davantage de compenser le manque croissant de main-d'œuvre sur le territoire du Reich en transformant les peines d'internement en travaux forcés. Si la SS n'avait entrepris aucun effort particulier en ce sens, les prisonniers des camps auraient été à plus ou moins long terme transférés sous le contrôle de l'administration du travail[195].

Le point de départ de la mise au travail des prisonniers à grande échelle fut la coopération avec Albert Speer, auquel Hitler avait confié en janvier 1937 la rénovation de Berlin, mais qui risquait d'échouer dans sa mission car main-d'œuvre et matières premières manquaient du fait du boom du réarmement. Dans cette situation, Himmler proposa son aide à Speer : les détenus des camps de concentration pouvaient fort bien extraire le granit et produire les briques nécessaires aux grands édifices du nouveau Berlin. Le budget de Speer permit de financer la construction de briqueteries et l'ouverture de carrières de granit. Un contrat correspondant fut signé le 1er juillet 1938, soit immédiatement après l'internement de 10 000 personnes dans le cadre de l'action Arbeitsscheu Reich. L'idée d'Himmler d'écarter les « asociaux » en se fondant sur des principes de « prévention raciale » s'avérait apparemment aussi rentable sur le plan économique[196].

Résultat de la coopération entre Himmler et Speer, dès avril 1938, la Deutsche Erd- und Steinwerke GmbH était fondée. La société entreprit d'installer en tout trois usines de briques et deux usines de taille de granit près de camps de concentration. Les lieux choisis pour le camp de Flossenbürg et les dépendances de

Dachau furent nettement liés à la présence de carrières de pierre dans les environs. Les usines de taille de granit allaient faire la preuve de leur rentabilité, ce qui ne fut pas le cas des briqueteries en raison de graves erreurs de gestion [197].

Comme depuis les premiers jours du camp de concentration de Dachau, les prisonniers étaient soumis à un système de répression brutal et arbitraire. Toutes les tracasseries imaginables, les tortures et les mauvais traitements, les exercices forcés, les appels interminables, l'organisation incessante de colonnes de marche et de corvées, étaient pratiquées. Des peines sévères, comme la bastonnade sur un chevalet ou des semaines d'isolement, étaient arbitrairement distribuées, et les interrogatoires étaient synonymes de tortures. En outre, les gardes assassinaient régulièrement des détenus. Ces meurtres étaient parfois maquillés en suicide, ou plus simplement dissimulés dans les dossiers par la formule lapidaire : « abattu en tentant de fuir ». Des conditions de vie dans une terrible promiscuité, des soins insuffisants, des journées de travail harassantes et des corvées inhumaines, tout cela faisait également partie du quotidien [198].

Himmler se montra particulièrement déterminé quand il s'agit de défendre le régime de terreur des camps de concentration, comme lors d'une confrontation avec le ministre de la Justice Gürtner au printemps 1938. En mars 1938, Gürtner avait interpellé Himmler au sujet du grand nombre de prisonniers abattus lors de « tentatives d'évasion ». Deux mois plus tard, il reçut une lettre du Reichsführer [199]. Ce dernier expliqua d'abord à Gürtner qu'à la suite de leur discussion il avait invité Eicke à « rappeler de nouveau » aux Totenkopfverbände qu'il ne fallait « tirer que dans les cas d'extrême urgence », tout en regrettant profondément cette mesure. Car, soutint-il au ministre de la Justice, le « succès » de son intervention était « choquant pour lui ». Deux jours seulement auparavant, il avait dû contempler le cadavre d'un « courageux SS de vingt-quatre ans dont le crâne avait été défoncé à coups de pelle par deux criminels ». Il était « atterré de voir que du fait d'un trop grand laxisme […] un de [ses] meilleurs hommes avait perdu la vie ». En conséquence, il avait « remis en vigueur » l'ancien ordre, « qui prévoit que l'on ouvre le feu soit après trois appels, soit immédiatement en cas d'agression directe ». De plus, il avait porté l'affaire à la connaissance du Führer et attendait son autorisation pour que l'un des deux prisonniers en fuite, rattrapé entre-temps, soit pendu devant les autres détenus rassemblés dans le camp. Deux semaines plus tard, il transmit l'autorisation du Führer à Gürtner et fit procéder à l'exécution [200].

Himmler ne négligeait jamais de parler en public de la situation dans les camps de concentration, comme lors de son discours devant des officiers de la Wehrmacht en janvier 1937 : « Les camps sont enclos de fil de fer barbelé électrifié. C'est normal : quiconque pénètre dans une zone ou une voie interdite est abattu. Quiconque, sur un chantier, disons dans la campagne, ou lors de la construction de routes, fait seulement mine de fuir est abattu. Quiconque se montre insolent ou rétif, ou du moins essaie, se retrouve en isolement, au cachot, au pain sec et à l'eau, ou – et je vous prierai de ne pas pousser les hauts cris, je n'ai fait que reprendre l'ancienne ordonnance pénitentiaire de Prusse de 1914-1918 –, dans les cas les plus graves, est condamné à vingt-cinq coups de verge. Les horreurs, les actes sadiques que rapporte à l'envi la presse étrangère sont tout à fait impossibles[201]. »

Dans un discours, retransmis à la radio, pour la Journée de la police allemande en janvier 1939, il déclara entre autres : « Le camp de concentration est assurément, comme toute privation de liberté, une peine et une mesure sévères. Un travail rude qui engendre de nouvelles valeurs, une existence réglementée, une propreté constante dans le logement et dans le soin du corps, une nourriture impeccable, un traitement sévère mais juste, l'encadrement afin de réapprendre à travailler et d'acquérir les capacités nécessaires sont les méthodes d'éducation. La devise inscrite au-dessus de ces camps est la suivante : il y a un moyen de retrouver la liberté. Ses étapes sont l'obéissance, la diligence, le respect, l'ordre, la propreté, l'humilité, la vérité, le sens du sacrifice et l'amour de la patrie[202]. » Ce « dogme » du Reichsführer était d'ailleurs inscrit en lettres capitales au-dessus de la place centrale de Sachsenhausen[203].

Himmler inspectait régulièrement les camps : « Je me rends personnellement dans les camps au moins une fois par an, expliquait-il en janvier 1937, et j'arrive sans m'annoncer afin de prendre la mesure de la situation[204]. » Walter Janka, interné dans le camp de Sachsenburg pour son engagement au sein du Parti communiste allemand, raconte dans ses Mémoires une de ces visites d'inspection d'Himmler en février 1935. Une visite qui n'eut cependant pas lieu sans avertissement : il avait fallu pendant trois jours et trois nuits « nettoyer, épousseter et ranger toutes les installations ». Les détenus qui devaient se trouver au premier rang à l'appel avaient reçu de nouvelles tenues. « Avec un geste qui voulait tout dire, ou rien, Himmler a passé les SS en revue, escorté par les commandants. Il est resté là. Des paroles ont été échangées. Puis le groupe est passé rapidement devant les prisonniers, sans un mot. Himmler n'a pas eu un regard pour les détenus assemblés. »

D'après la description de Janka, le Reichsführer entreprit ensuite une tournée du camp. Il gratifia ainsi de sa présence l'atelier de reliure où travaillaient Janka et plusieurs autres prisonniers communistes, à qui il infligea une séance de questions extrêmement pénible. Himmler voulut savoir de Janka s'il rendait la SS responsable de la mort de son frère – censé s'être pendu en avril 1933 dans un camp. Janka préféra s'abstenir de répondre[205].

Lors d'inspections de ce genre, Himmler aimait manifestement se présenter comme un vainqueur magnanime, ce dont témoignent d'autres rescapés des camps. Le 30 septembre 1942, il rencontra par exemple, à l'occasion d'une visite de Sachsenhausen, le « prisonnier spécial du RFSS » Herbert Blank, ancien chef de l'association paramilitaire des nationaux-socialistes révolutionnaires, le groupe qui, sous la direction d'Otto Strasser, avait rompu avec le NSDAP. Dans un article paru en 1948, Blank rapporta qu'Himmler lui aurait demandé de « se faire à l'idée […] que je ne peux pas vous libérer de votre vivant[206] ». Pendant une visite à Dachau en juin 1938, il se fit présenter personnellement les cent cinquante prisonniers autrichiens « les plus éminents[207] ».

Himmler appréciait aussi de pouvoir guider des groupes de visiteurs dans les camps : en 1936, il emmena ainsi à Dachau les membres du Cercle des amis du Reichsführer-SS ainsi que les Reichsleiter et les Gauleiter, et, dans le même camp, le ministre de l'Intérieur Frick et de hauts responsables. En janvier suivant, il était présent quand Eicke et Pohl firent visiter Sachsenhausen à des chefs de la police, et à l'été il organisa une nouvelle visite de ce camp pour le Cercle des amis du Reichsführer. À la fin de 1940, il y accueillit une délégation de politiciens de la Volkssturm alsacienne[208].

Développement des unités armées

Avec sa nomination à la tête de la police allemande, les ambitions d'Himmler semblèrent se concentrer sur la sécurité intérieure. Par conséquent, il ne s'opposa pas à la hiérarchie de la Reichswehr, afin de ne pas susciter d'hostilité au développement éventuel d'une SS armée[209]. Dès le 1er octobre 1936, il créa l'inspection des Verfügungstruppen, qui fut subordonnée à la direction centrale de la SS. Il nomma aux commandes de l'inspection l'ancien directeur de l'école d'officiers SS de Brunswick, Paul Hausser[210]. En outre, la même année, il augmentait la Leibstandarte de deux régiments, les SS-Standarten « Deutschland » et « Germania ». Après l'Anschluss, ce fut le tour du régiment viennois « Der Führer[211] ». Le développement du système concentrationnaire impliquait par ailleurs le renforcement des effectifs des gardiens, les Totenkopfverbände, et leur militarisation accrue. À partir d'avril 1937, ces unités furent réparties en trois régiments, auquel s'ajouta un quatrième après le rattachement de l'Autriche[212].

Le 17 août 1938, Hitler statua par décret, sur une proposition d'Himmler qu'il avait lui-même amendée, au sujet de la position des unités armées de la SS et de leur relation avec la Wehrmacht[213]. Hitler annonça que les Verfügungstruppen et les Totenkopfverbände ne faisaient partie ni de l'armée ni de la police, mais qu'elles constituaient une « formation armée indépendante ». Les Totenkopfverbände s'acquittaient de « tâches particulières de nature policière », tandis que les Verfügungstruppen restaient à la « disposition exclusive » d'Hitler. Cette description des missions des Verfüngungstruppen était beaucoup plus floue que la réglementation mise en place en 1934. À l'époque, il avait été établi que les unités armées de la SS devaient assumer principalement des fonctions de « politique intérieure » et que la Wehrmacht pouvait faire appel à elles en temps de guerre. En janvier 1937 encore, Himmler avait affirmé devant des officiers de la Wehrmacht qu'en temps de guerre il confierait une partie de la police à l'armée, tandis que les Totenkopfverbände constitueraient une « force d'intervention » répartie dans tout le Reich[214].

Dans le même discours, il avait également assuré que dans une guerre future, outre les trois « fronts » militaires, sur terre, sur mer et dans les airs, un quatrième « théâtre d'opérations » s'ouvrirait : « l'Allemagne intérieure[215] ». Par conséquent, il était selon lui impossible de tracer une ligne de séparation nette entre les fonctions de sécurité intérieure et les opérations militaires dans le cas d'une prochaine guerre, et c'est en s'inspirant de cette image d'une guerre globale à venir qu'il extrapola le rôle particulier du corps de protection de l'État dans le Troisième Reich.

Le 8 novembre 1938, il révéla ainsi à ses Gruppenführer qu'il ne voyait aucune antinomie entre les missions de sécurité de la SS et son déploiement sur le front. « Quand je dépeins la mission d'ensemble de la SS comme étant d'assurer la sécurité intérieure de l'Allemagne [...] en commun avec la police, cette mission n'est cependant réalisable que dans la mesure où une partie de cette Schutzstaffel, le Führerkorps, se trouve au front et y verse son sang. Si nous ne donnons pas notre sang, si nous ne combattons pas sur le front, nous perdrions l'obligation morale, à l'arrière, de tirer sur des gens qui se dérobent et sont lâches. C'est pour cela qu'existent les Verfügungstruppen, qui se voient confier la plus belle des missions, celle de partir sur le champ de bataille. » Plus loin, Himmler décrivait son intention de remplacer ultérieurement la division qu'il avait l'autorisation de constituer par un corps d'armée à part entière. Himmler comptait ce faisant contrarier les plans de la hiérarchie de la Wehrmacht, laquelle souhaitait, dans une guerre future, subordonner les unités armées de la SS à son commandement en tant que forces auxiliaires. Il prévoyait de commander au combat ses troupes regroupées en une seule formation[216].

Entre janvier 1935 et décembre 1938, Himmler fit passer les Verfügungstruppen de tout juste 5000 à plus de 14000 hommes, et les Totenkopfverbände de 2000 à plus de 9000[217]. Il fit preuve de subtilité. Comme, durant la mobilisation pour l'occupation des Sudètes à l'automne 1938, les Verfügungstruppen et quelques détachements des Totenkopfverbände avaient été intégrés à l'Armée de Terre, Himmler appela quelque 5000 hommes de plus dans la SS en tant que « renforts de police ». Il garda les deux tiers de ces réservistes dans les unités Totenkopf. En 1939, il puisa de nouveau dans les réserves[218].

À l'issue d'un décret du Führer du 18 mai 1939, le caractère militaire des Verfügungstruppen fut clairement établi : Hitler ordonna la constitution d'une division à partir des unités existantes. Mais il était également clair que cela marquait « la fin du développement des SS-Verfügungstruppen ». Le décret prévoyait également que les unités SS armées se limiteraient à 20000 hommes (Verfügungstruppen), 14000 (Totenkopfverbände) et 25000 (renforts de police)[219]. Jusqu'au début de la guerre, Himmler porta les effectifs réels des Verfügungstruppen à environ 18000 hommes, et ceux des Totenkopfverbände, en incluant les renforts de police, à 22000, soit en dessous du niveau nominal de ses forces[220].

Le 8 novembre 1938, devant l'assemblée des généraux SS, Himmler expliqua ce qu'il attendait des unités armées de la SS en cas de conflit ou de guerre civile : « J'ai dit au commandant du régiment "Deutschland" que je considérais comme normal – et cela vaut également pour toute guerre à venir – qu'il ne puisse jamais y avoir de SS prisonnier. Il devra plutôt mettre fin à ses jours. Et nous ne ferons pas non plus de prisonniers. Les guerres du futur ne seront pas une plaisanterie, mais une confrontation à mort entre les peuples [...] Nous serons par ailleurs – aussi bienveillants et corrects puissions-nous être sur le plan personnel – sans aucune pitié quand il s'agit de défendre un peuple face à la mort. Peu importe s'il faut en occire mille dans une ville. Je le ferais, et j'attendrais de vous que vous le fassiez[221]. »

Fusion de la SS et de la police

Dès le début, Himmler fit preuve d'une remarquable constance dans sa volonté de fusionner la SS et la police en un unique corps de protection de l'État. Nous avons déjà évoqué la combinaison des missions et ses principes idéologiques. Mais le Reichsführer-SS et chef de la police allemande prit aussi les mesures nécessaires au niveau du personnel et de l'organisation. En 1937, il créa l'institution des hauts responsables de la SS et de la police (HSSPF). Les titulaires de cette nouvelle responsabilité, instaurée expressément dans la perspective d'une mobilisation, fonctionneraient ensuite comme des représentants régionaux qui lui rendaient directement compte, et qui devaient retransmettre ses décisions aux différentes branches de l'appareil de la SS et de la police[222]. Ainsi était franchie, estimait-il, une étape importante afin de regrouper « la SS et la police en un corps de l'État chargé de la protection du Führer[223] ».

Le 12 mars 1938, le Reichsführer-SS fit connaître sa première nomination : le SS-Obergruppenführer von Eberstein, Oberabschnittsführer Sud et directeur de la police du ministre bavarois de l'Intérieur, fut nommé HSSPF des régions militaires VII et XIII. Une deuxième vague de nominations suivit en juin 1938[224]. La responsabilité des HSSPF dans les diverses régions militaires, étant en même temps subordonnés aux administrations régionales, causa une certaine confusion dans la chaîne de commandement.

Autre élément important de la logique de fusion, la stratégie d'Himmler consistait à attribuer de préférence à des officiers SS des postes hiérarchiques dans la police, tout en intégrant autant de policiers que possible dans la SS. Les critères d'entrée dans la SS furent donc considérablement simplifiés pour les membres des forces de l'ordre[225]. Mais il fallait surtout mettre l'accent sur l'harmonie extérieure entre SS et police : pour les assises du parti de 1938, un détachement de l'Orpo participa ostensiblement au défilé dans les rangs de la SS[226]. Déjà, en 1937, Hitler avait accordé aux policiers en uniforme le droit d'orner leur tenue de service des runes « SS[227] ». Les membres de la Sipo, qui étaient en même temps SS, devaient porter en service leur uniforme SS[228]. En temps de guerre, cette autorisation serait étendue aux membres de la Sipo qui n'étaient pas SS[229].

Himmler veilla de plus à ce que l'autorisation de mariage qu'il avait mise en place pour la SS, dont nous reparlerons, soit appliquée aux membres de la police[230]. À partir de 1937, la police fut aussi intégrée dans le système d'« éducation idéologique » de la SS[231], et elle fut conviée à participer aux célébrations et rituels « germaniques » typiques de la SS. Par exemple, sur ordre d'Himmler, au lieu de fêter traditionnellement Noël, l'Orpo et la Sipo célébraient la fête de « Iule », pour le solstice d'hiver[232]. Plus important encore, peu après le début de la guerre, les membres de la SS et de la police devinrent susceptibles de passer devant un tribunal d'exception inspiré des cours martiales de la Wehrmacht, afin que les crimes et délits commis par des policiers et des SS soient jugés au sein de l'appareil de la police et de la SS plutôt que par des tiers[233].

Himmler considérait la fusion de la SS et de la police comme un impératif moral. Dans son discours radiophonique pour la Journée de la police allemande de 1937, il exprima sa conviction que cet « ancrage dans l'ordre de la SS, cette obligation de respecter les lois strictes de la SS [...] conféreront aux membres de la police allemande la force [...] d'être justes en toutes circonstances, avec une pureté et une honnêteté intérieure, d'être durs et sans merci quand il le faut, compréhensifs et bienveillants quand cela est possible et, en dépit de toute la saleté et la mesquinerie humaines, que la police est justement amenée à côtoyer, de jouer un rôle positif au nom du bien-être et de la valeur de l'Allemand[234] ».

Les efforts d'Himmler pour créer un « Corps de protection de l'État » étroitement lié, unifié et désormais indivisible à partir de la police et de la SS répondaient à des considérations d'ordre politique compréhensibles. Mais, en étudiant la reconstruction de l'appareil qui lui avait été confié, on constate qu'il n'était pas seulement mû par des calculs stratégiques. On voit que ses phobies et ses préjugés les plus personnels, ses marottes, ses manies et ses passions furent intégrés avec une portée ahurissante à l'organisation et aux objectifs du corps de protection de l'État. Comme son homophobie, qui atteignit son point culminant quand il proclama que les persécutions contre les homosexuels devaient constituer le point central du travail de la police de sécurité, mais aussi son rejet total du christianisme, son idéalisation de toute chose militaire, son obsession pour le contrôle, qui aboutit entre autres à ce qu'il cherche à soustraire aussi bien la police que la SS à la juridiction de l'État. Tout ce que le Reichsführer-SS et chef de la police allemande définissait lui-même comme la « protection de l'État » peut également être interprété comme la protection personnelle de l'homme Himmler. À deux titres : en tant que défense face à ses propres angoisses, et aussi en tant qu'écran protecteur, derrière lequel il pouvait poursuivre ses intérêts et ses désirs les plus profonds. Cela valait en particulier pour la SS qui, contrairement à la police, échappait à l'emprise et aux interventions d'autres instances étatiques. Dans ce cadre, Himmler, comme nous allons le voir maintenant, put vivre sans frein ses représentations fantasmatiques personnelles.

Troisième partie

L'ordre

Idéologie et culte

Les membres de la SS – environ 200 000 entre 1935 et 1937, et, à la fin de 1938, après l'Anschluss, exactement 238 159, dont 95 % appartenaient à l'Allgemeine-SS[1] – venaient de tous les secteurs de la société. Ils étaient nettement surreprésentés dans le commerce, la santé, les services publics ainsi que parmi les ouvriers et les ouvriers qualifiés, moins chez les artisans et dans les professions libérales, et très peu dans l'agriculture. 10 % seulement des SS exerçaient des professions agricoles. Dans le Reich, l'agriculture occupait d'ailleurs 22 % de la main-d'œuvre. En termes de tendance, le profil social de la SS était plus proche d'une société de services moderne, et correspondait donc fort peu à la vision sans cesse évoquée par Himmler d'un « ordre » lié par le sang et par le sol[2].

C'est pourquoi le Reichsführer estimait qu'il était de son devoir de renforcer l'unité de sa SS qui, en réalité, était hétérogène et dont l'expansion se déroulait dans plusieurs directions simultanément, si l'on voulait garantir à terme la capacité de survie de l'organisation. En 1936, à l'occasion de la réunion annuelle des Gruppenführer pour célébrer le 9 novembre 1923, il s'exprima comme suit à ce sujet : « Je vous ai bien souvent dit que je m'efforcerais toujours de veiller à ce que l'on ne prenne pas de mauvais départ, à ce que, si l'on se heurte à des aspérités, on puisse plus tard arrondir les angles – nous avons l'Allgemeine-SS, nous avons une division de protection, puis une sorte de police, le Sicherheitsdienst est quant à lui une police criminelle ou d'État, et nous avons aussi une école de formation idéologique et un institut de recherche –, sinon, l'ordre perdrait son unité et finirait par se morceler[3]. »

« La Schutzstaffel dans son ensemble, déclara-t-il deux ans plus tard lors des mêmes célébrations, se compose de plusieurs branches, de diverses unités et d'institutions spéciales. Tout va pour le mieux. Mais nous devons toujours garder à l'esprit que toutes ces branches que nous avons développées ne sont que les parties d'un tout. […] Chacun est d'abord SS, puis il appartient à l'Allgemeine-SS, aux Verfügungstruppen et aux Totenkopfverbände ou au SD. » Il pria les Gruppenführer de « rappeler sans cesse aux hommes et à l'ensemble du corps des officiers qu'ils ne sont qu'une partie d'un tout et qu'ils n'existent que parce que ce tout existe[4] ». La Waffen-SS, expliqua encore une fois clairement Himmler lors d'un discours en septembre 1940, ne pouvait « vivre […] que si toute la SS vit, si le corps dans son ensemble est un ordre, qui vit selon ses lois et qui sait parfaitement qu'une partie sans les autres est impensable[5] ».

Avec cet notion d'ordre ou, comme il l'affirmait, d'« ordre clanique » qui reposait sur la « sélection » raciale, Himmler pensait avoir trouvé la formule appropriée pour décrire la SS. Les *SS-Leitheften* de 1943 publièrent un article qui tentait de préciser cette représentation de la SS en tant qu'ordre. « Un ordre est, dans le cadre d'une idéologie, une communauté solidaire, dont les membres accordent une place prépondérante à cette idéologie dans leur vie, et qui s'engagent à en suivre les lois avec la même diligence. » Il était admis que la référence aux ordres chrétiens était voulue car ces derniers, en dépit de « l'idéologie étrange et dévoyée » qu'ils servaient, unissaient « des hommes qui voulaient conférer à leur existence un but hautement idéaliste[6] ».

Dans le discours annuel du 9 novembre 1936, il admit qu'il lui faudrait en tout encore dix ans pour parvenir à la fusion interne du complexe SS et police, idée sur laquelle il revint régulièrement l'année suivante[7]. En fait, au cours des huit ans et demi qu'il lui resterait à vivre en tant que Reichsführer-SS, Himmler s'attacha essentiellement à assurer l'intégration interne de la SS. Il s'y prit de diverses façons : par des mesures organisationnelles, par le développement d'une idéologie propre à la SS, en particulier d'un culte spécifique disposant de ses propres rituels, symboles et « lieux saints », par l'enseignement de vertus SS spécifiques et enfin, par un style de direction très personnel, qui visait à contrôler la vie de ses subordonnés.

L'expansion constante de la SS contraignait Himmler à en adapter régulièrement les structures hiérarchiques. Dès le début de 1935, il avait, comme nous l'avons mentionné, transformé les trois départements en divisions[8]. Il prit ensuite d'autres décisions. En novembre 1936, il fit du cabinet commandé par Karl Wolff « l'état-major personnel du Reichsführer-SS » (Wolff se voyant propulsé au rang de « chef d'état-major[9] »). Cet état-major personnel englobait désormais le cabinet à proprement parler (sous la responsabilité de Werner Grothmann), un département personnel du Reichsführer-SS (Rudolf Brandt), une chancellerie du

Reichsführer-SS, auxquels s'ajoutèrent au fil du temps un nombre croissant de départements et de sections qui fonctionnèrent en partie comme des bureaux de liaison avec les autres divisions. Quand l'état-major personnel fut transformé en direction centrale en 1939, Himmler nomma Wolff rétroactivement directeur de la division[10]. En outre, plusieurs responsables de la direction centrale de la SS obtinrent des postes dans l'état-major personnel d'Himmler, ce qui équivalait ostensiblement à des promotions. Ainsi, Pohl, directeur du département administratif de la direction centrale, devint en même temps « chef de l'administration » de la SS, tandis que le directeur du département sanitaire était nommé « Reichsarzt SS[11] ».

Le 9 novembre 1936, Himmler procéda à une révision du rôle des Oberabschnittsführer : ils étaient dorénavant subordonnés aux trois divisions (et plus seulement au Reichsführer-SS et à la direction centrale de la SS) et devaient « garantir l'unité de l'ensemble de l'ordre de la SS conformément à [ses] directives », comme il l'expliqua. « J'attends de mes Oberabschnittsführer qu'ils ne voient pas là avant tout une extension de leurs prérogatives, mais plutôt qu'ils se consacrent à leur nouvelle mission globale en tant que nationaux-socialistes et SS avec un sens aigu des responsabilités et en respectant les réalisations considérables et parfois méconnues des branches du Sicherheitsdienst et du Bureau pour la race et le peuplement qui leur sont désormais subordonnées[12]. »

Le Bureau pour la race et le peuplement, dirigé par Walther Darré, se décomposait depuis 1935 en cinq sections : direction centrale, département racial (qui gérait les recherches sur les races), éducation, département de la famille, chargé de la sélection des candidats et des autorisations de mariage, et département du peuplement[13]. La direction centrale, le département qui gérait effectivement la SS, qui avait eu à l'origine la responsabilité de la direction, de l'administration, de la gestion du personnel et du tribunal SS, avait vu ses compétences s'étendre depuis 1933. Elle avait en particulier sous son contrôle les unités SS armées, les camps de concentration, les garde-frontières SS ainsi que les écoles de cadets. En août 1938, elle récupéra l'éducation[14]. Au début de 1939, la direction centrale se divisait en douze départements[15].

La centrale du SD, devenue division en 1935 dirigée par Heydrich, avait conservé l'essentiel de ses structures et s'était organisée les années suivantes en trois départements : administration et organisation, intérieur et étranger[16]. À cela s'ajoutèrent en juillet 1936 les deux directions centrales, la Sicherheitspolizei (également sous Heydrich) et l'Ordnungspolizei (sous Daluege), édifice qui consacrait la fusion prévue de la SS et de la police.

En avril 1939, deux autres directions furent créées : Himmler nomma Oswald Pohl, chef de l'administration de la SS, à la tête d'une nouvelle direction centrale de l'administration et de l'économie, et le fit du même coup chef d'une direction centrale du budget et de la construction qu'il subordonna au ministère de l'Intérieur du Reich[17]. Sur le plan pratique, ces deux directions fonctionnaient sous le commandement de Pohl comme une entité qui, selon les cas, se présentait comme un service public ou comme une institution de la SS. Enfin, le 1er juin 1939, deux directions indépendantes furent mises en place pour la gestion du personnel et les questions juridiques[18].

Si, vers le milieu des années 30, l'Allgemeine-SS n'était encore financée que pour moitié par des contributions des membres (ceux qui n'étaient pas membres du parti étant astreints au versement d'une contribution supplémentaire) et par les paiements des membres donateurs, en 1939 Himmler réussit à faire financer intégralement la SS par le trésorier général du NSDAP. *De facto*, la SS était désormais financée par l'État. Le budget total de la SS se montait à environ 15 millions de reichsmarks en 1935, 18 millions en 1936, et près de 19 millions en 1937 et 1938[19]. En outre, à partir du milieu des années 30, Himmler s'assura une autre source de revenus réguliers, provenant de dons versés par un cercle d'entrepreneurs et d'industriels allemands.

L'origine de ce « Cercle des amis du Reichsführer-SS » remontent à 1927, quand Hitler avait demandé à l'industriel Wilhelm Keppler de rassembler un groupe de conseillers en politique économique. Avant la prise de pouvoir, ce club relativement flou se réunit trois ou quatre fois, mais ses recommandations ne transparurent jamais dans le programme du NSDAP. Toutefois, Keppler, Kurt von Schröder et d'autres membres du cercle jouèrent un rôle important dans la prise de contacts qui, fin 1932-début 1933, aboutit à l'avènement d'un gouvernement Hitler-von Papen. C'est au plus tard à cette époque qu'Himmler fit connaissance de Keppler[20].

Après la prise de pouvoir, Hitler avait fait de Keppler son délégué pour les questions économiques, sans pour autant lui confier une fonction centrale dans la future politique économique du régime. Le « cercle Keppler » se tourna plutôt vers la direction de la SS. En mars 1933, Himmler attribua à l'industriel le grade de Standartenführer[21]. Peu après, le club devenait le « Cercle des amis du Reichsführer[22] ». Il se réunit plus souvent, jusqu'à ce que les rencontres soient presque mensuelles à partir de 1939[23]. On y abordait des questions de politique, d'économie et de culture. Himmler, qui décidait personnellement de qui pouvait en être membre[24], prit très souvent part aux réunions dans les premières années. Il y fit des conférences sur des sujets liés aux forces de l'ordre ou à la recherche généalogique, ou encore orchestra des visites du cercle dans les camps de concentration, comme à Dachau en 1936. En 1937, le club fut invité dans les locaux de la police berlinoise[25].

Après le début de la guerre, Himmler participa de plus en plus rarement aux rencontres de ses « amis », puis plus du tout à partir de 1940. En décembre 1943, le cercle effectua malgré tout un séjour de trois jours au quartier général d'Himmler en Prusse-Orientale, où le Reichsführer leur fit une présentation de ses missions[26].

En 1939, le cercle comptait trente-six membres, dont – outre Keppler et von Schröder – de hauts responsables de l'économie allemande comme Rudolf Bingel, directeur général et président du conseil d'administration de Siemens-Schuckertwerke AG, Heinrich Bütefisch, membre du conseil d'administration d'IG Farben, Friedrich Flick, directeur des Mitteldeutschen Stahlwerke, Karl von Halt, membre du conseil d'administration de la Deutsche Bank, ainsi que Hans Walz, président de Robert Bosch GmbH, et d'autres éminents représentants de la sidérurgie et de l'industrie lourde, des banques, des assurances, ainsi que des armateurs. Par ailleurs, Hermann Behrends et Oswald Pohl appartenaient au cercle en tant que représentants de la SS, tout comme le maire de Hambourg, Carl Vincent Krogmann, et des délégués de divers ministères, de la Reichsbank et du parti[27].

En 1936, Himmler appela les membres du cercle à verser des dons à la SS pour des œuvres culturelles et sociales. Ces dons auraient été d'environ 600 000 reichsmarks en 1936, pour atteindre près d'un million par an en 1939-1940[28]. Ces sommes étaient officiellement consacrées à des projets spéciaux, par exemple la rénovation du château de Wewelsburg (nous y reviendrons), le soutien des projets de l'Ahnenerbe ou de l'association « Lebensborn ». Le cercle rehaussait la réputation du Reichsführer dans les milieux économiques et offrait en retour à ses membres la possibilité de soumettre des projets à l'un des principaux dirigeants du régime – ou encore de s'enrichir grâce à l'aryanisation[29].

La fondation d'entreprises SS proprement dites vint conclure les efforts entrepris par Himmler pour mettre en place une organisation globale. En dehors des différents ateliers installés dans les camps de concentration et de la production de matériaux de construction à partir de 1938, que nous avons déjà évoqués[30], Himmler entretint dans les années 30 une série d'entreprises plus modestes dont les buts étaient très divers et dont la direction était assurée par son état-major personnel.

On trouvait ainsi les éditions Nordland à Magdebourg, spécialisée dans la publication de textes idéologiques, ainsi que l'Anton Loibl GmbH, fondée en septembre 1936, grâce à laquelle le chauffeur d'Hitler – un proche d'Himmler – put faire breveter un modèle de catadioptre pour pédalier qui fut rendu obligatoire sur les vélos. Une part considérable des gains était reversée à l'Ahnenerbe, l'« Héritage ancestral », l'organisation scientifique de la SS, au Lebensborn. En 1937, Friedrich Franz Bauer, un photographe et ami d'Himmler, fonda une société portant son nom qui lui permit de commercialiser ses clichés[31].

La manufacture de porcelaine Allach, créée par Himmler en janvier 1936, occupa une place à part parmi les entreprises SS. Outre le peintre Karl Diebitsch, sorte de conseiller artistique personnel du Reichsführer intégré au sein de son état-major en tant qu'expert en arts et en design, trois autres membres de la SS comptaient parmi les fondateurs[32]. En octobre 1939, ces quatre hommes de paille cédèrent cependant leur part à Pohl, qui incorpora la manufacture dans les Deutsche Wirtschaftsbetriebe.

Allach, située au nord de Munich, était conçue comme une « manufacture d'État », non comme une entreprise privée[33]. Deux tiers de la production étaient destinés à la SS, la police et la Wehrmacht[34]. La SS bénéficiait de prix très avantageux, et la manufacture travailla donc à perte à ses débuts[35]. Himmler prévoyait de compenser les pertes après la guerre grâce aux bénéfices d'un grand domaine agricole, et voulut donc imposer sur les produits d'Allach le droit illimité du Reichsführer à « faire des dons[36] ». Pendant la guerre, il fit remplacer la main-d'œuvre par des déportés venus du camp de Dachau[37].

Le catalogue de la manufacture de porcelaine comportait deux cents quarante modèles, tous ornés du double « S » runique, l'emblème de la SS – formidable collection de kitsch nazi. On trouvait des « figurines du mouvement », comme le « porte-étendard SS », mais aussi des figurines militaires historiques et des sujets animaliers (« Chien de berger » « Cerf bramant », « Jeune lièvre, couché »). Allach fabriquait en céramique les inévitables bustes du Führer, le chandelier de Iule, indispensable à toute famille SS, ainsi que des articles « germaniques », comme des vases et des bols. En outre, la manufacture produisit de plus en plus, surtout pendant la guerre, des objets usuels pour la Waffen-SS[38].

La confrontation future avec « l'Asie »

Bien qu'une idéologie propre à la SS ait été jugée nécessaire comme ciment de l'organisation, les déclarations d'Himmler sur les objectifs futurs de la SS sont relativement rares avant le début de la Seconde Guerre mondiale. Outre son discours programme lors de la réunion des chefs nazis de 1931, on ne peut citer que trois interventions où il aborda le rôle de la SS dans un prochain « Troisième Reich » et évoqua des questions idéologiques fondamentales : son discours lors de la Journée du paysan du Reich en novembre 1935, sous le titre *La Schutzstaffel, organisation de lutte antibolchevique*, sa présentation lors d'un séminaire de politique nationale de la Wehrmacht en janvier 1937 et enfin son discours aux généraux SS en novembre 1938[39]. Les documents d'endoctrinement qu'il supervisait, comme les *SS-Leithefte*, peuvent également servir de référence.

Quand on se livre à une analyse plus poussée de ces discours et de ces textes, on constate qu'une idée semble avoir pris une importance essentielle dans sa représentation idéologique du monde. Il existe une race supérieure, nordique ou germanique qui, en tant que guide de la « race blanche », et par conséquent représentant de toute l'humanité, se trouve aux prises avec des adversaires racialement inférieurs dans un combat millénaire. Cette situation de conflit ne peut qu'aboutir à une confrontation finale entre la race supérieure, les « Germains », et ses ennemis inférieurs. En termes plus bruts, il s'agit d'un « combat entre les hommes et les sous-hommes[40] ». L'avènement du national-socialisme, sous la férule du génial Hitler, offre une chance historique unique de remporter ce combat. Que l'on échoue, et cela aura pour terrible conséquence la fin de la race allemande, voire blanche.

Dans ses présentations officielles, Himmler désignait comme ennemis les francs-maçons, les communistes et les Juifs. À l'intérieur de la SS, il ne cachait pas qu'à ses yeux le christianisme était au moins aussi dangereux. Tels des caméléons, les Juifs, à peine évoqués dans son discours fondateur de 1931, surgissaient épisodiquement en tant qu'hommes de l'ombre et inspirateurs du camp adverse. Les Juifs étaient francs-maçons aussi bien que communistes, mais on les retrouvait aussi dissimulés derrière la hiérarchie du pouvoir chrétien[41]. Or, ils avaient beau être responsables de tout, ils paraissaient remarquablement sans relief dans les tirades d'Himmler. Sur le plan rhétorique, il s'engageait beaucoup plus quand il s'agissait de s'en prendre aux communistes, aux homosexuels et surtout au christianisme.

Au début des années 40, sa représentation de l'ennemi prit une nouvelle dimension décisive. Il préféra dès lors défendre l'idée que les Germains affrontaient depuis l'éternité des forces qui déferlaient régulièrement du cœur de l'Asie afin de conquérir l'Europe et anéantir les Germains : « inévitable, comme le balancier de la pendule[42] ». Himmler dépeignait une lignée qui remontait aux Huns et descendait jusqu'aux communistes soviétiques en passant par les Hongrois, les Mongols, les Turcs et les Tatars. En fin de compte, ce qui était en jeu, c'était la « confrontation entre un empire germanique et la sous-humanité[43] ».

Il allait, dans cette optique, mettre de plus en plus l'accent sur une prétendue symbiose entre les communistes et les Juifs et développer l'idée que le « bolchevisme juif » cherchait à mobiliser les masses du continent asiatique contre les « Germains »[44]. Il inscrivait ce danger judéo-bolchevique dans un contexte « historique », n'y voyant que l'ultime manifestation de l'impérialisme « asiatique », ce qui constituait un glissement de sens crucial dans sa vision du monde. Aux Juifs, ennemis héréditaires originels (qu'il citait généralement d'un trait dans ses discours des années 30, au même titre que les communistes, les francs-maçons et les jésuites), se substituait maintenant l'image d'un ennemi plus vaste encore, « les Asiates ». Cette nouvelle chimère englobait évidemment « les Juifs ». On était donc aux prises, affirmait-il, avec une guerre raciale contre « la juiverie et les Asiates[45] ». Ce changement se reflète d'ailleurs dans la façon qu'il eut de ne plus décrire un autre ennemi idéologique, le christianisme, comme d'influence « juive », ainsi qu'il le faisait dans les années 30, mais comme une religion « asiatique » pervertie. En 1944, la notion fut résumée dans la figure rhétorique du « christianisme purement moyen-oriental, véhiculé par les Juifs[46] ». L'antisémitisme d'Himmler était donc un élément d'un patchwork de représentations de l'ennemi.

On constate un autre changement dans sa terminologie, pour la première fois en 1938, mais surtout dans les années 40 : le futur Reich dont il fallait assurer l'avènement n'était plus seulement « germanique », mais « grand-germanique ». Autrement dit, cet empire devait accepter en son sein le « sang apparenté » de divers pays d'Europe et des minorités allemandes ethniques. Il devait s'emparer d'immenses territoires en Europe de l'Est et les « germaniser », en expulsant ou en exterminant les populations locales. Cet empire grand-germanique, dans l'esprit d'Himmler, n'était pas seulement une Grande Allemagne élargie de quelques provinces, mais une forme d'organisation étatique supranationale d'un genre tout à fait nouveau et fondée sur des critères raciaux[47]. En guise d'analogie historique, il citait la fondation du Reich en 1871 : tout comme la Prusse était devenue une partie de l'empire allemand, le Reich grand-allemand se métamorphoserait en Grande Germanie[48].

La vision d'un affrontement final avec les puissances asiatiques se trouve particulièrement illustrée dans un discours qu'il tint le 16 septembre 1942 devant des responsables SS dans son quartier général de Hegewald, en Ukraine. Il y mettait en garde son auditoire : « Comme un Attila était né dans ce chaudron des peuples composés de millions de sous-hommes, l'étincelle surgit soudain dans une union de deux êtres. » Grâce à cette dernière, « à partir de fragments de sang nordique-germanique-aryen perdus dans cette masse, sang qui seul permet de commander et d'organiser, [...] survient un Attila, un Gengis Khan, un Tamerlan, un Staline ». Mais, quand « un tel génie, un tel dictateur, un tel Gengis Khan vient au monde, et que ne naît pas en même temps de l'autre côté un Adolf Hitler », la situation peut « devenir très grave pour la race blanche ». Il n'y avait qu'une seule solution pour sortir vainqueur de la confrontation : « Tout bon sang – et c'est le premier principe que vous devez respecter – que vous rencontrez à l'est, vous devrez soit vous le concilier, soit le détruire. Si vous le laissez à l'autre camp, demain se lèvera de nouveau un chef, de petite, moyenne ou grande envergure, et ce serait un crime contre nous-mêmes, car au bout du compte seul notre propre sang peut nous vaincre[49]. »

Nous sommes là en présence d'une nouvelle idée : selon Himmler, la plus grande menace n'était pas représentée par un bloc asiatique bolchevique sous la direction des Juifs, mais par la subordination des masses asiatiques à de fortes personnalités, dont il ne pouvait expliquer l'apparition subite que par la résurgence de gènes « germaniques perdus ». « À l'origine, affabula-t-il à une autre occasion, une caste dominante germanique-nordique s'était imposée – l'histoire scientifique l'atteste – comme seigneurs, princes aux divers peuples de l'Est, parfois d'ailleurs à leur requête, car ils disaient : “Envoyez-nous quelqu'un, nous ne sommes pas capables de nous gouverner, nous voulons quelqu'un qui nous apporte l'ordre”[50]. » Plus tard, au fil de la Seconde Guerre mondiale, plus l'Union soviétique s'affirma comme un adversaire au moins égal à l'Allemagne national-socialiste, plus cette représentation se cristallisa dans les déclarations d'Himmler. Dans son idée, Gengis Khan, Lénine et Staline devinrent des dirigeants aux racines « aryennes[51] ». Dans le même temps – en 1942, il avait déclenché la « Solution finale » de la question juive dans toute l'Europe –, les Juifs perdaient toujours un peu plus leur rôle d'ennemi juré. En 1943, il parlait déjà au passé de la question juive[52].

Il est évident que la représentation fantasmatique de l'idéologique politico-historique d'Himmler échappe pour l'essentiel à toute tentative d'exégèse sérieuse dans le cadre de l'histoire des idées. Non seulement elle était intrinsèquement contradictoire et extrêmement vague sur le plan terminologique, mais elle subit au fil du temps des modifications considérables qui remettaient en question ses propres fondements. La définition du collectif germanique dépendait d'une conception raciale arbitraire, et les ennemis honnis étaient si bruts dans leur description, si étroitement imbriqués, qu'ils étaient pratiquement interchangeables et pouvaient être rendus responsables de tout. À la fin, il décréta que les Germains affrontaient une caste de dirigeants ennemis qui leur renvoyaient leur propre image. Il fallait avoir rompu depuis longtemps avec le vœu d'Himmler qui, en 1935, avait appelé à prêter davantage attention à la « ligne d'ensemble » pour accorder un quelconque sens à ces réflexions.

Cela ne veut pas dire qu'il n'y avait pas de constante dans sa vision du monde. La résurrection d'un empire « germanique » qui devrait alors coloniser « l'Est » en faisait partie, comme la profonde hostilité vis-à-vis des peuples vivant dans cet Est, vis-à-vis du christianisme et des Juifs. D'ailleurs, ces constantes trouvèrent leur expression, de façon très diverse, dans les programmes de conquête impérialiste et les campagnes d'extermination contre les ennemis haïs.

Il serait par conséquent erroné de croire qu'Himmler avait avant tout eu pour but de réaliser un programme précis solidement étayé sur le plan idéologique. Himmler était en réalité, plus que tout, un politicien très souple, d'une grande adaptabilité, qui savait légitimer sa politique de l'instant par des artifices idéologiques. Ou, pour l'exprimer autrement : apparemment, Himmler le politicien ne tenait pas à ce qu'Himmler l'idéologue empiète trop sur sa marge de manœuvre[53].

La subjugation du christianisme

À la veille de l'affrontement historique entre « les hommes et les sous-hommes », Himmler tenait à confier une mission en particulier à la SS : jouer le rôle d'avant-garde dans la subjugation du christianisme et la résurrection d'un mode de vie « germanique ». Dans son esprit, c'était là la véritable mission de la Schutzstaffel. C'était à elle qu'elle devait son identité, c'était elle qui justifiait son existence.

Le christianisme lui paraissait d'autant plus dangereux que sa morale sexuelle se dressait sur la voie de la révolution biologique qu'Himmler espérait déclencher, et parce que le principe de la charité chrétienne était contraire à son refus du compromis et à sa volonté implacable dans son combat contre les « sous-hommes »[54]. Il fallait substituer à ces principes chrétiens des vertus « germaniques », condition nécessaire pour survivre au combat contre les « sous-hommes » et l'emporter.

Selon lui, le double processus de la « déchristianisation » et de la « germanisation », en tant que processus double, devait concerner toutes les sphères de l'existence : les mœurs et la morale, en particulier la morale sexuelle, la loi, l'ensemble du domaine culturel ainsi que l'ordre social. Ce bouleversement de valeurs jugées dépassées correspondait remarquablement à son développement personnel. Non seulement il rendait les « ordres masculins homosexuels » de l'Église catholique et la pruderie enracinée dans son éducation catholique responsables de son propre développement tardif sur le plan sexuel et de sa « mise en danger » par des tentations homosexuelles – comme il le constata plus tard avec effroi –, mais vers la fin des années 30, il se sentait également limité dans ses besoins par la morale chrétienne écrasante, dans ses relations avec son épouse qui, en dix ans, avaient peu à peu tourné à l'aigre. La « magnanimité germanique » pouvait servir de remède. Invoquant des valeurs « germaniques », il créa en outre un système moral qui lui permettait de se détourner des valeurs humanitaires dans lesquelles il avait grandi et qui auraient empêché le lancement d'une politique impitoyable de conquête de l'espace vital.

L'anticommunisme et l'antisémitisme d'Himmler ne font aucun doute, et il extermina sans pitié ces deux groupes d'opposants. Mais fondamentalement il s'intéressait beaucoup plus au christianisme. L'affrontement avec le monde chrétien, dans lequel il avait vécu toute son éducation, avait revêtu pour lui un sens existentiel, et dans la mesure où il associait la lutte contre le christianisme au fantasme de la résurrection du monde englouti de la Germanie, il s'était trouvé la mission de sa vie. À cela s'ajoutait une considération politique : l'antisémitisme et l'anticommunisme appartenaient à l'inventaire vital du nazisme, aussi bien du point de vue idéologique que dans la pratique de la politique. La SS ne pouvait donc que difficilement se distinguer dans ces domaines. Mais, en associant déchristianisation et re-germanisation, Himmler avait donné à la SS sa vocation première.

Nous avons déjà vu qu'Himmler, en dépit de son rejet du christianisme, accordait une grande importance au fait que ses hommes soient « croyants[55] ».

Mais les informations qu'il livre sur ses propres « croyances » restent vagues. Il lui arrivait parfois dans ses discours d'évoquer « Waralda l'Ancien », mais il n'en fit pas pour autant une représentation divine à laquelle il aurait soumis la SS. Ainsi, en 1943, dans un discours devant des officiers de la Kriegsmarine, il déclara que quiconque observait et comprenait le processus de la sélection dans la nature était « profondément croyant ». « Il est croyant parce qu'il sait qu'il existe une force infinie au-dessus de nous. Les Germains avaient une très belle expression pour ça : Waralda, l'Ancien. Nous pourrions nous demander comment l'honorer, comment lui donner corps dans nos présentations et nos choix[56]. »

Officiellement, Himmler ne reconnaissait pas vouloir revenir au culte d'Odin ou d'autres divinités germaniques. Mais en son for intérieur il était préoccupé par la question de savoir s'il n'était pas possible de retrouver des traces physiques de telles représentations divines « germaniques ». En mai 1940, il s'adressa à Walther Wüst, le directeur de l'Ahnenerbe, et le pria de « rechercher, dans la culture aryenne nord-germanique, les représentations de l'idée de l'éclair, de la foudre, du marteau de Thor, du marteau volant ou lancé, et aussi où le dieu est dépeint, dans les sculptures, avec une petite hache d'où jaillissent des éclairs ». Il lui ordonna de rassembler tous les « indices, graphiques, sculpturaux, écrits et sagas », afin qu'il puisse être sûr qu'il ne s'agissait pas là « du tonnerre et de l'éclair naturels, mais d'un instrument de guerre antique, extrêmement développé, de nos ancêtres, qui n'était naturellement en la possession que de quelques-uns, à savoir les Ases, les dieux, et qui présupposait une connaissance fabuleuse de l'électricité[57] ». Cette dernière réflexion sur l'électricité montre qu'Himmler croyait que cette arme avait bel et bien existé et qu'elle s'était trouvée aux mains des dieux ou d'êtres semblables à eux. S'il ne s'était agi pour lui que de la représentation du phénomène de la foudre, il n'aurait pas envisagé un instant de fabriquer l'arme en question et aurait pu la considérer comme issue de l'imagination des artistes préhistoriques. Se serait-il laissé emporter par sa ferveur ? Si l'on en juge par le fait que son conseiller en toutes choses germaniques et occultes, Karl Wiligut, sur lequel nous reviendrons, lui avait proposé un projet d'introduction d'une foi germanique ancestrale à la place du christianisme, il semble qu'Himmler, dans le cercle de ses intimes, ait pris de telles idées au sérieux[58].

En règle générale, sa position sur les questions religieuses était cependant motivée par des considérations extrêmement matérialistes, voire froidement cyniques. Si le christianisme était avant tout néfaste parce qu'il faisait obstacle à la révolution politique et démographique, Himmler, à l'occasion de la création pendant la guerre d'une division de volontaires musulmans pour la Waffen-SS, salua en l'islam une « religion sympathique et pratique pour les soldats », car il attire « ses fidèles à [lui] dans cette division et qu'il leur promet le paradis s'ils se sont battus et sont tombés au combat[59] ».

Il finit par respecter les témoins de Jéhovah, déportés par dizaines de milliers dans les camps de concentration en raison de leurs convictions pacifistes et antinazies, pour leur volonté de résistance, leur grande disposition au martyre et leur fanatisme religieux. « Si l'on pouvait étendre leur fanatisme en Allemagne, ou produire un tel fanatisme dans toute la nation en guerre, nous serions encore plus forts qu'aujourd'hui[60] ! » En outre, ils vivaient dans l'abstinence, avaient le sens du devoir et du respect. C'est pourquoi non seulement il en employa dans sa propre demeure, auprès de proches ou de familles SS[61], mais il se dit en outre qu'il était utile de propager ces qualités chez les peuples occupés de l'Est, où le pacifisme des témoins de Jéhovah aurait été, du point de vue allemand, particulièrement bienvenu ! En juillet 1944, dans une longue lettre, Himmler ordonna donc à Kaltenbrunner de procéder à cette exportation de religion dans les territoires occupés à l'Est – dont beaucoup n'étaient d'ailleurs déjà plus occupés à cette date : « Il faut envisager l'enseignement du bouddhisme auprès de tous les peuples turcs, et des témoins de Jéhovah pour tous les autres[62]. »

Même pour ses propres hommes, Himmler était prêt à trouver des solutions pragmatiques aux questions existentielles. Ce n'était pas dans le domaine religieux qu'il fallait chercher la réponse au caractère éphémère de l'être humain, mais dans le culte des ancêtres. Le respect des ancêtres renforçait selon lui chez l'individu la conscience que sa propre vie s'inscrivait dans la continuité des générations. Le caractère éphémère de l'homme était annulé par « l'immortalité » du peuple. Dans son discours aux généraux SS à la veille des célébrations de novembre 1938, il avait expliqué : « Nous deviendrons invincibles et immortels en tant que peuple, véritablement immortels en tant que race aryenne nordique, si nous respectons la loi du sang par la sélection et si, vivant dans le respect des ancêtres, nous connaissons le cercle éternel de tout ce qui est, tout ce qui se passe et de la vie dans ce monde. Un peuple garant de ses ancêtres aura toujours des enfants. Seuls les peuples qui n'ont pas d'ancêtres n'ont pas d'enfants[63] ».

La suite du discours montre pourtant qu'Himmler n'associait pas seulement l'immortalité à la continuation du collectif « peuple », mais que, selon lui, l'individu pouvait aussi espérer l'atteindre : « Et si dure que puisse être la mort sur le moment – car c'est une séparation –, nous savons aussi fort bien, conviction ancestrale et raciale, qu'elle représente un passage à un autre niveau. Car nous

nous sommes tous déjà vus quelque part, et nous nous reverrons de même dans l'autre monde[64]. »

Himmler se préoccupa de plus intensément de la question de la réincarnation. En février 1937, il déclara aux Gruppenführer que celle-ci était « une question sur laquelle nous pourrions nous entretenir pendant des heures ». Tout en affectant l'indifférence : « Je dois dire que cette croyance vaut autant que bien d'autres. Il est tout aussi difficile d'en démontrer scientifiquement l'exactitude que le christianisme, les enseignements de Zarathoustra, de Confucius, etc. Mais elle a un grand avantage : un peuple animé de cette foi en la réincarnation, et qui honore ainsi ses ancêtres et lui-même, a toujours des enfants, et ce peuple possède la vie éternelle[65]. »

Sur le plan personnel, Himmler avait des opinions très claires à ce sujet, comme on le voit dans une lettre qu'il envoya le même mois au SS-Hauptsturmführer Eckhardt. Karl August Eckhardt, qui enseignait l'histoire du droit, avait présenté à Himmler un manuscrit intitulé *Immortalité terrestre*, sur lequel le Reichsführer-SS n'avait pas tari d'éloges. Himmler fit savoir à Eckhardt que son travail représentait « une contribution d'une formidable valeur et confirm[ait] pleinement ce que nous transmet la tradition orale depuis des millénaires, mais que la science n'a cependant pas reconnu ». Il exprima malgré tout le souhait que quelques modifications soient apportées. Ainsi, il n'approuvait pas l'idée d'« errance de l'âme » avancée par Eckhardt, qu'il préférait remplacer par la « réincarnation au sein du clan, de la race[66] ». Le manuscrit révisé parut en 1937 et le livre fut diffusé dans la SS par Himmler dans une édition spéciale en 1939[67].

Eckhardt avait évidemment tenu compte des réflexions d'Himmler dans sa nouvelle version. Il n'était désormais plus question d'errance de l'âme, mais de « foi en une nouvelle naissance » qui était « d'origine aryenne ». Dans sa préface, Eckhardt citait un des auteurs favoris d'Himmler, Werner Jansen. Celui-ci, dans son « livre le plus profond », *Robert le Diable*, « chant héroïque sur le duc de Normandie », avait fait de son héros le témoin clé de sa thèse maîtresse, celle qui voulait que les Germains aient cru en la « renaissance ».

Le culte des Germains

Himmler s'attacha sans faiblir à développer un culte germain au centre duquel se serait trouvée la SS. Il ne se contenta pas de dévoiler les prétendues « racines germaniques » de ses contemporains allemands et de veiller à ce qu'ils aient à cœur de défendre cet héritage ancestral, mais il en vint à vouloir réinterpréter intégralement le noyau germanique supposé de l'histoire allemande. Il incombait au national-socialisme de faire renouer les Allemands avec leur véritable essence germanique. Himmler ne réfléchissait pas là en termes historiques, mais plutôt en fonction de catégories raciales : ce qui, à ses yeux, distinguait l'histoire germanique allemande, c'était le fait qu'elle avait été façonnée par des hommes présentant toujours les mêmes qualités et capacités, déterminées par la génétique, et qu'il ne fallait pas y voir une continuité historique, mais plutôt un univers constant[68].

Dans ses efforts pour développer un mythe germanique propre à la SS, Himmler chercha en particulier à décrire le monde préchrétien des Germains comme exemplaire et leur christianisation comme une erreur fatale, voire un crime. Il s'agissait pour lui de démontrer que le cœur véritable de l'histoire allemande médiévale était germanique, occulté par la façade contraignante du christianisme. Il n'avait là rien d'un précurseur : dès le début du XIXe siècle, les mythes germaniques et l'engouement pour les Germains avaient suscité un vaste mouvement qui avait certes affecté les disciplines académiques, mais avait aussi trouvé un écho populaire. Déjà, dans l'empire allemand, cette idéologie s'était parée d'accents antichrétiens marqués, et l'idée du développement d'une foi germanique était à l'époque relativement répandue dans les cercles nationalistes. Sur le plan politique, c'est surtout dans les années troubles qui suivirent la défaite de la Première Guerre mondiale que le mythe du héros germanique revint au goût du jour, nourri de racisme et opposé au « nivellement par le bas » des démocraties occidentales[69]. Comme nous l'avons vu, Himmler avait lui aussi été emporté par cette vague. C'était la lecture des romans de Werner Jansen qui lui avait fait découvrir les Germains en 1923-1924.

En 1937, il coucha les réflexions suivantes sur le papier : « Nous vivons à l'ère de la confrontation finale avec le christianisme. C'est à la Schutzstaffel qu'il revient, dans les cinquante prochaines années, d'inculquer au peuple allemand des principes idéologiques de vie autres que chrétiens. Pour accomplir cette mission, il ne suffira pas de vaincre l'ennemi idéologique. Elle doit s'accompagner étape par étape d'éléments positifs : nous parlons là du développement du patrimoine germanique, dans son sens le plus vaste[70]. » Se fondant sur ces principes, Himmler développa un « plan de travail » : un groupe de spécialistes SS devait publier une collection d'environ cinquante volumes où seraient rassemblées les sources se rapportant au « patrimoine germanique ». Deuxième étape, il faudrait rechercher dans « le Moyen Âge prétendument chrétien les courants germaniques ». Les résultats devaient en premier lieu servir à « l'orientation » idéologique de la SS. L'Ahnenerbe, l'institution scientifique créée par Himmler, allait s'atteler à cette mission dans les années à venir, mais pas sous la forme concentrée dont Himmler avait rêvé en 1937[71].

Il est difficile d'imaginer comment il se représentait en réalité l'ordre social et le monde des Germains et pourquoi il estimait que cet univers disparu devait servir d'idéal. Ses commentaires sur les Germains antiques sont aussi rares que flous[72]. Il n'y a que dans son discours sur la Schutzstaffel de 1935 qu'il s'étendit un peu plus longuement sur le sujet. Il y vanta les mérites exemplaires du droit germain, en particulier le principe de protection de la nature et des animaux, inscrit dans la croyance en un ordre divin ; plus loin, l'artisanat extrêmement développé des Germains et leur capacité à créer une charrue bien supérieure aux outils de même type ; leur culte des ancêtres qui s'exprimait par des « tombes monumentales » ; leur « bravoure et leur habileté » ; leurs connaissances en astronomie, et enfin l'alphabet runique, « mère de toutes les écritures ».

Himmler considérant la christianisation des Germains comme le péché originel qui avait empêché les vertus germaniques de se développer pleinement dans l'empire médiéval[73], le « missionnaire des païens » Boniface faisait l'objet des vitupérations du Reichsführer-SS. Il ne lui pardonnait pas d'avoir fait abattre le Chêne de Thor, sacré pour les Germains, en l'an 723, et mille deux cent quatorze ans plus tard, autrement dit en 1937, il pouvait encore s'emporter en se demandant comment « un type peut être un porc au point de faire arracher cet arbre[74] ». Mais selon lui c'était surtout « Charles le Franc » (Charlemagne) qui était responsable de la christianisation des Germains, et à qui il reprochait régulièrement dans ses discours publics d'avoir massacré les Saxons[75]. Du reste, il affirmait que son fils, Louis le Pieux, était tout simplement « enjuivé[76] ».

Mais Hitler se montra imperméable à ses dénonciations de l'empereur Charlemagne. Dans son discours pour les assises du parti en 1935, le Führer expliqua que le christianisme avait joué un rôle de cohésion dans le processus de création de l'empire au début du Moyen Âge. Il voyait en Charlemagne l'unificateur historique de l'empire, jugement qu'il ne cessait de marteler dans ses discussions en privé[77]. Himmler changea donc d'opinion. Les *SS-Leitheften* publièrent une contribution de H. W. Scheidt, directeur du département de l'éducation d'Alfred Rosenberg, grand concurrent idéologique d'Himmler, qui expliqua que les « combats contre les Saxons et les autres mesures de répression appliquées par Charlemagne » avaient pour « véritable raison le désir de pouvoir profondément germanique et la conscience que le pouvoir politique central, qu'il détenait, se devait d'être étendu[78] ». Himmler fit alors preuve de retenue dans ses déclarations. Et en 1944 il constata que l'empereur Charlemagne était « très controversé, très respecté et finalement – dans toutes les choses qui [...] nous déplaisent mais que nous devons concevoir dans la lutte pour constituer un empire – très grand, parce qu'il est le fondateur du Reich[79] ».

Il en allait tout autrement du roi Henri Ier l'Oiseleur. Dans sa volonté de lui rendre hommage, Himmler fit tout son possible pour prouver que le Moyen Âge allemand reposait sur des fondations antichrétiennes. En 1936, pour le millième anniversaire de la mort du roi, Himmler visita sa tombe dans la cathédrale de Quedlinburg afin d'y initier une nouvelle tradition. Chaque année, les « Fêtes du roi Henri » devaient constituer un des piliers des célébrations SS. Le discours d'Himmler pour la mort du roi, qui fut publié la même année, avait pour objectif d'établir un parallèle entre Henri et Hitler[80]. Henri, expliqua Himmler, était arrivé au pouvoir au même âge qu'Hitler et avait dû surmonter les mêmes problèmes. « Quand, en 919, alors âgé de quarante-trois ans, Henri, duc de Saxe, descendant du roi de Saxe Ludolf, devint roi d'Allemagne, il hérita d'une situation catastrophique. Il était souverain d'un domaine qui n'avait plus d'empire que le nom. Tout l'est de l'Allemagne avait été [...] perdu au profit des Slaves. »

Himmler dressa la longue liste des vertus d'Henri qu'il jugeait exemplaires. Ainsi, quand il avait été élu roi en 919, il avait refusé la bénédiction de l'Église et témoigné « devant tous les Germains » qu'il « ne comptait pas tolérer que le pouvoir ecclésiastique puisse, sous son gouvernement, avoir son mot à dire dans les affaires politiques en Allemagne, évoquant habilement la situation du moment ». « Il réintroduisit cet éternel principe germanique de la fidélité entre le prince et son vassal, poursuivit Himmler, offrant un contraste frappant avec les méthodes de gouvernement chrétiennes et ecclésiastiques des carolingiens. » D'après Himmler, Henri était en outre un apôtre du « débat ouvert et viril ». Mais surtout : « Pas un instant de sa vie il n'oublia que la force du peuple allemand reposait dans la pureté de son sang ou dans la noblesse et la liberté de son enracinement terrien. » Il fallait le remercier profondément de « n'avoir jamais commis l'erreur que les Allemands et les hommes d'État européens en général ont commise jusqu'à notre époque : de croire que son but dépassait l'espace vital – aujourd'hui, nous dirions espace géopolitique – de son peuple ».

Malheureusement, dut concéder Himmler, ces célébrations comportaient un défaut : « Les restes de ce grand dirigeant allemand ne reposent plus dans leur sépulture. Et nous ne savons pas où ils sont[81]. » Cette « disgrâce pour l'ensemble du peuple allemand », comme l'écrivit plus tard Himmler[82], ne cessait de le perturber. L'année suivante, le Reichsführer commandita des fouilles méticuleuses qui aboutirent au résultat escompté, comme le rapporta le *Schwarze Korps* à temps pour les Fêtes du roi Henri. On aurait « obtenu la preuve scientifique que les restes retrouvés lors de fouilles dans la crypte de la cathédrale de Quedlinburg sont effectivement ceux du roi Henri Ier [83] ». « Himmler a dégagé les ossements d'Henri Ier », nota, laconique, le ministre de la Propagande Goebbels dans son journal [84].

Par la suite, Himmler se rendit chaque année à Quedlinburg pour rendre hommage au roi défunt lors d'une cérémonie dans la crypte de la cathédrale, désormais ornée d'une gigantesque tenture aux armes de la SS [85]. Pendant la guerre, les célébrations du roi Henri se déroulèrent sans Himmler, et il semble qu'en son absence, l'affaire ait perdu de son caractère cérémoniel. En 1944, son aide de camp se plaignit même que lors de la dernière Fête du roi Henri on avait consommé beaucoup trop d'alcool [86].

Si Himmler vantait Henri Ier comme le véritable fondateur du Reich, lui qui avait pris ses distances avec le christianisme, le règne des Hohenstaufen avait été selon lui une époque où « le Reich avait connu une prospérité et une puissance qui avaient rayonné dans le monde entier ». L'empereur Frédéric II et son contemporain, le duc de Saxe Henri le Lion, occupaient une place d'honneur sur sa liste des héros allemands et germaniques [87].

L'ordre des Chevaliers teutoniques était un autre modèle. En 1939, la SS prit le contrôle du siège de l'ordre, alors sis à Vienne. Himmler profita de l'occasion pour se livrer à une digression historique. L'ordre aurait été fondé « très tôt [...] dans la prétendue [*sic* !] Terre sainte, à l'époque où la force d'expansion germanique, détournée par l'Église chrétienne, versait son sang dans cet Orient si lointain. Puis cet ordre chevaleresque eut le courage d'entreprendre son expansion vers la Prusse-Orientale et [...] devint ainsi l'ordre des chevaliers allemands. Il fonda l'État, dit de l'Ordre, en Prusse-Orientale, sous sa forme robuste, militaire, d'idéologie chrétienne. [...] J'ai la ferme volonté de reprendre ce que cet ordre avait de bon, la bravoure, une fidélité sans faille à l'idée que l'on défend, les capacités d'organisation, l'expansion vers le lointain, l'expansion vers l'est [88] ».

Dans l'histoire allemande plus récente, Himmler trouva relativement peu de points d'ancrage pour illustrer son histoire imprégnée de germanité. Pendant la seconde moitié de la guerre, il se référa parfois à la Prusse et aux valeurs prussiennes, au roi de Prusse Frédéric II, aux réformes prussiennes et à la fondation de l'empire par Bismarck [89], mais il en resta là.

Ses emprunts à l'histoire visaient surtout à s'approprier l'héritage théoriquement germanique d'une époque plus reculée. L'établissement d'un culte des Germains au sein de la SS, nous l'avons vu, correspondait tout à fait à sa passion de jeunesse pour les héros et les vertus germaniques. Pourtant, on ne peut expliquer l'hommage rendu aux Germains dans la SS comme la simple émanation d'une marotte personnelle du Reichsführer. Du point de vue d'Himmler, il s'agissait bien plus de garantir à la SS un rôle central au cœur même de l'idéologie nazie, en tant que gardienne de l'héritage germanique et de son interprétation. Dans un système aux racines profondément idéologiques comme le national-socialisme, une telle position ne pouvait être synonyme que de prestige et de puissance.

À partir du milieu des années 30, le zèle avec lequel nombre de nazis avaient, dans les débuts du Troisième Reich, défendu le patrimoine germanique commença à s'estomper, mais cela ne suffit pas à décourager le Reichsführer. Hitler, quant à lui, dans ses déclarations publiques, se contentait de phrases creuses au sujet du passé germanique. En privé, il reconnaissait que l'héritage des Germains ne l'intéressait pas particulièrement et qu'il considérait comme légèrement bizarre que l'on puisse s'en occuper avec autant de ferveur que le faisait Himmler[90]. Cela non plus ne dissuada pas celui-ci. Car, contrairement à Hitler, Himmler n'en faisait pas un moyen de propagande envers les masses, il y voyait plutôt les fondements d'une identité spécifique aux SS.

C'est pourquoi il entreprit des efforts conséquents, non seulement pour évoquer l'existence d'un empire germanique et la survie d'éléments germaniques dans le peuple allemand, mais aussi pour en faire la démonstration scientifique. Une quête qu'il n'était pas seul à poursuivre. Dès 1933, Alfred Rosenberg, le principal idéologue du mouvement, « mandataire du Führer pour la supervision de l'ensemble de l'endoctrinement et de l'éduction spirituelle et idéologique du NSDAP », avait tenté de centraliser les études d'histoire ancienne dans le cadre d'un « Institut du Reich pour la préhistoire et l'histoire antique[91] ». Une raison de plus, pour Himmler, de mettre en place sa propre société scientifique chargée d'étudier l'héritage germanique.

L'Ahnenerbe, « l'héritage des ancêtres »

C'est officiellement la rencontre entre Himmler et Herman Wirth qui serait à l'origine de la fondation d'une société de ce type. Il avait tissé des liens avec ce spécialiste de l'histoire ancienne, rejeté par l'ensemble du monde universitaire, lors d'une soirée à laquelle Darré avait également participé[92]. Au printemps 1935, Wirth s'était attelé à la tâche à la demande d'Himmler et Darré. Il commença par préparer deux expositions qui devaient présenter les coutumes et les traditions germaniques sous un angle conforme à la SS[93].

Le 1er juillet 1935, Himmler fonda la Société d'étude d'histoire spirituelle ancienne « Héritage ancestral allemand », littéralement sur mesure pour Wirth[94]. Celui-ci fut donc nommé président de l'institution, tandis que son ancien secrétaire privé, Wolfram Sievers, devenait secrétaire général[95]. L'Ahnenerbe fut d'abord intégrée au secteur d'activité du Bureau pour la race et le peuplement, sous l'influence directe de Darré[96].

Pourtant, Himmler ne tarda pas à redouter que le manque de sérieux scientifique de Wirth n'ait un impact négatif sur le développement de l'institut[97]. De plus, Wirth avait tendance à se montrer très entêté et dispendieux avec les moyens financiers qu'on lui accordait[98]. C'est pour ces raisons que le Reichsführer décida, dans le courant de l'année 1936, de se séparer de Wirth, lequel quitta définitivement l'Ahnenerbe en 1938, dont il devint président à titre honorifique, sans que cela entraînât une rupture personnelle entre Himmler et lui[99]. Dès le printemps 1937, Walther Wüst, spécialiste de l'indo-européen et professeur de l'université de Munich, jouait en fait le rôle de successeur de Wirth[100]. Depuis l'automne 1936, il dirigeait une section récemment créée de philologie à l'Ahnenerbe. (Wüst manifesta sa reconnaissance quand, à l'occasion du trente-septième anniversaire d'Himmler, il lui offrit une « superbe urne bas-saxonne », copie réalisée par la Manufacture d'Allach, présent dont, selon Wüst, « le sens profond remontait à plus de mille cinq cents ans[101] ».)

Jusqu'en 1939, Himmler s'employa à détacher progressivement l'Ahnenerbe de l'influence du Bureau pour la race et le peuplement, et finit par en faire un service de la SS subordonné à son état-major personnel[102]. Au début de 1939, il la dota de nouveaux statuts, d'après lesquels il devenait lui-même président tandis que Wüst, qui dirigeait *de facto* l'organisation, en était le « conservateur » et que Sievers restait directeur exécutif[103].

Dès le début, l'Ahnenerbe eut principalement pour mission d'étayer l'idéologie de la SS par des contributions liées à la préhistoire germanique, mais aussi par ses travaux dans le domaine de la généalogie et de la famille. Himmler exigea donc des membres de la SS non seulement qu'ils prouvent leurs origines, mais réclama en outre que les généraux SS disposent de blasons familiaux, et fit par conséquent étudier les « symboles claniques » et les « emblèmes de maisonnées » de leurs ancêtres[104].

L'Ahnenerbe connut une expansion rapide. Depuis 1936, des filiales en assumaient les différentes missions de façon relativement isolée les unes des autres sur le territoire du Reich. En 1939, l'institut supervisait une vingtaine d'instituts de recherche, la plupart dans les domaines historique, philologique et folklorique, ainsi que dans d'autres disciplines des sciences humaines et de plus en plus en sciences naturelles[105]. Outre la section de philologie de Wüst, l'Ahnenerbe, en 1936, avait par exemple pris sous son aile le département des études germaniques de Detmold (qui assuma aussitôt la garde des Externsteine – voir plus loin). À cela s'ajoutèrent, en 1937, le département des relations culturelles finno-indo-européennes[106] et celui des emblèmes et symboles claniques[107], ainsi que, un peu plus tard, le département d'études des contes et sagas. En 1938, l'Ahnenerbe ouvrit une section de recherche ethnologique à Francfort-sur-le-Main[108], de même qu'une section de philologie classique et d'études antiques[109].

En 1938, Himmler ordonna que le nouveau département des fouilles de l'Ahnenerbe centralise tous les chantiers archéologiques de la SS, qui étaient déjà nombreux. Outre des projets qui suscitaient la controverse dans les rangs des spécialistes, comme la recherche « couronnée de succès » des ossements d'Henri Ier, on en trouvait certains de nature plus sérieuse, comme la mise au jour de Haithabu, site viking et plaque tournante du commerce au haut Moyen Âge dans le Schleswig, fouilles entreprises sous la direction du célèbre archéologue Herbert Jankuhn et qu'Himmler avait prises personnellement sous sa tutelle en 1937. La SS soutenait par ailleurs des fouilles paléontologiques sur l'Erdenburg, près de Bensberg, à Altchristburg en Prusse-Orientale ainsi que sur le Hohenmichele, tumulus funéraire près de Sigmaringen[110]. D'autres sections et départements de recherches furent créés : sur l'histoire des croyances indo-européennes, le Proche-Orient, l'architecture germanique, ainsi que sur l'histoire du Moyen Âge et de la Renaissance[111], et enfin le département de recherche sur l'Asie centrale et les expéditions, dirigé par le spécialiste du Tibet Ernst Schäfer, département qui devint l'Institut Sven Hedin en 1943[112].

Au départ, l'intérêt d'Himmler pour la recherche en sciences naturelles avait avant tout pour but de démontrer la véracité de la théorie de la glace éternelle, sur laquelle nous reviendrons en détail plus loin. À cette fin, il avait fondé dès 1937 un département de climatologie (ultérieurement de géophysique) sous la direction du météorologue Hans Robert Scultetus à Berlin. Le département d'astronomie ouvert en mars 1938 à l'observatoire de Grünwald, près de Munich, avait le même objectif. Le fondateur de la doctrine de la glace éternelle, Hanns Hörbiger, travailla même un temps à l'Ahnenerbe[113].

Dans les années qui suivirent, Himmler développa presque à volonté les activités de recherche en sciences naturelles, mais aussi dans les pseudo-sciences. Entre autres, il mit en place un département de radiesthésie. Un département de géologie et de minéralogie fut créé, qui se consacrait en particulier à la recherche d'or dans les cours d'eau de Haute-Bavière, ainsi qu'un département de botanique et un autre de spéléologie et de karstologie[114]. On envisagea en outre la création d'un département de géographie animale, d'histoire animale, et enfin une section chargée de s'intéresser aux sciences dites occultes[115].

L'Ahnenerbe diffusa une profusion de publications. À partir de janvier 1939, l'institut prit part à la publication de la revue de vulgarisation *Germanien*, ses contributions étant rassemblées sous le titre *Cahiers mensuels d'études germaniques pour la connaissance de l'âme allemande.* Il finit peu à peu par contrôler la revue. Himmler en suivit toujours avec grand intérêt les publications. De plus, depuis la fin de 1936, l'Ahnenerbe publiait le périodique *Nordland*, violemment anticlérical, « journal de combat idéologique », et elle participait à toute une série d'organes scientifiques spécialisés. Depuis 1935, elle diffusait en outre une série de *Carnets de l'héritage ancestral allemand.* En 1939, elle commença à organiser des congrès de haute volée[116].

Mais l'Ahnenerbe était bien plus qu'une société érudite. Ses membres se présentaient comme des « inquisiteurs, des censeurs, des expropriateurs[117] », et pratiquaient une vigoureuse politique d'acquisitions. Au début 1938, Wüst lui-même avouait d'un ton critique que l'Ahnenerbe s'appropriait « des objets et des installations importants », puis ne s'en occupait plus par la suite[118]. Comme avec tant d'autres entreprises de la SS, la Gestapo prêta plus d'une fois son concours aux activités de l'Ahnenerbe. En 1938, l'institut récupéra auprès de la Gestapo de Munich le précieux fonds de la bibliothèque de Lion Feuchtwanger*. La même année, toujours avec l'aide de la Gestapo, il s'assura une partie du patrimoine de l'université de Salzbourg et la totalité de sa bibliothèque[119].

Dans le même temps, l'Ahnenerbe s'efforçait de prendre pied dans les universités, en proposant aux titulaires de chaire la direction d'un département ou un grade dans la SS. La présence de la SS dans les universités n'était pas seulement synonyme d'influence dans les sphères de l'enseignement supérieur et de la recherche, source de prestige, cela devait faciliter le recrutement parmi les

* Lion Feuchtwanger (1884-1958) : écrivain et dramaturge juif allemand, critique implacable du régime nazi, réfugié d'abord en France, puis aux États-Unis. (NdT)

étudiants[120]. Himmler y enregistrait de nombreux succès[121], et son influence s'accrut d'autant plus au ministère de l'Éducation du Reich. En avril 1937, Heinrich Harmjanz, membre de la SS depuis 1930, prit la tête de la commission sur l'histoire des idées. En mai 1939, le chimiste Rudolf Mentzel, SS depuis 1932, fut nommé à la tête de la section des sciences. L'un et l'autre étaient favorables à l'Ahnenerbe. Cette dernière sut se montrer reconnaissante. À l'automne 1938, elle créa pour Harmjanz une section sur le folklore et l'ethnologie à Francfort, où ce dernier occupa une chaire en dehors de sa position au ministère. Toutefois, Himmler ne parvint jamais à développer une véritable politique universitaire et scientifique[122].

Ce manque de cohérence est caractéristique de l'Ahnenerbe. Une « politique d'expansion sans méthode et aléatoire[123] », avec des ramifications croissantes, pour ne pas dire un éparpillement, de ses activités eut pour effet que l'Ahnenerbe regroupait dans ses rangs aussi bien des experts reconnus dans leur domaine que des amateurs éclairés et des charlatans absolus, et que jamais elle ne se dota de critères scientifiques unifiés.

Cette situation ne changerait d'ailleurs pas pendant la guerre. Durant le conflit, l'institution se concentra sur des missions « stratégiques ». En corrélation avec les projets de colonisation orchestrés par la SS, l'Ahnenerbe transféra des objets du patrimoine culturel, par exemple du Sud-Tyrol ou des pays baltes, et se livra à un véritable pillage culturel dans les pays occupés[124]. Sous le slogan « Application militaire des sciences humaines », de nombreux chercheurs de l'Ahnenerbe s'impliquèrent dans des projets articulés autour d'une confrontation idéologique avec l'ennemi[125]. Par ailleurs, l'institut s'occupait de culture de végétaux et d'élevage (à la demande d'Himmler, il tenta d'élever un cheval des steppes « résistant à l'hiver » pour les récoltes destinées à l'armée à l'est), mais aussi du développement d'armes parfois fantasmatiques, ainsi que d'expériences le plus souvent mortelles sur des sujets humains – dans le cadre de l'Institut de recherche militaire appliquée[126].

En ce qui concerne les objectifs originels de l'Ahnenerbe dans le domaine de la préhistoire et de la protohistoire, les résultats furent plutôt remarquables. Sans stratégie de recherche homogène qui aurait pu encadrer ces réussites ponctuelles et les rendre profitables à la SS sur le plan idéologique, ces succès ne furent toutefois que des coups d'épée dans l'eau. Cette absence de stratégie commune a plusieurs explications. Fondamentalement, on constate que la science ne fut pas en mesure d'apporter la preuve de l'existence d'un grand empire germanique englouti dont la culture aurait été supérieure à toutes les autres[127].

« Sous le manteau »

La vénération des Germains, l'antichristianisme et le conflit éternel entre les forces « germaniques » et « asiates » ne sont cependant que des facettes de la vision du monde d'Himmler – et encore s'agit-il de celles qu'il présentait lui-même publiquement quoique, parfois, sous une forme édulcorée. Himmler reliait ces aspects à l'aide d'une série de théories ou de mythes fantastiques très répandus dans l'entre-deux-guerres, pour parvenir à un tableau d'ensemble gigantesque, mais qu'il eut généralement tendance à garder pour lui.

Ainsi, le Reichsführer était un partisan enthousiaste de la théorie déjà citée de la glace éternelle, avancée par l'ingénieur autrichien Hanns Hörbiger. Cette théorie, très populaire dans l'entre-deux-guerres, et du reste unanimement rejetée par la science de l'époque, partait du principe que le cosmos était régi par un antagonisme entre planètes solaires et planètes des glaces, ce qui permettait d'expliquer aussi bien les catastrophes mondiales de l'histoire géologique récente que les mythes comme celui de l'Atlantide[128].

En juillet 1936, Himmler, que la réaction sans ambiguïté de la science n'impressionnait guère, non seulement engagea les principaux représentants de la théorie de la glace éternelle, rassemblés à Bad Pyrmont, à poursuivre leurs recherches en ce sens sous sa tutelle[129], mais s'efforça en outre, dans le cadre de l'Ahnenerbe, d'en démontrer le bien-fondé. Deux départements de l'institut, celui de climatologie sous la direction du météorologiste Hans Robert Scultetus et celui de la recherche en astronomie à l'observatoire de Grünwald, furent spécialement conçus à cette fin. Himmler prit même des mesures pour que Werner Heisenberg (qu'il tenait pour « respectable » en dépit des critiques virulentes dont il faisait l'objet dans le *Schwarze Korps*) entrât en contact avec « nos spécialistes de la théorie de la glace éternelle[130] ».

Himmler, régulièrement, demandait à l'Ahnenerbe de vérifier des éléments de cette théorie. En décembre 1940, son aide de camp Brandt posa la question de savoir « si, du fait de l'obscurcissement du soleil, une mutation du génotype est possible » – une question qu'avait directement soulevée le Reichsführer-SS. Le responsable de la théorie à l'Ahnenerbe, Scultetus, dut cependant répondre par la négative[131]. En septembre 1941, Brandt, à la demande d'Himmler, transmit au directeur Sievers un essai intitulé *Les papillons volent de l'Afrique du Sud jusqu'en Islande*, et réclama un commentaire en rapport avec la théorie de la glace éternelle[132]. Quelques mois plus tard, Himmler priait Sievers de s'intéresser à la découverte en Sibérie de chevaux et de mammouths congelés, selon lui une « des rares preuves tangibles d'une catastrophe planétaire il y a de cela plusieurs milliers d'années, la catastrophe terrestre que suggère la théorie de la glace éternelle, avec les conséquences qui y sont liées[133] ».

Himmler réagit avec colère à une prise de position négative que lui avait transmise un fonctionnaire du ministère de l'Éducation au sujet de la théorie de la glace éternelle. Cependant, sa réponse, sous forme de lettre, trahit aussi une certaine volonté de se défendre, car le Reichsführer se sentit manifestement obligé d'invoquer l'autorité d'Hitler : « Je suis favorable à la liberté de la recherche sous toutes ses formes, et donc à la recherche sur la théorie de la glace éternelle. J'ai d'ailleurs l'intention de soutenir très chaleureusement cette recherche, et je suis là en excellente compagnie, puisque le Führer et chancelier du Reich allemand est depuis longtemps un partisan convaincu de cette doctrine considérée comme tabou par les commis de la science[134]. »

Pourtant, dès 1938, il recommandait à l'Ahnenerbe de maintenir cette théorie « sous le manteau », autrement dit, de ne « s'exprimer aucunement [à ce sujet] en public » et de la soumettre à « l'analyse critique dans des domaines précis et circonscrits[135] ». À la suite de quoi le département de climatologie de Berlin changea de nom et devint le département de géophysique.

Les influences des processus cosmiques sur la terre et la vie des êtres humains revêtaient un intérêt particulier pour Himmler. Dès le milieu des années 20, il s'était montré attiré par l'astrologie[136]. Au début de 1945, il fit entreprendre des études sur « l'influence du climat sur l'homme ». « Dans quelle mesure existe-t-il une corrélation avec les processus cosmiques ? Y a-t-il une météorologie astrologique ? » Il se proposait, une fois la guerre terminée, de faire travailler ensemble sur cette question l'astrologue Wilhelm Wulff, auquel il fit appel personnellement durant la deuxième moitié du conflit, et Scultetus, son spécialiste de la théorie de la glace éternelle[137]. Le Reichsführer était en outre convaincu que « les Germains [avaient toujours eu] une connaissance de l'univers fondée sur la religion et encore inégalée de nos jours[138] ». Pour la période de l'après-guerre, il projetait d'installer un observatoire sur chaque site de la SS afin, comme l'explique son aide de camp dans une lettre, d'« offrir au plus grand nombre la possibilité de s'occuper d'astronomie et ainsi de trouver un remplacement à ce christianisme que nous devons vaincre[139] ».

Himmler était également fasciné par l'idée d'un mythe tibétain, qui existait dans plusieurs variantes, selon lequel une civilisation très développée aurait existé sur les hauts plateaux du Tibet, œuvre, peut-être, d'une race supérieure originelle qui se serait réfugiée au Tibet pour fuir une catastrophe planétaire. Pour lui, il était clair qu'il n'avait pu s'agir que de la légendaire « Atlantide », et que les seigneurs atlantes perdus au Tibet s'étaient ensuite répandus en Europe et en Asie de l'Est. La conviction que le Tibet était le « berceau de l'humanité » explique les spéculations d'Himmler sur les racines communes des élites européennes (en particulier germaniques), asiatiques et autres[140].

Dans cette optique, le Reichsführer manifesta un profond intérêt pour les samouraïs japonais, qu'il considérait comme des parents éloignés. Le 1er novembre 1935, il confia à Hitler « l'idée que les SS devraient un jour devenir les samouraïs allemands », ce qui suscita l'approbation du Führer[141]. En 1937, il rédigea un court préambule pour l'ouvrage de Heinz Corazza, *Les Samouraïs. Chevaliers de l'empire dans l'honneur et la fidélité*, réalisé à partir d'une série d'articles déjà publiés dans le *Schwarze Korps*[142]. Himmler y déclarait à ses lecteurs que l'histoire des samouraïs montrait bien que, « dès les premiers temps, ce peuple d'Extrême-Orient avait obéi aux mêmes règles d'honneur que nos pères en un passé lointain et trop tôt détruit », et qu'« il existe des minorités d'une grande valeur qui offrent à leur peuple une vie éternelle ». Il s'abstint toutefois prudemment de développer plus avant sa théorie sur le Tibet.

En coulisse, Himmler faisait en même temps pression pour que soient découvertes des preuves du rôle central du Tibet en tant que terre d'origine des élites germaniques et asiatiques. En 1935, Himmler avait remarqué le jeune zoologue Ernst Schäfer, qui avait déjà pris part à deux expéditions dans l'est du Tibet. Il le recruta dans la SS[143] et quand, en 1937, celui-ci prépara une nouvelle expédition, ce fut avec le soutien enthousiaste de l'Ahnenerbe. Cette collaboration finit par échouer. Ce qui n'empêcha pas Himmler d'assurer le mécénat de l'expédition qui eut quand même lieu en 1939. En août de la même année, du fait des tensions internationales, il finança le retour en avion des participants et ne manqua pas de les accueillir en personne à leur arrivée. Parmi les membres de l'expédition se trouvait Bruno Beger, collaborateur du Bureau pour la race et le peuplement, qui avait entrepris des études anthropologiques afin de démontrer la présence de « vestiges raciaux aryens » parmi les peuples tibétains[144].

Himmler chercha vainement à confier une mission spéciale à Schäfer : le zoologue était censé, avec un groupe d'une trentaine de SS et un arsenal considérable, s'infiltrer en Union soviétique et de là atteindre le Tibet où il aurait soulevé la population locale contre les troupes britanniques stationnées sur place[145]. Il n'en fut rien, mais le Reichsführer fit mettre en place dans l'Ahnenerbe un « département de recherche sur l'Asie centrale et les expéditions » pour Schäfer. Le département entreprit aussitôt d'analyser le matériel rapporté par l'expédition[146].

Himmler tenait néanmoins la bride à Schäfer. À la fin de 1939, il émit des objections quand Schäfer voulut projeter en public un film sur l'expédition[147]. En mars 1940, il lui affirma sans détour que « rien ne doit paraître dans les journaux sur vous, vos activités, votre film et surtout sur l'expédition[148] ». En 1943, il alla encore plus loin et voulut lui interdire de publier son livre, *Le Secret du Tibet*, car, « dans sa première partie, il est écrit de façon de toute évidence allemande contre les Anglais », et il présentait « les États et les peuples indigènes sur un ton certes bon enfant, mais ironique ». « Cela pourrait nous causer des torts irréparables dans le monde de couleur. » Et, à sa façon péremptoire caractéristique, il ajouta : « Les doutes que j'éprouvais au sujet de la sortie officielle du film sont donc parfaitement justifiés[149]. » En réalité, il hésitait à dévoiler publiquement sa quête de cet univers dont il rêvait.

Il ne se cantonna pas au Tibet. En 1938-1939, il caressa l'idée d'organiser une expédition vers la Bolivie, le Pérou et le Chili en 1940. Edmund Kiss, chercheur amateur, devait en prendre la tête[150]. Himmler jugeait ce choix particulièrement approprié, Kiss s'étant fait remarquer en avançant que la structure de l'Altiplano andin était liée aux glaces éternelles[151]. Mais la guerre éclata, et le projet dut être reporté.

Dans le monde de l'occulte, qui fascinait Himmler depuis le temps où il était étudiant, il choisit de rester discret. Mais ses relations avec son plus proche conseiller dans ce domaine permettent d'entrevoir l'importance qu'il accordait à la question : Karl Maria Wiligut, d'abord directeur, en octobre 1934, des archives du Bureau pour la race et le peuplement, fut ensuite chargé, à partir de janvier 1936, de missions spéciales au sein du RuSHA[152].

Wiligut, connu dans la SS sous le nom de « Weisthor », était un ancien colonel de l'armée austro-hongroise et déjà âgé de soixante-six ans quand Himmler l'engagea dans ses services. Les informations sur la vie de Wiligut sont rares et d'une fiabilité parfois douteuse. L'une des publications les plus importantes au sujet du « Raspoutine d'Himmler » provient du cercle où il était justement vénéré[153]. Selon cette source, dès avant la Première Guerre mondiale Wiligut aurait côtoyé le milieu nationaliste ésotérique, et s'y serait fait connaître comme journaliste. En 1903 parut son livre, *Seyfrieds Runen, Les Runes de Seyfried*[154]. Mais il ne devint véritablement célèbre dans l'occultisme nationaliste qu'après la Première Guerre mondiale. Wiligut affirmait être « détenteur de la tradition » d'un antique clan goth remontant aux Ases, les dieux nordiques, et de plus héritier d'une lignée secrète de la royauté allemande. Grâce à de prétendues capacités médiumniques, il se disait en mesure d'entrer en contact avec ses ancêtres et de renouer avec des savoirs occultes enfouis depuis des millénaires. Himmler aurait tout tenté pour, à l'aide d'injections et de drogues, stimuler les capacités d'un Wiligut-Weisthor vieillissant, et ainsi sauver le plus possible de ces connaissances préservées en lui. Ce qui aurait, à en croire Mund, le biographe de Wiligut, effectivement provoqué une réactivation de la force vitale du maître, laquelle se caractérisa avant tout par une consommation démesurée de tabac et d'alcool.

Weisthor préparait pour Himmler des articles sur des questions de préhistoire, de protohistoire et de religion, et lui envoyait des poèmes qu'il écrivait [155]. L'ancien colonel proposa entre autres à Himmler d'introduire une religion germanique originelle en Allemagne [156]. Mais il l'alimenta surtout en secrets du « clan Asa-Uana », qui lui auraient été transmis oralement : comme les « neuf commandements de Dieu », qu'il aurait « couchés par écrit » pour la première fois « depuis 1200 », car les « archives à ce sujet avaient été brûlées sur un bûcher par Louis "le Pieux" ». Le neuvième commandement disait en gros : « Dieu est un début sans fin – le Tout. Il est l'accomplissement dans le néant et pourtant Tout par trois fois la triple connaissance de toutes choses. Il boucle le cercle d'N-Iule vers le néant de la conscience à l'inconscient, afin que celui-ci revienne à la conscience [157]. »

Durant l'été 1936, Himmler lut *Présentation du développement de l'humanité* de Wiligut, texte qui, selon son auteur, venait de la « transmission secrète de notre clan Asa-Uana Uilligotis » : « L'humanité terrestre, en tant que plus haute expression actuelle d'intelligence de la création, se décompose en sept époques, dont quatre sont révolues ; la cinquième constitue l'humanité présente et la sixième et la septième deux âges à venir. Chacune des quatre époques de développement écoulées jusqu'à présent se termina, selon la tradition orale, par une terrible catastrophe terrestre, chacune prit fin par l'union de notre terre avec un astre. [...] Les débris d'humanité qui avaient survécu sur la terre s'assimilèrent aux êtres intelligents descendus "du Ciel" (les astres) sur la "Terre" et encore en formation, créant ainsi l'humanité suivante qui, puisque de tels "premiers" hommes existaient en divers points de la nouvelle Terre, constitua de nouvelles races [158]. » En d'autres termes, c'était une preuve éclatante de la théorie de la glace éternelle !

Wiligut bénéficia de maintes promotions et, en 1936, Himmler, en signe d'admiration, lui décerna le grade de Brigadeführer, supérieur à son ancien rang de colonel [159]. Au début de 1939, le Reichsführer dut pourtant se séparer de Weisthor. D'une part, Hitler avait ouvertement pris position contre l'occultisme, d'autre part Himmler avait découvert que son conseiller occulte avait passé trois ans dans un institut pour malades mentaux de Salzbourg et avait été déclaré incapable majeur [160].

Himmler ne tira toutefois pas un trait sur cette relation. De façon significative, le Reichsführer conserva l'anneau à tête de mort de Wiligut, que ce dernier avait dû restituer après avoir quitté la SS, dans son propre coffre-fort [161]. Et il continuait à suivre les conseils de son mentor, comme en été 1940, quand il fit dessiner les symboles destinés aux pierres tombales des SS morts au combat. Wiligut suscita l'enthousiasme d'Himmler quand il suggéra de « remplacer la croix chrétienne par la croix à branches égales, dans le sens de notre antique croyance teutonne, car elle signifie l'Esprit de Dieu, la Force de Dieu, l'Essence de Dieu en un cycle éternel ». Himmler ordonna de procéder de la sorte [162]. Enfin, en novembre 1941 on trouve dans l'emploi du temps d'Himmler la mention d'un déjeuner avec le « colonel Wiligut » à Berlin [163].

Une image d'ensemble se dégage de tout cela : dans la vision du monde d'Himmler, un élément occupait une place maîtresse, la résurrection d'un mode de vie germanique et païen, rattaché à l'histoire du cosmos par le biais de la théorie de la glace éternelle, l'astrologie et l'astronomie, et à une civilisation développée disparue par le biais du mythe atlante et tibétain. Himmler souhaitait, avec l'aide de son conseiller Weisthor, pouvoir pénétrer de plain-pied dans le monde des ancêtres germains, tout comme il espérait le voir se « réincarner » dans son propre sang. Sa vision du monde tendait par conséquent à l'éternité. Ce mélange d'histoire, de mythe historique, de culte des Germains, de divination et d'observation des étoiles, de théorie cosmogonique et de réincarnation se fondit en une religion de substitution, volontiers confondue avec l'idée qu'il se faisait de la religion des peuples germaniques de l'Antiquité.

Cette construction souffrit toutefois du fait qu'elle n'était pas, pour le dire aimablement, tout à fait prête. Himmler en était conscient et consacra d'ailleurs une grande partie de son temps, même pendant la guerre, à rassembler des « preuves » de la justesse de ses vues. Il est significatif que l'on ne puisse reconstituer la vision du monde d'Himmler que par des témoignages et des sources indirectes. De lui-même, n'en rédigea manifestement jamais aucune version exhaustive et cohérente.

Mais ce ne fut pas seulement son impréparation ni la crainte de l'inévitable tollé scientifique qui retinrent Himmler de diffuser publiquement sa vision du monde. Il était également incité à la prudence par l'idée que la grande majorité de ses contemporains ne pouvait pas – encore – en comprendre la portée intellectuelle, et surtout qu'il risquait de se heurter à la résistance énergique d'Hitler, lui, l'un des plus importants dirigeants du NSDAP et le chef de la police allemande, qui voulait se présenter comme le fondateur d'une religion de substitution.

Par conséquent, ce qui était enseigné dans le cadre de l'endoctrinement idéologique de la SS et de la police ne correspondait qu'en partie aux convictions d'Himmler, qui allaient en réalité beaucoup plus loin : dès le début, la théorie de la glace éternelle, le mythe tibétain et l'Atlantide furent évités, tandis que l'on s'abstenait d'attaques trop marquées contre la religion chrétienne. Il ne faut donc pas s'étonner si Himmler ne concevait l'endoctrinement idéologique que comme un édifice intellectuel limité reposant sur quelques textes, au lieu de chercher à se concentrer sur la propagation d'exemples et d'histoires héroïques. L'endoctrinement devait reposer autant sur « l'esprit » que sur la compréhension. C'était précisément du fait de son caractère flou sur le plan mythologique que sa vision personnelle du monde ne pouvait être « enseignée » que jusqu'à un certain point, et il fallut trouver d'autres moyens de la communiquer. À ses yeux, les cadeaux au contenu symbolique et les fêtes, ainsi que certains lieux « sacrés », étaient particulièrement appropriés.

Avec « ces choses que l'on offre, avec les fêtes, avec toute la vie intérieure qui est ici de nouveau en éveil », la SS, affirmait Himmler en 1938, « a peut-être fait quelque chose de plus important [...] que ne pourrait le faire la Schutzstaffel, disons, grâce à un modèle d'organisation durable ou quand un régiment défile impeccablement, ou en remportant de magnifiques succès sportifs au nom de l'Allemagne. Je pense que ces choses intérieures du cœur, de l'honneur, de l'esprit, de l'idéologie la plus profonde et la plus essentielle sont en fin de compte les choses qui nous donnent la force, la force nécessaire aujourd'hui, et qui nous donneront la force pour chaque confrontation, chaque heure fatale que l'Allemagne et peut-être nous-mêmes vivrons dans les trente, cinquante, cent prochaines années[164] ».

Symboles, fêtes et rituels

Par les « choses que l'on offre », Himmler entendait une série de cadeaux hautement symboliques qu'il veillait à distribuer dans les rangs de la SS.

Pour la fête de Noël, qu'il comptait rebaptiser fête du solstice d'hiver ou de Iule, il offrit pour la première fois en 1935 ce que l'on appelait des chandeliers de Iule. Le chandelier, d'une vingtaine de centimètres de haut et orné d'« images allégoriques » censées évoquer l'époque germanique, pouvait accueillir deux bougies. Himmler en expliqua le sens et la fonction comme suit : « La petite lumière qui se trouve en dessous du chandelier brûle pour symboliser l'année qui se termine dans ses dernières heures. La grande s'allume dès l'instant où la nouvelle année est entamée. Cette antique coutume témoigne d'une profonde sagesse. Que chaque SS voie s'éteindre la petite flamme de l'ancienne année d'un cœur purifié et qu'il allume la bougie de la nouvelle année avec une volonté renouvelée[165]. »

Selon les souhaits du Reischführer, toute famille d'un SS marié devait posséder un chandelier de Iule. « C'est justement l'épouse qui, une fois débarrassée du mythe de l'Église, voudra se tourner vers autre chose, une chose capable de la combler, elle, mais aussi l'esprit et le cœur de l'enfant », affirma Himmler devant les Gruppenführer en novembre 1936. La même année, il offrit un encore plus grand nombre de chandeliers de Iule[166]. En 1937, il en fit distribuer 8 000[167], et 52 000 dès 1939[168].

En 1939, il décida par ailleurs de commander la production de « chandeliers du solstice », mais le projet ne le satisfit pas. La guerre ayant éclaté entre-temps, il le reporta[169]. Pendant la guerre, il fit offrir aux nouveau-nés des familles SS des « chandeliers de vie[170] ». Il maintint cet usage jusqu'au printemps 1945, date à laquelle les bénéficiaires furent informés que, compte tenu des circonstances, il leur faudrait attendre la fin de la guerre pour recevoir leur cadeau[171].

Tous les SS dont le matricule était inférieur à 2 000 et tous les officiers SS membres de l'organisation depuis plusieurs années se voyaient également offrir une bague à tête de mort[172]. Himmler obligeait ce cercle de responsables à « porter constamment » l'anneau « à l'annulaire de la main droite. [...] L'attribution de l'anneau est le signe extérieur d'une valeur intérieure manifestée dans le combat et le devoir, et d'une communauté, éprouvée par les ans, dans la fidélité au Führer et à son idéologie ».

La personne qui avait l'honneur d'obtenir un anneau à tête de mort avait également droit à une longue lettre d'Himmler sur le sens de l'anneau et sa conservation. Ainsi, l'anneau à tête de mort était le « signe de notre fidélité au Führer, de notre obéissance immuable envers nos supérieurs et de notre solidarité et de notre camaraderie inébranlables. La tête de mort nous rappelle que nous devons toujours être prêts à soumettre la vie de notre moi à la vie de l'ensemble. Les runes qui encadrent la tête de mort sont des symboles sacrés de notre passé, auquel nous sommes de nouveau liés grâce à l'idéologie du national-socialisme. [...] L'anneau est orné de feuilles de chêne, les feuilles de cet antique arbre allemand ». L'anneau, était-il dit plus loin, n'était « pas commercialisé », et il ne devait « jamais se retrouver entre des mains étrangères » et, en cas « d'exclusion de la SS ou de décès », il devait être retourné au Reichsführer-SS. À cela s'ajoutait l'observation : « La reproduction et la copie sont interdites, et c'est à vous qu'il revient de le protéger [173]. »

Enfin, Himmler offrit également à certains généraux SS des épées d'apparat : « Je vous décerne l'épée de la SS. Ne la tirez jamais sans raison ! Ne la plantez jamais sans honneur ! Défendez votre propre honneur sans concession, comme vous devez respecter l'honneur d'autrui et vous comporter en chevalier au nom des démunis ! » À la différence de l'anneau, l'épée devait « rester en la possession de votre clan, quand vous l'aurez portée toute votre vie sans reproche ». Sinon, le Reichsführer pouvait en exiger restitution [174].

En 1936, il annonça la création d'une broche que tout SS devait offrir à son épouse quand elle devenait mère, et qui ne pouvait être arborée que par les génitrices SS [175]. Le bijou avait pour modèle une broche « décorée de runes en forme de Hagal », qu'Himmler avait offerte à son épouse [176]. À la naissance du troisième enfant, et des suivants, les épouses SS recevaient du Reichsführer une lettre de félicitations accompagnée d'un chandelier de vie et de jus de fruits Vitaborn [177]. À partir du quatrième enfant, Himmler offrait également un chandelier de naissance sur lequel était gravé : « Tu es désormais un maillon de la chaîne éternelle du clan [178]. »

Au fil du temps, Himmler développa en outre diverses cérémonies, censées célébrer aussi bien la naissance que le mariage ou la mort. Il s'attacha au moindre détail. Un projet rédigé au département de l'éducation du Bureau pour la race et le peuplement au sujet de la « fête de mariage des membres du parti et de leurs affiliés » précisait, au printemps 1937, à quoi devait ressembler une telle fête. Fondamentalement, il s'agissait de supprimer la séparation, imposée par le christianisme, entre le mariage officiel et les noces privées. Théoriquement, c'était un retour à la tradition supposée du mariage germanique.

La cérémonie devait commencer par de la musique, même s'il fallait reconnaître, non sans regret, que « des musiques de noces appropriées ne sont pas encore disponibles ». Puis un orateur devait prononcer « des citations des discours et du livre du Führer », avant de reprendre les mots de Nietzsche sur « l'enfant et le mariage ». Ensuite, c'était au tour d'un chef SS de prendre la parole. Après un interlude musical, l'officier d'état civil confirmait le mariage, et le couple devait allumer une bougie « en signe d'avènement d'un nouveau sang commun ». On lui présentait alors du sel et du pain, et le couple, d'une poignée de main, s'engageait « à une vie commune et à agir pour la nation ». Si le jeune marié était SS, son supérieur devait déclarer « l'entrée de la jeune épouse dans la communauté fraternelle de la SS » et leur transmettre le livret de famille SS ou un document. La cérémonie se concluait par le SS-Treuelied[179].

Quand il présidait personnellement ce genre de cérémonie, Himmler prenait soin d'offrir deux gobelets en argent et recommandait aux commandants SS de faire de même. Pour l'échange des alliances, il avait rédigé la phrase suivante : « Je vous souhaite non seulement, comme le veut la tradition, que votre amour soit sans début et sans fin, mais aussi que votre famille soit sans début et sans fin[180]. »

La « bénédiction du nom » devait remplacer le baptême chrétien. Grâce à des textes qui ont été conservés, nous pouvons nous représenter le déroulement d'une telle cérémonie[181]. Elle devait avoir lieu dans des « salles de bénédiction » particulières, où devait se dresser un autel recouvert d'un drapeau à croix gammée sur lequel aurait été placé, à la place de l'ostensoir, un portrait d'Hitler. Trois SS entourant un étendard SS devaient se tenir derrière l'autel et le mur devait être revêtu d'une tenture ornée de runes SS. Au lieu d'un prêtre, la cérémonie devait être conduite par un « consécrateur », le parrain étant remplacé par le *Treumund*.

L'enfant était présenté devant l'autel. L'assistance entonnait alors un « chant choral » à partir de textes tirés de *Mein Kampf*. Le « consécrateur » récitait ensuite une profession de foi pour l'assistance : « Nous croyons au Dieu de l'univers/Et à la transmission de notre sang allemand/Qui éternellement jeune croît de la terre allemande./Nous croyons au peuple, gardien du sang/Et au Führer, que Dieu nous a envoyé. » En tant que parrain, Himmler offrait un petit gobelet d'argent et une cuiller. Une autre coutume ancienne lui plaisait beaucoup, et il la recommanda également aux Gruppenführer en 1936. Elle consistait à offrir à l'enfant « un large ruban de vie de soie bleue[182] ».

Quand, en 1937, le troisième enfant de Karl Wolff reçut le nom de Thorismann, Himmler présida la cérémonie, dont il confia l'animation à son conseiller en préhistoire, Weisthor, autrement dit Karl Maria Wiligut. Weisthor entoura l'enfant du « ruban de vie » bleu, puis offrit à la famille Wolff le gobelet, la cuiller et un anneau. L'enfant porterait ce dernier « quand tu auras fait la preuve de ta valeur à la SS et dans ton clan[183] ».

Himmler avait une marotte particulière, les fêtes du solstice, surtout celle du solstice d'été, le 21 juin : il rêvait de redonner à ce jour son « antique signification ». Il expliqua plus en détail ce qu'il voulait dire devant les généraux SS en novembre 1936 – comme toujours, quand il s'agissait de sujets difficiles, de façon « très ouverte », mais sans aller jusqu'à souhaiter une diffusion « pour les masses, je devrais plutôt dire : au plus grand nombre de nos SS, hommes et officiers ».

« Voyez-vous, attaqua-t-il, nos hommes se plaignent souvent, oui, bon sang, où pourrions-nous rencontrer des femmes respectables, des jeunes filles respectables que nous pourrions épouser ? Car nous voudrions bien nous marier ! » Pour répondre à cette urgence, il voulait refaire des célébrations du solstice une fête « [...] de la vie, des épousailles ». Car, dans les temps anciens, « la période entre la fête du printemps et le solstice d'été était le temps de la compétition pour la jeunesse. Il était d'usage que la jeunesse danse et cabriole autour du feu du solstice. C'était alors que se concluaient des mariages ».

Suivant cet exemple, « les compétitions sportives des SS que nous organiserons chaque année auront lieu entre Pâques et le solstice d'été ». Mais les idées d'Himmler allaient bien au-delà de ce cadre sportif : « Je peux imaginer que, stimulé par mon enthousiasme, on organise, avec l'aide de la BDM*, des compétitions pour les jeunes filles en même temps que pour les SS [...] Si cette sélection était encore renforcée par une sélection raciale des participantes aux compétitions, je suis persuadé qu'au fil des ans le solstice retrouvera son ancienne signification, aussi réelle que nécessaire[184]. »

Comme il l'expliqua dans une circulaire de l'Ahnenerbe en septembre 1938, Himmler pensait que dans certaines tribus germaniques « on ne faisait des enfants » que lors du solstice d'été, « qui était l'occasion de relations sexuelles[185] ». Le solstice d'été en tant que fête de l'accouplement – caractérisée, affirma Himmler à la faculté de médecine d'Alt-Rese, dans le Mecklembourg, en 1936, par « l'ancienne coutume qui voulait que le meilleur jeune homme et la meilleure jeune fille (distingués l'un et l'autre lors de compétitions) sautent ensemble au-dessus du feu[186] ».

Himmler prit évidemment soin d'assister chaque année aux fêtes du solstice d'été[187]. En 1935, il les passa à « Sachsenhain », à Verden, en 1936 sur le Brocken. En 1937, il participa ce jour-là aux obsèques de Ludendorff, mais en 1938 il était de nouveau présent pour les festivités du solstice d'été, cette fois à Wolfsberg, en Autriche. En 1939, il y assista sur la Baltique, près de Kolberg.

* BDM, Bund Deutscher Mädel : Ligue des jeunes filles allemandes, branche féminine des Jeunesses hitlériennes. (NdT)

Himmler intervint constamment dans l'orchestration des célébrations. En 1936, il ordonna à ses régiments de répéter une « danse aux flambeaux pour cinquante et un danseurs » créée pour l'occasion, et d'en faire le plus possible la démonstration[188]. En 1938, il transmit de nouvelles consignes au sujet de la célébration unitaire des solstices d'été et d'hiver pendant les trois années suivantes[189], et exigea des rapports sur le déroulement des fêtes dans l'ensemble du Reich après le solstice d'été. Il fut extrêmement satisfait du résultat, car les diverses unités SS, cette année-là, se montrèrent des plus inventives. Si un régiment assista à « l'exécution d'une danse populaire sportive des membres de la BDM en robe et corsage, qui s'est ensuite transformée en une danse populaire générale autour du feu », dans la SS-Abschnitt XVII, on avait assisté à des « farandoles » et des « valses nuptiales ». L'Oberabschnitt du Danube signala en termes pittoresques qu'après « le Treuelied et les hymnes nationaux les Jeunesses hitlériennes ont allumé des roues de feux d'artifice, tandis que de jeunes couples se formaient et sautaient ensemble au-dessus du feu qui s'éteignait doucement[190] ».

Dans l'esprit d'Himmler, les fêtes du solstice d'été devaient servir de point d'orgue aux compétitions sportives au sein de la SS[191]. À l'occasion des fêtes du solstice d'hiver, la SS devait se livrer à des « joutes intellectuelles », comme il l'expliqua aux Gruppenführer en 1937. En 1937, précisa-t-il, il faudrait ainsi produire des arbres généalogiques, des histoires familiales et des documents sur l'importance du culte des ancêtres[192]. En 1936, devant ses généraux, il affirma, à propos des fêtes du solstice d'hiver : « Le solstice d'hiver ne marque pas seulement la fin de l'année, mais doit surtout être l'occasion de penser aux ancêtres et au passé ; une fête où il devient clair pour l'individu qu'il ne serait rien sans ses ancêtres et le respect qu'il leur doit, un atome minuscule menacé à chaque instant d'être emporté, tandis qu'il devient tout quand il se trouve inscrit avec une profonde humilité dans la chaîne sans fin de sa race, la chaîne des anciens et de leurs descendants[193]. »

Par conséquent, il fallait, pour la fête de Iule, allumer douze bougies, et prononcer un « mot de lumière » à chaque fois, tandis que l'assistance répondait en chœur : « Votre lumière brillera ! » Les « mots de lumière » devaient se rapporter à l'idée que la vie individuelle s'inscrivait dans une lignée ancestrale[194]. En novembre 1937, Himmler ordonna que dans les unités les hommes, accompagnés de leur épouse ou de leur fiancée, célèbrent les fêtes du solstice d'hiver. À cette occasion, il fallait offrir aux jeunes mariés les chandeliers de Iule prévus par le Reichsführer[195]. En novembre de l'année suivante, il pria les spécialistes SS de la reproduction de « commander à de jeunes auteurs des chants allemands pour Iule, qui pourraient être chantés lors des fêtes du parti et de ses associations à la place des chants chrétiens[196] ».

Himmler avait aussi des projets pour les funérailles. En 1936, il exposa à ses Gruppenführer qu'il avait demandé qu'on lui « soumette des projets de cercueils élégants ». Il ne fallait jamais utiliser de fleurs artificielles pour les couronnes. « Je propose que les services de la SS ne fournissent, en hiver, que des couronnes d'épineux, épicéas, pins ou sapins. C'est simple et, quand les couronnes sont composées convenablement, c'est aussi le mieux, et le plus beau. En été, prenez des couronnes de feuilles de chêne et de hêtre, et ajoutez-y quelques jolies fleurs. »

Il rappela une fois de plus qu'il fallait qu'un « style se dégage. Car chacune des expressions de notre existence doit progressivement correspondre à notre orientation intérieure. Nos logements, notre mobilier, nos us et coutumes, tout cela doit être l'expression de notre orientation intérieure. *Nous* devons le faire, et nous devons à cette fin en jeter les fondations en ces premières années de la Schutzstaffel ». Himmler assura qu'il n'avait cependant rien contre les cérémonies d'enterrement religieuses, si les proches le souhaitaient. Il cita en exemple les obsèques de son père, qui avaient eu lieu quelques jours plus tôt. Mais la cérémonie religieuse devait être distincte de la cérémonie SS[197].

En 1942, la direction centrale de la SS fit circuler un texte portant sur des « Propositions pour l'organisation d'une fête des morts ». Himmler en avait rédigé l'introduction : « Nous n'avons pas peur de la mort. [...] L'individu meurt mais en ses enfants son peuple croît au-delà de sa vie. » La fête des morts SS aurait dû se composer des obsèques à proprement parler, de la procession funéraire et de l'enterrement. Il était recommandé d'émailler l'événement de citations du Führer, d'épigrammes et de mots d'auteurs. La fête des morts organisée pour Heydrich le 9 juin 1942 fut citée comme exemple d'une cérémonie réussie.

La tenue de ces diverses célébrations ne devait pas être confiée aux responsables de l'endoctrinement SS, d'après le Reichsführer. Cela risquait d'engendrer une nouvelle « prêtrise » dans les rangs de la SS. « Nous ne voulons pas de ça dans la SS. » C'était aux commandants qu'il revenait de diriger les cérémonies[198]. Quand, en avril 1940, Himmler apprit qu'un officier SS avait tenté de présider un mariage SS en tant que commandant en dehors de son domaine de responsabilité, il le menaça : « Si j'apprends encore une fois que vous ou un autre officier SS êtes intervenu en tant qu'orateur ou organisateur d'une fête familiale [...] je vous priverai, vous ou toute personne concernée, de votre grade, et finirai par vous exclure pour tentative de recréation du statut de prêtre[199]. »

En novembre 1936, Himmler enjoignit aux Gruppenführer de ne célébrer naissances et mariages ni dans les locaux de la SS ni en public, mais dans le cercle familial[200]. Il n'était pas souhaitable que l'événement soit mentionné dans la presse[201]. En accentuant ainsi le caractère privé de ces cérémonies, on évitait, comme il l'exposa à ses généraux, qu'un « prêtre » soit présent et que l'on puisse reprocher à la SS de pratiquer des « mariages païens » ou d'être « comme une Église ». Il ne souhaitait pas faire « un pas prématuré, alors que nous ne sommes pas prêts, qui ne serait pas compris à l'extérieur et semblerait par conséquent risible[202] ». Himmler hésitait, non sans raison, à rendre public le culte SS qu'il avait en projet, comme d'autres exemples vont le démontrer. Il redoutait non seulement les commentaires ironiques, mais surtout le rejet par Hitler d'une résurrection par trop insistante du patrimoine germanique : « Rosenberg, Himmler et Darré doivent mettre un frein à leurs délires cultuels », avait noté Goebbels à ce sujet dans ses carnets en août 1935[203].

En ce qui concernait les rencontres en société de la SS, Himmler lutta inlassablement pour que ces événements beaucoup trop profanes, ces « soirées de beuverie lamentables », comme il disait, n'aient pas lieu. Il aurait préféré qu'elles s'inscrivent dans sa conception de l'éducation. En 1941, il émit des directives en huit points détaillant ce qui, selon lui, constituait une soirée réussie entre camarades[204].

Le point essentiel était que « les soirées entre camarades doivent toujours être préparées ». Un « responsable » devait se charger du « déroulement du programme » et « avoir fermement en main l'organisation de la soirée ». C'était par exemple à lui qu'il incombait de veiller à ce que les participants aient convenablement mangé avant la soirée, afin de ne pas « boire l'estomac vide ». D'ailleurs, ayant lui-même assisté à l'une de ces soirées, il avait constaté que « la coutume tacite qui veut que l'on ne fume que quand le plus élevé en grade et en âge en a donné l'autorisation semble s'être perdue ». Il avait acquis l'impression qu'un certain « nombre d'hommes et d'officiers avaient à ce point succombé à une tabagie maladive qu'ils ne pouvaient tenir un quart d'heure sans fumer ». Plus loin, il recommandait que les officiers, lors d'une telle soirée, ne « se regroupent pas entre eux pour former comme un club, mais s'assoient au contraire parmi leurs hommes, d'où le nom de "soirée entre camarades" ». Himmler rappela : « Si l'on veut qu'une soirée entre camarades ait une quelconque valeur, elle doit, au début, servir à l'éducation des officiers et des hommes. Le programme de la soirée entre camarades devrait se composer d'une musique, régimentaire ou du bataillon, éventuellement exécutée par quelques camarades, de "bonnes chansons" [...] quelques poèmes (un ou deux) bien récités, un discours du commandant ou d'un officier de haut rang. » D'après Himmler, même une bonne ambiance était en fin de compte une question d'organisation.

Les lieux

Les rituels et les célébrations qu'il proposait avaient besoin, selon lui, de lieux dignes. Il s'efforça d'en dénicher qui étaient censés incarner la continuité de la culture « germanique ». Le Reichsführer-SS souhaitait que « chaque régiment soit cantonné autant que possible non loin d'un centre culturel d'importance nationale et témoin du passé de l'Allemagne, qui devra être restauré et remis dans un état digne d'un peuple cultivé[205] ».

Les plus importants de ces « centres culturels » devaient se trouver dans le nord-ouest de l'Allemagne, patrie de la tribu des Saxons qu'Himmler chérissait tant. Le tombeau d'Henri Ier l'Oiseleur à Quedlinburg, sur la rive est du Harz, était un de ces « lieux saints » de la SS, mais nullement le premier.

Dès 1933, Himmler s'était mis en quête d'un bâtiment approprié pour son projet d'« école du Reischführer » de la SS, en Westphalie. En novembre, il avait visité Wewelsburg, dans les environs de Paderborn, un château du XIVe siècle édifié sur un plan triangulaire et que son propriétaire, la commune de Büren, ne voulait plus entretenir. Himmler décida que Wewelsburg était idéalement adapté à ses projets[206]. Le 22 septembre 1934, à l'issue de travaux de restauration, les notables de la commune de Büren confièrent les clés du château à Himmler à l'occasion d'une cérémonie. Le premier « capitaine du château » (poste créé en 1935) fut Manfred von Knobelsdorff, jusqu'alors directeur de l'école des cadres de la SS et beau-frère de Darré[207].

En 1935, Himmler transféra le projet sous la responsabilité de son état-major personnel[208]. Officiellement, la dénomination en était désormais : École SS de Wewelsburg[209]. Entre-temps, la fonction de l'institution avait changé. Elle devait être le cadre de recherches sur l'idéologie national-socialiste[210]. En fait, il en ressort l'impression d'« une recherche appliquée pseudo-scientifique, non coordonnée, motivée par les idées personnelles du responsable du moment », mais où l'accent était principalement mis sur le développement d'un arbre généalogique de la famille Himmler[211]. Quand, à partir de 1936, l'Ahnenerbe reprit progressivement à son compte le domaine des travaux de recherche idéologique de la SS, de vagues plans furent formulés afin d'utiliser de plus en plus le château pour des fonctions de cérémonie et de représentation[212].

Entre mai 1935 et novembre 1937, Himmler se rendit plusieurs fois à Wewelsburg, généralement pour plusieurs jours. En mai 1938, le site fut le théâtre d'une rencontre de l'ensemble des chefs de la SS : outre Sepp Dietrich, Eicke et Wolff, étaient présents les responsables des directions centrales, Daluege, Lorenz, Heissmeyer, Heydrich, Schmitt et Pohl[213]. En novembre 1938, Himmler annonça qu'il avait l'intention à l'avenir d'organiser chaque printemps une rencontre des chefs SS[214] dans le château de Wewelsburg, rencontre qui serait également l'occasion d'une prestation de serment pour les nouveaux Gruppenführer[215]. Une première réunion fut prévue en mars 1939, mais elle dut être annulée pour cause d'occupation de la Tchécoslovaquie[216].

Lors de son séjour en janvier 1939, Himmler prit plusieurs décisions : il ne tenait pas à ouvrir ce « joyau » aux « hyènes de la presse », et il fallait donc veiller à prévenir toute publication sur le château. Il prévoyait de faire installer un planétarium dans le château et voulait aussi y accumuler – manifestement influencé par l'image romantique des châteaux – un trésor d'or et d'argent, « magot pour les temps difficiles[217] ». Pour sa propre chambre, il réclama un « Gobelin [...] avec une jeune vierge adulte, une future mère[218] ».

Les anneaux à tête de mort qui, après la mort de leur propriétaire, était restitués au Reichsführer-SS devaient être conservés dans un coffre spécial[219]. Quant aux blasons des Gruppenführer défunts, ils devaient être accrochés dans le château afin, comme il l'expliqua à ses généraux en 1937, que « ceux qui nous succéderont se réunissent toujours devant nous et qu'ils nous soient toujours redevables, qu'ils continuent de faire comme nous avons fait[220] ». Les Gruppenführer qui ne possédaient pas d'armoiries – autrement dit, la plupart – furent invités par l'état-major personnel à s'en doter, ce qui nécessita une abondante correspondance[221].

Le Wewelsburg fit l'objet de travaux de rénovation importants, et le Reichsführer-SS y fit regrouper de nombreuses œuvres d'art. La salle des Gruppenführer, où devaient être exposées les armoiries familiales des généraux, fut terminée, ainsi qu'une crypte dans les sous-sols de l'édifice. Ces deux pièces ne furent toutefois jamais utilisées. De même, il n'y eut que peu de cérémonies ou de célébrations dans le château. Les Gruppenführer ne s'y réunirent d'ailleurs véritablement qu'une seule fois, en juin 1941.

Peu avant la fin de la guerre, Himmler donna son accord au projet d'une extension mégalomaniaque du bâtiment. Cependant, ce document et d'autres ne permettent pas de déterminer quelle aurait été la fonction du Wewelsburg pour la SS. Himmler émit de multiples directives aussi erratiques que contradictoires au cours des travaux de rénovation, ce qui prouve simplement que lui-même n'avait pas d'idées claires quant au sens de son projet[222].

À environ vingt kilomètres au nord-est du Wewelsburg, non loin de Detmold, se dressaient les Externsteine, autre « centre culturel » de la SS. Les Externsteine sont une remarquable formation rocheuse qui aurait été parée d'une grande valeur sacrée par les Germains, selon la représentation que s'en faisaient généralement les cercles nationalistes. On spéculait en particulier sur la possibilité que les Externsteine aient été en réalité le grand sanctuaire saxon d'Irminsul, détruit par Charlemagne.

Himmler était fermement convaincu du rôle des Externsteine en tant que lieu de culte germanique et, avec l'aide de l'Ahnenerbe, il espérait en retrouver des traces. De plus, il entreprit, en s'appuyant sur une Fondation des Externsteine qu'il créa, de faire du lieu un site sacré néo-germanique. En 1934 et 1935, il y organisa des fouilles qui, comme toutes ses tentatives archéologiques, n'apportèrent aucune preuve que la formation rocheuse avait connu une préhistoire « germanique[223] ».

Il n'en démordit pourtant pas. En avril 1937, il émit un ordre de mission détaillé : il exigea que soit analysé un bas-relief médiéval sur l'un des rochers du site qui dépeignait la descente de la Croix, afin de vérifier qu'il ne s'agissait pas d'une « superposition chrétienne sur une représentation germanique[224] ». En novembre suivant, il se hasarda à quelques réflexions sur les raisons pour lesquelles certaines des roches avaient été noircies par le feu. Il fallait entre autres se demander, « comme le SS-Brigadeführer Weisthor et moi-même l'affirmons depuis longtemps, si le feu n'avait pas des fonctions astronomiques et ne servait pas à indiquer les phases du cycle solaire, les mois et peut-être aussi les jours[225] ». Mais il ne tenait pas à susciter un débat scientifique. Toujours en novembre 1937, il recommanda ainsi à l'Ahnenerbe de relire méticuleusement toute publication sur les Externsteine. Il fallait éviter tout article « susceptible de provoquer un débat sur les Externsteine[226] ».

Le 20 avril 1940, à l'issue d'une nouvelle visite sur le site, il écrivit à Pohl que « beaucoup de choses [devaient] avoir lieu » sur place. Une fois encore, Himmler avait des idées très précises quant à l'aménagement des lieux afin de les rendre accessibles au public : « Il faut construire des salles ou des bâtiments dans le style de l'architecture paysanne de Lippe près des deux entrées. [...] Sur les Externsteine elles-mêmes, il faut modifier les passerelles 1, 2 et 3. » Divers travaux de démolition et de restauration étaient prévus, puis « nous assurerons la gestion de l'ensemble des terrains de la fondation. Nous nous chargerons également autant que possible de l'entretien de la forêt et de la protection des oiseaux. Je proclame que le domaine constituera définitivement une réserve, où seule la chasse au sanglier sera autorisée, car je pense que cet animal risquerait de toute façon de déranger les visiteurs. Il faudrait également abattre les chats et les chiens sauvages. En dehors de cela, ce serait le domaine de tous les autres animaux. Il ne faut absolument pas leur fournir une alimentation artificielle, mais plutôt, par la plantation d'arbres et de buissons, dont des fruits sauvages [...], recréer la forêt telle qu'elle était et permettre ainsi aux animaux d'y vivre. [...] Dans le même temps, nous devons veiller à faire venir un hôtelier du Sud-Tyrol pour y installer un hôtel convenable. [...] Il faut prêter une attention constante à tous les détails, comme les tables, la signalisation des sentiers, les corbeilles à papier et les poubelles, qui doivent être bien visibles et choisies avec goût. [...] D'une façon générale, il faut éduquer le public afin qu'il comprenne qu'il est vraiment en présence d'un lieu saint[227] ».

Mais la rénovation du site ne se heurta pas seulement aux obstacles nés de la guerre, qui contraignirent Himmler à repousser ses plans à la fin des hostilités[228]. En février 1942, Hitler lui déclara, à l'occasion d'une soirée, que les Externsteine n'avaient « sûrement pas été un lieu de culte[229] ».

En mémoire du massacre présumé de 4500 Saxons par l'empereur Charlemagne en 782, Himmler fit ériger le Sachsenhain, le « Bosquet des Saxons » à proximité de Verden. Les travaux commencèrent durant l'hiver 1934-1935. Pour représenter les Saxons assassinés, il fit ranger en une double ellipse 4500 pierres levées. C'est une entreprise locale qui, sinon, aurait fait faillite, qui fut chargée de la réalisation[230].

Au solstice d'été 1935, Himmler et Rosenberg inaugurèrent officiellement le site. Dans son discours, le Reichsführer-SS rappela « l'antique loi de la foi allemande [...] qui veut qu'à l'ascension succède la chute, et qu'à la chute succède une nouvelle vie, tant que vivent la volonté et la force du sang dans un seul être sur cette terre[231] ». L'évocation de la « foi allemande » prouve que l'intention était, avec le Sachsenhain, de dénoncer, par un gigantesque monument de pierre, les méthodes de terreur de la conversion au christianisme. Un reproche en réalité indéfendable, car l'affirmation, sans cesse répétée par Himmler, que les Saxons avaient été massacrés dans le sillage de la politique missionnaire de l'empire ne reposait sur rien[232].

Il est attesté qu'Himmler revint sur le site durant l'été 1938, et qu'il donna à cette occasion de nouveaux ordres pour son aménagement [233]. Pourtant, Hitler ayant « réhabilité » Charlemagne dans son discours pour les assises du parti de 1935, il ne lui était plus possible de faire du Sachsenhain un lieu de culte central de la SS. Jusqu'à la fin de la guerre, le site servit néanmoins de lieu d'endoctrinement et de réunion pour la SS.

Comme le montre clairement l'histoire de ces trois sites, le Wewelsburg, les Externsteine et le Bosquet des Saxons, la volonté d'Himmler de célébrer une idéologie propre à la SS par le biais de lieux saints, de rituels particuliers et de cadeaux symboliques ne dépassa pas le stade embryonnaire. Les formes « cultuelles » restèrent tout aussi floues que leur contenu. Du point de vue d'Himmler, la raison en était évidente : ce n'était pas lui qui s'était engagé dans une voie erronée – c'était l'Allemagne national-socialiste qui n'était tout simplement pas encore prête pour son changement de religion.

•

Le style de direction d'Himmler

Dans sa volonté d'imposer une idéologie et des rituels propres à la SS, Himmler eut recours à un style de direction personnel grâce auquel il s'efforça de rattacher la SS à sa personne et à ses objectifs. Il se concevait avant tout comme l'éducateur de ses hommes. Non seulement il établissait lui-même les principes selon lesquels les membres de la SS devaient être sélectionnés, endoctrinés, disciplinés et tenus à une vie familiale conforme à la SS, mais il veillait aussi méticuleusement à leur application.

Ainsi, l'ensemble de l'appareil de la SS était intégralement fait sur mesure pour lui, et la structure hiérarchique était extrêmement confuse. En répartissant les compétences de ses différents secteurs de responsabilité (police, SD, camps de concentration, Allgemeine SS, Waffen-SS et autres) entre plusieurs directions centrales, Himmler empêchait la SS de se fractionner en groupes de pouvoir concurrents. Les réunions des Gruppenführer n'étaient en fin de compte que des assemblées sans pouvoir. Himmler pouvait – et devait – intervenir et décider par lui-même dans les grandes lignes comme pour les plus infimes détails. L'institution des hauts responsables de la SS et de la police (les HSSPF) lui permettait dans le même temps de contrôler directement les départements régionaux. Contrairement à ce que sa pédanterie pourrait laisser croire, Himmler n'était certainement pas en premier lieu un bureaucrate. Il ne voulait pas créer un appareil qui aurait contrôlé son domaine en fonction de règles strictes. Les institutions bureaucratiques, il le savait, ont tendance à impliquer même leur hiérarchie dans la réglementation de leur fonctionnement, à limiter sa marge de manœuvre et à la contraindre à rendre des comptes. Le style de direction d'Himmler, lui, se distinguait par son caractère excessivement intangible.

Ce type de direction tenait à sa méfiance vis-à-vis d'autrui et à son obsession du contrôle. Himmler cherchait à gouverner le gigantesque appareil qu'il commandait par des directives exhaustives, s'attachant à l'accessoire parfois jusqu'à l'absurde. Il lui arrivait aussi souvent d'intervenir directement. Par prévention, il se réserva dans bien des cas la décision finale. Il enseignait et conseillait, réprimandait et ordonnait. Aucun détail n'était trop insignifiant.

Quand il se trouvait dans son bureau, ses journées de travail étaient longues. Il arrivait en général à dix heures, et ne rentrait chez lui qu'à une ou deux heures du matin[1], en ayant fait de courtes pauses pour le déjeuner et le dîner. Mais ce qu'il préférait, c'était se rendre sur le terrain pour juger d'une situation, prenant alors des décisions sur place plutôt que depuis son bureau à la centrale. Méthode qu'il recommandait également à ses hommes, comme le 16 septembre 1942, devant les chefs de la SS et de la police qu'il avait rassemblés à son quartier général de Hegewald : « Ce n'est évidemment pas un hasard si je résous la plupart des problèmes quand je suis en déplacement. Ce n'est pas à Berlin que je les résous, mais je me rends à Lublin, à Lemberg, Reval, etc., et un soir comme aujourd'hui je vais prendre huit, dix, douze grandes décisions sur place. Faites donc de même[2] ! »

Tout au long de sa carrière professionnelle, Himmler fut sur les routes : en tant qu'assistant au niveau du Gau, vers le milieu des années 20, il avait sillonné la Basse-Bavière en moto. En tant que directeur adjoint de la propagande, il avait parcouru l'Allemagne à bord des trains de la Reichsbahn. Pendant la guerre, en tant que Reichsführer, il traversa l'Europe entière en train spécial, en avion et en Kübelwagen*. Il aimait en particulier inspecter les territoires fraîchement conquis où flottait encore l'odeur de la poudre, accompagné d'un petit groupe de fidèles. Il lui arrivait alors souvent de prendre le volant.

Parmi les photos qu'il envoya pendant la guerre à Gmund am Tegernsee [en Haute-Bavière, à environ 45 kilomètres de Munich], pour que sa fille Gudrun puisse se faire une idée du travail quotidien de son père, aucune, ce qui est significatif, ne le montre assis à un bureau. Au lieu de cela, on trouve plusieurs clichés de lui en train de discuter avec animation, lors de voyages, de visites ou de discours[3]. C'était ainsi que le Reichsführer-SS souhaitait être vu : communicatif, omniprésent, un chef qui s'inquiétait et contrôlait tout, qui partageait les rudes conditions de vie de ses hommes.

Toute sa vie, il s'efforça de donner de lui cette image « militaire ». Il adopta donc un comportement qui devint caractéristique de son style de direction. Afin de conférer de la crédibilité à cette image de lui-même, il ne répugna pas à apporter

* Équivalent allemand de la Jeep, en service pendant toute la guerre. (NdT)

quelques corrections à sa propre biographie. Ainsi, quand il s'en prit, à l'occasion de la fête du solstice d'été 1936, à la consommation d'alcool dans la SS, il n'en montra pas moins – adoptant la pose du vieux briscard – une certaine compréhension : « Nous, qui avons connu la guerre et sommes de cette génération, [...] avons appris, en tant que soldats, en tant que combattants au front, à écluser et à faire la fête. Je vais vous dire, quand on se trouve au combat, quand on ne sait si on survivra à l'heure qui vient, que l'on a faim et que l'on reste des jours sans avoir rien à bouffer, on s'habitue alors très facilement à fumer et à picoler[4]. » Devant les généraux de la Wehrmacht, il affirma, en mai 1944 : « En 1917, je suis devenu aspirant, et j'ai vécu la révolution en tant qu'aspirant[5]. » De même, quand des articles de journaux le présentaient comme un ancien combattant du front, il ne s'empressait pas de les corriger[6]. En réalité, il n'était entré dans l'armée qu'en janvier 1918 et, du fait de ce recrutement tardif, il n'avait jamais pris part aux combats. Durant les événements de la révolution, il était en vacances chez ses parents.

Himmler espérait dissimuler sa gaucherie et son manque d'assurance dans ses relations avec les autres derrière sa « froideur » et son « austérité » militaires, tout en comptant en faire des vertus professionnelles. Cela valait tout autant pour la sphère privée. « Ne m'en veuillez pas, écrivit-il en 1933 à une maison d'édition, si je vous prie pour l'heure de renoncer à une biographie à mon sujet. [...] Si vous me connaissiez, vous comprendriez que je suis absolument opposé à tout ce qui a trait aux séances de photographies, interviews, biographies et autres tortures[7]. » Et quand son ami, l'auteur nazi Hanns Johst, lui déconseilla en 1942 d'exprimer son admiration pour une actrice en lui envoyant une caisse de jus de fruits – car ses motivations auraient pu être mal interprétées –, Himmler le remercia en reconnaissant que de telles choses, dans le milieu du théâtre, risquaient d'être « tout autrement comprises et évaluées que ce qu'elles signifiaient pour nous autres humbles soldats[8] ».

Himmler accordait une grande importance au fait de sembler d'une parfaite correction dans le domaine personnel. Ainsi, il insistait pour que les cigares qu'il fumait au casino de la SS à Berlin lui soient facturés[9] et il refusait les invitations de chefs d'entreprise généreux[10]. De même, il veillait à ne pas imputer à la SS les frais de déplacement de sa famille[11]. Mais l'attention méticuleuse qu'il accordait à ses tâches personnelles était telle qu'il décomptait les pourboires copieux qu'il distribuait lors de ses voyages dans ses frais de déplacement[12].

Dans ses relations avec ses collaborateurs, ses visiteurs ou ses hôtes lors de ses voyages, il s'efforçait autant que possible de respecter les convenances, de se montrer aimable et affable, détendu, jovial et poli, irréprochable en ce qui concernait les repas, la boisson et le confort personnel. « Sur le plan humain, commenta son garde du corps Josef Kiermaier, le RFSS était d'une nature ouverte, il était aimable, poli avec chacun », sauf « s'il était convaincu que l'amitié n'avait pas sa place[13] ». Son comportement pouvait alors changer facilement et Himmler devenait, comme se souvenait Otto Wagener, un des principaux fonctionnaires du parti du « temps de la lutte, ironique, sarcastique, cynique[14] ». Selon le portrait qu'en brossa Albert Speer, il était « d'une correction aimable, qui semblait un rien contrainte », mais « jamais chaleureux[15] ». Cette correction si frappante et sa tendance à intervenir dans la vie des autres s'exprimaient également dans l'habitude qu'avait Himmler de tenir un compte soigneux de tout un système de cadeaux. Grâce à un fichier qu'il avait lui-même établi, il pouvait savoir à tout moment qui avait été gratifié par ses soins de quel cadeau, et quand[16].

Recrutement et carrière des membres de la SS

La condition première à toute entrée dans la SS était une taille minimum de 1,70 mètre – condition qu'Himmler remplissait d'ailleurs, puisqu'il disait mesurer 174,5 centimètres (« pieds nus », ajoutait-il[17]). À partir de 1933, les candidats (et plus seulement les SS qui souhaitaient se marier et leur future épouse) firent l'objet d'examens afin de vérifier leur « santé raciale » et leurs « origines aryennes ». Peu à peu, les membres plus âgés de la SS durent se soumettre rétroactivement à cette procédure. Il fallait pouvoir démontrer des origines en remontant au moins à 1750, vierges de tout ancêtre « non aryen ». Himmler aurait certes préféré fixer cette date à 1650 pour tous les candidats, comme il le déclara à l'occasion de la fête du solstice de 1936, mais cette règle, compte tenu des dépenses que ces recherches impliquaient, ne semble avoir été appliquée qu'aux responsables SS[18]. Qu'un ancêtre non aryen surgisse dans l'arbre généalogique, et son descendant était par principe exclu de la SS[19].

Lors de « l'examen racial » à proprement parler, qui incluait obligatoirement un examen de santé, l'aspect du candidat était jugé en fonction de deux critères, « constitution physique » et « évaluation raciale », notés sous la rubrique « Apparence ». Des caractéristiques « raciales » négatives pouvaient être contrebalancées par l'« aspect » et la « tenue[20] ». Des tests d'intelligence et des épreuves sportives complétaient l'évaluation générale du candidat[21]. Dans les cas où les « preuves de l'origine » étaient irréprochables, mais où l'« aspect » laissait planer « de forts soupçons quant à l'influence de sang étranger », une « enquête biologique raciale » était entreprise sur ordre d'Himmler[22].

Himmler intervenait sans cesse dans le processus de sélection. En 1938, il précisa par exemple qu'en cas de problèmes oculaires il fallait imposer des « mesures considérablement plus souples ». Les cas litigieux – si, par exemple, un « candidat brillant » avait perdu un œil suite à un accident – devaient lui être directement soumis[23]. En ce qui concernait le Sicherheitsdienst, Himmler, en mai 1935, avait admis que l'on pouvait parfois renoncer, lors de l'examen physique, à exiger une « aptitude SS » totale. Si les « examens raciaux laissent apparaître un doute, il faut me soumettre directement le dossier ». Cette règle était surtout faite pour les fonctionnaires de la Gestapo affectés au SD à leur entrée dans la SS[24].

En 1937, Himmler affirma devant des officiers de la Wehrmacht qu'environ 15 % seulement des candidats étaient acceptés dans la SS[25]. En réalité, la Schutzstaffel se montrait beaucoup moins difficile. Ainsi, dans la SS-Oberabschnitt de l'Elbe, entre 75 et 80 % des candidats furent intégrés en 1935 et 1936 – y compris, d'après les chiffres disponibles, les candidats rejetés pour des raisons physiques, « raciales » ou d'âge[26].

Pourtant, l'examen rigoureux des candidats fut maintenu, même après le début de la guerre. Himmler en affina encore le processus en décembre 1939 en ordonnant l'introduction d'une « carte raciale » spéciale[27]. Les examinateurs devaient y indiquer chaque caractéristique typique « principalement due à l'influence de sang étranger », comme la « couleur noire des cheveux » ou le nez « busqué » (dit alors nez « proche-oriental » ou carrément « nez juif »). Il fallait, conformément aux « souhaits du Reichsführer », éviter la confusion avec le « nez grec » (« presque sans césure par rapport à la racine du nez »). Quand, en 1943, tenant compte des conditions créées par la guerre, Bruno Kurt Schulz, directeur du département racial de la SS, réduisit à six le nombre de générations sur lesquelles devait remonter la pureté, et voulut imposer une évaluation raciale et morphologique aux membres de la SS éventuellement « pollués », Himmler réagit avec colère. Schutz, déclara Himmler, avait outrepassé ses prérogatives en tant que chef du département racial[28].

Au début de 1935, à l'occasion d'une réunion des responsables de l'Oberabschnitt de Silésie, Himmler décrivit ce qui était selon lui le plan de carrière d'un SS normal : « À l'avenir, le SS sera d'abord sélectionné en fonction des critères les plus rigoureux, qui se durciront d'année en année. À dix-huit ans, il entre chez nous en tant que candidat. Pendant un an et demi, il suit une formation. Il effectue de nombreux services, quatre fois par jour et deux ou trois dimanches par mois. Étant jeune, il peut encore être développé et éduqué, et doit donc recevoir une formation idéologique. » Ensuite, à dix-neuf ans, il était transféré au service du travail pendant six mois, et devait effectuer un an « au service d'une organisation de l'État ». Une fois le service militaire remis en place, deux mois plus tard, cette obligation fut évidemment remplacée par la conscription.

Puis, toujours selon Himmler, le jeune homme revient dans la SS, pour effectuer quinze mois de formation supplémentaire avant d'être officiellement reconnu SS. Dès cette date, et jusqu'à sa vingt-cinquième année révolue, il appartient à l'Allgemeine SS active. « Durant ces années, on exige de lui les services suivants : deux fois par semaine et deux ou trois dimanches par mois. » Par la suite, il est transféré dans la première réserve. Entre trente-cinq et quarante ans, il entre dans la seconde réserve et, à partir de quarante-cinq ans, dans la Stammabteilung. « Il est impossible de quitter la SS pour une question d'âge[29]. » Quiconque se retrouvait sous l'autorité du Reichsführer devait lui être subordonné jusqu'à sa mort.

Les vertus du SS

« J'ai moi-même réfléchi et élaboré tout ce qui concerne notre comportement, toutes les questions éthiques », expliquait Himmler en novembre 1938 au directeur de son département de l'éducation venu lui faire son rapport – « les questions de la relation de l'homme avec son clan, sa famille, le peuple, l'État[30] ». Pour clarifier sans ambiguïté ces « questions éthiques », Himmler mit au point un véritable « catalogue des vertus » de la SS au fil de ses nombreux discours. Les concepts de fidélité, obéissance et camaraderie y jouaient un rôle essentiel, tout comme, le plus souvent, la bravoure, la vérité, la diligence et le sens du devoir. Mais il exigeait surtout une chose des SS, comme il le leur rappelait constamment : l'honnêteté[31] !

Intéressons-nous d'un peu plus près aux vertus prônées par Himmler.

Pour Himmler, la fidélité était synonyme d'une soumission volontaire et totale à un chef. La fidélité était une question de race et ne pouvait véritablement, être le fait que de gens de sang « germanique ». La fidélité enfin n'était pas explicable sur le plan rationnel, c'était un lien émotionnel, une « affaire de cœur », comme le dit Himmler[32]. C'était une attitude fondamentale, qui servait de base à la relation entre le subordonné et son supérieur[33].

La SS était évidemment fidèle en premier lieu à Adolf Hitler. « Le credo politique de la SS a pour nom Adolf Hitler », écrivait Hanns Johst, auteur et ami d'Himmler, dans les *SS-Leitheften*, alors qu'il était SS-Oberführer. « La conception de l'honneur de cet ordre est affirmée de façon inébranlable et éternelle par la magie de la fidélité envers cet homme. L'ordre sert, et ce service garantit l'immortalité d'Adolf Hitler et de sa volonté[34]. » Ou, pour reprendre les propres mots d'Himmler : « Le Führer a toujours raison, qu'il s'agisse d'uniformes, de bunkers ou d'autoroutes[35]. »

La fidélité était chantée dans le *Treuelied der SS*[36], elle était renforcée par le serment que tout SS devait prononcer : « À toi, Adolf Hitler, Führer et chancelier du Reich, je prête serment de fidélité et de courage. Je te jure, à toi et aux chefs par toi désignés, obéissance jusqu'à la mort. Que Dieu m'en soit témoin[37]. » À leur nomination par Himmler, les Gruppenführer SS étaient astreints à une nouvelle prestation de serment, et juraient de respecter « le plus strictement » les critères qu'il imposait à la sélection de candidats, même si cela « devait m'amener à refuser mes propres enfants ou ceux de ma famille [...] au nom d'Adolf Hitler et de l'honneur de mes ancêtres – que Dieu m'en soit témoin[38] ».

La fidélité était entretenue par des formes tout à fait rituelles, comme les lettres qu'échangeaient régulièrement Himmler et les responsables SS : félicitations à l'occasion de nominations, d'anniversaires, de naissances, condoléances pour la perte d'un proche, souhaits pour la nouvelle année et la « fête de Iule », suscitaient généralement des lettres de remerciements qui, le plus souvent, culminaient avec le renouvellement du serment de fidélité. L'anniversaire d'Himmler était également l'occasion pour ses fidèles d'écrire personnellement au Reichsführer[39].

Cette correspondance comprend un répertoire quasi inépuisable de formules de fidélité. Pour le trente-septième anniversaire d'Himmler, Theodor Eicke, le chef des formations SS Totenkopf, le congratula comme suit : « Je n'ai qu'un but, c'est de forger, à partir des hommes qui m'ont été confiés, une unité de combat prête à se battre jusqu'à la mort et respectueuse de l'esprit de la SS. Toute notre force vous appartient, ainsi qu'au Führer. Faire son devoir et se montrer fidèle, telle est la prière que font chaque matin les SS-Totenkopfverbände[40]. »

Le Gruppenführer Wilhelm Rediess, auquel Himmler avait offert un chandelier de Iule en 1935, le remercia ainsi : « À sa lueur je renouvelle, avec ma famille, mon serment de fidélité envers le Führer et par conséquent envers vous. Mais, très estimé Reichsführer, puissiez-vous rester avec la Nation et nous jusqu'à ce que vos actes et votre volonté constituent de nouveau des lois immuables pour l'ensemble du peuple allemand. Tel est mon souhait pour cette nouvelle année, que je vous transmets ainsi que mes vœux les plus sincères[41]. »

Pendant la guerre, les serments de fidélité connurent un renforcement. De nombreux officiers SS, comme Ruth Bettina Birn l'a déjà souligné, ne se contentaient plus d'assurer Himmler de leur fidélité de façon générale, mais étayaient leur serment en promettant de le servir et de remplir leur devoir[42]. Il s'agissait désormais vraiment de fidélité jusqu'à la mort.

Ainsi, en août 1944, l'Obergruppenführer Benno Martin remercia Himmler de sa promotion en lui « annonçant » : « Je remplirai mon devoir envers vous et l'idée de la Schutzstaffel jusqu'à mon dernier souffle. Soyez également sûr, Reichsführer, des officiers et des hommes de la SS et de la police sous mon commandement[43]. »

En octobre 1943, Hermann Fegelein, ancien directeur de l'école d'équitation SS de Munich, devenu commandant de la 8e division de cavalerie SS « Florian Geyer », écrivit une lettre à Himmler pour son anniversaire où il lui prêtait non seulement serment de fidélité, mais lui faisait en outre part de la conviction profonde qu'il lui devait toute son existence : « Comme autrefois dans la vie sportive, nous avons chevauché en temps de guerre, intrépides dans les heures les plus graves, sûrs de la victoire en nos cœurs, sous votre commandement et à vos ordres. Les camarades tombés dans les rangs de votre cavalerie sont la preuve qu'ils ont fait honneur, sur le champ de bataille, à votre devise : "Nous devons faire plus que notre devoir en tant que chevaliers sans peur et sans reproche." Nous nous sommes montrés intrépides, fidèles et obéissants dans les combats les plus rudes, en toute saison, été comme hiver, nous avons été fidèles à votre parole et avons accompli ce que nous avions promis en temps de paix. [...] Dans ma vie, vous avez été le grand inspirateur, le supérieur inébranlable et le camarade toujours prompt à nous aider. Avec le SS-Obergruppenführer Jüttner, vous avez fait de moi ce que je suis aujourd'hui. J'ai souvent dû exécuter des ordres venant de vous lourds de responsabilités, qui ont parfois semblé être comme des commandements du Ciel. Mais mes hommes et moi avons tout enduré, grâce à la mentalité de nos compatriotes et à notre mode de pensée prussien. Ma nature me pousse à l'élan, et vous m'avez enseigné la conscience et le sens des responsabilités en m'apprenant à remplir mon devoir avec la plus grande fermeté, et je pense pouvoir aujourd'hui vous dire que vos ordres se sont toujours avérés sacrés pour moi. [...] Peut-être pourriez-vous, Reichsführer, dire un jour au Führer qu'en nos cœurs nous ressentons tout simplement, et avec ferveur, cet instinct du soldat allemand dont les ancêtres, il y a exactement deux mille ans, se battaient déjà pour le Reich, et pour lequel ils étaient prêts à tomber si nécessaire[44]. »

En mai 1944, Friedrich Jeckeln, HSSPF pour l'Ostland et le nord de la Russie, fit part à Himmler de la mort de deux de ses enfants dans une lettre qui se termine comme suit : « Ma femme est très éprouvée, mais personnellement je peux supporter les terribles coups du sort sans que cela compromette ma préparation et ma force de travail. » Himmler lui répondit : « Qu'il est dur que le destin frappe de la sorte. Je sais qu'en tant que national-socialiste profondément convaincu et en tant que SS vous pleurez vos deux fils, dont l'un a connu une mort héroïque et l'autre, encore enfant, a eu un sort si tragique. Mais je sais aussi que vous serez toujours le même, que vous ne courberez pas l'échine et serez toujours prêt[45]. » Six mois plus tard, Jeckeln informait Himmler que sa maison avait été totalement détruite lors d'un bombardement. « Tout ce que je possédais a été réduit en ruine et en cendres. Mon épouse et mes quatre enfants en bas âge sont en sécurité dans la propriété de ses parents [...] Je suis plus que jamais prêt[46] ! »

Chez de nombreux officiers SS, la fidélité était si intériorisée que la seule idée de perdre la confiance du Reichsführer était un cauchemar. Josef Fitzthum, chef de la police de Vienne, soupçonné d'avoir disposé un peu trop libéralement des bénéfices de « l'aryanisation », écrivit à Himmler en septembre 1940 : « Le sentiment de risquer de perdre la confiance que vous aviez jusque-là en moi m'est insupportable. Savoir que vous me l'accordez toujours est mille fois plus important à mes yeux que toute réparation officielle[47]. »

L'obéissance, le deuxième pilier de l'enseignement des vertus selon Himmler, était considérée comme la conséquence pratique de la fidélité. Si cette dernière constituait un lien émotionnel, l'obéissance, elle, devait être démontrée dans la pratique. La fidélité était une « attitude », la disposition intériorisée à l'obéissance qui trouvait son expression dans les actes et le respect du devoir[48].

L'infidélité équivalait à la trahison et était fondamentalement impardonnable. Pour ce qui était de la désobéissance, Himmler adoptait une approche plus nuancée. Car, selon lui, la désobéissance était une faiblesse des Germains qui, par nature, étaient des personnalités insoumises. En fonction des circonstances, une peine légère, voire le pardon, était envisageable – tant que cela ne portait pas atteinte au fondement de la relation, la fidélité. Gottlob Berger, chef de la direction centrale de la SS, était conscient de cette distinction quand il déclara à Himmler en juillet 1942, au sujet d'une discussion qu'il avait eue avec le général Steiner, accusé de désobéissance, qu'il avait eu le sentiment que la fidélité se trouvait « au cœur de son être ». À la suite de quoi Himmler assura à Steiner dans une lettre : « Je vous fais une confiance absolue[49]. »

« Qui trahit la fidélité, lançait-il dans son discours fondateur de 1935, s'exclut de notre société. Car la fidélité est affaire de cœur, jamais d'esprit. L'esprit peut faillir. [...] Le cœur, lui, doit toujours battre de la même pulsation, et, quand il s'arrête, l'homme meurt, comme meurt un peuple quand cesse la fidélité[50]. »

Si Himmler exigeait de ses hommes non seulement l'obéissance, mais aussi une fidélité absolue, ainsi que la fidélité envers la loi suprême de la SS, c'était là encore le résultat de son propre manque d'assurance dans ses relations avec les autres. Au fil du temps, Himmler développa certes un talent considérable afin de masquer ces faiblesses, mais il ne pouvait envisager de relations personnelles à long terme que s'il en avait le cntrôle, ou si – comme, jeune homme, dans sa relation avec Röhm ou Strasser, ou dans le cas d'Hitler – il était subordonné à l'autre. En revanche, il lui était difficile d'établir un lien proche avec quelqu'un qu'il considérait comme son égal, ce qui transparaît dans ses relations complexes ou distantes avec d'autres hauts responsables du parti. Son profond besoin de parer l'obéissance, élément évidemment incontournable au sein de la SS, d'une facette émotionnelle – en l'occurrence, la fidélité –, de la voir constamment affirmée de manière formelle et d'inventer de véritables rituels de la fidélité ne peut être lié fondamentalement qu'à ce manque.

En revanche, il ne semble avoir fourni que peu d'explications quant à un autre concept central de son catalogue de vertus, la « camaraderie ». La camaraderie, peut-on déduire d'une de ses rares réflexions sur ce thème, servait en fin de compte à favoriser l'obéissance[51]. « J'exige que vous vous éduquiez les uns les autres dans vos unités. Vous devez veiller à ce qu'il n'y ait aucun insoumis dans vos rangs ! » s'exclama-t-il en décembre 1938 lors d'un discours devant un régiment SS[52]. Mais il n'en dit pas plus sur la forme émotionnelle que devait prendre la camaraderie, sur la façon de la vivre au quotidien, dans le cadre du service SS et en dehors. Nous avons déjà signalé qu'Himmler, en particulier en 1936-1937, s'était exprimé clairement contre des liens trop marqués dans la SS et qu'il s'en était pris violemment à la thèse de Blüher, qui voulait que de tels liens aient un fondement homoérotique. Mais Himmler n'avait rien d'autre à offrir qu'une simple obligation de fidélité et d'obéissance.

Dans presque tous ses discours, il appelait cependant les SS à accomplir leurs missions « décemment ». Concept qu'il associait le plus souvent à d'autres comme la « pureté » et la « chevalerie ». Il prônait un comportement bienveillant, compréhensif, qui n'était pas motivé par des besoins personnels.

La « dignité » était omniprésente dans le monde d'Himmler. « Que chacun d'entre nous reste digne, les bons jours comme les mauvais », enseignait-il à ses hommes en préambule au calendrier SS de 1937[53]. Mais la dignité était particulièrement mise en avant quand Himmler exigeait de ses hommes qu'ils se montrent « implacables » et « durs », surtout lors de l'application d'ordres d'exécution : « Il faut parfois accomplir certaines choses comme un soldat, disait-il en se référant au 30 juin 1934, mais il faut toujours le faire avec dignité, pureté, sans joie et sans en tirer d'avantage personnel. [...] Ce n'est qu'en agissant en fonction de ces principes que l'on a moralement l'énergie et la force nécessaires afin d'être pour le Führer l'outil dont il a besoin[54]. » Les tortures sadiques ou les lamentations de la victime étaient selon lui « indignes », et par conséquent proscrites.

Himmler, pendant la guerre, continua d'appeler la SS à éliminer ses ennemis avec « dignité ». C'est dans le discours qu'il tint devint les SS-Gruppenführer à Poznan en octobre 1943, où il aborda le massacre des Juifs, qu'il fournit son explication la plus célèbre au sujet de la dignité et des massacres : « La plupart d'entre vous savent ce que ça veut dire quand 100, 500 ou 1 000 cadavres gisent côte à côte. Avoir pu surmonter cela et, à l'exception de quelques faiblesses humaines, avoir su rester dignes, c'est ce qui nous a endurcis[55]. »

Dès 1936, il avait pourtant exprimé un avis divergent, et ce devant le Conseil d'État de Prusse et non lors d'une réunion secrète de ses généraux SS. Le principe de la « dignité au combat » devait être appliqué à « l'adversaire qui le mérite, mais il était « absurde d'appliquer cette attitude chevaleresque à la juiverie et au bolchevisme [...], contre un jésuite qui se bat pour le pouvoir terrestre » ou contre « la franc-maçonnerie juive ou enjuivée[56] ».

Dans son discours de Poznan en 1943, il défendit l'idée qu'il fallait se montrer « honorable, digne et fidèle [...] envers les membres de notre propre race, et envers personne d'autre. Ce qui peut advenir des Russes, des Tchèques, m'est parfaitement égal. [...] Si, lors de la construction d'un fossé antichar, 10 000 femmes russes meurent d'épuisement, cela ne m'intéresse que dans la mesure où le fossé antichar est prêt pour l'Allemagne. Nous ne serons jamais brutaux et sans cœur sans raison, c'est clair. Nous, les Allemands, qui sommes les seuls au monde à avoir une attitude digne vis-à-vis des animaux, adopteront également une attitude digne vis-à-vis de ces hommes-bêtes, mais c'est un crime contre notre propre race que de nous soucier d'eux et de leur apporter des idéaux qui feront que nos fils et nos descendants auront d'autant plus de difficultés avec eux. Si quelqu'un vient me dire : "Je ne peux pas construire le fossé antichar avec des enfants ou des femmes. C'est inhumain, parce qu'ils en meurent", je répondrai : "Tu es l'assassin de ta propre race car, si le fossé antichar n'est pas construit, ce sont des soldats allemands qui mourront, les fils de mères allemandes. C'est notre sang." C'est cela que je veux insuffler à cette SS, et que je lui ai, je le crois, insufflé comme une de nos lois les plus sacrées : nous ne devons nous soucier, tel est notre devoir, que de notre peuple et de notre race : c'est en son nom que nous devons penser, travailler et nous battre, et pour rien d'autre[57] ».

La « dignité » vis-à-vis des « hommes-bêtes » n'était donc pas pour Himmler un commandement moral, mais une considération purement pratique, si l'on voulait, comme il le déclara dans un discours en mai 1944, que les « nombreux petits sous-hommes qui se trouvent à notre service » soient « comme des chiens fidèles pour leur maître [...] parce qu'il a été digne avec eux[58] ».

Il faut voir dans son concept de dignité un double langage. Il incarnait des critères en réalité contradictoires. D'un côté, la dignité vis-à-vis de l'ennemi était érigée en vertu, mais de l'autre elle était dénoncée comme une « absurdité ». On pouvait occasionnellement faire preuve de dignité, mais on courait constamment le risque de trop bien traiter son ennemi et ainsi de compromettre sa propre cause – ce qui était inacceptable sur le plan moral. Il était donc digne de ne pas se montrer digne avec son ennemi.

C'est la seule façon d'expliquer que les SS aient pu d'une part prôner honneur et chevalerie, et de l'autre humilier les gens de toutes les façons imaginables, les torturer et les massacrer par les moyens les plus abominables. L'aura d'horreur dont s'entourait la Schutzstaffel était une composante de sa stratégie de terreur, et Himmler savait l'instrumentaliser. « Je n'envisage nullement, du moins pendant la guerre, de dissiper notre mauvaise réputation, qui n'apporte que des avantages à l'Allemagne puisqu'elle tient à distance nos ennemis », lança-t-il par exemple dans un discours devant des officiers de marine en décembre 1943[59].

Mais cette dignité qu'il exigeait confrontait Himmler lui-même à de sérieuses difficultés. Plus il faisait de la « dignité » la pierre angulaire de son existence, plus il devenait difficile d'admettre qu'il avait pu souhaiter un jour être « indigne » et « sans courage », comme il l'avait avoué à sa future épouse au début de leur relation[60]. Le contexte dans lequel il consentit à cet aveu est essentiel : il parlait de ses maux d'estomac, qu'il attribuait justement à ses efforts constants pour parvenir à la « dignité ». Il savait donc que le contrôle rigide qu'il s'infligeait, son système rigoureux de règles et de vertus, était la cause de troubles psychosomatiques. Son organisme se défendait contre la dignité qu'il cherchait à s'imposer, il aurait préféré être « indigne ».

On peut considérer ses appels incessants à la « dignité » comme l'expression de ses efforts pour se protéger contre des tentations « indignes » : celle de céder à la cruauté, de torturer ses ennemis ou de les humilier, de retirer des avantages personnels de leur défaite ou d'éprouver de la satisfaction à les voir mettre un genou à terre – une « satisfaction compréhensible », comme il le dit en 1936. Fondamentalement, la « dignité » qu'il ordonnait semble avoir été dirigée contre ces expériences qu'il ne connaissait que trop bien.

Pour ce qui était de la « dignité » de son corps d'officiers, le Reichsführer-SS éprouvait clairement quelque doute. De façon significative, il ne put se décider, durant l'été 1942, à émettre un ordre interdisant les lettres anonymes au sein de la SS. Comme il l'affirma au chef de son administration Pohl, il ne pourrait interdire ce genre de procédé que « quand j'aurai de nouveau des commandants et des chefs dont je saurai que chaque SS peut se tourner en toute confiance vers eux en cas de besoin, et le fait. Aujourd'hui, je le sais, ce n'est pas le cas de la plupart[61] ».

Himmler accompagna son catalogue de vertus d'une série d'ordonnances au sujet du comportement des membres de la SS, qu'il considérait comme les « lois fondamentales » de la Schutzstaffel[62].

Parmi ces lois fondamentales citons surtout, outre l'ordre sur les fiançailles et le mariage du 31 décembre 1931, la « loi sur l'honneur » de la SS du 9 novembre 1935, qui obligeait les membres de la SS à « défendre leur honneur par les armes ». On pouvait y voir la volonté de répandre la pratique des duels (Himmler, l'ancien étudiant, avait fait approuver expressément cette règle par Hitler[63]). Dans la pratique, Himmler avait cependant tendance à éviter autant que possible les affrontements de ce genre et leur préférait la médiation. Dans cette optique, il mit en place des « cours d'arbitrage » spéciaux qui évaluaient si, en cas de manquement à l'honneur, le duel était recommandé. Une autorisation du Reichsführer était obligatoire[64]. Car il ne fallait « pas user des armes blanches avec autant de légèreté que par le passé, sous peine de voir les questions d'honneur devenir une formalité dénuée de valeur[65] ». Quand un duel était jugé inévitable, il devait être également autorisé par Hitler[66]. Au début de 1943, les duels de cet ordre furent interdits par principe « pour la durée de la guerre[67] ».

L'ordonnance sur le « caractère sacré de la propriété » de novembre 1936, qui stipulait que les cadenas soient ôtés sur les casiers dans les cantonnements des unités SS, constituait une loi fondamentale au même titre que « l'épargne obligatoire » ou « la mission sacrée [...] de soutien aux femmes et aux enfants des camarades défunts[68] ». À cela s'ajouta, pendant la guerre, l'ordre SS dit des « derniers fils », qui précisait que les membres de la Schutzpolizei et de la SS qui étaient les « fils uniques et derniers » d'une famille soient retirés du front et renvoyés chez eux avec le billet suivant : « Votre devoir est de veiller aussi rapidement que possible par la procréation et la naissance d'enfants de bon sang à ne plus être les derniers fils [...] avant de pouvoir de nouveau être disponible pour le combat au premier rang[69]. »

Himmler ne laissait presque rien au hasard. Ses hommes étaient régulièrement submergés par un flot de règlements et d'interdits. Il s'estimait autorisé à s'attaquer aux tricheries et aux incidents déplaisants dans le sport, en appelant les associations sportives SS à faire preuve d'un « amour de la vérité irréprochable » et d'un « comportement chevaleresque[70] ». Il rappelait à ses hommes qu'il fallait respecter les limitations de vitesse[71], et interdisait aux hauts responsables SS titulaires d'un brevet de pilote de voler pendant leur service[72]. Quand les SS s'adressaient à leurs supérieurs, ils ne devaient pas utiliser le terme « Herr » [Monsieur] mais leur grade. Pour la fête des mères, ils étaient invités à rester à la maison[73]. Il fallait se saluer « non d'un bras mollement replié, mais le bras et la main tendus de façon martiale[74] ». Pour la poignée de main, il fallait retirer ses gants ! Pour reprendre les termes d'Himmler : « Les SS se saluent en se serrant la main, même entre supérieurs et subordonnés, en ayant ôté leurs gants[75]. »

Formation

Himmler en était convaincu, si l'on voulait inculquer tant les vertus SS que des notions comme la loyauté et l'engagement, la « formation idéologique » était d'une importance majeure. Au début, ce fut la direction centrale pour les questions raciales et la colonisation qui en eut la charge[76]. Dans le courant de l'année 1934, un appareil correspondant fut mis en place : chaque unité SS jusqu'au niveau de la section disposait de son propre responsable de formation, nommé par le RuSHA et qui devait veiller à ce que tous les SS de son secteur prennent part une fois par semaine à une heure de formation. Cet « appareil de formation » était dirigé par treize directeurs des SS-Oberabschnitte qui, à partir d'avril 1937, furent désignés sous le terme de « SS-Führer pour les questions de race et de colonisation » (RuS-Führer). C'était à eux qu'incombaient entre autres l'application de l'ordre sur le mariage ainsi que – dès 1938 – l'examen racial de populations entières, les mesures de déplacement de population et bien d'autres missions[77]. Au départ, des notes de formation furent transmises sporadiquement aux responsables. En 1936, elles furent remplacées par les *SS-Leithefte*, qui paraissaient périodiquement et comportaient des directives et des documents[78].

En 1937, l'appareil de formation de la SS prit également en main la formation idéologique de la police[79]. En août 1938, Himmler retira au RuSHA (dont le chef, Darré, s'était brouillé avec lui) la responsabilité du département de la formation qu'il confia à la direction centrale de la SS[80]. À l'époque, le département de la formation comptait 31 collaborateurs administratifs et 430 professeurs honoraires[81]. Au début de 1939, Himmler transféra également la gestion des Mannschaftshäuser (casernements SS) à son état-major personnel, au détriment du RuSHA. C'était dans ces casernements, au nombre de seize, qu'étudiaient les membres de la SS qui suivaient une formation idéologique et militaire spéciale et devaient constituer le noyau d'une élite académique SS[82].

Les SS, conformément au principe de la formation idéologique, ne devaient pas « connaître » le national-socialisme, ils devaient le « vivre ». « Le responsable de formation doit conquérir le cœur de ses SS. Il n'y parviendra que s'il enseigne notre volonté en se fondant sur sa propre expérience, l'expérience personnelle la plus profonde », soulignait une directive de service. « Le responsable de formation doit lui-même être un homme accompli, incarnation de chacune de ses paroles[83]. »

On peut cependant douter que cela ait eu une réalisation pratique : la formation était tellement formalisée qu'elle laissait peu de place à l'improvisation. « Je ne tolère qu'exceptionnellement les errements idéologiques », déclara Himmler à ses formateurs[84]. Le *Schwarze Korps*, en février 1938, décrivit la position de plusieurs camarades SS vis-à-vis de la formation : « Il faut bien y aller, se disent certains, surtout que le supérieur y sera aussi (l'avancement !). Du reste, se console-t-on benoîtement, il est toujours agréable de se retrouver[85]. »

En février 1936, le chef du RuSHA statua que la « formation de base » des membres de la SS devait durer vingt-huit semaines en tout, réparties en quatre sessions et étalées sur vingt et un mois. Chaque semaine de formation devait comporter deux unités de cours de quarante minutes qui suivaient toujours le même schéma : lecture et discussion d'un passage de *Mein Kampf* et un court exposé thématique, suivi de la présentation d'un cas pratique de procédure de mariage, afin que les SS puissent être orientés dans le choix de l'épouse qui convenait[86]. Les quatre blocs de la formation de base englobaient les thèmes suivants : le sang et le sol (huit semaines), la juiverie, la franc-maçonnerie, le bolchevisme (huit semaines), l'histoire du peuple allemand (huit semaines), us et coutumes, respect des morts (quatre semaines).

Les sept premiers cahiers des *SS-Leithefte* comprennent les documents nécessaires à l'enseignement[87]. Une fois terminée la formation de base, ces documents restaient la principale source pour la suite. Le cahier 9 portait entre autres sur l'histoire de la SS, d'autres brochures traitant des compétitions du printemps au sein de la Schutzstaffel[88], mais aussi de thèmes tirés de la préhistoire et de la protohistoire, ainsi que de l'histoire allemande[89]. On y trouvait également toujours des « conseils » pour choisir la partenaire idéale[90] ou, sous la rubrique « Pour la famille », des recommandations pour le choix de « bons » prénoms germaniques, afin d'éviter les aberrations apparemment fréquentes dans le choix des prénoms[91].

Himmler avait pris personnellement en main la conception des *SS-Leithefte.* Lors de la réunion de préparation du cahier 10, il adressa quelques conseils généraux au directeur du département de la formation, Caesar : « Je ne souhaite pas que la formation se cantonne à un seul domaine de l'existence. Tous les domaines devraient être concernés, et ce d'autant plus que l'homme attend avec impatience la prochaine heure de cours. Les contributions ne doivent absolument pas dépasser les cinq-six pages. » En guise d'exemple, il recommandait en particulier les livres de son auteur favori, Werner Jansen, *Das Buch Treue* et *Das Buch Leidenschaft.* Jansen, entre-temps devenu Obersturmbannführer dans la SS, publiait en outre des articles à ce sujet dans les *Leithefte*[92].

S'inspirant des ouvrages de Jansen, Himmler réclamait surtout la publication de récits héroïques dans les *SS-Leithefte*, des « sagas », comme il le définit[93]. « Nous devons nous défaire de l'idée, déclara-t-il quelques années plus tard lors d'une conférence, que la "saga" a quelque chose d'incorrect, d'artificiel. Or, la saga de la Norvège, la saga du Danemark, c'est l'histoire de ces peuples, et la saga de notre peuple, c'est son histoire des temps les plus reculés. Et en Allemagne cette forme de la saga, le récit [...], parle au cœur des gens, de l'homme et de la femme, bien mieux, et avec une voix plus belle, que la science et ses enseignements ne le peuvent[94]. » En 1937, les *SS-Leithefte* redoublèrent d'efforts pour faire connaître au SS moyen l'histoire sous la forme de « sagas héroïques[95] ».

La « formation idéologique » de la SS s'éloigna donc de plus en plus de sa vocation d'origine, qui était de transmettre aux membres de la SS une « vision du monde », et se concentra plutôt sur la propagation la plus « vivante » possible d'exemples héroïques. Les SS devaient en premier lieu « croire » en la mission de l'ordre, et c'était principalement sur le lien émotionnel avec l'organisation que l'on entendait jouer : par leur appartenance à la SS, ils s'étaient rangés dans une phalange qui défendait leur famille et leur « sang » dans un combat éternel contre la « sous-humanité ». Dans ce combat du « sang », les décisions privées sur le choix de la partenaire et les enfants occupaient une place non négligeable. Au-delà du domaine de la formation générale, le Reichsführer-SS se préoccupa avec grand soin de ces questions, comme nous allons le voir.

Himmler l'éducateur

Les ambitions éducatives d'Himmler ne se limitaient pas au comportement de ses subordonnés pendant le service. Elles portaient sur tous les aspects de leur vie : leur attitude, leur situation économique, leur consommation d'alcool, leur santé et, comme nous allons le voir dans le prochain chapitre, leur vie de couple et leurs projets familiaux. En intervenant dans les différents domaines de leur existence, le Reichsführer faisait la démonstration de sa force et de sa toute-puissance même aux SS des rangs inférieurs. Quant aux plus hauts gradés du corps des officiers SS, ils devaient s'accommoder de sa surveillance aussi méticuleuse que pénible de leur vie.

Durant la seconde moitié des années 30 et la Seconde Guerre mondiale, les chefs de la SS – autrement dit, ceux qui atteignaient au moins le grade de Gruppenführer – étaient issus de deux origines : les jeunes soldats ou engagés volontaires de la Première Guerre mondiale et la génération de la jeunesse de guerre. Chez les engagés volontaires, il s'agissait de gens nés dans les années 1890 (la plupart après 1895), qui avaient pris part à la Première Guerre mondiale depuis le début en tant qu'engagés, majoritairement en tant que jeunes lieutenants, puis avaient servi dans les corps francs. Les représentants de cette tranche d'âge avaient considérablement contribué à la formation de la SS avant 1933. La génération dite de la jeunesse de guerre, les gens nés après 1900, qui avaient vécu la guerre en étant parfaitement conscients, mais étaient nés trop tard pour être mobilisés – la génération d'Himmler –, acquit des postes de responsabilité à partir de 1933. On trouvait chez les chefs de la SS des hommes plus âgés, mais une analyse plus détaillée montre que la plupart ne jouaient aucun rôle actif, s'étant vu attribuer par Himmler un rang relativement élevé dans la SS dans le cadre de ses relations politiques. Ainsi, les responsables des organisations d'anciens combattants dans les Gaue avaient obtenu des grades de Gruppenführer à l'occasion de l'intégration de leurs associations dans la SS, sans pour autant exercer une réelle influence sur la direction de la Schutzstaffel. Il en allait tout autrement des responsables (en partie des officiers de police professionnels, en partie des activistes nazis nommés à ces postes après 1933) auxquels Himmler accorda des grades équivalents dans la SS afin de les intégrer dans le « Corps de protection de l'État » qu'il souhaitait mettre en place. Puisque la police, après sa nomination en tant que chef de la police allemande, mais surtout à partir de 1939, allait jouer un rôle de plus en plus important dans la concrétisation de son utopie raciale (comme dans le cas de la lutte contre les asociaux dans les années 30 ou des exécutions massives perpétrées par l'Ordnungspolizei dans l'est de l'Europe pendant la guerre), ces hommes, entrés tardivement dans la SS, ne sauraient être négligés dans une analyse de la stratégie d'Himmler, qui cherchait à parvenir à ses fins à l'aide d'une subtile logique de gestion du personnel[1].

Pour l'heure, intéressons-nous cependant à ces deux groupes, les jeunes soldats et la génération de la jeunesse de guerre, qui l'un et l'autre marquèrent la SS dans les années 30. Nous avons déjà évoqué les biographies spécifiques des jeunes engagés volontaires devenus membres de la direction de la SS et qui, à l'issue de leur temps sous les drapeaux, avaient le plus souvent connu échecs et frustration dans leur carrière civile et en étaient venus à voir dans la SS leur dernière chance. Nous avons par ailleurs évoqué ceux qui avaient obtenu des postes de responsabilités dans la SS avant 1933 dans le chapitre « Reichsführer-SS ». Après 1933, d'autres anciens engagés volontaires furent placés à des positions clés.

Ce fut par exemple le cas de Herbert Gille, né en 1897, qui deviendra commandant en chef du 2e corps de panzers SS. Gille, ancien élève officier et militaire de carrière, avait tenté de se recycler en tant qu'administrateur de biens après la Première Guerre mondiale avant d'être « remercié » en 1929 sans autre perspective d'emploi dans l'agriculture. Jusqu'en 1931, il s'efforça de joindre les deux bouts d'abord comme représentant de commerce, puis comme assureur indépendant. En 1932, il interrompit ses activités pour occuper la position de chef d'état-major de la SS-Abschnitt IV[2]. Immédiatement après la prise de pouvoir, en mars 1933, il fut cependant relevé de ses fonctions, incarcéré pendant trois mois et exclu de la SS. On ne lui en donna jamais les raisons. Bien que réhabilité en mars 1934, il était, comme son frère l'écrivit à Himmler, « financièrement ruiné et spirituellement très abattu ». À l'issue d'un entretien personnel avec Himmler en avril 1934, il reprit courage[3], et Himmler le nomma provisoirement Standartenführer. Mais il entra en conflit avec ses supérieurs, fut de nouveau relevé de ses fonctions et son supérieur Jeckeln le jugea « inapte à des responsabilités de commandement[4] ». Gille eut droit à une troisième chance : il fut envoyé en formation politique à Ellwangen et cette fois il réussit à faire carrière dans les Verfügungstruppen[5].

Georg Lörner, plus tard chef du département B à la direction centrale économique et administrative de la SS, était né en 1899. Ancien combattant, diplômé d'une école de commerce, il avait été embauché dans l'entreprise de son frère en 1923. « Du fait de la situation économique défavorable et à la suite de divers [...] incidents, la société fut contrainte de déposer son bilan en février 1930 », indiqua-t-il dans son curriculum vitae[6].

Carl-Albrecht Oberg, pendant la guerre HSSPF (commandant en chef de la police et de la SS) en France, était né en 1897. Ancien combattant et membre des corps francs, il joua en 1921 le rôle d'agent de liaison entre la Reichswehr et les associations patriotiques dans le Schleswig-Holstein. « En janvier 1926, j'ai repris un poste commercial à Hambourg, puisque mes anciennes fonctions politiques, financées par des moyens privés, avaient été supprimées. » Il finit par trouver du travail dans une société d'importation de bananes, mais pas pour longtemps. « Au bout d'environ un an et demi, l'entreprise fut liquidée, si bien que je me suis retrouvé sans emploi. En novembre 1930, j'ai acheté mon affaire de cigarettes actuelle. » L'année suivante, il entrait au NSDAP, et dans la SS en 1932[7].

Günther Pancke, pendant la Seconde Guerre mondiale HSSPF au Danemark, était né en 1899. Élève-officier, ancien combattant, aspirant, membre des corps francs après la révolution dans les pays baltes, il séjourna de 1920 à 1926 en Argentine, où il travailla dans l'élevage. En visite en Allemagne en 1926, il y trouva un emploi. « En juin 1930, je suis entré au parti, en 1931 dans la SS. Suite à une attaque aux gaz lacrymogènes contre la projection du film *À l'Ouest rien de nouveau*, j'ai été licencié sans délai par mon entreprise et condamné à six semaines de prison. Une fois les charges retenues contre moi abandonnées, je suis entré comme enseignant à l'école de la SS de Kreiensen le 1er janvier 1932. » Il se vit ensuite confier de plus hautes responsabilités dans la SS, où il effectua une carrière fulgurante[8].

Otto Hofmann, engagé volontaire né en 1896, pilote de chasse, divorça en 1926 et perdit du même coup son emploi de juriste dans la société de ses beaux-parents, grossistes en vins. Pour lui aussi, la prise de pouvoir par les nazis représenta une chance unique de revenir dans le milieu militaire : en avril 1933, il accepta un poste administratif dans la SS, à laquelle il appartenait depuis quelques années déjà. En 1940, il fut nommé directeur du Bureau pour la race et le peuplement, le RuSHA[9].

George Ebrecht, né en 1895, à l'origine artiste peintre, s'engagea en 1914 et atteignit le grade de lieutenant pendant le conflit. Jusqu'en 1924, il fut surtout actif au sein de diverses associations paramilitaires. Puis il effectua de longs voyages à l'étranger, et s'installa enfin en Afrique de l'Est comme planteur de sisal. Dès 1922, il s'était séparé de sa première épouse. En 1926, quatre semaines après son divorce, il se remariait avec une femme qui vivait déjà sur sa plantation en Afrique.

En 1931, il était économiquement au bord du gouffre : « Quand ma plantation, qui m'avait coûté tant d'efforts, n'a plus été rentable [...] à cause de la chute catastrophique des prix sur le marché mondial, je suis rentré en Allemagne. » Il s'inscrivit au NSDAP où il devint propagandiste sans plus chercher de travail. Avec la prise de pouvoir, une nouvelle carrière professionnelle s'ouvrit pour lui, celle de fonctionnaire du parti. D'abord Kreisleiter, puis inspecteur de Gau, il fut transféré en 1935 au RuSHA, où il devint chef de cabinet en 1937[10]. Son deuxième mariage aboutit à un « naufrage », le tribunal estimant qu'en tant que membre du RuSHA il devait être embarrassé par le fait qu'il n'avait pas d'enfants[11]. Ebrecht se maria une troisième fois, et eut deux filles[12].

Hanns Albin Rauter, chef de la police et de la SS aux Pays-Bas pendant la guerre, était né en 1895. Il avait fait toute la Première Guerre mondiale dans l'armée austro-hongroise. Ensuite, devenu l'un des chefs de la milice de Styrie, il fut exilé d'Autriche en 1933 pour ses activités nazies. Sans emploi, démuni, il entra au NSDAP et dans la SS[13].

Les chefs SS de la génération de la jeunesse de guerre s'étaient eux aussi très souvent ralliés à des corps francs et des organisations paramilitaires après la guerre, les plus jeunes se retrouvant dans des mouvements de jeunesse paramilitaires d'extrême droite. Ce groupe, de la génération d'Himmler, n'était pas uniquement préoccupé par le traumatisme de la défaite et l'échec de la politique du coup de force. Il développa un sentiment qui oscillait entre la déception d'être arrivé trop tard et une attitude de défi qui revenait à dire : « Nous allons leur montrer, aux vieux. » Nous avons déjà passé en revue plusieurs membres de ce groupe, entrés au NSDAP avant 1933, comme Heydrich, l'officier de marine chassé de son arme, ou Fritz Weitzel, le compagnon métallurgiste condamné pour avoir été impliqué dans un avortement[14].

En règle générale, les représentants de la génération de la jeunesse de guerre eurent au départ de meilleures perspectives de carrière que la horde des jeunes anciens combattants, qui avaient perdu de précieuses années sous les drapeaux. Beaucoup de futurs officiers SS de ce groupe entreprirent des études de droit. Au début des années 30, ils avaient pour la plupart obtenu un diplôme d'État dans cette matière. Mais, avec le déclenchement de la crise économique et le problème de sureffectifs du monde académique, ils n'avaient que peu de chances de trouver un emploi dans la fonction publique, et, quand c'était le cas, ils devaient encore accepter de travailler sans salaire pendant un an en tant qu'assesseurs. Les perspectives de se faire une place au soleil en tant qu'avocat étaient tout aussi minces. Les diplômés d'autres secteurs spécialisés se heurtaient à des difficultés comparables, comme l'illustre l'échec d'Himmler dans sa carrière d'ingénieur agronome. L'espoir qu'avec la prise de pouvoir par les nazis, il serait encore possible de faire une carrière convenable dans l'État ou l'une des organisations du parti compte sûrement parmi les motifs d'engagement de ce groupe dans le NSDAP à partir de la fin des années 20. Pour beaucoup, y compris parmi ceux qui n'avaient pas fait d'études, il n'y avait pas d'autre solution.

Werner Best, né en 1903, chef de département au Reichssicherheitshauptamt et organisateur des Einsatzgruppen en Pologne, était devenu magistrat à l'issue de ses études de droit. En 1930, il s'inscrivit au NSDAP du Gau de Hesse-Darmstadt, dont il dirigea la section juridique. En 1931, quand les autorités obtinrent des documents dits « dossiers Boxheimer », qui prouvaient que Best avait planifié un coup d'État national-socialiste, il fut exclu de la fonction publique. La prise de pouvoir par les nazis lui permit, en mars 1933, d'obtenir le poste de commissaire d'État de la police de Hesse. Impliqué dans des querelles de pouvoir dans le parti, il fut relevé de ses fonctions en 1933. Himmler lui proposa de reprendre l'Oberabschnitt du SD pour le Sud-Ouest.

Parmi les autres exemples d'universitaires qui estimèrent que la SS leur offrait de solides chances de faire carrière, citons : Hermann Behrends, docteur en droit, enseignant stagiaire de 1930 à 1933, dans la SS depuis février 1932, au SD à partir de la fin 1933, où il prit la direction du département central d'évaluation idéologique. En 1936, il fut transféré dans la Gestapo, devint en 1937 directeur du département des Allemands d'origine, puis HSSPF en Serbie en 1944[15]. Otto Ohlendorf, né en 1907, avait étudié le droit et les sciences politiques, était collaborateur de l'Institut d'économie de Kiel, et fit carrière dans le SD à partir de 1936. Il y fut d'abord chargé des rapports dans la sphère économique puis, à partir de 1939, dirigea le département de « l'espace allemand ». En 1941-1942, il devint en outre chef de l'Einsatzgruppe D, et fut responsable du massacre de dizaines de milliers de Juifs. Himmler voulait très clairement mettre à l'épreuve la « dureté » d'Ohlendorf, qui faisait figure d'intellectuel [16].

Hermann Fegelein, né en 1906, commandant en chef des unités de cavalerie SS pendant la Seconde Guerre mondiale, prit part à la « lutte contre les partisans » et à des « actions de nettoyage » qui coûtèrent la vie à des milliers de civils. Il avait obtenu son baccalauréat en 1926, avait ensuite passé deux semestres à l'université avant d'interrompre ses études. Entré dans la police bavaroise, il démissionna en 1929, pour travailler dans l'école d'équitation de son père jusqu'à ce qu'il devienne SS en 1933 [17].

Fritz Katzmann, né en 1906, fut chef de la SS et de la police en Galicie pendant la Seconde Guerre mondiale. Il fut responsable du massacre de centaines de milliers de Juifs. Après une formation de charpentier, il avait travaillé en cette qualité dans diverses villes de 1923 à 1928. « Sans travail de 1928 à 1933. De juillet à novembre 1933, chef de la milice de sécurité des Aciéries unies de Duisburg-Hamborn. Décembre 1933 à janvier 1934, kreisleiter du DAF * à Duisburg. » En février 1934, il devint responsable administratif dans la SS [18].

Erwin Rösener, plus tard HSSPF de l'Alpenland, avait été au collège jusqu'en quatrième. De 1917 à 1921, il avait suivi une formation d'électricien puis avait travaillé pour différentes entreprises. Actif au sein du mouvement nazi, il passa en 1929 de la SA à la SS et fut licencié pour cette raison. « Désormais, je pouvais me consacrer pleinement au mouvement. Mais il m'est encore arrivé d'occuper des emplois à court terme, que j'ai dû systématiquement quitter à cause de mes activités politiques [19]. »

Plusieurs membres de ces deux groupes souffrirent considérablement de leur incapacité à se réaliser sur le plan professionnel. Beaucoup connurent des problèmes conjugaux, sombrèrent dans l'alcoolisme, se retrouvèrent criblés de dettes, et leurs difficultés eurent à long terme des effets sur leur santé. Les officiers SS ne furent bien sûr pas les seuls à devoir se tirer de ces situations difficiles. Il ne faut pas voir en eux un éventail d'existences brisées, mais plutôt un échantillon représentatif du parcours de nombreux hommes de l'époque. Il en alla de même pour d'importants segments de la population allemande. Et les biographies de toute une série de généraux SS de la même génération se déroulèrent sans accidents marquants.

Quoi qu'il en soit, Himmler savait exploiter les vulnérabilités que trahissaient nombre de membres du corps des officiers SS et il parvint habilement à les rendre

* DAF, Deutsche Arbeitsfront : Front du travail allemand, organisation de travailleurs et d'employeurs allemands soumise au NSDAP. (NdA/NdT)

dépendants de lui. Enfin, il connaissait bien des faiblesses qu'il rencontrait chez ses hommes pour les avoir déjà croisées personnellement chez des amis et des proches.

Mauvaises habitudes et imperfections

Le 26 juillet 1939, quelques semaines avant que n'éclate la Seconde Guerre mondiale, le SS-Obergruppenführer Friedrich Jeckeln, chef de la SS et de la police dont le siège central se trouvait à Brunswick, reçut un courrier du Reichsführer-SS. Himmler y expliquait qu'il venait d'apprendre que quelques jours plus tôt Jeckeln avait traversé des localités au volant de sa voiture à une vitesse de 80 à 100 km/h, « sans considération pour les autres automobilistes et les passants » et en outre « sous l'emprise de l'alcool ». Himmler exigea de son subordonné qu'il réponde à trois questions : « 1. Avez-vous effectué ces déplacements ? 2. Combien d'alcool aviez-vous consommé ce jour-là ? 3. Avez-vous conduit contrairement aux règles ? »

Jeckeln savait d'où provenait l'information. Le soir du 23 juin, le conducteur d'une voiture, homme d'affaires hambourgeois et membre actif du NSKK (le corps des automobilistes nationaux-socialistes), à l'issue d'une longue poursuite riche en péripéties, l'avait rattrapé à un passage à niveau et lui avait demandé des comptes pour sa conduite dangereuse et inconsidérée en état d'ébriété. Jeckeln avait alors clamé qu'il était Obergruppenführer et avait repris la route, mais l'homme de la NSKK n'avait pas accepté d'en rester là.

Jeckeln qui, des années auparavant, avait reconnu devant Himmler qu'il avait un problème de boisson, transmit alors la « communication » suivante à son Reichsführer : le midi du jour en question, il avait retrouvé quelques notables pour un « déjeuner en petit comité », qui avait pour but de « renforcer les liens de camaraderie ». L'affaire aurait duré jusque tard dans la soirée, mais il était parti peu avant vingt heures pour se rendre dans sa maison de chasse. Il affirma avoir respecté les règles, même les plus infimes, et avoir surtout conduit avec grande prudence. Il démentit avoir trop bu, tout en admettant la « possibilité de légers écarts ». Selon lui, il avait consommé « quatre cinq verres de vin de Moselle », « trois, tout au plus quatre schnaps », puis, éventuellement, « encore trois verres de bière ». Le calcul de Jeckeln, qui se disait qu'une dizaine de verres d'alcool ne seraient pas considérés comme un abus de boisson, semble avoir payé. À en juger par son dossier personnel, sa virée nocturne n'eut pas d'autres conséquences pour lui[20].

En mai 1936, durant une soirée entre camarades qui eut lieu à l'issue d'une visite du camp de Dachau, il y eut entre le Brigadeführer Kaul et l'Oberführer Unger une « algarade » – comme Kaul le dit plus tard en s'efforçant de minimiser l'incident – au cours de laquelle les deux adversaires aspergèrent mutuellement leurs uniformes de bière et de vin. Unger aussi chercha avec le recul à ne pas prendre ces « blagues » trop au tragique et invoqua en guise d'excuse l'atmosphère enjouée qui avait présidé à cette soirée bien arrosée : « D'ailleurs, il était déjà tard et l'humeur, suite à la copieuse consommation d'alcool, était très bonne et détendue[21]. » Himmler décida de ne pas suivre les recommandations du commandant de district concerné, Erich von dem Bach-Zelewski, et, au lieu de faire passer les deux officiers devant une cour d'arbitrage, il préféra leur envoyer son chef du personnel avec pour mission de les réprimander en son nom[22].

En février 1942, Karl-Heinz Bürger, qui se préparait à l'époque à prendre ses nouvelles fonctions de chef de la SS en Ukraine, reçut une lettre d'Himmler. Le Reichsführer reprochait à Bürger, dans son rôle précédent de « spécialiste des questions idéologiques », d'avoir pris part à une « grande beuverie », d'avoir alors « presque perdu conscience et contrôle de soi en public » et d'avoir tiré avec son pistolet. Bürger reconnut ouvertement les faits : l'incident aurait eu lieu en janvier 1941 lors de la fête donnée pour la pendaison de crémaillère du domicile de fonction de son chef, Heissmeyer.

« Je ne sais pas ce qui m'a pris quand j'ai tiré deux balles dans le plafond. Cette inconscience m'a grandement perturbé, et je ne peux l'expliquer que par le fait que le profond sentiment d'insatisfaction que j'ai éprouvé durant mon commandement dans le service de l'Obergruppenführer Heissmeyer s'est ainsi violemment exprimé. » Himmler en fut tout à fait indigné : un « éducateur idéologique qui perd ainsi toute éducation, toute retenue », n'a « moralement pas le droit [...] d'enseigner l'idéologie à d'autres ». Pourtant, il s'abstint de donner des suites disciplinaires à l'incident, partant du principe qu'il s'agissait là d'un « cas exceptionnel ». Il invita Bürger, à l'avenir, à « mettre à l'unisson l'idéologie prônée [*sic*], son style et son comportement dans la vie, surtout en ce qui concernait l'alcool[23] ».

Cet incident avec une arme à feu n'avait rien d'exceptionnel, comme le prouve une ordonnance émise par Himmler quelques mois après avoir rappelé Bürger à l'ordre : « On me signale sans cesse que tel ou tel membre de la SS ou de la police s'est cru obligé de faire usage de son arme pour s'amuser de façon absolument inappropriée et en toute inconscience. Cela semble être habituel en société et sous l'influence de l'alcool, en particulier dans les territoires de l'Est. » Cette « utilisation impropre des armes à feu », poursuivit Himmler, était « non seulement irresponsable », mais aussi « complètement non allemande ». Car : « L'Allemand utilise son arme au combat et laisse ce genre de fusillade aux Slaves[24]. »

Matthias Kleinheisterkamp, commandant d'une division de Waffen-SS, fut sèchement rappelé à l'ordre par Himmler en automne 1942 pour avoir abusé de l'alcool au mess de la division : « En tant que capitaine ou chef de bataillon, vous pourriez vous permettre un tel écart. Mais, après avoir longuement réfléchi, je vous ai fait confiance en vous attribuant le commandement d'une division. Il aurait donc dû être clair pour vous que le temps où vous pouviez vous saouler, si vous tenez à considérer cela comme un des moments forts de votre vie, était définitivement révolu ». Les « scènes de beuverie répugnantes » auraient révélé une « faiblesse de caractère » que « vous devrez rigoureusement vous efforcer d'éradiquer jusqu'à la fin de votre service ». S'il n'avait pas relevé Kleinheisterkamp de son commandement, lui expliqua-t-il ensuite, c'était uniquement parce qu'il aurait dû justifier sa décision devant la Wehrmacht – ce qui était contraire au prestige de la Waffen-SS. L'interdiction d'alcool fut donc la seule punition dont Kleinheisterkamp dut s'accommoder : « J'attends de vous que vous ne buviez plus d'alcool pendant les deux ans qui viennent, puisque, à quarante-neuf ans, nous n'êtes toujours pas capable de vous abstenir[25]. »

Himmler considérait depuis longtemps la tempérance comme un moyen d'éducation éprouvé : « Quand quelqu'un ne peut pas se défaire de l'alcool, quand quelqu'un se montre infantile, je lui supprime l'alcool. Comme on retire un pistolet à un enfant parce qu'il ne sait pas s'en servir, car il n'est pas capable de comprendre », déclara-t-il en 1938[26]. Deux ans plus tard, il défendait le principe selon lequel, en cas d'excès alcooliques, il fallait placer le coupable devant un choix : « Soit tu montres que tu peux te passer de l'alcool et tu nous rejoins, soit on te présente un pistolet, et à toi d'en finir. Réfléchis bien, tu as vingt-quatre heures[27]. »

Déjà, en 1936, Himmler avait frappé Curt von Gottberg d'une interdiction d'alcool pendant trois ans, celui-ci ayant perdu un pied à la suite d'un accident lié à son état d'ébriété[28]. Otto Rahn aussi, SS-Untersturmführer et écrivain, dut se soumettre à une interdiction d'alcool pendant deux ans[29].

De façon significative, Himmler assouplit pourtant l'interdiction d'alcool pendant la guerre : quand on était déployé au front, surtout à l'est, fit-il savoir, la consommation d'« alcool dans des limites évidemment mesurées était justifiée et même recommandée entre autres pour des raisons sanitaires ». Par conséquent, « les interdictions en cours ou à venir étaient levées pour la durée du déploiement sur le front[30] ». Là-bas, à l'est, l'effet désinhibant de l'alcool était souhaitable.

Ces exemples montrent qu'en fin de compte, si Himmler condamnait moralement les excès alcooliques des membres de la hiérarchie SS, il répugnait à leur appliquer des mesures disciplinaires et semblait préférer des moyens « éducatifs[31] ». Cela est d'autant plus curieux qu'il était en général d'avis qu'il fallait s'en prendre sans ménagement aux manquements liés à l'alcool[32]. En outre, il estimait que, chez deux tiers des « personnes marginalisées », « l'alcool était la principale raison de cette déchéance »[33].

Pourquoi s'être alors montré si indulgent avec les alcooliques au sein de la SS ? Avait-il compris qu'il n'obtiendrait rien en imposant des châtiments draconiens ? Ou les manquements liés à l'alcool lui importaient-ils peu en réalité ? Avait-il réalisé que la boisson et les beuveries faisaient partie intégrante de la sous-culture SS et que cette regrettable habitude de ses hommes lui donnait la possibilité d'exiger des comptes de chacun de ses officiers et de les soumettre à ses méthodes d'éducation ?

En 1941, le Reichsführer prit une nouvelle décision. Il fit ouvrir dans l'enceinte du camp de concentration de Buchenwald un « foyer de désintoxication » pour les SS souffrant d'un problème d'alcool[34]. Himmler considérait cette mesure « non comme une punition, mais comme une éducation sanitaire pour les membres de la SS et de la police concernés, dans leur propre intérêt ». Il souhaitait la « création d'un foyer de désintoxication obligatoire où les personnes internées seraient débarrassées de leur habitude par la suppression totale de l'alcool associée à des mesures comme le sport, l'endurcissement, etc., et où elles redeviendraient ainsi saines, capables de résister physiquement et moralement, et elles auraient l'occasion de remercier le Reichsführer-SS de ses mesures ». Concrètement, il recommanda l'interdiction de fumer, une « alimentation le plus possible sans viande » (« le matin en particulier, il faut servir des flocons d'avoine, accompagnés de pomme râpée, de Maggi ou de compléments du même ordre »), et réclama la construction d'un sauna[35]. C'était évidemment de lui que dépendait le transfert dans l'établissement[36].

Les ennuis financiers de ses subordonnés nécessitaient eux aussi une intervention régulière du Reichsführer. Le fait que beaucoup de membres du corps des officiers SS aient été considérablement endettés les rendaient selon lui sensibles à toutes sortes de tentations. Comme il le constata dans un ordre du mois de juin 1937 : immanquablement, « les cercles industriels et des affaires ou certaines personnalités cherchent à s'attirer les faveurs et la bienveillance d'officiers SS en leur offrant des avantages, la plupart du temps d'ordre matériel[37] ».

Quand ils étaient dans le besoin, les hauts responsables avaient coutume de se tourner vers leur chef. Von dem Bach-Zelewski fut soutenu financièrement plusieurs fois par Himmler, entre autres en 1938, quand il reçut 7 000 reichsmarks pour l'achat d'une ferme. En tout, à en croire les archives, les versements le concernant auraient atteint au moins 11 000 reichsmarks[38]. En 1937, le SS-Brigadeführer Paul Moder informa Himmler qu'il avait accepté un prêt sans intérêt d'un montant de 15 000 reichsmarks de la part de l'entrepreneur de Hambourg Hermann Reemtsma, car son épouse exigeait une forte somme pour consentir au divorce[39]. Le SS-Gruppenführer Paul Hennicke, chef de la police de Weimar, se retrouva « momentanément tout à fait démuni », comme l'expliqua un ami à la famille Himmler en septembre 1939. Le salaire de Hennicke fut bloqué[40]. L'Obersturmbannführer Otto Hofmann, jusqu'en 1933 représentant en vins, puis haut responsable dans l'administration de la SS, demanda à Himmler un soutien financier parce qu'il se trouvait dans « le plus grand besoin ». Information dont Himmler se mit à douter quand il apprit peu de temps plus tard que Hofmann avait semblait-il pris part à une « orgie de champagne[41] ».

Le SS-Oberführer Erwin Rösener fit savoir au directeur des services du personnel de la SS qu'il se trouvait « pour l'instant dans un grave embarras financier », car « du temps de la lutte – comme tous les autres camarades – j'ai dû lourdement m'endetter, et j'ai continué à vivre grâce au soutien de mes parents et de mes frères et sœurs. Et c'est à mon tour aujourd'hui de devoir les soutenir[42] ». En 1940, quand Marianne Bürger, épouse de l'Obersturmbannführer Karl-Heinz Bürger et employée à l'école des cadets de la SS de Brunswick, réclama à Himmler une allocation mensuelle – elle attendait son quatrième enfant –, non seulement Himmler refusa, mais il administra à Frau Bürger une leçon sur les moyens de s'en tirer avec les fonds dont elle disposait déjà[43].

L'Obersturmbannführer Ludolf von Alvensleben, fils d'un aristocrate propriétaire terrien, était, comme il le dit lui-même en 1928, « complètement à sec » sur le plan financier[44]. En 1934, il avait réussi à éponger un tiers de ses dettes, qui atteignaient la somme faramineuse de 750 000 reichsmarks. À l'automne de la même année, il vint aux oreilles d'Himmler que von Alvensleben n'avait pas réagi aux injonctions d'un de ses créanciers (pour un montant de 2 500 reichsmarks). Himmler ordonna d'« entendre protocolairement » von Alvensleben au sujet de ces plaintes et précisa : « Si l'Obersturmbannführer von Alvensleben n'est pas en mesure de prouver de manière satisfaisante qu'il a géré la situation comme on est en droit de l'attendre d'un national-socialiste et d'un officier SS, il ne saurait rester plus longtemps dans la SS. Les dettes personnelles d'un officier SS doivent faire l'objet d'une attention particulière de la part de ses supérieurs[45]. »

En juillet 1937, Himmler convoqua von Alvensleben, devenu entre-temps chef de la SS-Abschnitt X et qui avait réduit ses dettes, selon ses propres chiffres, à 12 000 reichsmarks, dans l'hôtel des Quatre Saisons à Munich et, en présence du chef de son état-major personnel Wolff, lui reprocha d'utiliser une voiture qui lui avait été proposée à un prix défiant toute concurrence par les usines Mercedes. Il lui interdit de l'acheter dans de telles conditions[46].

Dès avant cette rencontre, Himmler avait émis une ordonnance où il revenait en détail sur l'affaire, sans citer le nom de von Alvensleben, et où il assurait à son personnel qu'il tenait à ce que ses « officiers SS soient libres et indépendants dans toutes leurs relations, y compris dans le domaine financier ». Il exigeait expressément que « chaque officier SS refuse fermement et fièrement les faveurs de toutes sortes, même si elles semblent justifiées par la haute position sociale de l'intéressé[47]. »

Si Himmler s'efforçait là ostensiblement d'empêcher que von Alvensleben se retrouve dans une situation de dépendance vis-à-vis d'une entreprise par le biais d'un avantage financier relativement modeste, un an plus tard à peine, il se montra pourtant beaucoup plus tolérant. Afin de permettre à von Alvensleben de se défaire de ses dettes, Himmler l'autorisa à accepter un poste de consultant auprès des aciéries Salzgitter, ce qui lui assura un revenu mensuel d'un millier de reichsmarks[48].

Pourquoi Himmler accepta-t-il le contrat de consultant tout en interdisant l'achat de la voiture ? Il semble que dans le cas du contrat, il ait voulu donner l'impression qu'il gardait le contrôle de la situation, alors que dans le cas de l'achat de la Mercedes il serait intervenu parce qu'il n'en avait eu vent qu'une fois l'affaire conclue et que son autorité était donc remise en question. Car c'était de cela qu'il s'agissait en premier lieu, plutôt que d'un éventuel problème de corruption.

Les vieilles dettes datant du « temps de la lutte » n'étaient pas les seules sources de difficultés financières. Dans un ordre de décembre 1936, le chef du Bureau pour la race et le peuplement avait par exemple constaté qu'un « nombre considérable des membres de la direction centrale sont lourdement endettés. Ces dettes sont presque toutes dues à l'achat irréfléchi de postes de TSF, d'appareils photographiques, de motocyclettes, etc., pour lesquels, dans bien des cas, seules des arrhes ont été versées. Les endettés sont avant tout des célibataires qui, d'après les rôles, sont relativement bien payés, mais qui se sont tellement endettés avec leurs dépenses insouciantes que dès le premier du mois il ne reste que quelques pfennigs de leur solde ». Beaucoup se seraient alors mis à vivre à crédit, auprès de leurs camarades, dans les restaurants et les commerces. Cela aurait abouti « en dernier recours, chez les natures faibles, à des vols sur des camarades. Or, pour les services de renseignement ennemis, les endettés constituent des cibles de choix ». Les membres de la direction centrale de la SS furent donc appelés à régler leurs dettes. Tout « endettement irréfléchi » était passible de renvoi immédiat[49].

En 1936-1937, Himmler imposa des contre-mesures ambitieuses : il autorisa la SS à souscrire un crédit – au début d'un million, puis de 2,5 millions de reichsmarks[50] – pour éponger les dettes d'abord de la direction centrale, puis de l'ensemble du corps des officiers et enfin de toute la SS. Au début de 1937, les diverses obligations des officiers SS de la direction centrale furent recensées par le biais d'un questionnaire et, au printemps 1937, Himmler mit en place un département chargé de l'aide financière : des conseillers SS y géraient le fractionnement des remboursements avec les endettés. Les SS devaient verser les sommes concernées à la SS et s'engager à ne plus jamais encourir de dettes et – Himmler insistait particulièrement sur ce point – ne devaient plus jamais souscrire de crédit[51].

« Un nombre important de nazis de la première heure se sont retrouvés prisonniers d'obligations et de dettes datant du temps de la lutte et des années de misère », affirma Himmler lors de la réunion des généraux SS de février 1937. « À terme, c'est selon moi inadmissible. » À l'avenir, il recommandait le « mode de vie » suivant : un « SS n'achète que ce qu'il peut payer » ; il « n'achètera jamais à crédit » ; le « SS est la créature humaine la plus honorable qu'il se peut trouver en Allemagne[52] ».

Lors de son discours de novembre devant les Gruppenführer à Munich, il détailla les dix points d'une « loi fondamentale sur l'épargne obligatoire », qui prévoyait entre autres un « fonds d'épargne » auquel les SS salariés devaient verser un mark par mois[53].

L'abus d'alcool et l'endettement n'étaient pas les seuls points qui déplaisaient à Himmler dans le mode de vie de ses officiers. Régulièrement, il blâmait ses hommes pour leurs ambitions démesurées ou leur vanité. Himmler, qui considérait Hermann Behrends, chef du département chargé des Allemands d'origine, comme un « homme courageux dans l'action, fiable et capable », était néanmoins gêné par son « ambition dévorante, malsaine ». Ce qui le dérangeait, c'était que Kaltenbrunner lui avait recommandé de faire de Behrends son successeur en tant que HSSPF de l'espace danubien, en réalité sur la recommandation de Behrends lui-même[54]. Himmler n'aimait guère quand les officiers SS cherchaient à favoriser leur propre avancement, et les réprimandait en conséquence[55].

En juin 1942, il reprocha ainsi au Brigadeführer Walther Schröder, chef de la SS et de la police à Riga, d'avoir « tendance » à vouloir « être régulièrement cité dans le journal », et lui « fit savoir » qu'à la « prochaine mention dans un article », il le relèverait de ses fonctions : « La mission du chef de la SS et de la police n'est pas une mission de représentation ni de voir son nom affiché partout à Riga. Il doit, du matin au soir, se soucier de ses troupes, de la formation et de l'encadrement de ses hommes, il doit connaître le pays et les gens, connaître les plus infimes détails du service. La représentation et la propagande dans les journaux ne sont pas nécessaires. Ce qui est nécessaire, c'est que vos supérieurs soient convaincus de votre efficacité, et non la population, car ce n'est pas cette dernière qui peut vous promouvoir ou vous reléguer. Prenez à cœur ce dernier avertissement de ma part[56]. »

Il lui arrivait également de réprimander de hauts responsables SS à cause de leurs « affaires ». Ainsi, en mars 1943, le Gruppenführer Gerret Korsemann reçut une lettre de son Reichsführer où ce dernier lui reprochait d'avoir été l'invité d'un commandant qui, parmi les officiers de l'Ordnungspolizei, avait la réputation d'être un homme dont « la valeur et le caractère suscitaient des avis plus que divergents ». Il espérait de Korsemann « qu'à l'avenir, vous fassiez preuve, dans le choix de vos hommes et dans vos décisions, de la prudence et de la sûreté de jugement que je me dois d'exiger d'un Gruppenführer[57] ».

Les SS qui se suicidaient n'échappaient pas à ses reproches posthumes. D'après lui, 85 % des suicides au sein de la SS étaient « commis pour des raisons que l'on ne saurait approuver, par peur du châtiment, peur de l'examen, du blâme de la part d'un supérieur, après un conflit avec les parents, la dissolution de fiançailles, par jalousie, pour un amour malheureux, etc. ». Ces suicides étaient « considérés par nous, les SS, comme une fuite, comme un refus du combat, de la vie elle-même ». Dans de tels cas, le suicide ne devait pas être mentionné et la SS devait se tenir à l'écart des obsèques[58]. Il ne fallait pas enterrer, mais « ensevelir à la va-vite » les suicidés[59]. La multiplication des suicides dans la SS à la fin des années 30 fut attribuée par Himmler au caractère « ultrasensible » de l'époque, qui s'était développé du temps de la République de Weimar[60].

La fragilité de l'uniforme noir

Le Reichsführer s'inquiétait également de la santé de ses SS. Il ordonnait des visites médicales, consultait les diagnostics des médecins et donnait à ses hommes des conseils diététiques et sanitaires. De temps à autre, il leur recommandait des destinations pour leurs vacances et fixait la durée de leurs séjours, leur interdisant en outre de travailler sur des dossiers durant leur repos[61].

Du fait de tensions constantes et de l'absence de pause dans leur « emploi », de nombreux officiers SS subirent une usure physique considérable pendant la guerre, mais aussi dès la fin des années 30, et souffrirent en particulier de troubles psychiques et psychosomatiques. On retrouve toujours les mêmes termes dans les rapports médicaux : surmenage, épuisement, problème de « nerfs », état de dépression.

Ainsi le Gruppenführer Waldemar Wappenhans en avril 1944 : « Il donne l'impression d'être agité et épuisé. Sur le plan purement physique, le rythme cardiaque et la tension ne sont pas pires que lors de la dernière visite. [...] Mais l'ensemble de son état ne m'a pas plu. Je pense qu'il est plus urgent de lui prescrire du repos afin qu'il se reprenne[62]. »

Quand il eut vent des problèmes de santé du Gruppenführer Karl Gutenberger, Himmler préconisa lui-même une « visite médicale complète ». Le docteur Ernst Robert Gravitz, médecin général SS du Reich, établit que l'officier de trente-huit ans, qui « avait paru un peu absent » pendant la visite, faisait preuve « d'une légère indifférence, d'une euphorie, d'une certaine absence de réaction ». « Il peut s'agir du début d'un changement de caractère post-traumatique » – ce qui amena Gravitz à prescrire une visite chez un spécialiste à l'hôpital psychiatrique de la Charité[63]. À l'issue de cette dernière, Himmler envoya Gutenberger passer d'abord quatre semaine à la « Haute Villa » des SS à Karlsbad, un sanatorium où étaient traités les cas comme le sien.

En mai 1944, lors de la visite médicale d'Erwin Rösener, HSSPF de l'Alpenland, un spécialiste des maladies nerveuses parvint à la conclusion que « cet homme de quarante-deux ans, en pleine forme physique, souffre d'une usure de ses forces nerveuses, qui d'une part s'explique par la charge professionnelle excessive qu'il subit constamment, et d'autre part a été facilitée et aggravée par des troubles végétatifs dus à un dysfonctionnement de la thyroïde. Il s'agit donc d'un cas de surmenage qu'il faut imputer à l'épuisement des forces considérables dont disposait le patient[64] ». En août 1944, un autre examen médical aboutit à l'envoi de Rösener à la Haute Villa de Karlsbad[65].

Chez Karl Gustav Sauberzweig, commandant de la 13e division SS « Handschar », division de montagne composée de volontaires bosniaques, les médecins, à la fin 1944, diagnostiquèrent une « dystonie nerveuse marquée, voire [...] une légère psychose » : « Il cherche à rester seul, ne supporte plus la compagnie des autres, ni le bruit des coups de feu, la vue du sang, il manifeste une nette incapacité à se concentrer et une angoisse face à la prise de responsabilités, etc.[66] »

En 1942, Himmler dut mettre à la retraite Walter Schmitt, son directeur du personnel, car il souffrait d'une infection urinaire aiguë qui, selon les examens médicaux, « est assimilable à une névrose générale qui a peut-être été encore aggravée par ses activités professionnelles[67] ». Richard Hildebrandt, HSSPF de la Vistule et donc en charge des territoires polonais annexés, se plaignait lui aussi en 1942 d'un « sentiment de vide » et de « fatigue ». Le médecin qui l'ausculta ne put identifier aucune cause organique[68].

Dans de tels cas, quand il était impossible d'établir un diagnostic médical précis, on faisait généralement appel aux conseils du docteur Karl Fahrenkamp, spécialiste munichois, qui s'intéressait particulièrement aux causes psychiques de diverses affections[69]. Cette position de Fahrenkamp lui valut de créer, au sein de l'état-major personnel du Reichsführer, une section F qui gérait un « centre de recherche sur la nutrition » non loin de Salzbourg. Dans le camp de concentration de Dachau, Fahrenkamp entreprit en outre jusqu'en 1940 des expériences sur les végétaux. En 1942, dans le camp d'entraînement voisin, il installa un laboratoire qui produisait entre autres des cosmétiques et des soins pour le corps à base de plantes. Grâce à cette production interne à la SS, il fut possible de contourner les règles strictes en matière d'exploitation commerciale[70]. Himmler était l'un des utilisateurs très satisfaits de ces produits[71] – soins dermatologiques, bains de bouche et autres. Il faisait d'ailleurs partie des patients de Fahrenkamp[72]. En novembre 1941, Himmler remercia ainsi Fahrenkamp : « Je vous suis infiniment reconnaissant d'avoir traité mes hommes avec autant de clairvoyance, ces patients extrêmement difficiles[73] ». Himmler attribuant ses propres problèmes d'estomac à des causes psychosomatiques, les rapports de Fahrenkamp lui fournissaient une matière des plus intéressantes, qui lui permettait de comparer ses propres maux avec ceux de ses officiers.

Le général SS Felix Steiner, âgé de quarante-cinq ans, fit par exemple l'impression à Fahrenkamp d'être « un homme très fermé, difficilement accessible, qui donne des réponses amusées à des questions sérieuses avec une certaine autodérision ». Il pensait : « Nous sommes là en présence d'un homme très énergique qui porte le masque d'un comportement militaire rigoureux et qui dissimule derrière ce masque une sorte de dépression qui [ne doit] transparaître sous aucun prétexte[74]. »

Chez Ulrich Greifelt, directeur du bureau du plan quadriennal à l'état-major d'Himmler, Fahrenkamp conclut, à la veille du quarante-deuxième anniversaire de l'intéressé : « Perte d'acuité visuelle de l'œil gauche lors de ses activités de pilote. Exclu de la carrière d'officier en 1918. S'est trouvé une nouvelle fonction de directeur technique d'une grande usine, grâce à une énergie hors du commun. Perd cet emploi en 1932, sans indemnités. A toujours beaucoup travaillé. [...] Herr G. souffre d'un trouble intérieur profond et d'insomnie. Ne parvient pas à s'endormir, se réveille tôt. Très agité face à de nouvelles responsabilités, ne sait pas pourquoi. Spirituellement très affecté dans sa joie de vivre. [...] Herr G. est très marqué par le fait d'avoir dû changer de métier à deux reprises, d'autant plus qu'il a dû quitter un domaine professionnel très satisfaisant[75]. »

Werner Lorenz, chef du département des Allemands d'origine, laissa à Fahrenkamp l'impression d'un homme en bonne santé, mais « fatigué, épuisé ». Il supposait que « l'état actuel [doit avoir] des causes mentales [...] Le SS-Obergruppenführer L. dit que, vous, Herr Reichsführer, avez été averti de sa situation familiale ». Il était « compréhensible que chez cet homme raffiné et à vif, que je n'ai pas trouvé de constitution robuste, une dépression entraîne lassitude et épuisement[76] ».

Beaucoup d'officiers SS réagissaient aux maladies et aux douleurs avec « dureté » envers eux-mêmes, comme Heinz Jost, commandant en chef de la Sicherheitspolizei dans le Reichskommissariat Ostland*, qui fit savoir à son Reichsführer en juillet 1944 qu'il souffrait de problèmes cardiaques et d'hypertension à l'issue d'une diphtérie : « Me suis efforcé jusqu'à présent de réagir avec énergie, compte tenu de la situation. Mais cela ne m'est plus possible du fait de vertiges et de troubles croissants de la vision[77]. »

En octobre 1939, Wilhelm Rediess, HSSPF de Königsberg, se plaignit à Fahrenkamp de violentes migraines, dans la partie gauche du crâne, et déclara être en général « très fatigué et préoccupé ». Le médecin constata à l'examen que Rediess était « sain et vigoureux », et en vint donc à la conclusion que ses plaintes devaient être « attribuées à un surmenage général ». Il était cependant « difficile » de le conseiller, poursuivait Fahrenkamp, « parce qu'il est plus dur envers lui que l'on peut l'être sans compromettre à terme ses performances. Il est certes possible

* Région militaire administrative mise en place par les nazis et couvrant l'Estonie, la Lettonie, la Lituanie et une partie de la Biélorussie. (NdT)

de surmonter la douleur par sa propre volonté, mais l'expérience médicale montre que ce comportement a ses limites, car la santé finit par en pâtir en dépit de tous les efforts de la volonté ». Contrairement à ce que croyait Rediess, la prévention n'était pas synonyme de « faiblesse[78] ».

Erich von dem Bach-Zelewski, HSSPF de Russie centrale, responsable entre autres de la « lutte contre les partisans » et du massacre des Juifs, souffrit en mars 1942 d'un effondrement physique et moral. Le docteur Grawitz, médecin SS, fit son rapport à Himmler : « Ce qui m'inquiète pour l'instant, c'est l'état d'esprit : le SS-Obergruppenführer von dem Bach, par peur de ses problèmes d'hémorroïdes, souffre de malnutrition depuis les nombreux mois de sa campagne à l'est. Je signale également une fois encore que le processus de guérison, retardé et ralenti, est lié au grave épuisement physique, nerveux et mental du patient qu'a entrepris le traitement. Maintenant, alors qu'il commence à aller mieux physiquement, il se torture en se dépréciant ("trop grande sensibilité à la douleur, laisser-aller, manque de volonté") et avec le souci de pouvoir se mettre de nouveau totalement à votre disposition, Reichsführer. » Grawitz jugeait que von dem Bach-Zelewski serait rapidement apte au service, mais qu'il serait « encore victime de dépression pendant un certain temps[79] ».

Dans cette situation, von dem Bach-Zelewski, que Daluege, en 1933, considérait comme « fidèle et honorable, impulsif et dans bien des cas sans scrupules », et dont il estimait qu'il ne pourrait prendre un commandement que « quand il aurait pu mettre un frein à son impulsivité dans le service[80] », refusait de s'avouer malade et souhaitait prouver à Himmler qu'il était toujours apte. Dans une lettre à son Reichsführer, il affirma qu'il avait d'abord été mal soigné et que c'était seulement alors qu'il s'était effondré physiquement et psychiquement : « Il n'est pas vrai que je sois entré à l'hôpital dans un état de fatigue et de démoralisation totales. En tant que votre vieux combattant, dont l'énergie revient chaque jour un peu plus, je m'insurge contre une telle inversion des faits, en dépit de ce que l'on ne cesse de m'affirmer sur mon lit d'hôpital. [...] Je ne me suis refusé à l'opération que parce que les médecins m'annonçaient une récupération complète seulement au bout de quatre semaines et que je souhaitais être à cent pour cent de ma forme pour les grandes batailles du printemps. Quatorze jours seulement après l'opération, je suis en liaison permanente par radio et courrier avec Moguilev. [...] Ce n'est que quand les crampes ont commencé, ainsi que l'intoxication de l'organisme, puis de l'esprit, mon intestin ne fonctionnant plus, que l'on a pu parler d'effondrement. Cela s'explique moins par les douleurs physiques délirantes que par la conviction d'être victime d'un mauvais traitement et la menace d'une mort ignominieuse dans un lit à une époque où tout soldat aurait droit à une mort digne, au combat. [...] Reichsführer, je vous prouverai cette année que votre vieux palefroi ne se laissera pas abattre par des expériences de cet ordre[81]. »

Himmler lui assura en retour n'avoir « jamais douté que vous n'aviez pas changé[82] ». Apparemment quelque peu requinqué, von dem Bach-Zelewski se jeta de nouveau dans la bataille.

Fondamentalement, pourtant, rien ne changea pour lui. Deux ans plus tard, un spécialiste identifiait ses maux comme suit : « constipation et faiblesse du sphincter », « grande sensibilité de la muqueuse rectale ». « L'Obergruppenführer manque de l'attention nécessaire au fonctionnement du sphincter, au fait qu'en campagne l'hygiène et les bains sont impossibles et que cela ne peut qu'entraîner une aggravation des maux précités[83]. »

L'ancien camarade d'école d'Himmler, Karl Gebhardt, jouait lui aussi un rôle clé dans les efforts entrepris par le Reichsführer pour assurer la santé de ses hommes. Gebhardt était entre-temps devenu professeur de médecine et directeur du sanatorium de Hohenlychen, dans l'Uckermark, une région du Brandebourg[84]. En 1942, Hedwig Potthast, la maîtresse d'Himmler, accoucherait de leur premier enfant à Hohenlychen. C'est là encore que Karl Wolff, directeur de son état-major, séjourna en 1943 à la suite d'un effondrement dû au surmenage. Pour remercier Gebhardt, Himmler lui fit présent d'un service pour douze personnes[85].

Le sanatorium était aussi ouvert aux personnalités qui n'étaient pas membres de la SS. Ainsi, en 1938, le général Walter von Reichenau s'y était fait opérer du genou par Gebhardt. Von Reichenau jouait un rôle politique essentiel à l'état-major général. Le médecin transmit à Himmler un rapport détaillé sur l'opération[86]. En règle générale, Gebhardt tenait le Reichsführer au courant du traitement des patients importants, dont les membres de la noblesse européenne[87]. En août 1938, il avertit également son vieil ami qu'il avait opéré Darré, un autre proche d'Himmler[88].

Après l'attentat contre Heydrich en 1942, Himmler envoya Gebhardt à Prague. Celui-ci n'ayant pu éviter le décès de Heydrich, Himmler le remercia « d'avoir été un ami si bon et un camarade si courageux pour notre bon Reinhard dans ses derniers jours et ses dernières heures[89] ». Quand le père d'Himmler fut atteint d'un cancer en 1936, Gebhardt avait prodigué ses conseils à la famille, s'était occupé du dossier et avait déconseillé une opération, avis qu'Himmler avait suivi[90].

Même sur les questions triviales, Himmler demandait son avis à Gebhardt. En janvier 1938, ce dernier lui envoya une « vieille recette contre la tuberculose qui se transmet dans ma famille depuis des générations » : « Pulmonaire officinale, anémone hépatique, plantain lancéolé, centaurium, tussilage, lichen d'Islande, carraghénane, acore odorant, guimauve officinale, véronique, rhubarbe officinale, une dose (un gramme) de chaque, finement réduite en poudre et bien mélangée dans une ancienne mesure de miel d'abeille (environ un kilo). Il faut ensuite réchauffer le miel. [...] En cas de diarrhée, interrompre pendant deux jours. » Himmler fut toutefois déçu par la réponse de Gebhardt : il ne fallait pas espérer de remède miracle contre la tuberculose. Du reste, la médecine populaire connaissait déjà depuis longtemps cette décoction[91].

Les efforts d'Himmler pour assurer le bien-être de ses hommes englobaient évidemment des recommandations pour leur alimentation. En 1942, quand le Sturmbannführer Ernst Günther Schenck, inspecteur de la nutrition de la Waffen-SS, lui soumit un document portant sur l'amélioration de l'alimentation des troupes, Himmler réagit par une liste de commentaires en vingt-deux points, qu'il communiqua également à Pohl – un véritable feu d'artifice d'idées : « Il faut, avec la plus grande énergie, recommander à toutes les unités de griller le pain. Il n'est pas une situation, même dans les marais, où l'on ne puisse réchauffer et faire griller le pain en tranches sur un feu, comme à la chasse, fournissant ainsi un aliment aussi diététique et digeste qu'un biscuit pour les maux d'estomac. »

Après la guerre, la SS avait prévu de développer sa propre base d'alimentation, du moins à l'est, et pour certains types de produits. « Nous devons développer exclusivement les aliments qui nous sont spécifiquement adaptés : les fruits, surtout les fruits à pépins, les noix, en quantité illimitée, en particulier pour l'hiver, l'eau minérale, les jus de fruits, les flocons d'avoine et l'huile de cuisson. [...] Il faut absolument éviter une accumulation excédentaire, comme le faisait l'Église au Moyen Âge, à l'intérieur des frontières du Reich. Il est de notre devoir, en favorisant les moulins artisanaux, de préparer ces aliments dans nos propres boulangeries et les boulangeries de nos quartiers. »

Il tenait à ce que le SS et sa famille s'habituent à « nos aliments naturels, dans les établissements d'enseignement politique, dans les casernes, les écoles d'officiers, les cantonnements, les foyers du Lebensborn [...] si bien que les jeunes, plus tard, ne voudront rien d'autre ».

Il faudrait aussi « lentement et discrètement, de façon raisonnable », réduire « la consommation de viande pour les générations futures ». Himmler rêvait de « progresser vers un avenir meilleur en se débarrassant d'erreurs et d'errements vieux de plusieurs siècles. Ce n'est que là, quand on aura discrètement substitué à la viande et à la charcuterie des produits tout aussi savoureux au palais et capables de satisfaire les besoins, que l'on pourra espérer réussir. Les sermons sont inutiles. Nous savons bien nous-mêmes que seule une eau minérale bon marché et de qualité, seuls d'excellents jus de fruits, et du bon lait à bas prix sont à même d'éliminer l'alcool ».

En temps de paix, il souhaitait en outre « ordonner et organiser les stocks de l'ensemble de la SS et de la police et de leurs familles, d'abord sur cinq ans, puis pour toujours ». Il fallait de plus envisager la mise en place de « responsables de l'alimentation » dans les unités SS. Mais il fallait veiller à éviter que cela ne puisse « engendrer dans un avenir lointain un conseil de soldats ou des Poldruck[92] ». Il prévoyait enfin de préparer des menus standard pour la SS : « Ces menus doivent comporter au moins trois plats chauds le soir, cinq en hiver, sous la forme de soupe, de pommes de terre en robe des champs, accompagnés d'ingrédients froids. Proposer du thé nature tous les soirs. [...] Les pommes de terre salées sont strictement interdites[93]. »

Rigueur et attention

Himmler entretenait une correspondance suivie avec les hauts responsables de la SS, qui lui permettait régulièrement de les féliciter, les gourmander, les instruire et les critiquer sur des questions tant professionnelles que personnelles.

Le Reichsführer envoyait à ses vieux camarades de combat des lettres d'encouragement personnelles. Ainsi, dans une lettre de janvier 1943, il remercia Theodor Eicke, qui, avec sa division, devait être bientôt déployé de nouveau sur le front de l'Est, pour ses « vœux sincères pour cette année qui s'annonce rude. [...] En ce qui vous concerne, je n'ai qu'un seul souhait : de vous savoir sain et sauf, car la Schutzstaffel et moi-même avons besoin de vous, fidèle, brave, indomptable, afin que nous puissions continuer, si les choses se font plus dures, à faire ce que le Führer et le Reich attendent de nous ». Ses inquiétudes étaient justifiées : quelque cinq semaines plus tard, Eicke était tué. Son avion fut abattu lors d'un vol de reconnaissance[94].

En novembre 1943, Ludolf von Alvensleben, l'ancien aide de camp d'Himmler, reçut à l'occasion de sa nomination au grade de SS-Gruppenführer et de lieutenant-général de la police un télégramme du Reichsführer par lequel celui-ci exprimait « l'espoir résolu que vous serez en Crimée* un pilier de la foi, de la confiance, de l'action, jamais du renoncement. Veillez à ce que le moindre de vos hommes dans la SS et la police garde son calme et se trouve partout où il faut agir et se battre ». Himmler le salua par la formule : « dans notre vieille et chaleureuse camaraderie, votre fidèle[95] ». Parmi les autres formules habituelles, citons : « je vous serre chaleureusement la main » ou « je vous salue avec chaleur en toute camaraderie[96] ».

En août 1941, il envoya au Brigadeführer Walter Krüger, à l'occasion de sa nomination au commandement de la SS-Polizei-Division, une lettre personnelle dont le caractère confidentiel était encore souligné par la requête d'Himmler de « la laisser en Allemagne ». Himmler y invitait Krüger à « contrôler ou mettre soi-même en œuvre toutes sortes de choses que l'on se contente généralement d'ordonner ». Krüger devait constamment se fonder sur le principe que la guerre était « la meilleure façon d'apprendre ». Himmler concluait en le priant de « se laisser porter par la foi en nos SS, c'est-à-dire la foi en la pureté de leur sang, la foi en leur cœur prompt au sacrifice de soi, source d'inspiration. J'exige de vous que vous éradiquiez toute trace de défaitisme. Tout rapport de vos sous-officiers, officiers, commandants de compagnie ou chefs de bataillon signalant que votre unité n'est pas apte à l'attaque suscitera un jugement en cour martiale entraînant la peine capitale. Une unité n'est plus apte au combat quand elle a perdu 80 % de ses effectifs, pas autrement[97] ».

Himmler n'était pas en effet avare de leçons et de critiques. En octobre 1942, il rappela sans détour à Friedrich Karl von Eberstein, HSSPF à Munich, quels étaient ses devoirs. Il lui reprochait un trop grand « flegme », puisqu'il avait transmis une décision du Reichsführer sur une question complexe et personnelle au Trésorier du Reich par lettre et non, comme l'attendait son supérieur, personnellement et « sous une forme correcte ». Himmler lui signifia : « La mission d'un haut responsable de la SS et de la police ne consiste pas à diriger depuis son bureau. Depuis mon bureau, je pourrais aussi bien diriger un conseil des ministres. De même, je ne suis pas satisfait […] du travail de la police dans la lutte contre les incendies et de la Schutzpolizei après le bombardement de Munich. Quand des attaques aériennes ont lieu et entraînent des dégâts, vous devez être jour et nuit sur le terrain, jusqu'à ce que le dernier Allemand qui se trouve sous les décombres soit dégagé. Il est inqualifiable que des gens soient sauvés au bout de cinq jours. Imaginez si c'était votre enfant qui s'était trouvé sous ces ruines. Je

* Von Alvensleben occupa d'octobre à décembre 1943 les fonctions de HSSPF pour la région dite de la « mer Noire ». (NdT)

dois vous prier de ne pas vous acquitter de votre travail depuis votre bureau à coups de signatures ministérielles, mais de vous montrer le plus actif possible auprès des gens et de la troupe, comme au temps de la lutte. C'est ce que j'attends des hauts responsables de la SS et de la police qui me représentent[98]. »

En décembre 1944, il reprocha également à Emil Mazuw, HSSPF de la Baltique, son manque d'allant : « Si j'avais voulu que les hauts responsables de la SS et de la police soient à des postes où l'on pouvait se contenter de retransmettre des ordres depuis un bureau, je me serais exprimé en ce sens, et au lieu d'un SS-Obergruppenführer et d'un général, c'est un secrétaire et un greffier que j'aurais nommés. Veillez à l'avenir à mieux assumer votre devoir. En outre, vous représentez la SS, non le maire local et les instances du parti contre la SS. Tenez-en compte[99]. »

En août 1942, Hinrich Möller, SSPF d'Estonie, se vit lui aussi reprocher non seulement son flegme, mais sa corpulence. Après une visite à Tallinn, Himmler lui écrivit qu'il attendait de lui que « six soirs par semaine vous soyez en service auprès de la troupe et de vos hommes [...] Il est selon moi impossible qu'un homme de trente-six ans soit aussi flegmatique, gros et fainéant. Il est absolument dans votre intérêt d'y remédier le plus rapidement possible[100] ».

Quand Erhard Kroger, qui avait commandé un Einsatzkommando de juin à décembre 1942 en Ukraine avant de passer à la direction du SD, fit savoir qu'il était moyennement heureux d'être muté dans la Waffen-SS, Himmler, en avril 1943, lui écrivit en lettres capitales : « Obéir en silence, voilà la qualité qu'il vous faut encore acquérir. Ce n'est qu'alors que vous deviendrez le SS tel qu'il doit être, tel que j'ai toujours souhaité que vous soyez. Soyez convaincu qu'en temps voulu, vous vous trouverez à la place où vous pourrez être efficace. Je vous souhaite bonne chance au combat[101]. »

Le 14 janvier 1945, le SS-Obergruppenführer Hermann Höfle, HSSPF et commandant en chef des forces allemandes en Slovaquie, reçut un courrier cinglant de son Reichsführer. Himmler lui reprochait « [sa] faiblesse, [sa] servitude et [sa] dépendance vis-à-vis de [ses] collaborateurs et de [son] personnel ». Il poursuivit : « Je ne peux vraiment que t'y inciter : endurcis-toi enfin, comprends enfin que tu es commandant en chef et que ton chef d'état-major et ton Ia* sont tes collaborateurs, pas les cerveaux chargés de penser à ta place. Admets ce principe fondamental selon lequel nous avons été éduqués toi et moi, et fais-toi obéir, même s'il leur arrive d'essayer de te remonter le moral. Si je m'étais douté à quel

* Chef des opérations. (NdA)

point ce commandement que je t'ai confié et que tu n'avais à l'époque accepté qu'à contrecœur était plus que n'en pouvaient supporter tes forces spirituelles, jamais je ne t'aurais muté là-bas, pour m'épargner, comme à toi, ces soucis. J'exprime aujourd'hui une dernière fois l'espoir qu'il en aille autrement, que tu évites en 1945 les erreurs de 1944 et ne les répètes plus[102]. »

En mars 1943, le directeur du Bureau pour la race et le peuplement, Otto Hofmann, fut rappelé à l'ordre en termes sans équivoque. À l'issue d'une série d'incidents, Himmler estima qu'il ne s'acquittait pas convenablement de sa tâche. Hofmann, lui, ne passait pas assez de temps derrière son bureau. Himmler conclut sa lettre par un avertissement sévère : « Gruppenführer Hofmann, pour créer une direction centrale, il faut faire preuve de diligence, d'engagement et de sérieux dans le travail, un travail qui se préoccupe également des plus infimes détails de la direction, avant de les transmettre à ses subordonnés. Je ne souhaite pas que vous effectuiez trop de voyages et soyez longtemps en déplacement afin de vous présenter comme un grand commandant et un chef de guerre. L'un dans l'autre, je dois vous le dire, votre direction me plaît chaque semaine un peu moins[103]. »

En avril 1943, Hofmann fut limogé de son poste de chef du RuSHA. Himmler rédigea une note où il dit avoir l'impression qu'« Hofmann n'affiche pas le calme et la sérénité avec lesquels le Bureau pour la race et le peuplement devrait rester en arrière-plan pendant la guerre ». Mais il assura Hofmann : « Je n'ai nullement perdu confiance en vous sur le plan humain ou professionnel, bien au contraire[104]. »

Toutefois, en septembre 1943, dans ses nouvelles fonctions de HSSPF Sud-Ouest, Hofmann s'attira une fois de plus les foudres de son Reichsführer. Il avait agi de son propre chef dans un domaine qu'Himmler considérait comme son pré carré : l'instruction idéologique. Himmler lui reprocha d'« avoir créé une entreprise concurrente aux *SS-Leithefte* sous la forme de lettres en campagne ». Cet « incident n'a fait que me confirmer à quel point j'avais eu raison de vous retirer de la direction du Bureau pour la race et le peuplement. J'ai clairement détaché le secteur de l'instruction du Bureau pour la race et le peuplement. Pour moi, il est inconcevable qu'un SS n'obéisse pas à un ordre non seulement à la lettre, mais aussi dans son sens le plus strict. Bien que vous n'ayez plus aucune influence à ce sujet, je me suis vu contraint de vous exprimer mon avis sans détour afin de vous instruire pour le restant de votre carrière[105] ».

Hofmann chercha à se défendre en manifestant ostensiblement sa fidélité : « La désobéissance que vous me reprochez me touche particulièrement car jamais, ni dans ce cas ni dans aucun autre, je n'ai voulu contourner un de vos ordres.

Vous êtes toujours pour moi l'incarnation de l'homme auquel je dois, après le Führer, honneur, mais aussi fidélité et obéissance. Tout autre comportement m'est étranger. C'est pourquoi je vous prie, Reichsführer, de me laver de ce lourd reproche[106]. »

Mais Himmler n'en fit rien. Au contraire. Un an plus tard, il porta une autre accusation, beaucoup plus grave, celle de couardise. Sur un ton impitoyable, il reprocha à Hofmann, dans une lettre de novembre 1944, que les services de la SS et de la Sipo aient « apparemment évacué » l'Alsace (dont Hofmann, en tant que HSSPF Sud-Ouest, était responsable) « en proie à une lâche panique ». Et il ajouta : « Pour votre information, je tiens à vous faire savoir qu'à Paris j'ai fait fusiller un chef de la police de sécurité pour une affaire semblable[107]. »

Gerret Korsemann fit lui aussi l'objet des critiques cinglantes d'Himmler. En juillet 1943, le Gruppenführer Korsemann, général de la police, se vit priver de son poste d'adjoint au HSSPF de Russie centrale car le Reichsführer tenait pour fondée la rumeur selon laquelle Korsemann, lors de la retraite du Caucase, se serait quelque peu précipité. Himmler convoqua Korsemann et lui suggéra de façon « pressante » de « se laver désormais par ses actes personnels du soupçon de manque de courage ». Dans ce dessein, il le reverserait dans la Waffen-SS « Leibstandarte », où il devrait le plus vite possible prendre le commandement d'une compagnie « à l'assaut[108] ».

Il instruisit expressément le commandant de la division que Korsemann, avec le rang de SS-Hauptsturmführer, devait être « affecté en première ligne. J'interdis toute affectation dans les services de l'arrière. [...] J'ai offert à Korsemann cette occasion de servir au sein de la Panzerdivision SS "Leibstandarte Adolf Hitler" afin qu'il puisse se laver du soupçon de manque de courage et de contrôle des nerfs[109] ».

Les généraux de la Waffen-SS n'échappaient pas non plus aux avertissements et aux leçons. Il faut cependant remarquer que ces lettres, en dépit des violents reproches qu'elles comportaient, se terminaient le plus souvent sur un ton conciliant. En novembre 1942, Himmler en envoya une à Theodor Eicke. Ce dernier, qui commandait désormais la Totenkopf, avait une fois de plus renvoyé à Berlin un de ses subordonnés. Il s'agissait de Matthias Kleinheisterkamp, dont Eicke disait qu'il était « à bout de nerfs et souffrant ».

« Cher Eicke, répliqua Himmler, je ne peux me défaire de l'impression que si quelqu'un ici est souffrant et à bout de nerfs ce doit être vous, et non Kleinheisterkamp. » Himmler reprocha à Eicke deux « impossibilités » : d'une part, de s'être « clairement opposé à l'un de mes ordres », d'autre part d'avoir, « au pire moment, privé votre division et le 3e régiment Totenkopf d'un commandant compétent, expérimenté, très respecté de ses hommes, et ce uniquement parce que vous ne vous entendez pas avec lui. [...] Vous ne parvenez pas à répondre de ce que vous avez fait devant vos hommes. Pour des divergences d'ordre personnel, vous avez fait passer vos intérêts avant le bien de votre division. Vous devez bien comprendre que cela ne saurait vous valoir l'amour de vos hommes, ni leur respect ».

Puis Himmler change de ton : « Je ne peux me résoudre à croire que vous m'ayez causé sciemment ce tracas et cette déception, que vous ne soyez pas en bonne santé et que vos nerfs soient tout sauf solides, dit-il alors, plein d'attention. Selon moi, vous êtes sorti trop tôt, et la douleur que vous inflige votre pied a bien sûr une influence sur vos décisions. Cela est injuste, et doit changer. Soit on est en bonne santé, et l'on peut alors prendre toutes les décisions d'un cœur paisible, soit on se sent mal, on est donc malade (certes pas de son propre fait), mais il ne faut pas rester à cette place et rendre la vie impossible aux autres par son humeur irascible.

« J'attends désormais de vous un rapport franc, une déclaration sans ambages de mon vieux camarade Eicke quant à son état de santé. S'il n'est pas satisfaisant – ce que je présume malheureusement –, rentrez donc pendant quatre semaines et soignez-vous. Ou alors, si vous pensez être en bonne santé, que ce soit le dernier incident de ce genre que vous vous permettez. »

Himmler conclut : « De toute ma vie, je n'ai jamais douté un seul instant de votre fidélité personnelle. Ce que je veux définitivement voir disparaître, c'est votre obstination et votre égoïsme déraisonnables. [...] Je suis désolé que cette lettre ait été nécessaire. Votre Heinrich Himmler[110]. »

En juillet 1938, il se montra tout aussi paternaliste et bienveillant quand il réprimanda Sepp Dietrich, commandant de la Leibstandarte, parce que celui-ci avait arbitrairement outrepassé ses compétences. Le haut commandement de la Wehrmacht (OKW) avait émis une plainte à ce sujet. « Cher Sepp, le prévint Himmler, tu sais ce qui nous attend dans les prochaines semaines et à quel point les agissements arbitraires de tes subordonnés nous causent du tracas, à toi comme à moi. Par conséquent, mets-y définitivement un terme[111]. »

Quand il apprit, en 1943, qu'une déclaration de Dietrich circulait au ministère de l'Est, selon laquelle ce dernier ne « croyait plus que nous puissions vaincre les Russes », il lui dit dans une lettre qu'il devait sans doute s'agir d'« une de tes réflexions sur la valeur au combat des Russes qui avait été mal comprise », avant de lui demander d'« aller voir Rosenberg », ou de lui écrire « une ou deux lignes en ce sens ». Et d'ajouter : « Je suis le mieux placé pour savoir ce que tu penses de la guerre en Russie. Elle est dure, nous en sommes conscients tous les deux. Mais nous savons aussi que le Russe, et ce dans un avenir prévisible, peut être vaincu, et qu'il le sera. Meilleures salutations et Heil Hitler, ton bon vieil Heinrich Himmler[112]. »

En juillet 1943, Himmler pria le chef de la direction centrale de la SS, Berger, de s'entretenir avec l'un des généraux les plus importants de la Waffen-SS, Felix Steiner. Himmler avait pris ombrage d'un échange de télégrammes entre ce dernier et des volontaires finlandais. « Je tiens à épargner à Steiner d'avoir à lui parler personnellement à ce sujet, dit-il à Bergen. Je pense être connu pour avoir fait montre de la plus grande tolérance à l'égard de la vanité qui caractérise les soldats, et en particulier les généraux. »

Himmler était irrité que Steiner, dans son télégramme, ait utilisé la formule « dans les rangs de mes troupes ». « Dans ce cas, Steiner aurait en réalité dû laisser la préséance au Führer, et lui-même aurait dû, comme il convient à un SS et à un Obergruppenführer, rester en retrait. De plus, je n'ai pas souvenir que le salut, dans la SS, soit "Heil Vous". Depuis que je suis national-socialiste, le salut a toujours été "Heil Hitler". » Plus loin, il exprima à Bergen le souhait que Steiner veille à ce que l'on s'adressât à lui à l'avenir par son rang SS et non en tant que général. Enfin, il devait interdire le « ton injurieux avec lequel certains hommes de la division "Wiking" se permettent de parler de moi en tant que Reichsführer-SS dans leurs discussions au mess[113] ».

Un mois plus tard, Himmler écrivit directement à Steiner, parce que l'affectation d'un SS-Oberscharführer à l'état-major de la Wiking, qu'il avait décrétée, avait été modifiée. Il évita toutefois d'attribuer la faute à Steiner lui-même, évoquant plutôt « l'espoir que vous trouviez le responsable au sein de votre état-major et que vous conföriez à mon ordre toute son autorité par une peine exemplaire, que je me vois obligé d'exiger. [...] Je dois par ailleurs signaler très franchement qu'il doit être impossible à des officiers au mess de la division Wiking de tenir des propos extrêmement critiques sur les compétences du Reichsführer ». En dépit de son avertissement du mois précédent, la situation dans ce domaine n'avait apparemment pas évolué. Himmler exigea que « soit extirpé cet esprit dans le corps des officiers du corps germanique jusqu'à la plus infime racine et que les ordres du Reichsführer-SS soient exécutés aveuglément, sans condition et sans hésitation[114] ».

Steiner l'ayant assuré de sa loyauté, Himmler lui fit savoir que pour lui l'affaire était close. « J'ai en vous une confiance absolue[115]. »

Dans une lettre de mars 1943, Himmler fit de graves reproches à Paul Hausser, le général commandant en chef du 2e corps blindé SS, qui s'en tira cependant avec un avertissement. Hausser s'était adressé de lui-même au haut commandement de la Wehrmacht, dont dépendait son SS-Panzerkorps, et avait réclamé le renfort de membres de la Wehrmacht (il s'agissait d'une unité de la division de la Luftwaffe). Himmler lui fit des remontrances : « Vous ne pouvez attendre de moi qu'en tant que Reichsführer-SS et fondateur de la SS je sape personnellement les fondements dont sont aussi tributaires au bout du compte les succès de votre corps blindé, à savoir la sélection et la formation raciale et humaine. Dès l'instant où je consentirais à accepter dans mes vieilles divisions une division de l'armée ou de la Luftwaffe, nous n'aurions plus qu'à démissionner. Je doute que vous puissiez en répondre, mon cher Hausser, compte tenu de vos mérites dans la SS. Même face aux nécessités de la guerre, vous et votre chef d'état-major ne pouvez ni ne devez vous commettre dans des actions qui me lieraient ensuite en tant que Reichsführer-SS[116]. »

« Les peines doivent être rares, mais justes et sévères »

Quand les leçons et les avertissements ne suffisaient pas, Himmler prenait des mesures fortes. Nous avons déjà évoqué l'affectation disciplinaire en première ligne, l'interdiction de l'alcool et les cures de désintoxication. Les officiers SS qui partaient trop souvent à la chasse au goût d'Himmler pouvaient se voir frappés d'une « interdiction de chasse[117] ». L'interdiction de fumer était également courante[118].

Himmler développa des méthodes non conventionnelles pour régler les litiges entre officiers SS. « Je veille toujours, expliqua-t-il à l'Obergruppenführer Arthur Phleps en mai 1944, quand deux hommes se disputent, à muter les deux par principe. [...] De même, je ne nomme jamais, même s'il n'y a pas eu de querelle, l'ancien subordonné au poste de son ancien supérieur, car cela ne peut qu'ouvrir la voie aux intrigues[119]. » Une fois, expliqua-t-il aux Gruppenführer assemblés en 1938, « j'avais fait dire à deux Oberführer qui se querellaient et n'étaient jamais parvenus à s'entendre [...] que je mettais mon bureau à leur disposition, ainsi qu'une bouteille d'eau et deux verres, de huit heures du matin à huit heures du soir. Je crois comprendre qu'ils ont discuté sans interruption jusqu'au soir. À l'avenir, je recommencerai dans chaque nouveau cas[120] ».

Ce procédé était adaptable : en 1942, les *SS-Leithefte* revinrent, sous le titre « Possibilités de s'exprimer [...] L'ordre du Reichsführer-SS sur la camaraderie », sur une ordonnance d'Himmler qui avait obligé deux officiers SS qui s'étaient disputés à vivre ensemble dans une pièce pendant six semaines. Les *Leithefte* estimèrent que l'on pouvait voir dans cet exemple que « le Reichsführer-SS étudie avec attention chaque cas, qu'il en analyse les motifs, puis qu'il prend des mesures – et qu'il s'efforce d'imposer des punitions "intelligentes" quand il est convaincu de parvenir ainsi rapidement à ses fins[121] ».

Les punitions « intelligentes » étaient une véritable spécialité d'Himmler. On ne saurait écarter un certain penchant pour le sadisme. En octobre 1942, le Reichsführer émit un ordre à l'attention de tous les officiers de la Waffen-SS et de la police où il leur rappelait qu'il était essentiel de s'occuper sans délai de l'alimentation de la troupe. « Les officiers qui ne respectent pas cet ordre feront personnellement l'expérience de l'effet déplorable d'une mauvaise alimentation sur les performances et l'humeur de la troupe, et apprendront du même coup comment mieux faire. C'est pourquoi j'enverrai ces officiers dans la Maison de la mauvaise alimentation, que j'ai prévue à cet effet. Là, ils ressentiront par eux-mêmes pendant un temps assez long à quel point il est néfaste pour un subordonné de devoir manger la mauvaise nourriture que lui donne son supérieur. »

Himmler avait personnellement dressé le plan détaillé de la Maison de la mauvaise alimentation, qui devait être sise dans les locaux de l'école de cuisine de la Waffen-SS à Oranienburg. Le séjour devait durer jusqu'à quatre semaines, et il était impossible d'en sortir. « Les participants à la formation dans la Maison de la mauvaise alimentation se voient offrir, pendant les trois quarts de leur séjour, une alimentation mauvaise et insuffisante, et une alimentation militaire exemplaire pendant le dernier quart. » La « mauvaise alimentation » devait être confectionnée selon les principes suivants : « Monotone. Trop cuite. Aliments en conserve sans légumes frais. Pratiques culinaires déplorables. » Dans le cas de « menus particulièrement mauvais, continuait Himmler, je me réserve le droit de soumettre le commandant concerné au même menu pendant tout son séjour[122] ».

En août 1944, Brandt communiqua une nouvelle idée du Reichsführer au Standartenführer Guntram Pflaum, délégué spécial à la lutte contre les nuisibles. Une fois la guerre terminée, Himmler envisageait de créer une « salle des mouches et moustiques ». « Tous les officiers SS et membres de la police qui ne se seraient pas intéressés au problème représenté par les mouches et les moustiques, voire l'auraient nié en souriant, y seront admis pour un temps plus ou moins long, durant lequel ils auront l'occasion de s'interroger sur la question des mouches et des moustiques, puisque eux-mêmes auront droit aux cajoleries de centaines, de milliers de mouches et de moustiques logés dans la salle. » Les réflexions d'Himmler prévoyaient, toujours selon Brandt, que l'on réfléchisse rapidement à « rassembler la littérature nécessaire dans ces deux pièces. Les fautifs qui y seront enfermés devront étudier en détail cette littérature, et il leur sera demandé de rédiger chaque jour des dissertations exhaustives, par exemple : "Les mouches, vecteurs de maladies", "Pourquoi avons-nous besoin de moustiquaires", etc. ». Dans l'esprit d'Himmler, les salles des mouches et moustiques devaient faire partie d'une « Maison de l'éducation », au sujet de laquelle il fournit d'autres détails[123].

Jusqu'en 1939, la SS imposa essentiellement à ses membres des sanctions disciplinaires, sur le principe de « l'ordonnance disciplinaire et pénal, sous la forme de réprimandes ou, dans les cas graves, par une exclusion ou une « expulsion » du coupable[124]. Mais dès 1937 il était clair qu'Himmler s'efforçait de mettre en place une justice autonome pour la SS et la police, comparable à la justice militaire[125]. En octobre 1939, il obtint l'accord d'Hitler à cet effet. Dès lors, la SS disposa de ses propres tribunaux, qui pouvaient infliger tout le catalogue des peines prévues par le code civil et le code de justice militaire, y compris la peine de mort. Comme nous allons le voir, Himmler allait faire de ce système pénal son domaine réservé[126].

Bourreaux volontaires : trois études de cas

Le style d'éducation arbitraire d'Himmler obtint des succès extraordinaires, surtout auprès d'officiers SS dont le passé était marqué par des manquements graves. Entre ses mains, ils devinrent les instruments volontaires de sa politique. Les cas que nous allons évoquer, ceux d'Oskar Dirlewanger, Curt von Gottberg et Odilo Globocnik, sont dans une certaine mesure extrêmes, mais exemplaires des procédés d'Himmler.

Oskar Dirlewanger, né en 1895, commandant d'une unité de choc pendant la Première Guerre mondiale, était devenu, vers la fin de la guerre, « un fanatique de la violence et un alcoolique psychologiquement instable, avec une tendance à des éruptions de violence sous l'effet de la drogue[127] ». Le fait qu'il ait réussi, après l'armistice, à percer avec ses hommes et à les ramener à un train d'enfer depuis le front roumain jusqu'en Allemagne fut pour lui un événement fondateur : dès lors, il mena une existence sans frein, au mépris des lois et des règles de la société civile. Étudiant à partir de 1919, il se battit au sein de divers corps francs. Ses troupes se firent de nouveau remarquer par leurs excès de violence. En 1921, il se retrouva sous le coup de sanctions disciplinaires à l'école de commerce de Mannheim, et fut plusieurs fois condamné pour détention d'armes. Ce qui ne l'empêcha pas, la même année, de décrocher son diplôme de docteur en science politique. S'ensuivit une carrière professionnelle agitée, au cours de laquelle il perdit plusieurs emplois pour des malversations. Dans le même temps, il s'engagea dans des organisations d'extrême droite, et devint membre du NSDAP en 1922. Après la prise de pouvoir, il fut nommé directeur adjoint du service du travail à Heilbronn. En 1934, il fut condamné à deux ans de pénitencier pour une affaire de mœurs, accusé d'avoir eu des relations sexuelles avec une jeune fille de quatorze ans dans son véhicule de fonction. Après sa remise en liberté, il chercha à obtenir une révision de son procès, ce qui lui valut d'être placé en détention par la Gestapo pendant quelques semaines pour « quérulence ». Peu après, il se porta volontaire dans la légion Condor en Espagne, où sa condamnation lui valut de nouveau de sérieuses difficultés. De retour en Allemagne, il s'adressa à Himmler afin de « pouvoir partir au combat avec la SS en cas de mobilisation ». Dirlewanger expliqua que sa condamnation était en réalité due à des « motifs personnels et politiques » : « Certes, j'ai fauté, mais jamais je n'ai commis un crime[128]. »

Himmler hésita à répondre positivement à la demande de Dirlewanger, car il souhaitait au préalable attendre l'issue du jugement en appel[129]. Mais Dirlewanger s'était trouvé un allié puissant en la personne de Gottlob Berger, dont l'influence était apparemment telle qu'il finit par être acquitté[130]. C'est alors qu'Himmler donna à cet homme totalement désespéré sa deuxième chance : il intégra dans la SS Dirlewanger, qui s'était entre-temps engagé dans la Wehrmacht, et lui confia, en septembre 1940, la constitution d'une unité spéciale composée de braconniers incarcérés. Les hommes qui furent recrutés dans ce qui allait devenir beaucoup plus tard la « brigade Dirlewanger » se distinguèrent par une brutalité hors du commun, en particulier dans la lutte contre les partisans. Ils furent d'abord déployés dans le Gouvernement général[131], puis en Biélorussie, en 1944 lors de l'écrasement de l'insurrection de Varsovie et enfin dans les combats durant l'insurrection slovaque.

En tant que commandant de la brigade, Dirlewanger, avec ses hommes, se rendit coupable de pillages, de sadisme, de viols et de meurtres, excès tolérés tant par son mentor Berger que par Himmler, qui avait tant besoin d'hommes comme ceux de la brigade Dirlewanger dans son combat contre la « sous-humanité ». De plus, le Reichsführer veilla soigneusement à ce que les soldats de la brigade spéciale ne fassent pas partie de la Waffen-SS[132]. Ce n'est qu'en 1945 que Dirlewanger obtint que son unité, en développement constant par l'intégration de criminels de toutes sortes, soit incorporée à la Waffen-SS en tant que 36e division de grenadiers SS.

Curt von Gottberg, né en 1896, dut quitter l'armée en 1919 avec le grade de lieutenant après cinq ans de service. Il rejoignit alors les rangs de la brigade Erhardt et, avec cette unité, prit part au putsch avorté d'Hitler en 1923[133]. Il tenta ensuite d'occuper différents emplois. En 1932, devenu entre-temps responsable de l'émigration en Prusse-Orientale, il se retrouva impliqué dans un scandale financier qui lui valut un an d'interdiction dans le NSDAP. Malgré tout, en octobre 1933, Himmler lui confia le commandement d'une Verfügungstruppe, une unité armée de la SS, à Ellwangen[134]. Commandement qu'Himmler lui retira ensuite pour « comportement de lansquenet[135] ».

Comme tant d'autres officiers SS, von Gottberg souffrait d'un grave problème d'alcoolisme. Au début de 1936, à l'issue d'un terrible accident de voiture qu'il avait provoqué, il fut amputé d'un pied[136]. Il eut beau clamer qu'il n'avait pas bu « plus de deux verres de bière et un de schnaps[137] », il fut contraint, sur ordre d'Himmler – en fait, devant Jeckeln, son supérieur direct –, de déclarer sur l'honneur que « dès ce jour je m'engage à m'abstenir de consommer de l'alcool sous toutes ses formes[138] ».

Homme énergique, von Gottberg retrouva étonnamment presque toute sa mobilité grâce à une prothèse. Le 1er juillet 1937, il prit de nouvelles fonctions : la direction de la section émigration au sein du Bureau pour la race et le peuplement. Au début de 1938, alors qu'il faisait du cheval, il fut victime d'un infarctus, lié semble-t-il à une lésion myocardique subie durant son opération. Gottberg ignora ce signal d'alarme. L'infarctus présumé ne fut en fait diagnostiqué qu'en février 1939, quand Gottberg, sur l'ordre d'Himmler, dut se soumettre à un examen médical complet par le docteur Fahrenkamp. Le rapport que rédigea ce dernier à l'attention d'Himmler dépeint un vieux soudard déjà très abîmé : outre son cœur endommagé et son pied amputé, le médecin nota de vieilles blessures de guerre (une balle logée dans le ventre, une blessure par balle dans le haut de la cuisse, une plaie perforante dans le haut du bras). De plus, à l'âge de vingt-sept ans, von Gottberg avait perdu deux doigts dans une batteuse à la suite d'un accident du travail.

Fahrenkamp parvint à la conclusion suivante dans son diagnostic : « Il a jusqu'à présent beaucoup trop sollicité son organisme et ignoré les accidents, les blessures de guerre et les maladies au prix d'une grande énergie. » Von Gottberg était presque « un cas d'école pour démontrer ce que la force psychique peut encore tirer d'un organisme très endommagé ». Mais il se trouvait désormais dans un état psychique tel que les soins conventionnels ne lui étaient d'aucune aide. « Le patient n'est pas apte à bénéficier d'un traitement médical au sens habituel du terme. Il y a des gens face auxquels la médecine est impuissante. [...] Il a tant accompli en puisant dans ses forces psychiques qu'il importe davantage de le soulager dans ce domaine que de lui administrer un traitement. Pour le patient, un entretien avec son chef pourrait avoir valeur de soulagement psychique. » Requête que Fahrenkamp transmit à Himmler en invoquant des « considérations médicales ».

Les archives ne nous permettent pas de savoir si Himmler lui accorda ce « soulagement psychique » dans les mois qui suivirent. Mais à la fin de 1939, von Gottberg essuya un nouveau revers. Six mois seulement après avoir été nommé commissaire au service du cadastre à Prague par Himmler, qui lui avait ainsi confié la responsabilité de la politique d'émigration dans le Protectorat, Günther Pancke, chef du Bureau pour la race et le peuplement, lui ordonna de se porter malade et de quitter toutes ses fonctions[139]. Pancke prit cette décision car von Gottberg aurait affirmé que Walther Darré, ministre de l'Agriculture et, jusqu'en 1938, chef du Bureau pour la race et le peuplement, était un « descendant de Juif ». En outre, il aurait « tenu des propos mégalomanes en société sous l'emprise de l'alcool », aurait « humilié » ses collaborateurs et fourni de fausses informations à Pancke. Ce dernier menaça de le faire interner en camp de concentration s'il continuait à diffuser des rumeurs. En réalité, les raisons de son limogeage étaient plus complexes : impliqué dans une affaire financière, il fut peut-être victime d'une intrigue tissée par Darré[140].

Himmler ordonna que von Gottberg prenne la responsabilité d'une propriété à l'est le temps que le litige soit réglé, et l'invita à « s'abstenir sérieusement de toute activité politique[141] ». Quatre mois plus tard, il se vit obligé de rappeler à l'ordre von Gottberg – qui continuait de séjourner dans le Protectorat –, ses deux fils ayant causé l'incendie d'une ferme : « Je ne crois pas que le comportement malheureux de vos deux enfants laissés sans surveillance ait contribué à améliorer la réputation allemande ou même à renforcer la réputation de la SS dans le Protectorat ; de toute façon, on ne laisse pas des enfants de six à huit ans jouer avec des allumettes[142]. »

Pourtant, dès juillet 1940, Himmler rappelait von Gottberg et le transférait à la direction centrale de la SS où, en octobre de la même année, il prit le commandement de la section des acquisitions. Il fut lavé des accusations qui pesaient contre lui à l'issue d'un jugement d'un tribunal SS et ce fut Pancke qui fit l'objet d'une sévère réprimande de la part d'Himmler[143]. En novembre 1942, von Gottberg devint SSPF en Biélorussie, et connut une carrière fulgurante dans la guerre des partisans comme chef du « Kampfgruppe Gottberg », comme nous allons le voir.

Von Gottberg est un exemple presque idéal d'officier SS qui se retrouva dans une relation de dépendance quasi totale vis-à-vis d'Himmler. Réduit à l'état d'épave sur le plan physique, alcoolique, coupable de fautes multiples, objet de reproches, il développa un désir extrêmement violent de faire ses preuves et de « soulagement » psychique, que seul Himmler pouvait satisfaire. Et le Reichsführer s'assura l'obéissance de von Gottberg : tantôt en le punissant et en le privant de ses fonctions, tantôt en fermant les yeux sur ses manquements et en lui donnant à plusieurs reprises la possibilité de se réhabiliter.

Quand, en novembre 1939, le lieutenant-colonel en retraite Michner se plaignit auprès de l'adjoint du Führer que l'ancien Gauleiter de Vienne Odilo Globocnik avait, à sa grande surprise, rompu ses fiançailles avec sa fille, Friedrich Rainer, Gauleiter de Salzbourg, se rua au secours de son vieux camarade de combat Globocnik. Rainer supplia que, compte tenu du parcours riche en vicissitudes de Globocnik au service du parti et du mouvement, on fasse preuve de mansuétude à son égard. Il fallait se souvenir que « cet homme, depuis le début de la lutte, s'est trouvé sans interruption au premier rang dans les combats les plus dangereux dans l'Ostmark, [...] et qu'il a été emprisonné au total pendant plus d'un an à une époque où il n'avait pas le sou et ne survivait que grâce aux dons de camarades, où il a été malade, tant il était épuisé, car après la libération de l'Ostmark il a travaillé sans relâche à la préparation du référendum et à la reconstruction du parti, puis qu'il a pris la direction, sans interruption, du Gau extrêmement difficile de Vienne, puis, alors qu'il était menacé d'être limogé, qu'il s'est battu comme un désespéré pour que soient reconnus ses mérites et pour défendre son honneur. Sa situation privée était constamment difficile, d'autant plus que la famille Michner ne cessait d'insister et de le harceler à propos des fiançailles[144] ».

En réalité, Globocnik avait été relevé de son poste de Gauleiter de Vienne en janvier 1939 pour sa tendance à n'en faire qu'à sa tête. Il était depuis cette époque sous le coup d'une procédure déclenchée par le trésorier du NSDAP, Franz Xaver Schwarz, pour diverses manipulations financières opaques, procédure qui ne fut réglée qu'au printemps 1941 et qui valut à Globocnik d'être sérieusement tancé[145]. Si Himmler n'avait pas pris fait et cause pour Globocnik, Schwarz ne se serait pas montré aussi accommodant. En novembre 1939, au mépris de l'affaire, Himmler avait nommé Globocnik SSPF à Lublin. Il écrivit à Schwarz que Globocnik reconnaîtrait « très ouvertement » qu'il avait « agi bêtement sur le plan financier et de façon frivole du temps de la révolution ». Son comportement n'était certes pas « pardonnable », mais « Globocnik n'a jamais eu, j'en suis convaincu, un comportement malhonnête[146] ».

Entre-temps, à Lublin, Globocnik fit preuve d'une activité inépuisable[147]. La milice qui dépendait de lui sur place, puis qui fut reprise en main par Ludolf von Alvensleben au printemps 1940, commit, dans le cadre de l'action AB, l'élimination systématique de membres de l'élite polonaise, de telles horreurs que même le Gouverneur général Frank parla des « bandes d'assassins du SSPF de Lublin[148] ».

En avril 1941 – le jugement de Vienne pour malversation était déjà rendu –, Globocnik se tourna vers Himmler dans le cadre d'une affaire privée : il avait une nouvelle amie, annonça-t-il ravi à son Reichsführer, et il lui demanda en juillet l'autorisation de se fiancer (ses fiançailles viennoises ayant été depuis définitivement rompues). Himmler lui répondit gentiment qu'il espérait bientôt pouvoir lui donner l'autorisation de se marier[149]. En août 1941, Himmler lui donna 8 000 reichsmarks afin qu'il règle « l'histoire Michner » – manifestement, c'était une affaire de dette vis-à-vis de son ex-futur beau-père. Globocnik le remercia pour cette « contribution » qui ne serait évidemment jamais remboursée et assura Himmler : « Je ferai tout ce que je peux pour me montrer à la hauteur de votre soutien, Reichsführer[150]. »

Et il tint parole : dans les mois qui suivirent, il devint une des forces motrices de la « Solution finale » dans le Gouvernement général. Dans « son » district de Lublin, il avait, dès la fin de 1939, mis en place un camp pour les Juifs contraints aux travaux forcés. Les grandes rafles qu'il organisa pour enrôler de la main-d'œuvre juive causèrent des problèmes économiques considérables et le firent entrer en conflit avec l'administration civile[151].

En octobre 1941, il semble avoir obtenu d'Himmler, de sa propre initiative, l'autorisation d'ouvrir un camp d'extermination à Lublin afin d'assassiner la population juive inapte aux travaux forcés. Se fondant sur ses travaux préliminaires, il se verrait confier par Himmler la réalisation de l'Action Reinhard, le meurtre systématique des Juifs du Gouvernement général. En juillet 1941, Himmler nomma Globocnik délégué pour la mise en place de points de contrôle de la SS et de la police dans les nouveaux territoires de l'Est. Nous reviendrons plus en détail sur les mesures. Pour l'heure, intéressons-nous à la personnalité de cet assassin et à ses relations personnelles avec Himmler[152].

Au plus fort de l'Action Reinhard, en août 1942, Globocnik fit de nouveau appel à Himmler pour une question privée : sa fiancée avait fait l'objet d'une lettre anonyme. Compte tenu des réserves qu'Himmler avait déjà exprimées à propos de cette liaison, il lui demandait conseil afin de savoir s'il devait rompre les fiançailles. Ayant reçu un rapport négatif sur le comportement de la fiancée de Globocnik, Himmler approuva, et Globocnik se soumit[153].

Une évaluation de Globocnik datée de mai 1943 montre bien que ses supérieurs considéraient son activisme comme un problème : « Une nature brute, qui voit tout en blanc ou noir. N'exprime rien extérieurement, comme fanatiquement possédé par sa mission, prêt à user de toutes ses forces jusqu'au bout sans tenir compte de sa santé ou des besoins d'autrui. Conscient de ses responsabilités, courageux, réaliste. Sa témérité lui fait souvent outrepasser les limites, mais jamais par orgueil personnel, plutôt pour la cause. Sa réussite parle d'elle-même. » Il n'y avait qu'un seul bémol : « Il est essentiel que le Gruppenführer Globocnik se marie bientôt afin que sa vie de pionnier sans repos ni merci trouve un nouveau pôle dans son foyer et auprès de son épouse. Cela permettrait au Gruppenführer Globocnik de mieux gérer ses forces et ainsi d'être davantage prêt à des missions plus ambitieuses auxquelles il semble parfaitement adapté[154]. »

Du fait des conflits incessants entre Globocnik et l'administration civile, Himmler, durant l'été 1943, décida de le rappeler de Lublin. En août 1944, Globocnik, devenu entre-temps HSSPF dans la zone d'opération du littoral adriatique, où il traqua les partisans avec une énergie implacable tout en déportant les Juifs, s'ouvrit une fois de plus de ses peines de cœur au Reichsführer. Il pensait, lui confessa-t-il, « avoir trouvé une jeune fille que vous devez me permettre d'épouser, Reichsführer ». Himmler donna son accord de principe et promit même d'être son témoin. Quand les noces eurent lieu en octobre 1944, orchestrées par Rainer, l'ami de Globocnik, Himmler, pour des questions d'emploi du temps, ne put être présent, mais il offrit au jeune couple un « service à thé » de douze pièces.

Globocnik était devenu complètement dépendant d'Himmler et il lui obéissait servilement. Cette soumission totale ne s'exprimait pas seulement par le fait qu'il laissait le Reichsführer prendre des décisions essentielles pour sa vie privée. Il s'efforça en outre de démontrer à Himmler qu'il était en permanence disposé à obéir. Toujours prêt à intervenir, il dirigeait ses troupes de façon impulsive et implacable. Dans le même temps, il était incapable de gérer sa vie privée selon les codes de la SS. Il se retrouvait donc sans cesse en butte à des difficultés dont une seule personne pouvait le sortir : le Reichsführer-SS Himmler.

La famille SS

« La SS est un ordre militaire national-socialiste d'hommes résolument nordiques, communauté de leurs clans liée par serment. [...] L'épouse, la femme, selon nos lois, appartient elle aussi à cette communauté, cet ordre de la SS, tout comme l'homme. [...] Soyons sans équivoque à ce sujet : il serait absurde de rassembler le bon sang de toute l'Allemagne et de l'organiser méticuleusement dans un sens idéologique pour le laisser aller se marier ailleurs et se diluer dans des familles selon son bon vouloir. Car, ce que nous voulons créer pour l'Allemagne dans les siècles à venir, c'est une caste supérieure élue, une nouvelle noblesse, dont les rangs seront constamment grossis parmi les meilleurs fils et filles de notre peuple, une noblesse qui jamais ne vieillira, qui remontera dans la tradition et le passé, tant que ce dernier a de la valeur, jusqu'aux époques les plus sombres, et qui insufflera une jeunesse éternelle à notre peuple[1]. » La SS, comme le montrent bien ces déclarations d'Himmler en 1937, était dans l'idée de son Reichsführer très éloignée d'une association purement masculine. Au lieu de cela, les « clans » et leur « préservation » occupaient toujours un rôle de premier plan.

Dès le 1er novembre 1935, Himmler avait soumis cette idée à Hitler et obtenu « son entière approbation ». Himmler avait présenté ses projets dans le détail, prévoyant que « la moitié ou les deux tiers des nouvelles recrues soient des fils de familles SS, et ainsi parvenir à un tri, un tiers au moins ne provenant pas de familles SS, pour que le bon sang, appelé à diriger, ne soit jamais laissé en jachère dans le peuple ». Il avait veillé à ce qu'Hitler lui confirme au mot près que la SS était « un ordre d'hommes résolument nordiques, communauté de leurs clans liée par serment[2] » – précaution typique d'Himmler, qui illustre à quel point il avait fondé sa position personnelle et celle de la SS sur une loyauté absolue envers le Führer.

La SS, déclara-t-il à une autre occasion, était « le peuple, la tribu, le clan, la communauté », une « chevalerie que l'on ne peut quitter, où l'on est accepté par son sang et où l'on reste corps et âme tant que l'on vit sur cette terre[3] ». L'épouse du SS, expliqua Himmler en 1943 lors d'une réunion des commandants de la Kriegsmarine, « appartient à cet ordre de la SS aussi bien du vivant de son mari qu'après sa mort. Chez nous, jamais l'épouse d'un SS, la veuve d'un SS ne sera exclue. Elle appartient à la SS un an plus tard, dix ans plus tard, avec ses enfants, et elle bénéficie de la protection et de toute l'attention que nous accordons à notre clan[4] ».

La SS restait bien sûr avant tout une société d'hommes[5], mais le rejet par Himmler du modèle des associations exclusivement masculines – comme le rappelait sa mise en garde, en 1937, contre une « masculinisation » trop marquée du « mouvement nazi », qui risquait inévitablement de mener à l'homosexualité – fit que les épouses des membres de la SS prenaient une part ne serait-ce que périphérique au monde SS. Elles n'étaient pas seulement félicitées et couvertes de cadeaux à partir de la naissance de leur troisième enfant[6], mais faisaient l'objet de ses inquiétudes et de sa surveillance de diverses façons.

L'autorisation de mariage

En tant que chef de « l'ordre clanique » de la Schutzstaffel, Himmler accordait une extrême importance au choix des « bonnes » épouses, celles qui satisfaisaient à ses critères « raciaux ». Cette idée apparaît très tôt dans ses déclarations. Il avait déjà mis en place le principe de son application avec l'ordonnance sur les fiançailles et le mariage du 31 décembre 1931.

En 1934-1935, le processus d'obtention des autorisations de mariage fut formalisé. Les membres de la SS qui souhaitaient se marier devaient présenter leur arbre généalogique ainsi que celui de leur fiancée, remontant jusqu'en 1800. Ils devaient répondre à un questionnaire et soumettre un curriculum vitae manuscrit au Bureau pour la race, puis, à partir de 1935, à l'office familial du RuSHA. Il leur fallait en outre apporter les déclarations sur l'honneur de deux citoyens, et des clichés qui « représentaient le demandeur et la future épouse en pied et côte à côte », ainsi que des photographies des familles du couple. Les deux partenaires devaient être examinés par un médecin SS, qui leur faisait enfin remplir un questionnaire d'hérédité et un autre, médical[7].

Le processus était long et coûteux. Très vite, du fait de la durée de la procédure, il s'avéra presque impossible de faire dépendre les fiançailles d'une autorisation. Himmler avait beau en prendre ombrage, la plupart du temps, les demandes étaient effectuées par des SS déjà fiancés[8]. Si, en cours de procédure, il s'avérait que la future épouse ne correspondait pas aux représentations de la SS, qu'elle était par conséquent racialement « inappropriée », qu'elle présentait des défauts héréditaires présumés ou était stérile, et si le demandeur refusait néanmoins de dissoudre l'union, il devait alors quitter la SS. Dans les cas litigieux, « l'autorisation du mariage » était laissée « à la responsabilité de la famille », ce qui signifiait que cette dernière ne serait pas considérée comme faisant partie de la « communauté des clans SS » et ne serait pas inscrite dans le « livre des clans de la SS ». Du reste, ce traitement différencié des membres de la SS au nom de la création d'une « nouvelle noblesse » souffrait d'une lacune essentielle : Himmler ne put jamais se résoudre à établir les détails de la création du livre des clans[9]. La transformation de l'ordre masculin de la SS en « communauté des clans » ne dépassa finalement pas le cadre rhétorique, il n'y eut jamais de « sélection » biologique systématique.

De façon significative, l'ordre sur le mariage fut lui aussi régulièrement ignoré, si bien qu'une fois encore Himmler dut brandir la menace de sanctions afin d'en souligner la validité[10]. En mars 1936, il dénonça le fait que bien souvent, les membres de la SS « ne pensaient aux fiançailles et au mariage que si la future épouse se trouvait déjà au huitième ou au neuvième mois de sa grossesse[11] ». Par conséquent, les autorisations étaient généralement accordées avec une certaine souplesse. Dès avril 1935, le Reichsführer avait expliqué aux responsables de département que « la mesure, concernant les épouses des SS, ne peut vraiment être durcie car nous n'avons presque pas progressé pour ce qui est d'enseigner ce qui est souhaitable et ce qui ne l'est pas ». Et il fallait prendre en compte les relations durables qui pouvaient éventuellement donner des enfants[12].

En juillet 1935, Himmler ajouta une nouvelle condition aux critères raciaux existants : les officiers, sous-officiers et soldats de la direction centrale de la SS âgés de moins de vingt-cinq ans ne pouvaient plus se marier que s'ils apportaient la preuve qu'ils étaient en mesure de nourrir leur future famille (leur solde de SS ne le leur permettait pas)[13]. Si un jeune SS avait déjà fait un enfant, Himmler consentait au mariage si les parents s'engageaient à loger la fiancée « chez eux et à s'en occuper[14] ». En août 1935, il exigea que les futures épouses aient suivi un cours de formation maternelle[15]. À l'automne, il ordonna que les membres de la SS obtiennent une autorisation de leur supérieur pour toute demande de mariage[16].

En 1937, il imposa aux fiancées de ses SS de décrocher le certificat sportif du Reich[17].

Dans certains cas, Himmler se réservait le droit de décider en dernière instance : toutes les demandes de mariage d'officiers SS devaient lui être présentées, ainsi que tous les refus mais aussi toutes les demandes de mariage avec des femmes qui n'étaient pas des ressortissantes de l'État allemand[18]. Pendant la guerre, il annonça qu'il souhaitait étudier toutes les demandes qui concernaient des unions avec des Allemands d'origine autrefois citoyens polonais[19], avec des représentants des peuples « germaniques[20] » et avec des femmes de « nations étrangères[21] ».

Telle était en tout cas la théorie. Dans la pratique, le Sippenamt, l'office familial du RuSHA, n'était pas en mesure de satisfaire aux critères rigoureux de la procédure. Le Bureau pour la race et le peuplement ne cessa jamais de se plaindre des retards considérables dans le traitement des demandes. Dès le mois d'août 1936, du fait de la pénurie de personnel au sein du Sippenamt, Himmler se vit contraint jusqu'à nouvel avis d'accepter les candidats SS sans présentation de l'arbre généalogique et d'autoriser les demandes de mariage[22]. En mai 1937, 20 000 demandes étaient déjà en souffrance[23].

Himmler n'eut d'autre solution que d'assouplir les conditions strictes qu'il avait imposées, en particulier pour les SS de longue date, lesquels avaient parfois, obtenu une autorisation de mariage rétroactive[24]. En juin 1937, il ordonna qu'à l'avenir plus aucune sanction ne serait appliquée pour non-respect de l'ordre sur le mariage[25]. À cette époque, pour le seul premier semestre de 1937, 308 membres de la SS avaient été exclus pour ce motif[26]. À la fin de 1940, il décida que les violations du règlement sur le mariage ne seraient punies qu'après la guerre. Par conséquent, dans les années qui suivirent, rien ne fut entrepris contre les SS qui avaient contourné les règles[27]. Himmler précisa même que les anciens membres de la SS qui en avaient été chassés pour cette raison pouvaient, sous certaines conditions, être réintégrés[28].

Sans tenir compte du fait que la procédure d'autorisation ne put être appliquée sous sa forme rigoureuse, Himmler continua de la peaufiner. Le 18 mai 1937, il prit la disposition suivante : « Je veux que les membres de la SS fondent une famille allemande racialement saine et de valeur. C'est pourquoi il faut imposer les critères les plus stricts aux futures épouses sur le plan phénotypique, sanitaire et héréditaire. » L'examen gynécologique prévu à cet effet devait se dérouler ainsi : « Essentiel ! Procéder avec délicatesse avec les femmes ! Évaluer la fertilité : par l'aspect général, par les mesures du pelvis, surtout par une anamnèse respectueuse mais méticuleuse (antécédents gynécologiques, affections ou saignements, fluor, règles, inflammations, avortements, etc.). Un examen interne – qui ne doit être effectué que par la voie rectale – ne sera justifié que si l'anamnèse donne des résultats douteux. Si les mesures extérieures du pelvis sont sujettes à caution, on peut procéder en cas de besoin à une mesure interne, avec douceur et précision, à l'aide d'une radiographie[29]. » En août 1937, dans une ordonnance confuse, il encouragea les officiers de la direction centrale SS à se marier jeunes : « Je recommande aux officiers SS de la direction centrale de se marier tôt. » Mais dans la phrase suivante il soulignait que pour ce cercle aucune autorisation de mariage ne devait être fournie avant l'âge de vingt-cinq ans. Exigences et réalité – dans ce cas, les conditions de vie relativement modestes des membres de la SS – étaient séparées par un profond fossé[30]. En avril 1938, il émit une suggestion supplémentaire : il pria le RuSHA de réfléchir à « la possibilité d'inclure dans le questionnaire médical réservé aux fiancées des SS les questions : "Note-t-on la présence de pommettes particulièrement saillantes ? Y a-t-il un pli de la peau de type mongoloïde sur la paupière supérieure ?"[31] ».

Pendant la guerre, la procédure d'autorisation de mariage fut encore simplifiée. Dès le 1er septembre 1939, Himmler ordonna de raccourcir la procédure en cas de mobilisation, afin qu'une autorisation du RuSHA puisse être obtenue « en quelques heures[32] ». En janvier 1940, il décréta que les documents exigés normalement pourraient, dans le cadre d'une « autorisation provisoire », être également fournis après la guerre[33].

« Au début de la guerre, confia-t-il plus tard à l'Obergruppenführer Udo von Woyrsch, HSSPF de l'Elbe, j'étais confronté à une grande question : soit je favorisais, le plus vigoureusement possible, les possibilités et le désir de se marier, sachant que pendant la guerre, où la formation au combat est la principale priorité, je ne peux pas imposer aux hommes un degré d'éducation suffisant sur les lois raciales, l'expérience personnelle et toutes ces choses indispensables à une liaison convenable entre deux personnes, soit je procédais à la sélection la plus stricte en refusant un grand nombre de demandes de mariage. Dans ce cas, j'aurais imposé un frein terrible au désir de se marier, en particulier auprès des jeunes soldats au front. Je me suis donc décidé à réduire les formalités, à favoriser les possibilités de mariage et à accepter les erreurs que les SS peuvent être amenés à commettre en nombre bien plus grand qu'en temps de paix. »

Le plus important, ajouta-t-il, était que « je parvienne à ce que chaque SS, autant que possible, ait un enfant avant de tomber ». Si, de cette façon, le nombre des enfants connaissait « une augmentation d'ensemble, alors je serais prêt [...] à accepter les bâtards qui surviendraient dans ce grand nombre ». Pendant la guerre, selon lui, un principe devait être appliqué : « Mieux vaut un enfant que pas du tout[34]. »

Quelques mois plus tard, il revint sur cette idée quand le SS-Brigadeführer Otto Heider, chef de l'office des mariages, lui proposa, face aux nombreuses demandes de mariage qui ne satisfaisaient pas aux critères raciaux rigoureux de la SS, de finir par « influencer le choix des épouses des SS afin de favoriser la "reproduction" ». Heider pouvait être convaincu, lui répondit Himmler, qu'il était « parfaitement conscient de cette question ». « Une de nos missions essentielles en temps de paix » serait d'amener « tous les jeunes SS, par le biais de l'éducation et de l'instruction, à procéder à un choix convenable pour leur future épouse et mère de leurs enfants. [...] Mais pendant la guerre, c'est impossible ». Pour le Reichsführer, il importait davantage que « le SS se reproduise plutôt que de lui interdire de se marier avec une épouse qu'il aurait précipitamment choisie, sous peine de l'empêcher ainsi d'avoir une descendance[35] ».

En 1941, le Sippenamt constata que depuis 1931, depuis la publication de l'ordre sur le mariage, plus de 40 000 « décisions provisoires » avaient été rendues, dont 1 % seulement aurait dû être autorisé[36]. Une situation qui, d'ailleurs, ne changea pas sensiblement, au contraire. Au premier semestre 1942, 5 590 procédures « provisoires » seulement vinrent s'ajouter. En janvier 1942, le Sippenamt avait rendu 522 décisions : 18 autorisations, 9 refus, 43 « autorisations laissées à la responsabilité des familles ». Mais 452 n'étaient que « provisoires[37] ».

À l'automne 1941, imperturbable, Himmler exigea que l'on précise désormais dans les questionnaires médicaux la « forme des jambes », selon le schéma : « droites, jambes en O, jambes en X, le tout réparti en trois catégories, « léger, moyen, fort[38] ».

Himmler examine, Himmler décide

Quand le Reichsführer intervenait personnellement sur des demandes de mariage, il ne se contentait pas de refuser ou approuver. Il profitait de l'occasion pour s'immiscer dans la vie privée des intéressés. Ses réactions et ses commentaires en disent long sur sa position vis-à-vis de l'autre sexe, sur sa relation à la sexualité, mais aussi sur son propre couple.

En août 1940, il prit en charge la demande de mariage d'un SS qui souhaitait épouser une Tchèque jugée de « bonne race » par les examinateurs du RuSHA. Himmler considéra l'affaire en termes de principes, autrement dit sous l'angle racial. D'un « point de vue purement national », écrivit-il au HSSPF von dem Bach-Zelewski, il fallait évidemment refuser une telle union, mais « d'un point de vue racial le choix de ce SS est absolument légitime, car il serait bon de soustraire cette femme de bonne race au peuple tchèque et d'en faire une mère de sang nordique pour le peuple allemand ». Pour y parvenir, le couple devait s'installer sur le territoire du Reich et ne plus revenir pour le moment dans la région d'origine de la jeune femme[39]. Il prendrait une décision définitive à ce sujet une fois la guerre terminée[40].

Quand il était confronté à des demandes de mariage concernant des femmes de « nations étrangères » ou dont l'origine allemande n'avait pu être totalement clarifiée, Himmler recommandait le plus souvent aux futurs époux de quitter les territoires annexés ou occupés, dont la situation était complexe en termes de politique raciale, et de revenir s'installer dans ce que l'on appelait l'Ancien Reich[41].

Pourtant, Himmler pouvait aussi imposer des conditions beaucoup plus strictes. Le Rottenführer G., membre des unités de gardes de Dachau, avait demandé en 1942 la permission d'épouser la mère de ses trois enfants, Lucie B. Tous deux venaient du Warthegau*. Himmler ne donna pas son accord, car la femme « n'est pas en mesure d'élever les enfants de G. de façon allemande. G. est le principal responsable de ce refus, puisqu'il n'a pas été capable d'enseigner à B. – dont le père est allemand et la mère polonaise – une maîtrise courante de la langue allemande ».

Himmler donna néanmoins une chance au couple. Si Mme B. et ses enfants se soumettaient à un programme de germanisation qu'il établit en détail : les enfants devaient être immédiatement placés par le RuSHA dans un « bon foyer pour enfants allemands », où leur « éducation purement allemande » devait être surveillée. « Un officier SS du RuSHA à proximité du foyer doit être personnellement responsable de la supervision des enfants, auxquels il rendra visite. Il doit les accepter humainement du mieux possible – comme un oncle avec ses neveux et nièces. La mère, B. – si elle tient à épouser le père de ses enfants –, doit s'inscrire pendant un an dans une école pour mères de la NS-Frauenschaft**. » Il lui faudrait y avoir obtenu des résultats satisfaisants avant de pouvoir épouser G. Himmler ajouta : « Son commandant doit communiquer ma décision à G. lors d'une longue discussion, très positive et respectueuse sur le plan humain[42]. »

* Warthegau : région de Poznan, en Pologne, annexée au Grand Reich allemand. (NdT)

** NS-Frauenschaft : Ligue des femmes national-socialistes. (NdT)

En 1943, l'Obersturmführer Adalbert K., membre de la division SS Totenkopf, fut muté « immédiatement sur le front de l'Est » sur ordre d'Himmler pour avoir déposé une demande de mariage avec une jeune fille « certes d'apparence correcte », mais qui était issue d'une famille tchèque aux opinions nationalistes marquées[43]. Dans ce cas, Himmler adopta donc clairement un « point de vue national ». Quand le Hauptsturmführer Dieter Wisliceny, l'un des organisateurs de la déportation des Juifs slovaques, grecs et hongrois, soumit lui aussi une demande de mariage, le Reichsführer déclara que « seul comptait » le fait de savoir si la future épouse, certes de « bonne race », mais qui se considérait comme de « nationalité hongroise », adoptait une « position » appropriée « vis-à-vis de l'Allemagne[44] ».

Himmler réagissait avec indignation lorsque les candidats au mariage ne déposaient leur demande que quand la fiancée était près d'accoucher. Un tel procédé, lança-t-il à un tel candidat, était « irréfléchi et contraire à l'esprit chevaleresque », et il lui demanda de « compenser l'acte irréfléchi » qu'il avait commis « en gérant son mariage avec constance et chevalerie[45] ». Il exclut ainsi de la SS un Oberscharführer qui, après avoir mis enceinte une jeune fille dont il connaissait l'hérédité « négative », avait soumis une demande de mariage[46].

Himmler intervenait tout particulièrement, en paroles et en actes, dans les cas de défaut de « procréation » de l'épouse. Ainsi, Mme F. reçut-elle en juillet 1941 la lettre suivante de l'état-major du Reichsführer-SS : « Puisque, selon les résultats des examens entrepris jusqu'à présent, l'on ne peut pour l'instant compter sur votre capacité à procréer, le Reichsführer a ordonné, avant de prendre une décision définitive sur votre demande de mariage, que le professeur Clauberg vous prescrive un traitement hormonal. »

Les frais seraient pris en charge par la SS[47]. Quand le traitement s'avéra un succès, Himmler autorisa le mariage[48].

Le plus souvent, Himmler défendait le principe suivant : les enfants d'abord, le mariage ensuite. C'était au « destin lui-même » de décider, comme il le disait[49]. Il semble avoir surtout défendu cette idée quand le père potentiel était issu de la haute société. Ce fut par exemple le cas du comte Adrian A., membre de la section de propagande, un « rôle d'oiseau » d'après Himmler, « et la fiancée me paraît encore plus bizarre ». « À l'âge qui est le sien, un mariage avec autorisation de la SS n'a de sens que si la femme a des chances d'attendre des enfants. Ce qui me paraît plus que douteux dans ce cas. » Il n'y avait donc « qu'une possibilité, que M. le comte s'active avant le mariage. En cas de succès, je suis tout à fait prêt à donner mon autorisation. Cette méthode éprouvée tant de fois dans d'innombrables villages allemands pourrait bien porter ses fruits dans une maison aussi noble[50] ».

En 1942, Himmler statua de même dans le cas de Franz Alfred Six, chef de département au Reichssicherheitshauptamt. Il demanda qu'on lui fasse savoir que « son mariage ne sera autorisé que quand il sera établi que sa fiancée attend un enfant. Le Reichsführer-SS souhaite que cet entretien se déroule dans un climat cordial et qu'il soit clairement expliqué au SS-Hauptsturmführer Six que sa fiancée, comme il le sait, a été atteinte de la syphilis en 1928, et qu'un mariage sans enfant n'aurait pour lui aucun sens[51] ».

Si un candidat au mariage avait gravement contrevenu aux règles dans le choix de son épouse, il encourait de sérieuses conséquences. Le 27 septembre 1942, Himmler pria Hans Jüttner, chef du commandement central de la SS, de convoquer le SS-Hauptscharführer Konrad H. et de lui dire qu'il considérait comme insensé le choix de sa future épouse, Fräulein Emma B., cette jeune fille aux origines tchèques à peine dissimulées. Par ce choix, H. a montré qu'il est le principal responsable de ses deux divorces précédents. Mais il a également montré qu'il ne comprenait encore que très insuffisament les principes de la SS ». Himmler exigea de Jüttner qu'il veille à ce que « Herr H. goûte à l'air sain du front, qui refroidira ses ardeurs amoureuses[52] ».

Le 17 juin 1943, Himmler envoya à Kaltenbrunner une lettre où il le priait de signifier au SS-Sturmbannführer Wilhelm B., greffier aux affaires criminelles de la Gestapo en Alsace, que sa demande de mariage était rejetée. À trente-huit ans, il voulait épouser une femme beaucoup plus âgée que lui. Il fallait lui communiquer l'avis suivant : « Mon refus est définitif, je juge votre mariage avec une femme de cinquante ans d'autant plus irresponsable qu'en tant qu'Allemand de trente-huit ans, vous ne souhaitiez plus vous marier suite à une déception. [...] Jusqu'à présent, vous n'avez pas servi au front, et par conséquent, comme tous ceux à qui le sort en donne l'occasion, vous devez veiller à ce que le sacrifice de centaines de milliers d'hommes sur le front n'ait pas été vain, et à ce que la place qu'ils laissent dans le peuple soit à l'avenir comblée pat des enfants. » Immédiatement après cette explication, B. devait être « affecté à la zone des combats plus rudes contre les bandes, et qu'il y reste deux ans, jusqu'à ce qu'il soit devenu un homme, ou qu'il doive être rapatrié après une blessure[53] ».

Mais Himmler pouvait aussi se montrer conciliant. Au cas par cas, il pouvait même se laisser convaincre de revenir sur une interdiction de mariage – par exemple à la suite d'une supplique de la fiancée[54]. Himmler avait ainsi appris que la fiancée d'un SS-Sturmführer lui avait fait des infidélités. Il lui donna un an de

« mise à l'épreuve », un an pour faire un enfant. Puis il finit par autoriser le mariage[55].

Nous l'avons vu, les conseils et les exigences du Reichsführer concernaient souvent le domaine intime du couple. Il fit savoir à une jeune femme, dont la demande de mariage avait été acceptée, qu'elle devrait néanmoins consulter le médecin SS Brustmann à cause de son « surpoids », car cela pouvait éventuellement être dû « à des troubles de la thyroïde[56] ». Il conseilla à un Untersturmführer dont il avait autorisé le mariage : « De l'avis du Reichsführer, la fiancée de B., une poupée décorative, ne semble pas appropriée pour un SS[57]. » Il signala à l'Obersturmführer Werner K. que « sa compagne ne devait pas se maquiller de la sorte. Ce n'est pas convenable dans la SS[58] ». En revanche, l'artilleur Richard A. fut invité à « expliquer » à sa fiancée qu'elle devait « s'épiler davantage les sourcils afin de parvenir [...] à un degré de beauté supérieur[59] ».

L'utilisation des cosmétiques par les femmes était un sujet délicat. Au début, Himmler faillit n'autoriser le mariage du SS B. qu'en cas de grossesse annoncée, car en dépit de quatre années de fiançailles B. n'avait toujours réussi à faire perdre à sa fiancée l'habitude de « se maquiller et se pomponner[60] ».

Il recommanda cependant au Rottenführer Z. de « ne plus faire d'enfant, en dehors de celui qu'attend votre fiancée. Je crois que cette solution serait la meilleure, sinon vous courez tous deux le risque d'épouser un partenaire sain mais d'avoir malgré tout des enfants qui ne seraient pas sains[61] ». Deux candidats au mariage, chez qui une importante « charge » héréditaire avait néanmoins été constatée, se virent amicalement conseiller de se marier, mais de « se faire en même temps stériliser[62] ».

Le Reichsführer se permettait également d'apporter des rectifications aux résultats des enquêtes raciales. Dans le cas d'une jeune fille décrite, lors de son examen, comme une « hybride déséquilibrée » avec des « éléments méditerranéens et baltes de l'Est, et un substrat dinarique », Himmler, après avoir consulté le rapport, déclara : « La jeune fille mesure un mètre soixante-huit, par conséquent, une taille, pour une femme, incontestablement de sang nordique. Sa peau est d'un blanc rosé, ce qui ne penche en faveur ni de la race méditerranéenne, ni des Baltes orientaux, ni de la race dinarique. La tête est d'un ovale moyen, sans pommettes saillantes. L'occiput est modéré, et les yeux sont verts[63]. »

À une autre occasion, il conclut que « Fräulein X. » a « le visage typique d'une Slave », et recommanda au médecin qui l'examinait, l'Oberführer Berndt, de « procéder à un examen racial. J'admets que son analyse médicale du 16 février 1943 reposait sur une incertitude [...]. Il importe d'établir que Fräulein X.

présente des caractéristiques raciales dominantes dinariques avec un apport balte. Peut-être serait-il bon de souligner que le SS-Oberführer Berndt pourrait profiter de cours particuliers dans l'étude de la race pour apprendre que dans le domaine scientifique on ne parle que d'une race est-baltique[64] ».

En février 1940, il intervint sur un ton critique : « Le questionnaire de santé de Fräulein L., examiné le 18 décembre 1939 par un médecin SS, le docteur M., me paraît tout à fait étonnant et dicté par des considérations locales. Je ne parviens pas à comprendre comment une femme qui à trente ans mesure 1,74 mètre et pèse 65 kilos, dont la peau est d'un blanc rosé, qui a des yeux gris, des cheveux blond clair et lisses et qui, selon les critères raciaux en vigueur, devrait être décrite comme nordique a pu faire une impression aussi mitigée au médecin. Ce prétendu médecin SS a, selon moi, considéré Fräulein L. non avec les yeux d'un médecin, mais avec ceux d'un bourgeois d'Insterbourg. » Himmler affirma que cette femme, qui souhaitait épouser un médecin SS encore marié, avait été la victime de propos mesquins. « Si la même jeune femme, poursuiva-t-il, était venue le voir sans lui donner son nom, il aurait vraisemblablement eu une meilleure impression. Les colporteurs de ragots de Prusse-Orientale savaient sans doute de quoi il retourne. » Himmler se réserva le droit de licencier le médecin pour incompétence.

Il se servit de l'incident pour revenir sur le sens du mariage et la possibilité de séparations « dignes » : « Je sais parfaitement ce que pense le Führer à ce sujet. [...] Quand un couple se sépare, il est absurde d'empêcher qu'un autre couple se forme et que, de cette façon, des enfants viennent au monde. Sur ce point, il serait avisé de réfléchir plus avant dans le sens du Führer et des lois votées sous son égide, comme la nouvelle loi sur le divorce, plutôt que de s'accrocher à un mode de pensée qui, fondamentalement, est surtout chrétien. » Et il ajoutait : « Est-il besoin de le rappeler, selon moi, il faut que les gens, quand ils ne s'entendent plus, agissent comme ils le doivent dans un esprit de dignité et de chevalerie[65]. »

Les demandes de mariage des SS qui souhaitaient épouser des femmes beaucoup plus âgées qu'eux étaient rejetées par Himmler, car on ne pouvait plus espérer de descendance de ces couples. Dans de tels cas, il priait les supérieurs des candidats – pour reprendre la formulation qu'il utilisa dans un tel exemple – de « leur expliquer [...] dans une atmosphère de camaraderie que leur mariage n'était pas responsable du point de vue de la nation[66] ». Parfois, cependant, le refus pouvait être exprimé en des termes moins choisis : « Après avoir été dissuadé d'épouser une femme de quarante-trois ans [...], R. cherche maintenant à en épouser une de quarante-deux ans et demi. Je reconnais volontiers qu'il a progressé de six mois, mais son penchant me semble curieux. L'idée qu'il serait trop vieux pour avoir encore des enfants montre que R. ne comprend toujours pas la position et le point de vue que doit avoir un SS sur ces choses de la vie[67]. »

Mais si le couple avait déjà un enfant, ou que la femme était enceinte, il se montrait plus clément : « Il est bien sûr légitime que l'on ne puisse appeler de ses vœux des couples où l'homme est plus jeune que la femme de tant d'années, car, très vite, la femme n'est plus en mesure d'avoir d'enfant – à un âge où l'homme, lui, le peut encore –, et le risque d'un divorce est important. Pourtant, en temps de guerre, où le soldat, pendant une courte permission, n'a pas le temps de mûrir longuement son choix, contrairement au temps de paix, je suis d'avis qu'il faut autoriser le mariage avec la femme qui attend un enfant de lui, sans plus de question[68]. »

Il n'accepta donc d'accorder à l'Oberscharführer Willy M. l'autorisation d'épouser une femme de onze ans son aînée que si celle-ci établissait, de façon « irréfutable », qu'elle était enceinte. Cette fois, Himmler convoqua l'intéressé à Berchtesgaden, afin de lui faire part personnellement de sa décision et de le réprimander « de la manière la plus vigoureuse » pour le comportement « immature et insolent » qui avait été le sien durant toute l'affaire[69]. En août 1942, afin de mieux évaluer les chances d'une grossesse dans une telle situation, il s'adressa au directeur du Lebensborn et le pria d'« établir, sous une forme appropriée, quand les femmes intégrées au Lebensborn avaient eu leurs premières règles et jusqu'à quand elles pouvaient porter des enfants[70] ».

Toujours en 1942, il accorda une autorisation de mariage à un Unterscharführer de dix-sept ans, qui voulait épouser une femme de trente et un ans enceinte de ses œuvres – « non sans scrupules », et non sans administrer quelques conseils personnels à l'intéressé : « Votre future épouse et vous-même devriez être cependant conscients du fait que dans dix ans au plus tard votre couple sera durement mis à l'épreuve, car c'est là que les courbes de la vie d'un homme et d'une femme divergent et s'éloignent sur le plan biologique, selon la loi de la nature. Engagez-vous dans cette union si vous êtes convaincu que votre future épouse a la force morale de faire face au destin qui, sous une forme ou sous une autre, sera le sien dans dix ans. Je vous donne, à vous et votre femme, l'autorisation, si des difficultés surviennent et que le sort fait que je suis encore là, de vous adresser à moi en cas de besoin[71]. »

Dans un autre cas, encore en 1942, Himmler avait rejeté la demande de mariage d'un Hauptscharführer, puis était revenu sur sa décision après avoir reçu une lettre de la femme qu'il avait jugée trop vieille. Himmler lui avait répondu qu'il se réjouissait de « la décence des sentiments » exprimés dans la lettre, et surtout de la volonté de la femme de « rendre sa liberté immédiatement et sans arrière-pensée » au Hauptscharführer « si la préservation du peuple l'exigeait ». Puis il se fit plus intime : « Je peux fort bien me mettre à votre place. Je vous prie simplement, eu égard au grand amour que vous portez à cet homme, d'être dès à présent consciente que le jour viendra pour vous où soit le destin, par la loi de la nature, défera les liens qu'il a tissés autour de vous deux, soit vous devrez faire preuve d'une grande magnanimité. Aussi belle que paraisse l'idée d'accepter des enfants étrangers, et en dépit de tout l'amour et tout le soin dont votre mari pourra faire preuve à leur égard, ils ne pourront cependant remplacer l'enfant de son propre sang, celui qui pourrait venir de lui[72]. »

Le moment choisi pour envoyer cette lettre n'était sans doute pas un hasard. Himmler, lui-même marié à une femme beaucoup plus âgée, avait fait personnellement l'expérience des problèmes qu'il évoquait. En 1942, il eut justement un enfant d'un autre lit[73].

Mais à quoi bon cet examen minutieux de cas particuliers, l'imposition de critères aux conséquences si étendues, alors qu'en réalité, nous l'avons vu, la procédure n'était guère plus qu'une farce et qu'Himmler n'était pas prêt à se montrer rigoureux au point d'infliger à ses hommes ce qui serait revenu pour beaucoup à un véritable interdit sur le mariage ?

D'une part, les exemples que nous avons abordés prouvent qu'Himmler suivait toute la procédure avec un intérêt frisant le voyeurisme, comme le laisse entrevoir son obsession maladive pour les détails, entre autres la curiosité marquée que suscitait chez lui l'anatomie féminine. Apparemment, la possibilité d'intervenir dans les affaires les plus privées des gens lui apportait une grande satisfaction, tout comme le fait de se substituer au destin – comme il l'avait d'ailleurs fait dans ses jeunes années. Dans ce contexte, on ne peut que repenser aux lettres d'amour qu'il écrivait pour son ami, ainsi qu'à « l'affaire Paula » de 1923, quand Himmler avait orchestré la rupture des fiançailles de son frère Gebhard. Une fois de plus, ses penchants personnels se confondaient avec la façon qu'il avait de concevoir sa mission en tant que Reichsführer. D'autre part, la procédure d'autorisation de mariage lui donnait un moyen de plus de discipliner et d'éduquer ses hommes. Dans l'ordre clanique de la SS, le mariage n'était pas une affaire privée – la gestion du couple non plus, comme nous allons le voir.

Himmler intervient

Quand il examinait les demandes de mariage, il s'intéressait plus particulièrement aux éventuels divorces qui auraient pu être prononcés. Si ses hommes s'étaient comportés de façon « non chevaleresque » lors de la dissolution de leur couple précédent, il en tirait implacablement les conséquences. L'Obersturmführer C. voulait se remarier. Himmler n'avait toutefois pas apprécié que, lors de son divorce, ce dernier ait rejeté la faute sur son épouse, alors qu'il était évident que leur couple avait été un naufrage mutuel. Mais cela ne lui suffit pas : « À mes yeux, il est impossible, car peu chevaleresque, qu'un SS exige de son épouse qu'elle s'acquitte des devoirs conjugaux juste avant l'accouchement. » À cela s'ajoutait le fait que C. « offre sur le plan racial une image étrange (je ne fais là référence qu'à sa bouche) ». Himmler décréta que C. devait être « exclu de la Waffen-SS et de l'Allgemeine SS une fois la paix revenue ». En attendant, il serait « immédiatement [...] muté dans une unité de DCA de la Waffen-SS sur le front[74] ».

Dans le cas de l'Oberscharführer H., sous-officier de la Waffen-SS, Himmler se plongea dans la lecture des deux procédures de divorce prononcées contre H., et en tira la conclusion qu'« il a soumis sa femme à des mauvais traitements et des abus grossiers ». H. dut « prendre connaissance » du fait, menaça Himmler, qu'il interviendrait s'il recommen[çait], et maltrait[ait] sa troisième épouse ». Un tel comportement aurait non seulement pour résultat une séparation du couple, mais lui vaudrait « un an d'éducation et de mise à l'épreuve » de la part du Reichsführer « afin de maîtriser son irascibilité et de lui réapprendre à se dominer et se comporter comme il convient envers autrui, ce qui est nécessaire dans la communauté humaine[75] ». À l'automne, il limogea Günther Tamaschke, le commandant du camp de concentration pour femmes de Lichtenburg, parce qu'il avait quitté son épouse[76].

En novembre 1937, il déclara aux Gruppenführer qu'il « ne comprenait toujours pas comment tel ou tel officier – je l'ai encore récemment observé chez un Standartenführer ou un Oberführer – peut se laisser mener par le bout du nez. Je l'ai pourtant déjà dit : les officiers qui ne sont pas capables de commander un binôme, à savoir leur propre épouse et eux-mêmes, sont inaptes à de plus grandes choses ». Himmler invita ses généraux à reprendre en main de tels « héros[77] ».

Et il donna l'exemple. Il invita le Brigadeführer Hermann Behrends à « prendre [...] la direction » de son couple[78]. En 1944, Günther Pancke, HSSPF du Danemark, se fit taper sur les doigts parce que son épouse, restée à Brunswick, menait grand train. « En outre, je vous prie d'apprendre à votre épouse qu'elle ne doit pas exprimer ouvertement son opinion à tort et à travers sur telle ou telle question politique dans le Gau, ni au sujet du Gauleiter. De plus, j'estime qu'il n'est pas nécessaire qu'à l'issue de la moindre attaque sur Brunswick vous vous précipitiez en voiture depuis le Danemark en époux obéissant pour la retrouver. Vous n'imaginez pas à quel point cela fait du bruit dans la population[79] ! »

Pancke fut particulièrement blessé par ce qu'il considérait comme des reproches injustifiés et réagit dans une lettre au ton à la fois outré et irrité : « Depuis sa jeunesse, ma femme est une national-socialiste ; à trente-cinq ans, mère de quatre enfants, elle est assez mûre et expérimentée pour ne plus avoir besoin ni que je lui apprenne quoi que ce soit, ni que je la dirige[80]. »

La colère de Pancke ne doit rien au hasard. Himmler, en effet, quand il dénonçait le comportement des épouses, visait en réalité les officiers SS dont il estimait qu'ils étaient incapables de diriger et d'éduquer leur épouse au sens où il l'entendait : en 1936, devant ses Gruppenführer, il lança ainsi : « Je n'aime guère ce que font les épouses des officiers SS en public. [...] Je ne tiens pas à ce qu'elles se pavanent maquillées et attifées. » Le fait de se maquiller n'était selon lui « qu'un penchant vulgaire des impurs [...]. Et nos idiotes, en Allemagne, même les femmes de bonne race, croient devoir imiter cette mode simiesque. Je suis d'avis que quiconque se maquille outrageusement [...], se pomponne comme un sang-mêlé, oublie totalement qu'il trahit ainsi son propre sang, alors qu'il devrait montrer qu'il est de bon sang. [...] J'ai personnellement l'intention, si j'en croise des exemples grossiers dans la société, de m'en entretenir avec ces femmes ». Il ne tenait pas non plus à ce que les femmes SS fument en public. À Berlin, « ce marigot, cette fosse commune de notre peuple », il avait du reste constaté que, « lors des grandes fêtes officielles, les filles des camarades du parti, et parfois de membres de la SS, se comportent comme des adultes alors qu'elles n'ont que seize ou dix-sept ans [...] Je tiens, si nous ne voulons pas produire une génération de bons à rien, à vous rappeler avec la plus grande insistance que les officiers SS occupant de hautes fonctions doivent élever leurs enfants de façon modeste et spartiate [...] Cela vaut également pour les fils[81] ».

Les intrusions d'Himmler dans la vie familiale de ses hommes pouvaient prendre des proportions extrêmes. Comme avec Erwin Rösener, HSSPF de l'Alpenland. En avril 1942, ce dernier fit appel à Karl Wolff et le supplia d'expliquer avec précaution à Himmler que son deuxième mariage était sur le point d'échouer à cause d'un enfant qu'il avait eu avec une autre femme. Il avait honte « de s'adresser au Reichsführer et de lui dire : Reichsführer, j'en suis là pour la deuxième fois, à vous imposer ces ennuis[82] ». Une fois le divorce prononcé et

Rösener remarié, Himmler profita considérablement de la faiblesse de son subordonné. Il lui ordonna de revenir au moins une fois par mois à Berlin « afin de s'y acquitter de sa vie de couple ». Il lui fit comprendre sans détour qu'il ne pouvait « tolérer un troisième naufrage[83] ».

En 1943, le SS-Gruppenführer et général de la police Herbert Becker, âgé de cinquante-six ans, fut sommé par son Reichsführer de s'expliquer sur le fait que son épouse entretenait une relation homosexuelle. Ce soupçon était évoqué dans des lettres privées en la possession d'Himmler. Dans une lettre de trois pages, Becker nia énergiquement cette accusation et assura Himmler qu'il avait eu à ce sujet une discussion en profondeur. Le couple avait décidé de ne plus rompre, comme ils l'avaient envisagé, mais de « revenir à une vie commune claire et fondée sur les principes nationaux-socialistes ».

Himmler en fut soulagé. Il répondit à Becker qu'il regrettait d'avoir fait du tort à son épouse et exprima l'espoir que « votre couple [...] trouve encore un sens et un contenu réel et durable, peut-être avec la naissance d'enfants ». Il proposa même un gynécologue qui pourrait leur apporter son aide en cas de complications[84].

Naissances hors mariage

En 1936 et 1937, Himmler se préoccupa de plus en plus fréquemment des divers aspects de la sexualité. Nous avons déjà vu que lors de la réunion des Gruppenführer de février 1937 il avait particulièrement mis en garde contre les dangers de l'homosexualité, lesquels pouvaient résulter d'une « masculinisation » trop accentuée du mouvement nazi. À l'époque, il avait recommandé de protéger le groupe des seize et dix-sept ans, selon lui les plus « menacés », en préconisant des rencontres sans contraintes avec des jeunes filles du même âge (grâce à la danse !), reconnaissant du même coup que cela favoriserait les relations sexuelles entre adolescents.

Dans les mois qui suivirent, il semble avoir réfléchi intensément à ces problèmes. Qu'en était-il des jeunes gens plus âgés de quelques années ? En juillet 1937, Himmler eut l'occasion de communiquer le résultat de ses réflexion à un organisme compétent, le conseil des experts pour la politique démographique et raciale.

« Nous avons essayé, leur déclara Himmler, avec nos propres sections et avec l'aide de la police, d'en savoir plus : qu'en est-il en réalité ? À quel âge le jeune

Allemand et la jeune Allemande deviennent-ils actifs sur le plan sexuel ? [...] Nous sommes presque tous issus du milieu bourgeois, et nous voulons voir le monde à travers le prisme de notre éducation bourgeoise bien rangée. Mais, je dois vous le dire, la réalité est bien différente de tout ce que nous avons appris et de ce que nous pourrions souhaiter. Dès l'âge de vingt-deux ans – je vais vous citer des chiffres tout à fait incontestables –, la plupart des hommes ont été avec une femme. Tous les officiers et soldats pourront le confirmer. »

Himmler se permit ensuite une petite digression qui met en lumière à quel point il avait rompu avec le temps lointain où il se concevait en célibataire, voire à quel point il ne cessait de vouloir prendre ses distances vis-à-vis de l'idéal de sa jeunesse : « Il faut par ailleurs souligner que les soldats qui ont beaucoup fréquenté ou fréquentent les jeunes filles sont la plupart du temps d'excellents soldats. Dans le mouvement, nous avons vu, du temps de la lutte, que les parangons de vertu les plus déclarés ne sont pas toujours les meilleurs combattants. »

Mais ce n'était pas là son souci principal : « Nous ne pouvons que le constater : entre approximativement dix-huit et vingt et un ans chez l'homme, vingt-cinq ans chez la femme, les relations sexuelles commencent. » Alors, que faire ? La solution idéale, d'après Himmler, était évidemment de se marier jeune. Il savait parfaitement que les jeunes n'étaient pas encore en mesure d'entretenir une famille sur le plan financier, et c'est pour cette raison qu'il avait d'ailleurs interdit au personnel de sa direction centrale de se marier tôt. De façon réaliste, il fallait donc trouver une autre solution : tolérer les relations sexuelles avant le mariage et les naissances hors mariage. (Compte tenu de ses opinions, le mot « contraception » était évidemment absent de son vocabulaire.)

Il exposa ainsi le problème au conseil d'experts : « J'en suis arrivé à la conclusion suivante : nous ne pouvons plus continuer à suivre les anciens préceptes moraux qui nous disaient : voyons, une telle chose ne saurait exister avant le mariage ! » Himmler, instance supérieure pour les autorisations de mariage au sein de la SS, cita quelques expériences en guise d'illustration : « Les demandes de mariage de mes SS passent par moi, et j'en étudie chaque jour une vingtaine parce que je tiens à rester au fait de la pratique. [...] Je me suis personnellement occupé de chaque refus de mariage dans l'ensemble de la SS, afin que, dans les premières décennies, tant qu'une certaine pratique ne se sera pas développée, on ne prenne pas de mesures trop brutales et trop sévères. » Car, en se penchant sur les arbres généalogiques des familles, il en aurait croisé bien peu qui ne comportaient pas d'enfants illégitimes. Il fallait donc traiter cette question « avec une bienveillance toute germanique ».

Il tira de tout cela la conclusion suivante : « Je ferai des pieds et des mains pour protéger les relations entre hommes et femmes de tout empiétement outrancier de la justice et de la moralité. Je ne suis d'ailleurs pas seul à penser ainsi, car j'agis en accord avec le Führer, avec lequel je me suis régulièrement entretenu de ce sujet. » Et la boucle était désormais bouclée : « Car tout ce que nous pourrions empêcher ne ferait que se retrouver de l'autre côté, chez les homosexuels[85]. »

Près d'un an plus tôt, en avril 1936, Himmler avait profité d'un séjour à Gmund pour coucher sur le papier ses réflexions sur le problème des naissances illégitimes parmi la SS[86]. La différence entre ce mémorandum à usage purement interne et ses déclarations devant le conseil d'experts saute aux yeux : non seulement il était prêt à accepter les naissances hors mariage dans la SS, mais il comptait même les favoriser, en tant que partie intégrante d'une stratégie de croissance démographique. Son texte montre également à quel point il maudissait l'hostilité de l'Église vis-à-vis de la sexualité, pour des questions démographiques. Car la SS, en rompant sans frein avec la morale sexuelle imposée par l'Église, devait jouer un rôle d'avant-garde dans la politique démographique. Mais le temps n'était pas encore venu de rendre publiques de telles réflexions. Il ne franchirait cette étape-là qu'après le début de la guerre.

« Dans cent ans, affirmait Himmler dans son mémorandum, peut-être beaucoup plus tôt, nous serons heureux de chaque personne que nous compterons en plus en Allemagne. Et peut-être viendra le jour où nous serons reconnaissants du fond du cœur pour chaque bataillon que nous pourrons envoyer combattre le bolchevisme sur notre frontière de l'Est. » Et « le fait de reconnaître que l'on est un enfant illégitime […] ne devrait jamais être un obstacle au mariage ». C'était selon lui pour cela qu'il exigeait au sein de la SS, « du jeune homme de vingt-cinq ans, vingt-huit ans au plus tard, qu'il se marie, si cela lui est possible, et qu'une fois marié, il ait des enfants ». Car on ne pouvait espérer des jeunes hommes et des jeunes femmes, dès ces âges, qu'ils vivent « sans sexe ». « Les lois prétendument morales inventées par le christianisme, aussi belles soient leurs motivations, n'aident en rien, d'autant plus qu'elles n'avaient d'autre but pour le christianisme que de se rendre indispensable en tant qu'institution capable de pardonner leurs péchés aux autres. […] Dans les rangs de la SS, je compte en finir avec ces faux-semblants, et j'espère ce faisant donner l'exemple à toute l'Allemagne. Mes réflexions oscillent entre ces deux pôles, le mariage d'un côté, et la reconnaissance du fait que dans la plupart des cas hommes et femmes obéissent aux lois de la nature. » Il espérait obtenir de cette façon « entre 200 et 300 enfants par an pour chaque bataillon de Verfügungstruppen ».

« Je compte non seulement faire tout mon possible pour élever les enfants illégitimes de nos SS, de bonne race et pour la plupart de grand talent, et faire d'eux des soldats et des officiers, ou de dignes épouses de notre peuple, mais aussi tout autant pour que la jeune fille [...] occupe une place d'honneur au même titre que les mères mariées. » Dans les familles SS qui auraient la « malchance » de ne pas avoir assez d'enfants, ce devrait être une « coutume naturelle » que d'« accepter d'élever des enfants illégitimes de bon sang ». Ainsi, « le nombre d'enfants qui serait considéré comme la norme pour une famille SS » se situerait « entre quatre et six ».

Entre-temps, Himmler s'était occupé de façon pratique des rejetons « de bonne race » nés de relations hors mariage. En septembre 1936, il fit part dans une circulaire à tous les officiers SS de la création de l'association Lebensborn, qui existait en réalité depuis décembre 1935[87].

Contrairement à la formulation choisie[88], le soutien aux « familles nombreuses racialement et héréditairement de valeur » ne jouerait qu'un rôle mineur dans les pratiques de l'association[89]. En réalité, ses activités se focalisaient sur le soutien aux mères célibataires auxquelles le Lebensborn offrait la possibilité, grâce à des centres d'accouchement spéciaux, de mettre au monde leur enfant loin de leur milieu habituel et de tenir la naissance secrète. Autant que possible, l'association prenait à son compte la garde de l'enfant[90]. Outre les mères célibataires, le Lebensborn était ouvert aux femmes mariées, surtout aux épouses de SS.

Dans tous les cas, la condition préalable à une admission dans l'institution était une « visite médicale SS », tant de la mère que du père, en fonction des mêmes critères raciaux que ceux auxquels devaient satisfaire les épouses de SS. Les médecins SS étaient astreints à la confidentialité au-delà du devoir de réserve médical « par une obligation particulière auprès du Reichsführer-SS ». Dans « des cas bien définis », Himmler se réservait le droit de maintenir le secret tant sur l'accouchement que sur l'identité du père[91].

Le Lebensborn, extérieurement une association, était en fait solidement intégré à la SS : il était subordonné au Bureau pour la race et le peuplement. Sa gestion administrative fut confiée en 1937 à Oswald Pohl, chef de l'administration de la SS. Le 1er janvier 1938, le Lebensborn fut détaché du RuSHA et rattaché à l'état-major du Reichsführer. Le conseil d'administration de l'association fut réorganisé en conséquence, et Himmler en prit la tête[92]. L'association était financée par des contributions obligatoires des membres de la SS. Ceux qui n'avaient pas d'enfant devaient payer les cotisations les plus élevées. À partir de quatre enfants (avec ou sans mariage), on en était exempté.

Le Lebensborn ouvrit son premier centre d'accouchement en août 1936 à Steinhöring, en Haute-Bavière. Six autres s'ouvrirent avant la guerre. La direction médicale de l'ensemble de l'association fut confiée à Gregor Ebner, ancien médecin de famille d'Himmler à Munich, comme lui membre d'Apollo et ami proche du Reichsführer[93]. Les centres du Lebensborn donnèrent naissance à toutes sortes de rumeurs quant à leur but. Une habitante de Lübeck pria la SS de lui communiquer où se trouvait le « foyer d'accouplement » le plus proche[94]. Demande qui n'avait rien d'exceptionnel et, encore aujourd'hui, on associe le Lebensborn à l'image d'un « institut de reproduction ».

Himmler entreprit également de préconiser les naissances hors mariage au sein de la SS, évidemment sous une forme modérée. Il s'efforça d'expliquer à ses hommes que l'on n'était pas toujours obligé de se marier. « Tout ce qui se passe dans les bals et en société n'aboutit pas nécessairement à des mariages », déclara-t-il aux Gruppenführer en novembre 1936, deux mois après avoir annoncé la fondation du Lebensborn. « C'est une réalité que nous devons transmettre à nos hommes, que toute amourette nouée dans un salon de danse ne doit pas forcément se terminer par un mariage. Je vois dans les demandes de mariage que nos hommes se marient bien souvent en ayant une méconnaissance totale de ce qu'est un ménage. Et je me dis, en étudiant ces demandes : mon Dieu, faut-il que cette fille-là épouse justement un SS, cette erreur de la nature, ce personnage tordu, impossible, qui pourrait épouser plutôt un petit Juif de l'Est, un petit Mongol. Voilà à quoi une telle fille est bonne. Mais, dans la plupart des cas, il s'agit d'hommes rayonnants, séduisants. »

Avant de se marier, il fallait observer « discrètement les sœurs, les frères et les parents » de la promise. Si cette dernière était « la seule personne digne de choix, alors que les autres membres de la famille étaient impossibles », il fallait faire preuve d'une « intuition raciale pratique » et comprendre que dans la famille de la jeune femme « se trouve du sang qui n'était pas souhaitable pour [le SS] ». Et il était hors de question de venir dire à Himmler que l'on s'était attaché à quelqu'un depuis longtemps avant de découvrir que « le frère ou un oncle se trouvait à l'asile » : « Non, messieurs, il vaut mieux s'en soucier au préalable. »

Pour un célibataire, ce n'était « pas une honte de tisser des liens d'amitié avec une fille. Mais, dès le départ, une chose doit être claire pour lui : je ne t'épouserai pas, parce que je ne pourrai pas en assumer la responsabilité. À lui de voir comment il s'en tire. Chacun est maître et juge devant sa propre conscience. Toutefois, le SS ne doit jamais se comporter de manière indigne, il doit plutôt déclarer ouvertement : je suis désolé, je ne peux pas t'épouser car il y a eu trop de maladies importantes dans ta famille ». Il était impératif de familiariser les SS avec ces idées « lors de nombreux entretiens[95] ».

Par ailleurs, il était sûr, comme il le confia aux Gruppenführer en 1937, qu'il était « possible, à l'occasion d'une discussion ouverte, tout à fait raisonnable [...] et pleine de tact, de renforcer chez le jeune homme ou la jeune fille le sens du devoir et une conscience inébranlable de leurs responsabilités », qu'il était possible de « former la fille ou l'homme jusqu'à dix-huit, dix-neuf ou vingt ans à une vie sans sexe[96] ».

Quand Himmler, en 1936 et 1937, abordait ces thèmes liés à la politique sexuelle, il revenait sans cesse sur les mêmes considérations : la menace de l'homosexualité pour la jeunesse, la tolérance vis-à-vis de relations sexuelles entre jeunes gens non mariés, l'acceptation des naissances illégitimes, le mariage très jeune. Himmler se trouvait manifestement alors dans une phase où il réglait d'une certaine façon ses comptes avec sa position antérieure sur la sexualité et la virilité.

Au début des années 20, il s'était orienté vers le modèle du guerrier héroïque vivant sans femme, le personnage du « lansquenet solitaire ». Dès 1927-1928, il avait abandonné cette représentation quand il avait rencontré sa femme et entrepris de fonder une famille. Dix ans plus tard, ce projet de vie lui semblait dépassé. Si l'on lit ses préceptes dans le domaine de la sexualité en 1936-1937 comme une réflexion sur son propre développement, on voit qu'il se reprochait ouvertement de ne pas avoir connu plus tôt d'expériences sexuelles, de ne pas avoir épousé plus tôt une femme de son âge et d'avoir fondé une famille avec elle. Et une institution était sans conteste responsable de ses difficultés : l'Église catholique.

Le fait qu'Himmler, à cette époque, se soit exprimé sur la sexualité d'une façon qui pouvait être interprétée comme une dénonciation de son propre passé, le fait qu'il se montrait désormais si tolérant envers le sexe hors mariage et les naissances illégitimes, tout cela avait en réalité des motivations d'ordre personnel.

À l'automne 1937, les Himmler passèrent des vacances encore relativement harmonieuses en Italie. Mais, si l'on consulte de plus près le journal de Margarete – qu'elle commença justement à tenir durant ces vacances –, on y décèle les indices d'une profonde insatisfaction. Certes, après la prise de pouvoir, il fut possible aux Himmler de cultiver un style de vie qui correspondait à leur appartenance à l'élite politique du pays. Ils avaient quitté Waldtrudering pour déménager d'abord sur la Möhlstrasse, dans un des quartiers huppés de Munich, dont ils partirent à l'automne 1934 pour s'installer sur le Tegernsee où, en 1936, Himmler acheta une demeure (la maison Lindenfycht) dans la commune du chanteur d'opéra Alois Burgstaller, maison qu'il fit restaurer en 1937[97]. À cela s'ajoutèrent une maison qu'Himmler louait en bord de lac[98], ainsi qu'un pavillon de chasse dans les environs de Bergen[99]. À Berlin aussi, il était confortablement logé, d'abord dans un immeuble au Tiergartenstrasse 6a, puis, à partir de novembre 1934, au Hagenstrasse 22[100], avant qu'en 1937 ses nouvelles fonctions lui permettent de s'installer dans une demeure spacieuse au Dahlemer Dohnenstieg 10, qui comptait plus de quatorze pièces[101] (et qui était considérée comme un logement de fonction[102]).

C'en était donc fini des ennuis matériels qu'avait connus le couple à ses débuts, et le journal de Margarete montre qu'elle était fière des succès professionnels d'Himmler. Mais elle se plaignait sans cesse de son absence presque permanente[103], doutait qu'il soit vraiment reconnu à sa juste valeur et rémunéré comme il fallait[104]. Pour leur dixième anniversaire de mariage, elle écrivit : « En dépit du bonheur de notre mariage, j'ai dû me passer de bien des choses en ce qui concerne notre ménage. H. n'est presque jamais là, seul le travail compte[105]. »

Sa misanthropie s'aggrava et se doubla, depuis qu'elle avait atteint une position sociale respectable en tant qu'épouse d'Himmler, d'un mépris des gens qui s'exprimait avec une agressivité mal contenue. Elle semble avoir donné libre cours à sa frustration avec son personnel : dans la maison Himmler, les domestiques faisaient régulièrement l'objet de récriminations, car c'étaient, disait-elle, « des fainéants et des insolents[106] ». Dans son journal, elle laissa libre cours à toute son amertume et sa colère à l'issue d'une telle dispute : « Pourquoi tous ces gens-là ne se trouvent-ils pas derrière les barreaux, à travailler jusqu'à la mort ? Parfois, je me demande si je vis bien parmi les hommes[107]. » En mars 1939, elle renvoya une fois de plus deux employés, tout en se lamentant : « Les mots service et devoir accompli n'existent plus[108]. »

Elle était en outre exaspérée par leur fils adoptif, Gerhard, enfant d'un SS décédé qui avait un an de plus que leur fille Gudrun. Dans son journal, les reproches s'accumulent : le jeune garçon avait une « nature criminelle », il aurait dérobé de l'argent, et « il ment de façon indescriptible[109] ». Mais sa mère biologique ne voulait pas reprendre son fils dans ces conditions, comportement qui, comme Margarete le confia à son journal, « n'ébranle guère [mon] opinion [...] des gens[110] ». En mars 1939, Gerhard passa l'examen d'entrée dans un établissement d'instruction politique – ces écoles destinées à former la future élite SS avaient entre-temps été englobées dans l'empire d'Himmler –, mais en octobre suivant il dut quitter l'institution[111]. Il paraît donc difficile de décrire la situation familiale d'Himmler, à la fin des années 30, comme harmonieuse.

Au début de 1936, la jeune Hedwig Potthast entra au service d'Himmler en tant que secrétaire privée. Ils se rapprochèrent peu à peu, et durent admettre, à la fin de 1938, qu'ils étaient tombés amoureux. Mais leur relation ne commencerait qu'en 1940. Il est superflu de se demander si la situation familiale peu plaisante d'Himmler a été la cause de cette relation avec Hedwig Potthast, et si son intérêt progressif pour la jeune femme est à l'origine de la frustration croissante de Margarete. Comme dans toutes les relations humaines, ces deux phénomènes se sont sans doute mutuellement alimentés. Dans ses déclarations devant le conseil d'experts en politique démographique, en juin 1937, Himmler laissa entrevoir à quel point il estimait que sa situation personnelle était explosive. Il était selon lui « tout à fait clair que le peuple allemand vit dans une confusion sexuelle absolue, que nous connaissons dans notre peuple les plus grandes tensions qui puissent exister dans ce domaine, et nous ne devons pas nous mentir : quand un peuple souffre de confusion [...] vis-à-vis de ses lois les plus naturelles, c'est de la dynamite pour l'ensemble[112] ».

Séparation, adultère, deuxième ménage

Si les SS voulaient divorcer, cela ne dérangeait pas leur Reichsführer. Himmler déclara aux Gruppenführer en 1937 qu'il « comprenait parfaitement » les divorces quand les partenaires s'étaient éloignés l'un de l'autre. Mais il y mettait une condition : « J'exige que la maxime du corps des officiers de la SS soit que ce qui, dans ce domaine, doit se produire selon le destin se déroule proprement, dignement, et avec une extrême générosité[113]. »

Parfois, Himmler lui-même en faisait preuve : si, au cours d'une procédure disciplinaire ou pénale, on venait à découvrir des « manquements conjugaux », il ne tenait généralement pas, « dans l'intérêt de la préservation du mariage », à ce que l'épouse en soit informée[114]. Tant que les infidélités n'étaient pas révélées, la « dignité » et la « chevalerie » n'étaient pas compromises. En 1944, dans un cas particulier, Himmler alla même jusqu'à s'adresser au ministre de la Justice, pour lui demander que soit levée la législation selon laquelle l'adultère était considéré comme un « obstacle au mariage[115] ». En 1941, dans le cas d'affaires d'adultères jugées devant des cours SS ou de police, Himmler se réserva le droit de déterminer si la procédure devait avoir lieu ou non. Dans de telles affaires, il tenait à être informé. Entres autres, il exigeait des photos de toutes les parties (en particulier de l'éventuelle progéniture)[116].

Il ne se réservait pas le privilège d'entretenir un « deuxième ménage ». En étudiant la préhistoire germanique, il s'était persuadé de l'existence du « deuxième mariage, ou Friedel-Ehe, que le Germain libre de race noble pouvait se permettre[117] », et il autorisait ses hommes à vivre une telle liaison – pourvu que celle-ci donne des enfants. Ainsi Himmler permit-il, en 1944, à un Obersturmbannführer marié qui ne voulait pas se séparer de son épouse à cause de la « maladie nerveuse » de cette dernière, de vivre avec une autre femme. Mais à la condition que cette nouvelle union produise des descendants[118]. Il conseilla à l'Obergruppenführer Schlessmann, adjoint du Gauleiter de Westphalie-Sud, compte tenu de ses problèmes de couple, de se chercher « une femme aimante », « prête à offrir avec lui des enfants au peuple allemand ». Quelque temps après cette discussion, Schlessmann « communiqua » à Himmler qu'il avait trouvé « cette femme aimante ». Il s'agissait de sa secrétaire, enceinte de trois mois de ses œuvres. Himmler, qui n'était pas étranger à ce genre de relations, réagit avec enthousiasme et promit de soutenir cette deuxième femme tout en garantissant « le secret vis-à-vis de tous[119] ».

Ordres de mariage et nombre d'enfants

En dépit de tous ses efforts, de son point de vue, le nombre de mariages dans les rangs de la SS restait trop faible, et le manque d'enfants à venir constituait à ses yeux, compte tenu des pertes dues à la guerre, un problème qui mettait en danger les futures capacités de la Schutzstaffel. En juin 1942, il reprocha au corps des officiers de la division SS Das Reich que « le nombre des enfants des morts ne comble même pas la moitié de ceux qui sont tombés [...] Une perte terrible, bien plus terrible que la mort des hommes en elle-même[120] ». Il était temps de prendre des mesures concrètes[121]. En décembre 1944, il enjoignit à l'Obersturmführer Frank, commandant de l'Obersalzberg, de « demander » aux officiers et sous-officiers qui lui étaient subordonnés « ce qu'ils ont fait jusqu'à maintenant pour rompre leur solitude, et ce qu'ils comptent faire dans un temps prévisible[122] ». En 1943, il fit part de son « très grand déplaisir » à un certain Hauptsturmführer Schwarz à l'idée « qu'à quarante-quatre ans il ne soit pas encore marié ». Si cette situation devait durer jusqu'à la fin de la guerre, il serait exclu de la SS[123].

Quand tous les discours et les avertissements s'avéraient vains, Himmler émettait dans certains cas jugés sérieux un ordre de mariage. Le Hauptsturmführer Arnold en reçut un en juin 1943, signé de la main de son Reichsführer :

« Cher Arnold !

Pour ce que j'en sais, vous êtes le fils unique de vos parents. Selon moi, il est de votre devoir de vous marier enfin et de veiller à ce que la famille Arnold ne s'éteigne pas.

J'attends votre réponse [124]. »

Par précaution, Himmler envoya le même jour une lettre à Arnold père, lui conseillant d'« agir dans le même sens [125] ».

Fritz Bauer, professeur d'éducation physique au sanatorium SS de Hohenlychen, fit savoir en octobre 1936 qu'il avait obéi aux ordres de son Reichsführer : « Conformément à l'ordre de mariage qui m'a été transmis le 30 janvier 1936, je prends la liberté de vous annoncer que j'obéirai à cet ordre dès le 12 décembre 1936 [126]. » Ravi, Himmler dépensa 500 reichsmarks pour la noce [127].

Le cas du Hauptsturmführer Feierlein était un peu plus complexe. Il reçut tout d'abord une recommandation claire d'Himmler : mariage d'ici le 20 avril 1938 – pour l'anniversaire du Führer ! À la date indiquée, rien ne s'étant passé, et Wolff le morigénant à ce sujet, Feierlein prétendit qu'il n'avait pas compris qu'il s'agissait d'un ordre. Le chef de l'état-major du Reichsführer ne s'en laissa pas compter (« piètre excuse ») et lui transmit donc l'ordre officiel d'Himmler. Feierlein avait « jusqu'au 31 décembre 1938 pour se marier [128] ». Mais, quand, peu de temps après, Feierlein fut soupçonné d'avoir été impliqué dans une affaire de corruption à Vienne, Wolff lui fit savoir que l'ordre était annulé et qu'il lui était désormais interdit « jusqu'à nouvel avis de se fiancer et de se marier [129] ». Au mois de mai 1939, Feierlein réclama une levée de l'interdiction, car il avait entretemps rencontré une « jeune fille ». Son souhait fut exaucé et en juin, il « annonça » son prochain mariage [130].

Quatre enfants, c'était « le nombre minimum d'enfants d'un ménage sain », prescrivait Himmler en 1936 [131]. Il lui arrivait parfois de parler, sur l'injonction d'Hitler, de quatre fils [132]. Himmler s'occupa personnellement de créer les conditions nécessaires afin que ses hommes profitent de leurs permissions pour faire des enfants. Les épouses des SS devaient avoir la possibilité de séjourner non loin des lieux d'affectation de leur mari afin de pouvoir contribuer ainsi à la hausse de la courbe démographique, comme il le précisa dans un ordre d'octobre 1942 [133].

Il recommanda à l'épouse d'un SS qui n'avait pas d'enfant de servir comme infirmière[134]. À l'inverse, il exigea de ceux de ses hommes qui étaient déjà mariés qu'ils renoncent à faire d'autres enfants si la présence d'un « non-Aryen » était découverte dans l'arbre généalogique de leur épouse[135].

Les résultats de ses efforts pour pousser ses hommes à se marier et à faire des enfants furent des plus maigres, il faut le reconnaître, pour ne pas dire lamentables. Selon l'annuaire statistique de la SS pour l'année 1938, 39,7 % seulement des membres de la SS étaient mariés. Si l'on prend en compte le fait que seuls 2,5 % des SS de moins de vingt-cinq ans étaient mariés, cela veut dire que la proportion d'hommes mariés parmi les SS plus âgés n'était que de 57,3 %[136]. Le nombre d'enfants par SS marié n'était quant à lui que de 1,1. En outre, bien peu de SS avaient suivi les recommandations d'Himmler et avaient eu des enfants hors mariage. En 1938, 741 SS célibataires avaient eu au total 811 enfants illégitimes[137]. Nous ne disposons pas de chiffres équivalents pour la période de la guerre, mais les plaintes incessantes d'Himmler sur le faible nombre d'enfants de ses hommes, et ses tentatives pour les amener à se reproduire hors mariage, montrent qu'en réalité rien n'avait fondamentalement changé dans le domaine de la fertilité des SS. C'est pourtant moins sur le plan quantitatif que sur le plan qualitatif que les membres de la SS restèrent très en deçà des espoirs d'Himmler : la procédure d'autorisation des mariages échoua, comme nous l'avons vu, pour des questions pratiques. Les rêves de reproduction du Reichsführer ne se concrétisèrent jamais. « L'ordre clanique » ne fut finalement qu'une chose : un fantasme d'Himmler.

Il entretenait également cette illusion dans sa vie privée. Il intégra de plus en plus dans « l'ordre » quiconque était proche de lui, membres de sa famille ou amis. C'est à l'orée des années 30 que ses parents, qui avaient suivi avec scepticisme les débuts de sa carrière politique, considérèrent son parcours avec une fierté croissante. Son père collectionna les extraits de journaux, la plupart du *Völkischer Beobachter*, où son fils était cité[138]. Il alla même jusqu'à lire le deuxième tome de *Mein Kampf* que Heinrich lui avait offert. Hitler, conclut le père, était un homme qui suscitait son intérêt, qu'il admirait et respectait[139]. En 1933, les parents d'Himmler entrèrent au NSDAP[140].

Le fait qu'au fil des ans Himmler devint le chef d'un appareil de terreur et se para ainsi d'une aura inquiétante ne semble pas avoir jeté d'ombre sur ses relations avec ses parents. Certes, dans les années qui suivirent, son père s'adressa régulièrement à son fils au nom de gens qui avaient eu à souffrir de ses mesures de répression. Mais l'un et l'autre correspondaient en même temps avec passion sur les questions liées à l'histoire familiale [141]. Quand Gebhard Himmler mourut en octobre 1936, Heinrich fit organiser des funérailles grandioses à Munich, auxquelles prit part un détachement officiel de SS et qui eurent tous les atours d'obsèques nationales [142].

Ernst, le plus jeune frère d'Himmler, qui avait terminé ses études d'ingénieur électricien en 1928, entra à la radio de Berlin en juin 1933 avec son aide. Il appartenait au NSDAP depuis 1931. Ernst gravit rapidement les échelons, jusqu'à devenir adjoint du directeur technique de la radio du Reich, auquel il succéda en 1942 [143]. En 1937, Himmler autorisa Ernst, qui avait entre-temps fondé une famille, à emprunter auprès d'un fonds SS, ce qui lui permit d'acheter une maison qui avait auparavant appartenu à un syndicat [144]. En échange, Ernst fournissait diverses informations à Heinrich sur le fonctionnement de la radio et d'autres domaines auxquels il avait accès. Il ne répugnait d'ailleurs pas à avoir recours à la dénonciation [145].

L'aîné des frères Himmler, Gebhard, depuis 1925 enseignant en école professionnelle, fit lui aussi carrière dans le Troisième Reich. En 1933, il devint président de l'Association des établissements scolaires de Bavière. La même année, il entrait au NSDAP. Il tenait d'ailleurs à rappeler qu'en réalité son entrée au parti datait de mai 1932, date de l'inscription de son épouse. Mais, en tant que fonctionnaire, il lui avait à l'époque été interdit de s'inscrire. En juin 1934, il devint membre de la SS et en 1935, il prenait la direction d'une école d'ingénieurs munichoise [146].

En 1939, Gebhard Himmler occupa les fonctions de rapporteur au ministère de l'Éducation du Reich, où il atteignit le rang de chef de département en 1944, responsable de l'ensemble de l'enseignement professionnel du Reich [147]. Dans la SS, il accéda au grade de Standartenführer, Ernst ne dépassant pas celui de Sturmbannführer. Les deux frères réussirent ainsi à parvenir au sommet de leurs secteurs d'activité. Tous deux veillaient à entretenir des contacts étroits avec Heinrich : en 1944, Ernst et Gebhard proposèrent à leur frère leur expertise « technique », souhaitant lui faire part de leurs réflexions sur le développement de nouvelles technologies militaires [148].

Nous avons déjà évoqué le fait qu'Himmler avait veillé à ce que ses vieux amis Falk Zipperer et Karl Gebhardt travaillent pour lui, l'un en tant qu'historien du droit et l'autre en tant que chef de clinique. Il maintint également des liens d'amitié avec Alois Rehrl, de dix ans plus âgé que lui, auprès de qui il avait effectué son stage d'ingénieur agronome en 1921-1922. Rehrl, comme Zipperer et Gebhardt, entra lui aussi dans la SS[149].

Vers la fin des années 20, Himmler rencontra un homme avec lequel il noua des liens d'amitié particulièrement forts : Hanns Johst, que nous avons déjà cité, auteur nationaliste, national-socialiste et, en tant que président de la chambre des écrivains du Reich, un puissant fonctionnaire dans le monde littéraire de l'État nazi[150]. À partir de 1934, Johst s'adressa à Himmler dans ses lettres comme à son « ami Heini Himmler[151] » et le décrivit – bien qu'étant son aîné de dix ans – comme son « grand frère[152] ». Les deux hommes se rencontraient régulièrement (Johst habitait sur le Starnberger See, non loin du domicile d'Himmler sur le Tegernsee), passaient leur temps libre ensemble à jouer au badminton, à se baigner ou pêcher, et partaient en voyage et en excursion ensemble[153]. En 1935, Himmler fit entrer Johst dans la SS et ce avec le grade relativement élevé d'Oberführer. Johst sera ensuite fréquemment promu, jusqu'à atteindre le rang de SS-Gruppenführer le 30 janvier 1942[154].

L'abondante correspondance entre les deux hommes se caractérise, chez Johst, par un style foisonnant, où le pathos le dispute au pompeux, et où il donnait libre cours à son admiration sans bornes pour l'œuvre d'Himmler, qu'il divinisait littéralement. En convalescence après une opération de l'appendicite, il écrivit à son ami en 1940 qu'il était « heureux d'être SS », « la vie m'a offert notre amitié, mon Heini Himmler, voilà ce qui fait que cette douteuse existence vaut la peine d'être vécue[155] ». En 1943, il tressa des louanges à Himmler pour ses capacités de rhéteur : le Reichsführer était un « orateur typiquement viril ». « Votre discours vibre et agit au niveau de la conscience, [...] il nous enrichit de votre vision du monde [...], mieux encore : il nous aligne sur vous et fait de nous, simples auditeurs, des fidèles[156]. » Johst offrait à Himmler des poèmes et des livres accompagnés de dédicaces personnelles[157] et publia plusieurs contributions, comme dans les *SS-Leithefte* ou le *Schwarze Korps*, où il célébrait la SS et son chef en des termes tout à fait lyriques[158].

Himmler, s'il répondait à sa façon plutôt sèche aux envolées de Johst, s'efforçait néanmoins toujours de réagir comme lui à ses épanchements. Il admirait Johst, car l'écrivain cumulait des compétences qu'il ne maîtrisait pas. En mars 1942, Himmler confessa à Johst à quel point la correspondance qu'ils entretenaient était importante à ses yeux : « Soyez convaincu que vos lettres me sont toujours chères. Pour moi, ce sont des messages d'un monde que j'aime sans fin et qui m'est aujourd'hui fermé pour une grande partie de mon temps et de ma vie – puisque le destin m'a mis à la place qui est la mienne. Je me réjouis d'autant plus quand je reçois les salutations de ce monde spirituel de notre race que vous incarnez, en tant que l'un des meilleurs d'Allemagne[159]. » D'une certaine façon, les deux amis s'envoyaient de véritables lettres d'amour.

Une autre relation très intime d'Himmler mérite d'être mentionnée. Depuis 1939, le Reichsführer était le patient du masseur des personnalités, Felix Kersten, Allemand d'Estonie qui, après la Première Guerre mondiale, avait obtenu la nationalité finlandaise. Kersten était en mesure, lors de séances de massage intensives, de soulager temporairement Himmler de ses maux d'estomac. Sous les mains du masseur, personnage massif de deux ans plus âgé qu'Himmler et qui exerçait sur lui une influence apaisante, Himmler finissait par se détendre, et Kersten profita de cette thérapie pour établir des liens de confiance avec le Reichsführer[160]. On ne peut savoir aujourd'hui si, comme Kersten l'affirma dans ses Mémoires, Himmler lui permit alors de plonger en profondeur dans ses pensées, ou si Kersten inventa leurs discussions après la guerre. Quoi qu'il en soit, surtout dans la phase finale du conflit, Kersten rendit des services importants à Himmler en lui permettant de nouer des contacts avec l'étranger.

Plus Himmler consolidait sa position de Reichsführer-SS et accroissait son domaine d'influence, plus les frontières entre sa vie privée et familiale et ses fonctions officielles se diluèrent. Si, d'un côté, il fit de ses frères, de ses meilleurs amis et de son écrivain préféré des officiers SS, il traita de l'autre les membres de la SS, sous bien des aspects, comme les représentants d'une famille élargie. Adoptant l'attitude du père à la fois sévère et bienveillant, il éduquait ses hommes, les félicitait, les punissait, les avertissait et leur pardonnait. Ses opinions rigides sur le choix du partenaire, la morale sexuelle et la planification familiale qu'il imposa à ses hommes étaient le reflet de ses expériences les plus personnelles – même en ce qui concernait les failles qu'il constatait dans son propre mariage. Une certaine tendance au voyeurisme entrait également en jeu quand il s'immisçait dans la vie privée des autres.

Ses conceptions des vertus et des valeurs de la SS, qu'il transmettait régulièrement à ses hommes sous forme de clichés, correspondaient à ses efforts pour masquer la vacuité de ses sentiments dans ses relations avec les autres derrière un réseau inextricable de règles de comportement. Et, quand il invite constamment ses hommes à faire preuve de « dignité », on décèle là sans peine ses propres tentatives pour maîtriser le désir qui montait en lui de se montrer « indigne ». Sa position ambivalente à ce sujet eut en particulier comme conséquence qu'il interdit que les ennemis bénéficient d'un traitement « digne ».

Himmler réussit à ancrer au sein de la SS ses penchants personnels, ses marottes, ses phobies et ses représentations de l'ennemi. Il tenta par tous les moyens de faire de sa passion pour les Germains un culte pour la SS, et, s'il créa l'Ahnenerbe, ce fut en grande partie pour étayer ses spéculations quasi religieuses sur Dieu et le cosmos. Sa SS, fusionnée avec la police en un corps de protection de l'État, se mit à persécuter un conglomérat de « sous-hommes » qui, selon lui, se préparaient à une confrontation finale avec la « race aryenne ». Il s'agissait d'un assemblage hétéroclite d'ennemis qui avaient tous plus ou moins un lien avec son propre parcours : les communistes, les francs-maçons, les chrétiens politisés et moralisateurs, les Juifs et les homosexuels.

De façon absolument étonnante, Himmler parvint à appliquer ses maximes personnelles à l'organisation qu'il dirigeait. La direction de la SS n'était pas seulement à ses yeux un poste politique, elle faisait partie intégrante de sa personne. Et il s'était fixé la mission de consolider cette organisation de l'intérieur, de la développer et d'assurer son avenir en accord avec son utopie germanique. En poursuivant cette mission tout en l'associant étroitement avec les diverses tâches que lui avait confiées Hitler, Himmler s'était bâti une position unique, qu'il avait façonnée suivant ses représentations les plus intimes.

Quatrième partie

La guerre : ambitions et déceptions

Préparatifs de guerre et expansion

Parfois, déclara Himmler lors d'une réunion des généraux SS en février 1937, on rêve « dans les cercles nationaux-socialistes que nous finissions par conquérir le monde. Moi aussi, je suis pour, même si nous n'en parlons pas encore. Mais je sais aussi que nous devons progresser par étapes. Aujourd'hui, nous n'aurions même pas assez d'hommes pour coloniser une autre province, une zone ou ne serait-ce qu'un pays moitié grand comme l'Allemagne moderne. Il devrait également être clair que nous ne pouvons accepter aucune population. Que, si nous devions acquérir une province qui n'est pas de sang germanique, la population en sera transférée jusqu'à la dernière grand-mère et au dernier enfant – et ce sans état d'âme –, il ne doit y avoir aucun doute à ce sujet, pas plus que sur le fait que nous aurons alors besoin de la population, une population de valeur par la race, à implanter sur place, afin que nous puissions sans plus attendre installer autour de l'Allemagne d'aujourd'hui une centaine de millions de paysans germaniques, et enfin nous engager sur la voie, un temps bloquée, de la domination du monde, et refaçonner une Terre plus belle qu'aujourd'hui, conformément à des préceptes aryens[1] ».

Cette utopie d'un merveilleux monde aryen telle que la proposait Himmler ne devait donc se mettre en place qu'à long terme, « par étapes ». Le surplus indispensable d'une centaine de millions de colons – chiffre déjà cité par Himmler dans un discours de 1931[2] – devait dans une large mesure être obtenu par une politique d'expansion démographique, un projet qui devait s'étaler sur plusieurs générations. En 1938, Himmler lança à ses officiers qu'il fallait s'attendre à un « conflit », une « heure fatidique » qui « concernerait l'Allemagne dans les trente, cinquante ou cent prochaines années, et peut-être nous-mêmes[3] ».

Dans le même temps, il disait se préparer à une confrontation militaire à mort dans les dix années à venir, comme il le rappela aux Gruppenführer en novembre 1938 : « Nous devons être conscients que nous allons sûrement devoir faire face dans les dix prochaines années à des affrontements critiques sans précédent. Ce ne sera pas seulement une lutte entre nations, comme l'affirment nos adversaires, mais il s'agira du combat idéologique de toute la juiverie, la franc-maçonnerie, le marxisme et l'Église du monde. Ces forces – où selon moi les Juifs jouent un rôle moteur, où ils sont la source de toute négativité – le savent : si l'Allemagne et l'Italie ne sont pas anéanties, ce seront elles qui le seront. C'est une conclusion toute simple. Le Juif ne peut pas se maintenir en Allemagne. C'est une question d'années. Nous allons les chasser avec une implacabilité encore jamais vue. […]

« Soyez-en conscient, si, dans le combat qui se décidera alors, nous venions à succomber, il ne restera même pas une réserve pour les Germains, mais tous seront affamés et abattus. Tout le monde sera touché, que l'on soit un fervent partisan du Troisième Reich ou non, il suffira de parler allemand et d'avoir eu une mère allemande[4]. »

Quelques mois plus tard, en février 1939, la perspective d'une grande guerre, une guerre mondiale contemporaine, semblait s'être rapprochée : il ne fallait plus s'y attendre dans les dix prochaines années, mais dans un avenir prévisible, pour ne pas dire immédiat, et elle serait la conséquence directe de la politique juive mise en place lors de la nuit de Cristal. « La solution radicale du problème juif incite la juiverie au combat contre nous, si besoin est en provoquant une guerre mondiale », disaient les slogans qu'Himmler avait notés pour un discours à Wiesbaden, devant l'Oberabschnitt du Rhin[5]. La relation avec la célèbre « prophétie » d'Hitler du 30 janvier 1939 devant le Reichstag est manifeste[6]. À l'époque, le Führer avait annoncé qu'une « guerre mondiale » déclenchée par la « juiverie de la finance internationale » se terminerait par « l'anéantissement de la race juive en Europe ».

Dans son discours devant les Gruppenführer à l'occasion des célébrations de novembre 1938, Himmler avait dépeint son utopie d'un futur empire germanique en utilisant pour la première fois devant le cercle de ses officiers la notion de « grand empire germanique » : « À l'avenir, l'Allemagne sera confrontée soit au grand empire germanique, soit au néant. Je suis convaincu que, si, dans cette Schutzstaffel, nous faisons notre devoir, alors le chef de ce grand empire germanique créera le plus grand empire jamais établi par l'humanité et que la Terre ait jamais connu. C'est en ce sens que vous effectuez votre devoir et que vous vous acquittez de vos missions[7]. »

Himmler ne semble cependant pas avoir pensé que cet empire verrait le jour du temps d'Adolf Hitler. Par « chef », il devait entendre un successeur éventuel. Cela devient clair quand on étudie un autre texte de l'époque : en 1939, peu avant le début de la guerre, Himmler évoqua de nouveau une Allemagne environnée d'implantations coloniales abritant entre 80 et 100 millions de « paysans germaniques ». Ce qui ne devait être que le point de départ de projets véritablement gigantesques « afin qu'à partir de l'Allemagne puisse être créé le grand empire germanique, ce qui est notre rêve et que notre Führer veut fonder[8] ».

La perspective de ces colonies d'une centaine de millions de paysans et l'avènement consécutif d'un grand empire étaient manifestement toujours prévus dans un avenir lointain et n'étaient pas conçus comme devant résulter de la guerre mondiale qu'Himmler attendait. Car ces 80 à 100 millions de « paysans germaniques », le Troisième Reich ne les avait pas en 1938, et il ne pourrait pas les fournir avant trente ou même cinquante ans. Dans l'esprit d'Himmler, à la fin de 1938 et au début de 1939, la guerre mondiale et l'avènement de l'empire étaient encore des représentations distinctes. À l'époque, il considérait avant tout le conflit militaire annoncé comme une lutte existentielle de l'Allemagne national-socialiste, qui ne ferait que poser les fondations d'un empire ultérieur.

Reprise en main de la politique de la nationalité

L'empire en question avait beau n'être qu'une image lointaine, Himmler, dès 1936-1937, avait entrepris d'en préparer la création par une série d'initiatives. Le point de départ en fut la politique de la nationalité, autrement dit les relations du Reich avec les minorités d'origine allemande vivant en Europe de l'Est et du Sud-Est, mais aussi ses liens avec le conseiller d'Hitler en matière de politique étrangère, Joachim von Ribbentrop, plus tard ministre des Affaires étrangères, et les relations internationales entre les forces de police. De plus, il s'efforça d'accroître son influence au sein du corps diplomatique.

Himmler avait déjà une certaine expérience dans le domaine de la politique de la nationalité quand le SD, en 1934, avait commencé à s'intéresser aux Allemands des Sudètes. Les hommes des services de renseignement d'Himmler avaient déjà la main sur ce que l'on appelait les postes de contrôle des Allemands des Sudètes, mis en place en 1933 par Hess, l'adjoint d'Hitler, avec l'aide d'un fonctionnaire de la Gestapo de Dresde afin de repérer d'éventuels espions tchécoslovaques parmi les réfugiés des Sudètes[9]. Dans les années suivantes, le SD intervint aussi de l'autre côté de la frontière germano-tchèque. Il s'intéressa plus particulièrement au fonctionnement interne des organisations des Sudètes, en en profitant pour utiliser la région comme une base d'observation et de lutte contre les émigrés allemands installés en Tchécoslovaquie. Le meurtre de l'ingénieur Rudolf Formis, dans les environs de Prague en janvier 1935 – Formis était un ancien collaborateur du nazi dissident Otto Strasser –, fut par exemple commis par un commando du SD. Le SD se trouvait également derrière le cercle Aufbruch (Éveil), un groupe opposé au Front national des Allemands des Sudètes de Konrad Henlein[10]. Walter von Lierau, le consul allemand à Reichenberg, en Bohême, était membre de la SS depuis juillet 1932, et fut enrôlé dans le SD[11].

Depuis la fin de 1936, Himmler intervenait directement sur l'ensemble de la politique de la nationalité du régime. La situation était confuse, car des politiciens traditionnels et nazis se livraient alors à une compétition sans merci[12]. Une courte explication est nécessaire.

Depuis 1933, le régime nazi avait entrepris des efforts considérables pour reprendre en main ce que l'on appelait la politique de la nationalité, à savoir le soutien et l'influence politique sur les quelque dix millions de membres des minorités allemandes résidant dans d'autres pays d'Europe. À la prise de pouvoir, les nazis avaient découvert qu'il existait plusieurs organisations et institutions, la plupart du temps d'orientation conservatrice et nationaliste, qui se consacraient activement au soutien de ces minorités allemandes d'origine, dont, en particulier, l'Union (devenue la Fédération nationale en 1933) pour la germanité à l'étranger, la Fédération de défense allemande, l'Union allemande de l'Ostmark, la Fédération de l'Est allemand (BDO) et l'Institut allemand de l'étranger de Stuttgart. De leur côté, de nombreux politiciens nazis revendiquaient un rôle décisif dans la politique de la nationalité, ou exigeaient à tout le moins un droit de regard. C'était le cas d'Ernst Wilhelm Bohle, directeur de l'organisation nazie de l'étranger, dont les compétences portaient sur le soutien aux citoyens du Reich à l'étranger, mais qu'il voulait justement étendre aux Allemands de nationalité étrangère[13]. C'était également le cas de Ribbentrop, doté des pleins pouvoirs et qui briguait le ministère des Affaires étrangères, ou encore l'idéologue du parti Alfred Rosenberg, qui occupait les fonctions de directeur du département de politique étrangère du NSDAP.

Quelques mois après la prise de pouvoir, Hitler avait en outre confié les pleins pouvoirs dans le secteur de la politique de la nationalité à son bras droit Rudolf Hess[14]. La mission de ce dernier n'était pas simple : il semblait inopportun d'éliminer sans pitié les organisations existantes qui n'étaient pas authentiquement national-socialistes, car la direction du parti n'avait pas intérêt à flouer des activistes nationalistes conservateurs qui représentaient un potentiel considérable, et ainsi susciter l'apparition, dans les rangs des minorités allemandes de l'étranger, d'un mouvement d'opposition au régime nazi. De plus, face à l'isolement général que connut le gouvernement à ses débuts sur le plan international, on tenait à éviter de donner l'impression que les Allemands de l'étranger pouvaient être un facteur de troubles, voire une cinquième colonne.

À l'automne 1935, Hess décida cependant de réorganiser la politique de la nationalité, et créa à cet effet un bureau de coordination sous la direction d'Otto von Kursell, peintre et professeur de dessin actif dans le mouvement nazi depuis le début des années 20 qui avait été engagé en 1934 par le ministère des Sciences. Officiellement, le « Bureau Kursell », qui ne tarda pas à être rebaptisé « Bureau central des Allemands ethniques » (Volksdeutsche Mittelstelle, VoMi), était subordonné au mandataire de Hess pour les questions de politique étrangère, Joachim von Ribbentrop, afin de prendre en compte les ambitions de ce dernier dans le domaine de la politique de la nationalité[15].

En 1936, von Kursell, qui entre-temps avait obtenu le rang de SS-Obersturmbannführer, se querella avec Himmler. Quand von Kursell apprit que la SS soutenait un groupe d'Allemands des Sudètes qui s'opposait au parti des Allemands des Sudètes de Henlein, lui-même partenaire de von Kursell, il obtint que Goering signe un décret stipulant qu'il était lui, von Kursell, le seul à être habilité à distribuer des fonds dans les affaires liées à la politique de la nationalité. De cette façon, il espérait freiner les activités d'Himmler dans les Sudètes. Himmler, exaspéré par cet acte arbitraire, ne cherchait plus qu'un prétexte pour se débarrasser de von Kursell et intervenir directement dans la politique de la nationalité. Il accusa von Kursell, en sa qualité de directeur de la Fraternité balte, une union rassemblant les Allemands de la Baltique vivant sur le territoire du Reich, d'activités hostiles à l'État et de franc-maçonnerie[16]. Au début de 1937, von Kursell fut effectivement remplacé par l'Obergruppenführer Werner Lorenz, un homme d'Himmler.

Lorenz, depuis 1930 dans la Schutzstaffel, avait d'abord considérablement développé la SS à Dantzig, puis pris en charge l'Oberabschnitt du Nord-Est à Königsberg en 1931 et, en 1934, l'Oberabschnitt Nord à Hambourg, et ce en tant que « représentant permanent de l'Obergruppenführer SS et ambassadeur von Ribbentrop[17] ». Bien qu'inexpérimenté dans le domaine de la politique de la nationalité, Himmler le choisit parce qu'il disposait d'excellents contacts, qu'il en imposait et se comportait avec jovialité. Ses contacts étroits avec Ribbentrop, lequel faisait figure de « personnalité en vue » dans la politique étrangère du régime, pesaient tout autant en sa faveur. Sous sa direction, le VoMi de Hess garda la préséance sur Ribbentrop[18]. L'adjoint de Lorenz était Hermann Behrends, qui travaillait au SD et fonctionnait dans son nouveau poste comme l'homme de confiance de Heydrich[19]. Behrends, qui devint le véritable homme fort du VoMi, attira plusieurs officiers SS dans le VoMi, dont Walter Ellermeier, qui serait plus tard l'aide de camp de Lorenz.

Le VoMi, selon Lorenz la « plus haute instance pour l'ensemble des questions se rapportant aux Allemands d'origine[20] », réussit très vite à resserrer son contrôle sur les diverses activités des institutions opérant dans ce secteur en Allemagne[21]. Ainsi, durant l'été 1937, Behrends reprit la direction de la Fédération de l'Est allemand à la place de Theodor Oberländer et endossa de ce fait la responsabilité des « opérations frontalières[22] ». Manifestement, en liaison avec le renvoi de von Kursell, Himmler avait prévu de remplacer Hans Steinacher, le président conservateur de la plus importante organisation d'Allemands d'origine, la Fédération pour la nation à l'étranger (VDA), par « un officier SS de très haut rang[23] ». Le 19 octobre 1937, Hess congédia Steinacher de son poste de directeur de la VDA, Lorenz l'ayant informé que Steinacher ne tenait pas compte de certains accords passés avec le VoMi[24].

Pour ce qui était de la collaboration avec les associations des Allemands d'origine à l'étranger, la nouvelle direction du VoMi, si elle favorisa des organisations nazies[25], refusa cependant qu'elles lui soient officiellement subordonnées. *De facto*, ces associations restaient indépendantes, en particulier pour des considérations de politique étrangère[26].

Le 2 juillet 1938, Hitler confia au VoMi « la concentration de toutes les instances de l'État et du parti ainsi que la gestion unifiée des moyens disponibles sur les questions de la nationalité et des terres frontalières (les minorités allemandes à l'extérieur et les minorités étrangères à l'intérieur des frontières) ». Le VoMi, organisation non étatique, était ainsi à même d'émettre des directives à destination des ministères du Reich, ce qui représentait un sérieux empiétement sur les compétences du Reich en matière de politique extérieure[27]. Le 3 février 1939, la VDA fut réorganisée en un « instrument déguisé » du VoMi, comme le déterminait l'ordonnance correspondante du bras droit du Führer. Toutes les autres associations liées à la question des Allemands d'origine, à l'exception de la Fédération de l'Est allemand, responsable des « opérations frontalières », furent rattachées à la VDA. En revanche, toute activité dans ce secteur était désormais interdite aux autres organisations du parti[28].

Lorenz et Behrends mirent également fin aux luttes de pouvoir parmi les organisations allemandes de l'étranger, ou du moins parvinrent-ils à les neutraliser[29]. En règle générale, ils se contentaient de collaborer avec des organisations d'Allemands d'origine qui soutenaient activement la politique du Troisième Reich, et veillaient dans la plupart des cas à ce qu'elles prennent le contrôle des activités politiques des minorités allemandes. En Roumanie, le VoMi contraignit le Parti populaire allemand à se rattacher à son concurrent, la Deutsche Volksgemeinschaft[30]. En Yougoslavie, le VoMi reconnut unilatéralement l'Association culturelle souabe-allemande comme l'organisation unitaire des Allemands d'origine, après avoir lui imposé en 1939 un changement de direction[31]. En Hongrie, il favorisa la Fédération populaire des Allemands de Hongrie, créée en novembre 1938[32].

Dans les Sudètes, le VoMi, depuis 1937, considérait le chef du Parti des Allemands des Sudètes Henlein comme le chef potentiel de tous ses compatriotes[33]. En effet, en novembre 1937, ce dernier avait radicalement changé de position : au lieu de réclamer une plus grande autonomie pour les Allemands des Sudètes au sein de la Tchécoslovaquie, il appelait maintenant à un rattachement au Reich[34]. Il suivait désormais un cap fixé par son adjoint, Karl Hermann Frank, qui entretenait d'excellentes relations avec Himmler[35]. En 1938, le VoMi mit en place avec Henlein un « système d'ordres rigoureux » dans l'organisation des Sudètes[36].

En Pologne, le VoMi s'efforça en mai 1938 de créer une organisation regroupant l'ensemble des Allemands d'origine, mais échoua en raison de l'incapacité des diverses associations à s'entendre[37]. Dans les territoires slovaques de Tchécoslovaquie, les Allemands, après les accords de Munich, veillèrent à consolider la position des groupes germanophones, fondèrent un parti allemand inspiré par le nazisme et obtinrent que les dirigeants allemands locaux soient nommés secrétaires d'État[38].

Jusqu'au début de la guerre, l'influence d'Himmler sur la politique de la nationalité resta indirecte et officieuse. Elle s'exerçait par son autorité sur les principaux fonctionnaires du VoMi et leur contrôle effectif sur les organisations des Allemands d'origine. Mais le VoMi ne faisait pas partie intégrante de l'empire SS, il n'en était que le prolongement.

Le fait qu'Himmler ait souhaité étendre les activités de la SS à la politique de la nationalité était évidemment lié au rôle majeur qu'il voulait confier à la Schutzstaffel dans la « résurgence » de la « race germanique » et l'expansion du Reich qui en découlait. Si le Reich allemand devait à l'avenir se définir par la nation et la race, il s'agissait d'assurer très tôt le rattachement des minorités germanophones à une Allemagne conduite par les nazis. On repense sous cet angle à son projet de ceinturer l'Allemagne de cent millions de paysans germaniques. De plus, en s'engageant dans la politique de la nationalité, le concept de « corps de protection de l'État » pouvait être élargi à celui de « protection du peuple », si bien que la SS pouvait se présenter en protectrice des Allemands d'origine dans les situations de crise internationale, par exemple en exigeant la formation de « groupes d'autodéfense » allemands (ce qui fut effectivement le cas lors de la crise des Sudètes et à Dantzig durant les préparatifs de guerre)[39].

Les bonnes relations personnelles qu'Himmler entretenait avec Joachim Ribbentrop, auquel Hitler confiait depuis 1933 des missions spéciales en politique extérieure et qui disposait à cette fin d'un bureau, qui devint un « service » en 1935, lui ouvrirent de nouvelles perspectives en termes d'influence dans le domaine de la politique étrangère[40]. D'ailleurs, Himmler considérait comme un succès le fait que von Ribbentrop, au début de 1933, lors des négociations sur la constitution du gouvernement entre Hitler et von Papen, ait réussi à prendre pied dans la politique[41]. Dès le mois de mai, il lui accorda le grade de SS-Standartenführer. Il serait de nouveau promu par la suite, jusqu'à atteindre le rang d'Obergruppenführer le 20 avril 1940[42]. À partir de 1937, le service de Ribbentrop et la direction centrale du SD travaillèrent en étroite collaboration[43], et les familles des deux hommes entretenaient des relations amicales. Le 2 février 1938, deux jours avant que Ribbentrop ne soit nommé ministre des Affaires étrangères, les Ribbentrop passèrent la nuit chez les Himmler[44], et lors d'un séjour en sanatorium en février 1939 Margarete Himmler fut heureuse de recevoir un appel de Ribbentrop[45].

En juin 1933, l'ancien aide de camp d'Himmler, le prince Josias de Waldeck et Pyrmont, intégra le département du personnel du ministère des Affaires étrangères. Du point de vue d'Himmler, cela constituait la première étape d'une infiltration du corps diplomatique par la SS. En juin 1934, le prince quitta le ministère, mais dans l'intervalle il avait veillé à ce que, sur les dix attachés nommés depuis son entrée en fonctions, cinq appartiennent à la SS[46]. Après le départ du prince Waldeck, ce fut le SS-Standartenführer Herbert Scholz, rapporteur à l'état-major de liaison du NSDAP, qui fut appelé au ministère des Affaires étrangères. Scholz, peu après nommé conseiller d'ambassade auprès de la représentation allemande à Washington, se considéra tout au long de sa carrière comme un représentant de la SS. En février 1939, Himmler, à l'occasion d'une rencontre personnelle, lui demanda de lui indiquer qui, « parmi le personnel des Affaires étrangères aux États-Unis, était susceptible » d'être accepté dans la SS. En janvier 1940, Scholz signala qu'il pouvait recommander deux membres de l'ambassade[47].

Jusqu'en février 1938, sur les quelque cinq cents hauts fonctionnaires des Affaires étrangères, une cinquantaine appartenaient à la SS. Près de la moitié de ces diplomates, le plus souvent des attachés auprès des missions allemandes, intégrèrent la SS entre septembre 1936 et février 1938 – officiellement dans le cadre d'une grande campagne de recrutement[48]. Le ministre des Affaires étrangères von Neurath lui-même fut fait Gruppenführer en septembre 1937[49]. Le 13 septembre 1936, Himmler avait accepté le chef de l'organisation du NSDAP à l'étranger et secrétaire d'État aux Affaires étrangères Wilhelm Bohle dans la SS. Bohle fit entrer au ministère plusieurs fonctionnaires de son organisation (qui fédérait les Allemands d'origine de tendance national-socialiste vivant à l'étranger). Quand il quitta le ministère en 1941, Bohle veilla à ce que l'organisation du NSDAP à l'étranger travaille pour le compte du SD, et il fournit à Himmler des informations sur des personnalités du milieu des Affaires étrangères[50].

Avec la nomination de Ribbentrop au poste de ministre des Affaires étrangères le 4 février 1938, on put croire qu'Himmler venait d'accroître considérablement ses pouvoirs dans le domaine de la politique étrangère allemande. Non seulement Ribbentrop amena avec lui vingt membres de son service qui étaient également SS[51], mais il demanda également à ce que le nouveau secrétaire d'État Ernst von Weizsäcker et Ernst Woermann, bientôt désigné responsable de la section politique, soient acceptés dans la SS. Ce que fit Himmler le 20 avril 1938[52]. En mars de la même année, il plaça un autre homme de confiance, Wilhelm Keppler, au ministère des Affaires étrangères. Keppler, désormais secrétaire d'État et représentant spécial du ministère en Autriche, était un proche d'Himmler depuis qu'ils avaient organisé la rencontre entre Hitler et von Papen au domicile de Ribbentrop au début de 1933. De plus, Keppler, à l'origine de la création du Cercle des amis du Reichsführer, était membre de la SS depuis mars 1933[53]. En novembre 1939, Himmler renforça encore ces liens d'amitié en confiant à Keppler, en sa qualité de commissaire du Reich pour la consolidation de la nation allemande, la gestion de toutes les questions patrimoniales des Allemands de la Baltique[54].

Emil Schumburg, directeur du département Allemagne au ministère des Affaires étrangères et dans la SS depuis octobre 1936[55], endossa plus ou moins le rôle de « directeur de liaison[56] » avec Himmler. Mais très vite cette collaboration étroite avec la SS semble avoir suscité l'ire de Ribbentrop : face à la « collaboration ouverte, diligente et positive » de Schumburg « avec nous », peut-on lire dans un rapport du chef de la Gestapo Heinrich Müller, « la nouvelle direction des Affaires étrangères » s'est crue autorisée « à aussitôt le battre froid[57] ». Comme la réflexion de Müller sur la « nouvelle direction des Affaires étrangères[58] » le laissait déjà entrevoir, la nomination de Ribbentrop au poste de ministre des Affaires étrangères n'eut pas pour effet d'accroître l'influence d'Himmler sur la politique étrangère. Au contraire, Ribbentrop, qui réagissait de façon particulièrement épidermique quand il s'agissait de défendre son domaine de compétences, se défendit contre ces tentatives d'infiltration, et la relation personnelle entre les deux hommes connut d'ailleurs un net refroidissement au fil du temps.

Mais il restait à Himmler la possibilité de nommer ce que l'on appelait les attachés de police, qui servaient à l'étranger de bras armé de la Gestapo et de la SS. Il affecta un des premiers de ces envoyés spéciaux en Espagne. Sur requête expresse du chef de la police allemande, le commissaire de la police criminelle Paul Winzer, membre de la SS depuis 1933, fut délégué à l'ambassade allemande à Madrid en mai 1936, soit peu de temps avant le début de la guerre civile. Il avait pour mission d'observer le communisme et l'anarchisme en Espagne. En novembre 1936, de nouveau sur requête d'Himmler, il devint officiellement l'agent de liaison avec la police politique espagnole, et finit par occuper les fonctions d'attaché de police à l'ambassade[59]. Dans les années qui suivirent, il développa considérablement son bureau. Une vingtaine de personnes lui étaient subordonnées, dont quelques-unes, détachées au Maroc espagnol, furent affectées à la station d'écoute du SD[60].

Jusqu'au début de la guerre, Himmler envoya des attachés de police auprès des représentations diplomatiques allemandes à Rome, Tokyo et Belgrade[61]. Quand, après le début de la guerre, Hitler ordonna que l'ensemble du personnel des missions allemandes à l'étranger soit placé sous la férule du ministère des Affaires étrangères[62], Himmler obtint de Ribbentrop que ses représentants puissent transmettre leurs rapports au RSHA[63].

En août 1940, Heinz Jost, chef du département étranger du SD, s'entendit avec Rudolf Likus, responsable de la liaison avec la SS au ministère des Affaires étrangères, sur le fait que le SD devait préserver son propre service de renseignement, mais que ses rapports, dans la mesure où ils présentaient un intérêt dans le domaine de la politique extérieure, devaient être transmis au département Allemagne du ministère. Mais le SD conserva le droit de mener ses propres activités à l'étranger[64].

Tout en s'efforçant d'influencer la politique étrangère de l'Allemagne, Himmler cherchait à faire fructifier les relations officielles avec les polices des États amis. L'Italie fasciste était évidemment un partenaire tout indiqué. Le 30 mars 1936 eut lieu une conférence germano-italienne de la police à Berlin. Parmi la délégation allemande se trouvaient, sous la direction d'Himmler, Heydrich, Best, Müller, le chef de la Gestapo, et d'autres représentants et fonctionnaires des Affaires étrangères. L'Italie était représentée par le chef de la police Arturo Bocchini et de hauts responsables des forces de l'ordre. La conférence avait pour thème principal la lutte conjointe contre le communisme. En octobre suivant, une délégation allemande avec Himmler à sa tête fut invitée à Rome ; à cette occasion, Himmler fut reçu par Mussolini[65].

D'autres conférences de police bilatérales axées sur la lutte anticommuniste furent organisées avec la Finlande, la Bulgarie et probablement la Hongrie. Des contacts furent pris en ce sens avec les autorités polonaises et yougoslaves[66].

À la fin de l'été 1937, Himmler organisa un congrès international de la police. Entre le 30 août et le 3 septembre, il s'entretint avec des participants venus de Belgique, du Brésil, de Bulgarie, de Finlande, de Grèce, d'Italie, du Japon, de Yougoslavie, des Pays-Bas, de Pologne, du Portugal, de Suisse, de Hongrie et d'Uruguay sur les moyens, d'après les archives des Affaires étrangères, d'« augmenter la force de frappe dans le combat contre le communisme » et surtout d'« assurer à l'Allemagne [...] la direction de ce front nécessairement commun[67] ». Himmler considérait que le sujet du congrès était si sensible qu'il préconisa que rien ne filtre[68]. La délégation italienne était une fois de plus présidée par le ministre de la Police Bocchini, et en octobre 1937 Himmler se rendit de nouveau en Italie sur son invitation[69].

Les relations personnelles entre Himmler et Bocchini prirent un tour si positif que le chef de la police italienne convia son collègue allemand à passer plusieurs semaines de vacances en Italie immédiatement après cette visite professionnelle. Himmler dut toutefois prendre d'abord part aux célébrations obligatoires du 9 novembre à Munich, mais quelques jours plus tard il partit avec son épouse pour le seul grand voyage à l'étranger qu'entreprit jamais le couple. Pour Margarete Himmler, l'événement fut tel qu'il la poussa à entamer son journal, qu'elle tint avec ferveur pendant tout le voyage, mais qu'elle ne rédigea malheureusement ensuite que de façon sporadique[70].

« Le dimanche 14 novembre 37, nous sommes arrivés à Rome à midi », écriva-t-elle. Le couple, nous apprend-elle, avait voyagé dans une voiture-salon.

Ils furent accueillis par Bocchini en personne. Les jours suivants, ils firent le tour des monuments de la ville, le Colisée, Castel Gandolfo, le château Saint-Ange, le Capitole et le Vatican, le Forum, où Himmler impressionna son épouse par ses « connaissances historiques ». Puis Margarete Himmler connut un instant de triomphe : « Avec l'accord de la police, nous avons pu rouler dans le parc du Vatican dans notre voiture ornée du fanion de la SS[71]. »

Le 17 novembre, ils se rendirent à Naples. Hélas pour lui, Himmler avait « l'estomac en capilotade ». Le 18, ils n'en visitèrent pas moins Herculanum et Pompéi où des « mosaïques ornées de croix gammées » avaient été dégagées, ce qui suscita évidemment un grand intérêt. Margarete Himmler nota en toute ingénuité ses impressions sur le pays et ses habitants : « En Italie, on accorde une très grande importance à la bonne cuisine. » « Et ici pas de gens en état d'ébriété. Ils sont habitués au vin. » « Partout, on croise beaucoup d'enfants, que ce pays est donc béni[72] ! »

Le 19 novembre, en compagnie d'Eugen Dollmann, elle poursuivit sa visite de Naples. Dollmann, historien qui vivait en Italie depuis 1928, était entré en contact avec les principales personnalités du nazisme, dont Himmler, grâce à ses liens avec le chef des Jeunesses hitlériennes Baldur von Schirach. Lors du voyage en Italie du Reichsführer, il lui servit d'interprète. Parmi les représentants d'Himmler à l'étranger, Dollmann allait jouer un rôle particulier : rattaché à l'ambassade d'Allemagne, il n'était cependant pas subordonné à l'attaché de police Herbert Kappler. Dans les années qui suivirent, il tint Himmler au courant de la situation en Italie en lui envoyant des rapports[73].

Himmler, quant à lui, passa une journée fort déplaisante. Il était parti, comme l'expliquait Margarete, « sur le Vésuve, où il y a eu beaucoup de vent et de la pluie ». L'après-midi, ils se rendirent à Cosenza, en Calabre, un trajet de 350 kilomètres au cours duquel les pannes se succédèrent. Ils n'atteignirent leur but qu'à minuit. Le lendemain, ils visitèrent le château datant des Hohenstaufen et poursuivirent leur voyage à Taormina, en Sicile. Là, le couple entama de véritables vacances consacrées à la lecture, au bridge et aux baignades. Himmler se montra très actif sur le court de tennis. Des excursions étaient également au programme, par exemple à Syracuse, dans « les catacombes, guidés par un franciscain. Un petit malin, qui n'a répondu à aucune des questions de H. ». Début décembre, ce fut Palerme, où Himmler, toujours en quête de vestiges « germaniques », fit l'acquisition de quelques antiquités.

Le 4 décembre, les Himmler prirent l'avion pour la Libye où, le lendemain, ils visitèrent le chantier de fouilles archéologiques de Leptis Magna, une cité qui, déclara Margarete, émerveillée, avait été « construite par les Romains dans des dimensions, avec une richesse et une grandeur infinies ». « Je ne peux m'empêcher de me demander, écriva-t-elle, pourquoi les peuples sont aujourd'hui si pauvres ? Peut-être parce qu'il n'y a plus d'esclaves ? ! » Face à la pompe avec laquelle leur hôte, le gouverneur général Italo Balbo, célébra leur visite, l'apparence de touriste d'Himmler était quelque peu déplacée, puisqu'il portait, comme le nota, gêné, son accompagnateur, « une tenue impossible avec des culottes courtes en cuir[74] ».

Le 6 décembre, les Himmler visitèrent un camp de Touaregs, et le lendemain soir ils furent invités à dîner chez les Balbo. Auparavant, le couple avait également vu une mosquée et le quartier juif. Margarete décrivit ses impressions : « Horriblement sale, & quelle puanteur ! Les Arabes sont beaucoup plus propres. »

Le 9 décembre, ils reprirent un avion pour Naples, où ils admirèrent, le lendemain, Paestum et le Musée national, avant de se rendre en voiture le 11 décembre à Rome. Le soir, après un souper avec l'ambassadeur allemand au Vatican, von Bergen, Himmler se sentit « de nouveau très mal. Dit que ça viendrait des homards ». Le lendemain, il était si bien remis qu'il put accepter une invitation de Bocchini. Le 13 décembre, ils repartaient en train pour Berlin[75].

Le 10 décembre, alors qu'ils se trouvaient encore à Naples, Himmler avait confié quelques-unes de ses impressions de voyage dans une lettre destinée à Wüst, le directeur de l'Ahnenerbe, en en profitant pour formuler un vaste projet de recherches. En visitant les musées et les champs de fouilles italiens, il était régulièrement tombé sur des vestiges « germaniques » : traces de runes dans une inscirption latine sur le Forum, les croix gammées retrouvées à Pompéi et Herculanum, et bien d'autres. Wüst fut donc incité à « créer, au sein de l'Ahnenerbe, une section qui aurait pour mission d'étudier l'Italie et la Grèce et leurs rapports indogermaniques-aryens ». Cette mission, Himmler en convenait bien volontiers, était certes « considérable ». Mais il se disait sûr que « nous atteindrons ainsi notre objectif d'ensemble, et que nous nous rapprocherons ainsi de la preuve de l'existence d'une humanité aryenne et nordique partie du bassin baltique et du centre de l'Allemagne[76] ».

Dans leur vie quotidienne, les Himmler étaient encore loin de ces grandes ambitions, comme l'avait montré leur voyage avec ses petites pannes.

La crise Blomberg-Fritsch

À la fin de 1937, Hitler effectua un changement de cap majeur dans la politique du Troisième Reich : il lança le régime dans une politique d'expansion déclarée. Le 5 novembre 1937, il tint un discours devant le ministre de la Guerre von Blomberg, le ministre des Affaires étrangères von Neurath et les commandants en chef de l'Armée, de la Luftwaffe et de la Kriegsmarine où il justifia le besoin, au moyen de l'expansion militaire, d'assurer à l'Allemagne cet « espace vital » qui garantirait son avenir en tant que grande puissance[77].

Puis il détailla le moment et les moyens d'y parvenir, présentant deux scénarios. Tout d'abord, il expliqua à son auditoire qu'il était déterminé à déclencher, au plus tard à partir de 1943-1945, une grande guerre afin de résoudre « la question de l'espace allemand ». Les adversaires potentiels étaient la France et la Grande-Bretagne. Ensuite, il revint en détail sur les situations où l'Allemagne pouvait frapper dès à présent : si la France, pour des raisons de politique intérieure et extérieure, s'avérait incapable d'intervenir, il comptait profiter de l'occasion pour attaquer et annexer l'Autriche et la Tchécoslovaquie.

Confronté aux nombreuses remarques et critiques que ses projets suscitèrent de la part des militaires et de von Neurath, le dictateur comprit que pour passer à une politique extérieure plus agressive il lui faudrait auparavant remplacer les personnalités conservatrices qui occupaient des postes clés dans l'appareil d'État par des fidèles plus obéissants.

Quelques mois plus tard, un hasard inattendu offrit la possibilité de ce changement de personnel : l'affaire du mariage du ministre de la Guerre Werner von Blomberg. Ce dernier, en janvier 1938, avait épousé une femme beaucoup plus jeune que lui qui, s'avéra-t-il peu avant les noces, avait été plusieurs fois condamnée pour « des problèmes de mœurs » et qui était enregistrée comme prostituée dans les fichiers de la police. L'affaire – une affaire d'État, puisqu'Hitler et Goering devaient être les témoins du mariage – aboutit à la démission de von Blomberg[78].

À la fin de janvier 1938, Goering, qui se voyait en successeur de von Blomberg et avait informé personnellement Hitler du scandale, présenta des documents surprenants contre son principal concurrent, le commandant en chef de l'Armée de Terre Werner von Fritsch. La Gestapo d'Himmler les lui avait transmis et Goering soumit entre autres à Hitler un dossier dont on pouvait déduire que Fritsch était homosexuel.

Hitler s'empara aussitôt de l'accusation : il procéda à une confrontation à la Chancellerie entre von Fritsch et l'unique témoin à charge, un homme condamné pour avoir fait chanter ses partenaires sexuels. Le témoin prétendit reconnaître en Fritsch un de ses anciens clients, ce que le général nia énergiquement. La suite de l'enquête fut confiée à la Gestapo. C'était le scandale idéal. Hitler surmonta la crise qui menaçait d'engloutir le gouvernement dans les jours qui suivirent, en limogeant non seulement von Blomberg, mais aussi Fritsch le 4 février, assurant même le commandement de la Wehrmacht et ne nommant aucun remplaçant au ministère de la Guerre. Il désigna en outre Walther von Brauchitsch au commandement en chef de l'Armée de Terre. D'un seul coup, tout l'édifice de l'appareil de direction de l'armée avait été bouleversé.

La réorganisation de la hiérarchie de la Wehrmacht entraîna de sérieux remaniements : durant les premiers jours de février, douze généraux furent limogés, tandis que cinquante et un autres postes faisaient l'objet de remplacements. Le ministère des Affaires étrangères ne fut pas épargné ; le ministre von Neurath fut « promu » président du conseil secret du gouvernement (qui ne se réunit jamais), et son successeur n'était autre que l'habile émissaire spécial du Führer, Joachim von Ribbentrop, qui fit du directeur de la section politique, Ernst von Weizsäcker, son secrétaire d'État. Les ambassadeurs à Rome, Tokyo, Londres et Vienne furent remplacés. Enfin, même Hjalmar Schacht fut déboulonné du ministère des Finances, repris par Walter Funk, jusqu'alors secrétaire d'État au ministère de la Propagande[79].

Dans le même temps, la Gestapo enquêtait sur Fritsch. En mars, ce dernier dut répondre des accusations dont il faisait l'objet devant un tribunal militaire du Reich, lequel avait du reste ouvert sa propre enquête sur l'affaire, mais avait – à la différence des enquêteurs de la Gestapo – également cherché des informations susceptibles d'innocenter le général, qu'il finit d'ailleurs par trouver. Le procès, présidé personnellement par Goering, se conclut sur un coup d'éclat : le témoin à charge, Otto Schmidt, se récusa et reconnut avoir confondu le général von Fritsch avec un certain capitaine Fritsch, officier de cavalerie en retraite. Fritsch fut acquitté et officiellement réhabilité[80].

Pour von Fritsch, le principal responsable de sa chute était avant tout Himmler. Il ne ménagea pas ses reproches envers le « vaurien en chef ». « Tout votre comportement dans cette affaire montre [...] que vous ne vous êtes préoccupé que de faire de moi un coupable. » Fritsch envisagea même de provoquer le Reichsführer-SS en duel au pistolet[81]. En réalité, Himmler avait été convaincu *a priori* de la culpabilité de Fritsch et il avait veillé à ce que l'enquête soit effectivement biaisée. Peut-être espérait-il que sa carrière connaîtrait une nouvelle ascension en dévoilant ce scandale. En revanche, contrairement à ce que supposait von

Fritsch, il n'avait pas sciemment fabriqué et mis en scène toute l'affaire. Si l'on garde à l'esprit les scénarios sur l'homosexualité évoqués par Himmler en 1936-1937, on peut penser qu'il a vraiment cru que le péché de l'homosexualité avait déjà infiltré le haut commandement de la Wehrmacht. Le fait que la Gestapo n'ait pas obtenu les résultats attendus laissa Himmler, comme le nota Goebbels au plus fort de la crise à la fin de janvier, « très déprimé. Fritsch n'a toujours pas avoué[82] ».

La dépression d'Himmler dut encore s'aggraver quand il s'avéra que les accusations qu'il avait portées contre Fritsch étaient totalement infondées. À la mi-mars, Goebbels affirma, à l'issue d'un entretien avec Hitler : « Le procès contre le général von Fritsch se présente très mal. Toute l'affaire semble reposer sur une confusion. Très déplaisant, surtout pour Himmler. Il agit avec trop de précipitation et trop de préjugés. Le Führer est tout à fait indigné[83]. »

L'indignation de son Führer toucha Himmler aussi durement qu'il le méritait. Le Reichsführer-SS et chef de la police allemande avait complètement échoué dans une affaire d'État extrêmement pénible. En août suivant, après la réhabilitation définitive de Fritsch, Goebbels écrivit : « Terrible défaite pour Himmler[84]. »

La position d'Himmler dans l'affaire Fritsch était d'autant plus inconfortable qu'il risquait de se voir en même temps reprocher, lui, le persécuteur implacable des homosexuels, d'avoir longtemps toléré la présence d'un homosexuel à un poste clé dans la SS. En février 1938, il avait en effet été contraint de congédier le Gruppenführer Kurt Wittje, jusqu'en 1935 chef de la direction centrale de la SS, suite à des rumeurs sur son homosexualité. Himmler ordonna à la « grande cour d'arbitrage du Reichsführer-SS » d'ouvrir une enquête, qui, du reste, ne découvrit aucun indice probant venant étayer ces accusations. Mais cela ne le satisfit pas : dans une prise de position longue de sept pages, il critiqua en détail et sans pitié le rapport d'enquête, soumit lui-même l'affaire Wittje à une nouvelle enquête minutieuse et exclut l'intéressé de la SS pour homosexualité, dont il affirmait détenir des preuves « irréfutables ». Enfin, il renvoya toute l'affaire devant la cour d'arbitrage en invitant l'institution à en faire un « cas d'école ». Il ne manqua pas, à cette occasion, d'infliger à la cour d'arbitrage une leçon détaillée[85].

L'affaire était peut-être d'autant plus cuisante – ce qui pourrait expliquer la dureté de la prise de position d'Himmler – que dès 1934 Hitler l'avait informé que le ministre de la Guerre von Blomberg lui avait signalé que Wittje, un ancien officier, avait été chassé de la Reichswehr parce qu'il était soupçonné d'homosexualité. Pour Himmler, cette information dut paraître particulièrement inquiétante, car l'élimination des chefs de la SA en 1934 avait été justifiée par l'homosexualité de Röhm et de ses partisans. Si la rumeur s'était confirmée, les adversaires de la SS auraient été en mesure d'étendre la conjuration homosexuelle prétendument dirigée par Röhm jusqu'au sommet de la hiérarchie SS.

La prise de position outrée d'Himmler dans l'affaire Wittje en 1938 est donc aussi une justification personnelle, la preuve que lui-même avait à l'époque eu vent de tels soupçons, mais qu'il avait *dû* les considérer comme infondés. Pour Himmler, l'affaire était particulièrement explosive, puisque, après avoir réussi à entraîner la disgrâce de Fritsch, du moins au début, à l'aide d'un scandale homosexuel fabriqué, il risquait d'être à son tour confronté au reproche d'avoir toléré dans la SS un ancien officier homosexuel. Himmler fit donc tout son possible pour écarter de lui tout embryon de soupçon à cet égard.

Himmler fit savoir à la cour d'arbitrage qu'une première enquête détaillée n'avait à l'époque abouti à aucune information solide. Le dossier personnel de Wittje ne contenait que deux incidents remontant à son temps dans la Reichswehr. Ivre, il aurait, comme le souligna un Himmler indigné, « pris dans ses bras » un subordonné, l'aurait « serré contre lui et embrassé ». À la suite de quoi ses supérieurs auraient exigé de Wittje qu'il démissionne. Himmler en était arrivé à l'époque à la conclusion, dit-il en 1938, que le comportement de Wittje était dû à l'abus d'alcool. Il l'avait donc invité à éviter « tout état d'ébriété », recommandation dont, malheureusement, Wittje n'avait pas tenu compte.

En mai 1935, Himmler, sur la demande de Wittje, l'avait relevé de son poste de chef de la direction centrale de la SS « du fait de son état de santé fragile », tout en le maintenant à son grade de Gruppenführer. Mais en 1937 l'ancien chauffeur de Wittje avait émis une plainte qui, aux yeux d'Himmler, était limpide : « Pris dans ses bras, embrassé, tripoté. » Le chauffeur avait ensuite retiré sa plainte.

Les indices contre Wittje s'accumulaient. Il avait passé des vacances avec un jeune camarade de la SS. Cette fois, pour Himmler, l'affaire était entendue : « À mon sens, il est absolument anormal qu'un homme de quarante-trois ans, au bout de seulement quelques semaines, tutoie un jeune gars de vingt-cinq ans et, pour se reposer, ne rejoigne pas son épouse et ses enfants en Prusse-Orientale, mais parte avec ce jeune homme à Kreuth et Salzbourg, et qu'il lui paie en outre le voyage, alors que Wittje lui-même reconnaît avoir eu des difficultés financières ces dernières années. » Le voyage en compagnie du jeune homme plutôt que de sa famille était « indiscutable » et ne pouvait s'expliquer « que par l'anormalité ». Wittje et son compagnon furent donc exclus de la SS, même « au risque de porter tort à quelqu'un », car « je préfère me montrer trop dur dans ce domaine que de laisser le fléau de l'homosexualité se répandre dans la SS[86] ».

En novembre 1938, à l'occasion d'une rencontre des Gruppenführer, Himmler revint sur l'affaire et justifia ainsi le renvoi de Wittje : « On était en droit de douter qu'il ne soit pas sérieusement compromis conformément au paragraphe 175[87]. » Du reste, Himmler ne se montra pas rancunier envers Wittje, puisqu'il l'aida à se trouver de nouvelles ressources financières en 1942[88].

L'affaire Blomberg-Fritsch, ou, pour être plus exact, l'affaire Blomber-Fritsch-Wittje, se retrouve dans le journal de Margarete Himmler : « H. a beaucoup de souci et encore plus de travail », écrivait-elle le 26 janvier, non sans manifester de la compassion pour l'objet de la colère de son époux. « Le pauvre Blomberg, qu'il me fait de la peine. » Le 30 janvier, elle notait : « Tous les jours jusqu'à aujourd'hui, H. ne revient pas du travail avant minuit. Comment fait-il seulement pour tenir ? » Et le 4 février : « Hier soir, les Oswald étaient là, grande nouveauté. Le Führer a pris lui-même le commandement de la Wehrmacht. Ribbentrop est devenu ministre des Affaires étrangères. Beaucoup de changements. H. est très nerveux. A dû y travailler nuit et jour et lui-même n'est pas promu. » Himmler avait compté sur la possibilité d'obtenir, comme Ribbentrop, le rang de ministre, peut-être d'être promu ministre de la Police[89].

Un mois plus tard, le 5 mars, elle réfléchissait au surmenage de son époux et à la position qu'il occupait dans le Troisième Reich : « Presque huit jours à Gmund, dont deux à Munich. Mardi, nous y avons trouvé la même agitation. Il est si fatigué et si tendu par tous ces troubles, et je me dis toujours que tout cela est si peu reconnu. Parfois, je me torture le cerveau pour savoir pourquoi tout est comme ça. Ses ennemis sont-ils vraiment si forts. Mais H. est enjoué et courageux, et je m'efforce moi aussi d'être enjouée. »

L'Anschluss de l'Autriche

« L'Autriche appartient désormais au Reich allemand. H. a été le premier à Vienne. » Pour Margarete Himmler, qui le décrit avec une telle satisfaction dans son journal au 13 mars 1938, prenait fin une période de tensions politiques qui avaient eu un impact immédiat sur l'atmosphère dans la famille Himmler : « Les soucis ne nous lâchent plus, il y a chaque jour quelque chose de nouveau. H., qui savait évidemment de quoi il retournait, était de bonne humeur et carrément joyeux. Mais pour moi, qui n'ai vu que le côté pratique des événements et ai dû emballer la tenue de campagne, tout cela a été trop éprouvant[90]. »

En janvier 1938, la police allemande avait entrepris des préparatifs ambitieux pour le rassemblement de 20 000 hommes – officiellement pour un grand « défilé ». En réalité, la police se préparait à l'entrée en Autriche, à laquelle prirent finalement part, le 12 mars, des unités motorisées de la police venues de tous les coins du Reich – aux côtés des forces d'invasion du Reich[91].

Le prétexte au rattachement de l'Autriche par la force, prévu depuis des mois, fut l'annonce surprise par le chancelier autrichien Kurt von Schuschnigg, le 9 mars, que quatre jours plus tard un référendum serait organisé sur le maintien de l'indépendance de l'Autriche, afin de prouver la volonté de Vienne de conserver son autonomie face aux pressions croissantes du voisin allemand. Hitler ne tenait évidemment pas à attendre le résultat de cette consultation populaire. Il en obtint l'annulation, fit remplacer le chancelier Schuschnigg par le chef des nazis autrichiens, Arthur Seyss-Inquart, lequel, comme le souhaitait Berlin, réclama l'envoi de troupes allemandes[92].

En fait, Himmler arriva en avion à Vienne tôt le matin du 12 mars. Le Reichsführer-SS, comme le précisa la publication spécialisée *Die Deutsche Polizei* à ses lecteurs, « à la surprise générale, a atterri ce matin vers cinq heures sur l'aérodrome d'Aspern près de Vienne, bien avant qu'aucune formation allemande ait franchi la frontière. Il a pris les premières mesures pour assurer le calme et l'ordre et a donc été ainsi le premier représentant du pouvoir du Reich national-socialiste sur le sol autrichien[93] ». Le journal parlait du « coup de main audacieux du Reichsführer-SS Heinrich Himmler », grâce auquel « cette révolution, une des plus formidables de toute l'histoire du monde [...], s'est effectuée sans qu'un seul coup de feu soit tiré ni qu'une seule goutte de sang soit versée ! ». L'article laudateur n'eut pourtant pas l'écho espéré : Goebbels fit retirer la publication car, dans le texte en question, « presque tous les secrets du 10-13 mars sont trahis[94] ». Pour le chef de la police et de la police secrète, c'était à la limite du camouflet.

Mais revenons à l'entrée d'Himmler à Vienne le 12 mars. Là, il s'efforça, par des ordres martiaux, d'effacer la défaite subie par sa Schutzstaffel en 1934 après l'assaut sur la Chancellerie de Vienne. « À Vienne, 800 SS autrichiens protègent le gouvernement Seyss-Inquart à la Chancellerie de rouges en armes[95] », déclara-t-il dans un de ses communiqués.

De Vienne, Himmler se rendit avec Seyss-Inquart à Linz, où il arriva à midi pour accueillir Hitler qui venait d'entrer dans sa terre natale « rattachée[96] ». Le 14 mars, Himmler ne put s'empêcher de marcher dans Vienne « en tête de la

Leibstandarte » avec Sepp Dietrich à ses côtés, comme le rapporta *Die Deutsche Polizei.* Le lendemain, il repartait vers l'ouest, pour rencontrer Hitler, qui se trouvait sur la route de Linz à Vienne, à mi-chemin, à St-Pölten. De là, il accompagna le Führer à Vienne où, le même jour, eut lieu sur la Heldenplatz la grande manifestation au cours de laquelle Hitler annonça, sous les hourras d'une foule gigantesque, « l'entrée de ma patrie dans le Reich allemand ».

Le 18 mars, Himmler procéda à la mise en place d'une direction de la police d'État à Vienne et de postes de la police d'État dans les capitales des provinces autrichiennes, selon le modèle de l'organisation qu'il avait créée dans le Reich[97]. Déjà, le 14 mars, il avait fait le chef de la Gestapo Müller inspecteur de la police de sécurité en Autriche, fonction que celui-ci exerça jusqu'à l'été 1938. Il eut pour successeur Walter Stahlecker[98].

Le 21 mars, Himmler mit en place deux sections spéciales qui devaient provisoirement superviser le développement de l'Ordnungspolizei ainsi que de la Sicherheitspolizei, tout en servant de liaison avec les services centraux[99]. Au début d'avril 1938, il entreprit une tournée des capitales provinciales afin d'inspecter les installations de la police[100], et entre le 23 et le 25 mai il séjourna encore trois jours à Vienne. Dans l'ensemble, on peut considérer qu'Himmler réussit à intégrer la police de « l'État corporatif » autrichien sans trop de difficultés. Une vague d'arrestations eut immédiatement lieu parmi les opposants politiques, en particulier les communistes et les socialistes[101].

En pleine réorganisation de la police autrichienne, entre le 2 et le 10 mai, le Reichsführer entreprit une visite officielle en Italie, comme les deux années précédentes[102]. Là encore, il fut accompagné de son épouse Margarete, et une fois de plus la visite ne se déroula pas sans petits incidents. Lors d'une réception donnée par la reine d'Italie, Margarete refusa de faire la révérence comme l'exigeait le protocole, ce qui suscita une irritation marquée : « Toute la cour, écrit-elle dans son journal, était outrée. » Et surtout : « La confusion règne, ce qui a abouti à des situations comiques. On nous a mal traités. Dans une cour pareille, il règne des coutumes étranges. En dehors des laquais, personne n'est considéré comme un être humain[103]. »

Intervention dans les Sudètes

En octobre 1938, un grand nombre d'unités motorisées de la police prirent de nouveau part à l'occupation des Sudètes, ainsi que deux Einstazgruppen de la

Sicherheitspolizei. Ces derniers avaient à l'origine pour mission, dans l'éventualité d'une offensive allemande contre la Tchécoslovaquie, d'intervenir sur l'ensemble du territoire tchécoslovaque[104]. Comme, à l'issue de la signature des accords de Munich, dans la nuit du 30 septembre, cette perspective dut être provisoirement repoussée, les deux Einsatzgruppen ne dépassèrent pas le cadre du territoire des Allemands des Sudètes. Ils saisirent les archives de la police tchécoslovaque et, avant la fin de l'année, procédèrent à un grand nombre d'arrestations. Une dizaine de milliers de Tchèques et d'Allemands furent concernés[105].

Des unités armées de la SS – l'ensemble des Verfügungstruppen ainsi que quatre bataillons des Totenkopf – entrèrent elles aussi dans les Sudètes[106]. Ce fut le premier déploiement militaire de la Schutzstaffel. Dès la fin du mois de septembre, d'autres Totenkopfverbände étaient entrées sur le territoire tchécoslovaque pour renforcer le corps franc des Sudètes, composé de réfugiés allemands des Sudètes, et avaient occupé quelques portions de la frontière[107].

Le 1er octobre, le corps franc, constitué par la SA et armé avec les stocks de la Wehrmacht, fut subordonné à la SS, qui fut pourtant incapable de se charger du ravitaillement et de l'entretien jusque-là assurés par la SA et financés par la Wehrmacht. De plus, comme le signala le lieutenant Köchling, officier de liaison du haut commandement de la Wehrmacht auprès du corps franc, « les officiers des unités subalternes du corps franc [...] redoutaient de voir la structure patiemment mise en place menacée puisqu'ils craignaient, non sans raison, que les officiers SA éprouvés au combat et à l'instruction ne soient remplacés par des SS ». Il y eut des signes de désintégration au sein de la troupe. En outre, la SS commença à recruter dans le corps franc, ce qui suscita « l'exaspération » des officiers SA. « Afin de s'assurer le soutien de la hiérarchie du corps, l'adjoint du chef des Allemands des Sudètes et le chef d'état-major se virent offrir de hautes fonctions dans la SS. Ils les ont refusées[108]. »

« Il était désolant de voir comment deux composantes de l'État (chef des SA et SS) se trouvaient dans une opposition latente, dont l'impact coûtait au commandement et à la cohésion de la troupe », ajouta le lieutenant[109]. Cinq ans après l'affaire Röhm, l'harmonie était loin de régner entre la SS et la SA.

Pourtant, avec le déploiement dans les Sudètes, Himmler se trouva conforté dans ses ambitions militaires. Une fois l'occupation terminée, il rapporta à ses Gruppenführer, le 8 novembre à Munich, qu'il avait appelé 5 000 SS de quarante-cinq à cinquante ans, dont 3 500 avaient été gardés dans les troupes par la SS. Il avait ainsi été possible de retirer les Totenkopfverbände des camps de concentration et de mettre en place six nouveaux bataillons. De plus, il avait mobilisé des renforts de police de 11 000 hommes[110].

Pogrom

Avec le passage à une politique d'expansion déclarée, le régime nazi accentua les persécutions contre les Juifs. Cela fut particulièrement évident en mars 1938, à l'occasion de l'Anschluss, quand les activistes nazis donnèrent libre cours à leurs actions antisémites et que l'on assista, surtout à Vienne, à des exactions massives contre la population juive et à des expropriations arbitraires[111].

La politique menée par l'appareil d'Himmler, le SD, en réalité une simple organisation du parti, d'annexion de l'Autriche put assumer pour la première fois des fonctions exécutives dans ce domaine. Adolf Eichmann, envoyé à Vienne en tant que rapporteur du SD sur la question juive, obtint du commissaire du Reich Josef Bürckel, le 20 août 1938, qu'il mette en place un « bureau central pour l'émigration juive » et en confie la responsabilité au SD. Au moyen de ce bureau, Eichmann enclencha un processus qui permit d'accélérer les démarches administratives imposées aux Juifs contraints à l'émigration. Le tout était financé par les biens extorqués aux Juifs de Vienne dans le courant de la procédure[112].

Après l'Anschluss, les nazis déclenchèrent une escalade des persécutions contre les Juifs dans l'ensemble du Reich. Une nouvelle vague de lois antisémites fut approuvée qui préparait « l'aryanisation » définitive du patrimoine que possédaient encore les Juifs allemands. Profitant de l'action contre les « asociaux » de juin 1938, la police criminelle arrêta également, comme on l'a vu, un grand nombre de Juifs qu'elle plaça en détention préventive[113].

Quels étaient les objectifs d'Himmler à cette époque en ce qui concerne les Juifs vivant en Allemagne ?

Les déclarations d'Himmler sur la « question juive », aussi bien en public qu'en privé, sont relativement rares avant 1938, comme nous l'avons déjà évoqué. Cela n'est pas faute d'être antisémite, mais tient plutôt au fait que, contrairement à d'autres sujets, comme le combat contre les « asociaux », les homosexuels ou la lutte contre l'Église, aucune détermination particulière n'était nécessaire selon lui pour mener les persécutions contre les Juifs. Il existait un consensus entre les acteurs les plus importants de la politique juive – Hitler, les autorités du plan quadriennal sous la férule de Goering et le ministère de l'Intérieur sous celle de Frick –, les persécutions devaient être progressivement radicalisées, afin d'exclure totalement les Juifs allemands de l'économie et de la société et éventuellement de les autoriser à émigrer. La Sipo de Heydrich et le SD s'acquittaient de leur mission, si bien qu'Himmler n'avait que rarement besoin d'intervenir.

Au printemps 1938, Himmler prit une décision au sujet d'une Juive qui vivait à l'étranger et demandait à retourner en Allemagne, décision qui nous éclaire un peu plus sur les objectifs à long terme qu'il poursuivait à l'époque par rapport aux Juifs. Le Reichsführer-SS avait accepté sa demande pourvu que cette personne « s'engage à rester en Allemagne, car l'Allemagne » ne voulait pas « renoncer à la lourde hypothèque que les Juifs avaient envers elle ». Un ordre tout à fait contraire à la politique d'émigration mise en œuvre par le SD, en particulier après l'Anschluss, et qui suscita d'ailleurs de sérieux grincements de dents dans son département des affaires juives. Ce dernier demanda alors à Himmler s'il fallait comprendre cet ordre comme le fait qu'il fallait interdire d'émigrer à « tous les Juifs riches » ainsi que « tous les Juifs célèbres ou disposant d'une hypothèque ». Himmler signa son ordre sans autre commentaire et fit savoir en juillet suivant que l'affaire était réglée[114]. L'idée de prendre en otage les Juifs riches correspondait aux réflexions d'Himmler et le préoccuperait de plus en plus au fil des ans.

Entre mai et juillet 1938, le territoire du Reich fut de nouveau le théâtre d'exactions de la part des activistes du parti. À Berlin, Goebbels chercha à engendrer une véritable atmosphère de pogrom. Pourtant, après la crise des Sudètes, la direction nazie dut d'abord mettre un frein aux agressions contre les Juifs, pour mieux souligner la « volonté de paix » de l'Allemagne nazie. À peine la crise était-elle surmontée après les accords de Munich que, au début du mois d'octobre, les exactions reprenaient de plus belle. Entre autres, près d'une dizaine de synagogues furent incendiées pendant ces semaines. Les signes qu'une partie de la base du parti s'orientait vers un pogrom délibéré se multipliaient.

Dans cette atmosphère antisémite survoltée, Himmler, le 26 octobre, décréta l'expulsion, dans les trois jours, des Juifs polonais résidant dans le Reich, où ils étaient menacés de dénaturalisation par leur propre gouvernement[115]. Dans ce qui fut l'une des premières grandes déportations, 18 000 personnes furent arrêtées et, dans des conditions inhumaines, ramenées à la frontière germano-polonaise[116].

Le 7 novembre, Herschel Grynspan, âgé de dix-sept ans, assassina Ernst vom Rath, secrétaire de la légation de l'ambassade d'Allemagne à Paris, pour venger la déportation de ses parents originaires de Pologne. Pour le régime nazi, c'était un prétexte idéal pour sa base militante antisémite qui permettait de déclencher le pogrom réclamé. Le 7 novembre, jour de l'attentat, la presse nazie adopta une position menaçante vis-à-vis des Juifs vivant en Allemagne et annonça, conformément aux recommandations du ministère de la Propagande, qu'une offensive de la « juiverie mondiale » aurait des conséquences imprévisibles pour les Juifs d'Allemagne [117]. Dès le 7 et le 8 novembre, on signala des exactions contre des synagogues et des boutiques juives, dans la Hesse en particulier [118].

Dans cette situation, le 8 novembre, Himmler tint son discours annuel devant les Gruppenführer de la SS réunis à Munich pour fêter, le lendemain, l'anniversaire du putsch de 1923. Il évoqua lui aussi la question juive. « Dans les dix prochaines années, affirma-t-il, il faudrait se préparer à des confrontations constantes », et il faudrait donc survivre au « combat idéologique » contre l'ensemble de « la juiverie, la franc-maçonnerie, du communisme et de l'Église du monde entier ». Il n'oublia pas d'ajouter : « Je considère les Juifs comme le moteur, la source de tout ce qui est négatif [...] En Allemagne, le Juif ne peut plus se maintenir, c'est une question d'années. Nous allons de plus en plus les expulser avec une implacabilité sans précédent [119]. » Il n'eut pourtant pas un mot pour la situation du moment. Quant à la formule « c'est une question d'années », elle ne signifie nullement qu'à ce stade il envisageait une pause dans les persécutions contre les Juifs.

Le lendemain, 9 novembre, vom Rath mourait des suites de ses blessures. La nouvelle, qui n'avait rien d'inattendu, arriva l'après-midi même à Munich. Le soir, pendant la cérémonie du souvenir des « anciens combattants » à la mairie, elle fut officiellement annoncée. Hitler quitta la cérémonie et Goebbels excita les responsables du parti présents avec un discours enflammé, et déclencha ainsi le pogrom dans tout le Reich. La chronologie des événements permet de conclure que Goebbels s'était déjà entendu sur ce scénario avec Hitler avant le rassemblement [120].

Himmler était lui aussi présent à la mairie [121]. On ne sait ce qu'il fit après le discours de Goebbels, s'il émit des directives à la SS. Quoi qu'il en soit, sur l'ensemble du territoire du Reich, les membres de la SS, rassemblés un peu partout ce soir-là à l'occasion des cérémonies, prirent part aux débordements. Il ne nous est pas possible d'établir si la direction de la SS avait donné des ordres en ce sens ou si les hommes d'Himmler se joignirent spontanément aux exactions locales [122].

Plus tard dans la soirée, Himmler se rendit au domicile munichois d'Hitler, où celui-ci, peu avant vingt-trois heures trente, fut informé de l'étendue des destructions [123]. C'est de là qu'Himmler semble avoir appris au chef de la Gestapo

Müller que « des actions contre les Juifs, en particulier contre les synagogues » auraient bientôt lieu. Il ne fallait pas les interrompre, tout en interdisant les pillages et les débordements trop importants. Et, plus important encore : il fallait prendre des mesures appropriées dans les camps de concentration pour accueillir entre vingt et trente mille détenus [124].

Himmler participa ensuite avec Hitler à la prestation de serment de nouveaux SS sur l'Odeonplatz, puis rentra à son hôtel, le Quatre Saisons. Mis dans la confidence par Himmler, Heydrich envoya, vers une heure vingt, un télex aux bureaux de la Sipo et du SD où il expliquait qu'il fallait « s'attendre à des manifestations contre les Juifs dans tout le Reich », que la police ne devait pas empêcher. Les forces de l'ordre devaient au contraire se contenter d'empêcher les incendies de synagogues quand ceux-ci présentaient un danger pour les environs, ainsi que les pillages et les attaques contre des boutiques non juives [125].

L'ordre reçu par Müller et le télex envoyé presque une heure et demie plus tard par Heydrich montrent que la direction de la police réagit relativement aux événements et qu'elle fut apparemment surprise par l'étendue des déprédations. Partout sur le territoire du Reich, des activistes nazis, SA et SS, membres du parti et d'autres organisations avaient ainsi commencé à détruire des synagogues, des institutions et des boutiques juives, à démolir des logements, à expulser des Juifs de chez eux par la force, à les humilier, les maltraiter et, dans de nombreux cas, les assassiner. Plus tard, on cita le chiffre officiel de 91 morts, vraisemblablement inférieur à la réalité. Il y eut de nombreux suicides, et sur les 25 à 30 000 hommes arrêtés pendant la nuit et transférés dans les camps de concentration, plus de la moitié moururent en détention [126].

Dans les semaines qui suivirent, d'autres mesures de cette « politique juive » furent proclamées dans le cadre d'une série de conférences de haut niveau [127]. Lors de la session du 12 novembre 1938, Heydrich orienta les discussions sur le sujet de l'émigration juive et cita entre autres l'expérience du SD avec le « bureau central pour l'émigration des Juifs » de Vienne. Il proposa la mise en place d'une institution de même type pour l'ensemble du Reich. Goering donna son approbation. Plus tard, Heydrich évoqua une « action d'émigration pour la juiverie dans le reste du Reich », dans un délai qui s'étendrait « au moins sur huit-dix ans [128] ».

Son projet d'expulsion organisée des Juifs allemands suscita l'approbation générale lors de cette conférence. Ce fut une étape décisive dans le rôle exceptionnel que jouerait par la suite Heydrich dans la politique juive. La notion, développée dans les années précédentes au « département des affaires juives » du

SD, d'expulsion globale, garantie sur le plan intérieur, extérieur, mais aussi économique, devenait désormais la politique officielle du régime.

Le 24 janvier 1939, Goering approuva la création d'un « Bureau central pour l'émigration des Juifs » sur le modèle de l'institution mise en place par Eichmann à Vienne, et il en confia la direction à Heydrich. En parallèle, Goering ordonnait le regroupement de toutes les unions et associations juives sous un organisme de tutelle unitaire[129]. Ainsi naquit l'Union des Juifs du Reich, soumise à la supervision du ministère de l'Intérieur et qui succédait à la représentation des Juifs du Reich créée en 1933. Le 4 juillet 1939, le dixième amendement à la loi sur la citoyenneté du Reich décrétait que tous les Juifs vivant dans le Reich et toutes les institutions juives devaient être affiliés à cet organisme[130].

Le pogrom entraîna dans son sillage une vague de lois antisémites : les Juifs furent exclus de toute activité économique, leurs entreprises aryanisées de force, leurs demandes de dédommagement pour les dégâts subis pendant le pogrom rejetées. Au lieu de cela, on leur imposa le versement d'une « amende expiatoire » d'un montant d'un milliard de reichsmarks[131].

Himmler émit lui aussi une succession d'ordonnances durant ces semaines. Le 10 novembre, il interdit par exemple aux Juifs allemands de détenir une arme, ce que le ministre de l'Intérieur du Reich confirma le lendemain par un décret[132]. Le 2 décembre, se fondant sur une ordonnance de police publiée la veille[133], il proclama qu'à l'occasion de la « Journée de la solidarité nationale » tous les Juifs allemands seraient assignés à résidence. Car les Juifs n'auraient « aucun droit à la solidarité du peuple allemand » s'ils quittaient leur domicile ce jour-là entre midi et vingt heures[134]. Le 3 décembre 1938, Himmler signa une ordonnance qui privait immédiatement les Juifs du droit de conduire un véhicule : leurs permis de conduire et autres documents furent déclarés invalides, et ils durent les restituer[135].

Les tracasseries administratives incessantes et sans cesse plus menaçantes eurent un effet. Bien que les négociations internationales qu'entreprit Hjalmar Schacht à la fin de 1938 avec le Comité international pour les réfugiés politiques sur la demande d'Hitler, afin d'obtenir une émigration à grande échelle, eussent échoué[136], la panique déclenchée par le pogrom de novembre et l'assouplissement des conditions d'immigration dans plusieurs pays étrangers en 1939 poussèrent de plus en plus de Juifs à quitter le Reich[137].

L'occupation de Prague

Au début d'avril 1939, Gudrun, la fille d'Himmler, reçut un courrier de Karl Wolff, l'aide de camp de son père. « Chère Püppi ! commençait Wolff dans sa lettre. Je t'écris cette lettre pour te confier un document de grande valeur, que tu pourras montrer à tes petits-enfants et arrière-petits-enfants. » Wolff avait été « le témoin » de l'entrée d'Hitler au Hradcany, l'antique château de Prague, le 15 mars. Il décrivit à Gudrun la scène suivante :

« Le Führer s'est rendu dans une salle privée aménagée pour l'occasion, s'est tourné vers ton père, l'a pris joyeusement dans ses bras, qu'il soit remercié d'avoir conquis la Bohême et la Moravie pour l'Allemagne. Et le Führer a dit ceci : "Himmler, n'est-ce pas merveilleux que nous nous trouvions ici ? Nous y sommes et nous n'en partirons jamais." Plus tard, le Führer s'est adressé à ton père, encore une fois ! "Je ne veux pas me vanter, mais, je dois bien le dire, j'ai fait cela avec élégance." J'espère, ma chère Püppi, te faire grand plaisir avec cette histoire [138]. »

Si Hitler, tout à son euphorie, s'était tourné vers Himmler, ce n'était pas sans raison : le 15 mars 1939, les SS et la police avaient joué un rôle crucial dans l'occupation presque sans heurts de la partie tchèque de la République tchécoslovaque, comme ils l'avaient fait lors de l'entrée en Autriche et dans les Sudètes.

Aux côtés de deux régiments de l'Ordnungspolizei [139], Himmler avait déployé deux Einsatzgruppen de la Sipo, qui entreprirent aussitôt de saisir les archives dans les territoires occupés et, dans le cadre de l'Action « Gitter » (« Grille »), d'arrêter massivement les communistes et les émigrés allemands, soit quelque 6000 personnes jusqu'au début du mois de mai. L'opération durerait jusqu'au 1er septembre, avant que la position de la Sipo dans le « Protectorat de Bohême-Moravie » ne soit fixée par la loi. Dans l'intervalle, la Sipo put imposer un arbitraire presque sans limites.

La législation n'y changea d'ailleurs pas grand-chose, car elle ne fit finalement qu'entériner le régime d'arbitraire instauré par Himmler et Heydrich. L'ordonnance en question précisait en effet que non seulement les autorités tchèques, mais aussi l'administration allemande devaient obéir aux ordres de la Gestapo, et que « le Reichsführer-SS, en liaison avec le Reichsprotektor », pouvait prendre les « mesures administratives nécessaires au-delà des limites prévues ici [...] pour garantir la sécurité et l'ordre ». *De facto*, le Reichsprotektor, l'ancien ministre des Affaires étrangères von Neurath, était en réalité exclu du domaine de la police et de la sécurité, car Karl Hermann Frank, HSSPF et adjoint du Reichsprotektor, était directement subordonné à Himmler pour les questions « professionnelles »

De plus, dans les « affaires concernant la police d'État », la Sipo était habilitée à émettre des directives destinées aux autorités régionales du Protectorat. Enfin, Himmler nomma un commandant en chef de la Sipo locale : Otto Rasch, le premier à occuper ce poste. Il fut d'ailleurs remplacé par Stahlecker au bout de quelques semaines. L'Orpo, elle, était pratiquement indépendante[140].

Reprise de la politique de colonisation

Jusqu'en 1938, les activités de son Bureau pour la race et le peuplement n'intéressèrent que vaguement Himmler dans le domaine plus précis de la colonisation. Certes, le 3 septembre 1935, il avait décidé que le RuSHA serait responsable de toutes les questions portant sur l'installation de membres de la SS. Cela valait également pour la sélection de colons dans le cadre de la « reconstitution de la paysannerie allemande », ainsi que les « colonies résidentielles », autrement dit l'installation dans les villes[141], et en 1938 le chef du RuSHA avait étendu cet ordre à la police[142]. Mais dans les faits les projets de colonisation de la SS connurent des débuts modestes. Ainsi, en 1938, on n'avait installé que 55 cultivateurs sur une surface totale inférieure à 5 000 hectares dans le cadre de la « nouvelle colonisation agricole ». Il n'était de plus prévu de créer que 102 résidences SS dans l'Oberabschnitt Sud-Ouest[143].

Cette activité réduite et l'intérêt personnel limité du Reichsführer pour la question de la colonisation étaient imputables au fait qu'Himmler avait veillé, en nommant l'idéologue et ministre de l'Agriculture Darré au poste de chef du Bureau pour la race et le peuplement au début des années 30, à donner l'illusion que le sujet ne prendrait un sens pratique que dans un avenir lointain. Il s'agissait avant tout pour lui d'assurer à la SS, grâce à son alliance avec Darré, une place solide au cœur de l'utopie nazie.

Si Darré, dans un discours à huis clos en janvier 1936, affirma que l'avenir de la colonisation agricole allemande se trouvait à l'est de l'Europe « jusqu'à l'Oural[144] », le RuSHA qu'il dirigeait ne fit rien de particulier pour s'y préparer. Au RNS, le syndicat des paysans nazis également présidé par Darré, on travaillait en revanche, sous les ordres de Hermann Reischle, depuis le début de 1937 à des plans ultra-secrets de colonisation de la Tchécoslovaquie. Reischle se disait insatisfait de la « situation grotesque » qui faisait que « personne » dans l'Allemagne national-socialiste ne consacrait de « réflexions concrètes à ce sujet », ni ne cherchait à savoir comment réaliser cette exigence centrale du nazisme qu'était la quête d'un « nouvel espace ». Le secret absolu qui entourait ces projets empêchait Reischle, qui dirigeait également le département racial du RuSHA, d'y impliquer les SS. Au contraire, on peut même se demander si, dans ses fonctions de chef du département racial, il n'avait pas d'abord pour mission de gêner les plans de colonisation de la SS, qui auraient pu constituer une concurrence [145].

Les activités de la SS dans ce secteur ne se renforcèrent qu'en 1938. Des territoires furent récupérés dans les Sudètes et en Autriche. Là, la société de colonisation allemande, la DAG, contrôlée par le RuSHA [146], reçut la mission en juin 1938 d'acheter des terrains destinés à un champ de manœuvres de la Wehrmacht, d'en déplacer la population, environ 5 000 personnes, et de la réimplanter sur des parcelles « aryanisées ». Des commandes similaires furent passées pour trois autres champs de manœuvres. Au total, la superficie était de 35 000 hectares [147]. « La gestion précise, ponctuelle et sans heurts » de la DAG lui valut d'être chargée de missions de même type en Autriche [148].

Dans les Sudètes, le RuSHA se montra nettement plus actif. Comme l'écrivait Günther Pancke, qui remplaça Darré à la tête du RuSHA à la fin de l'été 1938, à Himmler en octobre de la même année, il fallait profiter de « l'occasion qui se présente sur le territoire des Sudètes » pour procéder à des changements en profondeur dans « l'ensemble du territoire de peuplement ». Véritable terrain d'expérience, les Sudètes devaient faire l'objet d'un travail intensif afin d'imposer la compétence des SS sur la question du peuplement dans l'ensemble du Reich ou, comme l'exprima Pancke, afin que « la SS puisse poursuivre son travail dans l'ancien Reich auprès du commissaire au peuplement du Reich grâce à ses prestations ». Par conséquent, l'extension des compétences d'Himmler, nommé en octobre 1939 commissaire du Reich pour la consolidation de la nation allemande, avait été préparée un an plus tôt. En juillet 1939, le RuSHA réclama au SD, en se prévalant d'un ordre express du Reichsführer, les « archives, statistiques et cartes qui traitent de la situation agricole et géopolitique en Tchéquie, Lituanie, Lettonie, Estonie et Roumanie ». Le fait que l'on ait exigé en même temps des documents sur le « travail de l'Action catholique dans les pays susnommés » permet d'entrevoir à qui l'on comptait extorquer les futures terres à coloniser [149].

Mais c'est au printemps 1939 qu'eut lieu le véritable tournant dans la politique de peuplement de la SS, quand Himmler reçut d'Hitler la mission d'organiser le déplacement de la minorité allemande du Sud Tyrol. Ce n'est que là que la politique de peuplement prit vraiment des dimensions de « politique de la nationalité », et ce n'est que là qu'elle est revenue au centre des préoccupations d'Himmler, mais qu'il y vit la possibilité de faire glisser le centre de gravité de l'expansion de l'empire SS de la notion de « corps de protection de l'État » à celle de « politique de l'espace vital ».

Avec Darré, une telle réorientation n'aurait pas été possible. La politique de peuplement de la SS devait être accentuée sur le plus racial et guerrier, plutôt qu'agricole comme l'envisageait Darré. Dans la SS, on voyait le futur colon comme un « soldat paysan [150] ». Pour Himmler, il était désormais inévitable de se débarrasser de Darré, qu'il avait pourtant longtemps considéré comme un partenaire politique et un ami personnel.

Himmler se sépare de Darré

Les notes personnelles de Darré montrent qu'au plus tard en 1937 il avait commencé à se méfier d'Himmler.

Le 17 avril 1937, à l'occasion d'une visite chez Himmler, Darré avait constaté que, si ce dernier l'avait traité « très chaleureusement, très amicalement », il l'avait également entretenu « sur un ton étonnamment pessimiste de l'impact de [sa] position sur le public et auprès du Führer ». Cela faisait référence à l'échec de Darré lors de la Journée du paysan du Reich en 1936, qui avait durablement terni son prestige au sein de la direction nazie. Dans son discours idéologique et verbeux, Darré, estimaient les ténors du parti, n'avait pas su esquisser la future politique agricole. Toute l'affaire était la preuve de l'isolement politique du patron du syndicat paysan [151]. Ce jour-là, chez Himmler, écrivit Darré, il s'était « abstenu de toute prise de position » et s'était « contenté d'écouter en silence car mon amitié pour les Himmler est plus importante [152] ».

Le 8 décembre 1937, il eut une « discussion de principe » sur la SS avec son secrétaire d'État Herbert Backe : « Pour moi, il n'est même pas question de savoir si le RFSS a quelque chose contre moi, mais tout ou partie de son entourage doit avoir la haute main sur lui, si bien qu'il commence à faire des choses dont il ne perçoit manifestement plus les conséquences. […] Que faire ? Attendre ! […] Je ne peux pourtant pas quitter mon poste de chef du Bureau pour la race et le peuplement […] il y a des lacunes terribles du côté du combat pour le paysan national-socialiste. […] La SS se transforme-t-elle en garde prétorienne féodale ? […] on entoure Himmler de slogan sur le "bon sang" qu'il faut sauver, et en coulisse tous les postes essentiels sont occupés par les bailleurs de fonds de la SS [153]. »

Deux semaines plus tard, il notait : « Discussion avec Backe, faire de la SS un ordre samouraï et la fusionner en même temps avec la police. (Projet du RFSS.) Ça ne va pas. À qui profite le crime ? » Et, au début de janvier 1938 : « De grandes inquiétudes se dressent sur le chemin de la SS [...] Wolff crée carrément un gouvernement parallèle avec des adversaires de la SS. » Quinze jours plus tard, il commentait : « Inquiétudes quant à l'avenir de la SS. Mais dois-je abandonner le Bureau pour la race et le peuplement, puisque la SS se transforme en une garde prétorienne capitaliste sous un commandement jésuitique[154] ? »

En février 1938, il présenta effectivement sa démission à Himmler. Ce dernier avait émis des critiques virulentes à l'encontre de Joachim Caesar, chef du département de l'éducation du RuSHA, et avait voulu le licencier en passant outre Darré. Ce faisant, affirma Darré, Himmler avait rejeté le troisième responsable de l'éducation qu'il proposait, et il était donc insatisfait de la façon que « j'ai de diffuser et d'ancrer mon idée du sang et du sol, de la reproduction et de la race dans la SS ». Son départ du RuSHA était par conséquent inévitable[155]. Si cette demande était formulée de telle manière qu'elle laissait à Himmler la possibilité de la refuser, le Reichsführer accepta cependant sans hésiter la proposition de Darré[156].

Un brouillon de cette lettre a été conservé. Il était formulé de façon plus incisive. « Mais je dois au Führer, avait tout d'abord écrit Darré, de cesser mes fonctions, dont je ne suis plus certain qu'elles aillent dans le sens de l'histoire. » De plus, dans sa dernière phrase, il décrivait sa décision comme « irrévocable ». Dans la version qu'il finit par envoyer, il assurait « ne plus voir d'autre issue[157] ».

Officiellement, le départ de Darré ne fut pas justifié par sa lettre, mais par l'accroissement de sa charge de travail. Cependant, comme il le nota, « rien ne saurait être pour l'heure plus défavorable », car cette « solution sera utilisée par certains pour [creuser] un fossé entre la SS et la paysannerie[158] ». Himmler ayant obtenu l'approbation d'Hitler pour le départ de Darré, il congédia ce dernier avant tout parce qu'il n'était pas encore parvenu, comme il le lui écrivit, à « une réglementation et une réorganisation définitives conformément aux ordres » du fait d'autres affaires politiques pressantes[159].

Au même instant se trouvait sur le bureau d'Himmler la proposition du chef de l'administration SS Pohl, qui envisageait une dissolution pure et simple du Bureau pour la race et le peuplement afin de régler « une fois pour toutes [...] ses difficultés financières chroniques[160] ». Himmler ne franchit pas cette étape, mais il rattacha, comme le suggérait Pohl, le département de l'éducation du RuSHA à la direction centrale, réduisant ainsi considérablement l'ancien domaine de compétences de Darré.

Son successeur, Pancke, ne fut nommé que le 11 septembre 1938. Darré avait exigé d'être désormais officiellement relevé de ses fonctions, la situation confuse suscitant des irritations. Deux de ses plus proches collaborateurs le suivirent, le chef de cabinet du RuSHA, Ebrecht, ainsi que le chef du département racial, Reischle[161]. Darré pria cependant Himmler de le garder à ses côtés, « comme conseiller personnel sans mission précise », sinon ils n'auraient dans les années à venir aucune chance de réaliser « les idées de l'ordre de la SS » pour lesquelles ils se battaient tous deux, puisque les missions de « protection de l'État » avaient la préséance. Darré espérait donc, comme auparavant, pouvoir concrétiser à moyen terme ses vastes projets idéologiques avec l'aide d'Himmler et de la SS. De façon significative, Hitler n'accéda pas à cette dernière requête[162].

Cela conforta Darré dans son opinion, dont il s'était déjà ouvert le 28 février quand il avait été informé de son limogeage par un des aides de camp d'Himmler. Il coucha sa déception sur le papier : « Himmler n'a absolument pas compris le sens profond de mes idées. » À l'époque, il avait ajouté qu'il comptait « veiller à préserver leur amitié[163] ». En effet, Darré et Himmler s'efforcèrent par la suite ostensiblement de maintenir leurs relations personnelles[164]. Toutefois, ils continuèrent à s'éloigner l'un de l'autre, et en 1939-1940, la méfiance de Darré se mua en hostilité.

Le Sud-Tyrol et le Protectorat

Désormais, sans Darré, il était possible d'appliquer la politique de peuplement de la SS conformément au concept d'espace vital. Le point de départ en fut l'ordre de déplacer la population d'origine allemande du Sud-Tyrol[165]. Immédiatement après l'occupation de Prague, à la fin mars ou au début avril 1939, Hitler confia verbalement à Himmler et à Franz Hofer, gouverneur du Tyrol, la mission de préparer l'expatriation de 30 000 Allemands d'origine du Sud-Tyrol[166]. Le but était de ne pas tendre davantage les relations germano-italiennes en définissant clairement les sphères d'intérêt. Car l'entrée à Prague représentait une violation déclarée des accords de Munich, en partie conclus grâce à Mussolini, et contredisait de plus les promesses allemandes au gouvernement italien, Berlin ayant promis que son expansion s'arrêterait aux « frontières nationales » allemandes. Du point de vue d'Hitler, il s'agissait, grâce à une politique bienveillante au

Sud-Tyrol, de dissiper la méfiance qui s'était fait jour chez son allié potentiel le plus important. La mesure démonstrative prise par le Führer sur la question du Sud-Tyrol fut une condition essentielle du pacte d'Acier du 22 mai 1939, censé sanctionner l'alliance germano-italienne.

Il était logique de faire appel au Gauleiter du Tyrol Hofer. Mais que venait faire exactement Himmler dans cette affaire ?

Plusieurs raisons expliquaient sa présence. D'une part, il pouvait se prévaloir de l'expérience du Bureau pour la race et le peuplement dans les déplacements de populations liés à l'aménagement de terrains de manœuvres en Autriche et dans les Sudètes. Mais surtout c'étaient ses compétences dans le domaine policier qui garantissaient que « l'expatriation » des Tyroliens du Sud se déroulerait en bon ordre et que toute résistance des personnes concernées pourrait être maîtrisée. Sans parler des excellents contacts qu'il entretenait avec les dirigeants de la police italienne, et du rôle qu'il avait endossé les années précédentes en tant que coordinateur et plus haute instance de la politique de la nationalité.

Dès le début, Himmler considéra cette mission comme une première étape vers une évacuation totale de tous les germanophones du Sud-Tyrol [167]. Le 30 mai 1939, dans un mémorandum, il souligna que « l'accord du Führer au sujet de la frontière entre l'Allemagne et l'Italie » était « définitif ». Il était donc « d'une clarté irrévocable qu'il faut abandonner le Sud-Tyrol en tant que territoire allemand et qu'il ne présente plus aucun intérêt pour nous ». Mais cela ne voulait pas dire « que l'Allemagne va abandonner les 200 000 Tyroliens du Sud qui veulent être allemands ». Le problème ne pouvait être résolu que dans le cadre d'un « processus d'une générosité peut-être sans précédent dans l'histoire ». L'Allemagne allait créer « quelque part sur le territoire où s'exerce son pouvoir, par exemple à l'est, un espace pour 200 000 personnes », et ce sur un territoire défini qui devait être débarrassé de tous ses anciens habitants. On pouvait par exemple envisager l'établissement d'un tel territoire dans le nord de la Moravie, ce qui avait en outre l'avantage que « la Moravie profiterait de ce renfort de valeur, 200 000 éléments nationaux de bonne race, très conscients de leur germanité, et prêts à se battre ».

Mais c'était là « l'objectif stratégique final ». En attendant, il fallait en passer par une « solution par étapes », d'abord par une transplantation sur le territoire du Reich allemand depuis le Sud-Tyrol, essentiellement vers le Nord-Tyrol. Le VoMi avait déjà reçu l'ordre de réaliser une « cartothèque centrale » de tous ces immigrants, afin de pouvoir plus tard transférer les Sud-Tyroliens dans le territoire de colonisation déterminé à l'est. Le processus d'expatriation devait se dérouler en étroite coopération avec les Italiens, de préférence avec les autorités policières locales[168].

Le 23 juin eut lieu à Berlin une rencontre germano-italienne sur la question du Sud-Tyrol, sous la direction d'Himmler. La délégation italienne était présidée par l'ambassadeur Bernardo Attolico. Au cours de la réunion, Himmler affirma qu'il faudrait prendre en considération le « retour » des citoyens du Reich vivant dans le Sud-Tyrol (dont de nombreux Autrichiens qui, après l'Anschluss, avaient changé de nationalité). Pour orchestrer ce mouvement de population de plusieurs milliers de personnes en quelques semaines, un « Bureau d'émigration et de retour » devait être ouvert à Bolzano, avec quatre antennes dans d'autres endroits du Sud-Tyrol. Une fois cette première action terminée, les Sud-Tyroliens qui n'étaient « pas liés au sol » seraient réinstallés dans le Reich, en particulier dans le Nord-Tyrol. La population agricole suivrait plus tard.

Ensuite, d'après Himmler, les Italiens avaient accepté de garantir que les biens immobiliers des Sud-Tyroliens ne seraient pas bradés. L'État italien mettrait en place des commissions spéciales chargées de superviser les ventes. De son côté, Himmler s'était engagé vis-à-vis des Italiens à interdire la circulation de véhicules personnels du Nord-Tyrol vers le Sud-Tyrol afin d'éviter de compromettre « l'atmosphère ». Il avait de plus prié la partie italienne de demander son soutien au Vatican « avec lequel je n'ai que peu de relations », afin que le clergé catholique dans les deux parties du Tyrol empêche « l'agitation d'un nationalisme chauvin en faveur d'un rattachement à l'Allemagne ». À la question d'Attolico, qui voulait savoir où les Allemands comptaient réimplanter les Italiens, Himmler réagit, comme le nota Wolff dans son compte rendu, « de façon vive et désagréable », lançant : « Qu'est-ce que ça peut faire aux Italiens, où nous allons transférer les Sud-Tyroliens[169] ? »

Au début d'août 1939, Himmler reçut « quelques Sud-Tyroliens », des représentants de la minorité, « pour leur faire part des projets du Führer et leur expliquer le but de toute l'opération », et exiger d'eux qu'ils garantissent, « en dépit de la grave perte de leur terre natale, l'obéissance à l'ordre d'expatriation et une discipline absolue lors de l'exécution dudit ordre[170] ».

Les négociations qui s'étaient ouvertes en juin 1939 avec la rencontre de Berlin connurent en octobre de la même année quelques difficultés qui furent réglées dans le cadre d'un traité[171]. Les citoyens allemands résidant au Sud-Tyrol devaient en conséquence être déplacés dans les trois mois. Avant la fin de 1942, les Sud-Tyroliens de nationalité italienne, s'ils « optaient » pour la partie allemande, devraient avoir quitté la région à leur tour. Ceux qui ne pouvaient se résoudre à franchir ce pas resteraient chez eux et deviendraient alors sans réserves des citoyens italiens, et adopteraient dès lors la langue et la culture italiennes[172].

Cette option, selon laquelle les Sud-Tyroliens devaient se prononcer en faveur soit de l'Allemagne, soit de l'Italie, fut comme prévu suspendue jusqu'à la fin 1939. Une question n'était toujours pas résolue, celle du lieu de réimplantation des Sud-Tyroliens. Elle allait préoccuper Himmler pendant des années.

Il avait d'abord songé, au printemps, au Protectorat de Bohême-Moravie. Dès le 18 avril 1939, il avait formé un « Einsatzgruppe Bodenamt », composé de représentant de la police d'État, du SD et du RuSHA, qui se saisit du cadastre des services fonciers (Bodenamt) du ministère tchécoslovaque de l'Agriculture, mis en place après la Première Guerre mondiale en liaison avec la réforme agraire de la République tchécoslovaque[173].

Le 17 mai, Curt von Gottberg, directeur du Bureau du peuplement du RuSHA, fut nommé chef du Bodenamt par le Reichsprotektor. Jusqu'à son renvoi en décembre 1939, Gottberg confisqua un total de 256 000 hectares pour la SS et ses sociétés de colonisation, et s'empara d'une forêt domaniale de 145 000 hectares pour le compte du Bodenamt par le biais d'une fondation qui servit d'intermédiaire. Les propriétés foncières des Juifs furent confisquées, ainsi que celles de l'Église catholique et de l'État tchécoslovaque[174]. Le but était l'implantation de colons allemands et le déplacement de Tchèques « non germanisables » sur le territoire du Reich afin de les utiliser comme main-d'œuvre. Sur une requête d'Himmler, Curt von Gottberg fut en mesure, deux mois à peine après sa nomination, d'annoncer, en juillet 1939, que l'on était prêt à accueillir 12 000 familles de paysans du Sud-Tyrol[175].

La nomination d'un SS à la tête du Bodenamt et l'orientation favorable à la « politique de la nationalité » de la future politique de colonisation dans le Protectorat avaient suscité les protestations de Darré qui, en tant que ministre de l'Alimentation et chef du Syndicat des paysans du Reich, s'intéressait de très près à la « politique de la paysannerie ». Dans le groupe de travail mis en place dès 1937 par Reischle, le directeur de cabinet de Darré, pour préparer la colonisation de la Bohême et de la Moravie, on savait depuis longtemps que la mainmise sur le Bodenamt était la condition administrative essentielle à la redistribution du foncier dans le Protectorat. Le groupe en question avait donc tenté de prendre le contrôle de cette institution[176]. La SS avait pris l'équipe de Darré de vitesse. Du reste, beaucoup avaient le sentiment que Darré et ses spécialistes de l'agriculture considéraient la question de la colonisation d'un point de vue trop strictement lié à la « politique de l'alimentation[177] ».

Darré, soutenu par les autorités du Reichsprotektor, allait s'en prendre de plus en plus ouvertement à la politique de von Gottberg, et la « torpiller », comme Pancke le rapporta à Himmler[178]. C'était d'autant plus délicat que la direction du Bodenamt, en termes administratifs, ne reposait pas sur des bases solides, puisque « ses principes juridiques « se résumaient exclusivement à « la mission de police du Reichsführer-SS[179] ».

Von Gottberg s'efforça de faire du Bodenamt tchèque qu'il gérait « la plus haute autorité de peuplement du Reichsprotektor[180] ». En cherchant à mettre la main sur la société de colonisation allemande fondée par Darré grâce à une union dont il occupait les fonctions de président, il ne fit qu'aggraver le conflit avec Darré, lequel, de son côté, tentait de faire de sa société une institution de l'État[181]. Darré n'est sans doute pas étranger à l'affaire qui vit von Gottberg impliqué dans un scandale financier en rapport avec l'achat de la DAG. En novembre 1939, von Gottberg fut d'abord renvoyé de son poste de chef du département du peuplement du RuSHA, puis de ses fonctions de directeur du Bodenamt[182]. Theodor Gross, son successeur, qui venait de l'autorité du Reichsprotektor, était beaucoup plus proche des idées du ministère de l'Alimentation que de celles de la SS[183].

La tentative d'Himmler de s'imposer dans la politique du peuplement échoua avant tout à cause de la résistance de Darré. Après avoir débarqué ce dernier, Himmler avait caressé l'idée d'une politique de peuplement ambitieuse, qui s'appuyait sur la collaboration adéquate des divers domaines de son appareil. Compte tenu de ses contacts et de ses compétences en tant que Reichsführer et chef de la police allemande, il semblait prédestiné à diriger l'expatriation des Sud-Tyroliens, et le contrôle qu'il exerçait sur la police du Protectorat, affranchi de tout garde-fou légal, lui avait permis de mettre la main sur le Bodenamt. Pourtant, ses projets avortèrent. Himmler avait retenu une chose de cette expérience : s'il voulait s'imposer sans conteste dans le domaine de la colonisation, il devrait mettre en œuvre ses compétences policières de façon encore plus brutale que ce qui s'était passé à Prague.

Le rôle joué par la SS d'Himmler dans les annexions de l'Autriche et des Sudètes et dans l'occupation de la partie tchèque de la République tchécoslovaque, puis son engagement lors de l'expatriation des Sud-Tyroliens afin de consolider l'alliance germano-italienne, ainsi que les expropriations considérables auxquelles se livra la SS dans le Protectorat, tout cela démontre qu'Himmler, en 1938-1939, avait mis de plus en plus clairement la SS au service de la politique d'expansion, des préparatifs de guerre et de la mainmise sur le territoire conquis.

Quand, en mars 1939, le gouvernement polonais, soutenu par les garanties franco-britanniques, refusa de satisfaire aux exigences allemandes, Berlin réclamant le rattachement de Dantzig au Reich et des concessions sur la question du corridor, Hitler décida d'éliminer Varsovie par la guerre. Le conflit militaire ferait, dans les mois suivants, l'objet d'une préparation minutieuse : par diverses provocations vis-à-vis de la Pologne, par le renforcement de l'alliance avec l'Italie et enfin par le pacte de non-agression germano-soviétique d'août 1939, qui scella le destin de l'État polonais. Hitler pensait pouvoir exclure que les puissances occidentales entreraient effectivement en guerre contre le Reich en cas de nouvelle agression allemande, comme elles menaçaient de le faire. En tout cas, il ne croyait pas que l'action militaire contre la Pologne déboucherait immédiatement sur cette grande guerre européenne qu'il envisageait depuis la fin de 1937 et qu'Himmler s'était mis à considérer comme inévitable depuis le début de 1939.

Himmler était prêt à la guerre : il disposait d'unités armées rassemblant 40 000 hommes. La police était prête à affecter une partie considérable de son personnel à des missions militaires et à combler les vides en rappelant des réservistes. Ses camps de concentration avaient toute la place pour accueillir les opposants réels ou potentiels du régime.

Cinq jours avant le début de la guerre, la mobilisation battait son plein, le professeur Werner Jansen, auteur de ces romans sur les Germains qu'avait adorés Himmler et qui était membre de la SS depuis 1935, s'adressa à son Reichsführer. Médecin et enseignant à l'université de Berlin, il pria Himmler « du fond du cœur de le laisser prendre part aux grands événements en tant que votre chroniqueur [184] ». Himmler réagit de façon positive et affecta Jansen en février 1940 à la division constituée à partir de ses Totenkopfverbände, où Jansen prit effectivement son service dans les mois qui suivirent [185]. Pour Himmler, une boucle était ainsi bouclée : l'homme qui avait profondément donné vie à son utopie germanique devenait désormais son chroniqueur, alors que sa SS se préparait à faire de cette utopie une réalité.

Mais Jansen ne put jamais rédiger cette épopée héroïque : il mourut en 1943 des suites d'une longue maladie, deux jours après avoir été nommé Standartenführer par Himmler [186].

Guerre et colonisation en Pologne

Pour Himmler, la Seconde Guerre mondiale représenta une chance inouïe. Sous la formule « Corps de protection de l'État », il avait tenté, les années précédentes, d'unifier le plus possible ses différentes fonctions. Il avait ainsi donné le jour à un appareil policier de répression orienté vers la prévention et fusionné avec « l'ordre » de la SS, renforcé par des unités armées et agrémenté de compétences dans le domaine de la politique de la nationalité et, depuis 1938, de diverses activités de peuplement et de colonisation. Il allait maintenant pouvoir étendre considérablement le conglomérat de pouvoir qu'il dirigeait, le réorganiser et assigner aux domaines distincts de son empire des missions séparées, afin de profiter d'un effet de synergie.

Le déploiement opérationnel des diverses unités armées de la SS lui donnait enfin l'occasion de concrétiser cette idée, qu'il défendait depuis longtemps, d'une grande formation militaire exclusive et indépendante, la Waffen-SS. Le « sacrifice du sang » dans la guerre devait renforcer l'aura d'organisation d'élite de la SS tout en étayant son rôle de corps de protection de l'État. Avec la guerre en arrière-plan, il put s'en prendre avec une extrême brutalité à tous les « ennemis de l'État », dans le Reich mais aussi dans les territoires promis à la conquête, et ainsi élargir la base de son pouvoir. Mais surtout, la guerre offrait la possibilité de développer à grande échelle la politique de colonisation de la SS dans les territoires occupés, et ainsi créer cet « anneau » de 80 à 100 millions de paysans dont il rêvait et qui devait protéger les frontières du Reich. Avec l'entrée dans la guerre, cette mission, qu'il pensait au départ réservée aux générations futures, lui sembla de plus en plus à sa portée. L'avenir du Reich grand-allemand se trouvait désormais en grande partie entre ses mains. Lors des Fêtes du roi Henri, organisées chaque année à Quedlinburg, il eut l'idée, en juillet 1939, de demander à l'Ahnenerbe d'étudier « la vitesse des grandes réalisations de l'Allemagne dans le passé ». Ce qui l'intéressait surtout, c'était de savoir si le roi Henri l'Oiseleur qu'il admirait pouvait servir d'étalon pour juger la politique d'Adolf Hitler. Neuf jours après le début de la guerre, les premiers travaux de l'Ahnenerbe lui parvenaient, mais ils n'apportaient aucune réponse, pas même rudimentaire, à sa question [1]. Pourtant, cela ne suffit pas à empêcher Himmler qui, en cas de doute, faisait toujours confiance à ses propres convictions plutôt qu'à l'avis de ses experts, de voir dans la guerre l'accomplissement d'une mission historique.

Déploiement opérationnel des SS

La Gestapo et le SD prirent une part significative aux préparatifs de guerre[2]. Dès le mois de mai 1939, la direction centrale du SD se dotait d'un Bureau II P (Pologne), afin de suivre tout ce qui concernait la « germanité en Pologne » et d'établir un fichier des personnes contre qui agir en cas d'urgence. À partir de juillet 1939, la Gestapo et le SD prirent des mesures concrètes dans l'éventualité d'un conflit. On commença entre autres à créer des Einsatzgruppen[3].

Le SD se vit attribuer le rôle important de mettre en scène des violations de frontière armées avant la date de l'offensive, violations qui seraient imputées à la Pologne et permettraient de justifier la guerre[4]. Heydrich prit personnellement la tête de ces opérations secrètes, et Himmler, lors d'une visite éclair à la mi-août, vint observer la portion de frontière concernée[5].

Après une préparation minutieuse, dans la nuit précédant le déclenchement de l'offensive militaire, le 31 août, des commandos du SD attaquèrent l'émetteur de Gleiwitz, un poste de douanes et la maison d'un garde forestier. Des déclarations en allemand et en polonais furent lues sur l'émetteur de Gleiwitz, et les commandos laissèrent derrière eux plusieurs détenus des camps de concentration, revêtus d'uniformes polonais et abattus. Ainsi l'Allemagne pouvait-elle prétendre « riposter[6] ».

Un autre commando SS, de dimensions nettement plus imposantes et composé de membres des Totenkopfverbände, joua un rôle crucial dans les premières heures de la guerre : les SS s'étaient infiltrés dans la ville franche de Dantzig afin d'y renforcer la « Heimwehr », unité formée de SS de Dantzig et que le Sénat de Dantzig, national-socialiste, avait officiellement créée, à l'issue de préparatifs secrets, le 18 août 1939 sous le nom de SS-Heimwehr Dantzig. Le matin du 1er septembre 1939, la Heimwehr participa entre autres à l'attaque de troupes allemandes de la Westerplatte, la forteresse polonaise commandant l'entrée du port de Dantzig. Elle dut également occuper la poste polonaise, où s'étaient retranchés des postiers armés, réservistes de l'armée polonaise. Il fallut attendre le soir pour que l'édifice soit conquis[7].

Himmler, qui aimait tant se voir en soldat, pouvait enfin partir « en campagne ». Ce qu'il fit dans des conditions relativement confortables, du fait de ses hautes fonctions : au début de septembre, il quitta Berlin dans son état-major mobile, le train spécial « Heinrich » (qu'il devait partager avec Ribbentrop et Lammers), pour se rapprocher le plus possible du quartier général d'Hitler, lui-même installé dans un train et qui changea plusieurs fois de position en fonction du déroulement des hostilités[8].

Officiellement, Himmler avait toujours justifié la création d'unités armées de la SS en invoquant leurs fonctions dans le domaine de la sécurité politique intérieure. Mais en réalité, à partir de 1934, il avait systématiquement développé des unités à vocation militaire, formé un excédent d'officiers dans les écoles de cadets et militarisé les gardes des Totenkopfverbände[9]. Dans la guerre contre la Pologne, il pouvait enfin renforcer les diverses unités armées, en créer d'autres et ainsi constituer une force SS à part entière. L'objectif en était la mise en place d'un véritable corps d'armée SS, comme Himmler l'avait déjà exposé aux Gruppenführer en novembre 1938. Cela permettrait, avait-il dit à l'époque, de consolider la position « morale » de la SS en tant qu'organe de répression. « Quand je décris la mission d'ensemble de la SS qui, avec la police [...] est de garantir la sécurité intérieure de l'Allemagne, cette mission n'est réalisable que si une partie de cette Schutzstaffel, de ce corps du Führer, se trouve sur le front et qu'elle y verse son sang. Si nous ne consentons à aucun sacrifice du sang, si nous ne combattons pas au front, nous perdrons l'obligation morale de tirer, à l'arrière, sur des gens qui se dérobent et sont des lâches. C'est pour cela que les Verfügungstruppen sont là, elles qui se voient confier la plus belle des missions, celle de partir en campagne[10]. »

En août 1939, Hitler avait ordonné l'intégration des unités de Verfügungstruppen dans l'armée en campagne en prévision de la mobilisation. La Leibstandarte, les régiments « Germania » et « Deutschland » ainsi que d'autres unités, réparties auprès de différentes armées, prirent ainsi part à la campagne de Pologne[11]. Après la fin des combats eut lieu la deuxième étape : les unités des Verfügungstruppen furent rassemblées au sein de la division prévue depuis longtemps qui allait ensuite porter le nom de « Das Reich[12] ».

Dès le début de la guerre, Himmler confia à Eicke le commandement militaire des régiments Totenkopf. Les formations de gardes des camps entraient désormais en campagne en tant qu'unités militaires. Les renforts de police assurèrent leurs missions dans les camps de concentration. Trois régiments Totenkopf opéraient sur les arrières de la 10e et de la 8e armée et appliquèrent des « mesures de nettoyage et de sécurité », autrement dit : ils terrorisaient la population civile par les pires méthodes et assassinèrent d'innombrables civils. Eicke dirigeait les opérations depuis le train spécial d'Hitler[13].

En septembre 1939, Himmler obtint du Führer l'autorisation de rassembler les régiments Totentkopf dans une division. Quand les trois régiments quittèrent la Pologne en octobre en direction de Dachau (où la division devait être déployée), ils furent remplacés par de nouvelles Totentkopfverbände constituées en 1938[14]. Le même mois, Himmler ordonnait la création d'une division de police à partir de membres de l'Ordnungspolizei et d'unités de la Wehrmacht[15].

Peu après le début de la guerre, Himmler disposait donc, en tant qu'unités armées, de trois divisions et de la Leibstandarte. Dans le courant de l'année 1940, le terme de Waffen-SS fut appliqué à ces nouvelles troupes[16]. Cette dénomination marqua l'avènement d'une force indépendante de la Wehrmacht et indique que les diverses unités armées de la SS étaient dorénavant considérées sur un pied d'égalité.

« Abattre sur place »

La guerre contre la Pologne fut menée, de façon rudimentaire, par la hiérarchie nazie comme une guerre d'anéantissement raciste. Et là encore Himmler joua dès le début un rôle central[17].

Le 22 août, Hitler avait déclaré sans ambiguïté devant des membres de l'état-major comment il fallait agir dans cette guerre, comme on peut le déduire de notes prises à cette occasion : « Anéantissement de la Pologne en premier lieu. L'objectif est l'élimination des forces vives, non d'atteindre une ligne précise. [...] Fermer son cœur à toute pitié. Comportement brutal. 80 millions de gens doivent obtenir justice. Il faut assurer leur existence. C'est la loi du plus fort. Une grande dureté[18]. »

Le 3 septembre, Himmler émit une directive selon laquelle il fallait « abattre sur place » les « insurgés polonais pris les armes à la main ». En présence d'insurgés, il fallait prendre en otages les responsables de l'administration polonaise locale. Si des groupes plus importants d'insurgés étaient arrêtés, où si l'on envisageait de fusiller les otages, il était nécessaire d'obtenir son autorisation. Quatre jours plus tard, Himmler ordonnait par téléphone que ce soit la police et non l'armée qui se charge des exécutions en Pologne[19].

Le 7 septembre, lors d'une rencontre des responsables de département, Heydrich ordonna que « les cercles dirigeants en Pologne soient autant que possible neutralisés[20] ». Et devant les mêmes personnes il exigea, le 14 octobre, de boucler au plus tard le 1er novembre la « liquidation des responsables polonais » déjà enclenchée[21]. Conformément à ces directives, des unités spéciales de la police et de la SS, mais aussi des formations de la Wehrmacht, assassinèrent des dizaines de milliers de citoyens dès le début des combats et durant les premiers mois de l'occupation. Le prétexte en était des atrocités censées avoir été commises par les Polonais qui, comme l'affirmait la propagande allemande, avaient coûté la vie à plus de 50 000 personnes. En réalité, le nombre total d'Allemands d'origine qui perdirent la vie de diverses façons pendant la guerre se situait entre 4 500 et 5 000, dont la centaine de victimes du « dimanche sanglant de Bromberg* », présenté par la propagande nazie comme un massacre ayant fait des milliers de victimes[22].

Le meurtre programmé de certains groupes de la population polonaise, déguisé en « représailles », fut principalement orchestré et accompli par les Einsatzgruppen de la police de sécurité qui, comme lors des annexions qui avaient précédé, étaient de nouveau déployés. Les Einsatzgruppen, sept en tout – cinq étant subordonnés au commandement de l'armée –, comptaient environ 2 700 hommes[23]. Officiellement, ils avaient pour mission, comme cela était précisé dans le cadre d'un accord avec le haut commandement de l'Armée de Terre, de lutter contre tous les « éléments hostiles à l'Allemagne et au Reich en territoire ennemi sur l'arrière des unités de combat ». On peut déduire d'une note de Heydrich datée de juillet 1940 que les Einsatzgruppen reçurent d'autres ordres « extraordinairement radicaux (par exemple l'ordre de liquidation de nombreux cercles dirigeants polonais, qui concernait des milliers de personnes) ». Concrètement, c'était un permis de tuer des membres de l'intelligentsia, du clergé, de la noblesse et de la communauté juive[24]. Dès mai 1939, la direction centrale de la sécurité avait établi des listes de recherche correspondantes[25].

On ne sait pas exactement qui aurait émis les ordres mentionnés par Heydrich, ni quand. Après la guerre, des officiers des Einsatzgruppen déclarèrent

* Le 3 septembre 1939, dans la ville de Bydgoszcz (Bromberg en allemand), où vivait une forte minorité allemande, une colonne en retraite de l'armée polonaise aurait été attaquée par des francs-tireurs allemands. Plusieurs dizaines de civils allemands auraient alors été exécutés par les Polonais. (NdT)

que dès le mois d'août une rencontre avait eu lieu au cours de laquelle Himmler et Heydrich leur avaient affirmé que c'était finalement à eux de décider comment éliminer les élites polonaises[26] – un processus qui allait devenir caractéristique de la transmission de tels ordres dans la SS pendant toute la durée du conflit.

Les Einsatzgruppen bénéficiaient en particulier du soutien des unités de la « Selbstschutz », « l'autodéfense des Allemands d'origine ». Quelques jours avant le début des hostilités, Himmler avait autorisé la création de ces formations[27]. Gottlob Berger, chef du département du recrutement de la SS, prit l'affaire en main. La Selbstschutz recruta la majeure partie des membres de la minorité allemande capable de « porter les armes » – 100 000 hommes en quelques semaines. Son organisation était clairement calquée sur la SS et à la fin de septembre, elle fut intégrée à l'Ordnungspolizei[28].

Les combats n'étaient pas terminés que les Einsatzgruppen et la Selbstschutz, avec l'aide de l'Orpo, de la Waffen-SS et d'unités de la Wehrmacht, exécutaient déjà des milliers de civils polonais[29], dont des centaines de Juifs brûlés vifs dans des synagogues[30]. Ces meurtres marquent le paroxysme de la violence antisémite incontrôlée dont furent victimes les Juifs polonais dès le début de la guerre[31]. À partir de septembre 1941, les Einsatzgruppen et la Wehrmacht déportèrent en outre des dizaines de milliers de Juifs polonais dans les territoires occupés en Union soviétique[32].

À diverses occasions, Himmler prit directement part aux actions des Einsatzgruppen. Ainsi, le 3 septembre 1939, il ordonna à l'Obergruppenführer Udo von Woyrsch de constituer un « Einsatzgruppe à désignation spéciale » à la suite de prétendus troubles dans la région industrielle de l'est de la Haute-Silésie, et lui confia la mission « d'écraser radicalement l'insurrection polonaise [...] avec tous les moyens à sa disposition[33] ». Mais, quand il s'avéra qu'aucun mouvement insurrectionnel digne de ce nom n'était actif dans le « théâtre des opérations » en question, Himmler modifia la mission de von Woyrsch. Il le nomma « commandant spécial de la police » dans le secteur de la 14e armée et lui ordonna de « désarmer et de disperser les bandes polonaises, avec des exécutions ». Himmler donnait ainsi la possibilité à von Woyrsch, qu'il avait dû limoger en 1935 alors qu'il était Oberabschnittsführer de Silésie pour avoir commis arbitrairement des assassinats lors des événements du 30 juin 1934, de « faire ses preuves » en adoptant un comportement impitoyable en Pologne occupée. Cette fois, on attendait qu'il prenne des initiatives meurtrières, et effectivement l'Einsatzgruppe à désignation spéciale commit de nombreux pogroms contre les Juifs au fil de sa progression[34]. Le 11 septembre, Himmler transmit à l'Einsatzgruppe IV l'ordre

– venu d'Hitler – de « prendre 500 otages, principalement dans les cercles de l'intelligentsia polonaise de Bromberg et aussi parmi les communistes, et de procéder à leur exécution sans pitié à la moindre tentative de soulèvement ou de résistance[35] ».

Une fois les opérations de la guerre germano-polonaise terminées, cette terreur fut systématisée. Jusqu'à la fin d'octobre, les Einsatzgruppen et la Selbstschutz menèrent « l'action Intelligentsia[36] », dirigée par le RSHA, qui frappa essentiellement enseignants, universitaires, anciens officiers et fonctionnaires, membres du clergé, propriétaires, représentants des organisations polonaises nationalistes, et surtout Juifs[37].

Pendant les quatre premiers mois de l'occupation allemande, des dizaines de milliers de personnes furent ainsi assassinées, comme on l'a vu. Ce fut le cas en particulier dans le nouveau Gau de Dantzig-Prusse-Occidentale[38]. Dans cette région, outre les membres des élites polonaises et les Juifs, on exécuta également les patients des asiles psychiatriques, les « asociaux », les prostituées, les femmes soupçonnées de porter des maladies vénériennes et les Tziganes. On voit là comment les unités subordonnées à la SS pouvaient prendre en main de leur propre initiative le nettoyage « racial et hygiénique » des territoires conquis[39].

Depuis la mi-septembre, Ludolf von Alvensleben, auparavant aide de camp d'Himmler, était le chef de la Selbstschutz de Dantzig-Prusse-Occidentale, et donc responsable de ces assassinats[40]. La « récompense » qu'Himmler imagina pour ce massacre ne fut pas seulement l'expression de sa gratitude et de sa reconnaissance envers von Alvensleben, mais s'accompagna de considérations « pédagogiques ». Le 26 mars 1940, il signala à Heydrich qu'il avait confié à von Alvensleben – dont il connaissait bien la situation de précarité financière depuis les années 30[41] – la gestion de deux propriétés qui avaient appartenu à sa famille jusqu'en 1918. Mais il ne s'agissait que d'une mesure temporaire, non d'un transfert de propriété. Il ne comptait pas faire bénéficier von Alvensleben d'un traitement de faveur. Il fit d'ailleurs circuler, avec l'aide de Heydrich, des rumeurs allant en ce sens dans les cercles allemands du Gau. Himmler avait accepté de lui confier l'administration de ces biens « afin que le SS-Oberführer von Alvensleben, qui, en tant que commandant de la Selbstschutz, avait pris la responsabilité des exécutions nécessaires, et dont certains Allemands d'origine disent que c'était facile pour lui car il allait repartir, ait la possibilité de revenir en tant que citoyen et habitant dans la région et ainsi d'offrir un bel exemple de courage aux Allemands ethniques[42] ».

Les séides d'Himmler entreprirent également, dans les territoires polonais annexés, de faire exécuter systématiquement les patients des asiles psychiatriques, soit au total près de 7700 personnes[43]. Une action qui rappelle l'euthanasie perpétrée sur le territoire du Reich. Là, la Chancellerie du Führer avait pris la responsabilité de ces meurtres, sous le nom de code « T4 ». En Pologne, ce fut la SS qui s'en chargea.

Dans le nouveau Gau de Dantzig-Prusse-Occidentale, de la fin septembre à décembre 1939, des membres du « Wachsturmbann Eimann », unité composée de SS de Dantzig, d'Allemands ethniques de la Selbstschutz et d'hommes des Einsatzkommandos, participèrent à l'exécution de patients polonais. Dans le nouveau Gau du Wartheland, des patients de l'asile d'Owinska furent assassinés[44]. À partir de la fin novembre, on déporta les pensionnaires de deux établissements vers Poznan, où la Gestapo avait installé un camp dans le Fort VII, fortification datant du XIXe siècle. Là, une nouvelle méthode d'assassinat fut utilisée, qu'Himmler se fit présenter lors d'une visite sur place le 12 décembre 1939. Les victimes étaient enfermées dans une pièce étanche et asphyxiées avec du monoxyde de carbone – le premier massacre perpétré par les nazis à l'aide de gaz[45]. Au début de 1940, cette installation fut remplacée par des chambres à gaz montées à bord de camions[46].

Sur le territoire du Reich, en Poméranie voisine, les commandos d'Himmler éliminèrent également des malades mentaux. Apparemment, le Gauleiter Franz Schwede avait demandé à Himmler en septembre ou octobre la possibilité d'utiliser l'asile psychiatrique de Stralsund comme caserne pour la SS. En novembre et décembre 1939, de 1 200 à 1 400 patients en psychiatrie de l'institution poméranienne furent « transférés » en Prusse-Occidentale, où ils furent exécutés par le Wachsturmbann Eimann. Au début de 1940, on commença à déporter les patients dans l'asile déjà « aménagé » de Kosten, dans le Warthegau, afin de les y éliminer avec les chambres à gaz mobiles[47]. Les établissements ainsi « libérés » dans les territoires polonais annexés et dans le Gau de Poméranie furent ensuite occupés par des unités SS, d'autres servirent de cantonnements à la Wehrmacht, de prison, ou encore de logements pour les Allemands d'origine déplacés depuis les pays baltes[48].

Le massacre des malades mentaux se poursuivit dans les territoires annexés jusqu'à la mi-1941. Le commando spécial Lange, chargé de cette mission et qui portait le nom de son chef, Herbert Lange, commissaire de police et SS-Untersturmführer, tua des milliers de patients à bord de chambres à gaz mobiles, en particulier en mai et juin 1940, ainsi qu'en juin et juillet 1941[49]. À l'automne 1941, le commando Lange allait commencer à commettre aussi des massacres parmi la population juive du Warthegau. À la fin de 1941, l'unité installa un parc de chambres à gaz mobiles à Chelmno afin de pouvoir assassiner davantage de victimes[50]. L'unité de Lange fut par conséquent un maillon important de la chaîne organisationnelle qui relie le massacre systématique des handicapés et le meurtre des Juifs. Durant l'hiver 1939-1940, ni Himmler ni ses sbires n'envisageaient encore d'éliminer massivement les Juifs par les gaz. La « Solution finale » telle qu'ils la considéraient à l'époque reposait sur l'enfermement dans les ghettos et la déportation, et, bien que la SS ait, dès 1939-1940, exécuté des milliers de Juifs en Pologne, il n'était pas encore question d'une élimination systématique de la population juive dans des camps d'extermination spéciaux[51].

Pendant la guerre, les hommes de la Wehrmacht n'avaient pas seulement pris part à de nombreux massacres de civils. Plus grave encore, la hiérarchie de la Wehrmacht avait accepté, au début de la guerre, une « répartition des tâches » avec la SS et la police. Quand, le 12 septembre 1939, l'amiral Wilhelm Canaris, le chef de l'Abwehr, le renseignement militaire, interpella Wilhelm Keitel, chef du haut commandement de la Wehrmacht (OKW), sur les projets d'exécutions massives en Pologne, ce dernier cita une décision déjà prise par Hitler. Le Führer avait clairement expliqué que, « si la Wehrmacht ne voulait rien avoir à faire avec cela, elle devait accepter que la SS et la Gestapo interviennent à ses côtés[52] ». Le commandant en chef de l'Armée de Terre, von Brauchitsch, informa ses subordonnés le 21 septembre que les Einsatzgruppen en Pologne, à la demande d'Hitler, prendraient à leur charge « certaines missions de politique nationale » échappant à la responsabilité de la Wehrmacht[53]. La hiérarchie de la Wehrmacht avait donc ainsi créé les conditions favorables à la transformation de la guerre contre la Pologne en une campagne d'anéantissement idéologique. Mais elle laissa aux acolytes d'Himmler l'essentiel de cette sinistre besogne[54].

Ce n'est qu'après la fin de ces opérations que les militaires, et l'administration civile, s'opposèrent au comportement incontrôlable des Einsatzgruppen et de la Selbstschutz[55]. Les responsables de ces derniers se heurtaient de plus en plus souvent aux officiers de l'armée. À la mi-novembre, le commandant de la nouvelle région militaire de Dantzig, le général Fedor von Bock, se plaignit auprès du Gauleiter et Reichsstatthalter Albert Foster de la Selbstschutz qui, en dépit d'une promesse faite un mois plus tôt[56], poursuivait ses actions meurtrières[57]. Bien qu'Himmler, le 8 novembre, ait ordonné la dissolution de la Selbstschutz avant la fin du mois, dans certaines régions occupées le processus s'étira jusqu'au printemps 1940[58]. Toujours en novembre 1939, le commandant de la région militaire du Warthegau, le général Walter Petzel, s'adressa lui aussi au commandant en chef de l'armée de réserve et lui signala des exécutions arbitraires et de graves exactions commises par les unités spéciales de la SS[59]. En février 1940, le commandant militaire de la zone frontalière Sud, le général Wilhelm Ulex, parla de « bestialité » à propos des atrocités[60]. En novembre 1939 et en janvier 1940, Johannes Blaskowitz, commandant de la zone Est, se plaignit au commandant en chef de l'Armée de Terre du meurtre de Polonais, juifs et non juifs[61].

Le comportement de la SS en Pologne suscita tant d'agitation au sein du corps des officiers qu'Himmler fut contraint, au début de 1940, de prendre position au sujet de la terreur déclenchée par ses hommes, comme nous allons le voir.

Commissaire du Reich pour la consolidation de la nation allemande

En étroite coopération avec les Einsatzgruppen de la Sipo, le Bureau pour la race et le peuplement d'Himmler dépêcha trois Einsatzkommandos spéciaux dans l'ouest de la Pologne, les « RuS-Beratungen », ou « conseils pour la race et le peuplement », de petits groupes composés de huit ou neuf SS[62]. Dès septembre 1939, ils entrèrent sur le territoire polonais avec les troupes allemandes et recensèrent les propriétés foncières polonaises et juives, ainsi que toutes les entreprises qui leur paraissaient présenter un intérêt. Les noms des propriétaires furent ensuite transmis à la Sipo « pour la garantie des ayants droits ». Les combats n'étaient pas terminés que la SS commençait déjà à préparer l'application pratique de la politique de germanisation et ce, comme l'écrivit le responsable de l'un des « conseils », pour assurer « la garantie des biens nécessaires dans la perspective de la nomination prochaine du Reichsführer-SS commissaire du Reich pour la colonisation[63] ». La SS agissait d'autant plus rapidement qu'elle voulait prendre de vitesse les mesures du ministère de l'Agriculture du Reich allant dans le même sens[64]. Le ministère se considérait comme l'autorité compétente pour la politique de peuplement. Comme nous l'avons déjà écrit, dans le Protectorat, le ministère de Darré avait réussi à s'imposer au détriment des SS et se disposait depuis la fin du mois d'août 1939 à avoir la haute main sur la Pologne conquise[65].

Au début d'octobre 1939, le ministère de l'Agriculture apprit que dans le cadre de ses activités de colonisation dans les territoires conquis la SS se réclamait d'un « décret du Führer ». Ce dernier prit forme dans les jours qui suivirent – en dépit de la résistance acharnée de Darré, et à sa grande déception, comme il en fit part dans des lettres adressées à Lammers et Himmler.

Le combat de Darré fut bientôt sans espoir, car le 7 octobre 1939, Hitler, pour le 39e anniversaire d'Himmler, lui réserva « une très grande joie », comme le nota Margarete dans son journal : « Le Führer l'a nommé commissaire au peuplement pour toute l'Allemagne. Un couronnement pour son travail. C'est qu'il travaille jour et nuit[66]. » Avec le décret sur « la consolidation de la nation allemande », Hitler confia à Himmler une double mission, celle de « rassembler et d'installer » dans le Reich « les Allemands qui devaient vivre loin », et celle de « réaliser l'implantation des peuples de telle façon qu'il y ait de meilleures lignes de séparation entre eux ». En pratique, cela se traduisait comme suit : « retour » des Allemands d'origine et des citoyens du Reich, « élimination de l'influence néfaste de groupes de populations étrangères qui représentent un danger pour le Reich et le peuple allemand », ainsi que la « création de nouveaux territoires de peuplement allemand par des déplacements de populations ». Pour accomplir ces tâches, le Reichsführer-SS pouvait faire appel aux « autorités et dispositifs existants[67] ».

Himmler, qui dès lors se présenta comme le « commissaire du Reich pour la consolidation du peuple allemand », se heurterait cependant à Lammers dans ses efforts pour faire de son commissariat la plus haute instance du Reich[68]. Lammers, trois jours avant qu'Hitler ne confie ses nouvelles missions à Himmler, avait reçu une lettre soucieuse de Darré où il exprimait « le souhait pressant, dans l'intérêt de la grande mission du peuplement », de ne pas voir celle-ci, « ma mission tout à fait personnelle, être circonscrite par l'intervention de divers autres bureaux ». Car « tout le monde » sait « en Allemagne que le ferment de l'organisation de cette mission dans la Schutzstaffel repose sur mes sept ans de travail en tant que chef du Bureau pour la race et le peuplement. Sans le travail que j'ai fourni, la SS ne serait même pas en mesure aujourd'hui de discuter de toute l'affaire ».

Darré s'en prit aussi explicitement à l'idée du paysan soldat que propageait Himmler : ce modèle n'était valable que pour des zones frontalières instables à l'extérieur des véritables frontières de l'État, comme le montraient les exemples historiques de l'Autriche-Hongrie et de la Russie. Or, la nouvelle frontière avec la Russie serait protégée par la Wehrmacht[69].

Le 5 octobre, Himmler eut droit lui aussi à une lettre de Darré, qui commençait toujours par les mots « Cher Heini ! ». Son exclusion du processus de peuplement à l'est était « une des plus grandes déceptions de [sa] vie ». De plus, il se plaignit qu'Himmler eût omis « de [lui] communiquer ce qui se passait dans le domaine de la réimplantation de la paysannerie allemande en Pologne depuis deux semaines ». Darré concluait, « pour clarifier les choses » : « J'ai suivi avec une grande attention cet été la situation quant à la personne de von Gottberg, ainsi que les derniers incidents portant sur la réimplantation de la paysannerie allemande en Pologne. J'en ai pris note, et ai constaté tout cela avec inquiétude[70]. »

Le 7 octobre, Darré rencontra Lammers et Himmler. À l'issue de cette réunion, Darré, du moins, eut le sentiment qu'Himmler lui avait cédé « la responsabilité exécutive du peuplement[71] ».

Quand il s'avéra, quelques semaines plus tard, qu'Himmler n'envisageait absolument pas de faire participer Darré à la politique de peuplement en Pologne, ce dernier se tourna vers Goering. Il était amer de voir que « le Reichsführer [le] jette aux ordures comme un citron pressé, après avoir tiré de [ses] capacités et de [ses] talents ce qui lui semblait utile pour lui et sa Schutzstaffel[72] ». Mais même cette intervention du ministre de l'Agriculture du Reich ne put rien changer au fait qu'Himmler avait réussi à s'immiscer largement, peu après le début de la guerre, dans la politique de peuplement des nouveaux territoires conquis, et qu'il avait supplanté Darré.

Le nouvel ordre national

En tant que Reichsführer-SS, chef de la police allemande et commissaire chargé de la consolidation de la nation, Himmler avait désormais en main tous les instruments pour soumettre les territoires conquis à un « nouvel ordre national » radical. Il s'attacha d'abord à mettre en place dans les nouveaux territoires un appareil calqué sur le modèle du Reich.

En octobre 1939, Friedrich Wilhelm Krüger était HSSPF et donc représentant d'Himmler dans le Gouvernement général. Himmler procéda à une grande réorganisation, étant parvenu, avec l'aide de SSPF présents dans chacun des quatre districts du Gouvernement général, à mieux unifier ses compétences. Il considérait les SSPF comme des « conseillers des chefs de district », lesquels devaient suivre leurs recommandations « dans la mesure où elles ne contredisaient pas les ordres du HSSPF et de ses représentants [1] ». Krüger, qui était « immédiatement » subordonné au gouverneur général Frank (ce qui, dans l'esprit d'Himmler, excluait tout contrôle de la part de l'équipe de Frank) [2], eut tôt fait de transformer son poste au sein du Gouvernement général en une position d'exception. En septembre 1941, alors que les relations avec le gouverneur général s'envenimaient, Himmler se réserva le droit de soumettre à un examen toute directive de Frank à destination de Krüger. Évidemment, Frank s'y opposa [3].

En novembre 1939, Himmler nomma Bruno Streckenbach commandant en chef de la police de sécurité du Gouvernement général. Cet ancien inspecteur de la Sipo de Hambourg avait commandé un Einsatzgruppe pendant la campagne de Pologne. Streckenbach, auquel étaient subordonnés les quatre commandants de la Sipo des districts du Gouvernement général, disposait d'environ deux milliers de fonctionnaires de la Gestapo et de la police criminelle. À cela s'ajoutait l'Ordnungspolizei [4].

Pour les territoires annexés, Himmler nomma HHSPF les Gruppenführer Wilhelm Koppe (Warthegau) et Richard Hildebrandt (Dantzig-Prusse-Occidentale), tandis que la Haute-Silésie et la Prusse-Orientale étaient rattachées respectivement à l'autorité du HSSPF Erich von dem Bach-Zelewski et au HSSPF Wilhelm Rediess.

Les HSSPF étaient appelés à jouer un rôle crucial dans la politique de la nationalité à l'est. Himmler leur confia non seulement le transport des gens qu'il fallait déplacer et l'installation des Allemands d'origine, mais aussi l'essentiel du travail exécutif de la politique de la nationalité. En Prusse-Orientale, en Silésie et dans le Warthegau, il les nomma « représentants permanents » du Reichsstatthalter. Dans le Gau de Dantzig-Prusse-Occidentale et dans le Gouvernement général, les HSSPF devaient agir comme ses délégués dans le domaine de la « consolidation de la nation allemande », Himmler ne faisant confiance ni au Reichsstatthalter Forster ni au gouverneur général Frank[5].

De facto, toutes ces réglementations complexes permirent à Himmler de mettre en place en Pologne occupée un réseau de compétences qu'il contrôlait pour l'essentiel sans intervention de l'administration civile.

Son appareil de police en Pologne pratiqua dès le début une politique de répression brutale. Sans chercher à mieux connaître le pays – il était par exemple expressément interdit d'apprendre le polonais –, les fonctionnaires de police allemands entreprirent d'étouffer dans l'œuf toute tentative d'insubordination grâce à une politique de peines et de représailles démesurées, d'arrestations massives et d'exécutions sommaires. Au printemps 1940, cette stratégie connut un premier sinistre paroxysme quand la police de sécurité exécuta quelque 3 500 membres de l'intelligentsia et de la fonction publique, ainsi qu'environ 3 000 personnes présentées comme des délinquants[6]. Dans ces conditions, il était impossible d'espérer infiltrer la clandestinité polonaise, voire de monter les diverses fractions de la résistance polonaise les unes contre les autres[7]. En très peu de temps, les nazis avaient réussi à s'aliéner les cercles que l'on aurait pu, du fait de leur position antirusse et anticommuniste, se concilier à l'été 1941, après l'offensive contre l'Union soviétique.

En février 1940, Himmler imposa un durcissement de la répression à l'encontre de la population polonaise et juive par une « ordonnance contre les actes de violence dans les territoires de l'Est annexés ». Il autorisa, dans certains cas, « la condamnation immédiate et la pleine application de la peine » par un tribunal de police. Le recours arbitraire à la violence des mois précédents se trouvait ainsi légitimé rétroactivement. En dépit de l'opposition de Lammers et Goering, le ministère de la Justice du Reich approuva le durcissement de la répression préconisé par Himmler. Celui-ci promit en retour de mettre un terme aux activités des tribunaux de police[8].

Mais ce retrait fut de courte durée. Himmler ne souhaitait pas renoncer aux compétences pénales de la police dans les territoires annexés. En décembre 1941, il contraignit – avec le soutien déclaré de Bormann – le ministère de la Justice à émettre l'ordonnance sur le droit pénal en Pologne, un droit d'exception pour les Polonais et les Juifs, certes théoriquement régi par la justice, mais qui était si draconien qu'il punissait de la peine capitale les plus infimes manifestations d'insubordination. Le ministre de la Justice ne put empêcher Himmler de profiter de la situation pour imposer de nouveau les tribunaux de police et de la SS, même si ce n'était que dans certains cas précis[9].

Début des persécutions contre les Juifs en Pologne

Dans ce contexte, il n'est pas surprenant que les nouveaux seigneurs de l'Ordre noir, s'appuyant sur les compétences élargies d'Himmler, aient eu dès le début dans le collimateur les quelque 1,7 million de Juifs polonais qui se trouvaient désormais sous domination allemande. Pendant la guerre contre la Pologne, Himmler et la direction de la SS avaient dressé des plans sur le traitement qui devait leur être réservé[10].

Lors de la réunion des chefs de département de la police de sécurité, le 14 septembre, Heydrich rapporta qu'Himmler avait soumis des propositions à Hitler sur le « problème juif en Pologne », au sujet desquelles « seul le Führer pouvait prendre une décision, car elles sont d'une portée considérable dans le domaine de la politique extérieure[11] ». Une semaine plus tard, le 21 septembre, Heydrich signalait aux chefs de département qu'Hitler avait accepté les projets d'Himmler, la « déportation des Juifs dans le Gau de langue étrangère », leur « déportation au-delà de la ligne de démarcation ».

Un ordre destiné aux chefs des Einsatzgruppen et daté du même jour détaille ce qui était envisagé[12]. Les Juifs polonais devaient d'abord être « concentrés » dans les grandes villes, puis déportés vers un territoire à la frontière orientale, où était prévu un « État juif sous administration allemande », comme l'expliqua Heydrich à von Brauchitsch le lendemain[13]. De plus, dans son ordre, Heydrich parlait d'un « objectif final » – considéré comme « ultra-secret » – des mesures antijuives : la déportation des Juifs du « Reich grand-allemand » vers la « réserve juive », puis leur « déplacement » éventuel dans l'est de la Pologne occupé par l'Union soviétique.

Quand les parties soviétique et allemande se furent entendues, le 28 septembre, sur le tracé définitif de la ligne de démarcation entre leurs zones d'occupation et que le territoire situé entre la Vistule et le Boug, qui deviendrait plus tard le district de Lublin dans le Gouvernement général, fut attribué aux Allemands, il fut décidé que la future réserve y serait installée et que ses fonctions seraient élargies. Cette « réserve naturelle », ou « ghetto du Reich », pour reprendre les termes de Heydrich, devait désormais accueillir, outre les Juifs, les Polonais « indésirables[14] ».

Le 29 septembre, Hitler informa Rosenberg qu'il souhaitait diviser le territoire conquis en trois bandes : entre la Vistule et le Boug, les Juifs de l'ensemble du Reich et « tous les autres éléments non fiables » devaient être installés, coupés de l'Ouest par un « Ostwall » (mur de l'Est) ; sur l'ancienne frontière germano-polonaise, une « large ceinture de la germanisation et de la colonisation » devait être prévue, et entre les deux une « entité étatique » polonaise[15]. Mais dans les semaines qui suivirent, la direction nazie traita l'idée d'une « réserve juive » de façon fort peu « ultra-secrète »[16].

Au début d'octobre 1939, le RSHA travailla à des plans pour la déportation vers la « réserve » des Juifs vivant sur le territoire du Reich. Dès le 6 octobre, un jour avant la signature du décret sur la consolidation de la nation allemande, Adolf Eichmann, directeur du Bureau central pour l'émigration juive à Prague, reçut du chef de la Gestapo Müller la mission de préparer la déportation de 70 000 à 80 000 Juifs du district de Katowice (un territoire polonais annexé maintenant inclus dans la province de Silésie). Dans le cadre de cette action, précisa Müller, les Juifs de la région d'Ostrava, dans le Protectorat, pouvaient également être déplacés[17].

Or, Eichmann s'était déjà vu confier une mission beaucoup plus étendue : Hitler, annonça-t-il au Gauleiter de Silésie, avait « ordonné pour l'instant le déplacement de 300 000 Juifs du Reich et de l'Ostmark ». C'était à lui, Eichmann, qu'incombait de soumettre à Himmler un rapport sur les premières déportations, sur la base duquel Hitler émettrait alors l'ordonnance définitive[18]. Compte tenu de ces perspectives plus ambitieuses, Eichmann étendit les préparatifs de déportation aux Juifs de Vienne et fit dresser la liste de tous les Juifs déjà arrêtés sur le territoire du Reich[19]. Enfin, les déportations prévues par Eichmann devaient également inclure les Tziganes[20].

À la mi-octobre, Eichmann et Walter Stahlecker, commandant en chef de la police de sécurité et du SD dans le Protectorat, choisirent Nisko, sur le San, comme terminus et comme site pour un « camp de transit ». Ce camp, situé précisément à la frontière du district de Lublin, fut envisagé comme une sorte d'écluse par laquelle les déportés atteindraient ensuite la « réserve juive ». On renonça sciemment à l'idée, prévue à l'origine[21], d'installer les déportés dans des baraquements[22].

Entre le 20 et le 28 octobre 1939, 4700 personnes venues de Vienne, de Katowice et d'Ostrava furent effectivement déportées vers Nisko[23], où leur escorte se contenta de chasser la plupart d'entre elles dans la campagne automnale. Mais dès le départ du premier convoi, le 20 octobre, le RSHA interdit les autres transports[24]. Ce coup d'arrêt donné aux déportations s'explique par le fait significatif que les projets de colonisation du commissaire chargé de la consolidation de la nation, Himmler, eux-mêmes encore plus ambitieux, auraient été compromis par l'action Nisko. Pour Himmler, la déportation rapide des Juifs du territoire du Reich n'avait pas la priorité. Ce qui comptait c'était d'expulser des régions annexées les Polonais et Juifs indésirables afin de pouvoir y installer des Allemands d'origine. En dépit des nouvelles priorités établies par Himmler, en dépit de l'arrêt de l'action Nisko, le RSHA s'en tint à son plan de déportation dans le district de Lublin des Juifs du Reich[25].

Germanisation dans les territoires annexés

En s'immisçant dans la politique de germanisation à l'est, Himmler avait réussi un coup surprenant, comme le montre la réaction outrée de Darré. Jusqu'alors, Himmler s'était ouvertement prononcé en faveur d'une déportation rapide des Juifs de l'ensemble du Reich. En tant que commissaire chargé de la consolidation de la nation, il avait en revanche interrompu les mesures en question au bout de quelques semaines. La « question juive » devait désormais être « résolue » dans le contexte, beaucoup plus étendu, du « Nouvel Ordre » national.

Comme le souligne l'historienne Isabel Heinemann, dans son nouveau domaine de compétences Himmler mit assez rapidement en place une « répartition stratégique des tâches[26] » avec la Haupttreuhandstelle Ost (HTO) créée par Goering en octobre 1939 et qui avait pour mission d'évaluer, saisir et administrer les propriétés industrielles et commerciales dans les territoires polonais annexés. Goering respectait la responsabilité d'Himmler dans la confiscation des propriétés agricoles. Dans le cadre de la planification pour le Sud-Tyrol, un Bureau pour l'immigration et le retour avait par ailleurs été ouvert, dirigé par Ulrich Greifelt. Ce Bureau se transforma en organisme central de la consolidation. À partir de juin 1941, il fut confirmé dans ses fonctions sous la dénomination « Direction centrale RKF[27] ».

À peine nommé, Himmler s'attela à la tâche. Dès le 11 octobre, il signait des « directives de planification préliminaires » : « On peuplera un Gau avec des populations venues de Souabe, un autre avec des gens venus de Franconie, un autre avec des gens de Westphalie, de Basse-Saxe, du Schleswig-Holstein. Un village d'environ 25 fermes se composera d'un noyau de 10 à 12 fermes d'Allemands du Reich. À cela s'ajouteront 10 à 12 Allemands d'origine, afin qu'avec l'aide des Allemands du Reich, ils se réadaptent à la vie allemande. On installera dans chaque village deux ou trois paysans soldats SS, auxquels on pourra confier le poste de chef du village, la présidence du conseil des anciens, ou un poste comparable[28]. »

Le même jour, il transmettait ses idées à ses principaux directeurs, Lorenz, Heydrich, Pancke, mais aussi Greifelt et les Reichsstatthalter Greiser et Forster : « Je considère la population de Riga comme la racine du peuplement de Gotenhafen [Gdynia] et Posen [Poznan]. On peut également puiser dans la population urbaine de Dorpat et Reval [Tallinn]. La sélection de la population incombe au chef de la police de sécurité, avec l'accord du SS-Obergruppenführer Lorenz. La condition préalable à la naturalisation des villes susmentionnées est l'expulsion des Polonais et leur éviction de leurs logements. Les membres de l'intelligentsia polonaise doivent être visés en premier lieu[29]. »

Le 24 octobre, Himmler rendit visite au Reichsstatthalter Greiser, qui venait d'être nommé à Poznan. Le soir, à la cantine de l'administration civile, il parla de ses projets de peuplement. Il s'efforça pour commencer de mettre l'accent sur la dimension historique de la colonisation : « Déjà, il y a trois mille ans, et dans les temps qui suivirent, les provinces orientales où nous nous trouvons étaient peuplées de Germains. Malgré les difficultés des transports et les conditions primitives de l'époque, il leur avait été possible de s'implanter. Ces antiques colonies allemandes se sont plus ou moins maintenues jusqu'à nos jours, sous forme de villes ou d'îles isolées, même si la langue, elle, s'est en partie perdue. Ce qui était possible, nous devons réussir à le refaire aujourd'hui. »

Himmler expliqua « l'idée du soldat paysan », dont il fallait préparer l'avènement : « C'est à cela que doit également servir l'épargne obligatoire que j'ai introduite dans la Schutzstaffel. Un SS qui économise au fil des ans entre 2000 et 3 000 reichsmarks dispose des fonds nécessaires à son installation. Les briqueteries et les carrières de pierre que j'ai fait ouvrir ont pour but de fournir le matériau nécessaire à ces futures implantations agricoles. »

Avec son sens habituel du détail, Himmler dépeignit à son auditoire comment il imaginait la vie de ces futurs colons : « Les habitations que j'envisage seront construites [...] avec des murs de pierre épais et de solides fondations. Il n'est pas nécessaire d'acheter le terrain, puisqu'il est disponible [...]. Les travailleurs polonais fourniront une main-d'œuvre bon marché pour la colonie et l'exploitation des champs. [...] Les responsables, dans tous les domaines, seront toujours des Allemands, les exécutants, toujours des Polonais. »

Il fallait accorder une grande attention à l'hygiène. « Dans chaque maison de la colonie, je me représente une pièce, à la cave, où se trouvent un évier, une baignoire et une douche pour le paysan qui revient crotté des champs. » Partout, il devait y avoir assez de place pour des « familles en bonne santé avec beaucoup d'enfants ». Les maisons devaient être construites « selon des plans et des dessins que nous fournirons. Tout le kitsch et le rebut urbain que l'on peut voir à la campagne doivent disparaître, et nos colons doivent vivre dans un environnement agricole sain. Les maisons paysannes ne seront ni luxueuses ni primitives. [...] D'ici cinquante à quatre-vingts ans, dans les grandes colonies de l'Est, 20 millions de colons allemands vivront, dont 10 millions de paysans qui auront entre 8 et 10 enfants. Alors, le mouvement perpétuel s'arrête. Quand il ne reste plus de terre à répartir, il faut se saisir de nouvelles terres par l'épée, comme cela s'est si souvent produit dans l'histoire[30] ».

Le 30 octobre 1939, il annonça le premier programme exhaustif de « déplacement » de Polonais et de Juifs hors des territoires annexés. Les groupes de population suivants devaient être expulsés vers le Gouvernement général : hors des territoires annexés, « tous les Juifs », hors de la province Dantzig-Prusse-Occidentale, « tous les Polonais du Congrès » (tous les Polonais originaires de régions ayant appartenu à la Russie de 1815 à 1916), et, hors des provinces de Poznan, de Prusse-Orientale et de Haute-Silésie de l'Est, « une portion encore indéterminée de la population polonaise particulièrement hostile[31] ».

Le 8 novembre, Streckenbach, commandant en chef de la police de sécurité dans le Gouvernement général, chargé de la « planification centrale de la colonisation ainsi que de l'évacuation à l'est », signala aux HSSPF responsables des déportations que d'ici la fin février 1940 « l'ensemble des Juifs et des Polonais du Congrès » devaient avoir été « évacués » des territoires annexés. Quant au reste de la population polonaise, elle devait être répartie en « Polonais », « Allemands d'origine » et « Polonais encore souhaitables ». Dans l'ensemble, il était désormais prévu d'« évacuer des nouveaux territoires occupés à l'est [...], jusqu'à la fin février 1940 pour commencer, environ un million de Juifs et de Polonais[32] », dont 700 000 des régions directement annexées au Grand Reich[33].

En novembre 1939, le RSHA réalisa un « plan à long terme » : d'abord, la déportation de tous les Juifs et des Polonais politiquement hostiles dans le Gouvernement général, puis « examen racial » et déplacement de la masse de la population polonaise. Selon un « plan à court terme » correspondant, il fallait en premier lieu déporter 80 000 Juifs et Polonais du Warthegau pour pouvoir installer les Allemands de la Baltique, qui vivaient provisoirement dans des camps[34]. Ce chiffre fut finalement dépassé puisque, du 1er au 17 décembre, 87 000 personnes furent expulsées – « Polonais politiquement compromis, Juifs, intelligentsia polonaise, éléments criminels et asociaux[35] » – du Warthegau vers le Gouvernement général[36].

Le 21 décembre, Heydrich communiqua qu'il avait fait d'Eichmann son rapporteur spécial pour « les questions de sécurité et de police dans le cadre des évictions à l'est[37] ». Durant les premiers mois de 1940, Eichmann dut veiller à ce que, selon un deuxième plan à court terme, 600 000 Juifs soient transférés des territoires annexés vers le Gouvernement général[38], processus que l'on n'avait cessé de reporter[39] parce que les responsables citaient des chiffres totalement divergents quant au nombre de personnes à déporter[40]. Enfin, le 23 janvier, le chef du département de la planification au sein du commissariat à la consolidation de la nation présenta un plan d'ensemble pour la colonisation des régions annexées de l'Est selon lequel, à long terme, 3,4 millions de Polonais devraient être expulsés. La déportation de quelque 560 000 Juifs de ces territoires avait déjà été entamée[41].

Mais le 30 janvier 1940 Heydrich avança une nouvelle idée : il fallait désormais contraindre temporairement 800 000 à un million de Polonais des territoires annexés à des « corvées » sur le territoire du Reich. Dans le Gouvernement général, il ne fallait déporter que 40 000 Juifs et Polonais des nouveaux « Gaue de l'Est » (pour les remplacer par des Allemands de la Baltique), et 120 000 autres Polonais en Volhynie, pour les Allemands d'origine de la région. Ensuite, l'ensemble des Juifs, non seulement dans les territoires annexés, mais de tout le Reich, devraient être déportés vers le Gouvernement général, ainsi que 30 000 Tziganes[42].

Dans les faits, une partie seulement de ces projets ambitieux fut réalisée. Jusqu'au début de l'année 1941, on expulsa au total près de 308 000 Polonais et Juifs des territoires annexés[43]. À l'époque, le Gouvernement général ne fonctionnait toujours pas en tant que « territoire d'accueil ». Zone de déploiement de la Wehrmacht pour la guerre contre l'Union soviétique, il fut ensuite déclaré territoire de colonisation potentiel pour les Allemands[44]. Jusqu'à la fin 1942, 57 000 personnes « racialement indésirables » furent encore évacuées des territoires annexés. À partir de cette date, on ne dispose plus d'aucun chiffre, mais il ne dut plus y avoir de grands déplacements de population[45]. À cela s'ajoutent des centaines de milliers d'habitants des régions annexées, qui ne furent pas déportés, mais « concentrés » dans des ghettos en 1940-1941 et qui, à partir de la fin 1941, furent assassinés dans les camps d'extermination.

« L'examen racial » des gens qui devaient être déplacés, Allemands et Polonais, fut pris en charge par le Bureau pour la race et le peuplement d'Himmler, qui se prévalait de sa longue expérience dans l'examen des SS et de leurs épouses, et qui prit, avec cette nouvelle mission, une importance considérable[46].

Le déplacement forcé de centaines de milliers de personnes nécessitait un appareil important. Le Bureau central de l'immigration (EWZ), créé sur ordre de Heydrich à la mi-octobre, installé à Lodz à partir de janvier 1940 et qui contrôlait plusieurs annexes, entreprit un « examen racial » des Allemands d'origine avec l'aide des experts du RuSHA et décida où ils devaient être « réimplantés[47] ». Son équivalent pour l'expulsion des Polonais et des juifs des territoires annexés étaient le Bureau central de l'émigration (UWZ), sis à Poznan, lui aussi doté de plusieurs extensions[48]. Les trois conseils pour la race et le peuplement envoyés par le RuSHA en Pologne au début de la guerre furent transformés en offices du cadastre SS, sous la direction d'un office central à Berlin. À la fin 1942, ils avaient saisi dans la zone de colonisation un total de 686 054 exploitations représentant 6 043 901 hectares, soit 91,7 % des exploitations agricoles locales[49]. En mars 1940, on créa en outre des Bureaux SS pour la colonisation et l'emploi, afin d'organiser la déportation de la population locale et l'installation d'Allemands d'origine[50]. Les autorités nazies placèrent sciemment à la tête de ces bureaux d'anciens chefs de la Selbstschutz habitués à pratiquer la terreur[51]. Terreur et politique de repeuplement allaient de pair.

Le 13 décembre 1939, lors d'une visite au « camp de filtration » de la région de Lodz (la veille, à Poznan, il avait assisté à une exécution dans une chambre à gaz), il expliqua que les futures enquêtes raciales devaient éviter que « des types mongols se développent dans les nouvelles colonies de l'Est. Je veux créer ici une province blonde[52] ». Le même jour, il profita d'une visite des locaux de l'EWZ à Lodz pour s'exprimer au sujet de la classification raciale des « immigrés de retour ». Il appela le chef du RuSHA à prendre les mesures nécessaires. Le résultat de l'enquête et du jugement y afférant, poursuivit-il, était « d'une importance cruciale pour le destin de l'individu et de l'espace allemand à l'est ». Il fallait faire une distinction minutieuse entre « l'aspect physique et racial ». Il importait de « prendre en compte l'ensemble de l'aspect racial de tous les membres d'une famille [53] ».

Pancke élabora donc une recommandation sur la « sélection des gens prévus pour une implantation dans le nouvel espace conquis à l'est ». Quatre groupes, estimait-il, devaient être pris en considération : les Allemands d'origine immigrés, les Allemands d'origine locaux, les candidats au peuplement dans le Reich et ceux dont la candidature avait déjà été acceptée par le Reichsnährstand [54]. Le directeur du Sippenamt, Hofmann, avait déjà, en octobre, émis des instructions pour examiner « la conformité des immigrés de retour », qui s'inspiraient des critères de sélection de la SS [55] et répartissaient les gens en quatre catégories.

À l'origine, il n'avait été envisagé d'installer à l'est que ceux qui étaient classés dans les groupes raciaux I et II. Quiconque était rangé dans la catégorie III devait être implanté dans l'ancien Reich, et ceux de la catégorie IV devaient rester dans leur pays d'origine. À l'occasion d'une nouvelle visite à Lodz en janvier 1940, Himmler ordonna néanmoins que les représentants de la catégorie III soient eux aussi implantés à l'est [56]. Les critères de classification dans ce groupe furent donc durcis en conséquence [57].

Himmler précisa par ailleurs : « Les immigrés de retour qui sont classés dans le groupe IV doivent être transférés sans exception sur l'ancien territoire du Reich. [...] Les immigrés de retour des groupes I et II seront installés sans exception dans les nouveaux Gaue de l'Est. » Il établit personnellement la taille des exploitations pour les agriculteurs des groupes I à III [58].

Si les « immigrés de retour » étaient classés comme « étrangers » (pour lesquels on avait créé la catégorie spéciale IVf), ils devaient partir pour le Gouvernement général. Cette « évacuation » d'« Allemands d'origine douteux », comme l'ordonna Himmler en janvier, devait dépendre de son autorisation [59]. Les personnes concernées devaient attendre sa décision dans des camps, « probablement en Franconie [60] ». Le commissaire à la nationalité se réservait le droit de statuer personnellement sur l'évaluation des « demandes de naturalisation d'étrangers de la catégorie I et II qui occupent des professions intellectuelles [61] ».

Comme toujours quand un projet suscitait son intérêt particulier, Himmler se préoccupa des moindres détails. Quand un questionnaire d'évaluation lui semblait incorrectement rempli, le délégué du RuSHA auprès du Bureau central de l'immigration de Lods devait rappeler à ses examinateurs qu'Himmler attachait une grande valeur aux « informations sur la taille, la couleur des cheveux, la couleur des yeux, la présence de bride épicanthique, les yeux rapprochés[62] ».

La méthode d'Himmler, qui consistait à s'arroger la décision et à intervenir dans de nombreux cas de détail, prouve une fois encore l'arbitraire des examens raciaux. Ils ne suivaient pas des critères objectifs, mais étaient tributaires des jugements de valeur de l'examinateur, pour qui devait compter « l'impression d'ensemble » non seulement du sujet, mais aussi de toute sa famille.

De novembre 1939 à mars 1940, quelque 62 000 Allemands d'origine de Lettonie et d'Estonie furent d'abord « filtrés », puis, durant l'hiver suivant, des personnes déplacées venues de la partie de Pologne occupée par l'URSS – 128 000 au total –, suivies d'environ 30 000 Allemands d'origine du Gouvernement général (des environs de Chelm et Lublin), 137 000 personnes d'origine allemande des territoires roumains annexés par l'Union soviétique pendant l'été 1940 (Bessarabie et Bucovine du Nord), auxquelles s'ajoutèrent – à la demande du gouvernement roumain – 70 000 Allemands d'origine de Roumanie. Au début de 1941, 48 000 Allemands de Lituanie et 12 000 « déplacés » d'Estonie et de Lettonie suivirent. En tout, les examinateurs raciaux d'Himmler préparèrent le « retour » d'un demi-million d'Allemands d'origine, chiffre qui atteignit le million vers la fin de 1944[63].

Les « résultats du filtrage » des examinateurs SS restèrent cependant très en deçà des espérances quant à la qualité raciale des Allemands ethniques déplacés. Certes, après évaluation par les examinateurs, la « valeur raciale » des Allemands d'Estonie et de Lettonie fut considérée comme bonne dans l'ensemble. Sur 55 600 personnes évaluées en six ans, entre 60,1 et 74,4 % furent classés dans les catégories I et II, et donc comme « aptes à la colonisation[64] ». Mais, parmi les Allemands de Volhynie et de Galicie, soit plus de 45 500 personnes, 44 % seulement satisfirent aux critères des groupes I et II[65].

Le rapport d'un des examinateurs peut être considéré comme un constat d'échec de la politique de la nationalité en termes d'idéologie raciale : « Sur le plan racial, la moyenne se compose d'un mélange parfois équilibré, parfois déséquilibré d'une race phalienne avec divers apports des principales races européennes, la race balte orientale occupant une place prépondérante. Si l'on appliquait un jugement plus strict, le total des familles de type IV serait nettement plus important. Même en satisfaisant aux souhaits pressants de la direction, dans bien des cas les familles frontalières ne pourraient être décrites que comme de Type III[66]. »

Les Allemands d'origine de Bessarabie, de Bucovine et de Dobroudja furent de même majoritairement rangés dans la catégorie III par les examinateurs SS[67]. Mais il est possible que même ces chiffres aient fait l'objet d'une rectification ultérieure, car lors d'une discussion de travail on alla jusqu'à évoquer 40 à 60 % de « cas IV[68] ».

« L'examen racial » des Allemands d'origine s'avérait donc décevant, et en outre, en dépit d'une campagne d'expulsions intensive de la population locale, on ne disposait pas d'assez de fermes pour les « Allemands ethniques de bonne race » déplacés. Les autorités chargées de la colonisation avaient pourtant, jusqu'à la fin 1940, réussi à installer dans des exploitations dans le Warthegau presque tous les 5 000 colons allemands de la Baltique ayant des compétences en agriculture – car la majorité des gens d'origine allemande venant de cette région étaient des citadins –, ainsi que plus de la moitié des Allemands de Volhynie, de Galicie et du Narev, et ceux de Chelm et de Lublin. Mais plus on expulsait les populations locales, plus les planificateurs couraient aussi le risque de voir ces mesures toucher des gens qui, en réalité, auraient pu être considérés comme « germanisables ».

Mais, quand au début de 1941, il fut constaté qu'il n'était plus possible d'expulser dans les mêmes proportions les Polonais des territoires annexés en direction d'un Gouvernement général déjà saturé par le déploiement de la Wehrmacht – situation qui ne changerait évidemment pas avec le déclenchement des hostilités contre l'URSS en juin de la même année –, il devint de moins en moins réaliste d'espérer installer dans des fermes des territoires annexés la vague suivante de colons présumés, plus de 200 000 personnes venues de Bucovine, de Bessarabie et de la Dobroudja. Dès avril 1941, 250 000 d'entre eux étaient logés dans des camps d'accueil du VoMi, dont 228 000 sur le territoire de l'ancien Reich – ce qui correspondait à plus de la moitié des Allemands d'origine déplacés jusque-là[69].

En mars 1942, les spécialistes de la nationalité d'Himmler établirent que, sur un total de 510 000 colons potentiels, 287 000 seulement avaient été « implantés » dans les territoires annexés, et 93 000 sur le territoire de l'ancien Reich (la plupart de façon encore provisoire). Autrement dit, 131 000 personnes vivaient encore dans des camps[70].

Face à cette situation, les responsables SS eurent l'idée d'employer les jeunes Allemandes d'origine comme domestiques en Allemagne, de préférence auprès de familles nombreuses ou dans les cercles de dirigeants SS. Frau Himmler eut ainsi droit elle aussi à des domestiques venues de Volhynie. L'épouse du Reichsführer qui, comme nous l'avons vu, imposait de rudes exigences à son personnel de maison, se montra certes « satisfaite des jeunes filles », comme Brandt le signala à Koppe à l'été 1940, mais réclama « une autre jeune fille, car l'une d'entre elles va bientôt se marier[71] ». En outre, écrivait Brandt, il fallait au Reichsführer-SS « une deuxième jeune fille [...] pour une famille proche, si possible dès le mois de mars ». Mais cela ne s'arrêtait pas là : « de plus, le SS-Gruppenführer Wolff demande, pour le SS-Sturmbannführer Sachs, à Schweinfurt, une cuisinière et une domestique ». On peut déduire de la même lettre que Scultetus, le scientifique spécialiste de la théorie de la glace éternelle à l'Ahnenerbe, avait lui aussi été fourni en personnel. Koppe parvint à répondre à chacune des demandes[72].

Et le cercle des intéressés s'élargit. En mai 1941, Himmler pria Greifelt d'envoyer « douze jeunes Allemandes d'origine pour l'hôpital SS de Hohenlychen », puis, de nouveau, trois jeunes filles qui « devront être affectées auprès de parents du Reichsführer[73] ».

Toutes les mesures décrites jusqu'à présent portaient sur l'implantation d'Allemands ethniques dans les territoires annexés, cet « espace vital » agrandi du Reich national-socialiste. Le Gouvernement général, en revanche, fonctionnait, dans le monde tel que le rêvaient les planificateurs, comme un simple « territoire d'évacuation » pour les gens « de moindre valeur ». À l'été 1940, Himmler envisagea pour la première fois différemment le Gouvernement général dans ses plans de germanisation, dans le cadre d'une expérience strictement limitée à la SS. Il confia à Globocnik la mission de créer une « colonie militaire » modèle, pour reprendre ses propres termes. La dénomination officielle, d'après Himmler, devait être « bastion de la SS et de la police ». Le 2 novembre 1940, il donna l'ordre à Globocnik d'en mettre six en place. En mars 1941, ce dernier avait converti six anciennes exploitations agricoles à cet effet : administrées par des SS, elles pouvaient être occupées par des forces de police en cas de besoin[74]. À ce stade, il n'était pas encore envisagé d'en faire le centre de colonies plus ambitieuses.

Liste des peuples et regermanisation

Outre l'évaluation raciale des Allemands d'origine, la SS avait également pour mission « l'examen racial » de la population vivant dans les territoires polonais annexés. Le 25 mai 1940, Himmler soumit à Hitler un mémorandum intitulé *Réflexions sur le traitement des étrangers à l'est.* À l'est, postulait-il, il importait d'« identifier autant de populations distinctes que possible « et de « les diviser en autant de branches et de parties que possible ». Car « ce n'est qu'en décomposant ce brouet des peuples dans le Gouvernement général, où vivent 15 millions d'habitants, et 8 millions dans les provinces orientales, que nous serons à même d'imposer la sélection raciale qui doit être la base de nos efforts afin d'extirper de ce brouet ceux qui ont de la valeur sur le plan racial, afin de les ramener en Allemagne où nous les assimilerons ».

En quatre ou cinq ans, il faudrait « par exemple que la notion de Kachoube* ne soit plus comprise », dans la mesure où « il n'y aura plus de peuple kachoube ». « J'espère voir disparaître totalement la notion de Juif, grâce à une grande émigration de l'ensemble des Juifs vers l'Afrique, ou sinon dans une colonie » et « à un peu plus long terme [...] faire disparaître les concepts ethniques d'Ukrainiens, de Goral et de Lemki ». Cela valait aussi « dans un cadre plus étendu pour les Polonais ».

La solution de ces problèmes résidait dans la « question de l'éducation ». Il était prévu que les populations non allemandes à l'est ne pourraient suivre de scolarité au-delà du primaire, réparti en quatre classes. Dans ces écoles primaires, on n'enseignerait que ce qui suit : « Apprendre à compter jusqu'à 500 maximum, écrire son nom, apprendre que la loi divine veut que l'on obéisse aux Allemands et que l'on soit honorable, travailleur et courageux. La lecture n'est à mes yeux pas indispensable. » Les parents qui souhaitaient offrir une meilleure éducation à leurs enfants devraient en formuler la demande auprès du HSSPF, la décision dépendant avant tout de critères raciaux. « Si nous reconnaissons cet enfant comme étant de notre sang, on offrira aux parents la possibilité d'envoyer leur enfant dans une école en Allemagne et il y restera durablement. Aussi dur et tragique que soit chaque cas particulier, cette méthode n'en est pas moins la plus douce et la meilleure, sachant que l'on ne peut que refuser la méthode bolchevique qui consiste à déraciner tout un peuple, ce qui nous semble non germanique et impossible. »

Les parents de ces enfants, poursuivait Himmler, devaient avoir le choix de « donner » leur enfant, ou de se rendre eux-mêmes en Allemagne où ils devraient « être des citoyens loyaux ». Il fallait de toute façon procéder chaque année « à une sélection de tous les enfants de six à dix ans dans le Gouvernement général, et les répartir entre ceux qui sont de valeur sur le plan racial et les autres ». Ceux qui seraient considérés comme « de valeur » devraient également être transférés en Allemagne.

« Le Gouvernement général, affirma Himmler en dépeignant l'avenir, quand ces mesures auront été appliquées de façon exhaustive dans le courant des dix

* Groupe ethno-linguistique slave de Poméranie, aujourd'hui en Pologne. (NdT)

prochaines années, abritera obligatoirement une population de moindre valeur, population expulsée des provinces orientales et de toutes les régions du Reich allemand, et qui rassemblera les mêmes types raciaux et humains (par exemple, les Sorabes et les Wendes *). Cette population servira de main-d'œuvre sans chefs. Elle aura cependant toujours plus à manger et vivra mieux que sous la domination polonaise et, par sa propre absence de culture, sera appelée, sous la direction stricte, constante et juste du peuple allemand, à contribuer à ces réalisations éternelles dans le domaine de la culture et de l'architecture, allant même jusqu'à se charger de tous les travaux les plus rudes[75]. » Hitler, souligna Himmler, approuvait son mémorandum dans les grandes lignes et avait accepté qu'il circule dans un cercle restreint de hauts fonctionnaires, qui devraient le considérer comme des recommandations autorisées par le Führer. Mais le texte ne devait pas être diffusé plus largement[76].

Himmler avait déjà développé deux programmes de germanisation qui, prudemment, ne concernaient que les territoires annexés, et non le Gouvernement général qui, d'après le mémorandum, devait être réservé aux peuples « de moindre valeur ». D'une part, il s'agissait de la « regermanisation » de gens qui, du fait de leur condition raciale satifaisante, devaient être extirpés du flot de tous ceux qui devaient être déportés dans le Gouvernement général. D'autre part, il importait de repérer les « origines allemandes » de ceux qui vivaient dans les territoires polonais annexés par le Reich, dans le cadre d'un processus de sélection qui serait connu sous l'appellation de « Liste des peuples allemands ».

La regermanisation avait un double objectif, « d'un côté employer pour l'Allemagne les familles de valeur raciale, de l'autre soustraire à la population polonaise les familles considérées comme nordiques, familles dans lesquelles l'expérience montre que les élites polonaises puisaient[77] ». Dès mars 1940, le commissaire à la nationalité Himmler avait créé à cette fin un bureau spécial du RuSHA auprès du Bureau central de l'immigration de Lodz[78].

On estime que, à partir de l'été 1940, quelque 30 à 35 000 Polonais furent ainsi regermanisés[79]. Ce chiffre était très loin des prévisions d'Hitler et Himmler. À l'origine, ils avaient estimé que près d'un million de Polonais étaient « regermanisables », ordre de grandeur conforté d'ailleurs par les calculs du Bureau de la politique raciale du NSDAP[80]. En octobre 1940, Himmler révisa ces chiffres à la baisse, pour atteindre 100 000 personnes[81], se justifiant en rappelant qu'il

* Les Sorabes, ou Wendes, sont une ethnie slave de la région de Lusace, située autrefois en Allemagne, aujourd'hui en Pologne. (NdT)

était indispensable de procéder à une « sélection raciale » minutieuse. Il rappela ce point de vue aux HSSPF affectés en Pologne en mai 1941 :

« Les gens ne peuvent pas être germanisés simplement parce que le parti les prend en charge et assume leur éducation politique, car à un autre niveau l'administration et l'armée allemandes s'y sont essayées pendant plus de cent ans en Prusse-Occidentale et à Posen, si bien que les gens, du temps de la domination allemande, servaient en tant qu'Allemands et avaient la citoyenneté allemande, et du temps de la domination polonaise servaient en tant que Polonais et étaient polonais. Historiquement, cette vieille méthode a montré ses faiblesses.

« Une germanisation des provinces de l'Est ne peut se faire qu'en fonction de principes raciaux, en sélectionnant la population. Ceux qui sont de valeur sur le plan racial, qui peuvent être intégrés dans notre organisme national sans risque (voire, pour certains, avec profit), doivent être installés en Allemagne famille par famille. [...] L'autre partie, impossible à assimiler racialement, restera sur place tant que nous aurons besoin d'elle en tant que main-d'œuvre pour le développement des provinces, puis, dans les cinq à dix prochaines années, elle sera, sans exception ni pitié, expulsée dans le Gouvernement général, réservoir de ceux dont l'Allemagne n'a que faire sur le plan racial[82]. »

Confronté à la lenteur des résultats, Himmler, à la mi-1941, ordonna au RuSHA de chercher également parmi la main-d'œuvre agricole polonaise englobée dans le Reich après le début de la guerre – qu'Himmler avait dû laisser passer sans « examen » par manque de temps[83] – des familles susceptibles d'être regermanisées et qui pourraient à terme s'installer dans le Reich. Il en estimait le nombre à plusieurs milliers[84].

Au sujet de la liste des peuples, le Reichsstatthalter Arthur Greiser avait été le premier à prendre des mesures. Dès 1939, il avait établi une liste de ce genre dans le Warthegau, liste dont les critères principaux étaient d'ordre politique et culturel – un système d'évaluation clairement contraire à la politique raciale de la SS[85]. Le 12 septembre 1940, Himmler émit ses propres directives pour une liste des peuples allemands dans les territoires polonais annexés, où il soulignait que toute « tentative de germanisation générale des provinces de l'Est qui ne se fonderait pas sur des préceptes raciaux est à terme vouée à l'échec et entraînera la perte des provinces de l'Est ».

Une fois encore, Himmler prévoyait quatre catégories : les groupes 1 et 2 comprenaient ceux qui étaient clairement catalogués comme Allemands. Ils se verraient octroyer la nationalité allemande. Le groupe 3 était pour ceux qui avaient établi « des liens avec la polonité au fil des ans », mais qui disposaient du potentiel

« racial » pour devenir des « membres de valeur de la communauté nationale allemande ». Ils devaient obtenir la nationalité allemande sans le privilège de la « citoyenneté du Reich » (ce qui n'avait pas grande importance sur le plan pratique car le statut de citoyen du Reich, introduit en 1935 par la loi sur la citoyenneté du Reich, ne fut jamais défini de façon précise). Les gens d'origine allemande qui avaient été « intégrés politiquement dans la polonité » appartenaient au groupe 4 et ne pouvaient obtenir la citoyenneté allemande qu'en appel. Les membres des groupes 3 et 4 devaient s'installer sur le territoire de l'ancien Reich[86].

Fidèle à son habitude, Himmler dicta des consignes très précises pour le déroulement de « l'examen racial » : « 1. Le principe primordial est que l'examen racial doit être présenté sous la forme d'une visite médicale. [...] Les locaux doivent être agencés de telle façon qu'à la fin de l'examen le sujet doit retourner dans le vestiaire. 3. La présence de douches est une condition sanitaire importante pour le déroulement de l'examen. » Himmler recommanda de plus l'emploi d'auxiliaires, l'utilisation de tableaux en couleur, l'analyse des pommettes, des paupières, de la pilosité corporelle ainsi que les détails de l'examen physique, et imposa en outre un « règlement » pour l'ensemble de la procédure afin de pouvoir examiner jusqu'à quatre cents personnes par jour et par examinateur[87]. Comme toujours, il se réservait le droit d'étudier en dernière instance les cas litigieux[88].

La classification dans les catégories III et IV – dans la nation allemande ou polonaise – était le problème central du système de la Liste des peuples. Le RuSHA entreprit d'examiner individuellement ces quelque 2 millions de personnes, une affaire qui, en 1942, devait mobiliser les onze bureaux de la liste des peuples allemands dans les territoires polonais annexés. On ne sait toutefois pas combien de gens furent effectivement examinés[89]. Car, aussi bien dans le Warthegau que dans le Gau de Dantzig-Prusse-Occidentale qu'en Haute-Silésie, Himmler, avec son projet d'examen racial individuel, se heurta à la résistance considérable des Reichsstatthalter, qui auraient préféré une procédure simplifiée[90]. Du reste, pendant la guerre, les programmes grandioses de transfèrement de population sur la base de la Liste des peuples ne furent plus possibles.

Chacun des trois programmes de germanisation qu'Himmler, dans ses fonctions de commissaire chargé de la consolidation de la nation, avait lancés depuis l'automne 1939 se trouva, à partir de 1940-1941, au point mort, voire échoua plus ou moins. L'implantation d'Allemands d'origine dans les territoires annexés ne se réalisa qu'en partie. La regermanisation obtint des résultats bien plus maigres qu'escomptés à l'origine. Les enquêtes dans le cadre de la Liste des peuples allemands semblent ne jamais avoir été menées à bien.

La concrétisation de ces programmes s'est confrontée au fait que les déportations dans le Gouvernement général à partir des territoires annexés ne purent jamais atteindre des effectifs satisfaisants. Les différents mouvements de population se bloquaient les uns les autres, dans des proportions qui font que même l'« évacuation » de la population juive du Reich, préparée depuis longtemps et clairement annoncée, ne put pas avoir lieu comme prévu immédiatement après la victoire sur la Pologne.

« L'émigration des Juifs »

Les déportations, dans le cadre du projet Nisko en novembre 1939, ayant dû être interrompues en raison de l'implantation d'Allemands d'origine, considérée comme prioritaire, le RSHA, trois mois plus tard, organisa de nouvelles expulsions limitées. Le 12 et le 13 février 1940, plus de 1 100 Juifs de la région de Stettin (Szczeczin), presque toute la population juive de la ville, furent déportés vers Lublin. Le 12 mars, 160 personnes étaient transférées de Schneidemühl vers Glownew, près de Poznan[91].

Le 29 février, Himmler justifia ces déplacements devant les Gauleiter en invoquant le besoin de faire de la place pour les Allemands de la Baltique. Il leur expliqua qu'ils ne devaient pas se faire de « faux espoirs » quant à d'autres déportations depuis leurs Gaue[92]. Il avait cependant l'intention, dans l'année à venir – « à la condition que la guerre dure toute l'année » –, de s'attaquer à « l'émigration des Juifs », « dans la mesure où elle est numériquement supportable ». Autrement dit, dans la mesure où la situation le permettrait dans le Gouvernement général. Ces déplacements forcés ne devaient pas être assimilés à « l'émigration normale des Juifs » du territoire de l'ancien Reich, de l'Ostmark et des Sudètes. Celle-ci devait se poursuivre « malgré la guerre [...]. Nous voulons d'ailleurs ce mois-ci faire émigrer 6 à 7 000 Juifs, vers la Palestine, l'Amérique du Sud et l'Amérique du Nord ». Mais cette solution permettait d'expulser au maximum 80 000 personnes par an. Les déportations vers le Gouvernement général devaient par conséquent reprendre, en fonction des priorités suivantes : « Je dois d'abord expulser les Juifs des quatre provinces, des provinces de l'Est, Posen et la Prusse-Occidentale, la Haute-Silésie de l'Est et la Prusse du Sud-Est. Ensuite viendra le territoire de l'ancien Reich, puis ce sera le tour du Protectorat. Là aussi, je veux chasser les 150 000 Juifs qui se trouvent dans le Protectorat. Les Tziganes sont une question à part. Si possible, je veux les évacuer dans l'année.

On en trouve 30 000 dans tout le Reich, mais ils sont la cause de terribles dégâts sur le plan racial[93]. »

Himmler avait des raisons pour mettre en garde contre de « faux espoirs », car les plans de déportations à grande échelle se heurtaient à la résistance de Hans Frank. Le 12 février, le Gouverneur général, lors d'une réunion au sommet, s'était exprimé contre la « poursuite de la pratique actuelle de déplacements » et obtenu d'Himmler et de Goering la promesse que l'évacuation se déroulerait dorénavant en coopération plus étroite avec lui[94]. Après un autre entretien avec Hitler le 29 février, Frank en déduisit que « 400 à 600 000 Juifs au moins » devaient arriver dans le pays. Le 4 mars, il informa les responsables du district de Lublin que leur territoire était envisagé comme une « sorte de réserve juive[95] ». Quelques jours plus tard, les autorités reportaient le projet d'installation d'un ghetto à Varsovie. Compte tenu du « réservoir », une telle mesure semblait pour l'heure superflue[96].

Le 24 mars, Goering décréta que toutes les déportations vers le Gouvernement général devaient jusqu'à nouvel avis dépendre de son approbation expresse et de celle de Frank[97]. Cela mit, *de facto*, un coup d'arrêt aux transports, et le projet d'une réserve juive à Lublin fut définitivement abandonné. À Varsovie, les préparatifs pour la création d'un ghetto reprirent[98]. La déclaration d'Himmler devant les Gauleiter avait été un peu prématurée.

État des lieux national dans l'ancienne Tchécoslovaquie

À l'automne 1940, ce fut au tour de la population du Protectorat de Bohême-Moravie de se retrouver dans le collimateur d'un « état des lieux racial[99] ». C'était une initiative de Karl Hermann Frank, HSSPF de Prague, avec l'approbation d'Hitler. Le projet entrait dans le domaine de compétences du Bureau pour la race et le peuplement, auquel Himmler ordonna, en octobre 1940, de « soumettre aussi vite que possible un questionnaire aux médecins scolaires tchèques ». Officiellement, le questionnaire portait sur l'état de santé des écoliers, mais en réalité il devait clarifier les « questions importantes pour nous » : la composition « raciale » de la jeunesse tchèque. Himmler établit donc les critères de ce nouvel examen racial : « taille exacte, âge, poids, couleur des yeux, selon trois catégories : 1. Bleus, gris, verts ; 2. Marron, marron foncé ; 3. Noirs. Et enfin, couleur de la peau, à répartir en 1. Blond, blond foncé ; brun, brun foncé et noir[100] ».

Himmler envoya le questionnaire mis au point par le RuSHA à partir de ces directives à Karl Frank en recommandant en outre d'obtenir de chaque enfant un cliché de face et de profil. De cette façon, dit-il, on obtiendrait pour la première fois « pratiquement un état des lieux racial du peuple tchèque[101] ». Afin de s'acquitter de cette mission ambitieuse, le RuSHA ouvrit au début de 1941 un bureau aux effectifs imposants[102].

Entre-temps, un collaborateur du RuSHA, Walter König-Beyer, avait publié un *Mémorandum sur la situation raciale en Bohême-Moravie*, où il partait du principe que, d'après une analyse politique et raciale exhaustive de la population locale, il faudrait déporter 55 % des habitants vers le Gouvernement général[103]. Mais, en tant que commissaire à la nation, Himmler ne se préoccupait pas encore à ce stade du Protectorat, si bien qu'au début aucune mesure concrète ne fut prise en faveur de la réalisation de tels projets. Ce n'est qu'avec la nomination, en octobre 1941, de Heydrich au poste d'adjoint au Reichsprotektor à Prague que les plans allemands de germanisation du Protectorat entreraient dans une phase décisive.

À l'époque, la Slovaquie suscitait elle aussi l'intérêt de la SS dans ses ambitions raciales. Dans l'État slovaque indépendant fondé en mars 1939 vivait une minorité allemande d'environ 130 000 personnes. Les autorités de ce groupe ethnique, favorables aux nazis, réclamaient leur rattachement au Reich, ce qui, compte tenu de la répartition géographique de ces populations, aurait entraîné l'annexion d'une grande partie de la Slovaquie. La politique officielle du régime nazi n'allait pas dans ce sens, qui avait davantage intérêt à ce qu'existe à ses côtés un État slovaque indépendant plutôt que de « ramener dans le Reich » ces Allemands d'origine[104].

En mai 1940, Franz Karmasin, le chef de file des Allemands d'origine de Slovaquie, s'adressa au RuSHA qu'il pria de venir voir avec lui les Allemands vivant dans les Beskides afin de les « étudier et les examiner pour vérifier leur valeur raciale ». Himmler donna son autorisation et Pancke, le patron du RuSHA, entreprit un voyage d'études dans la région, dont il communiqua ensuite le résultat au Reichsführer : « Toute la Slovaquie n'est qu'un immense cimetière de la nation allemande. » Pancke développa, à partir de cette observation, une idée qui ne visait pas du tout au renforcement de ce groupe ethnique, mais à une fusion de la population slovaque avec la « germanité ». Selon Pancke, il était possible, après avoir « écarté » Juifs et Tziganes et « éliminé » la population d'origine hongroise, 500 000 personnes au total, de reconquérir « totalement ce pays pour la germanité », surtout si l'on y installait en plus une centaine de milliers de familles allemandes[105]. À l'automne 1940, la SS reçut pour mission d'une part de procéder à un examen discret des Allemands d'origine de Slovaquie, d'autre part de former à partir de la Garde Hlinka* slovaque une élite qui devrait servir de noyau à la politique de fusion proposée par Pancke.

Expatriation dans le Sud-Tyrol

Face à ces énormes programmes de colonisation et de déplacements de population, un projet, qui avait été confié à Himmler par Hitler avant même sa nomination au titre de Commissaire du Reich pour la consolidation de la nation allemande, attendait toujours : l'expatriation des Sud-Tyroliens.

Quelques jours après le début de la Seconde Guerre mondiale, Himmler, par le biais de son agent de liaison à Rome, Dollmann, fit savoir à son « très estimé ami », le ministre de la Police Bocchini, qu'il se voyait contraint de revenir sur sa promesse de déplacer tous les citoyens du Reich vivant au Sud-Tyrol (première étape de l'expatriation annoncée) en trois mois, « du fait de la guerre, des tensions et des circonstances qui s'en trouvent évidemment modifiées ». Il était clair que les gens qui décideraient de rester en Italie et « s'engageraient à devenir extérieurement et intérieurement des Italiens » ne devaient pas « être pris à la légère » par les Sud-Tyroliens qui avaient choisi d'émigrer[106].

À l'issue de nouvelles négociations, Himmler s'attaqua sérieusement à la planification en gardant à l'esprit les déplacements de population en Pologne. Du 11 au 13 octobre, il rencontra Bocchini à Tremezzo, sur le lac de Côme, afin de résoudre les problèmes qui s'étaient fait jour. À cette occasion, il proposa de lui-même d'accélerer le processus d'option envisagé au départ : à l'origine, un délai courant jusqu'au 30 juin 1940 devait être accordé aux Sud-Tyroliens de nationalité italienne afin qu'ils optent pour l'Allemagne ou pour l'Italie. La procédure bureaucratique serait désormais simplifiée, et ce délai ramené au 31 décembre 1939[107].

De retour de Tremezzo, Himmler prit des décisions importantes sur le déplacement des Sud-Tyroliens. Ils devaient être, écrivit-il dans un texte destiné à être publié, « transférés sur un nouveau site de colonisation », par exemple dans la dépression de la Netze ou un territoire sur « le flanc nord des Beskides », dans les montagnes frontalières de la Slovaquie, au sud de la Pologne. Conformément aux

* Milice ultranationaliste slovaque, qui collaborait avec les nazis. (NdT)

ordres d'Hitler, l'expatriation devait se dérouler « dans la bienveillance ». « Les communautés rurales et urbaines seront transplantées en gardant leurs anciens noms. » Himmler avait d'ailleurs envisagé un nom pour le nouveau territoire, sans aucun cynisme : l'Est-Tyrol[108].

À l'issue d'autres négociations, le 21 octobre 1939, les premiers accords furent signés[109]. Cinq jours plus tard, le 26 octobre, les directives portant sur les déplacements étaient rendues publiques. Du côté italien, on assista à une vague de propagande contre l'opération, tolérée par le préfet de Bolzano. Dans le même temps, les autorités italiennes emprisonnaient des Sud-Tyroliens d'obédience nazie et qui faisaient campagne en faveur du projet[110]. Le 14 novembre, Himmler intervint en envoyant une lettre d'un ton résolument amical à Bocchini, où il ne s'en plaignit pas moins de la campagne de propagande, des arrestations et du fait que la partie italienne n'avait pas respecté sa part des accords[111]. Le 15 novembre, Karl Wolff et le sous-secrétaire d'État Buffarini Guidi du ministère italien de l'Intérieur s'entendirent à Rome sur la libération des personnes interpellées[112]. Le processus de l'option imposé jusqu'à la fin de l'année 1939 se conclut par une majorité substantielle des candidats à l'émigration[113].

Plus de 200 000 Sud-Tyroliens avaient voté en faveur de l'Allemagne ou de la citoyenneté allemande. 56 000 avaient quitté leur foyer à la fin 1940. Pourtant, dès les derniers mois de cette année, le chiffre des candidats avait considérablement baissé. À la mi-1942, seuls 20 000 Sud-Tyroliens avaient tourné le dos à leur terre natale, puis tout cessa. La plupart des gens étaient partis vers l'Autriche, et 21 000 s'étaient éparpillés dans le reste du Reich[114].

Tandis que les Sud-Tyroliens étaient pour la plupart installés dans des camps de transit, le bureau de Greifelt restait fidèle au projet d'un transfèrement global. L'idée originale d'Himmler, qui prévoyait de déplacer les Sud-Tyroliens vers les monts Beskides, fut, face à la réaction négative des intéressés, abandonnée assez rapidement[115]. Après la victoire sur la France en juin 1940, Greifelt proposa un nouveau plan. Le 10 juillet, il rédigea un mémorandum qui envisageait le transfert des Sud-Tyroliens en Bourgogne. Huit jours plus tard, Himmler surprit une délégation des candidats venus à Berlin sous la direction du Gauleiter du Tyrol Franz Hofer en leur proposant cette nouvelle solution, qui aurait déjà bénéficié de l'accord de principe du Führer. La délégation entreprit donc un voyage dans la région en question, avant d'être reçue, le 23 juillet suivant, par Himmler pour d'ultimes discussions. Dans les années qui suivirent, les nazis continuèrent de travailler sur le projet, mais l'annexion du territoire bourguignon et l'expulsion de la population locale auraient tellement compromis les relations franco-allemandes qu'en pleine guerre une telle éventualité était impensable[116].

Après l'occupation de la Yougoslavie au printemps 1941, un nouveau site d'implantation fut évoqué (pour finir par être lui aussi abandonné) : la Basse-Styrie, en Slovénie, annexée au Reich. À la mi-1942, le plan le plus fantastique de tous fut avancé : le transfert des Sud-Tyroliens en Crimée, un projet soumis à Himmler en juin 1942 par Alfred Frauenfeld, ancien Gauleiter de Vienne nommé ensuite commissaire général de Crimée. Mais tout le monde s'entendait à reconnaître que le transfèrement ne pourrait avoir lieu qu'une fois la guerre terminée. Pour la Bourgogne, expliqua Himmler à Frauenfeld, « nous trouverons une autre ethnie, ou une autre population[117] ».

La stratégie d'Himmler, qui consista, en octobre 1939 – dans l'euphorie de la victoire allemande en Pologne et stimulée par ses nouvelles missions en tant que commissaire chargé de la consolidation de la nation –, à favoriser un transfèrement rapide vers un site précis, sans pour autant avoir trouvé le site en question, allait avoir des conséquences catastrophiques. Mais l'échec de la transplantation des Sud-Tyroliens ne fut pas son seul fiasco dans ce domaine.

Le Reichsführer sur la défensive

Au début de l'année 1940, Himmler fit l'objet de critiques virulentes de la part de l'état-major de la Wehrmacht. Elles avaient essentiellement pour motif des ordres liés à la politique radicale d'Himmler de nouvel ordre national, mais qui touchaient également au statut de la Wehrmacht : les massacres commis par la SS en Pologne, qui du point de vue du corps des officiers menaçaient de souiller l'honneur de la Wehrmacht, et l'ordre dit de procréation d'octobre 1939.

À partir de la fin 1939, nous l'avons vu[118], les plaintes des commandants de la Wehrmacht au sujet des exactions de la SS en Pologne se multiplièrent. En particulier, Blaskowitz, commandant en chef de l'Est, se plaignit des massacres à von Brauchitsch, commandant en chef de l'Armée de Terre, dans deux mémorandums adressés en novembre 1939 et janvier 1940[119].

Après une discussion entre Blaskowitz et von Brauchitsch en janvier, ce dernier, le 24 janvier et le 2 février, s'était entretenu à deux reprises avec Himmler. Il avait alors évoqué les reproches dont les SS faisaient l'objet, sans pour autant chercher à mettre Himmler le dos au mur. Lors de leur deuxième discussion, Himmler s'était montré conciliant. Il avait reconnu des « erreurs » et affirmé qu'il importait pour lui d'entretenir de bonnes relations avec l'armée[120]. Von Brauchitsch s'en était contenté. Mieux encore, il avait invité Himmler à venir tenir une conférence le 13 mars à Coblence devant les principaux commandants en chef de l'Armée de Terre. Himmler profita de l'occasion pour calmer les inquiétudes suscitées par les rapports sur les atrocités des SS et laisser entendre qu'il ne faisait rien qu'Hitler ne sache. Sa politique radicale dans le domaine de la nationalité était donc couverte par l'autorité du Führer[121]. L'outrage provoqué, dans le corps des officiers, par les crimes de la Waffen-SS en Pologne finit par retomber sans autre conséquence. À l'avenir, les militaires allaient simplement rechigner à accepter que des commandos ou des dispositifs de la SS soient intégrés dans la structure de commandement de l'armée[122].

Lors de la rencontre entre von Brauchitsch et Himmler du 2 février, les deux hommes abordèrent également le « décret sur les enfants », terme poli utilisé par le commandant en chef pour décrire l'ordre du 28 octobre 1939, mais qui, dans les rangs de la Wehrmacht, était surnommé le « décret sur la procréation » et avait suscité un tollé encore plus marqué que les crimes commis par les SS en Pologne.

Dans cet ordre, Himmler avait émis les réflexions suivantes : « Chaque guerre est une hémorragie du meilleur sang. Certaines victoires par les armes ont abouti, pour un peuple, à une défaite catastrophique de ses forces vitales et de son sang. » Mais la « mort malheureusement nécessaire des meilleurs hommes, aussi regrettable soit-elle, n'est pas le pire ». Le plus grave était « le manque d'enfants que les vivants ne font pas pendant la guerre, et que les morts ne peuvent plus faire après la guerre. [...] Il peut mourir en paix, celui qui sait que son clan, que tout ce que ses ancêtres et lui ont voulu et espéré, trouve sa continuation dans les enfants. Le plus beau présent, pour la veuve d'un soldat tombé au combat, c'est toujours l'enfant de l'homme qu'elle a aimé ».

Et Himmler en venait au fait : « Au mépris, peut-être, de lois et de coutumes civiques d'ordinaire nécessaires, les femmes et les jeunes filles allemandes de bon sang pourraient avoir la mission sacrée, en dehors des liens du mariage, non sur un coup de tête, mais avec le plus grand sérieux au nom de la famille, de devenir les mères des enfants de soldats qui partent en campagne, dont seul le destin sait s'ils reviendront ou tomberont pour l'Allemagne. »

Himmler avait donc décidé de propager ouvertement ses idées sur les naissances illégitimes, qu'il avait jusque-là surtout défendues dans les années 1936-1937. Certes, son ordre s'adressait à « l'ensemble de la police et de la SS ». Mais l'incitation à la procréation « en dehors des liens du mariage » parlait en termes globaux des « soldats qui partent en campagne », et était donc conçue comme un appel général « au mépris des lois et coutumes civiques ».

En outre, dans son décret, Himmler rappelait « le devoir sacré d'être de nouveau pères et mères d'enfants. Nous n'oublierons jamais que la victoire par le fer et le sang versé par nos soldats n'aurait aucun sens si ne s'ensuivaient la victoire de l'enfant et l'occupation du nouveau sol. Dans la guerre passée, certains soldats, conscients de leurs responsabilités, se sont décidés à ne plus avoir d'enfants pendant la guerre pour que leurs épouses, si elles venaient à avoir d'autres enfants, ne se retrouvent pas dans l'embarras et le besoin après leur mort. Vous, les SS, n'avez pas besoin de vous inquiéter de la sorte[123] ».

En janvier 1940, Himmler se crut cependant obligé d'expliquer l'ordre de la procréation par un décret supplémentaire. Son appel d'octobre, qui – comment aurait-il pu en être autrement ? –, « conçu et accepté en toute dignité, aborde des problèmes d'avenir et prend ouvertement position à leur sujet », aurait « suscité chez certains incompréhension et interprétation erronée ». En ce qui concernait la question des enfants illégitimes, Himmler déclara de façon brève et précise : « Ce n'est pas la peine d'en discuter. » Son ordre avait été compris comme si les SS étaient appelés « à se rapprocher des épouses des hommes qui se trouvaient au front », ce qu'il démentit avec colère[124]. Le 30 janvier 1940, il fut officiellement interdit aux membres de la police et de la SS d'avoir des relations sexuelles avec les épouses de soldats du front. Tout manquement, prévint-il sans détour, serait traité comme un cas de désobéissance militaire et puni en conséquence[125].

Après ses deux discussions avec von Brauchitsch en janvier et février 1940, Himmler prit position à propos des massacres en Pologne et du décret sur la procréation dans un discours devant les Gauleiter et d'autres hauts fonctionnaires du parti. Contrairement à la prestation qu'il devait effectuer peu après devant les commandants en chef en accord avec von Brauchitsch, il jouait là sur son terrain, et il ne fut pas obligé d'adopter une attitude de façade toute d'humilité.

À propos du décret sur la procréation, déclara donc Himmler, on l'avait, dans le parti « compris comme lui [...], à quelques rares exceptions près », alors qu'en dehors du parti il avait « dans une large mesure » suscité « critiques et résistance ». Or, il avait fini par adopter ce décret parce que le père d'un SS tombé au champ d'honneur avait voulu savoir si son fils n'avait pas produit un héritier illégitime. Cette demande avait poussé Himmler à se dire que, « en cette époque d'hypocrisie, d'hypocrisie sociale tout du moins, il faut que le jeune homme soit six pieds sous terre pour que les parents soient satisfaits et comprennent alors cette vérité ancestrale, qu'il est essentiel qu'une famille se perpétue et que le sang ne se perde pas ».

Il avait par conséquent « proposé ce décret, que j'ai soumis au Führer – je tiens à ce que vous ne vous mépreniez pas à ce sujet –, non pour pouvoir dire partout que le Führer m'y a autorisé, mais seulement pour pouvoir lui demander si cela lui convient ou non. Si cela lui convient, l'ordre serait transmis. À nous, ensuite, de gérer la réaction que cela provoque, sans pour autant nous réclamer du Führer ».

S'étant donc en réalité réclamé de cette plus haute autorité, il administra ensuite une leçon, d'une syntaxe certes douteuse, à son auditoire : « Messieurs les théoriciens, vous oubliez que ce nombre supérieur d'hommes est né pendant la guerre, que la nature compense effectivement d'elle-même, mais que cet équilibre ne sera pas obtenu avec les femmes qui ont aujourd'hui entre trente-cinq et quarante-cinq ans, autrement dit, les veuves de guerre, pas les veuves au sens légal du terme, mais ces femmes dont les époux ou les hommes qu'elles auraient pu épouser sont tombés au combat, voire ne sont pas là, des femmes qui ne sont pas encore âgées en termes biologiques. D'après moi, on trouve encore 100 000 de ces femmes dont le problème est que leurs hommes sont morts. » À cela s'ajoutait « une hypothèse gigantesque et muette qui continue malheureusement de peser sur notre peuple allemand », l'homosexualité, cette « maladie mortelle d'un peuple ». Himmler reconnaissait bien sûr que le combat qu'il menait depuis des années – autrefois, il avait parlé de 2 millions d'homosexuels – n'avait pas été sans conséquences, mais : « Nous devons encore compter sur un demi-million, je pense. »

Ce problème, « qu'il y ait ici des femmes pour lesquelles il n'y a pas d'hommes », ne se résoudrait pas « avec des paroles moralisantes ». « Je lutte, et nous luttons tous, je crois, contre cette hypocrisie sociale qui perdure et qui veut que le flirt, ou disons l'amitié, ou la relation soit socialement acceptable, mais pas l'enfant illégitime ni sa mère. » Cette position, assura-t-il, ne saperait pas l'institution du mariage. Au contraire, « la famille nombreuse reste le noyau du peuple ».

Dans le manuscrit de son discours, Himmler consacra dix-sept pages à cet ordre décrié, avant de passer au deuxième sujet. Ce dernier tenait au fait que dans « les provinces qui appartiennent désormais à l'Allemagne [...] le problème d'une minorité polonaise sera résolu et éradiqué de notre vivant ». Et il affirma plus clairement : « Le *problème* doit être éradiqué. Comprenez-moi bien, et la nationalité polonaise et le peuple polonais doivent être réglés. »

Après avoir abordé la présence éventuelle de sang allemand chez les Slaves, il aborda le cœur de son propos, avec un mélange d'innocence feinte et de contre-attaques assez raffinées : « Venons-en maintenant à la question des prétendues atrocités. Il est évidemment possible qu'à l'est, mais pas seulement lors des évacuations, un train gèle et que des gens meurent de froid. C'est possible. C'est malheureusement aussi arrivé à des Allemands. Vous ne pouvez tout simplement rien faire quand ils sont à bord d'un train qui va de Lodz à Varsovie et que le train reste bloqué pendant dix heures. Vous ne pouvez vous en prendre ni aux chemins de fer ni à personne. Le climat est comme ça, là-bas. C'est regrettable pour les Allemands, c'est aussi regrettable pour les Polonais, même pour les Juifs, si vous voulez mon avis, si quelqu'un doit les regretter. Mais cela n'a rien de délibéré, et on n'y peut rien. Se lamenter à se sujet est selon moi une erreur. »

Himmler poursuivit : « Maintenant, le fait qu'il se serait passé beaucoup de choses lors de marches. Ah, mon Dieu, mais je n'y peux rien. Je n'ai d'ailleurs rien pu faire non plus quand des Allemands ont dû eux aussi se déplacer à pied. Je tiens à me préoccuper en premier lieu des Allemands. Si je peux changer quelque chose à leur situation, je le fais. Et ensuite, si j'ai le temps, si j'en ai l'occasion, je changerai volontiers quelque chose à la situation des Polonais et des Juifs. Mais cela ne vient qu'en dernier lieu. Il est, je pense, absurde de s'en inquiéter tant ici à Berlin, de faire toute une histoire des atrocités. Je ne mentirai pas, à l'est, je le sais parfaitement, tel ou tel excès a été commis, quand des hommes avaient trop bu et, ivres, ont abattu des gens qui d'ailleurs auraient peut-être mérité de l'être, mais pas par des gens ivres, quand des pillages ont eu lieu d'une façon que je tiens pour impossible. Par des hommes de toutes sortes et sous tous les uniformes possibles. [...] Face à de tels cas, il faut réfléchir posément et se dire : ici, nous avons l'impression – j'ai reçu ce genre d'information d'un ou deux Gauleiter, par exemple – que le sergent de police Untel a renvoyé des colis chez lui. Je leur en suis reconnaissant. L'affaire sera étudiée, et l'homme renvoyé[126]. »

En septembre 1940, Himmler revint une fois encore sur les massacres en Pologne, devant le corps des officiers de la Leibstandarte, mais sans même chercher à présenter les crimes comme des incidents dus au hasard. Au contraire, en interne, il admettait ouvertement les meurtres, quand il rappelait qu'en Pologne « nous [...] avons dû transporter des dizaines, des centaines de milliers de gens » par – 40 °C, et « nous avons dû nous montrer implacables et fusiller des milliers de représentants de l'élite polonaise – vous en entendrez parler, et puis vous l'oublierez aussitôt. Mais nous avons dû le faire, sinon ils se seraient plus tard vengés de nous, et là, ce sont des Allemands que, par dizaines de milliers, nous aurions dû rapatrier par – 40 °[127] ».

Nouvelle orientation personnelle

Ce n'est pas un hasard si Himmler, en 1940, justifiait dans un même souffle les naissances illégitimes et les massacres en Pologne. Dans un cas comme dans l'autre, il s'était heurté à des limites éthiques qui étaient encore généralement respectées, mais avait décidé de passer outre.

Cela valait également, nous l'avons souligné, pour sa vie privée : le Reichsführer avait pris à cœur son « décret sur la procréation » et fait des enfants hors mariage. Certes, il n'était pas de ceux qui risquaient leur vie sur le front, mais, continuant à jouer son rôle de guerrier, Himmler présenta comme un devoir de se perpétuer pendant la guerre, même s'il fallait pour cela fouler au pied les conventions[128].

Au début de 1936, Hedwig Potthast était devenue la secrétaire particulière d'Himmler, chargée entre autres de la distribution des cadeaux du Reichsführer et de ses parrainages[129]. À l'époque âgée de vingt-trois ans, cette fille d'un commerçant de Cologne avait, après une formation d'assistante bilingue, trouvé du travail à Coblence en 1933. En 1934, elle était entrée au Gestapa à Berlin. Himmler et elle se rapprochèrent peu à peu. À Noël 1938, écrivit-elle trois ans plus tard à sa sœur, ils avaient admis qu'ils s'aimaient « irrémédiablement ». Dans les deux années qui suivirent, ils réfléchirent intensément afin de trouver un moyen d'être ensemble de façon « digne ». Himmler, par respect pour son épouse, ne voulait pas divorcer. Ils finirent par décider d'avoir des enfants et de former une sorte de ménage parallèle[130].

Himmler aurait pris la décision d'avoir des enfants avec Hedwig Potthast en 1940, l'année où il se mit à défendre publiquement le principe des naissances illégitimes. Il ressort de la même lettre qu'Himmler n'aurait eu l'intention de ne parler à son épouse de cette relation extraconjugale que s'il avait eu des enfants de sa secrétaire. Le 15 février 1942, Helge, fils d'Himmler et Hedwig, naquit à Hohenlychen, sanatorium dirigé par Gebhradt, l'ami d'enfance d'Himmler[131].

À l'en croire, la jeune femme quitta son poste de secrétaire au début de 1941. Himmler l'installa tout d'abord à Brückenthin, dans le Mecklembourg, tout près d'une propriété où résidait Oswald Pohl, l'épouse de ce dernier, Eleonore, et Hedwig étant devenues amies[132]. En 1942, elle déménagea à Berchtesgaden où, le 20 juillet 1944, elle donna naissance à un deuxième enfant d'Himmler, baptisée Nanette-Dorothea[133].

Nous ne savons malheureusement presque rien de la relation entre Hedwig Potthast et Heinrich Himmler. Si l'on tient compte de l'emploi du temps surchargé d'Himmler, le couple ne dut pas se retrouver souvent, et l'on ne saurait parler de vie commune. On peut supposer qu'il ne lui fit pas davantage part qu'à son épouse Margarete des secrets de son travail, de ses plans et projets. On ne peut conclure du fait que Hedwig avait été sa secrétaire particulière qu'il lui confiait des secrets professionnels. Au début de la guerre, Margarete s'était trouvé un domaine où elle pouvait agir plus personnellement : l'ancienne infirmière-chef occupa un poste dans un hôpital de la Croix-Rouge[134]. Mais très vite des frictions et des litiges se firent jour avec ses collègues médecins[135]. Au début de décembre 1939, la Croix-Rouge lui confia la direction de son hôpital dans la IIIe région militaire, dans la région de Berlin-Brandebourg, où transitaient essentiellement des transports de blessés[136] – « mes gares », comme elle le disait fièrement[137].

Du fait de ses activités, synonymes de grandes responsabilités, elle entreprit des voyages dans les territoires occupés où, conformément à son habitude, elle se livra à des observations sur les pays et les gens. En mars 1940, elle nota ainsi, lors d'un déplacement en Pologne : « Je suis passée par Posen, Lodz et Varsovie. Ce tas de Juifs, les Polaks, la plupart ne ressemblent même pas à des hommes, et une saleté indescriptible. C'est une mission sans fin d'imposer l'ordre ici[138]. » « Ce peuple polonais, écrivait-elle le même mois, ne meurt pas facilement des maladies contagieuses, sont émunisés [*sic* !]. Presque incroyable[139]. » En avril 1941, elle fit la démonstration de sa perspicacité en matière de race à l'issue d'une visite des installations de la Croix-Rouge allemande en Alsace : « Population très mauvaise, le front bas[140]. »

En février 1941 au plus tard, Margarete eut vent de la nouvelle relation de Heinrich. Elle se sentit humiliée et réagit avec amertume[141]. Quand une de ses proches divorça parce que son mari avait mis enceinte une autre femme, elle commenta dans son journal : « Ça arrive toujours aux hommes quand ils sont riches et en vue. Sinon, ce sont aux femmes plus âgées de les nourrir, de les aider ou de les entretenir. Quelle époque[142]. »

Pourtant, Heinrich Himmler revenait régulièrement à Gmund, où Margarete vivait désormais avec leur fille Gudrun, pour veiller à leur bien-être. Face à lui, Margarete se sentait sur la défensive : « Voilà Heini, ça va encore mal se passer. On ne peut se réjouir de rien. Je veux et dois tout supporter pour mon enfant[143]. » Pour lui aussi, lors de ses visites, seule comptait Gudrun. Il téléphonait à sa fille

« Püppi » tous les deux ou trois jours[144], ils échangeaient des lettres chaque semaine[145], et il lui envoyait des photos décrivant son quotidien ou le montrant dans ses voyages, qu'il accompagnait de dédicaces[146]. Ils étaient liés par une relation étroite et affectueuse. Après 1945, Gudrun Himmler fit tout son possible pour préserver la mémoire de cette image et ne pas prendre ses distances vis-à-vis de son père[147].

Répression sur le territoire du Reich

Grâce à la mise en place, peu de temps avant la guerre, du Reichssicherheitshauptamt (Office central de la sécurité du Reich, RSHA), Himmler disposait de l'institution centralisée nécessaire pour étendre son réseau de répression et de terreur à l'Allemagne, puis à toute l'Europe occupée. C'est avant tout à Heydrich qu'il faut attribuer la mise en place du RSHA. À partir du début 1939, Heydrich poursuivit l'idée d'unifier vraiment la police de sécurité et le SD au sein d'une nouvelle structure organisationnelle, une institution à part entière qui serait inscrite au budget de l'État[1].

En février 1939, Heydrich confia à son collaborateur Walter Schellenberg le soin de développer le projet de réorganisation du SD et de la Sipo. Schellenberg défendait l'idée que la Sipo devait devenir un corps de protection de l'État en étant « absorbée dans la SS », et « non l'inverse[2] », formule qui allait à l'encontre des opinions de Werner Best, chef de l'administration de la Gestapo qui, lui, visait rien moins que la fonctionnarisation du corps des officiers du SD[3].

Fondamentalement, la question était de savoir qui dirigerait l'appareil de répression fusionné du SD et de la police de sécurité, les juristes ou les « combattants politiques ». L'affaire dégénéra dans les mois qui suivirent en une lutte épique. Compte tenu du fait qu'Himmler avait généralement tendance à rejeter les juristes, la position de Best était vouée à l'échec, et en 1940, ce dernier décida, entre autres à la suite de ce conflit, de se tenir à l'écart du domaine de compétence de Heydrich. Toutefois, Heydrich et Schellenberg ne parviendraient pas non plus à imposer une structure capable de garantir l'indépendance du SD et la supériorité hiérarchique du SD et de la SS sur la police de sécurité[4].

Tandis que cette question de fond faisait encore l'objet d'âpres débats, la direction centrale du projet d'appareil répressif unifié prenait forme. En liaison avec une esquisse avancée par Schellenberg, Heydrich, en juillet 1939, annonça la constitution d'un « Office central de sécurité du Reich ». Le nom lui-même avait été proposé par Schellenberg. Le 27 septembre 1939, Himmler sanctionna par décret officiel la création de cette institution[5].

Le début de la guerre empêcha cependant la concrétisation des vastes ambitions de Heydrich et Schellenberg. Ils n'obtinrent qu'une organisation tronquée : des juristes restaient aux côtés des responsables du SD, et celui-ci était financé par le trésorier du NSDAP. Himmler n'avait pas pour autant renoncé à son idée d'un « Corps de protection de l'État » et s'efforça, en 1941-1942, de la réaliser à l'aide d'un « décret du Führer sur la SS et la police ». En vain[6].

Au début, le RSHA se subdivisait en six départements, qui passèrent à sept à partir de mars 1941. Outre l'administration, d'abord organisée en un, puis deux départements, le RSHA se composait de la Gestapo (département IV), de la police criminelle (département V), du SD intérieur (III), du service de renseignement extérieur du SD (VI), ainsi que du service d'analyse et de lutte contre les opposants (département II, puis VII). En mars 1941, l'institution fit l'objet d'un profond remaniement, avec entre autres la scission du département de l'administration, mais surtout avec le transfert de compétences des départements II et VII vers d'autres unités.

Dans le détail, les cinq départements opérationnels du RSHA étaient structurés comme suit durant les premières années de guerre : le département IV du RSHA, l'ancien département de la police secrète, rassemblait cinq groupes, comme auparavant sous la direction de Heinrich Müller – A : opposants politiques, B : confessions, Juifs, francs-maçons, émigrants, pacifistes, C : détention préventive, D : territoires occupés et E : défense[7]. La réorganisation du RSHA eut un impact décisif sur le fonctionnement du département IV. Un nouveau groupe fut créé pour les Églises et les Juifs. C'était la conséquence du fait que le bureau chargé des Églises au sein du département d'analyse (VII) avait été dissous et que son travail avait été confié à la Gestapo. Dans le sillage de ce remaniement, le bureau d'Eichmann, « Émigration, éviction », avait été transféré du groupe IVD4 au nouveau groupe IVB4 (Affaires juives/éviction)[8].

Le département V (identique au département de la police criminelle du Reich), dirigé par Arthur Nebe, se composa tout d'abord de six groupes, qui furent ramenés à quatre en mars 1941 : politique criminelle et prévention, opérations, reconnaissance et filatures, ainsi que l'Institut de technique criminelle. La fondation d'un Institut de biologie criminelle en décembre 1941 est le signe de l'importance que l'on continuait à accorder au sein de la Kripo à une prévention fondée sur des principes « biologiques ». En 1943, un Institut central de médecine criminelle fut ouvert à Vienne[9].

Le département III (SD intérieur), dirigé par Otto Ohlendorf, issu en réalité de la section II1 (analyse du quotidien) du SD, se décomposait en quatre groupes, responsables des questions de nationalité, du système juridique et du développement du Reich, de la culture et de l'économie. Le SD intérieur publiait les « communiqués du Reich », rapports périodiques sur « l'humeur et le comportement » de la population, et avait la mission de surveiller les « domaines de la vie » (comme la culture, l'économie ou la « nation »), en quête de comportements contraires au nazisme et de les signaler aux organes compétents[10].

Le département VI (SD extérieur), successeur du département II de la direction centrale du SD, était le plus grand département du RSHA et comptait huit groupes et trente-huit bureaux[11]. Il était dirigé par Heinz Jost, juriste, né en 1904, membre du parti depuis 1927 et l'un des plus hauts responsables du SD depuis 1934[12]. Mais durant les deux premières années du conflit le SD extérieur n'enregistra que des succès modestes. Il parvint à mettre en place des réseaux d'agents dans les pays neutres importants comme la Suisse, la Suède, l'Espagne et le Portugal, ainsi que sur le territoire de l'allié italien, et il travaillait en étroite coopération avec les services secrets des États du Sud-Est européen. Mais il ne remporta aucun succès d'espionnage notable contre la Grande-Bretagne, les États-Unis ou l'Union soviétique[13].

Le département VII (analyse et lutte contre les opposants) s'articula au départ en quatre groupes, Analyse fondamentale, Opposants idéologiques, Problèmes intérieurs, Problèmes extérieurs. En mars 1941, les activités du département VII, dont le directeur, Franz Alfred Six, nourrissait de sérieuses ambitions universitaires[14], furent limitées à l'étude « scientifique » des opposants, tandis que diverses unités qui s'occupaient de la *lutte* contre les opposants en employant des méthodes proches de celles du renseignement étaient transférées à la Gestapo. Dans le même temps, l'activité d'enquête contre les opposants était rattachée, elle, aux départements des services de renseignement intérieur et extérieur[15].

Si la partie recherche, la véritable mission du département, resta minimale, ses membres firent preuve en revanche d'une grande diligence dans différents secteurs. Ils exercèrent une influence considérable dans la qualification et l'attribution des postes académiques et ils appliquèrent dans les pays occupés une véritable politique de pillage, en « acquérant » des bibliothèques, des archives et des collections considérables[16].

Une certaine déconcentration des compétences est caractéristique du développement du RSHA, les intersections entre Gestapo et Kripo s'étant multipliées dans les années qui avaient précédé la guerre. La Gestapo se concentrerait désormais sur les persécutions d'ordre politique qui, pendant la guerre, viseraient essentiellement le nombre croissant d'étrangers vivant en Allemagne. Déjà, par un décret daté du 31 août 1939, Heydrich avait considérablement réduit les missions de la Gestapo à l'approche de la guerre. Les activités dans le domaine des confessions, des Juifs, des francs-maçons, des émigrés, de la réaction et des affaires du parti furent sérieusement révisées à la baisse ; les secteurs comme les affaires économiques, l'homosexualité et l'avortement furent pour l'essentiel confiés à la police criminelle[17]. Les mesures de terreur « préventives » contre les « asociaux » et les délinquants étaient désormais elles aussi essentiellement du ressort de la Kripo. Mais cette organisation connut de nouvelles modifications dans le courant de la guerre[18].

Le SD, qui avant-guerre avait souvent joué le rôle d'auxiliaire de la Gestapo, s'éloignait un peu plus du travail exécutif.

La Gestapo

Quelques semaines à peine après le début de la guerre, Himmler dut relever un premier défi, alors que l'appareil policier était en pleine restructuration. Le 9 novembre 1939, à vingt et une heures vingt, une bombe explosa à la Bürgerbräukeller de Munich. L'attentat fit huit morts et de nombreux blessés. L'explosion ne s'était produite que treize minutes après qu'Hitler avait quitté les lieux, beaucoup plus tôt que ne le prévoyait le programme. S'il n'avait pas changé ses plans, il aurait sans aucun doute été victime de l'explosion déclenchée par une minuterie à proximité de la tribune des orateurs.

Par hasard, l'auteur de l'attentat fut appréhendé le soir même. Georg Elser, charpentier qualifié, qui avait préparé seul son action, avait été arrêté par la police des frontières allemande alors qu'il tentait de passer en Suisse. Ayant reconnu être l'auteur de l'attentat, il fut transféré à Munich.

Himmler et les enquêteurs de la Gestapo considérèrent au départ qu'Elser mentait quand il affirmait avoir préparé et perpétré l'attentat sans aide étrangère. Au lieu de cela, on voulut y voir la main des services secrets britanniques. Himmler s'était déjà exprimé officiellement en ce sens, et la propagande avait repris cette affirmation[19]. Puisqu'un commando du SD avait, le jour même, enlevé deux agents britanniques, Best et Stevens, dans le village néerlandais frontalier de Venlo, Hitler et Himmler supposèrent immédiatement qu'ils avaient mis au jour une opération des services secrets de sa Majesté, qui devait avoir pour but d'éliminer le dictateur et de déstabiliser le régime nazi[20].

On chercha donc à soutirer à Elser des informations sur les « hommes de l'ombre ». Himmler, déclarèrent après la guerre deux anciens fonctionnaires de la Gestapo, interrogea personnellement Elser afin de lui arracher les informations correspondantes. Il se serait alors comporté de façon particulièrement brutale avec l'auteur de l'attentat, l'aurait insulté et fait passer à tabac par un homme de la Gestapo dans une pièce voisine – seule intervention matérielle directe prouvée d'Himmler dans sa longue carrière[21]. Dans la nuit du 13 au 14 novembre, Elser réduisit cependant à néant les espoirs et les combinaisons d'Himmler : il décrivit en détail toute la planification et l'exécution de son attentat[22].

Dans cette affaire, Himmler courait le risque d'être doublement taxé d'incompétence : il avait orienté l'enquête dans une mauvaise direction et, en tant que premier policier du Reich, il portait la responsabilité des lacunes dans la sécurité à la Bürgerbräu, lacunes qui avaient permis à Elser de procéder à l'installation de sa machine infernale.

Le 8 septembre 1939, le ministre de la Justice du Reich diffusa un communiqué de presse. Il était expliqué, de façon lapidaire : « Sur ordre du Reichsführer-SS et chef de la police allemande, Johann Heinen, de Dessau, a été fusillé le 7 septembre 1939 pour avoir refusé de collaborer aux missions de protection et de sécurité de la défense du pays. Heinen était de plus un criminel condamné pour vol. » Deux autres cas étaient mentionnés dans le même communiqué : celui d'un autre délinquant, exécuté pour « incendie et sabotage volontaire », ainsi qu'un témoin de Jéhovah, exécuté pour avoir refusé d'effectuer son service militaire.

La question de savoir sur quels principes juridiques reposaient ces « exécutions sans jugement » préoccupait le ministre de la Justice Gürtner. Ce n'est que quelques semaines plus tard qu'il apprit d'Hitler que celui-ci avait personnellement ordonné les trois exécutions et entre-temps ordonné celle de deux braqueurs de banque parce que les tribunaux « semblaient ne pas avoir pris conscience des conditions particulières de la guerre ». Jusqu'en janvier 1940, Hitler ordonna à Himmler, dans dix-huit cas en tout, de procéder à l'exécution immédiate de criminels, dont un imposteur qui s'était fait passer pour un brillant officier sous-marinier, un violeur, un pickpocket qui avait profité du black-out, un pyromane et des délinquants sexuels qui s'en étaient pris à des mineurs. Certaines de ces affaires étaient déjà passées en justice, d'autres non[23].

Cette méthode ne reposait effectivement sur aucun principe légal. Ce qui n'avait pas empêché la Gestapo de s'occuper unilatéralement des exécutions. Le 3 septembre, Heydrich avait informé les Stapostellen des « principes de la sécurité intérieure de l'État pendant la guerre » qui établissaient entre autres : « Toute tentative de saper l'unité et la volonté de se battre du peuple allemand doit être impitoyablement réprimée. En particulier, il faut arrêter toute personne qui doute ouvertement de la victoire du peuple allemand ou remet en question le caractère justifié de la guerre. [...] Il faut immédiatement transmettre un rapport au chef de la police de sécurité et demander qu'une décision soit prise pour régler l'affaire puisque, le cas échant, il sera ordonné de procéder à la liquidation de tels éléments[24]. »

L'appareil de pouvoir d'Himmler était autorisé à exécuter quiconque faisait l'objet de soupçons de cet ordre, même pour des délits relativement bénins. Ce permis de tuer accordé à la police était désigné sous le vocable de « traitement spécial ». Il fut pleinement exercé dans les camps de concentration, dans les prisons ou les camps de rééducation par le travail, puis plus ouvertement, dans le courant de la guerre, par exemple dans les entreprises ou dans les lieux publics[25]. Tous les cas pour lesquels la Gestapo estimait qu'un « traitement spécial » était nécessaire devaient être soumis à Himmler. Le Reichsführer prenait très officiellement ces décisions lui-même et en dernière instance – comme il le faisait dans les dossiers de mariage litigieux, les demandes de regermanisation et les châtiments à infliger à ses hommes pour relations sexuelles interdites[26].

Sur le territoire du Reich, le « traitement spécial » était généralement réservé à un groupe d'« opposants » engendré par la conquête nazie : les étrangers vivant en Allemagne. Dès la fin de 1939, le parti et les institutions de l'État se préoccupèrent activement de comment traiter la main-d'œuvre et les prisonniers de guerre polonais présents en grand nombre dans le Reich, et surtout de comment les séparer de la population allemande. Il était évident que ces gens venus d'un pays soumis au joug nazi représentaient un danger et risquaient de se montrer hostiles à l'Allemagne. Il fallait s'attendre de leur part à de la propagande hostile au régime, à ce qu'ils perturbent la discipline du travail, à ce qu'ils pratiquent le sabotage, l'espionnage, mais aussi qu'ils s'adonnent à des actes de délinquance banale. Du point de vue du régime, la « moindre valeur raciale » des Polonais aggravait encore le problème, et c'est Himmler qui non seulement choisit de faire de la surveillance des étrangers la nouvelle priorité de la Gestapo, mais en outre de lui conférer un accent particulièrement racial.

Quelques jours après le début de la guerre, Himmler demanda à Hitler comment procéder si des prisonniers de guerre polonais « entretenaient des relations amicales, voire sexuelles avec des femmes et des jeunes filles allemandes ». Hitler répondit, comme Himmler l'établit dans une annotation à un mémorandum, qu'il faudrait, « chaque fois qu'un prisonnier de guerre aurait couché avec une femme ou une jeune fille allemande, le fusiller », et la femme allemande devrait faire l'objet de l'opprobre public, « être tondue et enfermée en camp de concentration[27] ». Le 8 janvier, Heydrich annonça aux Stapostellen que les prisonniers de guerre mis en cause seraient transférés par l'OKW sous le contrôle de la Gestapo[28]. (Pour les Polonais qui quittaient leur travail sans autorisation, Best, dès le mois de décembre, avait recommandé l'envoi en camp de concentration sur ordre d'Himmler[29].)

Le 29 février 1940, dans un discours devant des hauts fonctionnaires du parti, Himmler revint sur le traitement de la main-d'œuvre agricole polonaise, toujours plus nombreuse sur le territoire du Reich. Il était impossible de « trier » un million de Polonais en l'espace de quelques semaines et de ne laisser entrer dans le Reich que « des gens dignes, ordonnés et de valeur sur le plan racial ». Au lieu de cela, il fallait « les rassembler et les traiter tous comme des Polonais ». Ils seraient dotés d'un signe de reconnaissance et « tout contact avec les Allemands » serait interdit. « Mais, si un Polonais a […] des relations sexuelles avec une Allemande, alors, l'homme sera pendu à l'entrée de son camp. Comme ça, les autres ne le feront pas. » Il avait en outre été prévu, ajouta Himmler pour rassurer son auditoire, de « faire venir un nombre suffisant de femmes et de jeunes filles polonaises ». Les Allemandes qui entretiendraient une liaison interdite avec un Polonais, continua-t-il, seraient « implacablement confiées à la justice », et si les faits ne suffisaient pas pour une condamnation, elles seraient « transférées en camp de concentration ». Il était « inutile » de « théoriser », conclut le Reichsführer. Il serait « mieux qu'ils ne soient pas là, nous le savons, mais nous avons besoin d'eux[30] ».

Deux semaines plus tard, le 8 mars 1940, la question de savoir comment traiter les travailleurs civils polonais vivant dans le Reich fut enfin réglée dans sa totalité par les « décrets polonais », une série de dix documents[31]. Dans ce contexte, Himmler annonça aux Stapostellen par une circulaire du RSHA : la Gestapo doit prendre la responsabilité de sanctionner l'insubordination des travailleurs polonais – « lenteur au travail, refus de travailler, départ du lieu de travail sans autorisation, sabotage, etc. » – par l'envoi en camp de rééducation par le travail, en camp de concentration et, dans les cas graves, par le « traitement spécial », l'exécution. Dans le cas de relations sexuelles entre travailleurs polonais et citoyens allemands, le Polonais ou la Polonaise incriminé devait être fusillé sans jugement, le partenaire allemand, homme ou femme, était déporté en camp de concentration[32]. Si l'affaire était portée en justice et n'aboutissait malgré tout à aucune condamnation, il fallait quand même ordonner la déportation en camp. « Si les femmes et les jeunes filles d'une ville, précisa Himmler en faisant référence à la directive d'Hitler de septembre 1939 dans son décret de mai 1940, agressent la femme concernée ou lui coupent les cheveux, la police ne doit pas intervenir[33]. »

En juillet, le champ d'application des directives de mars fut élargi aux prisonniers de guerre polonais autorisés à circuler[34]. Après la victoire sur la France en juin 1940, les exécutions de prisonniers de guerre polonais pour relations sexuelles interdites avec des Allemandes se multiplièrent. En juillet 1941, le RSHA examinait chaque cas particulier sur ordre d'Himmler et établissait un « jugement racial » qui déterminait si le Polonais était « germanisable ». Si oui, l'affaire était réglée après une peine relativement courte en camp de concentration. Si le résultat de l'analyse raciale était négatif, l'intéressé était exécuté[35]. La presse en rendait généralement compte par une formule toute faite : « pendu [...] pour comportement obscène sur ordre du Reichsführer-SS et chef de la police allemande[36] ».

Ce serait cependant une erreur de croire que dès le début de la guerre la Gestapo avait commencé à traquer avec la même rigueur tous les « ennemis » réels ou potentiels du régime. Le nombre des enquêtes contre les représentants de la gauche ou les membres de communautés religieuses critiques à l'égard des autorités semble même avoir reculé[37]. L'historien Eric Johnson montre que, si plus de 40 % des enquêtes de la Gestapo de Krefeld concernaient des Allemands « communs[38] », comme avant la guerre, ces derniers bénéficièrent, même pendant les hostilités, d'un traitement relativement magnanime, s'en tirant avec des avertissements ou des amendes[39].

La surveillance des Juifs et leur persécution, en revanche, s'étaient terriblement durcies depuis le début de la guerre. Cela eut également des conséquences sur le plan de l'organisation. Le bureau IVD4 (émigration et évictions) créé au RSHA au début de 1940, sous la direction d'Eichmann, transformé peu après en IVB4 (affaires juives et évictions), s'occupait principalement de la « question juive[40] ». Le bureau contrôlait entre autres l'Union des Juifs du Reich, fondée en juillet 1939, et qui elle-même supervisait toutes les communautés juives, ainsi que les associations, organisations et fondations juives encore existantes[41].

Dans les premiers mois de la guerre, l'exclusion des Juifs de la société allemande fut perfectionnée[42]. On peut déduire de la série de mesures antijuives compilée par Joseph Walk qu'entre le pogrom de novembre 1938 (la nuit de Cristal) et le début de la guerre 229 réglementations furent émises à l'encontre des Juifs allemands et 253 exactement entre le 1er septembre 1939 et le début des déportations en octobre 1941, la plupart du temps par Himmler, voire par la police de sécurité. Le 10 septembre 1939, Himmler, dans une ordonnance qui ne fut pas rendue publique, imposa une interdiction de sortie pour les Juifs après vingt heures[43]. Le 12 septembre, la Sipo assigna des boutiques particulières aux Juifs[44], et le 23 septembre 1939, sur ordre du Gestapa, tous les appareils de radio en possession des Juifs furent « brusquement » confisqués[45]. D'autres mesures, prises par d'autres autorités, concernaient l'interruption des connexions téléphoniques[46], le traitement discriminatoire dans le cadre de la défense passive[47], ainsi que des brimades lors de l'utilisation de cartes de rationnement, facilitées par la mention d'un « J » sur les cartes[48]. Plus tard, l'ensemble de la population juive considérée comme « apte au travail » fut contrainte aux travaux forcés[49]. De plus en plus de Juifs devaient quitter leur logement et s'installer dans des « maisons juives[50] ». À partir de mai 1941, la Gestapo commença à ouvrir des « camps juifs » spéciaux aux environs des grandes villes[51].

Le SD signala qu'au premier trimestre 1940, 10312 Juifs avaient émigré d'Allemagne[52]. Le 24 avril 1940, le RSHA ordonna aux Stapostellen : « L'émigration juive depuis le territoire du Reich doit être renforcée pendant la guerre[53]. »

La Kripo

Pendant la guerre, la police criminelle dut affecter une grande partie de son personnel à des postes dans les territoires occupés ainsi qu'aux Einsatzkommandos, à la Gestapo et à la police secrète de la Wehrmacht. Les vides ne furent qu'insuffisamment comblés par le rappel de fonctionnaires à la retraite et l'emploi de forces non professionnelles[54].

Dans le même temps, plusieurs nouvelles missions lui furent attribuées. Elle dut surveiller et discipliner plus étroitement la jeunesse, que l'on souhaitait protéger de la « négligence » par diverses interdictions[55], tout en poursuivant les délits dits de l'économie de guerre, les manquements aux multiples règles de rationnement et de gestion, comme l'abattage clandestin, le marché noir ou la circulation de fausses cartes de rationnement[56]. Plus tard, la police criminelle dut s'occuper du contrôle des millions d'étrangers vivant en Allemagne, et des conséquences des bombardements aériens alliés.

La police criminelle réagit à ces nouveaux défis de deux façons : d'une part, elle ne se préoccupa presque plus des délits considérés comme mineurs, ce qui eut pour effet d'entraîner un recul de certains types de délinquance dans les statistiques officielles, comme les fraudes[57]. D'autre part, elle fit progressivement de la « lutte préventive contre le crime » une politique de massacre systématique, puisque les conditions de détention dans les camps de concentration se durcissaient considérablement.

Tout d'abord, la Kripo arrêta de plus en plus de gens dans le cadre de ses actions préventives. Après le début de la guerre, des personnes jugées « indignes de la défense » (c'est-à-dire exclues du service militaire pour avoir été déjà condamnées à plusieurs reprises) furent déportées dans les camps. Cela valait pour les femmes qui s'adonnaient à la prostitution sans avoir été enregistrées et pour ce que l'on appelait les psychopathes criminels[58]. Le 18 octobre, Himmler ordonna de transférer désormais directement en camp de concentration les « oisifs » déjà condamnés et arrêtés lors de rafles[59]. Dans les premières semaines qui suivirent le début de la guerre, il fit également enfermer un grand nombre de membres du Mouvement des travailleurs socialistes, ainsi que près de 2 000 Allemands d'origine polonaise[60]. En outre, la Kripo arrêta de nouveau les Juifs qui avaient été placés en détention en novembre 1938, puis qui avaient été libérés contre la promesse qu'ils allaient émigrer, mais qui étaient restés en Allemagne[61]. Plus tard, la direction centrale de la police criminelle ordonna que toutes les personnes qui étaient soupçonnées de « susciter l'agitation dans la population » à cause de « troubles psychiques » soient placées en détention préventive[62].

Dans le même temps, les poursuites s'accentuaient à l'encontre des religieux. Tombant sous le coup de nouvelles dispositions juridiques, adoptées immédiatement après le début de la guerre, les représentants du clergé pouvaient être menacés de détention préventive, conformément, par exemple, à l'ordre interdisant d'écouter des stations de radio étrangères, l'ordonnance sur les influences nuisibles pour le peuple ou l'ordonnance sur l'économie de guerre[63].

Entre l'été 1940 et l'automne 1941, dans la phase de succès de la guerre éclair, la Kripo semble s'être préparée à la prévention criminelle pour l'après-guerre. Les mesures de prévention touchaient désormais aussi les territoires annexés (le Protectorat, l'ouest de la Pologne, l'Alsace et la Lorraine) et, sur le territoire du Reich, furent de plus en plus appliquées conformément à des objectifs de politique démographique. Les homosexuels, les délinquants sexuels et les gens qui vivaient en « union sauvage » afin de se soustraire aux règles de la loi sur la santé des couples firent l'objet de persécutions accrues[64]. Mais, comme nous l'avons déjà signalé, ce sont surtout les conditions de détention dans les camps de concentration qui se durcirent.

Les camps de concentration et le développement du conglomérat économique de la SS

Himmler était fermement décidé à réagir au nombre croissant de prisonniers pendant la guerre en étendant le système des camps de concentration et à empêcher que des camps soient érigés qui échapperaient au réseau qu'il avait mis en place. Durant l'hiver 1939-1940, il dut ainsi s'en prendre à plusieurs à HSSPF. En décembre 1939, il réprimanda Richard Hildebrandt, responsable pour le nouveau Gau de Dantzig-Prusse-Occidentale, parce que ce dernier avait de lui-même fait installer un camp de concentration à Stutthof et qu'il envisageait de confier la surveillance de « son » camp au Wachsturmbann Eimann, la formation créée à partir de la SS de Dantzig, devenue une unité indépendante armée à la fin des opérations contre la Pologne. Himmler expliqua à Hildebrandt, sur un ton lourd de reproches, qu'avec la constitution d'une troupe indépendante de ce genre il risquait de provoquer « la fin de la SS en tant qu'organisation unitaire » et lui écrivit : « Les camps de concentration ne peuvent être ouverts qu'avec mon autorisation[65]. »

Himmler fit envoyer une copie de cette lettre aux Oberabschnittsführer, sans toutefois citer nommément Hildebrandt. Plus tard, il ordonna à Heissmeyer d'établir s'il existait d'autres camps mis en place par les HSSPF sur le territoire du Reich. Ces camps furent examinés par l'Inspection des camps de concentration (IKL), qui refusa de les prendre en charge. Le camp de Stutthof ne subsista finalement que comme centre de détention à vocation régionale. Quant au Wachsturmbann Eimann, il fut démantelé[66].

En janvier 1940, quand Himmler apprit que le HSSPF de Breslau, von dem Bach-Zelewski, avait installé un camp de détention régional dans les locaux abandonnés d'une ancienne caserne d'artillerie à Auschwitz « sous la forme d'un camp de concentration d'État[67] », il fit confisquer le site en sa qualité de commissaire chargé de la consolidation de la nation. Glücks, qui avait remplacé Eicke à la tête de l'IKL en novembre 1939, proposa en février 1940[68] d'y installer un véritable camp de concentration sous l'égide de l'Inspection. Himmler approuva et, au début de mai 1940, le Hauptsturmführer Rudolf Höss, jusqu'alors chef du camp de concentration de Sachsenhausen, fut nommé commandant du camp. Au début, ce dernier accueillit principalement des prisonniers civils polonais[69].

Au début de 1941, l'IG-Farben fit part de son désir d'installer une grande usine à Auschwitz afin de produire du caoutchouc synthétique. Le projet était favorisé par la situation géographique de la ville et la perspective d'une main-d'œuvre bon marché[70]. Himmler consacra une grande attention au complexe d'IG-Farben et veilla personnellement à ce qu'un nombre suffisant de détenus soit mis à la disposition des travaux de construction. Il visita le camp pour la première fois le 1er mars 1941 et prit des dispositions pour le développement des installations ainsi que pour la collaboration avec IG-Farben[71]. La construction de l'usine accéléra les plans de « germanisation » de la ville. Les Juifs et les Polonais qui y résidaient furent expulsés. Conformément à la volonté d'Himmler, Auschwitz devait devenir une « ville modèle » allemande, exemple de la colonisation à l'est[72].

Probablement en janvier 1940, Himmler fit transformer le camp de Neuengamme, près de Hambourg, en camp de concentration à part entière. Le nombre de détenus y doubla. On envisageait de produire sur place à grande échelle des briques de mâchefer[73]. En Basse-Silésie, Gross-Rosen, créé à l'origine comme une dépendance de Sachsenhausen et qui servait avant tout à l'exploitation du granit, fut transformé en camp de concentration en mai 1941. Himmler et Glücks y avaient songé dès l'automne 1940[74]. Toujours en mai 1941, Natzweiler, là encore conçu à l'origine comme une dépendance de Sachsenhausen, devint un camp de concentration, principalement chargé de l'extraction de pierre[75].

Jusqu'au printemps 1941, outre les six camps de concentration existants, quatre nouveaux firent donc leur apparition : Auschwitz, Neuengamme, Gross-Rosen et Natzweiler. De plus, l'IKL prit le contrôle du camp de Niedernhagen (prévu pour les détenus qui travaillaient sur le chantier du Wewelsburg) et de celui de Hinzert (ancien camp de détention de la police destiné à la mise au pas des ouvriers du Westwall)[76].

Quand la guerre eut éclaté, les conditions de vie des prisonniers dans les camps s'aggravèrent : l'alimentation fut réduite, les mauvais traitements se multiplièrent, les baraquements étaient surpeuplés. Par conséquent, dès le début de la guerre, le taux de mortalité augmenta[77].

Très vite, les détenus allemands ne représentèrent plus qu'une minorité parmi les nombreux prisonniers transférés par la Gestapo depuis les pays occupés, surtout d'Europe de l'Est[78]. Le nombre de détenus des camps de concentration quadrupla, passant de 21 000 en août 1939 à 70 à 80 000 au printemps 1941[79].

En janvier 1941, Heydrich recommanda une « classification des camps de concentration en différents niveaux qui tiendront compte de la personnalité des détenus et du degré de danger qu'ils représentent pour l'État ». Les détenus furent donc classés en trois catégories auxquelles correspondaient des camps précis. Les prisonniers « au passé peu chargé et susceptibles de s'améliorer » étaient envoyés à Dachau, Sachsenhausen et Auschwitz. Ceux qui étaient « plus gravement impliqués mais encore susceptibles d'être rééduqués et de s'améliorer » étaient envoyés dans les camps de « niveau II », Buchenwald, Flossenbürg, Neuengamme ainsi qu'à Auschwitz II, qui n'était pas encore installé. Quant aux détenus aux « dossiers chargés » et « impossibles à rééduquer », ils devaient être transférés à Mauthausen, à l'époque le seul camp de « niveau III ». Sur place régnaient les pires conditions de détention, et le pire taux de mortalité[80].

Comme nous l'avons vu, l'exploitation du travail des détenu joua un grand rôle dans l'ouverture des quatre nouveaux camps – comme cela avait déjà été le cas en 1938 avec Mauthausen et Flossenbürg. Ce principe fut appliqué tant pour développer la production de matériaux de construction de la SS que, dans le cas d'Auschwitz, pour des projets de construction à proprement parler. En conséquence, à côté des Deutsche Erd- und Steinwerke fondés en 1938, 199 nouvelles sociétés de holdings furent créées pour les entreprises des camps.

La Deutsche Ausrüstungswerke GmbH, fondée en mai 1939, prit plus ou moins en charge les ateliers existants des camps, afin, en premier lieu, de produire de façon autonome des équipements pour les unités armées de la SS et pour les camps. En 1940-1941, la palette de la production fut révisée à la baisse : il s'agissait désormais avant tout de fabriquer du mobilier pour les camps et les troupes SS, mais aussi pour les colons allemands d'origine. À la fin de 1941, les Ausrüstungswerke disposaient d'ateliers à Dachau, Sachsenhausen, Buchenwald, Auschwitz, Lublin et Lvov, rassemblant 4 800 ouvriers au total, pour l'essentiel des détenus des camps ou des Juifs contraints aux travaux forcés[81]. De même, la Société pour les textiles et le traitement du cuir, créée en 1940, servait de société mère à une constellation d'entreprises qui fournissaient des vêtements à la SS avec l'aide des ateliers des camps[82].

Dès janvier 1939, Himmler avait réalisé un projet qui lui tenait à cœur avec le concours du DVA, l'Institut allemand de recherche sur l'alimentation, qui se consacrait surtout à l'étude et au développement de plantes médicinales. L'institut dépendait principalement des imposants jardins du camp de Dachau. Mais dans le courant de l'année 1939 il acheta en tout seize propriétés agricoles destinées aux travaux de recherche. En octobre 1940, Himmler ordonna à l'institut de procéder prioritairement à des expériences que la science n'avait pas envisagées, ou qu'elle avait même rejetées. Il était en particulier essentiel de développer des procédés de traitement inoffensifs. Les effets de ces produits devaient être étudiés en collaboration avec les médecins SS[83].

Himmler se servit plus particulièrement des produits du DVA pour mettre au point des expériences dans le domaine de l'agriculture biodynamique. Si cet enseignement agraire d'inspiration anthroposophique avait été officiellement interdit, comme toutes les autres « sciences secrètes », après le départ de Hess pour l'Angleterre – la propagande présentant l'adjoint du Führer comme la victime de ces cercles –, Himmler n'en réclama pas moins que des expériences se poursuivent dans ce sens. On parlait désormais d'« agriculture naturelle ». Himmler fournit des recommandations détaillées pour ces recherches, recommandations où s'exprimait son rejet des engrais chimiques[84]. Après tout, comme il le fit savoir à Pohl, le chef de son administration, en tant qu'ancien assistant de laboratoire de la fabrique d'engrais de Schleissheim, il savait de quoi il parlait[85] !

Himmler comprenait que, comme nombre de ses autres projets, mieux valait ne pas ébruiter ces recherches controversées. Il refusa expressément de tenir Hitler au courant de la poursuite de ces expériences, par exemple en impliquant Bormann. Les responsables devaient « travailler dans le secret et ne pas trop s'exprimer sur l'agriculture naturelle en société ». « Personne ne se souciera de nous si nous cultivons notre sol dans la discrétion, avec dignité et succès. » Le bureau responsable devait s'installer sur une propriété, de préférence à l'est[86]. En fait, il s'implanta sur la propriété de Wertingen, non loin du quartier général d'Himmler à Hegewald, en Ukraine. L'Obersturmführer Grund, qui en avait la charge, reçut une nouvelle mission spéciale du Reichsführer-SS, « vérifier les théories de l'agriculture biodynamique dans l'espace russe[87] ». Le faible d'Himmler pour les procédés non conventionnels prenait une fois encore des proportions gigantesques[88].

L'expansion économique de la SS ne se fit pas que par le biais d'entreprises qui produisaient essentiellement dans les camps de concentration. En avril 1939, la SS, dans la région de Marienbad, dans les Sudètes, créa la Sudetenquell GmbH qui, peu de temps après, entama la commercialisation de sa propre boisson, sous le nom prometteur d'« Eau acidifiée de Grün ». La création de cette entreprise était liée à l'ambition d'Himmler d'« habituer les SS à étancher leur soif avec des boissons non alcoolisées et à ne plus s'adonner à la consommation si souvent excessive de bière, de vin et autres ». Il fallait donc leur proposer des eaux minérales bon marché[89].

Dans les années qui suivirent, la SS s'efforça de s'assurer un monopole sur les eaux minérales en rachetant des entreprises, afin de briser le cartel de prix présumé de ce marché. En 1944, 75 % de la production allemande d'eau minérale se trouvaient entre les mains de la SS. La volonté d'Himmler de réformer les habitudes des SS avait accouché d'un succès économique[90]. Dans la même idée, la SS avait acquis des fabriques de jus de fruits, et produisaient entre autres les jus Vitaborn, qu'Himmler estimait tant et qu'il veillait toujours à offrir en signe de sympathie[91].

Un autre projet fut riche en conséquences pour l'expansion des activités économiques de la SS. En novembre 1939, Himmler réussit à obtenir du Haupttreuhandstelle Ost, qui, sur ordre de Goering, administrait les biens polonais et juifs saisis dans les territoires annexés, qu'elle saisisse pour le compte de son commissariat à la nationalité l'ensemble des usines de briques. La production de ces dernières devait profiter aux colons allemands. En janvier 1941 étaient fondées les Ostdeutschen Baustoffwerke qui, dans le courant de l'année, remirent en service trois cents briqueteries, de taille modeste pour la plupart. À cela s'ajoutèrent d'autres usines de matériaux de construction en Pologne occupée. En sa qualité de commissaire à la nation, Himmler reprit également le contrôle des usines de ce genre dans la Basse-Styrie ainsi que dans le district de Bialystok, dans la partie orientale de la Pologne qui, après la conquête de l'été 1941, fut placée sous un contrôle administratif particulier[92].

La plupart des entreprises SS servaient par conséquent à la production autarcique de la Schutzstaffel, le plus souvent en répondant aux objectifs idéologiques et politiques d'Himmler (comme dans le cas de la production d'eaux minérales, de plantes médicinales ou de matériaux de construction). Mais elles permettaient aussi d'occuper les prisonniers des camps, afin de soustraire le système concentrationnaire à l'emprise des autorités chargées de gérer les « travaux forcés ». Ce faisant, presque toutes ces entreprises travaillaient à perte.

Cette situation changea en 1940. Sous l'impulsion d'Oswald Pohl, chef de l'administration de la SS, auquel étaient subordonnées toutes les entreprises SS depuis 1939 et qui les dirigeait depuis le printemps 1940 à l'aide de son nouveau Bureau central de l'administration et de l'économie[93], la Deutsche Wirtschaftsbetriebe GmbH vit le jour en juillet 1940, afin de rassembler toutes les entreprises SS sous une même tutelle. Au début, Pohl en fut l'unique président. En juillet 1942, un deuxième président fut nommé, mais Pohl continua d'exercer une autorité incontestée[94].

Avec la gestion mise en place par Pohl, la politique économique de la SS connut un profond bouleversement en 1940-1941. Les facteurs économiques étaient désormais plus sérieusement pris en compte : maximisation des profits, expansion des entreprises et loi du marché devinrent les maîtres mots[95].

Juridiction autonome pour la police et la SS

Les projets d'Himmler pour parvenir à imposer une juridiction autonome de la SS et de la police – sur le modèle de la justice militaire – remontent à 1937. Mais ce n'est qu'en octobre 1939 qu'il put envisager de les concrétiser. Toutes les unités armées de la SS, les membres des états-majors des HSSPF ainsi que toutes les unités de police déployées dans le cadre du conflit seraient subordonnés à cette nouvelle juridiction[96].

On s'inspira du code pénal militaire, y compris pour la peine de mort et de prison. Mais les tribunaux de la SS et de la police étaient compétents pour toutes les violations du code pénal, pas seulement pour celles du code pénal militaire[97]. L'introduction de cette nouvelle juridiction ne changea en rien l'application des sanctions disciplinaires, comme la possibilité de dégrader ou de renvoyer des membres de la SS.

Ce n'est pas un hasard si la juridiction autonome de la SS et de la police a été mise en place immédiatement après la guerre contre la Pologne. Il est évident qu'Himmler souhaitait placer sous son domaine de responsabilité les excès et les crimes commis par les SS et la police pendant la guerre, et qu'il comptait être le seul à pouvoir les juger[98]. Himmler précisa que la presse ne devait pas être autorisée à traiter des agissements des tribunaux de la SS et de la police[99]. Mais ce sont d'autres motifs qui sont à l'origine de cette juridiction spéciale. D'une part, le Reichsführer, dans le contexte de durcissement général de la répression à l'automne 1939, ne voulait pas que l'on puisse lui reprocher d'avoir été laxiste face aux délits commis par des membres de la police et de la SS. D'autre part, il accorda une grande valeur, une fois qu'il eut sa propre juridiction à sa disposition, au fait qu'elle réponde aux principes qu'il martelait depuis des années, la vertu, la dignité et la discipline.

Pendant la Seconde Guerre mondiale, il ne cessa d'étendre le domaine de compétence de la juridiction SS : à l'ensemble de la police, à l'Allgemeine-SS (y compris ceux qui servaient dans la Wehrmacht), tous les étrangers qui combattaient dans la SS et les unités auxiliaires « étrangères », ainsi que celles de la police, des unités de secours, de la défense passive, des pompiers (y compris les pompiers volontaires)[100]. Dans plusieurs régions occupées, comme dans le Protectorat, les Pays-Bas et surtout en Norvège, elle servit également d'instrument de la politique d'occupation, puisqu'elle était autorisée à juger les délits commis par les ressortissants locaux[101].

Conformément au décret de l'OKW du 4 avril 1943, la Wehrmacht transféra la poursuite des délits civils dans les territoires occupés aux tribunaux de la SS et de la police, quand le crime visait principalement l'autorité de ces derniers[102]. Lorsqu'Himmler, en juillet 1944, prit le commandement de l'Armée de réserve et récupéra ainsi la responsabilité des prisonniers de guerre de la Wehrmacht, ces derniers tombèrent eux aussi sous le coup de la juridiction de la SS et de la police[103].

Himmler joua un rôle essentiel dans son orientation[104]. Non seulement il émit constamment des directives à l'intention du Bureau central de la juridiction SS, dont dépendait la justice de la SS et de la police, mais il se dota, en la personne de Horst Bender, d'un « juge SS auprès du Reichsführer-SS et chef de la police allemande[105] ». Himmler se donna la possibilité d'annuler les verdicts[106] et dans bien des cas il se réserva le droit de rendre personnellement des jugements, comme dans les affaires de relations sexuelles avec les épouses de soldats au front, les procédures de divorce[107] et dans toutes les condamnations d'officiers SS et de la police[108].

Cela valait également pour les manquements, de la part de membres de la police et de la SS, à l'interdiction de contacts sexuels avec des « femmes d'une autre population » dans les régions occupées de l'Est. Dans de tels cas, avant d'autoriser l'ouverture d'une enquête, il déterminait si l'on pouvait parler de manquement à l'aide de clichés et d'un rapport sur l'origine raciale de la femme, car le concept d'« altérité » n'avait jamais été défini de façon précise[109]. À l'est, les juges SS, à l'occasion d'une réunion en mai 1943, parvinrent à la conclusion que l'interdiction de relations sexuelles avec les femmes du pays devait être « instamment » modifiée car, comme le dit un des juges, « au moins cinquante pour cent de l'ensemble des membres de la SS et de la police » étaient en contravention. Dans la troupe, les hommes étaient d'avis, comme il l'avait appris auprès d'une unité, que « les relations, y compris sexuelles, étaient permises du moment qu'elles n'avaient pas de conséquences »[110].

Pour les unités SS et de police stationnées dans le Gouvernement général, Himmler, dès juin 1942, avait assoupli son interdiction d'entretenir des « relations sexuelles avec des femmes et des jeunes filles d'une autre race [111] », émise en avril 1939. « Je n'ignore pas les difficultés d'ordre sexuel auxquelles sont confrontés les hommes de la SS dans le Gouvernement général. C'est pourquoi je ne m'oppose pas à la fréquentation des bordels ou des prostituées sous contrôle médical et des autorités, car les relations ne peuvent ni donner de descendance ni aboutir à quelque liaison personnelle que ce soit [112]. » Son interdiction de 1939 ne cessa, jusqu'à la fin de la guerre, d'engendrer des problèmes dont le Reischführer s'occupa personnellement. Ainsi, en janvier 1945, il décida que « les relations sexuelles avec des Croates ne sont pas interdites », mais « seulement pas souhaitables », ces femmes étant de moindre valeur raciale [113].

Un décret du Führer de 1941 confirma l'autorité d'Himmler, qui était désormais officiellement habilité à annuler des verdicts et exiger un nouveau jugement [114]. Himmler souhaitait être informé de tous les procès portant sur des affaires de « désobéissance idéologique » (et ce dès l'ouverture de l'enquête), ainsi que sur « l'ensemble des archives pénales de la juridiction de la SS et de la police dans les cas de peine capitale ou de condamnation au pénitencier [115] ». Procureurs et juges SS faisaient aussi l'objet de recommandations détaillées de la part de leur Reichsführer [116].

Les directives d'Himmler pour la juridiction SS n'étaient pas seulement sans faille, elles incarnaient un niveau de surveillance extravagant dans leur multiplicité et étaient la preuve de sa manie obsessionnelle du contrôle. Tout était prévu pour lui laisser la possibilité de prendre la décision finale. Cette caricature de juridiction était telle qu'Himmler, quand il émit la « directive fondamentale n° 1 pour la juridiction SS » en 1942, après la mort de Paul Scharfe, président de la cour SS (mais qui n'était pas juriste), déclara froidement : « J'estime que jamais un juriste ne devra présider la cour SS [117]. » Il serait cependant trop simple d'interpréter cette obsession d'Himmler du contrôle comme l'expression d'un désir d'omnipotence arbitraire. Car ses directives avaient un sens, du point de vue idéologique. Il cherchait à créer un droit spécifique à la SS qui aurait été une transposition dans la pratique de ses convictions idéologiques et du mode de vie SS qu'il souhaitait pour ses hommes. Un instrument particulier, dont il se servit à cette occasion, consistait à juger les violations des lois internes de la SS comme des cas de désobéissance militaire, du ressort donc du code pénal militaire [118].

Par conséquent, Himmler veilla à ce que la juridiction de la SS et de la police pénalise les rapports sexuels « avec d'autres races » bien au-delà de ce que stipulait la loi sur la protection du sang, à ce qu'elle punisse de façon particulièrement stricte les relations sexuelles avec des épouses de soldats du front ainsi que les délits liés à l'alcool, les affaires d'homosexualité et violations de propriété – en fait, tous les délits qu'en tant que Reichsführer il avait cherché à réprimer chez ses hommes bien avant l'introduction de sa juridiction.

Himmler était favorable à des châtiments exemplaires pour les membres de la SS et de la police. Le peuple devait savoir, écrivit-il à Daluege en 1942, qu'« un gendarme ou un officier de police aussi peu fiable sera puni. Cela ne peut pas nuire à notre réputation, mais au contraire la renforcer et la rehausser[119] ». De même, en 1943, il affirmait devant les Gruppenführer qu'il n'avait en tant que « Reichsführer-SS, en tant que chef de la police allemande et maintenant en tant que ministre de l'Intérieur du Reich [...] pas le droit moral de s'en prendre à quelque concitoyen que ce soit, et nous ne pourrions le faire si nous ne veillions à faire brutalement le ménage dans nos propres rangs[120] ».

Quand il le jugeait nécessaire, il punissait sans condamnation officielle. Dans un cas précis, il annula le verdict d'un SS-Obersturmführer, condamné à mort pour mauvais traitements infligés à des subordonnés et coups et blessures, et ordonna que « l'occasion soit donnée » à l'intéressé, « en lui confiant un pistolet, de mettre lui-même fin à ses jours », ce que fit l'officier[121]. Il ajouta, toujours aussi prévenant, qu'il fallait se comporter comme si l'intéressé avait été tué au combat. « D'où le pistolet que nous avons mis à disposition[122]. »

Himmler ne cessait d'émettre de nouvelles directives. Quand, par exemple, des membres de la 256e division de Volksgrenadier (une unité de la Wehrmacht constituée et commandée par la SS) prirent part à des pillages, il ordonna, en janvier 1945, que dans le cas de pillages sur le territoire du Reich « la peine de mort soit appliquée à des fins de dissuasion et en présence des détachements de la division[123] ». Et, à la suite de l'évocation par le président de la cour SS de la « pénalisation de l'exécution de Juifs sans ordre ni autorité », Himmler décida que dans de tels cas il incombait de prendre en compte les « motivations » : « Dans le cas de motivations purement politiques, aucune peine ne doit être appliquée, car il s'agit du maintien de l'ordre. [...] Dans le cas de motivations égoïstes, sadiques, voire sexuelles, une sanction disciplinaire est nécessaire, le cas échant pour homicide. » Même face à des massacres sans précédent, Himmler continuait de prétendre que sa SS était capable d'assassiner « dignement ».

1940 : LES FRONTIÈRES BOUGENT

Himmler ne fut pas en mesure de tirer profit des conquêtes de 1940 – l'occupation du Danemark, de la Norvège, du Luxembourg, des Pays-Bas, de la Belgique et de la France – comme il l'avait fait de la campagne de Pologne. Il lui fut impossible d'imposer son pouvoir de la même façon dans les nouveaux territoires occupés. Les ambitions qu'il développa à l'époque dans le domaine de la politique étrangère ne parvinrent pas vraiment à se concrétiser. Pourtant, il marquerait quand même de son sceau l'occupation allemande en Europe de l'Ouest et du Nord : en appliquant une politique délibérément raciale – « politique de la nationalité » en France, projets de déportation des Juifs et tentatives de recrutement des Allemands d'origine et des « Germains » pour sa Waffen-SS –, il fit en sorte que la domination allemande se distingue nettement de toute politique d'occupation conventionnelle.

Depuis l'Anschluss, Himmler avait pu accumuler de l'expérience dans l'annexion des territoires conquis. Si, en Autriche, la position de la police avait été calquée sur la situation dans le Reich, dans le Protectorat de Bohême-Moravie, l'appareil policier d'Himmler s'était assuré la plus grande indépendance vis-à-vis du Reichsprotektor von Neurath[1]. Dans l'État satellite slovaque créé après l'occupation du « reste de la Tchéquie », Himmler chercha à mettre en place un bureau extérieur de la Gestapo censé diriger l'USB (*Ustredna Statna bezpecnost*), la police secrète slovaque, et gérer *de facto* cet État allié comme une région d'Allemagne. Entre juin 1939 et août 1940, il envoya trois commissions de police l'une après l'autre à Bratislava. Mais les résultats furent maigres, en dehors de frictions avec les Affaires étrangères à Berlin[2]. En juillet 1941, le Bureau du RSHA à Bratislava fut finalement fermé[3]. Seul restait un attaché de police auprès de la représentation allemande[4].

À cause de l'irruption de l'appareil d'Himmler et de ses troupes en Pologne, la Wehrmacht, en préparant les campagnes militaires suivantes, avait refusé que les Einsatzkommandos de la police de sécurité et du SD soient intégrés à l'armée. Dans un mémorandum, Heydrich ajouta que dans bien des cas, « sur les questions fondamentales de la lutte contre l'ennemi de l'État », il régnait « chez les commandants en chef de l'Armée de Terre une opinion nettement différente » que dans leur propre domaine. Les directives sur le déploiement des unités de police étaient devenues « extraordinairement radicales » (« par exemple, l'ordre de liquidation de nombreux cercles dirigeants polonais, qui se chiffrent par milliers »). Puisque l'on n'avait pu impliquer les militaires, les agissements de la police et de la SS étaient passés pour des actes brutaux et arbitraires. La Selbstschutz, qui « a parfois commis des actes de vengeance impossibles, incontrôlables », avait aggravé les choses[5]. À la fin du mois de mars 1940, Heydrich dut annoncer à ses chefs de département que la participation annoncée d'Einsatzkommandos aux campagnes en Belgique et en France était « annulée »[6].

Le 9 avril 1940, afin de prendre de court une tentative d'intervention franco-britannique, la Wehrmacht débarqua des troupes par surprise en Norvège. Tandis que les unités allemandes étaient encore aux prises avec les forces norvégiennes et alliées dans de durs combats pour le contrôle du pays, la structure de la future occupation se cristallisait déjà autour de la personne du Gauleiter d'Essen, Josef Terboven, qu'Hitler nomma commissaire du Reich le 24 avril.

Dès le début, Himmler s'efforça d'imposer son influence en Norvège[7]. Le 20 avril 1940, lors d'une discussion avec Hitler à laquelle prirent également part Terboven, Goering et Bormann, le Reichsführer obtint qu'en dépit de la résistance de la Wehrmacht un HSSPF soit désigné pour la Norvège et qu'un Einsatzgruppe y soit dépêché. Heydrich improvisa une formation de toutes pièces, qui se composait de quatre-vingts membres de la Gestapo et du SD à l'origine prévus pour un « déploiement spécial » à l'ouest, à l'insu de l'armée[8]. C'est l'Obergruppenführer Fritz Weitzel qui devint HSSPF pour la Norvège. Mais en juin suivant il était tué dans un bombardement lors d'un séjour à Düsseldorf. Il fut remplacé par le HSSPF Wilhelm Rediess. Tant Weitzel que Rediess ne purent de toute façon se soustraire à l'autorité de Terboven, auquel ils n'étaient pourtant pas officiellement subordonnés[9]. Cela vaut également pour Heinrich Fehlis[10], jusqu'à l'automne 1940 chef du groupe de la Sipo et du SD à Oslo. Il remplaça, au poste de commandant de l'Einsatzgruppe arrivé en Norvège en avril avec près de deux cents hommes, le SS-Oberführer Stahlecker, auparavant commandant de la police de sécurité dans le Protectorat. Terboven parvint donc avec un certain succès à contrecarrer les manœuvres d'Himmler, qui avait coutume d'intervenir dans l'occupation en y envoyant ses propres hommes. Selon Heydrich, le déploiement de la Sipo et du SD en Norvège s'était déroulé « en partie [...] bien trop tard » pour pouvoir y combattre efficacement les « ennemis de l'État » locaux[11].

L'occupation du Danemark, qui eut lieu en même temps que l'invasion de la Norvège, fut un revers cuisant pour Himmler. Si Berlin envisageait effectivement de stationner des troupes dans le cadre de l'occupation du pays, il n'était prévu d'intervenir dans le fonctionnement du gouvernement et de l'administration danois que si la situation militaire l'exigeait. Par conséquent, aucune administration d'occupation particulière ne fut mise en place. L'émissaire allemand à Copenhague, paré du titre de « plénipotentiaire du Reich », communiquait au gouvernement danois les volontés du régime et vérifiait, aidé d'une équipe administrative réduite, qu'elles étaient accomplies[12].

Le 10 mai 1940, les troupes allemandes pénétrèrent aux Pays-Bas, en Belgique, au Luxembourg et en France. Les forces néerlandaises capitulèrent dès le 15 mai. Deux jours plus tard, Himmler se rendait dans les territoires fraîchement conquis pour rendre visite à ses unités de Waffen-SS et profiter de l'occasion pour se familiariser avec le pays et ses habitants. Il était accompagné de Wolff, de son aide de camp Joachim Peiper, de son ami d'enfance et conseiller médical Gebhardt (du fait de ses liens avec la maison royale belge), ainsi que du collaborateur de ce dernier, le docteur Ludwig Stumpfegger. Himmler coucha ses impressions par écrit dans un journal, agrémentant le texte de photographies :

« Cette région de la Hollande et Maastricht même nous ont laissé une impression décidément impeccable et sympathique. La population ne s'est nullement montrée hostile, elle a au contraire bien accueilli nos soldats. Quand nous lui avons demandé notre chemin, elle s'est montrée serviable et disposée à nous aider. » Le soir du premier jour, la délégation prit ses quartiers à l'hôtel Warton, à Hasselt. Le commandant du régiment SS « Der Führer », déployé à proximité, et son adjoint se joignirent au groupe. L'humeur était victorieuse : « Nous avons très bien mangé ce soir, bu un peu de vin, et tous les deux nous ont raconté leurs combats. »

Le lendemain, le groupe se dirigea vers Eindhoven et Tilburg, auprès de l'état-major de la 18e armée. Le soir, il s'installa à l'hôtel La Suisse. Himmler était absolument ravi : « Nous avons magnifiquement dîné. Toutes les villes hollandaises nous font une remarquable impression, la population est aimable et de bonne race, et ce fut une vraie joie de voir ces hommes, ces femmes et ces enfants.

Ils représentent une grande conquête pour l'Allemagne. » Himmler était convaincu que l'annexion des Pays-Bas était imminente.

Le lendemain, le groupe fit une excursion – Himmler, comme il le rapporta, se trouvait au volant – à Rosendaal, pour y retrouver le régiment SS « Germania ». Le 19 mai, après un bref détour par Anvers qui ne s'explique que par les nombreux ponts détruits, le groupe, revenant sur Bruxelles, passa par une petite ville : « Quand nous avons traversé Rumst, une bourgade des Flandres qui compte plusieurs briqueteries, nous avons été accueillis par des membres de la milice citoyenne, qui attendaient visiblement les premières troupes allemandes et qui nous ont emmenés voir le maire et le conseil municipal, lesquels nous ont confié les clés de Rumst. Ils ont immédiatement réclamé d'être alimentés en eau, en gaz et en électricité. À la fin, le Gruppenführer Wolff a expliqué à ces braves hommes que j'étais le chef de la Gestapo. »

Puis le groupe se rendit à Louvain, ravagée par les combats. Himmler s'efforça de retranscrire ce qu'il avait ressenti : « La ville, où l'on n'a vu personne à l'exception de quelques soldats, nous a laissé une impression très étrange [13]. » Enfin, ils arrivèrent à Bruxelles, qu'ils visitèrent le lendemain. Après une rencontre avec le commandant de la Leibstandarte, ils revinrent au quartier général à Felsennest où Himmler put faire directement part de ses impressions à Hitler le 22 mai [14].

Avant son voyage, il avait déjà suggéré à Hitler de nommer le nazi autrichien Arthur Seyss-Inquart, alors adjoint du gouverneur général (en Pologne), commissaire du Reich pour les territoires néerlandais occupés [15]. Seyss-Inquart était une vieille connaissance d'Himmler, qui l'avait d'ailleurs élevé au grade de SS-Gruppenführer en octobre 1938, rétroactivement par rapport à la date de l'Anschluss, le 12 mars [16].

Le 18 mai, Seyss-Inquart fut effectivement fait commissaire du Reich aux Pays-Bas. Du point de vue d'Himmler, cette nomination ne pouvait que favoriser la mise en place à court terme d'un HSSPF dans les Pays-Bas. Son choix se porta sur Hanns Albin Rauter, chef du personnel civil de l'Oberabschnitt du Sud-Est à Breslau, que Seyss-Inquart intégra au sein de l'administration occupante en tant que commissaire général chargé des questions de sécurité. Ce faisant, Rauter se retrouvait subordonné à la fois à l'administration civile et au Reichsführer-SS et chef de la police allemande, sa loyauté étant évidemment dévolue à Himmler en cas de litige [17].

Pourtant, une fois de plus, Heydrich n'était pas satisfait : là encore, l'arrivée du HSSPF avait eu lieu « beaucoup trop tard », puisque « le travail accompli sous la direction des services de renseignement de l'Armée de Terre, par manque d'expérience et de savoir-faire, n'a pas suffi à se saisir en quantité des émigrés politiques, des documents importants pour la police, des archives, etc., ce qui aurait pu être le cas si la police d'État, disposant du matériel et des techniques nécessaires, avait été déployée immédiatement[18] ».

Hans Nockermann, arrivé à Amsterdam à la tête d'un commando du SD immédiatement après la capitulation néerlandaise, devint commandant en chef de la Sipo et du SD aux Pays-Bas à la fin du mois de mai[19]. Pourtant, il ne put se maintenir bien longtemps à son poste. Quand, le 29 juin, la population néerlandaise eut manifesté publiquement sa sympathie pour la famille royale et cela de façon démonstrative, Himmler remplaça Nockermann par Wilhelm Harster, qui avait brièvement occupé les mêmes fonctions en 1939 à Cracovie. Harster entreprit aussitôt de transformer les Einsatzkommandos de l'Einsatzgruppe Pays-Bas en services restant sur place[20].

À long terme, les autorités allemandes avaient l'intention d'intégrer les Pays-Bas dans le Reich en tant que région d'un « empire germanique ». À moyen terme, l'indépendance des Pays-Bas devait être préservée, en raison en particulier de l'administration encore intacte des colonies néerlandaises. De plus, l'occupant se trouva, avec le Nationaal-Socialistisch Beweging (NSB), un partenaire non négligeable et proche de son idéologie (aux élections de 1935, le NSB avait remporté 8 % des voix), mais qui n'était pas prêt à sacrifier l'indépendance des Pays-Bas au nom d'une prétendue parenté raciale « germanique[21] ».

Le 2 juin, Himmler se rendit à La Haye pour y discuter avec le national-socialiste néerlandais radical Meinoud Rost van Tonningen, adversaire au sein du parti d'Anton Mussert, de la création d'une SS néerlandaise qui avait déjà été ordonnée une semaine plus tôt[22]. Les deux hommes se connaissaient depuis 1937. Avec Rost van Tonningen, Himmler espérait pouvoir concrétiser la politique « germanique » prévue aux Pays-Bas. Hitler aurait été « tout à fait d'accord » avec cette décision, ce qui ne pouvait qu'entraîner un conflit entre le Reichsführer-SS et Mussert[23].

Au début de 1941, Seyss-Inquart reçut d'Himmler une lettre où il soulignait une fois encore les principes de cette politique. En tant que commissaire du Reich, Seyss-Inquart avait « la mission historique si essentielle de rassembler, d'une main ferme mais souple, les 9 millions de gens d'origine germanique, des bas Allemands, qui avaient été tenus à l'écart de la germanité pendant des siècles, et de les réintégrer dans la communauté germano-allemande [...] Nous savons tous les deux parfaitement que cette mission, la création d'une communauté de 110 millions d'habitants, est le fondement d'un véritable grand empire germanique[24] ».

Quelques jours seulement après son premier voyage aux Pays-Bas, le 25 mai 1940, Himmler avait proposé à Hitler de nommer également un commissaire du Reich en Belgique, qui était sur le point de capituler. Cette fois, Hitler passa outre les désirs d'Himmler et préféra imposer une administration militaire, également chargée du Luxembourg et de deux départements français[25]. Le 15 juin, Himmler tenta une deuxième offensive, une nouvelle fois sans succès. Daluege, entre-temps arrivé à Bruxelles pour y installer un commandant de l'Ordnungspolizei, dut être rappelé[26].

Heydrich ne put lui aussi prendre pied à Bruxelles qu'avec un petit groupe. En tant que mandataire du chef de la Sipo et du SD pour la Belgique et la France, Max Thomas ouvrit un bureau qui fut renforcé au début de juillet par un petit commando du SD, à la demande d'Eggert Reeder, SS-Oberführer et président du conseil municipal de Düsseldorf, entre-temps nommé chef de l'administration militaire[27]. Les services du commandant de la Sipo et du SD pour le secteur du commandant en chef de la Belgique et du nord de la France recevaient leurs ordres du RSHA[28], si bien qu'Himmler et Heydrich purent malgré tout exercer une certaine influence dans une Belgique régie par les militaires.

Mais du point de vue de la SS ce n'était pas satisfaisant. Les premières semaines de l'occupation, décisives pour le travail de la police de sécurité et le renseignement, n'avaient pas été exploitées. Un HSSPF ne fut d'ailleurs nommé qu'en 1944. En France, la situation était comparable. C'est pour cette raison que Heydrich avait constaté en juillet 1940, à propos des deux pays, que « l'OKH [...] effectue clairement un travail de police politique [...] en excluant complètement les bureaux responsables de la lutte contre les ennemis de l'État et aussi contre la criminalité[29] ».

En réalité, l'administration militaire en France en 1940 refusait d'accorder un rôle plus important au RSHA[30]. Werner Best, qui avait quitté le RSGA à l'issue d'un conflit avec Heydrich, avait occupé le poste de chef de l'administration auprès du commandant en chef des forces armées en France, ce qui n'était pas profitable à la SS. Certes, Best mit en œuvre une politique résolument raciale, mais il s'appuyait avant tout sur son propre appareil[31]. Après l'armistice du 22 juin, un petit bureau du SD/Sipo (Heydrich parlait de dix à quinze hommes[32]) fut bien ouvert à Paris, sous les ordres de Helmut Knochen, afin, comme le stipulaient ses attributions officielles, de surveiller « les Juifs, les communistes, les émigrés, les loges et les Églises[33] ». Mais il était soumis aux ordres de l'administration militaire et n'avait aucune compétence exécutive. Ce n'est qu'en janvier 1941 que Knochen fut autorisé à procéder à des arrestations et des saisies sans autorisation préalable des militaires[34].

Le 25 juillet 1940, Thomas et Knochen rencontrèrent le chef de cabinet du ministre français de l'Intérieur Adrien Marquet qui, au nom de ce dernier, pria les deux hommes d'arranger un contact direct avec « un homme de confiance du Führer », afin que le ministre puisse transmettre aux responsables allemands des « opinions et souhaits » en contournant l'administration militaire. Himmler ne demandait pas mieux que d'endosser ce rôle. Quelques jours plus tard, Heydrich annonça fièrement à Ribbentrop l'existence d'une « liaison officieuse établie [...] par le service de sécurité du Reichsführer-SS » avec le gouvernement français, liaison que l'on mettait volontiers à la disposition des Affaires étrangères afin de « prendre en compte des problèmes particuliers conformément aux souhaits exprimés localement ». Outre le fait qu'il lui permettait ce coup en traître à l'adresse du ministre des Affaires Étrangères, Heydrich accueillit cet arrangement avec les Français parce qu'il était désormais dans la situation de « placer illégalement dans tous les départements des hommes de confiance de la police de sécurité et du SD[35] ».

Bien que cantonnés par l'armée dans un rôle mineur lors de l'occupation de la France, la Sipo et le SD purent, comme le montre cet exemple, tirer parti du fait qu'ils étaient précédés dans les pays occupés d'une réputation effroyable. Cela leur permit d'établir des contacts importants, grâce auxquels ils purent mettre en place leur organisation dans le dos des militaires. Mais, dans l'optique d'Himmler d'étendre son pouvoir, les atrocités commises par les SS en Pologne et le décret sur la procréation contraire au code moral du corps des officiers eurent aussi un effet négatif. Si l'on considère le rôle joué par la SS dans les invasions de 1940, on constate qu'Himmler ne parvint à ses fins qu'aux Pays-Bas et, dans une certaine mesure, en Norvège. Dans les territoires soumis à une administration militaire, ses hommes devraient d'abord batailler pour assurer leurs positions.

En tant que commissaire chargé de la consolidation de la nation allemande, Himmler, en France, se heurta également à des difficultés. Les experts nazis de la race partaient du principe qu'en France, Alsace-Lorraine comprises, se trouvaient 1,6 million de personnes « d'appartenance nationale » qui pouvaient être réintégrées dans la « germanité » – « reconquises », comme on disait alors[36]. Dès juin 1940, le RuSHA prenait des mesures pour procéder à la sélection raciale en France occupée[37].

Officiellement, l'Alsace et la Lorraine ne furent pas annexées. On se contenta de confier respectivement aux Gauleiter Robert Wagner (Bade) et Josef Bürckel (Sarre-Palatinat) l'administration civile de l'Alsace et de la Lorraine, rattachant de fait ces territoires à l'administration du Reich. Selon les ordres d'Hitler, la mission prioritaire de ces Gauleiter était d'assurer la « germanisation » de ces territoires par le recours à des mesures dans le domaine de la politique démographique[38].

En Lorraine, quelque 100 000 personnes en tout furent expulsées ou déplacées en zone libre afin de faire de la place pour des colons allemands venus du Reich[39]. Le Gauleiter Bürckel, nommé par Himmler mandataire du RKF pour la Lorraine, adopta sa propre stratégie. Avec le soutien d'Hitler, il ne se fonda pas en premier lieu sur des critères raciaux, mais sur la langue, la bonne conduite politique et des critères économiques. Il contrariait ainsi la politique du commissaire à la nation Himmler, dont les collaborateurs envoyés en Lorraine voulaient « trier » la population en fonction de critères raciaux, comme à l'est. En septembre 1940, Himmler avait créé un Bodenamt chargé, conformément à un modèle éprouvé, de saisir les propriétés foncières agricoles « libérables ». Il était dirigé par Friedrich Brehm, ancien patron expérimenté du Bodenamt de Katowice. En octobre 1940, Bruno Kurt Schultz, l'un des principaux spécialistes de la race au RuSHA, prit en outre la direction de l'antenne de ce dernier à Metz. Mais toutes ces nominations eurent lieu trop tard pour pouvoir influencer les expulsions du Gauleiter et les orienter selon des critères « raciaux[40] ». À la fin de 1940, Bürckel avait déjà chassé plus de 80 000 personnes de Lorraine.

Le Gauleiter Wagner, quant à lui, avait déporté ou déplacé d'Alsace 100 000 personnes, expulsées vers la zone libre, dont 22 000 Juifs alsaciens[41]. Le représentant du RuSHA à Metz, Bruno Schultz, avait certes dès 1940 entrepris des « examens raciaux » de la population alsacienne, mais il faudrait attendre 1941 pour qu'Himmler parvienne, en sa qualité de RKF, à intervenir dans la politique de colonisation en Alsace. En juin 1941, il nomma Carl Hinrichs chef du Bodenamt strasbourgeois, créant ainsi les conditions nécessaires à ce qu'il estimait être des mesures appropriées.

Volontaires pour la Waffen-SS

Avant-guerre, déjà, Himmler avait envisagé, comme il ressort d'une lettre adressée à Lammes en mars 1939, comment « recruter [...] des hommes de sang nordique pour les régiments d'active de la SS [...] dans tous les peuples de race germanique à l'exception du peuple anglo-saxon ». Il avait « abordé depuis longtemps » ce sujet « avec le Führer », et obtenu son approbation[42]. Le 8 novembre 1938, devant les Gruppenführer, il avait dit espérer qu'« au plus tard d'ici deux ans le régiment "Germania" se composerait de Germains non allemands[43] ». Après la victoire contre la France, le moment était venu de passer à la réalisation de ce projet sur un front plus étendu.

Le 15 août 1940, Himmler ordonna la constitution d'un bureau central de la direction SS « commandement militaire de la Waffen-SS [...] et chargé de la formation et de la préparation militaire de l'Allgemeine SS ». Himmler se réservait la direction de ce nouveau bureau central. Cette nouvelle réglementation se faisait au détriment de la direction centrale SS, qui continuait à être responsable du recrutement et de la formation de la Waffen-SS, ainsi que de la direction centrale économique et administrative, de la direction centrale du personnelle et du bureau central de la cour SS, lesquels conservaient certaines responsabilités en relation avec la Waffen-SS. Rivalités et conflits entre les directions centrales étaient donc inévitables[44].

Le 7 août 1940, une semaine avant la mise en place de cette nouvelle réglementation, le chef du bureau de recrutement de la direction centrale de la SS, Gottlob Berger, dont dépendait le développement des effectifs de la Waffen-SS, s'était adressé à Himmler pour lui réclamer une extension considérable de ses compétences. Himmler prit en compte les ambitions de Berger en le nommant *de facto* chef de la direction centrale de la SS le 15 août suivant. La mise à l'écart de Heissmeyer, de toute façon relativement impuissant, n'était plus qu'une question de temps[45]. Dans sa lettre du 7 août, Berger avait porté à la connaissance d'Himmler le fait que le nombre des recrues disponibles dans les années à venir pour la Waffen-SS sur le territoire du Reich ne suffirait jamais à couvrir le besoin croissant en hommes[46]. Mais Berger avait trouvé une solution à ce problème :

« La Wehrmacht ne s'opposera pas à la poursuite du développement de la Waffen-SS si nous parvenons à puiser dans les éléments de la nation allemande et germanique que n'englobe pas la Wehrmacht. Il s'agit là selon moi d'une mission particulière pour le Reichsführer-SS. » Berger, qui dès le 15 mai 1940, jour de la capitulation néerlandaise, avait demandé à Himmler l'autorisation de recruter « des Hollandais, et plus tard des Flamands » dans la Waffen-SS[47], envisageait désormais, au-delà des Pays-Bas et de la Belgique, de recruter au Danemark, en Norvège, ainsi que parmi les minorités allemandes de Roumanie, de Yougoslavie et de Hongrie. En tant qu'organisateur de la « Selbstschutz allemande d'origine » en Pologne, il disposait d'une expérience importante dans ce domaine.

Du reste, les ambitions de Berger ne se cantonnaient pas à l'Europe : « Dans le monde entier, nous pouvons encore faire appel à des Allemands d'origine, environ 5,5 millions en Amérique du Nord et au Canada, 1,2 million en Amérique du Sud (de sang pur), 77 000 hommes en Australie. »

Avec sa proposition, Berger enfonçait des portes ouvertes. Himmler lui-même avait entrepris de recruter des volontaires « germaniques » dès le 20 avril 1940, quand il avait obtenu un ordre du Führer prévoyant la création d'un régiment SS « Nordland » composé pour moitié d'Allemands pour moitié de Danois et de Norvégiens[48]. Quand, en janvier 1941, Vidkun Quisling, le chef des nazis norvégiens, lança un appel en ce sens, 300 Norvégiens se portèrent volontaires dans les semaines qui suivirent. Le 28 janvier 1941, Himmler lui-même se rendit en Norvège pour assister à la prestation de serment des membres de la première unité SS « germanique », qui eut lieu le 30 janvier[49].

« Vous êtes, déclara-t-il aux volontaires, au bout de bien des générations, les premiers hommes de Norvège à avoir choisi, de vous-mêmes, de vous joindre au combat, en n'écoutant que votre cœur, sans y avoir été contraints par un gouvernement vassal de l'Angleterre. Pour la première fois, en tant que volontaires, vous êtes aux côtés de vos camarades, les hommes de la Hird* et les SS du Reich. [...] Nous vous accueillons comme des camarades, comme des frères, dans nos rangs, dans les rangs d'une formation qui a toujours été conçue comme germanique, et dont l'orientation est germanique[50]. »

Himmler profita de son séjour pour découvrir le pays et sa population. Le 2 février, il visita une « ferme en montagne typique du paysage du centre de la Norvège, près de Drontheim[51] », et fit un discours devant un bataillon de police allemand. Le soir, il prenait part à une « soirée de la camaraderie » germano-norvégienne. Le 4, il se rendit à Narvik et séjourna jusqu'au milieu du mois dans le nord de la Norvège[52]. En mai 1941, il revint dans le pays, pour la formation d'une Allgemeine SS norvégienne. À l'occasion d'une cérémonie, il nomma Jonas Lie, conseiller d'État pour la police, chef de la SS dans le pays, et assista à la prestation des 150 premiers SS norvégiens[53].

Au Danemark, le recrutement débuta en juillet 1940, orchestré par le DNSAP, les nazis danois. Le 1er septembre, le bureau de recrutement de la Waffen-SS ouvrit une antenne à Copenhague[54]. Mais, sur l'intervention du ministère des Affaires étrangères, qui avait été contourné, il fallut en interrompre provisoirement les activités[55].

* Organisation paramilitaire des nazis norvégiens. (NdA)

Le 25 mai 1940, Himmler avait créé un régiment SS « Westland » pour accueillir les volontaires néerlandais et flamands. Avec le régiment « Germania », composé d'Allemands, les deux nouveaux régiments, le « Westland » et le « Nordland », devaient constituer la division Waffen-SS Wiking[56]. Avec la mise en place d'une ellgemeine SS néerlandaise, puis flamande, respectivement au printemps et à l'automne 1940, Himmler avait étendu la base de son pouvoir dans les deux pays[57].

En février 1941, Berger reçut d'Himmler l'autorisation d'entamer le recrutement de Finlandais. Au début de la guerre contre l'Union soviétique, 400 Finlandais servaient déjà dans la Wiking[58].

Début avril 1941, Himmler donna en outre l'autorisation de constituer un régiment SS « Nordwest » composé de volontaires des Pays-Bas et des Flandres qui n'eurent pas besoin de satisfaire aux critères de sélection raciale et ne furent pas intégrés dans la SS[59]. Cette première étape sur la voie du recrutement de volontaires qui n'étaient pas considérés comme des « Germains » allait être consacrée quelques mois plus tard, après le début de la guerre contre l'URSS, par la formation de « légions » au sein de la Waffen-SS. Toutefois, en dépit de l'assouplissement des conditions de recrutement, les premières tentatives d'Himmler en Europe de l'Ouest et du Nord se soldèrent par des résultats plutôt modestes : en juin 1941, outre les Finlandais, 2000 volontaires d'Europe de l'Ouest avaient rejoint les rangs de la SS[60].

Avec les minorités allemandes d'Europe de l'Est, les nazis trouvèrent une source de recrutement plus abondante. Là, il fut possible de recruter aussi bien des soldats pour la Waffen-SS que des unités de milice armées sous l'égide de la SS.

Déjà, peu après le début de la Seconde Guerre mondiale, la Waffen-SS avait entrepris de recruter parmi les Allemands d'origine de Yougoslavie qui travaillaient dans le Reich. Le bureau de recrutement entama également une campagne en Yougoslavie même en septembre 1940 pour attirer les représentants de la minorité allemande, bien que Goering l'ait interdit[61]. Berger recruta, sur l'ordre d'Himmler, 200 Allemands de Yougoslavie, et intensifia ses efforts une fois le pays conquis, en avril 1941. Dès lors, en effet, l'ensemble des minorités allemandes des Balkans se trouvaient dans le collimateur des recruteurs de la SS.

Les premières tentatives remontaient à 1940. Quand, en août 1940, le Troisième Reich, dans le cadre des arbitrages de Vienne, satisfit les revendications territoriales de la Hongrie au détriment de la Roumanie et imposa ainsi son ascendant sur la région, cela eut des conséquences immédiates non seulement pour les aspirations à l'autonomie des Allemands d'origine vivant dans les deux pays, mais aussi pour les mesures de recrutement d'Himmler et Berger.

En Roumanie, dès l'été 1939, la Waffen-SS avait recruté entre 60 et 80 lycéens allemands d'origine qu'elle avait ramenés en Allemagne. Là, les jeunes gens avaient reçu une formation militaire de base[62]. Au printemps 1940, un millier de jeunes supplémentaires, officiellement candidats à des emplois agricoles dans le Reich, furent rassemblés en Roumanie puis transférés à Vienne, où ils firent l'objet d'examens. 700 entrèrent dans la Waffen-SS[63]. Ce recrutement, surnommé « l'action des 1 000 hommes », donna le signal du départ d'une campagne de recrutement systématique des Allemands d'origine de Roumanie dans la Waffen-SS, qui atteignit son paroxysme en 1943.

L'arbitrage de Vienne et les pertes territoriales qu'il engendra entraînèrent, à la fin de l'été 1940, la chute du roi de Roumanie. Le général Ion Antonescu (qui deviendrait maréchal le 22 août 1941) forma un nouveau gouvernement. Les cercles nationaux-socialistes au sein de la minorité allemande profitèrent de l'instabilité pour, le 9 novembre 1940, fondé le NSDAP des Allemands d'origine de Roumanie. Andreas Schmidt, le gendre de Gottlob Berger, en prit la direction[64].

Malgré cette entente entre Schmidt et Berger, le parti avait été fondé sans l'accord préalable d'Himmler, personnalité centrale de la politique allemande de la nationalité. La création de ce parti, qui se dépeignait comme nazi et arborait le drapeau à croix gammée, fut ainsi considérée par Himmler comme « absolument dommageable pour nous ». Les autres États des Balkans risquaient en effet d'y voir une menace pour leur indépendance, l'événement suscitant par ailleurs des inquiétudes à Moscou. Par conséquent, le parti de Schmidt fut invité à afficher « la croix gammée le moins souvent possible[65] ». « Comme toujours sur la question des Allemands d'origine », se plaignit Himmler auprès de Berger, on ne lui avait « présenté le tableau qu'une fois l'erreur commise » : « Quand il se passe quelque chose de bien, ce sont toujours les autres qui ont tout fait, mais quand les choses ne se passent pas comme prévu, c'est la faute du Reichsführer[66]. »

En liaison avec l'arbitrage de Vienne, l'Allemagne imposa au gouvernement hongrois un accord sur les minorités qui faisait de l'association des Allemands de Hongrie, déjà de tendance nazie, l'unique représentant légitime de la germanité en Hongrie. Quiconque disait appartenir à ce groupe reconnaissait de fait l'idéologie nazie[67]. Au printemps 1940, Berger avait tenté une première fois de recruter 500 Allemands de Hongrie dans la Waffen-SS, mais le chef de la minorité, Franz Basch, avait refusé. Ce qui n'empêcha pas les Allemands de

Hongrie réfugiés dans le Reich ou déclarés « travailleurs itinérants » de rallier la Waffen-SS[68].

Le Sturmbannführer Viktor Nageler, envoyé pendant l'été 1940 en Slovaquie par la SS comme conseiller après de la Garde Hlinka, commença à l'automne suivant à examiner les candidats au recrutement en fonction de critères raciaux. Le bureau de recrutement SS du Danube étudia, sous couvert de visite médicale, un total de 4694 hommes entre novembre 1940 et janvier 1941. Plus de la moitié furent jugés « aptes », 40 % furent même considérés comme « aptes à la SS ». En janvier 1941, Himmler approuva le principe d'autres examens de ce type, sans pour autant passer à la phase pratique[69].

Pendant ce temps, en Slovaquie, la SS avait créé, dans la minorité allemande, une organisation paramilitaire, la Freiwillige Schutzstaffel, aux côtés d'une unité camouflée de la SS, dite « Einsatztruppe » et qui, en septembre 1940, était devenue sur ordre d'Himmler un « ET-Sturmbann » qui servit de base au recrutement pour la Waffen-SS[70]. À la fin de 1940, Franz Karmasin, le dirigeant des Allemands d'origine, créa « toutes sortes de difficultés pour les hommes », comme l'écrivit Berger à Himmler, car il estimait que la SS exerçait déjà une trop grande influence sur la composition de la Garde Hlinka. Entre-temps, en effet, Nageler, conseiller auprès de la Garde Hlinka, avait entrepris de la transformer en une élite, les « Wehrmannschaften », conçues pour épauler la SS lors de la future intégration de la Slovaquie dans un grand empire germanique. Nageler s'efforçait tout simplement de sélectionner les Slovaques « utiles » sur le plan racial à l'aide de cette élite, afin de les fondre dans la population « germanique », projet qui suscitait la sympathie d'Himmler et sur lequel il reviendrait dans le courant de l'année suivante[71]. Mais cela risquait de compromettre à terme la position privilégiée que la minorité allemande revendiquait dans l'État slovaque, d'où la résistance de Karmasin.

S'opposant directement à la proposition de Nageler, Berger suggéra de faire de l'ET-Sturmbann un régiment de l'Allgemeine SS en Slovaquie. Himmler tenait de telles idées pour « prématurées[72] ». À l'époque, au début de 1941, il tenait à éviter tout ce qui pouvait jeter une ombre sur les relations germano-slovaques. Les reproches dont il fit l'objet au moment du putsch avorté des légionnaires en Roumanie – nous y reviendrons – ne pouvaient que l'inciter à la prudence[73]. Toutefois, malgré les obstructions de Karmasin et la circonspection d'Himmler, la Waffen-SS recruta, jusqu'à la fin de 1941, 600 Allemands de Slovaquie[74].

En Alsace aussi, la SS entreprit de recruter les Allemands d'origine, avec un succès somme toute modéré. Au début de 1941, 200 volontaires seulement s'étaient présentés. Himmler attendait des responsables qu'ils en recrutent 500 : « Les peuples germaniques qui n'enverraient pas au moins un de leurs fils prendre part au grand combat pour la liberté et le nouvel ordre en Europe perdront toute conscience d'eux-mêmes, une conscience qu'ils ne pourront retrouver dans les décennies à venir[75]. »

Himmler s'essaie à la politique étrangère

Le 23 octobre 1940, Hitler rencontra le dictateur espagnol Franco dans la gare d'Hendaye, à la frontière franco-espagnole, afin de débattre des modalités d'une entrée de l'Espagne dans l'Axe – sans pour autant parvenir à un accord. Quelques jours avant, Himmler s'était rendu en Espagne et avait, entre autres, pu voir Franco. Officiellement, il s'agissait des dernières discussions sur la sécurité des dictateurs à l'occasion de la prochaine rencontre à Hendaye, question qui était de la responsabilité du Reichsführer. De plus, il devait aborder la question des relations entre polices allemande et espagnole pour les rapprocher[76]. Mais, à en croire les rapports officiels, il semblerait qu'il se soit surtout agi d'un programme de visite touristique.

Le 20 octobre, après un séjour à San Sebastián et Burgos, Himmler arriva en train à Madrid. « Les voies d'accès à la gare du Nord étaient bordées par une foule nombreuse, et des phalangistes en uniforme formaient des cordons des deux côtés de la rue jusqu'à l'hôtel Ritz, avec des policiers dans leurs nouveaux uniformes. Tout Madrid était pavoisé. À l'occasion de son voyage, le Reichsführer-SS a été chaleureusement accueilli par la population espagnole », annonça le *Völkische Beobachter*[77]. Le jour même, Himmler était reçu par Franco, et l'après-midi il assistait à une corrida, où son apparition, toujours d'après le *Völkische Beobachter*, fut saluée par « des vivats enthousiastes[78] ».

Le lendemain, Himmler se rendait à Tolède, pour y visiter la forteresse historique de l'Alcázar, devenue entre-temps un lieu de pèlerinage pour les nationalistes espagnols : c'est là que des partisans de Franco, au début de la guerre d'Espagne, en 1936, avaient tenu pendant deux mois face à des forces républicaines supérieures en nombre[79]. Le jour suivant, il visitait le musée archéologique de Madrid, se plongeant en particulier dans l'étude d'une carte des grandes invasions. Il pria le conservateur du musée de lui faire copier certaines des pièces exposées[80].

Le soir, il s'entretint avec les représentants du NSDAP de Madrid, avec lesquels il partagea ses premières impressions : « Dans l'ensemble germanique du nord de l'Espagne », le cita le *Völkische Beobachter*, on pouvait voir « encore aujourd'hui des traces du sang allemand passé, perdu depuis des siècles pour le Reich. Cette perte tragique a cependant pris fin en 1933. » Puis Himmler en vint à « parler de la grande entreprise de peuplement dans l'est de l'Allemagne » et « fournit des détails vivants sur le formidable périple de la colonisation ». À l'est, affirma-t-il, « on ne se contentait pas de construire des colonies et des villes, c'était le paysage lui-même que l'on façonnait ». Himmler constata d'un ton appréciateur que l'on avait entrepris en Espagne « la reforestation des régions karstiques et des steppes arides », et poursuivit en abordant ce qui était désormais un de ses thèmes favoris : « Dans l'Est allemand aussi, il faut créer un paravent, en implantant d'épaisses forêts. Ainsi sera-t-il possible de résister au vent de la steppe asiatique[81]. »

Le 23 octobre, il prit l'avion pour Barcelone et il rentrait en Allemagne le lendemain[82].

Des visites d'État comme celle-ci resteraient relativement rares dans sa carrière. Cela ne tient pas seulement au fait que les États avec lesquels le Troisième Reich avait encore des relations diplomatiques étaient de moins en moins nombreux, mais surtout à ce que le ministre des Affaires étrangères Ribbentrop considérait d'un très mauvais œil toutes les activités d'Himmler dans ce domaine et qu'il s'efforçait de les limiter. Cela s'explique entre autres par le rôle du SD en Roumanie au début de 1941.

En janvier 1941, le réseau d'agents du SD sur place avait soutenu la tentative de putsch de la Garde de fer, organisation fasciste, contre le dictateur roumain Antonescu, allié fidèle de l'Allemagne nazie. Après l'échec du coup d'État, le SD avait aidé le chef des putschistes, Horia Sima, à se réfugier en Allemagne. Cette action irresponsable porta tort au SD auprès de la hiérarchie nazie, et affaiblit en outre la position d'Himmler vis-à-vis du ministère des Affaires étrangères. Hitler condamna le SD, à qui il reprocha d'avoir voulu faire cavalier seul et ordonna à Himmler de tenir la bride au SD extérieur de Jost[83]. Le 21 février 1941, Himmler rencontra Jost et les délégués de la Sipo et du SD en Roumanie et les réprimanda[84].

Himmler nia toujours avoir lui-même soutenu le putsch de Sima. De fait, quand, à la veille du putsch légionnaire, on lui avait réclamé son soutien, il avait, à la demande d'Hitler, écrit à Sima afin de l'inviter à collaborer avec Antonescu, ce dont le ministère des Affaires étrangères aurait eu connaissance. Mais il ne put jamais dissiper le soupçon que ses agents en Roumanie avaient agi au moins de leur propre chef[85].

Dès lors, il afficha ostensiblement son manque d'intérêt pour la situation en Roumanie. Il avait, assura-t-il quelques années plus tard lors d'une rencontre avec Antonescu en mars 1944, tenu ses hommes à l'écart de la Roumanie « après le putsch malheureux des légionnaires ». Antonescu, quant à lui, n'était pas convaincu. Le SD, fit-il savoir à Himmler à cette occasion, se livrait à de l'agitation contre lui à Bucarest. Le Reichsführer répondit avec une naïveté désarmante qu'il avait « vraiment du mal à l'imaginer », puisque l'attaché sur place ne disposait que de « deux ou trois aides[86] ».

Conséquence immédiate du « putsch malheureux des légionnaires », Ribbentrop, en avril 1941, voulut revenir sur l'accord au sujet des officiers de liaison de la police qu'il avait conclu avec Himmler quand la guerre avait éclaté. L'accord prévoyait en particulier que ces officiers fournissent des rapports indépendants au RSHA[87]. Ribbentrop exigeait maintenant de tous les membres des missions allemandes à l'étranger une déclaration sur l'honneur attestant qu'ils ne travaillaient ni pour le SD ni pour l'Abwehr[88]. C'est dans ce contexte qu'il faut comprendre la dissolution du « Bureau du RSHA à Bratislava » en juillet 1941, bureau qui avait déjà commencé à traiter, en matière de renseignement, la Slovaquie comme l'Allemagne. Officiellement, les Affaires étrangères redoutaient que le SD ne compromette les relations du Reich avec un de ses alliés par ses initiatives comme en Roumanie[89].

La réaction de Ribbentrop mit un terme à son amitié avec Himmler. « C'est bien fini entre H. v. Ribbentrop et Heini », écrivit Margarete Himmler dans son journal le 8 mai 1941. « H. v. R. se donne de trop grands airs[90]. » Du fait de ce refroidissement dans leurs relations personnelles, les négociations entre la SS et le ministère des Affaires étrangères au sujet de la position future des attachés de police dans les représentations allemandes se firent à couteaux tirés, et n'aboutirent à un accord qu'au bout de plusieurs mois, « un accord de paix si important sur le plan humain pour le RFSS », comme le nota Heydrich[91].

Dans cet arrangement d'août 1941, Himmler et Ribbentrop s'entendirent sur les points suivants : les représentants de la SS et de la police à l'étranger devaient s'abstenir de toute activité dans le domaine de la politique étrangère ; si, dans leurs activités de renseignement, ils avaient connaisance d'informations utiles de la politique étrangère, ils devaient les mettre à disposition du ministère ; les agents d'Himmler seraient dirigés à l'avenir par des attachés de police qui rendraient des comptes aux chefs des missions et devraient leur soumettre des rapports[92].

On trouvait alors ce que l'on appelait des officiers de liaison de la police dans les représentations diplomatiques allemandes à Sofia, Shanghai, Rome, Tokyo, Lisbonne, Bratislava, Madrid, Paris, Belgrade et Bucarest, et des agents du SD extérieur à Addis-Abeba, Sofia, Shanghai, Tallinn, Athènes, Téhéran, Tokyo, Belgrade, Bucarest, Leningrad, Berne, Bratislava, Ankara et Budapest[93]. L'accord d'août prévoyait également l'envoi d'attachés de police supplémentaires dans les missions allemandes à l'étranger. En conséquence, au début de 1942, Ribbentrop délégua des représentants d'Himmler à Helsinki, Stockholm et Berne. Mais il refusa d'aller au-delà de cet arrangement et de dépêcher des officiers SS dans les consulats d'Izmir, Trébizonde, Casablanca et Marseille[94].

Depuis la crise de 1941, Ribbentrop revendiquait le droit d'autoriser les voyages à l'étranger d'Himmler. Il se référait à une circulaire du chef de la Chancellerie du Reich, Lammers, datée d'août 1941, qui prévoyait que les hautes personnalités du Reich obtiennent cette autorisation[95]. Quand, en octobre 1942, Himmler voulut effectuer une visite éclair à Belgrade afin d'y inspecter la division SS « Prinz Eugen », Ribbentrop ordonna que « le déplacement du Reichsführer-SS à Belgrade soit traité comme tout autre voyage à l'étranger[96] ». Cela n'empêcha pas Himmler de partir à Belgrade sans autorisation[97], et le ministère des Affaires étrangères préféra en rester là[98]. Quand, au printemps 1943, Himmler se disposa à rendre visite à Mussolini, Ribbentrop prit personnellement les préparatifs en main. Mais le voyage n'eut finalement pas lieu[99].

Ribbentrop chercha également à soumettre les visites qu'Himmler recevait de l'étranger à des autorisations que le Reichsführer parvint toujours habilement à contourner. Ainsi, en 1944, Ribbentrop fit remarquer à Himmler que « le voyage en Allemagne du ministre hongrois de l'Intérieur Vajna aurait dû obtenir l'autorisation du Führer par le biais du ministère des Affaires étrangères », et qu'il devait en tenir compte à l'avenir[100]. Himmler lui fit répondre que, si cela était effectivement juste en principe, il s'était agi, pour Vajna, d'un « cas particulier », sur lequel il s'était « bien évidemment entendu avec le Führer[101] ».

Extension des persécutions contre les Juifs

Au début de l'été 1940, le gouvernement nazi se préoccupa une fois de plus de parvenir à une « solution finale » de la « question juive » par des déportations massives. À présent, après la victoire à l'ouest, la colonie française de Madagascar semblait offrir une solution[102] – une idée qui n'avait rien d'original. L'idée que l'on ait pu transférer en grand nombre les Juifs européens à Madagascar connaissait en effet une grande popularité dans les cercles antisémites de divers pays d'Europe depuis la fin du XIXe siècle[103].

Himmler en donna nettement l'impulsion après avoir soumis à Hitler, le 25 mai 1940, un mémorandum sur « le traitement des peuples étrangers à l'est », où il estimait que « l'idée de Juif [...] devait disparaître totalement, grâce à une grande émigration de l'ensemble des Juifs vers l'Afrique, ou sinon dans une colonie ». Il prit cependant ses distances vis-à-vis du principe d'une « éradication physique d'un peuple » – en liaison avec le vol programmé des enfants « de bonne race » en Pologne. C'était selon lui « non germanique et impossible ». Hitler approuva le mémorandum dans les grandes lignes[104] et, durant l'été, redit tout le bien qu'il pensait du projet Madagascar[105], poursuivi désormais aussi bien par les Affaires étrangères que par le RSHA.

Le 3 juillet, Franz Rademacher, directeur du bureau des « affaires juives » au ministère des Affaires étrangères, proposa un projet – Heydrich, quelques jours plus tôt, ayant réclamé l'aide du ministère dans la « solution territoriale » qui concernait un total de 3,25 millions de personnes[106]. La formule de Rademacher, « tous les Juifs d'Europe », montrait clairement ce que l'on entendait par « solution territoriale ». Rademacher suggéra que la France mette Madagascar à disposition de l'Allemagne « pour la solution de la question juive ». « La partie de l'île qui n'est pas utile militairement sera placée sous administration d'un gouverneur de la police allemande qui rendra des comptes à l'administration du Reichsführer-SS. Dans ce territoire, les Juifs pourront s'autogérer. » Ce faisant, les Juifs seront comme « une garantie aux mains des Allemands de la bonne conduite de leurs congénères en Amérique ». Le projet Madagascar était donc conçu comme une prise d'otages (comme celui, auparavant, de la « réserve juive » en Pologne).

Un document de Rademacher daté du 2 juillet (*Plan pour la solution de la question juive*) contient d'autres informations sur le projet : « La solution de Madagascar signifie, du point de vue allemand, la création d'un grand ghetto. Seule la police de sécurité dispose de l'expérience nécessaire dans ce domaine, elle a les moyens d'empêcher toute fuite de l'île. Elle a de plus l'expérience nécessaire pour appliquer comme il convient les mesures répressives que rendrait nécessaires le comportement hostile à l'Allemagne des Juifs aux États-Unis[107]. »

Dans les semaines qui suivirent, le RSHA développa sa propre version du projet Madagascar, sous la forme d'une brochure publiée le 15 août 1940. On y évoquait la mise en place d'un « État policier » à Madagascar pour les 4 millions de Juifs qui se trouvaient à l'époque sous domination allemande. Le RSHA prévoyait que le transport par bateau prendrait quatre ans en tout[108].

Victor Brack, qui à la Chancellerie du Führer était responsable de l'euthanasie, fit circuler au mois d'août une proposition soutenue expressément par Rademacher : « l'organisation des transports, qui lui a été confiée en tant que mission spéciale par le Führer, serait utilisée plus tard pour le transport des Juifs vers Madagascar[109] ». Si l'on ajoute le fait qu'un autre haut responsable du « programme d'euthanasie », le directeur de la Chancellerie du Führer Philip Bouhler, était pressenti pour devenir le gouverneur général d'un futur empire colonial allemand en Afrique de l'Est[110], le caractère sinistre du l'ensemble du projet Madagascar devient manifeste. L'idée qu'il faudrait des années pour déporter des millions de Juifs européens vers l'île, où une grande partie d'entre eux auraient succombé relativement vite aux conditions de vie inhospitalières – pour ne rien dire des « mesures de répression » envisagées en matière de politique de sécurité –, prouve que derrière ce projet se profilait clairement la perspective d'un anéantissement physique, même si ce dernier pouvait être révisé en fonction de la « bonne conduite » des États-Unis. Les plans, auxquels le RSHA prit une part décisive, progressaient étape par étape vers cette « éradication » qu'Himmler rejetait encore en mai.

Aussi fantastique que puisse paraître le projet Madagascar, le RSHA considérait l'affaire avec sérieux. À l'ombre de ce projet, les plans d'une « réserve juive » sur le territoire du Gouvernement général se poursuivaient, bien que jugés irréalisables, et ils englobaient désormais les Juifs d'Europe occidentale. On calculait sans doute que, si Madagascar s'avérait inadaptée, on finirait bien par trouver un autre territoire.

Il est tout aussi remarquable, dans le document proposé par Rademacher au mois d'août, que soit alors estimé à 6,5 millions le nombre total de Juifs à transférer sur Madagascar, preuve que les Juifs d'Europe du Sud-Est et d'Afrique du Nord étaient inclus dans les plans.

Le projet Madagascar eut immédiatement un impact sur la politique juive de l'Allemagne en Pologne. Le 8 juillet, comme le signala le Gouverneur général Frank à ses collaborateurs quelques jours plus tard[111], Hitler lui avait assuré que, compte tenu du projet Madagascar, plus aucune déportation ne devrait avoir lieu sur leur territoire. Le 9 juillet, Himmler fit savoir que les déportations devaient cesser définitivement dans le secteur de Frank[112]. La « réserve juive » dans le Gouvernement général était une fois de plus reportée.

Dès le début, l'administration civile de Frank fut responsable des mesures prises contre les Juifs polonais – enquête, identification, mais aussi exclusion de la vie économique. Elle présida en outre à leur enfermement dans les ghettos[113]. En juin 1940, l'administration civile prit la responsabilité des travaux forcés, au lieu de la SS. C'était avant tout la conséquence de la politique de travaux forcés mise en œuvre avec des méthodes brutales par Odilo Globocnik, SSPF de Lublin, qui avait causé de graves difficultés économiques dans son district. En été 1940, il avait fallu se rendre à l'évidence, c'était un échec. La nouvelle répartition des compétences n'empêcha pas Globocnik de continuer à gérer des camps de travaux forcés afin de poursuivre son projet fétiche, l'édification de la « Douve », installation de défense conçue en amateur et qui devait longer la ligne de démarcation avec la partie de la Pologne occupée par les Soviétiques.

Les initiatives impossibles à freiner de Globocnik concernant les travaux forcés imposés aux Juifs pesèrent aussi lourdement sur le fait que le district de Lublin devint la plaque tournante de l'esclavage dans le Gouvernement général. On y envoyait de préférence les Juifs d'autres districts pour qu'ils participent aux grands travaux, et ils étaient logés dans l'urgence dans des camps spéciaux où régnaient des conditions misérables[114].

Entre l'automne 1940 et janvier 1941, les autorités allemandes, après avoir reconnu qu'il était impossible de parvenir à une paix séparée avec la Grande-Bretagne, tirèrent définitivement un trait sur le projet Madagascar. Dans le contexte des préparatifs[115] de l'opération Barbarossa, un nouveau projet « post-Madagascar » fut proposé[116].

Lors de son séjour à Madrid, le 22 octobre, Himmler, dans un discours devant des camarades du parti, avait déjà évoqué la possibilité d'installer « tous les Juifs de l'ensemble du Reich grand-allemand » dans « un ghetto circonscrit[117] ». Mais, face à la résistance de Frank aux déportations sur son domaine, et avec en arrière-plan le début des préparatifs de guerre contre l'URSS, il devenait urgent de modifier cette perspective.

Un document d'Eichmann daté du 4 décembre, dans lequel il avait rassemblé des chiffres pour Himmler avant une conférence, donne des informations sur la façon dont le RSHA envisageait la « solution » de la « question juive » à l'époque[118]. Eichmann y faisait la distinction entre deux phases : la « solution de départ de la question juive par l'émigration » et la future « solution finale de la question juive », par laquelle il entendait la « déportation des Juifs de l'espace économique européen du peuple allemand vers un territoire qui restait à déterminer ». Ce projet, affirmait Eichmann, concernait « 5,8 millions de Juifs », tandis que le RSHA, dans les plans pour Madagascar, s'était basé sur un chiffre de 4 millions. Entre-temps, les territoires des alliés et des satellites de l'Allemagne dans le sud-est de l'Europe et les colonies françaises en Afrique du Nord avaient également été inclus dans la planification.

Dans une conférence qu'il tint le 10 décembre devant les Reichsleiter et les Gauleiter sur le thème du « peuplement » et qui aborda ses missions plus générales liées à la politique de la nationalité, Himmler décrivit « l'émigration juive » du Gouvernement général comme une tâche essentielle à l'avenir, afin de faire « davantage de place pour les Polonais ». Il avait donc clarifié le lien qu'il établissait entre l'implantation d'Allemands d'origine dans les territoires polonais annexés, la poursuite des expulsions de Polonais qui vivaient dans ces régions et la déportation des Juifs du Gouvernement général, rendue nécessaire par cette nouvelle vague de déplacements. Mais quelle était la destination de cette « émigration des juifs » ? Le Reichsführer n'en dit rien [119].

À la fin de 1940 et au début de 1941, Heydrich reçut d'Hitler la mission de développer un « projet de solution finale » qui devait être appliqué après la guerre, et dont il soumit une ébauche au Führer en janvier 1941. Hitler avait confié cette tâche à Heydrich en passant outre Goering et Himmler. La chaîne de commandement, Hitler-Goering-Heydrich, établie pour la politique juive dès 1936, existait toujours, bien que Heydrich ait été normalement subordonné à Himmler. Nous ne connaissons pas le contenu de ce plan de Heydrich, mais on peut, à l'aide de divers documents, en reconstituer le contenu [120].

La proposition prévoyait la déportation de tous les Juifs d'Europe. Les transports avaient une nouvelle fois le Gouvernement général comme destination, mais ce dernier ne devait être qu'une étape [121]. L'objectif final (sous le sceau du secret absolu) des déportations était le territoire soviétique, qu'il faudrait conquérir. Quand Heydrich se présenta devant Goering en mars 1941 pour discuter de l'affaire et de ses compétences, Goering lui rappela la responsabilité de Rosenberg, qui devait être nommé ministre du Reich pour les territoires occupés [122].

Il est difficile d'établir avec exactitude ce que les participants envisageaient à l'époque sous le terme de « solution finale », et peut-être n'en avaient-ils d'ailleurs pas une idée précise. Quoi qu'il en soit, au début de 1941, Himmler se préoccupait principalement de l'idée d'une stérilisation massive des Juifs. Il pria Victor Brack d'élaborer un plan en conséquence. Brack le lui présenta à la fin du mois de mars, mais il semble ne pas être allé plus loin sur cette voie [123]. Himmler et les autres décideurs semblaient attendre la victoire contre l'Union soviétique pour savoir que faire des personnes qu'ils voulaient déporter.

Cinquième partie

Le Grand Reich allemand : espace vital et génocide

Une guerre d'anéantissement idéologique

Dès le tournant de l'année 1940-1941, la hiérarchie commença à se préparer à une nouvelle extension du conflit. À la fin de 1940, Hitler avait décidé d'attaquer l'Union soviétique au printemps. Cette guerre fut de nouveau conçue comme une guerre éclair. Autrement dit, on s'attendait à ce que l'URSS s'effondre comme un château de cartes sous les coups de la Wehrmacht, et qu'elle soit totalement vaincue à l'automne. Mais, à la différence des précédentes campagnes, cette guerre fut dès le départ pensée comme une guerre d'anéantissement idéologique et raciste. L'Union soviétique ne devait pas seulement être vaincue, il fallait éradiquer sa classe dirigeante, décimer par millions les peuples qui vivaient sur son territoire, et faire des survivants des esclaves chargés de développer le nouvel « espace vital » allemand[1].

Himmler partait du principe qu'il jouerait un rôle essentiel dans la conquête, la domination et la réorganisation de ces immenses territoires. Il prévoyait le déploiement de quatre divisions et de plusieurs autres unités de combat, de préférence à l'avant du front. Son appareil policier devait contrôler les régions conquises avec ses méthodes de terreur habituelles, et en tant que commissaire à la nation, il organiserait personnellement les déportations et les déplacements nécessaires afin de faire de la place aux « colons » allemands. La vision d'une conquête coloniale, qu'il avait autrefois envisagée comme la mission future de la SS, semblait soudain être à sa portée. Le 10 juin 1941, il proposa au chef de la Chancellerie du Reich Hans Heinrich Lammers de prendre en charge « la sécurité policière *et politique* » de tous les territoires occupés en Europe de l'Est, et ainsi, en tant que commissaire à la nation « la consolidation de la situation politique[2] ». En revendiquant ce pouvoir, il se retrouvait en concurrence directe avec Alfred Rosenberg, qu'Hitler avait déjà nommé « responsable de la gestion centrale des questions de l'espace est-européen » le 20 avril, précisant toutefois qu'Himmler

« occuperait une position spéciale » à ses côtés. Les négociations entre Himmler et Rosenberg au sujet de leurs futures compétences à l'est furent acharnées : « Travailler avec ou plutôt sous Rosenberg, écrivit Himmler à Bormann, est assurément ce qu'il y a de plus difficile dans le NSDAP[3]. »

Himmler, devenu quadragénaire, espérait que ses nouvelles responsabilités propulseraient sa carrière et lui permettraient enfin d'accéder au cercle le plus fermé de l'élite national-socialiste. Depuis quelques années, il avait en effet le sentiment de stagner. Après les grands succès politiques des années 1933 à 1936, il avait dû essuyer plusieurs revers douloureux depuis 1938. Avec ses enquêtes mal avisées contre von Fritsch, il avait sérieusement compromis les relations entre Hitler et la Wehrmacht, provoqué une crise significative au sommet de l'État et s'était attiré le mécontentement du dictateur. Il s'était senti de plus en plus obligé de garder « sous le manteau » ses diverses activités « germaniques » et occultes, car il savait parfaitement qu'elles suscitaient la méfiance du Führer. Ses idées radicales vis-à-vis de l'Église n'avaient pu se concrétiser. Les atrocités perpétrées par les SS en Pologne et son ordre de procréation lui avaient de nouveau valu des critiques cinglantes de la part de la Wehrmacht, si bien qu'il avait dû officiellement faire marche arrière et accepter d'être mis à l'écart de la « gestion » policière des pays conquis en Europe du Nord et de l'Ouest. En Roumanie, son SD avait soutenu la tentative ratée de putsch de la Garde de fer et avait sensiblement perturbé les relations germano-roumaines, si bien que le ministre des Affaires étrangères von Ribbentrop n'avait eu de cesse de freiner ses ambitions dans ce domaine. Même les différents programmes de peuplement d'Himmler étaient inachevés. Et, bien que les unités de Waffen-SS, depuis l'automne 1939, aient été de tous les combats dans la Blitzkrieg, il n'était parvenu à mettre en place qu'une seule division supplémentaire, la Wiking. Son rêve de faire de ces unités un corps d'armée SS à part entière ne s'était pas réalisé. Au lieu de cela, il avait vu ses unités de combat systématiquement dispersées sur l'ensemble du front, si bien que leurs performances militaires n'avaient pu jouer de rôle décisif dans les opérations.

Mais, maintenant que débutait la conquête de gigantesques territoires à l'est, Himmler espérait que le vent allait de nouveau tourner en sa faveur.

Préparatifs

Tenant compte de ses expériences essentiellement négatives lors des campagnes de l'année 1940 dans le domaine de la collaboration avec la Wehrmacht,

Himmler, dans la perspective d'une offensive contre l'URSS, s'efforça très tôt de s'entendre avec les militaires sur le déploiement de la Sipo et du SD.

Dès le mois de février 1941, Heydrich abordait cette question avec l'intendant général de l'Armée de Terre[4]. Le 13 mars, Keitel, chef de l'OKW, émettait des directives qui stipulaient que le Reichsführer-SS serait chargé de « missions spéciales au nom du Führer pour la préparation de l'administration politique [...] sur le théâtre d'opération de l'Armée de Terre ». Des missions qui, comme il était dit de façon menaçante, « résultent du combat décisif entre deux systèmes politiques opposés[5] ». Quant à ces missions spéciales, Hitler en expliqua clairement la nature à ses généraux dans le courant du mois de mars. Il dit ainsi ouvertement que la guerre qui s'annonçait était « un combat entre deux idéologies[6] », qui ne pourrait être gagné que si l'on annihilait « l'intelligentsia judéo-bolchevique[7] ».

Les directives de Keitel du 13 mars précisaient également que les formations du Reichsführer-SS ne seraient plus subordonnées à la Wehrmacht dans le cadre de leurs « missions spéciales », comme cela avait été le cas en Pologne. Elles devraient le plus souvent agir indépendamment. De cette façon, la hiérarchie de la Wehrmacht crut pouvoir garder ses distances vis-à-vis des massacres auxquels il fallait de nouveau s'attendre, l'expérience le prouvait, et qui risquaient d'être encore plus étendus.

À la fin du mois de mars, avec cette clarification en arrière-plan, Heydrich, toujours en contact étroit avec Himmler[8], s'entendit avec l'intendant général de l'Armée de Terre sur un projet d'accord[9]. Dans la « Réglementation sur le déploiement de la police de sécurité et du SD en liaison avec l'Armée de Terre », on pouvait lire que « l'exécution de missions particulières de police et de sécurité » rendait « nécessaire le déploiement de commandos spéciaux de la police de sécurité (SD) sur le théâtre des opérations ». Les missions en question n'étaient que vaguement décrites. Les commandos devaient « s'assurer » de matériels et de personnes sur l'arrière du théâtre d'opération de l'armée. Ils devaient également, sur les arrières de l'Armée de Terre, se charger de « la recherche et la lutte contre les tentatives hostiles à l'État et au Reich ». Les commandos spéciaux devraient accomplir leurs missions « sous leur propre responsabilité », tout en étant subordonnés respectivement aux armées et aux commandants en chef des théâtres d'opération « en ce qui concerne les déplacements, le ravitaillement et le cantonnement[10] ». La formule « sous leur propre responsabilité » revenait à dire que la liquidation massive des fonctionnaires communistes, qui était prévue sur le théâtre des opérations de l'Armée de Terre, restait le domaine réservé des commandos spéciaux, qui pouvaient donc compter sur le soutien logistique de l'armée.

Les négociations étaient déjà terminées quand un événement imprévu se produisit. Le 27 mars, le gouvernement yougoslave pro-allemand fut renversé par un coup d'État militaire. Le régime nazi dut donc envisager la possibilité que ce pays entre dans la guerre aux côtés de la Grande-Bretagne. En toute hâte, on se livra à des préparatifs pour envahir en même temps la Yougoslavie et la Grèce (déjà en guerre contre l'Italie). Le 6 avril, l'Allemagne passait à l'attaque. La Yougoslavie capitula le 17 avril, et à la fin du mois la Grèce continentale était occupée [11].

La question de savoir quel rôle la Sipo et le SD d'Himmler devaient jouer dans cette campagne improvisée fut réglée de façon extrêmement simple. Il fut décidé d'agir sur la base de la proposition négociée entre Heydrich et l'intendant général, avec une modification certes mineure, mais qui eut des conséquences considérables. La liste des personnes dont les séides d'Himmler devaient « s'assurer » ne comportait plus seulement les « émigrés, les saboteurs, les terroristes », mais aussi expressément « les communistes et les Juifs ». Il était donc manifeste que la guerre dans les Balkans était elle-même déjà une guerre idéologique, exactement comme elle avait été prévue contre l'URSS. Conformément à l'accord, deux Einsatzgruppen de la Sipo et du SD prirent part aux opérations, un en Yougoslavie et un en Grèce. Du point de vue de la hiérarchie SS, c'était une nette amélioration après le camouflet essuyé l'année précédente lors de l'occupation de la France, de la Belgique et des Pays-Bas [12].

Le 16 avril, veille de la capitulation yougoslave, Himmler, qui pendant les combats avait installé son quartier général à Bruck an der Mur, en Autriche, rencontra Heydrich, Wolff, Daluege et Jüttner, le chef de son état-major, ainsi que Wagner, l'intendant général de l'Armée de Terre, dans un hôtel de Graz. S'inspirant de la proposition du 26 mars, les participants s'entendirent définitivement sur la « Réglementation sur le déploiement de la police de sécurité et du SD en liaison avec l'Armée de Terre » pour la guerre à venir contre l'URSS. Le communiqué qu'ils publièrent en conclusion ne faisait pas explicitement mention des « communistes et [des] Juifs », mais l'étude de la préparation de cet accord montre que toutes les parties intéressées savaient qui était principalement visé par cette « guerre entre deux idéologies [13] ».

Au début de mai, Himmler interrompit ses préparatifs de guerre et s'offrit une courte visite de la Grèce qui venait d'être occupée, comme il l'avait fait l'année précédente dans les territoires conquis à l'ouest. Le 6 mai, il se rendit en avion à Athènes, après avoir fait étape à Budapest. Il visita le Péloponnèse et Corinthe, puis gratifia de sa présence les troupes allemandes à Larissa. À Athènes, il reprit l'avion pour Belgrade, où il visita entre autres un village peuplé d'Allemands d'origine [14].

À son retour en Allemagne le 11 mai, il trouva une situation particulièrement inquiétante. Rudolf Hess, adjoint du Führer, était parti la veille en Écosse à bord d'un Messerschmitt. Là, il avait sauté en parachute pour faire personnellement une offre de paix au gouvernement britannique [15]. Arrivant de Gmund, où il comptait prendre quelques jours de repos, Himmler, le 11 mai, rencontra Goering à Munich pour débattre de la situation. Ils partirent ensemble pour l'Obersalzberg où eurent lieu des discussions jusque tard dans la nuit. C'est à la Gestapo d'Himmler qu'il incomba, dans les jours qui suivirent, d'incarcérer les proches importants de Hess et de les soumettre à des interrogatoires intensifs. Deux jours plus tard, une réunion était organisée en toute hâte à l'Obersalzberg avec les Reichsleiter et les Gauleiter, à laquelle Himmler aurait dû également participer [16].

Hitler résolut assez rapidement la crise déclenchée par la fuite de Hess. Son adjoint avait officiellement été pris de folie, et son successeur fut Martin Bormann, lui-même adjoint de Hess. Bormann, désormais directeur de la Chancellerie du parti, était un proche d'Himmler. Tous deux étaient des piliers de l'aile radicale du NSDAP, comme le montrait leur hostilité commune à l'Église. La nomination de Bormann augmentait par conséquent les chances d'Himmler de pouvoir être entendu d'Hitler. Sa position se consolida effectivement dans les mois qui suivirent.

Conséquence du départ de Hess, en juin la Gestapo orchestra une action dans tout le Reich contre les astrologues, clairvoyants, magnétiseurs, spirites et représentants des arts occultes que Hess fréquentait. On voulait ainsi prouver que Hess avait tout simplement été ensorcelé. Pour Himmler, l'affaire n'était pas tout à fait sans danger, puisque se trouvaient aussi menacés des cercles dont lui-même se sentait proche, comme les partisans de l'agriculture biodynamique ou les tenants de la théorie de la glace éternelle. Cela ne fit que le conforter dans son opinion qu'il valait mieux qu'il poursuive ses intérêts pour l'occulte « sous le manteau [17] ».

Le 18 mai, il rentra à Berlin, où il s'entretint en particulier avec Victor Brack, de la Chancellerie du Führer, un des hauts responsables du programme d'euthanasie. Quelques semaines plus tôt, Brack avait soumis à Himmler un rapport sur la stérilisation massive des Juifs, et les deux hommes durent aborder ce sujet lors de leur rencontre [18]. Quelques jours plus tard, le professeur Carl Clauberg, qu'Himmler consultait volontiers sur les questions gynécologiques, lui proposa un autre projet de stérilisation massive. Ces suggestions étaient sans doute liées aux déportations programmées des Juifs dans les territoires soviétiques qui devaient être bientôt conquis : il était hors de question que les gens expulsés dans ces régions puissent se reproduire.

Le 21 mai, Himmler diffusa un ordre où il définissait les principe du déploiement des unités de SS et de la police dans les futurs territoires occupés, déploiement sur lequel un arrangement avait été conclu avec la Wehrmacht à la mi-avril. À l'est comme dans le Reich, ses commandants territoriaux, les HSSPF, joueraient un rôle clé. « Les unités de la SS et de la police » seraient « subordonnées » à chaque HSSPF « afin qu'il puisse accomplir les missions que je lui confierai directement ». Cela ne concernait pas que les Einsatzgruppen, objet de l'accord passé avec l'armée, mais aussi des formations qui échappaient à cet arrangement et auxquelles cet ordre d'Himmler offrait une indépendance encore plus marquée. Il s'agissait d'une part des troupes de l'Ordnungspolizei, qui devaient « remplir leurs missions en fonction de mes recommandations fondamentales », d'autre part des unités de la Waffen-SS, qui se verraient confier des missions de même type, mais aussi des « tâches particulières, que je leur attribuerai respectivement[19] ».

Les unités de la SS et de la police en question allaient, dans les prochains mois, commettre des massacres dans des proportions sans précédent, en particulier parmi la population juive des territoires occupés en Union soviétique. Elles ouvriraient ainsi la voie à l'anéantissement des Juifs d'Europe. Comment Himmler y prépara-t-il les membres de ces formations ? Pour nous en faire une idée, il nous faut maintenant nous intéresser plus en détail à chacune de ces unités et à ce que nous savons des instructions qu'elles reçurent.

Depuis le printemps 1941, à l'école des sous-officiers de la police de sécurité de Pretzsch (près de Leipzig), quatre Einsatzgruppen, qui rassemblaient au total quelque 3000 hommes[20], furent constitués à partir de membres du SD, de la Gestapo, de la Kripo, mais aussi de l'Ordnungspolizei, de la Waffen-SS et de personnel auxiliaire appartenant à l'appareil de la SS et de la police[21]. Un type particulier dominait dans les rangs de la hiérarchie : le « spécialiste », bureaucrate bénéficiant d'une formation théorique (le plus souvent à la suite d'études de droit) et pratique au sein de l'appareil policier, qui était en même temps un partisan convaincu et radical de l'idéologie nazie[22]. Sur les 17 membres des cadres de l'Einsatzgruppe A, tous des collaborateurs de longue date de la SS et de la police, on trouvait par exemple 11 juristes, dont 9 diplômés. 31 avaient appartenu au NSDAP ou une de ses dépendances dès avant 1933[23].

L'Ordnungspolizei[24] fut déployée dans la guerre contre l'URSS avec 23 bataillons, soit un total de 11 640 hommes et 420 officiers. Il s'agissait aussi bien de policiers de métier, qui représentaient d'ailleurs la majorité du corps des officiers et des sous-officiers, que de réservistes de la police[25] et de volontaires plus jeunes[26]. Toutes ces unités étaient commandées par des officiers de police de haut rang, dont l'expérience remontait souvent aux affrontements de la guerre civile et sur les frontières après la Premier Guerre mondiale, tandis qu'une part importante des officiers subalternes étaient passés par les écoles des cadets de la SS[27].

Outre la Sipo et l'Orpo, Himmler se dota, aux côtés des SS-Totenkopfverbände rassemblés sous un « état-major du RFSS », d'une réserve d'urgence pour les « missions particulières[28] ». Dès le 7 avril 1941, il avait mis en place son état-major, baptisé « état-major du RFSS » le 6 mai suivant[29]. Le 1er mai, il forma deux brigades SS motorisées à partir de régiments des SS-Totenkopf. Dans le même temps, il mobilisait deux régiments de cavalerie SS à Cracovie et Varsovie, qui constitueraient plus tard la brigade de cavalerie SS[30]. Plusieurs de ces unités Totenkopf avaient déjà commis de nombreux crimes en Pologne[31]. En juillet 1941, Himmler rassemblait sous son commandement immédiat près de 19 000 hommes[32]. Il s'était ainsi donné la possibilité d'intervenir directement dans la lutte contre les adversaires politiques et raciaux, et d'imposer des priorités dans ce combat.

Dans les semaines qui précédèrent Barbarossa, ces unités se virent attribuer leurs missions. À eux seuls, les ordres d'Hitler à la Wehrmacht en disaient long. En mai, le Führer ordonna en effet que les crimes commis par des membres de la Wehrmacht à l'encontre des populations civiles de l'Est ne soient en règle générale plus poursuivis par la justice militaire, et qu'ils restent donc impunis. De même, les tribunaux militaires ne devaient pas s'attarder sur les délits commis par les civils ennemis. Dans de tels cas, il fallait « éliminer », « massacrer » les auteurs sur place, et des « mesures de répression collectives » contre des localités étaient autorisées[33]. Dans les « Directives sur le traitement des commissaires politiques » signées par le chef de l'OKW Wilhelm Keitel le 6 juin, il était précisé que les commissaires soviétiques, en tant que « responsables de méthodes de combat asiatiques et barbares », devaient être « éliminés » par les troupes[34]. Dans les « Directives sur le comportement des troupes en Russie » du 19 mai, qui furent diffusées jusqu'au niveau de la compagnie, le « bolchevisme » était dépeint comme « l'ennemi mortel du peuple allemand national-socialiste », raison pour laquelle il était nécessaire d'intervenir « énergiquement et sans merci contre les agitateurs, les francs-tireurs, les saboteurs bolcheviques et les Juifs, et d'éliminer sans trêve toute résistance active ou passive[35] ».

Mais Himmler et Heydrich allèrent bien au-delà de ces recommandations. Le Reichsführer n'eut de cesse de rappeler aux plus hauts responsables de la SS la mission d'annihilation qui les attendait. Il les y appela en particulier du 11 au 15 juin lors d'un séjour au Wewelsburg[36]. Il avait invité une dizaine de personnes, dont ses plus proches collaborateurs Wolff et Brandt, ses deux chefs de la police, Daluege et Heydrich, Prützmann, von dem Bach-Zelewski et Jeckeln, pressentis pour devenir HSSPF des futurs territoires conquis, Oswald Pohl, patron de la direction centrale de la SS, et son ami, l'auteur Hanns Johst, président de la chambre des écrivains du Reich et SS-Brigadeführer. Johst avait accompagné Himmler lors de voyages en Pologne en 1939 et 1940. Il avait publié un opuscule sur le premier voyage[37] et avait réclamé à Himmler le privilège de l'accompagner à l'avenir lors de missions importantes et de devenir son chroniqueur quasi officiel[38]. Il fut ainsi promu « barde de la SS[39] », qui ne devait pas manquer de témoigner de l'atmosphère de ces journées historiques dans l'enceinte du Wewelsburg.

Lors de cette rencontre, Himmler, comme le déclara von dem Bach-Zelewski après la guerre, cita le chiffre de 30 millions de personnes, pour la population qui devait être « décimée » en Union soviétique. Un ordre de grandeur qui correspondait à la croissance démographique dans ces régions depuis 1914[40]. Cela caractérise le climat qui régnait parmi les dirigeants SS dans les jours et les semaines qui précédèrent l'offensive. Ils savaient pertinemment qu'ils allaient déclencher une campagne d'extermination raciale sans précédent.

Heydrich donna des ordres en ce sens aux commandants des Einsatzkommandos, aussi bien lors d'une réunion qui aurait eu lieu au Prinz-Karl-Palais à Berlin le 17 juin qu'à Pretzsch, sur l'Elbe, pour le départ officiel de ces unités à la veille du déclenchement des opérations[41]. Il rassembla ensuite ses instructions par écrit, d'une part dans une lettre adressée aux chefs des Einsatzgruppen datée du 29 juin, où il ne faisait référence qu'aux « efforts d'autopurification » que devaient susciter les commandos[42], d'autre part dans un communiqué aux HSSPF du 2 juillet, où il les informait des « directives essentielles que j'ai transmises aux Einsatzgruppen et aux Einsatzkommandos de la police de sécurité et du SD[43] ».

Dans sa lettre du 2 juillet, il dressait sans ambiguïté la liste de tous ceux qu'il fallait « exécuter » : « tous les fonctionnaires du Komintern (comme, d'ailleurs, les politiciens communistes), les fonctionnaires du parti de haut, moyen et bas niveau si ces derniers sont radicaux, des comités centraux, des comités régionaux et départements, les commissaires du peuple, les Juifs occupant des positions dans le parti et l'État, tous autres éléments radicaux (saboteurs, propagandistes, francs-tireurs, terroristes, agitateurs, etc.) ».

Cette énumération, qui commence par « tous » et se termine par « etc. », et le fait que Heydrich affirmait qu'il ne fallait « pas faire obstacle aux efforts d'auto-purification des éléments anticommunistes ainsi qu'antijuifs dans les nouveaux territoires à occuper », qu'il fallait même les encourager « quoique discrètement[44] », tout cela montre que le cercle des personnes à exécuter était très étendu. La formulation « tous [...] les Juifs occupant des positions dans le parti et l'État » n'était pas autre chose qu'un code pour l'ordre d'exécuter une couche supérieure juive aux contours flous – population masculine avant tout –, tout en laissant finalement aux commandos l'initiative de déterminer qui appartenait à cette couche.

Après la réunion de juin au Wewelsburg, Himmler se rendit à Berlin, où il enchaîna les rencontres. Il retrouva entre autres Hermann Fegelein, qui lui annonça que les deux régiments de cavalerie SS étaient opérationnels. Il s'entretint aussi avec Jüttner, responsable de l'organisation de la Waffen-SS, ainsi qu'avec le Gauleiter Alfred Meyer, le principal collaborateur de Rosenberg au ministère de l'est. De plus, il rendit visite à plusieurs reprises à Hitler à la Chancellerie[45]. Entre ces rendez-vous, il faisait appel à son masseur Felix Kersten, qui le remettait d'aplomb après ces journées harassantes[46].

Le 18 juin, vers midi, il interrompit pourtant ses affaires berlinoises et prit l'avion pour la Bavière, afin de passer la journée du lendemain avec son épouse et sa fille dans sa demeure de Gmund. Avant le début de la grande bataille, Himmler voulait se détendre, même pour peu de temps : les photographies privées qui ont été conservées montrent les Himmler en ce beau jour d'été, dans un paysage de montagne majestueux, non loin du Tegernsee. Ils cueillent des fleurs.

Le 20 juin, il était de retour à la Chancellerie. L'après-midi, il rencontra entre autres Jeckeln. Le lendemain, c'était au tour de Daluege. Puis il déjeuna de nouveau en compagnie d'Hitler. Le lendemain matin, l'offensive contre l'Union soviétique débutait. Himmler y prenait part avec des forces considérables : outre les Einsatzgruppen, les unités de l'Ordnungspolizei et les troupes de son état-major, trois divisions de Waffen-SS, la division de police (intégrée dans la Waffen-SS à partir de 1942) et la Leibstandarte participaient à l'invasion.

Phase I : exécution des Juifs de sexe masculin

Le 25 juin, à bord du « Heinrich », son train spécial, Himmler rallia le quartier général d'Hitler à Rastenburg, en Prusse-Orientale. Le 30 juin, il pénétrait sur le territoire déjà occupé de la Lituanie. Heydrich accompagna son Reichsführer lors de ces déplacements en train, qui les menèrent d'abord à Grodno, puis à Avgoustovo. À Grodno, le 1er juillet, Himmler et Heydrich durent constater l'absence de représentant de la Sipo ou du SD, alors que la ville était tombée la semaine précédente. Heydrich admonesta les chefs des commandos, leur conseilla à l'avenir de faire preuve de « la plus grande mobilité dans leur déploiement tactique[47] ».

À Avgoustovo, ils trouvèrent un commando de la Stapostelle de Tilsit qui, sur les arrières de la Wehrmacht en pleine offensive, avait déjà entrepris des « actions de répression ». Himmler et Heydrich les approuvèrent « totalement », comme la Gestapo de Tilsit le rapporta au RSHA[48]. Trois jours plus tard, le commando de Tilsit exécuta 300 personnes à Avgoustovo, essentiellement des civils juifs[49].

Le lendemain, déjà de retour dans son quartier général en Prusse-Orientale, Himmler rencontra Goering. Le 3 juillet, il s'entretenait avec Kurt Knoblauch, commandant de son état-major, et avec Jüttner. Deux jours plus tard, le samedi soir, il assistait au défilé du 1er régiment de cavalerie SS[50].

Le 8 juillet, il revenait dans les territoires nouvellement conquis, en compagnie cette fois du chef de l'Orpo Daluege. Le jour même, il atteignait Bialystok[51], où il eut une discussion avec des officiers de la SS et de la police – si l'on en croit le témoignage, après la guerre, de von dem Bach-Zelewski, qui aurait été présent. Himmler aurait alors déclaré qu'il fallait « considérer par principe tout Juif comme un partisan[52] ». On peut reconstituer aujourd'hui comment cet ordre s'est répercuté les jours suivants le long de la chaîne de commandement. Le 9 juillet, dans un discours devant des membres du régiment de la police du groupe d'armées centre, Daluege appela à « éradiquer définitivement le bolchevisme[53] ». Le 11 juillet, le commandant du régiment de police en question, à Bialystok, transmit l'ordre du HSSPF au commandant en chef de l'arrière pour le groupe d'armées Centre d'exécuter comme pillards tous les hommes juifs de dix-sept à quarante-cinq ans qui lui seraient « transférés[54] ». C'était donner carte blanche aux exécuteurs. À la mi-juillet, deux bataillons du régiment commirent un massacre à Bialystok qui coûta la vie à près de 3 000 Juifs de sexe masculin[55].

En revenant de Bialystok, Himmler fit halte une fois encore à Grodno, en compagnie de Heydrich, qui l'avait rejoint. Tous deux purent ainsi se convaincre que les commandos d'assassins avaient surmonté leur passivité du 30 juin. « À Grodno et Lifa, dans les premiers jours, seuls 96 Juifs ont été liquidés, peut-on lire dans un rapport de l'Einsatzgruppe B. J'ai ordonné une intensification considérables des activités. [...] Les liquidations nécessaires ont été accomplies partout[56]. » Les voyages d'inspection d'Himmler et son intervention personnelle sur place dans les premières semaines de la guerre contribuèrent par conséquent nettement à la mise en œuvre et l'accélération des massacres de civils juifs.

Comme l'a établi Christian Gerlach dans son étude fondatrice sur la politique d'occupation allemande en Biélorussie, dans presque toutes les grandes « actions » des premières semaines du conflit en URSS, on peut attester de la présence de hauts responsables SS. Quand ce n'était pas Himmler, Heydrich ou Daluege, les commandants de région, von dem Bach-Zelewski, Nebe ou le chef du régiment de police du groupe d'armées centre, Max Montua, étaient présents sur les lieux. Les voyages d'inspection d'Himmler faisaient donc partie intégrante d'un système de commandement qui permettait à la hiérarchie, par le contrôle qu'elle exerçait et ses interventions constantes dans les événements sur place, de garantir que la ligne générale soit respectée.

À la fin du mois de juin, presque tous les Einsatzkommandos de la police de sécurité et du SD, ainsi que toute une série de bataillons de la police, commencèrent à fusiller massivement les Juifs de sexe masculin en âge de porter les armes, par centaines, parfois par milliers. Ces exécutions avaient lieu sous couvert de différents motifs : « représailles », condamnations pour « pillage », ou lutte contre les « partisans ». Mais les diverses unités impliquées suivaient un modèle unique, même si l'on peut identifier des différences d'un massacre à l'autre. Chez certaines, l'âge maximum des victimes était plus élevé que chez d'autres. Dans certains endroits, toute la population masculine d'une certaine tranche d'âge était exécutée ailleurs, elle n'était fusillée qu'en partie seulement, et l'on constate des fluctuations dans le nombre des victimes. Les officiers de ces unités jouissaient donc très ouvertement d'une marge de manœuvre. Du reste, les ordres qu'ils avaient reçus insistaient bien sur le fait que l'on attendait d'eux initiative et clairvoyance.

Cela ne concernait pas que les massacres commis par ces troupes. Dans bien des endroits, les Einsatzkommandos réussirent à susciter des « efforts d'autopurification », autrement dit des pogroms déclenchés par les populations locales. Dans les territoires occupés par les Soviétiques de 1939 à 1941, en particulier en Lituanie, en Lettonie et dans l'ouest de l'Ukraine, on recense des pogroms dans au moins soixante villes. Les estimations évoquent les chiffres de 12 000, peut-être même 24 000 victimes[57].

Le 13 juillet, à Stettin, Himmler inspecta 200 Waffen-SS qui allaient partir pour le front de Carélie afin d'y renforcer le SS-Kampfgruppe-Nord. Ce dernier, dès les premiers jours de la guerre, avait non seulement subi de lourdes pertes, mais avait en outre flanché lors d'une contre-offensive de l'Armée rouge. Les cas de désertion étaient nombreux. Himmler exhorta les hommes, puis rassembla les 25 officiers. On se trouvait, leur rappela-t-il, aux prises dans un combat contre un « peuple de 180 millions d'habitants, un mélange de races et de peuples dont les noms sont pratiquement imprononçables et dont l'aspect est tel que l'on peut tous les fusiller sans pitié ni compassion », des « animaux », pour ainsi dire. « Ce peuple est rassemblé par les Juifs dans une religion, une idéologie qui a pour nom le bolchevisme[58]. »

« Sécurité policière et politique » ?

Le 16 juillet, trois semaines après le début de cette guerre qu'Himmler avait tant espérée, Hitler, dans son quartier général, établit les lignes directrices de la future politique d'occupation à l'est. Étaient présents Goering, Keitel, Rosenberg et Bormann – mais pas Himmler, et le résultat de cette rencontre allait le décevoir.

Car Hitler affirma[59] qu'une fois les combats terminés, l'administration des territoires occupés serait confiée à des services civils, des commissariats du Reich sous la responsabilité du nouveau ministre du Reich pour les Territoires occupés à l'est, Alfred Rosenberg[60]. Ce dernier était certes tenu de respecter les compétences d'autres instances centrales, ce qui concernait plus particulièrement les missions dévolues à Himmler, définies par Hitler comme la « sécurité policière des nouveaux territoires occupés à l'est », au nom de laquelle Himmler devait nommer des HSSPF et des SSPF[61].

Or, nous l'avons vu, les ambitions d'Himmler allaient bien plus loin. Le 10 juin, il avait parlé à Lammers de la « sécurité policière *et politique* », ce qui avait suscité les protestations de Rosenberg[62]. Deux jours après le début des opérations, il avait franchi une étape supplémentaire et avait confié à Konrad Meyer, son chef de la planification, la mission, dans les trois semaines, d'inclure également les territoires soviétiques dans les projets de la politique de peuplement allemand à l'est (« Generalplan Ost[63] »). Le 11 juillet, Himmler demanda au VoMi d'étudier la « germanité » dans les territoires soviétiques occupés, activité qui devait se dérouler en étroite collaboration avec les

Einsatzgruppen[64]. Le 15 juillet, il reçut l'ébauche de plan qu'il avait réclamée à Meyer.

Le fait qu'Hitler, le lendemain, l'ait privé du rôle central qu'il souhaitait jouer dans la réorganisation politique de l'Est fut pour lui une défaite cuisante. De plus, ce jour marque le point de départ d'un tournant décisif dans sa politique, un tournant qui s'explique par son habitude de ne jamais se laisser décourager par les revers et de poursuivre inlassablement les buts qu'il s'était fixés.

Il est ainsi remarquable qu'il se soit comporté avec une persévérance obstinée, comme si les responsabilités qu'il avait obtenues en octobre 1939 au nom de la « consolidation de la nation allemande » s'étaient également appliquées aux régions soviétiques occupées, ce que contestaient vigoureusement aussi bien Rosenberg que Goering[65]. Sur le plan concret, Himmler se servit de ses compétences policières pour imposer des mesures de peuplement dans les territoires conquis à l'est, et fit une nouvelle fois la preuve de sa capacité à utiliser avec la plus grande efficacité les différents éléments de son empire quand le besoin se présentait.

Trois jours après sa défaite, il se rendit à Lublin, où il donna à Globocnik une succession d'ordres qui soulignaient l'importance du district de Lublin en tant que plaque tournante de la future réorganisation « politique et nationale » de l'Est. Dans la ville de Lublin, déclara Himmler, il fallait ériger un grand complexe de camps, tout en préparant l'installation d'Allemands d'origine dans la région de Zamosc. De plus, il ordonna à Globocnik d'établir un réseau de bastions de la police et de la SS dans les nouveaux territoires en partant de Lublin[66].

Les efforts acharnés d'Himmler pour profiter de ses compétences policières au nom d'un « nouvel ordre » ethnique à l'est ne se cantonnaient pas aux mesures concernant le peuplement. Et c'est là que se produisit véritablement le tournant qu'il connut à la mi-juillet 1941. La mission de « consolidation de la nation allemande » que lui avait confiée Hitler en octobre 1939 n'englobait pas seulement « la mise en place de nouveaux territoires de peuplement allemand par la colonisation », mais aussi « l'élimination de l'influence néfaste de [...] populations étrangères ». Himmler avait tenté de mettre cet aspect en œuvre en Pologne quand il avait commencé à déporter massivement les Polonais et les Juifs des régions annexées. Mais ce programme de colonisation forcée, censé faire de la place aux Allemands d'origine, avait fondamentalement échoué. Les chiffres prévus n'avaient pas été atteints, les déplacements de populations avaient engendré le chaos dans le Gouvernement général, et la plupart des Allemands d'origine se trouvaient toujours dans des camps de transit.

Himmler tira de ces expériences la conclusion que la « redistribution ethnique » devait avoir lieu maintenant, et non, comme envisagé à l'origine, après la guerre. Première étape de « l'élimination des populations étrangères », des régions entières devaient être « débarrassées des Juifs » : par le recours aux exécutions massives et par la ghettoïsation de ceux qui pouvaient encore être contraints aux travaux forcés.

C'était un gigantesque programme de déportation, de colonisation et d'éradication qui était ainsi envisagé. À l'est, si l'on en croit les chiffres rapportés par von dem Bach-Zelewski, 30 millions de personnes devaient en être victimes. Mais à l'été 1941 un programme d'extermination visant l'ensemble de la population locale restait complètement utopique. On ne pouvait tout simplement ni fusiller 30 millions de gens ni les couper de tout ravitaillement et les laisser mourir de faim. Mais ces remarques, du point de vue du conquérant, ne s'appliquaient pas aux populations juives, beaucoup moins importantes. Celles-ci devaient être clairement séparées des autres habitants en fonction de critères raciaux. Présentées comme les piliers essentiels du régime communiste, ce qui faisait d'elles les ennemis les plus dangereux du nazisme, il s'agissait donc de s'en prendre prioritairement à elles. Du reste, dès le début de la guerre, dans le cadre de ses activités de chef de la police, Himmler avait mis en place une politique systématique de discrimination et de terreur contre les Juifs qui, majoritairement, étaient concentrés dans les villes. Il lui suffisait de l'étendre et de l'accentuer afin de convertir la « sécurité policière » en une politique d'annihilation ethnique. Les logements des Juifs et leurs biens mobiliers représentaient un butin bienvenu, ressource utile qui faciliterait grandement les autres mesures liées à la colonisation. En éliminant les Juifs pendant la guerre, calculait Himmler, il se présenterait comme l'homme qui possédait la brutalité nécessaire et les moyens de réaliser les gigantesques projets de nouvel ordre ethnique pour l'ensemble de « l'espace de l'Est ».

Le fait qu'Himmler, en août 1941, ait ainsi entamé la concrétisation de son utopie nationale à l'est par « l'élimination », le massacre systématique des Juifs soviétiques, correspondait plus généralement à la politique juive du régime nazi à ce stade. En août 1941, Himmler invita en effet le régime à présenter à l'avenir le conflit comme une « guerre contre les Juifs ». Les relations s'envenimant avec les États-Unis, qui finiraient par entrer tôt ou tard dans la guerre, l'appareil de propagande haussa le ton de son agitation antisémite. L'Allemagne ne luttait plus contre le « judéo-bolchevisme » – ce vieux slogan de la propagande nazie avait été ressuscité au moment de l'offensive contre l'URSS –, mais contre un « complot juif mondial », coalition entre le communisme et le capitalisme. À partir de la fin d'août, les propagandistes se livrèrent à un véritable matraquage en ce sens. Dans ce contexte, le régime durcit également les persécutions contre les Juifs allemands. En septembre, ils furent non seulement soumis à de nouvelles mesures discriminatoires, mais ils durent de plus arborer un signe distinctif, conformément à une décision prise par Hitler le 18 août[67], ce qui, affirmait la propagande, les désignait comme « l'ennemi de l'intérieur ». En août, les responsables nazis partaient encore du principe qu'il serait possible, dans quelques mois, de déporter les Juifs allemands vers l'est, la victoire contre l'Union soviétique étant pratiquement acquise[68].

Himmler pouvait donc être certain que toute initiative en faveur d'une radicalisation de la politique antijuive serait perçue positivement par le Führer. L'extension des exécutions massives en URSS ne fut pas une décision unilatérale de sa part, mais seulement une anticipation de ce qu'Hitler avait prévu pour la fin de la guerre : l'annihilation physique des Juifs, quelle qu'en soit la forme. Himmler ne fit d'ailleurs pas mystère de la radicalisation qu'il imposa à la politique juive à l'est. Les rapports des Einsatzgruppen parvenaient chaque jour à un grand nombre de personnes à la centrale de Berlin, et ils donnaient une image tout à fait crue de sa politique d'anéantissement antijuive. Ils étaient également soumis à Hitler. « Le Führer doit être averti par des rapports réguliers du travail des Einsatzgruppen à l'est », recommanda le chef de la Gestapo Müller dans un radiogramme adressé aux Einsatzgruppen[69].

Phase II : femmes et enfants

Avec la directive d'Hitler du 16 juillet, qui confirmait la décision de confier les territoires de l'est à l'administration civile, le moment était venu pour Himmler, en dépit de ce revers officiel, de déployer les trois brigades SS qui dépendaient de son état-major de campagne afin qu'elles s'acquittent de leur véritable mission – ces « tâches particulières que je leur attribuerai respectivement », comme il l'avait précisé dans son ordre du 21 mai[70].

Dès le 8 juillet, Himmler, lors de sa visite à Bialystok, aurait évoqué avec von dem Bach-Zelewski le déploiement des unités de cavalerie SS[71]. Par les ordres du 19 et 22 août, soit aussitôt après que'Hitler lui avait confié « la sécurité policière des nouveaux territoires occupés à l'est », Himmler subordonna à von dem Bach-Zelewski les deux régiments de cavalerie SS qui, au début du mois d'août, seraient regroupés au sein d'une brigade. Dans le même temps, il donnait au HSSPF de

Russie du Sud, Jeckeln, le commandant de la 1e brigade d'infanterie SS[72]. Le 21 juillet, Himmler rencontra le commandant en chef de l'arrière du groupe d'armées sud, Karl von Roques, sans doute pour parler du déploiement de la 1re brigade d'infanterie SS de Jeckeln dans le secteur de von Roques[73].

Himmler s'occupa personnellement du premier déploiement des cavaliers SS, qui devait avoir lieu dans les marais du Pripet. Pour atteindre cette région, il fallait passer par Kovno et Riga. Le 29 juillet, il prit l'avion pour Kovno, qu'il visita, et s'entretint avec Hinrich Lohse, le nouveau chef du Reichsk commissariat Ostland. Le 31 juillet, il poursuivit jusqu'à Riga, où il inspecta entre autres la prison centrale et ses nouveaux détenus. Le lendemain, il rencontrait de nouveau Lohse, ainsi que le HSSPF Hans Adolf Prützmann[74]. Après le passage d'Himmler, les hommes de ces derniers multiplièrent les massacres de Juifs en Lituanie et en Lettonie. Le 5 août, l'Einsatzkommando 3, comme le montre le rapport détaillé de son chef, Karl Jäger, alla jusqu'à fusiller sans distinction hommes, femmes et enfants, avec le soutien de forces auxiliaires lituaniennes[75]. L'Einsatzkommando 2, déployé quant à lui en Lettonie, commença également en août à exécuter des femmes et des enfants. En septembre, 18 000 personnes avaient été assassinées[76]. L'Einsatzkommando « Tilsit » entreprit lui aussi, à la fin du mois de juillet et au début d'août, de fusiller femmes et enfants en grand nombre[77].

L'après-midi du 31 juillet, Himmler prit l'avion de Riga à Baranovitché, où il ordonna la mise en place définitive de la brigade de cavalerie à partir des deux régiments, sous le commandement de Hermann Fegelein. Avec von dem Bach-Zelewski, il discuta de l'action de « pacification » déjà entamée par les cavaliers SS[78]. Pour cette mission, Himmler avait communiqué des « Directives pour le ratissage et le quadrillage des marais par les unités de cavalerie ». « Si la population, d'un point de vue national, est hostile, racialement ou humainement inférieure ou, comme cela est bien souvent le cas dans les régions marécageuses, composée de criminels en fuite, tous ceux qui sont soupçonnés d'aider les partisans doivent être fusillés. Les femmes et les enfants doivent être déportés, le bétail et les vivres saisis et sécurisés. Les villages doivent être incendiés[79]. »

Lors de sa visite à Baranovitché, le 31 juillet, Himmler durcit encore cet ordre, comme on peut le déduire d'une communication radio du 2e régiment de cavalerie, le 1er août : « Ordre exprès du RFSS. Tous les Juifs doivent être fusillés. Chasser les Juives dans les marais[80]. » L'ordre que donna le commandant du détachement monté du 1er régiment de cavalerie le 1er août est tout aussi brutal : « Il ne doit rester ni Juif de sexe masculin ni familles dans les villages[81]. »

Si l'on s'en tient à la lettre de ses ordres, Himmler avait donc clairement ordonné de fusiller tous les Juifs de sexe masculin, et appelé en outre à traiter les femmes par la violence, sans commanditer explicitement leur meurtre. La même image s'impose à chaque fois : l'inclusion progressive de nouveaux groupes de victimes dans les exécutions ne fut pas la conséquence d'un seul ordre clair et global d'Himmler. Il s'agit plutôt d'un processus plus long, par lequel les commandants d'unité furent amenés à commettre leurs actes abominables, jusqu'à devenir des meurtriers de masse.

Cela montre également que l'ordre d'Himmler fut diversement interprété. À partir du 3 août, le 1er régiment de cavalerie SS assassina sans distinction des milliers de Juifs, hommes, femmes et enfants, à Khomsk, Motol, Telekhaniy, Svieta Vola, Hantsevitché et ailleurs[82]. Le 11 août, le détachement monté du régiment signala 6504 victimes. En réalité, il y en aurait eu plus de 11 000[83].

Le détachement monté du 2e régiment de cavalerie SS fusilla en revanche presque exclusivement des Juifs de sexe masculin. D'après les archives du régiment, un total de 6526 entre le 5 et le 11 août, en réalité aux alentours de 14000[84]. En outre, le régiment rapporta : « Le fait de chasser les femmes et les enfants dans les marais n'a pas eu le succès escompté, car les marais ne sont pas assez profonds pour que l'on puisse s'y noyer[85]. » Avait-on préféré ne pas comprendre l'ordre d'Himmler ?

Dans les semaines qui suivirent, la brigade de cavalerie poursuivit son « action de nettoyage » sans interruption, et assassina des milliers de Juifs. Au début de septembre, les membres du 2e régiment se mirent eux aussi à fusiller femmes et enfants[86]. En fait, la brigade de cavalerie aurait assassiné plus de 25 000 Juifs dès le mois d'août[87]. C'est ainsi que fut donné le signal de l'extension des massacres à toute la population juive sur les arrières du groupe d'armées centre, où von dem Bach-Zelewski régnait en tant que HSSPF.

Entre-temps, Himmler avait quitté depuis longtemps les territoires occupés de l'Est. Le 3 août, il était rentré à Berlin en avion, puis s'était rendu le 5 à Rastenburg, où eurent lieu plusieurs discussions les jours suivants[88]. Depuis Rastenburg, Himmler suivit surtout le déroulement des massacres de populations civiles soviétiques par le HSSPF de Russie du Sud, Jeckeln, auquel il avait subordonné dans ce but la 1e brigade d'infanterie SS. Dans la partie sud du front, Jeckeln et sa brigade allaient jouer le même rôle central que celui de von dem Bach-Zelewski avec l'aide de la brigade de cavalerie plus au nord. Dès la fin de juillet, la 1re brigade d'infanterie commença à fusiller des femmes juives, dans le cadre d'une « action de nettoyage » entre le 27 et le 30 juillet dans la région de

Zviahel[89]. Conséquence de cette opération, la brigade annonça avoir exécuté 800 personnes, « Juifs et Juives de seize à soixante ans[90] ». En relation avec ce massacre, des unités de la brigade menèrent d'autres « actions » qui, jusqu'à la mi-août, coûtèrent probablement la vie à 7000 Juifs, hommes, femmes et enfants[91]. Himmler n'était pas satisfait. Le 12 août, il convoqua Jeckeln dans son quartier général et se montra « très mécontent » de ses résultats, qui laissaient encore beaucoup à désirer[92]. Peu après, Jeckeln augmentait le nombre de ses victimes[93].

À la fin août, les massacres organisés par Jeckeln atteignirent leur paroxysme. À Kamenets-Podolski, au cours d'un massacre jusqu'alors sans précédent, 23600 personnes furent assassinées en trois jours[94], principalement des Juifs qui avaient été chassés par les autorités hongroises en tant que « fauteurs de troubles[95] ». Des massacres s'ensuivirent à Berditchev[96] et Jitomir[97]. Lors du massacre des Juifs de Kiev à Babi Yar, au cours duquel 33771 Juifs furent exécutés à la fin du mois de septembre, Jeckeln joua une fois de plus un rôle de premier plan[98].

Cette vague de massacres fut décisive, car même les commandos déployés dans le secteur de Jeckeln (l'Einsatzgruppe C ainsi que quelques bataillons de police qui avaient plus ou moins pris part aux actions de Jeckeln) passèrent dans le courant de l'été à des mesures d'extermination totale de la population juive[99].

Seul l'Einsatzkommando 6, qui appartenait à l'Einsatzgruppe C, n'avait encore exécuté aucune femme juive au début d'octobre 1941. Cette situation allait changer, quand Himmler eut rendu visite à l'unité le 3 octobre, à Krivoï-Rog. Dès lors, les membres de l'Einsatzkommando 6 fusillèrent également les femmes juives de la région qui, le 20 octobre, fut déclarée « débarrassée des Juifs[100] ».

Le 14 août, Himmler revint à Baranovitché, avec une suite imposante. Il était accompagné cette fois de Wolff, Prützmann, mais aussi de Benno von Arent, décorateur de théâtre affublé du rang de SS-Oberführer, du « caméraman du Führer », le lieutenant Walter Frentz (qui fut d'ailleurs intégré dans la SS durant le voyage), ainsi qu'un autre cinéaste SS. La raison de leur présence allait apparaître les jours suivants. Après leur arrivée à Baranovitché, où von dem Bach-Zelewski entretint Himmler des résultats obtenus jusque-là dans les « actions de nettoyage », l'illustre groupe se rendit le jour même à Minsk, où il prit ses quartiers dans la maison Lénine[101].

Le lendemain matin, une exécution était prévue au programme – des « partisans et des Juifs », comme il était indiqué sur le calendrier de service d'Himmler. Le massacre eut lieu à l'extérieur de Minsk. Des commandos de huit à dix membres de l'Orpo et de la Sipo, des hommes de l'Einsatzkommando 8, ouvraient le feu à tour de rôle sur les victimes, parmi lesquelles se trouvaient des femmes. Tout tend à prouver que Frentz aurait filmé l'exécution. Dans le calendrier d'Himmler, il est indiqué, au 19 novembre : « Dîner en train. Actualités & film de Minsk[102]. »

Pendant l'exécution, Himmler semble avoir adopté la pose du spectateur professionnellement intéressé. Un lieutenant de la Schutzpolizei, qui commandait un des commandos d'exécuteurs, déclara après la guerre : « Après la première salve, Himmler est venu me voir, et il a regardé de lui-même dans la fosse. À ce moment-là, il en a vu un qui était encore en vie. Il m'a dit : "Lieutenant, tirez-lui dessus !" », ce qui fit l'officier. « Himmler est resté à côté de moi [...] Pour Himmler et sa suite, toute l'affaire a été pratiquement comme un spectacle[103]. »

Ensuite, Himmler tint un discours devant les membres des commandos d'exécuteurs où il affirma que, si les exécutions étaient effectivement éprouvantes pour les tireurs, elles étaient nécessaires dans la « guerre idéologique ». D'après Otto Bradfisch, chef de l'Einsatzkommando 8, Himmler lui aurait expliqué à cette occasion qu'un ordre du Führer exigeait l'exécution de tous les Juifs, ordre qu'il fallait suivre sans faiblir[104]. Il n'existe pas d'autre témoignage allant en ce sens. Si Bradfisch dit vrai, il a fallu attendre plusieurs semaines avant que ces nouvelles directives parviennent à tous les commandos d'assassins. Il est donc peu probable qu'Himmler, comme il a été affirmé après la guerre, ait annoncé l'assassinat de tous les Juifs en dehors de ses réflexions devant Bradfisch lors de sa visite à Minsk[105].

Avant le déjeuner à la maison Lénine, le groupe visita encore un camp de prisonniers de guerre. L'après-midi, après une tournée dans le ghetto, il se rendit à l'hôpital Novinki, institut psychiatrique au nord-ouest de Minsk. Cinq semaines plus tard, un commando de la police allemande y gazait 120 patients. Tout semble indiquer qu'Himmler aurait ordonné cette action lors de son inspection du 15 août – encore sous le coup des exécutions auxquelles il avait assisté –, en quête d'une méthode de meurtre moins sanglante[106].

Le lendemain, la culture était au programme, ou plus exactement le pillage culturel. À l'occasion de la visite d'un musée de Minsk, Himmler demanda à Arent de trier les œuvres des collections de la ville et de les expédier ensuite en Allemagne.

Dans la matinée du 16 août, Himmler retourna à Rastenburg en avion. Le soir même, il y rencontrait l'ancien directeur du Lebensborn, le Standartenführer Guntram Pflaum, à qui il avait demandé, le 11 juillet, de se préparer à adopter les « enfants des Allemands d'origine de sang pur » dans la république des Allemands de la Volga ». Himmler voulait maintenant que cet ordre soit appliqué à « l'ensemble des territoires occupés de l'URSS d'Europe[107] ». Toujours en août, le bureau du RKF de Riga se dota d'une branche qui se préoccupa de la question des biens des Allemands d'origine[108]. Déjà, en juillet, Himmler avait ordonné la création du commando spécial R (pour Russie), sous la direction du Brigadeführer Horst Hofmeyer, avec pour mission de retrouver la trace des Allemands d'origine vivant en Union soviétique[109].

Himmler poursuivit donc ses efforts pour étendre ses compétences de commissaire à la nation aux territoires soviétiques occupés. C'est dans ce contexte qu'il faut considérer la mission qu'il avait confiée en juillet 1941 à Globocnik, et qui consistait à faire de Lublin la base de sa future politique de peuplement à l'est. Car, pour Himmler, les massacres des Juifs, auxquels il avait accordé tant d'attention durant ces semaines, faisaient partie intégrante d'une politique beaucoup plus ambitieuse qui visait à l'avènement d'un nouvel ordre ethnique.

Le 17 août, il déjeunait avec Hitler. Dans les semaines qui suivirent, il se trouva presque constamment à son quartier général en Prusse-Orientale, où il rencontra Hitler à plusieurs reprises, ainsi que Ribbentrop, Lammers, Goering, Heydrich, Daluege et d'autres[110].

Au début de septembre, il s'était enfin imposé sur une question décisive. Hitler déclara que le domaine de compétence du commissaire du Reich chargé de la consolidation de la nation allemande s'étendait désormais également aux territoires occupés à l'est[111]. Pourtant, le Reichsführer-SS ne s'estimait pas satisfait. Le 18 septembre, Heydrich transmit à Lammers un projet de décret où il était prévu que la SS et la police, ainsi qu'Himmler en tant que commissaire à la nation, disposent de davantage de pouvoirs aussi bien dans le Gouvernement général et dans le Protectorat que dans les régions sous le contrôle de l'administration civile (autrement dit, la Lorraine, l'Alsace, le Luxembourg, la Carinthie, la Carniole, la Basse-Styrie, les Pays-Bas et la Norvège). La SS et la police devaient maintenant prendre en charge la sécurité « politique interne », et plus seulement la « sécurité policière » dans ces territoires occupés. Himmler souhaitait en outre disposer d'une autorité décisionnaire par rapport au ministre de l'Est Rosenberg. Mais, quelques semaines plus tard, Lammers signifia à Himmler qu'une telle extension de ses responsabilités n'était pas envisageable pour l'instant[112].

Lors d'une rencontre qui eut lieu le 4 octobre 1941, les représentants du ministère de l'Est, sous la conduite du Gauleiter Meyer, cherchèrent à imposer l'idée que les compétences d'Himmler, telles qu'elles avaient été confirmées par le Führer, ne concernaient que la « réalisation » de la colonisation, tandis que la planification, elle, restait l'apanage du ministère. Ce que Heydrich refusa, proposant plutôt que les diverses administrations impliquées dans les régions occupées et les institutions qui en dépendaient s'efforcent de parvenir à une meilleure entente [113].

Le jour même où Heydrich communiquait ses exigences à Lammers, Himmler lui-même tenta de renforcer son rôle de commissaire à la nation par le recours à des ordonnances. Le 18 septembre, en compagnie de Heydrich, Wolff et d'autres, il entreprit un nouveau « voyage dans l'Est ». Il prit l'avion pour Riga, se rendit le lendemain à Mitau et Tallinn, puis à Dorpat et Pleskau, et revint à Rastenburg le 21 septembre. Il en profita pour transmettre des directives concernant l'expulsion des Russes d'Estonie, et demanda à Prützmann, son HSSPF à Riga, d'examiner les enfants dont les parents avaient été déportés par les Soviétiques en 1940-1941 pour étudier leur « aptitude à la germanisation [114] ».

Le 24 septembre, Himmler prit part à une réunion au quartier général du Führer au cours de laquelle Hitler nomma Heydrich adjoint du Rechsprotektor à Prague, créant ainsi les conditions qui, dans les semaines suivantes, allaient favoriser une radicalisation de la politique juive dans le Protectorat [115].

Le 30 septembre, il partit une fois encore en tournée d'inspection, en Ukraine cette fois. Le 2 octobre, deux jours seulement après le massacre à Babi Yar, il rencontra Jeckeln à Kiev, puis se rendit à Krivoï-Rog pour trois jours. Là, il inspecta l'Einsatzkommando 6 qui, nous l'avons vu, commença alors aussitôt à fusiller également les femmes juives [116].

À la demande de la Wehrmacht, Himmler décida le 4 octobre – il se trouvait encore à Krivoï-Rog – de transférer à Novgorod par avion le commando spécial Lange, qui, depuis 1940, gazait des Juifs dans le Warthegau à l'aide de camions, afin d'y assassiner les patients de trois asiles psychiatriques dont les locaux devaient être utilisés pour le cantonnement des troupes [117]. Le même jour, il passa par Nikolaïev, où était déployé l'Einsatzgruppe D, et visita semble-t-il aussi la ville de Kherson [118].

À la fin du mois de septembre, soit quelques jours avant sa visite, l'Einsatzgruppe D avait assassiné les habitants du ghetto de Nikolaïev, environ 5 000 hommes, femmes et enfants [119]. Himmler fit un discours devant les membres de l'Einsatzgruppe D, où il décrivit les exécutions massives comme une tâche rude, mais qui devait être accomplie [120]. Peu de temps après, le commando spécial 11a massacrait presque tous les Juifs de Kherson [121]. Avec ces opérations, l'Einsatzgruppe achevait l'extermination de la population juive dans son secteur, et il est manifeste que le passage d'Himmler est lié à cette radicalisation.

Le 5 octobre, il était de retour au quartier général du Führer. Le soir, il y rencontra Hitler et lui fit part de ses sentiments. Il rapporta à « son Führer » que les habitants de Kiev lui avaient fait mauvaise impression, que l'on pouvait « se débarrasser de 80 à 90 % d'entre eux[122] ».

Le 7 octobre, pour son quarante et unième anniversaire, Himmler rassembla sa cour. Daluege, Heydrich, Wolff, Jüttner, Grawitz, Knoblauch et bien d'autres s'empressèrent de venir le féliciter. Le soir, il donna un dîner auxquels participèrent la plupart d'entre eux, ainsi que Ribbentrop et Lammers[123]. Le 13 octobre, il s'entretint de la question juive avec Globocnik à Lublin – nous y reviendrons –, le 14 octobre, il discutait plus longuement avec Heydrich[124], et le 23 octobre il visita le camp de travaux forcés de Moguilev. Il était alors prévu d'en agrandir les installations. Quelques jours auparavant, le 18, les déportations des Juifs du Reich avaient commencé. Le 8 novembre, les premiers transports atteignaient Minsk, à environ 150 kilomètres à l'ouest de Moguilev. À la mi-novembre, on commanda la construction d'un crématoire pour le camp de Moguilev, tandis que sur d'autres sites où les Juifs allemands du Reich devaient être déportés, à Chelmno et Riga, débutaient les préparatifs pour la construction d'installations d'extermination de masse (nous y reviendrons également). Le jour de la visite d'Himmler au camp de Moguilev, 279 personnes y furent exécutées. Quatre jours plus tôt, le ghetto local avait été liquidé, la plupart de ses habitants avaient été fusillés[125]. Le 24 octobre, Himmler effectua une visite éclair à Smolensk depuis Moguilev, et il rencontra le maréchal von Bock, commandant en chef du groupe d'armées centre. D'après von dem Bach-Zelewski, qui assista à la discussion, les exécutions des Juifs dans le secteur du groupe d'armées furent évoquées[126].

Le 25 octobre, il revenait à son quartier général, où le jour même, il eut une discussion avec Globocnik[127]. Le soir, Himmler et Heydrich étaient reçus par Hitler. Des extraits du monologue qu'Hitler leur administra à cette occasion permettent d'entrevoir les thèmes qui furent abordés. Après avoir une fois de plus rappelé sa « prophétie » du 30 janvier 1939, le dictateur lança : « Cette race criminelle a les deux millions de morts de la guerre mondiale sur la conscience, et maintenant des centaines de milliers de plus. Que l'on ne vienne pas me dire : mais nous ne pouvons quand même pas les noyer dans les marais ! Et qui va s'occuper des nôtres ? Il est bon que nous soyons précédés par la terreur à l'idée que nous éradiquons les Juifs[128]. »

Environ trois semaines plus tard, le 15 novembre 1941, Himmler rencontrait Rosenberg à Prague pour débattre de « la collaboration policière et dans le domaine du peuplement ». Cette rencontre avait été rendue nécessaire par les plaintes formulées par Rosenberg le 14 octobre précédent. Conséquence de cet entretien, le 19 novembre, les deux hommes signèrent un accord où il était établi que les HSSPF et les SSPF seraient « subordonnées personnellement et directement » aux commissaires du Reich et aux commissaires généraux respectivement. Les commissaires disposaient vis-à-vis d'eux d'une « autorité décisionnaire[129] ». La question de savoir si la « solution du problème juif » était du « ressort de la police » ou de la « politique globale » – preuve qu'Himmler avait tellement étendu ses compétences policières par son comportement radical que Rosenberg pouvait à bon droit estimer que son rôle d'autorité politique était menacé à l'est – devait être réglée par un système de double responsabilité. Le responsable de la « question juive » auprès du HSSPF devrait occuper les mêmes fonctions dans l'administration du Reichskommissar[130]. Le lendemain de la rencontre, le 16 novembre, Himmler et Rosenberg se présentèrent chez Hitler afin de lui faire part de leur entente sur les points litigieux essentiels. En réalité, ils étaient simplement parvenus à un vague compromis qu'Himmler, dans les mois qui suivirent, sut utiliser à son avantage[131].

Si l'on considère les déplacements époustouflants effectués par Himmler durant ces derniers mois, il devient clair qu'après son échec dans le domaine de la politique d'occupation il avait fait tout son possible, de la fin juillet à septembre-octobre, pour transformer les exécutions massives des Juifs en Union soviétique, perpétrées par ses unités d'assassins sous couvert d'opérations de « police de sécurité », en un génocide total. C'est lui-même qui prit l'initiative décisive de passer au meurtre systématique de la population juive dans chacun des secteurs de ses formations. « J'ai décidé, affirma-t-il ainsi le 6 octobre 1943 devant les Gruppenführer, de trouver là encore une solution très claire. Je considère que je n'ai pas le droit d'éradiquer les hommes – disons de les tuer ou de les faire tuer – et de laisser grandir leurs enfants, qui se vengeront sur nos fils et nos petits-fils[132]. » Propos qu'il reprit presque mot pour mot le 24 mai 1944, quand il déclara à Sonthofen, devant des généraux de la Wehrmacht : « J'ai considéré que je n'avais pas le droit – cela concerne les femmes et les enfants juifs – de laisser grandir les enfants, qui se vengeront et tueront alors nos pères et nos descendants. Ce serait selon moi une erreur. Par conséquent, la question a été réglée sans compromis[133]. » Le choix de ses mots montre qu'il avait pris sous sa responsabilité pleine et entière la décision d'assassiner des femmes et des enfants – en étant fermement persuadé que cette méthode correspondait à la volonté des plus hauts responsables, à la volonté d'Hitler.

Son plan, qui visait, par une politique de nettoyage ethnique sanguinaire, à étendre ses compétences uniquement policières à des missions plus globales de « politique de la nationalité », était enfin enclenché. Cette méthode n'avait rien de nouveau. Déjà, dans le Protectorat et en Pologne occupée, il avait fait entrer en jeu la violence et la brutalité de la police de sécurité pour promouvoir ses ambitions dans le domaine de la « politique de peuplement ». La stratégie d'Himmler, qui consistait à intégrer ses compétences multiples dans les domaines politiques les plus divers, s'était une fois de plus avérée extraordinairement efficace.

Des massacres à la « Solution finale »

À partir de l'automne 1941, le régime nazi entreprit d'étendre peu à peu le massacre des Juifs à toute l'Europe. Derrière les projets territoriaux de « solution de la question juive » se dissimulait l'idée de déporter les Juifs dans un espace dépourvu des moyens de subsistance primordiaux, ce qui revenait à les condamner à mort. Dès le début de 1941, les hauts responsables avaient décidé que ce processus devrait se concrétiser dans les futurs territoires arrachés à l'Union soviétique, ces régions où, à partir de l'été 1941, les commandos d'Himmler se livrèrent à une vague de massacres dans la population juive locale. Il était inévitable que les Juifs déportés « à l'est » finissent par être happés dans la spirale de cette politique meurtrière. Cette perspective contribua d'ailleurs à la radicalisation des objectifs en faveur de la « Solution finale ». Il ne s'agissait plus seulement de laisser les Juifs déplacés mourir à plus ou moins long terme, il fallait désormais les « éliminer » totalement dans le cadre de massacres – et ce alors que les hostilités n'étaient pas terminées.

On pense souvent que ce processus a été engendré par un unique ordre d'Hitler, ce que contredit la réalité. Certes, dans les cercles dirigeants du régime, mais aussi chez de nombreux hauts fonctionnaires dans les territoires occupés, le consensus régnait sur la « solution » de la « question juive » par des moyens radicaux, mais la réalisation de cet objectif fut le résultat d'une interaction entre des ordres venus d'en haut et des initiatives prises par la base.

On distingue trois éléments essentiels dans le déclenchement des massacres systématiques : la préparation et le début effectif des déportations vers l'est ; l'extension géographique des actions meurtrières, depuis le territoire soviétique occupé, en direction de régions précises du sud et de l'est de l'Europe ; enfin, la planification et la construction de sites d'extermination massive en Pologne occupée. À partir de ces éléments, Himmler et Heydrich, dans les premiers mois de 1942, développèrent progressivement un programme qui prévoyait l'anéantissement de la majorité des Juifs d'Europe avant même la fin de l'année[1].

Himmler joua un rôle clé dans ce processus : avec l'approbation constante d'Hitler, et en son nom, il donna des ordres, prit des mesures d'incitation, exigea de l'initiative.

En août 1941 encore, Hitler avait déclaré sans détour que l'on ne pourrait commencer à déporter les Juifs dans les territoires occupés à l'est qu'après la victoire de l'Allemagne sur l'URSS[2]. Mais début septembre il envisageait de revenir sur cette décision. Il chargea Himmler de tâter le terrain en conséquence. Le 2 septembre, à l'issue d'un déjeuner avec Hitler, le Reichsführer-SS aborda le thème « Question juive – expatriations depuis le Reich » avec le HSSPF pour le Gouvernement général, Krüger. Mais quand il dut admettre que le Gouvernement général n'était absolument pas approprié, il s'adressa, le 4 septembre, à l'HSSPF du Warthegau, Wilhelm Koppe, ce dernier lui envoya en retour une lettre, le 10 septembre, où il évoquait la possibilité de regrouper « 60 000 Juifs dans le ghetto de Litzmannstadt*[3] ».

Le sujet était également débattu ailleurs. Le 14 septembre, le ministre de l'Est Rosenberg proposa à Hitler de déclencher aussitôt la déportation des Juifs d'Europe centrale, prévue de longue date, car la veille le gouvernement soviétique avait commencé à déplacer les Allemands de la Volga[4]. Deux jours plus tard, Otto Abetz, l'ambassadeur d'Allemagne à Paris, faisait part à Himmler de l'idée de son « rapporteur aux affaires juives » qui suggérait de déporter les Juifs de toute l'Europe vers les territoires occupés à l'est. Himmler réagit positivement. On pouvait déporter à l'est les détenus juifs des camps en fonction des moyens de transport dont on disposait[5]. Le même jour, il revenait sur le thème « Question juive. Colonisation à l'est » avec Greifelt, directeur du personnel de son commissariat pour la consolidation de la nation allemande, et avec Konrad Meyer, responsable de la planification pour la colonisation. Le 16 septembre, Abetz rencontrait aussi Hitler, qui à cette occasion s'exprima de façon particulièrement brutale sur la création de son futur empire oriental[6].

Le 17 septembre, Hitler discuta de la proposition de Rosenberg avec Ribbentrop, et le 18 septembre Himmler informa le Reichsstatthalter Arthur Greiser, dans le Wartheland, du souhait exprès d'Hitler que « l'ancien Reich et le Protectorat soient vidés et libérés le plus tôt possible des Juifs de l'ouest

* Litzmannstadt : nom allemand de Lodz, en Pologne. (NdT)

vers l'est ». « Je tiens absolument à ce que, si possible dès cette année, les Juifs de l'ancien Reich et du Protectorat soient, dans une première étape, transportés vers les nouveaux territoires de l'est rattachés il y a deux ans au Reich, pour les refouler au printemps suivant encore plus loin à l'est. Je recommande de transférer pour l'hiver environ 60 000 Juifs du Reich et du Protectorat dans le ghetto de Litzmannstadt où, d'après ce que je sais, il reste de la place[7]. »

Les raisons qui ont poussé Hitler à ne plus attendre la fin de la guerre pour déporter les Juifs vivant sous domination allemande sont complexes. Le sort des Allemands de la Volga n'était qu'un prétexte. En 1941, on l'a vu, Hitler avait décidé que la guerre devrait être menée comme une « guerre contre les Juifs ». Face à la perspective, de plus en plus probable, d'une entrée des États-Unis dans la guerre, il pensait ainsi avoir trouvé une formule lui permettant d'expliquer la coalition qui s'annonçait entre le communisme et le capitalisme. L'ennemi était fédéré par le « complot juif mondial ». Il fallait aussi, selon lui, considérer les Juifs d'Europe comme des représentants du camp adverse, et leur déportation en était la conséquence logique. Werner Koeppen[8], agent de liaison du ministère de l'Est au quartier général d'Hitler, nota le 21 septembre qu'Hitler envisageait de se réserver la possibilité « dans le cas d'une entrée de l'Amérique dans la guerre [...] d'exercer des pressions sur les Juifs allemands en raison du traitement des Allemands de la Volga ». Les déportations devaient être comprises comme des menaces à destination des États-Unis, ce que confirme le fait qu'elles eurent lieu au vu et au su de tous, qu'elles furent commentées devant les correspondants de presse étrangers accrédités en Allemagne[9] et suivies de près par la presse internationale[10]. Hitler étant fermement convaincu de l'existence d'un complot juif international, il était persuadé que les déportations influenceraient la politique extérieure américaine dans le sens qu'il souhaitait.

Les déportations avaient aussi une raison d'ordre interne : pour l'homme de la rue, elles devaient être présentées comme une rétribution pour le rôle des Juifs, dont la propagande disait qu'ils « tiraient les ficelles » des bombardements[11], tandis que les victimes non juives des bombardements et les gens dans le besoin se voyaient accorder le mobilier et les logements des déportés[12]. Le calcul était le suivant : tous ceux qui profitaient ainsi des déportations devenaient complices de la politique juive. Mais tout tend à prouver que la déportation des Juifs d'Europe centrale fut avant tout conçue comme une première étape sur la voie d'un programme de déportation de l'ensemble des Juifs d'Europe[13].

Un autre motif en était la réaction des forces d'occupation à la résistance croissante à laquelle elles se heurtaient dans leurs zones d'opération. L'offensive allemande contre l'URSS entraîna dans toute l'Europe occupée une mobilisation de la résistance à l'occupant honni. Les partis communistes, dans la clandestinité, sortirent peu à peu de l'hébétude dans laquelle les avait plongés le pacte de non-agression germano-soviétique d'août 1939. Dans divers pays d'Europe, on assista dès l'été 1941 à des actes de sabotage et des attentats contre des Allemands, actes qui se multiplièrent pendant l'automne. L'occupant durcit alors la répression.

Ainsi, en juillet, le commandant en chef des forces d'occupation en Serbie avait décidé de fusiller des otages en grand nombre en « représailles » à des actes de résistance[14]. En France, les premières exécutions de ce genre eurent lieu le 6 septembre, puis se multiplièrent en octobre sur recommandation d'Hitler, en Belgique le 15 et le 26 septembre, et aussi à la mi-septembre en Norvège, à la suite de grèves à Oslo[15].

En Norvège, le commissaire du Reich Terboven proclama le 10 septembre 1940 l'état d'urgence dans toute la région d'Oslo. Le même jour, il demandait à Himmler s'il serait possible d'étendre la juridiction de la SS et de la police à toute la population norvégienne afin d'empêcher que « la justice allemande, telle qu'elle est représentée au ministère de la Justice du Reich, ne se répande ici ». Himmler lui donna son approbation par retour du courrier et confia, cinq jours plus tard seulement, au HSSPF Rediess les compétences de la magistrature suprême sur la population norvégienne. Le 17 septembre, la réglementation souhaitée par Terboven entrait en vigueur[16].

Aux Pays-Bas, le commandant en chef de la police de sécurité, Wilhelm Harster, fit arrêter massivement les communistes après l'attaque contre l'Union soviétique[17]. Le 16 septembre, l'OKW diffusa un ordre valable partout qui stipulait qu'il était « approprié » d'envisager l'exécution de 50 à 100 communistes pour la mort d'un soldat allemand[18].

Dans le Protectorat de Bohême-Moravie, Heydrich, adjoint du Reischprotektor à Prague depuis la fin du mois de septembre, proclama dès son entrée en fonctions l'état d'urgence et instaura des tribunaux d'exception. Pendant l'état d'urgence, qui dura du 27 septembre au 29 novembre 1941, 404 hommes et femmes furent fusillés[19].

En Grèce, la Résistance commit à la fin août et en septembre une série d'attentats[20]. En représailles, Himmler proposa au début de novembre, lors d'une discussion avec Hitler, de déporter l'importante communauté juive de Salonique[21]. Il décrivit le contexte suivant : parlant d'abord en général du « déplacement des Juifs étrangers », il présenta les villes de Riga, Tallinn et Minsk comme « centres » et évoqua enfin Salonique, qui représentait selon lui un « danger » particulier « à cause des liens entre Juifs et Levantins ». Il montrait par là clairement qu'il concevait déjà à l'époque les déportations à l'échelle de toute l'Europe. Hitler se dit convaincu par les arguments d'Himmler et lui recommanda donc d'éloigner « l'élément juif » de Salonique. Toutefois, la déportation des Juifs de ce grand port grec n'eut lieu qu'en 1943[22].

Himmler n'était pas le seul à préconiser d'orienter la répression spécifiquement contre les Juifs. À partir de l'automne 1941, les autorités militaires allemandes en Serbie et en France concentrèrent d'elles-mêmes la répression sur la minorité juive. En Serbie, en octobre 1941, la Wehrmacht entreprit de fusiller systématiquement des Juifs de sexe masculin, internés depuis août, en « représailles » à des attentats. Au début de novembre, 8 000 Juifs avaient ainsi été déjà exécutés. Leurs proches furent internés durant l'hiver, et gazés dans des camions au printemps suivant[23].

En France, depuis le printemps 1941, les autorités militaires avaient déjà arrêté des milliers de Juifs, principalement étrangers. En décembre 1941, elles commencèrent, non plus à répondre par l'exécution d'otages aux attentats, mais à calculer le nombre de Juifs et de communistes qui devaient être déportés « vers l'est ». Cette menace ne put cependant être mise à exécution à cause de la situation difficile dans les transports. Le premier convoi de 1 000 otages à destination d'Auschwitz ne quitta la France qu'en mars 1942[24].

Du point de vue des dirigeants nazis, le durcissement et l'extension des mesures de répression contre les Juifs étaient logiques. Partant du principe qu'il existait une identité globale entre le communisme et les Juifs, ils se disaient que les minorités juives, y compris celles qui vivaient ailleurs qu'en Europe de l'Est, devaient couvrir les mouvements de résistance. Le fait que la hiérarchie nazie se soit montrée, à la fin de l'été 1941, si décidée à déclencher la déportation des Juifs d'Europe peut donc aussi être attribué au spectre d'un mouvement de résistance judéo-communiste actif dans toute l'Europe.

La mise en œuvre se heurta toutefois à de graves difficultés. Aussi bien le chef de la division de l'équipement de la Wehrmacht, Georg Thomas[25], que Friedrich Uebelhoer, gouverneur du district de Lodz, s'élevèrent contre le transfèrement prévu de 60 000 personnes dans le ghetto de cette ville de Pologne. Cela suscita l'ire d'Himmler[26]. Le ghetto de Lodz, affirma Uebelhoer, n'était pas un « ghetto de décimation » où l'on pouvait encore entasser davantage de gens, mais un « ghetto de travail[27] ». Les services du Reichsstatthalter négocièrent avec Eichmann afin de réviser ce chiffre à la baisse, de 60 000 à 25 000 Juifs et

Tziganes. Greiser avait quant à lui fait une offre à Himmler : en « contrepartie », on assassinerait pas moins de 100 000 Juifs locaux[28]. Les ghettos de Minsk et Riga, ordonna de plus le RSHA au début d'octobre, devraient accueillir un total de 50 000 personnes[29].

Le 6 octobre, Hitler déclara au déjeuner que tous les Juifs du Protectorat devaient être « mis à l'écart ». En même temps que les « Juifs du Protectorat », les Juifs de Vienne et de Berlin devaient « disparaître[30] ». Quatre jours plus tard, le 10 octobre, Heydrich annonça à Prague la première déportation de 5 000 Juifs de la ville[31]. Dans les territoires occupés à l'est, il serait possible de « les interner [...] dans les camps destinés aux détenus communistes[32] ». Hitler souhaitait, ajouta Heydrich à cette occasion, qu'« à la fin de l'année si possible les Juifs aient quitté l'espace allemand ».

Depuis le printemps 1941, le Gouvernement général en Pologne avait prévu de déplacer « ses » Juifs dans les territoires qui devaient être conquis en URSS. À la mi-octobre 1941, Rosenberg fit toutefois comprendre à Frank que cela n'était absolument pas possible pour l'instant. Le Gouvernement général se mit alors à envisager de plus en plus de « régler » la question juive sur son propre territoire[33]. Le même mois, le Gouverneur général Frank orchestra une série de conférences dans les capitales de district qui se signalèrent par leur ton radical dans le domaine de la politique juive. Il y fut décidé que quiconque quitterait les ghettos serait passible de la peine de mort. La chasse à tous les Juifs hors des ghettos était désormais ouverte[34].

Le 1er août 1941, le Gouvernement général avait récupéré un nouveau district, la Galicie. Dans les semaines qui avaient précédé ce rattachement, l'Einsatzkommando à désignation spéciale avait déclenché dans la province une vague de terreur visant plus particulièrement les Juifs, surtout ceux qui occupaient de hautes fonctions. Après le rattachement de la Galicie au Gouvernement général, ce commando, devenu entre-temps le service du commandant de la police de sécurité dans le district de Galicie, poursuivit sa campagne de terreur sans faiblir[35]. À partir du début du mois d'octobre, la Sipo en Galicie se mit à exécuter les Juifs sans distinction, comme les autres Einsatzkommandos le faisaient dans les territoires soviétiques conquis. Semaine après semaine, de terribles massacres étaient perpétrés[36]. Au moment où Rosenberg rejeta la requête de Frank, les massacres de Juifs avaient donc déjà atteint le Gouvernement général.

Durant le même temps, des mesures étaient prises pour préparer l'assassinat systématique des Juifs dans le district frontalier de la Galicie, ce district qui, en 1939, était encore envisagé comme une « réserve juive » potentielle (et qui devait servir, au printemps 1942, de zone d'accueil des Juifs déportés du Reich). Odilo Globocnik, le HSSPF local, joua un rôle majeur dans ces préparatifs. Le 13 octobre, Globocnik rencontra son Reichsführer[37] pour discuter d'un projet vieux de deux semaines afin de limiter « l'influence des Juifs », contre lesquels il fallait « agir dans le domaine de la politique de sécurité[38] ». On peut considérer comme certain que Globocnik proposa alors la construction d'un camp d'extermination rudimentaire et qu'Himmler lui donna son accord[39].

Cette rencontre fut un tournant. Deux ou trois semaines plus tard, au début de novembre – la « question juive « était alors débattue dans les conférences de district organisées par le Gouvernement général –, les travaux de construction du premier camp d'extermination commençaient, à Belzec[40]. Le fait que sa capacité meurtrière ait au départ été limitée, et qu'aucun autre camp d'extermination n'ait été bâti dans le Gouvernement général avant le printemps 1942, montre du reste qu'à l'automne 1941 Globocnik n'avait pas encore reçu l'ordre de préparer l'assassinat de tous les Juifs présents en Pologne. Sa mission ne concernait que le district de Lublin, et celui de Galicie selon les circonstances[41].

Une semaine après sa discussion avec Globocnik, le 20 octobre 1941, Himmler rencontra avec Ribbentrop, au quartier général du Führer, une délégation slovaque de haut rang, composée du président Jozef Tiso, du Premier ministre et ministre des Affaires étrangères Vojtech Tuka, ainsi que du ministre de l'Intérieur Alexander Mach. À cette occasion, Himmler offrit aux responsables slovaques de déporter « leurs » Juifs dans un territoire spécialement délimité, proposition qui eut un écho tout à fait positif[42]. Il semblerait qu'à la suite de cette rencontre la construction d'un deuxième camp d'extermination ait été ordonnée dans le district de Lublin, celui de Sobibor[43].

C'est durant sa visite à Minsk, à la mi-août, ou peu après, qu'Himmler aurait appelé à développer des méthodes d'exécution moins éprouvantes pour ses hommes que les fusillades[44]. Quelques jours après qu'Himmler avait assisté sur place à une exécution massive, von dem Bach-Zelewski s'efforça – sans succès – de faire venir Herbert Lange, chef du commando spécial SS qui gazait depuis longtemps déjà des patients à l'aide de camions dans le Warthegau, pour une « démonstration » à Minsk[45]. Arthur Nebe, commandant de l'Einsatzgruppe B, sans doute également présent lors de la visite d'Himmler, fit procéder de son côté à des expériences. Après des tentatives pour tuer les malades mentaux à l'aide d'explosifs[46], des patients d'asiles à Moguilev et Novinki, près de Minsk, qu'Himmler avait visités le 15 août, furent mis à mort avec des gaz d'échappement injectés dans des pièces hermétiquement fermées. Enfin, on opta pour les camions[47]. Avant la fin de l'année, les quatre Einsatzgruppen avaient adopté cette méthode[48].

De la mi-octobre au 9 novembre 1941[49], le Warthegau vit arriver 25 000 personnes dans 25 transports destinés au ghetto de Lodz – 20 000 Juifs du Reich et 5 000 Tziganes du Burgenland autrichien. Mais on eut recours aux camions pour gazer les Juifs locaux. L'utilisation de ces véhicules est attestée le 8 décembre 1941 à Chelmno, où l'on avait ouvert un parc pour ces camions. Ainsi, le premier camp d'extermination avait-il commencé ses sinistres activités[50]. À partir de janvier 1942, ce sont surtout des habitants du ghetto de Lodz qui furent assassinés à Chelmno[51].

Parallèlement au développement des camions, à l'automne 1941, on construisit des chambres à gaz fixes dans l'Europe de l'Est occupée. Erhard Wetzel, spécialiste des questions raciales au ministère de l'Est, annonça la construction d'une de ces chambres le 25 octobre 1941, en présence du Reichskommissar Hinrich Lohse. Victor Brack, de la Chancellerie du Führer, organisateur de « l'euthanasie », devait se rendre brièvement à Riga afin d'y effectuer les préparatifs nécessaires[52]. Mais les choses n'allèrent pas plus loin. À Riga, on continua à tuer avec des camions[53].

Dans le Gouvernement général où, comme nous l'avons vu, les travaux de construction du camp d'extermination de Belzec avaient commencé au début de novembre et où, dès la fin de 1941, on se disposait à en ouvrir un deuxième[54], Brack parvint à ses fins. Le 14 décembre 1941, il rencontra Himmler et se dit probablement d'accord, à cette occasion, pour envoyer ses spécialistes dans le Gouvernement général afin d'aider à la construction et à la gestion des camps d'extermination. Jusqu'à l'été 1942, Brack devait déléguer en tout 92 spécialistes du meurtre organisé[55].

Dans le camp de concentration d'Auschwitz, qui avait été considérablement agrandi depuis le début de la guerre contre l'URSS, on choisit aussi le gaz comme méthode d'exécution. On effectua des expériences avec le Zyklon B, un gaz toxique qui était utilisé pour la désinfection dans le camp[56]. Vers le début du mois de septembre, pour la première fois 600 prisonniers de guerre soviétiques ainsi que 250 détenus malades auraient été tués dans une cave du Block 11 avec du Zyklon B. Un peu plus tard, à la mi-septembre 1941, 900 prisonniers de guerre soviétiques étaient assassinés de la même façon dans la salle de dissection du crématorium[57]. À la fin de l'année, plusieurs autres petits groupes de prisonniers – il se serait agi de détenus épuisés, des Juifs contraints aux travaux forcés venus de Haute-Silésie – avaient succomber aux expériences avec le Zyklon B[58].

Le fait que les SS aient commandé la construction d'un grand incinérateur à Moguilev permet de supposer que l'on envisageait au départ d'y ériger un camp d'extermination important. Dans le courant des premiers mois de 1942, la SS décida pourtant de renforcer les capacités d'extermination en Pologne. Les fours prévus au début pour Moguilev furent transférés à Auschwitz en 1942[59].

Il se dégage de tout cela l'image suivante : tandis que l'on expérimentait le Zyklon B à Auschwitz, à l'automne 1941 la SS faisait construire des installations destinées à l'assassinat d'êtres humains à proximité des ghettos choisis pour les premières vagues de déportations depuis le Reich – à Riga, dans la région de Lodz (Chelmno), à Belzec, peut-être aussi à Moguilev, dans la région de Minsk. Dans les régions prévues pour les déplacements de population rendus nécessaires par le « nouvel ordre » racial, la population juive « inapte au travail » devait être annihilée. Il semble qu'il ait également été envisagé de déporter le reste des Juifs dans les territoires soviétiques occupés, un projet de « Solution finale » qui visait de toute façon à l'anéantissement physique des Juifs d'Europe.

Le 8 novembre, les déportations pour Minsk commencèrent. La veille, la police de sécurité allemande, épaulée par des auxiliaires locaux, avait assassiné quelque 12 000 habitants du ghetto de Minsk. Huit transports, contenant près de 8 000 personnes, arrivèrent à Minsk, avant que les déportations ne soient interrompues à la fin de novembre à cause des mauvaises conditions. L'hiver approchant, Himmler dut renoncer à son idée d'origine de déporter les Juifs d'Europe centrale « vers l'est » avant la fin de l'année[60]. La planification dut alors s'étaler jusqu'au printemps suivant[61].

Quand, le 19 novembre, les déportations débutèrent vers Riga, les travaux de construction du camp de concentration destiné aux Juifs allemands n'avaient même pas commencé[62]. Les cinq premiers transports prévus pour Riga, avec quelque 5 000 personnes, furent donc déroutés vers Kaunas, où tous les déportés furent immédiatement abattus par les membres de l'Einsatzkommando 3 dans l'enceinte du fort IX, une forteresse historique[63]. Dans le même temps, d'autres massacres se déroulaient dans le ghetto de Riga. Entre le 29 novembre et le 1er décembre, le HSSPF local fit fusiller environ 4 000 Juifs lettons, et les 8 et 9 décembre plus de 20 000 habitants du ghetto[64]. Prisonnier des Soviétiques, Jeckeln déclarera avoir reçu directement d'Himmler l'ordre de liquider le ghetto[65].

Pendant le premier massacre, au petit matin du 30 novembre, un millier de Juifs berlinois furent abattus aussitôt après leur arrivée. Puis Himmler arrêta l'exécution des Juifs venus du Reich pour les mois suivants. Il aurait également cherché à empêcher l'assassinat des Juifs de Berlin. Dans son calendrier, au 30 novembre 1941, il est fait référence à une conversation téléphonique avec Heydrich, avec la mention : « Transport de Juifs de Berlin. Pas de liquidation[66]. » Mais il était trop tard. Le massacre avait déjà eu lieu[67]. Le 1er décembre, dans un télégramme, Himmler menaça Jeckeln d'être « puni » pour avoir agi « unilatéralement et en contravention [avec] mes directives et celles du Reichssicherheitshauptamt » quant au « traitement des Juifs transplantés dans l'Ostland ». Il convoqua Jeckeln le 4 décembre et évoqua avec lui la question juive[68]. Le choix des mots montre que Jeckeln n'avait pas agi contre un ordre d'Himmler, mais qu'il avait mal compris la politique ébauchée dans les « directives » d'Himmler (que nous ne connaissons pas). Il ne fallait pas (encore) assassiner en masse les Juifs déportés du Reich à l'automne 1941, contrairement à ceux qui vivaient dans les régions visées.

Il n'y a rien d'étonnant à ce que Jeckeln ait « mal compris » Himmler. Durant l'automne 1941, de plus en plus de hauts responsables nazis se mirent à parler ouvertement de la prochaine « extermination » ou « éradication » des Juifs. Lors de sa table ronde du 25 octobre, Hitler avait rappelé une fois de plus sa « prophétie » du 30 janvier 1939 et avait entre autres lancé qu'il était « bon que nous soyons précédés par la terreur à l'idée que nous éradiquons les Juifs[69] ». Dans un article publié le 16 novembre 1941 dans l'hebdomadaire *Das Reich*, Goebbels revint lui aussi sur la prophétie d'Hitler et commenta : « Nous vivons en ce moment l'accomplissement de cette prophétie, et la juiverie se retrouve ainsi rattrapée par un destin certes cruel, mais plus que mérité. » La « juiverie mondiale », poursuivit Goebbels, subissait « désormais un processus d'anéantissement progressif ». Deux jours plus tard, Rosenberg, durant une conférence de presse, décrivit la future « éradication biologique de l'ensemble de la juiverie en Europe[70] ». Ce n'est évidemment pas un hasard si cette déclaration de Rosenberg avait été précédée, le 15 novembre, d'une discussion de plusieurs heures avec Himmler, en particulier à propos de la politique juive[71]. Les cercles dirigeants étaient manifestement d'avis que la « solution de la question juive » devait aller au-delà des assassinats jusque-là limités à certaines régions, pour aboutir à une « Solution finale » encore plus radicale, même si personne ne savait encore clairement comment, où et quand concrétiser les appels de plus en plus virulents à « l'anéantissement ». Les responsables nazis ne pensaient plus qu'en termes de meurtre.

Cette atmosphère correspondait à la situation dans les territoires occupés. Ce n'est pas un hasard si les fonctionnaires les plus divers proposèrent ou prirent plus ou moins en même temps des initiatives en faveur d'un massacre des Juifs. Les déportations aboutissaient dans des ghettos qui étaient déjà surpeuplés, dans des camps qui n'existaient pas encore (Riga, Moguilev), voire dans des régions stratégiques censées accueillir des colons allemands d'origine. Ce qui ne pouvait qu'engendrer des « situations impossibles ».

Durant ces mois, Himmler agit comme il l'avait fait en juillet-août, lors de l'inclusion des femmes et des enfants juifs dans les exécutions. Le durcissement de la politique juive – cette fois, c'était le déclenchement des déportations – venait toujours d'Hitler, mais, comme d'autres hauts fonctionnaires, Himmler précéda plus ou moins cette décision, procéda à des analyses sur le terrain, intervint en précurseur et endossa un rôle actif dès que le moment fut idéal. Il semble que c'est lui qui donna le feu vert au recours aux gaz. Il s'occupa des spécialistes qui, dans le cadre de l'action d'euthanasie, avaient déjà accumulé l'expérience nécessaire. Il fit des suggestions, approuva des propositions, comme celle de Globocnik au sujet de l'installation d'un camp d'extermination à Belzec, offrit la marge de manœuvre dont ils avaient besoin aux initiateurs afin de développer leurs idées, mais intervint aussi quand ses subordonnés allèrent trop loin. La relation de tension, née d'ordres qu'il fallait interpréter et d'initiatives personnelles des responsables sur place, est caractéristique du déclenchement de la machine de mort. La direction, essentiellement Himmler, pouvait en outre intervenir selon le besoin afin d'accélérer ou de freiner le processus.

Le soir du 7 décembre 1941, Himmler dînait au quartier général d'Hitler. On parla des nouveaux événements géopolitiques, comme on le voit dans le calendrier d'Himmler : « Déclaration de guerre du Japon à l'Amérique & l'Angleterre. » Avec l'attaque japonaise sur Pearl Harbor, la guerre devenait définitivement « mondiale ».

Hitler était décidé à déclarer la guerre aux États-Unis en tant qu'allié du Japon, entreprise qui, estimait-il, était relativement peu risquée, car les forces américaines seraient prises au piège pendant des années dans le Pacifique, ce qui lui donnerait le temps de conclure victorieusement sa guerre européenne, tout en s'en prenant désormais sans retenue aux transports maritimes américains à destination de la Grande-Bretagne. Le 11 décembre, lors d'une séance exceptionnelle du Reichstag, Hitler annonça officiellement l'entrée de l'Allemagne dans la guerre aux côtés du Japon, ce qui suscita l'enthousiasme des membres tous nationaux-socialistes du Parlement, parmi lesquels se trouvait le député Himmler[72].

Le lendemain, Himmler prit part à une réunion des Gauleiter et des Reichsleiter organisée dans les appartements privées d'Hitler à la Chancellerie. Hitler revint plus en détail sur la situation critique sur le front de l'est et sur l'entrée en guerre contre les États-Unis. Il revint alors immanquablement sur sa « prophétie » du 30 janvier 1939, comme le nota Goebbels : « En ce qui concerne la question juive, le Führer est décidé à faire table rase. Il a prophétisé aux Juifs que s'ils provoquaient une nouvelle guerre mondiale ils seraient exterminés. Ce ne sont pas de vains mots. La guerre mondiale est là, l'extermination des Juifs doit en être la conséquence nécessaire. Il faut considérer cette question sans aucune sentimentalité. » L'heure n'était pas à la compassion. « Les responsables de ce conflit sanglant [...] devront payer de leur vie » les pertes allemandes[73].

Aussi radicales qu'aient pu être ces déclarations, leur ton ne se distinguait en rien des précédentes menaces du même ordre, formulées les mois précédents par Hitler, Rosenberg et Goebbels. Elles ne constituent donc pas un tournant politique, pas plus qu'elles ne sont la preuve d'une « décision de principe » sur la question juive[74]. Il ne faut y voir qu'un appel de plus à étendre et accélérer les massacres de Juifs déclenchés depuis des mois. Quand, le 18 décembre, Himmler assista à une longue réunion chez Hitler, il inscrivit dans son carnet plusieurs points de discussion qui portaient avant tout sur l'organisation, l'équipement, le déploiement et le recrutement des unités armées de la SS, mais aussi sur des questions liées à l'Ordnungspolizei. Cependant, le premier point qu'il avait consigné était la « question juive », accompagné de la mention, résultat évident de la discussion : « les éradiquer en tant que partisans ». En réalité, le prétexte de la lutte contre les partisans était déjà utilisé depuis l'été pour assassiner massivement les Juifs. Il semble qu'Himmler ait voulu une fois encore faire confirmer cette pratique (et cette version officielle des faits) par la plus haute autorité du régime[75].

Himmler passa les fêtes de Noël 1941 sur le front de l'Est. Le 23 décembre, il quitta Rastenburg pour la ville ukrainienne de Poltava, où il rencontra Walter von Reichenau, le commandant en chef du groupe d'armées sud, puis se rendit en avion le lendemain à Mariupol, pour une visite auprès du général Ewald von Kleist, commandant de la 1re armée de panzers. De là, il poussa jusqu'à Taganrog, sur la mer d'Azov, pour passer la nuit de Noël avec des blessés de la Leibstandarte. Le lendemain, il se rendit sur les positions de combat de la Leibstandarte à Nikolaïevka, où il s'entretint avec Sepp Dietrich, le commandant de la division. Le 26 décembre, il inspecta la division Wiking sur le front, et rencontra le commandant de l'unité, Felix Steiner. Le jour suivant, il revint en avion à Poltava, où il passa la nuit, avant de prendre part à une réunion de situation du groupe d'armées sud.

Six jours après son retour au quartier général, le 3 janvier 1942, il repartit pour une tournée sur le front, au nord cette fois, afin de rendre visite aux deux autres divisions Waffen-SS qui s'y trouvaient déployées, la Totenkopf et la division de police. Le 6 janvier, il était déjà rentré, et les jours suivants il s'occupa plus particulièrement de diverses questions nées de son passage sur le front : promotions, construction d'hôpitaux pour les Waffen-SS à l'est, amélioration de la lutte contre les poux, « vêtements chauds » pour ses policiers. Il eut même le temps d'assister à la projection de *Wunschkonzert*, un film de l'Ufa*. Les 14 et 15 janvier, il tint une réunion avec les responsables des directions centrales de la SS. À cette occasion, une nouvelle redistribution des compétences fut envisagée. Le 17 janvier, il participa à une chasse organisée

* *Wunschkonzert* (*Concert à la demande*) : film romantique produit par l'Universum Film AG (Ufa), fut l'un des plus grands succès du cinéma nazi, avec près de 26 millions de spectateurs jusqu'à la fin de la guerre. (NdT)

par le Gauleiter Koch à Leissienen, en Prusse-Orientale. Le 18 et le 20, il déjeunait avec Hitler[1].

Le 21 janvier, sa routine fut interrompue par un appel de Heydrich qui l'entretint, comme il le consigna, de la « question juive. Session à Berlin ». Le chef du RSHA l'informa du résultat de la conférence qui avait eu lieu la veille dans une villa appartenant à la SS à Wannsee. Conformément à la mission qu'il avait reçue de Goering de « prendre toutes les mesures nécessaires [...] pour une solution d'ensemble de la question juive en Europe », Heydrich avait convié toutes les institutions impliquées – la SS et la police, la Chancellerie du parti et celle du Reich, le ministère de l'Est, le Gouvernement général, les ministères de la Justice, de l'Intérieur et des Affaires étrangères, l'autorité du plan quadriennal de Goering – à une « discussion commune » [...] « afin de parvenir à une même perception ». Prévue à l'origine pour le 9 décembre 1941, la conférence fut reportée à cause de l'entrée en guerre des États-Unis, car certains des invités auraient été empêchés[2].

Pour les participants, il s'agissait avant tout de savoir s'il fallait inclure dans la « Solution finale » les « sang-mêlé » et les personnes vivant en « couple mixte ». La discussion de ce point occupa la plus grande partie de la conférence, sans aboutir pour autant à une solution[3]. Avant que Heydrich ouvre les débats, il présenta en introduction la situation des persécutions contre les Juifs dans toute l'Europe. Nous ne savons pas exactement ce qu'il dit. Il ne reste de l'événement que le protocole envoyé aux participants, rédigé par Eichmann au nom de Heydrich, retravaillé suite à des recommandations de Müller[4].

D'après ce document, le passage central du discours de Heydrich aurait été : « Désormais, à la place de l'émigration, la prochaine solution à envisager, avec l'aval préalable du Führer, est l'évacuation des Juifs vers l'est. » Ces « actions » (les déportations déjà commencées) n'étaient certes que des « solutions transitoires », mais elles devaient permettre d'« acquérir une expérience pratique » qui serait « de grande importance pour la prochaine solution finale de la question juive ». L'affaire devait concerner en tout 11 millions de Juifs. Des statistiques incluses dans le protocole détaillaient les chiffres de la population juive pays par pays, y compris dans les États neutres et en Grande-Bretagne. La « Solution finale » espérée ne pourrait donc être définitive qu'une fois la victoire obtenue.

« Avec l'encadrement qui convient, poursuivit Heydrich, Au cours de la Solution finale, les Juifs de l'Est devront être mobilisés pour le travail dans le cadre de la Solution finale. En grandes colonnes de travailleurs, séparés par sexe, les Juifs aptes au travail seront amenés à construire des routes dans ces territoires, ce qui entraînera sans doute une diminution naturelle substantielle de leur nombre. » « La totalité de ceux qui resteront », car il s'agirait « évidemment des éléments les plus résistants », devrait faire l'objet d'un « traitement approprié » afin d'empêcher qu'ils ne deviennent « le germe d'une nouvelle souche juive ». Heydrich ne dit rien de ce qu'il devait advenir des Juifs « inaptes au travail », les mères et les enfants, mais dans ce contexte il est certain qu'ils devaient être tués, si l'on ne tenait pas à avoir affaire au « germe d'une nouvelle souche juive ».

Les Juifs devaient d'abord être transportés dans des « ghettos de transit », puis « être évacués plus loin à l'est ». Les Juifs de plus de soixante-cinq ans, continua Heydrich, seraient installés dans un « ghetto pour personnes âgées » afin d'éviter « de nombreuses interventions[5] ». Sans doute aussi pour conférer davantage de crédibilité à l'illusion que les déportés allaient être « mis au travail ».

À cette époque comme au début de 1941, le RSHA partait encore du principe que la question juive ne serait définitivement « résolue » que dans les territoires de l'Est et, après la fin de la guerre, par une combinaison de travaux forcés et de massacres[6]. Lors de la conférence de Wannsee, il aurait également été envisagé de tuer déjà les Juifs du Gouvernement général et des territoires soviétiques occupés – indépendamment du plan qui était ébauché. Dès la mi-décembre 1941, le Gouverneur général Frank, à son retour de la réunion des Reichsleiter et Gauleiter du 12 décembre, avait déclaré à ses collaborateurs à Cracovie qu'on lui avait donné le conseil brutal de s'attaquer à la résolution de la question juive : « Liquidez-les vous-même[7] ! » Si Frank s'était alors demandé comment y parvenir[8], son secrétaire d'État Josef Bühler appelait maintenant à « entamer la Solution finale de cette question dans le Gouvernement général », « parce que ici le problème du transport ne joue pas un rôle majeur et que le déroulement de cette action ne serait pas gêné par des motifs d'ordre opérationnel ». Du reste, les Juifs sur place étaient pour l'essentiel « inaptes au travail ». « En conclusion, peut-on lire dans le protocole, les diverses possibilités de solution ont été discutées, aussi bien le Gauleiter Meyer [qui représentait le ministère de l'Est] que le secrétaire d'État Bühler défendant le point de vue qu'il fallait prendre certaines mesures préparatoires dans le cadre de la Solution finale justement dans la région concernée afin d'éviter des troubles dans la population[9]. » Ces « mesures préparatoires » ne pouvaient avoir qu'une seule signification : la construction de camps d'extermination sur le modèle de celui, déjà en cours d'installation, de Belzec.

Bühler avait ainsi proposé une alternative qui rendait en grande partie superflu le programme de déportation présenté par Heydrich. Dans les mois qui suivirent, Himmler et le RSHA allaient reprendre cette proposition et la développer. Le centre de gravité de la Solution finale à l'échelle de toute l'Europe bascula des territoires soviétiques conquis vers la Pologne occupée.

L'anéantissement par le travail

Le passage des massacres déjà en cours à l'idée d'anéantissement de tous les Juifs d'Europe au printemps et au début de l'été 1942 est étroitement lié au développement de la « mise au travail » au sein de l'empire SS. C'est l'idée d'un « anéantissement par le travail » qui a abouti à une distinction systématique entre les « aptes au travail » et les « inaptes », et ainsi à l'édification d'un gigantesque réseau de camps de travaux forcés et de centres d'extermination qui devaient permettre d'annihiler les Juifs d'Europe.

Dès l'été 1941, Himmler avait réfléchi aux moyens d'exploiter la main-d'œuvre que représentaient les détenus des camps de concentration, d'abord pour les gigantesques projets de construction de la SS en Europe de l'Est [10]. Quand, en septembre 1941, la Wehrmacht lui avait promis de lui transférer un grand nombre de prisonniers de guerre soviétiques, il n'alla pas plus loin dans ces considérations et ordonna plutôt la construction des camps de concentration d'Auschwitz-Birkenau et de Lublin-Maïdanek en tant que camps de travaux forcés pour prisonniers de guerre [11]. Mais le projet échoua. Durant l'automne et l'hiver 1941, la plupart des soldats soviétiques, de toute façon déjà épuisés au moment de leur capture, succombèrent aux conditions catastrophiques qui régnaient dans les camps de la Wehrmacht. À la fin de 1941, Himmler n'avait reçu que 30 000 prisonniers de la part de la Wehrmacht, puis il n'en obtint presque plus aucun [12].

Or, le besoin de la SS en main-d'œuvre ne cessait de croître. Elle cherchait depuis longtemps déjà à passer des accords avec les entreprises d'armement pour l'emploi des détenus des camps de concentration [13]. En janvier 1941, l'IG Farben, comme on l'a vu, avait décidé d'installer une usine près d'Auschwitz pour produire du caoutchouc synthétique. Il est évident que la possibilité d'exploiter les prisonniers d'Auschwitz a joué un rôle essentiel dans cette décision. Dans son ordre du 26 février 1941 d'« évacuation » de la population juive d'Auschwitz, Himmler avait autorisé le recours à cette main-d'œuvre. En avril, les travaux de construction commencèrent. Ils coûtèrent la vie à quelque 25 000 prisonniers. Une fois érigée, l'usine ne parvint jamais à produire en grande quantité [14].

La SS mobilisa également des milliers de détenus pour un projet avancé en décembre 1941 par Ferdinand Porsche, le directeur des usines Volkswagen.

Porsche convainquit Himmler d'affecter des déportés à la construction d'une fonderie sur le site des usines Volkswagen. En contrepartie, il fournirait des Schwimmwagen* à la Waffen-SS. Impliqué dans le projet, Hitler signa en personne un ordre, le 11 janvier 1942, qui confiait à Himmler « la construction, le développement et le fonctionnement » de la fonderie, expressément avec le recours à des détenus des camps de concentration. Avec le mot « fonctionnement », l'espoir de la SS de participer directement à la production d'armement en puisant dans la main-d'œuvre déportée se concrétisait[15].

Beaucoup plus de travailleurs forcés furent cependant nécessaires pour le programme de ce que l'on appelait les chantiers de la paix (qui incluait les plans particulièrement ambitieux de réaménagement des territoires occupés à l'est). En décembre 1941, Owald Pohl avait transmis à Himmler le premier programme de construction, d'un montant de 13 milliards de reichsmarks, proposé par Hans Kammler, responsable du département du budget et des travaux de la SS[16]. Quand, au début de 1942, il devint clair que l'on ne pouvait plus compter sur des prisonniers soviétiques, Himmler revint à ses réflexions de l'été précédent. Les détenus des camps de concentration devaient servir de travailleurs forcés pour ses projets de construction. Mais pour cela il fallait d'abord remplir les camps. Le 26 janvier 1942, il signala à Richard Glücks, inspecteur des camps de concentration : « Puisque l'on ne peut pas attendre de prisonniers de guerre russes dans un avenir proche, je vais envoyer un grand nombre de Juifs et de Juives expulsés d'Allemagne dans les camps. Préparez-vous à accueillir dans les quatre prochaines semaines 100 000 Juifs et jusqu'à 50 000 Juives dans les camps de concentration. Dans les prochaines semaines, de grandes missions économiques seront confiées aux camps[17]. » Effectivement, dans les mois qui suivirent, des dizaines de milliers de Juifs furent déportés depuis le Reich vers le district de Lublin où ceux qui étaient considérés comme « aptes » étaient envoyés aux travaux forcés à Maïdanek et dans d'autres camps. À Auschwitz, les Juifs slovaques furent utilisés comme main-d'œuvre[18].

Mais Himmler ne se contenta pas d'enfermer de nouveaux prisonniers dans ses camps, il veilla également à exploiter tous les détenus dont il disposait déjà. Le 19 janvier, la veille de la conférence de Wannsee, il regroupa le département du budget et des travaux et celui de l'économie et de l'administration au sein de l'Office central de l'administration et de l'économie (WVHA) de la SS, sous la direction de Pohl. En mars 1942, il y rattacha l'inspection des camps de

* Version amphibie de la Kübelwagen déjà citée. (NdT)

concentration, ce qui, d'une part, soulignait son importance économique, d'autre part devait servir à mettre un frein à la convoitise de Fritz Sauckel. Car, ce dernier venant d'être nommé plénipotentiaire pour l'emploi de la main-d'œuvre, la question de savoir qui contrôlait en définitive les détenus des camps de concentration risquait d'être source de conflits[19].

Pendant ce temps, Hans Kammler peaufinait sa proposition de programme de chantiers de la paix. Himmler n'avait pas été satisfait de la première version et avait exigé de Kammler des plans plus ambitieux. Ce dernier parvint donc à la somme fantastique de 20 à 30 milliards de reichsmarks – entre autres pour la construction de colonies étendues à l'est –, nécessitant l'emploi de 175 000 travailleurs forcés, « détenus, prisonniers de guerre, Juifs, etc.[20] ». À la fin mars 1942, Himmler rendit son avis sur les plans de Kammler. Il en critiqua divers points, dont l'idée qu'un détenu ne fournirait que 50 % de la productivité que l'on était en droit d'attendre d'un travailleur allemand. C'est précisément en augmentant la productivité des prisonniers, déclara Himmler à Pohl, que l'on obtiendrait « la plus grande réserve de main-d'œuvre. Il faut, par l'intermédiaire de l'inspection des camps de concentration, donner au chef de l'Office central de l'administration et de l'économie les possibilités d'y puiser[21] ». Le message était clair : en ayant recours à la terreur, et en réduisant le plus possible les coûts, il fallait tirer le maximum des prisonniers. Les détenus qui succomberaient de ce fait en peu de temps devaient être remplacés par de nouveaux esclaves[22].

Pohl, le patron du WVHA, s'empressa de démontrer à Himmler qu'il avait compris. Dans un rapport du 30 avril 1942, il affirma qu'il n'était « plus prioritaire d'enfermer les détenus au nom de la sécurité, de la rééducation ou de la prévention », et que le « centre de gravité » s'était « déplacé du côté de l'économie[23] ». Dans un ordre daté du même jour, Pohl rendit les commandants des camps « responsables de l'emploi de la main d'œuvre. Cet emploi doit être épuisant, au sens propre du terme, afin d'atteindre la plus forte rentabilité[24] ».

Dans le cadre des préparatifs de la Solution finale, Himmler appela donc son appareil à associer massacres et production de masse. Cela ne permettait pas seulement de développer le système concentrationnaire tout en démontrant sa capacité d'adaptation aux conditions engendrées par la guerre. Himmler cherchait surtout à se prémunir contre un reproche qui croissait avec l'aggravation de la situation militaire : la SS mettait à l'écart une main-d'œuvre dont on avait cruellement besoin. Ce nouveau point de vue justifiait l'extermination des gens « inaptes au travail » au nom de la nécessité « professionnelle ».

Dans les régions soviétiques occupées, ce principe était déjà en vigueur depuis la fin de l'été 1941. Les Einsatzgruppen laissaient en vie les Juifs qui étaient encore « aptes ». Ceux-ci mouraient dans les camps des suites des travaux forcés et des conditions de vie déplorables. Dans les camps de travaux forcés sous la direction d'Albrecht Schmeldt, chef de la police de Breslau en Haute-Silésie, des sélections furent effectuées parmi les dizaines de milliers de Juifs contraints aux travaux forcés, d'abord sporadiquement, puis, très vite, de façon systématique. Ceux qui n'étaient plus capables de travailler étaient déportés à Auschwitz, où ils étaient assassinés[25].

À l'automne 1941, en Galicie, dans le Gouvernement général, la SS avait mis en branle un gigantesque projet de travaux forcés où, aux côtés d'Ukrainiens et de prisonniers de guerre soviétiques, un grand nombre de Juifs furent employés. On peut le considérer comme un projet pilote pour la nouvelle politique : la construction d'une liaison routière de Lvov vers la région de Donetsk, la Durchgangsstrasse IV[26]. Dans les camps ouverts pour les ouvriers régnaient des conditions de vie et une brutalité abominables. Régulièrement, les Juifs inaptes au travail étaient assassinés. Le scénario de Heydrich, qui prévoyait des colonnes de travailleurs juifs pour construire les routes lors de la conférence de Wannsee, était ici depuis longtemps une réalité.

Les changements de cap du printemps 1942

Pendant la conférence de Wannsee du 20 janvier 1942, outre l'ancien plan, qui prévoyait de déporter les Juifs d'Europe dans les territoires soviétiques occupés et de les y tuer par les travaux forcés et le « traitement spécial », une autre variante des massacres systématiques fut discutée : l'élimination sur place des Juifs vivant dans le Gouvernement général avec les moyens disponibles, autrement dit les chambres à gaz, qui existaient déjà à Belzec et Auschwitz.

Au printemps 1942, Himmler était pourtant d'avis de poursuivre les massacres des Juifs préparés avec l'aide de Globocnik à l'automne précédent dans les districts de Lublin et de Galicie. En mars, la construction du camp de concentration de Belzec était terminée. Il deviendrait le prototype des camps d'extermination du Gouvernement général. Le 13 mars, Himmler se rendit à Cracovie, s'y entretint avec le HSSPF Krüger et partit le lendemain à Lublin pour y retrouver Globocnik, personnage clé de la politique juive dans le Gouvernement général[27].

Immédiatement après sa visite, entre le 16 mars et le 20 avril, le ghetto de Lublin fut presque totalement vidé[28]. Lors de cette action sanglante qui se déroula en deux phases, de nombreuses personnes furent abattues dans le ghetto. Quelques milliers restèrent comme main-d'œuvre à Lublin, et environ 30000 furent déportées à Belzec et assassinées. Le 24 mars, les déportations des régions rurales autour de Lublin commencèrent. À la mi-avril, Globocnik et ses hommes avaient déporté 14000 Juifs vers Belzec. Puis, pour cause de travaux d'agrandissement, le camp d'extermination fut fermé[29].

Plusieurs indices laissent penser qu'à ce stade Globocnik avait reçu d'Himmler l'ordre d'assassiner les Juifs « inaptes au travail » dans l'ensemble du district. Ainsi, le 27 mars, Goebbels écrivait dans son journal, au sujet des Juifs du district de Lublin, que « 60 % doivent être liquidés, tandis que 40 % seulement peuvent être mis au travail[30] ». Dans le district voisin de Galicie, l'équipe de Globocnik, de la mi-mars au début d'avril 1942, déporta à Belzec environ 15000 personnes, habitants du ghetto de Lvov jugés « inaptes ». Des milliers d'autres habitants des plus petits ghettos de la région les suivirent, plusieurs autres milliers étant exécutés sur place[31]. Par conséquent, la mission de Globocnik ne se cantonnait pas à Lublin.

Parallèlement au nettoyage du ghetto de Lublin, la déportation des Juifs du Reich et de Slovaquie commença, en direction du district de Lublin, envisagé depuis l'automne 1939 comme le site d'une « réserve juive ». Jusqu'au début mars 1942, Eichmann avait élaboré un programme selon lequel 55000 Juifs devaient être évacués du territoire du Reich, chiffre qui serait atteint en juin. Dans le même temps, il avait annoncé qu'il fallait, comme convenu lors de la conférence de Wannsee, déporter avant l'automne la plupart des Juifs qui vivaient encore dans le Reich, des personnes plus âgées, vers Theresienstadt[32].

Les convois destinés à la région de Lublin s'arrêtaient généralement dans la ville[33], où les hommes « aptes au travail » étaient sélectionnés et dirigés vers le camp de Maïdanek. On installait les autres dans les ghettos qui venaient d'être vidés, où la plupart, du fait des conditions misérables, ne survivaient pas plus de quelques mois.

En février 1942, Himmler renouvela l'offre qu'il avait faite en octobre précédent aux autorités slovaques[34]. Il soumit au gouvernement de Bratislava une requête du ministère des Affaires étrangères du Reich qui réclamait la mise à disposition de 20000 travailleurs censés être envoyés « à l'est », et les Slovaques acceptèrent. Entre le 26 mars et le 7 avril, quatre convois arrivèrent à Maïdanek, avec à leur bord quelque 4500 jeunes hommes, et quatre convois de jeunes femmes atteignirent Auschwitz pour subir les travaux forcés[35].

Outre ces transports de Slovaquie, le 30 mars, le premier convoi d'otages juifs venus de France arriva à Auschwitz. Ils avaient été déportés à l'est en représailles aux attaques de la Résistance française. Ce convoi en était encore au stade des préparatifs que Heydrich annonçait déjà le transfèrement de 5000 autres otages juifs de France vers Auschwitz dans les prochains mois.

En outre, des transports de Juifs arrivaient à Auschwitz depuis les camps de travaux forcés de « l'organisation Schmelt » en Haute-Silésie. Tous les gens considérés comme inaptes au travail devaient être tués à Auschwitz. À cette fin, au printemps et à l'été 1942, la direction du camp fit construire des chambres à gaz dans deux bâtiments de ferme situés à la périphérie des installations – après les premières expériences avec du Zyklon B sur des prisonniers non juifs. La véritable transformation en camp de la mort, avec quatre chambres à gaz supplémentaires et des crématoires, n'avait pas encore commencé. Le 20 mars 1942, le premier de ces bâtiments reconvertis, la « Maison rouge » ou Bunker I, servit pour la première fois à gazer des Juifs inaptes au travail venus des camps Schmelt. Dans les semaines et les mois qui suivirent, ce furent essentiellement des Juifs de Haute-Silésie qui en furent les victimes[36].

Entre-temps, Himmler avait de nouveau fait intervenir les Affaires étrangères et, à la fin mars, avait obtenu l'autorisation du gouvernement slovaque pour confier aux Allemands tous les Juifs slovaques (70000 personnes au total[37]). Le 10 avril, Heydrich se rendit à Bratislava afin expliquer le programme des déportations[38]. Dès le lendemain, un convoi quittait la Slovaquie, transportant des familles entières. Jusqu'au 20 juin, sept convois arrivèrent à Auschwitz, où les déportés furent mis aux travaux forcés. Dans le même temps, le district de Lublin recevait trente-quatre autres convois[39]. Là, les Juifs slovaques, tout comme les gens qui avaient été déportés dans la région depuis l'Allemagne, furent enfermés dans des ghettos, dont la population juive d'origine avait été peu avant envoyée dans les camps d'extermination de Belzec et Sobibor[40].

En avril 1942, trois grands programmes de déportation étaient donc en cours : les Juifs de Lublin et de Galicie étaient envoyés à Belzec, ceux du Reich et de Slovaquie dans le district de Lublin et à Auschwitz, et les déportations commençaient à partir de la France. À ce moment, Himmler et Heydrich intervinrent une fois de plus. En avril, ils prirent des dispositions pour transformer les massacres, jusque-là localisés, des Juifs « inaptes » en un programme d'extermination systématique visant tous les Juifs d'Europe. Dans le calendrier de service d'Himmler, une impressionnante série d'entretiens est indiquée pour cette période – entre la fin avril et le début de mai, en seulement huit jours et en trois lieux différents (Berlin, Munich, Prague), Himmler rencontra Heydrich à sept reprises. Ces échanges intensifs furent encadrés par deux longues discussions entre Himmler et Hitler, une le 23 avril et une autre le 3 mai, au quartier général du Führer[41]. Mais, si nous ne connaissons pas le contenu exact de ces discussions, la chronologie des événements montre qu'Hitler, Himmler et Heydrich établirent durant ces journées les éléments essentiels d'un programme d'extermination à l'échelle européenne, qui devait être mis en œuvre à partir du mois de juin 1942.

Mais pourquoi maintenant ? La condition décisive pour l'escalade dans la politique génocidaire semble avoir été le fait qu'Himmler, au printemps 1942, avait réussi à prendre le contrôle de la politique juive dans le Gouvernement général et avait ainsi pu autoriser Globocnik à étendre les massacres à l'ensemble du Gouvernement général, au-delà de ses fonctions de SSPF du district de Lublin. Globocnik agissait désormais dans un espace où vivaient, selon les estimations, 1,7 million de Juifs. Aucun autre territoire sous domination allemande n'en abritait autant.

Dès le début du mois de mars, le Gouverneur général Frank avait dû céder à Himmler des compétences essentielles dans le domaine policier. Le prétexte en avait été l'implication de Frank dans un grave scandale de corruption. Quand, le 5 mars, interrogé par Himmler, Bormann et Lammers à ce sujet dans une atmosphère « personnelle et de camaraderie », il avait pris position, il n'avait pas paru particulièrement convaincant. Himmler, méprisant, critiquera son attitude « très théâtrale ». Le dos au mur, Frank n'eut d'autre choix que de consentir à d'importantes concessions politiques. Le HSSPF Krüger devint secrétaire d'État pour « toutes les questions de police et de consolidation de la nation allemande » et, à ce titre, dépendait des directives d'Himmler. De plus, Globocnik devait obtenir le titre de gouverneur pour le district de Lublin, mesure qui ne fut finalement jamais appliquée. Mais, manifestement, l'autorisation de Frank suffisait à assurer la position de Globocnik vis-à-vis de l'administration civile[42].

L'arrangement concernant Krüger entra en vigueur entre mai et juin. Le 7 mai, Krüger fut nommé secrétaire d'État pour les questions de sécurité. Par ailleurs, il représentait Himmler dans le Gouvernement général en sa qualité de commissaire à la nation. Le Reichsführer pouvait donc lui donner des ordres sur les questions tant de sécurité que liées à la nation[43]. Par le décret de mise en application du 3 juin, qui réglementait sa nouvelle position en tant que secrétaire d'État, Krüger fut expressément déclaré compétent pour toutes les « affaires juives[44] ». En parallèle, en mai ou en juin, les travaux de construction de Treblinka, le plus grand camp d'extermination du Gouvernement général, étaient lancés[45].

Avec ces événements en tête, Himmler et Heydrich décidèrent, à la fin avril et au début mai, d'inclure de vastes régions de la Pologne occupée dans le massacre des Juifs – compte tenu de son rôle central dans la politique juive et des communications intensives de ces semaines-là, on peut logiquement en déduire qu'ils agirent avec l'accord d'Hitler. À partir du 5 mai, les cantons du district de Lublin furent systématiquement « vidés » des Juifs, qu'ils aient été originaires d'autres pays ou non importait peu. Jusqu'au 10 juin, plus de 55 000 personnes furent envoyées à Sobibor, devenu entre-temps le deuxième camp d'extermination en fonction dans le Gouvernement général[46]. À la mi-mai, la Haute-Silésie se retrouva happée dans la spirale du programme génocidaire. Jusqu'en août 1942, 20 000 personnes de Sosnowitz, Bendzin et d'autres localités furent directement déportées à Auschwitz et assassinées, 18 000 étant transférées dans les camps de travaux forcés de l'Organisation Schmelt[47]. À la fin de mai 1942, dans le district de Cracovie, les déportations commencèrent à destination de Belzec[48].

Ces événements dramatiques en Pologne occupée ne pouvaient qu'avoir des conséquences sur l'ensemble de la politique juive. Tandis que l'escalade de la politique génocidaire se poursuivait dans le Gouvernement général, les déportations des Juifs du Reich et de Slovaquie atteignaient les chiffres qui avaient été fixés en mars. Les déportés n'étaient plus enfermés dans des ghettos, mais, la plupart du temps, étaient assassinés dès qu'ils débarquaient des trains. Himmler était donc revenu sur son interdiction de la fin novembre 1941 d'exécuter des Juifs allemands.

Les mois de mai et juin furent le théâtre de changements fondamentaux. En mai 1942, une quatrième vague de déportations débuta dans le Reich. Jusqu'en septembre 1942, environ 16 000 personnes furent déportées vers Minsk[49], où, contrairement à l'hiver, on ne les transférait plus dans le ghetto, mais on les débarquait à proximité de Maly Trostinets. Là, le 11 mai 1942, presque tous les gens descendus des transports furent fusillés ou gazés dans des camions[50]. La grande majorité des Juifs qui avaient été déportés depuis le Reich jusqu'à Lodz durant l'automne 1941 et qui avaient survécu aux conditions catastrophiques du ghetto – plus de 10 000 personnes – furent déportés et assassinés à Chelmno entre le 4 et le 13 mai[51]. À partir de la mi-juin, les derniers convois de la troisième vague de déportations en provenance du Reich furent en règle générale dirigés vers Sobibor, la plupart des gens étant gazés sur place[52]. Toujours à la mi-mai, pour la première fois des Juifs déportés de Theresienstadt furent également exécutés à Sobibor[53]. À partir de juin 1942, ce fut aussi le cas de ceux qui étaient embarqués dans des convois venus du Reich. On dispose de données précises pour cette période[54]. Plus tard, du début à la mi-juin, les gens embarqués dans un total de dix convois slovaques, jugés « inaptes au travail » lors de la sélection à Lublin, essentiellement des femmes et des enfants, furent envoyés directement à Sobibor, où ils furent tués[55].

Au printemps 1942, Himmler entreprit en outre des efforts considérables pour réduire le nombre de Juifs encore affectés aux « travaux forcés » et qui se trouvaient ainsi relativement protégés. On peut déduire d'une lettre que le chef de la Gestapo Müller envoya le 18 mai à Karl Jäger, commandant de la Sipo de Riga, le contenu d'un ordre en ce sens daté du printemps 1942. Il y est écrit que, compte tenu d'une « ordonnance générale du Reichsführer-SS et chef de la police allemande », les « Juifs et Juives âgés de seize à trente-deux ans aptes au travail doivent être exclus des mesures spéciales. Ces Juifs doivent être affectés aux travaux forcés. Camp de concentration ou camp de travail[56] ». La lettre le dit clairement : les « mesures spéciales », l'assassinat des détenus, étaient désormais la règle, et les « travaux forcés », en fin de compte aussi meurtriers, l'exception[57].

Dans le même temps, les Juifs qui travaillaient encore dans le Reich faisaient l'objet de pressions de plus en plus écrasantes. Le RSHA restreignit de plus en plus les possibilités d'exception pour les Juifs affectés à des « travaux importants pour la guerre[58] ». Le 28 mai, Hitler promit à Goebbels qu'il demanderait à Speer de « remplacer aussi vite que possible les Juifs qui travaillent dans l'industrie allemande de l'armement par des travailleurs étrangers[59] ». Si l'ordre ne fut pas exécuté durant l'été, c'est uniquement parce que les capacités de transport étaient insuffisantes. À l'automne, Hitler exigea avec énergie que cette mesure soit appliquée.

Parallèlement, en mai 1942, les Einsatzgruppen reprirent les massacres des Juifs soviétiques. Cela vaut particulièrement pour la Biélorussie, où Heydrich avait donné le signal lors d'une visite à Minsk en avril[60], ainsi que pour le Reichskommissariat d'Ukraine[61].

Mais, alors même que cette nouvelle escalade dans les persécutions contre les Juifs était lancée, après les changements de cap des derniers jours d'avril et des premiers jours de mai, un événement se produisit qui, en l'espace de quelques semaines, entraîna une radicalisation supplémentaire de l'ensemble du processus d'extermination. Un événement qui poussa Himmler à réclamer l'assassinat de la plus grande partie des Juifs d'Europe dans le courant de l'année 1942 : l'attentat contre Heydrich, l'adjoint d'Himmler dans l'organisation de l'Holocauste.

L'attentat contre Heydrich

Le 27 mai 1942, deux agents tchèques entraînés par les services secrets britanniques et parachutés sur le Protectorat tirèrent dans les rues de Prague sur l'adjoint au Reichsprotektor Reinhardt Heydrich. Quoique gravement blessé, ses jours ne semblaient pas en danger[62].

Le jour même, Hitler ordonna que quiconque avait prêté main-forte aux auteurs de l'attentat soit « abattu avec toute sa famille ». De plus, 10 000 Tchèques considérés comme suspects ou comme politiquement indésirables devaient être arrêtés ou, s'ils se trouvaient déjà en détention, « fusillés dans les camps de concentration[63] ». Le soir, Himmler exigea « l'incarcération de l'ensemble de l'intelligentsia d'opposition ». Pendant la nuit, « les cent représentants les plus importants » de l'opposition devaient être exécutés[64]. L'état d'urgence fut imposé à Prague, puis, au bout de quelques jours, à tout le Protectorat.

L'après-midi du 27 mai, Kurt Daluege était déjà arrivé à Prague. Dans la soirée, il reçut l'ordre verbal de reprendre en main les affaires du Reichsprotektor, dont Heydrich s'était jusqu'alors chargé au nom de von Neurath. Le lendemain matin, de puissantes unités de l'Ordnungspolizei pénétraient dans le Protectorat, où elles déclenchèrent des raids tout au long de la journée. Toutefois, le 28 mai, Hitler retirait son ordre de fusiller 10 000 Tchèques ; Karl Hermann Frank, le HSSPF du Protectorat, était personnellement intervenu auprès de lui à ce sujet[65].

Au début, Heydrich, malgré ses blessures graves, sembla se remettre. Mais quelques jours plus tard il était atteint d'une septicémie, dont il mourut le 4 juin. Le 31 mai, Himmler avait fait ses adieux au mourant. Immédiatement après le décès, il revint à Prague, pour revoir le défunt et rencontrer sa veuve. Le 7 juin, il était de retour à Prague pour assister aux obsèques[66].

Le 9 juin, Hitler, en présence de Frank, Himmler, Bormann et d'autres, reçut le gouvernement tchèque du Protectorat, qui avait pris ses distances vis-à-vis de l'attentat. Hitler accepta leur déclaration et tint un discours qui culmina avec la menace de « déporter un million de Tchèques de Bohême-Moravie [...] si besoin est pendant la guerre[67] » – un projet qui n'était pas plus réalisable que l'exécution massive de Tchèques proposée peu de temps auparavant. Au lieu de cela, il fut décidé que la vengeance allemande se concentrerait sur un village précis, avec la pire brutalité[68].

Immédiatement après la rencontre avec Hitler, Frank transmit au commandant de la police de sécurité à Prague l'ordre de « fusiller [...] tous les adultes de sexe masculin » du village de Lidice et de « déporter toutes les femmes [...] dans un camp de concentration ». Les enfants devaient être « rassemblés et, pour ceux qui semblent germanisables, donnés à des familles SS dans le Reich ». Le village lui-même devait être « incendié et rasé ». Le fait que Frank ait transmis ces instructions « après une conférence du Führer » laisse penser que l'idée de ces représailles a été décidée par les plus hauts responsables du Reich qui se trouvaient à ce moment-là auprès d'Hitler. On ne sait pas exactement pourquoi c'est le village de Lidice, près de Kladno, qui a été choisi. Quoi qu'il en soit, comme Frank l'avait ordonné, 199 hommes furent exécutés, les femmes déportées dans le camp de concentration de Ravensbrück, et la grande majorité des 97 enfants assassinés dans le camp d'extermination de Chelmno, quelques-uns ayant été au préalable sélectionnés pour leur « valeur raciale[69] ».

Les Juifs de Prague furent eux aussi spécifiquement visés par des « mesures de représailles ». Le 10 juin 1942, des milliers d'entre eux furent déportés à Maïdanek et dans d'autres camps des environs[70]. Mais les chefs nazis eurent en outre l'idée de s'en prendre encore plus violemment aux Juifs pour la mort de Heydrich. Il est désormais impossible de reconstituer avec précision le processus de décision. On peut cependant supposer, en se fondant sur les nombreuses rencontres entre Hitler et Himmler à la fin du mois de mai et le début de juin, que ce durcissement de la politique juive s'est effectué sous l'étroit contrôle d'Hitler et Himmler[71].

Pour la direction nazie, l'assassinat du chef de l'appareil de sécurité, maître incontesté du Protectorat, fut un choc terrible. L'atmosphère était à la vengeance. Le 9 juin, Heydrich eut droit à des funérailles nationales en grande pompe à Berlin. La cérémonie à proprement parler eut lieu dans l'enceinte de la nouvelle Chancellerie, en présence d'Hitler et de toutes les sommités politiques du Troisième Reich. Himmler se chargea du discours commémoratif. Il mit en avant le thème des représailles, en accord avec les mesures prises dans le Protectorat : « Nous avons le devoir sacré de venger sa mort, de reprendre sa mission et d'anéantir sans pitié ni faiblesse les ennemis de notre peuple[72]. »

En la personne de Heydrich, Himmler avait perdu son collaborateur le plus important, l'homme qui, dans les années 30, avait développé son appareil de police et de sécurité, qui, au début de la guerre, avait mis en place les Einsatzgruppen, contribué de façon considérable à l'organisation des massacres en Union soviétique, et préparé et dirigé les déportations depuis différents pays d'Europe. Himmler avait toujours été sûr de la loyauté de son lieutenant, même si, quand Hitler avait demandé à Heydrich d'organiser la Solution finale, une chaîne de commandement s'était établie parallèlement à la responsabilité d'Himmler dans la lutte contre tous les « ennemis du Reich ». Au contraire : avec l'assassinat de son compagnon d'armes, Himmler se sentit d'abord et avant tout touché dans son propre pouvoir.

Heydrich fut enterré au cimetière berlinois des Invalides. Le soir, devant les Oberabschnittsführer et les chefs de département de la SS, Himmler tint un second discours. Il invita son auditoire à ne pas faire preuve de négligence dans le domaine de leur sécurité – « Car c'est nous qui voulons tuer l'adversaire, ce n'est pas lui qui doit nous tuer » –, il parla des missions futures de la SS : la poursuite de la « fusion » avec la police, le « rassemblement et la fusion des peuples germaniques avec nous », ainsi que « le peuplement et les déplacements de population en Europe ». « L'émigration des Juifs, précisa-t-il, sera terminée dans un an exactement. Ensuite, plus aucun ne se déplacera. Car il faut maintenant faire table rase[73]. »

Dans l'étrange vision du monde que partageaient Himmler et la direction nazie, l'attentat contre Heydrich devait être vengé par une nouvelle radicalisation des persécutions contre les Juifs. On se trouvait dans une « guerre contre les Juifs », et l'on se sentait poussé aux pires extrémités par *cet* ennemi-là, en particulier à cause de l'attentat. Les responsables de la SS – Himmler reprit personnellement les rênes du RSHA – entreprirent aussitôt d'accentuer encore l'escalade des massacres, entamée en mai. Mais les planificateurs du RSHA et l'équipe de Globocnik se heurtèrent au fait qu'entre le 19 juin et le 7 juillet 1942 plus aucun transport ne fut disponible à cause de l'offensive d'été de la Wehrmacht sur le front de l'Est. Ils mirent ce délai à profit pour réviser leurs projets de déportation. La mission de Globocnik s'étendait désormais au meurtre de tous les Juifs vivant dans le Gouvernement général, sous le nom de code « Action Reinhardt[74] ».

Après l'attentat, Himmler déclenche le programme d'extermination dans toute l'Europe

Après la mort de Heydrich, les déportations à partir du Reich se poursuivirent sans interruption. Tandis qu'à l'est les transports restaient inaccessibles, ce furent les Juifs qui jusque-là avaient été exclus des « transports à l'est » qui se retrouvèrent dans le collimateur des planificateurs : les personnes âgées, les invalides, les anciens combattants décorés et leurs proches ainsi que d'autres groupes « privilégiés ». Entre juin et octobre 1942, environ 45 000 personnes furent déportées à Theresienstadt, qui servait désormais de « ghetto pour les personnes âgées[75] ».

Confronté au blocus des transports, Himmler eut alors l'idée de déporter davantage de Juifs d'Europe occidentale vers Auschwitz « pour travailler ». Conformément à son ordonnance, les rapporteurs SS aux affaires juives dans les différents pays concernés organisèrent le 11 juin 1942 le transport de « 15 000 Juifs des Pays-Bas, 10 000 de Belgique et 100 000 de France ». Ils prirent de plus en compte l'exigence d'Himmler d'« envoyer également [...] 10 % de Juifs inaptes au travail[76] ». Selon l'ordre d'Himmler du mois de mai, cela signifiait que ces gens devaient être soumis aux « mesures spéciales », ils devaient être exécutés dans les chambres à gaz immédiatement après leur arrivée à Auschwitz.

Mais, quand il s'avéra que le nombre prévu pour la France n'était pas réalisable pour des questions d'organisation, Himmler, le 23 juin, réagit avec irritation. Le rythme prévu (trois convois de 1 000 personnes par semaine) devait « être augmenté de façon sensible à court terme [...] avec pour objectif de libérer le plus tôt possible la France des Juifs[77] » – un ordre qu'il faut considérer dans le contexte de l'escalade de la politique d'extermination déclenchée en mai et juin contre les Juifs dans toute l'Europe. Le fait que Carl-Albrecht Oberg, jusque-là SSPF du district de Radom, ait pris les fonctions de le HSSPF en France à compter du 1er juin dut convaincre Himmler que les conditions nécessaires à ce projet de déportation totale étaient réunies[78]. Le rythme des déportations s'accéléra effectivement en France, suivant les ordres d'Himmler : si, en mars et juin, avant son intervention, cinq convois seulement avaient été envoyés, 33 en tout quittèrent la France à destination d'Auschwitz entre juillet et novembre 1942[79]. Et le 21 juillet 1941, pour la première fois, des Juifs de France « inaptes au travail », qu'Himmler avait particulièrement tenu à voir déporter, avaient été séparés des autres dès leur arrivée et assassinés dans les chambres à gaz[80].

La première « sélection » avait cependant déjà eu lieu quelques semaines plus tôt : depuis le début de juillet, les convois venus de Slovaquie n'avaient plus Lublin pour destination, mais Auschwitz, où les « inaptes au travail » furent assassinés pour la première fois dès leur arrivée le 4 juillet. Jusqu'au 21 octobre, tout indique que les déportés de huit convois slovaques furent exécutés de cette façon[81].

Une fois levée l'interdiction liée à l'offensive de la Wehrmacht, les convois en provenance du Reich furent d'abord surtout dirigés sur Minsk puis, les mois suivants, sur Riga, Treblinka et Auschwitz. La plupart des déportés étaient désormais tués dès leur descente des trains[82].

De même, en juillet, la Pologne occupée fut le théâtre de nombreuses déportations. La perspective de « débarrasser des Juifs » à court terme l'ensemble du Gouvernement général correspondait en outre à la politique de germanisation mise en œuvre simultanément. Déjà, le 12 juin, Himmler avait ordonné d'accélérer les mesures « de germanisation » de grands territoires à l'est, à échéance d'une vingtaine d'années. Au début de juillet, le HSSPF Krüger proposa que le Gouvernement général soit mis à la disposition de colons allemands[83].

Durant la deuxième semaine de juillet, les déportations à destination de Belzec reprirent à partir du district de Cracovie. On avait entre-temps profité du moratoire sur les convois pour accroître considérablement les capacités des chambres à gaz du camp[84]. Le 9 juillet, Himmler discuta avec Krüger et Globocnik du projet de ce dernier, formulé le 3 juin, mais dont nous n'avons gardé aucune trace. Nous savons cependant qu'il portait plus particulièrement sur la politique juive dans le district de Lublin[85].

Les 11, 12 et 14 juillet, Himmler et Hitler se rencontrèrent à plusieurs reprises. Le Reichsführer en profita pour réclamer de meilleures capacités de transport. Wolff s'entretint au téléphone avec le secrétaire d'État aux Transports du Reich, qui lui assura que chaque jour depuis le 22 juillet « un train de 5 000 Juifs » quittait « Varsovie pour Treblinka, ainsi que, deux fois par semaine, un train de Przemysl (district de Lublin) pour Belzec[86] ». Si nous ne pouvons que supposer qu'Himmler avait abordé avec Hitler les détails du massacre des Juifs polonais, nous avons néanmoins la certitude qu'Himmler obtint explicitement du Führer la mission de « débarrasser des Juifs » les territoires soviétiques conquis[87].

Les 17 et 18 juillet, Himmler visita Auschwitz, où il assista à la démonstration de l'exécution de victimes dans les chambres à gaz[88]. Le soir du 17 juillet, lors d'une réception donnée par le Gauleiter de Haute-Silésie, il but, contrairement à son habitude, un verre de vin et se montra très détendu. Son comportement et ses déclarations amenèrent un des membres de l'assistance à présumer que les dirigeants nazis avaient désormais décidé de l'assassinat des Juifs d'Europe – une information qui fut relayée jusqu'en Suisse et, de là, télégraphiée à l'ouest par Gerhart Riegner, représentant du Congrès juif mondial à Genève[89].

Depuis Auschwitz, Himmler rejoignit Globocnik à Lublin le 18 juillet. Là, il donnait le lendemain à Krüger l'ordre de veiller à ce que « l'évacuation de l'ensemble de la population juive du Gouvernement général soit mise en œuvre et terminée d'ici le 31 décembre ». Après cette date, plus aucun Juif ne devait se trouver dans le Gouvernement général, à l'exception de quatre grands camps de rassemblement[90]. Trois jours plus tard, le nettoyage progressif du ghetto de Varsovie commençait. La plupart des habitants furent transférés dans le camp d'extermination de Treblinka, situé à seulement 50 kilomètres de la capitale polonaise, et qui venait tout juste d'être achevé[91]. Jusqu'en 12 septembre 1942, plus de 250 000 personnes y furent déportées et exécutées, 5 000 par jour en moyenne.

Dans le même temps, l'appareil d'Himmler reprenait en main tout le complexe du système de travaux forcés des Juifs, qui, jusqu'alors, avait été le seul obstacle à une extermination totale de la population juive. Entre les mains de la SS, les travaux forcés – au sens de « l'anéantissement par le travail » – firent partie intégrante du programme génocidaire dans le Gouvernement général[92].

En mai et en juin 1942, on avait encore pu croire que la main-d'œuvre dans le Gouvernement général continuerait d'être exploitée en grand nombre, et que l'assassinat systématique viserait donc comme auparavant la population juive « inapte ». Pourtant, à peine le HSSPF Krüger avait-il pris la responsabilité de toutes les « affaires juives » au début du mois de juin qu'il imposait un changement de cap radical. Son ordonnance de juillet, qui précisait que seuls les Juifs âgés de seize à trente-cinq devaient être soumis aux travaux forcés, joua un rôle décisif. Cette limitation, qui rappelle la directive d'Himmler de mai 1942 (il y était question de gens âgés de seize à trente-deux ans), revenait à une condamnation à mort pour quiconque n'appartenait pas à cette tranche d'âge[93]. Le 14 août, Krüger franchit une nouvelle étape en ordonnant la suppression de tous les camps de travailleurs forcés juifs. Et Keitel, le 5 septembre, transmit pour finir à la Wehrmacht l'ordre de remplacer toute la main-d'œuvre juive du Gouvernement général par des Polonais[94]. La stratégie imposée par Himmler au début de 1942 et qui visait à relier travaux et massacres en un concept d'extermination totale était désormais appliquée à tous les Juifs du Gouvernement général.

Comme nous l'avons vu dans ce chapitre, la politique antijuive d'Himmler atteignit alors son paroxysme en incluant toute une série de pays d'Europe dans son programme d'assassinats politiques. Durant la deuxième moitié de l'année, il allait tout faire pour augmenter le rythme des meurtres dans les pays déjà engloutis par l'Holocauste, et étendre du même coup les déportations à d'autres régions.

Pour Himmler, comme les chapitres suivants vont le montrer, la mise en branle de l'Holocauste à l'échelle européenne n'était cependant que le premier pas sur la voie d'un nouvel ordre global. Car, en étudiant ses activités frénétiques durant ces mois, on s'aperçoit que finalement la décision sur l'assassinat des Juifs d'Europe fut la première de toute une succession de changements de cap fondamentaux qu'allait adopter Himmler et qui aboutirent à conférer à sa SS le rôle central dans l'édification de l'empire et de l'espace vital nazis, lui assurant ainsi une position unique dans l'histoire.

Dans ce dessein, le Reichsführer entreprit de regrouper des domaines à première vue très différents en un programme politique qui avait pour objectif la domination et la réorganisation raciales de l'Europe. Dans les deux prochains chapitres, je vais donc m'intéresser de plus près à deux questions sur lesquelles Himmler, pendant l'été 1942, prit des dispositions tout aussi importantes : la politique du peuplement et le recrutement de non-Allemands dans sa Waffen-SS. Pour expliquer ces deux changements d'orientation à partir de l'été 1942, il est du reste nécessaire de remonter dans le temps, mais aussi de progresser dans la chronologie. Ce n'est qu'alors que nous pourrons nous attacher à la deuxième moitié de l'année 1942.

Himmler, comme le montrent de façon éclatante les événements de 1942, était un homme qui savait associer des représentations idéologiques ambitieuses à un indéniable instinct de pouvoir. En ce sens, il sut tirer considérablement parti des fonctions qui étaient les siennes en tant que Reichsführer-SS. Ce qui se dessine de façon rudimentaire en 1942, c'est une utopie d'une brutalité, d'une inhumanité inégalées, où tout est dorénavant possible au nom du pouvoir. Une utopie qui porte la marque très personnelle d'Himmler et qu'il croyait pouvoir mettre très rapidement en pratique.

Colonisation et sélection raciale

Au moment précis où il décidait d'impliquer toute l'Europe dans l'Holocauste, en mai et juin 1942, Himmler prit des mesures décisives afin d'unifier les différents projets de peuplement de la SS et de les étendre à l'ensemble du territoire du futur Reich. Avec le meurtre systématique des Juifs, il venait de commencer à soumettre toute l'Europe à un « nouvel ordre » racial, comme la coïncidence de ces décisions le prouve.

Dans la vision qu'il avait du monde, la carte de l'Europe était divisée en plusieurs zones qui se différenciaient par la « valeur raciale » de leurs habitants et le rôle qu'ils joueraient dans un grand empire germanique. À ses yeux, les frontières n'avaient qu'une importance secondaire. Il plaçait au premier rang les pays dont il classait les habitants comme « germains ». Dans ces pays, il était possible de recruter des volontaires « germaniques » pour la Waffen-SS et des colons pour l'Est. Dans un grand empire germanique, ces pays se tiendraient aux côtés du Reich allemand en tant que partenaires à part entière. Dans la pratique, il ne put traiter que la Norvège et les Pays-Bas, administrés par des commissaires civils, sans restriction, comme des territoires germaniques, et il intervint en conséquence dans la politique intérieure de ces pays. Mais les mouvements fascistes qu'il soutenait et leurs dirigeants, Quisling et Mussert, connurent des fortunes diverses. En Belgique, la situation était plus complexe : seuls les Flamands pouvaient être véritablement considérés comme des Germains, contrairement aux Wallons, théoriquement. Toutefois, il semble avoir connu un revirement dans ses réflexions, puisqu'il réagit de façon positive aux propositions des Wallons de le servir en tant que « Germains romanisés », et il soutint des projets de recherche qui s'efforçaient de démontrer cette thèse. Le fait que les territoires belges aient été soumis à une administration militaire qui lui était plus ou moins inaccessible était un obstacle de taille. Il considérait également le Danemark comme « germanique », mais dans ce pays la politique d'occupation allemande, qui privilégiait la retenue, l'empêcha d'intervenir. La Suède était sans aucun doute « germanique », mais neutre. Il dut donc là encore se montrer extrêmement prudent. Au bout du compte, ses efforts d'intégration germanique ne dépassèrent pas le stade du fantasme. Il n'y a que dans le recrutement de volontaires et dans l'orientation des polices nationales sur le modèle allemand qu'il remporta un certain succès (comme nous allons le voir plus loin).

La deuxième zone, sur la carte européenne d'Himmler, comprenait les territoires que le Reich avait déjà annexés, ou qu'il comptait annexer afin d'y procéder à la séparation des habitants en fonction de critères raciaux. Il s'agissait du Protectorat, des territoires polonais et soviétiques occupés, mais aussi de l'Alsace et la Lorraine (soumis à des Gauleiter allemands en tant que chefs de l'administration civile et ainsi déjà à moitié intégrés dans le Reich), et des régions yougoslaves annexées en 1941.

La troisième zone se composait des États d'Europe de l'Est et du Sud alliés du Troisième Reich où se trouvaient d'importantes minorités allemandes d'origine qui, conformément aux ordres d'Hitler, étaient sous la responsabilité d'Himmler et dont il défendait les « intérêts » – comme il les définissait – contre les gouvernements de ces pays. Il s'agissait de la Slovaquie, de la Croatie, de la Hongrie et de la Roumanie. La Serbie, placée sous administration militaire, représentait un cas particulier. Là aussi, il devait principalement procéder au recrutement de « volontaires » parmi les groupes ethniques allemands. Il ne le déclarait bien sûr pas ouvertement, mais il espérait de plus en plus pouvoir déplacer ces groupes ethniques et les réimplanter ailleurs en Europe de l'Est dans le cadre de ses projets de peuplement.

Les autres régions d'Europe, qui n'étaient pas destinées à faire partie de l'empire racial à venir, l'intéressaient peu. Ainsi, la France n'avait pour lui d'importance que parce qu'il était responsable de la sécurité des forces d'occupation. L'Italie était l'allié le plus important, dont il fallait absolument respecter l'autonomie, et c'est pourquoi il soutint pleinement la politique d'Hitler, qui voulait abandonner la position du groupe ethnique allemand au Sud-Tyrol afin de consolider cette alliance. La Finlande passait pour un allié loyal, dont il tenait la population en haute estime, du fait de ses origines « raciales » particulières, même s'il ne s'agissait pas de Germains.

La politique de peuplement, que nous allons aborder dans ce chapitre, concerna donc exclusivement les territoires décrits dans la deuxième zone, territoires annexés par le Reich allemand, ou qu'il allait annexer.

Dans un chapitre précédent, nous avons déjà assisté aux débuts de la politique de peuplement d'Himmler, fondée sur la « sélection » raciale, et vu que ses efforts avaient d'abord porté sur la Pologne, puis s'étaient étendus au Protectorat, ainsi qu'à l'Alsace et la Lorraine.

Après l'offensive dans les Balkans, Himmler inclut des territoires yougoslaves dans ses projets, plus précisément ceux qui avaient été annexés au Reich sous les noms d'Untersteiermark (Basse-Styrie) et Oberkrain (Carniole). En sa qualité de commissaire à la nation, Himmler soumit la population slovène à une sélection raciale, et fit évacuer vers la Serbie et la Croatie près de 40 000 habitants – membres de l'intelligentsia ou personnes venues du reste de la Yougoslavie. En juin 1941, il ordonna que toutes les personnes racialement « appropriées » de Basse-Styrie et de Carinthie du Sud soient « incluses dans les mesures prévoyant le transfèrement des personnes regermanisables des territoires de l'Est et du Gouvernement général[1] ». Dans un premier temps, ces gens devaient être logés en Allemagne de l'Ouest et du Centre. En novembre 1941 et janvier 1942, à l'issue d'une présélection, plus de 33 000 personnes en tout furent accueillies dans des camps du VoMi sur le territoire du Reich, où elles furent soumises au printemps 1942 à un examen racial plus approfondi. 15 000 furent désignées comme étant « regermanisables », autrement dit aptes à une implantation à l'est. Pourtant, la plupart restèrent dans les camps du VoMi jusqu'à la fin de la guerre[2]. Dans les territoires vidés en Basse-Styrie et en Carniole, les nazis installèrent de force la minorité allemande de la région de Gottschee*, située non loin de Ljubljana, alors sous occupation italienne[3].

Avec le début de la guerre contre l'Union soviétique, Himmler dut réviser l'ensemble de ses projets de peuplement[4]. Deux jours après le déclenchement de l'offensive allemande, le 24 juin, il confiait à Konrad Meyer, son responsable de la planification au RKF, la mission d'adapter les plans à la nouvelle situation[5]. Dès le mois de juillet, Meyer lui présenta un premier brouillon du « plan général Est ». Il était désormais prévu de germaniser également le Gouvernement général et les régions plus à l'est. Une idée qui, dès le lendemain, s'avéra dépassée, car Hitler, dans une discussion sur la future organisation de l'Est, avait esquissé des projets d'annexion plus ambitieux.

Le RSHA développa dans le même temps sa propre version du plan général Est, qu'il proposa en novembre 1941 et qui partait du principe qu'outre les territoires polonais annexés et le Gouvernement général, le district de Bialystok, les

* Kocevje : aujourd'hui en Slovénie. (NdT)

pays baltes, l'Ukraine occidentale et la Biélorussie seraient colonisés par les Allemands. Il faudrait pour cela déplacer 31 millions d'habitants de ces régions[6].

Le 28 mai 1942, la direction du RKF avança une nouvelle version de son projet. Elle prévoyait maintenant la mise en place de « marches de peuplement » dans les pays baltes, en Ukraine, dans la région de Leningrad, ainsi que trente-six bastions de peuplement censés fonctionner en même temps comme des avant-postes de la SS et de la police. Pour l'heure, on renonçait à une évacuation à grande échelle, lui préférant une « décimation », essentiellement de la population urbaine, par la famine et les travaux forcés[7].

Himmler étudia le plan, le considéra « très bien dans l'ensemble » et appela Meyer à faire de sa proposition un « plan de peuplement général » pour toute l'Europe, qui engloberait ainsi les vieux projets concernant les territoires annexés à l'est, mais aussi l'Alsace et la Lorraine, la Carniole et la Basse-Styrie, ainsi que la Bohême et la Moravie. En outre, Himmler ordonna la « germanisation » totale de l'Estonie et de la Lettonie. L'opération devait s'étaler sur vingt-cinq à trente ans. Himmler réclama que la durée en soit ramenée à vingt ans[8].

On peut déduire de documents préparés par Meyer à la fin de 1942 que les plans envisageaient désormais de « transférer » dans les territoires à coloniser une « réserve de colons » de plus de 10 millions de gens venus du Reich, de plus de un million des pays « germaniques » et de 200 000 d'outre-mer. On se disposait à une « germanisation totale ». Du point de vue de l'auteur de ces documents, toute réflexion quant au sort de la population locale non allemande était clairement superflue[9]. Himmler, en retour, demanda à Meyer d'inclure aussi la Lituanie, la Biélorussie, la Crimée et la Tauride dans le plan de peuplement général[10]. Jusqu'à la mi-1943, le projet fit encore l'objet d'améliorations.

On peut voir dans ces ébauches la volonté d'Himmler de mettre à l'unisson les plans de colonisation globaux de ses divers services[11]. Le moment où il prit ces décisions, en mai et juin 1942, correspond à la phase où il décréta également que l'Holocauste devait toucher toute l'Europe, processus qui s'accéléra avec l'attentat contre Heydrich.

Le 16 septembre 1942, dans un discours devant les SSPF du sud de la Russie, Himmler décrivit comment il se représentait la colonisation de l'Est. Dans les vingt années suivantes, les territoires polonais annexés, le Gouvernement général, les États baltes, la Ruthénie blanche (la Biélorussie), l'Ingrie (la région de Leningrad) ainsi que la Crimée devaient être colonisés par des « Germains ». Dans les autres territoires soviétiques, il fallait mettre en place des avant-postes le long des axes principaux, afin de créer des « perles de peuplement » – d'abord « du Don à la Volga », puis, plus tard, « jusqu'à l'Oural ». « Cet Est germanique jusqu'à l'Oural, d'après la vision d'Himmler, devait être la pépinière du sang allemand, pour que, dans quatre à cinq cents ans [...], on compte 5 à 600 millions de Germains au lieu de 120 millions. » La population locale devait être divisée en racialement « inférieurs » et « de bonne race[12] ». En ce qui concerne les fondements de la colonisation à l'est, il s'était déjà exprimé durant l'été 1942 de façon claire et précise sous la forme d'une « maxime » dans la *Deutsche Arbeit*, « mensuel de politique nationale » : « Nous avons pour mission de germaniser l'Est, non au sens ancien du terme, c'est-à-dire en enseignant la langue et la loi allemandes aux gens qui y vivent, mais en veillant à ce que n'habitent à l'est que des gens de sang véritablement allemand, germanique[13]. »

Jusqu'à la fin de 1942, Himmler devait accomplir de formidables progrès dans la politique de colonisation. À en croire le rapport qu'il présenta à Hitler le 20 janvier 1943, 629 000 Allemands d'origine au total avaient été déplacés, dont 429 000 venant de territoires qui s'étaient auparavant trouvés sous domination soviétique, 77 000 de Roumanie, 34 000 de Yougoslavie et 79 000 du Sud-Tyrol. Sur ces 629 000, 445 000 avaient été « implantés », 332 000 dans les régions annexées de Pologne, 13 500 en Carniole et en Basse-Styrie, 6 600 dans le Protectorat, 5 000 en Alsace-Lorraine, 17 000 en Lituanie (dans le cadre d'un programme de rapatriement particulier) et 70 000 dans le Reich, y compris en Autriche annexée. Cependant les populations ainsi transférées ne se retrouvèrent pas, contrairement à ce qu'avaient imaginé les planificateurs d'Himmler, propriétaires terriens de fermes coquettes, mais dans des camps de transit ou dans les quartiers surpeuplés des villes.

Pour leur faire de la place, il avait été nécessaire d'évacuer 365 000 Polonais vers le Gouvernement général depuis les régions annexées, 17 000 Slovènes vers la Serbie, 37 000 étant envoyés aux travaux forcés en Allemagne, tandis que 100 000 habitants d'Alsace, de Lorraine et du Luxembourg étaient expulsés en zone libre en France, en Allemagne ou dans les territoires occupés à l'est. Himmler pensait par ailleurs pouvoir encore transférer 400 000 Allemands d'origine de plus, dont 143 000 Tyroliens du Sud et 250 000 des territoires occupés de l'Est[14].

Voilà pour une vue d'ensemble. Dans les paragraphes suivants, nous allons nous intéresser plus en détail aux projets de colonisation les plus importants. Cela inclut les efforts constants d'Himmler pour détecter le « bon sang » dans les populations non allemandes des régions occupées, tout en imposant une sélection raciale rudimentaire dans les rangs de la main-d'œuvre déportée en Allemagne.

Le Protectorat

À partir de l'automne 1941, Heydrich avait mis en œuvre avec énergie les plans de germanisation. Ils avaient en fait commencé dès la réalisation de « l'inventaire racial » de la population, entrepris l'automne précédent par le RuSHA. L'affaire avait été présentée comme un examen radiologique lié à l'introduction de la carte d'identité allemande. Le chef du département racial du RuSHA, Bruno Kurt Schultz, avait pris la direction des opérations d'un point de vue scientifique. Pour l'occasion, Schultz s'était vu attribuer une chaire de biologie raciale à l'université de Prague. Il n'est plus possible aujourd'hui de déterminer combien de personnes furent effectivement soumises à cet examen. Il est cependant certain que les examinateurs raciaux travaillèrent à cette « analyse raciale » de la population du Protectorat jusqu'en 1942[15].

Sur ordre de Heydrich, le Bodenamt praguois fut lui aussi réactivé en tant qu'instrument de la politique de peuplement. Theodor Gross, spécialiste de l'alimentation qui l'avait dirigé jusqu'alors, fut remplacé par un membre du SD, comme cela avait déjà été le cas en 1939[16]. Heydrich reprocha de façon significative à Gross d'avoir manqué de rigueur dans sa politique d'expropriation. Le Bodenamt se consacra dès lors avec vigueur à préparer la saisie de parcelles de terrain importantes pour les colons allemands.

Par le biais des examens raciaux et de la planification de la colonisation, on espérait disposer des documents nécessaires au lancement de la campagne de germanisation dès la fin des hostilités. Dans le cadre de ces mesures préparatoires, Heydrich obtint en novembre le soutien adéquat : sur l'insistance d'Himmler, Hitler inclut le Protectorat dans son domaine de compétence en tant que commissaire à la nation, et Himmler confia à Heydrich la réalisation de cette mission[17].

Après la mort de Heydrich, Himmler fit accélérer les travaux. Dans son discours secret à l'occasion des obsèques de Heydrich à Berlin, il annonça que dans vingt ans la Bohême et la Moravie seraient « totalement allemandes ». Quelques jours plus tard, il donnait l'ordre d'intégrer l'espace de Bohême-Moravie dans le plan de peuplement général, ainsi que l'Alsace-Lorraine, la Carniole et la Basse-Styrie. Les études effectuées en ce sens par la direction du RKF prévoyaient de « germaniser » environ 50 % de la population tchèque et d'expulser l'autre moitié. Outre les 236 000 Allemands qui vivaient déjà dans le Protectorat, on comptait installer 1,4 million de colons dans le pays[18].

Que devait-il advenir des Tchèques « à expulser » ? Heydrich s'était déjà exprimé clairement à ce sujet. En février 1942, deux semaines après la conférence de Wannsee, il avait, dans un discours devant les représentants des autorités allemandes d'occupation, déclaré que dans le cadre de la déportation de 11 millions de Juifs européens ayant pour objectif « un développement ultérieur de la région de l'océan Arctique », les Tchèques pourraient se voir confier « des missions pro-allemandes de superviseurs ou de contremaîtres ». La « solution finale de la question juive », à l'époque encore limitée à la déportation des Juifs dans les régions de l'Est, s'inscrivait donc, on le voit, dans les projets grandiloquents de la politique de peuplement de la SS[19].

Mais tout cela ne dépassa pas le stade de l'utopie. Plus aucune mesure concrète ne fut prise pendant la guerre au sujet de l'expulsion des Tchèques. Dans le Gouvernement général, en Union soviétique comme en France, Himmler, en revanche, n'envisageait de lancer que des projets pilotes, pour mieux souligner le rôle qu'il comptait jouer après la guerre dans la réorganisation de « l'espace vital ». Toutes les décisions fondamentales pour ces opérations furent prises en un temps relativement court : en juillet et août 1942.

Le Gouvernement général

À la fin de 1939, Hitler et Himmler considéraient encore le Gouvernement général comme un « territoire d'expulsion » pour les « inférieurs » chassés des nouvelles provinces orientales rattachées au Reich et du territoire du Reich lui-même. À la fin de 1942, 365 000 Polonais avaient donc effectivement été déportés dans ce territoire, tandis que la SS, de la fin 1940 au printemps 1941, transférait dans l'autre sens quelque 30 000 Allemands d'origine et « étrangers de bonne race », en direction du Warthegau et du Reich. Le Gouvernement général, zone d'expulsion, ne pouvait convenir à des gens d'origine allemande[20]. Le fait que durant l'été 1941, Himmler décida finalement de « germaniser » le Gouvernement général constitue par conséquent un changement radical.

Le personnage clé de la politique de peuplement dans le Gouvernement général était le SSPF du district de Lublin, Odilo Globocnik, qui y orchestrait en même temps le massacre des Juifs. Lors de sa visite à Lublin en juillet 1941, Himmler avait non seulement nommé Globocnik « délégué pour la mise en place d'avant-postes de la SS et de la police dans le nouvel espace à l'est », mais il lui avait également donné tous pouvoirs pour étendre la « recherche du sang allemand » à l'ensemble du Gouvernement général, et pour créer un « grand territoire de peuplement » à Zamosc[21], qui devait servir de base à la germanisation de tout le territoire du district de Lublin.

Durant l'automne 1941, Globocnik, qui disposait depuis quelques mois de son propre bureau de planification pour ses missions spéciales de « politique de peuplement[22] », introduisit un train de mesures et prépara ses hommes à ce qui allait venir. Il fallait « entamer lentement l'anéantissement de la population ennemie » et « dresser dans cette région un mur contre la slavité en implantant des agriculteurs allemands et d'origine allemande[23] », annonça-t-il en novembre 1941 à l'occasion d'une réunion des responsables à Lublin.

Le même mois, plusieurs milliers de personnes étaient expulsées par la violence de divers villages du district de Lublin, avec l'aide du commando SS spécial Dirlewanger, réputé pour sa brutalité, afin d'y concentrer les Allemands d'origine[24]. Dans le même temps, un expert du RuSHA attaché personnellement à Globocnik entreprenait un « examen rapide » de la population polonaise et de ses biens dans la région[25]. De plus, à partir de l'automne, Globocnik fit développer le système des bastions de la SS et de la police, sur lequel il travaillait déjà depuis 1940. Un tel avant-poste devait se composer de plusieurs propriétés agricoles, ainsi que des services de diverses branches de la SS et de la police, remplissant ainsi une double fonction : celle de base de départ pour la lutte contre les partisans et celle de poste avancé de la germanisation grâce à une production et une formation agricoles exemplaires dans les fermes.

En mars 1942, parallèlement à des mesures correspondantes dans les territoires annexés, la liste des peuples allemands, que nous avons déjà évoquée, fut élargie aux personnes d'origine allemande dans le Gouvernement général[26]. À peu près au même moment, cinq nouvelles commissions commençaient à fonctionner au sein du bureau central de l'immigration, dans le sillage de la « recherche du sang allemand » dans l'ensemble du Gouvernement général. Elles devaient enregistrer les Allemands d'origine y résidant et examiner les gens qui avaient été expulsés des régions annexées pour leur « infériorité » afin d'analyser leur « part de sang allemand ». Cette action dura jusqu'à l'automne 1943[27].

Du 18 au 20 juillet 1942, Himmler séjourna une fois de plus dans le district de Lublin, pour s'informer des progrès de la politique de germanisation. Peu de temps auparavant, il s'était convaincu, lors d'un passage à Auschwitz, que le massacre des Juifs d'Europe était effectivement en cours. À Lublin, il prit de nouvelles décisions portant sur la germanisation du district, en particulier pour l'installation d'Allemands d'origine à Zamosc et Lublin. Le 19 juillet, en compagnie de Krüger et Globocnik, il visita longuement le territoire prévu à cet effet. Il passa l'après-midi avec des colons allemands d'origine. Il s'intéressa particulièrement au déroulement des examens raciaux. On lui présenta, à sa demande, quelques familles représentant les différentes catégories d'évaluation[28]. Himmler profita d'ailleurs de l'occasion pour se tenir au courant de la situation de « l'action Reinhardt » – l'exécution des Juifs du Gouvernement général. C'est ce jour-là qu'il donna à Krüger l'ordre, que nous avons déjà cité, de veiller à ce que « l'évacuation de l'ensemble de la population juive du Gouvernement général soit terminée au 31 décembre 1942[29] ».

En novembre 1942, l'expérience de colonisation démarra à Zamosc, à la suite de recommandations détaillées d'Himmler. À ce stade, les habitants juifs de la région avaient déjà été assassinés. Il fallait maintenant déporter 50 000 Polonais, afin de faire de la place à environ 2 500 familles de colons, à peu près 10 000 personnes. Les Polonais, que les hommes de Globocnik expulsèrent de chez eux par la violence, transitèrent par un camp où les membres d'une antenne locale de l'Office central de l'émigration les classèrent dans les fameux quatre « groupes raciaux » : ceux qui se retrouvèrent dans les deux premiers groupes – une petite minorité – furent emmenés dans le Reich afin d'y être « regermanisés ». La plus grande partie fut utilisée comme main-d'œuvre forcée, dans le Reich ou sur place. De cette façon, les agriculteurs polonais devinrent les auxiliaires des colons allemands. Qui était catégorisé comme « inférieur » était envoyé à Auschwitz. Les inaptes au travail furent enfermés dans ce que l'on appelait des « villages de retraite », en réalité des camps de la mort. Le processus ne se déroula que lentement. À la fin du mois de juin 1943, les examinateurs raciaux n'avaient en réalité passé au crible que 50 000 personnes. La situation changea quand plusieurs actions « antipartisans » furent lancées dans la région. Le traitement réservé à la population polonaise devint encore plus brutal, tandis que la procédure d'examen était radicalement simplifiée et accélérée. En quelques semaines, le quota de 50 000 déplacés était pratiquement atteint[30].

L'Union soviétique

Le 17 juillet 1941, Himmler avait ordonné à Globocnik de mettre en place un réseau d'avant-postes de la SS et de la police dans les nouveaux territoires occupés à l'est. Cela aboutit à la création d'une autorité importante, dont les résultats furent maigres, par manque de ressources. Globocnik se cantonna donc de nouveau à la création de tels avant-postes dans le Gouvernement général[31]. Si Himmler avait espéré imposer des mesures de colonisation dans les régions orientales occupées en s'appuyant sur ses compétences dans le domaine policier, il avait échoué. Mais en septembre 1941 il avait fini par convaincre Hitler de lui subordonner les territoires soviétiques occupés en sa qualité de commissaire chargé de la consolidation de la nation allemande.

De plus, il s'était trouvé un autre point d'appui dans ce secteur afin d'asseoir sa position en Union soviétique : la « protection » des Allemands d'origine. Il avait déjà procédé de la même façon en Pologne et en Yougoslavie. Le commando spécial R (Russie), créé en juillet 1941 par ses soins sous le commandement du Brigadeführer Horst Hoffmeyer, mobilisa dans les régions où vivaient des Allemands d'origine une milice armée, ouvrit des écoles allemandes et nomma des hommes de confiance. Les études entreprises par le commando sur la « germanité de la mer Noire » permettent de conclure qu'à la fin de 1941 on considérait encore dans la SS que ces Allemands d'origine devaient être « ramenés dans le Reich » – comme, auparavant, les Allemands d'origine « expatriés » d'URSS. Cependant, en 1942, la politique de peuplement connut un tournant : les Allemands d'origine devaient désormais être rassemblés dans des bastions de colonisation et fournir un travail de pionniers dans le cadre de la germanisation[32].

Comme dans le Gouvernement général, à l'automne 1942, trois responsables de la race et du peuplement furent nommés auprès des HSSPF dans les territoires soviétiques conquis, chargés de préserver « le sang de valeur » et de contribuer à la colonisation future. Ils s'efforcèrent ainsi de mettre la main sur les grandes exploitations agricoles[33].

En août 1942, Himmler convoqua ses principaux collaborateurs pour la politique nationale à son quartier général en Ukraine. Étaient présents Meyer, Greifelt, Lorenz et Berger, ainsi que le HSSPF du sud de la Russie, Prützmann, et le secrétaire d'État au ministère de l'Intérieur Stuckart[34]. En Ukraine, où l'on trouvait 5 000 Allemands d'origine dans « environ 486 villages » qui, au début à la charge du VoMi, avaient ensuite été laissés tranquilles quand l'administration civile avait repris les choses en main, la « vie nationale » était « morte ». Afin de remédier à cette regrettable situation, il comptait confier la responsabilité de la minorité allemande aux HSSPF en créant des « bureaux allemands d'origine ». Plus tard, il ordonna de « rassembler » ces gens, d'abord une dizaine de milliers, dans les environs de Jitomir.

« Conformément à l'ordre du Führer, déclara Himmler aux participants de la réunion en leur dévoilant les projets d'Hitler pour les régions occupées, au cours des vingt prochaines années certaines parties de l'Ukraine seront totalement colonisées par des Allemands. » Partout, les colonies devaient être installées le long des principaux axes de communication – aux croisements, des villes de 15 à 20 000 habitants devaient être construites, entourées d'une « population rurale complètement allemande ». Les autres territoires devaient être peuplés au cas par cas. D'abord le Reichskommissariat Ostland, « en tenant compte de la capacité des Estoniens à être germanisés », tandis qu'en Lettonie il fallait « expulser à tout prix les Latgaliens » et qu'il était « hors de question d'envisager la germanisation des Lituaniens, très attardés et porteurs d'une part inouïe de sang slave ». Ensuite viendrait le tour de l'Ingrie, la région autour de Leningrad. Puis la Ruthénie blanche, ce qui serait relativement facile, car la population locale n'avait « aucune intelligence et aucune ambition politique », et enfin la Crimée.

Seuls les projets concernant l'Ukraine (et la Crimée) furent lancés. Mais il fallait pour commencer rassembler les Allemands d'origine qui vivaient dans le pays. Le commissaire du Reich Lohse, chargé de la « germanisation » par Himmler le 9 septembre 1942, avait immédiatement ordonné l'application locale de la liste des peuples allemands[35]. La population concernée fut répartie en trois groupes : premièrement ; les Allemands ; deuxièmement, les Allemands vivant en couple mixte avec leurs défauts (dans la mesure où ils se considéraient comme de race allemande et que leur famille faisait « bonne impression ») ; et troisièmement les gens d'origine allemande qui ne se sentaient pas membres de la germanité, ainsi que toute leur famille, et les orphelins de sang allemand. Les gens qui avaient le sentiment d'être de culture allemande mais qui seraient jugés « étrangers » et qui n'avaient pas de conjoint allemand ne seraient pas inclus sur la liste des peuples allemands. Ainsi, Himmler imposa en Ukraine aussi des lignes de démarcation raciale : être allemand, c'était une question de « sang », non de conscience[36].

En novembre 1942, Himmler, à l'issue d'un séjour en Crimée, confia au SSPF de la presqu'île, Heinze, la mission de préparer la colonisation de la région (y compris la Tauride voisine, entre l'embouchure du Dniepr et la mer d'Azov). Heinze créa donc un Office des Allemands d'origine, surnommé le commandement Crimée, branche du commandement R et rassemblant un total de quelque 10 000 Allemands d'origine. Puis il s'attela à la future colonisation du territoire[37]. En 1942, l'idée de transférer les Sud-Tyroliens en Crimée avait été abandonnée. En 1943, le commandement Crimée envisagea plutôt d'y installer les Allemands de Palestine internés par les Britanniques. Mais entre-temps la Wehrmacht se retrouva contrainte à la retraite, et quand il fallut quitter la presqu'île, à l'automne 1943, on évacua également les colons, que l'on transféra d'abord dans le Warthegau.

Le deuxième projet de colonisation fut lui bel et bien réalisé : l'installation de 30 000 Allemands d'origine (le chiffre était au départ de 43 000) dans le commissariat général de Jitomir, dans trois districts situés autour du quartier général d'Himmler à Hegewald[38]. Un commandement spécial du RKF, le Sonderstab Henschel, fut mis en place pour cette mission. De la mi-octobre à la mi-novembre 1942, il procéda à l'expulsion de près de 15 000 Ukrainiens de la zone à coloniser, à Hegewald et Försterstadt (près de Tcherniakhiv), et y implanta plus de 10 000 Allemands d'origine. Himmler manifesta un vif intérêt pour l'affaire. Le 20 octobre, en compagnie d'un groupe de responsables SS – dont son ami, l'écrivain Johst, le « barde de la SS », et l'ancien employeur d'Himmler, Alois Rehrl, de Fridolfing, devenu depuis SS-Obersturmführer et en visite pour quelques jours –, Himmler entreprit une « tournée des villages allemands d'origine » depuis son quartier général. Johst et Rehrl se rendirent également quelques jours plus tard en Crimée avec Himmler, pour visiter des colonies du même type[39].

Mais en 1943 la politique de colonisation allemande se retrouva sur la défensive dans le commissariat général de Jitomir : le Sonderstab avait maintenant essentiellement pour mission d'évacuer les Allemands d'origine des zones menacées par les partisans et des colonies trop éloignées. En fait, il était prévu de les installer dans deux autres districts proches de Jitomir, mais même cela s'avéra impossible, entre autres parce que la poursuite de l'expulsion des Ukrainiens à grande échelle semblait inopportune, tant la situation était tendue. Pour finir, 30 000 Allemands d'origine aménagèrent dans les territoires de colonisation de Hegewald et Försterstadt, tandis que quelques milliers étaient transférés sur un troisième site, à Kalinovka. La colonisation était un fiasco. En dehors de quelques jardins, il avait été généralement impossible de fournir des terres aux colons. Au lieu de cela, on les utilisa comme main-d'œuvre pour des grands travaux. Beaucoup vivaient dans des camps. À la fin de 1943, les colonies furent abandonnées et les Allemands d'origine durent faire le long voyage jusque dans le Warthegau[40].

La France

Durant l'été 1942, l'attention d'Himmler se reporta tout particulièrement sur l'Alsace et la Lorraine. Le grand ordonnateur des déplacements de population du Reich voulut d'abord expulser de ces régions ceux qui seraient indésirables dans un futur grand empire germanique. Les Gauleiter Wagner et Bürckel, respectivement administrateurs civils de l'Alsace et de la Lorraine, souhaitaient froidement chasser ces gens dans les territoires occupés à l'est – sans tenir compte du fait qu'Himmler avait lancé là-bas des projets pilotes qui reposaient sur une sélection raciale minutieuse. Pour lui, seuls des « éléments germaniques » véritables pouvaient être candidats à la colonisation, et non de quelconques « inférieurs » comme ceux dont Wagner et Bürckel voulaient se débarrasser. Mais il eut du mal à s'imposer face aux Reichsstatthalter.

En 1940, il avait dû s'incliner quand Bürckel avait déporté 80 000 personnes de Lorraine en France tout en dressant des obstacles considérables à l'installation d'Allemands du Reich et d'origine. Mais la situation avait changé à l'automne 1941. Car en septembre Bürckel (qui occupait les fonctions de représentant officiel du commissaire du Reich chargé de la consolidation de la nation allemande en Lorraine) avait nommé le HSSPF Theodor Berkelmann responsable de la colonisation de la Lorraine, ce qui revenait pratiquement à céder ses compétences dans ce domaine à Himmler. Il tirait ainsi les conséquences du fait que sa politique d'implantation – il avait principalement fait appel à des gens venus de son Gau de Sarre palatine – avait pour l'essentiel échoué[41].

Berkelmann entreprit donc une étude exhaustive de la composition raciale de la population lorraine, sur le modèle de la liste des peuples allemands. En octobre 1941, la Lorraine fit l'objet d'un « examen d'aptitude » raciale[42]. Mais son désir de mener une politique de peuplement soigneusement préparée selon des critères raciaux se heurta au plan de Bürckel, qui espérait pouvoir transférer 40 000 Lorrains en Ukraine, requête qui avait obtenu l'approbation personnelle d'Hitler en août 1942[43].

Le chef de la direction du commissariat à la nation, Greifelt, réagit avec la plus grande irritation à « l'évacuation massive et immédiate » qu'entraînait l'initiative de Bürckel, et qui risquait de compromettre la politique de peuplement tant en Lorraine qu'en Ukraine. Mais Himmler l'incita au calme : « On ne peut rien y changer. Ainsi en a décidé le Führer[44]. »

Himmler s'entendit avec Bürckel pour que les Lorrains jugés « racialement inférieurs et asociaux » émigrent en France, de même que les parentes de Lorrains se trouvant en France, si elles « ne sont plus en âge de porter des enfants ou si elles sont racialement inférieures ». Cela valait également pour les parents masculins, s'ils n'étaient plus en mesure de porter les armes. Les Lorrains qui choisissaient de refuser la nationalité allemande se voyaient généreusement offrir de partir en France, mais cela comportait un inconvénient : « Les Lorrains qui se prononcent pour l'émigration en France ont jusqu'au samedi de cette semaine pour se présenter dans les centres de rassemblement, sous peine d'être ensuite déportés en camps de concentration en tant qu'éléments communistes[45]. »

Comme tant d'autres « projets de repeuplement » grandioses, le plan qui prévoyait d'installer 40 000 Lorrains en Ukraine ne vit finalement pas le jour à cause de l'évolution de la situation sur le terrain, si bien que l'équipe d'Himmler dut s'en tenir à ses idées initiales. En février 1943, 10 000 Lorrains sélectionnés lors de tests raciaux furent « transférés », la plupart sur le territoire du Reich. En mai suivant, 8 000 d'entre eux se trouvaient encore dans les camps du VoMi[46].

En Alsace, où, jusqu'à la fin 1940, le Gauleiter Wagner avait déporté environ 100 000 personnes vers la zone libre, l'influence d'Himmler se fit progressivement sentir dans la politique de peuplement durant la deuxième moitié de 1941. La condition préalable en avait été l'établissement d'un Bodenamt à Strasbourg[47]. Le 19 mars 1942, Robert Wagner informa Heinrich Himmler qu'il avait obtenu récemment l'autorisation d'Hitler pour un « nettoyage définitif » en Alsace. La date n'était pas encore fixée, mais « tous les inutiles et les inférieurs » devaient « disparaître du pays ». C'était à Hitler qu'il revenait de décider, « en fonction de la situation politique », si « de tels éléments » devaient « être expulsés en France ou installés dans les grands espaces à l'est »[48].

Trois mois plus tard, dans une lettre adressée à Wagner, Himmler revint sur la question. Fondamentalement, il était bien sûr du même avis que Wagner, il fallait « nettoyer l'Alsace des éléments douteux de toutes sortes ». Mais ceux-ci ne devaient absolument pas être « évacués dans l'espace oriental », car l'Est était « pour nous considéré comme un espace de colonisation germanique pour les éléments de valeur sur le plan racial », et ne devait donc pas servir de « colonie pénitentiaire ». Et, suggéra Himmler, si l'on déportait « n'importe quels éléments » vers la France, on courait le risque « que les Français, de cette façon, puissent profiter de gens de sang allemand et ainsi procéder à la reconstitution du peuple français[49] ».

Dans l'idée d'Himmler, le traitement des « éléments indésirables » était fondamentalement un problème racial. Parmi les adversaires politiques du Reich, on pouvait croiser du « sang germanique » de valeur qui, en France comme dans les territoires occupés à l'est, risquait de subir des dommages à long terme. Wagner s'était approprié cette vision d'Himmler et avait élaboré une solution qui devait à la fois libérer son fief des « indésirables » et éviter la perte redoutée de « sang de valeur ». Les gens « de valeur sur le plan racial » devaient être transférés dans le Reich et les « inférieurs » vers la France.

Le 7 août 1942, ce principe fut approuvé par les représentants des différents services de la SS chargés de la politique de la nationalité, qui s'étaient réunis à Berlin afin de décider de « directives sur le traitement des Alsaciens déplacés » en se fondant sur les propositions détaillées de Wagner. Ce dernier avait établi une liste exhaustive des « inférieurs » dont il comptait se débarrasser à l'occasion d'une « deuxième action d'expulsion » (la première avait eu lieu en octobre 1940) : « Nègres et métis de couleur, Tziganes et leur progéniture, Juifs à partir des demi-Juifs, sang-mêlé juifs », puis « les étrangers et leur progéniture », les « locuteurs de patois[50] », « les asociaux » ainsi que les « malades mentaux incurables[51] ».

Deux jours plus tard, le 9 août, Himmler rencontra Hitler d'abord au quartier général du Führer, plus Wagner et Bürckel, avec Gustav Simon, chef de l'administration civile du Luxembourg, Stuckart, le secrétaire d'État au ministère de l'Intérieur, Ribbentrop et Keitel, afin de débattre des principes de la politique de la nationalité à l'ouest[52]. Hitler, rapporta ensuite Bürckel, avait à cette occasion décrété que les « asociaux », les « criminels », « tous les inférieurs » et « tout ce qui, par le sang, ne nous appartient pas » devaient être expulsés vers la France. Et « tout ce qui, par le sang, appartient au peuple allemand et ne doit pas aller en France [...] – sans tenir compte de leur engagement politique ou autre – doit être réimplanté dans le Reich, dans la mesure où ces composantes de la population ne peuvent rester en Alsace[53] ». Mais l'heure n'était pas à des actions plus ambitieuses, avait précisé Hitler. On pouvait cependant envisager des actions plus modestes (dans des « cas particuliers »).

Par son influence sur Wagner, Himmler avait donc réussi à amener Hitler à réviser son comportement initial, favorable à un déplacement des « inférieurs » à l'est. Il fallait désormais procéder d'abord à un examen racial, et rediriger les déportations vers la France. Ce n'était pas qu'une question de géographie. Himmler avait expliqué ses principes à son Führer. Pour déterminer l'appartenance au peuple allemand, seuls comptaient désormais des critères raciaux (examinés au cas par cas par les experts de la SS), et non plus la loyauté politique, la langue ou l'appartenance culturelle. Un habitant d'Alsace germanophone, qui se sentait « allemand » et était loyal envers le Troisième Reich pouvait malgré tout être déporté vers la France en tant que « racialement inférieur », tandis qu'un opposant francophone à la politique allemande et se définissant comme français, s'il était jugé de façon positive par les examinateurs raciaux, pouvait être transféré vers le Reich en tant que « regermanisable ». C'était précisément ce groupe, qui résistait avec acharnement à l'octroi de la « germanité », qui suscitait l'intérêt particulier des examinateurs, car ils attribuaient cette volonté à la présence de sang nordique[54].

En ce qui concerne la France, Himmler poursuivait également d'autres objectifs. Le 12 avril 1942, il déclara, à la table d'Hitler, qu'il fallait « chaque année passer au crible la population germanique de France. On devrait veiller à ce que les enfants de cette couche de population soient placés dès le plus jeune âge dans des internats allemands, afin de les détourner de leur nationalité française, due au hasard, et les réorienter vers leur sang germanique et leur appartenance au grand peuple germanique[55] ».

Le recensement des Allemands d'origine et des gens d'origine allemande avait déjà commencé depuis un certain temps en France[56]. En 1940, le commandant en chef des forces d'occupation à Paris avait ouvert un Office de consultation pour les retours qui, jusqu'en mai 1941, avait répertorié 74 000 Allemands d'origine résidant en France[57]. En juin 1941, Heydrich installa en outre une dépendance de l'EWZ à Paris, chargée non seulement d'enregistrer les Allemands ethniques, mais aussi d'examiner leurs qualités raciales. Le bureau – pour lequel Himmler émit des directives particulières – était dirigé par Lambert von Malsen-Ponickau, qui était en même temps responsable de l'EWZ de Lodz. À la fin de 1944, près de 20 000 personnes avaient été examinées en France, puis réinstallées en Alsace, en Lorraine, dans le Reich et les régions annexées de Pologne[58]. Ces résultats restèrent très en deçà des espérances de la SS : « Le tableau racial d'ensemble des émigrés de retour en février ne peut être décrit que comme mesuré », notait par exemple l'office parisien dans son rapport mensuel correspondant en 1942[59].

Dans le nord de la France, les experts raciaux tombèrent en revanche sur un groupe plus important, d'environ 15 000 personnes originaires de Pologne, qui avaient vécu un certain temps en Allemagne, la plupart dans la Ruhr, puis avaient immigré en France après la Première Guerre mondiale, où elles se présentaient comme des Allemands d'origine. En 1943, ils furent soumis à un « filtrage spécial », et 5 000 d'entre eux furent inscrits sur la liste des peuples allemands. En mars 1943, Himmler donna son accord à leur naturalisation. Cette décision ne fut cependant pas motivée par le fait que ces gens se considéraient personnellement comme allemands, mais parce que, bien que leurs ancêtres soient venus de Pologne, ils avaient prouvé, en résistant aux migrations, qu'ils incarnaient une sélection raciale, et qu'ils disposaient de racines « germaniques[60] ».

Couples interdits et « germanisation » dans le Reich

La politique de germanisation d'Himmler ne se cantonnait pas seulement aux projets de colonisation. Dans le sillage de la guerre contre l'URSS, une idée s'imposa de plus en plus à lui : on devait pouvoir encore trouver des vestiges génétiques de peuples allemands disparus dans la population « inférieure » en Union soviétique, vestiges qui, grâce à de nouveaux croisements avec des personnes « germaniques », redeviendraient fertiles. Le besoin monstrueux en hommes qu'impliquait la future réorganisation de l'Est fit que la définition de la « germanité » bénéficia à l'occasion de certains assouplissements.

Himmler envisageait parfois d'englober toute la main-d'œuvre déportée de l'Est dans son processus de regermanisation[61]. Toutefois, un obstacle se dressait pour réaliser ce projet : les travailleurs déportés en Allemagne ne pouvaient être examinés dans le cadre de leur famille – ce qui était décisif pour obtenir une « impression d'ensemble », comme le répétait régulièrement Himmler. Le processus de regermanisation de la main-d'œuvre de l'Est ne fut donc appliqué que dans certains cas particuliers, avant d'être définitivement interrompu en septembre 1944[62]. Dans cette « sélection rudimentaire » afin de déterminer leur « aptitude à la regermanisation », ce furent surtout des ouvriers agricoles soviétiques qui furent examinés, du moins ceux qui étaient appelés à servir dans des fermes allemandes. Cela s'expliquait par la peur que la paysanne allemande ne soit « mise en danger » sur le plan biologique[63].

L'analyse raciale des employées de maison venues d'Europe orientale connut un autre développement. En octobre 1941, Himmler avait déjà ordonné de déporter dans le Reich en tant que servantes de jeunes Polonaises, Ukrainiennes et Baltes, après les avoir soumises à un examen racial méticuleux, s'il s'avérait à cette occasion qu'elles étaient « regermanisables[64] ». Elles devaient ainsi décharger les ménagères allemandes, lesquelles auraient alors davantage le loisir de procréer. Si ces jeunes filles, comme Himmler le déclarait en juillet 1941, « ont travaillé trois à cinq ans, selon leur âge, de façon irréprochable en tant que servantes, cuisinières ou gouvernantes dans une famille de trois enfants ou plus, ou une famille qui a un enfant et où la mère en attend déjà un deuxième, elles recevront la nationalité allemande et en outre l'autorisation d'être épousée par un Allemand.

Il faut faire comprendre à la jeune fille qu'en fonction de son attitude et de son comportement, sa famille aussi pourrait être examinée, plus tard, et avoir la possibilité de venir en Allemagne et d'y être germanisée[65] ».

Pourtant, seuls 3 à 5 % de ces jeunes filles d'Europe de l'Est que les privilégiés réclamaient régulièrement au RuSHA satisfaisaient aux critères raciaux[66]. Puisque la « capacité de regermanisation » de ces jeunes filles avait été surestimée, une autre solution fut envisagée en 1942. Il faudrait étendre cette quête aux territoires soviétiques occupés, essentiellement à l'Ukraine et à la Biélorussie, et les critères raciaux seraient assouplis. Il ne s'agissait plus donc de retrouver d'éventuels candidats à la regermanisation, mais plutôt de procéder à une « sélection rudimentaire », afin d'écarter principalement les personnes « primitives ». Les jeunes filles du groupe racial III étaient maintenant considérées comme acceptables, mais toute naturalisation ultérieure était exclue. Conformément à ces nouvelles conditions, 50 000 jeunes filles supplémentaires furent déportées vers le Reich[67]. Les risques biologiques présumés que représentaient ces jeunes filles employées dans des foyers allemands étaient généralement jugés moins aigus que ceux que couraient des paysannes allemandes seules face aux ouvriers agricoles soviétiques.

En ce qui concernait les relations sexuelles strictement interdites entre Allemands et « étrangers », Himmler revint sur les sanctions rigoureuses et sans exception qu'il avait prévues à l'origine, et ordonna de procéder de façon plus nuancée. Il fallait désormais effectuer une analyse « raciale » de « l'étranger » impliqué et s'assurer qu'aucun « sang de valeur » ne soit perdu. À partir de 1941, il ne fit plus immédiatement exécuter les travailleurs forcés arrêtés pour « relations sexuelles », mais exigea qu'ils soient soumis au préalable à un examen racial. Si ce dernier donnait un résultat positif, ils étaient envoyés en camp de concentration[68]. Les Allemandes qui tombaient enceintes des œuvres de travailleurs civils étrangers ou de prisonniers de guerre devaient elles aussi se soumettre à un test racial. Selon les conclusions de l'analyse, le RSHA pouvait ordonner un avortement[69].

À partir de 1941, les travailleuses déportées de l'Est qui se retrouvaient enceintes devaient également subir un examen racial. Si le futur enfant était jugé « de bonne race », la mère devait le garder, mais il lui serait pris à la naissance, puis confié à une famille allemande d'adoption. Si l'enfant était « racialement indésirable », la mère était poussée à avorter – si besoin était par la force. Si, malgré tout, les enfants « indésirables » venaient au monde, ils étaient placés dans des « centres pour enfants étrangers » où la plupart mouraient faute de soins. En tout, on évalue le nombre des victimes à quelques dizaines de milliers de nourrissons[70].

Au printemps 1942, les dangers « raciaux » engendrés par la déportation massive en Allemagne de gens venus d'Europe de l'Est, et les nombreuses réglementations particulières mises en place soit pour éliminer ces risques, soit pour filtrer le « bon sang », semblent avoir amené Himmler à décider d'un changement radical dans la politique raciale. En mars 1942, en sa qualité de commissaire à la Nation, il fit remplacer le terme « congénérique », qui servait jusqu'alors dans la terminologie raciale nazie à décrire les peuples non allemands d'Europe. Le principe congénérique reposait sur la « condition [...] que la structure raciale de tous les peuples européens [soit] si étroitement liée à celle du peuple allemand que le sang allemand ne courrait pas le danger d'un abâtardissement par le métissage ». Rien n'était plus faux, affirma Himmler : le danger d'un « métissage racial » était tout aussi présent dans le contexte européen, en particulier dans les relations avec la « slavité ».

Dans une ordonnance qu'il émit en conséquence, il fit savoir qu'au cours d'une réunion des instances du parti concernées à la Chancellerie du NSDAP il avait été décidé « immédiatement » de subdiviser le concept « congénérique » (du moins jusqu'à ce qu'une loi raciale complète puisse être votée après la guerre) : d'une part entre le « sang allemand et de même souche (germanique) » (auquel appartenaient également les membres des peuples « non germaniques » « regermanisables », c'est-à-dire ceux qui présentaient des « éléments raciaux nordiques et phaliens »), et d'autre part le « sang congénérique – de souche différente », ce qui englobait tous les peuples non germaniques d'Europe (les Slaves, les Latins, les Celtes, les Baltes)[71].

Avec cette modification du lexique, Himmler introduisit une politique qui autorisait les Allemands à avoir des relations sexuelles uniquement avec d'autres Allemands et des « Germains ». Au début, l'interdit porta surtout sur les relations avec les Slaves, mais il est certain que son ordonnance avait pour but de proscrire également toute relation sexuelle entre les Allemands et les gens d'origine latine, balte ou celte.

Les rapts d'enfants

La SS ne se contentait pas de soustraire les enfants « de bonne race » aux travailleuses déportées en Allemagne. Elle les déporta aussi par dizaines de milliers depuis les régions occupées et annexées. L'historienne Isabel Heinemann, qui a étudié en détail les activités du RuSHA, estime qu'au moins 50 000 enfants auraient ainsi été enlevés en Europe de l'Est et du Sud-Est[72].

En 1942, la direction du commissariat du Reich pour la consolidation de la nation allemande en prit l'initiative. Elle appela les autorités concernées dans le Warthegau à passer au crible les orphelinats pour y trouver des enfants d'origine allemande, puis de faire de même avec tous les enfants adoptés[73]. Les enfants furent d'abord rassemblés dans un centre afin d'y être examinés, puis ils furent pris en charge par le Lebensborn. Les plus âgés furent inscrits dans des « pensionnats allemands », les plus jeunes proposés à l'adoption par des familles SS. Peu à peu, cette action s'étendit aux autres régions annexées de Pologne, au Gouvernement général et aux territoires occupés en URSS.

Dès le 18 juin 1941, Himmler avait abordé la question avec le Reichsstatthalter du Warthegau, Arthur Greiser : « Il est selon moi parfaitement normal de rassembler les jeunes enfants de bonne race de famille polonaise et de les élever dans des foyers et des crèches de dimensions raisonnables. Il faut justifier cette récupération des enfants en invoquant des dangers sanitaires. Les enfants qui ne s'adapteront pas seront rendus à leurs parents[74]. » Rudolf Creutz, l'adjoint de Greufelt, émit quelques réflexions allant à l'encontre de cette proposition, se référant aux « enfants de bonne race de parents polonais encore en vie ». Une telle action pouvait susciter de « grandes difficultés[75] ». Il semble effectivement que l'idée d'Himmler, qui préconisait d'arracher des enfants à leur famille encore intacte, n'ait pas été systématiquement mise en application. Toutefois, dans un nombre de cas impossible à chiffrer avec précision, ce fut bel et bien ce qu'il advint[76].

En ce qui concernait l'Union soviétique, Himmler, dès juillet 1941, avait confié à Guntram Pflaum, le directeur du Lebensborn, la charge des enfants allemands d'origine « racialement de valeur ». À Bobrouïsk, Himmler ouvrit un foyer où il rassembla des enfants « de bonne race » afin de les faire adopter en Allemagne[77]. Mais ces enfants n'étaient pas seulement d'origine allemande. Il s'agissait aussi d'enfants « racialement de valeur » issus de familles biélorusses, et très vite le foyer n'accueillit plus seulement des orphelins. En Ukraine, des enfants « sans parents » furent eux aussi regroupés dans des camps et soumis à un examen racial[78]. Pendant l'automne 1941, à l'occasion d'une tournée dans le Reichskommissariat Ostland, Himmler avait en outre recommandé de regrouper les enfants de parents déportés par les Soviétiques, d'établir leur « aptitude à la germanisation » et le cas échant de les transférer dans le Reich[79].

Dans le Gouvernement général, sur ordre d'Himmler, les gens d'origine allemande qui ne voulaient pas être inscrits sur la liste des peuples allemands étaient passibles de sanctions. Ils risquaient d'être envoyés en camp de concentration tandis que la garde de leurs enfants leur serait retirée[80]. En outre, au moins 4500 enfants polonais de la région de Zamosc, dont les parents avaient été « déplacés », autrement dit envoyés aux travaux forcés ou à Maïdanek, furent déportés en Allemagne[81].

Pour Himmler, toute cette affaire était d'une grande simplicité. « Nous avons pour mission, martela-t-il devant les SSPF du sud de la Russie le 16 septembre 1942, de récupérer ce qui est de bonne race[82]. » Et lors de la réunion des Gruppenführer du 4 octobre 1943 à Poznan, il se prononça clairement en faveur du rapt d'enfants. « Tout ce qui, dans les peuples, porte trace du bon sang de notre race, nous le récupérerons, si besoin est en leur prenant leurs enfants et en les élevant chez nous[83]. »

Cela valait également pour les enfants de partisans tués ou arrêtés (ou de gens soupçonnés de telles activités)[84]. Le cas le plus connu est l'action barbare dont fut victime le village de Lidice. Dans le cadre de l'action de représailles pour l'attentat contre Heydrich, on rassembla d'abord les 88 enfants dont les pères avaient été fusillés et les mères déportées dans un camp de concentration dépendant de l'Office central de l'émigration de Lodz. 7 y furent alors sélectionnés comme étant « germanisables », les 81 autres étant envoyés dans le camp d'extermination de Chelmno où ils furent assassinés[85].

Peu après, le 25 juin 1942, Himmler émettait ses « directives pour la mise en œuvre de l'action contre les partisans et autres bandits en Carniole et Basse-Styrie ». Il y énonçait sans détour que les « hommes d'une famille coupable, voire, dans bien des cas, toute la parentèle, doivent être exécutés, les femmes de ces familles être incarcérées puis déportées en camp de concentration, les enfants être éloignés de leur patrie et rassemblés sur le territoire du Reich. Je tiens à être informé du nombre et de la valeur raciale de ces enfants[86] ».

Le 6 janvier 1943, il ordonna que, dans le cadre des « actions contre les bandits », les hommes et les femmes « soupçonnés d'appartenir aux bandes » soient à l'avenir déportés dans les camps de Lublin et d'Auschwitz, et leurs enfants placés dans des « camps de rassemblement pour enfants et adolescents ». Là, ils devaient faire l'objet d'un « examen racial et politique » qui prouve que tout enfant qui ne comprenait pas dans quelle situation il se trouvait et était donc incapable un jour de commettre un acte de vengeance pouvait lui aussi être candidat à la « germanisation[87] ».

Il existait une autre catégorie d'« enfants germaniques » auxquels Himmler entendait ne pas renoncer, ceux des soldats allemands dans les pays occupés[88].

Cela valait particulièrement pour les pays « germaniques ». Les experts du RuSHA entreprirent d'examiner les enfants nés aux Pays-Bas et en Norvège, et le Lebensborn participa à ces analyses à partir de 1942-1943. Rien qu'en Norvège, le Lebensborn gérait six centres d'accouchement, où quelque 6000 de ces enfants de l'occupation auraient vu le jour.

Mais même les enfants de soldats allemands et de femmes russes éveillaient les appétits d'Himmler, en particulier parce que ces naissances étaient supposées avoir lieu en grand nombre. Et, si les mères étaient théoriquement des « étrangères de race inférieure », le patrimoine génétique transmis par le géniteur était censé donner des résultats passables[89]. Hitler aurait attiré son attention sur le fait, déclara le Reichsführer-SS devant les SSPF de Russie du Sud en septembre 1942, qu'« en Russie près de un à 1,5 million d'enfants ont été engendrés par des soldats allemands ». Peut-être y en avait-il moins, concéda-t-il, « mais le chiffre de plusieurs centaines de milliers à près d'un million est sûr ». Ces enfants représentaient « pour le peuple russe, qui subit aujourd'hui des pertes terribles, un apport sans précédent, tant en nombre que, surtout, sur le plan de la qualité raciale ». C'est pourquoi Hitler lui aurait fait savoir que « nous, les SS, devons avant tout établir où se trouvent tous ces enfants, afin de les examiner. Les enfants de bonne race et en bonne santé seront retirés à leurs mères et emmenés en Allemagne ou, si les mères sont de bonne race et en bonne santé, nous les emmènerons aussi ».

Les « enfants de race inférieure » étaient en revanche abandonnés à leur sort. « Je dois dire que c'est malgré tout regrettable. Car même l'enfant né d'une liaison entre un Allemand et une Russe de race inférieure constitue une amélioration pour les Russes. Car nous ne savons pas ce qui surgira soudain de la troisième, quatrième, cinquième, sixième ou septième génération issue de son sang, si elle entre en contact avec des éléments de même sang. » D'après une autre transcription de ce discours, il avait déjà une solution toute prête pour cette éventualité : il parlait d'« effacer » la descendance indésirable[90].

Il semble qu'Hitler et Himmler aient largement surestimé la virilité des soldats allemands stationnés à l'est. D'après des estimations réalistes, il semblerait que l'on ne puisse parler que de 10 à 11000 enfants nés de soldats allemands et de femmes vivant dans les régions occupées à l'est[91]. Dans ces cas-là aussi, le RuSHA intervint dans la procédure d'examen racial, les enfants étant confiés à la NSV, l'assistance sociale national-socialiste. Dans toutes les régions occupées par l'Allemagne, plus de 10000 enfants de soldats allemands auraient été pris en charge par la NSV[92].

Examen racial : de la méthode dans l'arbitraire

Comme nous l'avons vu dans les paragraphes précédents, en 1941-1942, Himmler assouplit les critères raciaux. Le processus d'examen s'accommoda fort bien de cette flexibilité. Car, chez la plupart des gens qu'ils étudièrent, les experts de la race diagnostiquèrent un « mélange des principales races » européennes telles qu'elles avaient été définies par la « science raciale ». On avait donc affaire à des gens de différents « éléments raciaux », qu'ils soient « nordiques », « phaliens », « méditerranéens », « dinariques », « orientaux » ou « baltes de l'Est ». Pour satisfaire aux critères raciaux, il suffisait de déterminer un élément « nordique » ou que les autres composants soient « équilibrés », même si l'élément nordique manquait. Un candidat n'était donc jugé de façon négative que si l'examinateur démontrait (ou supputait) des influences « slaves », « négroïdes », « orientales » (juives) ou autrement « étrangères », ou si les éléments européens ébauchés aboutissaient à un aspect « déséquilibré », par conséquent si le sujet était trop « dinarique », « oriental » ou « balte de l'Est[93] ».

Cela suffit à mettre en lumière le caractère arbitraire de toute la procédure et l'absurdité de la prétendue science raciale qui s'exprimait ainsi. Si la grande majorité des candidats était considérée comme « métissée », il était impossible de définir clairement la population allemande en fonction de critères raciaux, pas plus qu'il n'était possible de définir ce qui la distinguait par rapport aux peuples voisins. Les différences apparentes entre les personnes étudiées n'étaient pas acceptées comme autant de variations. On s'efforçait au contraire de les attribuer à des « types idéaux » précis qui, sous leur forme pure – le type « nordique », « dinarique », etc. –, n'existaient que dans les fantasmes des théoriciens de la race. Car la science raciale reposait sur la thèse que les hommes du XXe siècle pouvaient être classés en fonction de races « originelles » préhistoriques – une représentation encore de l'ordre de la mythologie de l'histoire plutôt que de l'anthropologie.

L'arbitraire des examens raciaux ne se reflétait pas seulement dans ces résultats, il imprégnait l'ensemble du processus. Car finalement c'était « l'aspect général » du candidat qui jouait un rôle décisif, l'impression immédiate qu'avait l'examinateur lors de l'analyse, à laquelle s'ajoutaient le contexte familial (on étudiait de préférence toute la famille), l'origine géographique, les convictions religieuses, la nationalité ainsi que l'éventuelle appartenance au NSDAP, le tout étant consigné sur les questionnaires raciaux. Or, les critères biologiques eux-mêmes étaient sujets à l'interprétation. Si la nature de la morphologie (« trapu ») et la pilosité (« très marquée ») étaient synonymes de qualités raciales douteuses, ces défauts pouvaient cependant être compensés par le critère de la « posture rigide ». Au bout du compte, il était presque toujours possible d'obtenir la « preuve » plus ou moins nette, à partir de la multiplicité des critères, d'un aspect général « positif » (voire « négatif ») compensant la présentation quelque peu « métissée » du candidat.

Himmler lui-même, s'il avait été soumis à un examen, aurait été classé dans la moyenne raciale. La forme de son visage était ronde plutôt qu'ovale, son nez large plutôt que fin, sa posture « molle » plutôt que « rigide », et son menton aurait été considéré comme un critère particulièrement négatif lors d'un examen racial, rangé dans la catégorie « fuyant ».

La « loi de fer de la nation » : recrutements dans la Waffen-SS

Pour Himmler, l'été 1942 fut une période extraordinairement prometteuse – il réussit à englober toute l'Europe dans son entreprise de massacre systématique des Juifs, tout en mettant en branle la politique de colonisation – et le Reichsführer-SS parvint à réaliser des progrès importants dans un autre domaine : le développement de la Waffen-SS. Il élargit considérablement la base de recrutement de ses unités armées tant en Allemagne qu'à l'étranger.

En mai 1942, Himmler avait convaincu Hitler de créer un corps d'armée SS sous le commandement du général de la Waffen-SS Paul Hausser, corps composé des divisions Leibstandarte, Das Reich et Totenkopf. Ces trois unités furent retirées du front puis repliées à l'ouest, afin de regonfler leurs effectifs et de les doter de nouveau matériel, et de pouvoir ainsi les transformer en divisions de Panzergrenadiers. À la fin de l'année, le corps d'armée devint un corps blindé SS[1]. Ainsi, Himmler rassembla sous un commandement unique ses divisions les plus puissantes. Et jusqu'à la fin de la guerre les divisions SS furent de plus en plus souvent utilisées comme des « pompiers » quand une crise se déclarait sur l'un ou l'autre front. Leur déploiement, toujours signe de lourdes pertes, contribua à renforcer le mythe de la Waffen-SS troupe d'élite.

En août 1942, Himmler obtint enfin que le maréchal Keitel, le chef de l'OKW, multiplie par trois le quota de la SS par rapport à ce qui avait été promis en 1924. Cette mesure permit à la SS de former de nouvelles divisions. En septembre 1942, Himmler ordonna la transformation de la brigade de cavalerie SS en 8e division de cavalerie SS « Florian Geyer[2] ». En décembre, il autorisa la mise en place de nouvelles divisions SS allemandes, qui composèrent un deuxième corps d'armée SS en 1943.

Dès 1940, la Waffen-SS avait également – nous l'avons vu – entrepris de recruter à l'étranger, dans les pays dits germaniques et parmi les minorités allemandes d'origine de l'Europe du Sud-Est. Avec l'intervention du Reich dans les Balkans et l'offensive contre l'Union soviétique, présentée par la propagande comme une croisade de l'Europe civilisée contre le « bolchevisme », la situation se modifia. Pour cette guerre présumée contre le bolchevisme, il s'agissait désormais de chercher partout des alliés. Puisqu'Himmler considérait les mesures de recrutement parmi les minorités allemandes de l'Europe du Sud-Est et dans les pays occupés du nord et de l'ouest de l'Europe comme annonciatrices du futur grand empire germanique et du nouvel ordre qui, à l'issue de la guerre, serait imposé au continent, la politique d'enrôlement de la Waffen-SS appartenait au même contexte que les autres ambitions d'Himmler dans le domaine racial et en politique étrangère. Les nombreuses entrées à ce sujet dans son calendrier de service montrent à quel point les questions du recrutement et de l'équipement de la Waffen-SS le préoccupaient. Ces affaires revenaient très fréquemment dans ses « présentations au Führer[3] ».

Légions nationales

Outre les deux ressources, déjà évoquées, que s'était assurées la Waffen-SS à l'étranger – les Allemands d'origine et les volontaires « germaniques » –, en 1941, Himmler s'intéressa à un troisième groupe relativement réduit : les volontaires venus de certains pays occupés ou alliés, qui devaient être rassemblés dans des « légions » nationales. Le 29 juin 1941, Hitler en approuva le principe[4].

Après avoir négocié avec la Wehrmacht, il fut entendu que la Waffen-SS créerait des légions de Norvégiens, de Néerlandais, de Suédois, de Danois et de Flamands, tandis que le bataillon de volontaires finlandais formé dès le début de 1941 serait maintenu. Dans le même temps, la Wehrmacht recruterait des unités croates, espagnoles et françaises. Bien que les légionnaires de la Waffen-SS aient été aussi majoritairement originaires de pays « germaniques », on veillait à les distinguer des véritables volontaires « germaniques » de ces pays. Ils n'étaient pas considérés comme des membres de la SS, n'avaient donc pas à satisfaire aux critères de sélection raciaux et n'étaient pas soumis à l'ordre sur le mariage. Il s'agissait de légionnaires étrangers au service de l'Allemagne. L'idée de ces légions était clairement de souligner la participation du pays concerné à la « croisade » commune contre le bolchevisme sous des auspices nationaux ; alors que l'idée des volontaires « germaniques » répondait à un souci d'intégration.

Dès le début, pourtant, les légions se heurtèrent à des obstacles. La légion suédoise ne fut tout simplement pas créée[5]. Au Danemark, où le recrutement était confié aux nationaux-socialistes danois, la SS commença par mettre en place en juillet 1941 ce que l'on appela le corps franc « Dänemark », et à la fin du mois elle pouvait déjà envoyer 600 volontaires en formation en Allemagne[6]. En avril 1941, des Néerlandais et des Flamands avaient été prélevés sur les effectifs du régiment Nordwest pour constituer l'ossature des légions « Flandern » et « Niederlande[7] ». À la fin du mois de juillet, la direction centrale de la SS ordonnait la création de la légion « Norwegen[8] ». Quand les hommes achevèrent leur formation à la fin de 1941, aucune des légions n'avait cependant encore atteint la force d'un régiment[9]. Jusque-là, il n'avait été possible de recruter que 5 816 volontaires en tout[10].

Dans les directives qu'Himmler émit en novembre 1941 pour ces nouvelles unités, il rappela que les légionnaires n'étaient pas des membres de la SS. C'est pourquoi ils ne portaient pas de runes SS sur leur uniforme, mais des insignes qui symbolisaient leur « appartenance à un peuple ». Ils devaient prêter serment à Hitler et touchaient la même paie et les mêmes allocations familiales que tous les autres membres de la Waffen-SS[11].

Le premier déploiement de la légion néerlandaise et flamande, en janvier 1942, se solda par des pertes terribles. L'unité avait reçu pour mission d'endiguer une contre-attaque soviétique aux environs de Leningrad. À partir de février 1942, la légion norvégienne prit également part aux combats dans la région de Leningrad. Le corps franc danois, lui, se battait depuis 1941 sur le front de l'Est, rattaché à la division SS Totenkopf[12]. Le déploiement du bataillon fut considérablement retardé. Le mécontentement des volontaires, suscité par l'arrogance des officiers allemands et leurs méthodes brutales, était tel, expliqua Bruno Aaltonen, adjoint au chef de la police d'État finlandaise à un collaborateur de Berger, en janvier 1942, que « les volontaires finlandais » auraient « tiré sur leurs officiers SS allemands au premier déploiement[13] ». Le pouvoir finlandais n'autorisa l'envoi du bataillon au front que quand les abus eurent cessé. À partir de janvier, il combattit sur le front de l'Est pendant quelques mois en tant que composante de la division Wiking[14].

Les plaintes exprimées par les Finlandais – traitement discriminatoire, non-respect des promesses faites lors de leur recrutement, mépris des connaissances et des rangs qu'ils avaient acquis au sein de leurs propres forces armées – furent aussi émises par les représentants d'autres nations. En février 1942, Berger avertit Himmler que le « recrutement de volontaires de l'espace germanique et allemand d'origine devient de plus en plus difficile et cessera totalement si l'on n'apporte pas de changements fondamentaux[15] ».

Le 6 mars 1942, Himmler confia à Berger, le chef de la direction centrale de la SS, « le recrutement, le renforcement de la Waffen-SS, des légions, des unités de police, des bataillons de garde, la supervision militaire de tous les volontaires germaniques, ainsi que la création, le commandement et l'entraînement de la SS germanique dans les différents pays[16] ». Il introduisit une série de mesures concrètes afin de répondre aux plaintes des légionnaires. Les hommes qui avaient effectué leur temps furent effectivement renvoyés dans leur foyer. Même les étrangers pourraient à l'avenir suivre une formation d'officier à l'école des cadets de Bad Tölz. Le personnel allemand transféré dans les légions devrait désormais suivre un cours de préparation. Himmler se réserva le droit de nommer personnellement les officiers affectés aux unités d'étrangers de la Waffen-SS[17].

Mais les étrangers continuèrent à faire l'objet de mauvais traitements, tandis que le sort de la guerre devenait de moins en moins favorable, aussi le nombre des volontaires diminua en 1942. Il ne fut plus possible de compenser les pertes subies par les légions, lesquelles ne purent plus être déployées comme auparavant[18]. Par conséquent, les légions ne jouissaient pas d'un grand prestige auprès du haut commandement. En présence d'Himmler, à l'occasion d'un déjeuner, Hitler fit part dès avril 1942 de son scepticisme vis-à-vis de « toutes les légions étrangères sur notre front de l'Est ». Le légionnaire devait avoir le sentiment d'être un « traître envers son peuple » puisqu'il n'était pas « imprégné [...] de l'appartenance raciale au Reich germanique[19] ».

Face à la pénurie de renforts, il fut décidé, à la fin 1942, de procéder à des regroupements. Dans le cadre de cette restructuration, la notion de légionnaires disparut et fut remplacée par le terme « volontaire SS ». On fit appel à des SS allemands et des volontaires « germaniques » pour combler les vides des légions danoise, néerlandaise et norvégienne, qui furent transformées en trois régiments, « Danmark », « Nederland » et « Norge ». C'est sur cette base que fut formée la division « Nordland », division de Panzergrenadiers volontaires SS[20]. Cette dénomination signait clairement la différence avec les divisions de la Waffen-SS à part entière, uniquement composées d'Allemands du Reich et de « Germains ».

Un an plus tard, le régiment Nederland était retiré de la Nordland. La nouvelle brigade indépendante devint ensuite la 23e division de Panzergrenadiers volontaires SS Nederland. Une nouvelle légion flamande fut créée sous l'appellation « Langemarck », convertie plus tard en 27e division de grenadiers volontaires SS. La Wehrmacht transféra ses unités de volontaires français et wallons dans la

SS qui, dans le cadre de la Waffen-SS, leur attribua le statut de division, alors qu'ils étaient nettement en sous-effectifs[21].

À l'issue des querelles que nous avons évoquées, le gouvernement finlandais, en mai 1943, rappela son bataillon[22]. « Durant les jours terribles que nous venons de vivre, déclara Himmler en guise d'adieu dans un ordre du jour larmoyant, notre fraternité d'armes a été mise à l'épreuve, une fraternité qu'aucun élément extérieur ne pourra briser[23]. » On ne saura en revanche jamais si les Finlandais, chez qui leurs supérieurs allemands avaient suscité des envies de meurtres, partageaient cette vision des choses.

Volontaires germaniques

Le recrutement de volontaires « germaniques » connut un succès plus marqué. Bien que ces volontaires aient dû, comme les membres allemands de la SS, se soumettre à un examen racial[24] et respecter l'ordre sur les fiançailles et le mariage[25], la Waffen-SS fut en mesure, pendant la Seconde Guerre mondiale, de mobiliser plus de 100 000 hommes venus des pays d'Europe du Nord et de l'Ouest, après une évaluation peut-être un peu trop complaisante. Toutefois, près de la moitié d'entre eux furent recrutés dans la dernière année de la guerre, c'est-à-dire dans des conditions où il ne restait pas vraiment d'autre choix à ces « volontaires ». En tout, on recensait donc 50 000 volontaires néerlandais, 40 000 Belges (à parts égales des Flandres et de Wallonie), 6 000 Danois et 6 000 Norvégiens, ainsi que 1 200 d'autres pays, essentiellement de Suisse, de Suède et du Luxembourg, et environ un millier de Finlandais[26].

Le 12 août 1942, Hitler déclara que la responsabilité des « relations avec tous les groupes nationaux germaniques au Danemark, en Norvège, en Belgique et aux Pays-Bas [...] dans le domaine du NSDAP, de ses branches et des unités en dépendant » revenait exclusivement au Reichsführer-SS[27]. Six mois plus tard, il étendit ce monopole aux administrations civiles des régions occupées, qui devaient donc consulter Himmler si elles voulaient entrer en relation avec les forces « germaniques nationales » dans leur zone d'occupation[28]. Non seulement Himmler vit ainsi sa position renforcée dans le secteur du recrutement de volontaires germaniques, mais cela revenait en fait à conforter sa politique « grand-germanique ». Depuis l'occupation de ces pays en 1940, il s'était efforcé d'établir des liens avec les mouvements fascistes locaux, afin qu'ils contribuent au recrutement pour sa Waffen-SS tout en préparant la voie à un futur rattachement au Reich. Mais, quand Hitler autorisa cette politique en août 1942, en réalité elle avait déjà échoué.

Au Danemark, la SS avait d'abord travaillé avec les nationaux-socialistes locaux, utilisant en particulier leur organisation pour recruter des volontaires. Aux yeux de la grande majorité de leurs compatriotes, le Danmarks Nationalsocialistiske Arbejderparti (DNSAP) s'était compromis par cette coopération. Quand des élections eurent lieu en 1943, le DNSAP ne parvint à entrer au Parlement qu'avec le soutien massif de la minorité allemande. La SS dut donc se trouver un nouveau partenaire. En 1943, la rupture était consommée avec le DNSAP. La SS mit alors en place une unité de type milice, le Schalburgkorps, baptisé du nom de Christian Frederik von Schalburg, chef du corps franc « Dänemark », tombé sur le front russe. Frits Clausen, le dirigeant du DNSAP, autrefois le partenaire le plus important d'Himmler au Danemark, se porta volontaire pour le front. Sur ordre d'Himmler, il finit dans un sanatorium, victime de son alcoolisme croissant[29].

En Norvège, Himmler avait misé sur Quisling et son parti, le Nasjonal Samling. Pourtant, Quisling, nommé en février 1942 Premier ministre de Norvège par la puissance occupante, était complètement isolé dans son propre pays. Il fit tout son possible pour arracher aux dirigeants allemands des promesses solides quant à l'avenir de la Norvège, mais n'obtint jamais que des réponses dilatoires[30].

Aux Pays-Bas, l'entreprise de recrutement d'Himmler se heurta à la résistance de l'homme que la puissance occupante considérait comme son principal allié dans le pays : Anton Mussert. Le « leider » du Nationaal-Socialistische Beweging fasciste, le seul parti à être encore autorisé aux Pays-Bas depuis l'été 1941, poursuivait ses propres idées. Il espérait constituer une entité « grand-néerlandaise » grâce à l'annexion de la Flandre germanique. Dès le début, il avait estimé que les campagnes de recrutement de la SS portaient atteinte à la souveraineté néerlandaise. Himmler parvint certes à surmonter la résistance de Mussert et à imposer la création d'une Allgemeine-SS « germanique » aux Pays-Bas, mais il avait éveillé la méfiance de Mussert. Ce dernier redoutait désormais que le Reich grand-germanique d'Himmler ne passe par une annexion pure et simple des Pays-Bas. Bien que Mussert l'ait profondément irrité[31], Himmler n'eut cependant d'autre choix que de le soutenir officiellement – il n'avait tout simplement pas d'alternative[32]. Au départ, il s'était surtout appuyé sur Rost Van Tonningen, chef de l'aile radicale des nationaux-socialistes néerlandais. Mais ce dernier n'avait pu entrer dans le régiment SS « Westland » car il n'avait pu prouver ses origines « aryennes »

– Rost Van Tonningen était né en Indonésie, circonstance que ses adversaires avaient su utiliser pour jeter le doute sur sa « pureté » raciale. Il ne pouvait donc exercer de fonctions dans ce domaine[33]. Au lieu de cela, en avril 1941, il prit la direction de la Banque nationale néerlandaise et devint secrétaire d'État au ministère des Finances. Dès lors, il se préoccupa principalement de questions de politique monétaire[34].

En Belgique, Himmler s'intéressa tout d'abord aux Flandres, qu'il comptait incorporer dans le nouveau Reich germanique en tant que « Reichsgau des Flandres ». Gottlob Berger, chef de la direction centrale de la SS, qui se considérait comme un fin connaisseur des Flandres, consacra une grande énergie au projet de germanisation de la région. Pour commencer, il chercha à infiltrer le Vlaamsch Nationaal Verbond (VNV) d'obédience fasciste, et à orienter le mouvement en faveur de la Grande Allemagne. Mais ce fut un échec : les membres du VNV défendaient l'idée d'une « Grande Flandre » englobant les Pays-Bas. En 1941, Berger se tourna alors vers la DeVlag, la Deutsch-Vlämische Arbeitsgemeinschaft, ou communauté de travail germano-flamande, afin d'en faire, avec le soutien total d'Himmler, un contrepoids au VNV. Cela eut pour conséquence de diviser les forces qui, dans les Flandres, étaient disposées à collaborer[35].

Les tentatives d'Himmler pour constituer la base politique nécessaire à ses rêves « grands-germaniques » en coopérant avec les mouvements de masse fascistes en Europe du Nord-Ouest n'aboutirent à rien. Le fait qu'il se soit servi de ces organisations pour faciliter le recrutement dans la Waffen-SS les compromit aux yeux des populations locales, qui ne les considéraient nullement comme l'avant-garde d'un avenir meilleur, mais comme des collaborateurs et des traîtres. Et du point de vue des mouvements fascistes, les volontaires recrutés par la SS leur faisaient défaut en tant qu'activistes politiques dans leur propre pays.

Compte tenu de la lenteur de ces progrès et du besoin pressant de recrues pour la Waffen-SS, Himmler se demanda si la notion du volontaire « germanique » ne pouvait être élargie. Par exemple, dans la région wallonne francophone de Belgique, tenue pour « latine » par les théoriciens nazis de la race, le mouvement fasciste des rexistes s'était développé sous la houlette de Léon Degrelle, depuis le début de 1943 adjoint au commandant en chef de la brigade d'assaut SS « Wallonie », unité formée de volontaires belges transférés de la Wehrmacht à la SS. Himmler protégeait Degrelle, qui se distingua en réussissant à recruter davantage de volontaires wallons que dans les Flandres « germaniques[36] ». De plus, le Reichsführer était séduit par la façon qu'eut Degrelle d'adapter son idée originelle de « Grande Belgique » aux vagues représentations d'un avenir germanique de la SS. Car Degrelle profita de l'intégration de ses hommes dans la Waffen-SS pour, lors d'un discours ambitieux, proclamer l'appartenance des Wallons à la « race germanique[37] ». Ravi (et visiblement surpris par cette décision), Himmler constata, en janvier 1943, qu'il était « fort intéressant que les Wallons éprouvent soudain le sentiment d'être des Germains[38] ».

Himmler partageait ces idées. En 1943, il ordonna que des études de biologie raciale soient entreprises en Wallonie, qui parvinrent apparemment à la conclusion que « tout le nord et l'est de la France, jusqu'au cœur du Bassin parisien, avait accueilli un patrimoine germanique et nordique considérable », comme l'exprima le professeur Franz Petri dans un essai. Petri, médiéviste et grand « occidentaliste », également rapporteur pour « la germanité et la nation flamande », fut le fer de lance d'Himmler dans sa volonté de démontrer l'appartenance de la Wallonie au Grand Reich[39]. Berger, l'expert des Flandres, envisageait déjà quant à lui la formation d'un « Reichsgau Wallonie », c'est-à-dire une nouvelle province germanique à part entière[40].

En juillet 1944, Himmler présenta comme suit ses réflexions sur la question wallonne à Hitler : « Le mouvement de renaissance des Wallons devrait être traité avec prudence. Son dirigeant, Léon Degrelle, est un politicien très engagé, mais aussi très adaptable, qui a finalement rapproché le mouvement rexiste des idées du Grand Reich allemand, qui recouvre l'idée d'un grand empire bourguignon des Wallons. Cette thèse de Degrelle, qui veut que le Wallon soit un Germain romanisé, est une formule que nous pourrions fort bien nous approprier[41]. » Mais, avec l'évolution de la situation sur le champ de bataille, ces projets ne purent se réaliser. Quelques semaines plus tard, les Germains romanisés d'Himmler échappaient à son emprise.

Par ailleurs, Himmler caressa un moment l'idée d'assimiler les jeunes Slovaques par le biais du service dans la SS. En octobre 1941, il reprit un projet déjà suivi en son temps par Nageler, son conseiller auprès de la Garde Hlinka[42]. Lors d'une rencontre avec monseigneur Tiso, le président slovaque, et son ministre de l'Intérieur Mach, Himmler proposa d'accepter les volontaires de la Garde Hlinka dans la Waffen-SS. À en croire Himmler, Mach fut « enthousiasmé ». C'est au cours de cette même visite qu'il offrit à ses hôtes slovaques de déporter « leurs » Juifs dans le Gouvernement général, exemple supplémentaire de la connexion parfaite entre les côtés « positifs » et « négatifs » de la politique raciale d'Himmler : ici intégration, là exclusion et extermination. Après cette rencontre, Himmler émit des directives détaillées pour le recrutement des Slovaques. Ils devaient « satisfaire de la manière la plus stricte aux critères raciaux germaniques ». Il importait de « ne jamais pouvoir distinguer un volontaire slovaque de la Waffen-SS, une fois en uniforme, d'un Allemand ou d'autres volontaires germaniques[43] ». L'idée était qu'à l'aide d'une sélection raciale analogue, il serait possible de créer en Slovaquie une élite qui pourrait s'intégrer totalement avec la majorité de la population d'un futur grand empire germanique.

Le 1er septembre 1942, Himmler nomma Nageler responsable du recrutement des volontaires en Slovaquie. Avec l'approbation du gouvernement slovaque, plusieurs milliers d'hommes furent effectivement recrutés à partir de janvier 1943, parfois sous le coup de pressions considérables, pour l'essentiel au sein de la minorité allemande. Quant à l'idée de « germaniser » l'élite slovaque grâce au service dans la Waffen-SS, elle finit par être de nouveau abandonnée[44].

Allemands d'origine

C'était maintenant, avec les nouvelles circonstances engendrées par la guerre, qu'allait s'avérer payant le fait qu'Himmler, en 1936-1937, avait obtenu la direction de la politique de la nation allemande. Dans les années qui avaient suivi, il avait réussi à prendre sous son contrôle, avec l'aide du VoMi, les diverses communautés allemandes. Dès le mois d'avril 1941, la Waffen-SS entreprit des campagnes de recrutement dans les minorités germanophones du Banat occidental (qui, en tant que région de Serbie, était soumis à l'administration militaire allemande), dans le nouvel État croate, dépendant de Berlin, et dans la Backa, région de Yougoslavie annexée par la Hongrie[45]. Elles furent rapidement étendues à d'autres pays : la Hongrie, la Roumanie et la Slovaquie, où les recruteurs d'Himmler étaient déjà actifs. Himmler ne considérant pas les membres des groupes ethniques allemands d'abord comme des citoyens de leur pays actuel, mais comme des Allemands qui ne devaient qu'à un hasard de l'histoire de vivre dans tel ou tel État, ses mesures passèrent très vite d'un groupe ethnique à l'autre, comme nous allons le voir. Il se souciait fort peu que son recrutement d'individus qui, selon le droit international, étaient des étrangers risquât d'avoir des conséquences graves sur les relations bilatérales entre l'Allemagne et ses alliés. Cela ne pouvait manquer de provoquer des conflits avec les Affaires étrangères.

Stationnée en Yougoslavie en avril 1941, la division Das Reich reçut l'ordre d'intégrer sommairement les volontaires allemands d'origine. Paul Hausser, le commandant de Das Reich, commença donc à procéder à des examens médicaux parmi les communautés germanophones et à former les recrues. Les membres de l'armée yougoslave d'origine allemande faits prisonniers par la Wehrmacht furent remis en liberté à condition qu'ils entrent dans la Waffen-SS. Ainsi, d'une façon ou d'une autre, environ un millier d'hommes furent incorporés dans les forces de la SS dès le printemps 1941 [46].

En Croatie, à partir d'avril 1941, une commission de recrutement SS chercha à attirer les volontaires allemands d'origine [47]. Mais ces efforts se heurtèrent aux protestations du ministère des Affaires étrangères, qui souhaitait s'engager dans une autre voie. Le 16 septembre 1941, l'émissaire allemand Siegfried Rasche conclut avec le ministre croate de la Guerre Slavko Kvaternik un accord sur le recrutement des Allemands d'origine. Conformément à cet arrangement, 10 % des recrues d'origine allemande devaient être réservés à la Wehrmacht (que Berger réclama par la suite au nom de la SS). Mais le reste des Allemands d'origine devait être mobilisé dans des unités purement allemandes intégrées dans l'armée croate [48].

Cela n'impressionna guère Himmler. À la fin de l'été 1941, il fit mettre en place, sur le modèle de l'Allgemeine SS, une « Force allemande », sorte de milice de sécurité, ainsi qu'une « Force opérationnelle » pour la lutte contre les partisans, toutes deux officiellement subordonnées à la milice fasciste croate, l'Oustacha [49].

En novembre 1941, se fondant sur une ordonnance de Hess datant de février de la même année, Himmler créa au NSDAP un bureau pour les questions de la nation, par lequel devaient « transiter toutes les questions de nationalité confiées au NSDAP ». Le bureau rassemblait des représentants de chacun des services chargés de la question nationale (le VoMi, le RuSHA, le RSGA et la direction centrale du RKF) [50]. Dans les faits, il fut difficile de déterminer avec précision quelles étaient ses compétences à ce sujet au sein du parti, source de sérieuses frictions en particulier à propos des territoires soviétiques occupés. Himmler ne put donc pas s'imposer, comme il le souhaitait, en tant que « représentant du NSDAP pour la consolidation de la nation allemande [51] ». Toutefois, la mise en place de ce bureau soulignait son ambition de devenir la principale autorité du NSDAP pour toutes les questions de nationalité. En mars 1942, la direction du Reich du NSDAP convertit même le bureau en Office central pour les questions de nationalité [52].

Le bureau était à peine créé qu'Himmler rencontrait les dirigeants des groupes ethniques allemands en Croatie, Slovaquie et Serbie. À cette occasion, Sepp Janko, qui représentait les Allemands du Banat serbe, proposa la formation d'une Heimatschutz allemande d'origine au niveau du régiment afin de remplacer les unités de la Wehrmacht stationnées dans la région. Branimir Altgayer, chef de file des Allemands de Croatie, était chargé de lui apporter son aide grâce à l'expérience acquise en Croatie[53]. Quelques semaines plus tard, Hitler donnait son accord[54]. En janvier 1942, Himmler délégua en outre August von Meyszner en tant que premier HSSPF de Serbie[55]. Meyszner obtint non seulement le commandement de l'ensemble de la police en Serbie[56], mais se vit également confier la mission de recruter des Allemands d'origine pour les unités de volontaires de la Waffen-SS[57]. En février, Himmler ordonna à von Meyszner d'appeler les Allemands du Banat à se mettre à la disposition d'une unité d'autodéfense dans le cadre de la Waffen-SS[58]. *De facto*, le recrutement de volontaires se transforma plutôt en recrutement forcé par les organes des groupes ethniques. Les membres de la minorité allemande en âge de porter les armes furent ainsi rassemblés pour former une nouvelle division de la Waffen-SS, la « Prinz Eugen[59] ». Jusqu'en avril 1942, 10 à 15 000 hommes furent mobilisés dans le Banat, tous ne satisfaisant d'ailleurs pas aux critères raciaux de la SS, d'où leur appellation de « volontaires SS[60] ». À cela s'ajouta, toujours début 1942, la « garde du Banat », police auxiliaire composée d'Allemands qui, officiellement, était subordonnée au ministère serbe de l'Intérieur, mais qui en réalité dépendait du commandant de l'Ordnungspolizei à Belgrade[61].

En très peu de temps, Himmler avait donc réussi à prendre le contrôle d'une partie importante de la minorité allemande au nom de ses ambitions militaires. C'est peut-être ce qui le poussa, à partir du printemps 1942, à répandre l'idée que les Allemands devaient en principe être soumis aux mêmes obligations militaires que les Allemands du Reich. En juin, Berger y mit son veto. Pour des questions de droit international, l'introduction du service militaire était « impossible », prévint-il, voire « absolument pas nécessaire », car « ceux qui ne se portent pas volontaires, on leur détruit leur maison[62] ». En juillet, Himmler adopta donc une autre attitude. Il déclara que les groupes d'origine allemande dans toute l'Europe du Sud-Est devaient comprendre qu'ils étaient soumis au service militaire « par la loi de fer de leur nation », et ce « de dix-sept à ciquante ans[63] ».

À partir de septembre 1942, tous les hommes âgés de dix-sept à soixante ans de la minorité allemande du Banat qui n'étaient pas déjà sous les drapeaux furent obligés de servir dans la Force allemande, milice inspirée de la SS, qui assura des missions de sécurité comme son équivalent en Croatie. L'ordre d'Himmler sanctionnant la création de la Force allemande suivait une ordonnance qu'il avait émise le mois précédent – nous y reviendrons – sur la mobilisation des Allemands dans le Gouvernement général et les territoires polonais occupés[64]. Toutes ces dispositions n'avaient qu'un seul objectif : la mobilisation totale de tous les Allemands dans le cadre de la SS, et sous la supervision de cette dernière.

Le 17 octobre 1942, Himmler, de retour d'un voyage en Italie, passa en revue la division Prinz Eugen à Kraljevo. Le lendemain, les Allemands des Balkans célébraient l'anniversaire du prince Eugène*, qui avait donné son nom à l'unité[65]. Une campagne de recrutement fut donc lancée à cette occasion dans tous les Balkans pour la division. En Croatie, dès l'automne 1941, la Waffen-SS avait déjà recruté tant d'Allemands d'origine que le quota de 10 % prévu par l'accord du 16 septembre 1941 fut rapidement dépassé. Ces recrutements, comme le signala le ministère des Affaires étrangères, compromettaient cependant la composition de la Force opérationnelle allemande, créée pour lutter contre les partisans, de plus en plus actifs. En octobre 1941, la direction centrale de la SS accepta de renoncer à de nouveaux recrutements[66]. Quand il s'avéra que les Allemands d'origine, qui, selon l'accord du 16 septembre, devaient servir dans l'armée croate, étaient en réalité formés par des unités de la Wehrmacht, Himmler, en mai 1942, fit pression sur la Wehrmacht et obtint finalement que le recrutement et l'entraînement des Allemands d'origine dans tout le Sud-Est européen soient uniquement confiés à la SS[67].

En juin 1942, Himmler relança le recrutement pour la Prinz Eugen. Tous les Allemands de Croatie de dix-sept à trente ans devaient être appelés dans la division. Il fallait en outre déplacer les quelque 20 000 membres de la minorité résidant en Bosnie, région placée sous autorité croate et menacée par les activités des partisans yougoslaves – conséquence inévitable du fait qu'avec le recrutement des jeunes hommes la minorité ethnique se retrouvait presque sans défense face aux partisans. Du reste, ces transfèrements de population correspondaient à la politique menée au même moment par Himmler en Union soviétique et en Pologne. Le ministère des Affaires étrangères parvint à freiner temporairement les campagnes de recrutement[68], mais, sous la pression de Berger, il finit par céder[69].

Comme Himmler l'avait exprimé sans détour en annonçant que les Allemands étaient soumis à « la loi de fer de la nation » et au service militaire, le recrutement des volontaires n'était qu'une farce. En réalité, tous les représentants des classes d'âge concernées passèrent devant les commissions de l'Obersturmführer Nageler, lequel avait maintes fois fait ses preuves, tandis que les organes des groupes ethniques exerçaient leurs propres pressions sur leur population masculine[70]. À la fin novembre 1942, 28 000 hommes avaient été examinés, et 6 500 enrôlés[71]. En décembre, Hitler ordonna le redéploiement de la Prinz

* Eugène de Savoie-Carignan (1663-1736) : commandant de l'armée impériale, vainqueur des Turcs dans les Balkans. (NdT)

Eugen en Croatie afin d'en compléter les effectifs avec les recrues locales. Durant les premiers mois de 1943, ce fut au tour des unités allemandes de l'armée croate et à la Force de déploiement d'être intégrées dans la division[72].

En octobre 1942, de nouvelles complications se firent jour. Le gouvernement croate exigea que les Allemands d'origine entrés dans la SS renoncent à leur nationalité croate. La partie allemande s'arrangea pour reporter le règlement de la question « à la fin de la guerre[73] ».

En septembre 1942, alors que la campagne de recrutement battait son plein, le gouvernement du Reich conclut un accord avec Zagreb, sur la base duquel plus de 18 000 Allemands furent expatriés de Bosnie jusqu'en novembre 1942, comme l'avait prévu Himmler. Ces gens se trouvèrent pour la plupart installés dans un camp près de Lodz, en Pologne, les autres étant dispersés dans des camps dans tout le Reich[74]. Mais Himmler ne comptait pas s'arrêter là : il souhaitait procéder au transfèrement de tous les Allemands résidant sur le territoire croate. Il expliqua officiellement son projet par le fait qu'il avait été exaspéré par les difficultés rencontrées lors des campagnes de recrutement en Croatie. Il le justifia également en disant qu'il serait ainsi possible de démontrer à l'allié italien (qui occupait une partie de la Croatie) que le Reich ne poursuivait pas dans ce pays d'intérêt à long terme. La véritable motivation de cette mesure devait sans doute être liée à la notion d'espace vital d'Himmler. Il avait entre-temps décidé que la minorité allemande de Croatie ne devrait plus jouer le rôle d'avant-poste dans les Balkans, mais qu'elle devait au contraire être envoyée dans les nouvelles zones de peuplement en Europe de l'Est – qui souffraient d'une pénurie constante de colons. Le fait qu'à cette occasion il proposa aussi « l'expatriation » des Allemands vivant en Transnistrie* montre qu'il s'était également intéressé à l'avenir des Allemands d'origine dans tout l'espace du Sud-Est européen.

Dans l'ancienne Backa serbe annexée par la Hongrie, les hommes de Nageler étaient à l'œuvre depuis l'automne 1941, sous couvert d'études de biologie raciale. Jusqu'en octobre 1941, ils enrôlèrent 2 000 Allemands dans la Waffen-SS. À l'été 1941, une centaine de jeunes venus de Hongrie avaient déjà été envoyés suivre un « entraînement sportif » dans le Reich[75].

Le 18 novembre, Himmler expliqua au chef des Allemands de Hongrie qu'il fallait désormais rassembler en plus grand nombre les Allemands de Hongrie afin de les intégrer dans la Waffen-SS[76]. Comme toujours, il ne se souciait guère des problèmes que cela posait sur le plan politique et juridique. Après tout, il s'agissait

* La Transnistrie était une région d'Ukraine s'étendant du Dniestr au Boug méridional, occupée par les forces armées roumaines. (NdT)

une fois encore de ressortissants de longue date de l'État hongrois. Pour lui, ces gens étaient des masses qu'il se devait de manœuvrer au nom de l'avènement du fut grand empire allemand. En décembre, il affirma qu'il était possible de recruter quelque 60 000 volontaires allemands en Hongrie, en Roumanie et en Slovaquie[77]. Cela montre bien que la situation intérieure dans les pays en question passait selon lui au second plan.

Le gouvernement hongrois accepta le recrutement de 20 000 Allemands dans la SS. La campagne dura du 24 février au 3 avril 1942, comme d'habitude sous la responsabilité de Nageler. En tout, 25 000 se portèrent candidats, dont 18 000 furent jugés aptes[78]. En juin 1942, cédant aux exigences d'Himmler, Ribbentrop s'entendit avec Budapest sur l'organisation d'une autre campagne de recrutement pendant l'année 1943[79]. (Un accord du même genre fut conclu avec la Roumanie en 1943[80].) Mais le recrutement en Hongrie comportait un défaut du point de vue de la « politique de la nation » : les Hongrois avaient imposé que les Allemands perdent leur nationalité hongroise à leur entrée dans la Waffen-SS[81]. De ce fait, les « avant-postes » de la minorité allemande perdirent considérablement de leur substance. Non seulement Himmler l'accepta, mais il se montra prêt à aller plus loin : après la guerre, Franz Basch rapporta qu'Himmler lui avait confié qu'une fois la guerre terminée il envisageait de déplacer les Allemands de Hongrie dans le Warthegau[82].

De facto, ce qui avait été au début une campagne de recrutement pour des unités d'autodéfense se transforma très rapidement en service militaire obligatoire pour les Allemands d'origine. Au fil de ce processus, la SS s'assura le contrôle total de ces groupes ethniques, allant jusqu'au renvoi de certains membres de leurs dirigeants. Mais les campagnes de recrutement provoquèrent en réalité un affaiblissement de ces communautés, parfois vieilles de plusieurs siècles, au point que leur existence fut remise en question.

Ce procédé suscitait la désapprobation du ministère des Affaires étrangères. En septembre 1942, Martin Luther – certes l'un des principaux artisans de la nazification du ministère, mais aussi très sceptique en ce qui concernait la politique des SS –, qui occupait les fonctions de directeur du département Allemagne, s'était exprimé contre l'expatriation de la minorité allemande de Croatie. D'après lui, cette mesure ne pouvait que « porter un coup fatal à la capacité de résistance nationale » d'une « population allemande du Sud-Est forte de 2,5 à 3 millions de personnes[83] ». Au début de 1943, Helmut Triska, responsable au ministère de la Politique de la nationalité, comme Luther membre du parti et qui, par conséquent, contribua considérablement à l'orientation « révolutionnaire » de la politique ethnique nazie, dénonça sans détour les visées d'Himmler dans un texte intitulé *Des graves mesures prises par la direction de la SS dans la politique des groupes ethniques allemands à l'étranger*.

Plus précisement, Triska reprochait à Himmler, en recrutant 20 000 Allemands, d'avoir accepté qu'ils soient privés de leur citoyenneté. Ce faisant, ce groupe ethnique avait durablement perdu ses membres les plus actifs. En Croatie aussi, « les colonies allemandes sont de plus en plus menacées physiquement. Les colonies allemandes de Bosnie ont dû être retirées et transférées ». En Serbie, « les mobilisations, qui à l'origine devaient être confiées aux chefs des groupes ethniques, [ont été] immédiatement entreprises par la division », et ce « sans tenir aucun compte de la situation politique locale ». En ce qui concernait la Roumanie, en dépit de « toutes les assurances du contraire de la part de la direction de la SS [...] de nombreux Allemands d'origine de Roumanie » avaient été « illégalement recrutés dans les rangs de la Waffen-SS », ce qui avait provoqué des mesures de représailles de la part du gouvernement roumain et « jeté une ombre sur la politique du Reich ».

En conclusion, il fallait souligner, poursuivait Triska, que « la direction de la SS [...] a pris des mesures dans le domaine de la politique des groupes ethniques allemands qui rendent impossible toute planification politique dans ce domaine à l'avenir. [...] Ces mesures ont suscité une telle confusion politique, non seulement parmi les gouvernements étrangers, mais aussi dans les propres services de la direction de la SS, qu'aujourd'hui personne ne peut dire si, dans tel ou tel pays, il faut préparer les groupes ethniques à une prochaine expatriation, à une consolidation, voire à une expansion politique et économique ». La direction de la SS avait « pris, initié ou préconisé des mesures qui tantôt vont dans le sens d'une expansion, tantôt dans celui d'une préservation, tantôt dans celui d'une disparition, autrement dit d'une expatriation ». « Ces mesures » ne semblaient répondre à « aucune ligne politique claire [84] ».

On ne saurait mieux définir le chaos qu'engendra la politique d'Himmler dans les minorités germanophones du Sud-Est de l'Europe (et d'ailleurs) [85]. Car la politique de recrutement systématique avait vidé les minorités allemandes de leurs forces vives et menaçait leur existence même, alors que les projets de nouvel ordre ethnique du Reichsführer restaient trop nébuleux pour leur offrir une véritable chance de réussir leur vie dans un autre lieu.

La terreur règne dans toute l'Europe

Durant la deuxième moitié de 1942, l'empire d'Himmler fut le théâtre d'une succession de développements croisés. La politique de peuplement et le recrutement dans la Waffen-SS de ressortissants toujours plus nombreux d'autres pays, comme on l'a vu dans les chapitres précédents, furent appliqués en même temps que la déportation et l'assassinat des Juifs d'Europe. Pour diverses raisons, ces projets se heurtèrent à leurs premiers obstacles. Dans ce chapitre, nous allons voir comment ces mesures d'Himmler eurent une influence sur d'autres secteurs où il se montra particulièrement actif pendant les mois décisifs de l'été 1942. Il s'efforça, avec succès, d'obtenir la responsabilité de la « lutte contre les bandes », afin de pouvoir imposer l'anéantissement des Juifs en Europe de l'Est. En règle générale, la lutte contre la Résistance dans les territoires occupés était directement liée à un durcissement des persécutions contre les Juifs. Dans le même temps, il chercha à développer une véritable industrie de l'armement SS. Quand ce projet échoua, il entreprit de louer les prisonniers des camps de concentration comme main-d'œuvre forcée à l'industrie. Pour augmenter le nombre de ces derniers, il fit transférer les « asociaux » des prisons dans les camps. S'étant arrogé des compétences pénales sur les travailleurs forcés de l'Est, il lui fut dès lors possible de les envoyer pour les délits les plus mineurs dans les camps de concentration, augmentant ainsi son réservoir de main-d'œuvre. Ces mesures, en partie racistes, en partie sécuritaires et économiques, trahissent sa volonté de regrouper et de fédérer les divers domaines de son empire qui s'étendait dans toutes les directions, afin non seulement d'accroître la sphère de son pouvoir, mais aussi de développer sa conception politique d'ensemble qui visait à imposer un ordre nouveau au continent européen sous la férule de la SS.

Le 28 juillet 1942 – quelques jours seulement après la mise en branle définitive de l'Holocauste dans toute l'Europe –, Himmler se rendit en Finlande.

Outre un programme très serré de discussions, il avait prévu de consacrer un peu de temps à ses loisirs[1]. Après avoir fait étape à Tallinn, il atterrit à Helsinki le matin du 29 juillet, et fut accueilli par le président de la république Risto Ryti. Le soir, il déjeunait avec le Premier ministre Johan Wilhelm Rangell. Le lendemain, il visita la ville et l'après-midi prit l'avion pour Mikelli, où se trouvait le grand quartier général du commandant en chef des forces finlandaises, le maréchal Carl Gustav Emil Mannerheim, qu'Himmler rencontra dans la soirée. Les jours suivants, il eut des discussions avec le général Eduard Dietl à Rovaniemi et avec Matthias Kleinheisterkamp, commandant de la division SS « Nord », à Kananeinen, où il inspecta également des unités SS. Le 2 août, Himmler se rendit sur l'île de Petäys, que Kersten lui avait recommandée pour « l'effet magnétique des bains de soleil », où il passa deux jours à se détendre. Le 4 août, toujours à Petäys, il rencontra de nouveau le Premier ministre Rangell, qu'il interrogea – comme Rangell le révéla après la guerre – sur l'attitude de la Finlande vis-à-vis des Juifs qui vivaient sur son territoire. Rangell aurait coupé court à la conversation en affirmant qu'il n'y avait pas de « question juive » en Finlande (où vivaient près de 2 000 Juifs assimilés)[2]. La petite minorité juive de Finlande échappa effectivement à la politique juive du puissant allié allemand. Puis, après avoir flâné un peu plus à Helsinki le 5 août, Himmler reprit l'avion le lendemain pour rallier son quartier général en Ukraine.

Parallèlement à la virée du Reichsführer en Finlande, le RSHA s'efforça, en juillet et août 1942, d'obtenir d'autres États alliés qu'ils livrent leurs Juifs. Considérées dans leur ensemble, ces activités montrent clairement que le RSHA était désormais fermement décidé à déporter si possible les Juifs de tous les pays d'Europe dans le courant de l'année 1942.

En juillet, l'attaché de police de la mission diplomatique allemande à Zagreb reçut l'ordre de mettre en œuvre le « transfèrement » des Juifs croates vers « les territoires allemands de l'Est ». Le régime oustachi avait déjà créé les conditions nécessaires. Dès le printemps 1941, il avait introduit une législation antisémite calquée sur le modèle allemand et interné dans des camps plus de la moitié des 30 000 Juifs qui vivaient dans le pays. La plupart y furent assassinés, ou moururent des suites de mauvais traitements et des conditions terribles qui régnaient dans les camps[3]. En août, les Allemands affrétèrent quatre convois à destination d'Auschwitz, où furent exécutés près de 5 000 Juifs croates.

Dès l'été 1941, la Roumanie avait pris une part active à la politique d'extermination allemande contre les Juifs dans les régions conquises à l'est. Dans les territoires qu'elle avait reconquis sur l'Union soviétique, la Bessarabie et la

Bucovine, les Roumains assassinèrent environ 50 000 Juifs. Le reste de la population juive de ces régions, environ 150 000 personnes, fut déporté en Transnistrie. Au moins 65 000 y moururent de faim et d'épidémies, ou y furent exécutées[4].

En juillet 1942, le Reich exigea d'avoir accès aux Juifs vivant sur le territoire de la Roumanie. Le conseiller pour la question juive auprès de l'ambassade d'Allemagne à Bucarest, le SS-Hauptsturmführer Gustav Richter, s'entendit avec le gouvernement roumain pour que les quelque 320 000 Juifs concernés qui, depuis 1938, subissaient une législation antisémite de plus en plus en dure soient déportés à partir du 10 septembre 1942. Les convois devaient partir pour le district de Lublin. Là, comme Manfred von Killinger, l'ambassadeur allemand à Bucarest, le communiqua au ministère roumain des Affaires étrangères, « ceux qui sont aptes seront mis au travail, les autres seront soumis au traitement spécial[5] ».

En Hongrie, la situation était différente. Le pays s'était certes doté lui aussi d'une législation antisémite mais, du point de vue allemand, elle n'était pas assez efficace, puisqu'elle n'était que vaguement fondée sur les lois de Nuremberg[6]. Quand, en juillet 1942, l'attaché militaire hongrois à Berlin transmit la proposition de son gouvernement, qui prévoyait d'expatrier vers la Transnistrie l'ensemble des Juifs vivant « illégalement » en Hongrie[7], Himmler décida que cette déportation de réfugiés juifs souhaitée par la Hongrie devrait être reportée tant que la Hongrie ne se serait pas déclarée prête à inclure les Juifs hongrois dans ces mesures[8].

En ce qui concerne la Bulgarie, à l'été 1942, le RSHA considérait de même que les lois du pays étaient insuffisantes pour permettre la déportation des Juifs bulgares[9]. Dans le cas de la Grèce non plus, aucun progrès ne fut constaté. En effet, le RSHA et le ministère allemand des Affaires étrangères eurent beau appeler l'allié italien à durcir sa politique antijuive dans les régions de Grèce qu'il occupait, afin en particulier qu'il impose le port d'un signe distinctif aux Juifs, ces efforts échouèrent durant la deuxième moitié de 1942[10].

Dans les territoires occupés à l'ouest, le RSHA augmenta le rythme des déportations en juillet et en août. Himmler ayant ordonné en juin la déportation de tous les Juifs français, dix convois partirent en direction d'Auschwitz entre le 19 juillet et le 7 août, emportant environ 10 000 Juifs. Les déportés, des Juifs apatrides (qui bien souvent n'avaient perdu leur nationalité qu'à cause de la politique juive de l'Allemagne), furent rassemblés à Paris les 16 et 17 juillet dans le cadre d'une grande rafle[11]. Comme convenu avec le gouvernement de Vichy, au mois d'août les Juifs apatrides furent également déportés de la zone libre. En six convois organisés du 14 au 26 août, plus de 2000 enfants juifs de ces apatrides furent envoyés à Auschwitz, alors que la plupart avaient la nationalité française. Tant le président du Conseil Laval que le RSHA avaient donné expressément leur accord[12].

Les déportations des Pays-Bas commencèrent à la mi-juillet. Près de 38000 personnes furent envoyées à Auschwitz jusqu'à la fin de l'année[13]. À partir du 4 août 1942, des convois venus de Belgique empruntèrent la même direction[14]. 17000 personnes, pour la plupart des Juifs étrangers ou apatrides, furent victimes de ces mesures jusqu'à la fin de l'année 1942[15].

Dans le Gouvernement général, pendant ce temps, le HSSPF Katzmann avait repris les massacres contre la population juive depuis la fin juillet, afin d'obéir à l'ordre d'Himmler de « débarrasser des Juifs » le territoire avant la fin de l'année. Rien que dans la capitale de district qu'était Lvov, il fit arrêter, dans le cadre de la grande « action d'août », entre le 10 et le 25, plus de 40000 Juifs, soit la moitié de la population juive de la ville à l'époque. Enfermés dans des trains de marchandises, ils furent déportés à Belzec, où ils furent assassinés[16].

Le massacre battait son plein quand, le 17 août, en début de soirée, Himmler arriva à Lvov, où il organisa une réunion à laquelle prirent part, entre autres, le gouverneur Otto Wächter, Katzmann et Globocnik. Le jour même, Katzmann avait fait arrêter 3051 personnes qui avaient été déportées à Belzec[17]. Le lendemain, Himmler vint s'en rendre compte personnellement sur le terrain. Il visita d'abord quelques postes de la SS, puis une série de camps pour les travailleurs forcés juifs le long du chantier de la Durchgangsstrasse IV. Le soir, il rentra à Berlin en avion[18]. Trois jours plus tard, il rencontrait de nouveau Globocnik, à Lublin cette fois, et se rendit en sa compagnie dans les alentours de Zamosc afin de constater de visu les progrès de la « germanisation[19] ».

Entre le 31 août et le 3 septembre, Himmler dut se consacrer à un tout autre sujet : les dommages causés par la guerre aérienne. Il entreprit un voyage de plusieurs jours dans des villes du nord et de l'ouest de l'Allemagne, particulièrement touchées par les bombardements alliés de plus en plus violents. Il put ainsi se convaincre de l'étendue des dégâts et donna des ordres pour qu'ils soient réparés – non sans avoir une fois de plus montré à quel point il savait intégrer avec souplesse ses divers domaines de compétences. Des brigades de déportés, prévues à l'origine pour des projets de construction à l'est, furent affectées aux travaux de déblaiement dans le Reich tandis que dans les camps de concentration des ateliers de fabrication de cadres de portes et de fenêtres étaient mis en place[20].

Quelques semaines plus tard, Himmler dut reconnaître que son projet de débarrasser entièrement le Gouvernement général des Juifs avant la fin de l'année était inapplicable. Lors des discussions sur l'armement qui eurent lieu du 20 au 22 septembre 1942, Hitler, face à la pénurie de main-d'œuvre dramatique, approuva la proposition de Sauckel, qui suggérait que l'on continue à employer des ouvriers spécialisés juifs dans le Gouvernement général[21]. Himmler, qui débattit encore le 22 septembre des conséquences de cette décision avec Hitler[22], réagit promptement. Ses efforts incessants depuis le début de l'année pour incorporer les travaux forcés dans le programme d'extermination l'obligeaient indirectement à ralentir le génocide en faveur de l'esclavage. Il lui faudrait donc augmenter le nombre de détenus des camps de concentration aptes aux travaux forcés, en procédant à des vagues d'arrestations parmi les non-Juifs (nous y reviendrons) et en internant les habitants des ghettos dans des camps de concentration ou de travaux forcés. Le 9 octobre 1942, il ordonna que les « prétendus ouvriers de l'armement » des entreprises du textile et autres à Varsovie et Lublin soient rassemblés dans des camps de concentration. Les Juifs employés dans les « véritables entreprises de l'armement » devaient être progressivement regroupés afin qu'il ne reste plus « qu'une poignée de grandes entreprises où travailleraient les Juifs dans les camps de concentration, de préférence dans l'est du Gouvernement général ». « Pourtant, même là, un jour, conformément au souhait du Führer, il faudra que les Juifs disparaissent[23]. » Sur des ordonnances de la police d'octobre et de novembre 1942, les « zones d'habitation juives » furent limitées[24]. Pour tous les Juifs polonais qui ne travaillaient pas dans l'industrie de l'armement, ces réglementations étaient synonymes d'une mort certaine. À la fin de 1942, d'après des chiffres allemands officiels, sur les 2,3 millions de Juifs qui se trouvaient à l'origine dans les Gouvernement général, seuls 298 000 étaient encore en vie[25].

En Union soviétique, directement visée par les décisions prises en mai et juin 1942 de procéder à l'assassinat systématique des Juifs d'Europe, Himmler intervint personnellement dans le processus d'extermination. Il profita en particulier du fait qu'Hitler, en juillet 1942, lui avait confié la responsabilité de la « lutte contre les bandes ».

Dans le Generalkommissariat de Ruthénie blanche (la Biélorussie), les Einsatzgruppen avaient systématisé et accru leurs activités meurtrières à partir du mois de mai 1942. À la fin juillet, le commissaire général Wilhelm Kube rapportait que l'on avait « liquidé dans les dix dernières semaines environ 55 000 Juifs[26] ».

Dans le Reichskommissariat Ukraine, où une nouvelle vague de massacres avait été déclenchée en mai, les meurtres se multiplièrent encore en juillet. Une situation qui était directement liée à la mission de « lutte contre les bandes » et qui correspondait à ce qui passait dans le Gouvernement général où Himmler avait ordonné le 19 juillet que la population juive soit exterminée avant la fin de l'année. Il s'agissait donc non seulement d'éliminer les vrais partisans, mais aussi tous les « éléments suspects », dont la population juive. Une lettre d'Himmler à Berger datée du 28 juillet 1942 montre que cette mission correspondait à un ordre d'Hitler portant sur l'assassinat systématique de la population soviétique dans les zones occupées. « Les territoires occupés à l'est seront débarrassés des Juifs. L'exécution de cet ordre très dur, précisait Himmler en s'apitoyant sur son sort, m'a été confiée par le Führer. Personne ne peut me retirer cette responsabilité[27]. »

À la fin d'août 1942, l'Ukraine fut le théâtre d'une nouvelle escalade : l'objectif était désormais l'extermination totale de la population juive. Rappelons qu'au même moment, Himmler poursuivait ses plans de peuplement en Ukraine, où il avait installé son quartier général pour l'été. Le projet prévoyait l'installation de 10000 Allemands d'origine dans et autour de Jitomir, et une germanisation complète de certaines régions d'Ukraine en l'espace de vingt ans. Avec de telles ambitions en arrière-plan, il n'est pas étonnant que les autorités d'occupation aient entrepris d'y exterminer méthodiquement presque tous les Juifs qui vivaient encore, en particulier dans les commissariats généraux de Volhynie-Podolie et de Jitomir – centres juifs traditionnels en Ukraine[28]. Il est vrai que l'implantation de colons allemands eut lieu au détriment immédiat des Ukrainiens et non des Juifs, mais la relation entre l'avenir des Allemands d'origine et la question juive dans le contexte d'un « nouvel ordre national » est évidente.

L'office du SD de Pinsk, à la fin d'octobre, décida de supprimer le ghetto local sur un ordre écrit d'Himmler du 27 octobre 1942 : « Compte tenu des informations dont je dispose, le ghetto de Pinsk doit être considéré comme le centre de l'ensemble du mouvement des bandes dans les marais du Pripet. Je vous recommande par conséquent, quelles que soient les considérations économiques, de raser et d'anéantir sur-le-champ le ghetto de Pinsk. Dans la mesure du possible, il faudra fournir 1000 hommes à la Wehrmacht pour la fabrication de baraquements en bois. Ces 1000 hommes ne doivent cependant travailler que dans un camp fermé et étroitement surveillé. Si cette surveillance ne peut être garantie, ils doivent être exterminés eux aussi[29]. » L'ordre fut aussitôt appliqué : le massacre dura quatre jours, du 29 octobre au 1er novembre 1942, et coûta la vie à 16200 personnes[30].

À la fin de 1942, il ne restait que quelques milliers d'ouvriers juifs spécialisés encore en vie dans toute l'Ukraine[31]. Le HSSPF pour la Russie du Sud, Prützmann, annonça à Himmler le 26 décembre 1942 que dans le cadre de la « lutte contre les bandes » un total de 363 211 Juifs avaient été « exécutés » entre le 1er septembre et le 1er décembre 1942 dans son secteur, qui englobait l'Ukraine et Bialystok. Himmler retransmit l'information à Hitler, qui en prit connaissance le 29 décembre[32].

Toutefois, dès septembre, de plus en plus de signes montrèrent que la mécanique des déportations, qui depuis l'été 1942 touchaient toute l'Europe, connaissait quelques à-coups. Les difficultés ne concernaient pas que le Gouvernement général. Ailleurs aussi, on rapporta des refus et des manifestations d'opposition.

Lors de la réunion sur l'armement déjà mentionnée du 20 au 22 septembre 1942, Hitler en était venu à évoquer « l'importance de l'élimination des Juifs dans les entreprises d'armement du Reich[33] ». Quelques jours plus tard, il affirmait à Goebbels qu'il était déterminé à « expulser à tout prix les Juifs de Berlin ». La main-d'œuvre juive devrait être remplacée par des étrangers[34], ce qui, pour l'heure, était impossible. Ce n'est qu'avec le recrutement accru d'étrangers et de prisonniers de guerre pour l'industrie de l'armement, à partir du début 1943, et avec le durcissement de la politique intérieure à la suite de Stalingrad, que les conditions furent réunies pour une nouvelle vague de déportations depuis le territoire du Reich. Pourtant, Himmler fit tout ce qui était en son pouvoir pour soutenir la volonté d'Hitler de « débarrasser » le Reich des Juifs. En septembre, il convint avec le ministre de la Justice Otto Georg Thierack que tous les « éléments asociaux » qui se trouvaient encore en détention, donc tous les Juifs, les Tziganes, les Russes et les Polonais, soient rassemblés afin d'être « anéantis par le travail[35] ». Le 29 septembre, il inspecta le camp de concentration de Sachsenhausen et invita le jour même l'inspecteur des camps de concentration, Glück, qui l'accompagnait, à « vider des Juifs tous les camps de concentration du Reich et [...] tous les transférer dans le camp de concentration d'Auschwitz et le camp de travail pour prisonniers de guerre de Lublin », ordre que le RSHA transmit le 5 octobre aux administrations responsables, et qui fut appliqué dans les mois qui suivirent[36].

En France, après les convois de juillet et août, les déportations étaient au point mort. Comme de nombreux enfants se trouvaient parmi les déportés, la tentative de poursuivre les déportations se heurta à l'opposition ouverte de l'Église catholique, et la population réagit par un rejet massif. Le gouvernement de Vichy laissa donc entendre aux Allemands, au début de septembre 1942, qu'il n'était plus envisageable de procéder à des arrestations et des déportations en zone libre[37].

Tenant compte du prestige du président du Conseil Laval auprès de ses compatriotes, le HSSPF Oberg convainquit Himmler de décider, en partie en signe de bonne volonté à l'égard des Français, que plus aucun citoyen français ne serait déporté de la zone libre[38] – un changement d'attitude remarquable car, en juin encore, le Reichsführer avait réclamé la déportation de tous les Juifs de France avant la fin de l'année. La puissance occupante redoubla donc d'efforts pour arrêter les Juifs étrangers en zone occupée. Quatre nouveaux convois partirent vers l'est en novembre. Puis les déportations s'interrompirent. Jusque-là, 42 000 personnes avaient été déportées de France[39].

En Norvège, où en octobre le RSHA imposa l'expulsion de la petite minorité juive, une vague d'arrestations fut déclenchée à partir du 25 sur ordre des autorités d'occupation. En novembre, les premiers d'un total de 770 Juifs furent déportés. 930 s'étaient réfugiés en Suède[40].

Même auprès des alliés du Reich, le ministère des Affaires étrangères et le RSHA se heurtèrent à des obstacles pendant l'automne 1942. En dépit de leurs efforts, il s'avéra que tous les alliés qui avaient été impliqués en 1942 dans les projets de déportation avaient contourné les directives allemandes, même la Croatie. En Slovaquie, les déportations finirent par cesser complètement en octobre 1942[41]. En Roumanie, on renonça ouvertement au projet sur lequel on s'était entendu en juillet[42]. En janvier 1943, Himmler dut admettre qu'il était inutile de pousser le gouvernement roumain à livrer ses Juifs. Il se décida donc à rappeler le « conseiller aux affaires juives » auprès de l'ambassade allemande à Bucarest[43]. En octobre 1942, la Bulgarie[44] et la Hongrie[45] firent également preuve de leur réticence.

Pourtant, à la fin novembre, Himmler pensait encore que les déportations seraient bientôt déclenchées en Hongrie. Il pria ainsi Ribbentrop de nommer un spécialiste expérimenté, par exemple Dieter Wisliceny, « rapporteur sur la question juive » auprès de la représentation allemande à Budapest. La « première étape » pourrait être la déportation de 100 000 Juifs venus des territoires slovaques et roumains annexés par la Hongrie[46] ». En décembre, il fut cependant contraint de reconnaître que la Hongrie ne tenait pas à déporter les Juifs qui résidaient sur son territoire[47].

Les efforts du sous-secrétaire d'État Luther pour amener, par l'entremise des missions allemandes à Rome, les Italiens à changer de comportement en ce qui concernait la déportation des Juifs croates dans la zone d'occupation n'eurent pas non plus les résultats escomptés[48]. Et Himmler ne pouvait personnellement rien y changer. À l'occasion d'une rencontre avec Mussolini durant un voyage en Italie en octobre 1942, les deux hommes évoquèrent la question juive. Himmler brossa alors à Mussolini un portrait en partie réaliste et en partie édulcoré de la « solution ». Mais, avant qu'il ait pu aborder la politique juive de l'Italie, Mussolini coupa court à leur entretien en « s'enquérant aimablement du programme de mon séjour à Rome et mon prochain projet de voyage[49] ».

Les Juifs vivant en Croatie avaient à l'époque déjà été internés par l'occupant italien, ce qui les soustrayait à l'emprise allemande[50].

Lutte contre les bandes et répression dans les pays occupés

Face aux activités sans cesse plus menaçantes des partisans soviétiques, Hitler décréta, en juillet 1942, que la police serait à l'avenir prioritairement responsable de la lutte contre leur mouvement[51]. Cette décision fut prise au moment précis où Himmler englobait toute l'Europe dans le programme d'extermination, ce qui souligne une fois encore le lien étroit entre l'Holocauste et la lutte contre les partisans. Dès l'offensive contre l'URSS, il était devenu courant d'exterminer les Juifs « en tant que partisans ». Hitler, on l'a vu, avait expressément recommandé cette option à Himmler le 18 décembre 1941. Puisqu'il était maintenant officiellement chargé de la lutte contre les partisans, il disposait d'une plus grande marge de manœuvre en ce qui concernait l'Holocauste.

Himmler avait cependant déjà montré qu'il était capable d'agir brutalement contre les « bandes » même quand il ne s'agissait pas en premier d'assassiner des Juifs. Le 25 juin 1942, il avait ordonné de neutraliser les « activités des bandes » en Carniole et en Basse-Styrie, autrement dit dans les territoires yougoslaves annexés, dans le cadre d'une « action de quatre semaines » sous le commandement d'Erwin Rösener, HSSPF de l'Alpenland. « Pour cette action, il convient de mobiliser jusqu'au dernier Allemand de dix-sept à cinquante-cinq ans capable de porter les armes dans cette région, si possible sur le territoire des anciens Gaue de Carinthie et de Styrie [...] cette action doit être menée dans l'ensemble avec méthode, dureté et sans pitié. »

Dans des « directives » détaillées, Himmler expliqua clairement ce que cela signifiait : « L'action doit neutraliser tous les éléments de la population qui ont sciemment soutenu les bandes en leur fournissant des hommes, des vivres, des armes et des refuges. Les hommes d'une famille coupable, dans bien des cas même toute la famille, doivent être exécutés par principe. Les femmes doivent être internées puis déportées en camp de concentration, les enfants écartés de leur foyer et rassemblés sur le territoire du Reich. J'attends des informations précises sur le nombre et la valeur raciale de ces enfants. Les biens des familles coupables seront confisqués. » La « mise en œuvre de l'action, poursuivait Himmler, exigera des officiers et des hommes le plus grand sens du devoir et la plus extrême vigilance, mais aussi de grands efforts physiques dans cette difficile région montagneuse. J'attends des officiers et des hommes de la SS et de la police qu'ils répondent aux espoirs placés en eux[52] ». Dans les mois qui suivirent, la région en question fut le théâtre d'une augmentation des exécutions, des internements et des adoptions forcées[53].

Le 28 juillet 1942, Himmler fit officiellement savoir que le « Reichsführer-SS et chef de la police allemande » était « l'unique autorité responsable pour la lutte contre les prétendus partisans », « en accord avec l'OKW ». « Je prends personnellement » la direction de cette « lutte contre les bandes, les francs-tireurs et les criminels[54] ». Quelques jours plus tard, il déclarait qu'il ne fallait plus utiliser le terme de « partisan », mais seulement celui de « bandes[55] ». Le 18 août, Hitler confirma son approbation de principe pour la « lutte contre les bandes » et précisa qu'Himmler était « seul responsable » dans les Reichskommissariat, tandis que dans les régions sous administration militaire le commandement de ces opérations était dévolu à la Wehrmacht[56].

Dès le 9 juillet, le Reichsführer-SS avait convoqué les hauts fonctionnaires de la SS à Berlin pour une discussion sur la future lutte contre les partisans. Comme d'habitude, Himmler ne se priva pas de faire des suggestions. En l'espace de quatre semaines, il fallait priver les partisans de leur couverture dans les régions occupées d'URSS en utilisant la population pour « abattre les arbres et les fourrés de chaque côté des routes et des voies ferrées, sur une largeur de quatre à cinq cents mètres ». Pour diverses raisons, le ministère de l'Est ne parvint pas à mettre cette mesure en application[57].

Il eut plus de succès avec une autre idée. Le 17 août, « avec l'autorisation du Führer », il imposa le « service d'honneur » aux Allemands qui vivaient dans le Gouvernement général et les territoires soviétiques occupés mais qui ne servaient pas encore dans la Wehrmacht, la police ou la SS. Ils devaient « être disponibles sur leur temps libre pour servir dans les unités d'alerte et ainsi renforcer les capacités de combat, en particulier de la SS et de la police, surtout dans les situations d'urgence ». Certes, reconnaissait-il, la mobilisation pour les exercices occuperait désormais leurs fins de semaines, mais le Reichsführer se disait convaincu qu'ils étaient « heureux, même les réformés[58], de pouvoir ainsi servir la patrie par les armes où qu'ils se trouvent[59] ». Il était évident que, grâce à cette réglementation, les forces locales de la SS et de la police étaient désormais en mesure d'exercer des contraintes sur les membres de l'administration civile ou le personnel d'entreprises allemandes. La mobilisation totale des Allemands dans l'Est occupé permettait d'accroître la puissance de la SS et de la police.

Le 7 août, Himmler émit des ordres détaillés pour deux actions de grande envergure contre les partisans dans le Generalkommissariat de Ruthénie blanche et dans le district de Bialystok[60]. Les opérations Sumpffieber (« Malaria ») et Wisent (« Bison ») eurent lieu en août-septembre et en septembre-octobre 1942. « Sumpffieber », placée sous le commandement de Jeckeln, le HSSPF de Russie du Nord, fut en réalité plus ou moins un échec, du point de vue de la lutte contre les partisans. Pour donner de son bilan une image plus impressionnante, Jeckeln, outre 389 « bandits » présumés « tués au combat » et 1 274 autres condamnés, fit exécuter sommairement plus de 8 000 Juifs, dont presque tous les habitants du ghetto de Baranovitché. Ce massacre correspondait au calcul d'Himmler, qui souhaitait profiter du prétexte de la « lutte contre les bandes » pour exterminer les Juifs. Mais en même temps, il voulait voir davantage de « bandits » abattus. Il en tira donc les conséquences : dans le domaine de la « lutte contre les bandes », la Biélorussie fut confiée au HSSPF von dem Bach-Zelewski, considéré comme plus efficace dans ce secteur[61].

Erich von dem Bach-Zelewski allait devenir l'homme clé d'Himmler dans la « lutte contre les bandes ». À l'époque, en tant que HSSPF de Russie centrale, Bach, avide d'action, ne disposait que de l'administration militaire de la région. Là, conformément à la directive du Führer du 18 août, c'était la Wehrmacht qui prenait en charge la lutte contre les partisans. Bach pria Himmler de le nommer « inspecteur de la lutte contre les bandes dans l'ensemble des territoires de l'Est[62] ».

Le 22 septembre, Himmler soumit cette proposition à Hitler lors d'une discussion qui dura plusieurs heures, au cours de laquelle furent abordées, outre la menace que représentaient les partisans, l'implantation des Allemands d'origine dans les régions occupées et « l'émigration juive[63] » – preuve supplémentaire de l'étroite imbrication entre ces trois domaines dans l'idée qu'Himmler se faisait de l'ordre nouveau dans l'espace vital à l'est. Hitler approuva et, le 24 octobre, Himmler non seulement fit de son HSSPF de Russie centrale le « plénipotentiaire du Reichsführer-SS pour la lutte contre les bandes », mais signa également cinq décrets par lesquels il réglementait ces nouvelles fonctions[64].

En particulier, Himmler lui subordonna le Generalkommissariat de Ruthénie blanche, sous administration civile, pour la durée de « l'action de pacification » prévue. En novembre, Curt von Gottberg fut ensuite nommé SSPF de Biélorussie. Gottberg, sur la touche depuis « l'affaire du Bodenamt » de Prague en 1939[65], se vit ainsi offrir la chance de se réhabiliter aux yeux de son Reichsführer en adoptant un comportement particulièrement impitoyable. Avec le déploiement en Biélorussie du commando spécial Dirlewanger[66], majoritairement composé de criminels, Himmler confia en outre à von dem Bach-Zelewski et Gottberg une unité extrêmement brutale pour la mise en œuvre de « l'action de pacification[67] ». Himmler avait ainsi chargé un trio trié sur le volet de la « lutte contre les bandes » dans cette région : trois existences ratées, trois hommes qui comptaient bien mériter la reconnaissance de leur suzerain. Rien qu'entre novembre 1942 et le début de mai 1943, les SS, la police et la Wehrmacht, dans le cadre de dix-huit grandes actions, tuèrent plus de 40 000 personnes en Biélorussie[68].

Le 30 octobre 1942, Himmler ordonna que lors de toutes les opérations de lutte contre les partisans dans les régions d'URSS occupées « toute la population superflue et apte au travail soit immédiatement placée d'abord en détention, puis transférée à pied jusqu'en Allemagne pour y travailler[69] ». Ce faisant, il répondait à une directive de Goering qui, manifestement, ne lui plaisait pas. En février, il avait refusé de transférer les hommes capturés lors des actions contre les partisans sous la responsabilité de Sauckel, plénipotentiaire général du Reich pour l'emploi de la main-d'œuvre. Ces hommes, internés en camp de concentration, étaient « soupçonnés d'appartenir aux bandes » et ne pouvaient par conséquent être « remis en liberté pour travailler[70] ». Mais à partir de l'été 1943, compte tenu de la pénurie dramatique de main-d'œuvre dans l'économie de guerre allemande, il dut céder.

Quand il eut reçu la mission de diriger la lutte contre les mouvements de partisans, durant l'été 1942, Himmler s'assura la dernière compétence dont il avait encore besoin pour écraser toute opposition dans les territoires occupés à l'est. Sur place, la Sipo et le SD, par principe, ne se contentaient pas de réagir à des actes de résistance, mais préféraient agir préventivement. À partir de 1942 au plus tard, il leur fut recommandé de tuer tous les communistes qui se trouvaient dans les régions occupées, même s'ils ne s'étaient rendus coupables d'aucun acte concret de résistance. La pratique s'imposa[71]. Dans les régions de Pologne qui avaient été sous domination soviétique de 1939 à 1941, tous les « gens de l'Est » ou « citoyens soviétiques » furent assassinés ou déportés en camp de travail, le plus souvent parce qu'ils étaient simplement soupçonnés d'être encore loyaux envers Moscou. Ces mesures frappèrent en particulier les membres d'administrations qui avaient été évacués plus à l'est par les Soviétiques. Par ailleurs, quiconque était soupçonné d'avoir des origines « asiatiques » était également visé. Ces personnes étaient considérées comme des complices du régime soviétique et furent donc elles aussi exécutées sommairement[72].

La politique d'Himmler dans les régions occupées à l'est était fondamentalement d'une grande simplicité. En ayant recours aux pires brutalités, il cherchait à imposer l'ordre nouveau dans « l'espace vital » conquis. Il était généralement opposé à toute concession ou avantage consenti aux populations locales. Aussi, au début de 1942, il se dressa contre la propagation d'un « nouvel ordre agraire » que défendait Rosenberg, et qui laissait entrevoir à la population rurale la possibilité d'accéder à la propriété privée (mais il échoua)[73]. Il s'opposa également avec véhémence à toute perspective de création d'un « État national » pour les Russes[74]. La brochure diffusée par la direction centrale de la SS et intitulée *Le Sous-Homme* illustre crûment ce qu'il fallait penser des « gens de l'Est » dans l'esprit du Reichsführer – des photographies venant étayer la théorie de l'infériorité raciale des peuples soviétiques : « une créature effrayante [...], comme une ébauche d'être humain [...] mais spirituellement et psychologiquement plus bas encore que la bête[75] ».

Le « nouvel ordre agraire » n'était pas le seul point de contentieux entre Rosenberg et Himmler. Entre-temps devenu responsable de la « sécurité policière » des territoires de l'Est, mission très vaste, de la « consolidation de la nation allemande » et de la lutte contre les partisans – compétence qu'il étendit en 1943 à l'ensemble de l'Union soviétique –, Himmler était en mesure d'envisager une mise à l'écart de Rosenberg. L'échange de correspondance avec le ministre de l'Est sur les questions de compétence remplit certes de nombreux dossiers, mais les mémorandums complets que Rosenberg rédigea au cours de ce bras de fer sont la preuve d'une chose : son repli inexorable[76].

Himmler alla jusqu'à exprimer ouvertement le mépris profond que lui inspirait Rosenberg. Il écrivit ainsi à Alfred Meyer, secrétaire d'État au ministère de l'Est et adjoint de Rosenberg, en avril 1942 – non sans prétendre hypocritement regretter sa franchise –, que Rosenberg n'était « pas un soldat, et aucun d'entre nous n'attend de lui qu'il le soit ou le devienne. Nous autres camarades du parti l'estimons et l'honorons, lui qui s'est fait un nom en tant que responsable idéologique du NSDAP. Mais le camarade Rosenberg doit, même s'il est ministre de l'Est, laisser les questions militaires à ceux qui en sont responsables et doivent s'en charger[77] ». Pour Himmler, Rosenberg n'était rien d'autre qu'un faible.

Quand il eut perdu, en la personne de Heydrich, son agent de liaison auprès de Rosenberg, il s'entendit avec le ministre de l'Est au début de 1943 pour que le chef de la direction centrale de la SS, Gottlob Berger, endosse ce rôle, avec le rang de secrétaire d'État[78].

Bien que n'entrant pas dans le domaine de compétence d'Himmler dans la lutte contre les bandes, les pays occupés d'Europe centrale, de l'Ouest et du Nord firent eux aussi l'objet d'un durcissement de la répression en 1942 par les organes de la SS et de la police de sécurité.

En Norvège, à la mi-1942, le tribunal de la SS et de la police intervint pour la première fois dans la persécution politique contre la population. Jusqu'à la mi-1944, 127 condamnations à mort furent prononcées dans le cadre de ces procès[79]. En réaction aux opérations de sabotage, les autorités d'occupation allemandes imposèrent de plus l'état d'urgence dans la région de Trondheim en octobre 1942. 34 personnes furent jugées en cour martiale et fusillées par la Sipo. Dans le même temps, la police ordonnait l'arrestation de tous les Juifs de sexe masculin, mesure qui, deux semaines plus tard, était étendue à tous les Juifs de Norvège. Puis la déportation des Juifs norvégiens fut décrétée. Une fois de plus, une action de représailles dans un pays occupé s'accompagna de mesures antijuives, comme auparavant en France ou dans le Protectorat[80].

En Belgique, placée sous administration militaire, et où c'était la police militaire de la Wehrmacht qui était principalement responsable de la répression de la Résistance, des otages étaient régulièrement passés par les armes. Cela n'empêchait pas le représentant de la Sipo et du SD auprès du chef de l'administration militaire – la Belgique fut le seul pays où Himmler ne parvint à nommer un HSSPF qu'en 1944 – de poursuivre sa propre politique de répression. De juin 1941 jusqu'en août 1942, il appliqua 600 ordres de détention du RSHA et fit déporter les personnes concernées en camp de concentration[81].

En France, Himmler, en mars 1942, c'est-à-dire au moment du départ des premiers convois d'otages vers Auschwitz, avait pu nommer un HSSPF[82], Carl Oberg, qui occupa ce poste à partir du 1er juin 1942. Oberg disposa d'un appareil exécutif étendu à tout le pays puisqu'il jouissait de la préséance par rapport à la police française. Il parvint en outre à convertir les unités de la police militaire secrète de la Wehrmacht en services de la Sipo et du SD. Helmut Knochen, qui dirigeait les bureaux de la Sipo à Paris depuis 1940, fut nommé commandant en chef de la police de sécurité en France[83]. Oberg profita de sa position de force pour, en juillet 1942, conclure avec le secrétaire général de la police René

Bousquet un accord portant sur une collaboration étroite entre les polices française et allemande. En échange, Bousquet obtint une plus grande marge de manœuvre dans les régions occupées[84].

Dans le courant de l'été, Oberg et Knochen ne se contentèrent pas de poursuivre la politique antijuive en zone libre et en zone occupée. Ils ordonnèrent d'autres exécutions massives d'otages, en particulier le 11 août et le 21 septembre. Pourtant, alors que les attaques de la Résistance augmentaient en septembre et octobre, Oberg en vint à la même conclusion que l'administration militaire l'année précédente : du point de vue des forces d'occupation, les exécutions en représailles étaient contre-productives. Dans le même temps, il réussit à faire prendre en compte par Himmler les réflexions du gouvernement de Vichy contre une déportation des Juifs français. Oberg se disposa alors à passer à une autre forme de châtiment. À partir de 1943, les Juifs et les ennemis du Reich furent déportés en Allemagne[85].

Nous avons déjà évoqué les terribles violences des représailles exercées dans le Protectorat en juin 1942 dans le sillage de la mort de Heydrich. Après cette vague de terreur, le HSSPF local s'efforça de rétablir le calme. Il importait en premier lieu d'exploiter économiquement le pays, et on avait besoin pour cela que la paix règne sur le front politique. Bien sûr, en représailles aux activités de la Résistance, on continua à procéder à des incarcérations et des exécutions. Mais la répression resta nettement en deçà de ce que subirent la Pologne ou la Yougoslavie[86].

Comme le montrent les exemples de la France et du Protectorat, les hauts responsables d'Himmler dans les pays occupés ne préconisaient pas toujours une politique de terreur sans bornes. Cela ne s'expliquait pas seulement par des considérations de sécurité, mais aussi par un autre facteur, qui prenait une importance croissante : le besoin en travailleurs forcés dans les camps de concentration. En gardant cette priorité à l'esprit, il semblait plus avisé de déporter les rebelles en camp que de les fusiller.

L'échec du conglomérat de l'armement SS

Jusqu'au début de 1942, la SS, et plus particulièrement Oswald Pohl en tant que responsable des questions économiques, avait surtout réagi aux demandes de l'industrie de l'armement, sans véritable stratégie de développement de ses propres capacités dans ce domaine[87]. Cette situation se modifia durant la crise de l'hiver

1941-1942, quand la fin du Blitzkrieg entraîna une plus grande mobilisation de toutes les ressources pour une guerre qui serait désormais totale. Himmler ordonna – afin de contribuer à combler le manque chronique de main-d'œuvre – que les Juifs soient massivement mis au travail. Il entreprit ainsi, comme on l'a décrit, de « rentabiliser » le système concentrationnaire, entre autres grâce à la création de la direction centrale économique et administrative.

Le 16 mars, Glücks, directeur de l'inspection des camps de concentration, avait rencontré des représentants du ministère des Munitions afin d'évoquer les possibilités d'emploi des déportés. Glücks avait déclaré que la SS ne souhaitait pas exercer d'influence sur la production mais que, conformément à une « ordonnance du Reichsführer-SS [...], la fabrication devait continuer à se faire dans les camps[88] ». Walter Schieber, chef de cabinet du ministère de Speer, avait alors cherché à mettre en place des projets de ce genre, non sans succès. Des carabines furent par exemple fabriquées dans le camp de Buchenwald pour le compte des usines Wilhelm-Gustloff de Weimar, d'autres propositions du même ordre étant en discussion[89].

Dans cette situation, Himmler prit l'initiative au début de juillet 1942. Après une rencontre avec Schieber, il transmit à Pohl une liste de projets pour l'industrie de l'armement dans quatre camps (outre la production de carabines, la fabrication de pistolets et de canons de DCA était également prévue). Himmler tenait en particulier à l'ouverture d'une usine Opel près d'Auschwitz, usine dont la construction et la gestion devaient être confiées à la SS. Il espérait ainsi accomplir des progrès dans le domaine de la motorisation de la SS[90]. Le moment choisi pour la création d'un conglomérat industriel SS ne devait rien au hasard. C'est au mois de juillet 1942 qu'il instaura la conscription *de facto* pour les Allemands d'origine du sud-est de l'Europe, qui devait lui permettre de grossir les rangs de la Waffen-SS. Il fallait armer et équiper ces nouvelles recrues.

Pourtant, toutes ces entreprises allaient échouer, pratiquement dès le début. La production de carabines à Buchenwald ne put démarrer qu'au printemps 1943, et elle resta très lente. En août 1944, les installations furent détruites lors d'un bombardement. À Neuengamme, la fabrication annoncée d'armes de poing ne vit jamais le jour, et cela vaut pour les autres projets. Il n'y a qu'à Auschwitz que furent produits des détonateurs de grenades – au lieu des canons de DCA prévus à l'origine[91].

La production industrielle dans les camps de concentration ne se concrétisa jamais parce qu'il était difficile de se procurer des machines-outils de qualité, parce que, du fait des conditions de vie et de travail qui régnaient dans ces entreprises des camps, la productivité resta relativement faible[92], mais surtout parce que Himmler avait omis que, tant que la SS contrôlerait la production, la condition indispensable à la réalisation de ces projets ferait défaut, à savoir la coopération avec l'industrie dans le cadre d'un partenariat[93]. Car, du point de vue des industriels, on était fermement décidé à gérer l'ensemble du processus de fabrication, même dans les camps.

Le 15 septembre 1942, Speer et Pohl convinrent d'employer des déportés en grand nombre dans l'industrie. Pohl informa Himmler des détails et s'exprima très ouvertement sur le point central de cet accord : « Nous ne devons plus nous obstiner à exiger que toute la production ait lieu dans nos camps. Tant que nous nous sommes occupés de bric et de broc, comme vous avez, Reichsführer, si justement décrit nos activités jusqu'à présent, nous pouvions à bon droit émettre de telles exigences. » Dans le cas d'usines d'armement employant plus de 5 000 déportés, cela n'était plus possible. Ces prisonniers, avait affirmé Speer, devaient être laissés « dans la nature ».

À la suite de l'accord passé avec Speer, la SS devait, poursuivit Pohl, reprendre des entreprises abandonnées ou en sous-effectifs, les doter « à 100 % de nos prisonniers » et les gérer elle-même en tant qu'« entreprises d'armement SS » – mais malgré tout en dehors des camps. De cette façon, Speer aurait voulu « offrir la possibilité d'employer 50 000 Juifs aptes au travail dans des entreprises ». Pohl comptait « récupérer » ces détenus « sur l'émigration à l'est[94] ».

Pohl avait donc dû passer outre la volonté d'Himmler de maintenir la production dans les camps. Il était toutefois irréaliste de croire que la masse hétéroclite des déportés, qui ne disposait d'aucune formation spécialisée, serait en mesure de se charger à court terme de chaînes de fabrication complètes. De plus, la SS elle-même ne disposait pas de l'expérience nécessaire pour organiser la production.

Lors de la réunion sur l'armement du 20 au 22 septembre 1942, Speer attira également l'attention d'Hitler sur le fait que ni l'implantation de sites de production dans les camps, ni l'exigence d'Himmler quant à « l'influence significative de la SS sur ces entreprises » n'avaient de sens en termes de rentabilité. La solution la plus logique était d'employer, dans certaines entreprises, une deuxième équipe composée de déportés. Hitler approuva Speer et promit à Himmler, en guise de compensation pour les détenus qu'il allait devoir mettre à la disposition de l'industrie, que 3 à 5 % de la production seraient destinés à la Waffen-SS[95]. C'était la fin du conglomérat industriel SS. Désormais, le rôle de la SS se limiterait à louer les services des déportés et ouvrir pour cela des camps annexes près des entreprises concernées sur le territoire du Reich.

Toujours en septembre 1942, Speer torpilla un autre projet ambitieux qu'Himmler poursuivait depuis la fin de 1941 dans le secteur de l'armement. Comme on l'a vu, selon un ordre du Führer de janvier 1942, le Reichsführer s'était vu promettre « la construction, le développement et la gestion » d'une fonderie au sein des usines Volkswagen. Depuis le printemps, des centaines de prisonniers y travaillaient. Non loin de l'usine, un camp de concentration (un « village de travail ») avait été installé. À la mi-septembre 1942, Speer interdit la poursuite du projet car, selon lui, sa valeur, sur le plan de l'économie de l'armement, était douteuse. Himmler avait donc échoué à prendre pied dans la production de l'armement[96].

Terreur en Allemagne

Quand il devint évident, à l'automne 1941, que la guerre risquait de durer plus longtemps que prévu, la police criminelle reçut de nouvelles missions. Si, depuis l'été 1940, en prévision de la fin prochaine des hostilités, elle s'était concentrée sur les objectifs de la politique démographique du régime, la priorité était désormais de gérer les conséquences de la guerre aérienne, de l'économie de guerre et de renforcer la surveillance de la jeunesse et des étrangers, le tout dans le cadre d'une redéfinition générale de la notion de « prévention ».

La guerre aérienne représentait une multiplicité de défis pour la Kripo. Il fallait identifier les victimes des bombardements et prévenir les pillages. Surtout durant la deuxième moitié de la guerre, les villes détruites furent le théâtre de violations systématiques de la propriété privée, délits facilités par le black-out et les destructions subies par les immeubles. De plus, beaucoup de gens, confrontés à l'urgence de leur situation et à la destruction de leur environnement habituel, perdaient toute inhibition. Dans les ruines des villes ravagées, des bandes de jeunes rôdaient tandis que le marché noir prospérait. Le taux des meurtres et des vols augmenta[97].

La prétendue négligence de la jeunesse était un sujet qui préoccupait particulièrement le Reichsführer. Le 26 janvier 1942, il transmit à Heydrich un rapport de la Direction de la jeunesse du Reich qui dépeignait entre autres les activités de la jeunesse « Swing* » durant son temps libre à Hambourg. Des jeunes

* Équivalent allemand des zazous. (NdT)

d'orgine bourgeoise pour la plupart qui, lors de fêtes, écoutaient du swing, musique interdite, et manifestaient plus généralement leur opposition aux Jeunesses hitlériennes et à d'autres d'institutions de l'État nazi.

Himmler vit rouge : « Tous les meneurs, hommes et femmes, et parmi les enseignants tous ceux qui sont hostiles et soutiennent la jeunesse Swing doivent être déportés en camp de concentration. Là, la jeunesse doit d'abord être passée à tabac, puis contrainte à l'exercice et au travail sous la forme la plus rude. Pour ces types et ces filles bons à rien, les camps de travail et les camps de jeunesse sont inutiles. Les filles doivent être mises au travail dans des filatures, et dans les champs en été. Pour ces jeunes, le séjour en camp de concentration doit être long, deux ou trois ans. Il doit être clair qu'ils ne pourront jamais reprendre leurs études. Il faut enquêter pour savoir dans quelle mesure les parents les ont soutenus. Et s'ils les ont soutenus, ils doivent eux aussi être envoyés en camp et leurs biens être saisis. Ce n'est qu'en intervenant avec brutalité que nous pourrons éviter la propagation dangereuse de cette tendance anglophyle [*sic* !] à l'heure où l'Allemagne se bat pour son existence[98]. »

À partir de 1942, le régime s'inquiéta de ce que la criminalité en hausse et le phénomène croissant de négligence risquaient d'entacher l'image de l'Allemagne nazie en tant qu'État où régnait l'ordre. On craignait que cela n'ait des conséquences négatives à l'arrière. Dans l'esprit d'Hitler, c'était la « vermine » qui avait fomenté la révolution de 1918. Dans l'éventualité d'une révolte, il préconisait des mesures draconiennes. « Tous les criminels » devaient être tués « sous trois jours[99] ». Conséquence logique de cette vision des choses, à partir de la deuxième moitié de 1942, les criminels et les « asociaux » furent systématiquement éliminés, mission qui incombait essentiellement au Reichsführer-SS.

Cette nouvelle forme meurtrière de « prévention criminelle » visait entre autres les travailleurs forcés d'Europe de l'Est, dont le nombre se chiffrait maintenant en millions. En septembre 1941, Himmler s'était vainement opposé à ce que l'on déporte des civils soviétiques dans le Reich, en plus de la main-d'œuvre polonaise et des prisonniers de guerre de l'Armée rouge. La Kripo était obligée d'entreprendre des efforts considérables pour traquer les prisonniers de guerre évadés ou la main-d'œuvre étrangère qui tentait de rentrer chez elle par ses propres moyens. Durant le premier semestre 1943, plus de 300 000 personnes furent ainsi rattrapées[100].

Mais le veto d'Himmler avait été ignoré[101] et, le 20 février 1941, Heydrich avait émis le décret sur les travailleurs de l'Est, qui réglementait le traitement et la surveillance des civils soviétiques en Allemagne. La Gestapo était désormais exclusivement responsable de la lutte contre la criminalité, les relations sexuelles interdites avec des Allemands et les cas d'insubordination. Les contrevenants étaient passibles des peines les plus lourdes. Les délits commis par les travailleurs forcés soviétiques étaient punis par la déportation en camp de concentration ou le « traitement spécial ». Ils ne devaient être soumis à la justice que si l'on était certain que le procès aboutirait à la peine de mort[102].

Le 18 septembre 1942, dans son quartier général en Ukraine, Himmler rencontra le ministre de la Justice Otto Thierack et son secrétaire d'État Curt Ferdinand Rothenberger. Ils discutèrent à cette occasion de plusieurs accords avec les autorités judiciaires. Cette rencontre eut des répercussions considérables. Premièrement, à l'avenir, les verdicts jugés « insuffisants » seraient « corrigés » par un « traitement policier spécial », Thierack et Himmler étant censés s'entendre sur les cas particuliers. S'ils n'y parvenaient pas, il faudrait faire appel à Bormann, voire à Hitler.

Deuxièmement, il était prévu que les « éléments asociaux » soient extraits du « cadre pénal et confiés au Reichsführer-SS pour être anéantis par le travail. Cela concernait sans exception « les personnes en détention préventive, Juifs, Tziganes, Russes et Ukrainiens, Polonais condamnés par le ministre de la Justice du Reich à des peines de plus de trois ans, les Tchèques ou les Allemands condamnés à plus de huit ans ». Il n'est pas étonnant que le transfèrement de ces prisonniers ait été décidé précisément au moment où les autorités souhaitaient recourir en grand nombre aux déportés comme main-d'œuvre dans l'industrie de l'armement. Du reste, Himmler et Thierack furent d'accord pour que, à l'avenir, « les Juifs, les Polonais, les Tziganes, les Russes et les Ukrainiens » ne soient plus jugés par « les tribunaux ordinaires ». Leur cas serait désormais « réglé par le Reichsführer-SS ».

Au cours de cette rencontre, Himmler réclama que « davantage d'institutions spéciales soient mises en place dans le système pénal afin de pouvoir séparer, en fonction de leurs délits, ceux qui ne sont pas susceptibles de s'améliorer de ceux qui le sont (par exemple, les escrocs, les voleurs, les personnes violentes) ». Si le ministre de la Justice estima que cette proposition était « juste » dans le principe, il refusa en revanche d'accéder à la demande d'Himmler d'intégrer les bureaux des procureurs dans l'appareil de la police. Thierack promit par ailleurs d'examiner une autre requête d'Himmler, qui voulait que le casier judiciaire soit géré par la police[103].

À la suite de cet accord, durant l'automne 1942, des commissions composées de fonctionnaires du ministère de la Justice passèrent les prisons au crible afin de déterminer quels détenus étaient susceptibles d'être transférés dans les camps. Jusqu'à la mi-1943, 17 307 détenus furent concernés. Dès le 1er avril 1943, 5 935 avaient été tués. Les sélections se poursuivirent [104].

En outre, à l'été 1942, les règles présidant aux opérations de surveillance policière furent durcies. Quiconque était jugé « indigne de porter les armes » risquait la détention préventive à la plus infime infraction [105]. En décembre 1942, la direction de la police criminelle du Reich ordonna en outre que les « criminels et les asociaux inaptes à la prison » soient transférés dans les camps, où ils devraient être « pris en charge de façon appropriée » – formulation qui doit être comprise comme une invitation à les exécuter [106]. Selon certains chiffres, plus de 20 000 personnes placées en détention préventive se trouvaient dans les camps à la mi-1943. En tout, jusqu'à la fin 1943, entre 63 000 et 82 000 personnes auraient été placées en détention préventive, dont 26 000 à 34 000 moururent durant leur incarcération [107]. Himmler lui-même, dans un discours le 14 octobre 1943, affirma que parmi les déportés sur le territoire du Reich se trouvaient 40 000 prisonniers politiques et 70 000 « asociaux », « délinquants du travail » et « prisonniers en détention préventive [108] ».

L'accord de septembre 1942 entre Thierack et Himmler ne se limita pas au projet de vider les prisons allemandes et de « décharger » la justice du souci de poursuivre les travailleurs forcés d'Europe de l'Est. Il permit également à Himmler de mettre en œuvre un processus qui le préoccupait depuis déjà deux ans : l'introduction d'un système pénal exclusivement policier pour les Polonais vivant dans les régions annexées. Cela suscita une levée de boucliers de la part des Reichsstatthalter sur place, qui redoutaient une nouvelle aggravation de la situation déjà extrêmement tendue dans leur fief, si bien que Thierack finit par revenir sur son approbation. Mais le RSHA ignora sciemment ce repli et appela les Stapostellen à « régler » par elles-mêmes les cas de ce genre. Avec prudence, toutefois, eu égard à la répugnance des Reichsstatthalter [109].

Himmler et le grand empire germanique – une reconstitution

Comme on l'a vu en détail dans les chapitres précédents, entre avril et septembre 1942, Himmler prit des décisions de grande portée dans plusieurs domaines, avec des conséquences terribles.

Premièrement : fin avril et début mai, le Reichsführer-SS prit les dernières mesures visant à englober toute l'Europe dans le meurtre systématique des Juifs.

Fin mai et début juin, après l'attentat contre Heydrich et le décès de ce dernier, il décida d'accentuer le programme génocidaire et de l'accélérer afin que la Solution finale ait atteint ses objectifs à la fin de l'année. Dans les mois suivants, il accorda une attention exceptionnelle à la mise en œuvre de ces mesures. L'extension du programme des déportations à toute l'Europe, à partir de la mi-1942, renforça en outre la position de l'appareil de répression qu'il avait élaboré dans les pays occupés, et la position de ses « conseillers » auprès des États alliés.

Deuxièmement : en juillet 1942, Hitler confia à Himmler la « lutte contre les bandes » dans les régions occupées en Europe de l'Est. Le fait qu'Himmler lui ait communiqué, à la fin de l'année, le chiffre de 363 000 Juifs fusillés (soit plus de 90 % des victimes de sa « lutte contre les bandes ») pour le secteur de la Russie du Sud montre bien comment il concevait sa mission.

Troisièmement : en juin 1942, Himmler avisa Meyer, son responsable de la planification, qu'il devait à présent travailler sur un « plan de peuplement d'ensemble » pour l'Europe, qui devait s'étendre à la Pologne, une grande partie de l'URSS, l'Alsace et la Lorraine, la Carniole et la Basse-Styrie ainsi qu'au Protectorat de Bohême-Moravie. Dans le même temps, il ordonnait de réduire de cinq à dix ans le délai prévu pour ces opérations de peuplement, afin qu'elles ne durent pas plus de vingt ans. En juin, il préconisa la germanisation du Protectorat. En juillet, il élargit le cadre du peuplement du district de Lublin, et en août il s'occupa de la politique de colonisation en Ukraine tout en s'intéressant activement à la « purification » de la population d'Alsace-Lorraine.

Quatrièmement : à l'été 1942, Himmler parvint à considérablement développer la base de recrutement de la Waffen-SS. En juillet, il déclara que les membres des groupes ethniques germanophones dans toute l'Europe du Sud-Est devaient être assujettis « à la loi de fer de leur nation », et donc au service militaire. Il mena ainsi une politique de recrutement systématique parmi les Allemands d'origine dans le sud-est de l'Europe. En août 1942, Hitler lui confia la responsabilité exclusive des « relations avec tous les groupes nationaux allemands au Danemark, en Norvège, en Belgique et aux Pays-Bas [...] dans le domaine du NSDAP », ce qui renforça sa position dans le secteur du recrutement des « volontaires germaniques ». Toujours en août 1942, Himmler mobilisa l'ensemble des Allemands capables de porter les armes dans le Gouvernement général et en Union soviétique, rassemblés dans des unités d'alerte qui lui étaient subordonnées. Il créa des milices spéciales pour les Allemands d'origine qui n'étaient pas recrutés dans la Waffen-SS. En Allemagne même, il parvint également à augmenter au mois d'août le taux de recrutement de la Waffen-SS.

Cinquièmement : en juillet 1942, Himmler fit tout son possible pour développer un conglomérat SS dans l'industrie de l'armement. Mais, quand ses efforts échouèrent en septembre 1942, de même que les projets de grands travaux de la SS, auxquels devaient être affectés un grand nombre de déportés, il entreprit de louer les déportés à l'industrie. Il déclencha aussitôt une campagne afin d'augmenter le nombre des détenus en camp de concentration, nombre qui doubla en six mois.

Sixièmement : le 18 septembre 1942, il s'entendit avec le ministre de la Justice Thierack sur le transfèrement des « éléments asociaux » (en particulier les condamnés issus de populations « inférieures ») des prisons vers les camps. En prévoyant de soumettre ces gens à une politique de « l'anéantissement par le travail », il restait fidèle à sa stratégie d'extermination, mais calculait aussi froidement en termes d'exploitation et de rentabilité.

Septièmement : en s'assurant les compétences pénales jusque-là dévolues à Thierack pour les Polonais, les Russes et les Ukrainiens sur le territoire du Reich, il se donnait une possibilité supplémentaire de remplir ses camps, puisque au moindre soupçon les travailleurs forcés civils pouvaient être internés en camp de concentration. Ses ordonnances d'octobre, qui stipulaient que toute personne soupçonnée d'être un partisan soit envoyée en camp, ainsi que les populations des ghettos nécessaires à l'industrie de l'armement, allaient dans le même sens.

On peut déduire de ces changements de cap qu'Himmler, sûr de la victoire du Troisième Reich, avait lancé certains projets qui, pris dans leur ensemble, devaient contribuer à l'avènement d'un ordre entièrement nouveau, où la SS devait jouer un rôle clé. Pour chacune de ces décisions, Himmler s'était auparavant entretenu avec Hitler, rappelons-le, et l'on peut partir du principe qu'il agissait avec le consentement de son Führer, un mode de comportement qui caractérise le style politique d'Himmler depuis le début de sa carrière. Pour dépeindre ce nouvel ordre qu'il pensait imminent, Himmler eut recours à la formule qu'il utilisait depuis le début des années 30 : le grand empire germanique. En 1942, l'idée qu'il s'en faisait était beaucoup plus précise.

Le grand empire germanique ne devait pas seulement se limiter au Reich grand-allemand élargi aux territoires annexés. Ce devait être une puissance résolument nouvelle, supranationale et totalitaire, reposant sur une hiérarchie raciale. Une classe dirigeante composée de membres des peuples germaniques devrait dominer tout le continent européen et accorder aux autres peuples d'Europe une place en fonction de leur qualité raciale : en tant qu'alliés de ce nouvel empire, en tant que peuples sous sa « protection » ou – pour la population slave – en tant qu'esclaves qui n'auraient aucun droit à une existence nationale.

Mais sans la SS, Himmler y avait veillé, cet empire était impensable :

La SS avait mis en place un appareil de répression à l'échelle de toute l'Europe qui s'en prenait avec brutalité non seulement à toute opposition et toute forme de résistance, mais aussi et surtout qui assassinait systématiquement et massivement tout opposant *potentiel* et tout « inférieur », une politique qui visait principalement les Juifs, mais aussi les Tziganes d'Europe de l'Est et une grande partie de la population slave. Fondamentalement, c'était une version radicalisée et étendue au continent européen de la politique de prévention générale raciste mise au point par Himmler durant la deuxième moitié des années 30. Les victimes de cette politique n'étaient plus simplement placées en détention préventive, elles étaient exécutées. Pourtant, cette mission sanglante – dont il évoquait souvent la « dureté » en s'apitoyant sur son sort – était selon lui un élément indissociable d'une conception plus ambitieuse qui avait pour but de refaçonner l'Europe et d'assurer l'avenir des « Germains ».

La SS travaillait sur une idée globale de germanisation de vastes régions d'Europe centrale et orientale et avait soit prévu, soit déjà réalisé une série de transfèrements de population. Elle dominait les groupes ethniques germanophones du sud-est de l'Europe et était en première ligne dans les relations avec les forces « germaniques » dans les pays du Nord-Ouest. Elle contrôlait ainsi d'importantes sources potentielles de recrutement de futurs colons.

Avec l'ouverture de la Waffen-SS aux Allemands d'origine, aux volontaires « germaniques » et aux légionnaires (non germaniques) des pays d'Europe, Himmler avait créé un modèle d'ordre nouveau au sein de la SS, où chacun était évalué en fonction de sa « valeur » raciale.

En contraignant massivement les déportés aux travaux forcés et avec l'idée d'« anéantissement par le travail », la SS prouvait qu'elle était en mesure non seulement d'utiliser une armée d'esclaves, mais aussi de faire de ces travaux forcés un instrument de répression essentiel pour la liquidation de tous les indésirables politiques et raciaux.

La SS avait réussi à imposer l'idée qu'elle seule disposait de l'expertise nécessaire pour définir cette nouvelle hiérarchie raciale et pour établir, à l'aide de l'instrument « éprouvé » qu'étaient les examens raciaux, à quel niveau l'individu se situait dans cette échelle de valeur. La SS ne cherchait pas à nier que ces examens étaient en réalité arbitraires, puisque l'image directrice sur laquelle ils se fondaient était le produit d'un fantasme. Elle disposait en effet de toute façon des moyens nécessaires pour imposer cette politique de ségrégation raciale, ainsi que des fondements idéologiques lui permettant de lui conférer sa légitimité.

Les changements de cap constatés entre le printemps et l'automne 1942 montrent en outre que la vision d'Himmler de l'avenir de cet ordre nouveau avait profondément changé. Si, à la fin des années 30, il pensait encore qu'il faudrait attendre quelques générations avant que le Reich ne soit à même de parvenir au statut de puissance mondiale, durant ces mois fatidiques de 1942, tout semble s'être accéléré. C'était *maintenant* que ce puissant empire allait s'édifier, et c'était *maintenant* qu'il devait agir afin d'assurer à sa SS et à lui-même un rôle essentiel. Il s'agissait par conséquent de précipiter les processus déjà enclenchés, car avec la victoire prochaine de la Wehrmacht le moment semblait idéal pour concrétiser des représentations qui avaient jusqu'alors paru utopiques. La Solution finale de la question juive devait être appliquée *maintenant*, et non après la guerre. C'était *immédiatement* qu'il fallait lancer les projets de colonisation en Europe de l'Est, et non dans un avenir lointain. Quant à l'élimination des asociaux, elle devait avoir lieu *sur-le-champ*. Himmler voulait initier une dynamique susceptible de soumettre l'ensemble de l'espace dominé par l'Allemagne à un processus de bouleversements quasi révolutionnaires, le tout en quelques mois à peine.

Il faut rappeler qu'en tant que Reichsführer-SS Himmler disposait de pouvoirs sans précédent en cette période du printemps à l'automne 1942. Sans tenir compte des revers et des incertitudes que nous avons mentionnés, il avait mis en place un système de terreur et de massacre sans aucune limite dans toute l'Europe. Il avait entrepris le déplacement de dizaines de millions de personnes sélectionnées en fonction de critères raciaux, et il s'attelait à créer une armée parallèle à la Wehrmacht, une armée qui faisait fi des frontières nationales et qui préfigurait le futur grand empire germanique.

En septembre 1942, Himmler pouvait croire qu'il avait réussi à poser les jalons de ce grand empire germanique dont il rêvait. Pourtant, cette situation ne dura que quelques semaines. Car le débarquement des Alliés en Afrique du Nord, en novembre 1942, annonça le tournant de la guerre, et dès lors c'en fut rapidement fait des perspectives de nouvelles étapes sur la voie de cet empire. Les grands projets de colonisation se retrouvèrent particulièrement compromis et, compte tenu de la situation militaire, il était désormais peu recommandé d'insister trop sur les différences entre les peuples « germaniques » frères, privilégiés, et les autres Européens.

Pourtant, pour Himmler, cette évolution ne fut nullement synonyme de déchéance ou de frustration. Peut-être sa conception originelle ne se réaliserait-elle pas, mais lui-même était enfin gagnant, lui semblait-il. Car il était impossible de freiner la dynamique qu'il avait enclenchée dans bien des domaines. Le génocide et les massacres dans les camps, le système des travaux forcés ainsi que la « lutte contre les bandes » et la répression impitoyable dans les pays occupés étaient maintenant solidement ancrés dans la conception national-socialiste de la guerre, en grande partie grâce à lui. À tel point que le nazisme ne pouvait plus que continuer sur la voie qu'il s'était tracée, en dépit de l'aggravation de la situation.

Il se trouva alors très vite investi d'un nouveau rôle : il semblait dorénavant être le seul à pouvoir garantir, par le recours à une terreur sans précédent, la sécurité intérieure du Reich et des régions occupées par l'Allemagne. Dans les deux années et demie qu'il lui restait à vivre en tant que Reichsführer-SS, il s'assura un monopole du pouvoir sans égal. Plus le Troisième Reich se rapprochait de sa chute, plus le Reichsführer-SS devenait puissant.

Sixième partie

Une chute par étapes

Le tournant de la guerre, une chance ?

Avec le débarquement anglo-américain en Afrique du Nord en novembre 1942, l'initiative passa de plus en plus dans le camp des Alliés. Dès lors, le flanc sud de l'Europe dominée par l'Axe était menacé. Le 11 novembre 1942, l'Allemagne et l'Italie décidèrent d'occuper la zone libre du sud de la France. Himmler se donna alors une nouvelle mission : éliminer tous les « ennemis » du Reich qui, jusque-là, avaient pu échapper aux persécutions sous la protection du régime de Vichy.

Il fallait frapper un coup décisif contre cette prétendue armée d'« ennemis » concentrée dans le sud de la France, ce qui donnerait le signal d'un durcissement plus général de la politique de répression. La vision d'un grand empire germanique, qu'il avait évoquée avec tant de ferveur ces derniers mois, dut donc passer au second plan. Maintenant, puisque la menace extérieure ne cessait de croître, Himmler s'estimait contraint de prendre le contrôle du « théâtre des opérations intérieures [1] ». Autrement dit, il lui fallait neutraliser tous les ennemis réels ou imaginaires dans l'Europe dominée par l'Allemagne. En réprimant la résistance politique dans les régions occupées, en englobant dans les persécutions contre les Juifs des pays qui s'en étaient jusque-là abstenus et en déclenchant une nouvelle escalade dans le programme génocidaire, tout en étendant la « lutte contre les bandes » dans toute l'Europe de l'Est. Dans les mois qui suivirent, Himmler accumula des pouvoirs considérables. Il grossit nettement les rangs de la Waffen-SS grâce au recrutement de volontaires étrangers, fut nommé ministre de l'Intérieur du Reich et par conséquent chef de l'administration intérieure sur le territoire du Reich, il développa une armée d'esclaves dans les camps de concentration et, quand il prit le contrôle du programme de fusées, on put croire qu'il avait mis la main sur un élément essentiel de l'industrie de l'armement. En réalité, son bilan, en tant que chef de la Waffen-SS, ministre de l'Intérieur et organisateur de l'armement, fut plutôt modeste. Plus le Troisième Reich se retrouva sous pression sur le plan militaire, plus le rôle d'Himmler se réduisit à celui de chef d'un appareil de terreur impitoyable.

Cette évolution remonte à la fin 1942, alors qu'il s'efforçait de placer sous son contrôle le sud de la France qui venait d'être occupé par la Wehrmacht. Le 15 novembre, quatre jours après le début de l'occupation, il avertit le commandant en chef de la police de sécurité en France, Knochen, qu'il souhaitait recevoir « un rapport quotidien sur les arrestations d'éléments politiquement dangereux et de responsables de l'ancien régime en France. Ces dangereux opposants doivent être arrêtés avec la plus grande fermeté[2] ».

Comme à chaque fois qu'il s'efforçait d'accroître son domaine de responsabilité ou qu'il cherchait à souligner son importance, il s'adressa directement à Hitler. Le 10 décembre 1942, il décrivit à son Führer la situation en France jusqu'alors libre, et pourquoi elle nécessitait l'application d'une politique particulièrement radicale. On lui avait signalé, nota-t-il, que « dans l'ancienne zone libre en France se trouvaient près d'un million et demi d'ennemis mortels de l'Axe, à savoir 600 à 700 000 Juifs, 500 à 600 000 Italiens antifascistes, 300 à 400 000 rouges espagnols, environ 20 000 Anglo-Saxons, 80 000 Polonais, Grecs et autres, qui se déplaçaient en toute liberté. Ils représentaient sans aucun doute un danger important pour le ravitaillement et la sécurité des forces germano-italiennes en Méditerranée. À cela s'ajoute un nombre encore plus important de Français hostiles, en premier lieu des communistes, des gaullistes et des religieux[3] ».

Cette présentation impressionna Hitler. Il recommanda à Himmler, comme celui-ci le consigna, de « supprimer » 600 à 700 000 Juifs en France, mais aussi en Afrique du Nord. Les « Espagnols rouges » devaient être soumis au « système du travail », les gaullistes, les Anglais et les Américains devaient être incarcérés, les Italiens utilisés comme travailleurs forcés dans les régions non occupées, tandis que leurs chefs de file seraient déportés en camps de concentration[4].

Quelques jours plus tard, Himmler revint à la charge avec une autre proposition. Il souhaitait regrouper toute la police française sous l'égide de René Bousquet, le secrétaire général de la police de Vichy. De plus, pour « augmenter la force de frappe », il fallait que « chaque policier français courageux puisse être couvert par ses supérieurs » (ce qui revenait à donner le feu vert à l'arbitraire), « fournir des assurances économiques aux fonctionnaires », accorder à son appareil policier un « droit de recours à l'ensemble des moyens de la police française dans le domaine de l'identification et de la recherche », créer une division spéciale de police pour lutter contre les « ennemis politiques de l'Europe » et prévoir la déportation en Allemagne de « tous les coupables de la destruction de l'unité européenne, comme Blum, Gamelin, Daladier[5] ».

Dans les jours qui suivirent, Himmler caressa l'idée de faire du sud de la France un exemple. Pour ne laisser planer aucun doute sur la nouvelle politique radicale, il voulait mener une « grande action », en y incorporant la police française. Ce faisant, calculait-il, il pourrait en faire la complice de sa politique de persécutions contre le million et demi d'« ennemis mortels » et la lier plus étroitement à la puissance occupante. Comme lieu de son action, il choisit Marseille. Dans l'univers fantasmatique d'Himmler, le port méditerranéen était un « nid de criminels » labyrinthique qu'il fallait purement et simplement éradiquer.

Action punitive à Marseille

À la mi-décembre 1942, un régiment de la police fut spécialement déployé à Marseille dans cet objectif, et, dès cet instant, Himmler s'occupa personnellement des mesures à prendre pour éliminer la « criminalité » dans la ville, tout en se réclamant d'un ordre d'Hitler à la SS[6].

Le 3 janvier, plusieurs bombes explosèrent dans la ville. La résistance communiste avait frappé des installations utiles à l'occupant. Le lendemain, Himmler exigea de son plus haut représentant dans le pays, le HSSPF Oberg, qu'il déclenche une action de l'Ordnungspolizei et de la Sipo : « Exige intervention la plus sévère et radicale. Vous êtes bien sûr également responsable de la zone jusque-là non occupée de France, bien qu'il faille garantir la forme du gouvernement français et de son indépendance déclarée[7]. »

Le jour même, la Wehrmacht avait pourtant déjà proclamé l'état d'urgence à Marseille. C'était aux forces armées de se charger des mesures de représailles. Mécontent, Himmler, le 5 janvier, rappela à Oberg que « le Führer nous a clairement confié la responsabilité de Marseille[8] ». Puis, dans un télégramme qu'il envoya ce même jour à Oberg, il martela que « l'affaire de Marseille » était « purement policière, un sabotage et une insurrection de sous-hommes locaux ». Oberg dut donc quitter au plus vite son bureau parisien pour se rendre à Marseille. Là, il retrouva Kurt Daluege, le chef de l'Ordnungspolizei, et le général de la police Walter Schimana, dont il annonça à cette occasion la nomination en tant que chef de l'Orpo pour la France[9].

Le lendemain, Oberg recevait un nouveau télégramme de son Reichsführer, où ce dernier lui reprochait une fois de plus d'avoir perdu le contrôle de l'action prévue à Marseille : « Dès qu'il se passe quelque chose à Marseille, Herr Oberg, vous modifiez l'ordre du Führer, sans m'en tenir informé, vous courez à la Wehrmacht et veillez à ce qu'un commandant de division obtienne le commandement à Marseille. Je dois dire que je n'attendais pas de vous un comportement aussi typique d'un fonctionnaire. N'importe quel autre SS, surtout n'importe quel autre haut responsable de la SS et de la police serait ravi de pouvoir se charger seul d'une mission difficile au nom de la SS, et dans un tel cas il viendrait s'en occuper personnellement et quitterait son confortable bureau parisien. »

De plus, Oberg aurait contourné un autre ordre du Führer : quatre panzers, envoyés sur ordre d'Hitler pour renforcer l'Orpo en France, n'avaient pu être pris en charge parce que l'on ne disposait pas sur place du personnel qualifié. « Vous avez eu l'honneur d'être nommé haut responsable de la SS et de la police. Vous devez par conséquent en accepter la charge et, tout comme moi, vous occuper de tout par vous-même, qu'il s'agisse du contrôle des prostituées dans un petit village français, de veiller à empêcher que nos SS retombent malades, ou d'assurer que des hommes capables d'utiliser les panzers soient disponibles. Mais cela ne saurait s'effectuer dans le cadre de discussions et de soirées en société. » Dans le cas d'un nouveau « manquement ou modification d'un ordre du Führer », il se verrait privé de son poste [10].

Quelques jours plus tard, il appela Oberg à utiliser la police française pour « éliminer ce nid de criminels français ». Il fallait s'attendre à des pertes, et il tenait à les éviter dans le camp allemand [11].

Le 8 janvier, il exigea d'Oberg « l'arrestation d'une masse de criminels à Marseille et leur transfèrement en camp de concentration » – dans des proportions de « près de 100 000 » ! Par ailleurs, il réclama « la destruction radicale à l'explosif du quartier de la pègre. Je ne souhaite pas que des vies allemandes soient mises en danger dans les corridors et les niches souterraines ». La destruction de la « ville basse de Marseille » à l'explosif devait être telle « que, rien que par le souffle de l'explosion, ceux qui y vivent soient tués ». La police française devait non seulement participer, mais aussi comprendre qu'elle « nous est profondément redevable » pour cette action [12].

Jamais les pays occupés à l'ouest n'avaient été le théâtre d'une telle action policière. Si Himmler s'était imposé, la politique d'occupation allemande se serait réduite à un régime de terreur brutale – avec des conséquences sans aucun doute considérables pour les relations entre les occupants et la population locale dans les autres pays occupés.

Oberg semble n'en avoir été que trop conscient. En dépit des appels et des menaces toujours plus pressantes d'Himmler, il opta pour son propre cap. Dans les négociations qu'il mena les jours suivants avec la police française, il circonvint aux ordres draconiens d'Himmler [13] et s'entendit avec ses partenaires sur le déroulement des opérations. Les 22-23 janvier 1943, la police française procéda à des rafles à Marseille et arrêta 6000 personnes, au lieu de 100000. Les 20000 habitants du Vieux-Port furent évacués et durent se soumettre à une enquête. Plus de 2200 personnes, des Juifs pour l'essentiel, furent transférées par la Sipo allemande dans le camp de transit de Compiègne. De là, 782 Juifs marseillais furent déportés dans le camp d'extermination de Sobibor. Une partie du Vieux-Port fut effectivement rasée. Mais, étonnamment, Himmler fut satisfait de la version pourtant minimale de ses gigantesques projets de nettoyage. Les autorités françaises et allemandes étaient très ouvertement parvenues à un compromis qui permit de bloquer la stratégie d'anéantissement d'Himmler.

Toutefois, il insista avec acharnement pour que l'une des mesures liées au nettoyage de Marseille soit effectivement exécutée : il voulait transférer 1500 prisonniers français par le train jusqu'à Narvik, en Norvège, et mit le RSHA sous pression à coups de télégrammes énergiques afin que soit tenue la promesse faite à Hitler à ce sujet [14].

Si Himmler, avec son attitude d'une extrême brutalité à Marseille, ne put s'imposer qu'en partie tandis qu'Oberg contournait ses ordres, alors qu'il se trouvait déjà dans le collimateur du Reichsführer, cela s'explique probablement par des raisons qui n'ont rien à voir avec les événements dans le sud de la France. En effet, au début de 1943, ce n'était plus un secret au sein de l'appareil de sécurité qu'Himmler, ayant réussi à convaincre Hitler du bien-fondé de sa dureté vis-à-vis de Marseille, avait perdu une partie de son crédit auprès du Führer. L'autorité du Reichsführer avait été gravement entamée.

En effet, le 16 décembre 1942, l'ancien chef de la Garde de fer roumaine, Horia Sima, réfugié en Allemagne avec 260 de ses fidèles après l'échec de son putsch en janvier 1941, s'était enfui à Rome, alors qu'il s'était engagé sur l'honneur à rester en Allemagne. Pour Himmler, cette fuite fut extraordinairement pénible. Il n'avait jamais pu dissiper les soupçons pesant sur le soutien qu'il aurait accordé au putsch par le biais de représentants du SD. Et il semblait maintenant qu'il avait une fois de plus cherché à saboter la politique allemande officielle avec la Roumanie, qui avait misé sur le régime d'Antonescu, en tolérant la fuite de son poulain. Circonstance aggravante, il n'avait pas immédiatement signalé la fuite de Sima à Hitler, si bien que le Führer n'en eut vent que plusieurs jours plus tard. L'affaire entraîna une crise profonde dans les relations avec la Roumanie. Le 26 décembre 1942, le maréchal Antonescu réclama que Sima lui soit livré. Hitler était particulièrement exaspéré par le comportement d'Himmler dans l'affaire et exigea de lui qu'il le tienne constamment au courant de l'évolution des recherches. Pour finir, Sima fut arrêté à Rome et ramené en Allemagne. Hitler revint sur son ordre de faire exécuter le fasciste roumain. Au lieu de cela, Sima et ses hommes furent envoyés en camp de concentration[15].

Résistance dans toute l'Europe

Non seulement Oberg parvint à surmonter l'affaire marseillaise, mais il continua en outre à s'opposer à la politique radicale d'Himmler – en dépit des injonctions incessantes du Reichsführer. Pour toute la France, Oberg disposait de 2200 hommes de la Sipo, un filet aux mailles plutôt lâches. Ses collaborateurs, la plupart non qualifiés et qui ne maîtrisaient pas le français, étaient dépassés par les activités croissantes de la Résistance[16]. Il sembla donc à Oberg qu'il était avisé de ne pas chercher – contrairement à ce que voulait Himmler – à s'imposer comme patron de la police française, mais plutôt à mettre l'accent sur la coopération. Il retarda le transfèrement vers des camps de concentration allemands des hommes politiques français et des journalistes américains internés en France aussi longtemps qu'il le put, jusqu'à ce qu'Himmler, en avril 1943, rejoigne à contrecœur son point de vue, à l'issue d'une discussion à Paris avec le chef de la police française Bousquet[17].

À la fin de 1943, Himmler mit un terme définitif à la collaboration entre Oberg et Bousquet. Il ordonna à Oberg d'exiger du président du Conseil Laval le renvoi de Bousquet (mesure à laquelle Oberg s'était fermement opposé le mois précédent)[18] et d'imposer à sa place Joseph Darnand, le chef de la milice française, bras armé du régime de Vichy. Le but de cette nomination était clair : la fusion entre la Milice et la police, sur le modèle allemand. De plus, Darnand était Obersturmführer de la Waffen-SS française[19].

En février 1944, un conflit éclata entre Gottlob Berger, le chef de la direction centrale de la SS, et Oberg. Berger voulait mettre en place un commandement de réserve de la Waffen-SS en France et regrouper les formations paramilitaires de l'extrême droite française afin de disposer d'un contrepoids aux Forces françaises libres dans l'éventualité d'un débarquement allié. Rappelant qu'il agissait « sur l'ordre exprès du Reichsführer-SS », Berger concluait sa lettre par un argument difficile à contredire : « Quand c'est un étranger qui tombe, aucune mère allemande ne pleure. Je le dis en ce jour anniversaire de la mort de mon fils[20]. » Oberg, qui n'avait d'autre souci que d'éviter tout ce qui pouvait susciter de nouveaux troubles dans la politique intérieure française, répliqua en invoquant un argument particulièrement subtil. « Certes, conformément à une directive du Führer », il fallait « tendre à une politique de coopération », mais il ne fallait pas non plus perdre de vue « l'objectif de briser définitivement la France ». Or, la « constitution d'une Allgemeine SS ou d'une organisation nationale française équivalente avec l'aide de la SS servirait de base à une véritable renaissance nationale de la France, ce qui serait contraire à la directive du Führer ». Et, en « créant une telle organisation », on courait « le risque qu'au moment opportun les diverses directions politiques en France jouent les unes contre les autres, y compris la Milice de Darnand[21] ».

Himmler fit comprendre à Berger qu'il devait mettre ses projets en attente[22]. Le regroupement des formations françaises d'extrême droite en une milice unitaire ne donna rien, pas plus que la volonté de Berger d'ouvrir d'un bureau de recrutement pour la Waffen-SS en France. Une fois de plus, grâce à sa politique relativement prudente et ses tactiques de retardement, Oberg avait réussi à s'imposer face à la radicalisation voulue par Himmler[23].

Dans les autres pays occupés, Himmler, avec ses ordonnances brutales appelant à la répression de toute opposition, se heurta également à la résistance de son propre personnel. Les organes de police responsables au niveau régional, qui la plupart du temps s'appuyaient sur la coopération avec les forces locales, s'efforcèrent le plus souvent de contourner les ordres draconiens du Reichsführer. Il s'avéra que les HSSPF et les commandants de la Sipo ne représentaient plus seulement Himmler dans les régions occupées, mais aussi de plus en plus les intérêts du secteur sous leur responsabilité, et ce contre Himmler. Du reste, même ce dernier devait commencer à comprendre que les exécutions massives d'otages, comme elles étaient encore systématiquement pratiquées en 1941, n'étaient pas idéales pour mettre la Résistance en échec. Bien que réclamant officiellement ces exécutions, dans la pratique il était plutôt en faveur d'arrestations et de déportations massives dans les camps de concentration allemands, d'autant plus que ses besoins en esclaves ne cessaient de croître. Sa politique de répression était donc fondamentalement contradictoire : ses déclarations impitoyables et ses ordres secs ne pouvaient masquer le fait qu'une notion lui faisait défaut, une notion susceptible de prendre en compte les défis complexes liés aux mouvements de résistance en Europe. Il agit donc de façon très différente d'un pays à l'autre, comme le montrent les exemples suivants.

Dans le Protectorat, nous l'avons vu, un certain calme régnait après les excès des représailles de juin 1942. En 1943, Himmler appela cependant à un durcissement. Le 3 juillet, il ordonna au Reichsprotektor en exercice, Daluege, face à l'hostilité grandissante de la population tchèque vis-à-vis des Allemands, « d'arrêter et de déporter immédiatement en camp de concentration les fonctionnaires et les employés des autorités tchèques qui font preuve de relâchement dans leur travail et leur service ». Il fallait en outre, « dans le cadre de mesures préventives et dissuasives », « arrêter immédiatement 500 Tchèques et les transférer en camp[24] ». Ils n'étaient toutefois plus destinés à Auschwitz. Deux mois plus tôt, Himmler avait avisé la Gestapo qu'aucun Tchèque ne devait plus y être déporté parce que le président du Protectorat, Emil Hácha, avait exprimé ses inquiétudes au sujet de la « forte mortalité » dans le camp[25]. En septembre 1943, il autorisa son HSSPF Frank à « pendre sur place les fauteurs de troubles et les saboteurs tchèques [...] afin de rétablir l'ordre au plus vite ». De son propre aveu, Frank signa une centaine de condamnations à mort par mois, mais il ne le fit savoir que localement afin de minimiser l'importance du mouvement de résistance au niveau national[26].

Au Danemark, pendant la première moitié de 1943, Himmler préconisa une politique relativement modérée. Il était tenu directement au courant de la situation dans le pays par Werner Best, nommé plénipotentiaire du Reich au Danemark en novembre 1942 et dont les relations personnelles avec le Reichsführer s'étaient peu à peu détendues, après avoir été expulsé du RSHA en 1940. L'ancien chef de l'administration de la Gestapo était certes subordonné au ministère des Affaires étrangères, mais il transmettait quand même aussi ses rapports de situation à Himmler[27]. En échange, au début, Himmler soutint la ligne de Best, qui voulait poursuivre la politique de retenue et de collaboration appliquée au Danemark. Le plénipotentiaire du Reich s'abstenait d'émettre des « recommandations » au gouvernement danois, pour l'essentiel laissé libre de ses décisions. On laissa même tranquille la petite minorité juive du pays, composée de Juifs danois et de réfugiés d'autres pays[28]. En juillet 1943, Himmler signala à Best qu'il avait informé Hitler du fait que, selon lui, le Danemark était « actuellement le meilleur pays du point de vue de la politique de sécurité et des sabotages[29] ».

Mais, quelques semaines plus tard à peine, Himmler se livrait à un tout autre jugement. Durant l'été 1943, les actes de sabotage, les grèves et les troubles se multiplièrent au Danemark. À la fin du mois d'août, Hitler réagit en imposant l'état d'urgence. Dans cette phase critique de la politique d'occupation allemande, les Juifs danois ne devaient plus être épargnés.

En dépit de l'état d'urgence, les actes de résistance se multiplièrent. En décembre 1943, Himmler finit par nommer un HSSPF au Danemark, poste qu'il confia à Günther Pancke – un camouflet cuisant pour le plénipotentiaire Best et une critique cinglante de la politique plutôt modérée à l'égard des Danois, à cause de laquelle il n'avait pu exercer son autorité sur la police allemande déployée dans le pays. Himmler avait toutes les raisons de prier Best, dans une lettre personnelle en octobre, de « ne pas être triste » de la nomination de son rival[30].

Le plénipotentiaire du Reich adopta donc une nouvelle attitude. À la fin de 1943, il étendit les compétences des tribunaux de la SS et de la police à la population civile danoise en créant une « cour martiale de la police ». En janvier 1944, il obtint l'approbation d'Hitler pour ces mesures. La cour martiale commença alors systématiquement à condamner à mort des membres du mouvement de résistance[31].

Aux Pays-Bas, le HSSPF Rauter était depuis longtemps adepte de la ligne dure contre la résistance locale. En février 1943, il proposa à son Reichsführer-SS de venger une attaque par l'incarcération de 5 000 étudiants (« des fils de ploutocrates ») proches du « camp réactionnaire ». Dans le même temps, il voulait replacer tous les anciens sous-officiers d'active des forces armées néerlandaises dans des camps de prisonniers de guerre, et fusiller cinquante otages. Himmler donna son accord, conseillant cependant : « Je ne fusillerais pas les otages si nous arrêtons les 5 000[32]. » Après une nouvelle attaque, quelques jours plus tard, le nombre des « fils de ploutocrates » internés fut encore augmenté. De plus, dans « la plupart des cas », les pères devaient être arrêtés eux aussi. Les fonctionnaires auteurs de fausses déclarations finissaient « également en camp. Mais dans les carrières ». Et « aucune rémission ne doit être possible. La déportation des Juifs doit se poursuivre sans interruption[33] ».

Quand, le lendemain, un membre de la milice de Mussert fut assassiné, Himmler fit savoir à Rauter qu'Hitler avait assuré la veille qu'il ne fallait faire preuve « d'aucune indulgence, mais intervenir avec la plus grande fermeté ». Non seulement les 5 000 « fils de ploutocrates » et leurs pères devaient être incarcérés, mais il fallait interner, outre les anciens sous-officiers d'active, les « principaux officiers de réserve favorables à l'Angleterre[34] ».

Quelques semaines plus tard, les médecins néerlandais se mettaient en grève. Himmler encouragea une nouvelle fois Rauter : « Je suis pour une intervention totale. » 300 à 500 meneurs du mouvement devaient être arrêtés et déportés immédiatement en camp de concentration[35]. Au début de mai, il y eut une nouvelle grève. Cette fois, près de un million de Néerlandais y prirent part. Rauter la réprima avec brutalité, entre autres par des centaines d'exécutions sommaires. Son Reichsführer ne tarissait pas d'éloges sur « l'intervention énergique » de Rauter[36].

En septembre 1943, Rauter appela à la mise en place de tribunaux de polic, ce qu'approuva Himmler, qui ajouta qu'il fallait également punir les familles des coupables en leur « prenant leurs biens, leurs meubles et leurs équipements, tout[37] ». Au même moment, Rauter eut une idée permettant de s'en prendre à la Résistance sans pour autant se présenter ouvertement comme une puissance occupante. En représailles à une attaque, il ne fallait plus se contenter de déporter en camp « cent agitateurs connus » de la province concernée. Il fallait plutôt faire appel à « des hommes appropriés de la SS germanique » pour « mener une contre-attaque sous la direction des nôtres et exécuter trois chefs de file des agitateurs[38] ». Une fois de plus, Himmler approuva, et Rauter ne perdit pas de temps. Le même mois, la SS germanique passait à l'action. L'opération, dite « Silbertanne » (« Sapin blanc »), coûta la vie à cinquante-cinq personnes[39].

Ainsi la « contre-terreur » devint-elle le nouveau concept de la lutte contre les mouvements de résistance européens. En représailles à des attaques de la Résistance, on assassinait de préférence des personnalités importantes, généralement considérées comme faisant partie de l'opposition, l'identité des auteurs et leurs motivations restant dans l'ombre. Il importait de ne pouvoir déterminer si ces assassinats avaient été perpétrés par les forces d'occupation, à leur demande ou à l'initiative de radicaux de l'extrême droite locale. La contre-terreur s'étendit avant tout aux pays « germaniques », c'est-à-dire ces États dont la population, estimait le régime nazi, du fait de sa « parenté raciale », devait servir de base à une coopération étroite avec le Reich. Effectivement, dans bien des cas, des « camarades » locaux prirent part à la contre-terreur avec les SS.

Le 30 décembre 1943, Hitler convoqua Best, Pancke et le commandant en chef des troupes de la Wehrmacht au Danemark et leur ordonna d'avoir eux aussi recours à la contre-terreur. Ce fut organisé par Alfred Naujocks, qui avait mis en scène l'attaque contre l'émetteur de Gleiwitz en 1939. Au début de 1944, il déploya au Danemark un commando que mit à sa disposition Otto Skorzeny, le spécialiste du sabotage de la SS. Des nazis danois, regroupés au sein du Schalburgkorps, calqué sur le modèle de la SS, participèrent aux préparatifs. Dans les semaines qui suivirent, de nombreuses personnalités de la vie publique danoise furent assassinées dans la rue ou chez elles tandis que des bâtiments officiels étaient détruits[40].

À l'été 1944, la contre-terreur atteignit la Norvège et la Belgique. À Oslo, dans le cadre de l'action « Blümchenpflücken » (« Cueillette des fleurs »), un commando de la Sipo allemande assassina une vingtaine de personnes soupçonnées de soutenir le mouvement de résistance[41]. À Bruxelles, « l'office Jungklaus », ouvert pour recruter des volontaires pour la Waffen-SS, mais en réalité plaque tournante de toutes les activités de la SS et du SD en Belgique, intervint dans les préparatifs. Les attaques, qu'Himmler autorisa expressément le 4 juin 1944 et pour lesquelles il transmit des directives détaillées, furent perpétrées avec l'aide de fascistes belges et visèrent principalement des personnalités connues qui s'étaient opposées à la collaboration[42].

Dans l'Europe de l'Est occupée, où l'on avait affaire, du point de vue d'Himmler, à des « sous-hommes » slaves, les méthodes de répression étaient encore plus brutales. Au printemps 1942, il avait déjà considérablement privé de ses pouvoirs le gouverneur général de Pologne Hans Frank en nommant Krüger secrétaire d'État à la Sécurité et émissaire tout-puissant du commissariat à la Consolidation de la nation. Avec Bormann et Lammers, il accentua sa pression sur Frank, prenant par exemple des mesures ambitieuses dans le secteur du peuplement et des activités policières afin de démontrer son incompétence et celle de son administration. Hitler n'était toutefois pas décidé à rappeler Frank, en dépit de l'usure qu'il subissait à son poste, afin de ne pas écorner le prestige de la domination allemande dans le Gouvernement général. Himmler, quant à lui, comptait profiter de l'aggravation de la terreur pour renforcer sa SS dans ce domaine.

En novembre 1942, des informations faisant état d'une possible insurrection polonaise, Himmler donna l'ordre de déporter un plus grand nombre de Polonais soupçonnés de liens avec la Résistance[43]. L'insurrection n'eut pas lieu, mais en janvier 1943 Himmler revint sur la question. Il établissait maintenant un lien entre les « activités des bandes » et le chômage dans le Gouvernement général. Comme lors de « l'action contre les asociaux » en 1938 dans le Reich, il se disposa à accroître considérablement le nombre de la main-d'œuvre déportée dans les camps de concentration en procédant à des vagues d'arrestations massives. « J'ordonne par conséquent que tous les éléments prolétaires soupçonnés de liens avec les bandes, de sexe masculin et féminin, soient arrêtés et transférés dans les camps de Lublin, Auschwitz et dans le Reich. Les arrestations doivent être si importantes que l'on constate une réduction sensible des cercles qui ne sont pas touchés par le travail, ce qui entraînerait une amélioration claire dans le domaine de la lutte contre les bandes[44]. »

Entre le 15 et le 22 janvier, les hommes d'Himmler arrêtèrent ainsi sans distinction une vingtaine de milliers de personnes. L'action toucha donc surtout des gens qui avaient un emploi, ce qui suscita une grande agitation dans la population civile et ne fit que renforcer la Résistance. L'administration civile, qui n'avait pas été informée au préalable, se plaignit ouvertement, et Krüger dut non seulement reconnaître que des erreurs avaient été commises, mais en outre garantir à l'administration civile que de telles actions ne se reproduiraient plus[45]. Cela ne perturba nullement Himmler. « Une telle action entraîne immanquablement des erreurs, écrivit-il à Krüger, mais cela ne doit pas nous déranger, puisque dans l'ensemble le retrait des éléments asociaux et délinquants a finalement soulagé[46]. » Une des « erreurs » d'Himmler fut par exemple d'avoir voulu transférer dans les camps de concentration les 20 000 officiers polonais toujours prisonniers des Allemands. Cette fois, le ministre des Affaires étrangères Ribbentrop était intervenu[47].

Le 19 juin 1943, Himmler obtint d'Hitler une nouvelle extension de ses compétences dans le domaine de la « lutte contre les bandes ». Il convainquit le Führer de lui « redonner » le contrôle des diverses unités SS et de police éparpillées sur le front. Comme en septembre de l'année précédente, il profita d'une discussion au cours de laquelle furent évoqués le « problème des partisans » et ses corrélations avec la « question juive ». La mission qu'avait reçue Himmler d'accentuer la lutte contre les bandes correspondait clairement à l'ordre d'Hitler de « procéder à l'évacuation complète des Juifs [...] dans les trois à quatre prochains mois[48] ».

Deux jours plus tard, Himmler nommait von dem Bach-Zelewski chef des unités de lutte antipartisans. Dans le même temps, il déclara « zones de lutte contre les bandes » les régions de Carniole et de Basse-Styrie, le Gouvernement général, le district de Bialystok, les secteurs de Russie centrale et de Russie du Sud, dont le Reichskommissariat d'Ukraine, ainsi que la Croatie[49]. Il était désormais en mesure d'imposer un règne de terreur sans limites à de vastes régions d'Europe de l'Est et du Sud-Est. En avril 1944, l'Italie du Nord et du Centre fut aussi englobée dans ces zones[50].

Pour le Gouvernement général, le statut de « zone de lutte contre les bandes » signifia une extension des compétences des tribunaux d'exception de la police de sécurité. Fondamentalement, tout Polonais qui, d'une façon ou d'une autre, se rendait coupable d'une attaque « contre les travaux de construction allemands » pouvait être abattu sur place sans autre forme de procès[51]. Rien qu'à Varsovie, entre octobre 1943 et juillet 1944 (c'est-à-dire avant le début de l'insurrection), les forces d'occupation exécutèrent 8 000 personnes.

L'exemple suivant montre quelle étendue prit la terreur, sous couvert de « lutte contre les bandes », dans les régions occupées d'Union soviétique, et à quels mobiles très divers elle répondait. Au fil de l'année 1943, les autorités nazies en vinrent à se dire qu'il était possible d'endiguer efficacement la menace des partisans en URSS en créant des « zones mortes », une stratégie où intervenaient également des considérations économiques. Les premières expériences furent lancées[52].

Le 10 juin 1943, Himmler fit savoir qu'Hitler avait décidé que « les régions infestées de bandes du nord de l'Ukraine et de Russie centrale » devaient être « vidées de toute population ». « L'ensemble de la population masculine apte au travail » serait confié à Sauckel, « dans les conditions des prisonniers de guerre ». Sauckel pourrait affecter les femmes au « travail dans le Reich ». « Une partie de la population féminine et tous les orphelins doivent être placés dans notre camp de transit. » Les régions vidées de la sorte devaient être exploitées par les HSSPF et il fallait en partie y planter du pissenlit gommeux, plante aux qualités proches du caoutchouc qui intéressait particulièrement Himmler, en partie aussi les « exploiter à des fins agricoles ». « Il faut installer les camps pour enfants à la lisière de ces régions, afin que les enfants puissent servir de main-d'œuvre dans les champs de pissenlits et dans l'agriculture[53]. »

Quiconque se trouvait encore dans les « zones mortes » une fois la population civile déportée ou assassinées, les biens pillés, les maisons détruites, était automatique considéré comme « lié aux bandes » et devait être abattu immédiatement. En août 1943, dans le Generalkommissariat de Ruthénie blanche, les « zones mortes » représentaient déjà 16 % de la surface exploitable. En 1944, dans la zone sous administration militaire de l'est de la Biélorussie, elles représentaient même 75 %[54] !

Cet ordre permettait d'une part de garantir la sécurité dans les régions « infestées de bandes » grâce au dépeuplement et d'autre part de servir les intérêts économiques en créant de la main-d'œuvre forcée. Quant à la mise en place de camps pour les « enfants des bandes », elle correspondait aux principes racistes d'Himmler qui espérait en outre pouvoir produire des matières premières stratégiques avec la culture du pissenlit gommeux. (Le 9 juin, Himmler avait été nommé par Goering « délégué spécial pour le caoutchouc végétal » afin de pouvoir lancer la production à grande échelle de pissenlit gommeux.)

Dès octobre 1942, le Reichsführer avait ordonné que les habitants des régions « infestées » soient déportés dans le Reich en tant que main-d'œuvre, mais à l'époque l'opération n'avait pas été déclenchée. En revanche, son ordre du 10 juin 1943 fut bel et bien appliqué. En septembre 1943, en sa qualité de chef des unités de lutte antipartisans, von dem Bach-Zelewski retransmit des directives à ce sujet et veilla à ce qu'elles soient appliquées les mois suivants[55].

Les motivations et les méthodes de la lutte contre les partisans avaient donc radicalement changé par rapport à l'année précédente. Si, en 1942, la « lutte contre les bandes » avait surtout pour objectif d'assassiner les Juifs soupçonnés de faire partie des bandes en question, il s'agissait désormais de recruter de force de la main-d'œuvre, les Juifs d'Europe de l'Est ayant été pour l'essentiel exterminés. Ce nouvel objectif devint un élément clé de la lutte contre les partisans[56].

Il existait une autre stratégie, qui avait cours parmi les responsables nazis. Le but en était de se faire des alliés parmi les populations locales et de promettre à ces dernières des structures étatiques autonomes et d'autres avantages. Mais cette stratégie se heurta au refus obstiné d'Himmler. « Il ne faut jamais promettre un État national aux Russes, notait-il déjà dans un dossier en novembre 1942. Nous risquerions [...] peut-être de devoir tenir notre promesse[57]. » Dans son célèbre discours de Poznan du 4 octobre 1943 devant les Gruppenführer, il adopta le même ton pour rejeter sans détour l'idée qui avait alors cours dans la Wehrmacht et qui envisageait la création de forces auxiliaires russes sous le commandement du général Andreï Andreïevitch Vlassov, prisonnier des Allemands. Le slogan « nous ne pouvons pas vaincre les Russes, seuls les Russes le peuvent » était selon lui défaitiste[58]. Un an plus tard, devenu entre-temps commandant en chef de l'Armée de réserve et personnellement responsable du renforcement de la Wehrmacht, il dut revenir sur son opinion. Mais à Poznan il insista une fois de plus auprès de ses généraux : « Peu m'importe ce qu'il advient des Russes, ce qu'il advient des Tchèques. [...] Que les autres peuples vivent dans le bien-être ou qu'ils crèvent de faim, cela ne m'intéresse que dans la mesure où nous avons besoin d'eux comme esclaves pour notre culture, le reste ne m'intéresse pas[59]. »

Face au tournant de la guerre qui se dessinait, Himmler durcit également la politique répressive en Allemagne même, dès l'automne 1942. Les premiers visés furent les millions d'étrangers qui vivaient dans le Reich et que nous avons évoqués dans le chapitre précédent.

En décembre 1942, Himmler décida de céder à Ernst Kaltenbrunner la direction du RSHA, qu'il avait prise après la mort de Heydrich. Kaltenbrunner, HSSPF du Danube à Vienne depuis 1938, n'avait pas une grande expérience de la gestion des affaires policières, mais il avait la réputation d'être un spécialiste des services secrets, et il était d'une loyauté inconditionnelle envers Himmler. Compte tenu des bouleversements politico-militaires prévisibles, le Reichsführer accordait une grande valeur à de telles qualités. De plus, il estimait le comportement ferme de Kaltenbrunner dans ses relations avec d'autres institutions de l'État nazi[60]. La nomination fut officialisée le 30 janvier 1943.

Le premier défi que dut relever le nouveau chef du RSHA vint du ministère de la Justice. En novembre 1942, Thierack était revenu sur l'accord par lequel il acceptait que les Polonais et les travailleurs forcés de l'Est ne dépendent pénalement que de la Gestapo. Les objections des Reichsstatthalter dans les régions occupées n'étaient pas restées sans effet[61].

Au fil de négociations qui durèrent des mois, Kaltenbrunner parvint à s'assurer de nouveau de cette compétence auprès du ministère. Le 30 juin 1943, le RSHA fit savoir aux Stapostellen que c'était à elles qu'il revenait de « régler » les peines infligées aux travailleurs forcés polonais et soviétiques par des « moyens de coercition policière », voire par le « traitement spécial ». Il ne fallait, précisa le RSHA, transmettre les cas de travailleurs soviétiques et polonais à la justice que si une « condamnation en justice » semblait souhaitable pour des « raisons politiques », et si l'on avait veillé à ce que le tribunal prononce la peine capitale[62]. Déjà, en mars 1943, le RSHA s'était assuré des Polonais qui, après une privation de liberté de six mois, étaient sortis de prison, et il avait ordonné leur transfèrement par la Gestapo en camp de concentration[63].

Les prisonniers de guerre évadés, les équipages d'avions abattus ou les parachutistes alliés capturés devaient eux aussi s'attendre au pire. Pendant l'été 1943, Himmler émit un décret qui revenait à autoriser le lynchage. Selon lui, ce n'était pas « la mission de la police de s'interposer dans des affrontements entre compatriotes allemands et aviateurs terroristes anglais et américains abattus[64] ». Le 4 mars 1944, le chef de la Gestapo Müller ordonna que les prisonniers de guerre évadés (à l'exception des Britanniques et des Américains), une fois repris, soit transférés à la Sipo et au SD, qui devaient les envoyer à Mauthausen. Là, ils devaient être abattus. En interne, ce procédé était baptisé « l'action Kugel » (« Balle »)[65].

Les persécutions contre les Juifs s'aggravent

Avec le débarquement anglo-américain au Maroc et en Algérie en novembre 1942, la pression s'accentua contre les Juifs dans toute l'Europe. Cela fut d'abord particulièrement vrai pour les minorités juives de l'espace méditerranéen. En riposte au débarquement allié en Afrique du Nord, des troupes allemandes occupèrent la Tunisie et prirent ainsi le contrôle de quelque 85 000 Juifs tunisiens. Un Einsatzkommando Tunisie spécialement créé imposa un régime de travaux forcés et déporta une vingtaine de Juifs de sexe masculin dans les camps de la mort. Mais en mai 1943 la victoire totale des Alliés en Afrique du Nord permit d'éviter une catastrophe[66].

Les mesures antijuives eurent des conséquences beaucoup plus graves dans les régions du sud de l'Europe désormais considérées par les Allemands comme l'arrière d'un nouveau front sud de la « forteresse Europe ».

Avec l'exemple de Marseille, nous avons déjà vu qu'Himmler, après l'occupation du sud de la France par les troupes allemandes et italiennes le 11 novembre 1942, était décidé à vider la région des Juifs[67]. En janvier et février 1943, on procéda à l'arrestation massive de Juifs dans le nord et le sud du pays. En février, les déportations reprenaient. Mais comme, d'une part, les autorités italiennes, dans leur zone d'occupation dans le sud-est de la France, ne voulaient pas contribuer aux mesures antijuives et offraient l'asile aux réfugiés juifs, et que, d'autre part, la déportation de Juifs de nationalité française risquait de compromettre la politique de la collaboration, la police de sécurité adopta en mars une nouvelle stratégie. On exigea des autorités françaises qu'elles privent les Juifs de leur citoyenneté. Certains que cela ne tarderait pas à se concrétiser, les Allemands interrompirent momentanément les déportations[68].

Le comportement de l'Italie finit par poser problème[69], comme Himmler l'exposa maintes fois à Ribbentrop. La politique du partenaire de l'alliance était « pour de nombreux cercles en France et dans toute l'Europe le prétexte à faire preuve de mollesse sur la question juive, puisque l'on rappelle que même notre partenaire de l'Axe, l'Italie, ne nous suit pas sur la question juive[70] ». En février, il pressa le ministre des Affaires étrangères du Reich d'expliquer à la partie italienne que « les mesures juives du RSHA [...] ne sauraient être sabotées plus longtemps. De même, nos efforts auprès des gouvernements de Croatie, de Roumanie, de Bulgarie et de Slovaquie afin que ces pays déportent les Juifs qui y résident se heurtent à de grandes difficultés du fait de l'attitude du gouvernement italien[71] ».

Pourtant, le RSHA accrut ses pressions sur la Bulgarie et la Grèce. En février, un commando spécial du RSHA se rendit à Salonique afin d'y préparer la déportation de la communauté juive locale, qu'Himmler avait annoncée dès novembre 1941. En tout, 45000 Juifs de Salonique et des communes macédoniennes voisines furent déportés à Auschwitz entre la mi-mars et la mi-août, et ils y furent presque tous assassinés[72]. Le commissaire bulgare aux affaires juives, Alexandar Belev, et le conseiller allemand aux affaires juives à Sofia, Dannecker, signèrent le 22 février 1943 un accord prévoyant la déportation de 20000 Juifs avant le mois de mai 1943[73]. Effectivement, en mars 1943, les 4000 Juifs vivant en Thrace et les 7000 qui se trouvaient en Macédoine – deux régions occupées par la Bulgarie – furent arrêtés par les Bulgares et envoyés dans le Gouvernement général, où la plupart furent assassinés à Treblinka[74]. Mais la déportation des Juifs vivant sur le territoire même de la Bulgarie se heurta à une résistance croissante[75].

Au début de 1943, les autorités nazies avaient repris à grande échelle leur programme d'extermination et de déportation dans le Gouvernement général. La « mise au travail » dans le Reich fit l'objet d'une nouvelle réglementation, si bien que l'on estima pouvoir se passer de la main-d'œuvre juive. Pour la même raison, en février, la SS rassembla les derniers Juifs allemands qui travaillaient encore dans l'industrie de l'armement et les déporta à l'est[76].

En janvier 1943, Himmler, à l'occasion d'une visite à Varsovie, ordonna d'en supprimer le ghetto. Des 40000 Juifs qui s'y trouvaient encore, 8000 devaient « partir dans les prochains jours ». Les 16000 personnes qui travaillaient encore dans diverses entreprises devaient être déportées « dans un camp de concentration, de préférence à Lublin », où elles seraient rassemblées et affectées à des entreprises de l'industrie de l'armement. Les autres devaient être exécutés[77]. Le transfert à court terme de la production à Lublin s'avéra cependant impossible. Himmler ordonna donc à Pohl le 15 février d'ouvrir un camp de concentration directement dans le ghetto pour les habitants qui y étaient réclamés comme main-d'œuvre par les entreprises de l'armement[78]. La déportation des Juifs inaptes au travail ordonnée par Himmler démarra quelques jours après sa visite. À partir du 18 janvier, les convois s'ébranlèrent, quittant Varsovie pour Treblinka. Entre 5 et 6000 personnes y furent déportées les jours suivants[79].

Survint un événement totalement inattendu. Alors que la puissance occupante décidait, le 19 avril, de vider définitivement le ghetto de Varsovie, plusieurs centaines de combattants armés se dressèrent contre elle. Il fallut quatre semaines aux troupes allemandes, supérieures en nombre et dotées d'armement lourd, placées sous le commandement du SS-Brigadeführer Jürgen Stroop, pour écraser l'insurrection. Le 16 mai 1943, elles détruisirent le dernier nid de résistance des combattants juifs qui se défendaient avec l'énergie du désespoir[80].

Le courage et la ténacité des défenseurs juifs surprirent, choquèrent même la hiérarchie nazie. La décision fut donc prise de boucler le plus vite possible la Solution finale – plus seulement dans le Gouvernement général –, sans plus tenir compte de l'éventuelle utilité de la main-d'œuvre juive. Au cours d'une présentation de Greifelt, chef de la direction centrale pour les questions ethniques, Himmler martela en mai – alors que les combats n'étaient pas terminés dans le ghetto – qu'il était « urgent d'éliminer les 300 à 400 000 Juifs encore présents [...] dans le Gouvernement général[81] ». Le HSSPF Krüger, responsable pour le Gouvernement général, déclara le 31 mai qu'il venait de « recevoir l'ordre de procéder à la déjudéisation dans les délais les plus brefs ». Himmler souhaitait, ajouta Krüger, que soit également mis un terme à l'emploi des Juifs dans l'industrie de l'armement et les camps de travaux forcés[82].

À partir d'avril 1943, impressionnée par l'insurrection du ghetto de Varsovie, la SS poursuivit la liquidation des ghettos et des petits camps de travaux forcés qui se trouvaient dans le district de Lublin. En mai 1943, le SSPF Katzmann ordonna la destruction de tous les ghettos dans le district de Galicie[83]. Entre la fin mai et la fin juin 1943, quelque 80 000 personnes furent assassinées avec une brutalité extrême. À la fin de juin 1943, Katzmann communiqua au HSSPF de l'Est, Krüger, que « des zones entières d'habitations juives pouvaient être considérées comme détruites au 23 juin 1943 » et que le district était par conséquent « débarrassé des Juifs, en dehors de ceux qui se trouvent dans des camps sous le contrôle du chef de la SS et de la police[84] ».

En juin 1943, quelques dizaines de milliers de Juifs survivaient encore dans le Gouvernement général, la plupart dans des camps de travaux forcés contrôlés par la SS. Pourtant, Hitler, le 19 juin, ordonna à Himmler : « L'évacuation des Juifs, malgré les troubles qui peuvent survenir dans les trois ou quatre prochains mois, doit être menée à bien de façon radicale. » Dans la région, la Résistance croissait. D'où l'attribution du statut de « zone de lutte contre les bandes » à l'ensemble du Gouvernement général, pour laquelle Hitler accorda encore plus de force de frappe à Himmler[85].

Pour surmonter toute tentative de résistance des employeurs qui souhaitaient continuer à faire travailler leur main-d'œuvre juive, Himmler poursuivit sciemment la politique qui consistait à transformer les derniers ghettos et les camps de travaux forcés en camps de concentration. De cette façon, les détenus ne dépendaient plus que de l'autorité de la SS et échappaient aux efforts de tierces parties pour leur mettre la main dessus. Himmler exigea que ne soient épargnés que les Juifs qui répondaient aux critères les plus stricts pour l'industrie de l'armement.

En juin 1943, le ghetto de Varsovie, déjà transformé en camp de concentration en février, fut définitivement détruit. Himmler ordonna ensuite de faire disparaître toute trace de son existence[86]. En juillet 1943, il ordonna également de convertir le camp d'extermination de Sobibor en camp de concentration et d'y faire trier par les prisonniers les munitions prises à l'ennemi[87]. Les Juifs du Gouvernement général qui avaient survécu au mois de juin furent regroupés dans des camps de travaux forcés gérés comme des extensions du camp de concentration de Maïdanek[88]. En janvier 1944, le camp de travail de Plaszow (près de Cracovie) et ceux de Lvov, Lublin et Radom furent transformés en camps de concentration[89].

Avec l'ordre du 21 mai 1943, qui exigeait que l'ensemble des Juifs sur le territoire du Reich, Protectorat compris, soient déportés au 30 juin « à l'est », plus particulièrement à Theresienstadt, Himmler combla la dernière lacune qui, dans son système, avait permis aux Juifs résidant dans les territoires polonais sous administration directe du Reich – la Haute-Silésie de l'Est, le Warthegau, le district de Bialystok – de se maintenir en vie[90]. Entre le 22 et le 24 juin 1943, les SS déportèrent 5 000 Juifs de Sosnowitz et Bendzin vers Auschwitz. Durant la première moitié du mois d'août, les derniers ghettos de Haute-Silésie furent vidés[91]. À l'occasion de la conversion du ghetto de Lodz en camp de concentration, Himmler se heurta à des difficultés, car le Reichsstatthalter du Warthegau, Greiser, contrevint à l'ordre qui l'aurait privé de « son » ghetto[92]. Le litige dura de juin 1943 à février 1944, quand Himmler et Greiser s'entendirent pour que le ghetto perdure en tant que « ghetto de Gau ». Mais ne devaient y vivre qu'autant de Juifs que ce qui serait « absolument dans l'intérêt de l'industrie de l'armement[93] ». L'ordre d'Himmler d'août 1943, réclamant que plus d'une centaine de camps de travaux forcés pour les Juifs soient liquidés dans le Warthegau, fut exécuté en octobre[94]. Entre le 16 et le 23 août 1943, ce fut au tour du ghetto de Bialystok d'être définitivement supprimé, après que Globocnik, le 21 juin précédent, avait annoncé à Himmler que les ateliers qui s'y trouvaient seraient transférés à Lublin. Plus de 25 000 personnes furent déportées à Treblinka ou Maïdanek, et soumises aux travaux forcés[95].

Mais l'insurrection du ghetto de Varsovie n'avait pas été un signal d'alarme que pour les autorités d'occupation. La politique d'extermination rencontra la résistance des Juifs dans d'autres endroits. Lors du nettoyage du ghetto de Bialystok[96], les SS se heurtèrent à un groupe de résistants armés, de même qu'en août dans le ghetto de Gloubokoïé, près de Vilnius[97]. Toujours en août, le camp de Treblinka fut le théâtre d'une évasion massive. À Sobibor, le 14 octobre, les déportés se révoltèrent et tuèrent onze SS[98]. Tout cela avec en toile de fond la progression inexorable de l'Armée rouge. La révolte de Sobibor fut sans doute l'ultime raison qui poussa Himmler à donner l'ordre à Krüger, en octobre 1943, de liquider les derniers camps importants dans le district de Lublin. Au début de novembre, les détenus du complexe concentrationnaire de Lublin furent fusillés durant deux jours de massacre – sous le nom de code « Erntefest » (« Fête des moissons »). D'autres camps connurent au même moment de semblables tragédies dans le Gouvernement général. Rien que dans le district de Lublin, on dénombra environ 42 000 victimes[99].

Dans les régions d'URSS occupées, en particulier dans le Reichskommissariat de l'Ostland, où beaucoup de Juifs vivaient encore, Himmler procéda de même dans le sillage de l'insurrection du ghetto de Varsovie. Le 21 juin 1943, après une rencontre avec les hauts fonctionnaires de la SS, il ordonna que « tous les Juifs se trouvant encore dans des ghettos dans l'Ostland soient rassemblés dans des camps de concentration ». En même temps, il interdisait de « sortir les Juifs des camps de concentration pour les mettre au travail » et faisait entrer en vigueur une décision déjà prise en avril et portant sur la création d'un camp de concentration près de Riga[100]. Les « membres inutiles des ghettos juifs » devaient être « évacués vers l'est », autrement dit assassinés[101]. Ainsi, Himmler s'assura le contrôle total des travailleurs forcés juifs dans le Reichskommissariat de l'Ostland. On se souvient à ce sujet de la mission qu'Hitler lui avait confiée deux jours auparavant, concernant la conclusion de la Solution finale : internement des Juifs rescapés dans les camps de concentration, sélection systématique des forçats juifs dans les camps, limitation des possibilités de travailler en dehors des camps pour les Juifs, par exemple pour la Wehrmacht, et chasse aux Juifs qui se trouvaient dans la clandestinité, officiellement dans le cadre de la lutte contre les partisans, avec l'aide de von dem Bach-Zelewski. Avec ces méthodes, Himmler espérait accomplir aussi vite que possible la mission d'Hitler dans le Gouvernement général et le Reichskommissariat de l'Ostland[102].

Il poursuivit donc sans pitié sa politique d'extermination dans le Reichskommissariat. Les deux derniers grands ghettos des pays baltes, en dehors de celui de Riga, à Kaunas[103] et Vilnius[104], furent liquidés en septembre 1943, leurs habitants déportés dans des camps de travail estoniens et lettons, ou assassinés. Une partie des habitants du ghetto de Kaunas fut cependant maintenue sur place, le ghetto étant transformé en camp de concentration. Toujours en septembre, et en liaison avec ces mesures, on ouvrit le camp de concentration et de transit de Vaivara, en Estonie[105]. Entre août et octobre 1943, les trois derniers ghettos de Biélorussie furent anéantis[106].

Dans les autres pays occupés par l'Allemagne, l'insurrection du ghetto de Varsovie eut également des conséquences. En mai 1943, deux nouveaux convois quittèrent la Croatie pour Auschwitz, emportant près de 2000 personnes[107]. En Slovaquie, les Allemands tentèrent de reprendre les déportations en juin, mais les Slovaques firent la sourde oreille[108]. Aux Pays-Bas, en mai, le RSHA ordonna d'augmenter sensiblement le nombre de déportés : entre le 18 mai et le 20 juin, 18000 furent envoyés à Sobibor en huit convois. En Belgique, la Gestapo de Bruxelles informa le camp de Mecheln le 29 juin que sur ordre d'Himmler il fallait « désormais inclure sans exception les Juifs de nationalité belge dans la déportation[109] ». Le 20 septembre 1943, le premier train n'emportant que des Juifs belges quitta le pays. Cinq autres le suivraient avant la fin de l'année. Près de 6000 personnes furent envoyées à Auschwitz[110].

En juin 1943, Himmler relança le projet qu'il défendait depuis le début de l'année, et exigea que le gouvernement français prive de leur citoyenneté les Juifs afin de pouvoir les déporter. Il fit pression sur Oberg, son HSSPF en France, pour qu'il rende aussitôt publique la loi sur la dénaturalisation déjà signée par Laval[111]. Dans l'esprit du Reichsführer, les déportations devaient durer jusqu'au 15 juillet.

Pourtant, une fois de plus, l'ordre d'Himmler s'avéra inapplicable. Cette fois, ce ne fut pas la faute d'Oberg, mais de Laval. Le 25 juillet, jour où Mussolini fut renversé, le président du Conseil français décida de reporter la publication de la loi sur la dénaturalisation[112]. Dans les semaines qui suivirent, il tint Oberg et Knochen à distance[113], jusqu'à ce qu'enfin le chef de l'État français déclare, le 24 août, qu'il ne ratifierait pas cette loi[114]. La police de sécurité en France s'efforça alors de traquer et déporter par elle-même les Juifs. Mais, quand, en septembre 1943, elle eut la possibilité de s'en prendre aux Juifs qui s'étaient réfugiés dans le Sud-Est occupé par l'Italie, cela allait avoir des répercussions sur les persécutions dans toute la France.

Les Tziganes

Dans le cadre de la sélection raciale et des massacres systématiques perpétrés par Himmler et la SS dans tout l'espace dominé par l'Allemagne, ils entreprirent également, à la fin de 1942, d'accentuer les persécutions à l'encontre des Tziganes.

Dans le Reich, depuis le début de la guerre, les Tziganes étaient enfermés dans des camps « jusqu'à leur déportation définitive », comme le précisait la directive correspondante du RSHA[115]. À l'automne 1939, conformément au projet Nisko, les Tziganes auraient dû rejoindre les Juifs allemands sur le territoire du Gouvernement général[116]. En réalité, cette mesure ne fut appliquée qu'en mai 1940. Sur un ordre exprès d'Himmler, 2500 Tziganes furent déportés du Reich en Pologne[117]. Après quelques hésitations quant à la poursuite des déportations, à l'été 1940 Himmler déclara cependant qu'il fallait reporter « l'évacuation des Tziganes et des sang-mêlé du territoire du Reich [...] jusqu'à ce que la question juive soit résolue dans son ensemble[118] ». En novembre 1940, la direction de la police criminelle du Reich annonça que le « règlement définitif de la question tzigane » était repoussé à l'après-guerre[119].

On en était encore là en 1942. Manifestement, ni Himmler ni le RSHA n'avaient à l'époque d'idée précise quant au sort des déportés. Livrés à eux-mêmes, la plupart – nous ne disposons pas de chiffres précis – moururent à cause des conditions de vie misérables dans le Gouvernement général. Une minorité survécut, et certains rentrèrent même en Allemagne pendant la guerre, où quelques-uns parvinrent à rester dans la clandestinité jusqu'à la fin du conflit[120].

En novembre 1941, le moratoire sur la déportation des Tziganes fut levé. 5000 Tziganes du Burgenland (en Autriche) furent déportés dans le ghetto de Lodz en même temps que les Juifs. Friedrich Uebelhoer, responsable du ghetto, s'était inquiété de ce que les Tziganes n'y déclenchent des incendies. Himmler, pour le rassurer, proposa à Uebelhoer de fusiller dix Tziganes pour chaque incendie dans le ghetto. « De cette façon, lui conseilla-t-il, vous disposerez des meilleurs pompiers pour le ghetto, qui feront preuve d'une diligence sans pareille[121]. » En janvier 1942, tous les Tziganes qui n'avaient pas encore succombé aux conditions de vie dans le ghetto furent gazés dans des camions à Chelmno.

Le 20 avril 1942, Himmler téléphona à Heydrich pour lui ordonner, comme il le nota : « Pas d'extermination des Tziganes[122]. » On ne sait pas si cet ordre visait les Tziganes vivant encore dans le Reich, ceux qui avaient été déportés dans le Gouvernement général ou s'il s'agissait d'une directive plus générale. Il semble pourtant que le Reichsführer-SS avait ainsi introduit une politique différenciée en ce qui concernait les Tziganes.

Car à l'été 1942 il commença à faire la distinction entre les Tziganes sédentarisés et les nomades. Il ordonna à la police de ne pas intervenir contre les Tziganes vivant dans le Gouvernement général, du moment qu'ils étaient sédentaires[123]. Il ne fallait donc plus les exécuter, ce qui avait été courant en Pologne occupée depuis 1939. Dans les régions occupées d'URSS où, depuis l'été 1941, les Einsatzgruppen avaient abattu des Tziganes en divers endroits en dépit de leur mode de vie, la Sipo suivait en 1942 la même ligne que dans le Gouvernement général. À l'automne 1943, Himmler exigea finalement que les Tziganes nomades d'Union soviétique soient envoyés en camp de concentration. Au printemps 1944, les Tziganes de Lituanie et de Biélorussie furent effectivement déportés à Auschwitz[124].

Depuis 1942, Himmler appliquait une politique différente vis-à-vis des Tziganes résidant en Allemagne. Il imposa à la SS et à la police le principe selon lequel il s'agissait désormais de faire la distinction entre les Sinti et les Lalleri « de race pure » (y compris les « sang-mêlé » issus de ces groupes) ainsi qu'entre les Roma et les autres « sang-mêlé ». Les Tziganes « de race pure » seraient placés dans une « réserve » dans le Gouvernement général une fois la guerre terminée, et pourraient alors y mener leur existence en fonction de leur mode de vie « particulier ». Quant aux autres, ils seraient déportés[125].

Pour étayer scientifiquement cette distinction, Himmler demanda d'abord en septembre 1942 à l'Ahnenerbe de réfléchir à l'avenir de la langue et des coutumes des Tziganes[126]. En octobre 1942, sur son instruction, le RSHA émit une directive selon laquelle les « Tziganes de race pure » devaient à l'avenir bénéficier « d'une certaine liberté de mouvement ». Ils pouvaient « se déplacer dans un territoire précis », vivre selon leurs « us et coutumes » et poursuivre leurs « propres activités[127] ». Au début de novembre 1942, Himmler montra une fois encore qu'il s'intéressait personnellement à « une nouvelle réglementation du traitement des Tziganes dans le Reich[128] ».

En Allemagne, Himmler veilla soigneusement à ce que les persécutions frappent essentiellement les métis de Tziganes devenus sédentaires et qui, dans son esprit, s'étaient écartés de leur mode de vie « ancestral ». En Pologne et en Union soviétique, en revanche, c'étaient précisément les nomades qui étaient poursuivis.

Le 16 décembre 1942, Himmler émit donc l'ordre correspondant pour le territoire du Reich. Les « sang-mêlé tziganes, les Roms et les membres non allemands de tribus tziganes d'origine balkanique » devaient être envoyés en camp de concentration[129]. Les Tziganes « socialement adaptés » ne devaient pas être déportés, mais les critères définissant cette catégorie restèrent flous[130]. Auparavant, il avait dû se défendre contre les idées venues d'Hitler et de la Chancellerie du parti[131]. Le principe qu'il défendait d'un traitement différent réservé aux tribus tziganes sur le territoire du Reich était en contradiction évidente avec l'attitude de la direction de l'État et du parti, qui considérait l'ensemble des Tziganes comme des « inférieurs » et souhaitait les exterminer. Par sa décision sur la déportation de décembre 1942, le Reichsführer-SS fit ainsi la preuve qu'il comptait imposer sans pitié la facette *négative* de sa politique vis-à-vis de la population tzigane. Les mesures positives sur la préservation des Tziganes « de race pure » seraient reportées à la fin de la guerre.

Si l'on tient compte du fait que depuis décembre 1942, le régime se préparait à la dernière grande vague de déportations des Juifs depuis le Reich et qu'Himmler avait débattu avec Thierack à l'automne 1942 de la déportation des « asociaux » dans les camps[132], sa décision de déporter les Tziganes en décembre 1942 devient plus claire. Le Reichsführer poursuivait le « nettoyage » de l'espace qui devait servir de cœur au grand empire germanique.

Le 15 janvier 1943, une réunion eut lieu au RSHA, à laquelle participèrent les représentants de la direction centrale de la police criminelle, du SD, du RuSHA ainsi que des membres des instituts de recherche sur l'hygiène et la biologie raciales[133]. À cette occasion, on discuta des critères précis permettant de différencier les deux groupes de Tziganes, et on aborda la question du traitement à réserver à ceux qui ne seraient pas déportés. En guise de solution, il fut décider de stériliser la grande majorité des « sang-mêlé ». Dans une circulaire de la police criminelle du 29 janvier 1943[134], les bureaux de la Kripo reçurent l'ordre d'identifier tous les sang-mêlé tziganes « socialement adaptés » qui devaient être exclus des déportations[135].

Entre février et juillet 1944, environ 20000 Tziganes furent déportés du Reich – à peu près les trois quarts des membres de cette minorité – et envoyés à Auschwitz, où ils furent contraints de vivre dans un « camp tzigane » spécial[136]. Si l'on compte ceux qui furent déportés des régions occupées par l'Allemagne, 23000 Tziganes en tout se retrouvèrent à Auschwitz[137].

À partir d'avril 1944, les Tziganes encore « aptes au travail » furent transférés vers le Reich depuis le camp de Birkenau, soit un total de 1600 personnes. Au printemps 1944, quelque 6000 Tziganes étaient encore en vie parmi ceux qui avaient été déportés à Birkenau. En août, la direction du camp – en liaison avec les déportations des Juifs de Hongrie à Auschwitz – prit la décision de liquider définitivement le camp. Au total, près de 5 600 Tziganes furent gazés à Auschwitz[138]. Il n'existe aucune trace d'un ordre direct d'Himmler à ce sujet. Mais, compte tenu des directives détaillées qu'il avait jusqu'alors émises à propos du traitement des Tziganes, on peut supposer que cette décision ne put être prise sans son accord.

En Union soviétique, au moins 10 000 personnes, peut-être beaucoup plus, furent victimes des persécutions allemandes contre les Tziganes[139], et environ 8 000 en Pologne[140]. En Serbie, la Wehrmacht et la police assassinèrent près d'un millier de Tziganes[141]. En Slovaquie, des mesures furent prises pour leur internement seulement après l'intervention allemande durant l'été 1944. L'Einsatzgruppe H exécuta probablement un millier de Tziganes[142]. En Hongrie, sous le règne des Croix fléchées, de nombreux Roms furent envoyés aux travaux forcés dans des camps de concentration en Allemagne[143].

Aux Pays-Bas, en Belgique et en France, les persécutions se limitèrent la plupart du temps à des mesures de contrôle, des interdictions de séjour et à l'isolement des Tziganes et d'autres représentants des « gens du voyage » sur des sites de rassemblements. Il n'y eut dans ces pays aucune application d'une politique différenciée envers les Tziganes, et l'on dénombra quelques centaines de victimes[144].

Comme le montre ce rapide passage en revue, les SS assassinèrent des dizaines de milliers de Tziganes, mais ils se montèrent moins décidés et moins systématiques que dans le cas des Juifs. La vision qu'avait Himmler d'un traitement différencié des Tziganes dans un futur grand empire germanique, par son côté arbitraire, frappa cependant certains groupes de Tziganes que le Reichsführer, dans son univers fantasmatique, considérait comme de valeur sur le plan racial, ou au contraire comme particulièrement dangereux.

Plus d'hommes pour la Waffen-SS

En 1942, Himmler avait élargi la base de recrutement pour la Waffen-SS tant en Allemagne qu'à l'étranger. Dès la nouvelle année, il s'attela à mettre en place de nouvelles divisions de SS allemands. En février 1943, Hitler lui promit une division composée de membres des Jeunesses hitlériennes (qui serait ensuite baptisée « Hitlerjugend ») et, en octobre, deux autres divisions de Panzergrenadiers

SS, la « Götz von Berlichingen » et la « Reichsführer-SS », constituées à partir d'hommes recrutés dans le service du travail du Reich. Le même mois, la Leibstandarte, Das Reich, la Totenkopf, la Wiking et la Hohenstaufen, déjà modernisées et mécanisées, furent reformées en SS-Panzerdivisionen[145].

Avec le recrutement de membres de Jeunesses hitlériennes et du service du travail, qui durent faire l'objet de pressions considérables – Himmler lui-même parlait de nos « volontaires désignés d'office[146] » –, c'en était fini du principe du volontariat dans la SS, même en Allemagne. D'ailleurs, les membres de l'Allgemeine SS étaient régulièrement mobilisés dans la Waffen-SS. Le recrutement forcé de gens qui ne faisaient pas partie de la SS, tendance qui remontait au début de 1942, devenait la norme[147]. Toutefois, l'essentiel du recrutement se déroulait, comme auparavant, à l'étranger. On peut déduire d'une liste datée de la fin de 1943 qu'à l'époque 54 000 Allemands d'origine avaient été recrutés en Roumanie, 22 000 en Hongrie, plus de 5 000 en Slovaquie, plus de 21 000 dans le Banat et en Serbie, plus de 18 000 en Croatie et 1 292 dans le Schleswig du Nord. La majorité d'entre eux du fait du « service militaire obligatoire » qu'Himmler avait imposé aux Allemands d'origine en 1942[148].

Le 12 mai 1943, les gouvernements allemand et roumain avaient conclu un accord réglementant le recrutement d'Allemands d'origine pour la Waffen-SS, qui garantissait que les volontaires conserveraient leur nationalité roumaine[149]. Sur le principe de cet accord, d'autres Allemands d'origine furent recrutés dans la partie roumaine du Banat et en Transylvanie, pour la division Prinz Eugen[150]. En réalité, le recrutement avait démarré des semaines avant la signature de l'accord, et les « volontaires » étaient pour beaucoup des conscrits[151]. Dès le 30 juillet 1943, Berger signalait que le recrutement avait permis de regrouper 41 560 hommes. Himmler lui transmit ses « chaleureux remerciements » : « Vous avez ainsi, comme dans tant de vos réalisations et de vos prestations, rendu un fier service à notre patrie allemande et au Führer[152]. »

Le Premier ministre hongrois Miklós Kállay avait promis 10 000 Allemands d'origine supplémentaires pour la Waffen-SS à von Ribbentrop lors de son voyage en Allemagne en juin 1942[153]. En mai 1943, un accord fut passé avec le gouvernement hongrois sur les opérations de recrutement[154]. Basch, le chef de file des Allemands d'origine de Hongrie, en prit ombrage – les volontaires perdaient en effet leur nationalité hongroise – et proposa qu'un examen physique soit imposé aux recrues[155]. Ce fut fait et au mois d'août 18 000 des 22 000 « volontaires » furent jugés aptes[156].

L'occupation de la Hongrie en mars 1944 offrit de nouvelles possibilités à Himmler. Le Reichsführer prévoyait la mise en place d'une division de cavalerie et de deux divisions de grenadiers composées d'Allemands d'origine de nationalité hongroise, ou plutôt « de citoyenneté hongroise avec une origine majoritairement allemande ». En tout, c'étaient six divisions qui étaient envisagées. Manifestement, il comptait ainsi déployer une nouvelle armée SS[157]. Un accord sur la poursuite du recrutement à cet effet fut conclu le 14 avril 1944[158]. Mieux encore, Himmler obligea le gouvernement hongrois à transférer les Allemands qui servaient dans la Honvéd (l'armée hongroise) dans la Waffen-SS. Il avait déjà conclu le même accord au début de 1944 avec le pouvoir slovaque. De cette façon, la SS récupéra 50 000 soldats d'origine allemande dans ces deux pays – trop peu, quoi qu'il en soit, pour créer des divisions à part entière[159].

Sur les quelque 25 000 Allemands d'origine « mobilisables » en Croatie, 17 500 servaient au début de 1944 dans la Waffen-SS, une fois intégrées les milices, sections spéciales et autres unités des Allemands de Croatie au sein de la division Prinz Eugen[160]. Quand on s'intéresse de plus près à cette division, on s'aperçoit qu'elle fut le théâtre de désobéissances massives durant l'été 1943. 173 membres de la division, tous des Allemands d'origine de Croatie, furent incarcérés puis envoyés à Dachau. Himmler, le 17 octobre, écrivit au commandant en chef de la division, l'Allemand de Roumanie Arthur Phleps, de façon surprenante en des termes modérés. Il était visiblement au fait de la situation dans la division, qui regroupait nombre de ces prétendus volontaires. Ce qui comptait, dans cette affaire, assura Himmler, c'était que les Allemands d'origine avaient été victimes de brimades de la part de leurs supérieurs. En particulier, une « habitude typique des Balkans » s'était répandue dans la division, habitude qui consistait à « maudire la mère de l'intéressé ». Himmler préconisa des contre-mesures draconiennes. Il ordonna que « dans chacun de ces cas, les sous-officiers ou les hommes qui ont insulté la mère de leur camarade soient châtiés sur-le-champ ». Dans les cas particulièrement graves, les coupables devaient être pendus. Il avait quand même envoyé les 173 Allemands d'origine dans les camps, expliqua-t-il à Phleps, afin qu'ils puissent y être formés comme « de bons volontaires de la Waffen-SS » et qu'ils y améliorent leur connaissance de l'allemand[161].

Outre les Allemands d'origine et les volontaires « germaniques », depuis 1942 Himmler continuait de chercher activement à recruter pour sa Waffen-SS des hommes issus de ce que le jargon nazi décrivait comme des « peuples étrangers ». Déjà, en 1941, il avait créé des « légions » dans le nord-ouest de l'Europe, avec un succès mitigé, nous l'avons vu. Les membres de ces unités n'étaient pas obligés de satisfaire aux critères raciaux exigeants de la SS. Dans les années qui suivirent, il recruta de plus belle, en particulier en Wallonie et en France. Mais il autorisa aussi des hommes d'origine « latine » ou « non germanique » à servir dans les divisions de volontaires de SS, ce qui, en fin de compte, revenait à renoncer à ses pratiques initiales.

Un des projets les plus audacieux dans ce domaine fut lancé en février 1943, quand il eut obtenu l'assentiment d'Hitler pour la formation d'une division de musulmans bosniaques, inspirée des régiments bosniaques de la monarchie austro-hongroise[162]. Il se heurta cependant à la résistance des autorités croates. Furieux, il ordonna à son mandataire en Croatie, Konstantin Kammerhofer, d'intervenir avec la plus grande vigueur[163]. Ce dernier parvint à rassembler les recrues nécessaires grâce au principe de la mobilisation générale. La formation des hommes eut lieu en France et en Silésie.

Les soldats de la 13e division de montagne de la Waffen-SS portaient – comme leurs prédécesseurs du temps de l'Autriche-Hongrie – un fez rouge (vert-de-gris pour la tenue de campagne) orné d'un pompon et d'un emblème regroupant un aigle, la tête de mort SS et la croix gammée. Au lieu des runes, ils arboraient sur le col une représentation stylisée du *hanjar*, un sabre recourbé. D'où le nom de « Handschar » que porta la division à partir de mai 1944.

Himmler était tout à fait disposé à tenir compte de la culture et du mode de vie de ses volontaires islamiques. Comme d'habitude quand un sujet l'intéressait, il s'en préoccupa jusque dans les moindres détails. Il fit demander au Grand Mufti de Jérusalem, Amin al-Husseïni, quelles règles alimentaires il souhaitait voir appliquer à l'ordinaire de la division, et déclara en août 1943 qu'il garantissait à tous les « membres musulmans de la Waffen-SS et de la police [...] le droit inaliénable [...] de vivre en fonction de leurs règles religieuses et de ne jamais se voir proposer de porc ou de saucisses contenant de la viande de porc, ainsi que de l'alcool ». Tout manquement à cet ordre devait lui être signalé. Et : « J'interdis toute plaisanterie à ce sujet dans les rangs de leurs camarades, ou toute moquerie à l'égard des volontaires mahométans[164]. » Les questions pratiques suscitèrent également son attention : les nouveaux fez ne correspondaient pas à l'idée qu'il s'en faisait. Il fallait donc, recommanda-t-il à Pohl, les « reteindre et les raccourcir un peu[65] ».

La compagnie d'état-major de la division Handschar à l'appel

Himmler ne demandait pas mieux que d'accorder au Grand Mufti le droit de désigner des imams pour sa division bosniaque. Il envisagea même d'offrir aux membres de la division la possibilité d'étudier pour devenir imam, voire de fonder « un institut des imams quelque part en Allemagne » où le Mufti « formera des imams afin de constituer une prêtrise qui lui sera personnellement subordonnée et sera dans le même temps formée comme il convient sur le plan politique[166] ». Car, selon lui, l'islam et le nazisme étaient unis sur un front commun contre « les Juifs ».

« En quoi les musulmans d'Europe et du monde entier devraient-ils être distincts de nous autres Allemands ? lança-t-il dans un discours à la 13e division de montagne SS en janvier 1944. Nous avons des objectifs communs. Il n'y a pas de motif plus solide pour vivre ensemble que des objectifs et des idéaux communs. Depuis deux cents ans, pas une seule fois l'Allemagne n'a eu de point de friction avec l'islam. [...] Aujourd'hui, nous, les Allemands, et vous, les Mahométans, éprouvons avec cette division un sentiment partagé de reconnaissance face au destin qui a fait que Dieu – vous l'appelez Allah, mais c'est la même chose – a envoyé le Führer à ces peuples opprimés d'Europe, le Führer qui veut libérer d'abord l'Europe, puis le monde entier des Juifs, ces ennemis de notre empire qui nous ont arraché la victoire des mains en 1918 et nous ont coûté deux millions de morts. Ce sont aussi vos ennemis, car le Juif a toujours été votre ennemi[167]. »

À la lecture de ce discours, on pourrait avoir l'impression qu'il exprimait un sentiment de respect sincère vis-à-vis de l'islam en tant que religion mondiale. En réalité, ce n'était que du cynisme et de l'hypocrisie. Deux semaines plus tard, devant les responsables de la propagande du Reich, il expliqua clairement pourquoi il estimait tant les volontaires croates. « Je dois dire que je n'ai absolument rien contre l'islam. Car il éduque ses hommes pour moi dans cette division, et qu'il leur promet le paradis s'ils sont tombés au combat. Une religion aussi pratique que sympathique pour des soldats[168] ! »

Du reste, une fois opérationnelle, la division déçut tous ses espoirs. Déployée contre les partisans dans sa patrie à la fin de 1943, l'unité s'avéra peu efficace et même de plus en plus insubordonnée. À la fin de 1944, Himmler mit fin à l'expérience[169]. Deux autres formations musulmanes – la 21e division de montagne SS « Skanderberg », composée d'Albanais, et une division croate, la « Kama » – connurent elles aussi une existence de courte durée. Dès 1944, elles furent dissoutes. À l'automne 1944, la Skanderberg fut recréée. La Kama semble n'avoir jamais atteint le statut d'unité opérationnelle [170]. Le projet initial d'Himmler, qui prévoyait la création de deux corps d'armée à partir de volontaires bosniaques et albanais, puis leur fusion avec la Prinz Eugen pour former une armée SS à part entière à la fin de 1944, avait donc échoué [171].

En mai 1942 encore, Himmler semblait peu convaincu à l'idée de mettre en place des unités baltes. Pourtant, à la fin du mois d'août, il donna son autorisation à la création d'une légion estonienne. Peu après, la Wehrmacht cédait ainsi à la SS le contrôle de plusieurs bataillons estoniens [172]. En janvier 1943, Himmler inspecta personnellement un groupe de 54 légionnaires estoniens qui suivaient un cours de formation de sous-officiers de la Waffen-SS. Leur qualité « raciale » lui fit une « bonne impression ». Il estima qu'il était par conséquent profitable de leur apprendre l'allemand et de parfaire leur endoctrinement idéologique [173].

Il ne déclara jamais officiellement que les Estoniens étaient des Germains, car cela l'aurait fait entrer en conflit avec la politique d'occupation allemande dans ce pays. Pourtant, selon son avis, ils étaient si proches des Germains qu'un métissage ne pouvait être dommageable. « Les Estoniens, affirma-t-il aux responsables de sa direction centrale, font partie de ces rares peuples que nous pouvons laisser s'amalgamer à nous, après en avoir éliminé certains éléments [174]. » Il considérait de la même façon, nous l'avons vu, les Wallons et les Slovaques.

À la fin de 1942, sur la proposition de Berlin, Himmler obtint l'approbation d'Hitler pour la création d'une légion Waffen-SS lettonne [175]. En avril 1943, plus de 6 500 Estoniens et 15 000 Lettons avaient déjà été recrutés [176]. Les légions estonienne et lettonne furent renforcées par des SS d'origine allemande, puis reconverties respectivement en brigade de volontaires estoniens et brigade de volontaires lettons. Peu de temps après, ces deux unités passaient au statut de division [177]. Dans ce dessein, Himmler ordonna l'introduction du service militaire obligatoire dans le Reichskommissariat de l'Ostland. Les Lettons et les Estoniens – Himmler considérait que les Lituaniens n'étaient pas fiables – pouvaient donc désormais être appelés dans la Waffen-SS [178]. À partir des bataillons auxiliaires de la Hilfspolizei, mis en place en 1941, il fut possible de former une troisième division SS balte [179].

À compter d'avril 1943, il permit le recrutement d'Ukrainiens des régions ayant autrefois appartenu à l'Autriche-Hongrie, afin de constituer une division galicienne. Sur les 100 000 candidats, 30 000 furent retenus [180]. Himmler vint inspecter cette division, baptisée 14e division de grenadiers de la SS, une fois son entraînement bouclé. Dans un discours devant les officiers de l'unité, il répondit entre autres aux critiques formulées dans les rangs de la division. Ils ne devaient pas considérer l'entraînement impitoyable auquel ils avaient été soumis comme une brimade, et même les Galiciens pouvaient bénéficier de possibilités de promotion. Pour éviter « l'agitation », il interdit aux hommes de « se mêler de politique », et leur infligea son catalogue des vertus, sous une forme légèrement amendée : outre l'obéissance, la camaraderie et la fidélité, il jugea bon d'expliquer en particulier aux Ukrainiens le sens de « l'ordre[181] ». La division fut très vite déployée face à l'Armée rouge. En juillet 1944, elle livra des combats acharnés au cours desquels elle fut pratiquement anéantie[182].

En 1944, la constitution d'autres unités de volontaires de « peuples étrangers » se poursuivit avec des résultats tout aussi mitigés. Aux côtés de deux divisions russes, deux hongroises, une composée d'Allemands et de Hongrois et deux de Cosaques, toutes sortes d'unités plus modestes virent le jour, comme le « groupe armé de Turcs orientaux de la SS », le « groupe armé caucasien », ainsi que des unités serbes, roumaines et bulgares. La SS s'efforça même de réorganiser la légion indienne qu'elle avait récupérée auprès de la Wehrmacht. Une légion britannique constituée de prisonniers de guerre fut un temps envisagée. Elle ne vit jamais le jour faute de candidats*.

D'ailleurs, les performances militaires de la plupart de ces formations, quand elles étaient déployées en opération – ce qui, pour beaucoup, ne fut même jamais le cas –, furent généralement inférieures à la moyenne des unités allemandes[183]. Hitler lui-même critiqua sans ménagement toute l'entreprise. Les membres de ces divisions, après l'occupation de leur patrie, étaient naturellement peu motivés et peu fiables, déclara-t-il juste avant la fin de la guerre, en mars 1945. Entretenir ces unités, face au manque criant d'équipement des forces armées, était un « luxe », une « absurdité », une « idiotie[184] ».

Reste que pour Himmler l'intérêt militaire immédiat n'était pas la première de ses considérations. Dès le début de la vague de recrutement, le Reischführer-SS établit une nette distinction entre les divisions SS à part entière, dont les membres devaient satisfaire aux mêmes critères raciaux que tous les autres SS, et les formations de volontaires étrangers, qui n'étaient pas soumis à cette obligation. À ses yeux, le vigoureux développement de la Waffen-SS ne devait pas entraîner un assouplissement des critères de sélection raciale[185]. Himmler expliqua par exemple clairement qu'il ne fallait pas parler de SS ukrainiens, mais seulement d'« Ukrainiens

* Le British Free Corps, ou Légion de Saint-Georges, rassembla moins d'une centaine de volontaires sans aucune valeur militaire, dont quelques-uns seulement furent envoyés au combat, éparpillés dans d'autres unités. (NdT)

servant dans les unités de combat de la SS ». Le « terme "SS", qui nous est si cher, si estimé », ne devait pas être appliqué aux « nombreux membres de nations étrangères que nous organisons aujourd'hui sous les ordres de la SS[186] ».

Selon la volonté d'Himmler, seuls les hommes classés dans les groupes I et II du tableau des catégories raciales du RuSHA pouvaient devenir des SS. Ceux du groupe III pouvaient être intégrés « dans les unités de volontaires de la Waffen-SS sous le commandement du RF-SS » ou dans l'Ordnungspolizei[187]. Il en allait de même des volontaires du Reich jugés inaptes sur le plan racial[188].

Au printemps 1943, Himmler ordonna la création d'un nouveau corps SS, le « corps blindé germanique », regroupant la division Wiking et la Nordland, formé à partir de l'ancien corps de volontaires[189]. Dans une note datée de février 1943, Himmler expliqua quel but il poursuivait avec ce corps constitué de ressortissants de différents pays. Le corps germanique devait former les cadres nécessaires à la mobilisation et à l'entraînement « de recrues qu'il sera sans doute nécessaire d'appeler plus tard dans les pays germaniques[190] ». Hitler, insista-t-il en septembre 1943, approuvait cette évolution et défendait l'idée que « le développement de la Wehrmacht dans les pays germaniques se déroule sous le contrôle de la SS[191] ».

Si l'on tient également compte du succès d'Himmler dans la mobilisation des Allemands d'origine vivant en dehors du Reich et dans le regroupement des unités de « peuples étrangers » dans la SS, on voit mieux comment il se représentait la puissance militaire d'un futur grand empire germanique. Aux côtés de la Wehrmacht se tiendrait une Waffen-SS dont les troupes d'élite se composeraient d'Allemands du Reich, d'Allemands d'origine, de Néerlandais, de Flamands, de Danois, de Norvégiens et, le cas échant, de ressortissants d'autres pays classés comme « germaniques ». Autour de ce noyau seraient groupées des forces dont les membres « étrangers » ne seraient pas considérés comme dignes d'être SS, et seraient issus de presque tous les peuples d'Europe, comme le montre la campagne de recrutement déclenchée par le régime dans sa phase ultime (à l'exception des Polonais). Une sorte de gigantesque légion étrangère dont les hommes servaient au sein d'unités « nationales ».

Quand Himmler, dans son discours du 3 août 1944 à Poznan devant les Gauleiter et les Reichsleiter, parla d'un objectif de trente « divisions européennes » pour la SS d'ici la fin du conflit, il esquissa ainsi les contours de la future force de la SS européenne en temps de paix, qui pourrait être renforcée dans l'éventualité d'une nouvelle guerre. Si l'on ne considère que les troupes allemandes, la Waffen-SS aurait ainsi atteint les dimensions d'une force indépendante parallèle à l'armée[192]. D'ailleurs, les ambitions d'Himmler ne se limitaient pas aux forces terrestres. En 1944, il s'entendit avec la Kriegsmarine sur la création d'un « département de réserve de la marine germanique », dont le siège se trouvait à Sennheim, en Alsace, soit à une distance respectable de toute mer, et qui aurait dû servir aux côtés de la marine allemande[193].

Si l'on envisage sous cet angle les efforts de recrutement entrepris par Himmler dans les dernières années de la guerre, on constate que ce qui semblait être un regroupement frénétique et désespéré des dernières réserves de faible capacité militaire était en réalité une partie intégrante et logique, de son point de vue, de l'idée qu'il se faisait de son grand empire germanique.

Himmler ministre de l'Intérieur

Le 20 août 1943, Hitler nomma Himmler ministre de l'Intérieur du Reich[194]. Le Führer, à ce stade, pensait, comme il le confia à Goebbels, que le Reichsführer-SS était « une personnalité tout à fait exceptionnelle de notre régime[195] ». Wilhelm Frick, qui occupait ce poste depuis 1933, se vit offrir le poste, purement représentatif, de Reichsprotektor de Bohême-Moravie[196].

Dans son nouveau rôle, Hitler n'attendait pas d'Himmler qu'il procède à de grands bouleversements structurels de l'appareil d'État ou qu'il réorganise fondamentalement la relation entre le parti et l'État. Il s'agissait plutôt de consolider la réputation d'Himmler en tant qu'homme clé de la « sécurité » du Troisième Reich et de conférer une plus grande cohésion à son domaine de compétence. « Himmler est sans aucun doute l'homme idéal pour diriger la politique intérieure allemande, jugea Goebbels dans son journal. Quoi qu'il advienne, il garantira la sécurité intérieure dans toutes les circonstances[197]. »

Pourtant, l'entrée en fonction d'Himmler le 26 août 1943 entraîna des modifications au sein du ministère. Il procéda à une redistribution des missions dans deux domaines. Dans celui de « l'administration intérieure », sous la responsabilité du secrétaire d'État Stuckart, il regroupa les questions constitutionnelles et l'administration, la défense civile, les affaires privées et communales. Le secrétaire d'État Leonardo Conti fut chargé du second domaine, la santé[198].

Il confia au RSHA les missions du département VI du ministère, qui contrôlait les instituts d'anthropologie, d'agriculture et d'ethnologie, sous l'égide du SD affaires extérieures. Ce faisant, il ne franchit pas seulement une étape qui lui permettait d'utiliser ces institutions à des fins de surveillance du territoire. Il contrôlait désormais aussi d'importantes institutions, comme les communautés de recherche sur les Allemands d'origine, l'Institut allemand de l'étranger et l'Institut Wannsee, spécialisé dans l'étude de la Russie. Il pouvait donc mettre l'ensemble de leurs capacités intellectuelles au service de projets à long terme portant sur l'espace vital à l'est [199].

Himmler, qui ne se rendit physiquement dans les locaux du ministère que trois ou quatre fois durant son mandat, dirigeait l'Intérieur depuis son quartier général de campagne, où Rudolf Brandt jouait le rôle de directeur de cabinet du ministre. En réalité, sous le ministre Himmler, ce fut surtout le secrétaire d'État Stuckart qui contrôla le ministère de l'Intérieur [200].

Si Himmler mit une distance visible entre le ministère et lui, ce n'est pas seulement à cause de la multiplicité de ses autres missions. Il faut plutôt y voir l'expression de sa méfiance vis-à-vis de la bureaucratie d'État et son rejet plus général des juristes et des fonctionnaires. En tant que ministre de l'Intérieur du Reich, il s'attaqua une fois encore au formalisme et au schématisme bureaucratiques. Afin de rompre avec l'anonymat des dossiers administratifs, il exigea par exemple le plus souvent que le responsable d'une procédure signe les documents de sa propre main [201]. Il préconisa que les administrateurs civils ne restent pas plus de dix ans à leur poste, ce qui déclencha une longue controverse avec Martin Bormann [202]. Il estima nécessaire d'annoncer à maintes reprises ostensiblement qu'il faudrait à l'avenir lutter sans pitié contre la corruption [203]. Et il signa un décret qui limitait la possibilité d'engager des proches au sein d'une même administration, ce qui, compte tenu de la situation réelle dans les administrations locales, était d'une rare naïveté [204].

Himmler invita ses fonctionnaires à se présenter à leurs concitoyens « d'une façon qui soit digne d'un Allemand germanique ». Si ces enseignements ne portaient pas leurs fruits, recommanda-t-il aux maires allemands dans un discours, « traitez donc ces messieurs les fonctionnaires aussi mal qu'ils traitent les gens ». Himmler s'était trouvé une nouvelle mission : « Nous allons les éduquer. Et quiconque ne suit pas cette éducation finira bien par s'en aller [205]. »

Le nouveau ministre mit particulièrement l'accent sur le « renforcement de l'autonomie [206] ». Il se préoccupa particulièrement de réaménager les compétences des maires et des conseils municipaux, avec en arrière-plan l'idée suivante : dans le cadre de la simplification des procédures administratives, justifiée par la guerre, on avait entrepris pour la première fois au début de 1943 de déléguer des responsabilités aux niveaux administratifs inférieurs. La Chancellerie du NSDAP s'était attelée plus particulièrement à la tâche. D'aucuns espéraient en effet parvenir à consolider l'influence du parti vis-à-vis de la bureaucratie de l'État en réorganisant les compétences à un nouveau niveau situé entre le Reich et le district, tout en renforçant les communes par rapport aux autorités des Länder. Les Gauleiter devaient être plus indépendants des ministères, les maires nazis, eux, devaient l'être des conseils régionaux.

Si Frick s'était systématiquement opposé à cette politique défendue par Bormann, Himmler, lui, se montra ouvert à ces considérations. Quand il plaida donc, les mois suivants, pour un « renforcement de l'autonomie », ce fut avant tout parce qu'il souhaitait, en liaison étroite avec Bormann, affaiblir l'administration de l'État au profit du parti. Tous deux s'étaient d'ailleurs entretenus de la future politique du ministère de l'Intérieur quelques jours avant la nomination d'Himmler[207].

Il contribua de façon très personnelle et inimitable à cette tentative de bouleversement des structures du pouvoir, en cherchant à intégrer ces modifications à une vision idéologique qu'il étaya en citant la « tradition communautaire germanique », le rôle d'Henri Ier en tant que fondateur de villes ou celui des « maires allemands en tant que vecteurs de la pensée impériale[208] ». Le tout sans grand résultat[209].

Il enregistra quelques succès au niveau régional dans sa volonté se répondre aux désirs du parti en termes de changements structurels. Il fit appliquer les décrets du Führer concernant la décomposition des provinces prussiennes de la Saxe et du Hesse-Nassau en neuf nouvelles provinces, ainsi que le rattachement de la région d'Unterweser, à la satisfaction des Gauleiter dont les secteurs étaient concernés par ces modifications[210]. Mais il opposa son refus à l'idée de Bormann de dissoudre les commissions gouvernementales des Länder, renforçant du même coup la position de Lammers et Stuckarts sur cette question essentielle au maintien de l'autorité de l'État face aux ambitions des Gauleiter[211]. Les exemples montrent à quel point Himmler, en tant que ministre de l'Intérieur, se retrouva pris dans les détails du bras de fer entre le parti et l'État, sans pour autant être en mesure ni de développer ni d'imposer une ligne politique unifiée dans ce conflit.

Pour toutes les parties concernées, cette incapacité devint manifeste au fil d'une succession de grandes réunions grâce auxquelles Himmler s'efforça de donner l'impression aux responsables de l'administration qu'avec sa nomination un vent nouveau allait souffler sur leurs bureaux empoussiérés. Mais, que ce soit lors d'un appel lancé par le Gouvernement général à Cracovie le 18 novembre 1943[212], à l'occasion de la conférence de tous les présidents de gouvernements régionaux les 10 et 11 janvier 1944 à Breslau[213] ou durant la réunion des maires et hauts responsables locaux les 12 et 13 février 1944 à Poznan[214], à chaque fois que les problèmes pressants auxquels l'administration se voyait confrontée du fait de la guerre (pénurie de personnel, conséquence des bombardements et autres) furent évoqués, Himmler se contenta de phrases creuses. Il n'avait aucune solution à proposer[215].

Quant à ses succès, ils furent plutôt modestes. Avec sa nomination au poste de ministre de l'Intérieur, Himmler se retrouva propulsé dans un cercle de dirigeants comme Goebbels, Bormann et Speer qui réclamaient une adaptation radicale de la société allemande à la guerre totale. Goebbels en particulier ne cessa de souligner « la conjonction absolue de nos points de vue[216] » et vanta les mérites de la politique d'Himmler[217]. Mais il ne tenait pas à ce que ce dernier accroisse encore ses compétences. « Himmler a déjà bien trop à faire et il ne peut s'acquitter seul de l'essentiel », inscrivit-il dans ses carnets[218].

Goebbels nota également avec attention que Bormann, un des plus proches alliés d'Himmler depuis sa propre nomination de directeur de la Chancellerie du parti, prenait de plus en plus ses distances vis-à-vis du Reichsführer : « Bormann fait désormais preuve de réserve face à Himmler, parce que celui-ci s'est approprié trop de choses. Il n'est pas bon que l'un des membres de la classe dirigeante national-socialiste devienne trop important. Les autres doivent alors veiller à le ramener à la ligne générale[219]. » À ce stade, la balance oscillait entre la rivalité politique et les intérêts communs entre les deux hommes. Il semblerait qu'il y ait aussi eu des tensions entre Speer et Himmler. En mai 1944, Goebbels recommanda même à Speer de remettre de l'ordre dans ses relations quelque peu compromises avec Himmler et Bormann, car tous deux « font partie de notre cercle le plus actif[220] ».

Dans son rôle de ministre de l'Intérieur du Reich, Himmler avait mis les pieds dans un grave conflit d'intérêts. Pour des raisons politiques et idéologiques, il soutenait les idées avancées par Bormann, qui visait à remplacer les mesures administratives par une « direction humaine » national-socialiste. En tant que ministre de l'Intérieur en temps de guerre, il devait cependant veiller à préserver les structures administratives existantes. Qu'il s'efforce effectivement d'imposer des changements structurels à l'administration d'État, et il se verrait reprocher d'être avide de pouvoir. Himmler « résolut » cette situation complexe en laissant tout simplement l'affaire en suspens.

SS et armement

Comme nous l'avons vu, Himmler avait échoué à développer son propre conglomérat industriel en septembre 1942, du fait du manque de compétence de la SS, de la résistance de l'industrie et surtout à cause de Speer. La plupart des projets d'armement qu'Himmler avait tenté de faire installer dans les camps de concentration n'atteignirent presque jamais les dimensions prévues à l'origine[221]. La plupart des entreprises SS, qu'elles soient sises dans les camps ou à l'extérieur, ne produisirent pratiquement pas d'équipements militaires pendant la guerre[222]. Seule la Deutsche Erde- und Steinwerke et les fabriques de meubles du Protectorat atteignirent un seuil de production régulier[223]. Quand Himmler, dans un discours devant les Gruppenführer en octobre 1943, affirma : « Nous disposons de gigantesques entreprises d'armement dans les camps de concentration », il exagérait quelque peu, c'est le moins que l'on puisse dire[224].

Mais Himmler n'abandonna pas. Il continuait surtout de s'intéresser à des projets hors norme. En automne 1943, il s'engagea devant Hitler à « garantir les besoins de la Waffen-SS et de la police en pétrole grâce à l'extraction de schiste bitumineux », et il créa la Deutsche Schieferöl GmbH en mai 1944. Dans le Wurtemberg, dix carrières de schiste bitumineux furent ouvertes, où travaillaient exclusivement des déportés. En septembre 1944, il fonda la Deutsche Torfverwertungs GmbH, afin d'exploiter de la tourbe pour faire tourner les générateurs des véhicules[225].

Dans le même temps, il continuait de se pencher sur la production de pissenlit gommeux. Dès le début de 1942, il s'était intéressé à la possibilité d'apporter une contribution importante à l'économie de guerre allemande en produisant du caoutchouc à partir de végétaux cultivés en Europe de l'Est[226]. Quand Himmler, à l'occasion d'une présentation à Hitler en février 1943, décrivit les perspectives que laissait entrevoir l'exploitation à grande échelle de ces plantes, le Führer le nomma sur-le-champ responsable de la réalisation de ces objectifs économiques. Quand Himmler lui expliqua qu'il ne s'intéressait à cette question « qu'en passant », Hitler lui répondit, comme le nota le Reichsführer perplexe, que les problèmes d'organisation ne l'intéressaient pas : « C'est à moi qu'il en confie la responsabilité[227] ! » Himmler fonda aussitôt une société regroupant les entreprises concernées[228], tint une réunion sur le sujet du pissenlit gommeux[229] et, une fois que Goering, le 9 juillet, l'eut nommé « délégué spécial pour toutes les questions liées au caoutchouc végétal[230] », il mit en place un office correspondant[231]. Un laboratoire de recherche fut également installé dans le camp de concentration d'Auschwitz[232].

Il devint très rapidement évident que les végétaux ne pouvaient couvrir qu'une infime partie de l'ensemble des besoins en caoutchouc de l'Allemagne (1,7 % au maximum)[233]. Himmler entreprit alors de prendre le contrôle de surfaces exploitables de grande taille. Nous avons déjà évoqué comment les Allemands tentèrent d'exploiter les régions « infestées de bandes » dans le nord de l'Ukraine et en Russie centrale. Himmler comptait de plus réquisitionner 30 000 hectares dans les régions annexées, le Gouvernement général[234], en Ukraine, dans le Reichskommissariat de l'Ostland et en France[235]. En septembre 1943, la Roumanie se retrouva à son tour dans le collimateur des exploitants de pissenlit gommeux[236]. Après l'occupation de la Hongrie, la SS chercha en 1944 à s'emparer de 10 000 hectares supplémentaires, pour compenser la perte de territoires à l'est[237]. Himmler recommanda de réquisitionner prioritairement les anciennes propriétés juives[238]. Plus l'Allemagne dut céder de régions conquises, plus la culture de pissenlit gommeux dut se concentrer finalement sur le territoire du Reich où, en 1944, un total de 16 700 hectares fut mis à disposition. Ce chiffre aurait dû passer à 18 500 hectares en 1945. Des surfaces qui faisaient cruellement défaut à la production de vivres[239].

Sur le plan pratique, le résultat de ces plantations fut catastrophique. Le rapporteur responsable pour l'Ukraine occidentale avait dû constater un « échec total » à la fin de 1943, puisque « 95 % des surfaces exploitées sont stériles[240] ». Dans les champs du Reich aussi, les récoltes échouèrent[241]. En mars 1944, Hans Kehrl, directeur du département des matières premières et de la planification au ministère de l'Armement proposa par conséquent à Himmler de renoncer définitivement au pissenlit gommeux[242]. Himmler répondit sèchement en rappelant à Kehrl son sens du devoir : « Je n'ai personnellement pas l'intention de rompre avec cette tradition de l'obéissance, que j'ai su préserver depuis mon entrée dans le mouvement, au nom de spéculations capitalistes. » Il considérait l'intervention de Kehrl comme une « pensée typique d'un grand capitalisme étroit qui voit manifestement dans le caoutchouc végétal une concurrence peu souhaitable pour le buna inventé par l'IG Farben[243] ». Mais qui, poursuivit Himmler, avait permis à l'IG Farben d'installer une grande usine de buna à Auschwitz ? Lui, le Reichsführer-SS ! Himmler accepta sans mot dire l'échec total du projet sur le pissenlit gommeux. L'affaire n'était plus qu'une question de prestige. Jusqu'à la fin de la guerre, les plantations du « délégué spécial pour toutes les questions liées au caoutchouc végétal » ne fournirent aucune récolte digne de ce nom.

Le conglomérat industriel de la SS étant mort-né, la direction économique et administrative travailla à compter de l'automne 1942 aux moyens de louer à l'industrie de l'armement la main-d'œuvre que représentaient les déportés. Depuis l'été 1942, des prisonniers étaient déjà affectés à un projet de recherche des usines Heinkel où, en 1944, travaillaient près de 7000 détenus, logés dans des baraquements construits sur le site des usines. Un exemple que suivirent de nombreuses autres entreprises[244].

Dès le mois de septembre 1942, Himmler s'était entendu avec Thierack sur le transfert des asociaux afin de remplir ses camps et ainsi satisfaire le besoin croissant en déportés aptes au travail. C'est dans ce contexte qu'il faut replacer son ordre du 31 décembre 1942, qui exigeait l'envoi de 35000 prisonniers supplémentaires dans les camps[245]. Résultat de cette politique, de septembre 1942 à avril 1943, le nombre des détenus dans les camps passa de 110000 à 203000[246]. Mais il fallut attendre l'automne 1943 pour assister à une exploitation massive des déportés, tandis que le nombre des travailleurs forcés utilisés par Sauckel diminuait peu à peu. Le système des camps auxiliaires, situés à proximité des entreprises, connut un formidable développement.

À l'été 1943, on put croire que la SS allait réussir, grâce à l'exploitation des déportés et à sa propre production, à jouer un rôle clé dans un projet d'armement révolutionnaire : le développement et la production de l'A 4, la première fusée balistique.

En réalité, en termes militaires, l'A 4, dotée d'une tête explosive conventionnelle d'une tonne, n'avait pas une grande valeur. L'engin concurrent de la Luftwaffe, la bombe volante Fi 103, nettement moins coûteuse et d'une plus grande simplicité technologique, pouvait emporter quasiment la même charge. Toutefois, ni la Fi 103 ni l'A 4 ne constituaient une réponse adaptée aux flottes de bombardiers alliés, capables en un seule raid de larguer des milliers de tonnes de bombes de façon toujours plus précise sur leurs objectifs. C'est probablement le faible d'Himmler pour les projets inhabituels, voire utopiques, qui explique son enthousiasme pour la fusée de l'armée. De plus, l'idée de pouvoir enfin se rattacher à un grand projet d'armement avec l'aide du travail des déportés dut peser dans la balance.

Himmler manifesta son intérêt quand Hitler donna son accord de principe au programme de fusées A 4 en novembre 1944. Le 11 décembre, il assista au lancement d'une fusée sur le terrain expérimental de Peenemünde. Quatre secondes après le décollage, le prototype explosait, ce qui ne le rebuta nullement.

Au contraire, il s'efforça d'organiser une audience auprès d'Hitler pour le directeur du projet, en vain[247].

En mars 1943, il fit remplacer le commandant militaire de Peenemünde. Sa fiabilité était sujette à caution pour ses liens présumés avec l'Église catholique, et il fit l'objet de vagues soupçons qui s'avérèrent par la suite sans fondement. Himmler choisit un successeur d'une fidélité à toute épreuve[248]. Cela prouve qu'il n'hésitait pas user sans scrupule de ses pouvoirs policiers pour se ménager des avantages.

Le 28 juin 1943, Himmler fut reçu à Peenemünde par Wernher von Braun, directeur technique du site, en uniforme de SS-Hauptsturmführer. La visite fut satisfaisante. Himmler fit von Braun Sturmbannführer, nomination prenant effet à la date de sa visite[249].

Entre-temps, le comité spécial de l'institut de recherche de Peenemünde chargé de la mise au point de l'A 4 avait décidé de faire appel à de la main-d'œuvre déportée pour la future production de la fusée, ce qui fut autorisé en juin[250]. Quand Peenemünde subit des dégâts lors d'un raid aérien britannique en août 1943, Himmler proposa à Hitler de lui confier l'entière responsabilité de la production des fusées. L'A 4 serait fabriquée par des déportés dans des usines souterraines, tandis que les travaux de développement se poursuivraient sur un terrain d'exercice de la SS en Pologne. Hitler accepta cette proposition, et Himmler reprit les rênes du projet des mains de Hans Kammler, directeur du département C (travaux publics) du WVHA. Un réseau de tunnels à proximité de Nordhausen, en Thuringe, fut choisi comme site de production, dit Mittelwerk. À l'automne 1943, un camp de concentration à part entière y fut érigé, le Mittelbau[251].

Le 20 août, Speer et son adjoint Karl-Otto Saur rencontrèrent le tout nouveau ministre de l'Intérieur du Reich pour débattre des détails. Le lendemain, dans une lettre à Speer, Himmler souligna que la réunion avait eu pour résultat essentiel de confirmer qu'en tant que « Reichsführer-SS, je prends [...] la responsabilité de la mise au point de l'engin A4[252] ».

Une affirmation un rien hâtive. Car, si Hitler avait effectivement ordonné à Himmler de soutenir Speer dans ces travaux, il ne tenait absolument pas à lui confier la responsabilité de la mise au point de l'arme. Il en fallait plus pour dissuader Himmler[253]. En mars 1944, von Braun et deux de ses principaux collaborateurs furent arrêtés par le SD et maintenus en détention pendant plusieurs semaines. On leur reprochait d'avoir émis des critiques à l'encontre de la gestion de la guerre et d'avoir voulu accorder la priorité aux voyages spatiaux civils[254]. Les supérieurs militaires de von Braun parvinrent cependant à faire libérer le directeur technique, ne fût-ce qu'en sursis. D'après von Braun, Himmler aurait ainsi cherché à prendre le contrôle des travaux de recherche et de développement sur les fusées, sans succès[255].

Au printemps 1944, Kammler, l'homme d'Himmler, s'impliqua significativement dans l'installation de la production aéronautique allemande dans des usines souterraines. L'exemple de Mittelwerk avait fait école. Le 4 mars 1944, Goering nomma Kammler « délégué pour les constructions spéciales ». Avec le soutien de ses spécialistes SS et en puisant une fois de plus dans la main-d'œuvre déportée, il entreprit de transférer la production d'avions dans des mines, des tunnels et autres. La SS avait ainsi réussi à prendre pied dans la production aéronautique, à un moment, toutefois, où la Luftwaffe n'était plus guère en mesure de s'opposer aux Alliés[256].

L'effondrement de l'Italie et ses conséquences

Le 4 octobre 1943, les Gruppenführer se retrouvèrent à Poznan pour leurs inévitables réunions. Himmler tint à cette occasion un discours de plusieurs heures au sujet de la situation politique et militaire. Puis il en vint à une question qu'il préférait d'ordinaire éviter dans ses interventions :

« Je veux vous parler en toute franchise d'un chapitre bien difficile. Nous en parlons ouvertement entre nous, mais jamais en public. Je veux parler de l'évacuation des Juifs, de l'éradication du peuple juif. La plupart d'entre vous savent ce que représentent 100 cadavres allongés côte à côte, ou 500, ou 1 000. Y avoir assisté et [...] avoir su rester digne, cela nous a endurcis. C'est une page glorieuse de notre histoire qui ne doit jamais être écrite, mais nous savons quel tort cela nous porterait si, en plus des bombardements, du fardeau et des privations de la guerre, nous avions dans nos villes les Juifs saboteurs clandestins, agitateurs et fauteurs de troubles[257]. »

Deux jours plus tard, le 6 octobre 1943, les Gauleiter et les Reichsleiter, l'élite du parti, se rendirent à Poznan. Une fois de plus, Himmler revint sur ce qui « est devenu pour moi la question la plus difficile de ma vie, la question juive ». Une fois de plus, il affirma, pour justifier le génocide, que « nous n'aurions pas pu supporter la guerre aérienne, le fardeau de la quatrième et peut-être de la cinquième et sixième année de guerre, si ce fléau subversif se trouvait encore présent dans notre organisme national ». Plus loin dans son discours, il s'exprima en détail au sujet de l'assassinat de femmes et d'enfants :

« Je considère que je n'ai pas le droit d'éradiquer les hommes, de les tuer ou de les faire tuer, et de laisser de possibles vengeurs grandir en la personne de leurs fils et de leurs petits-fils. Il fallait prendre la terrible décision de faire disparaître ce peuple de la surface de la terre. Pour l'organisation qui dut se charger de cette mission, ce fut la plus dure qui nous ait jamais été confiée[258]. »

Dans ces deux discours, Himmler chercha manifestement à confirmer officiellement, par sa « franchise », les rumeurs et les informations très répandues qui couraient dans les cercles des hauts fonctionnaires de la SS et du NSDAP à propos du véritable impact de la politique juive. De cette façon, il faisait de ces auditeurs des complices de ce crime sans précédent. Pour en être tout à fait sûr, Himmler fit préparer une liste des Gruppenführer qui n'étaient pas venus assister à son discours du 4 octobre 1943[259].

Ce n'est pas un hasard si Himmler se livra à ces confidences en octobre 1943. Car au même moment, immédiatement après le retrait de l'Italie de l'alliance avec l'Allemagne et l'occupation consécutive de l'Italie et des régions qu'elle occupait jusque-là, Himmler déclencha une nouvelle escalade dans sa politique d'anéantissement à l'échelle européenne. Quelques jours plus tôt, le 1er octobre, il avait tenté de s'emparer des Juifs du Danemark. Mais la plupart des victimes potentielles avaient réussi à se réfugier en Suède.

La rupture entre l'Italie et l'Axe, durant l'été 1943, l'occupa de diverses façons. Le 19 juillet, il avait prédit à Bormann et Ribbentrop la chute prochaine de Mussolini, qui eut effectivement lieu le 25 juillet 1943[260]. L'information lui avait été transmise par un archéologue travaillant en Italie et non, contrairement à ce qu'il prétendait, par des « circuits proches des services de renseignement », autrement dit par le SD. Sa Waffen-SS, avec la division Leibstandarte, prit part à l'occupation de l'Italie en septembre. À l'origine, Hitler avait ordonné le déploiement de l'ensemble du corps blindé SS, comprenant trois divisions, mais la situation critique sur le front de l'Est l'en avait empêché[261]. Le SD, quant à lui, prépara la libération de Mussolini, enfermé dans un hôtel sur le Gran Sasso, avec un petit commando sous le commandement d'Otto Skorzeny, chef du groupe S (Sabotage) au SD-affaires extérieures[262].

Les troupes allemandes étaient à peine arrivées en Italie qu'Himmler mit en place dans le pays un appareil de la SS et de la police sur le modèle des autres pays occupés. Dans « l'ordonnance du Führer sur la nomination d'un plénipotentiaire du Reich grand-allemand en Italie et le rattachement du territoire italien occupé », la désignation d'un « conseiller spécial pour les questions de police auprès du gouvernement national italien » était également prévue[263]. Le poste fut confié à Karl Wolff, ancien directeur de l'état-major du Reichsführer, qui opéra en outre en tant que HSSPF pour l'Italie[264]. Wolff mit en place un réseau de SSPF. En tant que « conseiller spécial pour les questions de police » auprès de Mussolini – qui, devenu le chef d'un gouvernement fasciste installé dans le nord de l'Italie, n'était plus qu'une marionnette du régime nazi –, Wolff supervisait les contacts entre les autorités italiennes et l'appareil de la SS et de la police. Il présidait en outre à la création, l'équipement et au déploiement des unités de combat fascistes. À partir de juillet 1944, en tant que plénipotentiaire général, il prit enfin la direction des opérations de lutte contre les partisans à l'arrière du front[265].

Depuis l'occupation de l'Italie, Himmler poursuivait l'idée de faire « rassembler » par sa SS les membres de la milice et du parti fasciste en vue de futures « formations[266] ». En octobre 1943, il voulut d'abord en intégrer deux divisions dans la Waffen-SS[267]. Mais le projet avorta. À la fin de 1944, seuls 5 000 hommes, au lieu des 20 000 prévus au départ, étaient mobilisés au sein d'une division de Waffen-SS italiens[268].

L'Italie et les régions qu'elle avait occupées jusque-là ne furent pas les seules à se trouver happées dans la spirale du programme d'extermination.

Le RSHA décréta que près de 33 000 Juifs se trouvant dans la partie de l'Italie qu'occupait l'Allemagne devaient être déportés à tout prix[269]. En octobre, Dannecker débarqua à Rome à la tête d'un petit Einsatzkommando[270]. À l'issue d'une rafle qui eut lieu le 16 octobre, plus d'un millier de Juifs furent déportés à Auschwitz depuis la capitale italienne. Avant la fin de l'année, dans le cadre d'autres rafles dans d'autres grandes villes, la SS avait déporté près de 1 400 personnes à Auschwitz. Le RSHA regretta cependant que ce processus n'ait pas donné de « résultats dignes de ce nom ». Entre-temps, la majorité des Juifs italiens avaient disparu dans la clandestinité[271].

C'est pourquoi, au début de décembre, des représentants des Affaires étrangères et du RSHA s'entendirent pour impliquer les autorités italiennes dans les persécutions et en faire ainsi des complices[272]. Les fascistes ne parvenant à se maintenir au pouvoir qu'en appliquant un régime de terreur face à un puissant mouvement de résistance, les considérations de politique intérieure italienne n'avaient plus aucune importance pour les Allemands. Le commando mobile de Dannecker fut remplacé au début de 1944 par une section spéciale juive auprès du commandant en chef de la Sipo en Italie, qui se chargea du transfèrement des

Juifs déjà internés par les Italiens. En tout, en 1943-1944, 6400 Juifs furent déportés d'Italie. Le total des victimes se monta à 5596. Un Juif italien sur six fut donc assassiné[273].

Dans la « zone d'opération du littoral adriatique », la région autour de Trieste, incluse dans le territoire du Grand Reich, Odilo Globocnik, natif de la ville, semait la terreur depuis septembre 1943 avec une fraction de l'Einsatzkommando Reinhard. Globocnik, l'un des principaux responsables de l'extermination des Juifs de Pologne, avait été nommé HSSPF par Himmler, et veilla à ce qu'entre décembre 1943 et février 1945, un total de 22 convois emportant plus 1100 Juifs quittent Trieste pour Auschwitz. Plus de 90 % des déportés furent exécutés[274].

Dans les anciennes zones d'occupation italiennes en Grèce et en Albanie, au Monténégro et dans le Dodécanèse (groupe d'îles de l'est de la mer Égée, aux mains des Italiens depuis 1912), les Allemands mirent la main sur près de 16000 Juifs[275]. Les nouveaux occupants, en mars et avril 1944, déportèrent en tout 5000 personnes[276]. Entre mai et août de la même année, les quelque 3800 membres des communautés juives dans les îles grecques – surtout la Crète, Rhodes et Corfou – furent déportés[277].

En Croatie, également sous domination italienne jusqu'en septembre 1943, la majorité des Juifs entre-temps internés dans un camp sur l'île de Rab parvinrent à se réfugier dans les territoires sous contrôle de l'Armée populaire de libération yougoslave. Quelques centaines tombèrent entre les griffes de la Gestapo et furent déportés à Auschwitz durant la deuxième moitié du mois de mars 1944[278].

Le 8 septembre 1943, les troupes allemandes entrèrent dans la zone occupée par l'Italie dans le sud-est de la France. Alois Brunner, le collaborateur d'Eichmann, qui avait dejà orchestré la déportation des Juifs de Vienne, de Berlin et de Salonique, fit irruption avec son commando spécial[279]. Sans le soutien des Français, il ne put cependant déporter à Drancy qu'une fraction des réfugiés juifs, soit 1800 personnes[280]. Aux yeux des Allemands, l'existence de la zone d'occupation italienne avait gêné les persécutions contre les Juifs dans toute la France[281]. Les Italiens étant désormais hors jeu, il devenait possible de radicaliser les mesures dans l'ensemble du territoire français. Tous les Juifs vivant en France devaient désormais être déportés à l'est, quelle que soit leur citoyenneté.

Déjà, en août 1943, la Gestapo avait commencé à arrêter de plus en plus de Juifs français[282]. Depuis décembre 1943 – le chef de la Milice Darnand avait remplacé Bousquet au poste de secrétaire général de la police, entre autres grâce aux efforts d'Himmler –, elle était soutenue en province par la police française[283]. Mais, à l'issue du remaniement ministériel qui eut lieu dans le gouvernement de

Vichy en mars 1944[284], les Allemands n'eurent plus aucune raison de tenir compte des objections françaises au sujet des déportations. Le nouveau gouvernement était tellement détesté que seul un régime de terreur permettait encore de contrôler le pays.

Le 14 avril 1944, Brunner et Knochen, commandant en chef de la Sipo en France, ordonnèrent que tous les Juifs, au mépris de leur citoyenneté, soient arrêtés. Dans les quatre mois qui suivirent, jusqu'à la chute de Vichy en août 1944, plus de 6000 personnes furent encore déportées[285]. En tout, la puissance occupante avait envoyé près de 76000 Juifs depuis la France dans les camps de la mort, et en avait tué plusieurs milliers d'autres façons. Les SS avaient causé la mort d'un quart des Juifs vivant dans le pays, dont 24000 citoyens français[286].

En octobre 1943, le RSHA voulut déporter également la petite minorité juive danoise. Werner Best, plénipotentiaire du Reich à Copenhague et ancien chef de l'administration de la Gestapo, avait encouragé cette « action » afin de provoquer un changement de cap fondamental dans la politique jusque-là relativement modérée de l'occupant allemand. Toutefois, manquant de forces de police à sa disposition, et craignant que l'opération ne soit un coup d'épée dans l'eau, il laissa filtrer la date du début des déportations. La grande majorité des quelque 7000 Juifs qui vivaient au Danemark parvint à s'échapper[287].

Les Juifs hongrois n'eurent pas cette chance. Dans le courant de 1943, le régime nazi exerça des pressions de plus en plus fortes sur le gouvernement hongrois afin qu'il procède à la déportation des Juifs résidant sur son territoire[288]. Quand il devint de plus en plus évident que le gouvernement Kállay n'était pas disposé à livrer les Juifs de Hongrie à l'Allemagne[289], il fut envisagé de régler la question juive en Hongrie sans Kállay.

Au début de 1944, les relations germano-hongroises ne cessèrent de se détériorer. Il devint clair que Budapest aussi souhaitait quitter l'Axe. En mars 1944, des troupes allemandes occupèrent donc le pays. Le Premier ministre Kállay fut remplacé par l'ancien ambassadeur hongrois à Berlin, Döme Sztójay. Hitler nomma le SS-Brigadeführer Edmund Veesenmayer en tant que nouvel émissaire et plénipotentiaire du Grand Reich en Hongrie, et Himmler y mit aussitôt en place un appareil SS. Les conditions politiques et techniques indispensables aux déportations étaient donc réunies[290].

Dès lors, la SS se prépara à la déportation et à l'extermination de tous les Juifs de Hongrie, sous couvert d'envoi aux travaux forcés. À l'instigation de Veesenmayer, le gouvernement Sztójay proposa dès avril 1944 la mise à disposition de 50 000 travailleurs juifs pour des projets dans l'industrie de l'armement. 50 000 autres devaient suivre[291].

En Hongrie, le système de concentration et de déportation mis en place et développé par l'appareil de persécution d'Himmler allait agir d'une façon particulièrement perfectionnée en Hongrie, avec le soutien actif des autorités hongroises. Berlin exigea du gouvernement hongrois qu'il introduise une législation antijuive totale en mars et avril[292]. Sur l'ordre du commando spécial du RSHA envoyé à Budapest et dont Eichmann prit personnellement la direction, un Conseil juif fut instauré – d'abord pour la capitale, puis pour le reste du pays[293]. La Hongrie fut divisée en zones, et il ne fallut effectivement que quelques jours pour évacuer les Juifs de chacune d'entre elles. Zone par zone, ils furent systématiquement envoyés à Auschwitz[294].

Les premiers trains démarrèrent à la fin d'avril. Au début de mai, le rythme des déportations s'accéléra considérablement. À partir du 14 mai, quatre convois en moyenne quittaient le pays chaque jour avec 3 000 Juifs à bord. Jusqu'au début de juillet, 437 000 personnes au total furent déportées des cinq zones. Quand, au début de juillet, les déportations furent sur le point de toucher la dernière zone, Budapest[295], Sztójay informa Veesenmayer que le régent Miklós Horthy, face aux protestations internationales[296], avait exigé l'arrêt du processus[297]. Himmler fut un temps impuissant face à cette décision. S'il avait exigé la reprise immédiate des déportations, il aurait couru le risque de faire perdre un autre allié à l'Allemagne. Il faudrait attendre que la situation intérieure change en Hongrie avant de procéder à de nouvelles déportations.

Avec en toile de fond les déportations en cours en Hongrie, Himmler, à l'occasion d'une « instruction idéologique et politique » de plusieurs mois, parla de plus en plus ouvertement de l'assassinat des Juifs d'Europe devant des généraux de la Wehrmacht, et reconnut le génocide. Par le biais de toute une série de discussions, le Reichsführer comptait clairement faire comprendre aux officiers généraux, dans les rangs desquels des rumeurs couraient sur l'Holocauste depuis des années, que dans l'éventualité d'une défaite militaire ils ne pourraient pas prétendre qu'ils ne savaient pas que le massacre des Juifs d'Europe était l'un des buts de guerre du régime.

« La question juive est résolue, en Allemagne et plus généralement dans les pays occupés par l'Allemagne, déclara Himmler aux militaires le 5 mai 1944. Elle a été résolue sans compromis, conformément à la lutte pour la survie de notre peuple, qui se bat pour son existence [...] Vous pouvez comprendre à quel point il m'a été difficile d'accomplir cet ordre en tant que soldat, ordre que j'ai cependant suivi et appliqué par obéissance et par conviction profonde. » Une fois de plus, il revint sur les exécutions de femmes et d'enfants : « Dans cette confrontation avec l'Asie, nous devons nous habituer à condamner à l'oubli les règles et les mœurs que nous chérissons, héritées des guerres européennes du passé. Selon moi, en tant qu'Allemands, nous n'avons absolument pas le droit, au nom de nos émotions, de laisser grandir des vengeurs pleins de haine, que nos enfants et petits-enfants devraient alors affronter parce que nous, les pères ou grands-pères, aurions été trop faibles ou trop lâches et leur aurions laissé cette tâche[298]. »

Quelques semaines plus tard, le 24 mai 1944, il informait les généraux que « la question juive a été [...] résolue conformément aux ordres, sans compromis et en toute connaissance de cause. Je crois, messieurs, que vous me connaissez suffisamment pour savoir que je ne suis pas assoiffé de sang, que je ne suis pas homme à prendre plaisir à la violence. Mais j'ai les nerfs solides, et je suis animé d'une telle conscience de mon devoir [...] que je peux mener à bien et sans compromis une tâche que je juge nécessaire. J'estime ne pas être autorisé – cela concerne les femmes et les enfants juifs – à laisser les enfants grandir et devenir des vengeurs qui tueraient ensuite nos pères et nos petits-enfants. Ce serait, selon moi, de la lâcheté. Par conséquent, la question a été résolue sans compromis[299] ».

« Cela a été la tâche, la mission la plus terrible qu'une organisation puisse recevoir : la mission de résoudre la question juive, affirma-t-il encore une fois le 21 juin. Je me dois de le répéter ici en toute franchise en quelques phrases. Il est bon que nous ayons eu la force d'éradiquer les Juifs de notre domaine[300]. » On ne pouvait l'exprimer de manière plus forte. Les militaires étaient désormais informés, il y avait veillé.

L'effondrement

L'attentat du 20 juillet 1944 contre Hitler permit à Himmler de rassembler entre ses mains des pouvoirs sans précédent. Une dernière fois, il allait réussir à redéfinir son propre rôle et celui de la SS au sein de l'État nazi : garant de la sécurité intérieure, incarnation de l'ensemble du pouvoir exécutif[1].

Hitler rendit cette évolution possible en lui déléguant des pouvoirs dans les semaines et les mois qui suivirent l'attentat. La réputation d'Himmler ne fut donc pas entachée par le fait qu'il n'avait pas été capable de découvrir le complot en dépit de ses ramifications étendues, ni d'empêcher l'attentat contre son Führer. Les diverses rencontres et activités des représentants de l'opposition conservatrice et de la Résistance n'étaient pas passées complètement inaperçues, et la Gestapo avait procédé à des arrestations dans ces cercles dès les mois précédents[2]. Mais en juillet 1944 les séides d'Himmler étaient encore bien loin d'éventer le projet de coup d'État[3].

Le 21 juillet, dans un discours devant des officiers, il se montra aussi grandiloquent que vague sur la situation de l'enquête avant l'attentat : « En tant que nazi de la première heure [...] je me suis toujours attendu à des troubles de la part de ce cercle – parlons clairement et sans détour. Et en tant que Reichsführer-SS, disposant de toutes les sources d'information et ayant le sens de l'évolution politique, je pouvais [*sic* !] m'attendre depuis bien longtemps à une action d'une partie du spectre politique que l'on nomme la réaction. Je savais que cela arriverait un jour[4]. »

Le 3 août 1944, il fut tout aussi flou devant les Reichsleiter et les Gauleiter : « Nous étions depuis longtemps sur la piste, disons-le [...], de toutes ces conjurations réactionnaires. » Il cita ainsi Johannes Popitz, Franz Halder et Erich Fellgiebel parmi les suspects déjà identifiés avant le 20 juillet. Il s'exprima de la façon la plus insultante au sujet des conjurés découverts entre-temps, mais s'abstint de dire dans quelle mesure il avait été informé des préparatifs concrets du coup d'État[5].

Après le 20 juillet, Himmler redoubla d'activité afin de compenser son échec. La nuit même du 20 juillet, Otto Skorzeny, célébré par la propagande comme le libérateur de Mussolini, débarqua avec une compagnie SS à la porte du Bender-Block afin d'occuper l'édifice où se trouvait le quartier général de l'armée de réserve, qui servait de centre de commandement aux conjurés. Il avait pour mission de commencer à interroger les officiers qui s'y trouvaient et ceux qui y seraient convoqués[6].

Le 21 juillet, la Commission spéciale du 20 juillet fut créée au département IV du RSHA. Elle se composa de 11 groupes rassemblant jusqu'à 400 collaborateurs. Dans les jours qui suivirent, elle procéda à 600 à 700 arrestations et parvint assez rapidement à reconstituer le déroulement de l'attentat et du coup d'État manqué. Kaltenbrunner, patron du RSGA, tint Bormann informé quotidiennement de la progression des investigations. Mais la véritable étendue du complot continuait d'échapper à la Gestapo[7].

Le 30 juillet, Himmler s'entretint avec Hitler de ce qu'il devait advenir des conjurés : « 1. Procès. 2. Famille Stauffenberg. 3. Membres de la famille Seydlitz[8]. » Outre la condamnation des conjurés et de leurs complices par le tribunal de la justice du peuple, ces simples mots annonçaient que la famille de l'auteur de l'attentat, le comte Claus Schenk von Stauffenberg, et les proches du général Walther von Seydlitz, président de l'Association des officiers allemands, fondée par des prisonniers de guerre allemands en Union soviétique, allaient être également placés en détention[9].

En juillet et en août, la Gestapo arrêta plus de 140 personnes, membres des familles des conjurés, et pas seulement des familles Stauffenberg et Seydlitz[10]. Le 25 octobre, Kaltenbrunner fit savoir à Bormann qu'Himmler avait refusé « d'établir des principes particuliers sur la question de l'interpellation des familles. L'arrestation de l'ensemble de la famille Stauffenberg est maintenue. Sinon, chaque cas sera examiné individuellement[11] ». Le 21 novembre, Müller ordonna qu'une procédure soit mise en place pour ce type d'arrestation. Himmler tenait à décider lui-même de l'application de cette forme d'internement[12]. Le régime se servirait de l'arrestation des familles jusqu'à la fin de la guerre. En avril 1945, dans le camp de concentration de Dachau, où avaient été transférés les prisonniers de ce genre, on trouvait encore 200 personnes appartenant à cette catégorie.

Himmler profita de plus de la tentative de coup d'État pour déclencher une nouvelle vague d'arrestations massives. Il en obtint l'autorisation le 14 août 1944, comme il l'indiqua dans son calendrier : « Arrestation des pontes du SPD & du KPD. » À côté, il nota : « Thälmann doit être exécuté. » Effectivement, quatre jours plus tard, l'ancien premier secrétaire du Parti communiste allemand, en camp de concentration depuis 1933, était assassiné[13].

L'arrestation des « pontes » engloba les anciens représentants communistes et socialistes au Reichstag, dans les parlements des Länder et dans les conseils municipaux dans tout le Reich. Dans le cadre de cette « action Gewitter » (« Tempête »), peu importait « que l'on puisse leur imputer quelque chose ou non ». Les « anciens secrétaires du parti et syndicalistes du SPD » devaient être arrêtés. L'action devait être déclenchée le 22 août. La veille, Müller ordonna, toujours sur l'injonction d'Himmler, d'arrêter également tous les anciens députés du centre, dont l'ancien maire de Cologne Konrad Adenauer. L'opération concerna plus de 5 000 personnes. Toutefois, la plupart furent remises en liberté au bout de deux à quatre semaines. Toute l'affaire avait ostensiblement pour but d'intimider toute opposition réelle ou potentielle[14].

La Gestapo veilla cependant à ce que les adversaires les plus éminents de la dictature, et de son point de vue les plus dangereux, qui se trouvaient sous sa garde, ne survivent pas à la guerre. En avril 1945 encore, Hans von Donanyi, l'ancien chef de l'Abwehr Wilhelm Canaris, son adjoint Hans Oster, le juge aux armées Karl Sack, le théologien Dietrich Bonheoffer et Georg Elser, auteur de l'attentat contre Hitler en 1939, furent tous assassinés dans les camps de concentration[15].

Himmler prend le commandement de l'armée de réserve

La campagne de vengeance contre les conjurés du 20 juillet et tous les autres opposants ne fut cependant que l'une des conséquences du coup d'État manqué. Le jour même de l'événement, Hitler nomma Himmler chef de l'armée de réserve, successeur du général Friedrich Fromm, le supérieur immédiat de von Stauffenberg, au courant du complot. Ainsi Himmler se retrouva aux commandes de l'un des postes les plus importants au sein de la Wehrmacht. Il était désormais responsable de l'équipement de l'Armée de Terre, de la juridiction dans toute l'armée, des prisonniers de guerre, du remplacement et de la formation du personnel, donc de toutes les écoles de l'Armée de Terre. À l'été 1944, l'armée de réserve représentait près de 2 millions d'hommes.

Bien que cette nomination ne fût que la conséquence directe de l'attentat, et qu'elle ne fût conçue que comme une humiliation et une punition pour l'armée, d'où étaient issus les conjurés, elle n'était pas non plus totalement surprenante. Car, dès le 15 juillet, cinq jours avant l'attentat, Himmler avait empiété de manière décisive sur le domaine de compétence de Fromm, circonstance qui dut sans doute pousser le général à considérer qu'un coup d'État était désormais inévitable si l'on ne voulait pas que l'armée passe tôt ou tard sous le contrôle de la SS.

Le 15 juillet, Hitler avait confié à Himmler la mission de prendre à l'avenir la responsabilité de la « formation, de la direction national-socialiste, de la juridiction disciplinaire et des cours martiales » pour quinze nouvelles divisions prévues dans l'Armée de Terre. C'était une intervention sans précédent du Reichsführer-SS dans le fonctionnement de l'armée, qui laissait penser qu'Himmler finirait par transférer la responsabilité de la création de toute unité à la Waffen-SS. Pour Himmler, cet accroissement de ses compétences et les perspectives que cela impliquait avaient une signification stratégique considérable. Il était désormais en mesure de sortir de l'impasse, en termes d'effectifs, dans laquelle la Waffen-SS menaçait de se retrouver en 1944. Car les quotas de recrutement que la Wehrmacht avait imposés à cette dernière ne suffisaient plus à couvrir le remplacement des membres allemands de la Waffen-SS. Il faut en outre prendre un autre élément en compte : il y avait un lien subtil entre cette nouvelle mission d'Himmler, qui se retrouvait chargé de la constitution de nouvelles divisions de l'Armée de Terre et de leur « formation » dans un sens national-socialiste, et les discours qu'il avait tenus devant les généraux en mai et juin, au cours desquels il avait ouvertement reconnu l'assassinat des Juifs. De cette façon, l'armée ne pouvait plus se méprendre sur le fait qu'elle était devenue un instrument des objectifs idéologiques et politiques du régime, et qu'elle devrait donc répondre des conséquences criminelles de cette politique.

L'après-midi du 15 juillet, Himmler s'entretint avec Fromm, qui venait d'être sèchement informé de ces nouvelles dispositions par Hitler au quartier général du Führer. Au cours de cette discussion, Fromm, dépassé par les événements, lui subordonna entre autres « administrativement » les nouvelles divisions, il l'autorisa à exercer une influence sur l'affectation des officiers et se dit d'accord avec l'idée de subordonner les futures divisions – qui, après le 20 juillet, se verraient affublées de la désignation martiale de « Volksgrenadierdivisionen » (« divisions de grenadiers du peuple ») – à trois nouveaux états-majors SS, qui ne purent être mis en place qu'avec le soutien massif de l'Armée de Terre[16].

Ainsi, la frontière entre l'armée et la Waffen-SS commençait déjà à se brouiller quand Himmler, le 20 juillet, obtint le contrôle d'une partie substantielle de la Wehrmacht avec l'armée de réserve. Après sa nomination comme ministre de l'Intérieur l'année précédente, il entreprit d'unifier le monopole du pouvoir dont il jouissait dans l'ensemble du Reich – remise au goût du jour de sa vieille idée du Corps de protection de l'État, mais en situation de guerre, et dans des proportions tout bonnement gigantesques.

Si l'on considère sa nomination dans le contexte d'une série d'autres réorganisations majeures dans le Reich, il devient évident que l'attentat raté du 20 juillet permit à un groupe de hauts responsables nazis depuis longtemps partisans de la « guerre totale » de s'imposer. Des responsables qui se rencontraient régulièrement et avaient cherché à orienter Hitler dans cette direction. Outre Goebbels, Bormann et Speer, il faut inclure Himmler dans ce groupe, comme nous l'avons déjà évoqué. Le 25 juillet, Hitler nomma Goebbels plénipotentiaire du Reich avec des pouvoirs étendus pour les opérations de guerre totale[17], et autorisa Bormann à prendre toutes les mesures nécessaires pour « la mobilisation pour la guerre totale » au sein du parti et de ses dépendances. Bormann profita de cette situation pour développer encore un peu plus le monopole du pouvoir d'Himmler. Par décret du Führer du 20 septembre 1944, au cas où des forces ennemies pénétreraient sur le territoire du Reich, le pouvoir exécutif sur le théâtre des opérations fut retiré aux commandants en chef militaires et confiés à des « commissaires à la défense du Reich » (les Gauleiter). C'était à Himmler qu'il incombait de conférer une « orientation unifiée » aux mesures prises par les commissaires à la défense du Reich sur le théâtre des opérations[18]. *De facto*, la « bande des quatre », Goebbels, Bormann, Himmler et Speer, détenait donc, dans la dernière phase de la guerre, une partie considérable de l'appareil du pouvoir nazi. Ils veillèrent toutefois soigneusement à ne jamais remettre en question la domination d'Hitler, ni à agir ouvertement à l'encontre de celui qui, officiellement, était le numéro deux de l'État, Goering. La bande des quatre n'intervint que selon la marge de manœuvre que lui laissait Hitler et n'entreprit jamais sérieusement de dépasser ce cadre. Par exemple, aucun des quatre hommes ne tenta de convaincre les autres qu'il ne serait possible de mettre fin à la guerre qu'une fois débarrassés de lui – le lien personnel et politique qui les rattachait au Führer était trop fort. Ainsi cette puissante bande des quatre se dirigea-t-elle inexorablement vers la défaite totale.

La nuit même du 20 juillet, Himmler émit ses premiers ordres en sa nouvelle qualité de commandant en chef de l'armée de réserve. Il annula les ordres donnés la veille par Fromm et commença par placer des officiers SS de confiance aux postes clés de son nouveau domaine de compétence. Le 21 juillet, il fit de Hans Jüttner, chef de la direction centrale de la SS, son adjoint et son chef d'état-major[19].

Quelques jours après sa nomination, il dévoila comment il concevait sa mission. Il écrivit à Fegelein, son officier de liaison au quartier général du Führer, que des « commandos [...] avec les chefs les plus brutaux doivent abattre impitoyablement quiconque ouvre sa gueule[20] ». Dès le 21 juillet, il faisait un discours devant les officiers du département de l'équipement et de l'administration de l'armée. L'attentat avait causé « un profond chagrin à nous autres soldats », déclara-t-il, tout en doutant clairement du chagrin dans les rangs des hommes présents. En guise de remède à l'esprit de révolte, il recommanda un retour aux « véritables valeurs traditionnelles du soldat », et il passa en revue le catalogue de celles qu'il imposait depuis des années aux SS. Mais il en ajouta une nouvelle à celles, bien connues, de fidélité, d'obéissance, de camaraderie, de diligence et de franchise : la foi. « Votre éducation, votre sélection, votre formation, expliqua-t-il aux officiers, n'ont aucun sens si elles ne reposent pas sur la foi inébranlable dans la justesse de la cause allemande et dans la victoire de l'Allemagne. Je fonde cette foi sur la valeur de nos convictions germaniques et de notre race. Je suis convaincu que nous avons plus de valeur que les autres[21]. »

Dans les jours qui suivirent, il tint des discours devant des officiers des divisions de l'Armée de Terre où le catalogue des vertus fut de nouveau évoqué, ne manquant évidemment pas de mentionner aussi la « dignité ». Mais un auditeur attentif se serait aperçu que la « foi » que brandissait Himmler dans ces discours ne servait qu'à masquer le fait qu'il n'avait rien à opposer à la situation dans laquelle se trouvait le Troisième Reich, une situation de plus en plus sans issue[22].

Il tint un tout autre discours devant les Reichsleiter et les Gauleiter le 5 août 1944. Là, il ne fut plus question du « chagrin » de tous. Au lieu de cela, Himmler régla son compte aux militaires, « cette clique ». Depuis la fin de la Première Guerre mondiale, toutes les faillites, les crises et les défaites de l'armée allemande étaient imputables à un complot de généraux d'état-major réactionnaires et incapables. À cause de « ces galonnés », « le défaitisme » n'avait cessé de « se répandre en partant du sommet dans les années 1941, 1942, 1943 » dans les rangs de l'armée[23].

Au début du mois d'août, Hitler ordonna à Himmler, « afin d'économiser le personnel, d'analyser et de simplifier toute l'organisation et l'administration de l'Armée de Terre, de la Waffen-SS, de la police, de l'Organisation Todt*[24] ». Ce qui l'autorisait à intervenir directement dans l'organisation de l'armée. Himmler délégua la mission à Oswald Pohl, chef de la direction économique et administrative de la SS, qui dut prendre en compte le fait qu'il existait déjà un délégué spécial chargé de l'unification de la Wehrmacht, nommé quelques mois plus tôt par Hitler, le général Heinz Ziegler. Pohl souhaitait donc procéder avec prudence, mais Himmler lui déclara qu'il était pour lui tout à fait « sans intérêt » que « le général Ziegler soit là ou pas[25] ». Deux mois plus tard, il interdit expressément à Pohl de « faire la moindre concession[26] » à l'OKW.

La nouvelle mission ne tarda pas à avoir des conséquences. En novembre 1944, Himmler fit doubler les bureaux de recrutement des officiers de l'armée d'un équivalent de la Waffen-SS, et les intégra à l'administration SS. La Waffen-SS se vit ainsi attribuer 17,3 % des recrues de la classe 1944, et l'OKW finit par accorder à la direction centrale de la SS le droit de récupérer 20 % des volontaires des classes 1927 et 1928. De plus, il devint habituel de combler les vides dans les unités SS en y reversant des soldats de la Wehrmacht[27]. Gottlob Berger, chef de la direction centrale de la SS, voulut en outre diriger de façon unifiée la gestion du personnel tant dans le domaine militaire que civil[28], mais cette tentative n'aboutit pas.

En tant que commandant en chef de l'armée de réserve, Himmler se vit également confier les prisonniers de guerre de la Wehrmacht, compétence qu'il transféra à Berger[29]. Maintenant que les prisonniers de guerre soviétiques se trouvaient dans son domaine de responsabilité, le Reichsführer-SS se retrouvait confronté au projet qu'il avait jusque-là toujours rejeté : le recrutement de prisonniers de guerre soviétiques en tant qu'unités auxiliaires de la Wehrmacht. Dans son discours du 6 octobre 1943 à Poznan, il avait encore décrit le général Vlassov, le principal avocat de cette idée du côté russe, comme ce « porc russe[30] ». Pourtant, en juillet 1944, il décida, après une médiation de Gunter d'Alquen, rédacteur en chef du *Schwarze Korps* et commandant du régiment des correspondants de guerre SS, d'entrer en relation avec Vlassov. Le même mois, après un premier contact avec le général, Berger ouvrit un « office russe », dont le chef occupait les fonctions d'officier de liaison auprès de Vlassov[31].

Le 16 septembre 1944, Himmler reçut le général russe pour un entretien personnel[32]. Dès le début de la discussion, Vlassov parla à Himmler de sa théorie sur les sous-hommes. Celui-ci éluda la question et se déclara prêt à faire saisir sur-le-champ la brochure *Le Sous-Homme*, à la publication de laquelle il avait

* Organisation du génie civil et militaire de l'Allemagne nazie. (NdA/NdT)

présidé. Peu après, Himmler diffusait une directive interne exigeant l'arrêt immédiat de toute la propagande contre les sous-hommes. Himmler et Vlassov s'entendirent sur la fondation d'un « Comité pour la libération des peuples de Russie ». Himmler nomma Erhard Kroeger – ancien chef de file des Allemands d'origine de Lettonie qui avait dirigé un Einsatzkommando en 1941 – délégué politique pour l'action Vlassov et Gunter d'Alquen directeur de la guerre psychologique. Puis il se fit prendre en photo avec Vlassov.

Le 14 novembre 1944, Vlassov, qui bénéficiait du soutien de Ribbentrop et de Goebbels, appela à la libération de sa patrie dans son « Manifeste de Prague[33] ». Himmler intégra les troupes de Vlassov dans la Wehrmacht, à la différence des unités de volontaires galiciens et d'autres SS ukrainiens. Il n'avait pas révisé son jugement au point de les intégrer dans sa Waffen-SS. En avril 1945, Vlassov, nommé officiellement commandant en chef des forces russes le 28 janvier précédent, disposait de plus de 45 000 hommes. Mais cela n'avait plus aucune importance face à l'évolution de la situation militaire[34].

Le fait qu'Himmler contrôlait désormais la juridiction disciplinaire de la Wehrmacht[35] se traduisit par une rapide brutalisation de la justice militaire. « La juridiction pénale, affirma le nouveau chef de l'armée de réserve, doit être appliquée sans exception au service de la conduite de la guerre[36]. » La justice de la Wehrmacht lui obéit. Rien qu'entre janvier et mai 1945, près de 4 000 condamnations à mort auraient été prononcées. Les cours martiales d'exception condamnèrent 6 000 à 7 000 hommes à la pendaison[37].

Dans les mois suivants, Himmler veilla par ailleurs à fusionner le secteur de l'équipement de l'armée avec la SS sur le plan des institutions et du personnel. Enfin, il put croire avoir la haute main sur le projet des fusées A 4. Le 6 août 1944, il confia à Kammler les pleins pouvoirs afin que l'A 4 soit opérationnelle « au plus vite[38] ». Kammler fit ce qu'on lui demandait[39] et, le 6 septembre, Londres fut frappée pour la première fois par une A 4 (ou V2). En tout, plus de 3 000 V2 furent tirés, dont plus de la moitié sur la capitale britannique[40].

Himmler était convaincu que les armes de représailles permettraient d'inverser le cours de la guerre. À la fin de juillet, dans un discours devant les officiers d'une nouvelle division de grenadiers, il avait lancé : « Je sais que nous devrons encore traverser des crises et des moments difficiles. Mais n'oublions pas : les V1, et les futurs V2, V3 et V4, ce n'est pas du bluff. » Des nouvelles lui seraient parvenues de Londres selon lesquelles les tirs des V1 (la bombe volante développée par la Luftwaffe), qui visaient la ville depuis quelques semaines, auraient déjà fait 120 000 victimes. Cela « correspond absolument aux chiffres des tirs de V1 que nous avons effectués et que je connais avec précision. Car nous connaissons à peu près leurs effets, et c'est pourquoi nous pouvons calculer nous-mêmes le nombre des morts[41] ». Comment parvenait-il à calculer l'impact d'une arme qui touchait le sud de l'Angleterre et que les Allemands ne pouvaient donc pas évaluer ? Cela restera le secret d'Himmler. Quant à ses chiffres, ils étaient cinquante fois supérieurs au nombre réel de victimes[42].

Quoi qu'il en soit, les efforts du Reichsführer pour accroître son influence dans tous les secteurs grâce à ses nouvelles fonctions se heurtèrent à de la résistance. Quand Goebbels, le 23 août, proposa à Hitler de subordonner également à Himmler les commandements régionaux de la Wehrmacht, Hitler réagit de façon négative : « Mais le Führer craint qu'Himmler ne soit tellement surchargé de travail qu'il finisse par se surmener et qu'il connaisse la même tragédie que ce qu'a vécu Goering. Lui aussi était responsable de tant de départements qu'au bout du compte il n'est pas parvenu à les gérer. » Il fallait « procéder à une concentration de son travail ». Himmler avait, expliqua Goebbels, « de nouveau cherché à s'approprier l'ensemble du programme des A 4, ce que le Führer a refusé catégoriquement. Car, pour cela, Himmler aurait dû se doter d'un nouvel appareil, sans avoir la possibilité de démanteler l'ancien. Donc on en reste là[43] ».

Finalement, en janvier 1945, Himmler dut céder non seulement le programme A 4, mais aussi l'ensemble de l'équipement de l'armée, qu'il avait récupéré en tant que commandant en chef de l'armée de réserve. Ainsi, les armes secrètes, largement surestimées, lui échappèrent définitivement[44].

Jusqu'au bout : terreur et massacres

Plus le Troisième Reich fut près de la chute, plus Himmler durcit le régime de terreur dans les pays occupés. Le 30 juillet 1944, par un ordre secret, Hitler interdit que les ressortissants des territoires occupés soient jugés par la justice. Au lieu de cela, « les terroristes et les saboteurs » pris sur le fait « doivent être immédiatement éliminés sur place ». Quiconque était arrêté après les faits devait être confié à la Sipo et au SD[45]. Les nervis d'Himmler étaient désormais autorisés à agir de façon autonome contre les groupes de résistants, et pouvaient donc prononcer des « condamnations à mort administratives ». Ainsi, en Norvège occupée, au moins 68 personnes furent fusillées sans procès sur ordre de la Sipo et du SD d'Oslo[46].

En août 1944, Eberhard Schöngarth, commandant en chef de la Sipo aux Pays-Bas, fit fusiller, là encore sans procès, quelques centaines de prisonniers politiques qui se trouvaient dans le camp de concentration de Vught[47]. Après un attentat contre Rauter en mars 1945, auquel le HSSPF survécut, bien que gravement blessé, Schöngarth ordonna l'exécution de 250 personnes[48].

Au Danemark, les tribunaux de police d'exception redoublèrent d'activité, et la Sipo et le SD multiplièrent les actions de contre-terreur. Pour le seul mois d'août, 11 prisonniers furent abattus lors de « tentatives d'évasion[49] ». En septembre 1944, Himmler ordonna l'arrestation de tous les membres de la police danoise. Elle soutenait la résistance et devait donc être déportée à Buchenwald. Plus de 2 000 policiers danois furent arrêtés lors d'une action dirigée par le HSSPF Pancke, et envoyés dans le camp de concentration de Buchenwald[50].

Il semble que l'on puisse également attribuer à Himmler la destruction presque totale de Varsovie en relation avec l'écrasement de l'insurrection du mouvement de résistance polonais en août et septembre 1944. Dans un discours devant les commandants de district et les directeurs des écoles de formation militaire, il se vanta, le 21 septembre 1944, d'avoir donné l'ordre de « détruire totalement Varsovie ». « Il faut incendier et faire sauter chaque pâté de maisons », tel aurait été son ordre[51].

Mais la terreur frappait surtout les membres des minorités juives qui avaient jusque-là pu échapper à la déportation.

À partir de l'été 1942, le gouvernement slovaque avait de plus en plus ouvertement renâclé face à la déportation des Juifs de Slovaquie. Himmler veilla à ce que les persécutions reprennent de façon sanglante après l'occupation du pays par les troupes allemandes en août 1944. À cette date, la population et l'armée slovaque s'étaient retournées contre les nazis. Il confia à Gottlob Berger le commandement des troupes allemandes en Slovaquie, nomma HSSPF Hermann Höfle, qui avait joué un rôle central dans l'action Reinhardt. Il désigna en outre un commandant en chef de la Sipo pour cet État qui, officiellement, était toujours considéré comme un allié et non comme un pays occupé. Ce responsable de la Sipo disposait de son propre Einsatzgruppe, qui se livra à une véritable traque des Juifs en Slovaquie. La SS, en dépit de l'opposition du gouvernement slovaque, reprit les déportations. Entre septembre 1944 et mars 1945, 11 convois emportèrent 8 000 personnes vers Auschwitz, 2 700 vers Sachsenhausen et plus de 1 600 vers Theresienstadt[52].

Comme nous l'avons vu, en juillet 1944, le gouvernement hongrois avait tenté de faire interrompre les déportations. Durant la deuxième moitié de juillet,

Eichmann ayant fait déporter de sa propre initiative plus de 2700 Juifs vers Auschwitz[53], Budapest, subissant de fortes pressions des Allemands, autorisa la reprise des déportations au début du mois d'août[54]. Peu après – frappé par le retrait de la Roumanie de l'Axe le 23 août 1944 –, Horthy revint cependant une nouvelle fois sur sa promesse[55]. Le 29, il ordonna expressément au nouveau gouvernement hongrois, avec pour Premier ministre Géza Lakatos, de mettre fin aux persécutions contre les Juifs.

Étonnamment, Himmler lui-même avait, dès le 24 août, ordonné d'interrompre toutes les déportations depuis la Hongrie[56]. Le commando spécial Eichmann se replia en septembre[57]. À première vue, la décision d'Himmler paraît incompréhensible, compte tenu des efforts acharnés entrepris par les Allemands pour mettre les déportations en branle avec l'aide des Hongrois[58]. Mais, si l'on part du principe que, du point de vue du régime nazi, les déportations constituaient un important moyen de pression permettant d'impliquer l'allié hongrois en tant que complice d'un crime sans précédent et d'ainsi le lier corps et âme au Reich, le changement de cap d'Himmler prend tout son sens. Si, dans cette situation, il avait insisté sur la reprise des déportations, cela aurait pu entraîner une grave crise politique, la chute du régime de Horthy et peut-être également la perte de l'allié hongrois. Or, les Allemands n'avaient pour l'heure pas d'autre solution.

À la mi-octobre, la situation changea. À la suite de négociations secrètes avec l'Union soviétique, Horthy avait proclamé le retrait de la Hongrie des hostilités. Le parti des Croix-Fléchées de Szálasi prit le pouvoir par la force avec le soutien de Berlin[59]. Dès lors, la SS s'efforça de relancer la campagne de déportations, pour impliquer également les nouveaux partenaires hongrois dans le génocide et en faire du même coup des alliés inconditionnels du Reich.

Mais il était désormais hors de question de procéder à la déportation des Juifs de Budapest vers Auschwitz. Il régnait une situation catastrophique dans les transports. De plus, à Birkenau, les chambres à gaz avaient déjà été démantelées. Avant l'arrivée de l'Armée rouge, il importait de transférer à temps en Haute-Silésie toutes les traces du processus d'extermination[60]. Eichmann, revenu à Budapest dès le lendemain du putsch, revint sur la promesse formulée en avril 1944 de transférer vers le Reich 50000 Juifs, qui devaient maintenant servir de main-d'œuvre dans les installations souterraines de l'industrie de l'armement[61]. À la fin octobre, les victimes durent se rendre à marche forcée jusqu'à la frontière hongroise[62]. Face au grand nombre de morts causé par cette marche, qui ne se déroula pas à l'abri derrière les murs d'un camp, mais à la vue de tous, Szálasi fit interrompre le processus le 21 novembre. Les Juifs restants de Budapest furent enfermés dans un ghetto. La plupart parvinrent à survivre jusqu'à la capitulation de la capitale hongroise face à l'Armée rouge[63].

À partir de la mi-1944, Himmler entreprit de proposer aux Alliés d'échanger les Juifs sous son emprise contre des devises ou des équipements stratégiques. Il s'agissait également pour lui de sonder les Alliés occidentaux quant à l'éventualité de négociations en vue d'une paix séparée. On ne saurait dire aujourd'hui avec certitude si Hitler et lui étaient vraiment prêts à libérer un grand nombre de prisonniers juifs en échange d'une contrepartie, ou si ces négociations n'ont été entreprises qu'en apparence afin d'établir un contact avec les Alliés de l'Ouest. Himmler semble en revanche avoir adopté une position multiple à ce sujet. Si les Alliés occidentaux acceptaient le principe de telles négociations, on pouvait d'abord chercher, outre ces questions « humanitaires », à évoquer la possibilité d'un règlement politique du conflit. Ensuite, il serait possible de profiter de ces contacts pour jouer sur la méfiance entre les Alliés occidentaux et l'Union soviétique. Enfin, il serait également envisageable de dénoncer les États-Unis et la Grande-Bretagne comme des vassaux des intérêts juifs et de suspendre les négociations.

La position d'Himmler, qui suggérait de considérer les Juifs comme des otages grâce auxquels faire pression sur l'Ouest, n'avait rien de nouveau. Dès 1938, avant la nuit de Cristal, il avait recommandé d'agir de la sorte, et les arrestations massives des Juifs avec le pogrom de novembre – tandis que se déroulaient en même temps des négociations sur une amélioration des possibilités d'émigration pour les Juifs – s'inscrivaient dans ce scénario. La perspective d'utiliser les Juifs comme otages afin d'empêcher l'entrée en guerre des États-Unis semble avoir aussi joué un rôle tant dans les projets autour de Madagascar en 1940 que dans le déclenchement des déportations des Juifs allemands durant l'automne 1941. À partir de 1942, la hiérarchie SS accepta de plus en plus souvent d'envoyer des personnalités juives dans des pays neutres contre de fortes sommes d'argent[64]. En décembre 1942, Himmler avait obtenu l'autorisation expresse d'Hitler et ordonna par conséquent que quelque 10 000 Juifs soient placés dans un camp spécial en tant qu'« otages de valeur[65] ». C'est conformément à cette idée que fut fondé, au printemps, le « camp de séjour » de Bergen-Belsen[66]. Dieter Wisliceny, conseiller d'Himmler pour les affaires juives en Slovaquie, avait reçu une grosse somme en dollars versée par les Juifs en 1942. Mais il est difficile de savoir si c'est pour cette raison que les déportations cessèrent alors en Slovaquie, ou si la SS dut les interrompre parce que la politique juive de l'Allemagne se heurtait à une résistance de plus en plus forte des autorités slovaques[67].

Toujours est-il que, quand Wisliceny, en tant que collaborateur du commando spécial Eichmann, arriva à Budapest, des représentants du Comité d'aide et de secours Vaada, une organisation sioniste, prirent contact avec lui afin de négocier le départ d'un grand nombre de Juifs hongrois contre des devises ou des livraisons de matériel. Très vite, la SS exigea la fourniture de 10 000 camions. La partie juive versa en garantie plusieurs sommes importantes en dollars. Deux émissaires de Vaada se rendirent à Istanbul pour y conclure avec les Alliés l'accord sur lequel ils s'étaient entendus avec Eichmann. Mais, si Himmler avait ainsi espéré établir des contacts indirects avec les Alliés par l'entremise de représentants juifs, il dut rapidement déchanter. Les Britanniques firent arrêter les deux hommes de Vaada[68].

Lors des négociations de Budapest entre la SS et Vaada, deux accords furent conclus : d'une part, à la fin du mois de juin, 15 000 Juifs hongrois, au lieu d'être envoyés à Auschwitz, furent déportés comme main-d'œuvre en Autriche afin, comme l'assura Eichmann, de les avoir sous la main pour de futures négociations d'échange. Mais il ne faut pas y voir une concession de la part des SS, qui avaient de toute façon l'intention d'utiliser les Juifs hongrois pour des travaux forcés dans la région de Vienne. D'autre part, toujours à la fin juin, 1 684 Juifs hongrois furent envoyés à bord d'un train spécial dans le camp de séjour de Bergen-Belsen. De là, ils voyagèrent en deux groupes, en août et en décembre, jusqu'en Suisse. Kurt Becher, directeur du département de l'équipement auprès du HSSPF de Hongrie, se chargea des contreparties matérielles, d'abord avec les représentants de Vaada, puis, à partir d'août 1944, également avec Saly Maier, représentant de l'American Jewish Joint Distribution Committee en Suisse. Jusqu'en janvier 1945, le territoire helvète fut le théâtre d'autres discussions entre des émissaires de la SS et les organisations juives pour d'autres échanges : des Juifs contre de l'équipement ou de l'argent ou – conformément aux instructions d'Himmler à Becher à la fin de 1944 – contre des Allemands de Roumanie qui, entre-temps, s'étaient retrouvés derrière les lignes soviétiques. Quand, à la fin de novembre, un représentant du War Refugee Board américain prit part à l'une de ces rencontres à Zurich, Becher, pour la première fois, se retrouva en contact avec une institution du gouvernement américain. Mais, si Himmler y voyait l'espoir de réaliser une percée en vue d'éventuelles offres de paix, il fut de nouveau déçu : les discussions n'aboutirent absolument à rien dans ce domaine[69].

Parallèlement, en octobre 1944 à Vienne et en janvier 1945 à Wildbad, dans la Forêt-Noire, Himmler négocia lui-même avec Jean-Marie Musy, ancien président de la Confédération helvétique, la libération de Juifs. En février 1945, 1 200 personnes purent ainsi quitter Theresienstadt pour la Suisse[70]. Himmler prit encore part à ces projets d'échange dans la dernière phase de la guerre, tandis qu'il entreprenait une ultime tentative pour établir le contact avec les Alliés.

Himmler était donc disposé à libérer de petits contingents de prisonniers juifs, s'il pouvait attendre de ces gestes des contreparties concrètes et des contacts intéressants sur le plan politique avec l'ennemi. Il semble également avoir été prêt à négocier sérieusement la libération de groupes plus importants de Juifs si cela pouvait permettre de prolonger l'existence du Troisième Reich. Il était beaucoup trop obnubilé par des considérations personnelles pour défendre l'idée qu'il fallait entraîner le plus possible d'« ennemis » dans la chute du régime. Au lieu de cela, il se servait sans états d'âme de vies humaines comme de pions dans ses négociations. Si leur échange lui garantissait des avantages, il était tout aussi disposé à les libérer qu'il l'avait été à les massacrer. On voit mal jusqu'à quel point et dans quelle mesure il tint Hitler informé de ces négociations, après être intervenu, à la fin de 1942, sur la question de l'échange de prisonniers juifs en liaison étroite avec le Führer. Himmler affirmait qu'il n'avait prévenu Hitler de l'accord sur la libération de 1 684, puis de 1 200 Juifs qu'après les faits, ce qui avait suscité sa colère, mais ce n'était peut-être qu'une ruse pour apparaître sous un meilleur jour vis-à-vis de ses partenaires de négociation[71].

L'idée d'Himmler d'entrer en discussion avec les Alliés au sujet de l'échange de prisonniers juifs dépendait d'une condition : il devait garder le contrôle des prisonniers jusqu'au tout dernier moment. Pour cette raison – et parce que les prisonniers mis au travail représentaient un important capital pour la SS, que l'on ne tenait pas à céder à l'ennemi, d'autant plus qu'ils risquaient de témoigner des horreurs dans les camps –, Himmler décida qu'il fallait évacuer les camps de concentration.

Dès le 17 juin 1944, Himmler avait donné aux HSSPF tout pouvoir sur les camps de concentration concernant le Plan A (qui prévoyait d'abord un soulèvement des prisonniers, mais surtout l'approche de troupes ennemies)[72]. Le nettoyage et l'évacuation des camps devaient avoir pour conséquence une nouvelle sélection parmi les déportés : en règle générale, les gardes exécutèrent les prisonniers trop faibles ou malades juste avant l'évacuation. Les détenus allemands furent libérés dans toute une série de camps. En plein hiver pour la plupart, dans des conditions catastrophiques, les déportés furent emmenés sur les routes, à pied.

Les traînards étaient abattus par l'escorte, bien souvent avec le soutien de collaborateurs locaux. Ces marches de la mort à partir des grands camps avaient pour destination les camps de concentration situés au cœur du Reich. L'afflux d'un grand nombre de prisonniers dans de moins en moins de camps entraîna une dégradation de la situation sanitaire et alimentaire déjà désastreuse[73].

À partir de l'été 1944, ce furent d'abord les anciens ghettos et les camps de travaux forcés pour les Juifs dans les pays baltes, transformés en camps de concentration sur ordre d'Himmler, qui furent vidés. Les prisonniers du complexe concentrationnaire de Kaiserwald, près de Riga, du camp de Kaunas et de Vaivara furent déportés par les SS, principalement en direction de Stutthof, mais aussi vers Auschwitz[74]. À Stutthof, à partir de septembre 1944, un grand nombre de déportés furent assassinés dans deux chambres à gaz improvisées, à l'aide de Zyklon B[75]. À la fin de l'année, les premiers convois ferroviaires emportant des prisonniers quittèrent le camp principal de Stutthof, et en janvier on organisa onze colonnes comprenant chacune un millier de déportés, qui couvrirent à pied les 140 kilomètres qui les séparaient de Lauenburg. Un tiers seulement atteignit la ville[76].

Toujours à partir de l'été 1944, Auschwitz fut également évacué peu à peu. Le camp comptait encore 130 000 détenus, dont la moitié furent transférés dans d'autres camps[77]. L'évacuation des 67 000 déportés restants commença à la mi-janvier 1945. Les prisonniers furent chassés vers l'ouest en colonnes sur les routes. Pendant ces marches, les gardes abattirent à peu près un quart d'entre eux. Une partie des colonnes arriva dans le camp de concentration de Gross-Rosen, en Basse-Silésie, qui devint un camp de transit pour les camps et les prisons situés plus à l'est[78]. Enfin, à partir du complexe concentrationnaire de Rosen, 44 000 déportés furent convoyés en train vers des camps situés plus à l'ouest.

Même si Himmler, avec le nettoyage et l'évacuation des camps, avait pour objectif de conserver le plus longtemps possible un grand nombre de prisonniers comme monnaie d'échange, ils ne bénéficièrent d'aucune pitié. Le fait qu'à la suite des évacuations beaucoup de déportés moururent d'épuisement ou furent exécutés n'était pas en contradiction avec ses intentions. Son geste prétendument humanitaire, la libération des Juifs qu'il négocia à la fin de la guerre, doit être replacé dans le contexte de cette opération d'évacuation brutale et cynique.

Chef de guerre, enfin

Au début de septembre 1944, Hitler confia au commandant en chef de son armée de réserve une nouvelle mission : empêcher la fuite des unités en débandade sur le théâtre même des opérations dans les régions encore occupées à l'ouest, et en profiter pour constituer des formations de combat[79]. Dans un discours devant les responsables de district et les directeurs des écoles militaires, Himmler, le 21 septembre, expliqua fièrement comment, dans les semaines précédentes, il avait parcouru les zones menacées (« Parcouru tout le front occidental depuis Trèves jusqu'à Mulhouse, Colmar, Metz, suis allé partout »). Il raconta comment il avait discuté avec « des milliers de soldats » et était intervenu où cela avait été selon lui nécessaire. Il avait tancé l'officier d'un transport de troupes oublieux de son devoir et avait personnellement limogé le commandant de la place de Trèves, jugé incompétent. Il recommanda également aux officiers présents d'intervenir « brutalement contre tout symptôme de relâchement[80] ». Le fait que tout au long de sa carrière militaire, il n'ait jamais connu ce que vivaient ces hommes (et qu'il ne le vivrait jamais) ne semblait guère le déranger.

Aux yeux d'Hitler, Himmler, avec cette attitude de champion fanatique de la discipline, était qualifié pour de nouvelles missions militaires. Toujours en septembre, il le chargea de la création de la « Volkssturm ».

L'idée d'une milice qui devrait assurer des missions de sécurité temporaires préoccupait Himmler depuis des années. Déjà, en janvier 1942, il avait mis en place la Landwacht, transformée en Land- und Stadtwacht en décembre. Elle se composait de préférence, conformément à un accord passé entre Himmler et Bormann, de membres de la SS, de la SA et du parti qui n'avaient pas été mobilisés dans les unités de combat. La Land- und Stadtwacht servait par exemple à surveiller les travailleurs forcés ou pour retrouver des prisonniers de guerre évadés[81].

Dès juin 1944, les responsables nazis envisagèrent la formation d'une sorte de Landsturm *[82], dans l'éventualité où les armées ennemies menaceraient directement le territoire du Reich. À la mi-septembre, Bormann, Himmler et Keitel s'entendirent sur la création d'une « Volkswehr ». Le 26 septembre, Hitler signa le « décret sur la création de la Volkssturm allemande », terme aux consonances à la fois suffisamment martiales et historiques. Le décret prévoyait que tous les hommes aptes à porter les armes et âgés de seize à soixante ans soient appelés dans

* Milice populaire levée en Prusse en 1813 pour lutter contre l'occupant français. (NdT)

la Volkssturm. Les Gauleiter étaient responsables de la « mise en place et du commandement », tandis qu'Himmler, en sa qualité de commandant en chef de l'armée de réserve, se voyait confier « l'organisation militaire, la formation, l'armement et l'équipement de la Volkssturm allemande ». Quant au « déploiement au combat », il incombait à Himmler : « selon mes directives », précisait le décret[83].

Les responsables de district et les directeurs des écoles de formation militaire furent avertis de la création de la Volkssturm par Himmler dans son discours du 21 septembre[84]. Le 18 octobre, l'annonce officielle eut lieu à Koenigsberg, où la Volkssturm avait déjà été mobilisée. Pour son discours, retransmis à la radio, Himmler avait choisi une date symbolique. Le 18 octobre 1944, rappela-t-il à ses auditeurs, on célébrerait le 131e anniversaire de la bataille des Nations à Leipzig, occasion idéale pour mentionner la Landsturm de 1813 et son rôle dans les guerres de libération. Himmler s'efforça d'insuffler du courage aux Allemands : à l'époque, la milice populaire avait réussi, alors que la situation militaire paraissait à tous désespérée, à contribuer de façon sensible à la victoire contre Napoléon. C'était un rôle comparable qui attendait la Volkssturm : « Nos adversaires doivent le savoir : chaque kilomètre qu'ils voudront franchir dans notre pays leur coûtera des flots de sang. Chaque pâté de maisons de nos villes, chaque village, chaque ferme, chaque bois sera défendu par des hommes, des garçons et des vieillards et s'il le faut par des femmes et des jeunes filles[85]. » Le 12 novembre, la Volkssturm prêta serment dans tous les Gaue dans une ambiance festive – dans la mesure où cela était encore possible compte tenu de la guerre[86].

Himmler nomma Berger chef d'état-major de la Volkssturm, lequel s'entoura de l'équipe qui convenait. Le dynamique Berger ne tarda pas à outrepasser ses compétences – du moins en ce qui concernait la partie purement militaire de la milice –, ce qui poussa Bormann à se plaindre auprès d'Himmler. Ce dernier invita donc Berger à « s'en tenir à ses responsabilités », mais tous deux finirent par s'imposer au détriment de Bormann[87].

Le 16 octobre, Berger émit un ordre portant sur l'entraînement de la Volkssturm qui, outre le maniement d'armes et les manœuvres, exigeait en particulier une « activation idéologique[88] ». En théorie, on pouvait compter sur un potentiel de 6 millions d'hommes, plus que ce dont disposaient les forces armées d'active[89]. La qualité militaire de ces contingents laissait cependant plus qu'à désirer. Le « service » dans la Volkssturm – des exercices le soir et les fins de semaine – se déroulait en tenue civile élimée ou en uniforme de toutes les institutions militaires ou autres. En guise de signe distinctif les désignant comme des combattants conformément au droit de la guerre, les hommes arboraient un brassard [90]. La Volkssturm disposait de peu d'armes et les fusils, de toutes provenances, étaient pour la plupart d'une qualité douteuse. En général, la formation militaire se limitait à une instruction superficielle [91].

Pourtant, on croyait très sérieusement pouvoir compenser les graves défauts d'une troupe principalement composée d'adolescents et d'hommes âgés grâce à des tactiques de guérilla qui permettraient de défendre habilement chaque bois et chaque ferme. Reprenant à son compte une déclaration du chef de l'état-major général Heinz Guderian, Berger recommanda aux hommes de la Volkssturm, pour leur « instruction », de lire les livres de Karl May [92].

En réalité, la Volkssturm fut principalement utilisée pour suppléer aux unités de police et pour évacuer les villes et les villages à l'approche de l'ennemi [93]. À partir d'octobre 1944, des bataillons furent déployés sur le front en Prusse-Orientale [94], et à partir de novembre à l'ouest près de Metz. Ces expériences furent si négatives qu'en février 1945 Hitler ordonna que les unités de Volkssturm ne servent plus qu'à assurer la sécurité de l'arrière. Dans les mois qui suivirent, elles furent malgré tout envoyées de plus en plus souvent au front, surtout à l'est [95].

Même si la valeur militaire de ces contingents fut modeste, le fait que sa structure était calquée sur celle du parti jusqu'au niveau cantonal [96] montre quel était fondamentalement le but d'Himmler et Bormann : mobiliser tous les hommes aptes à porter les armes au service du parti (les hommes de la Volkssturm étaient soumis à la juridiction de la SS et de la police). La motivation principale du régime, avec la création de cette milice, a sans doute été la crainte que la guerre ne soit interrompue par une révolte de l'arrière. Les responsables nazis continuèrent à redouter cette éventualité jusque dans les derniers jours de la guerre. L'invocation récurrente du spectre de 1918 prouve dans quelle mesure les dirigeants nazis croyaient à la légende du coup de poignard dans le dos, qu'ils avaient eux-mêmes plus que largement contribué à diffuser.

Dans son discours radiophonique du 18 octobre, Himmler insista sur une autre organisation qu'il avait créée en même temps que la Volkssturm : « Même dans les régions qu'ils croient avoir conquises, prévint-il les Alliés, la volonté de résistance allemande s'enflammera constamment dans leur dos, et, tels des loups-garous, des volontaires prêts à mourir frapperont l'ennemi et sectionneront ses artères vitales [97]. » Déjà, le 19 septembre 1944, Himmler avait nommé l'Obergruppenführer Hans Prützmann, ancien HSSPF de Russie du Sud, « inspecteur général de la défense spéciale » et l'avait autorisé à mettre en place de petits commandos opérant dans la clandestinité afin de commettre des actes de sabotage sur les arrières de l'ennemi dans les territoires conquis par les Alliés. Ces partisans devaient être formés dans les camps des Groupes de chasse, unités spéciales de lutte contre les partisans commandées par Otto Skorzeny. Ils seraient subordonnés aux HSSPF. Les préparatifs pour une guerre de guérilla sur le sol allemand portèrent donc le nom de code de « Werwolf » (« loup-garou »).

Ce nom faisait référence à un livre de Hermann Lön, très populaire en son temps et particulièrement diffusé par le régime, idéalisation héroïque d'un groupe de résistance secret composé de paysans de la lande de Lüneburg qui, à l'époque de la guerre de Trente Ans, défendit sa région contre les bandes de mercenaires en maraude. Le mot « werwolf », que même Himmler utilisa, rappelait en même temps la créature mythique, homme qui, la nuit venue, se transformait en bête.

Comme, à l'origine, les unités Werwolf avaient été conçues pour se battre dans les régions frontalières temporairement occupées par l'ennemi, les autres Gaue situés dans le reste de l'Allemagne n'entreprirent que tardivement de se doter de forces armées clandestines. Des plans ambitieux, prévoyant de poursuivre la résistance même après une capitulation, ne furent que vaguement ébauchés car, face à la rhétorique nazie de la victoire finale, de telles considérations étaient en fin de compte mal venues.

En dépit de ces obstacles non négligeables, la mise en place des Werwolf ne fut pas sans conséquence. Car la version qui a cours aujourd'hui, et qui veut que ces unités se soient tout simplement débandées quand les Alliés les eurent débordées, n'est pas tout à fait exacte. Certes, jamais un mouvement de guérilla ne parvint à s'imposer en Allemagne occupée. Il manquait pour cela la condition indispensable, le soutien d'un peuple en réalité épuisé par la guerre. Mais des recherches récentes montrent que les Werwolf et d'autres fanatiques dans la population civile prirent en main le combat contre les Alliés, qu'ils continuèrent même après l'occupation. En effet, ils perpétrèrent des milliers d'attaques qui coûtèrent la vie à des centaines de soldats alliés et de « collaborateurs » allemands[98].

L'action la plus spectaculaire des unités Werwolf fut l'assassinat, le 25 mars 1945, de Franz Oppenhoff, nommé maire d'Aix-la-Chapelle par les Alliés le 31 octobre 1944. Le tribunal d'Aix, qui reconstitua méticuleusement l'affaire en 1949, découvrit que ce meurtre avait été commis sur un ordre personnel d'Himmler, que Prützmann avait transmis en novembre 1944 au HSSPF responsable. Ce dernier chercha vainement à ignorer l'ordre. À plusieurs reprises, Himmler le lui rappela, par écrit et au téléphone, jusqu'à ce qu'Oppenhoff soit exécuté par un commando infiltré dans les lignes alliés[99].

1. Gebhard et Anna Himmler (assise) avec leurs trois enfants : Heinrich (à gauche), Ernst (au centre) et Gebhard (à droite), sur un cliché pris en 1906. **2.** Himmler et sa fiancée Margarete Boden, entouré de sa famille. À sa gauche, son frère aîné Gebhard et son épouse Mathilde ; à droite, derrière Margarete, le plus jeune frère d'Himmler, Ernst. L'attitude d'Heinrich trahit un certain abattement. Il avait souvent le sentiment que les siens ne le comprenaient pas, sentiment que partageait Margarete. **3.** 9 novembre 1923 : Himmler, porte-étendard de la Reichskriegsflagge. L'univers paramilitaire lui permettait de fuir ses problèmes relationnels dans le civil. Il trouvait dans ce milieu un cadre où il était en mesure de surmonter ses difficultés personnelles.

1 4 2 3 5

|1. Avant que le NSDAP, en septembre 1930, ne fasse une percée et devienne un mouvement de masse, Himmler jouait un rôle de fonctionnaire du parti plutôt modeste à la centrale de Munich. On le voit ici, en juin 1930, dans le cercle des dirigeants nationaux-socialistes qui, le 22 de ce mois, s'étaient réunis à Bad Elster, dans la Saxe, le jour des élections parlementaires locales. Au premier rang, de gauche à droite : Himmler, Frick, Hitler, Franz von Epp, Gœring. Au deuxième rang : Goebbels (au centre), Schaub (à droite). **|2.** Heinrich Himmler, portrait d'Heinrich Hoffmann en 1930. Même face au photographe d'Hitler, il se présenta en dissimulant son menton. **|3.** Ayant réussi à développer la SS, Himmler acquit davantage de confiance en soi. Il s'efforçait de masquer

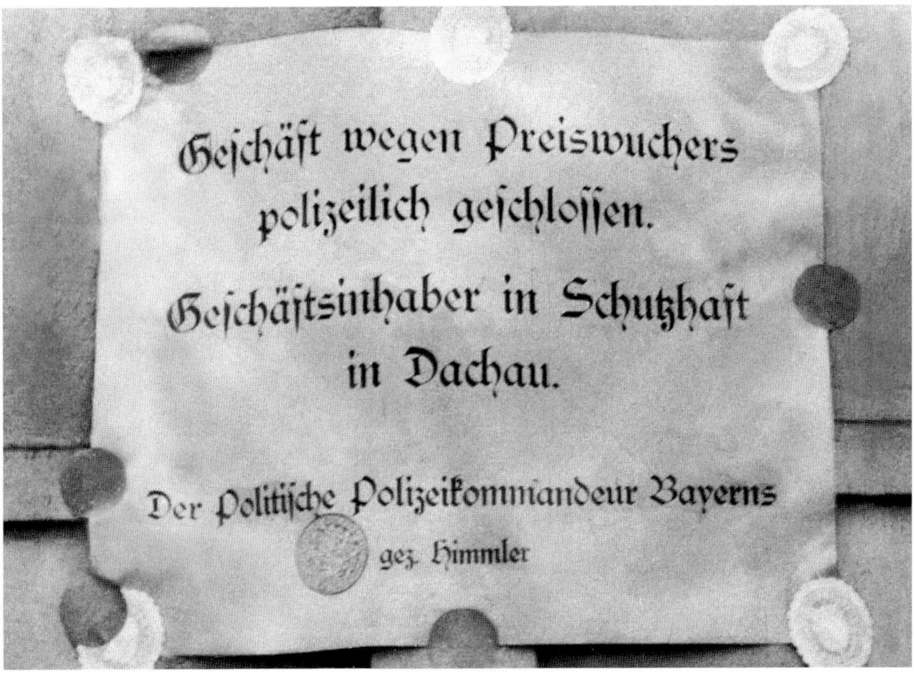

l'embarras qu'il éprouvait toujours dans ses relations avec des tiers en adoptant une attitude ostensiblement « martiale ». **|4.** Grâce à son élection au Reichstag en septembre 1930, la situation financière d'Himmler était assurée et il était protégé contre les poursuites. En revanche, il ne se fit guère remarquer en tant que député. Après avoir définitivement cédé la direction de la propagande à Goebbels, il se concentra uniquement sur le commandement de la SS. Réélu en juillet 1932, comme les autres députés nazis, il prêta serment de fidélité à Hitler dans les locaux de l'hôtel Kaiserhof, à Berlin, le 29 août. **|5.** En tant que chef de la police politique de Bavière, Himmler créa en 1933, avec le camp d'internement de Dachau géré par la SS, un modèle sur lequel se fonderait par la suite l'ensemble du système concentrationnaire national-socialiste. Himmler veilla à instrumentaliser l'aura de terreur qui entourait Dachau par le biais de directives officielles. Dès le début de l'année 1933, la mention de « Dachau » se suffisait à elle-même.

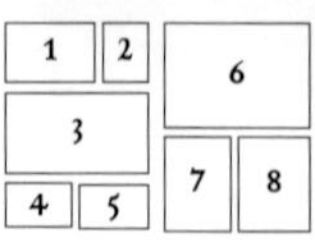

1. Himmler ne ratait jamais une occasion de visiter les camps de concentration qui se trouvaient sous sa responsabilité, comme on le voit ici à Dachau en mai 1935. De telles visites servaient également à convaincre des groupes de hauts responsables que les détenus étaient soumis dans les camps à un régime sévère, mais juste. Il était en réalité parfaitement informé des conditions inhumaines dans lesquelles vivaient les prisonniers, et des nombreux meurtres perpétrés dans les camps. **2.** Le 20 avril 1934, Goering nomma Himmler « inspecteur » du département de la police secrète d'État prussienne. Officiellement, Goering restait aux commandes de la police secrète du plus grand Land d'Allemagne. Mais Himmler ne tarda pas, essentiellement après les événements du 30 juin 1934, à le priver de ce contrôle. **3.** Himmler intervenant dans le cadre du conseil sur le droit policier. Parmi les auditeurs attentifs, on trouve, de gauche à droite, Reinhard Heydrich, Hans Frank, Werner Best et Kurt Daluege. **4.** « Nous n'avons pas peur de la mort. [...] L'individu meurt mais en ses enfants son peuple croît au-delà de sa vie », écrivit Himmler dans une introduction à un texte où la direction centrale de la SS donnait des directives pour la tenue d'une « fête des morts SS ». À ce titre, la cérémonie organisée à la Chancellerie du Reich pour Reinhard Heydrich, mort des suites d'un attentat — au cours de laquelle Himmler célébra le défunt —, eut valeur d'exemple. **5.** La fouille et la préservation de « l'héritage des ancêtres » issu de l'époque oubliée des Germains étaient l'une des obsessions d'Himmler. Il se rendait donc régulièrement sur les champs de fouilles

et visitait des sites historiques, profitant de l'occasion pour en apprendre plus sur ce que contenaient, par exemple, les inscriptions runiques. On le voit ici dans une carrière de pierre du Palatinat, en compagnie de Wiligut (en haut). **|6.** En tant qu'ultime garant de « l'ordre clanique » SS, Himmler veillait à inclure également les épouses dans la « famille SS ». Il n'y avait pas de séparation nette entre vie privée et vie professionnelle, ni pour Himmler ni pour ses hommes. Sur cette photo prise pendant une noce SS, la jeune mariée est encadrée d'Himmler et du chef du Bureau pour la race et le peuplement, Walther Darré. Derrière ce dernier se tient Karl Wolff, chef de l'état-major d'Himmler. **|7.** Lors de l'annexion de territoires étrangers par le Reich à partir de 1938, Himmler et son appareil de la SS et de la police allaient jouer un rôle crucial. Sur ce cliché, on voit Himmler et Daluege, le chef de l'Ordnungspolizei, à l'occasion de la prestation de serment de la police autrichienne à Hitler le 15 mars 1938. **|8.** Après s'être séparé de son épouse Margarete, Himmler veilla à entretenir une relation étroite et affectueuse avec sa fille Gudrun. Il restait en contact permanent avec elle et lui fournit régulièrement pendant la guerre des informations sur son quotidien. Elle l'accompagnait parfois dans ses déplacements (on la voit ici avec Karl Wolff, chef de l'état-major d'Himmler).

|**1.** Pendant la guerre contre la Pologne, Himmler se tenait à proximité d'Hitler et faisait ainsi la preuve du rôle clé que joua sa SS dans la première guerre d'anéantissement idéologique menée par les nazis. Sur ce cliché, on peut voir (debout) Nicolaus von Below (à gauche), aide de camp du Führer pour la Luftwaffe, et son aide de camp pour l'Armée de Terre, Gerhard Engel. Martin Bormann se trouve à gauche d'Hitler, et à droite son aide de camp pour la Wehrmacht, Rudolf Schmundt. |**2.** Entre l'automne 1939 et le printemps 1941, Himmler considéra la politique de peuplement en Pologne occupée comme sa mission la plus importante. Il fit dresser des plans de dimensions mégalomaniaques, tout en s'occupant du moindre détail, comme l'installation de douches dans les maisons des colons, mais aussi des critères à imposer à « l'examen » racial. Ici, on le voit, en mars 1941, présenter un des éléments de l'exposition Développement et planification à l'est au chef de la Chancellerie du Führer Philip Bouhler, au ministre de l'Équipement Fritz Todt et à Heydrich. |**3.** Himmler et son entourage lors d'une

visite du camp de concentration de Mauthausen. Dès 1937, Himmler avait déclaré, devant des officiers de la Wehrmacht, que la mission de la SS était, en cas de guerre, de défendre « l'intérieur de l'Allemagne » comme un quatrième « théâtre d'opérations », au même titre que la terre, l'air et la mer. Dès le début de la Seconde Guerre mondiale, Himmler s'attela à cette tâche avec une formidable brutalité : il intervenait personnellement dans le « traitement spécial », l'exécution sans jugement de gens qui s'étaient opposés au régime ou s'étaient selon lui rendus coupables de graves délits. **|4.** Le style de direction d'Himmler se caractérisa, surtout pendant la guerre, par une grande mobilité : il parcourait toute l'Europe occupée afin de galvaniser ses unités et ses services et de transmettre des consignes détaillées à son personnel sur place. Le Reichsführer-SS donnait ainsi l'impression de se soucier de tout lui-même, en dépit de ses nombreuses responsabilités, et d'être prêt à partager avec ses hommes les épreuves quotidiennes de la guerre. **|5.** Les Himmler le 19 juin 1941, deux jours avant le début de la guerre contre l'Union soviétique. **|6.** Himmler profitait de ses déplacements dans les territoires occupés pour s'informer. Comme toujours, il s'intéressait à tout jusque dans les moindres détails. Ce cliché de 1941 le montre, accompagné de Karl Wolff (debout) en train d'inspecter un char soviétique. **|7.** En juillet 1942, Himmler visita Auschwitz-Monowitz, et il y aurait rencontré des représentants d'IG Farben. Parmi les déportés qui furent employés dans l'usine Buna se trouvait le résistant juif Primo Levi, qui rapporta ses expériences dans son livre *Si c'est un homme*. **|8.** Le 13 mars 1942, Himmler, en compagnie de l'HSSPF Krüger, inspecta une unité de police. Le lendemain, il revint à Lublin, où il rencontra Globocnik qui, deux jours plus tard, y déclenchait la première Ghetto-Aktion.

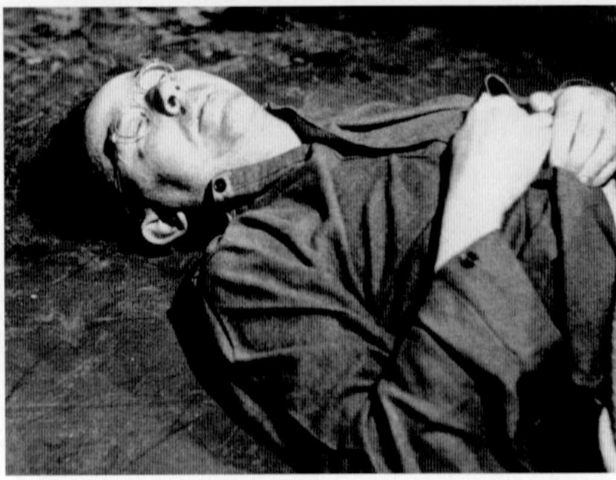

1	2
3	4
5	6

1. Lors d'une visite en Crimée à la fin octobre 1942, Himmler, ancien étudiant en agronomie, trouva quand même le temps de s'intéresser à la culture locale du coton. **2.** Lors de son voyage à Minsk à la mi-octobre 1941, Himmler se livre devant son entourage à l'évaluation raciale d'un jeune Biélorusse. On reconnaît Josef Kermaier, chef de son service de sécurité personnel (premier en partant de la gauche), et Karl Wolff (second en partant de la gauche). Le cliché a été pris par Walter Frentz, le « caméraman du Führer », qui accompagnait le groupe. **3.** C'était ainsi qu'Himmler adorait être vu : constamment sur les routes, prêt à prendre des décisions et à intervenir sur le terrain. Ce cliché fait partie d'une série de photographies privées qu'Himmler envoyait à sa fille Gudrun pour rester en contact avec elle. **4.** Le 16 septembre 1944, Himmler, désormais commandant en chef de l'Armée de réserve, s'entendit avec le général Vlassov sur la mise en place d'unités russes aux côtés de la Wehrmacht. La photographie prise pour l'occasion n'avait qu'une vocation officielle. En privé, jamais Himmler ne dissimula son mépris pour le général. **5.** La compagnie d'état-major de la division Handschar à l'appel. **6.** Suicide d'Himmler.

La reproduction des photographies provenant du United States Holocaust Memorial Museum ne signifie pas que ce musée approuve ou soutienne les avis ou opinions exprimés dans ce livre.

Quand, après la libération presque totale de la France par les troupes alliées à l'automne 1944, la frontière occidentale du Reich se trouva menacée, Himmler se vit attribuer une mission militaire supplémentaire : Hitler le nomma commandant en chef du Haut-Rhin avec les compétences d'un général commandant un groupe d'armées. Sa mission consista principalement à former une sorte de front de défense à partir d'un assemblage disparate d'unités de l'armée de réserve, de la Volkssturm, des garde-frontières et de la police.

Durant la première semaine de janvier, des unités du groupe d'armées Oberrhein (Haut-Rhin) soutinrent l'offensive en Alsace du groupe d'armées G, déployé plus au nord (« opération Nordwind »), censée profiter du repli des Américains du front de la Sarre à la suite de l'offensive dans les Ardennes. Le groupe d'armées Oberrhein entreprit dans ce contexte trois grandes attaques sans obtenir de succès stratégique [100]. Dans le journal de guerre de l'OKW, les actions du commandant en chef du Haut-Rhin ne furent même pas mentionnées.

À l'époque, Himmler installa son quartier général dans son train spécial, qui se trouvait dans la gare de Triber, dans la Forêt-Noire. Le principal avantage de cette situation en retrait était que le quartier général mobile pouvait se réfugier en toute sécurité dans un tunnel ferroviaire en cas d'attaque aérienne [101]. Le 21 janvier 1945, Himmler se rendit à Schneidemühl à bord de son train spécial [102], pour occuper un nouveau poste. Hitler venait de le nommer chef du groupe d'armées de la Vistule. Cette décision, comme le nota Goebbels dans son journal, était « surtout à attribuer au fait que les unités qui ont reflué devant l'avance des Soviets se sont presque désintégrées, et qu'une main ferme est nécessaire pour en refaire un contingent apte au combat [103] ». On pouvait être « absolument sûr » qu'Himmler était « la solution pour cette mission [104] ».

Hitler, ainsi qu'il le confia alors à Goebbels, se dit alors « extrêmement satisfait du travail d'Himmler ». Le ministre de la Propagande proposa au Führer de nommer Himmler « le plus tôt possible commandant en chef de l'Armée de Terre ». Hitler ne voulait cependant « pas en venir à cette mesure tant qu'Himmler n'aurait pas fait ses preuves en se chargeant d'une grande mission opérationnelle [105] ». C'était ce qu'il allait tenter de faire sur la Vistule.

Nous disposons du témoignage de son principal collaborateur militaire pour essayer de reconstituer son activité en tant que chef du groupe d'armées de la Vistule. Il s'agit du colonel Eismann, qui nous a laissé ses Mémoires et qui, à la mi-janvier 1945, avait été nommé chef des opérations à l'état-major du Groupe d'armées de la Vistule [106]. Hans-Georg Eismann rencontra Himmler pour la première fois en janvier 1945 à Schneidemühl, où était garé le train spécial du

Reichsführer-SS. Il raconte : « Himmler me reçut assis au bureau de son élégant salon, prit mon ordre de mission, puis se dirigea vers une grande table au milieu de la salle, sur laquelle était étalée une carte de situation de l'OKH. Il m'interrogea brièvement sur ma précédente affectation, et se lança dans une sorte de présentation très animée de la situation à l'aide de la carte. »

Le groupe d'armées de la Vistule avait pour mission de colmater une brèche de 120 kilomètres de large sur le front entre les groupes d'armées centre et nord, afin, comme le souligna Eismann, de constituer « une ligne de défense opérationnelle le long d'une ligne allant du centre de la Silésie à la basse Vistule ». Mais la part du front qu'il lui fallait défendre s'élargit rapidement pour atteindre 450 kilomètres.

Eismann déclara, à propos de sa rencontre avec Himmler : « La quintessence de cette présentation quelque peu vague était : avec le groupe d'armées Vistule, je vais mettre un coup d'arrêt aux Russes, puis je vais les battre et les refouler. Des grands mots exprimés avec sérénité. [...] On avait l'impression, malgré soi, d'être face à un aveugle qui parlerait de couleurs. »

Quand Eismann posa la question de savoir « quelles forces étaient disponibles et à quel moment », il dut « subir de la part de mon nouveau commandant en chef un discours assez vigoureux et déplaisant sur ma position typique de l'état-major », discours qui « culmina par le reproche que les officiers d'état-major ne savaient que réfléchir, leur savoir n'était que scolaire, ils étaient incapables d'improviser, leur attitude était défaitiste et ainsi de suite. Lui, Himmler, comptait mettre fin à cette façon de penser et prendre les choses en main avec une énergie implacable. C'était seulement comme cela que l'on pouvait maîtriser les situations difficiles ». Bien sûr, le rassura Himmler, ces déclarations ne le visaient pas personnellement.

Eismann nous a laissé une description très vivante de son nouveau chef : « De taille moyenne, le haut du corps un peu trop long, les jambes légèrement arquées, plus corpulent que mince, il portait son célèbre uniforme gris simple. De face, sa tête ressemblait à un triangle. Son profil était particulièrement frappant, avec son menton fuyant. Des yeux très vifs, le plus souvent plissés, qui, avec ses pommettes, donnaient à son visage un côté un peu mongol. Une petite bouche, qui n'avait rien de cruel. Par-dessus tout, ce visage ne paraissait ni démoniaque ni terrible, il n'avait rien de marquant. C'était le visage d'un citoyen moyen. Ses mains étaient remarquables, du moins pour quelqu'un qui serait capable d'en déduire quelque chose. Il n'avait rien de noble. Un peu gras, pas vraiment grand, des mains aux doigts longs dont les bouts étaient larges et ronds, et, quand il vous serrait la main, douces comme celles d'une femme. Sinon, Himmler me laissa l'impression d'un homme vif, aux multiples intérêts, dont l'énergie et l'assurance avaient quelque chose d'ostentatoire. »

L'état-major que trouva Eismann manquait de personnel et ne disposait ni d'équipement ni de matériel de transmission. Il n'y avait qu'un téléphone dans le train spécial. Il n'existait aucune liaison de communication avec les deux armées que commandait Himmler.

« Quel était l'avis de Heinrich Himmler, désormais commandant en chef du groupes d'armées Vistule, sur la situation qu'il venait de dépeindre ? On peut dire qu'il n'en avait pas. Il n'était tout simplement pas en mesure de se livrer à une évaluation opérationnelle de la situation d'ensemble. Il était comme hypnotisé par cette énorme brèche qu'il devait combler. [...] Il utilisait régulièrement les termes "offensif" et "attaquer sur les flancs". Il ne lui venait pas à l'esprit que le Russe envisageait de prendre de flanc sa propre 2e armée, pressée de toutes parts. Pourtant, il suffisait de regarder la carte, qu'il avait constamment sous les yeux, pour s'en convaincre. Pour lui, il n'y avait, semblait-il, que "l'offensive". » En juillet 1944, dans un discours devant des officiers, le Reichsführer-SS avait résumé ses principes militaires : « Le temps des manœuvres intelligentes est révolu. À l'est, l'ennemi est à nos frontières. Dans ce cas, on ne peut qu'avancer ou résister[107]. »

Himmler se concentra sur les places fortes de Thorn, Poznan et Schneidemühl, qu'il fallait tenir. Le 30 janvier 1945, il proposa que le commandant de la place forte de Schneidemühl, « exemple d'un commandant tenace et intrépide », soit décoré parce qu'il avait « abattu de sa propre main » des soldats qui reculaient et qu'il les avait fait pendre avec l'écriteau : « Ainsi finissent tous les lâches[108] ». Le jour même, il ordonna que le SS-Standartenführer Karl von Salisch, ancien chef de la police de la ville voisine de Bromberg, soit fusillé pour « lâcheté » et que l'ancien président du conseil municipal et l'ancien maire de la ville soient transférés dans un « bataillon disciplinaire[109] ». Mais ces mesures sévères n'étaient que l'expression impuissante d'une obstination défensive, catastrophique pour la direction opérationnelle du groupe d'armées, attitude qui s'explique, d'après les observations d'Eismann, par la peur d'Himmler vis-à-vis d'Hitler. « Ce sentiment de peur face à Hitler dominait totalement le Reichsführer-SS tant redouté. Il le rendait incapable de présenter énergiquement la situation militaire à Hitler, et encore moins de la lui imposer. Ce comportement de subalterne a causé bien des dommages et coûté beaucoup de sang inutile. »

Eismann ne se contenta cependant pas de constater qu'il « manquait » à Himmler « toutes les connaissances et les fondements nécessaires à une mission purement militaire aussi difficile », il se plaignit aussi de son incapacité, en tant que commandant en chef de l'armée de réserve, à « obtenir des renforts en hommes et en matériel à temps pour son propre groupe d'armées ».

Durant une visite à Berlin, au début du mois de mars, Himmler rencontra également Goebbels, qui fut surpris de sa vision « excessivement positive » de la situation[110]. Eismann eut une tout autre impression : « Plus la situation du groupe d'armées Vistule est devenue défavorable et difficile, plus Himmler a compris qu'il n'y avait là pas de lauriers à récolter pour lui. Il reconnaissait désormais sans aucun doute qu'il n'avait pas l'étoffe pour assurer le commandement. Il voyait bien que ses adversaires, surtout au quartier général du Führer, en tiraient profit[111]. » En mars, peu après une visite d'Hitler au groupe d'armées centre, Himmler contracta une angine. Les réunions de situation eurent alors lieu, se souvient Eismann, autour du lit du malade. Finalement, Himmler se rendit au sanatorium de son ami d'enfance Gebhardt, à Hohenlychen, où il resta jusqu'à ce que, le 21 mars, Hitler le relève de ses fonctions de commandant en chef du groupe d'armées de la Vistule.

En tant que commandant militaire de la Volkssturm, commandant en chef de l'armée de réserve et surtout chef de la police allemande, Himmler avait encore des possibilités pour s'impliquer dans la défense du Reich. Durant les dernières semaines de la guerre, il émit une succession d'ordres martiaux appelant à tenir bon tout en brandissant la menace de la terreur. Le 28 mars 1945, par exemple, il ordonna : « Il faut agir avec la plus grande fermeté contre quiconque suspend des drapeaux blancs, crée des brèches dans des barrières antichars déjà fermées, se soustrait au service dans la Volkssturm et autres phénomènes du même ordre [...] Si un drapeau blanc est accroché à une maison, tous les hommes y habitant doivent être fusillés. Il ne faut pas hésiter un seul instant à appliquer ces mesures. » Le 15 avril, il lança : « Aucune ville allemande ne doit être déclarée ville ouverte. Chaque village, chaque ville doivent être tenus et défendus par tous les moyens. Tout Allemand qui manque à ce devoir national évident perdra et son honneur et sa vie[112]. »

Dans les derniers mois de la guerre, la Gestapo assassina des milliers de gens. Au plus tard en février 1945, les offices du RSHA dans les régions se virent attribuer la compétence leur permettant de décider à leur niveau du « traitement spécial » des prisonniers, et les Stapostellen abusèrent considérablement de ce droit. À la fin de mars, Himmler autorisa tout militaire armé à abattre sur-le-champ les pillards. La Gestapo, surtout après des bombardements aériens, exécuta des suspects un peu partout. De plus, dans les dernières semaines de la guerre, la Gestapo démantela nombre de ses prisons. Les détenus, qui risquaient le « traitement spécial » et ne devaient pas être libérés par les Alliés, furent fusillés lors d'exécutions massives. Les travailleurs étrangers furent les principales victimes de ces mesures [113].

Des offres de paix ?

En juin 1944, après le succès du débarquement allié en Normandie et les lourdes défaites militaires qui avaient suivi, Hitler s'efforça, en préparant une contre-offensive à l'ouest et en répandant des rumeurs sur une paix séparée, de disloquer la coalition de ses adversaires. Il est clair qu'il cherchait à invoquer le spectre d'une paix séparée afin de semer le trouble et sans doute de préparer le terrain à d'éventuelles négociations avec l'Ouest. Dans le cercle intime du Führer, ces idées prirent racines.

Ainsi, quand l'ambassadeur du Japon Hiroshi Oshima, en septembre 1944, transmit à Hitler la proposition de son gouvernement, qui comptait approcher Moscou afin de faciliter des négociations de paix avec l'Allemagne, Goebbels, dans un document détaillé, encouragea Hitler à faire de même avec Staline [114]. Le même mois, le ministre des Affaires étrangères von Ribbentrop obtint d'Hitler la permission de prendre des contacts avec les puissances ennemies, et Hitler fit diffuser, par le biais de l'Espagne, de fausses informations sur une offre de paix séparée des Soviétiques, afin d'appâter les Occidentaux [115]. C'est dans ce contexte qu'il faut comprendre les notes prises par Himmler en préparation d'une discussion avec Hitler le 12 septembre 1944. Il écrivit : « Angleterre ou Russie » et « Russie-Japon [116] ».

Il y a quelques années, on a retrouvé, dans les archives publiques à Londres, une courte note de Churchill au sujet de ces tentatives, datée du 31 août 1944. On peut en déduire que les services spéciaux britanniques avaient soumis à Churchill une série de documents, dont un « special message from Himmler » (« message spécial d'Himmler »). Il est impossible de reconstituer le contenu de ce message, puisque Churchill avait inscrit cette annotation, des plus inhabituelles : « Himmler telegram left and destroyed by me [117] » (« Télégramme d'Himmler laissé et détruit par mes soins »). On peut supposer que ce télégramme lui fut transmis par l'Espagne, comme il ressort d'une lettre du ministre espagnol des Affaires étrangères Ramón Serrano Súñer qui, au début de 1944, avait offert ses services à Himmler dans le cas où ce dernier aurait voulu prendre contact avec

Churchill. Himmler avait transmis la lettre du ministre espagnol aux Affaires étrangères allemandes[118]. On ne sait pas si Himmler profita effectivement d'une telle offre pour approcher le Premier ministre britannique, ou si le « télégramme d'Himmler » était lié à autre chose[119]. Mais cela ne veut de toute façon pas dire qu'il ait entrepris de prendre contact avec Londres sans l'approbation de son Führer.

Ce n'est que quand Himmler, en tant que chef de l'armée de réserve, commandant en chef du Haut-Rhin, commandant du groupe d'armées de la Vistule et chef militaire de la Volkssturm, se fut fait personnellement une idée de la situation désespérée sur le plan militaire qu'il se lança, du reste de façon hésitante, dans une succession de tentatives pour parvenir à un règlement politique du conflit. Mais cette volonté se heurta au fait qu'Hitler, même dans la phase ultime de la guerre, ne se montra jamais disposé à envisager sérieusement de négocier. Il était suffisamment réaliste pour comprendre que les Alliés, avec la victoire toute proche, n'accepteraient plus des propositions de ce genre, et il ne tenait pas plus à abdiquer qu'à capituler.

On peut déduire des journaux de Goebbels qu'à partir de janvier 1945, le ministre de la Propagande discuta presque constamment avec Himmler de la possibilité d'un traité de paix, mais qu'Hitler, compte tenu de l'aggravation constante de la situation militaire, ne laissa jamais aucune chance à une telle initiative. Il continua en revanche à placer ses espoirs dans une éventuelle rupture au sein de la coalition ennemie[120]. Les discussions, du reste essentiellement théoriques, entre Goebbels et Himmler durant ces mois portèrent pour l'essentiel sur les puissances occidentales.

Au début de mars, Goebbels apprit cependant qu'Hitler ne tenait pour possible une paix séparée, si une telle chose était envisageable, qu'avec l'Est : « Le Führer est convaincu que si une puissance, dans le camp ennemi, était disposée à dialoguer avec nous, dans toutes les circonstances, ce serait l'Union soviétique. » En revanche, il fallait poursuivre « le combat contre l'Angleterre avec l'énergie la plus brutale ». Les efforts de Ribbentrop pour « tisser des liens avec les pays de l'Ouest » étaient donc « pour l'instant sans espoir[121] ».

Deux jours après s'être entretenu avec Hitler, le 7 mars, Goebbels rencontra Himmler au sanatorium de Hohenlychen, pour une discussion de deux heures. Himmler, qui « sortait d'une rude angine », lui fit une « impression légèrement déphasée ». Dans l'ensemble, les deux hommes étaient tout à fait du même avis quant à la situation générale : « Il n'a pas de mots assez durs pour Goering et Ribbentrop qui sont selon lui les deux principales erreurs de toute notre gestion de la guerre, et il a parfaitement raison. » Himmler, comme le nota Goebbels, était « très inquiet » de la situation sur le front, mais plus encore de la situation dans le secteur du ravitaillement. « Le moral des troupes est sans aucun doute touché. Himmler le reconnaît, suite à son expérience avec le groupe d'armées de la Vistule. » Mais à cela s'ajoutait surtout que « nous ne disposons d'aucune direction centrale forte tant sur le plan militaire que civil, parce que tout doit être rapporté au Führer, et que cela ne peut se faire que dans un nombre de cas très réduit. Partout, Goering et Ribbentrop se dressent sur la voie d'une direction efficace de la guerre ».

Que faire ? On ne pouvait quand même pas « contraindre [Hitler] par la force à se séparer de ces deux-là ». Cette remarque montre que les deux hommes envisagèrent la possibilité d'obliger Hitler, par tous les moyens, à adopter un nouveau cap politique, mais qu'ils n'osèrent pas aller plus loin dans leur réflexion. Himmler, d'après Goebbels, « résume très bien la situation quand il explique que son intelligence lui dit que nous n'avons que peu d'espoir de gagner la guerre militairement, mais que son instinct lui dit que tôt ou tard une ouverture politique se créera qui nous permettra de retourner la situation en notre faveur. Himmler y croit plus à l'ouest qu'à l'est. Il pense que l'Angleterre pourrait être ramenée à la raison, ce dont je doute quelque peu. D'après ses déclarations, Himmler est tout à fait orienté à l'ouest, il n'attend absolument rien de l'Est ».

Goebbels n'était pas de cet avis, comme le montre son commentaire sur les déclarations d'Himmler : « Je crois que c'est plutôt à l'est que l'on pourrait parvenir à quelque chose, que Staline me semble être plus réaliste que les fanatiques anglo-américains. » Mais ce qu'il ne dit pas à Himmler, à en juger par ses propres notes, c'est que ce dernier, quand il estimait qu'il fallait trouver une solution à l'ouest, était en contradiction totale avec Hitler. En lui cachant ce fait, il laissa sciemment Himmler se mettre hors jeu en défendant l'option occidentale.

Il quitta le Reichsführer de bonne humeur : « Il règne autour d'Himmler une atmosphère très plaisante, décidée, et résolument national-socialiste, ce qui a un effet extraordinairement apaisant. On ne peut que se réjouir du fait que chez Himmler au moins le vieil esprit national-socialiste soit toujours présent[122]. »

Quelques jours plus tard, Goebbels dut concéder qu'Hitler éprouvait désormais un profond ressentiment envers le Reichsführer. « Le Führer rejette directement une grande part de la responsabilité sur Himmler. Il dit qu'il a constamment appelé Himmler à rassembler nos troupes déployées en Poméranie. Himmler se serait laissé embobiner par les renseignements militaires, au lieu de croire à une offensive sur Berlin et de prendre des dispositions en conséquence. » Même quand

Hitler lui-même donnait des ordres clairs, ils étaient « de plus en plus gênés par le sabotage interne. À cet égard, il fait les pires reproches à Himmler : [...] Himmler, dès ses débuts en tant que chef d'armée, a manifestement succombé à l'état-major général. Le Führer lui reproche d'avoir directement désobéi et a l'intention à la prochaine occasion de lui expliquer sérieusement ce qu'il pense et de lui faire comprendre que, si une telle chose venait à se répéter, cela entraînerait une rupture irréparable entre Himmler et lui ». Goebbels ajouta : « J'ai toujours considéré que c'était une erreur de confier le commandement d'un groupe d'armées à Himmler. Dans cette situation, cela ne pouvait pas être sa mission, surtout si cela risque de provoquer une rupture entre le Führer et lui. »

Une rupture en réalité encore plus profonde. Hitler confia à Goebbels que, s'il avait, comme Goebbels l'avait proposé en janvier, donné à Himmler le commandement de l'Armée de Terre, « la catastrophe serait aujourd'hui encore pire qu'elle ne l'est déjà », un jugement dramatique pour Himmler[123]. Dans les jours qui suivirent, Hitler transmit à Goebbels les protocoles sténographiés de ses réunions de situation, afin qu'il puisse se convaincre que son Führer avait effectivement prévu le risque d'une offensive soviétique en Poméranie, en dépit de l'opposition de ses conseillers militaires[124].

Deux jours plus tard, Hitler déclara à Goebbels qu'Himmler « porte la responsabilité historique [...] de la chute de la Poméranie et d'une grande partie de sa population aux mains des Soviets[125] ». Mais Goebbels était assez intelligent pour sentir que cela était lié à un défaut inhérent au système. Car, malheureusement, Hitler n'avait pas « su convertir ses réflexions, qui reposaient davantage sur son intuition que sur ses connaissances, en ordres clairs. Par conséquent, chacun n'en a fait qu'à sa tête, même Himmler ». Goebbels le comprenait parfaitement : « Le Führer ferait mieux, au lieu de tenir de longs discours à ses collaborateurs militaires, de leur donner des ordres courts, mais aussi de veiller avec une énergie brutale à ce que ces ordres soient respectés. Ces mauvaises méthodes de direction et ces erreurs de jugement sont les principales raisons qui expliquent les déroutes successives que nous avons connues sur le front[126]. »

Le lendemain, le 15 mars, Hitler fit savoir à son ministre de la Propagande qu'Himmler était venu le voir et qu'il lui avait « administré une vigoureuse volée de bois vert[127] ». À cette occasion, ou quelques jours plus tard, Hitler informa Goebbels qu'il avait retiré à Himmler le commandement du groupe d'armées de la Vistule. Au sujet de l'incursion ratée d'Himmler dans les sphères du haut commandement, Goebbels fit le commentaire suivant : « Il s'est malheureusement laissé entraîner à croire qu'il pourrait décrocher des lauriers militaires, ce qui ne lui a dramatiquement pas réussi. Il risque de compromettre sa bonne réputation politique[128]. »

Mais, en dépit de cette issue peu glorieuse, Himmler, comme le rapporte le colonel Eismann, ne se priva pas, soudain requinqué, de « célébrer sa passation de pouvoir à son successeur de façon somptueuse ». Son « chant du cygne théâtral, terni par son absence de connaissance de la question, [parut] profondément déconcertant, pour ne pas dire révoltant dans une situation si grave[129] ».

À la fin du mois de mars, un nouvel incident sérieux vint éroder un peu plus les relations entre Hitler et Himmler. Hitler reprocha à la Leibstandarte, l'unité à l'origine de la Waffen-SS, qui, tout au long de la guerre avait été déployée dans des situations militaires critiques et avait essuyé ainsi de lourdes pertes, et dont le commandant, Sepp Dietrich, était fêté comme un héros par les médias nazis, d'avoir faibli sur le front hongrois et il obligea Himmler à émettre l'ordre dit du bandeau : les soldats de l'unité durent retirer de la manche de leur uniforme le bandeau portant la mention « Leibstandarte Adolf Hitler » – une terrible humiliation pour les SS et leur Reichsführer[130].

En mars 1945, quand Himmler réfléchit de plus en plus aux possibilités d'une solution négociée à la fin de la guerre, ce fut donc dans une situation où il avait échoué en tant que chef d'armée et où il avait perdu une grande partie de son crédit auprès d'Hitler. Dans les semaines qui avaient précédé, il avait poursuivi son ancienne idée d'utiliser les prisonniers juifs comme otages et il semble que son conflit de plus en plus aigu avec Hitler le poussa à faire de ce projet une mission politique. Puisque le Troisième Reich menait une « guerre contre les Juifs », c'était entre les mains de ces derniers que devait se trouver la clé pour mettre fin à la guerre.

À la mi-mars, Felix Kersten, le masseur d'Himmler, qui s'était entre-temps installé en Suède et avait offert ses services d'intermédiaire au ministre suédois des Affaires étrangères, se rendit en Allemagne, où il avait toujours une propriété. Himmler lui promit qu'à l'approche des Alliés les camps de concentration ne seraient pas rasés, qu'il serait désormais interdit de tuer les déportés, lesquels seraient au contraire confiés aux soins des Alliés[131]. Engagement qu'il réitéra à de nombreuses reprises dans les jours qui suivirent[132]. Peu après, Himmler donnait effectivement l'ordre aux commandants des camps de ne plus exécuter de prisonniers juifs, et de lutter dorénavant contre la mortalité des déportés. Oswald Pohl transmit personnellement cet ordre aux commandants des camps[133].

De retour à Stockholm, Kersten communiqua à son contact auprès du Congrès juif mondial, Hillel Storch, qu'Himmler s'était en outre dit prêt à laisser partir 10 000 prisonniers juifs vers la Suède ou vers la Suisse[134]. En février déjà, à propos de la libération de prisonniers, Himmler était entré en contact avec le vice-président de la Croix-Rouge suédoise, le comte Folke Bernadotte, qui agissait au nom du gouvernement suédois. Himmler rencontra Bernadotte pour la première fois le 19 février, lors d'un séjour de ce dernier en Allemagne, puis de nouveau au début de mars[135].

Il fut convenu que les déportés scandinaves seraient dans un premier temps rassemblés à Neuengamme. Puis Bernadotte, qui ne cessait d'inclure de nouveaux groupes de détenus dans ses exigences, obtint que ces prisonniers soient transférés en Suède via le Danemark dans le cadre de colonnes sanitaires de la Croix-Rouge suédoise. La promesse faite par Himmler à Kersten de libérer 10 000 prisonniers représentait un progrès important dans ce processus de négociations. En effet, ce furent bien plus que les 8 000 déportés scandinaves, soit au moins 20 000 personnes, qui furent finalement sauvés[136].

Bernadotte fut surpris par les manières de son interlocuteur, comme il le nota après leur première rencontre en février : « Il s'est montré remarquablement, même étonnamment aimable, a donné quelques preuves de son humour, s'essayant à l'humour noir et n'hésitant pas à plaisanter pour détendre l'atmosphère[137]. » Manifestement, Himmler le caméléon se disposait, dans la toute dernière phase du Troisième Reich, à changer une nouvelle fois de rôle, jouant désormais les partenaires de négociation conciliants et magnanimes, faisant tout son possible pour que la raison triomphe.

À l'issue de sa visite auprès d'Himmler en mars, Kersten rapporta en Suède une lettre qui lui était destinée. Il s'agit d'un document étonnant, unique dans sa correspondance de Reichsführer-SS. Himmler informe d'abord officiellement Kersten de la libération des 2 700 hommes, femmes et enfants juifs envoyés en Suisse. Puis il ajoute : « Pratiquement, c'est là la continuation de la voie sur laquelle mes collaborateurs et moi-même nous sommes clairement engagés depuis des années, jusqu'à ce que la guerre et la déraison qu'elle entraîne nous en aient empêchés. » Dans les années 1936 à 1940, il se serait intensément efforcé, « en liaison avec les associations juives américaines », de parvenir à une solution passant par l'émigration, ce qui se serait avéré « très bénéfique ». « Le voyage des deux trains vers la Suisse, affirmait le Reichsführer-SS, signifie la reprise de ce processus bénéfique, en dépit de toutes les difficultés. »

Himmler s'estima autorisé à aborder la situation dans le camp de Bergen-Belsen. Il écrivit que, dès qu'il avait eu vent de la rumeur d'une « épidémie de typhus à grande échelle », il avait dépêché son médecin-chef et son équipe dans le camp. Il s'agissait « malheureusement d'une forme de typhus courante chez les gens de l'Est dans les camps, mais qu'il est possible de considérer comme maîtrisée avec les meilleurs moyens de la médecine moderne ». Enfin, il se dit convaincu qu'« en faisant fi de la démagogie et des formalités au mépris de toutes les contradictions et des blessures sanglantes dans tous les camps, la sagesse et la logique doivent tout autant parvenir à s'imposer que le cœur humain et la volonté d'aider ». Et il concluait : « en toute affinité [138] ».

Cette lettre est d'une audace époustouflante : Himmler croyait-il vraiment, en jouant les intermédiaires humains, pouvoir se ménager une position qui lui permettrait de négocier avec les puissances occidentales ? Surtout qu'à cette date les camps de concentration de Maïdanek et Auschwitz avaient été libérés depuis longtemps, et que depuis des mois la presse internationale publiait des articles sur le génocide dans les chambres à gaz. Face à la perspective de sa propre chute, Himmler s'enfermait-il dans un monde d'illusions ?

Du point de vue biographique, ce comportement peut s'expliquer d'une autre façon : jusqu'au bout, il s'est efforcé de sauvegarder les apparences, ce qu'il fit en ajoutant à tous les rôles qu'il avait joués durant la dictature nazie celui de l'intermédiaire honorable. S'il y avait une chance, par le biais de Bernadotte ou d'autres, d'entrer en contact avec les Alliés occidentaux, afin de négocier d'autres échanges, voire d'aborder la question d'une paix séparée, l'autre camp n'aurait pas affaire à un Reichsführer-SS froid et calculateur doté du droit de vie et de mort, mais devrait l'accepter comme un homme d'honneur animé des meilleures intentions. Sa lettre à Kersten était censée préparer ses partenaires de négociation à cette nouvelle réalité.

Dans le camp allié, on voyait les choses sous un autre angle. Quand le représentant suédois du Congrès juif mondial proposa d'impliquer l'ambassade britannique dans le transfèrement de prisonniers vers la Suède, Anthony Eden, le ministre britannique des Affaires étrangères, écrivit à Churchill qu'il ne souhaitait rien entreprendre en ce sens, pour une unique raison : cette offre venait d'Himmler. Churchill nota « good » sur le rapport et indiqua en outre clairement dans la marge : « No link with Himmler [139] » (« Pas de lien avec Himmler »).

Le 2 avril, Bernadotte rencontra une nouvelle fois Himmler. Le comte, à son retour à Stockholm, en informa l'ambassadeur britannique Victor Mallet [140]. Selon le rapport de Bernadotte, Himmler – contrairement à leur rencontre précédente – donnait l'impression qu'il savait que tout était fini. Quand Bernadotte lui avait suggéré que la meilleure solution était de capituler, Himmler lui avait opposé qu'Hitler était contre, et qu'il se sentait lié par son serment.

Himmler savait qu'il occupait la première place sur la liste des criminels de guerre établie par les Alliés. Il se serait plaint d'être considéré comme une brute hors des frontières de l'Allemagne. En réalité, il détestait les atrocités. Quand Bernadotte le confronta concrètement à un massacre commis par la Gestapo, Himmler aurait d'abord menti puis, lors d'une autre rencontre le lendemain, il aurait prétendu avoir enquêté et s'être aperçu, à son grand regret, que cet incident avait bien eu lieu. Après la discussion, Himmler fit savoir à Bernadotte, par l'entremise de son chef des services secrets Walter Schellenberg, qu'il espérait que, dans le cas d'une disparition d'Hitler, Bernadotte se rendrait au quartier général des Alliés afin d'y entreprendre une médiation. Était-ce une tentative de proposer la solution d'un coup d'État ? Bernadotte chercha à en savoir plus. Quelques jours plus tard, il transmit l'information qu'il était prêt à jouer les médiateurs si Himmler prenait le pouvoir en Allemagne et qu'il dissolvait le NSDAP[141].

Mais, dans les jours qui suivirent, Himmler s'enlisa dans l'indécision. Il ne pouvait se résoudre à se proclamer le successeur d'Hitler, puis à offrir une capitulation du Reich aux Alliés – décision que lui recommanda également, le 19 avril 1945, le ministre des Finances en exercice, le comte Ludwig Schwerin von Krosigk. Mais il n'était pas prêt non plus à proclamer la capitulation militaire partielle du nord de l'Allemagne[142].

Le 19 avril, un nouvel émissaire suédois se rendit en Allemagne. Himmler avait dit à Kersten qu'il était prêt à discuter directement avec un représentant du Congrès juif mondial. Hiller Storch pria Norbert Masur, Juif allemand qui avait émigré en Suède, de se charger de cette mission en son nom. La rencontre dura deux heures et demie et eut lieu dans la nuit du 20 au 21 avril, en présence de Kersten, non loin de Berlin. Elle se termina vers cinq heures du matin. Outre Masur et Himmler, qui venait d'assister au dernier anniversaire d'Hitler à Berlin, Schellenberg, Brandt, le rapporteur personnel d'Himmler, et Kersten étaient là.

Lors de la discussion, Himmler se présenta comme un homme d'honneur. Face à son hôte juif, il s'efforça au fil de longues explications de défendre la politique juive du régime, voire d'en donner une image plus policée. Le but en avait été l'émigration des Juifs, avant toute chose. Mais, du fait de la guerre, les nazis s'étaient retrouvés confrontés à la masse énorme et hostile des Juifs de l'Est, qu'il avait bien fallu contrôler. L'Allemagne avait été contrainte de faire la guerre à l'Union soviétique. Compte tenu de la situation terrible à l'est, beaucoup de Juifs étaient morts, mais nombreux étaient les Allemands qui avaient eux aussi souffert de la guerre. Les conditions qui régnaient dans les camps étaient dures, mais justes. Oui, il y avait eu des excès, mais il avait veillé à ce que les coupables soient punis. Suite à des épidémies, la mortalité avait été importante, et c'est pour cela qu'il avait fallu bâtir de grands crématoriums.

Himmler donna des chiffres, cita le nombre de Juifs qui, selon lui, étaient encore en vie dans les camps de concentration, et affirma que l'on avait laissé 150 000 Juifs à Auschwitz et 450 000 à Budapest. Des chiffres si exagérés qu'il était évident qu'il s'agissait de mensonges éhontés. Ensuite, il déplora qu'après avoir ouvert les camps de Bergen-Belsen et Buchenwald une horrible campagne de propagande avait été déclenchée à propos des conditions prétendument monstrueuses dans les camps, et il en était rendu directement responsable. Personne, ces dernières années, n'avait autant que lui été traîné dans la boue par la presse.

En réalité, au même moment, les articles et les images de la libération du camp de Bergen-Belsen par les Britanniques le 15 avril 1945 avaient fait le tour de la presse mondiale. Dans le camp, plein à craquer de cadavres qui n'avaient même pas été enterrés, 35 000 prisonniers étaient morts entre le mois de janvier et l'arrivée des Britanniques. 14 000 décédèrent dans les deux premiers mois après la libération [143]. Buchenwald avait été libéré le 11 avril. Dans les jours qui avaient précédé, les SS en avaient évacué plus de la moitié des détenus. Jamais les camps n'avaient été « ouverts ».

Masur émit certes des objections à l'égard de la présentation manifestement biaisée des événements par Himmler, mais il était aussi décidé à tolérer ses sermons afin de ne pas compromettre sa mission. Dans l'ensemble, estima-t-il, Himmler semblait intelligent, éduqué et intéressé par l'histoire. D'après Masur, Himmler s'exprima pour l'essentiel d'un ton calme, même sur les questions qui prêtaient à controverse. Mais il était évident qu'il était extrêmement tendu. Masur nota également autre chose : le besoin irrépressible d'Himmler de communiquer.

Pour finir, Himmler, devant Masur, se déclara prêt à confier un millier de Juives de Ravensbrück à la Croix-Rouge, ainsi que des petits groupes de prisonniers de diverses nationalités. Durant leur entretien, ils avaient abordé toutes les questions politiques envisageables, et Himmler avait profité de l'occasion pour défendre plus généralement la politique du régime. On aurait pu déduire de ses déclarations qu'il tenait une défaite de l'Allemagne pour inévitable. Mais le pays ne capitulerait pas. Personnellement, il n'avait pas peur de la mort. La meilleure part du peuple allemand, aurait-il dit à Kersten quand ils se séparèrent, disparaîtrait avec les responsables nazis, et peu importait ce qu'il adviendrait du reste[144].

Bernadotte rencontra encore Himmler à deux reprises. D'abord tôt le matin du 21 avril à Hohenlychen, immédiatement après la discussion entre le Reichsführer et Masur. Là, Bernadotte put aborder d'autres détails de la question des prisonniers[145]. Pour finir, Himmler le convoqua une dernière fois. Il s'était entre-temps vu contraint d'abandonner Hohenlychen face à l'avancée des troupes soviétiques. Il s'était alors dirigé vers le nord-ouest et, avec une suite considérable, avait pris ses quartiers dans la caserne de la police de Lübeck[146].

Dans la nuit du 23 au 24 avril, les deux hommes se retrouvèrent dans l'enceinte du consulat suédois de Lübeck. Himmler aurait déclaré, selon le rapport de Bernadotte à propos de cet entretien[147], qu'Hitler avait renoncé à la vie et qu'il serait mort d'ici quelques jours. Lui, Himmler, s'estimait désormais en mesure d'agir sans l'accord d'Hitler. Il proposa directement à Bernadotte de transmettre au gouvernement suédois son souhait d'organiser une rencontre avec Eisenhower afin que les troupes allemandes sur le front de l'Ouest puissent capituler. À l'est, il faudrait tenir aussi longtemps que possible. Bernadotte expliqua aussitôt à Himmler qu'il considérait qu'une telle initiative était irréaliste, mais il se dit prêt, si le Danemark et la Norvège étaient inclus dans l'offre de capitulation, à transmettre la suggestion du Reichsführer. Himmler accepta. Du reste, comme il le dit au Suédois, si son offre était rejetée, il prendrait personnellement le commandement d'un bataillon sur le front de l'Est pour tomber au combat[148].

Pendant les jours qui suivirent, Himmler, tendu, attendit une réponse. Le 28 avril, il rencontra par hasard à l'état-major de la Wehrmacht l'amiral Doenitz, commandant en chef de la Kriegsmarine, à qui il demanda s'il était prêt à endosser une « fonction d'État » si Hitler succombait à Berlin et qu'un successeur venait à être désigné. Qui envisageait-il comme successeur à Hitler ? Sa proposition répond à cette question[149].

Bernadotte tint dûment informés de sa rencontre avec Himmler les ambassadeurs britannique et américain à Stockholm. De plus, Himmler lui avait confié une lettre pour le ministre suédois des Affaires étrangères Christian Günther. Les puissances occidentales rejetèrent son offre de capitulation partielle, comme il fallait s'y attendre, et exposèrent Himmler, qui avait fait part de ses craintes en ce sens à Schellenberg[150], au monde entier quand sa proposition fut rendue publique dans la presse en avril.

De Gaulle, chef du gouvernement provisoire français, fait état dans ses Mémoires d'une ultime tentative d'Himmler pour échapper à la potence. Il aurait obtenu par « des voies officieuses » un mémorandum d'Himmler comportant une offre d'alliance. La France devait s'unir à l'Allemagne vaincue afin d'éviter d'être traitée comme un État satellite par les puissances anglo-saxonnes. De Gaulle, qui jugea que cette idée contenait « sans doute du vrai dans l'aperçu qu'il dessine », ne put se décider à répondre à cette offre amicale. Car, comme il le dit, Himmler n'avait « rien à offrir [151] ».

Entre-temps, le 29 avril, Hitler aussi avait eu vent dans son bunker des tentatives d'Himmler, grâce à la presse internationale. Il réagit en explosant de rage. Le même jour, la veille de sa mort, il exclut dans son testament politique « l'ancien Reichsführer-SS et ministre de l'Intérieur du Reich Heinrich Himmler » du parti et de toutes les institutions de l'État. Les successeurs d'Himmler seraient d'une part le Gauleiter de Breslau Karl Hanke en tant que Reichsführer-SS, d'autre part le Gauleiter et Premier ministre de Bavière Paul Giesler en tant que ministre de l'Intérieur du Reich. Hitler profita de son testament pour accabler Himmler de reproches. Il en alla de même de Goering qui, quelques jours plus tôt, avait lui aussi été dépouillé de ses pouvoirs pour avoir agi de son propre chef. Tous deux avaient, écrivit Hitler dans son testament, « par des négociations secrètes avec l'ennemi, à mon insu et contre ma volonté, ainsi qu'en tentant, contre la loi, de s'assurer le pouvoir de l'État, causé des dommages irréparables au pays et à l'ensemble de la population, sans parler de leur déloyauté à mon égard [152] ».

Le reproche d'être un traître à la nation dut être particulièrement cuisant pour Himmler, d'autant plus qu'il estima sans doute être victime d'une injustice. Il avait attendu jusqu'au tout dernier moment avant de prendre son initiative, jusqu'à ce 22 avril où il avait appris que lors de la dernière réunion de situation le Führer avait déclaré qu'il n'avait plus aucun ordre à donner, ce qui, au fond, revenait à une abdication. Himmler avait eu toutes les raisons de croire qu'il était en droit, Hitler s'étant de lui-même retiré du jeu, de prendre une initiative au nom du Reich afin de mettre un terme à la guerre, puisque le dictateur, apparemment emmuré dans la passivité, n'avait pris aucune mesure pour régler sa succession. Or, Himmler n'avait pas compris que le retrait d'Hitler du 22 avril dissimulait un calcul. Certes, il ouvrait ainsi la voie à des négociations, mais en même temps, si ces dernières échouaient, il pouvait prendre ses distances vis-à-vis d'elles et ainsi ne pas souiller sa stature historique avec l'opprobre de la reddition [153].

Comme le montre le dernier chapitre de l'histoire des camps de concentration, Himmler n'avait nullement tenu la promesse, faite à Kersten en mars, d'ouvrir les camps à l'approche des Alliés. Bergen-Belsen avait certes été abandonné, mais uniquement parce qu'une épidémie de typhus n'en avait pas permis

« l'évacuation[154] ». Les camps de Dora-Mittelbau et de Buchenwald furent vidés au début d'avril 1945, sur son ordre exprès. Sur les quelque 48 000 prisonniers de Buchenwald, les SS en emmenèrent près de 28 000. Près d'un tiers moururent avant la fin de la guerre.

À la mi-avril, le département de la direction économique et administrative de la SS responsable de la gestion des camps de concentration se réunit une dernière fois. Conformément à un ordre d'Himmler, on devait y évoquer la question de l'évacuation des derniers camps encore aux mains des Allemands. Il s'agissait de Sachsenhausen, Dachau, Neuengamme, Flossenbürg et Ravensbrück. Himmler donna, semble-t-il directement, l'ordre à Dachau et Flossenbürg qu'aucun déporté ne se retrouve vivant aux mains des Alliés. Les jours suivants, la hiérarchie SS rejeta les demandes de la Croix-Rouge et refusa d'ouvrir les derniers camps.

Si Himmler ne tint pas sa parole, cela s'explique d'une part par le fait qu'il devait craindre que sa promesse ne soit interprétée comme une trahison par Hitler, qui désapprouvait les échanges de prisonniers. Mais, d'autre part, le monde ne se laissa pas berner par le masque d'intermédiaire humanitaire dont Himmler s'était affublé : il n'était prêt à sauver des vies que s'il obtenait des contreparties concrètes. Les prisonniers ne constituaient pour lui qu'un capital humain qu'il comptait exploiter jusqu'à ce que les négociations soient conclues – d'où son désir de les regrouper dans les dernières zones encore contrôlées par les nazis.

Les dernières marches de la mort se déroulèrent dans deux directions, en fonction de la future occupation du territoire du Reich. Les prisonniers des camps de Dachau et Flossenbürg marchèrent vers le sud, ceux de Ravensbrück, Sachsenhausen et Neuengamme partirent vers le nord. Les marches se diluèrent dans le chaos de l'effondrement. À la fin du mois d'avril, plus de 3 000 prisonniers du camp de Stutthof, près de Dantzig, furent embarqués dans des conditions indescriptibles dans des bateaux à destination de Neustadt, dans la baie de Lübeck, où ceux qui avaient survécu aux épreuves de la traversée furent massacrés sur les plages par les gardes et les soldats de la Kriegsmarine. Le 23 avril, des troupes américaines libérèrent Flossenbürg. Le 29 avril, ce fut au tour de Dachau, le 5 mai de Mauthausen[155]. Sur les plus de 714 000 détenus qui, au début de 1945, se trouvaient encore aux mains du système concentrationnaire, on estime qu'entre 240 000 et 360 000 trouvèrent la mort durant les opérations d'évacuation[156].

La fuite

L'emploi de temps congestionné d'Himmler dans ces derniers mois du Troisième Reich ne lui avait pas laissé le temps de rendre visite à sa famille à Gmund, ni à sa chère Hedwig Potthast et à leurs enfants à Berchtesgaden. Il entretint cependant un contact épistolaire et téléphonique. Les deux femmes lui restèrent fidèles jusqu'à la fin. Rien ne nous permet aujourd'hui de savoir si elles éprouvèrent quelque doute quant à leur relation avec l'assassin génocidaire qu'il avait été et à la vie qu'elles avaient vécue à ses côtés.

Le 16 janvier, Margarete Himmler reçut la visite de son beau-frère Gebhard, le frère aîné de Heinrich. À en croire son journal, il semble que Gebhard, qui, dans l'ombre de son cadet, avait connu une ascension fulgurante depuis 1933 dans le secteur de l'éducation, ait voulu orienter la conversation, à l'aube de la chute du Troisième Reich, sur le rôle sinistre de son frère et sur le fait que la famille Himmler avait toujours été d'un robuste catholicisme. S'il comptait susciter chez Margarete une quelconque forme de prise de conscience, il échoua totalement. « Puis il a voulu me parler seul à seule. Je me suis doutée du pire, mais je ne m'étais pas attendue à quelque chose d'aussi terrible, de l'entendre parler ainsi de ses parents et de Heini, avec ses airs de bon catholique[157] ! » Deux semaines plus tard, elle écrivit à propos de Heinrich : « C'est merveilleux qu'il soit appelé à de si hautes fonctions et qu'il puisse les maîtriser. Toute l'Allemagne a les yeux rivés sur lui[158]. » Le 21 février, elle nota qu'elle projetait de rester à Gmund parce que c'était ce que voulait Heinrich[159].

Jusqu'au mois d'avril, Margarete resta en contact avec Himmler. Puis elle quitta Gmund, à l'approche des troupes américaines. La mère et la fille fuirent en direction du sud. En mai 1945, elles se retrouvèrent dans un camp d'internement britannique en Italie. Un officier des services secrets britanniques qui les questionna renonça à les soumettre à un interrogatoire plus poussé car il eut le sentiment que la vie de Margarete avait été relativement peu concernée par les activités professionnelles de son époux. Il indiqua à son sujet qu'elle s'enfermait dans une « mentalité de bourgeoise de province[160] ».

Himmler vit Hedwig Potthast pour la dernière fois à la mi-mars à Hohenlychen. De là, elle revint chez elle, à Berchtesgaden. Par la suite, ils se téléphonèrent quotidiennement. Leur dernière conversation eut lieu le 19 avril 1945. « Si je devais encore me convaincre que cette nouvelle année serait dure, peut-être oppressante, lui écrivait-elle presque avec enthousiasme dans la dernière lettre qu'elle lui adressa pour la nouvelle année, je suis tendue, presque impatiente de voir ce qu'elle va apporter. – Je te souhaite avant toute chose la force pour accomplir la mission que le Führer et la Patrie t'ont confiée. » Quelques lettres de Hedwig du mois de janvier 1945 ont survécu, qui dépeignent surtout son quotidien à Berchtesgaden. Elle lui décrivait les progrès de leurs enfants, et l'on apprend qu'elle entretenait des relations de voisinage avec les Bormann et Frau Fegelein, la sœur d'Eva Braun, qui lui rendaient visite. De plus, elle se réjouissait du paysage hivernal de Berchtesgaden. « Franchement, pourquoi ne sais-tu pas skier ? » lui demande-t-elle dans la dernière lettre qui nous reste, datée du 12 janvier 1945[161]. Oui, pourquoi Himmler n'avait-il jamais appris à skier ?

Privé de tout contact avec ses deux familles, toujours dans la caserne de la police de Lübeck, Himmler s'efforça de dissiper les soupçons qui pesaient sur lui depuis sa tentative avortée d'entrer en relation avec Eisenhower. Le 30 avril, dans un entretien par radio avec Kaltenbrunner, qui avait installé son quartier général dans le sud de l'Allemagne, il prit ses distances vis-à-vis des rapports alliés sur ses discussions avec Bernadotte et sur une prétendue déclaration qu'il aurait préparée au sujet de la mort du Führer. Il fallait poursuivre à tout prix le combat, martela-t-il[162].

Le jour même, il reçut la visite inattendue de l'amiral Doenitz. Celui-ci venait d'avoir Bormann à la radio, qui depuis le bunker du Führer à Berlin l'avait informé de la « trahison » d'Himmler et lui avait en même temps demandé d'intervenir « à la vitesse de l'éclair et avec une poigne d'acier » contre tous les traîtres. Doenitz accusa Himmler d'avoir cherché à établir des contacts avec les Alliés dans le dos d'Hitler, ce qu'Himmler démentit. Doenitz, qui, contrairement à Himmler, ne disposait d'aucun pouvoir, prit acte de sa déclaration et retourna à son quartier général à Plön. Le lendemain, il y découvrit que les mesures testamentaires prises par Hitler en vue de sa succession étaient « entrées en vigueur ». Ainsi Doenitz apprit-il qu'Hitler était mort et qu'il était désormais son successeur[163].

Doenitz convia alors Himmler à lui rendre visite. Ce dernier se présenta pendant la nuit, escorté de six officiers SS en armes. L'amiral l'informa de la succession à la tête du Reich. Himmler, visiblement choqué, proposa ses services en tant que « deuxième homme », ce que Doenitz refusa poliment, sachant qu'il devait diriger un gouvernement au caractère clairement apolitique[164].

Himmler revint encore quelques fois sans y être invité au quartier général de Doenitz, jusqu'à ce que ce dernier le renvoie officiellement de son poste de ministre de l'Intérieur du Reich, le 6 mai. Manifestement, aucun d'entre eux n'avait pris pour argent comptant les limogeages décrétés par Hitler dans son testament. Les négociations se poursuivirent, Himmler cherchant encore à se faire reconduire dans ses fonctions de Reichsführer-SS par le nouveau pouvoir. Une fois remercié, Himmler fut invité à se tenir à l'écart du siège du gouvernement, ce qu'il fit[165].

Walter Lüdde-Neurath, aide de camp de l'amiral, et le comte Schwerin von Krosigk, ministre des Affaires étrangères de Doenitz, indiquent tous dans leurs Mémoires qu'Himmler, durant ces journées, leur avait fait l'impression d'être optimiste et enjoué. Il semble avoir parlé de jouer avec sa SS un rôle important dans l'ordre de l'après-guerre. Il était apparemment persuadé qu'il réussirait à disparaître si une telle possibilité ne lui était pas offerte[166].

Il serait cependant erroné d'en déduire que jusqu'en mai 1945 Himmler se berça d'illusions quant à son sort. D'autres témoins, qui l'ont observé dans ces instants fatidiques, en retirèrent l'impression contraire. Bernadotte, en avril, le trouva épuisé et nerveux. « Visiblement, il mène un rude combat pour garder son calme extérieurement[167]. » Schellenberg dépeint lui aussi la nervosité d'Himmler, une nervosité qu'il ne parvenait plus à contrôler[168].

Tout au long de sa vie, Himmler avait tenté de maîtriser et de dissimuler ses émotions et son affect, de donner l'impression à ses interlocuteurs d'être équilibré et le plus optimiste possible et, quand la situation le permettait, de prendre les choses en main. Selon lui, ses fonctions, sa position vis-à-vis de ses subordonnés et de ses partenaires de négociation rendaient nécessaire un tel comportement. Par conséquent, il est impossible d'établir de façon certaine quel était son état d'esprit dans ces derniers jours. Les témoignages de Schellenberg et Bernadotte laissent entrevoir qu'il luttait contre l'effondrement psychique qui le menaçait, qu'il s'efforça jusqu'au bout d'afficher cette autodiscipline et ce contrôle de soi qu'il estimait tant.

Jusqu'à la fin, il chercha avec frénésie à trouver une solution afin d'échapper à sa chute inévitable. Il disposait encore de moyens considérables, dut-il sans doute se dire : il avait sous son commandement plusieurs divisions de Waffen-SS et, dans les régions qui n'étaient pas encore occupées par les Alliés, il était toujours responsable de l'organisation de l'armée de réserve. Il contrôlait également toujours la police, la Volkssturm, son réseau d'agents et enfin l'organisation terroriste Werwolf, qui devait agir derrière les lignes ennemies. Et puis, il avait toujours à sa disposition des centaines de milliers de prisonniers dans les camps comme monnaie d'échange.

Au début du mois de mai, quand toutes ses tentatives eurent échoué, il se retrouva les mains vides. Il semble ne pas avoir eu le temps d'effectuer des préparatifs efficaces pour s'enfuir ou disparaître dans la clandestinité sous une fausse identité. Et vers qui aurait pu se tourner l'homme au sommet de l'appareil de la SS et de la police sans risquer de passer aux yeux de ses hommes pour un chef dont les appels à la résistance et l'optimisme affiché n'étaient finalement que des phrases creuses ?

Il ne lui resta donc que le faux livret militaire au nom du sergent Heinrich Hitzinger, identité qui trahit déjà sa répugnance à dissimuler véritablement sa personnalité. Il s'était certes prêté à la mascarade, avait revêtu des effets civils et portait un bandeau sur l'œil, mais il ne chercha même pas à changer de lunettes. Jusqu'au bout, il resta reconnaissable comme celui qu'il avait toujours été : Heinrich Himmler.

Il n'était prêt au suicide que sur le plan pratique. Comme tous les dirigeants nazis, il s'était doté d'un poison extrêmement efficace. Mais il n'avait pris aucune disposition particulière pour mettre en scène sa propre fin. Il n'avait pas choisi un lieu chargé de sens (comme un de ces sites germaniques sacrés du nord de l'Allemagne). Pas plus qu'il ne semble avoir rédigé de déclaration ou, pour ce que l'on en sait, de lettre d'adieu. Contrairement à ce qu'il avait annoncé, il ne tenait pas à tomber au cours d'un ultime combat, pas plus qu'il ne voulait se rendre, comme l'avait fait Goering. Se présenter ouvertement devant les Alliés, accepter la responsabilité de ses actes et de ses crimes, défendre ses SS – s'il en avait eu le courage, il aurait pu s'engager dans cette voie, mais son comportement contradictoire durant les derniers mois avait compromis une telle issue. Dans un procès pour crime de guerre instruit contre lui, il pouvait être sûr que non seulement on évoquerait ses crimes, mais aussi ses efforts, ses mensonges, ses manœuvres de diversion et son abominable commerce de vies humaines pour tenter jusqu'à la dernière minute d'échapper à la chute et de sauver sa peau. Comment pourrait-il expliquer par exemple la lettre qu'il avait confiée à Kersten en mars, où il prétendait avoir toujours été favorable à une solution humanitaire de la « question juive » ?

Dans cette situation, il ne lui restait qu'à fuir plus ou moins sans but. Le 11 mai, se faisant désormais passer pour le sergent Heinrich Hitzinger, il fuit la région de Flensburg, accompagné de son rapporteur personnel Rudolf Brandt, de son aide de camp Werner Grothmann, d'un autre aide de camp, Heinz Macher, du chef de la Gestapo Müller et de Josef Kiermaier, le chef de son service de sécurité personnel. Le groupe de six hommes se dirigea d'abord vers Friedrichskoog, non loin de l'estuaire de l'Elbe, à une centaine de kilomètres plus au sud.

Le temps étant exécrable, ce n'est que le 15 ou le 16 mai que les six hommes purent traverser l'immense estuaire à bord d'un bateau de pêche. Puis ils poursuivirent leur voyage vers Neuhaus, en Basse-Saxe. Le but, à en croire Grothmann, était d'atteindre le massif du Harz, où Himmler comptait se cacher quelque temps avant de prendre la route des Alpes. À Neuhaus, ils continuèrent à pied, jusqu'aux environs de Meinstedt. Là, Brandt, Kiermaier et Müller quittèrent le groupe, afin de faire contrôler leurs papiers par les autorités britanniques qui contrôlaient la ville. Ils ne revinrent jamais. Müller serait le seul à réussir à disparaître effectivement sans laisser de traces.

Himmler, Grothmann et Macher poursuivirent leur équipée, mais le 21 mai, à proximité de Bremervörde, ils tombèrent sur un poste de contrôle mis en place par des soldats soviétiques libérés des camps. Ce jour-là, et les deux suivants, Himmler passa d'un camp à l'autre avant d'être confronté à ses interrogateurs – qui avaient enfin établi son identité –, épuisé, certes, mais apparemment maître de soi et sans aucune émotion. Au fil des heures, il dut comprendre qu'il n'avait plus d'autre issue que le suicide. Ce n'était plus qu'une question de temps, et il s'efforça de retarder l'échéance. Quand il devint finalement évident qu'au cours d'une visite médicale on allait lui retirer sa capsule de poison dissimulée dans sa bouche, ce fut le moment : en mordant dans la capsule, il garda le contrôle, jusqu'au bout[169].

Bilan

Quel rôle joua le Reichsführer-SS Heinrich Himmler dans l'histoire du national-socialisme ? Comment mesurer sa part de responsabilité dans la « catastrophe allemande » ?

Ce sont les questions essentielles que je me suis efforcé de traiter dans cette biographie. Si, dans quelques-uns des chapitres, je me suis préoccupé de façon relativement détaillée de la personnalité d'Himmler, ce n'est pas parce que je suis parti du principe que l'on pouvait rattacher les crimes du Reichsführer à un problème de développement de la personnalité, à un traumatisme dans l'enfance ou à une socialisation dans un milieu prompt à la violence. Les réflexions psychanalytiques ne sont pas au centre de cette biographie historique. Mais, si cela nous permet de dégager une sorte de portrait de sa personnalité, cela peut nous aider – dans le sens d'un lien entre l'histoire des structures et l'histoire de sa vie – à mieux comprendre ses agissements politiques. On peut résumer l'image qui en découle comme suit :

Rien, dans l'enfance et la jeunesse d'Himmler dans un foyer parental catholique conservateur de la bourgeoisie universitaire wilhelminienne, ne laissait penser que l'homme qu'il deviendrait présenterait des traits de caractère manifestement anormaux. On ne trouve aucun indice de problème d'éducation particulier, d'une tendance marquée à la cruauté ou d'une agressivité significative. Et il serait tout aussi faux de voir dans un conflit père-fils qui puisait ses racines dans une éducation autoritaire la condition fondamentale du développement ultérieur d'Himmler. Certes, chez les Himmler, l'atmosphère était effectivement tendue, et le père tenait son fils sous sa coupe, jusqu'à contrôler la forme qu'il donna à son journal personnel – un empiétement sur les frontières privées qu'Himmler, par la suite, appliqua de diverses façons à ses SS. Toutefois, il ne semble pas que l'on puisse parler de rejet du père, à l'exception de modestes escarmouches. On ne constate pas non plus de différences politiques majeures entre les deux hommes.

Quand on cherche dans l'enfance et la jeunesse d'Himmler les clés de sa personnalité, on distingue d'abord ses propres faiblesses, évidentes, et surtout les contraintes qu'il s'imposa afin de les surmonter. Heinrich, physiquement fragile et souvent malade, était inhibé sur le plan émotionnel et adoptait un comportement social en retrait. Il souffrait d'un trouble de l'affect qui faisait qu'il lui était difficile d'établir des relations personnelles durables. Toute sa vie, Himmler dut lutter contre ces difficultés, et elles définissaient son comportement avec son entourage. Mais il apprit à compenser, voire à masquer ces déficiences. D'une part, par sa volonté rigide, imprimée dans son éducation, de parvenir à se contrôler et à se surmonter, d'autre part en s'habituant à adopter des modes de comportement et des manières sociales.

Pour Himmler, né en 1900, comme pour beaucoup de membres de sa génération, la Première Guerre mondiale représenta une césure lourde de conséquences. Himmler grandit dans ce que l'on appela la génération de guerre, qui avait vécu la guerre sans y prendre une part active. Bien qu'aspirant en 1918, il ne connut aucune véritable expérience militaire.

Il ne put faire ses preuves au combat, ce qui contribua considérablement à ce que le jeune Himmler, une fois rendu à la vie civile, continue à se référer à l'idéal du soldat. Il se vit dès lors avant tout comme un officier qui ne pouvait pas faire carrière. C'est ainsi que l'on peut expliquer sa décision d'entreprendre des études d'agronomie – choix caractéristique des officiers qui avaient quitté l'armée : des hommes qui se considéraient comme des combattants obligés d'apprendre un métier pour gagner leur vie en attendant les prochains grands conflits, tout en se livrant à toutes les activités paramilitaires.

Ce monde militaire, que l'on peut décrire par des mots comme la réserve, la froideur, la dureté, le professionnalisme, mais aussi l'ordre et la règle, convenait au jeune Himmler, peu sûr de lui. Il s'imagina en homme de guerre, image qui ne dépassa pas le cadre du fantasme. Dans l'après-guerre, tout en étant membre de diverses organisations paramilitaires, il ne prit part à aucun affrontement. Le fait qu'il n'y avait pas de place pour les femmes dans ce monde d'hommes rendait ce dernier encore plus attirant à ses yeux, lui qui éprouvait de sérieux problèmes à entrer en relation avec l'autre sexe. Soldat, Himmler était fermement décidé à ne pas céder aux tentations érotiques, et quand il en devenait la proie il s'efforçait de les refouler en faisant appel à des images de violence et de guerre, ou en se laissant aller à sa tendance au voyeurisme. Il compensait son manque d'expérience en ce domaine en se mêlant de la vie intime des autres, pulsions que l'on retrouve clairement dans sa fonction de Reichsführer-SS. Ce n'est que beaucoup plus tard qu'il perçut dans ce mode de vie, avec son isolement masculin et son célibat délibéré, un « danger » homosexuel – réflexion qui le troublait et ne fit que renforcer son homophobie latente.

Dans les premières années de l'après-guerre, Himmler vécut dans un monde coupé du réel, marqué par la sous-culture paramilitaire de l'époque en Allemagne. Il entra pour la première fois en contact avec la réalité de la République de Weimar en 1922 quand, en raison de l'inflation, il dut tirer un trait sur ses projets universitaires et, entre-temps diplômé en agronomie, accepter un poste d'assistant dans une usine d'engrais. C'est précisément à ce moment que débutent sa politisation et son engagement dans l'extrême droite. La radicalisation de la vie politique en Bavière dans les années 1922-1923, le rapprochement temporaire entre les conservateurs et les extrémistes de droite lui ouvrirent la voie vers le national-socialisme, alors qu'il estimait au départ faire plutôt partie du camp des nationalistes allemands. Cela dut s'imposer à lui davantage du fait de la forte présence du mouvement nazi dans le monde paramilitaire que par une attirance pour le parti en lui-même. À cette époque, son modèle était avant tout Ernst Röhm, et non Adolf Hitler. Ce n'est que dans les années 1923-1924 qu'il développa progressivement une vision du monde nationaliste bien définie, qui le poussa à s'écarter de la foi catholique. Il agrémenta les éléments essentiels de cette idéologie – l'antisémitisme, le nationalisme extrême, le racisme et l'antimodernisme – d'ingrédients occultes et de germanophilie sans mesure. Ainsi apparut une idéologie qui était à la fois utopie politique, univers romantique fantasmatique et substitut de religion.

Avec l'échec de la tentative de putsch du 9 novembre 1923, l'interdiction du parti qui en découla et la normalisation générale dans les secteurs politique et économique, Himmler, qui avait quitté son emploi, se retrouva dans une situation de faillite tant personnelle que politique. C'est alors, en 1924, que ce jeune homme de bonne famille décida de rester fidèle à la droite politique la plus radicale et d'y lier son avenir. Sa furieuse volonté de persévérer, sa vision de lui-même en tant que soldat et le fait qu'il n'avait que peu d'espoir de trouver un emploi peuvent expliquer pourquoi il s'engagea dans cette voie qui semblait sans issue à ce stade. On retrouve là un trait de caractère d'Himmler qui devint de plus en plus manifeste au fil de sa vie politique. L'échec ne l'amenait pas à renoncer ou à faire marche arrière, mais plutôt à poursuivre l'objectif qu'il s'était fixé, même s'il devait apprendre à le faire de façon extrêmement flexible et en s'adaptant aux équilibres du pouvoir du moment. Ce sont d'ailleurs ces facteurs de sa personnalité qui, dans les années difficiles que connut ensuite le NSDAP, lui permirent de tenir et purent laisser croire qu'il était fait pour jouer un rôle de « soldat » dans le cadre des activités paramilitaires du parti. Après quelques années passées en tant qu'agitateur au niveau régional, puis en tant que fonctionnaire subalterne du parti dans la centrale de Munich – toujours sous l'aile protectrice de son mentor Gregor Strasser –, il devint, en 1927, adjoint au chef de la Schutzstaffel, qui servait de garde aux personnalités du parti. Du point de vue de la direction du NSDAP, il était logique de rassembler entre les mêmes mains l'organisation des interventions des pontes du parti (dont se chargeait Himmler en tant qu'adjoint au directeur de la propagande) et leur protection. À ce poste, il fit enfin ses preuves, lui qui jusque-là n'avait jamais obtenu de résultats brillants et, au début de 1929, il fut nommé à la tête de la SS qui, à l'époque, n'avait presque aucune importance.

Dès qu'il en prit le contrôle, Himmler s'efforça de transformer la Schutzstaffel, qui ne comptait que quelques centaines de membres, en la deuxième organisation paramilitaire du mouvement nazi. Il sut tirer profit du conflit durable entre la direction du parti et la SA qui, par deux fois, à l'été 1930 et au printemps 1931, dégénéra en révoltes, surtout à Berlin. En ces deux occasions, Himmler mit la SS à disposition du parti en tant qu'instrument de protection fiable. Certes, la SS restait subordonnée à la hiérarchie de la SA avec à sa tête Ernst Röhm, l'autre mentor d'Himmler, mais celui-ci parvint à imposer la SS en tant que formation différente de la SA. Sa SS était disciplinée, elle n'exigeait rien du parti et, contrairement aux brutes de la SA, elle se concevait comme une élite, attitude qui trouvait entre autres son expression dans les critères de sélection raciale et les autorisations de fiançailles. Himmler considérait la SS comme l'avant-garde raciale d'une future politique du « sol et du sang », ambition qu'il étaya par son alliance avec Richard Walther Darré, expert des questions agraires et idéologue du peuplement au sein du parti. À l'idée d'une virilité brute et sans frein véhiculée par la SA, Himmler opposait le modèle sciemment « militaire » du SS qui, si possible, devait fonder une famille nombreuse. Signe de sa nouvelle orientation personnelle, lui qui jusque-là s'était rêvé en « lansquenet solitaire » eut une liaison avec Margarete Boden, son aînée de sept ans, qu'il épousa en 1928. En 1929 naquit leur unique enfant.

Comme le montre cette rapide revue des « années de formation » d'Himmler, les clichés habituels sur son caractère correspondent parfaitement à certains de ses traits en tant que Reichsführer. Ses contemporains le considéraient le plus souvent comme dépourvu d'émotions, froid et hautain. S'efforçant constamment de se prémunir contre ses émotions et son affect, et de contrôler son sentiment d'insécurité, il adopta un style de comportement réglé jusque dans ses moindres détails, laissant une impression creuse et impersonnelle. Il tentait donc de compenser le vide émotionnel qui en résultait en se laissant aller à des chimères utopiques et des spéculations quasi religieuses – ce que ses contemporains, eux, jugeaient soit « romantique », soit purement et simplement comme de la folie. Quoi qu'il en soit, jamais Himmler ne se laissa emporter par ses rêveries. Il fut au contraire en mesure, comme il le montra dès ses premières années en tant que Reichsführer, d'associer efficacement ses délires idéologiques à sa politique de pouvoir et d'utiliser à ses propres fins les affrontements internes du NSDAP, démontrant ainsi son profond intéressement. Tout ce qui l'arrangeait était autorisé. Compte tenu de l'arrière-plan de sa biographie, il ne faut pas s'étonner qu'il n'ait pas répugné à la violence. Depuis le début de la Première Guerre mondiale, Himmler aspirait à une confrontation militaire. Après avoir vécu la guerre pendant trois ans et demi depuis l'arrière, au début de 1918, à l'âge de dix-sept ans, il était entré dans l'armée bavaroise et s'était depuis toujours mû dans un milieu marqué par les militaires et la violence. Les troubles de l'après-guerre n'étaient selon lui que le prolongement de la situation de guerre, une chance de s'imposer désormais par la violence contre l'ennemi de l'intérieur. Il passa les quelques années de stabilité qui suivirent l'échec du putsch dans le milieu, paramilitaire, du radicalisme de droite. En tant que Reichsführer-SS, il se concevait donc comme un commandant en chef en pleine guerre civile, où tout recours à la violence était permis, y compris les assassinats politiques.

Himmler avait pris la direction de la SS au moment où le national-socialisme s'apprêtait à devenir rapidement un mouvement de masse, et en tant que Reichsführer-SS il ne pouvait manquer d'être lui aussi happé dans le sillage de cette formidable expansion. En l'espace de quatre ans, sa SS enfla jusqu'à compter 50 000 hommes. Dès lors, l'avenir d'Himmler fut étroitement lié à l'histoire plus générale du national-socialisme, une histoire qui peut être décrite comme une séquence rapide de processus dynamiques : prise de pouvoir, développement et affirmation du pouvoir, expansion, guerre d'extermination raciale, et enfin autodestruction progressive. Himmler l'homme politique fut profondément impliqué dans chacun de ces bouleversements historiques. Une explication purement biographique de son comportement politique s'avère alors tout à fait insuffisante. Nous sommes maintenant face à des processus politiques complexes que l'on ne saurait réduire à la psychologie des acteurs.

Quand on reconstitue cette carrière en détail, on voit dans quelle mesure Himmler a marqué ses diverses fonctions de sa personnalité. C'est en ce sens qu'il faut par exemple appréhender son style très particulier de gestion, qui pénétrait jusqu'à la vie privée de ses hommes et de leur famille. Himmler se concevait en éducateur de ses SS, en figure du père. Il exigeait désormais de ses officiers « l'obédience » qui le rattachait lui-même au foyer parental. Il pouvait donner libre cours à ses penchants de voyeur et de manipulateur en se mêlant de leur vie intime. Dans le même temps, il s'efforçait de calquer sur toute la SS sa vision de lui-même en tant que « soldat ». Les membres de la SS ne devaient pas fraterniser comme une association de camarades, ils devaient se soumettre à une discipline de fer et appliquer les mêmes modes de comportement froids et humbles que ceux derrière lesquels Himmler dissimulait ses propres inhibitions.

Et quand il insistait avec emphase sur l'ambition de diriger sa SS selon des principes moraux particuliers, brandissant régulièrement son « catalogue de vertus », le rapport avec son propre caractère est évident. Au début de leur relation, il avait confié à sa fiancée qu'il aurait voulu parfois se montrer « indigne », qu'il aurait voulu s'affranchir de son carcan de règles, de maximes et de contrôles. La SS allait lui en donner la possibilité. Afin de masquer la contradiction entre ses grandes ambitions morales et ses pulsions les plus sombres, il fallait à tout prix préserver la façade de la vertu, de cette quête perpétuelle de la « dignité ». Cette double morale valait autant pour Himmler lui-même que pour ses SS.

Les tentatives d'Himmler pour garantir la cohésion de « l'ordre » à l'aide d'un culte particulier à la SS et consolider leur statut élitiste de gardiens du Graal national-socialiste révèlent tout autant ses faiblesses personnelles. Himmler lui-même avait besoin de symboles, d'insignes, de mythes et de lieux de culte, de fêtes et de rituels, autant pour sa propre orientation que pour exprimer son univers de fantasmes et le partager, aussi imparfaitement que ce soit. L'incroyable fragilité et le caractère artificiel de ce culte où Himmler jouait constamment le rôle de maître de cérémonie reflètent involontairement la conscience qu'il avait de lui-même.

Au fur et à mesure, l'homme et la fonction se confondirent. Vie privée et vie professionnelle furent de plus étroitement mêlées. Les frères et les amis entrèrent dans la SS, tandis qu'Himmler traitait ses SS comme les membres de sa propre famille. Il se préoccupait de leur vie de famille, de leur état de santé, de leurs dettes ou de leur consommation d'alcool. Et quand il décida de mettre un terme à son couple et de vivre une nouvelle relation, il recommanda à ses hommes de contracter un « deuxième mariage » et de faire des enfants illégitimes.

Mais surtout sa position au sein de l'État nazi semble lui avoir donné la possibilité de transformer ses rêves et ses ambitions, qui l'animaient depuis longtemps sur le plan personnel, en une réalité politique à grande échelle : la libération des entraves de la religion chrétienne et de la morale ; la revalorisation de la procréation et du couple du point de vue de la sélection raciale ; une carrière d'officier et de chef de guerre ; la création d'une idéologie sur mesure en guise de substitut de religion ; et enfin la résurrection d'un monde germanique oublié et en particulier l'élimination des « sous-hommes » honnis, condition indispensable à la réalisation de cette utopie.

Au fil du temps, il se ménagea une position de pouvoir déterminée par ses choix personnels, ses préférences et ses qualités spécifiques. Himmler était tout sauf un fonctionnaire ou un bureaucrate interchangeable. Il serait plus juste de décrire l'extension progressive de ses fonctions comme un exemple extrême de personnalisation totale du pouvoir politique. On ne peut expliquer ce phénomène que par les structures de domination particulières du nazisme et la dynamique qu'elles impliquaient. La domination charismatique du Führer, l'absence de droits et de règles de ce système, le besoin constant d'adapter les structures du pouvoir aux changements d'objectif politique, tout cela eut pour conséquence que de grandes portions de l'appareil de pouvoir furent attribuées sciemment à certaines personnes, certes immédiatement liées au Führer. Ces personnes de confiance jouirent néanmoins de formidables marges de manœuvre dans l'exécution des diverses missions qui leur étaient confiées.

Dans le cas d'Himmler, on peut reconstituer une succession de phases relativement distinctes dans sa carrière politique, phases au cours desquelles il proposa à chaque fois de nouvelles idées à la SS. C'était sa façon de réagir aux bouleversements du régime, auxquels il participa, sans jamais pouvoir ni les gouverner ni les contrôler dans leur totalité.

En 1933, il prétendit d'abord se contenter du poste de chef de la police politique en Bavière. Il sut profiter entre autres du conflit qui atteignit son paroxysme en 1933-1934 entre la direction du parti et l'État, d'une part, et avec la SA de l'autre. Il réussit ainsi à se présenter comme un allié fiable et, en un temps relativement court, il devint chef des polices politiques des autres Länder, et enfin de tout le Reich. Le succès de la décapitation de la hiérarchie SA – dont furent victimes, parmi d'autres, ses anciens mentors Röhm et Strasser – conforta considérablement la position de la SS, ne laissant aucun doute quant à sa fidélité envers Hitler. À partir de cette position, Himmler put développer un programme ambitieux pour la direction de l'ensemble de la police, qu'il souhaitait fusionner avec la SS en un « Corps de protection de l'État », une fois qu'Hitler l'eut nommé chef de la police allemande en 1936.

Quand, à la fin des années 30, le Troisième Reich entra dans une phase d'expansion, il se fixa de nouvelles priorités. Outre le peuplement et la sélection raciale de la population dans les territoires à « germaniser », il développa la Waffen-SS, intervint dans la politique de répression dans les régions occupées et initia une politique de massacres racistes systématiques. Entre 1938 et 1940, il obtint une nouvelle série de compétences, mais subit également plusieurs revers cuisants. Ainsi son échec dans l'affaire Fritsch et les critiques qu'il essuya de la part de la Wehrmacht face aux atrocités commises par la SS en Pologne, et aussi à cause de son projet dit de reproduction. Dans les pays nouvellement conquis dans le nord et l'ouest de l'Europe, les choses ne se passèrent pas comme il l'avait espéré non plus. Quant à son gigantesque programme de déplacement de population en Pologne, il se retrouva au point mort.

Avec l'offensive contre l'Union soviétique, il put espérer être sorti de cette période de stagnation. Durant l'été 1941, c'est incontestablement lui qui prit l'initiative d'étendre les exécutions des Juifs « suspects » par ses Einsatzgruppen pour en faire un génocide de la minorité juive dans tous les territoires occupés, pensant ainsi agir en accord avec les plans à long terme d'Hitler. Par cette initiative, il réagissait aussi à une nouvelle défaite : son repli dans le secteur de la politique d'occupation à l'est, à la mi-juillet. En tirant parti des missions de la police dans l'entreprise de génocide, il calcula qu'il pourrait garantir à la SS des missions beaucoup plus vastes, comme imposer aux régions conquises un programme titanesque de déplacement, de colonisation et d'extermination. Dans son optique, l'assassinat des Juifs n'était que la première étape vers un nouvel ordre racial beaucoup plus étendu.

Pendant l'automne et l'hiver 1941, Himmler joua un rôle clé dans l'aggravation des persécutions contre les Juifs par la préparation des premières vagues de déportations et l'inclusion de nouvelles régions d'Europe de l'Est dans le programme génocidaire. Cela aussi masquait des considérations qui allaient bien au-delà de « l'élimination » des Juifs : au plus fort de la politique de conquête nazie, il remplaça l'idée d'un Reich germanique par celle d'un grand empire germanique.

Au printemps 1942, il crut le moment arrivé de concrétiser cet objectif. Il élargit l'Holocauste à de nouveaux groupes de victimes juives. Ce fut d'abord tout le territoire de la Pologne occupée, puis, très vite – l'attentat contre Heydrich ayant pesé d'un grand poids dans l'affaire –, l'Europe entière qui furent engloutis dans le projet d'extermination massive. Immédiatement après ces décisions, prises essentiellement entre avril et juin 1942, il prépara, jusqu'en septembre 1942, le terrain en vue d'imposer un ordre nouveau à l'ensemble du continent européen, le tout sous la direction de la SS. Il se vit confier la charge de la « lutte contre les bandes » dans les pays occupés, fit mettre en œuvre un plan de colonisation de l'espace dominé par l'Allemagne, offrit à la Waffen-SS de nouvelles possibilités de recrutement, s'efforça d'intégrer les « pays germaniques » dans le nouveau Reich, prévit le développement de son propre complexe industriel, s'attaqua à l'élimination systématique des éléments « asociaux » et fit du slogan « l'anéantissement par le travail » la devise de l'expansion du système concentrationnaire.

La succession de victoires militaires remportées par la Wehrmacht depuis 1939 l'incita à réviser son jugement et à réduire à quelques années l'avènement de son grand empire germanique, tâche qui, pensait-il à l'origine, nécessiterait des générations. En 1942, il put croire que le moment était venu, pour sa SS et lui, de concrétiser sur-le-champ ce qui n'avait été que des représentations utopiques. Cette accélération brutale des processus historiques sous sa férule, ainsi que l'espoir de pouvoir transformer rapidement des utopies en réalité me semblent être des facteurs tout à fait décisifs si l'on veut expliquer son comportement en tant qu'exécuteur de la Solution finale et organisateur des plans grandioses de l'ordre nouveau. Jusque-là, il avait réussi à accomplir tout ce qu'il avait voulu. Rien ni personne ne semblait en mesure de l'arrêter.

Pourtant, très vite, à la fin 1942, le sort des armes changea de camp, et Himmler fut contraint de réviser à la baisse ses conceptions grandiloquentes. Quand on s'intéresse de plus près aux divers projets qu'il lança en 1942, on s'aperçoit que la plupart ne tardèrent pas à échouer. Ses nouveaux projets de colonisation ne furent jamais complètement réalisés, ou se terminèrent par un fiasco. Son idée d'établir des têtes de pont dans les « pays germaniques » par le biais d'alliance, avec les forces locales de la collaboration, n'aboutit à rien ou presque. Jamais il ne put disposer de sa propre industrie d'armement. La « lutte contre les bandes » s'avéra une entreprise désespérée. Les recrutements abondants d'Allemands d'origine dans la Waffen-SS affaiblirent la position des minorités germanophones dans le Sud-Est de l'Europe, et celui de volontaires de « peuples étrangers » n'obtint que des résultats le plus souvent négatifs.

Il se concentra alors sur le domaine qui était toujours au cœur de son pouvoir : l'exercice de la violence et de la terreur, grâce auxquelles il comptait garantir la « sécurité » dans l'espace que dominait encore l'Allemagne nazie. En prenant de nouvelles fonctions – en particulier celle de ministre de l'Intérieur du Reich et celle de commandant en chef de l'armée de réserve –, il détenait vers la fin de la guerre l'essentiel des moyens de répression de l'État nazi.

Mais il ne put jamais mettre fin aux mouvements de résistance dans les pays occupés. Il faut d'ailleurs reconnaître qu'il ne développa jamais de position cohérente sur les moyens nécessaires pour y parvenir. En Allemagne, la situation était tout autre. Il réussit en effet à accomplir dans l'ensemble la mission qu'il s'était prioritairement fixée dès 1937 : la maîtrise de ce qu'il avait appelé le « théâtre des opérations intérieur ». Ce succès se maintint à peu près jusqu'à la capitulation en mai 1945. Le Troisième Reich ne s'est pas effondré de l'intérieur, mais sous les coups des armées alliées. Cette prolongation de son existence, qui coûta la vie à des millions de victimes, doit essentiellement être attribuée à Heinrich Himmler.

Dans la dernière phase du conflit, il tenta une nouvelle fois de redéfinir son rôle au sein du Troisième Reich : il voulut jouer les intermédiaires honorables qui, pour des raisons prétendument humanitaires, souhaitait ouvrir la voie à un traité de paix. Il chercha à entrer en contact avec les Alliés occidentaux par l'entremise de pays neutres, en proposant les prisonniers des camps de concentration comme monnaie d'échange. Il alla même jusqu'à prendre contact avec des organisations juives – entreprise absurde, qui souligne sa tendance à l'illusionnisme politique aussi bien que sa volonté de s'adapter à toutes les circonstances. Quand il échoua et qu'il se retrouva en butte à la colère du Führer, il se réfugia dans une activité frénétique, sans pouvoir empêcher l'effondrement tant intérieur qu'extérieur.

Dans tout cela, une chose paraît remarquable : la capacité d'Himmler, au fil de la dictature nazie, à avancer des conceptions globales différentes de l'appareil de pouvoir qu'il régissait tout en parvenant toujours à confier des missions qui, du point de vue du régime, étaient justifiées sur le plan aussi bien idéologique que politique. Il veilla certes méticuleusement à obtenir l'approbation d'Hitler pour chacune des nouvelles compétences qu'il s'arrogea, mais c'est lui qui sut méthodiquement transformer ces extensions au coup par coup en un système cohérent. Il accrut ainsi successivement ses responsabilités, jusqu'à devenir sans aucun doute, à la fin de la guerre, l'homme politique le plus puissant du régime après Hitler.

Pourtant, on ne saurait interpréter la carrière d'Himmler que comme un recyclage perpétuel de principes idéologiques. Une constante se retrouve dans ses réflexions et ses actes – le leitmotiv de la lutte éternelle entre les héros « germaniques » et les sous-hommes « asiatiques ». Mais cette vision du monde était si générale, si vague, qu'il pouvait l'adapter de façon très diverse à la situation politique du moment. Cette flexibilité, qui lui permettait d'associer l'idéologie à la politique du pouvoir, était véritablement sa force.

La politique nazie, il faut le souligner en conclusion, dut en grande partie sa force explosive et sa dynamique à la façon dont Heinrich Himmler intégra l'appareil policier, le système concentrationnaire, la sélection raciale, la politique de colonisation, la lutte contre les partisans, les programmes de travaux forcés ainsi que la mobilisation de « Germains » et d'« Allemands d'origine ». Cela aboutit à l'avènement d'un complexe de la SS et de la police dont la cohésion interne et l'étendue n'ont de sens qui si l'on s'intéresse à l'homme qui a rassemblé toutes ces compétences. Si, dans les années 30, Himmler avait été remplacé par quelqu'un d'autre, cette connexion spécifique, extrêmement dangereuse, entre ces diverses compétences n'aurait jamais vu le jour. Si ces missions étaient restées le fait de responsabilités distinctes entre des mains différentes, la politique du régime n'aurait pas pu se développer de la même façon, avec l'effet terrifiant que l'on sait.

Une vue d'ensemble de l'empire d'Himmler, de ses idées et de ses utopies montre bien en outre qu'il avait accumulé un potentiel destructeur qui allait bien au-delà des catastrophes effectivement provoquées par le national-socialisme. Car le massacre systématique des Juifs d'Europe, que le nom même d'Himmler incarne aujourd'hui, n'était pas à ses yeux l'objectif final de sa politique, mais seulement le point de départ de projets encore plus gigantesques, afin d'imposer dans le sang un « ordre nouveau » au continent européen.

Remerciements

Ce livre a vu le jour au cours des dix dernières années – interrompu par d'autres travaux – et dans des endroits divers : à Londres, à Munich, mais aussi à Washington, Francfort et Essen, et presque partout où j'ai séjourné durant cette période.

Je dois en premier lieu remercier mes collègues et mes étudiants du Royal Holloway College de l'université de Londres qui, une fois de plus, se sont montrés disposés à rendre ce travail possible en m'accordant généreusement de la place pour mes recherches. Toute une série d'institutions m'ont apporté un soutien essentiel, au moyen de bourses et de séjours, et m'ont offert des possibilités d'échanges au sujet de mes recherches : le Centre d'études avancées sur l'Holocauste au Musée mémorial de l'Holocauste américain, l'Institut Fritz Bauer à Francfort ainsi que l'Institut des sciences culturelles d'Essen.

J'ai eu en outre l'occasion, ces dernières années, de présenter des aspects de mon travail alors en cours dans plusieurs endroits, en particulier les universités de Fribourg, Stanford, Exeter, Oxford et Londres (German History Seminar), le site historique de la villa Ten Hompel à Munich, le centre de documentation du Wewelsburg et l'Imperial War Museum de Londres.

Par ailleurs, j'ai pu mener des discussions intensives avec un groupe de psychanalystes de Hambourg et un cercle de travail de psychothérapeutes de Cologne. Ces tables rondes ont eu une influence considérable en termes de temps sur mon travail au sujet d'Himmler. Je remercie tous les participants : Christiane Adam, Sabine Brückner-Jungjohann, Petra Demleux-Morawietz, Gundula Fromm, Beata Hammerich, Ulrich Knocke, le docteur Bärbel Kreidt, Rita Krull-Wittkopf, Johannes Pfäffin, le docteur Peter Pogany-Wnendt, Erda Siebert, Dirk Severing, le docteur Bernd Sonntag et Matthias Wellershoff.

Le docteur Andreas Kuntz, directeur de l'office des archives fédérales à Ludwigsburg, a porté à mon attention l'existence des Mémoires du colonel Eismann, le collaborateur militaire d'Himmler au quartier général du groupe d'armées de la Vistule. Christa Schmeisser, chef de département de la direction générale des archives bavaroises, s'est chargée de la transcription des journaux d'Himmler et d'une partie de sa correspondance. M. le ministre Alois Schmidmeier m'a été d'une aide précieuse pour déchiffrer certains passages en abrégé dans les lettres d'Himmler. Je leur adresse mes remerciements, ainsi qu'aux collaboratrices et collaborateurs de toutes les archives et institutions qui m'ont soutenu dans mon travail.

Je remercie chaleureusement Thomas Rathnow et Tobias Winstel, des éditions Siedler, et tous leurs collaborateurs pour leur soutien et surtout leur formidable patience. Mes remerciements également à mon agent Andrew Wylie.

Le lecteur ne saura jamais le travail incommensurable accompli par ma lectrice Andrea Böltken. Je l'en remercie ici tout particulièrement.

Munich et Londres, juillet 2008.

Abréviations

AA	Auswärtiges Amt (ministère des Affaires Étrangères)
ADAP	*Akten zur deutschen auswärtigen Politik 1938-1945*
AP Lodz	Archivum Pantstowe Lodz
ATB	Carnet de travail d'Himmler (BAK, NL 1126)
BAB	Bundesarchiv (archives fédérales), Berlin
BADH	Bundesarchiv (archives fédérales), Dahlwitz-Hoppegarten
BAK	Bundesarchiv (archives fédérales), Coblence
BAM	Bundesarchiv/Militärachiv, Freiburg (archives fédérales, archives militaires, Fribourg)
BDO	Bund Deutscher Osten
BdS	Befehlshaber der Sicherheitspolizei (commandant de la police de sécurité)
BHStA	Bayerisches Hauptstaatsarchiv, München (archives d'État de Bavière, Munich)
BVP	Bayerisches Volkspartei
CDJC	Centre de documentation juive contemporaine
DAF	Deutsche Arbeitsfront
DDP	Deutsche Demokratische Partei
DeVlag	Deutsch-Vlämische Arbeitsgemeinschaft
DNSAP	Danmarks Nationalsocialistiske Arbejderparti
DVA	Deutsche Versuchsanstalt für Ernährung und Verpflegung
DVP	Deutschenationale Volkspartei
EM	Ereignismeldungen UdSSR (BAK, R 58/214-221)
EWZ	Einwandererzentralstelle Lodz
Gestapa	Geheimes Staatspolizeiamt
Gestapo	Geheime Staatspolizei
GG	Generalgouvernement
GStA	Geheimes Staatsarchiv, Berlin
HSSPF	Höherer SS- und Polizeiführer
IfZ	Institut für Zeitgeschichte, München (Institut d'histoire contemporaine de Munich)

IKL	Inspektion der Konzentrationslager
IMT	*International Military Tribunal*
KAM	Kriegsarchiv München (Archives de guerre de Munich)
KL	Konzentrationslager (camp de concentration)
KPD	Kommunistische Partei Deutschlands
KTB	Kdostab RFSS (état-major du RFSS)
	Journal de guerre de l'état-major du RFSS
KTB Pol. Btl.	Journal de guerre du bataillon de police
KZ	Konzentrationslager (camp de concentration)
Leseliste	Listes de lectures d'Himmler (BAK, NL 1126/9)
LG	Tribunal régional
MbliV	*Ministerialblatt für die preussische innere Verwaltung*
NARA	US National Archives and Records Administration, Washington, D.C.
NLA, StA Bückeburg	Niedersächsisches Landesarchiv, Staatsarchiv Bückerburg (archives du Land de Basse-Saxe, archives d'État de Bückerburg)
NSDAP	Nationalsozialistiche Deutsche Arbeiterpartei
NSKK	NS-Kraftfahrerkorps
NSV	Nationalsozialistiche Volkswohlfahrt
OA Moskau	Osobyi Archiv Moskva (archives spéciales de Moscou)
OKH	Oberkommando des Heeres (haut commandement de l'armée)
OKW	Oberkommando der Wehrmacht (haut commandement de la Wehrmacht)
PAA	Politisches Archiv des Auswärtigen Amtes, Berlin (archives politiques du ministère des Affaires étrangères, Berlin)
PrGS	Preussische Gesetzsammlung
PRO	Public Record Office, London
RAM	Reichsaußenminister (ministre des Affaires étrangères du Reich)
RFSS	Reichsführer
	RFSSuChdDtPol
	Reichführer-SS und Chef der Deutschen Polizei
RGBI	Reichsgesetblatt
RKF	Reichskommissar für die Festigung deutschen Volkstums
RMBliV	*Ministerialblatt des Reichs- und Preußischen Ministeriums des Innern*
RSHA	Reichssicherheitshauptamt
Rus	Rasse und Siedlung
RuSHA	Rasse- und Siedlunghauptamt
SA	Sturmabteilung
SD	Sicherheitsdienst der SS
Sipo	Sicherheitspolizei
SPD	Sozialdemokratische Partei Deutschlands
SS	Schutzstaffel
SSPF	SS- und Polizeiführer
StA Marburg	Staatsarchiv Marburg (archives d'État de Marburg)
StA München	Staatsarchiv München (archives d'État de Munich)

StAnw München	Staatsanwaltschaft München (ministère public de Munich)
Stapo	Staatspolizei
TB	Carnet d'Himmler (BAK, NL 1126)
USHMM	US Holocaust Memorial Museum, Washington, D.C.
USPD	Unabhängige Sozialdemokratische Partei Deutschlands
UWZ	Umwandererzentralstelle
VDA	Volksbund für das Deutschtum im Ausland
VNV	Vlaamsch National Verbond
VOGG	*Verordnungsblatt für das Generalgouvernement*
VoMi	Volksdeutsche Mittelstelle
WVHA	Wirtschafts- und Verwaltungshauptamt
YIVO	Institute for Jewish Research, New York
YV	Yad Vashem, Jerusalem
ZStA Potsdam	Zentrales Staatsarchiv Potsdam (archives centrales d'État de Potsdam)
	Zentrales Stelle Ludwigsburg (bureau central de Ludwigsburg)

Catalogue des archives utilisées

Archiv der deutschen Jugendbewegung, Witzenhausen

	Documents sur les *Artamanen*

Bayerisches Hauptstaatsarchiv, München (BHStA)

StK	Staatskanzlei (Chancellerie de l'État)
MA	Ministerium des Äußeren (ministère de l'Extérieur)
	Reichsstatthalter Epp

Bundesarchiv, Abt. Berlin (BAB)

BDC	Research
BDC	SS-O-Akten
	Ancienne collection Schumacher
NS2	SS-Rasse- und Siedlunghauptamt
NS3	SS-Wirtschaftsverwaltungs-Hauptamt
NS6	Partei-Kanzlei der NSDAP (Chancellerie du NSDAP)
NS7	Juridiction de la SS et de la police
NS10	Adjutantur des Führers
NS15	Der Beauftragte für die gesamte weltanschauliche Erziehung der NSDAP
NS18	Reichspropagandaleitung
NS19	Persönlicher Stab Reichführer-SS
NS21	Ahnenerbe
NS23	SA
NS31	SS-Hauptamt
NS33	SS-Führungshauptamt
NS47	Allgemeine SS
R 2	Reichsfinanzministerium
R 3	Reichsministerium für Rüstung und Kriegsproducktion
R 6	Reichsministerium für die besestzten Ostgebiete
R 8	Reichsstellen für die gewerbliche Wirtschaft
R 18	Reichsinnenministerium
R 19	Ordnungspolizei

R 20 Einheiten der Ordnungspolizei (unités de l'Orpo)
R 22 Reichsjustizminiterium (ministère de la Justice du Reich)
R 43 II Reichskanzlei (Chancellerie du Reich)
R 49 Reichskommissar für die Festigung Deutschen Volkstums
R 58 Reichssicherheishauptamt
R 69 Einwandererzentralstelle (Bureau central de l'immigration)
R 70 Besestzte Gebiete (Territoires occupés)
R 75 Umwandererzentrale Posen (Bureau de l'immigration de Poznan)
R 92 Generalkommissariat Lettland (Commissariat général Lettonie)
R 113 Reichsstelle für Raumordnung (Bureau de l'aménagement du Reich)
R 1501 Reichsministerium des Innern (ministère de l'Intérieur du Reich)
R 3001 Reichsjustizministerium (ministère de la Justice du Reich)
Bundesarchiv, Abt. Dahlwitz-Hoppegarten (BADH)
Collections ZB, ZM, ZR
Bundesarchiv, Abt. Koblenz (BAK)
NL 1094 Fonds Darré
NL 1126 Fonds Himmler
NSD Publications nationales-socialistes (SS)
Bundesarchiv/Militärachiv, Freiburg (BAM)
M 806 Copies des archives militaires de Prague
N 265 Notes du colonel Eismann
RH 2 OKH
RH 20-11 Armeeoberkommando 20
RH 22 Commandant en chef de l'arrière
RH 31-I Mission militaire allemande en Roumanie
RS 3 Brigades, unités de combat et unités de la Waffen-SS
RW4 État-major général de la Wehrmacht
Centre de documentation juive contemporaine, Paris (CDJC)
Documents sur la politique d'occupation allemande en France (en copies à Yad Vashem)
Geheimes Staatsarchiv (GStA)
Rep 90 Preußisches Staatsministerium
Hoover Institution Archives, Stanford
Himmler Collection
Institut für Zeitgeschichte, München (IfZ)
Dc Documents de la SS et de la police
ED Documents juridiques
Fb Documents juridiques
Rapport annuel du Bureau V du RSHA
MA Microfilms
MB Microfilms du tribunal de Nuremberg
Documents de Nuremberg des séries NG, NI, NO, NOKW
Chancellerie du parti : ordonnances
Z S témoignages écrits
Institute for Jewish Research, New York (YIVO)
Occ Berlin Collection

Archives de guerre de Munich (KAM)
Dossiers personnels de Heinrich Himmler
Osobyi Archiv Moskva (OA Moskau)
Dossiers d'Himmler
Fonds 500
Fonds 504
Fonds 1323
Politisches Archiv des Auswärtigen Amtes, Berlin (PAA)
Bureau du secrétaire d'État
Dossiers Luther
Intérieur IIg
Public Record Office, London (PRO)

FO	Foreign Office
HW	Government Code and Cypher School
Prem	Prime Minister's Office
WO	War Office

Ministère public auprès du tribunal de Munich I (StAnw München)
Archives
Staatsarchiv München (StA München)
Direction de la police de Munich
Ministère public
Justice
Staatsarchiv Marburg (StA Marburg)
Landratsamt Eschwege
Stadtarchiv München
Rat Nr. 458/3 (dossiers Fiehler)
Universitätsarchiv München
Stendentenakten
US Holocaust Memorial Museum, Washington, D.C. (USHMM)

A.000786	Manuscrit Masur
Acc. 1999.A. 00092	
	Journal de Margarete Himmler
RG 15	Poland
RG 48	Czech Republic

US National Archives and Records Administration, Washington (NARA)

T 580	Ahnenerbe
T 175	Reichsführer

Yad Vashem Archives, Jerusalem (YV)

O 53	Gestapo Mährisch-Ostrau
M 12	Centre de documentation juive contemporaine
M 36	Archives militaires
M 58	Archives d'État de Prague

Zentrale Stelle Ludwigsburg (ZStL)
Archives
Documentation

ÉQUIVALENCE DES GRADES DE LA SS

Reichsführer-SS : grade réservé à Heinrich Himmler, chef suprême des SS. Ce grade correspond à maréchal dans la Wehrmacht.
SS-Oberstgruppenführer : général d'armée
SS-Obergruppenführer : général de corps d'armée
SS-Gruppenführer : général de division
SS-Brigadeführer : général de brigade
SS-Oberführer : grade spécifique à la SS, intermédiaire entre colonel et général
SS-Standartenführer : colonel
SS-Obersturmbannführer : lieutenant-colonel
SS-Sturmbannführer : commandant
SS-Hauptsturmführer : capitaine
SS-Obersturmführer : lieutenant
SS-Untersturmführer : sous-lieutenant
SS-Sturmscharführer : major
SS-Hauptscharführer : adjudant-chef
SS-Oberscharführer : adjudant
SS-Scharführer : sergent-chef
SS-Unterscharführer : sergent
SS-Rottenführer : caporal-chef
SS-Sturmmann : caporal
SS-Oberschütze / SS-Obermann : soldat de 1re classe
SS-Schütze / SS-Mann : soldat de 2e classe
SS-Anwärter
SS-Bewerber

Notes

Prologue

1. Himmler et ses compagnons avaient été appréhendés par deux soldats soviétiques libérés d'un camp de prisonniers de guerre, qui avaient été recrutés pour renforcer une patrouille britannique. Voir *Les Derniers Jours de Heinrich Himmler. Nouveaux documents des archives des services de sécurité fédéraux*, rassemblés et présentés par Boris Tchavkine et A. M. Kalganov, in *Forum für osteuropäische Ideen- und Zeitgeschichte* 4 (2000), p. 251-284.

2. Au sujet du séjour d'Himmler dans le camp 31, voir le rapport rédigé par Selvester à la demande des biographes d'Himmler, Roger Manvell et Heinrich Fraenkel, en 1963, que les deux auteurs ont utilisé pour leur ouvrage, *Himmler : Kleinbürger und Massenmörder* (*Himmler, petit-bourgeois et génocidaire*), Herrsching 1981, p. 227 et s. Selvester avait mis son rapport à la disposition du département des relations publiques du War Office, avant de la transmettre à Manvel et Fraenkel. Le passage sur la possibilité d'injecter une drogue à Himmler y a été rayé (PRO, WO 32/19603). Le rapport, rédigé près de vingt ans après les faits, comporte quelques inexactitudes, en particulier dans le déroulement chronologique, comme le montre la comparaison avec le rapport de Smith, principal officier responsable des interrogatoires, rédigé le 23 mai 1945, et avec le communiqué de la 2e armée britannique sur l'incident, daté du 24 mai 1945 (PRO, WO 208/4431).

3. *Ibid.* War Diary, Second Army Defence Company, 23 mai 1945.

4. *Ibid.* War Diary, Second Army Defence Company, 26 mai 1945. Pour l'emplacement de la tombe, voir un autre rapport dans ce dossier.

Enfance et jeunesse

1. Lettres de lecteurs, *Süddeutsche Zeitung*, 9-10 août 1980.

2. *Ibid.*, lettre de lecteur.

3. BAK, NL 1126/26, table généalogique de la famille Kiene, réalisée par Gebhard Himmler, septembre 1921. Agathe Kiene vécut de 1833 à 1916. Au sujet de l'histoire familiale des Himmler, voir Bradley F. Smith, *Heinrich Himmler 1900-1926. Sein Weg in den deutschen Faschismus*, Munich, 1979, p. 23 et s.

4. Dans *Amtlichen Verzeichnis des Personals der Lehrer, Beamten und Studierender an der Königlich-Bayerischen Ludwigs-Maximilians-Universität zu München*, il est inscrit comme étudiant du semestre de l'hiver 1884-85 au semestre d'été 1890. Il est également signalé qu'il a interrompu ses études du semestre de l'hiver 1888-89 au semestre d'été 1890.

5. C'est la petite-nièce de Heinrich Himmler, Katrin Himmler, qui a retrouvé les informations sur ce séjour en Russie dans la tradition familiale. Voir Katrin Himmler, *Die Brüder Himmler. Eine deutsche Familiengeschichte*, Francfort, 2005, p. 35.

6. D'après les archives de la maison Wittelsbach, il ne reste aucune trace de cette activité de précepteur (BHStA, sect. III).

7. *Blätter für das Gymnasial-Schulwesen*, 33 (mai-juin 1897), p. 528. Dans le *Festschrift zur Vierhundert-Jahr-Feier des Wilhelms-Gymnasiums, 1559-1959*, Munich, 1959, p. 57, Himmler est référencé comme enseignant dans ce lycée des années 1894 à 1902. D'après Himmler, *Brüder Himmler*, p. 37, il enseigna au Ludwigsgymnasium à partir de 1890, et travailla comme précepteur à partir de 1893.

8. BAK, NL 1126/26, tableau généalogique de la famille Heyder, réalisé par Gebhard Himmler, 1931. Anna Maria Heyder était née le 19 janvier 1866. Son père, Franz Alois Heyder, né le 22 juillet 1810 à Abensberg (Basse-Bavière), mourut le 17 avril 1872. Ses ancêtres, dont on peut retrouver la trace jusqu'au XVIe siècle, étaient gardes forestiers. En 1839, Alois Heyder avait épousé une veuve de dix-huit ans son aînée, avant de convoler avec Anna Hofritter, qui avait quatorze ans de moins que lui, et fut donc la grand-mère maternelle d'Himmler. Voir Smith, *Himmler*, p. 29.

9. Himmler, *Brüder Himmler*, p. 38, mentionne la somme de 300 000 marks-or, ce qui, pour l'époque, était une fortune considérable. Pourtant, à en juger par l'existence des Himmler sur le plan matériel, on peine à croire qu'ils aient disposé des revenus confortables de cette fortune en dehors des émoluments de fonctionnaire de Gebhard.

10. BAK, NL 1126/1, lettre de remerciement de Gebhard Himmler au prince Heinrich pour avoir accepté d'être parrain, 21 juin 1900, faire-part de naissance du 8 octobre 1900 et lettre du 19 octobre 1900 se rapportant au baptême. Voir Smith, *Himmler*, p. 38 et s.

11. *Ibid.*, p. 30 et s.

12. Par exemple, dans une lettre d'adieux adressée à sa femme, qu'il avait pris la précaution de rédiger avant un voyage en Grèce en 1910 (Himmler, *Brüder Himmler*, p. 48). Le journal de Heinrich montre que la famille se rendait régulièrement à la messe. Les carnets d'Himmler qui ont été préservés, y compris ceux qu'il tint pendant ses vacances en 1910 et 1911 (Lengries), 1912 (Lindau) et 1913 (Brixlegg) (fonds Himmler, BAK, NL 1126/6) se trouvent sous forme de microfilms à la Hoover Institution, université de Stanford. Nous les citerons dorénavant TB.

13. Himmler, *Brüder Himmler*, p. 46 et s, le déduit de la tradition familiale, par exemple des lettres d'adieux qu'Himmler père écrivit par prudence en 1910 à Gebhard et Ernst.

14. Smith, *Himmler*, p. 46 et s. ; TB, 18 septembre 1915.

15. BAK, NL 1126/1, Gebhard Himmler, Schulnotizen unserer lieben Kinder ; voir Smith, *Himmler*, p. 43.

16. Himmler, *Brüder Himmler*, p. 46 et s.

17. Ils résidèrent tout d'abord dans la demeure des Braut, au 13 de la Sternstrasse, au premier étage (*Adressbuch für München 1898*). À cette adresse se trouvait également

Agathe Himmler, veuve du fonctionnaire de district. En 1900 et 1901, la famille habita au deuxième étage du 6, Hildegardestrasse. À partir du 1er avril 1901, au troisième étage du 5, Liebigstrasse (*Adressbuch für München 1900 und 1901*). Voir Smith, *Himmler*, p. 39.

18. *Ibid.*, p. 50.

19. Cette correspondance se trouve aux BAK, NL 1126/1. Dans *Brüder Himmler*, p. 39, Katrin Himmler mentionne les visites en s'appuyant sur les souvenirs de son grand-oncle Gebhard Himmler, couchés par écrit et toujours en la possession de la famille.

20. Au sujet du tournant politico-culturel sous la régence et de la chute de Munich en tant que ville des arts, voir en particulier David Clay Large, *Hitlers München, Aufstieg und Fall der Haupstadt der Bewegung*, Munich, 1998, ainsi que la collection rassemblée par Friedrich Prinz et Marita Krauss, *München – Musenstadt mit Hinterhöfen. Die Prinzregentenzeit 1886-1912*, Munich, 1998, entre autres « Öffentlichkeit und Zensur. Literatur und Theater als Provokation », p. 267-276, de Roger Engelmann. Au sujet de l'époque de la régence dans son ensemble, voir Karl Möckl, *Die Prinzregentenzeit. Gesellschaft und Politik während der Ära des Prinzregeneten Luitpold in Bayern*, Munich-Vienne, 1972.

21. *Blätter für das Gymnasial-Schulwesen* 38, 9-10 (septembre/octobre 1902), p. 665.

22. BAK, NL 1126/1, correspondance de Gebhard Himmler avec le docteur Quernstedt (15 juillet 1903) et avec le prince Heinrich (lettre de ce dernier s'enquérant de la santé de Heinrich, datée du 25 juin 1903, et les réponses d'Himmler du 30 août et du 20 décembre 1903). Smith, *Himmler*, p. 40 et s.

23. *Blätter für das Gymnasial-Schulwesen* 40, 9/10 (septembre/octobre 1904), p. 684 ; *Adressbuch für München 1905*. Voir Smith, *Himmler*, p. 42.

24. *Ibid.*, p. 42 et s. ; BAK, NL 1126/1, Schulnotizen. Himmler père y consigne cinq maladies différentes dont Gebhard souffrit cette année-là, ce qui lui fit manquer 147 jours d'école.

25. Ce que souligne en particulier Himmler, *Brüder Himmler*, p. 66 et s.

26. BAK, NL 1126/1, Schulnotizen.

27. Smith, *Himmler*, p. 44 et s.

28. Voir les journaux de vacances de Heinrich de 1910 et 1911 (Lenggries), 1912 (Lindau) et 1913 (Brixlegg) dans le fonds Himmler, BAK, NL 1126/6.

29. TB, 1911, séjour à la campagne à Lenggries. Voir Smith, *Himmler*, p. 44 et s.

30. *Ibid.*, p. 51.

31. BK, NL 1126/1, notes scolaires.

32. George W. F. Hallgarten, « Mein Mitschüler Heinrich Himmler », in *Germanica Judaica*, 1,2 (1960-61), p. 4-7.

33. Smith, *Himmler*, p. 52 ; Himmler, *Brüder Himmler*, p. 49.

34. BAB, NS 19/3667. Au sujet de Zipperer, voir Smith, *Himmler*, p. 53 et s.

35. Falk Zipperer, « Eschwege. Eine siedlungs- und verfassungsgeschichtliche Untersuchung », in *Festgabe für Heinrich Himmler*, Darmstadt, 1941, p. 215-292. La dissertation de Zipperer, qui parut dans une série de publications de l'Ahnenerbe, l'organisation scientifique de la SS, traitait d'une coutume de Haute-Bavière : *Das Haberfeldtreiben. Seine Geschichte und seine Bedeutung Weimar*, 1938. Voir également BAB, BDC, SS-O Zipperer.

36. BAB, NS 19/3535.

37. Alfons Beckenbauer, « Eine Landshuter Jugendfreundschaft und ihre Verwicklung in die NS-Politik. Der Arzt Dr. Karl Gebhard und der Reichsführer-SS Heinrich Himmler », in *Verhandlungen des Historischen Vereins für Niederbayern* 100 (1974), p. 5-22.

38. Smith, *Himmler*, p. 48.

39. Alfons Beckenbauer, « Musterschüler und Massenmörder. Heinrich Himmlers Landshuter Jugendjahre », in *Verhandlungen des Historischen Vereins für Niederbayern* 95 (1969), p. 93-106.

40. TB, 28 juillet 1915.

41. *Ibid.*, 4 septembre 1915.

42. *Ibid.*, 16 février 1915.

43. *Ibid.*, 29 juillet 1915.

44. Sur cette génération, voir en particulier Ulrich Herbert, *Best. Biographische Studien über Radikalismus, Weltanschauung und Vernunft, 1903-1989*, Bonn, 1996, p. 42 et s. Herbert estime que c'est cette génération qui aurait avant tout eu du « combattant du front » une image idéalisée qu'elle aurait transférée sur la situation politique intérieure. Herbert s'inspire principalement de l'essai, influent en son temps, de Günther Gründel, *Sendung der Jungen Generation. Versuch einer umfassenden revolutionären Sinndeutung der Krise*, Munich, 1932. Il cite également l'étude d'Helmut Lethen, *Verhaltenslehre der Kälte. Lebensversuche zwischen den Kriegen*, Francfort, 1994, qui, en revanche, se réclame des auteurs de la « nouvelle objectivité » et est par conséquent moins appropriée en ce qui concerne les origines du radicalisme de droite sous la République de Weimar. Michael Wildt, *Generation des Unbedingten. Das Führungskorps des Reichssicherheitshauptamtes*, Hambourg, 2003, a établi que les cercles dirigeants du Reichssicherheitshauptamt étaient dominés par la génération de la jeunesse de guerre, qui représentait 60 % des cadres, ce qui complète le tableau qu'en brosse Herbert. Voir également à ce sujet Barbara Stambolis, *Der Mythos der jungen Generation. Ein Beitrag zur politischen Kultur der Weimarer Republik*, Bochum, 1982.

45. À propos des *Kriegsspiele*, voir TB, 1er septembre 1914, 1er et 18 février 1915.

46. KAM, OP 54540, certificat de la direction de l'association de défense de Landshut, 26 juin 1917.

47. TB, 25 septembre 1915. Pour la Jugendwehr, voir Smith, *Himmler*, p. 61.

48. TB, 16 février et 31 juillet 1915.

49. *Ibid.*, 27 septembre 1914.

50. BAK, NL 1126/3, carte de membre ; son inscription est datée du 6 février 1917.

51. Smith, *Himmler*, p. 69.

52. *Ibid.*, p. 68 et s. et p. 72 ; Himmler, *Brüder Himmler*, p. 57.

53. Smith, *Himmler*, p. 72.

54. KAM, OP 54540, attestation du représentant de district pour la préparation militaire de la jeunesse, 25 juin 1917.

55. BAK, NL 1126/1, Hofverwaltung, Frau Prinzessin Witwe Arnulf, Hofmarschall Pflaum, 4 et 11 juin 1917 ; Smith, *Himmler*, p. 72 et s.

56. BAK, NL 1126/1, questionnaire du 1er bataillon du 1er régiment d'infanterie, rempli par Gebhard Himmler le 23 juin 1917.

57. KAM, OP 54540, appréciation annuelle du 15 juillet 1917. Himmler avait obtenu un « très bien » en éducation religieuse et en histoire, et un « bien » en allemand,

latin, grec, français, mathématiques et gymnastique, devant se contenter d'un « suffisant » en physique.

58. BAK, NL 1126/1, conseil municipal de Landshut à Gebhard Himmler, 6 octobre 1917, ainsi que KAM, OP 54540, attestation du conseil municipal du 24 décembre 1917. Au sujet de cet épisode, voir également Smith, *Himmler*, p. 47 et s.

59. KAM, OP 54540, lettre du maréchal de cour Pflaum au commandant du 11e régiment d'infanterie bavarois, 17 août 1917.

60. KAM, OP 54540, Archiv des fr. bay. III. A.K., lettre au commandant chevalier von Braun concernant la nomination au grade de lieutenant, 18 mars 1921 ; Smith, *Himmler*, p. 82 et s.

61. BAK, NL 1126/11, lettre du 4 janvier 1918.

62. BAK, NL 1126/11, correspondance avec les parents (janvier) ; Smith, *Himmler*, p. 76 et s.

63. Mention dans BAK, NL 1126/11.

64. BAK, NL 1126/11, 29 janvier 1918.

65. BAK, NL 1126/11, correspondance avec les parents (février) ; Smith, *Himmler*, p. 79.

66. Himmler, *Brüder Himmler*, p. 60 et s.

67. BAK, NL 1126/11, 23 mars 1918.

68. BAK, NL 1126/11, 7 mai 1918, également 6, 15 et 22 mai 1918.

69. Smith, *Himmler*, p. 82 et s.

70. BAK, NL 1126/11, 20 juin et 17 septembre 1918.

71. Par exemple, dans sa lettre du 8 août 1918, où il signale qu'il a été porté malade et que le médecin lui a préconisé du repos.

72. BAK, NL 1126/11, 23 juin et 29 août 1918.

73. BAK, NL 1126/11, 29 août 1918.

74. BAK, NL 1126/11, 4 août 1918.

75. KAM, OP 54540, appréciation du 14 septembre 1918. Himmler obtint des notes allant de bien à très bien ; il semblait prêt à passer officier.

76. BAK, NL 1126/11, 13 août 1918.

77. Smith, *Himmler*, p. 85.

78. BAK, NL 1126/11.

79. BAK, NL 1126/11, 23 octobre 1918 ; Smith, *Himmler*, p. 85.

80. *Ibid.*, p. 86 et s. Ces détails ressortent de lettres à ses parents datées du 30 novembre, ainsi que des 6, 10, 11 et 17 décembre 1918 (BAK, NL 1126/11).

81. BAK, NL 1126/11, 6 décembre 1918.

82. BAK, NL 1126/11, 30 novembre et 10 décembre 1918 ; voir Smith, *Himmler*, p. 87 et s.

83. BAK, NL 1126/11, 17 décembre 1918.

84. KAM, OP 54540, Archiv des fr. bay. III. A.K., lettre au commandant chevalier von Braun concernant la nomination au grade de lieutenant, 18 mars 1921 ; Smith, *Himmler*, p. 88.

Étudiant en agronomie

1. BAK, NL 1126/13, Carnet de notes de Gebhard Himmler : Kriegs-Sonderklasse A, Gymnasium Landshut. Klassleiter Himmler, Konrektor. Voir Smith, *Himmler*, p. 89.

2. On peut trouver les poèmes des deux amis dans : BAK, NL 1126/19. Smith, *Himmler*, p. 90 et s.

3. Au sujet de la révolution à Munich, voir Allan Mitchell, *Revolution in Bayern 1918-1919. Die Eisner-Regierung und die Räterepublik*, Munich, 1967 ; Karl Bosl (dir.), *Bayern im Umbruch. Die Revolution von 1918, ihre Voraussetzungen, ihr Verlauf und ihre Folgen*, Munich, Vienne, 1969. Heinrich Hillmayr, *Roter und Weisser Terror in Bayern nach 1918. Ursachen, Erscheinungsformen und Folgen der Gewalttätigkeiten im Verlauf der revolutionären Ereignisse nach dem Ende des Erdten Weltkrieges*, Munich, 1974 ; Hans Fenske, *Konservatismus und Rechtsradikalismus in Bayern nach 1918*, Bad Homburg, 1969, p. 40 et s. Heinrich August Winkler, *Von der Revolution zur Stablisierung. Arbeiter und Arbeiterbewegung in der Weimarer Republik 1918 bis 1924*, 2e éd., Berlin, Bonn 1985, p. 184 et s.

4. BAK, NL 1126/18, communications du secrétariat du BVP de Ratisbonne, 23 et 30 décembre 1918, ainsi que 9 janvier 1919. Voir Smith, *Himmler*, p. 93.

5. D'après les informations de sa petite-nièce Katrin (qu'elle n'étaye pas de façon plus précise), il aurait pris part à l'assaut sur Munich dans le corps franc Landshut, et se serait battu dans le centre-ville (*Brüder Himmler*, p. 71). Mais cela semble fort peu vraisemblable. Il se serait agi des seules opérations militaires auxquelles il aurait participé de toute sa vie, et l'on peut supposer qu'il y aurait fait référence par la suite. Tout au long de sa vie, « *Miles* Heinrich » s'est efforcé de se présenter en « soldat », d'où sa tendance à revenir fréquemment sur son temps sous l'uniforme. Or, le fait qu'il n'ait jamais parlé des combats pendant la guerre civile à Munich prouve manifestement qu'il n'y avait pris aucune part active. Son dossier militaire, conservé aux archives de guerre de Munich, et qui s'étend jusqu'à l'année 1921, ne fait mention d'aucune participation de ce type. Pas plus que sa demande d'interruption de ses études en 1921, droit réservé aux anciens mobilisés.

6. Comme le prouve une brève mention écrite de la main d'Himmler, contresignée par le commandant de compagnie le 13 juillet 1919 (il y était question d'une autorisation de livraison de vivres). Voir BAK, NL 1126/1. Voir également Himmler, *Brüder Himmler*, p. 71.

7. Beckenbauer, « Musterschüler », art. cité., p. 97 et s.

8. BAK, NL 1126/12, lettre du 10 août 1919 (I) ; plus loin, lettres aux parents du 1er, 3, 10 (II), 15 et 24 août 1919. À propos du stage, voir Smith, *Himmler*, p. 97 et s. Le carnet de travaux en question sera désormais cité ATB.

9. ATB, 10 août 1919.

10. *Ibid.*, 2 au 23 septembre 1919. Trois lettres à sa mère, qui résidait encore à Landshut, ont été conservées : celles des 11, 15 et 20 septembre 1919.

11. ATB, 25 septembre 1919. À ce sujet, voir également les lettres de Quenstedt à Gebhard Himmler du 24 septembre et du 18 octobre 1919 (BAK, NL 1126/1). Le médecin attribuait cette hypertrophie cardiaque aux efforts physiques trop importants pendant le service militaire. À propos de la maladie, voir Smith, *Himmler*, p. 99 et s.

12. BAK, NL 1126/8, Liste de lectures, 1 à 28, NL 1126/9, comporte une transcription que nous avons utilisée (citée par la suite Liste de lectures). Voir en particulier Smith, *Himmler*, p. 102 et s.

13. Liste de lectures 10 : « Un roman d'une fadeur écœurante au début, plus prenant sur la fin, trop naturaliste. »

14. Sur l'histoire de ce faux, voir Nick Groom, *The Forger's Shadow : How Forgery Changed the Course of Literature*, Londres, 2002.

15. Liste de lectures 23, Friedrich Wichtl, *Weltfreimauerei, Weltrevolution, Weltrepublik. Eine Untersuchung über Ursprung und Endziele des Weltkrieges*, Munich, 1919. Une onzième édition parut en 1928. Au sujet du livre de Wichtl, voir Helmut Neuberger, *Freimauerei und Nationalsozialismus. Die Verfolgung der deutschen Freimauerei durch völkische Bewegung und Nationalismus*, vol. 2 : *Das Ende der deutschen Freimauerei*, Hambourg, 1980, p. 40 et s.

16. Liste de lectures 19.

17. TB, 16 octobre 1919. Sur le séjour d'Himmler à Munich en 1919-1920, voir Smith, *Himmler*, p. 107 et s.

18. TB, 18 octobre 1919. BAK, NL 1126/1, attestation d'immatriculation datée du même jour.

19. TB, 12 décembre 1919, sur la visite chez le docteur Quenstedt.

20. Smith, *Himmler*, p. 107.

21. Dans *L'Annuaire de Munich* de 1920, on trouve l'indication suivante : Anna Loritz, veuve de chanteur de l'Opéra royal, pension de famille, Jägerstr. 8 I. Smith, *Himmler*, p. 107 et s.

22. TB, 22 novembre 1919. Sur les visites chez Lossow, voir également *ibid.*, 23 octobre et 26 décembre 1919.

23. *Ibid.*, 16 décembre 1919 et 11 janvier 1920.

24. Sur le programme de ses vites, voir entre autres *ibid.*, 22 novembre, 15 et 26 décembre, ainsi que 12, 16 et 24 janvier 1920.

25. *Ibid.*, 21 février 1920.

26. *Ibid.*, 19 novembre 1919. Sur la vie de l'association, voir entre autres *ibid.*, 20 novembre, 2, 4, 11, 13 et 17 décembre 1919, ainsi que 10 et 27 janvier 1920. Sur Apollo, voir Smith, *Himmler*, p. 114 et s.

27. TB, 27 janvier 1920.

28. Sur ses activités religieuses, voir entre autres *ibid.*, 12 et 19 octobre, 16 et 28 novembre, 2, 8 et 26 décembre 1919, ainsi que 1er, 10, 11 et 18 janvier 1920. Sur sa relation à la religion à cette époque, voir Smith, *Himmler*, p. 119 et s.

29. TB, 9 novembre 1919.

30. *Ibid.*, 24 décembre 1919.

31. BAK, NL 1126/3, admission datée du 10 novembre 1919.

32. *Ibid.*, fiche d'admission de la 14e compagnie d'alerte, 16 mai 1920.

33. TB, 4, 7 et 8 novembre 1919. Sur ses activités militaires, voir également *ibid.*, 14 novembre et 1er décembre 1919.

34. *Ibid.*, 11 décembre 1919.

35. *Ibid.*, 14 novembre 1919.

36. *Ibid.*, 1er décembre 1919.

37. *Ibid.*, 16 janvier 1920.

38. *Ibid.*, 17 octobre 1920. Les noms cités sont impossibles à déchiffrer.

39. BAK, NL 1126/12, 18 janvier 1920.

40. *Ibid.*, lettres des 20 et 24 mars 1920.

41. Lors de son entrée dans l'Einwohnerwehr le 16 mai 1920, la 14e compagnie d'alerte lui fournit « 1 fusil avec 50 cartouches, 1 casque, 2 cartouchières, 1 musette » (fiche d'admission), ainsi qu'un livret militaire de l'Einwohnerwehr. Au sein de cette dernière, il faisait partie de la section de mitrailleuses du 5e district. Voir programme du 5 août 1920 pour le mois d'août (exercices de tir et soirées d'exercice dans la salle de gymnastique). Tous ces documents se trouvent dans BAK, 1126/1.

42. *Ibid.*, carte de membre de la société de tir Freiweg.

43. BAK, NL 1126/1.

44. TB, 17 novembre 1919.

45. *Ibid.*, 11 novembre 1919.

46. *Ibid.*, 31 décembre 1919.

47. Sur l'antisémitisme d'Himmler à l'époque, voir Smith, *Himmler*, p. 125 et s.

48. Immédiatement après la Première Guerre mondiale, la question de savoir dans quelle mesure les étudiants juifs pouvaient participer à la vie sociale de leurs camarades non juifs fit l'objet de débats animés. La question de l'intégration des Juifs fut ainsi l'un des principaux sujets de discussion lors de la fondation de la société étudiante allemande de Wurzbourg en 1919, jusqu'à ce que soit finalement mise au point une formule d'inscription ambivalente. À la majorité, les associations estudiantines approuvèrent, lors de leur assemblée de 1920, une décision qui prohibait l'intégration de Juifs et les « couples mixtes » avec des Juives. Le conseil de l'Association des étudiants allemands décréta en 1920 qu'il ne serait désormais plus permis d'accorder « satisfaction » par les armes aux Juifs lors des affaires d'honneur. Voir Helma Brunck, *Die Deutsche Burschenschaft in der Weimarer Republik und im Nationalsozialismus*, Munich 1999, en particulier p. 184 et s. Heike Ströle-Bühle, *Studentischer Antisemitismus in der Weimarer Republik. Eine Analyse der burschenschaftlicher Blätter 1918 bis 1933*, Francfort, 1991, surtout p. 84 et s., ainsi que Marc Zirlewagen, *Der Kyffhäuser-Verband der Vereine Deutscher Studenten in der Weimarer Republik*, Cologne, 1999. Voir également, Michael H. Kater, *Studentenschaft und Rechtsradikalismus in Deutschland 1918-1933. Eine sozialgeschichtliche Studie zur Bildungskrise in der Weimarer Republik*, Hambourg, 1975, en particulier p. 146 et s., ainsi que – au sujet du maintien de traditions antisémites issues de l'empire parmi les étudiants – Norbert Kampe, *Studenten und « Judenfrage » im Deutschen Kaiserreich. Die Entstehung einer antisemitischen Trägerschicht des Antisemitismus*, Göttingen, 1988.

49. TB, 15 décembre 1919.

50. *Ibid.*, 26 décembre 1919.

51. *Ibid.*, 12 novembre 1919.

52. *Ibid.*, 4 au 9 janvier 1920.

53. *Ibid.*, 3 janvier 1920 : « Complainte que Lu et moi avons voulu représenter chez les Loritz au profit des enfants de Vienne. » Le 13 janvier, il écrivit sur la genèse de l'œuvre. On trouve un programme, « Pour les enfants de Vienne », dans le BAK, NL 1126/1.

54. *Ibid.*, 25, 28 et 30 novembre, 9, 14 et 30 décembre 1919, ainsi que 13, 20 et 23 janvier 1920.

55. Voir par exemple *ibid.*, 25 janvier 1920. On trouve auparavant des mentions des répétitions de la pièce, comme le 14 janvier 1920.

56. *Ibid.*, 15, 16, 17, 19 et 20 octobre, 1er et 9 novembre 1920. Ensuite, la fréquence des visites chez les Hager diminue. Sur la relation entre Himmler et Luisa Hager, voir Smith, *Himmler*, p. 67 et s. Lors de ce séjour à l'hôpital d'Ingolstadt, il note, à propos d'*Aus dem Frauenleben*, livre d'Ottilie Wildermuth : « Très approprié pour Luisa » (Liste de lectures 18).

57. TB, 20 octobre 1919.

58. *Ibid.*, 1er novembre 1919. On retrouve la même formulation au 2 novembre 1919.

59. *Ibid.*, 9 novembre 1919.

60. *Ibid.*, 28 octobre 1919.

61. *Ibid.*, 30 octobre 1919.

62. *Ibid.*, 2 novembre 1919.

63. *Ibid.*, 5 et 15 novembre 1919.

64. *Ibid.*, 17 octobre et 20 décembre 1919.

65. *Ibid.*, 19 octobre et 13 novembre 1919.

66. *Ibid.*, 24 novembre, 1er, 8 et 19 décembre 1919.

67. *Ibid.*, 17, 23 et 29 novembre 1919.

68. *Ibid.*, 3 novembre 1919.

69. *Ibid.*, 4 novembre 1919.

70. *Ibid.*, 8 novembre 1919, plus loin, 9 novembre 1919.

71. *Ibid.*, 7 novembre 1919.

72. *Ibid.*, 13 novembre 1919.

73. *Ibid.*, 11 novembre 1919. Au sujet de ses projets d'émigration, voir Smith, *Himmler*, p. 127.

74. On trouve régulièrement des mentions de ses études de russe dans son journal, par exemple les 17, 18, 26 et 27 novembre, le 1er, 9, 19, 22, 25 et 29 décembre 1919, ainsi que le 3 et le 13 janvier 1920.

75. *Ibid.*, 14 novembre 1919.

76. *Ibid.*, 12, 17, 20 au 26 novembre 1919.

77. *Ibid.*, 16 novembre 1919.

78. *Ibid.*, 26 et 27 novembre 1919.

79. *Ibid.*, 28 novembre 1919.

80. *Ibid.*, 30 novembre 1919.

81. *Ibid.*, 1er et 2, plus loin 7, 8, 11 et 13 décembre 1919.

82. *Ibid.*, 8 décembre 1919.

83. *Ibid.*, 10 décembre 1919.

84. *Ibid.*, 31 décembre 1919.

85. *Ibid.*, 11 janvier 1920.

86. *Ibid.*, 12 janvier 1920 : « Plus tard, discussion extrêmement déplaisante avec Gebhard. Réglé. »

87. *Ibid.*, 14 janvier 1920.

88. *Ibid.*, 28 janvier 1920.

89. TB, 24 novembre 1919.

90. *Ibid.*, 18 décembre 1919.

91. Liste de lectures 43, *Der Priester und der Messnerknabe und andere apokryphe Erzählungen*, Hanovre, 1919. L'ouvrage fut attribué à tort à Oscar Wilde.

92. TB, 30 janvier 1920.

93. *Ibid.*, 6 décembre 1919.

94. *Ibid.*, 7 décembre 1919, de même le 21 décembre 1919.

95. *Ibid.*, 31 décembre 1919 : « Ce soir, lu, discuté politique avec père. » Du 4 au 9 janvier 1920 : « Les 7 et 8 janvier, ce cher papa était là jusqu'à 13 h. » 20 janvier 1920 : « Très jolie lettre de papa. » Mais voir également le 24 novembre 1919 : « Tôt ce matin, j'ai reçu une lettre de père, qui mériterait d'être affichée. Nous en avons été ahuris tous les deux. Gebhard s'est fâché, pas moi. » La crise du printemps 1921 est perceptible dans deux lettres que lui adressa Ludwig Zahler, où ce dernier lui donne des conseils et s'efforce de le consoler. BAK, NL 1126/18, 14 et 19 avril 1921. Voir aussi Smith, *Himmler*, p. 110.

96. Voir à ce sujet le travail fondamental de John Bowlby, *Attachment and Loss*, édition originale américaine parue entre 1969 et 1980 à New York, ainsi que Gottfried et Peter Zimmermann, *Die Bindungstheorie. Grundlagen, Forschung und Anwendung*, Stuttgart, 1995.

97. Liste de lectures 36, Albert Ludwig Daiber, *Elf Jahre Freimaurer !*, Stuttgart, 1905, lu à Ingolstadt, du 26 au 30 octobre 1919 : « Un livre qui n'apporte pas de nouveauté particulière sur les francs-maçons et qui ne les présente que comme parfaitement inoffensifs. Je ne peux que douter du parti pris dans lequel a été écrit ce livre. »

98. Liste de lectures 44, lu les 23 et 24 mars 1920. D'après sa liste de lectures, il n'a manifestement pas lu l'œuvre majeure de Flex, *Der Wanderer zwischen den Welten*, Munich, 1917, probablement le livre le plus lu parmi la jeunesse bourgeoise de l'après-guerre, où Flex a entrepris de jeter un pont entre le mouvement de jeunesse et « l'expérience du front ».

99. Liste de lectures 32, lu en novembre 1919.

100. Liste de lectures 39, lu du 23 janvier au 1er février 1920.

101. Liste de lectures 45, *Tagebuch einer Verlorenen : von einer Toten*, de Margarete Böhme, Berlin 1905, lu en mars 1920 à Munich et Ingolstadt.

102. Liste de lectures 32, lu en février 1920.

103. Liste de lectures 47, lu du 8 au 17 avril 1920.

104. Liste de lectures 51, lu du 1er au 10 août 1920.

105. Liste de lectures 50, lu du 5 au 7 mai 1920. Au-dessus du livre est indiquée la mention « Travailler et ne pas douter ».

106. Hans Wegener, *Wir jungen Männer*, Düsseldorf, Leipzig, 1906, p. 62.

107. *Ibid.*, p. 75 et s.

108. Liste de lectures 50.

109. BAK, NL 1126/12, 15 septembre 1920.

110. BAK, NL 1126/3, carte de membre du Touring-Club ; sur le voyage à Fridolfing, très mouvementé à cause du mauvais temps, voir BAK, NL 1126/12, lettre aux parents du 9 septembre 1920. Smith, *Himmler*, p. 130.

111. BAK, NL 1126/12, 19 et 26 septembre, 10 octobre et 18 novembre 1920, ainsi que 2 juin 1921. Pour l'ensemble de son séjour à Fridolfing, voir également Smith, *Himmler*, p. 130 et s.

112. BAB, NS 19/3535. À l'automne 1942, le Hauptsturmführer Rehrl – il était entré dans la SS en 1936 – passa quelques jours au quartier général d'Himmler, et l'accompagna lors d'un voyage en Crimée. En 1943-1944, le Reichsführer-SS lui confia

des déportés témoins de Jéhovah en guise de main-d'œuvre pour sa ferme. À Noël 1944 encore, il offrait un cadeau à la fille de Rehrl. Voir le *Dienstkalender Heinrich Himmlers 1941-1942*, au centre de recherche sur l'histoire contemporaine de Hambourg, commenté et publié par Peter Witte *et al.*, Hambourg, 1999, 20, 22 et 24 au 27 octobre, ainsi que 1er novembre 1942. Friedbert Mühldorfer, « Fridolfing », *in* Wolfgang et Barbara Distel, *Der Ort des Terrors. Geschichte der nationalsozialistischen Konzentrationslager*, vol. 2 : *Frühe Lager, Dachau, Emslandlager*, Munich, 2005, p. 327. BAB, BDC, SS-O Rehrl.

113. BAK, NL 1126/12, 11 novembre et 14 décembre 1920, ainsi que 6 et 26 février, 7 mars et 22 mai 1921.

114. Documents concernant les membres *in* BAK, NL 1126/3.

115. BAK, NL 1126/12, 10 octobre 1920 (chorale), 14 mai 1921 (noce villageoise), 2 juin 1921 (association de gymnastique), 2 juin 1921 (procession du Saint-Sacrement).

116. BAK, NL 1126/1, programme pour la séance de tir de l'Einwohnerwehr du district du 3 au 5 décembre 1920 à Titmoning, résultats pour « Himmler, de Fridolfing ».

117. BAK, NL 1126/12, 4 octobre et 28 novembre 1920, ainsi que 2 juin 1921.

118. *Ibid.*, 19 septembre et 4 octobre 1920, ainsi que 18 janvier 1921.

119. *Ibid.*, 10 octobre 1921 ainsi que 20 et 29 mars et 24 juin 1921.

120. *Ibid.*, décomptes du 2 avril au 10 juillet 1921.

121. *Ibid.*, 14 mai 1921.

122. Comme il le disait des *Piliers de la société* et de *Brand* (Listes de lecture 60 et 65).

123. Liste de lectures 63, du 5 au 15 octobre.

124. Liste de lectures 60, le 3 septembre 1920.

125. Liste de lectures 65, du 20 octobre au 3 novembre 1920. Il finit par capituler face aux *Prétendants de la couronne* d'Ibsen (Liste de lectures 79, du 2 au 12 février 1921).

126. Liste de lectures 62, 26 au 30 septembre, ainsi que 72, 14 au 14 décembre 1920.

127. Liste de lectures 53, *Kampf und Tod Karls XII.*, Munich 1917, 16 août 1920.

128. Liste de lecture 90, 23 au 26 mai 1921.

129. Liste de lectures 67, 1er au 12 décembre 1920.

130. Liste de lectures 92, 20 juin au 5 juillet 1921.

131. Liste de lectures 75, Heinrich Schierbaum, *Reden der Nationalversammlung zu Frankfurt a. Main*, Leipzig, 1914.

132. Liste de lectures 58, Christian Meyer, *Zur Erhebung Deutschlands 1813 bis 1814*, Munich, 1915, 24 au 30 août 1920.

133. Liste de lectures 57, Julius Haupt, *Die deutsche Insel. Ein Gedenkbuch kriegsgefangener Offiziere*, Munich, 1920, du 25 au 28 août 1920.

134. Liste de lectures 77, *Wider Kaiser und Reich*, Munich 1909, du 15 au 23 janvier 1921.

135. Liste de lectures 78, *Bankrott. Historischer Roman*, Munich, 1908, du 9 au 11 février 1921.

136. Liste de lectures 70, *Der Teufel in der Schule. Volkserzählung*, Munich, 1908, 20-21 décembre 1920, ainsi que 71, *Die Sünde wider den Heiligen Geist*, Munich 1908, 22-23 décembre 1920.

137. Sa correspondance avec ses parents fait état de son déménagement (BAK, NL 1126/12). NL 1126/1 contient une copie du certificat qui lui a été délivré par la Vereinigte Fabriken, fabrique de machines agricoles. Smit, *Himmler*, p. 148.

Engagement et altruisme

1. BAK, NL 1126/3, on retrouve l'adresse sur divers documents dans le même dossier (dont la carte de membre de l'Association des vétérans de la faculté technique de Munich). Smith, *Himmler*, p. 149.

2. *Ibid.*, p. 149 et s.

3. TB, par exemple 12, 15 et 20 janvier, 13 février, 3 mars, 30 mai, 2 et 27 juin 1922.

4. BAK, NL 1126/12, par exemple 21 novembre et 9 décembre 1921, ainsi que 20 janvier, 3 et 13 février, et 3 mars 1922.

5. TB, 16 janvier 1922.

6. BAK, NL 1126/12, par exemple 2 novembre 1921 et 1er février 1922.

7. *Ibid.*, 2 novembre 1921, ainsi que 20 janvier et 21 février 1922.

8. TB, par exemple 1er, 6 et 20 novembre 1921, ainsi que 22 janvier, 5 et 12 février, 26 mars, 28 mai, 15 et 29 juin 1922.

9. *Ibid.*, entre autres 1er, 2, 4, 5, 18, 27 et 30 novembre 1921, ainsi que 12 et 14 janvier, et 26 mars 1922. Les visites de ce genre étaient également mentionnées dans les lettres à ses parents, comme dans BAK, NL 1126/12, 2 novembre 1921 et 20 janvier 1922.

10. TB, 9 novembre 1921.

11. *Ibid.*, 17, 18 et 21 novembre et 6 décembre 1921, ainsi que 13, 14 et 30 janvier, 28 février, 16 et 17 juin 1922. Smith, *Himmler*, p. 151 et s.

12. TB, entre autres 26 novembre 1921, ainsi que 11, 16, 18, 22 et 23 février, 1er et 28 juin, et 4 juillet 1922. Au sujet de son engagement dans l'association à l'occasion de son deuxième séjour à Munich, voir également Smith, *Himmler*, p. 152.

13. TB, 15 et 22 janvier, 11 et 26 février 1922.

14. *Ibid.*, 19 et 26 novembre 1921 ainsi que 20 février et 17 juin 1922.

15. Lors d'un voyage pour assister à une réunion de l'Association à Nuremberg, il logea ainsi chez un camarade, et prit part à l'aide médicale pour un autre (*ibid.*, 21 juin 1922).

16. *Ibid.*, 11 novembre 1921.

17. *Ibid.*, 2 février 1922.

18. *Ibid.*, 24 février 1922.

19. *Ibid.*, 4 juillet 1922.

20. En 1922, il était membre de l'Association des vétérans de la TH de Munich, du Touring-Club allemand ainsi que de la Société d'agronomie allemande (BAK, NL 1126/3). Il prit part à une séance de l'Union alpine le 30 janvier 1922 (TB), fut accepté le 10 février dans l'Association des officiers (*ibid.*). À ce sujet, voir aussi Smith, *Himmler*, p. 151.

21. TB, 11, 15, 16, 17, 18, 24 et 28 novembre, 2 et 7 décembre 1921, ainsi que 30 janvier, 13 et 18 février et 29 mai 1922. Sur les soirées dansantes, voir *ibid.*, 8, 9 et 11 novembre 1921, ainsi que 31 janvier, 5, 17, 18, 27 et 28 février 19-22. Smith, *Himmler*, p. 151 et s.

22. TB, 14 février et 6 juin 1922.

23. Ainsi, le 1er juillet 1922, « bavardé sur le temps » avec Alphons. Sur les fréquents divertissements avec amis et connaissances, voir 4 et 9 novembre 1921 ainsi que 22 février, 4 et 25 mars 1922. Smith, *Himmler*, p. 150 et s.

24. TB, 11 et 17 février 1922. On retrouve des descriptions comparables le 26 janvier, et le 10 et le 27 février 1922.

25. *Ibid.*, 18 février 1922.

26. *Ibid.*, 21 juin 1922.

27. *Ibid.*, 15 et 17 janvier, 28 février 1922.

28. *Ibid.*, 5 février 1922.

29. *Ibid.*, 1er mars 1922.

30. *Ibid.*, 28 juin, 30 juin et 1er juillet 1922.

31. *Ibid.*, 6 mars 1922.

32. *Ibid.*, 1er juillet 1922.

33. *Ibid.*, 22 janvier 1922.

34. *Ibid.*, 6 juin 1922.

35. *Ibid.*, 19 février 1922.

36. *Ibid.*, 25 février 1922.

37. *Ibid.*, 7 novembre 1922.

38. *Ibid.*, 26 mai 1922.

39. *Ibid.*, 27 mai 1922.

40. *Ibid.*, 4 mars 1922.

41. Liste de lectures 115.

42. Klaus Theweleit, *Männerphantasien*, Munich, Zurich, 2000 (édition originale en deux volumes, Francfort, 1977-1978), p. 59.

43. *Ibid.*, p. 131.

44. TB, 15 janvier 1922.

45. *Ibid.*, 19 novembre 1921. On trouve également des allusions aux projets d'émigration le 14 janvier 1922.

46. *Ibid.*, 22 novembre 1922.

47. *Ibid.*, 23 novembre 1922.

48. *Ibid.*, 25 janvier 1922.

49. *Ibid.*, 27 mars 1922.

50. *Ibid.*, 1er décembre 1921.

51. *Ibid.*, 26 janvier 1922.

52. *Ibid.*, 4 février 1922.

53. *Ibid.*, 21 février 1922. On retrouve le même genre d'autocritique les 13 et 18 novembre et le 4 décembre 1921. Voir Smith, *Himmler*, p. 158.

54. *Ibid.*, 27 février 1922.

55. *Ibid.*, 18 novembre 1921.

56. *Ibid.*, 27 novembre 1921.

57. *Ibid.*, 5 février 1922.

58. *Ibid.*, 17 février 1922.

59. *Ibid.*, 27 mai 1922.

60. *Ibid.*, 4 et 18 février 1922 sur les problèmes d'estomac. Le 2 mars, il écrit : « Ai dû avaler un verre de bière. Hugo, le nouveau senior, ne savait pas que j'étais dispensé. » Le lendemain, il notait : « Estomac épouvantable. »

61. *Ibid.*, 28 janvier 1922.

62. *Ibid.*, 8 juin 1922.

63. *Ibid.*, 28 mars 1922.

64. *Ibid.*, 24 novembre 1921.

65. *Ibid.*, 7 décembre 1921. Sur la brouille avec Käthe, voir également le 10 novembre et le 7 décembre 1921, ainsi que les 16, 17 et 18 janvier et le 22 février 1922.

66. *Ibid.*, 5 mars 1922.

67. *Ibid.*, 30 juin 1922.

68. *Ibid.*, 7 juin 1922.

69. *Ibid.*, 8 et 25 juin ainsi que 5 juillet 1922.

70. *Ibid.*, 6 juin 1922. Meister citait là *Fahnentreu*, d'Emmanuel Geibel, écrit en 1856. Voir Smith, *Himmler*, p. 167.

71. TB, 21 février 1922.

72. *Ibid.*, 18 janvier 1922.

73. *Ibid.*, 21 février 1922.

74. *Ibid.*, 23 février 1922.

75. BAK, NL 1126/1, lettre à la commission d'examen de la section agronomique de la faculté technique de Munich et décision positive de la commission datée du 3 juin 1921. Voir également NL 1126/12, lettre à ses parents au sujet des examens qu'il n'avait pas passés durant son stage à Munich (par exemple 6 février et 7 mars 1921).

76. TB, 13 juin 1922.

77. *Ibid.*, 23 mars 1922 et jours suivants. Pour la période du 28 mars au 26 mai 1922, il n'y a aucune entrée dans ses carnets.

78. *Ibid.*, 30 mai, 8, 14 et 30 juin, ainsi que 2 juillet 1922.

79. *Ibid.*, 15 juin 1922 : « Père : après 22 heures à l'Augustinerkeller. Parlé politique. Femmes, amour, la vie, mais aussi d'aujourd'hui, des questions secrètes, de l'activité patriotique, Gebhard et Paula, etc., très bonne soirée jusqu'à minuit. Rentré à la maison. »

80. *Ibid.*, 4 février 1922. Hugo Stinnes (1870-1924), qui n'était d'ailleurs pas juif, fut après la guerre l'un des plus puissants chefs d'entreprise d'Allemagne.

81. *Ibid.*, 4 mars 1922. Sur les réflexions antisémites dans son journal, voir aussi Smith, *Himmler*, p. 165.

82. Liste de lectures 106, du 25 décembre 1921 au 5 janvier 1922. « Un livre effrayant, qui prouve en toutes lettres ce dont on se doute clairement mais que l'on oublie toujours. Une collection de documents extraordinaires. »

83. Liste de lectures 107, le 11 février 1922.

84. TB, 22 juin 1922.

85. *Ibid.*, 3 juillet 1922.

86. *Ibid.*, 12 janvier 1922.

87. *Ibid.*, 9 juin 1922.

88. À propos du conflit entre la Bavière et le Reich, voir Ernst Rudolf Huber, *Deutsche Verfassungsgeschichte seit 1789*, vol. 7 : *Ausbau, Schutz und Untergang der Weimarer Republik*, Stuttgart 1984, p. 249 et s.

89. *Münchner Neueste Nachrichten* du 16 juin 1922.

90. TB, 24 juin 1922.

91. *Ibid.*, 26 juin 1922.

92. *Ibid.*, 28 juin 1922.

93. *Ibid.*, 2 juillet 1922.

94. *Ibid.*, 4 juin 1922.

95. *Ibid.*, 5 juillet 1922. Himmler s'était ainsi laissé entraîner dans une initiative antirépublicaine, qui n'aboutit cependant pas au référendum escompté. On trouve un règlement du Reichsbund dans les archives d'État de Fribourg, A 40/1, n° 174.

96. TB, 5 juillet 1922.

97. *Ibid.*, 19 juin 1922.

98. *Ibid.*, 9 juin 1922. Voir Smith, *Himmler*, p. 163.

99. TB, 2 juillet 1922.

100. *Ibid.*, 13 novembre 1921.

101. Gebhard obtint son diplôme d'ingénieur dans le domaine des machines-outils en juillet 1923. Ernst termina en 1928 ses études d'ingénieur électricien. Voir Himmler, *Gebrüder Himmler*, p. 95 et 131.

102. TB, 9 juin 1922. On trouve des plaintes sur les prix élevés des cours et des livres dès le 4 novembre 1921.

103. *Zahlen zur Geldentwertung in Deutschland 1914 bis 1923*, Bureau des statistiques du Reich, Berlin, 1925, p. 5. Sur l'impact de l'hyperinflation à Munich, voir Martin H. Geyer, *Verkehrte Welt. Revolution, Inflation und Moderne, München 1914-1924*, Göttingen, 1998, p. 319 et s.

104. Comme le montrent les indices du coût de la vie et les traitements des hauts fonctionnaires du Reich (les chiffres sont comparables pour les hauts fonctionnaires bavarois) :

Coût de la vie par rapport à 1913 (= 1)						
Fév. 20	Jan. 21	Jan. 22	Avr. 22	Juil. 22	Oct. 22	Jan. 23
8	11	20	34	54	221	1 120
Traitements et salaires par rapport à 1913 (= 1)						
2	4	8	10	20	80	373

(Chiffres arrondis, à partir de *Zahlen zur Geldentwertung*, p. 5.)

105. Voir Smith, *Himmler*, p. 162.

106. BAK, NL 1126/1, copie du document.

107. BAK, NL 1126/17, lettre du professeur Hudezeck, 15 août 1922. Voir Smith, *Himmler*, p. 222.

108. BAK, NL 1126/1, copie du document de la Stickstoff-Land-GmbH Schleissheim, 30 août 1923.

109. Au sujet de la crise de 1923 et les événements qui ont précédé le putsch de novembre, voir Gerald D. Feldman, *The Great Disorder. Politics, Economics, and Society in the German Inflation, 1914-1924*, New York, Oxford, 1993, p. 631 et s. ; Fenske, *Konservatismus*, p. 188 et s. ; Heinrich August Winkler, *Weimar 1918-1933. Die Geschichte der ersten deutschen Demokratie*, Munich, 1993, p. 186 et s.

110. Sur le déroulement du putsch de novembre 1923, voir Hanns Hubert Hofmann, *Der Hitlerputsch. Krisenjahre deutscher Geschichte, 1920-1924*, Munich, 1961 ; Harold J. Gordon, *Hitlerputsch 1923. Machtkampf in Bayern 1923-1924*, Francfort, 1971 ; John Dornberg, *Hitlers Marsch zur Feldherrnhalle. München, 8. und 9. November 1923*, Munich, 1983.

111. StA München, Pol. Dir. München 6712, auditions de Seydel et Lembert.

Nouveau départ en Basse-Bavière

1. Dans son journal, au 14 février 1924, Himmler s'exprimait sur sa recherche d'emploi aussi vaine que décevante. Dans une lettre d'une amie, Maria Rauschmayer, datée du 13 juin 1924 (BAK, NL 1126/17), il semble qu'elle se soit enquise, à la demande de la mère d'Himmler, d'un poste pour lui dans l'agriculture.

2. TN, 11, 13, 14 et 15 février 1924. Il attendait des plis qui étaient déposés pour lui à « la pharmacie de Fasching », la pharmacie Schützen où travaillait selon Karl Wolff un membre de son association StA München, 34865/9. Le 11 février, Himmler rapportait dans son journal l'arrestation de putschistes. Le 15 février, il donnait davantage de détails sur le rôle d'un des détenus.

3. *Ibid.*, 15 février 1924.

4. Gebhard Himmler, en 1924, est domicilié au Marsplatz 8 (2e étage), voir *Adressbuch für München, 1924.*

5. BAB, BDC, Research Ordner 199, direction du NSDAP à Himmler, 12 août 1925, avec la mention : groupes nationaux-socialistes locaux en Basse-Bavière.

6. Sur la rédaction de l'article pour la *Langquaider Zeitung*, voir TB du 11, 12 et 17 février 1924. Sur la parution dans le *Rottenburger Anzeiger*, voir TB du 23 février 1924.

7. *Ibid.*, 24 février 1924.

8. *Ibid.*, 25 février 1924.

9. *Ibid.*, 24 février 1924.

10. *Der Hitler-Prozess 1924. Wortlaut der Hauptverhandlung vor dem Volksgericht München*, I, rassemblé et commenté par Lothar Gruchmann et Reinhard Weber, avec la collaboration d'Otto Gritschneder, 4 vol., Munich 1997-1999, ici, vol. 2, Munich, 1998, p. 642. La défense proposa ensuite de citer Himmler comme témoin du comportement agressif d'un officier de la Reichswehr, qui s'était trouvé avec son unité face à la Reichskriegsflagge le 9 novembre devant le ministère de la Guerre.

11. BAK, NL 1126/7, lettre de Hajim (?) Mazhar, 24 novembre 1923, 16 avril 1924 et 15 mars 1925. Citation dans TB, 14 février 1924.

12. *Ibid.*, 11, 14 et 15 février 1924.

13. *Ibid.*, 12 février 1924.

14. BAK, NL 1126/17, Robert Kissler à Himmler, 17 juin 1924.

15. *Ibid.*, lettre du 5 novembre 1924.

16. TB, 7 novembre 1921 et 31 mai 1922. Sur « l'affaire Paula », voir également Smith, *Himmler*, p. 198 et s.

17. TB, 12 novembre 1921. Il avait lu le livre en décembre 1920, et l'avait commenté comme suit : « Un livre qui représente l'idéal de la pureté de l'âme féminine et qui ne nous montre la femme que comme une déesse, ainsi qu'elle apparaît d'ailleurs à l'homme digne de ce nom. C'est un chant noble en hommage à l'âme féminine et au sentiment d'idéal et de beauté. Si seulement il pouvait trouver sa concrétisation dans ce monde, si seulement la déesse femme n'avait pas autant de défauts » (Liste de lectures 72).

18. À en croire une réflexion de Paula Stölzle dans sa lettre du 4 mars 1924 à Gebhard, ce dernier aurait lui-même trouvé que la lettre de Heinrich n'était « pas très bien » (BAK, NL 1126/13).

19. *Ibid.*, Himmler à Paula Stölzle, souligné dans l'original. Il s'agit d'un brouillon du 18 avril 1923, qui dut être envoyé plus ou moins sous cette forme, à en juger par la réaction de Paula, en particulier son refus de voir Heinrich lui « donner des leçons ».

20. *Ibid.*, 1er juillet 1923.

21. TB, 11 février 1924. Quelques jours plus tard, il fournissait de nouvelles informations à son père à propos de Paula : « Raconté à père l'affaire "Paula" de l'an dernier » (*ibid.*, 15 février 1924).

22. *Ibid.*, 11 février 1924.

23. La séparation transparaît au fil de plusieurs lettres dans VAK, NL 1126/19 : lettre de Gebhard Himmler aux parents de sa fiancée, 27 février 1924, et à Paula, 28 février 1924. Réponse de Paula et de son père, Max Stölzle, toutes deux du 4 mars 1924. À laquelle Gebhard répondit encore le 10 mars 1924.

24. BAK, NL 1126/13, 4 mars 1924.

25. *Ibid.*, lettre du détective privé Max Blüml, 14 mars 1924, à Himmler, qui l'avait engagé le 9 mars 1924.

26. *Ibid.*, lettre à Rössner, 12 mars 1924, réponse du 18 mars 1924.

27. TB, 18-22 février 1924. Il est fait mention d'un autre séjour chez des amis dans la liste de lectures 202 (28 février au 5 mars 1924).

28. BAK, NL 1126/17, 23 mai 1924.

29. Maria Rauschmayer, née le 29 mai 1901 à Dillingen, étudiait les lettres allemandes depuis le semestre d'hiver 1919 à l'université de Munich. Elle soumit sa thèse en 1924, sur l'histoire de la Réforme, mais échoua (archives de l'université de Munich).

30. TB, 2 juin 1922.

31. BAK, NL 1126/17, Maria Rauschmayer à Himmler, 13 juin 1924, reçue le 17 juin 1924. Voir également lettre de Maria Rauschmayer du 18 novembre 1923.

32. *Ibid.*, 2 août 1924.

33. Liste de lectures 175, Friedrich Zur Bonsen, *Das Zweite Gesicht*, Cologne, 1916, du 29 novembre au 4 décembre 1923 : « Représentation et tentative d'explication solide sur le plan scientifique et compréhensible. »

34. Geyer, *Verkehrte Welt*, p. 309 et s, montre que l'hyperinflation fut une période propice aux magnétiseurs et aux charlatans, et que les enseignements « alternatifs » comme la théosophie, l'occultisme, le spiritisme et l'anthroposophie connurent une grande popularité. Voir également Ulrich Linse, *Barfüssige Propheten. Erlöser der Zwanziger Jahre*, Berlin, 1983.

35. Liste de lectures 246, Heinrich Jürgens, *Pendelpraxis und Pendelmagie*, Pfullingen, 1925, lu le 25 août 1925.

36. BAK, BL 1126/17. Mais celui-ci refusa, car il ne disposait pas d'assez de dates (lettre de C. Heilmaier à Himmler, 19 septembre 1925).

37. Liste de lectures 148, Max Eyth, *Der Kampf um die Cheopspyramide*, Heidelberg 1921, lu du 19 au 23 février 1923.

38. Liste de lectures 148, Karl Du Prel, *Der Spiritismus*, nouv. Éd., Leipzig, 1922, lu en janvier et février 1923 : « Un petit ouvrage scientifique reposant sur des principes philosophiques qui pousse à croire vraiment au spiritisme et m'y a initié. »

39. Liste de lectures 86, Matthias Fidler, *Die Toten leben ! Wirkliche tatsachen über das persönliche Fortleben nach dem Tode*, Leipzig 1909, lui le 30 avril et le 2 mai 1921.

40. Liste de lectures 111, décembre 1923.

41. Liste de lectures 191, 9 février 1924.

42. Liste de lectures 167, Christian Heinrich Gilardone, Eppes Kittisch *!! Noch ä Beitraagk zu Israels Verkehr und Geist*, Speyer 1843, du 8 au 14 octobre 1923.

43. Liste de lectures 171, Theodor Fritsch, *Handbuch der Judenfrage*, Leipzig 1923, du 25 septembre au 21 novembre 1923.

44. Liste de lectures 176, Theodor Fritsch, *Der falsche Gott. Beweismaterial gegen Jahwe*, Leipzig, 1920, du 1er au 5 décembre 1924.

45. Liste de lectures 200, Erich Kühn, *Rasse ? Ein Roman*, Munich, 1921, lu le 27 février 1924 : « Traite naturellement du problème racial aryen et juif. L'enlèvement et l'emprisonnement de cette jeune fille allemande sont particulièrement bien décrits. » Liste de lectures 201, Edward Stilgebauer, *Die Lügner des Lebens. Das Liebesnest*, Berlin, 1908, lu du 20 au 29 février 1924 : « Le sang juif et l'ingéniosité juive assez bien dépeints. Le roman parle essentiellement de gens de peu de valeur, à quelques exceptions près. »

46. Liste de lectures 216, *Eine unbewusste Blutschande. Der Untergang Deutschlands. Naturegesetze über die Rassenlehre*, Grossenhain i. S., 1921, 17 septembre 1924 : « Un magnifique ouvrage. Un travail de précurseur. Surtout la dernière partie, comment il est possible d'améliorer la race, est d'une noblesse superbe, vertueuse. »

47. Liste de lectures 223, 22 au 24 octobre 1924.

48. Liste de lectures 173, Heinrich Böhmer, *Die Jesuiten*, 4, nouv. éd., Leipzig, Berlin, 1921, lu du 5 au 24 novembre 1923.

49. Liste de lectures 193, Carl Felix von Schlichtergroll, *Der Sadist im Priesterrock*, Leipzig, 1904, 19 février 1924 : « Histoire de l'enlèvement de femmes et de jeunes filles par un sadique à Paris. Viol des consciences et hypnose. »

50. Liste de lectures 207, Alfred Miller, *Ultramontanes Schuldbuch. Eine deutsche Abrechnung mit dem Zentrum und seinen Hintermännern*, Breslau, 1922, 19 mai 1924.

51. Liste de lectures 229, K. v. Widdumhoff, *Die entdeckten schwarzen Henker des deutschen Volkes*, Weissenburg i. B. 1924, octobre 1924 à janvier 1925.

52. Liste de lectures 189, Adolf-Viktor von Körber, *Adolf Hitler : sein Leben und seine Reden*, Munich, 1923, 16 janvier 1924. Liste de lectures 208, Dietrich Eckart, *Der Bolschewismus von Moses bis Lenin. Zwiegespräch zwischen Adolf Hitler und mir*, Munich, 1924, 19 mai 1924. « Un dialogue édifiant et inspirant entre Hitler et Eckhardt, tous deux d'une grande justesse. Offre une perspective et ouvre les yeux sur bien des points comme on l'a rarement vu. Si seulement tout le monde pouvait lire ce texte. »

53. Liste de lectures 162, Björnsterne Björnson, *Mary*, Berlin, 1910, du 15 au 19 septembre 1923 : « Mary est une authentique femme nordique, germanique. »

54. Liste de lectures 165, Werner Jansen, *Das Buch Treue. Nibelungenroman*, Hambourg, 1916, lu du 28 septembre au 3 octobre 1923.

55. Liste de lectures 179, lu du 1er octobre 1923 au 5 janvier 1924.

56. Liste de lectures 217, Werner Jansen, *das Buch leidenschaft. Amelungenroman*, Brunswick, 1920, lu du 18 au 20 septembre 1924. Le livre s'inspirait du « Chant des Amelungen », une reconstitution littéraire du XIXe siècle.

57. Liste de lecture 218, 24 septembre 1924.

58. Liste de lecture 220, Werner Jansen, *Gudrun : das Buch Liebe*, Brunswick, 1920, lu du 4 au 21 octobre 1924.

59. Liste de lecture 202, Hans Günther, *Ritter, Tod und Teufel*, Munich, 1921, lu du 28 février au 5 mars 1924, ainsi que de juillet à novembre de la même année. Son

amie Maria Rauschmayer fait également référence à *Das Buch Treue* et au traité de Günther dans une lettre datée d'août 1924 (BAK, NL 1126/17), où il est entre autres question d'une définition de l'essence de la nation et qui se rapporte à une discussion avec Himmler.

60. D'après un rapport peu fiable rédigé par Otto, le frère de Gregor Strasser, après la Seconde Guerre mondiale, Himmler aurait rencontré Strasser dès 1923 : selon la brève déclaration d'Otto, il aurait rendu visite à Strasser après que ce dernier avait été emprisonné à Landshut, dès le lendemain du putsch de novembre. Otto Strasser affirmait en outre qu'Himmler avait joué le rôle d'« aide de camp » de son frère dans les mois précédents lors de l'organisation de leur propre association de défense à Landshut, information qui n'est confirmée par aucun autre témoin et semble peu probable si l'on tient compte de l'engagement d'Himmler dans la Reichskriegsflagge (Otto Strasser, *Hitler und ich*, Constance, p. 47, 66 et s.).

61. Au sujet de Gregor Strasser, voir surtout Udo Kissenkoetter, *Gregor Strasser und die NSDAP*, Stuttgart, 1978, et Peter D. Stachura, *Gregor Strasser and the Rise of Nazism*, Londres, 1983. Strasser avait détaillé son idée du « socialisme national » dans *Kampf um Deutschland. Reden und Aufsätze*, Munich, 1932.

62. On peut déduire de la liste de lecture d'Himmler qu'il séjourna à Landshut à partir de juillet 1924.

63. BAK, NL 1126/17, lettre à Robert Kistler, Milan, 22 août 1924.

64. *Kurier von Niederbayern* du 9 décembre 1924.

65. En octobre 1924, le Bloc national s'était rallié au Mouvement de liberté national-socialiste, qui rassemblait les nationalistes et les nazis.

66. BAB, BDC, Research Ordner 199, lettre du 8 juillet 1925.

67. *Ibid.*, 4 août 1925.

68. Voir la correspondance entre Himmler et la centrale entre septembre 1925 et février 1926 (*ibid.*).

69. *Ibid.*, lettre du 17 février 1926. Il termina l'année 1925 avec un déficit considérable dans les comptes qu'il adressa à la centrale, voir lettre de la centrale à Himmler du 19 janvier 1926.

70. *Ibid.*, Himmler à Maurer, rédacteur en chef du *Völkischer Beobachter*, 9 juillet 1925.

71. BAB, BDC, Research Ordner 199, 12 août 1925, centrale à Himmler.

72. *Ibid.*, lettre d'Himmler à la centrale, 29 septembre 1925, et réponse du 26 octobre 1925.

73. *Ibid.*, rapport pour la période du 15 octobre 1925 au 1er mai 1926.

74. *Kurier von Niederbayern* du 28 août 1924 sur le discours du 25 août à Aidenbach. *Ibid.* 4 juin 1925 sur le discours à Viechtach. *Ibid.* 21 septembre 1924 sur le discours prévu à Fürstenzell le 24 septembre. Le 3 avril, le journal mentionnait un discours tenu le 26 mars 1926 à Malgersdorf.

75. Le 9 mars, il s'adressa au groupe local de Dingolfing et le 26 mars à Malgersdorf sur ce sujet (*ibid.* 18 mars et du 3 avril 1926).

76. « Histoire et Locarno, groupe de Landshut », conférence du 19 novembre 1925 (*ibid.* 22/23 novembre 1925).

77. Il parla des « agissements des Juifs dans l'ombre » le 30 mai 1924 à Viechtach (*ibid.* 4 juin 1924) et de « juiverie et bolchevisme » le 13 juin 1925 à Zwiesel (*ibid.*

21 juin 1925). Le 30 avril 1926, il aborda « les dangers de la juiverie » à Malgersdorf (*ibid.* 11 mai 1926).

78. Liste de lectures 235, Franz Haiser, *Freimaurer und Gegenmaurer im Kampfe um die Weltherrschaft*, Munich, 1922, de janvier au 18 mars 1925 : « On a besoin de livres de ce genre. Ils nous renforcent dans ce que l'on ressent instinctivement, ce que l'on imagine mais que l'on n'ose pas penser. » Dans les années qui suivirent, Himmler recommanderait cet ouvrage et le pamphlet de propagande antimaçonnique de Wichtl, qu'il avait lu en 1919, comme des textes essentiels à l'étude de ce problème (BAB, NS 18/5022, lettre à Lindner, 27 août 1927).

Kurier von Niederbayern du 17-18 mai 1925. De même, ses déclarations du 15 mai 1925 à Vilsbiburg (*ibid.*, 20 mai 1925). Autre discours général sur ce thème, le 24 juin 1925 à Deggendorf (*ibid.*, annonce du 21 juin 1925). 4 juin, Straubing, « Les loges franc-maçonnes, un outil de la juiverie » (*ibid.* 3 juin 1925).

79. Il tint des discours similaires le 19 mars 1926 à Irlbach et le 20 mars 1926 à Strasskirchen (*ibid.*, annonce du 17 mars 1926).

80. « La situation de l'agriculture », dans *Nationalsozialistische Briefe*, 1er avril 1926.

81. « Paysan, lève-toi ! » du 20 juin 1926.

82. *Kurier von Niederbayern* du 17 septembre 1925.

83. *Ibid.*, 22/23 novembre 1925.

Ibid., 12 novembre 1925, annonce pour un discours à Rotthalmünster : « Que veut le socialisme national ? » *Ibid.*, 3 avril 1926, sur un discours prononcé le 26 mars 1926 à Malgersdorf : « Socialisme national ou international ». *Ibid.* du 18 mars 1926, sur une réunion à Dingolfing le 9 mars 1926. Le 27 mars 1926, il s'exprime sur le même sujet à Plattling (*ibid.*, 27 mars 1926) et à Landshut, il utilisa de nouveau la formule le 25 mars 1926 (*ibid.*, 31 mars 1926).

84. *Ibid.*, 3 décembre 1924.

85. *Ibid.*, 18 mars 1926.

Ibid., du 3 avril 1926. Himmler tint en outre des discours en septembre 1925 en Thuringe (voir *ibid.*, 7 octobre 1925) et effectua une tournée dans le nord de l'Allemagne du 10 janvier au 15 février 1926 (*ibid.*, 18 février 1926).

86. Liste de lectures 276, lu à Landshut, Munich et en voyage, de 1925 au 19 janvier 1927.

87. Richard Breitman, « *Mein Kampf* and the Himmler family : two generations react to Hitler's ideas », in *Holocaust and Genocide Studies*, 13 (1999), p. 90-97.

88. À cet égard, voir StA München, Pol. Dir. München 10081, Vermerk der Polizei München, Abt. Vla, du 13 janvier 1926. Protocole de la citation d'Himmler du 12 janvier 1926. Par « tir », Himmler entendait sans doute tir avec des armes de petit calibre.

89. *Die Tagebücher von Joseph Goebbels*, 2e partie, vol. 9 et 15, conservés à l'Institut d'histoire contemporaine, avec le soutien des Archives d'État de la Fédération de Russie, publiés par Elke Fröhlich *et al.*, Munich, 1993-2006, 13 avril 1926.

Fonctionnaire du parti

1. Wolfgang Horn, *Der Marsch zur Machtergreifung. Die NSDAP bis 1933*, Düsseldorf, 1972, p. 243. Peter Hüttenberger, *Die Gauleiter. Studie zum Wandel des*

Machtgefüges in der NSDAP, Stuttgart, 1969, p. 26 et suivantes. Dietrich Orlow, *The History of the Nazi Party*, vol. 1 : 1919-1933, Newton Abbot 1971, p. 76 et s.

2. *Völkischer Beobachter* du 17 septembre 1926.

3. BAB, BDC, Research Ordner 199, 30 janvier 1927. Au sujet de la centrale du parti et de son organisation à l'époque, voir Horn, *Marsch*, p. 278 et s. Albrecht Tyrell, *Führer befiehl... Selbstzeugnisse aus der « Kampfzeit » der NSDAP. Dokumentation und Analyse*, Düsseldorf, 1969, p. 355 et s.

4. Hans-Walter Schmuhl, « Philipp Bouhler – Ein Voreiter des Massenmordes », in *Die Braune Elite II. 21 weitere biographische Skizzen*, compilé par Romald Smelser, Enrico Syring et Rainer Zitelmann, Darmstadt, 1993, p. 39-50.

5. Voire Mathias Rösch, *Die Münchner NSDAP 1925-1933. Eine Untersuchung zur inneren Struktur der NSDAP in der Weimarer Republik*, Munich, 2002, p. 512, qui n'accorde pas une grande importance au futur maire de Munich à cette époque.

6. Peter Longerich, *Geschichte der SA*, Munich, 2003, p. 53 et s.

7. Sur le style de direction d'Hitler à l'époque, voir Tyrell, *Führer befiehl*, p. 146. Ian Kershaw, *Hitler*, vol. 1 : 1889-1936, Stuttgart, 1998, p. 359 et s.

8. Gerhard Paul, *Aufstand der Bilder. Die NS-Propaganda vor 1933*, Bonn, 1990, p. 64, ainsi que Kissenkoetter, *Strasser*, p. 33.

9. Paul, *Aufstand*, p. 65.

10. *Ibid.*, p. 65 et s. Un exemplaire de la brochure se trouve dans la collection de documents de l'Institut d'histoire contemporaine (IfZ).

11. Sur la préparation des « rassemblements d'Hitler » par Himmler, voir surtout les dossiers BAB, NS 18/5002, correspondance avec les groupes locaux, en particulier la circulaire d'Himmler du 31 mars 1928. Déjà, le 10 janvier 1928, Himmler avait envoyé aux groupes locaux un questionnaire afin d'établir quels jours il serait impossible d'organiser un rassemblement avec Hitler à cause de « l'occupation de la plus grande salle ou du déroulement de célébrations ».

12. Direction de la propagande du Reich, *Propaganda*, Munich, 1928, p. 36 et suivantes.

13. BAK, NL 126, calendrier de rendez-vous de 1927.

14. BAB, NS 19/1789, « Nationale roder internationaler Sozialismus ».

15. StA München, Pol. Dir. München 18001, rapport de police sur le rassemblement de membres de la section de Neuhausen le 6 octobre 1926. Le rapport est daté du 14 octobre 1926.

16. StA München, Pol. Dir. München 18001, rapport sur le rassemblement public de l'Ortsgruppe du NSDAP de Ratisbonne, 11 avril 1927. Le rassemblement eut lieu le 9 avril 1927.

17. BAB, NS 18/5007, lettre de Fritz Schusnus à la direction du Reich, 27 octobre 1926. Résultats tirés des annuaires statistiques de l'empire allemand.

18. BAB, NS 18/5007, 2 décembre 1926.

19. *Ibid.*, notes d'Himmler.

20. *Ibid.*, lettre du 21 avril 1927 à la direction du Gau.

21. *Ibid.*, lettre de la direction du Gau à la Hauptgeschäftsstelle, 28 avril 1927.

22. *Ibid.*, lettre de Heinz Schulz, 1er mai 1927.

23. *Ibid.*, lettre d'Himmler à la direction du Gau, 2 mai 1927.

24. *Ibid.*, 18 mai 1927.

25. Sur les rassemblements et le résultat électoral, voir Beate Behrens, *Mit Hitler zur Macht. Aufstieg des Nationalsozialismus in Mecklenburg und Lübeck 1922-1933*, Rostock, 1998, p. 76 et s. Pour l'ensemble de la campagne électorale, voir *ibid.*, p. 74 et s.

26. Circulaire d'Himmler du 24 décembre 1928, in Tyrel, *Führer befiel*, p. 255 et s.

27. Paul, *Aufstand*, p. 68.

28. Tyrell, *Führer befiel*, p. 225 ; Paul, *Aufstand*, p. 66 et s.

29. Sur l'accent mis par la propagande nazie sur les campagnes après les législatives de 1928, voir Johnpeter Horst Grill, « The Nazi Party's rural propaganda before 1928 », in *Central European History* 15 (1982), p. 149-185 ; Peter D. Stachura, « Der kritische Wendepunkt ? Die NSDAP und die Reichstagswahlen vom 20. Mai 1928 », in *Vierteljahrshefte für Zeitgeschichte*, 26 (1978), p. 66-99 ; Tyrell, *Führer befiel*, p. 225 et s.

30. BAB, NS 18/5008, à G. Feder, 21 avril 1928, ainsi que NS 18/5011, à A. Göpfert, 2 août 1930.

31. BAB, NS 18/5001, lettre à l'Ortsgruppe Hof.

32. BAB, NS 18/5005, lettre au *Westdeutscher Beobachter*, 6 novembre 1928.

33. BAB, NS 18/5007, 20 avril 1927.

34. *Ibid.*, 19 avril 1927.

35. BAB, NS 18/5005, lettre à Robert Scherl, chef d'orchestre, 10 août 1928.

36. BAB, NS 18/5022, lettre à Hans Lustig, Stettin, 27 juillet 1927.

37. BAB, NS 18/5006, à M. H. Götz, Kronach, 10 mai 1928. Comparable à NS 18/5013b, lettre à Karl Schick, Rossbach (Palatinat), 30 juillet 1930.

38. BAB, NS 18/5004, lettres diverses.

39. BAB, NS 18/5006, lettre à la direction du district de Coburg, 16 mars 1928.

40. BAB, NS 18/5001, de la Propaganda-Abt. À l'Ortsgruppe Aschaffenburg, 2 février 1937.

41. BAB, NS 18/5005, 24 octobre 1928.

42. *Ibid.*, 27 octobre 1928.

43. *Ibid.*, 31 octobre 1928.

44. *Ibid.*, lettre au *Westdeutscher Beobachter*, 6 novembre 1928.

45. Tyrell, *Führer befiel*, p. 146.

46. Dans un manuscrit sans date, Himmler rassembla ses réflexions déjà connues sur les causes de la crise agraire et appela, en réaction, à une « politique agricole nationale », titre qu'il donna à son texte (BAB, NS 19/1789). D'après lui, « de formidables étendues de terres provenant des grandes propriétés sont aujourd'hui disponibles à la vente » dans l'est de l'Allemagne, qu'il fallait occuper en y implantant des fils de paysans et d'ouvriers agricoles. De plus, cela était selon Himmler « la seule défense véritablement efficace contre l'infiltration des masses laborieuses slaves de l'Est ».

47. Michael H. Kater, « Die Artamanen. Völkische Jugend in der Weimarer Republik », in *Historische Zeitschrift*, 213 (1971), p. 577-683 ; Peter Schmitz, *Die Artamanen. Landarbeit und Siedlung bündischer Jugend in Deutschland 1924-1935*, Bad Neustadt a. d. Saale, 1985.

48. Kater, « Artamanen », p. 614.

49. *Ibid.*, p. 623.

50. *Ibid.*

51. Ce qui ressort des documents du mouvement de la Jeunesse allemande conservés dans les archives.

52. BAB, NS 18/5011, Himmler au conseil secret de Konopath, 26 juin 1930.

53. BAB, NS 18/5005, lettre du 16 mai 1929. Himmler y recommandait à Karl Muefeld, camarade du parti de Duisburg, la lecture des directives de l'association Artam, « qui a appliqué de façon exemplaire ce qui est d'ores et déjà réalisable dans les réflexions que vous avancez. Je ne peux que vous conseiller de vous y présenter et de travailler à la concrétisation de cet objectif dans les rangs de l'association Artam ».

54. BAB, NS 18/5014, lettre à la direction du Gau de Poméranie, 21 août 1929 au sujet de l'exclusion de cinq camarades du parti.

55. BAB, NS 18/5004, lettre à Rudolf Hager, Vienne, 21 juin 1928.

56. BAB, NS 18/5011, lettre d'Himmler à Maria Giessing, Bad Reichenhall, 16 juillet 1930.

57. Archives du mouvement de la Jeunesse allemande, A 2-82/82, souligné par Alwiss Rosenberg le 23 mai 1969, ainsi que A 2-82/10, Alwiss Rosenberg : « Streit in der Artamanenbewegung » (MS).

58. Kater, « Artamanen », p. 623.

59. Auparavant, l'organe paraissait en tant que supplément de la *Berliner Arbeiterzeitung*. On retrouve la trace de cette publication jusqu'en juillet 1929. Chez les Himmler, on utilisait encore du papier à en-tête du *Bundschuh* en 1931 (BAK, NL 1126/14, note du 16 février 1931).

60. BAK, NL 1126/6.

61. BAK, NL 1126/14, 29 septembre et 16 octobre 1927.

62. Voir l'index du répertoire de BAK, NL 1126. D'après cette source, les lettres d'Himmler se trouveraient en possession d'une personne privée. Josef Henke, responsable des Archives fédérales, a eu l'occasion de se convaincre de leur authenticité grâce à l'étude d'un microfilm.

63. BAK, NL 1126/14.

64. *Ibid.*, 21 novembre 1927.

65. *Ibid.*, 21 novembre 1927.

66. *Ibid.*, 22 novembre 1927.

67. *Ibid.*, 2, 4 et 12 novembre 1927.

68. *Ibid.*, 22 novembre 1927. Déjà, dans sa lettre du 21 novembre, elle lui avait demandé quelle était la raison de sa « déception ».

69. *Ibid.*, 26 novembre 1927.

70. *Ibid.*, 26 novembre 1927.

71. *Ibid.*, 26 novembre et 13 décembre 1927.

72. *Ibid.*, 20, 21 et 22 décembre 1927.

73. *Ibid.*, 22 et 24 décembre 1927.

74. *Ibid.*, 24 décembre 1927.

75. *Ibid.*, 20 décembre 1927.

76. *Ibid.*, 24 décembre 1927. Ayant appris à mieux le connaître, elle lui écrivit, le 11 mars 1928 : « Tu sais, mon chéri, je suis encore frappée par ta docilité. Je ne peux que te dire : comme on fait son lit, on se couche. »

77. *Ibid.*, 4 janvier 1928 ; 5 janvier 1928 : « Pourquoi as-tu peur de Berlin ? »

78. *Ibid.*, 21 décembre 1927. Le 24 décembre 1927, elle lui demanda : « Qu'a dit le docteur ? » Il est de nouveau question de maux d'estomac du 9 au 12 avril 1928.

79. *Ibid.*, 4 janvier 1928. La question de la « dignité » et de l'« indignité » revient régulièrement dans ses premières lettres : « Et le combat pour être indigne et couard. Je ne voudrais pas que tu souhaites maintenant devenir soudain comme cela, & je voudrais t'aider » (31 décembre 1927). « Hier soir, j'ai relu tes vieilles lettres, ma brave caboche qui veut être digne » (4 janvier 1928).

80. *Ibid.*, 24 décembre 1927.

81. *Ibid.*, 27 décembre 1927.

82. *Ibid.*, 29 décembre 1927 (deux lettres).

83. *Ibid.*, 22 décembre 1927.

84. *Ibid.*, 22 décembre 1927.

85. *Ibid.*, 30 décembre 1927.

86. *Ibid.*, 2 janvier 1928.

87. *Ibid.*, 31 décembre 1927.

88. *Ibid.*, 2 janvier 1928 (deuxième lettre).

89. *Ibid.*, lettre arrivée à Munich le 2 janvier 1928.

90. *Ibid.*, 31 décembre 1927.

91. *Ibid.*, 5 mai 1928.

92. *Ibid.*, 6, 7 et 24 janvier 1928.

93. *Ibid.*, 6 et 7 février 1928. Le séjour à Berlin, est signalé par une entrée dans le calendrier de rendez-vous, au 8 février, BAK, NL 1126/6.

94. Sur les préparatifs de voyage, voir BAK, NL 1126/14, 11 février, 21 avril et 13 mai 1928.

95. *Ibid.*, 31 décembre 1927 et 4 janvier 1928.

96. *Ibid.*, 2 mars 1928.

97. *Ibid.*, 11 février 1928.

98. *Ibid.*, 6 mars 1928.

99. *Ibid.*, 21 février 1928.

100. *Ibid.*, 3 mars 1928. « Tu sais, mon chéri, par cette lettre, j'ai de nouveau le sentiment que tu as déjà dit quelque chose à tes parents & que tu ne veux pas m'écrire la réponse pour ne pas m'affliger. »

101. *Ibid.*, 21 avril 1928 ; également le 3 et le 18 mai 1928.

102. *Ibid.*, 10 mai 1928.

103. Déjà, dans sa lettre du 10 février 1928, elle parle de quitter la clinique et de vivre avec Himmler. Il ressort de la lettre du 20 février 1928 qu'elle s'est décidée à ce moment-là à vendre ses parts de la clinique.

104. *Ibid.*, 26 avril 1928.

105. *Ibid.*, 21 mai 1928.

106. *Ibid.*, 12 et 20 avril 1928.

107. *Ibid.*, 13, 20, 23, 25 et 27 juin 1928.

108. *Ibid.*, 24 et 27 juin 1928.

109. StA München, Amtsgerichte 21849, p. 141. 19 septembre 1928.

110. BAK, NL 1126/14, 17 juin 1928.

111. BAK, NL 1126/14, 21 juin 1928. Voir également 19 mai, 15 et 18 juin 1928.

112. StA München, Pol. Dir. München 18001, certificat d'apprentissage de la conduite. Selon ce document, Himmler aurait pris des cours de conduite du 16 mars au 22 juin 1928.

113. BAK, NL 1126/14, publication des bans du 3 juillet 1928.
114. *Ibid.*, 21 janvier et 18 juin 1929.
115. *Ibid.*, 20 mars 1929.
116. *Ibid.*, 5 mai 1929.
117. *Ibid.*, 6 mai 1929.
118. *Ibid.*, 24 septembre 1929 : « Tes parents savent pourtant que l'enfant sera baptisé dans la foi protestante, non ? »
119. *Ibid.*, 22 septembre 1929.
120. *Ibid.*, 13 octobre 1929.
121. Robert Lewis Koehl, *The Black Corps : The Structure and Power Struggles of the Nazi SS*, Madison, Wisconsin, 1983, p. 86.
122. Sur l'histoire des premiers jours de la SS, voir Heinrich Höhne, *Der Orden unter dem Totenkopf. Die Geschichte der SS*, Gütersloh 1967, p. 23 et s., ainsi que Koehl, *Black Corps*, p. 18 et s.
123. BAB, NS 19/1934, directives sur la mise en place d'escouades de protection, transmises par la direction générale de la Schutzstaffel le 21 septembre 1925. Sur les uniformes de la SS, voir également Andrew Mollo, *Uniforms of the SS*, vol. 1 : *Allgemeine SS 1923-1945*, Londres, 1969.
124. BAB, NS 19/1934, circulaire n° 1, 21 septembre 1925.
125. *Ibid.*, sans date, édition du *Völkischer Beobachter* du 6 août 1926 ; Höhne, *Orden*, p. 28.
126. Longerich, *Geschichte der SA*, p. 45 et s.
127. BAB, NS 19/1934, lettre d'Ernst Wagner à Hitler, 20 mai 1926.
128. *Ibid.*, circulaire n° 1, 14 avril 1926.
129. Koehl, *Black Corps*, p. 25 et s.
130. *Ibid.*, p. 26 ; Höhne, *Orden*, p. 29.
131. Koehl, *Black Corps*, p. 26 et s.
132. BAB, NS 19/1934, 13 septembre 1927.
133. *Ibid.*, ainsi que ordre n° 2 du 4 novembre 1927.
134. BAB, NS 19/1934, disposition du 20 janvier 1929. Sur l'histoire de la SS en 1929-1930, voir en particulier Koehl, *Black Corps*, p. 32 et s.
135. Le chiffre de 280 hommes avancé par Gunter d'Alquen dans la présentation officielle du parti, volontiers repris dans la littérature (Gunter d'Alquen, *Die SS. Geschichte, Aufgabe und Organisation der Schutzstaffeln der NSDAP*, Berlin, 1939, p. 8), n'est pas fiable. La brochure de d'Alquen est une version adaptée d'un discours d'Himmler de janvier 1937 et ne repose pas sur des recherches indépendantes. Sur les chiffres donnés par Himmler, voir BAB, NS 19/4013, 5 mai 1944 (260), NS 19/4011, 16 décembre 1943, discours pour l'assemblée des commandants de la Kriegsmarine (290), NS 19/4014, discours du 21 juin 1944 à Sonthofen devant des généraux de la Wehrmacht (300). Dans une légende sous une photo d'Himmler dans *Das Braune Heer. 100 Bilddokumente : Leben, Kamp und Sieg der SA und SS*, Berlin, 1932, il est indiqué : « Il a commencé son travail avec 300 ou 400 hommes. »
136. *SS-Leitheft 7* (1941-1942), série 1b, « Im Dienst des Führers… Vom Kampf der SS. Ein geschichtlicher Rückblick », p. 10-14.
137. BAB, NS 19/1934.

138. Un ordre catégorique de la direction de la SA du 12 avril 1929 (« GRUSA VIII ») réglementait en particulier la mise en place de la SS et les détails du service de la SS (*ibid.*).

139. BAB, NS 19/1934.

140. *Ibid.*, SS-Befehl Parteitag 1929, 26 juillet 1929.

141. *Völkischer Beobachter* du 4-5 août 1929, présentation des étendards et proclamation n° 29 du plus haut responsable de la SA ; *Völkischer Beobachter* du 6 août 1929, « Das Hakenkreuzbanner als Fahne der werdenden Freiheit. Der grosse Vorbeimarsch vor dem Führer ».

142. *Journal de Goebbels*, 5 juillet 1929.

143. *Ibid.*, 1er août 1929.

144. *Ibid.*, 20 novembre 1930.

145. *Ibid.*, 22 novembre 1929.

146. *Ibid.*, 13 janvier et 20 mars 1930.

147. *Ibid.*, 23 mars 1930.

148. Paul, *Aufstand*, p. 70 ; Kissenkoetter, *Strasser*, p. 55 et s.

149. *Journal de Goebbels*, 28 avril 1930.

150. *Ibid.*, 2 mai 1930.

151. *Ibid.*, 12 mai 1930.

152. *Ibid.*, 24 mai 1930.

153. Himmler se présenta à la troisième place sur la liste pour la circonscription de Haute-Bavière, ce qui lui permit effectivement d'entrer au Reichstag. Si les élections s'étaient mal passées pour le NSDAP dans cette circonscription, il serait entré au Parlement sur la liste du Reich. Là, on lui avait réservé la quinzième place (*Völkischer Beobachter* du 28 et du 31 août 1930).

154. On en retrouve les détails dans BAB, NS 18/5014. Sur la passation de fonctions, voir également Kissenkoetter, *Strasser*, p. 59.

155. BAB, NS 19/1722, lettre de la fraction parlementaire du NSDAP à Himmler, 20 février 1931 : « Nous tenons à rappeler sans détour que les fonctions afférentes à ce poste ne signifient nullement une reprise en main des activités de la représentation. »

156. BAB, NS 19/1721, lettre de l'Ortsgruppe Schwenningen à Himmler, 21 septembre 1932 ; réponse d'Himmler du 1er octobre 1932. Cette fausse affirmation se trouve dans Heinrich Himmler, *Der Reichstag 1930. Das sterbende System und der Nationalsocialismus*, Munich, 1931, p. 57.

Reichsführer-SS

1. Longerich, *Geschichte der SA*, p. 103 et s. Ces événements sont plus particulièrement consignés dans StA München, Pol. Dir. München 6808, rapport de la police criminelle de Berlin du 16 septembre 1930. Voir également *Journal de Goebbels*, 30 août et 1er septembre 1930.

2. StA München, Pol. Dir. München 6810, rapport de police sur un rassemblement du 14 octobre 1930 ; Eberhart Schön, *Die Entstehung des Nationalsozialismus in Hessen*, Meisenham a. Glan, 1972, p. 129 et s. ; voir également Longerich, *Geschichte der SA*, p. 102 et 105.

3. BAB, NS 19/2817, protocole de mémoire d'Himmler sur le retrait du haut responsable SA Pf. von Salomon en 1930, rédigé le 4 juin 1941.

4. Comme le prouve la version du texte conservé dans BAB, NS 19/3973, « Die Pflichten des SS-Mannes und SS-Führers » (introduction), ainsi que l'article « Entstehung und Geschichte der SS », in *SS-Leitheft*, 2 (1936), cahier 9, p. 11-13.

5. BAB, NS 19/1934, SS-Befehl n° 20, 1er décembre 1930.

6. BAB, ehem. Slg. Schumacher 403, ordre SA d'Hitler du 3 septembre 1930.

7. Sur l'antagonisme entre Hitler et Röhm au début de la SA, voir Longerich, *Geschichte der SA*, p. 15 et s., p. 33 et s., et p. 45 et s.

8. Le mémorandum, sans doute rédigé par August Schneidhuber, un des plus hauts responsables de la SA, reprenait les critiques très répandues dans les cercles dirigeants de la SA vis-à-vis de la direction du parti (StA München, Pol. Dir. München 6822, 30 novembre 1930). Sur la nomination de Röhm, voir Longerich, *Geschichte der SA*, p. 108 et s.

9. BAB, NS 19/1934.

10. BAB, BDC, Research Ordner 238 I (également NARA, T 580 R 36), lettre de Röhm à Himmler, 28 mars 1930 : « Votre chère lettre du 29 janvier 1930, pour laquelle je vous suis particulièrement reconnaissant, a plus que toute autre éveillé en moi le souhait d'un prompt retour en Allemagne. »

11. *Ibid.* (également NARA, T 580 R 36), Himmler à Röhm, 4 novembre 1929.

12. *Ibid.* (également NARA, T 580 R 36), Röhm à Himmler, 28 mars 1930. On a également conservé les lettres de Röhm du 7 septembre 1929 et du 27 août 1930 (*ibid.*).

13. Longerich, *Geschichte der SA*, p. 147.

14. BAB, NS 19/1934.

15. Koehl, *Black Corps*, p. 41.

16. BAB, NS 19/1934. L'ordre réglementait de nombreux autres détails.

17. *Ibid.*, Stabsbefehl n° 9 du 12 février 1931, ainsi que recommandation préalable sur le développement, la formation et l'emploi des groupes motorisés de la SS, 21 mars 1931.

18. BAB, NS 19/1934, 12 mai 1931.

19. StA München, Pol. Dir. München 6822, rapport de l'inspecteur général au chef d'état-major, 17 décembre 1931.

20. Sur les relations conflictuelles entre la SA et la SS, voir Longerich, *Geschichte der SA*, p. 149 et s. ; Michael H. Kater, « Zum gegenseitigen Verhältnis von SA und SS in der Sozialgeschichte des Nationalsozialismus von 1925 bis 1939 », in *Vierteljahrsschrift für Sozial- und Wirtschaftsgeschichte* 62, 3 (1975), p. 339-379.

21. BAB, NS 19/1934, Oberführer Süd, Oberführer-Befehl n° 8, directives sur la formation de la SS dans l'Abschnitt Süd, 1er avril 1931.

22. Longerich, *Geschichte der SA*, p. 110 et s. ; voir en particulier le *Journal de Goebbels* du 1er au 10 avril 1931.

23. BAB, NS 19/1934. La rencontre eut lieu les 13 et 14 juin 1931.

24. Étaient recommandés : *Wir sind das Heer vom Hakenkreuz, O Deutschland hoch in Ehren, Noch ist die Freiheit nicht verloren, Wenn alle untreu werden, Heil mein Lieb, der Morgen graut, Brüder in Zechen und Gruben, Ich hatt' einen Kameraden* et *Drei Lilien.*

25. BAB, NS 19/1934, ordre de service préalable pour le travail de la SS, juin 1931.

26. *Ibid.*, SS-Befehl C, n° 28, du 9 juin 1931.
27. *Ibid.*, SS-Befehl A, n° 35, du 13 juillet 1931.
28. *Ibid.*, SS-Befehl A, n° 1, du 24 janvier 1932.
29. *Ibid.*, SS-Befehl A, n° 30, du 8 juin 1931.
30. Shlomo Aronson, *Reinhard Heydrich und die Frühgeschichte von SA und SD*, Stuttgart, 1971, p. 34 et s.
31. *Ibid.*, p. 37 et s. ; Wildt, *Generation*, p. 241.
32. Aronson, *Heydrich*, p. 54 et s., sur la création du service.
33. *Ibid.*, p. 60 et s.
34. Longerich, *Geschichte der SA*, p. 111.
35. BAB, ehem. Slg. Schumacher 415, rapport sur les forces de la SA et de la SS, 18 mai 1931 ; BAB, NS 19/1934, Himmler aux plus hauts responsables SA, 2 octobre 1931.
36. *Ibid.*, communication du département de la police criminelle de Berlin du 1er novembre 1931.
37. Doc. PS-1992 (A), contribution d'Himmler sur l'essence et les missions de la SS dans le cadre d'un cours de formation de politique nationale de la Wehrmacht, du 15 au 23 janvier 1937, in *International Military Tribunal : Der Prozess gegen die Hauptkriegsverbrecher vor dem Internationalen Militärgerichtshof, 14. Oktober 1945 bis 1. Oktober 1946*, 42 vol., Nuremberg, 1947-1949, ici, vol. 29, p. 206 et s.
38. BAB, NS 19/1934, SS-Befehl A, n° 65 du 31 décembre 1931.
39. BAB, NS 19/4013, discours du 5 mai 1944. Il rappelle la teneur d'un article publié par le directeur du Bureau pour la race, Schultz, dans le périodique *Volk und Rasse* 17 (1942), en janvier 1942, à l'occasion du dixième anniversaire de l'ordre sur les fiançailles et le mariage : « Les distorsions mal intentionnées et les moqueries les plus acides qu'a suscitées cet ordre ont été sans bornes, mais la Schutzstaffel est restée inébranlable… » (p. 1 et s.).
40. Cette représentation du mode de vie de la sous-culture SA se retrouve dans un grand nombre d'écrits qui furent publiés au sein de la SA et dans son entourage après la prise de pouvoir. Pour plus de détails, voir Longerich, *Geschichte der SA*, p. 115.
41. BAB, NS 19/1934, SS-Befehl A, n° 67, 31 décembre 1931.
42. Comme il ressort de l'ordonnance du 12 mai 1931 (*ibid.*).
43. Sur Darré, voir Anna Bramwell, *Blood and Soil. Richard Walther Darré and Hitler's « Green Party »*, Bourne End, 1985 ; Horst Gries, R. *Walther Darré und die nationalsozialistische Bauernpolitik in den Jahren 1930 bis 1933*, Francfort/Main, 1966 ; BAB, BDC, SS-O Darré.
44. Isabel Heinemann, *« Rasse, Siedlung, deutsches Blut ». Das Rasse- und Siedlungshauptamt der SS und die rassenpolitische Neuordnung Europas*, Göttingen, 2003, p. 55 et s.
45. BAB, NS 19/1074.
46. BAB, BDC, SS-O Wolff ; Jochen von Lang, *Der Adjutant. Karl Wolff, der Mann zwischen Hitler und Himmler*, Munich, 1985, p. 12 et s.
47. BAB, BDC, SS-O Heissmeyer, curriculum vitae sans date.
48. BAB, BDC, SS-O Wege, en part. curriculum vitae du 12 mai 1932.
49. BAB, BDC, SS-O Hildebrandt, en part. curriculum vitae du 15 avril 1936.
50. BAB, BDC, SS-O Krüger, curriculum vitae.

51. BAB, BDC, SS-O Jeckeln ; Richard Breitman, « Friedrich Jeckeln, Spezialist für die Endlösung im Osten », in Ronald Smelser et Enrico Syring, *Die SS. Elite unter dem Totenkopf. 30 Lebensläufe*, Paderborn, 2000, p. 267-275 ; BAB, BDC, SS-O Jeckeln, en part. Jeckeln à Himmler, 28 février 1932.

52. BAB, BDC, SS-O Lorenz, en part. curriculum vitae, 31 mars 1937.

53. BAB, BDC, SS-O Wittje, en part. curriculum vitae sans date.

54. BAB, BDC, SS-O Zech ; Zech, né en 1892, avait servi dans la Reischwehr jusqu'en 1920, dont il était sorti avec le grade de capitaine, voir *Reichstags-Handbuch, IX ; Wahlperiode 1933*, Berlin, 1934.

55. BAB, BDC, SS-O Moder, en part. curriculum vitae sans date.

56. BAB, BDC, SS-O Schmauser, en part. curriculum vitae sans date.

57. TB, 6 juillet 1922.

58. Anke Schmelling, *Josias Erbprinz zu Waldeck und Pyrmont. Der politische Weg eines hohen SS-Führers*, Kassel, 1993.

59. BAB, BDC, SS-O Woyrsch.

60. BAB, BDC, SS-O Eberstein.

61. Charles Messenger, *Hitler's Gladiator. The Life and Times of Oberstgruppenführer and Panzergeneral d. Waffen-SS Sepp Dietrich*, Londres, 1988 ; Christopher Clark, « Josef "Sepp" Dietrich. Landsknecht im Dienste Hitlers », in Ronald Smelser et Enrico Syring, *Die SS. Elite unter dem Totenkopf. 30 Lebensläufe*, Paderborn, 2000, p. 119-133 ; BAB, BDC, SS-O Dietrich.

62. BAB, BDC, SS-O Daluege ; Caron Cradle, « My honor is loyalty. The biography of General Kurt Daluege », dissertation non publiée, Princeton, 1979, en particulier p. 74 et s. pour le passage dans la SS.

63. BAB, BDC, SS-O Rodenbücher, en part. curriculum vitae du 13 octobre 1933.

64. BAB, BDC, SS-O Weitzel, en particulier curriculum vitae sans date.

65. *Ibid.*, Gerichts- und Rechtsamt, au sujet du Standartenführer Hirt, 12 octobre 1937.

66. *Ibid.*, Himmler à Hartmann, 30 octobre 1931.

67. BAB, BDC, SS-O Rediess, curriculum vitae sans date ; lettres de confirmation du 1er janvier 1931, du 4 et du 12 juillet 1932 (en juillet 1932, Rediess reprit la direction de la situation XII, pour une semaine seulement).

68. BAB, NS 19/1934, SS-Befehl D, n° 68, 31 décembre 1931.

69. *Ibid.*, SS-Befehl D, n° 1, 14 janvier 1932, mise en place des groupes d'aviation SS. Himmler régla les détails ultérieurs par le SS-Befehl D, n° 3 du 18 mars 1932.

70. Koehl, *Black Corps*, p. 53, qui reprend les données du *Statistisches Jahrbuch der Schutzstaffel der NSDAP 1937*, Berlin, 1938, p. 4. En guise de comparaison, en juin 1932, la SA comptait 397 000 membres (Longerich, *Geschichte der SA*, p. 139.)

71. Jan Erik Schulte, *Zwangsarbeit und Vernichtung. Das Wirtschaftsimperium der SS. Oswald Pohl und das SS-Wirtschafts-Verwaltungshauptamt 1933-1945*, Paderborn, 2001, p. 24.

72. *Ibid.*, p. 22 et s., sur les débuts de l'administration SS.

73. BAB, NS 19/1934, SS-Befehl D, n° 69.

74. Mollo, *Uniforms*, p. 8. Sur la première apparition d'Himmler sous le nouvel uniforme, voir les déclarations de Wolff (StA München, Staatswaltschaften 34865, vol. 9, 23 janvier 1962).

75. *Ibid.*

76. BAB, 19/1704, note du 6 janvier 1939.

77. StA München, Staatswaltschaften 34865, vol. 9, 23 janvier 1962.

78. Ernst Hanfstaengl, *Zwischen Weissem und Braunem Haus. Memoiren eines politischen Aussenseiters*, Munich, 1970, p. 98.

79. Albert Krebs, *Tendenzen und Gestalten der NSDAP. Erinnerungen an die Frühzeit der Parti*, Stuttgart, 1959, p. 209.

80. Voir à ce sujet Gerhard Schulz, *Von zu Hitler. Der Wandel des politischen Systems in Deutschland 1930-1933*, Berlin, New York, 1992, p. 819 et s. ; Winkler, *Weimar*, p. 444 et s.

81. Richard Bessel, *Political Violence and the Rise of Nazism. The Storm Troopers in Eastern Germany 1925-1934*, New Haven-Londres 1984, p. 87 et s.

82. BAB, BDC, SS-O Wappenhans, 13 avril 1938.

83. Voir, Schulz, *op. cit.*, p. 961 et s. ; Winkler, *op. cit.*, p. 510 et s.

84. Entre juin 1932 et le début de 1933, la SS ne passa que d'environ 41 000 à environ 50 000 hommes, Koehl, *op. cit.*, p. 53 et 79.

85. BAB, NS 19/1934, Abschnitt IV, Brunswick : Atmosphère dans la SS, 23 septembre 1932.

86. *Ibid.*, Groupe Est, 21 septembre 1932.

87. *Ibid.*, Groupe Sud, 21 septembre 1932.

88. *Ibid.*, Groupe Sud-Est, 22 septembre 1932.

89. *Ibid.*, Groupe Ouest, 21 septembre 1932.

90. *Ibid.*, Abschnitt VII, Dantzig, 23 septembre 1932.

91. Longerich, *Geschichte der SA*, p. 159 et s.

92. BAB, ehem. Slg. Schumacher 407, 17 décembre 1932.

93. BAK, NL 1126/2. Lettre d'Himmler du 4 avril 1933.

94. Henry Turner, *Hitlers Weg zur Macht. Der Januar 1933*, Munich, 1997, p. 97 et suivante ; Joachim von Ribbentrop, *Zwischen London und Moskau. Erinnerungen und letzte Aufzeichnungen*, fonds rassemblé par Annelies von Ribbentrop, Leoni a. Starnb. Voir 1953, p. 37 et s.

Reprise en main de la police politique

1. Sur la terreur pendant la phase de la prise de pouvoir, voir en particulier Klaus Frobisch et Günther Wieland, *System der NS-Konzentrationslager 1933-1939*, Berlin 1993, p. 11 et s. ; Johannes Tuchel, *Konzentrationslager. Organisationsgeschichte und Funktion der « Inspektion der Konzentrationslager » 1934-1938*, Boppard a. Rhein, 1991, p. 35 et s. ; George C. Browder, *Foundations of the Nazi Police State : The Formation of Sipo and SD*, Lexington 1990, p. 50 et s.

2. Drobisch et Wieland, *op. cit.*, p. 27 et s. Les auteurs affirment que l'internement se distinguait déjà par son caractère flou sur le plan juridique.

3. Tuchel, *op. cit.*, p. 38 et s., donne une vue d'ensemble des différents types de camps dans les années 1933-1934.

4. Sur la « prise de pouvoir » en Bavière ainsi que sur le développement de l'appareil de terreur local, voir Jochen Klenner, *Verhältnis von Partei und Staat 1933-1945*,

dargestellt am Beispiel Bayerns, Munich, 1974, p. 44 et s. ; Ortwin Domröse, *Der NS-Staat in Bayern von der Machtergreifung bis zum Röhm-Putsch*, Munich, 1974, p. 80 et s. ; Martin Faatz, *Vom Staatsschutz zum Gestapo-Terror. Politische Polizei in Bayern in der Endphase der Weimarer Republik und der Anfangsphase der nationalsozialistischen Diktatur*, Würzburg 1995, p. 381 et s. (voir en part. p. 389 et s. sur le développement du poste de commandant de la police) ; Tuchel, *op. cit.*, p. 121 et suivantes ; Aronson, *Heydrich*, p. 94 et s.

5. *Ibid.*, p. 100 et s.

6. *Münchner Neueste Nachrichten* du 13 mars 1938 ; voir également *Völkischer Beobachter* du même jour.

7. BHStA, StK 5255, discours radiophonique du 15 mars 1933 ; voir Klenner, *op. cit.*, p. 859.

8. BHStA, StK 6288, décret de Wagner du 27 mars 1933 ; voir Klenner, *op. cit.*, p. 82 et s. ; Faatz, *op. cit.*, p. 417 et s.

9. Ordonnance de Wagner du 1er avril 1933, in *Bayerische Staatszeitung und Bayerischer Staatsanzeiger*, 21 (1933), 4 avril 1933 ; également dans Aronson, *op. cit.*, p. 323. Voir Klenner, *op. cit.*, p. 59.

10. Aronson, *op. cit.*, p. 99 et s.

11. BHStA, StK 6288, décret de Wagner du 10 avril 1933.

12. Domröse, *op. cit.*, p. 185 et s. à propos des commissaires spéciaux.

13. BAB, R 2/28350, chronique de l'ensemble de l'installation du camp de concentration à Dachau, citée d'après Tuchel, *op. cit.*, p. 124. Sur l'ouverture et l'histoire des premiers temps du camp de Dachau, voir Barbara Distel et Ruth Jakusch, *Konzentrationslager Dachau 1933-1945*, Bruxelles, 1978 ; Stanislav Zámecnik, *Das war Dachau*, Luxembourg, 2002 ; du même, « Dachau-Stammlager », in Wolfgang Benz et Barbara Distel, *Der Ort des Terrors. Geschichte der nationalsozialistizschen Konzentrationslager*, vol. 2 : *Frühe Lager, Dachau, Emslandlager*, Munich, 2005, p. 233-274 ; du même, « Das frühe Konzentrationslager Dachau », in Benz et Distel, *Terror ohne System. Die eesten Konzentrationslager im Nationalsozialismus 1933-1935*, Berlin, 2001, p. 13-39 ; Günther Kimmel, « Das Konzentrationslager Dachau. Eine Studie zu den nationalsozialistischen Gewaltverbrechen » in Martin Broszat et Elke Fröhlich, *Bayern in der NS-Zeit*, vol. 2 : *Herrschaft und Gesellschaft im Konflikt. Teil A*, Munich, 1979, p. 349-413 ; Lothar Gruchmann, « Die Bayerische Justiz im politischen Machtkampf 1933/1934. Ihr Scheitern bei der Strafverfolgung von Mordfällen in Dachau », in Broszat et Fröhlich, *op. cit.*, p. 415-428 ; Hans-Günter Richardi, *Schule der Gewalt. Die Anfänge des Konzentrationslagers Dachau 1933-1934. Ein dokumentarischer Bericht*, Munich, 1985.

14. *Völkischer Beobachter* du 21 mars 1933 ; voir Tuchel, *op. cit.*, p. 124.

15. Archives du mémorial de Dachau, 16.103, cité d'après Tuchel, *op. cit.*, p. 125.

16. Tuchel, *op. cit.*, p. 125 et s. ; Richardi, *op. cit.*, p. 55 et s. et p. 88 et s. La reprise en main définitive du camp par la SS a eu lieu le 30 mai 1933.

17. IfZ, Nürnberger Dokumente, PS-1216 ; voir Tuchel, *op. cit.*, p. 126.

18. Sybille Steinbacher, *Dachau – die Stadt und das Konzentrationslager in der NS-Zeit. Die Untersuchung einer Nachbarschaft*, Francfort/Main 1993.

19. Sur les enquêtes du ministère public munichois, voir Gruchmann, « Justiz », p. 416 et s. Le rapport du procureur Wintersberger du 2 juin 1933 est conservé en tant que Dok. D-926, in *IMT*, vol. 36, p. 55 et s. Sur la réunion chez von Epp le 2 juin, voir Gruchmann, *op. cit.*, p. 420 et s.

20. Sur Eicke, voir Tuchel, *op. cit.*, p. 128 et s., ainsi qu'Aronson, *op. cit.*, p. 105 et s.

21. BAB, BDC, SS-O Eicke, Eicke à Himmler, 29 mars 1933.

22. *Ibid.*, rapport d'Eicke du 20 mars 1933 sur les événements à Ludwigshafen ; disposition d'Himmler du 3 avril 1933.

23. *Ibid.*, Eicke à Himmler, 29 mars et 13 avril 1933 ; rapport de Heyde, 22 avril 1933.

24. *Ibid.*, lettre à Eicke à la demande d'Himmler, 20 mai 1933 ; lettre d'Himmler à Heyde, 2 juin 1933.

25. BAB, BDC, SS-O Koegel, lettre d'Eicke au chef de la police auxiliaire politique de Bavière, 27 novembre 1933 ; voir Bernd Wegner, *Hitlers Politische Soldaten. Die Waffen-SS 1933-1945 : Leitbild, Struktur und Funktion einer nationalsozialistischen Elite*, 5, Paderborn, 1997, p. 179.

26. Sur le système de Dachau, voir Tuchel, *op. cit.*, p. 141 et s. ; Richardi, *op. cit.*, p. 119 et s.

27. Retranscrite en partie dans Dok. PS-778, in *IMT*, vol. 26, p. 291 et s.

28. BAB, R 22/1167, Dinstvorschriften für die Begleitposten und Gefangenenbewachung ; voir Tuchel, *op. cit.*, p. 144 et s.

29. Détails fournis par Richardi, *op. cit.*, p. 183 et s.

30. *Ibid.*, p. 189 et s., et p. 209 et s. Lors de la séance du conseil des ministres du 26 juillet 1933, le ministre de l'Intérieur Wagner déclara qu'il avait recommandé à Himmler d'« obtenir des rapports quotidiens sur les incidents importants et d'éventuels mesures plus importantes » (BHStA, MA 99 526).

31. Richardi, *op. cit.*, p. 179 et s.

32. In Distel et Jakuch, *Dachau*, p. 80 ; voir également Tuchel, *op. cit.*, p. 142 et s.

33. Dès la réunion du conseil des ministres du 7 avril 1933, le ministre de la Justice avait proposé une limitation de l'internement. Le 16 mai, les ministres critiquèrent le comportement sans retenue du commandant de la police politique en Bavière contre les institutions juives de Munich. Il fut établi que : « Les agissements du commandant de la police politique auraient suscité de fortes objections » (BHStA, MA 99525). Le 26 juillet, le Reichstatthalter déplorait le comportement de la police politique contre les Juifs de Nuremberg. Le ministre-président appela à placer aux côtés d'Himmler un « juriste expérimenté ». Lors du conseil des ministres du 27 février 1934, le ministre de la Justice devait déclarer que la pratique de l'internement par la police politique n'était « pas défendable ». Sa proposition de confier la responsabilité des peines d'internement au ministre de l'Intérieur fut accueillie favorablement (MA 99526). Ces critiques répétées du gouvernement n'eurent aucune conséquence sérieuse sur le travail d'Himmler.

34. Doc. D-926, in *IMT*, vol. 36, p. 47 et s. Dans une lettre au ministre de la Justice Frank du 29 novembre 1933, Wagner se réfère à la requête d'Himmler du 18 novembre précédent, qui réclamait l'annulation des enquêtes sur trois décès à Dachau « pour des raisons liées à la politique d'État ». Voir Gruchmann, « Justiz », p. 423 et s.

35. BHStA, MA 99525, séance du 6 décembre 1933.

36. Doc. D-926, in *IMT*, vol. 36, p. 54 et suivante. Note de Stepp, 6 décembre 1933.

37. Voir Tuchel, *op. cit.*, p. 149.

38. Hartmut Mehringer, « Die KPD in Bayern, 1919-1945. Vorgeschichte, Verfolgung und Widerstand », in *Bayern in der NS-Zeit*, vol. 5 : *Die Parteien KPD, SPD, BVP*

in Verfolgung und Widerstand, sous la direction de Hartmut Mehringer, Anton Grossmann et Klaus Schoenhoven, Munich, 1983, p. 1-286, ici p. 73 et s. En Bavière, jusqu'au 13 avril, 5 400 personnes avaient déjà été internées, plus de la moitié étant des communistes. En juin 1933, plus d'un millier de sociaux-démocrates furent interpellés au cours d'une vague d'arrestations. Voir Hartmut Mehringer, « Die Bayerische Sozialdemokratie vis zum Ende des NS-Regimes. Vorgeschichte, Verfolgung und Widerstand », in *Bayern in der NS-Zeit*, vol. 5 : *Die Parteien KPD, SPD, BVP in Verfolgung und Widerstand*, dir. Hartmut Mehringer, Anton Grossmann et Klaus Schoenhoven, Munich, 1983, p. 287-432, ici p. 338 et s.

39. Tuchel, *op. cit.*, p. 153 et s.

40. *Ibid.*, p. 53 et s.

41. Sur la reprise en main de la police politique, voir la présentation d'ensemble de Hans Buchheim, « Die SS – Das Herrschaftsinstrument », *in*, du même, *Anatomie des SS-Staates*, 7e éd., Munich, 1999, pp. 13-212, p. 39 et s., ainsi que la description détaillée qu'en fait Browder, *Foundations*, p. 98 et s.

42. Wegner, *Politische Soldaten*, p. 81 et s. ; James J. Weingartner, *Hitler's Guard : The Story of the Leibstandarte SS Adolf Hitler, 1933-1945*, Carbondale, Illinois, 1974, p. 1 et s.

43. Même après avoir été nommé par Himmler chef de l'Oberabschnitt Est en novembre 1933, Dietrich continua à affirmer le rôle à part que jouait la Leibstandarte. En avril 1934, il accepta pourtant que la Leibstandarte soit subordonné à l'Oberabschnitt Est. Voir Wegner, *op. cit.*, p. 83, et Weingartner, *op. cit.*, p. 8 et s.

44. Sur la reprise en main de la police politique à Hambourg, voir Browder, *op. cit.*, p. 100 et s. ; Michael Wildt, « Der Hamburger Gestapochef Bruno Streckenbach. Eine nationalsozalistische Karriere », in Frank Bajohr et Joachim Szodrzynski, *Hamburg in derNS-Zeit. Ergebnisse neuerer Forschungen*, Hambourg 1995, pp. 93-123 ; *Dokumente zur Gleichschaltung des Landes Hamburg 1933*, sous la direction de Henning Timpke, Francfort/Main 1964 ; Ludwig Eiber, « Unter Führung des NSDAP-Gauleiters. Die Hamburger Staatspolizei (1933-1937) », in Gerhard Paul et Klaus-Michael Mallmann, *Die Gestapo. Mythos und Realität*, Darmstadt, 1995, p. 101 à 117 ; BAB, BDC, SS-O Kaufmann.

45. *Dokumente zur Gleichschaltung*, p. 169 et s.

46. *Ibid.*, p. 31.

47. BAB, BDC, SS-O Hans Nieland, lettre du SS-OA Nord, 21 mars 1934, au RFSS. Cette nomination, d'abord officieuse, devint officielle le 30 avril 1934 (chef de l'administration SS à l'OA Nord, 7 avril 1934). Officiellement, Nieland était entré dans la SS le 1er novembre 1933. Voir *Dokumente zur Gleichschaltung*, p. 177.

48. *Ibid.*, p. 177 et s.

49. BAB, BDC, SS-O Streckenbach ; Wildt, « Streckenbach », p. 101 ; *Dokumente zur Gleichschaltung*, p. 176.

50. BAB, BDC, SS-O Kaufmann, lettre d'Himmler à Kaufmann, 15 novembre 1933.

51. BAB, BDC, SS-O Georg Friedrich Ahrens, curriculum vitae du 25 juin 1942 ainsi que lettre d'Himmler du 14 août 1934.

52. BAB, BDC, SS-O Streckenbach.

53. *Dokumente zur Gleichschaltung*, p. 176.

54. *Ibid.*, p. 231 et s.

55. BAB, BDC, SS-O Hildebrandt et SS-O Ludwig Oldach, (date d'entrée dans la SS : 26 septembre 1933) ; Browder, *op. cit.*, p. 104 et s. ; *Völkischer Beobachter* du 13 décembre 1933 : « Himmler als Leiter der Politische Polizei Mecklenburgs eingeführt ».

56. Sur la nomination d'Himmler dans le Würtemberg, voir Browder, *op. cit.*, p. 106 et s. ; Paul Sauer, *Würrtemberg in der Zeit des Nationalsozialismus*, Ulm 1975, p. 58 et s. ; Sur Stahlecker, voir Jürgen Schuhladen-Krämer, « Die Exekutoren des Terrors. Herrmann Mattheiss, Walther Stahlecker, Friedrich Mussgay, Leiter der Geheimen Staatspolizeistelle Stuttgart », in Michael Kissener et Joachim Schiltyseck, *Die Führer der Provinz. NS-Biographien aus Baden und Württemberg*, Constance 1997, p. 405-443, en part. p. 416 et s.

57. BAB, R 18/5642, note de Pfundtner sur une discussion avec Murr le 31 mai 1934. Murr déclara à Pfundtner que « le Führer, d'après Herr Himmler, accorde une valeur particulière à ces formations qui correspondraient entre autres au Groupe Wecke, et souhaitent qu'elles soient introduites dans tous les Länder ».

58. BAB, NS 19/1724, lettre d'Himmler à Murr du 4 décembre 1933 : « Je dois vous signaler que je serais tout à fait d'accord si vous me nommiez officiellement commandant de la police du Würtemberg. » Dans une lettre à Murr du 15 décembre 1933, Himmler évoquait « la collaboration dans le domaine si important de la police politique, qui existe depuis des mois déjà entre moi et le Würtemberg ».

59. Herbert, *Best*, p. 138.

60. BAB, BDC, SS-O Murr.

61. Browder, *op. cit.*, p. 108 ; voir également Herbert, *op. cit.*, p. 137 et s.

62. Michael Stolle, *Die Geheime Staatspolizei in Baden. Personal, Oragnisation, Wirkung und Nachwirken einer regionalen Verfolgungsbehörde im Dritten Reich*, Constance, 2001, p. 85 et s.

63. Browder, *op. cit.*, p. 106 et s. ; Inge Marssolek et René Ott, *Bremen im Dritten Reich. Anpassung – Widerstand – Verfolgung*, Brême, 1986, p. 121 et s. et 176 et s. ; BAB, BDC, SS-O Laue et Schulz. Ce dernier, d'après son curriculum vitae du 7 juin 1935, était membre du service de renseignement, *de facto* à l'origine de la police politique, depuis 1930. Depuis novembre 1933, il était commissaire de la Gestapo à Brême. Sur Schulz, voir en particulier Wildt, *Generation*, Hambourg, 2003, p. 561 et suivantes. Voir également BAB, NS 19/1718, télégramme du cabinet d'Himmler au maire de Brême, 18 décembre 1933, annonçant qu'Himmler acceptait volontiers le poste de commandant de la police politique de la ville.

64. Browder, *op. cit.*, p. 106.

65. Buchheim, « SS », p. 39 ; Browder, *op. cit.* p. 110. Le ministre-président Alfred Freuberg entra dans la SS en novembre 1933 et, au printemps 1934, se vit confier un poste de responsabilité au sein du SD. Le Reichsstatthalter Loeper (également responsable pour le Brunswick) obtint, peu après la nomination d'Himmler, le rang de Gruppenführer. BAB, BDC, SS-O Friedrich Wilhelm Loeper, télégramme de félicitations d'Himmler du 12 février 1934 ; SS-O Alfred Freyberg.

66. Browder, *op. cit.*, p. 111.

67. Buchheim, « SS », p. 42 ; Browder, *op. cit.*, p. 111.

68. Sur la Saxe, voir Aronson, *Heydrich*, p. 160 et s. A Dresde, en la personne de Herbert Mehlhorn, depuis le 1er septembre 1933 directeur adjoint de la police secrète d'État saxonne, le SD disposait d'un homme de confiance important. Mehlhorn était en même temps un collaborateur du SD. Sur la nomination d'Himmler dans la Saxe, voir également Browder, *op. cit.*, p. 111 et s.

69. BAB, NS 19/1724, 17 décembre 1933 ; BAB, BDC, SS-O Loeper, lettre de félicitations d'Himmler du 12 février 1934. Sur ce contexte, voir Gerhard Wysocki, *Die Geheime Staatspolizei im Land Braunschweig. Polizeirecht und Polizeipraxis im Nationalsozialismus*, Francfort/Main-New York, 1997, en part. p. 58 et s.

70. BAB, BDC, SS-O Klagges.

71. Aronso, *op. cit.*, p. 166 ; sur ce conflit, voir également Browder, *op. cit.*, p. 94 et s.

72. En juin 1933, Klagges avait rappelé Jeckeln dans le Brunswick. En 1932, Jeckeln avait été envoyé à la centrale SS de Munich à la suite de son implication dans des attentats à la bombe. Dans le litige avec le SD, Jeckeln avait travaillé avec Klagges ; voir Wysocki, *op. cit.*, p. 63 ; BAB, BDC, SS-O Jeckeln, lettre de nomination du 6 février et du 9 août 1933.

73. Browder, *op. cit.*, p. 109 et s.

74. *Ibid.*, p. 115.

75. Sur les raisons pour lesquelles Himmler s'est imposé, voir plus généralement Browder, *op. cit.*, p. 114 et s.

76. Sur le Brunswick, le Hesse et la Saxe, voir *ibid.*, p. 111 et s. ; sur le Bade, voir Stolle, *Geheime Staatspolizei*, p. 87 ; Eiber, « Führung », p. 109 et s., démontre que le contrôle qu'exerçait le Gauleiter Kaufmann sur la police politique de Hambourg était tel qu'il put refuser de persécuter systématiquement les sociaux-démocrates jusqu'à l'automne 1934, sachant que les membres du SPD étaient encore fermement implantés dans l'administration de la ville.

77. Cette réglementation resta en place jusqu'à l'intégration définitive de la police politique bavaroise dans la Gestapo en 1937, voir Ludwig Eiber, « Polizei, Justiz und Verfolgung in München 1933 bis 1945 », in *München – « Haupstadt der Bewegung »*, *Bayerns Metropole und der Nationalsozialismus*, dir. Richard Nauer *et al.*, Munich, 2002 (1993), p. 235-243.

78. L'affirmation qui veut qu'Himmler ait eu dès le début pour objectif de mettre en place une police allemande unifiée dans le Reich (Aronson, *op. cit.*, p. 134 ; Herbert, *Best*, p. 137 et suivante ; formulé plus généralement par Bowder, *op. cit.*, p. 98 et s.) n'est étayée ni par les informations fournies par la suite par Best, ni par celles d'Eberstein. Il n'en existe aucune preuve contemporaine.

79. Sur la police en Prusse en 1933, voir Browder, *op. cit.*, p. 50 et s. ; Tuchel, *Konzentrationslager*, p. 47 et s. Sur le rôle de Daluege, voir Aronson, *op. cit.*, p. 75 et s., ainsi que Cradle, « Honor », p. 92 et s.

80. Voir les détails de la désaffection entre Daluege et Himmler dans Aronson, *op. cit.*, p. 80.

81. Sur le développement du Gestapa prussien, voir *ibid.*, p. 82 et s. ; Browder, *op. cit.*, p. 55 et s. ; Christoph Graf, *Politische Polizei zwischen Demokratie und Diktatur. Die Entwicklung der preussischen Politischen Polizei vom Staatsschutzorgan der Weimarer Republik zum Geheimen Staatspolizeiamt des Dritten Reiches*, Berlin, 1983, p. 108 et s. ;

Tichel, *op. cit.*, p. 53 et s. La loi sur la mise en place d'un département de la police secrète d'État du 26 avril 1933 a joué un rôle fondamental, voir *PrGS* 1933, p. 122 et s.

82. Browder, *op. cit*, p. 58 et s., donne une série d'exemples : le directeur de la Gestapo de Breslau, Emanuel Schaefer, était collaborateur du SD, ainsi que son subordonné, Günther Patschowski, qui avait recruté Schaefer (voir également *ibid.*, p. 115 ; BAB, BDC, SS-O Emanuel Schaefer, évaluation du SD Führer Oberabschnitt Sud-Est du 12 juillet 1937) ; les directeurs de la Gestapo à Francfort/Oder et à Aix-la-Chapelle, Hans Moebus et Hans Nockermann, furent intégrés pendant l'été 1933 (BAB, BDC, SS-O Hans Nockermann, entrée dans la SS à l'été 1933, les dossiers démontrant son intégration dans le SD à compter du 1er août 1935).

83. Aronson, *op. cit.*, p. 68, cite à ce sujet le dossier 464 de l'ancienne collection Schumacher des archives fédérales (BAB), entre-temps dispersée, et qu'il n'est plus possible de reconstituer dans son ensemble.

84. Chiffres tirés du budget d'origine (Tuchel, *op. cit.*, p. 46).

85. Décret du 21 avril 1933, d'après Aronson, *op. cit.*, p. 79, BAB, anc. coll. Schumacher 464.

86. Décret du 7 juin 1933, d'après Aronson, *op. cit.*, p. 71, BAB, anc. coll. Schumacher 464.

87. Lettre du 25 juin 1933, d'après Aronson, *op. cit.*, p. 87 et suivante, BAB, anc. coll. Schumacher 462 ; pour de plus amples détails, voir Graf, *Politische Polizei*, p. 179 et s.

88. GStA, Rep 90 P 1, H 1, lettre de Volk à Goering, 24 mars 1934, et la note d'approbation de Goering.

89. Browder, *op. cit*, p. 87 ; GStA, Rep 90 P 2 H 2, programme de répartition des responsabilités du Gestapa, 22 janvier 1934 ; Abt. V, Sohst, officier de liaison entre SA, SS, RFSS et Schutzpolizei.

90. Par exemple Günther Patschowski, jusqu'alors homme de confiance d'Himmler au sein de la gestapo de Silésie, qui fut nommé directeur de la nouvelle Section IV du Gestapa, trahison et contre-espionnage, service qui travaillait en étroite collaboration avec la Reichswehr. Patschowski débarqua avec son propre personnel (Browder, *op. cit.*, p. 115 et s., Aronson, *op. cit.* p. 156).

91. Browder, *op. cit.*, p. 86 et s. et p. 119 ; Aronson, *op. cit.*, p. 175 ; Graf, *op. cit.*, p. 187.

92. BAB, BDC, SS-O Daluege, lettre de la direction de la SS du Reich à Daluege, 2 octobre 1933, ainsi que réponse de Daluege du 3 octobre 1933 (également dans Aronson, *op. cit.*, document 12, p. 130), où il exprimait clairement sa déception face à cette mesure.

93. Voir *ibid.*, p. 166 et suivante, ainsi que Browder, *op. cit.*, p. 98 et s.

94. *Ibid.*, p. 91 et s. Sur le SD en 1933, voir surtout Aronson, *op. cit.*, p. 139 et s.

95. BAB, BDC, SS-O Heydrich, disposition du 22 juillet 1933 avec effet rétroactif au 19 juillet 1933 ; Browder, *op. cit.*, p. 96.

96. *Ibid.*, p. 96.

97. IfZ, Chancellerie du parti, disposition du 13 novembre 1933.

98. Browder, *op. cit.* p. 97 ; Aronson, *op. cit.*, p. 140 ; BAB, BDC, SS-O Heydrich.

99. George C. Browder, *Hitler's Enforcers : The Gestapo and the SS Security Service in the Nazi Revolution*, New York, 1996, p. 116 et s.

100. Aronson, *op. cit.*, p. 164.

101. IfZ, Chancellerie du parti, ordonnance du 9 juin 1934 ; cette réglementation entra en vigueur le 15 juillet 1934.

102. Tuchel, *op. cit.*, p. 78 et s.

103. Browder, *Foundations*, p. 88. Voir également BAB, R 19/423, plainte de Hinkler, démissionné de son poste de chef de la police d'Altona-Wandsbek, 22 décembre 1933. Daluege écrivit à Röhm (*ibid.*, 23 février 1934) que Goering avait eu accès à des documents remontant à l'époque où Hinkler enseignait à Halle. Il déclara que, « si l'on en croit l'avis exprimé par deux professeurs de l'université de Halle à propos de Hinkler, alors, nous tous, les anciens combattants du NSDAP, nous devons passer pour des fous ».

104. Browder, *op. cit.*, p. 87 et s. La promotion de Diels fut effective le 9 novembre 1933.

105. *Ibid.*, p. 76 et s ; Graf, *op. cit.*, p. 139 et s.

106. BAB, R 18/5642 ; à l'époque, le ministère de l'Intérieur du Reich publia un « mémorandum sur l'établissement d'une police secrète du Reich et d'un département de la police secrète du Reich », qui fut soumis à Frick le 19 décembre 1933.

107. Loi sur la police secrète d'État du 30 novembre 1933, in *PrGS*, 1933, p. 413 ; Browder, *op. cit.*, p. 89 et s.

108. Ordonnance sur l'application de la loi sur la police secrète d'État du 8 mars 1934, in *PrGS*, 1934, p. 143 ; Browder, *op. cit.*, p. 123 et s.

109. *Ibid.*, p. 121 et s. D'après Orb, *Nationalsozialismus*, p. 85 et suivantes, Behrends connaissait Heydrich du temps de son service dans la Marine, et lui était dévoué.

110. Browder, *op. cit.*, p. 123 ; le 9 janvier 1934, Frick avait appelé les Länder à limiter les internements, et Goering avait donné des ordres correspondants en Prusse en janvier (BAB R 58/264, lettre du 9 janvier 1934 ; Aronson, *op. cit.*, p. 183). En mars, Goering émit une nouvelle ordonnance à cet effet (BAB, R 58/264, 11 mars 1934).

111. BHStA, Reichsstatthalter Epp 148, réunion avec les Reichsstatthaltern, 22 mars 1934.

112. Browder, *op. cit.*, p. 123 ; Gruchmann, « Justiz », p. 550 ; BAB, R 43 II/398, lettre du Reichsstatthalter aux ministres-présidents, 20 mars 1934, prise de position de Wagner, 13 avril 1934.

113. BAB, R 58/264, décret du 12 avril 1934 ; Aronson, *op. cit.*, p. 184.

114. GStA, Rep 90 P 2 H 1, 28 avril 1934, Goering à Himmler, ainsi que réponse d'Himmler, 1er mai 1934. Dans le cadre de ce compromis, Frick dut accepter qu'Himmler devienne commandant de la police politique à Lippe et Schaumburg Lippe, les deux derniers Länder qui manquaient encore à sa collection de titres de commandant (Browder, *op. cit.*, p. 125 et s. ; NLA, StA Bückeburg, L4/10193/1-2).

115. Graf, *op. cit.*, p. 208 et s.

116. BAB, NS 19/4006, discours devant l'Oberabschnitt Nord-Ouest, 5 mars 1939 ; de même dans le discours devant l'Oberabschnitt Rhin, 26 février 1939, ainsi que dans un discours devant des officiers de police à Wiesbaden le 27 février 1934 (*ibid.*). Sur l'expansion de la SS après la prise de pouvoir, voir Koehl, *Black Corps*, p. 91 et s.

117. Dok. PS-1992 (A), présentation dans le cadre d'une formation nationale politique de la Wehrmacht, du 15 au 23 janvier 1937, in *IMT*, vol. 29, p. 206 et s.

118. Schulte, *Zwangsarbeit*, p. 77.

119. BAB, NS 19/4042, 6 février 1934.

120. *Ibid.*, disposition d'Himmler du 9 février 1934 concernant la réorganisation de la direction de la SS.

121. Sur Pohl et son passage dans la SS, voir Schulte, *op. cit.*, p. 32 et s.

122. BAB, BDC, SS-O Pohl, lettre à Himmler, 24 mai 1933.

123. BAB, BDC, SS-O Pohl.

124. Reinhard Rürup, *Topographie des Terrors. Gestapo, SS und Reichssicherheitshauptamt auf dem « Prinz-Alebrecht-Gelände ». Einde Dokumentation*, Berlin, 1987, p. 11 et s.

125. Longerich, *Geschichte der SA*, p. 206 et suivante ; Wolfgang Sauer, « Die Mobilmachung der Gewalt », in Karl Dietrich Bracher *et al.*, *Die nationalsozialistische Machtergreifung. Studien zur Geschichte des totalitären Herrschaftssystems in Deutschland 1933-34*, Cologne-Opladen 1960, p. 685-972 ; Heinz Höhne, *Morsache Röhm. Hitlers Durchbruch zur Alleinherrschaft 1933-1934*, Reinbek, Hambourg, 1984.

126. Sur l'histoire de la SA après la prise de pouvoir, voir Longerich, *Geschichte der SA*, p. 179 et s.

127. *Ibid.*, p. 204.

128. Sauer, « Mobilmachung », p. 948 pour Diels (d'après les Mémoires de ce dernier *Lucifer ante Portas*, p. 378 et suivantes) ainsi que pour Fritsch.

129. Höhne, *op. cit.*, p. 224 et s.

130. Klaus-Jürgen Müller, *Das Heer und Hitler*, Stuttgart, 1968, p. 106 et s.

131. Sauer, « Mobilmachung », p. 951.

132. Höhne, *op. cit.*, p. 226 et s.

133. *Ibid.*, p. 224 et s. ; Herbert, *Best*, p. 141 et s. Best reçut le commandement de l'Oberabschnitt Sud (Bavière) tout en conservant ses fonctions précédentes à la tête de l'Oberabschnitt Sud-Ouest (Bade-Wurtemberg).

134. BAB, NS 23/1, 16 mai 1934.

135. Höhne, *op. cit.*, p. 228 et s.

136. Vom Woyrsch, ancien chef de la SS-Oberabschnitt Sud-Est, reçut d'Himmler l'ordre de se trouver à Berlin le 25 juin. Le chef de la SS-Abschnitt XXI (Görlitz), Hildebrand, était également présent à cette consultation. Himmler expliqua aux deux officiers SS qu'il fallait s'attendre à une révolte des SA et que la Silésie était le principal foyer de dissension ; voir IfZ, GM 07.06, déclaration d'Udo vom Woyrsch, 12 juillet 1949 ; ainsi que Sauer, « Mobilmachung », p. 955. La date du 28 juin 1934 ne repose que sur les informations données par Best.

137. Sauer « Mobilmachung », p. 956.

138. Röhm fut abattu par le commandant du camp de concentration de Dachau, Eicke, et son adjoint. Grgor Strasser fut assassiné par un SS dans une cellule de la prison de la Gestapo à Berlin. Voir Höhne, *op. cit.*, p. 294 et s.

139. Herbert, *Best*, p. 156.

140. *Völkischer Beobachter* du 26 juillet 1934.

141. Herbert, *op. cit.*, p. 146.

142. Browder, *op. cit.*, p. 148 et s.

143. GStA, Rep. 90 P 1 H 1, Goering à Frick, 5 juillet 1934. Dans un discours radiophonique aux présidents des Länder et des gouvernements régionaux, le même jour, Goering souligna la non-validité de ce décret pour la Gestapo prussienne ; Aronson, *op. cit.*, p. 217 et s.

144. GStA, Rep 90 P 1 H 1, 4 juillet 1934.

145. *Ibid.*, ainsi que BAB, R 58/239.

146. *Ibid.*, lettre de Frick du 7 juillet 1934, in Günter Plum, « Staatspolizei und innere Verwaltung 1934-1936 », in *Vierteljahrshefte für Zeitgeschichte* 13 (1965), p. 191-224, doc. 2. Dans sa réponse du 9 juillet 1934 (GStA, Rep 90 P 1 H 1), Goering salua la nouvelle réglementation, sans s'attarder sur la question fondamentale de la position de la « police politique spéciale » évoquée par Frick. Ce dossier comprend d'autres propositions formulées de façon plus dures ; la version définitive se trouve dans Plum, « Staatspolizei », doc. 3. Aronson, *op. cit.*, p. 219.

147. GStA, Rep. 90 P 1 H 1, lettre de Frick à Goering, 13 juillet 1934 ; lettre de Frick aux présidents des Länder et des gouvernements régionaux du 16 juillet 1934, in Plum, « Staatspolizei », doc. 4. Aronson, *op. cit.*, p. 219 et s.

148. Sur le putsch de juillet à Vienne, voir Gerhard Jagschitz, *Der Putsch. Die Nationalsozialisten 1934 in Österreich*, Graz 1976. « Sven Felix Kellerstof en donne une vision exhaustive dans Schüsse am Ballhausplatz. Der Putsch gegen Österreichs Kanzler Dollfuss 1934 » in Alexander Demandt, *Das Attentat in der Geschichte*, Cologne, 1996, p. 345-360.

149. Jagschitz, *op. cit.*, p. 74 et s.

150. *Carnets de Goebbels*, 24 juin 1934.

151. Jagschitz, *Putsch*, p. 81 et s.

152. Sur le déroulement du putsch, voir *ibid.*, p. 99 et s.

153. Sur le mythe de Dollfuss, voir *ibid.*, p. 190 et s.

154. Sur l'échec du putsch, voir *ibid.*, p. 130 et s.

155. Un exemplaire du rapport en deux volumes est disponibles in BAB, NS 19/3633 et 3634 ; *Die Erhebung der österreichischen Nationalsozialisten im Juli 1934. Akten der Historischen Kommission des Reichsführer, SS*, Vienne 1965.

D'inspecteur de la Gestapo prussienne à chef de la police allemande

1. Sur l'arrière-plan de politique extérieure et intérieure de la nomination d'Himmler en tant que chef de la police allemande, voir Bowder, *Foundations*, p. 166 et s.

2. BAB, BDC, Research ordner 425 ; voir Koehl, *Black Corps*, p. 109 et s.

3. Paul Hausser, *Soldaten wie andere auch. Der Weg der Waffen-SS*, Osnabrück 1967, p. 252 et s. Le décret précisait en outre qu'il était possible de mobiliser 25 000 hommes pour renforcer la police politique.

4. Wegner, *Politische Soldaten*, p. 94 et s.

5. *Ibid.*, p. 89.

6. *Ibid.*, p. 90.

7. *Ibid.*, p. 91 ; Klaus-Jürgen Müller, *General Ludwig Beck. Studien u. Dokumente zur politisch-militärischen Vorstellungswelt und Tätigkeit des Generalstabschefs des deutschen Heeres 1933-1938*, Boppard/Rhin, 1980, p. 68 ; déclarations du RFSS le 10 octobre 1934, in *ibid.*, doc 14a, p. 372 et s.

8. Müller, *Beck*, p. 68 et s.

9. Wegner, *op. cit.*, p. 92 et s.

10. BAB, NS 15/35.

11. BAB, NS 31/70, ordre du RFSS du 14 janvier 1935.

12. Schulte, *Zwangsarbeit*, p. 62 et s. Sur le développement du département administratif au sein du SS-Hauptamt, voir *ibid.*, p. 45 et s.

13. Tuchel, *Konzentrationslager*, p. 159 et suivantes ; Karin Orth, *Das System der Nationalsozialistischen Konzentrationslager. Eine politische Organisationsgeschichte*, Hambourg, 1999, p. 31 et s ; sur le camp, voir Stefanie Endlich, « Die Lichtenburg 1933-1939. Hatfort politischer Prominenz und Frauen-KZ », in Wolfgang Benz et Barbara Distel, *Herrschaft und Gewalt. Frühe Konzentrationslager 1933-1939*, Berlin, 2002, p. 11-64.

14. Tuchel, *op. cit.*, p. 184 et s.

15. *Ibid.*, p. 187 et s. ; Dirk Luerssen, « "Moorsoldaten" in Esterwegen, Bürgermoor, Neusustrum. Die frühen Konzentrationslager im Emsland 1933 bis 1936 », in Wolfgang Benz et Barbara Distel, *op. cit.*, p. 157-210.

16. Tuchel, *op. cit.*, p. 192 et s. ; Carina Baganz, *Erziehung zur « Volksgemeinschaft ». Die frühen Konzentrationslager in Sachsen 1933-1934/37*, Berlin, 2005, p. 251 et s.

17. Kirt Schilde, « Vom Tempelhofer Feld-Gefängnis zum Schutzhaftlager : Das "Columbia-Haus" in Berlin », in Benz et Distel, *op. cit.*, p. 65-81 ; Udo Wohlfeld, « Im Hotel "Zum Grossherzog". Das Konzentrationslager Bad Sulza 1933-1937 », in Benz et Distel, *Instrumentarium der Macht. Frühe Konzentrationslager 1933-1937*, Berlin, 2003, p. 263-275.

18. BAB, NS 19/1447, ainsi que GStA, Rep. 90 P 13 H 1, lettre d'Himmler au ministre prussien des Finances, citée par Tuchel, *op. cit.*, p. 309 et s., qui fait expressément référence au document.

19. BAB, NS 19/4002, discours d'Himmler devant les employés du département de la police secrète d'État, 11 octobre 1934.

20. BAB, NS 19/4003, discours du RFSS devant les conseils de l'État prussien, 5 mars 1936 : « Je pense que rares sont ceux qui, comme M. le ministre-président et moi-même, savent aussi précisément à quel point l'appareil de la police secrète d'État était insuffisamment développé en 1933-1934 et encore au début de 1935. »

21. Tuchel, *op. cit.*, p. 160.

22. GStA, Rep. 90 P 1 H 1, lettre de Goering du 15 octobre 1934, décret sur le fonctionnement de la police secrète d'État ; également BAB, NS 58/239 ; Aronson, *Heydrich*, p. 222 et s.

23. GStA, Rep. 90 P 1 H 2, 20 novembre 1934 ; Aronson, *op. cit.*, p. 239.

24. *Ibid.*, circulaire de Goering du 20 novembre 1934, également BAB, NS 58/239 ; Aronson, *op. cit.*, p. 223.

25. Browder, *Enforcers*, p. 124 et s.

26. Aronson, *op. cit.*, p. 202 et s.

27. Browder, *op. cit.*, p. 127, 132 et s.

28. Sur le département extérieur à cette époque, voir Thorsten J. Querg, *Spionage und Terror. Das Amt VI des Reichssicherheitshauptamtes 1939-1945*, Berlin, 1997, p. 157 et s. Selon Browder, *Enforcers*, p. 176, le département III, en 1937, ne comptait que 41 collaborateurs. Sur les premières opérations du SD à l'étranger, voir Höhne, *Orden*, p. 210 et s., 259 et s.

29. Browder, *Foundations*, p. 175.

30. Browder, *Enforcers*, p. 92.

31. D'après Aronson, *op. cit.*, p. 196.

32. BAB, R 58/243, Polizeiinstitut Charlottenburg, organisation de la police secrète d'État. La directive de service n'est pas datée, mais a été émise avant la nomination d'Himmler au poste de chef de la police allemande.

33. IfZ, Chancellerie du parti, circulaire 24/36 de l'adjoint du Führer du 14 février 1936, qui reprend l'ordre du chef du RSHA du 8 décembre 1935.

34. Browder, *Foundations*, p. 179, cite un résumé catalogué sous le numéro Z 518z dans les Archives fédérales de Fribourg.

35. Sur l'ensemble des relations entre l'Abwehr et la Gestapo dans les premières années du régime, voir Browder, *Foundations*, p. 172 et s.

36. BAB, R 58/242, protocole de la réunion du 17 janvier 1935 ; voir également Browder, *op. cit.*, p. 180 et s.

37. *Ibid.*, p. 180 et s.

38. *Ibid.*, p. 181 ; GStA, Rep 90 P 1 H 2, Blomberg au ministère prussien des Finances ainsi qu'aux ministres de l'Intérieur prussien et du Reich, 22 janvier 1935, protocole de la réunion du 17 janvier 1935 ; BAB, R 43 II/391, lettre de Blomberg du 1er juillet 1935.

39. Browder, *op. cit.*, p. 183 ; Herbert, *Best*, p. 184 : l'accord date du 21 décembre 1936.

40. BAB, NS 19/3576 ; Martin Broszat, « Nationalsozialistische Konzentrationslager 1933-1945 », in Hans Buchheim *et al.*, *Anatomie des SS-Staates*, 7e éd., Munich, 1999, p. 321-445 ; Tuchel, *op. cit.*, p. 108 ; Browder, *op. cit.*, p. 188.

41. *Ibid.*, p. 192 et s.

42. *RVBl* 1935, p. 577 et s. ; Browder, *op. cit.*, p. 194.

43. BAB, NS 19/1447 ; Tuchel, *op. cit.*, p. 108 et s.

44. GStA, Rep 90 P 104, également doc. PS-3571, in *IMT*, vol. 33, p. 56 et s. ; Aronson, *op. cit.*, p. 235.

45. BAB, R 22/1462 ; Goering envoya sa proposition à Himmler le 3 mai 1935.

46. GStA, Rep 90 P 2 H 3, séance du 27 juin 1935 ; voir également BAB, R 22/1462, note de Gürtner du 27 juin 1935 ; Gruchmann, « Justiz », p. 553 et s.

47. Sur les persécutions à l'encontre du Parti communiste allemand à cette époque, voir Horst Duhnke, *Die KPD von 1933 bis 1945*, Cologne, 1972, p. 189 et s. ; Klaus Mammach, *Widerstand 1933-1939. Geschichte der deutschen antifaschistischen Widerstandsbewegung im Inland und in der Emigration*, Cologne, 1984, p. 84 et s. et p. 162 et s. ; Allan Merson, *Kommunistischer Widerstand in Nazi-Deutschland*, Bonn, 1999, p. 82 et s.

48. GStA, Rep 90 P 104 ; référencé par Browder, *op. cit.*, p. 189 et s., et par Aronson, *op. cit.*, p. 238 et s.

49. Duhnke, *KPD*, p. 190 et s. ; Merson, *Widerstand*, p. 157.

50. Duhnke, *KPD*, p. 199 et s.

51. Detlev J. K. Peukert, *Die KPD im Widerstand. Verfolgung und Untergrundarbeit an Rhein und Ruhr 1933-1945*, Wuppertal, 190, p. 144.

52. Mammach, *op. cit.*, p. 51.

53. *Ibid.*

54. *Ibid.*, p. 53.

55. Mehringer, « KPD in Bayern », p. 85 et s.

56. *Ibid.*, p. 135.

57. BAB, R 58/2271, adjoint au chef et inspecteur de la Gestapo, 12 juillet 1935 ; Johannes Tuchel, « Gestapa und Reichssicherheitshauptamt. Die Berliner Zentralinstitutionen der Gestapo », in Gerhard Paul und Klaus-Michael Mallmann, *Die Gestapo. Mythos und Realität*, Darmstadt, 1995, p. 84-100.

58. BAB, R 58/389, note à Heydrich, 18 septembre 1935 ; voir également Tuchel, *op. cit.*, p. 312.

59. Duhnke, *op. cit.*, p. 201. À la fin de 1935, d'après une enquête de la direction du parti communiste, sur 422 hauts responsables (membres du comité central, des directions régionales et des organisations de masse), 219 avaient été arrêtés et 24 tués ; 125 avaient émigré et environ 10 % avaient quitté le parti suite aux persécutions (Mammach, *op. cit.*, p. 57).

60. Browder, *Foundations*, p. 197, a regroupé plusieurs exemples. Ainsi, en mars et avril 1935, la police politique des deux petits États du Lippe fut subordonnée à la Gestapo prussienne ; dès le mois de mai 1934, le Gestapa avait entrepris de transformer les Stapostellen individuelles en Leitstellen et de leur confier la direction des bureaux voisins, afin de mieux imposer l'autorité de la Gestapo. En interne, on s'efforça de plus en plus d'éviter tout acte arbitraire à l'encontre des prisonniers, et en septembre 1935, Best invita à présenter de façon plus convaincante à l'avenir les communiqués de presse sur les « mesures de la police d'État » (BAB, R 58/243, 20 septembre 1935).

61. Browder, *op. cit.*, p. 196 et s. ; sur la nomination de Best, voir Herbert, *Best*, p. 147 et s.

62. Mais il n'était pas encore parvenu à imposer son idée de départ, la conversion du Gestapa en ministère. Le principe qui voulait que le chef du Gestapa puisse décider de lui-même des mesures de défense contre toutes les « tentatives menaçant l'État » fut tempéré par la formule « en accord avec le ministre de l'Intérieur ». La loi prévoyait effectivement un rattachement plus étroit des postes de la Gestapo aux présidents des gouvernements régionaux (*PrGS* 1936, p. 21 et suivante), mais cela fut contourné par divers décrets contresignés par Goering, en particulier pour ce qui était de l'obligation des Stapostellen de remettre des rapports aux présidents régionaux et de prendre en compte leurs recommandations (BAB, R 58/241, position des présidents vis-à-vis des organes de la Gestapo, 10 février 1936, ainsi que 2 avril 1936 concernant la mise en place des rapports de situation des présidents régionaux, doc. 8 in Plum, « Staatspolizei »). La plainte du président de la province de Prusse-Orientale du 28 mars 1936 montre bien comment les Stapostellen se soustrayaient à l'autorité de l'administration locale (GStA, Rep 90 P 3). Sur cette situation, voir Gruchmann, « Justiz », p. 559, ainsi que Browder, *op. cit.*, p. 214 et s. Voir en outre la directive de service de Goering du 29 février 1936 (BAB, R 58/243) : « Les présidents de gouvernement informent le département de la police secrète d'État de la situation politique et des événements politiques au moyen de deux rapports de situation par mois et par des communiqués. Les détails de ces rapports seront réglés par le département de la police secrète d'État. […] Les postes de la police d'État informent le département de la police secrète d'État et les présidents responsables de la situation politique et des événements politiques par le biais de rapports et de communiqués. Les détails de ces rapports seront réglés par le département de la police secrète d'État. »

63. *Das Schwarze Korps* des 8, 15, 22 et 29 mai 1935.

64. Il s'agit en particulier des contributions suivantes : « Die Gestapo » (le style de l'article laisse supposer que Werner Best en est l'auteur), in *Völkischer Beobachter* du

23 janvier 1936 ; Reinhard Heydrich, « Die Bekämpfung der Staatsfeinde », in *Deutsches Recht* 1936, p. 121-123 (avril 1936) ; Werner Best, « Die Geheime Staatspolizei », in *Deutsches Recht* 1936, p. 125-128 (avril 1936) ; du même, « Der Reichsführer SS und Chef der Deutschen Polizei », in *Deutsches Recht* 1936, p. 257-258 (juillet 1936) ; le discours d'Himmler du 5 mars 1936 (BAB, NS 19/4003) fut également publié sous forme de brochure : *Rede des Reichsführers-SS vor dem Preussischen Staatsräten. 5. März 1936 im Haus der Flieger*, 1936).

65. *Völkischer Beobachter* du 23 janvier 1936 : « L'État ne doit pas se contenter de résoudre les crimes de haute trahison déjà perpétrés et d'en punir les auteurs. Il importe bien plus de prévenir l'accomplissement de tels actes et ainsi d'éradiquer ces dangers qui menacent l'État. »

66. Dans ses contributions au *Deutsches Recht*, Best dénonçait toute tentative de « normalisation juridique » de la police politique (avril 1936) ; pour pouvoir remplir ses missions, elle n'avait besoin d'aucune « légitimation juridique particulière » (juillet 1936).

67. Le concept de « Corps de protection de l'État » fut utilisé dans l'article du *Völkischer Beobachter* du 23 janvier 1936 ; il désignait la Gestapo. Dans sa série d'articles parus dans *Das Schwarze Korps* en mai 1935, Heydrich avait déjà décrit la SS, dans la mesure où elle travaillait, au sein de la police d'État, comme « un corps de protection de politique intérieure pour l'État national-socialiste » (29 mai 1935).

68. Dans l'article sur la Gestapo du *Völkischer Beobachter* du 21 janvier 1936, on peut lire que la Gestapo savait qu'elle « devait faire mal immédiatement à d'innombrables personnes ».

69. Heinrich Himmler, *Die Schutzstaffel als antibolschewistische Kampsorganisation*, Munich, 1936.

70. BAB, NS 19/4003.

71. Voir plus haut, p. 222.

72. Dans une lettre au ministre des Finances du Reich datée du 21 septembre 1935, Frick réclama que la police politique soit réintégrée dans la police et placée sous le contrôle du Reich (BAB, NS 19/3581, également R 18/5627, voir aussi Tuchel, *op. cit.*, p. 313). En novembre 1935, Frick envoya un mémorandum rédigé par Daluege à Hans Heinrich Lammers, chef de la Chancellerie du Reich, censé démontrer la nécessité d'imposer un contrôle national à l'ensemble de la police (BAB, R 43 II/391). On ne sait pas si, à ce moment-là, Frick était pleinement informé de la réorientation qui avait déjà eu lieu au profit d'Himmler. Voir également doc. PS-775, in *IMT*, vol. 26, p. 289 et s., mémorandum non daté de Daluege, où il proposait de confier la responsabilité de toutes les questions liées à la police politique soit au ministre de l'Intérieur du Reich, soit au Gestapa, qui aurait alors été élevé au statut du ministère du Reich.

73. BAB, NS 19/1447, 18 octobre 1935 ; voir également Herbert, *op. cit.*, p. 169.

74. Par « décret sur le Gestapa » de Frick, il faut comprendre la lettre de ce dernier datée du 21 septembre 1935 (voir note 72) ; voir également Tuchel, *op. cit.*, p. 313.

75. BAB, NS 19/3582, note d'Himmler du 18 octobre 1935 : « Nous avons longuement parlé de la question des écoles d'officiers, des troubles intérieurs et des Verfügungstruppen, et de la question des éléments asociaux et de leur mise à l'écart dans des camps d'éducation spéciaux, ainsi que du durcissement de l'action contre les communistes. En substance, le Führer approuve les écoles d'officiers, elles devront être intégrées

au regroupement de l'ensemble de la police, ou placées directement sous la responsabilité du Führer. » Wegner, *Politische Soldaten*, p. 109. « L'autorisation » des écoles d'officiers, en réalité déjà ouvertes, devait en confirmer l'étatisation.

76. Browder, *op. cit.*, p. 207 ; Peter Hoffmann, *Die Sicherheit des Diktators. Hitlers Leibwachen, Schutzmassnahmen, Residenzen, Hauptquartiere*, Munich 1975, p. 51 et suivantes ; BAB, R 18/5627, note de Pfundtner à Frick, 21 octobre 1935, ainsi que R 43 II/407, Lammers à Himmler, 22 octobre 1935 ; NS 19/2196, note archivée d'Himmler à l'issue d'une présentation par Hitler, 18 octobre 1935.

77. BAB, NS 19/1269, deux lettres au ministre de la Justice du Reich, 6 novembre 1935 ; voir Tuchel, *op. cit.*, p. 315 et s.

78. BAB, R 22/1467, accord de principe d'Himmler du 6 janvier 1936, ainsi que R 22/5032, lettre de Gürtner à Frick du 27 mars 1936 sur la réglementation entre-temps convenue avec Himmler. Pour de plus amples détails, voir Gruchmann, « Justiz », p. 571 et s.

79. Décret sur la mise en place d'un chef de la police allemande au ministère de l'Intérieur du Reich, *RGBI*, 1933, I, p. 487 et s.

80. BAB, R 43 II/391, contient une copie de la disposition d'Himmler du 26 juin 1936, par laquelle il nommait Daluege et Heydrich chefs des nouvelles directions centrales. On y trouve en outre la copie d'une ordonnance d'Himmler du 26 janvier 1936 sur la répartition des fonctions du chef de la police allemande, qui définissait les domaines d'intervention de l'Ordnungspolizei et de la Sicherheitspolizei.

81. *RMBliV*, 1936, p. 1339.

82. Ainsi le Gauleiter du Bade, Wagner, se plaignit-il, dans une lettre du 10 décembre 1937, du fait que « le Reichsstatthalter, en tant que responsable de la police, n'a aucune influence sur la police politique » (Stolle, *Geheime Staatspolizei*, p. 95).

Le Corps de protection de l'État

1. BAB, R 19/379. Dans l'article du *Völkischer Beobachter* sur sa prise de fonctions, le discours d'Himmler fut cité sans ses tirades antisémites – respectant ainsi sciemment les consignes de retenue vis-à-vis des persécutions contre les Juifs en cette année olympique qu'était 1936.

2. Best, « Reichsführer, SS », parle là de la « force de combat du Corps de protection de l'État », qui « associe désormais les capacités de la police allemande et le poids idéologique de la Schutzstaffel ».

3. *Grundfragen der deutschen Polizei. Bericht über die konstituierende Sitzung des Ausschusses für Polizeirecht der Akademie für Deutsches Recht am 11. Oktober 1936*, dir. Hans Frank *et al.*, Hambourg, 1936, contribution d'Himmler, p. 11-16.

4. Günter Neliba, *Wilhelm Frick. Der Legalist des Unrechtsstaates. Eine politische Biographie*, Paderborn, 1992.

5. « Aufgaben und Aufbau der Polizei des Dritten Reiches », in Hans Pfundtner, *Dr. Wilhelm Frick und sein Ministerium. Aus Anlass des 60. Geburtstag des Reichs- und preussischen Ministers des Innern Dr. Wilhelm Frick am 12. März 1937*, Munich, 1937, p. 125-130.

6. Reinhard Heydrich, « Aufgaben und Aufbau der Sicherheitspolizei des Dritten Reiches », in Hans Pfundtner, *op. cit.*, Munich, 1937, p. 149-153. Le volume contenait également une contribution de Kurt Daluege : « Die Ordnungspolizei und ihre Entstehung im Dritten Reich », p. 133-145.

7. Himmler, *Schutzstaffel*, p. 29.

8. BAB, NS 19/4004.

9. *Ibid.*

10. Sur la Journée de la police allemande, voir Robert Gellately, *Hingeschaut und weggesehen. Hitler und sein Volk*, Munich, 2002, p. 67 et s.

11. Sur le mythe de la Gestapo, voir Robert Gellately, « Allwissend und allgegenwärtig ? Entstehung, Funktion und Wandel des Gestapo-Mythos », in Paul et Mallmann, *op. cit.*, p. 47-70. À l'aide de nombreux exemples, Gellately a démontré dans ce texte et dans son livre *Hingeschaut* cité plus haut que la presse rapportait abondamment le travail de la Gestapo et l'existence des camps de concentration. Exemple de ce genre d'articles rédigés par des sommités de l'appareil policier, voir Best, « Rechtsstellung des Reichsführer-SS und Chefs der Deutschen Polizei », in *Völkischer Beobachter* du 4 juin 1937 ; Best, « Die präventive Aufgabe der Geheimen Staatspolizei », in *Frankfurter Zeitung* du 3 mars 1938 ; Heydrich, « Die deutsche Sicherheitspolizei. Zum Tag der Deutschen Polizei », in *Völkischer Beobachter* du 28 janvier 1939, explique l'idée de la prévention policière ; l'article « Die SS-Totenkopfverbände » dans le *Völkischer Beobachter* du 26 janvier 1939 comprend des réflexions sur l'attribution des missions des camps de concentration.

12. BAB, NS 19/4004, Journée de la Police allemande, 16 janvier 1937. Heydrich s'exprima de la même façon dans le *Völkischer Beobachter* du 15 janvier 1937 (« Zum Tag der Deutschen Polizei »), où il écrivit que la police avait besoin de gens « prêts à servir d'auxiliaires » afin de « garantir l'essence et la force vitale du peuple contre tous les dangers et toutes les attaques ».

13. BAB, NS 19/4004, discours pour le solstice d'été sur le Brocken, 22 mai 1936.

14. Sur l'histoire de la Gestapo, voir entre autres Holger Berschel, *Bürokratie und Terror. Das Judenreferat der Gestapo Düsseldorf 1933-1945*, Essen, 2001 ; Browder, *Enforcers* ; Browder, *Foundations.*

15. Mann, *Protest*, p. 292. Les autres autorités policières, administrations, entreprises ou organisations nazies étaient à l'origine de 33 % des enquêtes, 13 % étaient liées à des interrogatoires. Du reste, Mann a effectué une sélection, et certaines catégories (comme les enquêtes contre les Juifs) ne sont pas représentées, d'autres (comme les enquêtes contre les communistes) étant sous-représentées.

16. Johnson, *Terror*, p. 392 et s.

17. Burkhard Jellonek, « Staatspolizeiliche Fahndungs- und Ermittlungsmethoden gegen Homosexuelle. Regionale Differenzen und Gemeinsamkeiten », in Paul et Mallmann, *op. cit.*, p. 343-356, donne le chiffre de 87,5 % pour les dénonciations d'affaires de trahison. D'après Johnson, *Terror*, les dénonciations de chrétiens, de témoins de Jéhovah, d'homosexuels et de persécutés politiques étaient relativement rares. Robert Gellately, dans son étude sur la Gestapo de Würzburg, établit que 54 % de tous les cas de « honte raciale » et 59 % de toutes les affaires liées à des contacts trop étroits avec des Juifs devaient attribués à des dénonciations de la population. Sur le modèle de

dénonciation vis-à-vis des autres groupes considérés comme délinquants, voir Stolle, *Geheime Staatspolizei*, p. 252 et s.

18. Johnson, *Terror*, p. 392 et s.

19. Elizabeth Kohlhaas, « Die Mitarbeiter der regionale Staatspolizeistellent. Quantitative und qualitative Befunde zur Personalausstattung der Gestapo », in Paul et Mallmann, *op. cit.*, p. 219-235. Les chiffres pour janvier 1934 et juin 1935 se trouvent dans GStA, Rep. 90 P 13 H 2, ainsi que Rep. 90 P 14 H 1 ; BAB, R 58/610 contient une déclaration sur le résultat d'un questionnaire intitulé « Personalbestand der Staposteller bzw. Stapoleitstellen, Stand 31 mars 1937 ».

20. Kohlhaas, « Mitarebeiter », p. 227 ; Browder, *Foundations*, p. 56.

21. BAB, R 58/610, déclaration sur la situation au 31 mars 1937. Les cellules chargées de surveiller des portions de frontière étaient en généralement plus nombreuses. Ainsi, la cellule de Köslin comprenait 86 fonctionnaires, bien que le district n'ait compté que 700 000 habitants (Kohlhaas, « Mitarbeiter », p. 226 et s.).

22. Walter Otto Weyrauch, *Gestapo V-Leute. Tatsachen und Theorie des Geheimdienstes. Untersuchungen zur Geheimen Staatspolizei während der nationalsozialistischen Herrschaft*, Francfort/Main, 1989. Weyrauch évalue le nombre des V-Leute inscrits au fichier de la Stapo de Francfort à 1 200 (p. 11) ; voir également Klaus-Michael Mallmann, « Die V-Leute der Gestapo. Umrisse einer kollektiven Biographie », in Paul et Mallmann, *op. cit.*, p. 268-287.

23. Circulaire du RFSSuChdDtPol, 15 février 1938, in *RMBliV* 1938.

24. Sur le SD après 1936, voir Browder, *Enforcers*, p. 210 et s., Wildt, *Generation*, p. 378 et s., ainsi que Michael Wildt, *Die Judenpolitik des SD 1935 bis 1938. Eine Dokumentation*, Munich, 1995.

25. *Ibid.*, p. 27.

26. BAB, R 58/239.

27. Aronson, *op. cit.*, p. 212 et s. Reinhard Höhn, directeur de la section centrale H, devint professeur de droit à l'université de Berlin en 1935, mais dut quitter le SD en 1937 (Wildt, *Generation*, p. 378 et s.) ; Franz Six, spécialiste du journalisme et chef du département II (intérieur) du SD, devint enseignant à la faculté de Königsberg en 1937, professeur en 1940, puis doyen de la faculté de relations internationales de l'université de Berlin (Lutz Hachmeister, *Der Gegnerforscher. Die Karriere des SS-Führers Franz Alfred Six*, Munich, 1998) ; Otto Ohlendorf, avant d'entrer au SD, avait travaillé à l'Institut des relations internationales de Kiel (Hanno Sowade, « Otto Ohlendorf – Nonkonformist, SS-Führer und Wirtschaftsfunktionnär », in Ronald Smelser et Rauner Zitelmann, *Die braune Elite. 22 biographische Skizzen*, Darmstadt, 1989, p. 188-200) ; le germaniste Hans Rössner, collaborateur du groupe Kultur, aurait été en négociations en 1941 pour une chaire de professeur à Strasbourg (Wildt, *op. cit.*, p. 386 et suivantes) ; son prédécesseur, Wilhelm Spengler, également germaniste, créa le « département de littérature » de la Bibliothèque allemande de Leipzig, qui analysait systématiquement la production des éditeurs allemands (*ibid.*, p. 174 et s.). Le médecin Gustav Scheel, qui fit une double carrière dans le SD et dans l'association des étudiants nazis (en 1936, il devint chef des étudiants du Reich), joua un rôle essentiel dans le recrutement d'universitaires dans le SD (*ibid.*, p. 172 et s.) ; Walter Schellenberg, qui deviendrait plus tard chef du département extérieur du SD, disait lui-même avoir été mis en contact avec le SD par ses professeurs d'université (George C. Browder, « Schellenberg – Eine Geheimdienst-Phantasie »,

in Ronald Smelser et Enrico Syring, *Die SS. Elite unter dem Totenkopf. 30 Lebensläufe*, Paderborn, 2000, p. 418-430).

28. Mann, *Protest*, p. 180.

29. Johnson, *Terror*, p. 305 et s.

30. Duhnke, *op. cit.*, p. 194 ; Stolle, *Geheime Staatspolizei*, p. 222 et s. ; Johnson, *op. cit.*, p. 191 et s., établit qu'en 1933 et 1934, près de 70 % des dossiers de la Gestapo de Krefeld concernaient les communistes. Au début de 1935, ce pourcentage commença à diminuer.

31. Gestapa, « Lagebericht für 1937 », in *Gestapo-Berichte über den antifaschistischen Widerstandskampf der KPD 1933-1939*, Margot Pikarski et Elke Warning, vol. 1 : *Anfang 1933 bis August 1939*, Berlin, 1989, doc. 16 ; Duhnke, *op. cit.*, p. 201.

32. BAB, NS 19/4004, discours lors de la réunion des Gruppenführer à Munich au foyer des officiers du régiment SS Deutschland, 8 novembre 1937. Il défendit de même sa politique unilatérale en Bavière, qui consistait à ne pas libérer les cadres communistes, lors de son discours devant des officiers de la Wehrmacht en janvier 1937 : doc PS-1992 (A), in *IMT*, vol. 29, p. 206 et s.

33. Ainsi, dans son discours devant les fonctionnaires de la Gestapo le 11 octobre 1934, Himmler rejeta la responsabilité de la « corruption » de la direction de la SA sur les Juifs, les francs-maçons et l'ultramontanisme (BAB, NS 19/4002) ; le 5 mars 1935, il déclara aux conseils d'État prussiens que le combat de la Gestapo avait pour cible, outre les Juifs et le bolchevisme, la « franc-maçonnerie mondiale enjuivée » (*ibid.*) ; en janvier 1937, il affirma, dans le cadre d'une formation politique de la Wehrmacht, qu'il considérait le « bolchevisme dirigé par les Juifs et les francs-maçons » comme le principal adversaire (doc. PS-1992 [A] in *IMT*, vol. 29, p. 206 et s.), et devant les Gruppenführer, le 8 novembre 1938, il rappela que l'on était face au « combat de l'ensemble de la juiverie, de la franc-maçonnerie, des marxistes et de l'Église » contre l'Allemagne nazie (NS 19/4005, in Heinrich Himmler, *Geheimreden 1933-1945*, rassemblés par Bradley F. Smith et Agnes F. Peterson, Munich, 1974, p. 25 et s.).

34. *Das Schwarze Korps* du 15 mai 1935.

35. Neuberger, *Freimauerei*, vol. 2, p. 16 et s.

36. *Ibid.*, p. 101 et s.

37. *Ibid.*, p. 119 et s.

38. *Ibid.*, p. 23 et s.

39. BAB, NS 19/1720, lettre du RFSS à Mme Käthe Oswald, 25 août 1932.

40. Neuberger, *op. cit.*, p. 45 et s. et p. 108.

41. Wildt, *Judenpolitik*, p. 27

42. BAB, R 58/239.

43. En janvier 1935, il déclara devant des officiers SS à Breslau que c'était « un combat contre nos ennemis les plus anciens que connaisse notre peuple depuis des millénaires, contre les Juifs, les francs-maçons et les jésuites » (BAB, NS 19/40029, 19 janvier 1935, réunion des officiers de la SS-Oberabschnitt Sud-Est à Breslau, in Heinrich Himmler, *Geheimreden*, p. 57). En janvier 1937, il parla devant des officiers de la Wehrmacht de « nos adversaires naturels, le bolchevisme dirigé par la juiverie et la franc-maçonnerie internationales » (doc. PS-1992 [A], in *IMT*, vol. 29, p. 206 et s.), et en juillet 1938, devant les directeurs de l'école de politique nationale (Napola), il expliqua que l'Allemagne était confrontée à « l'ensemble du capital, l'ensemble de la juiverie, l'ensemble de la

franc-maçonnerie, l'ensemble des démocrates et des bourgeois du monde entier, tous les bolcheviques du monde entier, tous les jésuites du monde entier, et surtout tous les peuples qui regrettent de ne pas nous avoir achevés en 1918 » (BAB, NS 19/4005, discours dans le camp d'Ahrenshoop, 3 juillet 1938, in Himmler, *Geheimreden*, p. 57 et s.).

44. Depuis l'été 1933, les cellules de la Gestapo rédigeaient des rapports sur les organisations juives. Durant l'été 1934, elles reçurent l'ordre de suivre toutes les « formes de vie publique » où collaboraient Juifs et non-Juifs (Berschel, *Bürokratie*, p. 171).

45. *Ibid.*, p. 275 et s. ; BAB, NS 58/269, décrets du 28 janvier et du 6 mars 1935.

46. BAB, NS 58/276, 10 février 1935 (in Joseph Walk, *Das Sonderrecht für die Juden im NS-Staat. Eine Sammlung der gesetzlichen Massnahmen und Richtlinien. Inhalt und Bedeutung*, 2e éd., Heidelberg, 1996, p. 514).

47. *Ibid.*, p. 516, 12 février 1935.

48. Circulaire du 27 juillet 1936 concernant la réglementation pour les débits de boisson, in *RMBliV* 1936 ; Uwe Dietrich Adam, *Judenpolitik im Dritten Reich*, Düsseldorf 1942, p. 155.

49. *Ibid.*, p. 156 et p. 169 et s. La loi sur le changement de noms de famille et de prénoms ne fut publiée qu'en janvier 1938. Ses décrets d'application, datés d'août 1938, contenaient une liste de prénoms désormais interdits aux Juifs.

50. BAB, R 58/23a, 7 juillet 1936.

51. OA Moscou, 501-1-18, Gestapa Berlin, II 1 B 2, in Otto Dov Dulka et Eberhard Jäckel, *Die Juden in den geheimen NS-Stimmungsberichten 1933-1945*, Düsseldorf, 2004, doc. 447.

52. Le 17 août 1935, le Gestapa précisa que les Stapostellen devaient mettre en place des fichiers des membres des organisations juives ; mais même les Juifs ne faisant pas partie d'associations furent concernés dans les mois qui suivirent. Un fichier pour l'ensemble du Reich fut établi à la centrale. Parmi les autres mesures prises pour surveiller les Juifs allemands, citons l'ordonnance sur la carte d'identité du 23 juillet 1938 et le recensement de mai 1939, où l'origine raciale des personnes devait être indiquée (voir Adam, *Judenpolitik*, p. 182 et suivantes).

53. Wildt, *Judenpolitik*, p. 38.

54. *Ibid.*, p. 34.

55. Voir ci-dessous.

56. BAB, NS 19/4005, discours d'Alt-Rehse (1938). Sur la haine antichrétienne d'Himmler, voir Josef Ackermann, *Heinrich Himmler als Ideologe*, Göttingen 1970, p. 88 et s.

57. BAB, NS 19/3666, in Himmler, *Geheimreden*, p. 50 et s.

58. BAB, NS 19/4009, 9 juin 1942, in Himmler, *Geheimreden*, p. 145 et s.

59. BAB, NS 19/4009.

60. BAB, NS 19/4042, 10 janvier 1934.

61. IfZ, PS-2204, 15 octobre 1934 ainsi que 25 mars 1935.

62. BAB, NS 19/3901, 20 septembre 1935, avec rappel de l'ordre précédent, du 15 octobre 1934.

63. Friedrich Zipfel, *Kirchenkampf in Deutschland 1933-1945. Religionsverfolgung und Selbstbehauptung der Kirchen in der nationalsozialistischen Zeit*, Berlin, 1965, p. 108, cite l'ordre du 18 novembre 1937 du BDC.

64. IfZ, PS-2204, 15 septembre 1934.

65. *Ibid.*, note archivée sur la réception chez Hitler du 23 octobre 1935. Comme il ressort de la note du 1er novembre 1935 (*ibid.*), il lui soumit huit jours plus tard un ordre sur les questions des confessions, qu'Hitler approuva.

66. BAB, NS 19/3901, 24 juillet 1937.

67. BAB, NS 2/277, recommandation d'Himmler sur la formation idéologique dans la SS, 28 juin 1937 ; in Matthäus, Jürgen *et al.*, *Ausbildungsziel Judenmord ? « Weltanschauliche Erziehung » von SS, Polizei und Waffen-SS im Rahmen der « Endlösung »*, Francfort/Main 2005, doc. 7.

68. BAB, NS 2/53, Himmler au pasteur Friedrich à Halberstadt, 11 mars 1937.

69. BAB, NS 19/3481, Himmler à Hans Schulze, 14 août 1941.

70. *Statistisches Jahrbuch der Schutzstaffel der NSDAP 1938*, Berlin, 1939, p. 99. Selon ce document, au 31 décembre 1937, on comptait 54,2 % de protestants et 23,7 % de catholiques parmi les SS, ainsi que 0,2 % de « divers ».

71. BAB, BDC, SS-O Weitzel, lettre à Himmler, 30 avril 1936, et la réponse du 2 juillet 1936.

72. BAB, NS 19/4004, 18 février 1937.

73. BAB, NS 2/53, Himmler au pasteur Friedrich à Halberstadt, 11 mars 1937.

74. Discours devant le corps des officiers de la division de grenadiers sur le terrain d'entraînement militaire de Bitsch, 26 juillet 1944, in Himmler, *Geheimereden*, p. 215 et s. Voir également le discours du RFSS pour la réunion de l'organisation extérieure du NSDAP à Stuttgart (BAB, NS 19/4005, 2 septembre 1938) : « Je ne tolère personne dans la SS qui ne croirait pas en Dieu. Je ne tolère pas non plus que quiconque soit l'objet de brimades dans ses convictions religieuses. »

75. BAB, NS 19/4003, discours lors de la réunion des Gruppenführer à Dachau, 8 novembre 1936.

76. BAB, NS 19/4007, discours devant les camarades du parti, après novembre 1940.

77. Sur Hartl, voir Dierker, *Glaubenskrieger*, p. 96 et s.

78. Petra Madeleine Rapp, *Die Devisenprozesse gegen katholische Ordensangehörige und Geistliche im Dritten Reich. Eine Untersuchung zum Konflikt deutscher Orden und Klöster in wirtschaftlicher Notlage, totalitärer Machtausübung des nationalsozialistischen Regimes und im Kirchenkampf 1933/1936*, Bonn, 1981 ; sur la participation du SD à la préparation des procès, voir Dierker, *op. cit.*, p. 173 et s.

79. Hans Günter Hockerts, *Die Sittlichkeitsprozesse gegen katholische Ordensangehörige und Priester 1936/1937. Eine Studie zur nationalsozialistischen Herrschaftstechnik und zum Kirchenkampf*, Mayence, 1971, p. 4 et s.

80. *Ibid.*, p. 12 et s.

81. Dierker, *op. cit.*, p. 178 et s.

82. Hockerts, *op. cit.*, p. 63 et s.

83. Dierker, *op. cit.*, p. 183 et s.

84. Oron J. Hale, *Presse in der Zwangsjacke, 1933-1945*, Düsseldorf, 1965, p. 148 et s. ; Dierker, *op. cit.*, p. 189 et s.

85. *Ibid.*, p. 185 et s.

86. Sur le travail de la Gestapo et du SD dans le domaine de la politique religieuse, et en particulier contre les églises protestantes dans les années 1935 à 1937, voir Dierker, *op. cit.*, p. 192 et s.

87. *Ibid.*, p. 198 et s.

88. *Ibid.*, p. 408 et s.

89. Sur le rôle d'Himmler et de la SS dans la politique religieuse en 1937-1938, voir *ibid.*, p. 407 et s.

90. *Carnets de Goebbels*, 15 février 1937. L'entretien eut lieu lors d'un voyage en train.

91. Dierker, *op. cit.*, p. 335 et s.

92. BAB, NS 19/688.

93. Dierker, *op. cit.*, p. 336 et s.

94. BADH, ZB I/668, état-major du RFSS à la direction centrale de la Sipo, 30 avril 1937.

95. Dierker, *op. cit.*, p. 346.

96. BADH, ZB I/1686, notes sur la réunion du 5 novembre 1937.

97. Dierker, *op. cit.*, p. 341 et s.

98. Sur les persécutions contre les témoins de Jéhovah, voir Detlef Garbe, *Zwischen Widerstand und Martyrium. Die Zeugen Jehovas im « Dritten Reich », Munich, 1993.*

99. *Ibid.*, p. 149 et s.

100. *Ibid.*, p. 96 et s.

101. *Ibid.*, p. 159 et s.

102. *Ibid.*, p. 215 et s.

103. *Ibid.*, p. 234.

104. *Ibid.*, p. 239 et s. ; sur les persécutions dans le Bade, voir également Stolle, *Geheime Staatspolizei*, p. 226 et s.

105. Garbe, *op. cit.*, p. 247 et s.

106. Voir à ce sujet la collection *Himmlers Hexenkarthotek. Das Interesse des National-Sozialismus an der Hexenverfolgung*, Sönke Lorenz *et al.*, 2e édition, Bielefeld, 2000, en particulier la contribution de Jörg Rudolph, « "Geheime Reichskommando-Sache !" Hexenjäger im Schwarzen Orden. Der H-Sonderauftrag des Reichsführer-SS, 1935-1944 », p. 47-97.

107. *Ibid.*, p. 56.

108. Himmler, *Schutzstaffel*, p. 5.

109. Pour de plus amples informations, voir Rudolph, « "Geheime Reichskommando-Sache !" », p. 52.

110. *Ibid.*, p. 84.

111. Blank en a fait état après la guerre, voir *Nordwestdeutsche Hefte* 3,1 (1948), p. 3-6.

112. BAB, NS 19/2963, lettre de Kaltenbrunner à Himmler, 18 juin 1943, et lettre de Brandt au chef de la Sipo, 26 juin 1943.

113. BAB, NS 19/4013, discours devant des généraux de la Wehrmacht le 5 mai 1944 à Sonthofen ; de même dans son discours du 21 juin 1944 à Sonthofer (BAB, NS 19/4014).

114. *RMBliV* 1936, réglementations pour la circulation sur la réorganisation de la police criminelle du 20 septembre 1936, 16 juillet 1937 ; Patrick Wagner, *Volksgemeinschaft ohne Verbrecher. Konzeptionen und Praxis der Kriminalpolizei in der Zeit der Weimarer Republik un des Nationalsozialismus*, Hambourg 1996, p. 234 et s.

115. *Ibid.*, p. 237.

116. *Ibid.*, p. 238.

117. *Ibid.*, p. 239 et s.

118. BAB, R 58/242, décret de Frick sur la mise en place d'inspecteurs de la Sipo, 20 septembre 1936. Voir également Wagner, *op. cit.*, p. 246 et s., Friedrich Wilhelm, *Die Polizei im NS-Staat. Die Geschichte ihrer Organisation im Überblick*, Paderborn, 1997, p. 97 et s.

119. Sur la Kripo en tant que composante de la Sipo, voir Wagner, *op. cit*, p. 243 et s. La Kripo et la Gestapo enquêtaient toutes les deux dans les affaires de « honte raciale », Heydrich ayant ordonné que l'essentiel des enquêtes correspondantes soit confié à la Kripo. (Walk, *Sonderrecht*, II 141, décret du 27 mars 1936 ; Berschel, *Bürokratie*, p. 212 et s.).

120. Doc. PS-1992 (A), présentation dans le cadre d'une formation politique de la Wehrmacht, du 15 au 23 janvier 1937, in *IMT*, vol. 29, p. 206 et s.

121. Wagner, *op. cit.*, p. 254 et s., ainsi que la présentation détaillée de Karl-Leo Terhorst, *Polizeiliche planmässige Überwachung und polizeiliche Vorbeugungshaft im Dritten Reich. Ein Beitrag zur Rechtsgeschichte vorbeugender Vebrechensbekämpfung*, Heidelberg, 1985, p. 115 et s.

122. Wagner, *op. cit.*, p. 256 et s.

123. Voir en part. *ibid.*, p. 254 et s.

124. *Ibid.*, p. 265 et s.

125. Wagner, *op. cit.*, p. 259. Sur l'ensemble du complexe, voir Terhorst, *op. cit.*

126. Les directives de mise en application du 4 avril 1938 comprennent une liste détaillée de qui devait être arrêté en premier lieu dans le cadre de la lutte préventive contre le crime : « les mendiants, les vagabonds (Tziganes), les prostituées, les ivrognes, les personnes atteintes de maladies contagieuses, en particulier sexuelles, et qui se soustraient aux mesures du département de la Santé », ainsi que « les oisifs et ceux qui refusent de travailler ». Voir également Wolfgang Ayass, « "Ein Gebot der nationalen Arbeitsdisziplin" : die Aktion "Arbeitsscheu Reich" 1938 », in *Feinderklärung und Prävention. Kriminalbiologie, Zigeunerforschung und Asozialenpolitik*, Berlin, 1988, p. 43-74.

127. *Ibid.*, p. 45 et s.

128. OA Moscou, 500-1-261, in « Das Schicksal der Juden im Saarland 1920-1945 », rassemblé par Hans-Walter Herrmann, in *Dokumentation zur Geschichte der jüdischen Bevölkerung in Rheinland-Pflaz und im Saarland von 1800-1945*, archives du Land de Rhénanie-Palatinat et de Saarbrücken, Coblence, 1974, p. 257-491 ; voir Ayass, « "Gebot" », p. 54 et s.

129. *Ibid.*, p. 67 et s.

130. Réglementation sur le besoin en main-d'œuvre pour des travaux d'importance particulière dans le domaine de la politique d'État (*RGBI* 1938 I, p. 652), ainsi que l'ordonnance correspondante du 20 juin 1938, in Timothy W. Mason, *Arbeiterklasse und Volksgemeinschaft. Dokumente und Materialien zur deutschen Arbeiterpolitik 1936-1939*, Opladen, 1975, p. 669 et s. Jusqu'au début de la guerre, 800 000 personnes furent contraintes à des travaux forcés, en particulier pour la construction de la ligne Siegfried (*ibid.*, p. 667).

131. Au sujet de la propagande dans la presse, voir Peter Longerich, *Nous ne savions pas*, Éditions Héloïse d'Ormesson, 2008.

132. Wagner, *op. cit.*, p. 292 et s.

133. Selon les données officielles, le chiffre des meurtres et des assassinats chuta de 46,2 % entre 1932 et 1938, de 46,1 % pour les agressions graves, de 58,3 % pour les

agressions, de 58,7 % pour les vols caractérisés, de 39,6 % pour l'extorsion, de 45,2 % pour les incendies volontaires et de 88,2 % pour la fabrication de fausse monnaie (*Deutsche Justiz*, 101 [1939], p. 1476). Sur l'interprétation de ces statistiques, voir Wagner, *op. cit.*, p. 214 et s. et p. 297 et s.

134. Michael Zimmermann, *Rassenutopie und Genozid. Die nationalsozialistische « Lösung der Zigeunerfrage »*, Hambourg, 1996, p. 114 et s.

135. *Ibid.*, p. 81 et s. ; voir également Guenter Lewy, *The Nazi Persecution of the Gypsies*, Oxford, New York, 2000, p. 15 et s.

136. Zimmermann, *op. cit.*, p. 86 et s.

137. *Ibid.*, p. 106 et s.

138. *Ibid.*, p. 125 et s. ; Lewy, *op. cit.*, p. 43 et s.

139. IfZ, Dc 17.02, circulaire du RFSS, 8 décembre 1938 ; directive du département de la police criminelle du 1er mars 1939.

140. *Ibid.*, 5 juin 1939 ; Zimmermann, *op. cit.*, p. 101 et s.

141. BAB, NS 19/4004, 16 janvier 1937. Sur la position d'Himmler vis-à-vis de l'homosexualité, voir entre autres Burkhard Jellonnek, *Homosexuelle unter dem Hakenkreuz. Die Verfolgung von Homosexuellen im Dritten Reich*, Paderborn, 1990.

142. Rapport du président de la haute cour de Francfort, 2 septembre 1937, qui reprend une communication du chef de la police de Francfort du 26 avril 1937 (BAB R 3001/1460).

143. BADH, ZM 1668, doss. 13.

144. « En tant qu'Allemand, en tant que national-socialiste, j'établis très simplement ce qui suit : le nombre des homosexuels et des avortements est contesté. Je ne citerai pas de chiffres » (*Grundfragen der deutschen Polizei*, p. 14).

145. BAB, NS 19/4004, également dans Himmler, *Geheimereden*, p. 93 et s.

146. BADH, ZM 1668, doss. 13.

147. BAB, NS 19/4005, discours du RFSS lors de la réunion de l'organisation extérieure du NSDAP à Stuttgart, 2 septembre 1938.

148. BAB, NS 19/4004, également dans Himmler, *Geheimereden*, p. 93 et s.

149. BADH, ZM 1668, doss. 13.

150. BAB, NS 19/4005, discours du RFSS lors de la réunion de l'organisation extérieure du NSDAP à Stuttgart, 2 septembre 1938.

151. BADH, ZM 1668, doss. 13. Le chiffre de 400 000 était calculé sur dix classes en partant de 40 000 recrues aptes au service par classe.

152. BAB, NS 19/4004, également dans Himmler, *Geheimereden*, p. 93 et s.

153. *Statistisches Jahrbuch 1937*, Geheim, Gründe der Ausschlüsse und Ausstossungen, cite 23 exclusions et 29 expulsions conformément au paragraphe 175.

154. Voir plus loin.

155. Jellonnek, *op. cit.*, p. 95 et s.

156. *Ibid.*, p. 110 et s.

157. Décret du 10 octobre 1936, in Grau, *Homosexualität*, doc. 27.

158. Jellonnek, *op. cit.*, p. 122 et s. ; Wagner, *op. cit.*, p. 249 et s.

159. IfZ, Jahresbericht Amt V des RSHA, 1940, p. 61 ; Jellonnek, *op. cit.*, p. 129 et s.

160. Sur les statistiques, voir *ibid.*, p. 122.

161. « Ce sont des ennemis de l'État », in *Das Schwarze Korps* du 4 mars 1937. Par la suite, d'autres articles furent publiés, comme « Homosexualität und Kunst » (11 mars

1937), « Ächtung der Entarteten » (1er avril 1937) et « Was sage ich meinem Kinde ? » (15 avril 1937), qui reprenaient les appels d'Himmler à adopter une position positive sur les relations sexuelles entre jeunes.

162. StA Marburg, LRA Eschwege n° 1718, police criminelle Cassel, directives sur la lutte contre l'homosexualité et l'avortement du 11 mai 1937.

163. BAB, R 22/865, prise de position d'Himmler du 2 mars 1937 ; voir également Jellonnek, *op. cit.*, p. 116.

164. Décret du 29 octobre 1937.

165. Jellonnek, *op. cit.*, p. 156. Himmler défendait l'idée que ce principe n'était pas remis en cause quand on proposait à un prisonnier en détention préventive sa remise en liberté s'il acceptait cette solution ; car la durée de la détention préventive n'étant pas déterminée, cette « offre » laissait planer la menace d'un internement à vie.

166. IfZ, Jahresbericht Amt V des RSHA, 1940, ordonnance du 12 juillet 1940.

167. BAB, NS 19/4007, 29 février 1940, in Himmler, *Geheimereden*, p. 115 et s.

168. BAB, R 58/261.

169. BAB, NS 19/2376, décret du 7 mars 1942 ; Jellonnek, *op. cit.*, p. 30.

170. *Ibid.*, p. 34 et s. ; NS 19/1916, les statistiques de la direction centrale du tribunal SS pour le premier trimestre 1943 recensent 22 condamnations, dont aucune à la peine capitale. Geoffrey Giles, « The denial of homosexuality : same-sex incidents in Himmler's SS and police », in *Journal of the History of Sexuality* 2002, p. 256-290, étudie quatre affaires trouvées dans les archives du tribunal de la SS et de la police, et qui ont abouti à des condamnations pour des délits correspondants : Himmler confirma deux condamnations (dont une à la peine capitale) et ordonna, dans les deux autres cas, un envoi au front au lieu de la privation de la liberté prévue.

171. *Das Schwarze Korps* du 25 mai 1939.

172. BAB, NS 19/688, échange de correspondance de 1937 à 1940. La prise de position d'Himmler vis-à-vis de Rahn est plus particulièrement abordée dans la lettre de Brandt à Naumann (ministère de la Propagande) du 2 novembre 1943 ainsi que dans la lettre de Brandt du 9 mai 1944. Sur l'influence de Rahn et son rôle dans la SS, voir Hans-Jürgen Lange, *Otto Rahn. Leben & Werk*, Engerda 1995, et, du même auteur, *Otto Rahn und die Suche nach dem Gral. Biografie und Quellen*, Engerda, 1999. Dans Lange, *Leben & Werk*, p. 54 et s., l'auteur cite également l'échange de lettres entre Himmler et Rahn dans les années 1936 à 1939, que l'on retrouve entre autres dans le dossier d'officier SS de Rahn.

173. Cité dans la correspondance de l'OKW, chef du département Intérieur, 16 mars 1944 (BAB, NS 19/688).

174. BAB, R 43 II/391, décrets d'Himmler du 26 juin 1936 concernant la répartition des missions de la police allemande et la mise en place d'un chef de l'Ordnungspolizei et d'un chef de la Sicherheitspolizei ; voir également Wilhelm, *Polizei*, p. 83 et s.

175. *Ibid.*, p. 84 et s.

176. Circulaire du RFSS, 15 août 1936, recommandations préalables au remplacement du vaguemestre de la Schutzpolizei, in *RMBliV*, 1936.

177. Les données sur les effectifs et les missions de l'Ordnungspolizei proviennent de deux présentations de Daluege, le 23 janvier 1939 devant des officiers SS et le 23 juin 1939 à l'occasion d'une conférence en présence des présidents de Länder et chefs de gouvernements régionaux (BAB, R 19/381). Sur l'histoire de l'Ordnungspolizei, voir

également Martin Hölzl, « Grüner Rock und Weisse weste. Adolf von Bomhard und die Legende von der sauberen Ordnungspolizei », in *Zeitschrift für Geschichtswissenschaft* 50, (2002), p. 22-43 ; Heiner Lichtenstein, *Himmlers grüne Helfer. Die Schutz- und Ordnungspolizei im « Dritten Reich »*, Cologne, 1990 ; Hans-Joachim Neufeld, Jürgen Huck et Georg Tessin, *Zur Geschichte der Ordnungspolizei 1936-1945*, Coblence, 1957.

178. Wilhelm, *op. cit.*, p. 113 et s.

179. *Ibid.*, p. 110 et s. ; sur les effectifs des pompiers, voir les données de Daluege du 23 janvier 1939 (BAB, NS 19/381).

180. Orth, *System*, p. 35 et s. ; Tuchel, *op. cit.*, p. 236 et s.

181. Hermann Kaienburg, *Der Militär- und Wirtschaftskomplex der SS im KZ-Standort Sachsenhausen-Oranienburg. Schnittpunkt von KZ-System, Waffen-SS und Judenmord*, Berlin, 2006, p. 19.

182. Lettre d'Himmler au ministre de la Justice, 8 février 1937, citée d'après Falk Pingel, *Häftlinge unter SS-Herrschaft. Widerstand, Selbstbehauptung und Vernichtung im Konzentrationslager*, Hambourg 1978, p. 63. Sur le camp de Sachsenhausen, voir Hermann Kaienburg, « Sachsenhausen-Stammlager », in Wolfgang Benz et Barbara Distel, *Der Ort des Terrors. Geschichte der nationalsozialistischen Konzentrationslager*, vol. 3 : *Sachsenhausen, Buchenwald*, Munich, 2006, pp. 17-72 ; Gerhard Finn, *Sachsenhausen 1936-1950 : Geschichte eines Lagers*, Berlin, 1988 ; Kaienburg, *Sachsenhausen-Oranienburg* ; Günter Morsch, *Mord und Massenmord im Konzentrationslager Sachsenhausen 1936-1945*, Berlin, 2005.

183. Sur l'histoire du camp, voir Harry Stein, « Buchenwald-Stammlager », in Benz et Distel, *op. cit.*, p. 301-356 ; du même auteur, *Konzentrationslager Buchenwald 1937-1945. Begleithand zur ständigen historischen Ausstellung*, sous la direction du Mémorial de Buchenwald, Göttingen 1999 ; Jens Schley, *Nachbar Buchenwald. Die Stadt Weimar und ihr Konzentrationslager 1937-1945*, Cologne 1999. La visite effectuée par Himmler en 1937 est indiquée dans son emploi du temps (Michael Wildt, « Himmlers Terminkalender aus dem Jahr 1937 », in *Vierteljahrshefte für Zeitgeschichte*, 52 (2004), p. 671-691).

184. Zamecnik, « Dachau-Stammlager », p. 245 et s.

185. Jörg Skriebeleit, « Flössenburg-Stammlager », in Benz & Distel, *Der Ort des Terrors. Geschichte der nationalsozialistischen Konzentrationslager*, vol. 4 : *Flossenbürg, Mauthausen, Ravensbrück*, Munich, 2006, p. 17-66.

186. Sur l'histoire du camp, voir Florian Freund et Bertrand Perz, « Mauthausen-Stammlager », in Benz et Distel, *op. cit.*, p. 293-346 ; Hans Marsalek, *Die Geschichte des Konzentrationslagers Mauthausen. Dokumentation*, 3e éd., Vienne, 1995.

187. Hermann Kaienburg, *Das Konzentrationslager Neuengamme 1938-1945*, Mémorial du camp de concentration de Neuengamme, Berlin, 1997.

188. Sur le camp de Ravensbrück, voir Annette Leo, « Ravensbrück-Stammlager », in Benz et Distel, *op. cit.*, p. 473-520 ; Bernhard Strebel, *Das KZ Ravensbrück. Geschichte eines Lagerkomplexes*, Paderborn, 2003.

189. Doc. PS-1992 (A), présentation dans le cadre d'une formation politique de la Wehrmacht, du 15 au 23 janvier 1937, in *IMT*, vol. 29, p. 206 et s.

190. Orth, *op. cit.*, p. 32 et p. 38 et s.

191. *Ibid.*, p. 40 et s.

192. Doc. PS-1992 (A), in *IMT*, vol. 29, p. 206 et s.

193. BAB, NS 19/4004, discours lors de la réunion des Gruppenführer à Munich au foyer des officiers du régiment SS Deutschland, 8 novembre 1937.

194. Hermann Kaienburg, *« Vernichtung durch Arbeit ». Der Fall Neuengamme. Die Wirtschaftsbestrebungen der SS und ihre Auswirkungen auf die Existenzbedingungen der KZ-Gefangenen*, Bonn, 1990, p. 72.

195. Schulte, *Zwangsarbeit*, p. 103 et s.

196. Sur la date de la signature du contrat, voir *ibid.*, p. 112. Il est impossible de retrouver qui était à l'origine de cette initiative, Speer ou Himmler.

197. *Ibid.* p. 114 et s. Sur ces entreprises, voir également Hermann Kaienburg, *Die Writschaft der SS*, Berlin, 2003, p. 454 et s., ainsi que Michael Thad Allen, *The Business of Genocide. The SS, Slave Labor, and the Concentration Camps*, Chapel Hill, NC, 2002, p. 58 et s.

198. Sur les conditions d'internement, voir Drobisch et Wieland, *System*, p. 106 et s. et 205 et s., ainsi qu'Orth, *System*, p. 54 et s.

199. BAB, NS 19/1542, lettre à Gürtner, 16 mai 1938.

200. *Ibid.*, 31 mai 1939. Sur la pendaison d'Emil Bargatzky le 4 juin 1938, voir Stein, « Buchenwald-Stammlager », p. 336.

201. Doc. PS-1992 (A), présentation dans le cadre d'une formation politique de la Wehrmacht, du 15 au 23 janvier 1937, in *IMT*, vol. 29, p. 206 et s.

202. BAB, NS 19/4006, 29 janvier 1939.

203. Kaienburg, *op. cit.*, p. 48.

204. Doc. PS-1992 (A), présentation dans le cadre d'une formation politique de la Wehrmacht, du 15 au 23 janvier 1937, in *IMT*, vol. 29, p. 206 et s. Sur les directives précédant les visites d'Himmler dans les camps de concentration, voir BAK, NL 1126/7, agenda à la date du 15 février 1935 (camp de concentration de Lichtenburg). D'après Drobisch et Wieland, *System*, p. 303, Himmler visita Lichtenburg également à la fin du mois de mai 1938. D'après Wildt, « Terminkalender », Himmler est passé à Sachsenhausen le 30 septembre 1937. La possibilité d'une visite d'Himmler à Mauthausen et Gusen au printemps 1938 est débattue par Kaienburg, *Wirtschaft*, p. 622 et s. La visite d'Himmler à Gusen en octobre 1942 est prouvée (*ibid.*, p. 34 et s.).

205. Walter Janka, *Spuren eines Lebens*, Berlin, 1991, p. 60 et s. BAK, NL 1126/7, agenda à la date du 16 février 1935 : Sachsenburg. À ce sujet, voir Baganz, *Erziehung*, p. 278.

206. Blank, « Hakenkreuz », p. 3. Blank situe la visite le 10 octobre 1942. Sur la date, voir BAB, NS 19/3959.

207. Description du député Ludwig Soswinski, in Dokumentationsarchiv des österreichischen Widerstandes, *« Anschluss » 1938. Eine Dokumentation*, Heinz Arnberger *et al.*, Vienne, 1998, p. 539 et s.

208. Reinhard Vogelsang, *Der Freundeskreis Heinrich Himmler*, Göttingen, 1972, p. 88 et s. ; Drobisch & Wieland, *op. cit.*, p. 303 et s. ; NS 19/1396, note pour Himmler pour la visite de journalistes, 1er mars 1938.

209. Wegner, *Politische Soldaten*, p. 112.

210. *Ibid.*, p. 97.

211. *Ibid.*, p. 103.

212. Orth, *op. cit.*, p. 62 et s.

213. BAB, NS 19/1652, décret du Führer du 17 août 1938 sur les unités armées de la SS, accompagné de la proposition du 3 juin 1938 avec les modifications d'Himmler du 10 juin 1938 ; Wegner, *op. cit.*, p. 112 et s.

214. Doc. PS-1992 (A), présentation dans le cadre d'une formation politique de la Wehrmacht, du 15 au 23 janvier 1937, in *IMT*, vol. 29, p. 206 et s.

215. *Ibid.*, p. 228.

216. Himmler, *Geheimereden*, p. 25 et s.

217. Wegner, *op. cit.*, p. 104.

218. BAB, NS 19/4005, discours pour la réunion des Gruppenführer à Munich, 8 novembre 1938.

219. Wegner, *op. cit.*, p. 120 et s. L'auteur montre en détail comment cette limitation fut contournée.

220. Wegner, *op. cit.*, p. 124 et s. ; Charles W. Sydnor, *Soldaten des Todes. Die 3. SS-Division « Totenkopf » 1933-1945*, Paderborn, 2002, p. 30 et s.

221. BAB, NS 19/4005, discours pour la réunion des Gruppenführer à Munich, 8 novembre 1938.

222. La position de haut responsable de la SS et de la police (HSSPF) fut annoncé par décret du ministre de l'Intérieur du Reich le 13 novembre 1937 (BAB, NS 19/2850, ainsi que d'autres ordres concernant les HSSPF). Le sujet a été analysé exhaustivement par Ruth Bettina Birn, *Die Höheren SS- Und Polizeiführer. Himmlers Vertreter im Reich und in den besetzten Gebieten*, Düsseldorf 1986.

223. Discours du 8 novembre 12938, in Himmler, *Geheimereden*, p. 25 et s.

224. Sur la mise en place des HSSPF, voir Birn, *op. cit.*, p. 10 et s.

225. Wilhelm, *Polizei*, p. 93 et s.

226. Buchheim, « SS », p. 102.

227. Décret du RFSSuChdDtPol du 10 mai 1937, notification d'une décision du Führer du 16 janvier 1937, in *RMBliV* 1937.

228. Werner Best, *Die deutsche Polizei*, Darmstadt, 1940, p. 96.

229. Buchheim, « SS », p. 111 et s.

230. Voir plus loin, p. 424.

231. Voir plus loin, p. 374.

232. *RMBliV* 1938, ordonnance du RFSSuChdDtPol, 12 décembre 1938.

233. Voir plus loin, p. 580

234. BAB, NS 19/4004, 16 janvier 1937.

Idéologie et culte

1. *Statistisches Jahrbuch 1937*, p. 15 ; *Statistisches Jahrbuch 1938*, p. 16.

2. *Ibid.*, p. 107.

3. BAB, NS 19/4003, discours pour la réunion des Gruppenführer à Dachau, 8 novembre 1936.

4. BAB, NS 19/4005, discours pour la réunion des Gruppenführer à Dachau, 8 novembre 1938.

5. BAB, NS 19/4007, discours devant le corps des officiers de la Leibstandarte, le soir du 7 septembre 1940, à Metz, doc. PS-1918, in *IMT*, vol. 29, p. 98 et s.

6. Mayerhofer, « Der Sippenorden », in *SS-Leitheft* 9 (1943), H 2, p. 14-17. Sur le côté « ordre » de la SS, voir Ackermann, *Himmler*, p. 97 et s.

7. BAB, NS 19/4003, discours du 8 novembre 1936. Le 18 février 1937 ; il déclara aux Gruppenführer qu'il voulait que « d'ici une dizaine d'années, la SS et la police se développent en un seul corps [...] » (NS 19/4004). Le 8 novembre 1937, pour la deuxième année de son « plan décennal », il exprima l'espoir, dans son discours devant les Gruppenführer, que, « dans dix ans, nous constituions un ordre, et certes pas un ordre uniquement composé d'hommes, mais un ordre de communautés familiales » (NS 19/4004, le dernier passage également in Himmler, *Geheimereden*, p. 61).

8. Buchheim, « SS », p. 201 et s. ; *Dienstkalender*, p. 33 et s. (en particulier sur l'état-major personnel).

9. BAB, NS 19/3901, SS-Befehl du 9 novembre 1936.

10. Elisabeth Kinder, « Der Persönliche Stab Reichsführer-SS. Geschichte, Aufgaben und Überlieferung », in Heinz Boberach et Hans Booms, *Aus der Arbeit des Bundesarchivs. Beiträge zum Archivwesen, zur Quellenkunde und Zeitgeschichte*, Boppard Rh., 1977, p. 379 -397, en part. p. 383.

11. Kinder, « Der Persönliche Stab », p. 381.

12. BAB, NS 19/3901, ordre sur la réorganisation de la chaîne de commandement de l'ensemble de la SS. Le caractère unifié de la représentation au niveau régional devait être garanti par la subordination des Oberabschnittsführer aux Oberasbchnitte du SD et au Bureau pour la race et le peuplement.

13. BAB, NS 2/3, ordre du chef du RuSHA, 19/35, 10 avril 1935 ; Heinemann, « Rasse », p. 69 et s.

14. Heinemann, « Rasse », p. 99 ; BAB, NS 2/86, ordre du RFSS du 1er août 1938.

15. Buchheim, « SS », p. 202 et s. Sur l'administration de la SS à cette époque, voir Schulte, *Zwangsarbeit*, 62 et s.

16. Aronson, *Heydrich*, p. 202 et s.

17. Voir en particulier Schulte, *Zwangsarbeit*, p. 247 et s.

18. Buchheim, « SS », p. 205.

19. Schulte, *Zwangsarbeit*, p. 76 et s. ; on peut trouver des détails supplémentaires dans BAB, NS 3/465 et 468, Haushaltsplanung der SS für 1935 und 1938. En 1935, l'Allgemeine SS récupéra plus d'un million de reichsmarks sur les contributions des membres et les donations de non-membres du parti pour la Schutzstaffel, et 840 000 en 1938. Le total des versements des membres contributeurs représentait 5 544 000 reichsmarks en 1935, 4 800 000 en 1936 et 1937, et 3 960 000 en 1938.

20. Vogelsang, *Freundeskreis*, p. 22 et s.

21. BAB, BDC, SS-O Keppler.

22. Vogelsang, *Freundeskreis*, p. 52 et s.

23. Sur les rencontres, voir *ibid.*, p. 78 et s.

24. *Ibid.*, p. 136.

25. *Ibid.*, p. 88 et s., ainsi que Wildt, « Terminkalender », p. 681.

26. Vogelsang, *Freundeskreis*, p. 92 et s. ; présentation du 12 décembre 1943 (HZ, NO 5637).

27. Liste établie par Vogelsang, *Freundeskreis*, p. 139 et s., d'après HZ, NI 9971. Dans l'agenda d'Himmler, au 8-9 février 1937, se trouve la première liste connue, comportant 38 noms, sur laquelle Wildt, « Terminkalender », attire l'attention, p. 679.

28. Vogelsang, *Freundeskreis*, p. 108 et s.

29. *Ibid.*, p. 101 et s.

30. BAB, R 2/12 1172a ; voir Schulte, *Zwangsarbeit*, p. 98 et s, ainsi que Kaienburg, *Wirtschaft*, p. 123 et s et p. 137 et s.

31. Pour une présentation détaillée de ces entreprises, voir *ibid.*, p. 159 et s. et p. 185 et s. Sur les premières entreprises SS, voir également Allen, *Business*, p. 31 et s., ainsi qu'Enno Georg, *Die wirtschaftlichen Unternehmungen der SS*, Stuttgart 1963, p. 12, et Schulte, *Zwangsarbeit*, p. 93 et s.

32. Il s'agissait de Franz Nagy, du sculpteur Theodor Kärner et de Bruno Galke, responsable entre autres des entreprises SS au sein de l'état-major personnel. Albert Knoll, « Die Porzellanmanufaktur München-Allach. Das Lieblingskind von Heinrich Himmler », in *KZ-Aussenlager. Geschichte und Erinnerung*, Dachauer Hefte 15, Dachau, 1999, p. 116 -133 ; Gabriele Huber, *Die Porzellan-Manufaktur Allach-München GmbH. Eine « Wirtschaftsunternehmung » der* SS *zum Schutz der « deutschen Seele »*, Marbourg, 1992, p. 12 et s.

33. *Ibid.*, p. 146.

34. *Ibid.*, p. 27, 1940.

35. Knoll, « Porzellanmanufaktur », p. 120.

36. Lettre d'Himmler à Pohl, 26 septembre 1939, in Himmler, Heinrich, *Reichsführer !... Briefe an und von Himmler*, sous la direction de Helmut Heiber, Stuttgart, 1968, n° 52.

37. Huber, *Porzellan-Manufaktur*, p. 44 et s.

38. *Ibid.*, p. 51 et s.

39. Sur la politique nationale, voir Doc. PS-1992 (A), in *IMT*, vol. 29, p. 206 et s. La formation eut lieu du 15 au 23 janvier 1937. Sur le discours devant les Gruppenführer, voir BAB, NS 19/4005, 8 novembre 1938, in Himmler, *Geheimreden*, p. 25 et s.

40. *Schutzstaffel*, p. 3. Dans son discours de janvier 1937, il affirma que les décennies à venir seraient synonymes d'un « combat d'anéantissement mené par ce que nous appelons l'adversaire sous-humain dans le monde entier contre l'Allemagne en tant que peuple au cœur de la race nordique, contre l'Allemagne en tant que peuple au cœur du peuple germanique, contre l'Allemagne en tant que flambeau de la culture de l'humanité, ces décennies de l'existence ou de la disparition de l'homme blanc, dont nous sommes le peuple maître » (*IMT*, Vol. 29, p. 206 et s.).

41. Dans son discours à l'occasion de la Journée du paysan du Reich, Himmler avait lancé que « notre vieil et éternel ennemi, le Juif » était responsable de la christianisation forcée des Saxons, de l'Inquisition espagnole, de la chasse aux sorcières ainsi que de la guerre de Trente Ans (*Schutzstaffel*, p. 5).

42. BAB, NS 19/4012, discours à l'occasion de la réunion des responsables du département de la Propagande du Reich, 26 janvier 1944.

43. BAB, NS 19/4009, discours à la Maison des aviateurs, 9 juin 1942, in Himmler, *Geheimreden*, p. 145 et s. Sur le combat de l'Asie contre l'Europe, voir également NS 19/4009, discours à l'école des officiers SS de Tölz, 23 novembre 1942, ainsi que NS 19/4014, discours devant les représentants de la justice allemande à Kochern, 25 mai 1944 ; *ibid.*, discours à Sonthofen, 21 juin 1944.

44. « Ce combat est un affrontement [...] entre deux classes dirigeantes, d'un côté celle des sous-hommes : Juifs, commissaires et politiques, idéologiquement convaincus

jusqu'à l'os, fanatiques de cet enseignement de la destruction, de cette idée d'empire asiatique et prêts à user des moyens les plus brutaux pour imposer leurs convictions [...] C'est un combat d'idéologies, comme le fut le combat avec les Huns durant les grandes invasions, comme le fut, tout au long du Moyen Âge, le combat contre l'islam, où ce n'était pas la religion qui était en jeu, mais bien un affrontement racial. » BAB, NS 19/4014, discours devant les Oberabschnittsführer et les chefs de département à la Maison des aviateurs, 9 juin 1942, in Himmler, *Geheimreden*, p. 145 et s.

45. BAB, NS 19/4014, discours à Sonthofen, 21 juin 1944.

46. *Ibid.*, discours à Sonthofen, 24 mai 1944. Déjà, dans son discours de Vienne en 1939, il avait évoqué « l'enseignement calamiteux d'un christianisme asiatisé » (BAB, NS 19/3666, in Himmler, *Geheimreden*, p. 51). Le 16 septembre 1942, dans un discours à son quartier général de Hegewald, il dénonça les conceptions typiquement « orientales » de l'Église (NS 19/4009).

47. BAB, NS 19/4005, discours pour la réunion des Gruppenführer à Munich, 8 novembre 1938, in Himmler, *Geheimreden*, p. 25 et s. Dans le même discours, Himmler parla aussi d'un futur Reich « germanique » (*ibid.*, p. 38 et s.). Le thème de « l'État grand-allemand » se retrouve dans un discours tenu à la fin de 1940 (NS 19/4007, sans date). C'est surtout dans son discours à Poznan du 24 octobre 1943 (NS 19/4011) et dans celui de Sonthofen du 24 mai 1944 (NS 19/4014) qu'il évoqua la Grande Allemagne. Frank-Lothar Kroll, *Utopie als Ideologie. Geschichtsdenken und politisches Handeln im Dritten Reich*, Paderborn, 1998, p. 217 et s.

48. BAB, NS 19/4012, discours à l'occasion de la réunion de travail des responsables de la Propagande, 26 janvier 1944.

49. BAB, NS 19/4009.

50. BAB, NS 19/4007, discours devant les Gauleiter, 29 février 1940, in Himmler, *Geheimreden*, p. 116 et s.

51. BAB, NS 19/4013, discours à Sonthofen, 5 mai 1944 : « Sur des millions et des millions de possibilités, deux lignées raciales se sont entremêlées, si bien que quelques gouttes du sang aryen maintes fois dilapidé dans cet espace Russie-Europe de l'Est-Asie se sont rassemblées pour que, à partir de ce patrimoine génétique qui est le seul à même d'organiser et de gouverner de façon organisée, d'un Asiate sans aucune inhibition émotionnelle surgisse un dangereux Attila, un Gengis Khan, un Staline ou un Lénine. Et, chaque fois, malheur à l'humanité européenne, germanique, aryenne, quand un tel homme apparaît là-bas, capable d'organiser des armées et de formidables forces à partir de la masse des sous-hommes et de les commander ! »

52. Comme dans son discours de Poznan du 4 octobre 1943 (BAB, NS 19/4010), également Doc. PS-1919 in *IMT*, vol. 29, p. 110 et s., part. p. 145 et s., ainsi que dans son discours au même endroit le 6 octobre 1943 (*ibid.*), in Himmler, *Geheimreden*, p. 162 et s., part. p. 169.

53. Selon moi, la tentative de Kroll, *Utopie*, p. 209 et s., qui veut interpréter cette vision du monde comme un tout relativement stable et pour l'essentiel indépendant du facteur temps, n'est pas tout à fait convaincante, car elle omet bien des changements et des contradictions manifestes. Kroll observe à juste titre que, par exemple, l'idéologie pangermanique d'Himmler tenait compte « de façon non négligeable de calculs politiques » (p. 219), mais elle aurait dû d'après moi aboutir à une déconstruction fructueuse

de ce texte, tandis que l'analyse se résume finalement à la reconstitution de cette vision du monde avec une clarté abstraite qu'elle n'a jamais possédée.

54. Voir plus haut, p. 262

55. Voir plus haut, p. 264.

56. BAB, NS 19/4011, 16 décembre 1943. Sur Waralda, voir également le discours du 26 juillet 1944, in Himmler, *Geheimreden*, p. 215 et s., p. 217.

57. NARA, T 580/150/229, RFSS à Wüst, 28 mai 1940.

58. BAB, NS 19/3670 (sans date).

59. BAB, NS 19/4013, 26 novembre 1944.

60. Lettre d'Himmler à Pohl et Müller, citée d'après le rapport : « Tätigkeit der Zeugen Iehovas in der Neuzeit : Deutschland », in *Jahrbuch der Zeugen Jehovas 1974*, p. 66-253, p. 196 et s.

61. Le 6 janvier 1943, Himmler ordonna que des témoins de Jéhovah internés soient mis au travail dans des foyers SS (Garbe, *Widerstand*, p. 451). Il en plaça entre autres auprès de son vieil ami Rehrk, ainsi que chez un agriculteur à Valepp, où il disposait d'un chalet ; voir Mühldorfer, « Fridolfing » ; Johannes Wrobel, « Valepp/Schliersee (Bauer Marx) », in Wolfgang Benz et Barbara Distel, *Der Ort des Terrors. Geschichte der nationalsozialistischen Konzentrationslager*, vol. 2 : *Frühe Lager, Dachau, Emslandlager*, Munich, 2005, p. 522 et s. De mars 1944 à avril 1945, sur sa propriété de Gmund, Himmler fit travailler un commando de vingt prisonniers à la défense civile. Margarete Himmler observa le déroulement des travaux et se plaignit du faible rendement des prisonniers ; un détenu mourut sur le chantier. Voir Hans-Günter Richardi, « Der gerade Weg. Der Dachauer Häftling Karl Wagner », in *Dachauer Hefte* 7, p. 52-101, part. p. 52 et s. Wagner y a travaillé de mars à avril 1944.

62. BAB, NS 19/3947, 21 juillet 1944, in Ackermann, *Himmler*, p. 305 et s.

63. BAB, NS 19/4003, discours lors de la réunion des Gruppenführer à Dachau, 8 novembre 1936. Sur le culte des ancêtres, voir Ackermann, *Himmler*, p. 64 et s.

64. BAB, NS 19/4003, discours lors de la réunion des Gruppenführer à Dachau, 8 novembre 1936.

65. BAB, NS 19/4004, discours lors de la réunion des Gruppenführer à Bad Tölz, 18 février 1937. À ce sujet, voir également Ackermann, *Himmler*, p. 68 et s.

66. BAB, NS 19/2241, 25 février 1937.

67. Karl August Eckhardt, *Irdische Unsterblichkeit. Germanischer Glaube an die Wiederverkörperung in der Sippe*, Weimar 1937. Au début, Himmler revint sur sa promesse de commander une édition spéciale de l'ouvrage pour la SS. Profondément blessé, Eckhardt retira sa proposition de fonder un institut (Eckhardt à Wolff, 9 décembre 1937). Des discussions plus claires reprirent cependant entre Himmler et Eckhardt, qui aboutirent à la réalisation de l'institut (voir la correspondance dans le même dossier).

68. Sur la vision qu'avait Himmler de l'histoire en tant qu'« éternel retour », voir Kroll, *Utopie*, p. 245 et s.

69. Voir Klaus von See, *Deutsche Germanenideologie. Vom Humanismus bis zur Gegenwart*, Francfort/Main 1970 ; Rainer Kipper, *Der Germanenmythos im Deutschen Kaiserreich. Formen und Funktionen historischer Selbstthematisierung*, Göttingen, 2002 ; Joachim Heinzle, *Die Nibelungen. Lied und Sage*, Darmstadt, 2005.

70. Ackermann, *Himmler*, Doc. n° 8, p. 253 et s. (sans date).

71. Voir Michael H. Kater, *Das « Ahnenerbe » der SS 1935-1945. Ein Beitrag zur Kulturpolitik des Dritten Reiches*, 4e éd., Munich 2006, p. 95 et s. et p. 108 et s.

72. Kroll, *op. cit.*, p. 236 et s.

73. Sur la regermanisation par Himmler du haut Moyen Âge, voir part. *ibid.*, p. 237 et s.

74. BAB, NS 19/4004, discours à Bad Tölz, 18 février 1937.

75. BAB, NS 19/4003, discours du RFSS dans la cathédrale de Quedlinburg, 2 juillet 1936 ; Himmler, *Schutzstaffel.* p. 5.

76. *Ibid.*, p. 12.

77. Du reste, Hitler ne cita pas nommément Charlemagne, mais loua « ce grand empereur germanique [...] qui, d'une épée implacable, s'efforça d'unir les forces des Allemands au-delà du destin individuel des tribus » (*Parteitag der Freiheit. Reden des Führers und ausgewählte Kongressreden am Reichsparteitag der NSDAP* 1935, München 1935, p. 123, discours de clôture). Sur le rejet énergique par Hitler des critiques à l'encontre de Charlemagne, voir *Carnets de Goebbels*, 15 novembre 1936.

78. H. W. Scheidt, « Die Christianisierung Germaniens im Lichte nationalsozialistischer Geschichtsbetrachtung », in *SS-Leitheft* 3 (1937), vol. 5, p. 58-62.

79. BAB, NS 19/4014, discours devant des officiers de la Wehrmacht à Sonthofen, 24 mai 1944. De même, dans son discours lors d'une réunion des maires et responsables régionaux qui eut lieu à Poznan les 12 et 13 février 1944, il affirma que Charlemagne avait été le premier « grand unificateur du Reich » (BAB, NS 19/4012). Voir également les manuels d'éducation publiés par le Reichsführer-SS : dans la brochure du SS-Hauptamt, *Rassenpolitik*, Berlin, 1943, à la page 42, la formulation est tout aussi ambivalente : « Et, quand bien même nous rejetons les moyens de coercition de Charlemagne, il faut reconnaître qu'il a imposé à l'Europe d'alors une puissante unité. » *Erzählte Geschichte*, 3e partie, Berlin, o. J., manuel d'éducation destiné aux SS des groupes allemands ethniques et des unités germaniques, abordait la question de façon plus simple : « Charles le Grand » y était célébré comme « l'unificateur de l'Europe » (p. 29 et s.).

80. Heinrich Himmler, *Rede des Reichsführers-SS im Dom zu Quedlinburg am 2. Juli 1936*, Magdebourg, 1936.

81. Dans les *SS-Leitheften*, en 1937, les Fêtes du roi Henri furent l'occasion de souligner explicitement le parallèle entre Henri et Hitler. Voir H. Löffler, « Der Gründer des Ersten deutschen Reiches », in *SS-Leitheft* 3 (1937), vol. 4, p. 52-55 : « Il a bâti son empire sur les mêmes fondations que celles sur lesquelles Adolf Hitler, mille ans plus tard, a édifié son Troisième Reich : sur une paysannerie libre et ancrée dans la nature et une armée valeureuse » (p. 5). L'idée qui veut qu'Himmler se soit considéré comme la réincarnation de l'empereur est donc fausse, compte tenu de la signification historique dont était rétroactivement revêtu l'empereur médiéval.

82. *Germanien*, périodique de l'Ahnenerbe, publia un hors-série sur Henri Ier dont Himmler rédigea la préface.

83. *Das Schwarze Korps* du 1er juillet 1937.

84. *Carnets de Goebbels*, 3 juillet 1937.

85. Les informations sur la fête, suivie de près par la presse, sont disponibles dans BAB, NS 19/3901 et NS 19/3666.

86. BAB, NS 19/397, décompte des frais des Fêtes du roi Henri 1942, 1943 et 1944 (note de Brandt du 19 août 1944, qui estimait qu'il était plus que douteux de

« distribuer 300 reichsmarks pour la consommation d'alcool d'un cercle de 21 personnes, ce qui ne semble guère en accord avec la dignité des Fêtes du roi Henri, et surtout avec la vie quotidienne en cette cinquième année de guerre »).

87. Voir par exemple son discours du 24 mai 1944 (BAB, NS 19/4014). Dans les manuels d'éducation publiés par le Reichsführer-SS et le SS-Hauptamt, on ne manquait pas non plus de mettre particulièrement en avant Frédéric II et Henri le Lion (brochure *Rassenpolitik*, p. 51, ainsi que *Erzählte Geschichte*, 3e partie, p. 48 et s.).

88. BAB, NS 19/3666, in Himmler, *Geheimreden*, p. 50 et s. Dans les *SS-Leitheften* de 1937, Hermann Löffler, collaborateur du RuSHA, tressa des louanges à l'ordre pour sa « politique de regermanisation » ; voir « Der Deutsche Ritterorden », in *SS-Leitheft* 3 (1937), vol. 6, p. 67-78.

89. BAB, NS 19/4014, discours à Sonthofen, 24 mai 1944 ; NS 19/4015, discours à Grafenwöhr, 25 juillet 1944, ainsi que discours sur la place d'armes de Bitsch, 26 juillet 1944. Voir également les manuels d'éducation publiés par le Reichsführer-SS : la brochure *Rassenpolitik* donne une image positive de Bismarck (p. 91 et s.) tout comme le manuel d'enseignement de l'allemand, *Erzählte Geschichte*, 3e partie, p. 74 et s., qui, sans s'attarder sur la contradiction entre les concepts de petite et de grande unification, déclare tout simplement en p. 79 : « Adolf Hitler parachève l'œuvre de Bismarck ». L'article « Preussenturn und Weltanschauung » vante les mérites de la Prusse, in *SS-Leitheft*, 10 (1944), vol. 3, p. 25-27. Sur l'image qu'avait Himmler de la Prusse, voir Kroll, *Utopie*, p. 242 et s.

90. Voir par exemple les réflexions d'Hitler sur le caractère primitif des Germains, qu'il émit en février 1942 en présence d'Himmler (Adolf Hitler, *Monologe im Führer-hauptquartier* 1941-1944. *Die Aufzeichnungen Heinrich Heims*, Werner Jochmann, Bindlach, 1988, p. 263 et s.).

91. Kater, *« Ahnenerbe »*, p. 22 et s. Ce travail, publié pour la première fois en 1974, dissertation de 1966, a connu quatre éditions et reste une étude fondatrice sur le sujet de l'organisation scientifique SS. On trouvera des informations complémentaires chez Heather Pringle, *The Master Plan. Himmler's Scholars and the Holocaust*, New York, 2006.

92. Kater, *« Ahnenerbe »*, p. 26 ; sur la personne de Wirth, voir également *ibid.*, p. 11 et s., ainsi qu'Ingo Wiwjorra : « Herman Wirth-Ein gescheiterter Ideologe zwischen -Ahnenerbe-und Atlantis », in Barbara Danckwortt *et al.*, *Historische Rassismusforschung. Ideologen, Täter, Opfer*, Hambourg, Berlin, 1995, p. 95-112.

93. Kater, *« Ahnenerbe »*, p. 26 et s.

94. Conformément à ses statuts (NARA, T 580/207/733), elle avait pour but la recherche sur « l'histoire spirituelle ancestrale », comme Wirth avait coutume de décrire son programme de recherche.

95. Sur Sievers, voir Kater, *op. cit.*, p. 28 et s.

96. *Ibid.*, p. 37 et s.

97. *Ibid.*, p. 41 et s.

98. *Ibid.*, p. 60.

99. *Ibid.*, p. 58 et s. Voir également NARA, T 580/128/47, correspondance entre Himmler et Wirth au sujet de l'Ahnenerbe. Il en ressort que Wirth continua de toucher des subventions de l'institution au moins jusqu'en 1942.

100. NARA, T 580/207/733, statuts du 11 mars 1937 ; Kater, *op. cit.*, p. 58.

101. NARA, T 580/128/47, lettre de Wüst à Himmler, lettre de félicitations du 7 octobre 1937.

102. Kater, *op. cit.*, p. 40 et s., p. 64 et s., et p. 91.

103. NARA, T 580/207/733, statuts du 1er janvier 1939 ; Kater, *op. cit.*, p. 92.

104. *Ibid.*, p. 53 et s. et p. 70 et s.

105. Le mémorandum de l'Ahnenerbe de 1939, document à l'édition luxueuse distribué aux pontes du nazisme, en cite, mais tous n'existaient pas ; Kater, *op. cit.*, p. 112.

106. *Ibid.*, p. 45 et s.

107. *Ibid.*, p. 76 et s.

108. *Ibid.*, p. 75 et s.

109. *Ibid.*, p. 95. Il s'agissait d'une conséquence immédiate du voyage d'Himmler en Italie en 1937 (voir plus bas). La section prit par la suite le nom de Département de recherche sur l'Antiquité classique.

110. Sur les fouilles, voir Kater, *op. cit.*, p. 80 et s. *Germanien*, la revue de vulgarisation de l'Ahnenerbe, informait régulièrement ses lecteurs des projets archéologiques de la SS.

111. Kater, *op. cit.*, p. 95 et s.

112. *Ibid.*, p. 211 et s.

113. *Ibid.*, p. 86 et s.

114. *Ibid.*, p. 87, ainsi que p. 127 et s. et 265 et s.

115. Pour une vue d'ensemble, *ibid.*, p. 107.

116. Au début de l'été 1939 se tint la première « Conférence annuelle » à Kiel, essentiellement axée sur le folklore et la préhistoire. Voir *ibid.*, p. 104 et s. et 113 et s.

117. Kater, *op. cit.*, p. 121.

118. NARA, T 580/128/47, Wüst à Sievers, 9 janvier 1938 ; vgl. Kater, « Ahnenerbe », p. 122.

119. *Ibid.*, p. 122.

120. *Ibid.*, p. 130 et s.

121. *Ibid.*, p. 137.

122. *Ibid.*, p. 273 et s.

123. *Ibid.*, p. 88.

124. *Ibid.*, p. 147 et s.

125. *Ibid.*, p. 170 et s.

126. *Ibid.*, p. 216, p. 218 et s. ainsi que p. 227 et s.

127. Kater, *op. cit.*, p. 353 et s.

128. Brigitte Nagel, *Die Welteislehre. Ihre Geschichte und ihre Rolle im « Dritten Reich »*, Stuttgart, 1991 ; Kater, *« Ahnenerbe »*, p. 51.

129. NARA, T 580/194/165, 19 juillet 1936 ; Nagel, *Welteislehre*, p. 72 et s.

130. Fac-similé de la lettre du 21 juin 1938 à Heydrich in Samuel A. Goudsmit, *Alsos. The Failure in German Science*, London 1947, p. 116 ; Nagel, *Welteislehre*, p. 74.

131. NARA, T 580/150/229, état-major personnel du RFSS, Brandt, à l'Ahnenerbe, 5 décembre 1940, et réponse de Scultetus, 15 mai 1941.

132. *Ibid.*, Brandt à Sievers, 10 septembre 1941.

133. BAB, NS 19/3042, 26 juin 1942. La théorie de la glace éternelle partait du principe qu'au fil de son histoire, la Terre avait « capturé » plusieurs planètes devenues des lunes, qui étaient par la suite entrées en collision.

134. BAB, NS 19/1705, Nagel, *Welteislehre* ; *ibid.*, p. 84 et s.

135. BAB, NS 19/327, Sievers à Brandt, 7 août 1942, Nagel, *Welteislehre.*

136. Voir plus haut, p. 97.

137. BAB, NS 19/212, État-major de campagne, Schellenberg, 23 février 1945. Wulff a écrit sur ses activités après la guerre : *Tierkreis und Hakenkreuz. Als Astrologe an Himmlers Hof*, Gütersloh, 1968.

138. Himmler, *Schutzstaffel*, p. 11 et s.

139. BAB, NS 19/3165, lettre de l'aide de camp du RFSS, 17 janvier 1943, au soldat Albrecht, à l'hôpital militaire SS de Hohenlychen. À la demande de ce dernier, Himmler lui avait auparavant recommandé l'étude de l'astronomie. Suite à une nouvelle requête du soldat SS, l'aide de camp du Reichsführer avait répondu en lui donnant davantage d'explications sur les projets d'observatoire d'Himmler.

140. Pour en savoir plus sur ces « théories », voir *Mythos Tibet. Wahrnehmungen, Projektionen, Phantasien*, de la Kunst- und Ausstellungshalle der Bundesrepublik Deutschland en collaboration avec Thierry Dodin und Heinz Räther, Cologne 1997 ; Nicholas Goodrick-Clarke, *Die okkulten Wurzeln des Nationalsozialismus*, 2e éd., *Graz-Stuttgart* 2000. Voir NARA, T 580/186/366, Himmler au directeur de l'Ahnenerbe, Wüst, 25 octobre 1937, avec un commentaire sur la prise de position de ce dernier vis-à-vis du livre de Sigurd Wettenhovi-Aspa, *Fenno-Ägyptischer Kulturursprung der Alten Welt. Kommentare zu den vorhistorischen Völkerwanderungen*, Helsinki, 1942. Dans cette lettre, Himmler expliquait que selon lui, autrefois, les Finnois et les Égyptiens, mais aussi les Chinois et les Japonais avaient été colonisés par une « caste de seigneurs atlantes ».

141. IfZ, PS-2204, notes sur une discussion avec Hitler le 1er novembre 1935.

142. Heinz Corazza, *Die Samurai. Ritter des Reiches in Ehre und Treue*, Berlin-Munich 1937 ; Ackermann, *Himmler*, p. 68.

143. BAB, BDC, SS-O Schäfer. Schäfer était né en 1910. Il avait écrit deux livres à propos de l'expédition lancée en 1934 et qui avait échoué au cœur du haut plateau tibétain en 1935, si bien que le voyage de retour avait été une véritable aventure : *Unbekanntes Tibet. Durch die Wildnisse Osttibets zum Dach der Erde*, Berlin, 1937, et *Dach der Erde. Durch das Wunderland Hochtibet. Tibetexpedition* 1934-36, Berlin, 1938. Dans la préface à *Unbekanntes Tibet*, il remerciait Himmler pour son soutien. Sur l'ensemble de cette question, voir Reinhard Greve, « Tibetforschung im SS-Ahnenerbe », in Thomas Hauschild, *Lebenslust und Fremdenfurcht. Ethnologie im Dritten Reich*, Frankfurt/Main 1995, p. 168-199.

144. On en trouve la description la plus complète dans Peter Mierau, *Nationalsozialistische Expeditionspolitik. Deutsche Asien-Expeditionen* 1933-1945, Munich 2006, p. 311 et s. ; voir également Greve, « Tibetforschung », p. 171 et s., Christopher Hale, *Himmler's Crusade. The True Story of the* 1938 *Nazi Expedition into Tibet*, London, 2003, et Kater, *« Ahnenerbe »*, p. 211 et s.

145. BAB, NS 19/2709, Himmler à Schäfer, 7 septembre 1939. La lettre ne ménageait pas Schäfer, critiqué pour avoir parlé de sa mission avec l'amiral Canaris et ainsi mis en danger son caractère secret ; Schäfer à Himmler, 3 novembre 1939, sur l'état des préparatifs (*ibid.*). L'entreprise échoua en particulier à cause des frais évalués par Schäfer à entre 2 et 3 millions de reichsmark (lettre à Wolff, 6 avril 1940, *ibid.*). Sur cette entreprise, voir Greve, « Tibetforschung », p. 177, Kater, « *Ahnenerbe* », p. 212, sowie Mierau, *Expeditionspolitik*, p. 365 et s.

146. Greve, « Tibetforschung », p. 177 et s., et Mierau, *Expeditionspolitik*, p. 394 et s.
147. BAB, NS 19/2244, Brandt à Tobis-Filmkunst, 24 novembre 1939.
148. *Ibid.*, Himmler à Schäfer, mars 1940, jour non indiqué.
149. BAB, BDC, SS-O Schäfer, lettre d'Himmler à Schäfer, 24 février 1943. Le livre parut effectivement en 1943 avec le sous-titre *Erster Bericht der deutschen Tibet-Expedition Ernst Schäfer 1938-39.*
150. BAB, NS 19/500, Otto à Brandt, Gmund, 5 août 1939, au sujet de la mise à disposition d'un commandant de la Luftwaffe pour l'expédition en Amérique du Sud. Dans une lettre que Sievers adressa le 9 août 1939 à Himmler en tant que président de l'Ahnenerbe, il lui rappela que lors d'une conversation avec Kiss, il avait exprimé l'avis qu'il fallait informer les gouvernements de Bolivie, du Pérou et du Chili des voyages de recherche prévus pour 1940 (*ibid.*).
151. Edmund Kiss, *Das Sonnentor von Tihuanaku und Hörbigers Welteislehre*, Leipzig 1937.
152. BAB, BDC, SS-O Weisthor.
153. Il s'agit de la présentation de Rudolf J. Mund parue aux éditions Volkstum, *Der Rasputin Himmlers. Die Wiligut Saga*, Vienne, 1982, qui repose essentiellement sur des lettres, des notes et des témoignages oraux de partisans et d'admirateurs de Wiligut, dont l'auteur fait partie. Les informations essentielles ont été reprises dans Goodrick-Clarke, *Wurzeln.* Hans-Jürgen Lange se montre plus critique dans *Weisthor. Karl Maria Wiligut. Himmlers Rasputin und seine Erben*, Engerda, 1998.
154. Karl Maria Wiligut, « Seyfrieds Runen (Rabensteinsage) », Vienne, 1903, reproduit in Winfried Katholing, *Die Sage von Ritter Seyfried und der Rabenstein bei Znaim*, Aschaffenburg, 2003, p. 73-115.
155. BAB, NS 19/3671. Parmi les écrits envoyés par Wiligut à Himmler se trouvaient les articles parus en juillet 1934 dans le périodique *Hagal*, « Gotos Raunen-Runenwissen ! », accompagnés d'une dédicace personnelle de Wiligut, un poème mythologique en sept vers, quelques lettres, ainsi qu'un « Ur-Vatar-unsar ! » de 1934. Ces documents sont reproduits dans Lange, *Weisthor.* En 1938, Wiligut prépara en outre pour Himmler un commentaire exhaustif sur un livre dédié au père d'Himmler, *Erklärung der Gebräuche bei der Ausstellung der Heiligen Sakramente in der rechtgläubigen Kirche* (W. Michailowskij, Saint-Pétersbourg 1870, NS 19/3944).
156. BAB, NS 19/3670, sans date.
157. BAB, NS 19/3671, Meinem Reichsführer-SS Heinrich Himmler in deutscher Treue !, 1er mai 1934, signé d'Himmler.
158. *Ibid.*, signé d'Himmler, 17 juin 1936
159. BAB, BDC, SS-O Weisthor, promotion au 9 novembre 1936.
160. *Ibid.*, lettre de Wolff à Pancke, 5 février 1939 ; d'après cette dernière, Weisthor aurait « quitté la SS de son propre chef à compter du 1er janvier 1939 pour des raisons d'âge et de santé ».
161. *Ibid.*, chef de l'état-major, Wolff, à Schmitt, 22 août 1939.
162. BAB, NS 19/1573, correspondance entre Brandt et Wiligut, en cure à Salzdetfurt pour soigner ses rhumatismes, 18 août au 11 septembre 1940.
163. *Dienstkalender*, 28 novembre 1941, déjeuner avec le colonel Wiligut, Frau Ruppmann, Frau Baltrusch.
164. Rede von 1938, in Himmler, *Geheimreden*, p. 79.

165. « Zur Erkenntnis deutschen Wesens. Julzeit - heilige Zeit », in *Germanien* 8 (1936), p. 369-372, p. 371 ; Huber, *Porzellan-Manukfaktur*, p. 133 et s.

166. BAB, NS 19/4003, discours lors de la réunion des Gruppenführer à Dachau, 8 novembre 1936.

167. BAB, NS 19/4004, discours lors de la réunion des Gruppenführer à Munich, au foyer des officiers du régiment SS Deutschland, 8 novembre 1937.

168. Knoll, « Porzellanmanufaktur », p. 122 et s. ; Huber, *Porzellan-Manufaktur*, p. 24, parle même de 60000.

169. BAB, NS 19/457, lettre d'Himmler à Diebitsch, 9 juin 1939, ainsi qu'état-major personnel (Brandt) à état-major personnel Munich, 5 avril 1940 (*ibid.*) ; Huber, *Porzellan-Manufaktur*, p. 136 et s.

170. *Ibid.*, p. 136. On trouvait également le « chandelier de vie » en version « chandelier d'enfant », orné d'une « frise enfantine ».

171. Lettres diverses in BAB, NS 19/3034 ainsi que 3666.

172. BAB, NS 19/3901, décret sur l'attribution de la bague à tête de mort, 10 avril 1934. Conformément à ce texte, tous les officiers SS à partir du grade de Sturmführer se voyaient décerner la bague s'ils étaient entrés dans l'organisation avant 1933 et qu'ils en étaient membres depuis au moins deux ans, soit étaient entrés après le 30 janvier 1933 et en étaient membres depuis trois ans, ou encore, au bout de deux ans de service, tous les officiers qui, du fait de leur appartenance à la Reichswehr ou à la police, n'avaient pu intégrer la SS plus tôt. Sur la bague, voir en particulier Klaus D. Patzwall, *Der SS-Totenkopfring. Seine illustrierte Geschichte* 1933-1945, 4e éd., Norderstedt, 2002, p. 58 et s.

173. Voir par exemple BAB, BDC, SS-O Daluege, Himmler à Daluege, 24 décembre 1933.

174. *Ibid.*, Himmler à Daluege, 15 septembre 1933.

175. BAB, NS 19/4003, discours lors de la réunion des Gruppenführer à Dachau, 8 novembre 1936.

176. *Ibid.*, BAB NS 19/3081, lettre de l'état-major personnel à Frau Gahr, 8 juin 1939, ainsi que correspondance au sujet de la proposition.

177. Gudrun Schwarz, *Eine Frau an seiner Seite. Ehefrauen in der « SS-Sippengemeinschaft »*, Hambourg, 1997, p. 64.

178. Ackermann, *Himmler*, p. 66.

179. BAB, NS 19/1148, retransmis au RFSS avec la lettre du 17 avril 1937 ; Schwarz, *Frau*, p. 53 et s.

180. BAB, NS 19/4003, discours lors de la réunion des Gruppenführer à Dachau, 8 novembre 1936. Voir également discours pour la bénédiction du mariage du SS-Sturmbannführer Deutsch, 2 avril 1936 (*ibid.*).

181. Instruction pour la cérémonie de la bénédiction du nom, ancienne collection Schumacher (BAB), référencé par Ackermann, *Himmler*, p. 84 et s.

182. BAB, NS 19/4003, discours lors de la réunion des Gruppenführer à Dachau, 8 novembre 1936.

183. Un protocole de la cérémonie existe en fac-similé, reproduit par Lang, *Adjutant*, p. 43 et s.

184. BAB, NS 19/4003, discours lors de la réunion des Gruppenführer à Dachau, 8 novembre 1936.

185. NARA, T 580/143/167, circulaire 5/38, 30 septembre 1938.

186. BAB, NS 19/4005, discours à Alt-Rehse.

187. BAB, NS 19/3667, exposition sur les fêtes du solstice d'été, auxquelles aurait pris part le RFSS.

188. BAB, NS 2/6, lettre de Wolff au RuSHA, 26 octobre 1936.

189. BAB, NS 2/54, 28 février 1938.

190. BAB, NS 19/530, rapport du SS-Hauptamt, 25 octobre 1938, regroupant les rapports des HSSF, rédigés à la demande de l'état-major.

191. « Frühjahrswettkampf der SS », in *SS-Leitheft* 3 (1937), vol. 1, p. 45-47, ainsi que « Sonnenwendkämpfe der SS », in *SS-Leitheft* 3 (1937), vol. 3, p. 62-64.

192. BAB, NS 19/4004, discours lors de la réunion des Gruppenführer à Munich, au foyer des officiers du régiment SS Deutschland, 8 novembre 1937.

193. BAB, NS 19/4003, discours lors de la réunion des Gruppenführer à Dachau, 8 novembre 1936.

194. BAB, NS 19/2240, correspondance de l'état-major personnel au sujet des « mots de lumière » pour les festivités de 1936 et 1937.

195. *Ibid.*, 16 novembre 1937 ; Ackermann, *Himmler*, p. 65, et Schwarz, *Frau*, p. 63.

196. BAB, NS 19/1312, Brandt à Ellersiek, 8 novembre 1938.

197. BAB, NS 19/4003, discours lors de la réunion des Gruppenführer à Dachau, 8 novembre 1936. Exergue dans l'original.

198. *Ibid.*, discours lors de la réunion des Gruppenführer à Dachau, 8 novembre 1936. Voir aussi BAB, NS 19/4004, réunion des Gruppenführer à Bad Tölz.

199. BAB, NS 2/231, 16 avril 1940.

200. BAB, NS 19/4003, discours lors de la réunion des Gruppenführer à Dachau, 8 novembre 1936.

201. Schwarz, *Frau*, p. 57, comme le prouve une lettre du chef du SS-Hauptamt d'octobre 1935.

202. BAB, NS 19/4003, discours lors de la réunion des Gruppenführer à Dachau, 8 novembre 1936.

203. *Carnets de Goebbels*, 21 août 1935.

204. BAB, NS 2/56, directives du RFSS sur les soirées entre camarades, 22 février 1941.

205. Doc. PS-1992 (A), in *IMT*, vol. 29, p. 206 et s.

206. Karl Hüser, *Wewelsburg* 1933-1945. *Kult- und Terrorstätte der SS. Eine Dokumentation*, Paderborn 1982, p. 11 et s.

207. *Ibid.*, p. 26 et s.

208. *Ibid.*, p. 23 et s.

209. BAB, NS 19/3901, ordre du 6 novembre 1935.

210. Hüser, *Wewelsburg*, p. 24.

211. *Ibid.*, p. 32 et s.

212. *Ibid.*, p. 61 et s.

213. NS 19/3667, exposition sur les hôtes du RFSS au Wewelsburg de 1935 à 1938. Sur le 12 mai, les 25-26 mai et 1er juillet 1935, voir BAK, NL 1126/7, agenda pour 1935 ; du 4 au 6 février et du 7 au 9 mai 1937, voir agenda pour 1937 (Wildt, « Terminkalender », p. 689).

214. Discours du 8 novembre 1938, in Himmler, *Geheimreden*, p. 25 et s.

215. Hüser, *Wewelsburg*, p. 43 et s.

216. *Ibid.*, p. 65.

217. BAB, NS 19/1446, lors de sa visite au château du 15 au 18 janvier 1939.

218. BAB, NS 19/1446, ordre sans date (également in Ackermann, *Himmler*, Doc. n° 21).

219. Discours de 1938, cité in Himmler, *Geheimreden.* p. 79. BAB, NS 19/3901, ordonnance d'Himmler concernant le transfert des bagues à tête de mort des SS tombés au combat à la direction centrale du personnel, 6 décembre 1939.

220. BAB, NS 19/4004, discours à Bad Tölz, 18 février 1937. Ackermann, *Himmler*, p. 105.

221. On la retrouve dans les dossiers personnels de nombreux officiers SS (BAB, BDC, SS-O).

222. Hüser, *Wewelsburg*, p. 50 et s.

223. Uta Halle, *« Die Externsteine sind bis auf weiteres germanisch ! » Prähistorische Archäologie im Dritten Reich*, Bielefeld, 2002, p. 180 et s.

224. BAB, NS 19/1631, lettre de Wolff à Galcke, responsable des Externsteine à l'état-major personnel, 27 avril 1937

225. *Ibid.*, Himmler à Galke, 5 novembre 1937.

226. *Ibid.*, Himmler à Galke, 4 novembre 1937.

227. *Ibid.*, 20 avril 1940.

228. Cela ressort d'une lettre du 20 avril 1940 (*ibid.*).

229. Hitler, *Monologe*, 4 février 1942.

230. Justus H. Ulbricht, « "Heil Dir, Wittekinds Stamm". Verden, der "Sachsenhain" und die Geschichte völkischer Religiosität in Deutschland », in *Heimatkalender für den Landkreis Verden* 1995, p. 69-123, et 1996, p. 224-267, part. p. 245 et s.

231. *Verdener Anzeigenblatt* du 22 juin 1935, cité d'après Ulbricht, « "Heil Dir" », p. 258.

232. *Ibid.*, p. 97 et s.

233. BAB, NS 19/3666, lettre de l'état-major personnel à Diebitsch au sujet des ordonnances prises par Himmler lors de sa visite du 18 juin 1938.

Le style de direction d'Himmler

1. PRO, WO 208/4474, dossier d'Himmler, déclaration de Josef Kiermaier, responsable de la sécurité personnelle d'Himmler, 5 août 1945. Voir plus loin la déclaration de Rudolf Brandt, aide de camp d'Himmler, lors du procès des médecins à Nuremberg in *Der Nürnberger Ärzteprozess* 1946-1947. *Wortprotocolee, Anklage- und Verteidigungsmaterial, Quellen zum Umfeld*, Stiftung für Sozialgeschichte des 20. Jahrhunderts, Klaus Dörner *et al.*, présenté par Karsten Linne, Munich, 1999, p. 4933 et s. L'agenda d'Himmler, disponible pour l'année 1941-1942, montre qu'il commençait rarement à travailler avant 10 heures du matin. Le colonel Eismann, le plus proche collaborateur d'Himmler en sa qualité de commandant en chef de Groupe d'armées Vistule, rapporte dans ses Mémoires qu'Himmler prenait en général son service vers 10 h 30 (BAM, N 265/127, transcription de l'Oberst i. G. Eismann).

2. BAB, NS 19/4009, discours à l'occasion de la réunion des chefs de la police et de la SS au quartier général de Hegewald, 16 septembre 1942.

3. Il s'agit de l'un des quatre albums de photos de la famille Himmler confiés aux archives du Musée américain de l'Holocauste en 2004.

4. BAB, NS 19/4003, discours pour le solstice d'été sur le Brocken, 22 mai 1936.

5. BAB, NS 19/4013, discours du 5 mai 1944 à Sonthofen.

6. OA Moscou, dossier Himmler. En 1934, il rédigea un texte sur sa personne qui contenait de fausses informations sur son baccalauréat et son service « en campagne ».

7. BAB, NS 1911718, lettre du 30 octobre 1933 à Ferdinand Bruger en réaction à sa requête du 13 août 1933.

8. BAB, BDC, SS-O Johst, Johst à Himmler, 30 avril 1942, et réponse d'Himmler, 14 mai 1942 ; voir Rolf Düsterberg, *Hanns Johst : « Der Barde der SS ». Karrieren eines deutschen Dichters*, Paderborn, 2004, p. 290.

9. BAB, NS 19/3666, note au SS-Oberführer von Alvensleben, 5 décembre 1938.

10. OA Moscou, Dossier Himmler, correspondance avec photographies, 17 et 27 juin 1938.

11. *Ibid.*, Wolff à la trésorerie du RFSS, 2 juin 1937.

12. BADH, ZM 766 A 19, frais de voyage du RFSS pour 1939 et 1940.

13. PRO, WO 208/4474, dossier d'Himmler, déclaration de Josef Kiermaier, responsable de la sécurité personnelle d'Himmler, 5 août 1945. Voir plus loin la déclaration de Rudolf Brandt, aide de camp d'Himmler, lors du procès des médecins à Nuremberg, in *Nürnberger Arzteprozess*, p. 4978, ainsi que, au sujet de son caractère frugal, la description du colonel Eismann (BAM, N 2651127).

14. Otto Wagener, *Hitler aus nächster Nähe. transcription deen eines Vertrauten 1929-1932*, Francfort/Main, 1978, p. 76 et s.

15. Albert Speer, *Erinnerungen*, Berlin, 1969, p. 382.

16. L'ampleur de la gestion des présents d'Himmler se retrouve entre autres dans les dossiers de BAB, NS 19/116, 424, 569, 1076, 3535, 3972 et 4044 nieder. Les dossiers personnels des officiers SS (BDC) contiennent également des informations sur les cadeaux reçus.

17. BAK, NL 1126/7, calendrier de 1935, indication du 28 décembre 1935.

18. BAB, NS 19/4003, 22 mai 1936. Himmler s'en tint à ce souhait, comme il le confia au chef du RuSHA, Hildebrandt, le 17 décembre 1943 (NS 19/1047).

19. Himmler intervenait personnellement dans les cas litigieux. Quand, en avril 1940, l'Untersturmführer Küchlin dut être renvoyé de la SS car, parmi ses ancêtres, se trouvait un aïeul de confession « mosaïque » né en 1663, Himmler, après une discussion personnelle avec Küchlin, ordonna une nouvelle enquête et autorisa le sous-officer à rester dans la SS jusqu'à ce que l'affaire soit éclaircie. Son raisonnement ne peut que nous sembler curieux : il ne croyait pas que l'ancêtre en question ait vraiment été juif, puisque sa fille avait épousé le propriétaire d'une auberge, « Zum Wilden Mann », et que les propriétaires de maisons telles auraient été « très imbus de leur race et [auraient été] intérieurement des hommes non chrétiens et membres de sociétés secrètes païennes [...] allemandes », qui n'auraient évidemment pas toléré de mariage avec un Juif (BAB, NS 19/453).

20. Dans les cas litigieux, le « comportement d'homme libre » était plus important que l'aspect extérieur, affirma Himmler dans un discours devant des membres des Jeunesses hitlériennes le 22 mai 1936 (Himmler, *Geheimreden*, p. 61 et s.).

21. Sur l'enquête avant intégration, voir en particulier BAB, NS 2/53, ordre d'Himmler sur la preuve de l'origine aryenne et la santé génétique, 13 juillet 1934. En 1936, il précisa que les candidats qui avaient soumis leur demande d'intégration dans les deux années précédentes pouvaient être admis avant que l'examen de leurs origines ne soit conclu (NS 2/166, ordre d'Himmler du 1er octobre 1936). Voir ses ordonnances correspondantes du 20 avril 1935 (NS 2/280) et du 26 mai 1939 (NS 2/152). D'autres précisions se trouvent dans NS 2/166 et NS 31/279 ; voir également Heinemann, « *Rasse* », p. 59 et s.

22. BAB, NS 21152, lettre du chef du RuSHA, 2 août 1939.

23. *Ibid.*, lettre du RuSHA, 22 mars 1938.

24. BAB, NS 21166, ordre du 20 mai 1935, reproduit in lettre du 3 juin 1936.

25. Doc. PS-1992 (A), présentation d'Himmler sur l'essence et les missions de la SS dans le cadre d'une formation politique de la Wehrmacht, 15 au 23 janvier 1937, in *IMT*, vol. 29, p. 206 et s.

26. Heinemann, « *Rasse* », p. 61.

27. BAB, NS 2/152, circulaire RuSHA, 22 décembre 1939.

28. BAB, NS 19/1047, Hildebrandt à Himmler, 1er décembre 1943, ainsi que réponse d'Himmler, 17 décembre 1943, in Himmler, *Reichsführer !*, n° 288 a.

29. BAB, NS 19/4002, discours pour la réunion des chefs de la SS-Oberabschnitt Sud-Est à Breslau, 19 janvier 1935 ; voir également Ackermann, *Himmler*, p. 106 et suivantes. Himmler donna une description comparable de la « voie » du SS dans d'autres discours : NS 19/4005, discours au camp d'Ahrenshoop devant les responsables, éducteurs et jeunes de Napola, 3 juillet 1938 ; doc. PS-1992 (A), présentation d'Himmler sur l'essence et les missions de la SS dans le cadre d'une formation politique de la Wehrmacht, 15 au 23 janvier 1937, in *IMT*, vol. 29, p. 206 et s.

30. BAB, NS 2/86, déposition de Caesar, rapport au Reichsführer-SS, 21 novembre 1938.

31. On retrouve ce catalogue de vertus dans les discours suivants : BAB, NS 19/4005, discours à Znaim, 11 décembre 1938 ; NS 19/4009, La Haye, 17 mai 1942 ; NS 19/4013, discours devant la 13e SS-Gebirgsdivision, 11 janvier 1944 ; *Berliner Tageblatt* du 15 juin 1937.

32. Himmler, *Schutzstaffel*, p. 23 (discours du 12 novembre 1935 à Goslar).

33. Voir l'explication convaincante de Birn, *Die Höheren SS- und Polizeiführer*, p. 365 et s. Sur la fidélité, voir également Ackermann, *Himmler*, p. 149 et s.

34. *SS-Leitheft* 11 (janvier 1937), p. 29 et s.

35. BAB, NS 19/4005, discours à l'occasion de la réunion des Gruppenführer à Munich, 8 novembre 1938, in Himmler, *Geheimreden*, p. 25 et s.

36. Ackermann, *Himmler*, p. 150.

37. *Ibid.*

38. NS 19/3902, ordre du 9 novembre 1936 ; Ackermann, *Himmler*, p. 119 et s.

39. Birn, *Die Höheren SS- und Polizeiführer*, p. 367 et s.

40. BAB, BDC, SS-O Eicke, 6 octobre 1937. Pour d'autres déclarations de fidélité (outre celles citées dans le texte et celles que l'on trouve dans Birn, *Die Höheren SS- und Polizeiführer*, p. 363 et suivantes), voir entre autres : BDC, SS-O Gerhard Klopfer, 12 décembre 1942, à l'occasion de sa nomination ; SS-O Albin Rauter, 20 juin 1943 (nomination) ; SS-O Friedrich Wilhelm Krüger, 7 octobre 1938 (anniversaire) ;

SS-O Heissmeyer, lettre de remerciement pour le chandelier de Iule, 6 janvier 1936 ; SS-O Alfred Wünnenberg, lettre du Nouvel An, 15 décembre 1942.

41. BAB, BDC, SS-O Rediess, 22 décembre 1935, également Birn, *Die Höheren SS- und Polizeiführer*, p. 370.

42. *Ibid.*, p. 376 et s.

43. BAB, BDC, SS-O Martin, 3 août 1944.

44. BAB, BDC, SS-O Fegelein, 5 octobre 1943.

45. BAB, BDC, SS-O Jeckeln, 18 mai et 1er juin 1944.

46. *Ibid.*, 7 novembre 1944 ; déjà cité par Birn, *Die Höheren SS- und Polizeiführer*, p. 394.

47. BAB, BDC, SS-O Fitzthum, 4 septembre 1940.

48. Birn, *Die Höheren SS- und Polizei führer*, p. 375 et s. ; Hans Buchheim, « Befehl und Gehorsam », in *Anatomie des SS-Staates*, 7e éd., Munich 1999, p. 213-320, p. 235 ; Ackermann, *Himmler*, p. 152 et s.

49. BAB, NS 19/1667, Berger à Himmler, 28 juillet 1943 ; BDC, SS-O Steiner, lettre d'Himmler du 25 août 1942. Birn, *Die Höheren SS-und Polizeiführer*, p. 381, cite en particulier les exemples de von Woyrsch et von Alvensleben qui, en dépit de leurs piètres prestations, purent maintenir cette relation de fidélité avec le Reichsführer. L'exemple d'Eicke est également instructif dans cette perspective (voir plus haut, p. 185).

50. Himmler, *Schutzstaffel*, p. 23.

51. Birn, *Die Höheren SS- und Polizeiführer*, p. 379.

52. BAB, NS 19/4005, discours à Znaim, 11 décembre 1938.

53. BAB, NS 2/50. Sur le concept de la dignité aux yeux d'Himmler, voir Ackermann, *Himmler*, p. 153 et s.

54. BAB, NS 19/4002, discours pour la réunion des chefs de la SS-Oberabschnitt Sud-Est à Breslau, 19 janvier 1935.

55. BAB, NS 19/4010, 4 octobre 1943 : doc. PS-1919 in *IMT*, vol. 29, p. 110 et s.

56. BAB, NS 19/4003 : Himmler, *Rede des Reichsführers-SS vor den Preussischen Staatsräten.*

57. BAB, NS 19/4010, 4 octobre 1943 : Doc. PS-1919 in *IMT*, vol. 29, p. 110 et s.

58. BAB, NS 19/4013, discours à Salzbourg, 14 mai 1944.

59. BAB, NS 19/4011, discours pour la réunion des commandants de la Kriegsmarine, 16 décembre 1943.

60. Voir plus haut, p. 132.

61. BAB, NS 2/59, Brandt à tous les chefs de département, 28 juillet 1942 (citation d'une lettre d'Himmler à Pohl datée du même jour).

62. BAB, NS 19/3973, compilation de décembre 1940, in Ackermann, *Himmler*, p. 262 et s. La brochure *Rassenpolitik*, publiée en 1943 par le SS-Hauptamt, décrit, comme étant les « lois fondamentales de la Schutzstaffel » : l'ordre sur le mariage, la loi sur l'honneur, les règlementations concernant le Lebensborn, la loi fondamentale sur le soutien aux orphelins et aux veuves, ainsi que l'ordre SS aux derniers fils (p. 57 et s.). L'exposition « Lois fondamentales », au 30 octobre 1942 (recueil de décret, BAK, NSD 41/39, p. 232 et s. : Bianca Vieregge, *Die Gerichtsbarkeit einer « Elite ». Nationalsozialistische Rechtsprechung am Beispiel der SS- und Polizeigerichtsbarkeit*,

Baden-Baden/Berlin 2002, p. 256 et s.), cite en outre l'ordre sur « l'amour-propre national » du 19 avril 1939, qui interdisait aux membres de la SS et de la police toute relation, en particulier sexuelle, avec une « population d'une autre race », ainsi que l'ordre « Attitude respectueuse vis-à-vis des membres d'autres confessions » du 15 septembre 1934. D'après le chef du Hauptamt SS-Gericht, en avril 1940, Himmler aurait repoussé à la fin de la guerre une compilation définitive de ces lois fondamentales (BAB, NS 7/3, déclaration du 1er avril 1940).

63. IfZ, PS-2204, note d'Himmler sur une discussion avec Hitler le 1er novembre 1935.

64. Voir *Schied- und Ehrengerichtsordnung der SS*, Miesbach (vers 1935). Les cours d'arbitrage intervenaient dans les affaires qui ne tombaient pas sous le coup de la juridiction disciplinaire.

65. BAB, BDC, SS-O Kaul. À la suite d'une confrontation entre le Brigadeführer Kaul et l'Oberführer Unger, l'Oberabschnittsführer responsable, von dem Bach-Zelewski, avait proposé un duel (von dem Bach-Zelewski, 12 mai 1936, à Heissmeyer ; prise de position d'Himmler du 31 mai 1936).

66. BAB, NS 19/4004, discours à l'occasion de la réunion des Gruppenführer à Munich au foyer des officiers du régiment SS Deutschland, 8 novembre 1937.

67. BAB, NS 7/218, ordre d'Himmler du 5 janvier 1943 au sujet de l'honneur en temps de guerre. Himmler cite là un ordre du Führer à la Wehrmacht, qui valait également pour la SS. 68 BAB, NS 19/4004, discours à l'occasion de la réunion des Gruppenführer à Munich au foyer des officiers du régiment SS Deutschland, 8 novembre 1937.

68. BAB, NS 19/3901, 15 août 1942.

69. *Ibid.*, 11 novembre 1935.

70. BAB, NS 19/3903, 3 février 1940.

71. BAB, NS 19/3903, 3 février 1940.

72. BAB, BDC, SS-O Heydrich, note archivée, 2 mai 1937. L'interdiction visait Heydrich et Weitzel.

73. BAB, NS 19/3901, 1er juillet 1936 et 4 mai 1939.

74. *Ibid.*, 31 mai 1939.

75. *Ibid.*, ordre du 13 juin 1940.

76. Sur la formation dans la SS, voir Heinemann, « *Rasse* », p. 62 et s., ainsi que la collection rassemblée par Jürgen Matthäus et d'autres, *Ausbildungsziel Judenmord ?*, en particulier la contribution de Jürgen Matthäus : « Die "Judenfrage" als Schulungsthema von SS und Polizei. "Inneres Erlebnis" und Handlungslegitimation », p. 35-86.

77. Heinemann, « *Rasse* », p. 116 et s.

78. *Ibid.*, p. 94 et s. Le premier cahier parut dès la fin de 1935, mais fut retiré.

79. *Ibid.*, p. 96 et s.

80. BAB, NS 31/234, ordre du 1er septembre 1931 ; Heinemann, « *Rasse* », p. 99 et suivantes, ne voit pas en revanche dans cet ordre une mesure de neutralisation du RuSHA, mais estime plutôt qu'il était motivé par des difficultés financières.

81. Liste in BAB, NS 2/64 ; Heinemann, « *Rasse* », p. 100.

82. BAB, NS 19/580, ordre d'Himmler sur la construction de casernes, 12 février 1939. Le dossier comprend également une liste des casernes existantes et de celles qu'il fallait construire, situation au 22 juin 1939 ; Heinemann, « *Rasse* », p. 92 et s.

83. 83 BAB, NS 2/277, instruction de service du chef du RuSHA du 16 octobre 1934, in Matthäus *et al.*, *Ausbildungsziel Judenmord ?*, doc. N° 1.

84. BAB, NS 2/277, instruction d'Himmler sur la formation idéologique dans la SS, 28 juin 1937, in Matthäus *et al.*, *Ausbildungsziel Judenmord ?*, doc. N° 7.

85. « Schulung hat nichts mit Schule zu tun », in *Das Schwarze Korps* du 17 février 1938.

86. BAB, NS 2/277, instruction du chef du RuSHA sur la mise en œuvre de la formation idéologique, 17 février 1936, in Matthäus *et al.*, *Ausbildungsziel Judenmord ?*, doc. n° 3. Le programme original ne put être respecté, et la formation de base dut être rallongée de cinq mois, voir Matthäus, « Judenfrage », p. 46.

87. Les cahiers 1 et 2 s'intéressent au sang et au sol ainsi qu'à la paysannerie, le cahier 3 traite des Juifs, le 4 de la franc-maçonnerie et du bolchevisme, les cahiers 5 et 6 contiennent des informations sur l'histoire allemande, le cahier 7 traite des coutumes.

88. « Frühjahrswettkampf der SS », in *SS-Leitheft* 3 (1937), vol. 1, p. 45-47 ; « Sonnenwendkämpfe der SS », in *SS-Leitheft* 3 (1937), vol. 2, p. 62-64.

89. Jg.3 (1937), cahiers 2 et 4 à 6 ainsi que de nombreuses autres contributions.

90. « Das Sonntagsmädel. Eine Geschichte zur richtigen Fauenwahl », in *SS-Leitheft* 7 (1941), vol. 4b, p. 7-9, ainsi que « Gegensätze ziehen einander an… oder : gleich und gleich gesellt sich gern. Eine Unterhaltung über die rechte Frauenwahl », in *SS-Leitheft* 7 (1941), vol.12 a, p. 23 -24.

91. *SS-Leitheft* 6 (1940), vol. 6b, Anlage : Feier und Freizeit, dont : « Für die Familie » ; « Geburt und Namensgebung », in *SS-Leitheft* 2 (1936), vol. 7, p. 53-56.

92. « Held oder Tor ? », in *SS-Leitheft* 2 (1936), H. 12, p. 9-12 ; « Canossa », in *SS-Leitheft* 3 (1937), H. 4, p. 40-46 ; « Heinrich der Löwe », in *SS-Leitheft* 3 (1937), H. 6, p. 9-19.

93. BAB, NS 2/86, déposition de Caesar, rapport au RFSS, 21 février 1938 ; pour d'autres instructions, voir également les instructions de formation Himmler, sans date (cité d'après ehem. Slg. Schumacher/238 I [BAB]).

94. BAB, NS 19/4011, discours pour la réunion des commandants de la Kriegsmarine, 16 décembre 1943. À cette occasion, Himmler s'est abondamment inspiré des *Leithefte.* De même : NS 19/4012, discours pour la réunion des responsables du département de la Propagande, 28 janvier 1944, ainsi que NS 19/4014, discours devant des généraux de la Wehrmacht, 21 juin 1944.

95. À partir du cahier 4 de la troisième année (1937), les *SS-Leithefte* proposèrent plusieurs histoires de ce genre sous la rubrique « Aus deutscher Geschichte » : dans ce cahier, par exemple, J. V. Leers, « Stellinga », p. 13-18 ; « König Heinrich 1. », p. 26-30 ; K. Pastenaci, « Der Wiking Leif entdeckt Amerika ! », p. 19-25. Cette pratique se maintint dans les années qui suivirent, avec une présentation différente.

Himmler l'éducateur

1. Pour ce chapitre sont pris en compte tous les SS-Gruppenführer (et titulaire de grades supérieurs), qui ont atteint ce rang entre la mi-1937 et 1944 (SS-Dienstalterslisten de 1937, 1943 et 1944 in IfZ).

2. BAB, BDC, SS-O Gille, curriculum vitae ainsi que lettre de son frère à Himmler, 7 mai 1934.

3. *Ibid.*, Herbert Gille à Himmler, 6 mai 1934 ; Kurt Gille à Himmler, 7 mai 1934 (également au sujet de l'incarcération d'Herbert).

4. *Ibid.*, jugement, 24 mai 1934.

5. *Ibid.*, jugement, 1er octobre 1940.

6. BAB, BDC, SS-O Lörner, curriculum vitae.

7. BAB, BDC, SS-O Oberg, curriculum vitae du 12 mars 1933.

8. BAB, BDC, SS-O Pancke, curriculum vitae du 19 novembre 1935.

9. BAB, BDC, SS-O Hofmann, curriculum vitae.

10. BAB, BDC, SS-O Ebrecht, curriculum vitae du 9 mars 1935 ; Birn, *Die Höheren SS- und Polizeiführer*, p. 333.

11. BAB, BDC, SS-O Ebrecht, verdict du 28 novembre 1938.

12. *Ibid.*, faire-part de naissance de sa fille Hela, 23 février 1940 ; le 14 juillet 1941, Ebrecht remercia Hildebrandt de ses félicitations pour la naissance de sa fille Antje.

13. BAB, BDC, SSO Rauter, curriculum vitae du 15 février 1935.

14. Voir plus haut, p. 160.

15. BAB, BDC, SS-O Behrends, entre autres curriculum vitae du 16 février 1932.

16. BAB, BDC, SS-O Ohlendorf ; Sowade, « Otto Ohlendorf ».

17. BAB, BDC, SS-O Fegelein, curriculum vitae.

18. BAB, BDC, SS-O Katzmann, curriculum vitae.

19. BAB, BDC, SS-O Rösener, curriculum vitae du 4 mars 1937.

20. BAB, BDC, SS-O Jeckeln, Himmler à Jeckeln, 26 juillet 1939 ; réponse de Jeckeln du 28 juillet 1939 ; rapport du NSKK-Oberscharführers Heinz W. Hussmann du 26 juin 1939.

21. BAB, BDC, SS-O Kaul, lettre au chef du personnel Schmitt, 22 mai 1936 ; Unger au département du personnel, 22 mai 1936. L'incident avait eu lieu le 8 mai 1936.

22. *Ibid.*, von dem Bach-Zelewski à Heissmeyer, 12 mai 1936 ; Himmler à von dem Bach-Zelewski, 31 mai 1936. Selon von dem Bach-Zeleweskis, un duel aurait représenté la solution adaptée au conflit, mais Himmler refusa.

23. BAB, BDC, SS-O Bürger, lettre de Bürger à Himmler, 16 février 1942, et réponse d'Himmler du 1er mars 1942.

24. BAB, NS 19/3939, ordonnance du RFSS du 24 octobre 1942.

25. BAB, BDC, SS-O Kleinheisterkamp, lettre d'Himmler du 9 octobre 1942.

26. BAB, NS 19/4005, discours du 11 décembre 1938.

27. BAB, NS 19/4003, discours devant les Jeunesses hitlériennes le 22 mai 1936, in Himmler, *Geheimreden*, p. 89.

28. BAB, BDC, SS-O Gottberg, déclaration d'engagement de von Gottberg du 12 août 1936.

29. BAB, BDC, SS-O Rahn, lettre du 28 août 1937.

30. BAB, NS 7/245, communication du juge SS pour le RFSS au Hauptamt SS-Gericht, 18 août 1942.

31. Dans le cas d'Harald Turner, directeur adjoint du RuSHA, qui avait lui aussi dérapé à la suite d'un abus d'alcool, Himmler fit preuve d'une magnanimité toute relative,

et il envoya Turner sur le front. Il affirma ne pas avoir tenu à l'écarter de la SS. (BAB, BDC, SS-O- Turner, Himmler à Herff et Hildebrandt, 13 janvier 1945).

32. BAB, NS 7/245. Le 22 janvier 1942, Himmler recommanda que dans les cas de mauvaise conduite de membres de la SS et de la police, l'abus d'alcool ne devait pas être considéré comme une circonstance atténuante, mais comme une raison de « durcir sensiblement la peine ».

33. Doc. PS-1992 (A), présentation d'Himmler sur l'essence et les missions de la SS dans le cadre d'une formation politique de la Wehrmacht, 15 au 23 janvier 1937, in *IMT*, vol. 29, p. 206 et s.

34. BAB, NS 7/245, juge SS pour le RFSS au Hauptamt SS-Gericht, 21 juillet 1941, sur l'idée d'Himmler d'infliger dans de tels cas des « séjours de désintoxication ». Chargé des détails, Glücks proposa le camp de Buchenwald dans une lettre au RFSS du 23 juillet 1941 ; une lettre du juge SS à Glücks, le 18 août 1941, fait état de l'approbation d'Himmler. Il ressort d'une lettre du Hauptamt SS-Gericht à l'état-major du 18 novembre 1941 que le transfèrement des quatre premiers candidats était déjà en cours.

35. BAB, NS 7/24, juge SS à Glücks, 18 août 1942, sur les idées et l'ordonnance d'Himmler portant sur le séjour de désintoxication, que l'état-major personnel envoya à Glücks le 24 octobre 1941. Pour finir, le Hauptamt SS-Gericht regroupa ces instructions dans une disposition sur l'ordonnance concernant les séjours de désintoxication du 28 mars 1942.

36. BAB, NS 7/245, lettre du juge SS au Hauptamt SS-Gericht, 5 janvier 1942.

37. BAB, NS 2/2, ordre du RFSS du 25 juin 1937.

38. BAB, BDC, SS-O Bach-Zelewski, correspondance de 1935 à 1938.

39. BAB, BDC, SS-O Moder, 15 octobre 1937.

40. BAB, BDC, SS-O Hennicke, Ludwig Guldener au RFSS, 9 septembre 1938.

41. BAB, BDC, SS-O Otto Hofmann, note du chef de la section III, 28 août 1934.

42. BAB, BDC, SS-O Rösener, Rösener à Schmitt, 14 octobre 1938 ; réponse de Schmitt, 12 novembre 1938.

43. BAB, BDC, SS-O Bürger, 16 janvier 1940 ; réponse de Bürger, 28 février 1940, où Bürger présentait ses excuses.

44. BAB, BDC, SS-O Alvensleben, lettre de von Alvensleben du 11 décembre 1934.

45. *Ibid.*, prise de position d'Himmler, 25 octobre 1934.

46. *Ibid.*, note archivée sur la rencontre du 26 juillet 1937.

47. BAB, NS 2/3, ordonnance du RFSS du 25 juin 1937.

48. BAB, BDC, SS-O Alvensleben, lettre de von Alvensleben au directeur général Rudolf Stahl, août 1938, où il affirmait vouloir lui servir de « conseiller personnel », en citant l'autorisation d'Himmler. Transmission de l'accord avec Stahl dans la proposition à Wolff, 26 août 1938 ; autorisation d'Himmler par la lettre de Wolff à von Alvensleben, 24 novembre 1938.

49. BAB, NS 2/5, Stabsbefehl 22/36, 10 décembre 1936.

50. BAB, BDC, SS-O Backe, lettre d'Himmler à Herbert Backe du 30 juin 1938 ; également les informations sur le premier crédit de un million de reichsmarks.

51. BAB, NS 19/4004, réunion des Gruppenführer à Bad Tölz, 18 février 1937.

52. Himmler expliqua le processus aux Gruppenführer le 18 février 1937 (*ibid.*). Par l'ordre du 3 mai 1937, Himmler interdit aux SS de contracter des dettes : « J'interdis en particulier les achats à crédit. » L'ordre du 30 septembre 1937 réglementait d'autres détails et confirmait l'interdiction des achats à crédit (BAB, NS 2/176).

53. BAB, NS 19/4004, discours à l'occasion de la réunion des Gruppenführer à Munich au foyer des officiers du régiment SS Deutschland, 8 novembre 1937.

54. BAB, NS 19/2651, lettre d'Himmler à Werner Lorenz, le supérieur de Behrends, 16 décembre 1942, in Himmler, *Reichsführer !*, n° 180.

55. BAB, BDC, SS-O Rudolf Jung, lettre d'Himmler à Hans Krebs, 19 janvier 1943.

56. BAB, NS 19/3221, lettre du 24 juin 1942.

57. BAB, BDC, SS-O Korsemann, lettre d'Himmler à Korsemann, 12 mars 1943.

58. BAB, NS 19/3901, ordonnance d'Himmler du 19 mars 1939.

59. BAB, NS 19/4005, discours devant les Gruppenführer à Munich, 8 novembre 1938, in Himmler, *Geheimreden*, p. 25 et s., p. 44.

60. *Ibid.*

61. BAB, BDC, SS-O Fritz Weitzel, lettre d'Himmler du 24 janvier 1939 : « Cher Fritz ! Je souhaite et ordonne sans ambiguïté que tu passes, dans l'intérêt de ta santé, tes vacances avec ton épouse premièrement dans le sud de l'Italie, et non dans le Nord (Tyrol), et, deuxièmement, que ces vacances durent au moins trois semaines sans interruption. Je t'interdis tout retour en Allemagne et tout envoi de dossier durant cette période, à l'exception de ta correspondance personnelle. Les vacances n'ont de sens que si elles représentent une véritable rupture avec les choses de tous les jours et leurs soucis. J'aurai besoin pendant encore longtemps de mes officiers généraux, et nous ne pouvons pas nous offrir le luxe de voir ce corps succomber à l'érosion d'ici quelques années. » Voir également SS-O Ebrecht, communication du 17 août 1938 au sujet d'un séjour de repos ordonné par Himmler.

62. BAB, BDC, SS-O Rösener, rapport d'enquête du 28 avril 1944.

63. BAB, BDC, SS-O Gutenberger, rapport d'enquête, 13 mars 1944. Plus loin : Herff à Gutenberger, 28 février 1944, et Herff à Himmler, 16 et 25 mars 1944.

64. BAB, BDC, SS-O Rösener, rapport d'enquête de Braitmaier, 29 mai 1944.

65. Dans le même dossier.

66. BAB, BDC, SS-O Sauberzweig le Pr. Koch, rapport d'enquête pour Gebhardt, 29 novembre 1944, cite un autre rapport de son collègue Crinis, neurologiste à la Charité de Berlin, Gebhardt à Herff, 12 mars 1945.

67. BAB, BDC, SS-O Schmitt, examen médical du 9 juillet 1942.

68. BAB, BDC, SS-O Hildebrandt, certificat médical, 3 février 1942.

69. La grande attention qu'accordait Fahrenkamp aux facteurs psychosomatiques se retrouve entre autres dans son ouvrage *Kreislauffürsorge und Gesundheitsführung*, Stuttgart, 1941.

70. BAB, NS 19/1630, présentation des membres de l'état-major personnel, situation en mai 1943 ; NS 19/3666, correspondance de l'état-major personnel avec Fahrenkamp. Voir plus loin NS 3/1136, mise en place de l'usine de cosmétiques à Dachau, en particulier, correspondance avec le médecin Karl Fahrenkamp (état-major du Reichsführer-SS, section F). Sur les activités de Fahrenkamp à Dachau, voir Kaienburg, *Wirtschaft*, p. 785, 817 et 830 et s.

71. BAB, NS 19/3666.

72. *Dienstkalender*, 3 janvier 1941 et 25 février 1942. Fahrenkamp, le 29 juillet 1940, lui recommanda l'achat d'un système de bain à bulles afin de lutter contre son hypotension (OA Moscou, dossier Himmler).

73. BAB, BDC, SS-O Berger, 28 novembre 1941. Le 12 novembre, il déjeuna avec Fahrenkamp (*Dienstkalender*).

74. BAB, BDC, SS-O Fahrenkamp, 1er mars 1942.

75. BAB, BDC, SS-O Greifelt, rapport d'enquête de Fahrenkamp, 7 décembre 1938.

76. BAB, BDC, SS-O Fahrenkamp, 13 mai 1944.

77. BAB, BDC, SS-O Jost, 22 novembre 1943.

78. BAB, BDC, SS-O Rediess, rapport de Fahrenkamp à Himmler, 2 octobre 1939.

79. BAB, BDC, SS-O Bach-Zelewski, rapport du médecin du Reich, 9 mars 1942.

80. *Ibid.*, 14 juin 1933.

81. *Ibid.*, lettre à Himmler, 31 mars 1942.

82. *Ibid.*, lettre d'Himmler à Bach, 6 avril 1942.

83. *Ibid.*, examen de Ruppert (médecin spécialiste), 22 mars 1944.

84. Beckenbauer, « Landshuter Jugendfreundschaft », fournit peu d'informations sur les relations entre Himmler et Gebhardt.

85. BAB, NS 19/1292, Brandt, date illisible.

86. *Ibid.*, Gebhardt à Himmler, 5 et 11 juillet 1938.

87. Ainsi Gebhardt lui rapporta-t-il en juin 1939 une conversation qu'il avait eue avec la reine de Belgique à l'occasion d'une visite à un patient à Bruxelles. Quatre semaines plus tard, il transmettait un rapport sur un entretien avec la reine mère (*ibid.*, rapport de Gebhardt du 14 juin et du 14 juillet 1939).

88. BAB, BDC, SS-O Darré, rapport du 22 août 1936.

89. BAB, NS 19/1292, lettre d'Himmler à Gebhardt, 9 octobre 1942.

90. BAK, NL 1126/13, Gebhardt à Himmler, 22 septembre 1936.

91. BAB, NS 19/1292, Himmler à Gebhardt, envoyé le 14 janvier 1938, Gebhardt à Himmler, 23 janvier 1938.

92. Poldruck : « Politruk », terme définissant les commissaires politiques dans l'armée soviétique.

93. BAB, NS 2/59, Himmler à Pohl, 12 août 1942, in Himmler, *Reichsführer !*, n° 136.

94. BAB, BDC, SS-O Eicke, 19 janvier 1943. Voir également une lettre d'Himmler du même ton adressée à Eicke, 16 avril 1942.

95. BAB, BDC, SS-O Alvensleben, 1er novembre 1943.

96. BAB, BDC, SS-O Jüttner, lettre de condoléances d'Himmler, 8 décembre 1943 : « Je vous serre la main. » Autres exemples chez Birn, *Die Höheren SS- und Polizeiführer*, p. 371.

97. BAB, BDC, SS-O Krüger, 8 août 1941.

98. BAB, BDC, SS-O Eberstein, Himmler à Eberstein, 7 octobre 1942.

99. BAB, NS 19/382, 30 décembre 1944.

100. BAB, NS 19/3904, Himmler à Möller, 24 août 1942.

101. BAB, BDC, SS-O Kroeger, 12 avril 1943.

102. BAB, BDC, SS-O Höfle.

103. BAB, BDC, SS-O Hofmann.

104. *Ibid.*, transcription d'une discussion avec Hofmann, 13 mars 1943. Himmler fit également part de l'estime en laquelle il tenait Hofmann à son successeur, Hildebrandt : « Le départ d'Hofmann est tout à fait honorable » (SS-O Hildebrandt, lettre du 15 mai 1943).

105. BAB, BDC, SS-O Hofmann, 29 septembre 1943.

106. *Ibid.*, 2 octobre 1943. Neuf ans plus tôt, Hofmann, à l'aide d'une formulation fort semblable, avait tenté d'échapper à une peine dont il était passible : « J'ai la ferme volonté de ne travailler que dans le sens de l'idéologie national-socialiste. Parce que je crois que cette conviction est si solidement ancrée en moi, que je ne fais sciemment rien de mal, et parce que je ne peux pas me reprocher d'avoir inconsciemment fait quelque chose de mal, je vous prie, Reichsführer, de lever cette peine à mon égard » (*ibid.* [1934], cité d'après : Birn, *Die Höheren SS- und Polizeiführer*, p. 373).

107. BAB, BDC, SS-O Hofmann, 29 novembre 1944.

108. BAB, BDC, SS-O Korsemann, Himmler au chef du département du personnel de la SS, 5 juillet 1943.

109. *Ibid.*, Brief Himmler au commandant de la SS-Panzerdivision « Leibstandarte », janvier 1944 (jour non indiqué).

110. BAB, BDC, SS-O Eicke, 28 novembre 1942.

111. BAB, BDC, SS-O Dietrich, 23 juillet 1938.

112. *Ibid.*, 30 août 1943.

113. BAB, NS 1911667, 15 juillet 1943. Berger communiqua le 28 juillet 1943 : « La fidélité de Steiner envers le Reichsführer-SS est forte et inébranlable. » Cela s'expliquerait en grande partie par le « caractère désinvolte » de Steiner.

114. BAB, BDC, SS-O Steiner, 12 août 1943.

115. *Ibid.*, Himmler an Steiner, 25 août 1943.

116. BAB, BDC, SS-O Hausser, lettre de mars 1943.

117. BAB, BDC, SS-O Krüger, lettre du RFSS à l'HSSPF Est Krüger, 25 avril 1942. L'interdiction concernait le directeur du cadastre dans le Warthegau, le Standartenführer Hammer.

118. En guise d'exemple d'une interdiction de fumer liée à la protection de la santé, voir Himmler au SS-Sturmbannführer Adalbert Graf Kottulinsky, 16 septembre 1938, in Himmler, *Reichsführer !*, n° 40.

119. BAB, NS 19/2601, Himmler à Phleps, 10 mai 1944.

120. Discours du 8 novembre 1938, in Himmler, *Geheimreden*, p. 25 et s.

121. *SS-Leitheft*, 7 (1941/42), 10 a, p. 19. L'ordonnance avait été motivée par un cas rapporté par le directeur du département I du RSHA, Streckenbach, dans une circulaire (BAB, R 58/261, 28 février 1942). Himmler aurait « établi au cours d'une procédure pénale que deux membres de la Schutzpolizei, d'âge mûr et mariés, qui habitaient la même maison, au mépris le plus total des impératifs de la camaraderie, en étaient venus à se détester pour des raisons mineures. Une fois, à l'issue d'une dispute au sujet de l'élevage des volailles, ils se sont même insultés et battus. Le Reichsführer-SS et chef de la police allemande a mis à la disposition des deux membres de la police une pièce où ils ont dû résider pendant six semaines, afin qu'ils aient le loisir de s'expliquer exhaustivement

et qu'ils puissent réfléchir ensemble sur la notion de camaraderie et sur les devoirs des Allemands en temps de guerre ».

122. BAB, NS 2/275, 5 octobre 1942.

123. BAB, NS 1911415, notice du 22 juillet 1944. Voir également note de Brandt, 2 juin 1944 (*ibid.*), signalant qu'il fallait s'inspirer de la Haute Villa de Karlsbad : « Jeter tous les occupants dehors le matin, à une heure précise, afin de pouvoir nettoyer toutes les chambres à fond. Elles sont si peu adaptées à un séjour que chacun ne demande qu'à partir. »

124. *Disziplinar- und Beschwerdeordnung*, Munich, 1933 ; Vieregge, *Gerichtsbarkeit*, p. 10 et s.

125. *Ibid.*, p. 13 et s.

126. Voir plus loin, p. 580.

127. Knut Stang, « Dr. Oskar Dirlewanger - Protagonist der Terrorkriegführung », in Klaus-Michael Mallmann et Gerhard Paul, *Karrieren der Gewalt. Nationalsozialistische Täterbiographien*, Darmstadt, 2004, p. 66 -75, à partir d'une description fournie dans une déposition d'après-guerre. On peut déduire des informations essentielles sur son curriculum vitae en particulier du verdict du SD-Oberabschnitt Sud-Ouest du 14 mai 1938 ainsi que de la lettre de la Chancellerie du Führer du NASDAP au RFSS du 17 mai 1940. Des détails sur l'affaire de mœurs se trouvent dans le jugement du tribunal du Gau du Wurtemberg du 26 février 1936 (BAB, BDC, SS-O Dirlewanger).

128. *Ibid.*, Dirlewanger au RFSS, 4 juillet 1939.

129. *Ibid.*, réponse de l'état-major, 16 août 1939.

130. L'acquittement est signalé par un article du *NS-Kurier* de Stuttgart du 25 mai 1940. Berger était intervenu pour son intégration dans la SS (BAB, BDC, SS-O Dirlewanger, lettre à Himmler du 4 juin 1940) ; Berger était également intervenu pour faire libérer Dirlewanger (*ibid.*, Dirlewanger au RFSS, 4 juillet 1939).

131. C'est justement le SSPF Globocnik qui, dans une lettre à Himmler du 5 août 1941, nous apporte un témoignage précis des actes de Dirlewanger pour cette période : « Dirlewanger a remarquablement dirigé son commando lors du percement de tranchées sur le Boug et en commandant le camp de Juifs de Dzikow. » (BAB, BDC, SS-O Dirlewanger). Sur le Sonderkommando Dirlewanger, voir French L. MacLean, *The Cruel Hunters. SS-Sonder-Kommando Dirlewanger. Hitler's Most Notorious Anti-Partisan Unit*, Atglen, 1998 ; Hellmuth Auerbach, « Die Einheit Dirlewanger », in *Vierteljahrshefte für Zeitgeschichte*, 10 (1962), p. 250-263 ; Hans-Peter Klausch, *Antifaschisten in SS-Uniform. Schicksal und Widerstand der deutschen politischen KZ-Häftlinge, Zuchthaus-und Wehrmachtstrafgefangenen in der SS-Sonderformation Dirlewanger*, Brême, 1993.

132. BAB, NS 19/3978, Himmler au RuSHA au sujet de la requête d'Emil K., 5 septembre 1944. Himmler y fait remarquer que K. n'avait besoin d'aucune autorisation de mariage puisque, comme la plupart des autres membres de l'unité, il n'était pas SS.

133. Sur la personne de von Gottberg, voir Peter Klein, « Curt von Gottberg – Siedlungsfunktionär und Massenmörder », in Klaus-Michael Mallmann et Gerhard Paul, *Karrieren der Gewalt. Nationalsozialistische Täterbiographien*, Darmstadt, 2004, p. 95-103 ; Kaienburg. *Wirtschaft*, p. 259 et s. ; BAB, BDC, SS-O Gottberg.

134. *Ibid.*

135. D'après l'évaluation de Darré dans une lettre à Himmler, 18 août 1939 (*ibid.*).

136. *Ibid.*, message de Gottberg à propos de l'accident, qui eut lieu le 5 janvier 1936, au Gruppenführer Schmitt.

137. *Ibid.*

138. *Ibid.*, Jeckeln au SS-Hauptamt, 19 août 1936, sur la déclaration de Gottberg du 12 août.

139. *Ibid.*, note archivée de Pancke, 13 novembre 1939.

140. Sur l'activité et le renvoi de von Gottberg, voir Heinemann, « *Rasse* », p. 133 et s., Kaienburg, *Wirtschaft*, p. 313 et s. Voir également plus loin, p. 505.

141. BAB, BDC, SS-O Gottberg, Wolff à Pancke, 11 janvier 1940.

142. *Ibid.*, lettre d'Himmler à von Gottberg, 30 mai 1940.

143. *Ibid.*, lettre du RFSS à Pancke, o.D., ainsi qu'Himmler à Gottberg, 6 avril 1942.

144. BAB, NS 19/1140, lettre de Michner du 8 novembre 1939 ; prise de position de Rainer, 24 novembre 1939.

145. BAB, BDC, SS-O Globocnik, Schwarz à Globocnik, 18 mars 1941 ; il existe une correspondance abondante à ce sujet : Schwarz à Himmler, 10 janvier 1941 ; Himmler à Schwarz, 20 février 1941 ; Globocnik à Schwarz, 3 mars 1941, ainsi qu'à Wolff, 4 mars 1941 (*ibid.*).

146. *Ibid.*, Himmler à Schwarz, 20 février 1941.

147. Siegfried J. Pucher, « *...in der Bewegungführend tätig* ». *Odilo Globocnik-Kämpfer für den « Anschluss », Vollstrecker des Holocaust,* Klagenfurt, 1997, p. 70 et s.

148. Christian Jansen et Arno Weckbecker, *Der « Volksdeutsche Selbstschutz » in Polen 1939-1940,* Munich, 1992, p. 77 et s. Par nécessité, la Selbstschutz fut dissoute durant l'été 1940 ; mais Globocnik lui créa une descendance en organisant le « Sonderdienst » (p. 194 et s.).

149. BAB, BDC, SS-O Globocnik, échange de lettres, 5 et 14 juillet 1941.

150. *Ibid.*, état-major personnel à Globocnik, 16 juillet 1941, et lettre de remerciements à Himmler, 28 août 1941.

151. Pucher, « *Bewegung* », p. 77 et s. ; Bogdan Musial, *Deutsche Zivilverwaltung und Judenverfolgung im Generalgouvernement. Eine Fallstudie zum Distrikt Lublin 1939-1944*, Wiesbaden, 1999, p. 110 et s.

152. Voir plus loin, p. 629.

153. BAB, BDC, SS-O Globocnik, lettre du 30 août 1942 et réponse d'Himmler du 11 septembre 1942. Himmler, dès avril 1942, avait reçu une lettre d'un SS-Sturmbannführer, où ce dernier se plaignait du fait que la fiancée de Globocnik, à Zakopane, s'était « pavanée sans gêne et de façon dispendieuse et, par son comportement et sa présentation, avait suscité la réprobation et la honte de tous les hôtes dont elle avait fini par attirer l'attention » (*ibid.*, lettre du 10 avril 1942).

154. *Ibid.*, note d'évaluation à l'occasion du déplacement du SS-Gruppenführer Herff dans le Gouvernement général.

La famille SS

1. BAB, NS 19/4004, discours à l'occasion de la réunion des Gruppenführer à Munich au foyer des officiers du régiment SS Deutschland, 8 novembre 1937. Sur la SS en tant que communauté clanique, voir Schwarz, *Frau*, p. 17 et s.

2. IfZ, PS-2204, note d'Himmler sur la discussion avec Hitler le 1er novembre 1935.

3. BAB, NS 19/4002, discours pour la réunion des responsables du SS-Oberabschnitt Sud-Est à Breslau, 19 janvier 1935.

4. BAB, NS 19/4011, 16 décembre 1943.

5. « Im Dienst des Führers... Vom Kampf der SP. Ein geschichtlicher Rückblick », in *SS-Leitheft* 7 (1941), Folge 1b, p. 10-14 : « Ainsi est-il possible de dire que la SS, au sens national-socialiste, est un ordre masculin, mais jamais qu'elle ne veut être qu'un ordre d'hommes. »

6. Schwarz, *Frau*, p. 64.

7. BAB, NS 2/166, livret sur la demande de fiançailles et de mariage, 27 avril 1937. Sur le processus de l'autorisation de mariage, voir Heinemann, « *Rasse* », p. 50 et s., ainsi que Schwarz, *Frau*, p. 24 et s. Les ordres les plus importants d'Himmler au sujet du processus d'autorisation de mariage se trouvent dans NS 2/232 (4 juin 1934), 2/280 (20 avril 1935 et 19 mars 1936) ainsi que 2/53 (11 mars 1936).

8. BAB, NS 19/3483, Himmler à Kaltenbrunner au sujet de la demande de mariage du secrétaire de la police criminelle Wilhelm B., 17 juin 1943.

9. BAB, NS 2/183, suggestion du directeur du Sippenamt, Hofmann, sur la présentation au RFSS, avril 1939 : « Avant de pouvoir soumettre au Reichführer-SS des propositions sur la forme, le contenu et l'agencement du livre, le Reichsführer-SS devrait préciser lui-même comment il se représente le livre des clans et quel est son objectif. »

10. BAB, NS 19/577, ordre du 6 juin 1935 ; Schwarz, *Frau*, p. 31.

11. BAB, NS *2/85*, 19 mars 1936.

12. BAB, NS 2/53, 20 avril 1935.

13. BAB, NS 2/280, 6 juillet 1935 ; Schwarz, *Frau*, p. 32 et s.

14. BAB NS 2/175, Himmler à Darré, 30 avril 1936.

15. Schwarz, *Frau*, p. 34 et s.

16. *Ibid.*, p. 33 et s.

17. BAB, NS 2/280, RFSS, 27 avril 1937 ; des instructions détaillées sur les possibilités d'exception suivirent le 25 mai 1937 (*ibid.*).

18. BAB, NS 19/577, ordre du 31 mars 1939 ; NS 2/176, ordre du 25 février 1937 au sujet de décisions sur le mariage avec des étrangères.

19. BAB, NS 2/288, RFSS au RuSHA, 4 mars 1940.

20. BAB, NS 2/231, lettre d'Himmler à Hofmann, 12 novembre 1942.

21. *Ibid.*, lettre du chef du RuSHA, 5 février 1943.

22. BAB, NS 2/85, lettre du RuSHA à Himmler, 18 juin 1936 : le traitement du certificat généalogique et de la demande de mariage devait avoir un « effet immédiat » du fait du manque de personnel. Voir également note du chef du Sippenamt au sujet d'une discussion avec Himmler le 12 août 1936.

23. BAB, NS 2/53, lettre du RuSHA à l'état-major, 13 mai 1937. Voir également NS 2/85, plainte semblable du 26 février 1937.

24. BAB, NS 2/280, RFSS au RuSHA, 21 avril 1937, au sujet de l'assouplissement de la procédure pour les SS membres du parti avant 1933. En mars 1939, Himmler décida que pour tous les SS mariés avant 1936 mais qui n'appartenaient pas à l'époque à la SS il était possible de renoncer à l'autorisation de mariage rétroactive (*ibid.*, 22 mars 1939).

25. BAB, NS 2/175, lettre du tribunal SS, 23 juin 1937.

26. *Statistisches Jahrbuch der Schutzstaffel der NSDAP*, 1937. Un des 308 fut soumis à l'une des formes les plus sévères d'exclusion, « l'éjection ».

27. BAB, NS 2/239, Turner, chef du RuSHA, lettre à Himmler du 28 mars 1944, non envoyée, référence à l'ordre d'Himmler du 1er novembre 1940.

28. BAB, NS 47/33, ordre du 11 janvier 1940.

29. BAB, NS 2/179. Le chef du RuSHA ne put se résoudre à retranscrire exactement les directives d'Himmler sur l'examen gynécologique lors de la publication du livret correspondant. À la rubrique « examen », il est simplement indiqué : « Essentiel ! Procéder avec tact auprès des femmes. N'entreprendre d'examen interne que si nécessaire » (*ibid.*).

30. BAB, NS 2/280, RFSS, 30 août 1937.

31. BAB, NS 2/52, RFSS au RuSHA, 21 avril 1938.

32. BAB, NS 2/55. Sur la procédure d'autorisation de mariage pendant la guerre, voir Schwarz, *Frau*, p. 38 et s.

33. BAB, NS, 19/3479, 26 janvier 1940.

34. BAB, NS 2/231, 22 mars 1943.

35. Lettre de Heider du 3 juin 1943 ; réponse de l'état-major personnel (Brandt), 16 juin 1943 : Ackermann, *Himmler*, p. 266 et s.

36. BAB, NS 19/3479, chef du RuSHA, commentaire sur le rapport d'août du Sippenamt, supervisé par Himmler.

37. BAB, NS 19/3482, statistiques du département des mariages au RuSHA, 1er semestre 1942.

38. BAB, NS 19/3479, état-major personnel (Brandt) à Hofmann, 20 novembre 1941.

39. BAB, NS 19/3480, lettre d'Himmler à von dem Bach-Zelewski, 7 août 1940.

40. *Ibid.*, état-major personnel (Brandt) au fiancé, 27 janvier 1941.

41. Exemples : BAB, NS 19/3483, état-major personnel au RuSHA, 5 mars 1943, au sujet du Hauptsturmführer B., qui souhaitait épouser une Allemande d'origine. Il devait être rappelé de Varsovie et affecté « soit dans le Reich, dans les territoires russes occupés ou dans un des pays germaniques, le Danemark, la Norvège ou les Pays-Bas », mais pas « dans le Gouvernement général, dans le Gau de Dantzig-Prusse-Occidentale ou dans le Warthegau ». NS 19/3482, RFSS au chef de l'Ordnungspolizei, 24 décembre 1941, au sujet de la demande de mariage de l'Oberwachtmeister S. – visiblement stationné en France. Himmler exigea son rappel immédiat en Allemagne et le déplacement de la femme afin de la « soustraire à l'influence française ».

42. BAB, NS 19/3483, lettre du RFSS à Hofmann, 30 novembre 1942. Le reste de la correspondance montre que ces ordonnances d'Himmler étaient irréversibles. Pour finir, il autorisa malgré tout le mariage (*ibid.*, Brandt à Hofmann, 19 avril 1943).

43. *Ibid.*, Himmler au chef de l'Ordnungspolizei, 24 juin 1943.

44. BAB, NS 19/3978, lettre au RuSHA, 24 octobre 1944.

45. BAB, NS 2/275, lettre au SS-Hauptscharführer Heinrich, 15 février 1943.

46. BAB, NS 19/3878, Himmler à Wolff au sujet de la demande de Hermann W., 23 mars 1944.

47. BAB, NS 19/3481, lettre de l'état-major personnel à Betty F., 26 juillet 1941.

48. *Ibid.*, Brandt au RuSHA, 10 octobre 1941. Le même dossier comprend un cas où Himmler a réclamé un examen à Clauberg : demande de mariage de M., lettre du médecin du Reich à l'état-major d'Himmler, 24 août 1941.

49. BAB, NS 19/3483, lettre d'Himmler à Genzken au sujet de la demande de l'Hauptsturmführer Dr. Kurt R. On retrouve la même formulation dans la lettre d'Himmler au Sturmmann Willi W., 30 novembre 1944 (NS 19/3478).

50. BAB, NS 19/3482, Himmler à d'Alquen, 27 mai 1942. Himmler avait déjà refusé une première fois pour cause de stérilité de la future épouse.

51. BAB, NS 19/3481, lettre de l'état-major, Brandt à Hofmann, 4 septembre 1942.

52. BAB, NS 19/3483, lettre à Jüttner, 27 septembre 1942.

53. *Ibid.*, Himmler à Kaltenbrunner, 17 juin 1943. Mais le retrait n'eut pas lieu : Kaltenbrunner communiqua à Himmler que B s'était montré sage et s'était engagé à « trouver au plus vite une jeune épouse en bonne santé » (*ibid.*, 7 juillet 1943). Himmler accepta de laisser B. en Alsace (*ibid.*, Brandt à Kaltenbrunner, 15 juillet 1943).

54. *Ibid.*, lettre d'Himmler à Gertrud S., 30 janvier 1943, ainsi que note de l'état-major personnel du 6 novembre 1943 sur un cas semblable. Dans l'affaire du Sturmmann Hans B., il revint aussi sur sa décision négative en 1944 (BAB, NS 19/3478).

55. BAB, NS 19/3219. La situation est exposée dans la lettre du fiancé, le Sturmführer Lex, au chef de la direction centrale, datée du 4 décembre 1942.

56. BAB, NS 19/3480 Sippenamt à Brunhilde F., 27 mai 1941.

57. *Ibid.*, état-major (Brandt) à Jüttner, 24 mai 1941.

58. BAB, NS 19/3483, lettre à Jüttner, 2 octobre 1943.

59. BAB, NS 19/3478, lettre du 1er décembre 1944 au département des mariages.

60. *Ibid.*, état-major personnel au RuSHA, 6 août 1944.

61. BAB, NS 19/3482, Himmler à Hofmann, 3 décembre 1942. Voir NS 2/59, communication de Hofmann au RFSS, 15 décembre 1942 : Z. aurait ensuite renoncé au divorce.

62. BAB, NS 19/3478, lettre d'Himmler au RuSHA au sujet de de la requête de H. M., 5 octobre 1944.

63. BAB, NS 19/3483, lettre d'Himmler à Hofmann au sujet de Frau K., 25 janvier 1943. Un autre exemple de révision par Himmler du certificat « racial » se trouve dans sa lettre du 29 décembre 1944, où il estime qu'une femme venue de Lettonie – contrairement à la prise de position du RuSHA – était une « femme regermanisable aux origines anciennement allemandes » (NS 19/3478, au sujet de la demande de l'Unterscharführers W.).

64. BAB, NS 19/3483, lettre d'Himmler au sujet de la demande de l'Hauptsturmführer Dr. R., 26 février 1943.

65. BAB, NS 19/3481, lettre au HSSPF Rediess au sujet du cas de R., 6 février 1940. Le médecin du Reich, à qui l'examen avait été confié, confirma rétroactivement le résultat de l'examen médical (rapport du 12 février 1940).

66. BAB, NS 19/3482, Brandt au RuSHA, 20 novembre 1942, demande de l'Hauptscharführer Sch. Pour des cas de même type, voir NS 19/3978, Himmler au SS-Führungshauptamt au sujet de la demande de l'Unterscharführer Fritz D., 10 mars 1944 (Himmler étant parvenu à la conclusion que la femme était « stérile », il rejeta la demande, *ibid.*, 20 juillet 1944) ; NS 19/3482, état-major, Brandt à Streckenbach au sujet

de la requête de J., 28 novembre 1942 ; NS 19/3483, Himmler à Eicke au sujet du Rottenführer S., 30 novembre 1942, et état-major personnel à Berger au sujet de la demandu SS S., 9 mars 1943 (ce cas reçut une réponse positive ultérieurement, eu égard aux deux enfants du demandeur).

67. *Ibid.*, Himmler à Berger, 9 octobre 1942.

68. *Ibid.*, lettre du RFSS au RuSHA au sujet de la demande Sturmmann Erwin M., 20 février 1943.

69. *Ibid.*, lettre du 22 juin 1942 au RuSHA.

70. BAB, NS 19/3684, état-major personnel (Brandt) à Ebner, 4 août 1942. D'après Brandt, la demande était motivée par le cas d'une femme qui, à l'âge de 49 ou 50 ans, avait eu un troisième enfant ; sa première menstruation remontait à ses 19 ans.

71. BAB, NS 19/3482, Himmler à l'Unterscharführer S., 11 avril 1942. Dans une affaire semblable, qu'il avait autorisée à cause d'une grossesse en dépit de la différence de seize ans entre les futurs époux, il annonça à la femme que face à l'échec inévitable de son mariage elle devrait faire preuve « d'une grande sagesse, de bonté et de générosité » (NS 19/3978, lettre du 27 août 1944 au RuSHA au sujet de la demande de l'Unterscharführer H.).

72. BAB, NS 19/3482, Himmler à Frau R., 14 septembre 1942.

73. Le 15 février 1942, Hedwig Potthast donna naissance à leur fils (*Dienstkalender*).

74. BAB, NS 19/3483, Himmler au chef du département du personnel et au chef du RuSHA, 9 décembre 1942. Voir également *ibid.*, état-major (Brandt) à Herff, 20 août 1943 : « Le Reichsführer-SS vous prie de transmettre au SS-Untersturmführer F. son très grand déplaisir du fait de son comportement peu chevaleresque et indigne d'un SS lors de son divorce, alors que, sans raison, il a tenté de rejeter la faute uniquement sur son épouse. »

75. *Ibid.*, lettre du 12 janvier 1943 au SS-Führungshauptamt.

76. Schwarz, *Frau*, p. 68.

77. BAB, NS 19/4004, discours à l'occasion de la réunion des Gruppenführer à Munich au foyer des officiers du régiment SS Deutschland, 8 novembre 1937.

78. Lettre d'Himmler à Werner Lorenz, 16 décembre 1942, in : Himmler, *Reichsführer !*, N° 180. Cet avertissement valait pour le cas où, comme le supposait Himmler, il s'avérerait que Frau Behrends était « le moteur de l'orgueil déplacé » de son époux.

79. BAB, NS 19/3142, 16 mai 1944, in Himmler, *Reichsführer !*, n° 314.

80. *Ibid.*, réponse de Pancke du 6 juin 1944.

81. BAB, NS 19/4003, discours à l'occasion de la réunion des Gruppenführer à Dachau, 8 novembre 1936. Voir également BDC, SS-O Lorenz, lettre d'Himmler à Kaltenbrunner, 19 juin 1943, où il revenait sur des rumeurs selon lesquelles les filles de l'Obergruppenführer Lorenz se seraient « comportées fort peu convenablement à la Croix-Rouge » ; la plus jeune en particulier se serait « laissée aller trop librement avec des soldats. [...] J'exige des informations claires à ce sujet ».

82. BAB, BDC, SS-O Rösener, Rösener à Wolff, 22 avril 1942.

83. *Ibid.*, lettre de Rösener à Himmler, 22 juillet 1943, en réponse à une lettre d'Himmler du du 17 juillet 1943.

84. BAB, BDC, SS-O Becker, lettre de Becker du 13 février 1943 et réponse d'Himmler du 20 février 1943.

85. BADH, ZM 1668, dossier 13, réflexions du RFSS à l'occasion du conseil des experts sur la race et le peuplement du 15 juin 1937.

86. BADH, ZM 1645 dossier 7, prise de position sur le problème des « enfants hors mariage », 28 avril 1936. À ce sujet, voir également Ackermann, *Himmler*, p. 130 et s.

87. BAB, NS 19/3973, principes sur l'organisation du Lebensborn, 13 septembre 1936.

88. IfZ, Dc 012.017, statuts de l'association Lebensborn, 10 février 1938, sous forme de brochure (1938).

89. Georg Lilienthal, *Der « Lebensborn e. V. ». Ein Instrument nationalsozialistischer Rassenpolitik*, Stuttgart-New York 1985, p. 40.

90. *Ibid.*, p. 41 et s.

91. IfZ, Dc 012.015, livret sur l'entrée dans un foyer du Lebensborn.

92. Lilienthal, « *Lebensborn* », p. 47 et s.

93. *Ibid.*, p. 45 et s.

94. BAB, NS 19/204, lettre de Lisamaria K., Lübeck, au Sturmbannführer d. SS Leizpig, transmise en copie par le HSSPF Elbe à l'état-major d'Himmler, 20 juillet 1944.

95. BAB, NS 19/4003, discours lors de la réunion des Gruppenführer à Dachau, 8 novembre 1936.

96. BAB, NS 19/4004, réunion des Gruppenführer à Bad Tölz, 18 février 1937.

97. OA Moscou, dossier Himmler, quittance de prêt de la Bayerische Hypotheken- und Wechselbank du 15 novembre 1938 ; lettre de Galke à la comptabilité de la Braun Haus, 16 juin 1937.

98. BAB, NS 19/440, dossier au sujet du règlement du loyer (1938).

99. USHMM, Acc. 1999.A.0092, journal de Margarete Himmler, 13 juin et 4 août 1939 sur la préparation du pavillon de chasse de Valepp.

100. OA Moscou, dossier Himmler, lettre de Wolff au maire de l'arrondissement du Tiergarten, 5 novembre 1934, et lettre de Wolff au propriétaire, les Mitteldeutschen Stahlwerke, 17 août 1937.

101. *Ibid.*, lettre de la Märkischen ElektricitätswerkAG à la Reichsführung-SS, 9 juillet 1937.

102. *Ibid.*, Bormann à Himmler, 10 juillet 1937.

103. USHMM, Acc. 1999.A.0092, journal de Margarete Himmler, par exemple 30 mars et 26 juin 1938 ainsi que 29 mars 1939.

104. *Ibid.*, 5 février, 5 mars et 2 avril 1938. *Ibid.*, 3 juillet 1938.

105. *Ibid.*, 3 juillet 1938.

106. *Ibid.*, 1er avril 1938. Pour d'autres plaintes, voir 2 avril, 16 août et 31 décembre 1938, 13 août et 14 novembre 1939.

107. *Ibid.*, 2 avril 1938.

108. *Ibid.*, 29 mars 1939.

109. *Ibid.*, 2 avril 1938 ; plus loin, 15 avril et 31 décembre 1938.

110. *Ibid.*, 8 avril 1939. « Ici, j'ai parlé à la mère de Gerhard, elle était très triste, mais elle ne veut pas le reprendre. Même à Pâques, elle ne le prend pas. Elle ne veut pas non plus d'argent pour lui. »

111. *Ibid.*, 15 mars et 16 octobre 1939.

112. BADH, ZM 1668, dossier 13, réflexions du RFSS à l'occasion du conseil des experts sur la race et le peuplement du 15 juin 1937.

113. BAB, NS 19/4004, 18 février 1937 : Himmler, *Geheimreden*, p. 84.

114. BAB, NS 7/220, SS-Richter beim RFSS an Hauptabteilung SS-Gericht, 24 novembre 1941.

115. BAB, NS 19/3978, état-major (Brandt) à l'Oberlandesgerichtsrat Dr Kümmerlein, 29 mars 1944.

116. BAB, NS 2/175, note du Sippenamt, 25 août 1941.

117. Lettre d'Himmler à Wüst et Sievers, 17 août 1944, in Himmler, *Reichsführer !*, n° 344. Le « Friedelhe », très contesté, est une invention de l'historien Herbert Meyer (*Friedelehe und Mutterrecht*, Weimar, 1927). Voir également Schwarz, *Frau*, p. 89 et s., ainsi que les réflexions qu'Himmler auraient faites à son masseur à ce sujet (Felix Kersten, *Totenkopf und Treue. Heinrich Himmler ohne Uniform. Aus den Tagebuchblättern des finnischen Medizinalrats Fel ix Kersten*, Hambourg, 1952, p. 223 et s.).

118. Obersturmbannführer Weigel à Himmler, 26 juin 1944, ainsi qu'état-major (Brandt) à Hildebrandt, 2 octobre 1944, in Himmler, *Reichsführer !*, n° 326 a et b.

119. Schiessmann à Himmler, 30 janvier 1945, ainsi que réponse d'Himmler du 12 février 1945, in *ibid.*, n° 380 a et b.

120. BAB, NS 19/4006, discours devant le corps des officiers de la division SS « Das Reich », 19 juin 1942.

121. Sur ces encouragements d'Himmler, voir Ackermann, *Himmler*, p. 126 et s.

122. Lettre du 6 décembre 1944, in Himmler, *Reichsführer !*, n° 366.

123. Lettre d'Himmler à Brandt, 22 octobre 1943, in *ibid.*, n° 277.

124. BAB, NS 19/2970, RFSS, 21 juin 1943, in Himmler, *Reichsführer !*, n° 215.

125. *Ibid.*

126. BAB, NS 19/3127, lettre du 28 octobre 1936.

127. BAB, NS 19/3127.

128. BAB, NS 19/1275, Wolff à Feierlein, 14 juillet 1938 ; réponse de Feierlein, 16 août 1938 ; lettre de Wolff, 29 août 1938.

129. *Ibid.*, Wolff à Feierlein, 10 octobre 1938.

130. *Ibid.*, Feierlein à Wolff, 7 mai et 22 juin 1939.

131. BAB, NS 19/3973, Lebensborn-Grundsätze, 13 septembre 1936.

132. Un médecin renvoyé de la SS pour une fausse couche qu'il avait provoquée en 1938 chez une infirmière qu'il avait mise enceinte ne pourrait être réintégré, commanda Himmler, que s'il faisait sien « l'avis clairement exprimé par le Führer » selon lequel une famille devait autant que possible compter quatre fils (état-major [Brandt] à la direction centrale du personnel, 9 mars 1943, in Himmler, *Reichsführer !*, n° 217).

133. BAB, NS 19/3594, vacances sur ordre du RFSS du 2 octobre 1942.

134. BAB, NS 19/2651, Himmler à Frau E., 15 avril 1942.

135. Lettre d'Himmler à Darré, 29 mars 1938, et au chef de la direction centrale du personnel, 13 septembre 1939, au sujet de la famille Mayr et Engler-Füsslin, les deux in Himmler, *Reichsführer !*, n° 27 et n° 50 ; Schwarz, *Frau*, p. 49 et s.

136. *Statistisches Jahrbuch der Schutzstaffel der NSDAP*, 1938, p. 87 et s.

137. *Ibid.*, p. 90.

138. BAK, NL 1126/34, Aus unseres l. (= lieben) Sohnes Heinrich politischen Leben (Vie politique de notre cher fils Heinrich).

139. Breitman, « *Mein Kampf* ».

140. Himmler, *Brüder Himmler*, p. 140.

141. Correspondance dans BAK, NL 1126113 ; Himmler, *Brüder Himmler*, p. 143 et s.

142. *Ibid.*, p. 165 ; voir également *Völkischen Beobachter* (édition munichoise) du 2 novembre 1936.

143. Himmler, *Brüder Himmler*, p. 131 et s., p. 144 et s., p. 153 et s., p. 166 et s. et p. 192 et s.

144. BAB, NS 1912651, 22 octobre 1937, lettre de l'état-major à l'Obersturmführer Ernst Himmler au sujet de l'acceptation d'une demande de prêt.

145. *Ibid.*, lettre d'Ernst Himmler à Heinrich Himmler, 25 mai 1944, où il lui conseille de remplacer le commandant (juif) Schmidt, directeur adjoint de l'entreprise Lorenz ; voir également NS 19/1541, transmission d'un rapport d'information sur la Belgique en 1941. Voir Himmler, *Brüder Himmler*, p. 209 et s.

146. *Ibid.*, p. 117 et s. et p. 156 et s. ; BAB, BDC, SS-O Gerhard Himmler.

147. Himmler, *Brüder Himmler*, p. 174 et s.

148. BAB, NS 19/2651, lettre d'Ernst Himmler à Heinrich Himmler, 25 mai 1944.

149. Voir les dossiers SS-O correspondants *in* BAB, BDC.

150. Düsterberg, *Johst*, p. 287.

151. Correspondance *in* BAB, BDC, SS-O Johst ; voir Düsterberg, *Johst*, p. 289.

152. BAB, BDC, SS-O Johst, lettre du 29 mars 1938.

153. Düsterberg, *Johst*, p. 294.

154. BAB, BDC, SS-O Johst.

155. *Ibid.*, 9 décembre 1940.

156. *Ibid.*, lettre du 3 avril 1944. La lettre se rapporte au discours d'Himmler à Poznan pour le « Jour de la liberté », le 24 octobre 1943 (BAB, NS 19/4011) ; voir Düsterberg, *Johst*, p. 318.

157. BAB, BDC, SS-O Johst, poème pour l'anniversaire d'Himmler en 1937 ; lettre de remerciements d'Himmler du 15 avril 1937 ; pour d'autres exemples, voir Düsterberg, *Johst*, p. 289.

158. « Der Neue Orden », in *SS-Leitheft*, 2 *(1936-1937)*, H. 11, p. 29 et s. ; « Zum einjährigen Bestehen des Schwarzen Korps », in *Das Schwarze Korps* du 12 mars 1936 ; voir Düsterberg, *Johst*, p. 294 et s.

159. Voir les Mémoires de Kersten, *Totenkopf.*

160. *Ibid.*

Préparatifs de guerre et expansion

1. BAB, NS 19/4004, réunion des Gruppenführer à Bad Tölz, 18 février 1937.

2. Voir plus haut, p. 152.

3. Himmler, *Geheimreden*, p. 79. Il n'existe pas de données plus précises quant à la date.

4. BAB, NS 19/4005, discours à l'occasion de la réunion des Gruppenführer à Munich, 8 novembre 1938, in Himmler, *Geheimreden*, p. 25 et s.

5. BAB, NS 19/4006, 26 février 1939.

6. Adolf Hitler, *Reden und Proklamationen 1932-1945. Kommentiert von einem deutschen Zeitgenossen*, 2 vol., dir. Max Domarus, Neustadt, Aisch, 1963, vol. 2, p. 1057.

7. BAB, NS 19/4005, discours à l'occasion de la réunion des Gruppenführer à Munich, 8 novembre 1938, in Himmler, *Geheimreden*, p. 25 et s.

8. BAB, NS 19/3666, in Himmler, *Geheimreden*, p. 51. Aucune date n'est indiquée, mais le discours dut avoir lieu entre janvier 1939 et le début de la guerre.

9. Ronald Smelser, *Das Sudetenproblem und das Dritte Reich (1933-1938). Von der Volks tumspolitik zur nationalsozialistischen Aussenpolitik*, Munich, 1980, p. 151 et s.

10. *Ibid.*, p. 156 et s.

11. BAB, BDC, SS-O Lierau, en particulier lettre du 6 décembre 1938 à Kelz.

12. Sur la politique de la nationalité du régime durant la deuxième moitié des années 1930, voir Hans-Adolf Jacobsen, *Nationalsozialistische Aussenpolitik 1933-1938*, Francfort/ Main/Berlin 1968 ; Valdis O. Lumans, *Himmler's Auxiliaries. The Volksdeutsche Mittelstelle and the German National Minorities of Europe, 1933-1945*, Chapel Hill, Londres 1993 ; Tammo Luther, *Volkstumspolitik des Deutschen Reiches 1933-1938. Die Auslanddeutschen im Spannungsfeld zwischen Traditionalisten und Nationalsozialisten*, Stuttgart 2004.

13. Jacobsen, *Nationalsozialistische Aussenpolitik*, p. 90 et s.

14. *Ibid.*, p. 175 et s.

15. *Ibid.*, p. 225 et s.

16. *Ibid.*, p. 231 et s.

17. BAB, BDC, SS-O Lorenz, SS-Personalchef Schmitt à Lorenz, 10 janvier 1938.

18. Jacobsen, *Nationalsozialistische Aussenpolitik*, p. 234.

19. BAB, BDC, SS-O Behrends ; Aronson, *Heydrich*, p. 161 et s.

20. Hans-Adolf Jacobsen, *Hans Steinacher : Bundesleiter des VDA* 1933-1937 *Erinnerungen und Dokumente*, Boppard a. Rh. 1970, doc. n° 109, réunion avec l'Obergruppenführer Lorenz, 23 avril 1937.

21. Jacobsen, *Nationalsozialistische Aussenpolitik*, p. 249.

22. *Ibid.*

23. Ce qu'affirme Karl Haushofer dans une lettre à Hess, 10 décembre 1936, in Jacobsen, *Steinacher*, Doc. n° 109.

24. Luther, *Volkstumspolitik*, p. 157.

25. *Ibid.*, p. 155.

26. Luther le montre en citant l'exemple de l'agitation des associations allemandes en Pologne en 1937 et en Roumanie ainsi que le fait que le VoMi se soit abstenu de se mêler de la situation en Yougoslavie. Le VoMi renonça également à favoriser l'association américaine national-socialiste Amerikadeutscher Volksbund au détriment d'autres organisations d'Allemands des États-Unis, ce que critiquait le ministère des Affaires étrangères (*Volkstumspolitik*, p. 154 et s.).

27. PAA, Intérieur IIg 214 ; Luther, *Volkstumspolitik*, p. 164 et s.

28. IFZ, Partei-Kanzlei, ordonnance *5/39g* du 3 février 1939 ; Luther, *Volkstumspolitik*, p. 165.

29. *Ibid.*, p. 166.

30. Karl M. Reinerth, « Zu den innenpolitischen Auseinandersetzungen unter den Deutschen in Rumänien zwischen den beiden Weltkriegen », in Walter König,

Siebenbürgen zwischen den beiden Weltkriegen, Cologne, Weimar, Vienne, 1994, p. 149-167, ici p. 160 et s. ; sur la Roumanie voir également Johann Böhm, *Die Deutschen in Rumänien und das Dritte Reich 1933-1940*, Francfort/Main, 1999, p. 197 et s.

31. Akiko Shimizu, *Die deutsche Okkupation des serbischen Banats 1941-1944 unter besonderer Berücksichtigung der deutschen Volksgruppe in Jugoslawien*, Münster, 2003, p. 59 et s.

32. Norbert Spannenberger, *Der Volksbund der Deutschen in Ungarn 1938 bis 1944 unter Horthy und Hitler*, 2e éd., Munich, 2005, part. p. 141 et s.

33. Smelser, *Sudetenproblem*, p. 175 et s.

34. Luther, *Volkstumspolitik*, p. 160.

35. Smelser, *Sudetenproblem*, p. 185.

36. Luther, *Volkstumspolitik*, p. 166.

37. Otto Heike, Die *deutsche Minderheit in Polen bis 1939. Ihr Leben und Wirken kulturell, gesellschaftlich, politisch. Eine historisch-dokumentarische Analyse*, Leverkusen, 1985, p. 214 et s.

38. Ernst Hochberger, « Die Deutschen in der Slowakei », in Anton Scherer et Friedrich Spiegel-Schmidt, *Die Deutschen zwischen Karpaten und Krain*, Munich 1994, p. 12 -78.

39. Le recrutement d'espions potentiels et de futurs volontaires pour les unités armées de la SS semble avoir été secondaire pour l'initiative d'Himmler dans le domaine de la politique des Allemands d'origine (voir Lumans, *Auxiliaries*, p. 38).

40. Jacobsen, *Nationalsozialistische Aussenpolitik*, p. 252 et s.

41. BAB, NS 19/1446, notes sur les réflexions d'Himmler lors du déjeuner du 30 janvier 1939.

42. Hans-Jürgen Döscher, *SS und Affaires étrangères im Dritten Reich. Diplomatie im Schatten der « Endlosung »*, Berlin, 1991, p. 149.

43. *Ibid.*, p. 150.

44. USHMM, ACC.1999.A.0092, 2 février 1938.

45. *Ibid.*, 2 février 1939 : « En dehors de H. v. R., personne ne m'a encore appelée. »

46. Döscher, *Affaires étrangères*, p. 140 et s.

47. *Ibid.*, p. 141 et s., citation p. 143.

48. *Ibid.*, p. 115.

49. BAB, BDC, SS-O Neurath, lettre de nomination d'Himmler du 18 septembre 1937 ; *Döscher, AuswärtigesAmt*, p. 136 et s.

50. *Ibid.*, p. 160 et s.

51. *Ibid.*, p. 153.

52. *Ibid.*, p. 185 et s.

53. *Ibid.*, p. 175 et s.

54. BAB, NS 19/809, sans date.

55. BAB, BDC, SS-O Schumburg, attestation de service du 13 mai 1937. Sur Schumburg voir part. Döscher, *Auswörtiges*, p. 119 et s.

56. Le chef de la Gestapo Müller porta sur lui le jugement suivant en 1944 : « une sorte d'officier de liaison avec le Reichssicherheitshauptamt » (BAB, BDC, SS-O Schumburg, 19 juillet 1944).

57. *Ibid.*

58. *Ibid.*, jugement porté le 19 juillet 1944 ; Döscher, *Auswörtiges*, p. 131. L'affectation de Schumburg à un poste à l'étranger fut empêchée par l'éclatement des hostilités. En octobre 1939, il prit la direction du département spécial Allemagne, où la SS continua d'avoir la haute main. Schumburg se voyait avant tout comme le représentant de la SS au sein du ministère des Affaires étrangères, et il est donc logique que Müller, en 1944, ait souligné son « orientation personnelle plutôt en notre faveur qu'envers les Affaires étrangères ».

59. PAA, Intérieur IIg 101, lettre de Heydrich aux Affaires étrangères, 4 mai 1936 ; note des Affaires étrangères, 4 mai 1936 ; lettre du RFSS aux Affaires étrangères, 24 novembre 1936, ainsi que correspondance ulétrieure ; Döscher, *Affaires étrangères*, p. 129 et s.

60. BAB, R 58/860, déclaration de Winzers, 12 août 1942.

61. PAA, Inland Hg 61, Schumburg au secrétaire d'État, 13 juillet 1939.

62. Disposition du 3 septembre 1939, in *« Führer-Erlasse » 1939-1945. Edition sämtlicher überlieferter, nicht im Reichsgesetzblatt abgedruckter, von Hitler während des Zweiten Weltkrieges schriftlich erteilter Direktiven aus den Bereichen Staat, Partei, Wirtschaft, Besatzungspolitik und Militärverwaltung*, sous la direction de Martin Moll, Stuttgart, 1997.

63. Cet accord se retrouve dans un décret de Ribbentrop du 26 octobre 1939, que Likus cite dans une note du 8 août 1940 sur le SD à l'étranger (PAA, Intérieur IIg 71).

64. BAB, R 58/243, accord du 8 août 1940, conservé en annexe A du décret du RFSS du 23 mai 1942.

65. *Völkischer Beobachter* du 22 et 23 octobre 1936.

66. Sur la conférence de la police, voir Jacobsen, *Nationalsozialistische Aussenpolitik*, p. 462 et s.

67. PAA, Inland IIg 71 ; BAB, NS 19/253, programme de la conférence germano-italienne ; NS 19/256, lettre de Bülow-Schwandte (Affaires étrangères) à Himmler au sujet du prochain congrès, 24 août 1937.

68. BAB, NS 19/2736, état-major personnel (Brandt) au service de presse du RFSS, 28 août 1937.

69. « Unter Kameraden » (article et photos sur la visite), in *Das Schwarze Korps* du 28 octobre 1937.

70. USHMM, Acc. 1999. A.0092.

71. *Ibid.*, 15 novembre 1938.

72. *Ibid.*, 14, 17, et 19 novembre 1937.

73. Sur Dollmann voir PAA, Intérieur IIg 82, notes de Pusch pour Luther, 3 et 9 mars 1942, qui parle d'une « relation de confiance étroite » entre les deux. Voir également les Mémoires de Dollmann, *Dolmetscher der Diktatoren*, Bayreuth, 1963.

74. *Ibid.*, p. 82.

75. USHMM, Ace. 1999. A.0092, 9 au 13 décembre 1937.

76. NARA, T *5801207/725*, RFSS à Wüst, 10 décembre 1937.

77. Doc. PS-386, in *IMT*, vol. 25, p. 402 et s., notes du colonel Hossbach du 10 novembre 1937 sur la réunion du 5 novembre 1937 ; voir part. Walter Bussmann, « Zur Entstehung und überlieferung der "Hossbach-Niederschrift" », in *Vierteljahrshefte für Zeitgeschichte*, 16 (1968), p. 373-384, ainsi que Bradley F. Smith, « Die Überlieferung der Hossbach-Niederschrift im Lichte neuer Quellen », in *Vierteljahrshefte für*

Zeitgeschichte 38 (1990), p. 329-336. Sur « l'année décisive 1937 » voir Klaus Hildebrand, *Das vergangene Reich. Deutsche Aussenpolitik von Bismarck bis Hitler 1871-1945*, Stuttgart, 1995, p. 632 et s.

78. Sur l'affaire Blomberg-Fritsch voir Müller, *Heer*, p. 255 et s. ; Karl-Heinz Janssen et Fritz Tobias, *Der Sturz der Generäle. Hitler und die Blomberg-Fritsch-Krise 1938*, Munich, 1994.

79. Sur ce revirement voir Janssen und Tobias, *Sturz*, p. 148 et s. Janssen und Tobias démontrent de façon convaincante qu'Hitler, par ce revirement de 1938, s'était efforcé de trouver une issue à une crise qui l'avait d'abord laissé perplexe, puis l'avait exaspéré, comme il ressort des carnets de Goebbels pour cette période critique.

80. Walter Schellenberg, *The Schellenberg Memoirs*, Louis Hagen, Londres, 1956, p. 31 et s.

81. Horst Mühleisen, « Die Fritsch-Krise im Frühjahr 1938. Neun Dokumente aus dem Nachlass des Generalobersten », in *Militärgeschichtliche Mitteilungen* 56, 2 (1997), p. 471- 508. On y trouve la lettre que Fritsch n'envoya pas à Himmler (doc. n° 5), où il dresse la liste de ses torts et le provoque en duel. En particulier dans les brouillons classés ici comme documents 7 et 8 Fritsch accusait Himmler d'avoir sciemment mis en scène toute l'affaire.

82. *Carnets de Goebbels*, 31 janvier 1938.

83. *Ibid.*, 18 mars 1938.

84. *Ibid.*, 12 août 1938.

85. Tous les documents *in* BAB, NS 19/3940 : Himmler avait d'abord, par sa lettre du 28 février 1938, confié à la cour d'arbitrage l'enquête, puis après la présentation d'un rapport, il l'avait confiée à la haute cour. Voir également rapport de la haute cour du 23 mai 1938 ainsi que RFSS au président de la haute cour, 17 juin 1938.

86. *Ibid.*

87. BAB, NS 19/4005, discours à l'occasion de la réunion des Gruppenführer à Munich, 8 novembre 1938.

88. BAB, BDC, SS-O Wittje, lettre d'Himmler à Daluege, 11 septembre 1942.

89. Janssen et Tobias, *Sturz*, débattent de la possibilité qu'Himmler ait voulu devenir ministre de la Guerre ou ait souhaité la création d'un nouveau ministère dans le domaine militaire. Quoi qu'il en soit, Hitler rejeta une telle éventualité devant les généraux (p. 128 et s.).

90. USHMM, Acc. 1999. A.0092.

91. Neufeld, Huck et Tessin, *Ordnungspolizei*, p. 9 et s.

92. Sur l'occupation et l'annexion de l'Autriche, voir Dokumentationsarchiv (Hg.), *« Anschluss » 1938* ; *Anschluss 1938. Protocole des Symposiums in Vienne am 14. und 15. März 1978*, Vienne, 1981 ; Gerhard Botz, *Die Eingliederung Österreichs in das Deutsche Reich. Planung und Verwirklichung des politisch-administrativen Anschlusses (1938-1940)*, 2e éd., Vienne, 1976 ; Norbert Schausberger, *Der Griff nach Österreich. Der Anschluss*, Vienne-Munich 1978.

93. Helmuth Koschorcke, « "Unternehmen Otto", Die deutsche Polizei in den historischen Tagen der Wiedererschaffung Grossdeutschlands », in *Die Deutsche Polizei* n° 7 du 1er avril 1938.

94. *Carnets de Goebbels*, 3 avril 1938.

95. Ordre d'Himmler du 12 mars 1938, in *Die faschistische Okkupationspolitik in Österreich und der Tschechoslowakei (1938-1945)*, Dokumentenausw. und Einl. von Helma Kaden, Berlin, 1988, doc. n° 3. Le jour même de son départ, il avait réglé le déploiement de l'Orpo et de la Sipo pour l'occupation de l'Autriche : BAB, R 19/401, ordre d'Himmler au sujet de la « Sonderauftrag Österreich », 11 mars 1938.

96. Notes de l'ancien directeur de la sécurité pour la Haute-Autriche Peter Revertera, avril 1946, in Dokumentationsarchiv (éd.), « *Anschluss* », 1938, p. 328.

97. *RMBliV*, 23 mars 1938, p. 472 et s. Heydrich avait émis les ordonnances nécessaires dès le 15 mars, voir Franz Weisz, « Personell vor allem ein – ständestaatlicher – Polizeikörper. Die Gestapo in Österreich », in Gerhard Paul et Klaus-Michael Mallmann, *Die Gestapo. Mythos und Realität*, Darmstadt, 1995, p. 439-462.

98. *Ibid.*, p. 439 et s. et p. 445.

99. *Ibid.*, p. 440.

100. BAB, NS 19/3951, agenda pour 1938.

101. Voir par exemple *Widerstand und Verfolgung* in *Vienne* 1934-1945. *Eine Dokumentation*, Dokumentationsarchiv des österreichischen Widerstandes, dir. Wolfgang Neugebauer, 3 Bde., Vienne, 1975, vol. 2, doc. n° 1, retranscrit le communiqué d'une publication de l'émigration du 2 avril 1938, dont il ressort que 120 socialistes auraient été interpellés à Vienne. Le rapport de la Gestapo de Vienne sur le mouvement communiste et marxiste au début de 1939 parle de l'arrestation de 890 personnes soupçonnées d'activités communistes depuis l'annexion (doc. n° 20).

102. BAB, NS 19/3951, agenda pour 1938.

103. USHMM, Ace. 1999. A.0092, 4 mai 1938.

104. Neufeld, Huck et Tessin, *Ordnungspolizei*, p. 11 ; doc. USSR-509, in *IMT*, vol. 39, p. 536 et s. : note de juin 1938 au sujet de l'emploi du SD dans ce cas, SR, 29 juin 1938 ; proposition du Sicherheitshauptamt sur l'emploi de la Gestapo et du SD dans le cas d'une occupation de l'ensemble du territoire de Bohême-Moravie-Silésie, 29 septembre 1938.

105. Oldrich Sladek, « Standrecht und Standgericht. Die Gestapo in Böhmen und Mähren », in Gerhard Paul et Michael Mallmann, *Die Gestapo im Zweiten Weltkrieg. « Heimatfront » und besetztes Europa*, Darmstadt, 2000, p. 317-339, part. p. 317 à 321 ; Jörg Osterloh, *Nationalsozialistische Judenverfolgung im Reichsgau Sudetenland 1938 -1945*, Munich, 2006, p. 185 et s.

106. George H. Stein, *Geschichte der Waffen-55*, Düsseldorf 1967, p. 21 ; des détails sur l'opération militaire se trouvent dans le dossier PS-388 de l'IfZ.

107. Werner Röhr, « Das Sudetendeutsche Freikorps - Diversionsinstrument der Hitler-Regierung bei der Zerschlagung der Tschechoslowakei », in *Militärgeschichtliche Mitteilungen*, 52 (1993), p. 35-66.

108. Doc. EC-366, in *IMT*, vol. 36, p. 356 et s., rapport sur la fonction d'officier de liaison du haut commandement de la Wehrmacht auprès du corps franc sudète, citation p. 360.

109. *Ibid.*, p. 361.

110. BAB, NS 19/4005, discours à l'occasion de la réunion des Gruppenführer à Munich, 8 novembre 1938, in Himmler, *Geheimreden*, p. 25 et s.

111. Herbert Rosenkranz, *Verfolgung und Selbstbehauptung. Die Juden in Österreich 1938 -1945*, Vienne, 1978, p. 20 et s.

112. Sur les débuts et la fondation de la centrale, voir Hans Safrian, *Die Eichmann-Männer*, Vienne-Zurich, 1993, p. 23 et s. ; Rosenkranz, *Verfolgung*, p. 120 et s.

113. Peter Longerich, *Politik der Vernichtung. Eine Gesamtdarstellung der nationalsozialistischen Judenverfolgung*, Munich-Zurich, 1998, p. 177.

114. Le dossier se trouve à OA Moscou, 500-1-549.

115. Walk, *Sonderrecht*, II 569.

116. Longerich, *Politik*, p. 195 et s. ; Trude Maurer, « Abschiebung und Attentat. Die Ausweisung der polnischen Juden und der Vorwand für die "Kristallnacht" », in Walter H. Pehle (éd.), *Der Judenpogrom* 1938. *Von der « Reichskristallnacht » zum Völkermord*, Francfort/Main 1988, p. 52-73.

117. Sur la presse, voir Longerich, *Nous ne savions pas.*

118. Sur les événements à Kurhessen, voir Dieter Obst, *« Reichskristallnacht ». Ursachen und Verlauf des antisemitischen Pogroms*, novembre 1938, Francfort/Main, 1991, p. 67 et s. ; Wolf-Arno Kropat, *Kristallnacht in Hessen. Der Judenpogrom vom November 1938. Eine Dokumentation*, Wiesbaden 1988, p. 21 et s.

119. BAB, NS 19/4005, discours à l'occasion de la réunion des Gruppenführer à Munich, 8 novembre 1938, in Himmler, *Geheimreden*, p. 25 et s.

120. *Carnets de Goebbels*, 10 novembre 1938. Vom Rath, au chevet duquel avait été envoyé le médecin d'Hitler, Brandt, avec pour mission de soumettre un rapport directement au Führer, était mort vers 16 heures (*Völkischer Beobachter* du 9 novembre 1938) ; la nouvelle de son décès fut diffusée à Munich dans le courant de l'après-midi, ce que confirment Otto Dietrich (*12 Jahre mit Hitler*, Munich, 1955, p. 56) et le Gauleiter du Magdeburg-Anhalt (Rudolf Jordan, *Erlebt und Erlitten. Weg eines Gauleiters von Munich bis Moskau*, Leoni/Starnb. See 1971, p. 180).

121. Ce qui ressort du placement conservé dans les dossiers du maire et du conseil n° 45813 (Handakten Fiehler) dans les archives de la ville de Munich.

122. Obst, « *Reichskristallnacht* » ; Hans-Jürgen Döscher, « *Reichskristallnacht* ». *Die Novemberpogrome* 1938, Francfort/Main, 1988.

123. D'après les déclarations de Karl Wolff, IfZ, ZS 317 II, 22 mars 1948. Les déclarations de Wolff ont été confirmés par son collaborateur Luitpold Schallermeier : *IMT*, Vol. 42, p. 510 et suivantes, ainsi que Vol. 21, p. 392 ; voir également IfZ, ZS 526, interrogatoire du 23 juin 1947.

124. Doc. PS-374, in *IMT*, Vol. 25, p. 377 et s.

125. Doc. PS-3051, in *IMT*, Vol. 31, p. 516 et s.

126. Sur les arrestations massives, voir Heiko Pollmeier, « Inhaftierung und Lagererfahrung deutscher Juden im novembre 1938 », in *Jahrbuch für Antisemitismusforschung 8* (1999), p. 107-130 ; Harry Stein, « Das Sonderlager im Konzentrationslager Buchenwald nach den Pogromen 1938 », in Monica Kingreen (éd.), *Nach der Kristallnacht. Jüdisches Leben und antijüdische Politik in Frankfurt am Main* 1938-1945, Francfort/Main, 1999, p. 19-54.

127. Il s'agit des séances, présidées par Goering (Doc. PS-1816, in *IMT*, vol. 28, p. 499 et s.), du 12 novembre et du 6 décembre (Götz Aly et Susanne Heim, « Staatliche Ordnung und "organische Lösung", Die Rede Hermann Goerings "über die Judenfrage" vom 6. Dezember 1938 », in *Jahrbuch für Antisemitismusforschung* 2 (1993), p. 378-404) ainsi que de la réunion présidée par Frick le 16 décembre, in *Bevölkerungsstruktur und*

Massenmord. Neue Dokumente zur deutschen Politik der Jahre 1938-1945, dir. et comm. Susanne Heim et Götz Aly, Berlin, 1991, doc. n° 1, p. 15-21.

128. Doc. PS-1816, in *IMT*, vol. 28, p. 499 et s. Sur cette réunion voir également la description qui se trouve dans : Walter Strauss, « Das Reichsministerium des Inneren und die Judengesetzgebung. Die Anfzeichnungen von Dr. Bernhard Lösener als Rassereferent im Reichsministerium des Inneren », in *Vierteljahrshefte für Zeitgeschichte*, 9 (1961) p. 262-313, p. 286 et s.

129. BAB, R 58/276.

130. *RGBl* 1939 I, p. 1097. Détails sur l'histoire des débuts par Wolf Gruner, « Poverty and persecution : the Reichsvereinigung, the Jewish population, and anti-Jewish policy in the Nazi State, 1939-1945 », in *Yad Vashem Studies* 27 (1999), p. 23-60, ici p. 28 et s., ainsi qu'Esriel Hildesheimer, *Jüdische Selbstverwaltung unter dem NS-Regime. Der Existenzkampf der Reichsvertretung und Reichsvereinigung der Juden in Deutschland*, Tübingen, 1994, p. 79 et s.

131. Adam, *Judenpolitik*, p. 213 et s. ; Longerich, *Politik*, p. 212 et s.

132. *Frankfurter Zeitung* du 11 novembre 1938, ordonnance du Reichsfuhrers-SS et chef de la police allemande ; réglementation contre la détention d'armes par des Juifs du 11 novembre 1938, in *RGBl* 1938 I, p. 1573.

133. *Ibid.*, p. 1676 et p. 1704.

134. Walk (éd.), *Sonderrecht*, II 37, ordonnance du 29 novembre 1938.

135. *Ibid.*, III, 47.

136. Herbert A. Strauss, « Jewish migration from Germany. Nazi policies and Jewish response », in *Leo Baeck Institute Yearbook*, 25 (1980), p. 313-361 (1), et 26 (1981), p. 343-409.

137. Sur ces négociations, voir Ralph Weingarten, *Die Hilfeleistungen der westlichen Welt bei der Endlösung der deutschen Judenfrage. Das « Intergovernmental Committee on Political Refugee » IGC 1938-1939*, Berne-Francfort/Main-Las Vegas, 1981.

138. BAB, NS 19/3666.

139. Neufeld, Huck et Tessin, *Ordnungspolizei*, p. 11.

140. Réglementation sur l'organisation de l'administration et de la police de sécurité allemande dans le Protectorat, *RGBl* 1939 I, p. 1682 et s. ; Sladek, « Standrecht » ; Helmut Krausnick, « Die Einsatzgruppen du Anschluss Österreichs bis zum Feldzug gegen die Sowjetunion. Entwicklung und Verhältnis zur Wehrmacht », in Hans-Heinrich Wilhelm, *Die Truppe des Weltanschauungskrieges. Die Einsatzgruppen der Sicherheitspolizei und des* SD 1938-1942, Stuttgart, 1981, p. 13-278, p. 25 et s. ; Detlef Brandes, *Die Tschechen unter deutschem Protektorat*, vol. 1 : *Besatzungspolitik, Kollaboration und Widerstand im Protektorat Böhmen und Mähren bis Heydrichs Tod 1939-1942*, Munich, 1969, p. 37 et s.

141. BAB, NS 2/86, RFSS, Chef des SS-Hauptamtes, sign. Himmler, 3 septembre 1935.

142. *Ibid.*, sans date, sign. Himmler.

143. *Ibid.*, note sans date et sans signature. Sur les débuts de la politique de colonisation, voir Heinemann, « *Rasse* », p. 71 et s. ; Kaienburg, *Wirtschaft*, p. 251 et s.

144. Andrea D'Onofrio, « Rassenzucht und Lebensraum : zwei Grundlagen im Blut- und Boden-Gedanken von Richard Walther Darré », in *Zeitschrift für Geschichtswissenschaft « Berlin »* 49 (2001), p. 140-157, avec le texte du discours pour la réunion des

spécialistes en agriculture du Gau à Weimar, 23-24 janvier 1936, voir part. p. 155 ; pour d'autres exemples de déclarations semblables de Darré ou de son entourage, voir Heinemann, « *Rasse* », p. 71.

145. BAB, BDC, SS-O Reischle, deux contributions sur le thème de la colonisation du « nouvel espace », sans date, vers la fin mars 1939. Concrètement, Reischle voulait transférer quelque 700 000 Tchèques des zones rurales vers les villes et, en deux étapes, installer le même nombre d'Allemands du Reich dans les campagnes.

146. Sur la DAG, voir Kaienburg, *Wirtschaft*, p. 288 et s. ; BAB, NS 2/86, lettre de Gottberg (Siedlungsamt) au conseil d'administration de la Dresdner Bank au sujet de la reprise (en sous-main) de la DAG par la SS, 24 octobre 1938, et rapport de la DAG au ministère de l'Agriculture, Vienne, 8 novembre 1938 ; NS 2/55, lettre de Darré à Himmler, 20 septembre 1939 : « La Deutsche Ansiedlungsgesellschaft, Berlin, travaille en étroite collaboration avec le Bureau pour la race et le peuplement de la SS ; je l'approuve en tant que société de peuplement pour l'ensemble du Reich, y compris l'Ostmark et la plus grande partie des Sudètes. »

147. Sur l'activité de la DAG en Autriche voir Heinemann, « *Rasse* », p. 121 et s. ; Kaienburg, *Wirtschaft*, p. 294 et s.

148. BAB, NS 2/86, Gottberg au chef du RuSHA, 20 août 1938.

149. BAB, NS 2/54, Pancke à Himmler, 7 octobre 1938 ; NS 2/64 Pancke à l'état-major, 15 juillet 1938.

150. Cette divergence de conception entre Darré et Himmler est abordée par Kaienburg, *Wirtschaft*, p. 265 et s.

151. Gustavo Corni et Horst Gies, *Brot - Butter - Kanonen. Die Ernährungswirtschaft in Deutschland unter der Diktatur Hitlers*, Berlin, 1997, p. 184 et s. et p. 194.

152. BAK, NL 1094, I 65a, « journal » de Darré, présenté par Hanns Deetjen. En 1969, Deetjen travailla à partir d'extraits du journal original, d'où les guillemets.

153. *Ibid.*

154. *Ibid.*, 25 décembre 1937 et 3 janvier 1938.

155. BAK, NL 1094, I 10, Darré à Himmler, 8 février 1938.

156. Himmler limogea Darré avec « l'approbation du Führer » (*ibid.*, Himmler à Darré, 28 février, déclaration de Darré du 1er mars 1938).

157. BAK, NL 1094, I 10.

158. *Ibid.*, note sur l'appel du patron du syndicat des agriculteurs du Reich depuis Berchtesgaden, 28 février 1938.

159. Himmler avait obtenu l'approbation dès le 2 mars 1938 (BAB, BDC, SS-O Darré, note du 5 mars 1938). Il ne fit part à Darré de cette décision que le 26 avril 1938 (*ibid.*, lettre du 26 avril 1938).

160. Pohl fut poussé à faire cette « proposition audacieuse » quand le ministre des Finances du Reich refusa d'augmenter les contributions versées au RuSHA (BAB, BDC, SS-O Pohl, 30 mars 1938). Sur la réorganisation du département de la formation, voir ordre d'Himmler du 1er août 1938 (NS 2/86).

161. Sur le retrait, voir Heinemann, « *Rasse* », p. 112 et s. ; Uwe Mai, *« Rasse und Raum ». Agrarpolitik, Sozial- und Raumplanung im NS-Staat*, Paderborn, 2002, p. 114 et s. ; Kaienburg, *Wirtschaft*, p. 268 et s. ; Bramwell, *Blood*, p. 133. Sur la nomination de Pancke voir BAB, BDC, SS-O Pancke, états de service.

162. BAB, BDC, SS-O Darré, Darré à Himmler, 6 juillet 1938.

163. BAK, NL 1094, 65a, archives du 17 avril ainsi que du 8 et du 25 décembre 1937, 9 et 13 janvier ainsi que 28 février 1938.

164. Voir la correspondance privée entre les deux hommes dans BAK, NL 1094, I 58, ainsi que la lettre de Darré à Himmler du 6 juillet 1938 (BAB, BDC, SS-O Darré).

165. Sur le transfert de population au Sud-Tyrol, Conrad F. Latour, *Südtirol und die Achse Berlin-Rom 1938-1945*, Stuttgart 1962 ; Leopold Steurer, *Südtirol zwischen Rom und Berlin 1919-1939*, Vienne 1980 ; Karl Stuhlpfarrer, *Umsiedlung Südtirol 1939-1940*, Vienne 1985.

166. *Ibid.*, p. 53. On peut déduire de la note de Likus (l'agent de liaison de la SS auprès des Affaires étrangères) du 4 avril 1939, que l'ordre avait déjà été transmis à Himmler à ce stade. Le chiffre de 30 000 est cité là encore (BAB, NS 19/2070).

167. Stuhlpfarrer, *Umsiedlung*, p. 54. Dans sa lettre à Himmler du 14 avril 1939, Hofer doute encore apparemment du fait que le Sud-Tyrol va être définitivement cédé (BAB, NS 19/2070).

168. *Ibid.*, mémorandum du 30 mai 1939 ; Stuhlpfarrer, *Umsiedlung*, p. 63 et s.

169. BAB, NS 19/2070, note d'Himmler sur la réunion. Wolff rédigea une version exhaustive du protocole, tout comme Greifelt (*ibid.*). Du côté, Lorenz, Behrends, Bohle, le secrétaire d'État von Weizsäcker ainsi que d'autres représentants des Affaires étrangères y prirent part. Stuhlpfarrer, *Umsiedlung*, p. 68 et s.

170. BAB, NS 19/2070, mémorandum sur les négociations germano-italiennes sur la question du transfert de population au Sud-Tyrol (avec chronologie détaillée), 9 décembre 1939.

171. Stuhlpfarrer, *Umsiedlung*, p. 86 et s. ; sur les traités conclu le 21 octobre 1939, voir p. 148 et s.

172. Sur le résultat des négociations, voir *ibid.*, p. 97 et s. Le délai de trois mois laissé aux Allemands du Reich était valide à compter de la mise en place de l'administration chargée du transfert.

173. BAB, NS 2/141, bureau de liaison auprès du RuSHA à Prague, 18 avril 1939, au sujet de l'occupation du Bodenamt « lors d'une action de la police d'État » conformément à un accord entre le chef Rasse- und Siedlungshauptamt-SS et le chef du Sicherheitshauptamt-SS. Pancke avait proposé l'occupation du Bodenamt dans une lettre à Heydrich du 31 mars 1939 ; en guise de précédent, Pancke citait la « prise de contrôle rapide des entreprises agricoles lituaniennes et juives dans la région de Memel ». Pancke justifiait la responsabilité de la SS dans ce domaine comme suit : « Puisque, selon moi, le problème du peuplement, en particulier hors des frontières du Reich, est avant tout politique, seule une organisation politique – la SS – me paraît à même de s'en charger, et non des bureaux ministériels qui se sont jusqu'à présent avérés inadaptés à l'accomplissement de missions politiques. » Sur la prise en main du Bodenamt et son fonctionnement sous Gottberg, voir Schulte, *Zwangsarbeit*, p. 168 et s., Heinemann, « *Rasse* », p. 131 et s., et Kaienburg, *Wirtschaft*, p. 313 et s.

174. Heinemann, « *Rasse* », p. 139.

175. BAB, NS 2/164, Gottberg à Himmler, 12 juillet 1939 ; Heinemann, « *Rasse* », p. 144.

176. Cela ressort de conférences tenues par Hermann Reischle au printemps (BAB, BDC, SS-O Reischle). Dans l'idée de Reischle, il s'agissait de réimplanter près de 150 000 familles de paysans allemands dans les campagnes du Protectorat et de déplacer

autant de Tchèques dans les villes de la région. La moitié des exploitations agricoles indépendantes devaient théoriquement être confiées à des Allemands.

177. Comme Pancke à Himmler, 15 avril 1939 (BAB, NS 21138) ; Heinemann, « *Rasse* », p. 132 et s.

178. BAB, NS 2/139, 11 août 1939. Voir également NS 2/138, lettre de Darré du 17 mai 1939, où il s'oppose à ce que la SS prenne le contrôle du peuplement. Sur le conflit Darré-Gottberg et le renvoi de ce dernier voir Heinemann, « *Rasse* », p. 146 et s., ainsi que Kaienburg, *Wirtschaft*, p. 327 et s.

179. BAB, NS 2/139, Pancke, rapport sur la visite du Bodenamt de Prague, novembre 1939.

180. BAB, NS 2/139, Gottberg au ministre de l'Intérieur du Reich, 9 août 1939.

181. Darré s'en plaignit le 20 septembre 1939 à Himmler (BAB, NS 2/55) ; sur la Deutsche Ansiedlungsgesellschaft voir expressément Kaienburg, *Wirtschaft*, p. 288 et s.

182. Heinemann, « *Rasse* », p. 148.

183. *Ibid.*, p. 150 ; Kaienburg, *Wirtschaft*, p. 332.

184. BAB, BDC, SS-O Jansen, lettre du 27 août 1939.

185. *Ibid.*, Personalhauptamt (Schmitt) à Eicke, 18 janvier 1940. Jansen aurait exprimé le souhait devant Himmler, « de passer un certain temps dans un état-major au front, afin de se faire des impressions qu'il pourrait ensuite utiliser dans ses écrits ». Le service de Jansen auprès de la Totenkopf-Division est confirmé par une note du 21 août 1940 (*ibid.*).

186. BAB, BDC, SS-O Jansen

Guerre et colonisation en Pologne

1. NARA, T 580/150/225, lettre de l'Ahnenerbe à Himmler, 9 septembre 1939. Comparer avec la courte étude « Anlage der Festungskette gegen die Ungarn [...] mit der Errichtung unseres Westwalls ».

2. Voir part. Wildt, *Generation*, p. 419 - 580.

3. *Ibid.*, p. 421 et s.

4. Dans son discours au Reichstag le 1er septembre 1939, Hitler déclara : « Cette nuit, la Pologne a pour la première fois tiré sur notre territoire avec des soldats de l'armée régulière. Depuis 5 h 45, nous ripostons » (Hitler, *Reden und Proklamationen*, [Domarus] vol. 2, p. 1312 et s., citation p. 1315).

5. IfZ, ZS 573, interrogatoire de l'ancien directeur de la Stapostelle, Emanuel Schaefer, 13 juin 1952, par le ministère public de Cologne.

6. Jürgen Runzheimer, « Die Grenzzwischenfälle am Abend vor dem deutschen Angriff auf Polen », in Wolfgang Benz et Hermann Graml (Hg.), *Sommer 1939. Die Grossmächte und der Europäische Krieg*, Stuttgart, 1979, p. 107-147 ; voir également « Der überfall auf den Sender Gleiwitz im Jahre 1939 », in *Vierteljahrshefte für Zeitgeschichte* 10 (1962), p. 408-426 ; Höhne, *Orden*, p. 240 et s. ; doc. PS-2751, déclaration de Naujocks, 19 novembre 1945, in *IMT*, vol. 31, p. 90 et s.

7. Rolf Michaelis, *Die Geschichte der SS-Heimwehr Danzig* 1939, Rodgau, 1990 ; Dieter Schenk, *Die Post von Danzig. Geschichte eines deutschen Justizmords*, Reinbek bei Hamburg 1995.

8. Schellenberg, *Memoirs*, p. 71 et s.

9. Wegner, *Politische Soldaten*, p. 302.

10. BAB, NS 19/4005, in Himmler, *Geheimreden*, p. 25 et s., ici p. 31 ; voir Wegner, *Politische Soldaten*, p. 127.

11. *Ibid.*, p. 126 ; pour de plus amples détails, voir Otto Weidinger, *Division Das Reich. Der Weg der 2. SS-Panzer-Division « Das Reich ». Die Geschichte der Stammdivision der Waffen-SS*, Osnabrück 1967, vol. 1 : 1934-1939, p. 139 et s. et p. 274 et s.

12. Wegner, *Politische Soldaten*, p. 126 ; Weidinger, *Das Reich*, vol. 1, p. 320 et s.
13 Sydnor, *Soldaten*, p. 33 et s.

13. Sydnor, *Soldaten*, p. 33 et s.

14. Wegner, *Politische Soldaten*, p. 124 et s ; Sydnor, *Soldaten*, p. 37 et s.

15. Wegner, *Politische Soldaten*, p. 126 et s. ; Friedrich Husemann, *Die guten Glaubens waren. Geschichte der SS-Polizeidivision* (4. *SS-Polizei-Panzer-Grenadier-Division)*, vol. 1 : 1939-1942, Osnabrück, 1971, p. 17 et s.

16. Wegner, *Politische Soldaten*, p. 127 et s.

17. Sur la guerre contre la Pologne et la première phase de l'occupation, voir Dieter Pohl, *Von der « Judenpolitik » zum Judenmord. Der Distrikt Lublin des Generalgouvernements 1939-1944*, Francfort/Main 1993 ; Jansen et Weckbecker, « *Selbstschutz* » ; Horst Rohde, « Hitlers erster. Blitzkrieg- und seine Auswirkungen auf Nordosteuropa », Klaus A Maier *et al.*, *Die Errichtung der Hegemonie auf dem europäischen Kontinent*, Stuttgart 1979, p. 79-156 ; Czeslaw Madajczyk, *Die Okkupationspolitik Nazideutschlands in Polen 1939-1945*, Köln, 1988 ; Krausnick, « Einsatzgruppen », p. 32 et s.

18. *Akten zur deutschen auswärtigen Politik 1938-1945. Aus dem Archiv des Auswärtigen Amtes*, Serie D : 1937-1941, vol. 7 : *Die letzten Wochen vor Kriegsausbruch*, Baden-Baden 1967, n° 193 ; Winfried Baumgart, « Zur Ansprache Hitlers vor den Führern der Wehrmacht am 22.8.1939 : eine quellenkritische Untersuchung », in *Vierteljahrshefte für Zeitgeschichte* 16 (1968), p. 120-149.

19. Krausnick, « Einsatzgruppen », p. 44, Alexander B. Rossino, *Hitler Strikes Poland. Blitzkrieg, Ideology, and Atrocity*, Lawrence, Kan., 2003, p. 66 et 259.

20. BAB, R 58/825, 8 septembre 1941.

21. *Ibid.*, 16 octobre 1941.

22. Jansen et Weckbecker, « *Selbstschutz* », p. 27 et s. ; Wlodzimierz Iastrzebski, *Der Bromberger Blutsonntag. Legende und Wirklichkeit*, Poznan, 1990.

23. Krausnick, « Einsatzgruppen », p. 33 et s. On trouve une description détaillée de la hiérarchie chez Rossino, *Hitler*, p. 29 et s.

24. Helmut Krausnick, « Hitler und die Morde in Polen. Ein Beitrag zum Konflikt zwischen Heer und SS um die Verwaltung der besetzten Gebiete », in *Vierteljahrshefte für Zeitgeschichte* 11, 2 (1963), p. 196-209, p. 207.

25. Dorothee Weitbrecht, « Ermächtigung zur Vernichtung. Die Einsatzgruppen in Polen im Herbst 1939 », in Klaus-Peter Mallmann et Bogdan Musial (éd.), *Genesis des Genozids. Polen 1939-1941*, Darmstadt, 2004, p. 57 -70, ici p. 57 ; Dan Michman, « Why did Heydrich write the "Schnellbrief" ? A remark on the reason and on its significance », in *Yad Vashem Studies*, 32 (2004), p. 433-447, p. 439 et s.

26. Weitbrecht, « Ermächtigung », p. 59 et s.

27. IFZ, NO 2285, Himmler aux chefs de l'administration civile auprès du haut commandement de l'armée, 26 septembre 1939. La conférence décisive aurait eu lieu

entre le 3 et le 7 septembre 1939 (Jansen et Weckbecker, « *Selbstschutz* », p. 48, qui s'appuient sur les déclarations de Berger : IFZ, MB 30, p. 3838 et suivantes). Le 7 octobre 1939 Himmler émit des « directives pour l'organisation de la Selbstschutz en Pologne », cité par Jansen et Weckbecker, « *Selbstschutz* », p. 52 et s., d'après des documents à la centrale de Ludwigsburg.

28. Sur les chiffres, voir *ibid.*, p. 35.

29. Sur le rôle de la Selbstschutz, voir surtout *ibid.*, p. 111 et s. Sur la participation de la Wehrmacht aux meurtres, voir Joachim Böhler, *Auftakt zum Vernichtungskrieg. Die Wehrmacht in Polen 1939*, Francfort/Main, 2006, ainsi que « "Tragische Verstrickung" oder Auftakt zum Vernichtungskrieg ? Die Wehrmacht in Polen 1939 », in Klaus-Michael Mallmann und Bogdan Musial (dir.), *Genesis des Genozidp. Polen* 1939-1941, Darmstadt, 2004, p. 36-57. Sur les Einsatzgruppen voir Rossino, *Hitler*, p. 88 et s., ainsi que « Nazi anti-Jewish policy during the Polish campaign. The case of the Einsatzgruppe von Woyrsch », in *German Studies Review*, 24, 1 (2001), p. 35-53. Le rôle de l'Orpo et de la Waffen-SS a été étudié par Klaus Michael Mallmann ainsi que Martin Cüppers dans la collection rassemblée par Mallmann Musial *Genesis des Genozids.*

30. Pour des exemples, voir Rossino, *Hitler*, p. 90 et s. et p. 99.

31. *Ibid.*, p. 88 et s.

32. Christopher R. Browning, *Die Entfesselung der « Endlösung ». Nationalsozialistische Judenpolitik 1939-1942*, Berlin 2006, p. 56 et s. ; Böhler, « "Verstrickung" », p. 45 et s. ; *Auftakt*, p. 216 et s.

33. IFZ, NOKW 1006. Sur von Woyrsch, voir son dossier SS-O in BAB, BDC.

34. Krausnick, « Einsatzgruppen », p. 41, ainsi que Böhler, *Auftakt*, p. 210 et s.

35. Cité d'après Krausnick, « Einsatzgruppen », p. 57. La prise d'otages fut finalement le fait non de l'Einsatzgruppe mais de la Wehrmacht.

36. Jansen et Weckbecker, « *Selbstschutz* », p. 154 et s.

37. *Ibid.*, p. 96 et s. et p. 154,

38. *Ibid.*, p. 156 et 224 et s. Les unités dans les territoires polonais rattachés à la Prusse-Orientale, dans l'est de la Haute-Silésie et dans les territoires du centre et de l'est de la Pologne commirent également des exécutions (*ibid.*, p. 156 et s et p. 228 et s).

39. Volker Riess, *Die Anfänge der Vernichtung « lebensunwerten Lebens » in den Reichsgauen Danzig-Westpreussen und Wartheland 1939/40*, Francfort/Main, 1995, p. 173 et s.

40. Jansen et Weckbecker, « *Selbstschutz* », p. 49 et s. et p. 64 et s.

41. Voir oben p. 337 et s.

42. BAB, BDC, SS-O Alvensleben, Himmler à Heydrich, 26 mars 1940.

43. D'après l'évaluation de Riess, *Anfänge*, p. 355.

44. *Ibid.*, p. 243 et s.

45. *Ibid.*, p. 243 et s.

46. *Ibid.*, p. 321 et s. ; Mathias Beer, « Die Entwicklung der Gaswagen beim Mord an den Juden », in *Vierteljahrshefte für Zeitgeschichte* 35, 3 (1987), p. 403-417, p. 404 et s. ; *Nationalsozialistische Massentötungen durch Giftgap. Eine Dokumentation*, dir. Eugen Kogon, Hermann Langbein et Adalbert Rücker, Francfort/Main, 1986, p. 62 et s. ; Ernst Klee, *« Euthanasie » im NS-Staat. Die « Vernichtung lebensunwerten Lebens »*, Francfort/Main, 1983, p. 105 et s.

47. Riess, *Anfänge*, p. 222 et s. ; voir part. Heike Bernhardt, *Anstaltspsychiatrie und « Euthanasie » in Pommern* 1933-1945. *Die Krankenmorde an Kindern und Erwachsenen am Beispiel der Landesheilanstalt Ueckermünde*, Francfort/Main, 1994.

48. Riess, *Anfänge*, p. 104 et s., p. 131, 135 et s., p. 168, p. 256 et p. 334.

49. *Ibid.*, p. 188 et p. 288 et s.

50. Voir plus haut, p. 183.

51. Pour Richard Breitman, une note d'Himmler du 5 décembre 1939 est « la preuve la plus ancienne de l'existence d'un projet pour une sorte d'usine de mort utilisant des gaz toxiques pour tuer et des crématoires pour y disposer des cadavres ». La note sur une discussion avec Oswald Pohl dit : « Crématoire – Installation d'épouillement » (BAB, NS 1911449 ; Richard Breitman, *Der Architekt der « Endlösung ». Himmler und die Vernichtung der europäischen Juden*, Paderborn, 1996, p. 130 et s.). En réalité, il faudrait attendre 1942 pour que soient construites des installations utilisant gaz et crématoires. Si Himmler avait suivi un tel plan dès la fin de 1939, ce dont il n'existe aucune autre preuve concrète, ce fut en tout cas sans conséquence immédiate.

52. Note archivée du lieutenant Lahousen, in Helmuth Groscurth, *Tagebücher eines Abwehroffiziers 1938-1940. Mit weiteren Dokumenten zur Militäropposition gegen Hitler*, Helmut Krausnick et Harold C. Deutsch en collaboration avec Hildegard von Kotze, Stuttgart, 1970, p. 357 et s.

53. In Müller, *Heer*, annexe n° 45.

54. Sur cette question, voir *ibid.*, p. 422 et s.

55. Sur la résistance et les protestations des militaires, « Einsatzgruppen », p. 80 et s.

56. Discussion du chef de l'état-major de la Wehrmacht dans la nouvelle région militaire de Dantzig avec le HSSPF Hildebrand et le commandant de la Selbstschutz von Alvensleben, 13 octobre 1939, d'après Jansen et Weckbecker, « *Selbstschutz* », p. 175.

57. Cité dans Groscurth, *Tagebücher*, p. 409 et s.

58. Jansen et Weckbecker, « *Selbstschutz* », p. 146 et 193 et s.

59. Plainte du commandant de la région militaire du Warthegau, général Petzel, au commandant en chef de l'armée de réserve du 23 novembre 1939, doc. D-419, in *IMT*, vol. 35, p. 88.

60. IFZ, NO 3011, Commandant en chef Est, note pour la proposition Oberost au commandant en chef de l'Armée de Terre, 15 février 1940, comprend une longue liste et inclut la prise de position d'Ulex du 2 février 1940.

61. Müller, *Heer*, p. 437 et s. ; note de Blaskowitz pour la présentation au commandant en chef de l'Armée de Terre, 6 février 1940, in *« Schone Zeiten ». Judenmord aus der Sicht der Täter und Gaffer*, dir. d'Ernst Klee, Willi Dressen et Volker Riess, Francfort/Main, 1988, p. 14 et s.

62. Voir BAB, BDC, SS-O Brehm, rapport de Brehm du 7 octobre 1940 : « Le chef du Siedlungshauptamt im R.u.P. Hauptamt-SS, le SS-Oberführer von Gottberg, m'a confié, en tant que commandant d'un Einsatzgruppe, la mission de me saisir, lors de l'invasion de la Pologne, de tous les documents sur la réforme agraire polonaise et de préparer la mise en place d'un service allemand du cadastre. » Les Einsatzgruppen du RuSHA entrèrent officiellement en activité le 11 septembre 1939 (NS 2/55, Pancke an RFSS, 11 septembre 1939). Pour une présentation en détail de ces groupes de consultants, voir Heinemann, « *Rasse* », p. 201 et s.

63. BAB, NS 2/61, projet de rapport pour les services du RKF, directeur de la RuS-Beratung B, Theodor Henschel. Plus loin, il est dit que la RuS-Beratung aurait « la mission de préparer la germanisation des biens immobiliers agricoles étrangers et de prendre en considération les intérêts de la SS vis-à-vis de ces terrains libérés. [...] Il leur était interdit d'agir indépendamment, c'est pourquoi ils devaient agir en étroite collaboration avec les Einsatzgruppen [...] Les biens aux mains des Juifs et les plus grandes propriétés (plus de 25 hectares) appartenant à des Polonais seraient confiés à la Sipo qui se chargerait d'arrêter les propriétaires, puis, une fois le bien sans propriétaire, il serait transféré au chef de l'administration civile qui se chargerait de son entretien par le biais de son département agriculture ». Voir également NS 2/60, Beratung A, rapport n° 13, 21 octobre 1939, ainsi que commentaire d'Himmler à Pancke, 28 novembre 1939.

64. Voir documents dans BAB, NS 2/55. Le ministère de l'Alimentation, signalat-on au département du peuplement, avait engagé 56 intendants qui seraient chargés d'exploiter des domaines de l'État polonais dans la province de Poznan ; en outre, d'aucuns soupçonnèrent le ministère de vouloir ressusciter la « vieille commission de peuplement prussienne », fondée en 1886 (note archivée du 11 septembre 1939, ainsi que la lettre de Pancke à Himmler du même jour).

65. Détails chez Madajczyk, *Okkupationspolitik*, p. 391.

66. USHMM, Acc.1999.A.0092, 16 octobre 1939.

67. Doc. PS-686, in *IMT*, vol. 26, p. 255 et s. Sur les débuts, voir Stuhlpfarrer, *Umsiedlung*, p. 247 et s. Le décret s'appuyait sur la proposition de décret du Führer pour réglementer le transfert de population du Sud-Tyrol, envoyé par Lammers à Himmler le 12 août 1939. Himmler y apporta quelques modifications. Voir BAB, R 43 II 11412.

68. Stuhlpfarrer, *Umsiedlung*, p. 253. Doc. in BAB, R 43 II11412.

69. IFZ, NG 1759, lettre de Darré à Lammers, 4 octobre 1939.

70. IFZ, NG 1759.

71. Ce qui ressort de la lettre à Goering du 27 octobre 1939 (*ibid.*).

72. *Ibid.*, 27 octobre 1939.

Le nouvel ordre national

1. BAB, R 58/241, décret du 1er novembre 1939. Sur la mise en place de la police et ses relations avec l'administration, voir Gerhard Eisenblätter, « Grundlinien der Politik des Reichs gegenüber dem Generalgouvernement, 1939-1945 », (MS) Phil. Diss. Francfort, 1969, p. 131 et s.

2. En juin 1940, Himmler parvint à imposer son point de vue contre Frank et obtint que le secrétaire d'État de Frank, Bühler, ne soit pas le supérieur de Krüger (*ibid.*, p. 143).

3. Martin Broszat, *Nationalsozialistische Polenpolitik* 1939-1945, Stuttgart, 1961, p. 81.

4. Pour des détails sur l'Orpo dans le Gouvernement général, voir Eisenblätter, « Grundlinien », p. 136 et s.

5. BAB, R 75/3b, in *Faschismus, Ghetto, Massenmord. Dokumentation über Ausrottung und Widerstand der Juden* in *Polen während des* 2. *Weltkrieges,* Jüdisches Historischen Institut Warschau, sous la direction de Tatiana Berenstein, Artur Eisenbach

et al., Francfort/Main, 1962, p. 42 et s. ; sur le rôle des HSSPF dans ce contexte voir Birn, *Die Höheren SS- und Polizeiführer*, p. 158.

6. Madajczyk, *Okkupationspolitik*, p. 187.

7. Michael Foedrowitz, « Auf der Suche nach einer besatzungspolitischen Konzeption. Der Befehlshaber der Sicherheitspolizei und des SD im Generalgouvernement », in Gerhard Paul et Klaus-Michael Mallmann (éd.), *Die Gestapo im Zweiten Weltkrieg. Heimatfront und besetztes Europa*, Darmstadt, 2000, p. 340-361, part. p. 340 et s.

8. Réglementation sur l'introduction du droit pénal allemand du 6 juin 1940, in *RGBl* 1940, p. 84. Sur ce sujet, voir également Broszat, *Polenpolitik*, p. 142 et s.

9. Réglementation sur le droit pénal imposé aux Polonais et aux Juifs dans les territoires occupés du 4 décembre 1941, in *RGBl* 1941, p. 759.

10. Christopher R. Browning, « Die nationalsozialistische Umsiedlungspolitik und die Suche nach einer Lösung der Judenfrage. 1939-1941 », in *Der Weg zur « Endlösung ». Entscheidungen und Täter*, Bonn, 1998, p. 13-36 ; ebenso Pohl, Lublin, p. 22.

11. BAB, R 58/825,15 septembre 1939.

12. *Faschismus, Ghetto, Massenmord*, p. 37 et s. ; IFZ, PS-3363.

13. Transcription de l'entretien entre Heydrich et von Brauchitsch, in Groscurth, *Tagebücher*, p. 361 et s.

14. BAB, R 58/825, réunion des chefs de départements du 29 septembre, Protocole du 1er octobre 1939. En conséquence, la règle d'exception prévue par la circulaire du 21 septembre, qui prévoyait qu'aucune mesure préparatoire ne soit prise pour les déportations dans le secteur de l'Einsatzgruppe I, fut levée (YV, *053/87*, note d'Eichmann du 29 septembre 1939).

15. Alfred Rosenberg, *Das politische Tagebuch Alfred Rosenbergs aus den Jahren 1934-1935 und 1939-1940*, Hans-Günther Seraphim, Munich, 1964, p. 81.

16. Voir Longerich, *Politik*, p. 255. Hitler lui-même en parla le 26 septembre devant l'industriel sudédois Dahlerus (Andreas Hillgruber [dir.], *Staatsmänner und Diplomaten bei Hitler. Vertrauliche Aufzeichnungen deen über Unterredungen mit Vertretern des Auslandes*, vol. 1 : 1939-1941, Francfort/Main, 1967, p. 29 et s.) et expliqua le 1er octobre au ministre italien des Affaires étrangères l'idée d'une « redistribution des peuples » à l'est *(ADAP*, Serie D, Vol. 7, N° 176, Protocole du 2 octobre 1939). La presse fut elle aussi tenue au courant confidentiellement de ces projets et aussitôt, la presse internationale reprit les spéculations sur une telle « réserve » (confidentielle information du ministère de la Propagande, 9 octobre 1941, in Jürgen Hagemann, *Die Presselenkung im Dritten Reich*, Bonn, 1970, p. 145.). Le 6 octobre Hitler, dans son discours au Reichstag, déclara que la « mission essentielle », après « l'effondrement de l'état fantoche polonais », était un « nouvel agencement de la situation ethnographique, autrement dit, un transfert des nationalités ». Au cours de ce réagencement, on s'efforcerait « d'ordonner et de régler le problème juif » (*Verhandlungen des Reichstagep. Stenographische Berichte*, vol. 460, Berlin, 1939, p. 51 et s.).

17. YV, 053/87 (Gestapo-Akten aus Mährisch-Ostrau) ; sur les activités d'Eichmann à cette époque, voir Longerich, *Politik*, p. 256 et s. Sur les déportations de l'automne 1939, voir Miroslav Kärny, « Nisko in der Geschichte der Endlösung », in *Judaica Bohemiae* 23 (1987), p. 69-84 ; Seev Goshen, « Eichmann und die Nisko-Aktion im octobre 1939. Eine Fallstudie zur NS- Judenpolitik in der letzten Etappe vor der-Endlösung », in *Vierteljahrshefte für Zeitgeschichte* 29, 1 (1981), p. 74-96 ; [Jonny

Moser, « Nisko : the first experiment in deportation », in *Simon Wiesenthal Center Annual 2,1* (1985), p. 1-30 ; Seev Goshen, « Nisko. Ein Ausnahmefall unter den Judenlagern der SS », in *Vierteljahrshefte für Zeitgeschichte 40, 1* (1992), p. 95-106 ; Hans Günter Adler, *Der verwaltete Mensch. Studien zur Deportation der Juden aus Deutschland*, Tübingen 1974, p. 125 et s. ; Browning, « Umsiedlungspolitik » ; Safrian, *Eichmann-Männer*, p. 68 et s.

18. YV, 053/87, note de Günther du 11 octobre 1939. Eichmann aussi parla de cette « mission du Führer » lors de sa visite à Becker, « l'émissaire spécial sur la question juive » de l'état-major de Bürckel ; il mentionna alors que les Juifs qui vivaient encore à Vienne devraient être déplacés « au plus tard dans 3-4 ans » (Gerhard Botz, *Wohnungspolitik und Judendeportation in Vienne* 1938. *Zur Funktion des Antisemitismus als Ersatz nationalsozialistischer Sozialpolitik*, Vienne-Salzburg 1975, p. 105).

19. YV, 053/87, note du 6 octobre 1939.

20. *Ibid.*, télégramme du SD-Hauptamt à la Stapo-Aussenstelle Mährisch-Ostrau, 13 octobre 1939, ainsi que réponse du SD- Donau, 16 octobre 1939.

21. Lors de la réunion à la Stapo-Aussenstelle Mährisch-Ostrau du 9 octobre, on revint sur les détails de la construction de baraquements (*ibid.*, note de Dannecker, 11 octobre 1939).

22. *Ibid.*, note de la Centrale de Vienne, 17 octobre 1939.

23. Voir Safrian, *Eichmann-Männer*, p. 77 et s. Sur la mise en œuvre des déportations voir Goshen, « Eichmann », p. 86 ; sur Vienne voir Rosenkranz, *Verfolgung*, p. 215 et s. ; sur la déportation à partir de Mährisch-Ostrau, voir Kärny, « Nisko », p. 96 et s., ainsi que Lukas Pribyl, « Das Schicksal des dritten Transports aus dem Protektorat nach Nisko », in *Theresienstädter Studien und Dokumente*, 2000, p. 297-342.

24. YV, 053/87, note de la Gestapo de Mährisch-Ostrau, 21 octobre 1939. Dans une lettre à Bürckel du 9 novembre 1939, Himmler dit une fois de plus clairement qu'il avait « interdit le déplacement des Juifs jusqu'à nouvel avis pour des questions de difficultés techniques » (Botz, *Wohnungspolitik*, p. 196, ainsi que doc. PS-3398, in *IMT*, vol. 32, p. 255 et s.).

25. À la fin octobre, le RSHA signala au SD-Oberabschnitt Vienne qu'il était tout à fait envisageable d'organiser des « transports individuels de Juifs depuis Vienne » (YV, 053/86, SD-Donau au Stapo de Mährisch-Ostrau, 28 octobre 1939). Le HSSPF Est, Krüger, s'appuya le 1er novembre 1939 sur des plans existants pour procéder à un « rassemblement particulièrement fort de Juifs » (Werner Präg und Wolfgang Iacobmeyer [dir.], *Das Diensttagebuch des deutschen Generalgouverneurs in Polen* 1939-1945, Stuttgart, 1975, p. 56).

26. Heinemann, « *Rasse* », p. 214. Sur la délimitation des responsabilités et la coopération, voir BAB, NS 2/139, lettre du RKF, Himmler, 15 février 1940, ainsi que IfZ, PS-2207, et décret du RFSS au sujet de la coopération des autorités du RFSS avec la Haupttreuhandstelle Est, 10 novembre 1939.

27. Heinemann, « *Rasse* », p. 191 ; Stuhlpfarrer, *Umsiedlung*, p. 251.

28. BAB, NS *2/60.*

29. *Ibid.*, plus loin, 11 octobre 1939, communication au sujet de l'installation des Allemands de Volhynie. Le même dossier contient d'autres directives du même jour aux chefs du SS-Hauptamt.

30. *Ibid.*, transcription.

31. BAB, R 75/3b, in *Faschismus, Ghetto, Massenmord*, p. 42 et s.

32. Protocole in *Biuletyn Gl6wnej Komisji Badania Zbrodni Niemieckich* w *Polsee* 12, doc. n° 3. Voir également le rapport de Krüger sur une séance de travail du conseil régional du district de Cracovie, ayant eu lieu le même jour (Präg und Iacobmeyer [dir.], *Diensttagebuch*).

33. Circulaire du HSSPF Warthegau, Koppe, 12 novembre 1939, in *Faschismus, Ghetto, Massenmord*, p. 43 et s.

34. Lettre de Heydrich aux HSSPF Cracovie, Breslau, Poznan et Dantzig ainsi que télégramme sur les détails du plan du 28 novembre 1939, in *Biuletyn Glównej Komisji Badania Zbrodni Niemieckich* w *Polsee* 12, doc. 4 et 5. Le plan préparé n'a pas été retrouvé, mais il en existe un brouillon sans date ni signature qui aurait été réalisé par la section III du RSHA (BAB, R 69/1146, édité par Karl Heinz Roth in 199911 [1997], p. 50-71).

35. BAB, R 75/3b, rapport de conclusion de Koppe, 26 janvier 1940, in *Faschismus, Ghetto, Massenmord*, p. 48.

36. BAB, R 75/3b, lettre du HSSPF Koppe au RSHA, Poznan, 18 décembre 1939, in *Biuletyn Glównej Komisji Badania Zbrodni Niemieckich* w *Polsee* 12, Doc. n° 8.

37. BAB, R 581276, également in *Biuletyn Glównej Komisji Badania Zbrodni Niemieckich* w *Polsee* 12, Doc. n° 9 ; la lettre s'appuyait sur la réunion de service du 19 décembre 1939.

38. Götz Aly, « *Endlosung* », *Völkerverschiebung und der Mord an den europäischen Juden*, Francfort/Main 1995, p. 73 et s., cité d'après Archivum Glównej Komisji Badania Zbrodni Przeciwko Narodowi Polskiemu Warschau, UWZ, p. 197. Voir également sur ces plans les déclarations de Frank du 19 janvier 1940 (Präg und Iacobrneyer [dir.], *Diensttagebuch)*.

39. Aly, « *Endlösung* », p. 77, p. 81 et s. et p. 89.

40. Détails chez Longerich, *Politik*, p. 26.

41. BAB, R 113/10, avec introduction de Karl Heinz Roth et documents en annexe in *Mitteilungen der Dokumentationsstelle zur N5-50zialpolitik* 1 (1985), p. 45 et s. Dans une autre version, le document se trouve en annexe d'une communication de l'OKW du 8 mars 1940, également daté de février (Rolf-Dieter Müller, *Hitlers Ostkrieg und die deutsche 5iedlungspolitik. Die Zusammenarbeit von Wehrmacht, Wirtschaft und SS*, Francfort/Main 1991, p. 130 et s.). Le RuSHA accueillit positivement le mémorandum du bureau de la politique raciale du NSDAP sur le « traitement de la population des anciens territoires polonais », qui allait au-delà des « principes de planification » – il y était entre autres envisagé de déplacer tous les Juifs ainsi que plus de 5 millions de Polonais des territoires annexés et de germaniser le reste de la population, estimé à 1,3 million de personnes (R 49/75, Hecht/Wetzel-Denkschrift, 25 novembre 1939) ; Heinemann, « *Rasse* », p. 192 et s.

42. BAB, R 5811032, séance du 30 janvier 1940 au RSHA, in *Faschismus, Ghetto, Massenmord*, p. 5 et s. Sur les limitations imposées aux projets de déportation, voir Browning, *Entfesselung*, p. 91 et s.

43. Outre les 800 000 personnes qui furent déplacées conformément au premier plan, il y eut d'autres mouvements de population : entre le 10 février et le 15 mars 1940, dans le cadre du plan dit intermédiaire, 40 128 Juifs et Polonais fut déportés des territoires annexés vers le Gouvernement général (*ibid.*, p. 104 et s.). Entre avril 1940 et janvier 1941 le deuxième plan fut déclenché, dans une version révisée, portant sur la déportation de

130 000 Polonais et de 3 500 Juifs. Lors de la « Cholmer Aktion », on transplanta 30 275 personnes d'origine allemande des environs de Chelm et Lublin dans le Warthegau, dont on expulsa 28 265 vers le Gouvernement général (Aly, « *Endlösung* », p. 157). De plus, durant l'action dite « Saybusch », on déplaça un total de 18 000 Polonais du district du même nom en Haute-Silésie de septembre 1940 à janvier 1941, dont les fermes furent confiées à des Allemands ethniques venus de Galicie (Sybille Steinbacher, « *Musterstadt* » *Auschwitz. Germanisierungspolitik und Judenmord in Ostoberschlesien*, Munich, 2000, p. 133 et s.).

44. Voir plus loin, p. 690.

45. D'après le rapport du Hauptabteilung I du RKF du 28 janvier 1941, jusqu'au 16 janvier 1941 307 958 personnes en tout furent évacuées (BAB, R 49/3127, Aussiedlung und Evakuierung in den eingegliederten Ostgebieten für das Jahr 1941, 28 janvier 1941). Dans la présentation d'Himmler à Hitler le 20 février 1943, on trouve le chiffre de 366 000 déportés jusqu'à la fin 1942 (R 43 III14U).

46. Pancke déclara, après une discussion avec Himmler le 7 novembre 1939 : « Il importe que Hofmann considère comment analyser les qualités raciales d'importantes fractions de la population allemande et polonaise dans les territoires de l'Est. Par le biais du Sippenamt au sein du RuS-Hauptamt, le Reichsführer-SS compte développer plus avant le RuS-Hauptamt dans le cadre de son Reichskommissariat, afin de pouvoir ainsi contrôler et prendre des décisions opérationnelles au sujet de l'ensemble des gens dans les territoires de l'Est. Avec l'intégration du Bureau du peuplement et du Sippenamt dans le Reichskommissariat, le RuS-Hauptamt s'assure une influence tout à fait décisive sur le peuplement à l'est » (BAB, NS 21139). Le 16 décembre 1939, Himmler confia en outre à Hofmann, chef du Sippenamt, les responsabilités de chef du Bureau pour la race (BDC, SS-O Hofmann). Voir Heinemann, « *Rasse* », p. 194 et s.

47. *Ibid.*, p. 195 et s. et p. 232 et s.

48. *Ibid.*, p. 197 et s. et p. 251 et s. On trouvera des informations essentielles sur les activités du bureau de Lodz dans le rapport de conclusion du chef du bureau de Lodz sur les expulsions dans le cadre du deuxième plan dans le Wartheland, à la fin de 1940 (BAB, R 75/6).

49. Jahresabschlussbericht des Zentralbodenamtes für 1942 (BAB, R 491195) ; vgl. Heinemann, « *Rasse* », p. 212 et s.

50. *Ibid.*, p. 217 et s.

51. Exemples *ibid.*, p. 209 et s.

52. BAB, NS 2/60, rapport du RuS-Führer à l'EWZ, Künzel, 20 décembre 1939, ainsi que rapport de Pancke, 20 décembre 1939.

53. *Ibid.*, rapport de Künzel, 20 décembre 1939.

54. *Ibid.*, 20 décembre 1939.

55. BAB, NS 2/88, 14 octobre 1939 ; Heinemann, « *Rasse* », p. 234 et s.

56. BAB, R 69/178, EWZ Nord-Est au chef de la Sipo et du SD, 17 janvier 1940 ; IfZ, NO 4326, Hofmann, 25 janvier 1940.

57. Heinemann, « *Rasse* », p. 236.

58. BAB, R 69/178, EWZ Nord-Est au chef de la Sipo et du SD, 17 janvier 1940.

59. USHMM, RG 15.015 M/162, RKF, sign. Creutz, au HSSPF Warthe, Nord-Est et Sud-Est, 18 janvier 1940.

60. BAB, NS 2/61, réunion dans la EWZ Nord-Est le 1er avril 1940.

61. BAB, R 69/598, rapport sur la réunion des services de la race et du peuplement dans le cadre de la réunion des services de l'immigration les 11 et 12 janvier 1941 à Dresden, rapport du directeur du Sippenamt Richard Kaaserer.

62. BAB, R 69/598, lettre du 18 novembre 1940. *Epicanthus medialis* est le terme médical pour ce que l'on appelle communément les « yeux bridés », et qui est caractéristique de nombreux peuples d'Asie de l'Est. Himmler voulait manifestement être certain que ce signe distinctif serait bien pris en compte.

63. Heinemann, « *Rasse* », p. 242 et s. BAB, R 49/14, Reichsvolkstumskommissar, Ostumsiedlung, situation au 31 décembre 1942 ; ici, le nombre d'Allemands d'origine transférés des pays baltes est évalué à 126000.

64. BAB, NS 2/88, EWZ Nordost, Nebenstelle Poznan, RuS-Dienststelle, au directeur de l'Einwanderernebenstelle Poznan, 26 mars 1940, rapport de conclusion sur le recensement des Allemands des pays baltes ; voir Heinemann, « *Rasse* », p. 244 et s.

65. BAB, R 69/516, EWZ Nord-Est, Nebenstelle Poznan à l'HSSPF Koppe au sujet de l'évaluation raciale des Allemands d'origine de Volhynie, de Galicie et de la région du Narev « filtrés » jusqu'au 18 février 1940, 20 février 1940.

66. BAB, R 69/501, EWZ, Fliegende Kommission I, Zusatz zur Wolhynien-und Galizien Statistik, 20 août 1940.

67. BAB, R 69/178. Plus de 147000 personnes à transférer auraient été recensées dans ces territoires.

68. BAB, R 69/598, rapport sur la réunion des RuS-Dienststellen dans le cadre de la réunion de l'EWZ les 11 et 12 janvier 1941 à Dresde.

69. L'introduction au *Dienstkalender*, p. 81 et s., en propose une excellente vue d'ensemble. Voir également BAB, R 49/26, RKF, rapport à Himmler au sujet des statistiques sur la situation des transferts de population au 15 avril 1941, 5 mai 1941.

70. Heinemann, « *Rasse* », p. 247 et s.

71. BAB, NS 19/150, date illisible.

72. *Ibid.*, Brandt à Koppe, 9 août 1940 : « Les cinq jeunes filles que vous avez envoyées à Berlin sont bien arrivées. »

73. *Ibid.*, état-major personnel à Greifelt, 30 mai 1941.

74. Schulte, *Zwangsarbeit*, p. 246 et s.

75. Mémorandum d'Himmler sur le traitement des peuples étrangers à l'est (mai 1941), éd. Helmut Krausnick, in *Vierteljahrshete für Zeitgeschichtef* 5 (1957), p. 194-198.

76. D'après la note manuscrite d'Himmler (28 mai 1940) sur le mémorandum (voir note 7), Hitler l'avait considéré comme « très bien et juste » ; pourtant, il le traita « dans le plus grand secret » et le montrerait à Frank « pour lui dire que le Führer estime que c'est juste ».

77. USHMM, RG 15. 015 M1259, ordonnance sur l'emploi de Polonais germanisables, 3 juillet 1940 ; sur le processus de regermanisation, voir Heinemann, « *Rasse* », p. 282 et s.

78. *Ibid.*, p. 197 et suivantes et p. 251 et s.

79. *Ibid.*, p. 283.

80. BAB, R 49/75, Mémorandum Hecht/Wetzel, 25 novembre 1939. On y parlait de 1,3 million de Polonais germanisables dans les régions annexées.

81. On retrouve l'objectif d'un million de personnes dans le décret d'Himmler sur l'examen et la sélection de la population des territoires occupés à l'est du 12 septembre 1940, cité par Heinemann, « *Rasse* », p. 282. Dans une note issue du ministère de l'Économie du Reich du 1er novembre 1940, on peut lire : « Une requête téléphonique du commissaire du Reich à la consolidation de la nation allemande a abouti au fait que, selon une décision du Führer, jusqu'à un million de Polonais pourraient être germanisés en Allemagne. Actuellement, la germanisation est en cours sur quelque 800 à 900 personnes. Le commissaire du Reich calcule cependant qu'il sera possible de procéder à la germanisation d'environ 100 000 personnes. Il ne semble pas possible d'atteindre dans un avenir prévisible le chiffre de un million, compte tenu des enquêtes raciales et des examens médicaux extrêmement rigoureux » (USHMM, RG l5. 007 M/125).

82. USHMM, RG l15. 01 MI251, Himmler aux HSSPF Est, Nord-Est, Vistule, Warthe, Sud-Est, 20 mai 1941. La lettre faisait référence aux « Prussiens occidentaux de naissance », mais Himmler annonça que ses propositions valaient pour toutes les régions annexées de Pologne.

83. Voir ses réflexions dans son discours du 29 février 1940 (BAB, NS 19/4007, et plus loin, p. 568).

84. Heinemann, « *Rasse* », p. 479 et s. ; l'ordonnance 421 du RFK du 23 juillet 1941 signée par Himmler joua un rôle clé (USHMM, RG lP. 007 M/125).

85. Heinemann, « *Rasse* », p. 261 et s.

86. BAB, NS 19/3979, décret du 12 septembre 1940 sur l'examen et la sélection de la population dans les régions de l'Est annexées, 12 septembre 1940. Le contenu de cette réglementation fut reprise dans l'ordonnance du ministre de l'Intérieur du Reich sur la Liste des peuples allemands et la citoyenneté allemande dans les régions de l'Est annexées du 4 mars 1941, *RGBl* 1941 I, p. 118 et s. ; Heinemann, « *Rasse* », p. 262 et s.

87. BAB, NS *2/88*, le chef du RuSHA, Hofmann, au directeur du Rassenamt, Schultz, sur une présentation d'Himmler le 22 novembre 1941, 25 novembre 1941. La directive se rapportait autant au « processus d'examen » pour la Liste des peuples allemands qu'aux examens effectués par l'Aussenstelle de Lodz. Elle fut utilisée pour la première fois lors des examens effectués en Haute-Silésie. Sur la date de la présentation, voir *Dienstkalender.*

88. USHMM, RG 15.007 M/113, RFSS, Directives sur la mise en place et le fonctionnement de la haute cour de contrôle pour les questions d'appartenance ethnique dans les territoires annexés à l'est.

89. Dans le Warthegau et en Prusse-Orientale, au printemps 1942, près de 100 000 personnes furent examinées afin de déterminer leur appartenance aux groupes 3 et 4. L'examen des quelque 1,9 million de candidats supposés avait officiellement commencé en Prusse-Occidentale et en Haute-Silésie (Heinemann, « *Rasse* », p. 268).

90. Sur la confrontation entre Himmler et Forster sur l'application de la Liste des peuples, voir la lettre d'Himmler du 20 novembre 1941, in Dieter Schenk, *Hitlers Mann in Dantzig. Albert Forster und die NS- Verbrechen in Dantzig Westpreussen*, Bonn 2000, p. 207 ; plus loin BAB, NS 2/231, Brandt au RSHA et au RuSHA, 2 décembre 1943. Sur le conflit avec Forster, « *Rasse* », p. 269 et suivantes. Dans le Warthegau, le Reichsstatthalter Greiser finit par céder après qu'Himmler, en septembre 1941, eut fermement insisté sur le principe d'une sélection raciale rigoureuse (*ibid.*, p. 274 et s.). Sur le litige avec le Gauleiter de Haute-Silésie, Bracht, voir *ibid.*, p. 172 et s.

91. Adler, *Mensch*, p. 140 et s.
92. Rede vor den Gauleitern, 29 février 1940, in Himmler, *Geheimreden*, p. 139.
93. *Ibid.*, p. 138 et s.
94. Doc. EC-305, in *IMT*, vol. 36, p. 299 et s.
95. Präg et Jacob Meyer (éd.), *Diensttagebuch*, 2 et 4 mars 1940.
96. Rapport du chef de la section Transfert de population auprès du gouverneur du district de Varsovie, Schön, 20 janvier 1941, in *Faschismus, Ghetto, Massenmord*, p. 108 et s.
97. *Dokumente über die Verfolgung der jüdischen Bürger in Baden- Württemberg durch das nationalsozialistische Regime*, bearb. von Paul Sauer, vol. 2, Stuttgart, 1966, n° 408.
98. Rapport du chef de la section Transfert de population auprès du gouverneur du district de Varsovie, Schön, 20 janvier 1941, in *Faschismus, Ghetto, Massenmord*, p. 108 et s.
99. Voir Heinemann, « *Rasse* », p. 151 et s.
100. *Die Deutschen in der Tschechoslowakei 1933-1947 Dokumentensammlung*, compilé par Väclav Kral, Prague, 1964, p. 424.
101. Hitler à Frank, 6 janvier 1941, in *ibid.*, p. 425.
102. Heinemann, « *Rasse* », p. 155 et s.
103. *Ibid.*, p. 154.
104. Tatjana Tönsmeyer, *Das Dritte Reich und die Slowakei 1939-1945. Politischer Alltag zwischen Kooperation und Eigensinn*, Paderborn, 2003, p. 312 et s.
105. Pancke à Himmler, 15 mai 1940 ainsi que 18 juin 1940, in *Die Deutschen in der Tschechoslowakei*, p. 405 et s. ; Tönsmeyer, *Reich*, p. 46 et s., ainsi qu'en particulier Johann Kaiser, « Die Politik des Dritten Reiches gegenüber der Slowakei 1939-1945. Ein Beitrag zur Erforschung der nationalsozialistischen Satellitenpolitik in Südosteuropa », Disp. Bochum 1970, p. 427 et s.
106. BAB, NS 19/2070, Himmler an Dollmann, 6 septembre 1939 ; Stuhlpfarrer, *Umsiedlung*, p. 140 et s.
107. *Ibid.*, p. 142 et s.
108. Zitiert in *ibid.*, p. 623.
109. *Ibid.*, p. 148 et s.
110. *Ibid.*, p. 177 et s.
111. BAB, NS 19/2070.
112. Stuhlpfarrer, *Umsiedlung*, p. 170 et s.
113. *Ibid.*, p. 205 et s., pour une discussion sur les différents chiffres disponibles et p. 155 et s. pour le processus d'option.
114. *Ibid.*, p. 541 et s. ; Latour, *Südtirol*, p. 74 et s.
115. Stuhlpfarrer, *Umsiedlung*, p. 617 et s.
116. *Ibid.*, p. 649 et s. ; sur les déclarations d'Himmler le 18 et le 23 juillet, voir BAB, R 49/2156, protocole de mémoire Kukla ainsi que note archivée sur le voyage en Bourgogne.
117. IfZ, NO 2417, Himmler à Frauenfeld, 10 et 27 juillet 1942 ; Stuhlpfarrer, *Umsiedlung*, p. 701 et s.
118. Voir plus haut, p. 520.
119. Note de Blaskowitz pour le commandant en chef de l'Armée de Terre, 6 février 1940, in « *Schöne Zeiten* », p. 14 et s.

120. Müller, *Heer*, p. 445 et s. ; sur la discussion du 2 février voir Franz Halder, *Kriegstagebuch. Tägliche transcription deen des Chefs des Generalstabes des Heeres 1939-1942*, Hans-Adolf Jacobsen en collaboration avec Alfred Philippi, Vol. 1 : *Vom Polenfeldzug bis zum Ende der Westoffensive (14.8.1939-30.6.1940)*, Stuttgart, 1962, p. 183, 5 février 1940.

121. Müller, *Heer*, p. 448 et s. ; Halder, *Kriegstagebuch*, vol. 1, p. 229, 13 mars 1940.

122. Voir Müller, *Heer*, p. 459 et s., sur « la répugnance et la colère », que le décret aurait suscitées dans le corps des officiers, comme on le voit entre autres dans le journal de Groscurths (14 décembre 1939 et 22 janvier 1940). Johst, l'ami d'Himmler, se sentit obligé de défendre vigoureusement le décret dans son texte, *Ruf des Reiches, Echo des Volkes. Eine Ostfahrt*, Munich, 1940.

123. BAB, NS 19/3901 ; fac-similé *in* Norbert Westenrieder, *« Deutsche Frauen und Mädchen ! » Vom Alltagsleben 1933-1945*, Düsseldorf, 1984, p. 42.

124. BAB, NS 19/3901, 10 janvier 1940. Le 19 juin 1940, de nouvelles précisions furent rendues publiques quant à l'exécution de l'ordre du RFSS du 28 octobre 1939, qui relativisaient l'orientation première de l'ordonnance : « Le premier devoir serait de prendre soin de tous les enfants de bon sang dont les pères sont tombés à la guerre, et de leur mère [...] Le deuxième devoir serait de prendre soin de tous les enfants de bon sang nés de SS pendant la guerre. La Schutzstaffel prend à sa charge tous ceux qui, avec leur mère, se trouveraient dans le besoin. [...] Le troisième devoir serait de veiller sur les familles des membres de la SS appelés à servir dans la Wehrmacht ou la Waffen-SS » (NS 2/275).

125. BAB, NS 7/221, communication du juge SS pour le RFSS à l'Hauptamt SS-Gericht, 24 mars 1942 (fait référence à l'ordre du 30 janvier 1940). Dans cette lettre, le SS-Richter concède, au nom d'Himmler, que dans certains cas particuliers il est possible de ne pas infliger de peine.

126. BAB, NS 19/4007, 29 février 1940, voir également Himmler, *Geheimreden*, p. 116 et s., citation p. 117 et s., exergue dans l'original.

127. BAB, NS 19/4007, discours devant le corps des officiers de la Leibstandarte Metz, 7 septembre 1940.

128. PRO, WO 208/4474, Hedwig Potthast, Reichsführer Himmler's Mistress, 24 mai 1945. Pour reconstituer les éléments biographiques les plus importants, je me suis appuyé sur ce rapport des services secrets britanniques. Dans les années 80, Hedwig Potthast s'est exprimée devant le journaliste Peter Ferdinand Koch sur sa relation avec Himmler, informations que l'on retrouve dans le livre de ce dernier, *Himmlers graue Eminenz. Oswald Pahl und das Wirtschaftsverwaltungshauptamt der SS*, Hambourg, 1988. Sur la relation entre Himmler et Potthast, voir également Himmler, *Brüder Himmler*, p. 233 et s.

129. BAB, NS 19/3672.

130. BAK, NL 1126/37, lettre de novembre 1941.

131. *Dienstkalender.*

132. Koch, *Pohl*, p. 57 et p. 79.

133. *Ibid.*, p. 186 et s.

134. USHMM, Acc. 1999.A.0092, 4 septembre 1939 ; sur la vie de Margarete pendant la guerre, voir Himmler, *Brüder Himmler*, p. 241 et s.

135. USHMM, Ace. 1999.A.0092, 11 septembre, 16 octobre ainsi que 3 et 14 novembre 1939.

136. *Ibid.*, 3 décembre 1939.

137. *Ibid.*, 2 juin 1940. D'autres entrées pour les années 1942-1943, par exemple le 16 août 1943 : « Mes gares étaient dans un ordre impeccable. »

138. *Ibid.*, 7 mars 1940.

139. *Ibid.*, 23 mars 1940.

140. *Ibid.*, 6 avril 1941.

141. *Ibid.*, 4 février 1941 : « Heini est en Norvège depuis 8 jours, depuis 2 jours je n'ai plus de nouvelles de lui par son état-major. Je n'ose pas demander, on est traité de façon indescriptible et personne n'est protégé et tout le monde le sait, sinon, je ne peux pas comprendre ce comportement. Et toute jeune fille a besoin d'un homme. Si elles savaient à quel point la vie est amère. Pourrais-je jamais protéger ma fille ? »

142. *Ibid.*, 1er mars 1942.

143. *Ibid.*, 6 septembre 1943.

144. Ce qui ressort du *Dienstkalender*.

145. BAK, NL 1126116, lettres d'Himmler à Gudrun.

146. On trouve au musée de l'Holocauste à Washington un album où Gudrun collait les photos de son père. Himmler accompagnait les clichés de dédicaces : « À ma Püppi chérie, de la part de papa », 17/7/41. Ou, sur une photo où on le voit en combinaison de pilote : « À ma Püppi chérie. Reconnais-tu ton papa ? » (Himmler Family Collection).

147. Himmler, *Brüder Himmler*, p. 277 et s.

Répression sur le territoire du Reich

1. Wildt, *Generation*, p. 259 et s.

2. BAB, R 58/826, Reorganisation des Sicherheitsdienstes des Reichsführers-SS im Hinblick auf eine organisatorische und personelle Angleichung mit der Sicherheitspolizei, 24 février 1939. Schellenberg y joignit un document qu'il avait déjà rédigé durant l'été 1938 (R58/827, note du 5 juillet 1938).

3. *Ibid.*, Grundzüge der Ausbildung und der Laufbahn der Führer (leitenden Beamten) der Deutschen Sicherheitspolizei, 1er mars 1939. Best défendit également sa position publiquement dans un article paru sous le titre « Kritik und Aporie des Juristen », *Deutsches Recht*, 1939, p. 196-199, repris en version plus courte dans la *Deutsche Allgemeine Zeitung* du 12 avril 1939. Sur ce conflit, voir Herbert, *Best*, p. 228 et s.

4. L'un et l'autre comptaient y parvenir en élargissant les fonctions du SD à l'ensemble du Reich, sans que le SD soit subordonné à l'administration de l'État. À ce sujet voir BAB, R 58/826, note de Schellenberg du 4 avril 1939 ; R 58/137, réunion avec Heydrich le 15 avril 1939 au sujet de la réorganisation Sipo et du SD ; R 581137, note de Schellenberg du 25 avril 1939 au sujet de la critique de la position de Best ; R 58/826, circulaire de Heydrich du 5 juillet 1939.

5. *Ibid.*, décret du 5 juillet 1939 ; R 58/240, regroupement des directions centrales de la Sipo et du SD, 27 septembre 1939.

6. Documents in BAB, R 43 II/393a ; voir Wildt, *Generation*, p. 278.

7. *Ibid.*, p. 335 et s.
8. *Ibid.*, p. 352 et s.
9. *Ibid.*, p. 301 et s. ; Wagner, *Volksgemeinschaft*, p. 265 et s.
10. Wildt, *Generation*, p. 378 et s. Les rapports du SD intérieur rassemblés par le RSHA pour l'ensemble du Reich sont édités dans *Meldungen aus dem Reich 1938-1945. Die geheimen Lageberichte des Sicherheitsdienstes der SS*, sous la direction de Heinz Boberach, 18 Bde., Herrsching 1984-1985.
11. Querg, *Spionage*, p. 165 ; Wildt, *Generation*, p. 391 et s.
12. BAB, BDC, SS-O Jost.
13. Querg, *Spionage*, p. 183 et s.
14. Hachmeister, *Gegnerforscher.*
15. BADH, ZR 920/56, décret sur les services de renseignement ennemis du 4 août 1941 ; voir Dierker, *Glaubenskrieger*, p. 331 et s., ainsi que Wildt, *Generation*, p. 364 et s.
16. *Ibid.*, p. 377. Voir également, outre l'étude de Hachmeister, l'essai de Jürgen Matthäus, « "Weltanschauliche Forschung und Auswertung". Aus den Akten des Amtes VII im Reichssicherheitshauptamt », in *Jahrbuch für Antisemitismusforschun*, 5 (1996), p. 287-330, ainsi que la collection d'Himmler *Hexenkartothek.*
17. BAB, R 58/239.
18. Wagner, *Volksgemeinschaft*, p. 330 et s.
19. Voir le traitement dans la presse quotidienne allemande, par exemple : *Deutsche Allgemeine Zeitung* du 10 novembre 1938 (édition du matin), titre : « Der Welteindruck des Attentats. RFSS gibt bekannt : Die Spuren der Täter führen ins Ausland », *Völkischer Beobachter* du 11 novembre 1938 : « England und Juda die geistigen Urheber des Münchner Verbrechens ».
20. Du point de vue des services secrets professionnels, cet enlèvement ne fut cependant qu'un demi-succès, car il compromettait la possibilité d'infiltrer le réseau du Secret Service aux Pays-Bas. Sur l'opération de Venlo, voir Schellenberg, *Memoirs*, p. 82 et s. ; Höhne, *Orden*, p. 263 et s. ; Querg, *Spionage*, p. 224 et s. ; Wildt, *Generation*, p. 399 et s.
21. IfZ, ZS 1939, Albrecht Böhme, 19 mai 1949, ainsi qu'une autre déclaration non datée de Böhme, où il répète cette affirmation ; ZS 735, Franz Josef Huber, 19 juin 1969.
22. La déclaration d'Elser à la Gestapo a été publiée de plusieurs façons, dernièrement dans : *Das Protocole. Die Autobiographie des Georg Elser*, Königsbronn 2006. Comme auparavant, la présentation la plus exhaustive est celle d'Anton Hoch et Lothar Gruchmann : *Georg Elser. Der Attentäter aus dem Volke. Der Anschlag auf Hitler im Münchner Bürgerbräu* 1939, Francfort/Main, 1980.
23. Transcription de Gürtner, 20 septembre 1939, in Martin Broszat, « Zur Perversion der Strafjustiz im Dritten Reich », avec documents en annexe, in *Vierteljahrshefte für Zeitgeschichte* 6 (1958), p. 390-443, p. 408 et s. ; transcription de Gürtner, 14 octobre 1939, sur la discussion avec Hitler, in *ibid.*, p. 411 ; liste des dix-huit victimes publiée par le ministère de la Justice du Reich : *ibid.*, p. 411 et s.
24. BAB, R 8/243, extraits in Broszat, « Konzentrationslager », p. 399.
25. Pour des exemples d'exécutions dans les camps de rééducation par le travail, voir Gerd Wysocki, « Lizenz zum Töten. Die "Sonderbehandlungs". Praxis der Stapo-Stelle Braunschweig », in Gerhard Paul und Michael Mallmann (éd.), *Die Gestapo im Zweiten*

Weltkrieg. « Heimatfront » und besetztes Europa, Darmstadt 2000, p. 237- 254, p. 241 et s. ; pour les entreprises, voir *ibid.*, p. 246 et s., Bernd-A. Rusinek, *Gesellschaft in der Katastrophe. Terror, Illegalität, Widerstand - Köln 1944-1945*, Essen 1989, p. 350 et s., décrit une exécution publique à Cologne. Pour d'autres exemples de ces meurtres présentés comme des exécutions voir Hans-Joachim Heuer, *Geheime Staatspolizei. über das Töten und die Tendenzen der Entzivilisierung*, Berlin, 1995 ; voir également Hellmuth Auerbach, « Der Begriff -Sonderbehandlung- im Sprachgebrauch der SS », in *Gutachten des Instituts für Zeitgeschichte*, vol. 2, Stuttgart, 1966, p. 182-189.

26. Ce qu'indiquent les directives émises par le directeur de la Gestapo-Abteilung II le 26 septembre 1939 lors d'une réunion de consultants (in *Recht, Verwaltung und Justiz im Nationalsozialismus. Ausgewählte Schriften, Gesetze und Gerichtsentscheidungen von 1933 bis 1945*, sous la direction de Martin Hirsch *et al.*, Cologne 1984). Le choix des mots des « principes » du 3 septembre 1939 montre qu'Himmler était capable de décider par lui-même et qu'il ne devait pas s'assurer de l'approbation d'Hitler pour chaque cas particulier.

27. Note archivée d'Himmler, 20 novembre 1939, citée par Ulrich Herbert, *Fremdarbeiter. Politik und Praxis des « Ausländer-Einsatzes » in der Kriegswirtschaft des Dritten Reiches*, Bonn, 1999, p. 91, d'après des dossiers du ministère public de Berlin.

28. Décret du 8 janvier 1940, cité *ibid.*, p. 91 et s., d'après des dossiers du ministère public de Berlin.

29. *Documenta Occupationis*, vol. 10 : *Praca przymusowa polakow pod panowaniem hitlerowskim : 1939-1945* (Travaux forcés des Polonais sous le régime hitlérien), Poznan 1976, doc. n° II 3, 28 décembre 1939.

30. BAB NS *19/4°°7*, in Himmler, *Geheimreden*, p. 116 et s., passage correspondant p. 134.

31. Herbert, *Fremdarbeiter*, p. 86 et s.

32. *Documenta Occupationis*, vol. 10, doc. n° II 4, décret d'Himmler au sujet du traitement des Polonais et des Polonaises travaillant dans le Reich, 8 mars 1940.

33. BAB, R 581272, 7 mai 1940.

34. Herbert, *Fremdarbeiter*, p. 94.

35. *Documenta Occupationis*, vol. 10, doc. n° II 9, Richtlinien des Reichsführers-SS über die Anwendung der Sonderbehandlung auf polnische Zwangsarbeiter und Kriegsgefangene, 5 juillet 1941 ; voir Herbert, *Fremdarbeiter*, p. 148 ; Heinemann, « *Rasse* », p. 488 et s.

36. Voir Herbert, *Fremdarbeiter*, p. 149, qui s'appuie sur un article du journal d'Essen *Rote Erde*.

37. Johnson, *Terror*, p. 324 et s.

38. Voir les chiffres in *ibid.*, p. 550 et s., ainsi que p. 387.

39. *Ibid.*, p. 352 et s.

40. Wildt, *Generation*, p. 358 et s.

41. *Ibid.*, p. 132 et s. et p. 153 et s.

42. Adam, *Judenpolitik*, p. 258 et s., ainsi qu'Avraham Barkai, *Vom Boykott zur « Entjudung ». Der wirtschaftliche Existenzkampf der Juden im Dritten Reich* 1933-1943, Francfort/Main, 1987, p. 183 et s.

43. Walk (Hg.), *Sonderrecht*, IV 2 ; *Adam, Judenpolitik*, p. 259.

44. Walk (Hg.), *Sonderrecht*, IV 10, décret du chef de la Sipo, 12 septembre 1939.

45. Décret du RSHA du 21 septembre 1939, d'après Adam, *Judenpolitik*, p. 260.

46. Walk (Hg.), *Sonderrecht*, IV 115.

47. Réunion du Reichsluftschutzbund du 28 juin 1940, in *RGBl* 1940 I, 992 ; Walk (Hg.), *Sonderrecht*, IV 127 ; *Adam, Judenpolitik*, p. 258 et s.

48. *Ibid.*, p. 260 et s. ; Konrad Kwiet, « Nach dem Pogrom. Stufen der Ausgrenzung », in Wolfgang Benz, *Die Juden in Deutschland 1933-1945. Leben unter nationalsozialistischer Herrschaft*, en collaboration avec Volker Dahm, Munich, 1989, p. 545-659, p. 605 et s. ; Walk, *Sonderrecht*, IV 67, décret du ministre de l'Économie du Reich du 23 janvier 1940 au sujet de l'approvisionnement en textiles.

49. Wolf Gruner, *Der geschlossene Arbeitseinsatz deutscher Juden. Zur Zwangsarbeit als Element der Verfolgung 1938-1943*, Berlin, 1997, p. 107 et s.

50. Détails chez Longerich, *Politik*, p. 231. Sur les « maisons des Juifs » voir Gruner, *Arbeitseinsatz*, p. 249 et s.

51. *Ibid.*, p. 250, démontre l'existence de 38 de ces camps.

52. OA Moscou, 500-1-597.

53. OA Moscou, 503-1-324.

54. Wagner, *Volksgemeinschaft*, p. 305 et s.

55. *Ibid.*, p. 311 et s.

56. *Ibid.*, p. 311 et s.

57. *Ibid.*, p. 310 et s. et 317 et s.

58. Reichskriminalpolizeiamt, 1er septembre 1939, ainsi que le décret du ministère de l'Intérieur du Reich du 9 et du 12 septembre 1939 (tous rassemblés dans la brochure : *Collection de décrets sur la lutte préventive contre le crime*, IfZ, Dc 17.02).

59. Décret du 18 octobre 1939, in *ibid.*

60. Broszat, « Konzentrationslager », p. 399 ; Orth, *System*, p. 96 et s. ; Czeslaw Pilichowski, *Es gibt keine Verjährung*, Varsovie, 1980, p. 127 (sur les gens d'origine polonaise).

61. Décret du 7 septembre 1939, in *Collection de décrets sur la lutte préventive contre le crime*, IFZ, Dc 17.02.

62. Décret du 12 septembre 1939, in *ibid.*

63. Wagner, *Volksgemeinschaft*, p. 332. Le 31 décembre 1940, selon les chiffres officiels du département de la police criminelle du Reich, 7269 personnes se trouvaient placées sous surveillance policière, contre 6018 l'année précédente et 3231 à la fin de 1938 : *Jahrbuch Amt V [Reichskriminalpolizeiamt] des Reichssicherheitshauptamtes* SS *1939/40*, Berlin 1940, p. 5 et p. 44. Au 1er janvier 1940 on recensait 4845 « criminels professionnels, criminels occasionnels ou personnes représentant un danger pour l'ordre public » en détention préventive, à la fin de 1940 ils étaient 6530 ; le nombre d'« asociaux » en détention préventive chuta de 7713 à 6824 : *Jahrbuch Amt V*, p. 44. Wagner, *Volksgemeinschaft*, p. 333, souligne cependant que dans la même publication, mais à un autre endroit, un chiffre nettement plus élevé « d'asociaux » en détention est cité au 31 décembre 1939 (p. 5 : 8 212).

64. Décrets du RSHA du 12 juillet 1940 (homosexuels) ainsi que du 25 octobre 1941 (IfZ, Dc 17.02, *Collection de décrets sur la lutte préventive contre le crime*) ; Wagner, *Volksgemeinschaft*, p. 333 et s.

65. BAB, NS 1911919, lettre d'Himmler à Hildebrandt, 16 décembre 1939, à l'origine de la demande de Hildebrandt. Sur ce processus voir Orth, *System*, p. 69 et s.

66. Les documents correspondants se trouvent dans NS 19/1919 : lettre d'Himmler à Heissmeyer, 16 décembre 1939 ; lettre de Glücks à Himmler du même jour ; rapport de Heissmeyer du 25 janvier 1940 ; rapport de Glück du 30 et 31 janvier 1940 ainsi que lettre à Himmler du 30 avril 1940.

67. BAB, NS 1911919, rapport de Heissmeyer du 25 janvier 1941.

68. *Ibid.*, rapport du 21 février 1941.

69. BAB, BDC, SS-O Höss ; Orth, *System*, p. 76 et s. ; Steinbacher, « *Musterstadt* », p. 179 et s.

70. *Ibid.*, p. 205 et s. ; Peter Hayes, *Industry and Ideology. IG Farben in the Nazi Era*, Cambridge 2001, p. 347 et s. ; Bernd C. Wagner, *IG Auschwitz. Zwangsarbeit und Vernichtung von Häftlingen des Lagers Monowitz 1941-1945*, Munich, 2000, p. 37 et s. ; Hans Deichmann et Peter Hayes, « Standort Auschwitz. Eine Kontroverse über die Entscheidungsgründe für den Bau des I. G. Farben-Werks in Auschwitz », in 1999 11,1 (1996), p. 73-l0l.

71. *Dienstkalender.*

72. Steinbacher, « *Musterstadt* », p. 209 et s. ; ordonnance d'Himmler du 26 février 1941, retranscrite in IfZ, NI 11086, Krauch an Ambras, 4 mars 1941.

73. Kaienburg, « *Vernichtung* », p. 152 et s.

74. Orth, *System*, p. 82 et s., Isabell Sprenger, *Gross-Rosen. Ein Konzentrationslager in Schlesien*, Cologne, 1996, part. p. 88 et s.

75. Orth, *System*, p. 85 et s.

76. Sur Hinzert et Niedernhagen voir *ibid.*, p. 88 et s.

77. *Ibid.*, p. 109 et s.

78. *Ibid.*, p. 102 et s.

79. *Ibid.*, p. 98 ; Kaienburg, *Neuengamme*, p. 229.

80. IfZ, PS-1063, décret du 2 janvier 1941 ; voir Orth, *System*, p. 86 et s.

81. Schulte, *Zwangsarbeit*, p. 125 et s.

82. *Ibid.*, p. 131 et s. ; Allen, *Business*, p. 72 et s. et p. 100 et s.

83. BAB, NS 311427, résumé des déclarations d'Himmler du 4 octobre 1940 ; voir également Kaienburg, *Wirtschaft*, p. 800.

84. BAB, NS 19/2122, Himmler à Pohl, 24 juin 1941 ; voir aussi sur ces tentatives Kaienburg, *Wirtschaft*, p. 80 et s.

85. BAB, NS 19/3122, Himmler à Pohl, 29 novembre 1941, in Himmler, *Reichsführer !*, n° 80a.

86. BAB, NS 19/3122, lettre de Brandt à Vogel, 20 mars 1942. Dans une lettre à Konrad Meyer, qui travaillait à l'élaboration du « Generalplan Ost », Himmler écrivait qu'il rejetait évidemment l'anthroposophie, mais qu'il fallait interrompre les efforts visant à développer des engrais qui risquaient de s'avérer néfastes à long terme (NS 19/3211, 15 juillet 1941 ; vgl. Kaienburg, *Wirtschaft*, p. 801).

87. BAB, NS 19/3211, rapport du 29 octobre 1943 et autres documents au sujet de Wertingen.

88. Kaienburg, *Wirtschaft*, p. 462 et 771 et s. ; Schulte, *Zwangsarbeit*, p. 137 et s.

89. Circulaire d'Himmler du 15 septembre 1939, in Himmler, *Reichsführer !*, n° 51 ; voir également Schulte, *Zwangsarbeit*, p. 136 et s.

90. Kaienburg, *Wirtschaft*, p. 474 et s. ; Schulte, *Zwangsarbeit*, p. 182 et s. La tentative de reprise des sources Apollinaris, en affirmant qu'il agissait de « biens ennemis » réquisitionnés, finit par échouer ; la société fut gérée par les Deutsche Wirtschaftsbetrieben gepachtet, voir Josef Henke, « Von den Grenzen der SS- Macht. Eine Fallstudie zur Tätigkeit des SS- Wirtschafts- Verwaltungshaupt – amtes », in Dieter Rebentisch et Karl Teppe (éd.), *Verwaltung contra Menschenführung im Staat Hitlers. Studien zum politisch-administrativen System*, Göttingen, 1986, p. 255-277.

91. Schulte, *Zwangsarbeit*, p. 183.

92. Kaienburg, *Wirtschaft*, p. 466 et s. ; Schulte, *Zwangsarbeit*, p. 144 et s.

93. Allen, *Business*, p. 83 ; Kaienburg, *Wirtschaft*, p. 412 et s. ; Schulte, *Zwangsarbeit*, p. 147 et s.

94. Allen, *Business*, p. 92 et s. et p. 107 et s. ; Kaienburg, *Wirtschaft*, p. 416 et s. ; Schulte, *Zwangsarbeit*, p. 193 et s.

95. Ce « changement de paradigme » est soutenu par Schulte, *Zwangsarbeit*, p. 193 et s.

96. Réglementation du 17 octobre 1939, in *RGBl* 1939 I, p. 2107 et s., ainsi qu'ordonnances de mise en application du 1er novembre 1939 et du 17 avril 1940 (*ibid.*, p. 2293 et suivantes, ainsi que *RGBl* 1940 I, p. 659). BAB, NS 7/2, décret du Reichsführers-SS et chef de la police allemande au sujet de la réglementation sur la juridiction d'exception dans les affaires pénales impliquant des membres de la SS et des unités de la police dans le cadre d'opérations spéciales, 20 novembre 1939. Voir sur l'ensemble de la question Vieregge, *Gerichtsbarkeit*, p. 6 et s.

97. *Ibid.*, p. 30.

98. *Ibid.*, p. 13 et s.

99. Établi dans le décret du Hauptamt SS-Gericht du 29 décembre 1939 ; voir Vieregge, *Gerichtsbarkeit*, p. 16.

100. *Ibid.*, p. 18 et s.

101. Sur l'extension de la juridiction aux populations locales, voir *ibid.*, p. 26 et s. Aux Pays-Bas, le Reichskommissar put confier la sanction de délits commis par des habitants aux tribunaux de la SS et de la police dans certains cas particuliers. En Norvège, le Reichskommissar, en septembre 1941, confia la sanction de toute violation des ordonnances à la juridiction de la SS et de la police (Birn, *Die Höheren SS- und Polizeiführer*, p. 144 ; Robert Bohn, *Reichskommissariat Norwegen. « Nationalsozialistische Neuordnung » und Kriegswirtschaft*, Munich 2000, p. 91 et s.). En juillet 1942 les tribunaux de la SS et de la police du Protectorat se chargèrent de la sanction des agressions commises directement par des ressortissants non allemands contre la SS ou la police si le RFSS estimait que les actes en question l'exigeaient (réglementation du 15 juillet 1942, in *RGBl* 1942 I, p. 475 ; Birn, *Höhere SS- und Polizeiführer*, p. 140 et s.). Sur l'activité des tribunaux SS et de la police vis-à-vis des civils au Danemark à partir du début 1944, voir Erich Thomsen, *Deutsche Besatzungspolitik in Dänemark 1940-1945*, Düsseldorf, 1971, p. 201 et s.

102. Vieregge, *Gerichtsbarkeit*, p. 27.

103. Décret du Führer du 25 septembre 1944, in « *Führer-Erlasse* », n° 365 ; Vieregge, *Gerichtsbarkeit*, p. 27 et s.

104. *Ibid.*, p. 202 et s.

105. *Ibid.*, p. 216. Le dossier BAB, NS 7/57, contient une collection de ces mandats de Bender.

106. Vieregge, *Gerichtsbarkeit*, p. 213 et s. ; BAB, NS 7/2, décret d'Himmler du 20 novembre 1939.

107. *Ibid.*, p. 214 et s.

108. BAB, NS 7/52, Bender au Hauptamt SS-Gericht, 18 septembre 1940 ; voir Vieregge, *Gerichtsbarkeit*, p. 215.

109. BAB, NS 7/265, Himmler à Bender, 24 octobre 1941, ainsi que Bender au Hauptamt SS-Gericht, 12 novembre 1941 ; NS 19/3872, circulaire correspondante de l'Hauptamte SS-Gericht du 9 décembre 1941 ; voir Vieregge, *Gerichtsbarkeit*, p. 108.

110. BAB, NS 7/13, note de la Feldkommandostelle, 13 mai 1943.

111. In Vieregge, *Gerichtsbarkeit*, Anlage 6 (d'après ZStL, Dokumentation CSSR, n° 396).

112. BAB, NS 19/3939, 30 juin 1942.

113. BAB, NS 7/265, Sturmbannführer Korff à Bender, 21 janvier 1945.

114. Décret du Führer sur la réouverture exceptionnelle de procès des tribunaux de la SS et de la police du 24 juillet 1941, ainsi que précisions d'Himmler du 25 novembre 1941, in BAB, NS 7/303 ; Viereggge, *Gerichtsbarkeit*, p. 196 et s.

115. BAB, NS 7/344, SS-Richter au RFSS, 6 mai 1942.

116. Vieregge, *Gerichtsbarkeit*, p. 106.

117. BAB, NS 19/1913, 16 août 1942.

118. Sur la désobéissance militaire en tant que « clause générale », voir Vieregge, *Gerichtsbarkeit*, p. 95 et s.

119. BAB, NS 19/9, 9 octobre 1942.

120. Discours à l'occasion de la réunion des Gruppenführer, 4 octobre 1943, doc. PS-1919, in *IMT*, vol. 29, p. 110 et s., citation p. 144.

121. BAB, NS 7/1001, SS-Richter au RFSS et chef de la police allemande, 22 juin 1943.

122. *Ibid.*, Note sur la présentation RFSS dans l'affaire Buchhold.

123. BAB, NS 7/250, télégramme de l'état-major d'Himmler, 4 janvier 1945.

124. 124 BAB, NS 7/247, SS-Richter par le RFSS à l'Hauptamt SS-Gericht, 26 octobre 1942.

1940 : les frontières bougent

1. Brandes, *Tschechen*, p. 37 et s.

2. Sur les missions de police de Tanzmann, la commission de police Vogt et l'officier de liaison avec la police Hahn et son équipe, on trouve des informations exhaustives dans PAA, Intérieur IIg 100, ainsi que dans les Handakten Luther ; voir Tönsmeyer, *Reich*, p. 114 et s.

3. Comme la description dans le rapport de l'envoyé allemand au ministère des Affaires étrangères, 4 septembre 1941 (PAA, Inland Hg 100). Le poste fut supprimé le 23 juillet 1941 : BAB, R 70 Slowakei 301, Hahn au RSHA. Tönsmeyer, *Reich*, p. 124 et s., ainsi que Kaiser, « Politik », p. 488 et s.

4. Dont la nomination ne fut cependant effective que plus d'un an plus tard : PAA, Intérieur IIg 100, Deutsche Gesandtschaft an Auswärtiges Amt, 5 novembre 1941 ; voir Tönsmeyer, *Reich*, p. 120.

5. Note archivée de Heydrich du 2 juillet 1940, in Krausnick, « Hitler », citation p. 207.

6. BADH, ZR 277, note archivée sur la réunion chez le chef du département I, 2 avril 1940. Le 28 mars 1940 Heydrich avait ordonné la mise en place d'un commando tant dans les Pays-Bas qu'en Belgique (*ibid.*).

7. Sur l'occupation de la Norvège, voir Hans-Dietrich Loock, *Quisling, Rosenberg und Terboven. Zur Vorgeschichte und Geschichte der nationalsozialistischen Revolution in Norwegen*, Stuttgart, 1970, p. 277 et s., ainsi que Bohn, *Reichskommissariat*, p. 31 et s. ; sur le rôle de la Sipo voir Wildt, *Generation*, p. 508 et s.

8. BADH, ZR 277, note, 20 avril 1940. Les 80 hommes devaient être affectés à quatre Einsatzkommandos auprès des trois divisions SS et de la Leibstandarte, disposition qui devait être « strictement gardée secrète » vis-à-vis de la Wehrmacht (*ibid.*, note sur la réunion chez le chef du département 1, 2 avril 1940).

9. Loock, *Quisling*, p. 356 et s. ; Bohn, *Reichskommissariat*, p. 70 et s.

10. *Ibid.*, p. 74 et s.

11. Note archivée de Heydrich du 2 juillet 1940, in Krausnick, « Hitler », citation p. 207.

12. Thomsen, *Besatzungspolitik*, p. 11 et s.

13. BAB, NS 19/1678.

14. Wilfried Wagner, *Belgien in der deutschen Politik während des Zweiten Weltkrieges*, Boppard Rh., 1974, p. 131 et s.

15. BAB, BDC, SS-O Seyss-Inquart, lettre d'Himmler, 16 mai 1940, in *De SS en Nederland. Documenten uit SS-Archieven 1933-1945*, dir. N K C A in't Veld, 2 Bde., 's Gravenhage 1976 ; voir également Konrad Kwiet, *Reichskommissariat Niederlande. Versuch und Scheitern nationalsozialistischer Neuordnung*, Stuttgart, 1968, p. 48.

16. BAB, BDC, SS-O Seyss-Inquart, attestation de nomination. Tous deux correspondaient déjà activement avant la nomination de Seyss-Inquart en tant que Reichskommissar (*ibid.*).

17. Kwiet, *Reichskommissariat*, p. 83 et s. La nomination au poste de l'HSSPF eut lieu le 23 mai 1940.

18. Note archivée de Heydrich du 2 juillet 1940, in Krausnick, « Hitler », p. 207 et s.

19. Sur la nomination de Rauter et de Nockermann, et sur la mise en place simultanée d'un SS-Oberabschnitt Nord-Ouest sur le territoire des Pays-Bas, voir lettre d'Himmler aux SS-Hauptämter, 24 mai 1940, in BAB, BDC, SS-O Seyss-Inquart, in *SS en Nederland*, doc. n° 23.

20. Guus Meershoek, « Machtentfaltung und Scheitern. Sicherheitspolizei und SD in den Niederlanden », in Gerhard Paul et Michael Mallmann (dir.), *Die Gestapo im Zweiten Weltkrieg. « Heimatfront » und besetztes Europa*, Darmstadt, 2000, p. 383-402 et p. 387 et s. ; Wildt, *Generation*, p. 511 et s.

21. Kwiet, *Reichskommissariat*, p. 2 et s.

22. Voir note 19.

23. Kwiet, *Reichskommissariat*, p. 107 ; voir également lettre d'Himmler à Seyss-Inquart du 4 juin 1940 (BAB, BDC, SS-O Seyss-Inquart).

24. *Ibid.*, lettre du 2 janvier 1941.

25. Wagner, *Belgien*, p. 132 et s. Sur la politique d'occupation allemande en Belgique, voir en particulier Werner Warmbrunn, *The German Occupation of Belgium, 1940-1944*, New York, 1993, ainsi que Wolfram Weber, *Die innere Sicherheit im besetzten Belgien und Nordfrankreich 1940-1944. Ein Beitrag zur Geschichte der Besatzungsverwaltungen*, Düsseldorf, 1978. Sur le rôle de la Sipo dans l'occupation de la Belgique voir Wildt, *Generation*, p. 522 et s.

26. Wagner, *Belgien*, p. 166.

27. BAB, BDC, SS-O Reeder.

28. Warmbrunn, *German Occupation*, p. 118 et s.

29. Note archivée Heydrich du 2 juillet 1940, in Krausnick, « Hitler », p. 209.

30. D'après Bernd Kasten, « *Gute Franzosen* ». *Die französische Polizei und die deutsche Besatzungsmacht im besetzten Frankreich 1940-1944*, Sigmaringen 1993, p. 22 et s. ; sur le rôle de la Sipo et du SD dans la première phase de la politique d'occupation, voir également Ahlrich Meyer, *Die deutsche Besatzung in Frankreich 1940-1944. Widerstand bekämpfung und Judenverfolgung*, Darmstadt, 2000, p. 13 et s., ainsi que Wildt, *Generation*, p. 514 et s.

31. Herbert, *Best*, p. 251 et s.

32. Note archivée Heydrich du 2 juillet 1940, in Krausnick, « Hitler », p. 208 ; BAB, R 58/241, communication de Heydrich aux Stapostellen, où il est question de 15 hommes à Paris.

33. Directives du commandement sur la coopération avec le mandataire du chef de la Sipo et du SD, cité d'après Kasten, « *Franzosen* », p. 23.

34. Claudia Steur, *Theodor Dannecker. Ein Funktionär der « Endlösung »*, Essen, 1997, p. 48.

35. PAA, Inland Hg 81, Heydrich à von Ribbentrop, 27 juillet 1940 ; le protocole de la réunion se trouve en annexe.

36. Informations sur la situation des groupes allemands d'origine en Europe, 25 juin 1940 (AP Lodz, L 3571), cité d'après Heinemann, « *Rasse* », p. 305.

37. *Ibid.*, p. 306.

38. Décret du Führer sur l'administration provisoire en Alsace-Lorraine, 2 août 1940 (« *Führer-Erlasse* », n° 44) ; deuxième décret du Führer sur l'administration provisoire en Alsace-Lorraine, 18 octobre 1940 (*ibid.*, n° 58). Sur la « politique ethnique » allemande en Alsace et en Lorraine, voir Heinemann, « *Rasse* », p. 306 et s., ainsi que Lothar Kettenacker, *Nationalsozialistische Volkstumspolitik im Elsass*, Stuttgart, 1973.

39. À l'issue des premières recommandations concernant entre 20 000 et 25 000 personnes, on assista à de grandes vagues de déplacements de population : entre le 11 et le 21 novembre 1940 environ 60 000 personnes, en février 1942 quelque 10 000 personnes. De plus, des milliers partirent « de leur plein gré » ; voir Heinemann, « *Rasse* », p. 306 et s., p. 310 et 318.

40. Bruno Brehm dénonça le fait que parmi les familles déplacées se trouvaient des gens qui étaient sans conteste de nationalité allemande, voire étaient des candidats à l'entrée dans la SS (BAB, BDC, SS-O Brehm, Brehm au RKF-Planungschef Meyer, 3 novembre 1940). Voir également R 49/74, chef de l'EWZ, Dienststelle West, projet de directive pour le traitement par la police d'État de la population étrangère en Lorraine, 25 février 1941 ; une « sélection raciale » rigoureuse y est proposée. Voir Heinemann, « *Rasse* », p. 307 et s. et p. 315 et s.

41. *Ibid.*, p. 318 et s.

42. BAB, NS 2/55, lettre d'Himmler à Lammers, 21 mars 1939. Dans cette lettre, Himmler fait part de ses réflexions contre un projet de loi qui interdisait le mariage entre Allemands et étrangers. Il souligna à cette occasion qu'il avait l'intention de « récupérer des femmes de sang nordique pour l'Allemagne ».

43. BAB, NS 19/4004, discours du 8 novembre 1938, in Himmler, *Geheimreden*, p. 25 et s., citation p. 38.

44. Wegner, *Politische Soldaten*, p. 265.

45. BAB, R 31/96, ordre d'Himmler du 15 août 1940. Himmler ordonna que Berger soit d'abord nommé adjoint permanent de Heissmeyer, qui se vit cependant confier d'autres fonctions.

46. IfZ, NO 1825, Berger à Himmler, 7 août 1940. Berger partit donc d'un quota de recrutement de 2 % pour chaque classe, ce qui correspondait au quota sur le territoire du Reich.

47. IfZ, NO 5717.

48. Sur la création de cette unité et des autres premières « unités germaniques », voir Stein, *Geschichte*, p. 128 et s.

49. *Dienstkalender.*

50. *Völkischer Beobachter* du 2 février 1941. À l'occasion de la prestation de serment, il avait tenu un « discours fondateur » devant les SS-Führer à Oslo (*Völkischer Beobachter* du 31 janvier 1941).

51. *Berliner Börsenzeitung* du 3 février 1940.

52. *Völkischer Beobachter* du 3 février et 4 avril 1940.

53. *Dienstkalender*, 21-22 mai 1941.

54. Thomsen, *Besatzungspolitik*, p. 94.

55. PAA, Intérieur IIg 7, transcription sans date, tampon d'enregistrement du 22 septembre 1940.

56. BAB, NS 331213, Circulaire Hausser, 13 septembre 1940 ; Barbara Materne, « Die Germanische Leitstelle der SS 1940-1945. Entstehung, Aufgabenbereiche und Bedeutung in der Machtstruktur des Dritten Reiches », Magisterarbeit Düsseldorf, 2000, p. 29.

57. Wagner, *Belgien*, p. 248 ; circulaire Himmler du 24 mai 1940, in *SS en Nederland*, n° 23.

58. Stein, *Geschichte*, p. 134.

59. *Ibid.*, p. 135. Ordre de mise en place de Jüttner du 3 avril 1941, in *SS en Nederland*, n° 65.

60. Stein, *Geschichte*, p. 137.

61. BAB, NS 19/1711, lettres de Berger à Himmler, 10 et 16 septembre 1940. Deux commissions d'admission se trouvaient « là-bas » et procédaient à des examens parmi les Allemands ethniques, sous couvert de contrôler « la santé du peuple ». La lettre du 16 septembre 1940 laisse entendre que cela se déroulait au mépris d'un « ordre spécial du Reichsmarschall ». Himmler fit part de son approbation. Voir Thomas Casagrande, *Die volksdeutsche SS-Division « Prinz Eugen ». Die Banater Schwaben und die nationalsozialistischen Kriegsverbrechen*, Francfort/Main, New York, 2003, p. 142 et s.

62. Johann Böhrn, *Die Gleichschaltung der deutschen Volksgruppe in Rumänien und das « Dritte Reich »* 1941-1944, Francfort/Main, 2003, p. 284 et s.

63. *Ibid.*, p. 286 et s.

64. *Ibid.*, p. 48 ; il s'agit d'une version retravaillée d'un ouvrage ancien de l'auteur : *Das nationalsozialistische Deutschland und die deutsche Volksgruppe in Rumänien* 1936-1944. *Das Verhältnis der deutschen Volksgruppe zum Dritten Reich und zum rumänischen Staat sowie der interne Widerstreit zwischen den politischen Gruppen*, Francfort/Main, 1985. Pour les années avant 1940, il a entre-temps rédigé une monographie, voir Böhm, *Die Deutschen.*

65. BAB, NS 19/3888, Himmler à Berger, 27 novembre 1940, qui se dit surpris par la fondation du parti (*ibid.*, lettre du 2 décembre 1940).

66. *Ibid.*, Berger à Himmler sur un entretien avec Schmidt, 4 décembre 1940.

67. Spannenberger, *Volksbund*, p. 233 et s.

68. *Ibid.*, p. 309 et s.

69. BAB, NS 19/383, Berger à Himmler, 27 janvier 1941, ici note manuscrite d'Himmler. Voir également le rapport du département d'approbation du 24 janvier 1941 (*ibid.*), ainsi que Tönsmeyer, *Reich*, p. 175 et s.

70. Kaiser, « Politik », p. 436 et s.

71. Avec la mise en place des cadres de la Garde Hlinka, Nageler poursuivait comme but, ainsi qu'il l'exprima à Himmler le 14 juin 1941, de « disposer de l'appareil de direction approprié dans l'éventualité d'un changement de régime » (BAB, NS 19 (240). Sur le projet de Nageler et l'intérêt d'Himmler pour cette idée, voir Kaiser, « Politik », p. 441.

72. Karmasin proposa à Himmler le 27 février 1941 de développer la Schutzstaffel avec des volontaires ; Himmler répondit le 17 mars 1941 (BAB, NS 19/1846).

73. *Ibid.*, Berger à Himmler, 12 décembre 1940. Sur l'arrière-plan, voir Kaiser, « Politik », p. 436.

74. Lumans, *Auxiliaries*, p. 219 ; voir également Martin Broszat, « Heranziehung von slowakischen Staatsbürgern deutscher Volkszugehörigkeit zum Dienst in der Waffen-SS », in *Gutachten des Instituts für Zeitgeschichte*, vol. 1, Munich, 1958, p. 412-417.

75. BAB, NS 19/3517, Himmler à Kaul, 30 janvier 1941.

76. Bernd Rother, *Spanien und der Holocaust*, Tübingen 2001, p. 115 et s.

77. *Völkischer Beobachter* du 21 octobre 1940.

78. *Völkischer Beobachter* du 22 octobre 1940.

79. *Völkischer Beobachter* du 23 octobre 1940.

80. *Berliner Börsenzeitung* du 23 octobre 1940.

81. *Völkischer Beobachter* du 23 octobre 1940. Selon une autre note, dans ce discours, Himmler aborda des plans concrets et cita les chiffres des transferts de population massifs qu'il avait orchestrés en Pologne ; il mentionna entre autres qu'à l'avenir, « tous les Juifs de l'ensemble du Grand Reich allemand » devraient être transférés dans le Gouvernement général (BAB, R 49/20, in Müller, *Ostkrieg*, doc. n° 8).

82. *Völkischer Beobachter* du 24 octobre 1940 ; *Berliner Börsenzeitung* du 25 octobre 1940.

83. Sur l'implication du SD dans le putsch des légionnaires voir Armin Heinen, *Die Legion « Erzengel Michael » in Rumänien. Soziale Bewegung und politische Organisation. Ein Beitrag zum Problem des internationalen Faschismus*, Munich 1986, p. 445 ; Andreas Hillgruber, *Hitler, König Carol und Marschall Antonescu*, Mainz, 1954, p. 16 et s. ; Höhne, *Orden*, p. 267 et s. ; Wildt, *Generation*, p. 398 et s.

84. *Dienstkalender.*

85. PAA, Intérieur IIg 61, transcription de Ribbentrop, 10 mars 1941 ; prise de position de Heydrich, 2 avril 1941, surtout en réaction au rapport de l'émissaire allemand à Bucarest, Killinger, qui avait écrit le 26 février 1941 que « certains cercles allemands » avaient contribué « par leur comportement » à ce qu'ait « lieu cette tentative de renversement ». Killinger cita ensuite nommément une série de représentants du SD en Roumanie ainsi que des membres SS de la mission allemande (*ADAP*, Série D, vol. 12, n° 94).

86. PAA, Intérieur IIg 6a, 24 mars 1944.

87. Voir plus haut, p. 473.

88. BAB, NS 19/1788, lettre de Heydrich à von Weizsäcker, 20 juin 1941 ; Wildt, *Generation*, p. 649.

89. Comme le montre la description dans le rapport de l'émissaire allemand aux Affaires étrangères, 4 septembre 1941 in PAA, Intérieur IIg 100. Le poste fut supprimé le 23 juillet 1941 (BAB, R 70 Slovaquie 301, Hahn au RSHA). Voir également Tönsmeyer, *Reich*, p. 124 et s., ainsi que Kaiser, « Politik », p. 488 et s.

90. USHMM, Acc. 1999.A.0092.

91. BAB, NS 19/1633, prise de position de Heydrich à Wolff, 5 août 1941. Sur le déroulement des négociations, voir également PAA, Intérieur IIg 61, lettre de Heydrich à von Weizsäcker, 20 juin 1941.

92. BAB, NS 19/1633, accord du 8 août 1941 ; Wildt, *Generation*, p. 649. L'accord comportait un « addendum secret » négocié le 28 août 1941. Conformément à ce dernier, l'attaché de police avait pour mission de veiller à ce que les agents et les employés du RFSS s'abstiennent de toute activité dans le domaine de la politique extérieure. Le même jour, les Affaires étrangères et le RSHA s'entendaient sur une « directive de service » commune pour les attachés de police (NS 19/1788), qui rappelait encore la subordination de l'attaché au chef de la mission. La version des Affaires étrangères se trouve dans PAA, Intérieur IIg 71. Si une mission ne disposait pas d'un attaché de police, il fallait prendre des mesures au cas par cas et confier à un « envoyé spécial de la police » la mission de superviser les agents travaillant pour le RFSS (*ibid.*, Aktennote).

93. PAA, Intérieur IIg 70, liste du 5 juillet 1941.

94. PAA, Intérieur IIg 71, Luther au chef du personnel des Affaires étrangères, Schröder, 27 février 1942.

95. PAA, Intérieur IIg 118, circulaire du 1er août 1941.

96. *Ibid.*, Sonnleithner à Luther, 19 octobre 1942.

97. *Ibid.*, note pour Luther, 19 octobre 1942.

98. *Ibid.*, Luther à Gaus, 6 novembre 1942.

99. Voir correspondance de mai et juin 1943 (PAA, Intérieur IIg 61).

100. *Ibid.*, note du bureau du RAM pour Wagner, 14 décembre 1944. Voir également l'instruction au chef de la légation Wagner pour la transission à la Feldkommandostelle du RFSS, 31 décembre 1944.

101. *Ibid.*, communicatin du Gruppenleiter Intérieur II.

102. Pour la littérature sur le projet Madagascar, voir Adler, *Mensch*, p. 69 et s. ; Magnus Brechtken, *« Madagaskar für die Juden », Antisemitische Idee und politische Praxis 1885-1945*, Munich, 1997 (qui fait également référence à une littérature plus ancienne) ; Christopher R. Browning, « The Decision concerning the Final Solution », in *Fateful Months : Essays on the Emergence of the Final Solution*, New York-London, 1985, p. 8-38,

part. p. 35 et s. ; Hans Jansen, *Der Madagaskar-Plan. Die beabsichtigte Deportation der europäischen Juden nach Madagaskar*, Munich, 1997, part. p. 320 et s. ; Leni Yahil, « Madagascar, Phantom of a Solution for the Jewish Question », in Bela Vago et George L. Mosse (Hg.), *Jews and non-Jews in Eastern Europe, 1918-1945*, New York, 1974, p. 315-334.

103. Voir part. Brechtken, « *Madagaskar* ».

104. Publié dans *Vierteljahrshefte für Zeitgeschichte* 5 (1957), p. 194-198 (avec une courte introduction de Krausnick). Himmler proposa par ailleurs de soustraire les enfants « de valeur sur le plan racial » à leurs parents polonais ; ce serait certes « terrible » et « tragique », mais préférable à l'« éradication ». La note sur la réaction d'Hitler date du 28 mai 1940.

105. Hitler et Ribbentrop expliquèrent à Mussolini et Ciano le processus les 17 et 18 juin ; le 20 juin, Hitler évoqua le projet Madagascar devant le commandant en chef de la Kriegsmarine, Raeder ; au début d'août, il revint devant l'ambassadeur à Paris Abetz sur le projet d'un déplacement de tous les Juifs hors d'Europe, et à la mi-août, il en parla devant Goebbels ; voir Galeazzo Ciano, *Tagebücher 1939-1943*, Berne, 1947, p. 249 ; Paul Schmidt, *Statist auf diplomatischer Bühne 1923-1945. Erlebnisse des Chefdolmetschers im auswärtigen Amt mit den Staatsmännern Europas*, Bonn, 1949, p. 494 et s. ; Gerhard Wagner (dir.), *Lagevorträge des Oberbefehlshabers der Kriegsmarine vor Hitler 1939-1945*, Munich, 1972, p. 106 et s. ; PAA, Intérieur IIg 177, transcription de Luther du 15 août 1940, in *ADAP*, Série D, vol. 10, doc. n° 345 ; *Carnets de Goebbels*, 17 août 1940.

106. PAA, Intérieur IIg 177, Die Judenfrage im Friedensvertrage, in *ADAP*, Série D, vol. 10, p. 92 et s. Voir lettre de Heydrich du 24 juin 1940 dans le même dossier.

107. PAA, Intérieur IIg 177.

108. *Ibid.*

109. *Ibid.*, 30 août 1940. Brack est décrit ici à tort comme « Oberbereichsleiter Brake » ; son rang était en réalité Oberdienstleiter.

110. Brechtken, « *Madagaskar* », p. 261 et s. Une déclaration de l'adjoint de Bouhler, Brack – qui n'est pas au-dessus de tout soupçon –, lors du procès des médecins à Nuremberg évoque même le rôle spécifique qu'il aurait pu jouer en tant que gouverneur de Madagascar (p. 261).

111. Präg et Iacobmeyer (dir.), *Diensttagebuch*, 12 juillet 1940.

112. Note concernant la réunion au IV D 4, 9 juillet 1940, in *Biuletyn Gl6wnej Komisji Badania Zbrodni Niemieckich w Polsee*, 12 (1960), doc. n° 38. Le 12 juin, Heydrich et Frank conclurent un accord par lequel ils renonçaient aux grandes opérations de déplacement prévues en décembre 1939, tout en décidant de poursuivre « l'action en cours en Volhynie » et « l'action d'évacuation des Juifs prévue au mois d'août de cette année » (par conséquent, la déportation des Juifs des territoires annexés à l'est) ; voir télégramme de Günther (RSHA) à Höppner (UWZ Poznan), 1er juillet 1940, in *ibid.*, doc. n° 37.

113. Musial, *Zivilverwaltung*, p. 115 et s. ; Pohl, *Lublin*, p. 79 et s.

114. Musial, *Zivilverwaltung*, p. 164 et s.

115. À cet égard, les instructions d'Hitler n° 18 du 12 novembre 1940 (sécurité de la France et des pays ibériques, avec un paragraphe « Russie ») ainsi que n° 21 du 18 décembre 1941 (plan Barbarossa) sont décisives ; in Walther Hubatsch (dir.), *Hitlers*

Weisungen für die Kriegführung 1939-1945. Dokumente des Oberkommandos der Wehrmacht, 2e éd., Coblence, 1983.

116. Sur les projets de déportation après l'échec du projet Madagascar, voir Browning, *Entfesselung*, p. 160 et s.

117. BAB, R 49/20, in Müller, *Ostkrieg*, n° 8.

118. BAB, NS 19/3979.

119. BAB, NS 19/4007, notes d'Himmler pour la présentation.

120. Note du responsable des affaires juives de la Gestapo affecté à Paris, Theodor Dannecker, à Eichmann du 21 janvier, CDJC, V-59, in Serge Klarsfeld, *Vichy-Auschwitz. Die Zusammenarbeit der deutschen und französischen Behörden bei der « Endlösung der Judenfrage » in Frankreich*, Nördlingen, 1989, p. 361 et s., qui mentionne également l'intervention de Goering et Himmler. Déclaration d'Eichmann au ministère de la Propagande, 20 mars 1941, in Adler, *Mensch*, p. 152 ; pour de plus amples détails voir Longerich, *Politik*, p. 287 et s.

121. À l'issue d'une discussion avec Hitler le 16 mars, Frank annonça à ses collaborateurs que le Gouvernement général serait bientôt « déjuivé », voir Präg et Jacobmeyer (dir.), *Diensttagebuch*, 25 mars 1941, p. 335.

122. OA Moscou, 500-3-795, Note de Heydrich du 26 mars 1941 ; voir Aly, « *Endlösung* », p. 270.

123. IfZ, NO-203, Brack à Himmler, 28 mars 1941. D'après la déclaration de Brack de mai 1947, Himmler lui avait confié cette mission en janvier 1941 parce qu'il redoutait le mélange entre Juifs polonais et d'Europe occidentale (*Trials of War Criminals before the Nuernberg Military Tribunals under Control Council Law n. 10*, vol. 1, Nuremberg, 1949, p. 732). Himmler avait rencontré Brack le 13 janvier 1941 (*Dienstkalender*).

Une guerre d'anéantissement idéologique

1. Sur l'attaque contre l'URSS voir entre autres : Andreas Hillgruber, *Hitlers Strategie. Politik und Kriegführung 1940-1941*, 2. Aufl., Francfort/Main, 1982 ; Horst Boog *et al.*, *Der Angriff auf die Sowjetunion*, aktuaI. Ausg., Francfort/Main, 1991 ; Peter Jahn et Reinhard Rürup (dir.), *Erobern und Vernichten. Der Krieg gegen die Sowjetunion 1941-1945. Essays*, Berlin, 1991 ; Bernd Wegner (dir.), *Zwei Wege nach Moskau. Vom Hitler-Stalin-Pakt bis zum « Unternehmen Barbarossa »*, Munich/Zurich, 1991 ; Gerd R. Ueberschär et Wolfram Wette (dir.), *Der deutsche überfall auf die Sowjetunion. « Unternehmen Barbarossa »* 1941, nouvelle édition, Francfort/Main, 1991.

2. Lettre d'Himmler à Lammers du 10 juin 1941 (BAB, R 6121) ; voir également à ce sujet la prise de position de Rosenberg du 14 juin 1941 ainsi que les mémorandums sur les missions et les pouvoirs du Reichsführers-SS, chef de la police allemande et commissaire à la consolidation de la nation allemande, tranmise par Rosenberg à Lammers le 27 août 1943 (IFZ, NO 3726).

3. BAB, NS 19/3874, 25 mai 1941. Sur la nomination de Rosenberg, voir « *Fuhrer-Erlasse* », p. 168 et s. Sur le conflit entre Rosenberg et Himmler dans la phase de préparation de la guerre, voir Ernst Piper, *Alfred Rosenberg. Hitlers Chefideologe*, Munich, 2005, p. 517 et s.

4. Christian Gerlach, *Kalkulierte Morde. Die deutsche Wirtschafts- und Vernichtungspolitik in Weissrussland 1941 bis 1944*, Hambourg, 1999, p. 81.

5. Richtlinien auf Sondergebieten zur Weisung n° 21 (Fall Barbarossa), in Hans-Adolf Jacobsen, « Kommissarbefehl und Massenexekutionen sowjetischer Kriegsgefangener », in Hans Buchheim *et al.*, *Anatomie des SS-Staates*, 7. Aufl., Munich, 1999, p. 449-544, doc. n° 1.

6. Discours d'Hitler du 30 mars devant les généraux, in Halder, *Kriegstagebuch*, vol. 2 : *Von der geplanten Landung in England bis zum Beginn des Ostfeldzuges (1.7.1940 - 21.6.1941)*, p. 335 et s., ici p. 336 et s.

7. Hitlers Richtlinien an Jodl für die Endfassung der Richtlinien auf Sondergebieten zur Weisung n° 21 (Fall Barbarossa), 3 mars 1941, in *Kriegstagebuch des Oberkommandos der Wehrmacht 1940-1945*, compilé par Helmuth Greiner et Percy Ernst Schramm, vol. 1, 1er août 1940-31 décembre 1941, Francfort/Main, 1965, p. 341. Hitler évoqua également l'anéantissement de « l'intelligentsia mise en place par Staline » dans son discours aux généraux du 17 mars, voir Halder, *Kriegstagebuch*, vol. 2, p. 317 et s., citation p. 320. Dans son discours du 30 mars (voir note 6), il fut question de « l'anéantissement des commissaires bolcheviques et de l'intelligentsia communiste ».

8. *Dienstkalender*, 10 mars 1941, discussion avec Heydrich sur la coopération de la SS et de la police avec l'armée.

9. Le 26 mars, Wagner put avancer un premier projet d'ordre en accord avec Heydrich (BAM, RW 4V/57S ; in Jacobsen, « Kommissarbefehl », doc. n° 2).

10. BAM, RH 22/155, in Jacobsen, « Kommissarbefehl », doc. n° 3.

11. Sur la guerre dans les Balkans, voir Klaus Olshausen, *Zwischenspiel auf dem Balkan. Die deutsche Politik gegenüber Jugoslawien und Griechenland von März bis Juli 1941*, Stuttgart, 1973 ; Karl-Heinz Golla, *Der Fall Griechenlands 1941*, Hambourg, 2007.

12. BAM, RH 31-I/V.23 ; Roland G. Förster (dir.), *« Unternehmen Barbarossa ». Zum historischen Ort der deutsch-sowjetischen Beziehungen von 1933 bis Herbst 1941*, Munich, 1993, p. 507 et s., ainsi que Walter Manoscheck, *« Serbien ist judenfrei ». Militärische Besatzungspolitik und Judenvernichtung in Serbien 1941-1942*, Munich, 1993, p. 41 et s.

13. *Dienstkalender*. Les négociations sont présentées en détail par Andrej Angrick, *Besatzungspolitik und Massenmord. Die Einsatzgruppe D in der südlichen Sowjetunion 1941-1943*, Hambourg, 2003, p. 41 et s.

14. *Dienstkalender*, 6 au 10 mai 1941.

15. Sur l'affaire Hess voir Rainer F. Schmidt, *Rudolf Hess - « Botengang eines Toren ? » Der Flug nach Grossbritannien vom 10. Mai 1941*, Düsseldorf, 1997, p. 185 et s.

16. Dans le *Dienstkalender* on ne trouve aucune entrée à ce sujet, mais sa présence à l'Obersalzberg est attestée dans la soirée du 11 ; il reprit son service à Berlin le 18 mai 1941. Sur la réunion voir *Carnets de Goebbels*, 14 avril 1941.

17. Le 9 mai 1941 il discuta avec Heydrich de l'intervention, réclamée par Bormann, de la Gestapo contre ce cercle (*Dienstkalender*). Ellic Howe, spécialiste de l'univers des starologues, a rassemblé des informations à ce sujet après la guerre : *Uranias Children : The Strange World of Astrologers*, London 1967, p. 192 et s. ; voir également Peter Longerich, *Hitlers Stellvertreter. Führung der Partei und Kontrolle des Staatsapparates durch den Stab Hess und die Partei-Kanzlei Bormann*, Munich, 1992, p. 153 et s.

18. IfZ, NO 204. L'état-major d'Himmler avait remercié Brack pour ce rapport le 12 mai 1941 et lui avait fait savoir que la prochaine fois, Himmler souhaiterait s'entretenir avec lui.

19. IfZ, NOKW 2079, in Jacobsen, « Kommissarbefehl », p. 184.

20. Sur la mise en place des Einsatzgruppen voir Angrick, *Besatzungspolitik*, p. 74 et s. ; Krausnick, « Einsatzgruppen », p. 19 et s. ; Peter Klein (dir.), *Die Einsatzgruppen in der besetzten Sowjetunion 1941-1942. Die Tätigkeits- und Lageberichte des Chefs der Sicherheitspolizei und des SD*, Berlin, 1997 ; Hans-Heinrich Wilhelm, « Die Einsatzgruppe A der Sicherheitspolizei und des SD 1941/42 - eine exemplarische Studie », in Helmut Krausnick et Hans-Heinrich Wilhelm, *Die Truppe des Weltanschauungskriegep. Die Einsatzgruppen der Sicherheitspolizei und des SD 1938-1942*, Stuttgart, 1981, p. 281-636 ; *Die Einsatzgruppe A der Sicherheitspolizei und des SD 1941-1942*, Francfort/Main, 1996, p. 11 et s. Un cinquième Einsatzgruppe fut finalement créé sous le commandement du chef de la Sipo de Cracovie, Eberhard Schöngarth, et il fut déployé au début de juillet dans l'est de la Pologne ; à partir d'août, il fut désigné comme « Einsatzgruppe z.b.V. » (Krausnick, « Einsatzgruppen », p. 180 et s.).

21. Les 990 membres de l'Einsatzgruppe A se répartissaient comme suit en octobre 1941 : 35 membres du SD, 41 membres de Kripo, 89 collaborateurs de la Stapo, 133 policiers de l'Orpo, 340 Waffen-SS ; le reste se composait de conducteurs de camions, de personnes astreintes au service d'urgence (qui, en règle générale, n'appartenaient pas à l'appareil de la SS et de la police), de soldats des transmissions et de l'administration, ainsi que 13 auxiliaires féminines (Doc. L-180, Stahlecker-Bericht du 15 octobre 1941, in *IMT*, vol. 37, p. 670 et s.).

22. Ce qu'Ulrich Herbert a dépeint de manière exemplaire dans sa biographie, *Best.*

23. Wilhelm, « Einsatzgruppe A », p. 281 et s.

24. Sur l'Ordnungspolizei, voir Andrej Angrick *et al.*, « "Da hätte man schon ein Tagebuch führen müssen". Das Polizeibataillon 322 und die Judenmorde im Bereich der Heeresgruppe Mitte während des Sommers und Herbstes 1941. Mit einer Auseinandersetzung über die rechtlichen Konsequenzen », in Helge Grabitz (Hg.), *Die Normalität des Verbrechens. Bilanz und Perspektiven der Forschung zu den nationalsozialistischen Gewaltverbrechen*, Festschrift für Wolfgang Scheffler zum 65. Geburtstag, Berlin, 1994, p. 325-384 ; Christopher R. Browning, *Ganz normale Männer. Das Reserve-Polizeibataillon 101 und die « Endlösung » in Polen*, Reinbek bei Hambourg, 1993 ; Daniel Jonah Goldhagen, *Hitlers willige Vollstrecker. Ganz gewöhnliche Deutsche und der Holocaust*, Berlin, 1996 ; Konrad Kwiet, « Auftakt zum Holocaust. Ein Polizeibataillon im Osteinsatz », in Bundeszentrale für politische Bildung (dir.), *Der Nationalsozialismus*, Francfort/Main, 1993, p. 191-208 ; Jürgen Matthäus, « What about the ordinary men ? The German order police and the Holocaust in the occupied Soviet Union », in *Holocaust and Genocide Studies* 10, 2 (1996), p. 134-150 ; Klaus Michael Mallmann, « Vom Fussvolk der "Endlösung", Ordnungspolizei, Ostkrieg und Judenmord », in *Tel Aviver Jahrbuch für Deutsche Geschichte* 26 (1997), p. 355-391 ; Neufeld, Huck et Tessin, *Ordnungspolizei.*

25. Il s'agissait des « unités de police renforcées » par les classes 1901 à 1909 qui, au début de la guerre, auraient dû compter 95 000 hommes (BAB, R 19/382, discours de Daluege, 16 janvier 1941). Au début de 1942, sur les 117 525 réservistes mobilisés, seuls 7 325 se trouvaient affectés dans les bataillons (NS 19/335, Dalueges Vortrag bei

Besprechung du 1er au 4 février 1942). Les effectifs totaux des bataillons se montaient à tout juste 60 000 hommes (*ibid.*, Memorandum Chef Ordnungspolizei, 20 août 1940).

26. Wegner, *Politische Soldaten*, p. 142 et p. 149 et s.

27. Sur ce sujet voir Yehoshua Büchler, « Kommandostab Reichsführer-SS : Himmler's personal murder brigades in 1941 », in *Holocaust and Genocide Studies 1,1* (1986), p. 11-25, p. 13 et s., ainsi que Martin Cüppers, *Wegbereiter der Shoah. Die Waffen-SS, der Kommandostab Reichsführer-SS und die Judenvernichtung 1939-1945*, Darmstadt, 2005, p. 64 et s.

28. BAB, NS 19/3508, SS-Führungsamt, 24 avril et 6 mai 1941.

29. *Ibid.*, ordre d'Himmler du 17 juin, prenant effet le 21 juin 1941.

30. Décrit exhaustivement par Cüppers, *Wegbereiter*, p. 33 et s.

31. BAM, M 806 (copie des archives militaires de Prague), Ist -Stärke Ende, juillet 1941.

32. BAM, RH 221155, in Reinhard Rürup (dir.) *Der Krieg gegen die Sowjetunion 1941-1945. Eine Dokumentation*, Berlin, 1991, p. 45 ; voir Förster, « *Unternehmen Barbarossa* », p. 511 ; Ralf Ogorreck, *Die Einsatzgruppen und die « Genesis der Endlösung »*, Berlin 1996, p. 19 et s. La lettre d'accompagnement du commandant en chef de l'Armée de Terre du 24 mai 1941 (Disziplinar-Erlass, in Jacobsen, « Kommissarbefehl », doc. n° 10) confirme la tendance qu'avaient les troupes au combat à ne pas suivre trop à la lettre cet ordre du Führer.

33. BAM, RH 212082 in Rürup (dir.), *Krieg*, p. 46. Sur l'ordre des commissaires voir en général Förster, « *Unternehmen Barbarossa* », p. 520 et s.

34. BAM, RH 22/12. Sur la formation propagandiste de la troupe voir Förster, « *Unternehmen Barbarossa* », p. 525 et s.

35. BAB, NS 19/3957, 11 au 15 juin 1941, voir *Dienstkalender.*

36. Johst, *Ruf.*

37. Note sur une discussion avec Johst du 26 février 1940 (BAB, NS 19/1446) ; voir Düsterberg *Johst*, p. 305.

38. Comme le nommait Rudolf Brandt (BAB, NS 19/1945, 10 août 1942).

39. *IMT*, vol. 4, p. 535 et s. Von dem Bach-Zelewski datait la rencontre à Nuremberg du début 1941.

40. Les témoignages des membres des Einsatzkommandos présents concordent.

41. BAB, R 70 SU/32.

42. BAB, R 70 SU/31, in Peter Longerich (dir.), *Die Ermordung der europäischen luden. Eine umfassende Dokumentation des Holocaust 1941-1945*, Munich, 1989, p. 116 et s.

43. Comme la lettre du 29 juin 1941.

44. *Dienstkalender*, 16 et 17 juin 1941.

45. Le 16, 17, 18, puis de nouveau le 23 juin 1941 (*ibid.*).

46. *Ibid.* ; BAB, R70 SU/32, Ordre opérationnel n° l du 1er juillet 1941.

47. OA Moscou, 500-1-758, 1er juillet 1941.

48. EM 19. Pour la période du 23 juin 1941 au 24 avril 1942 le RSHA regroupa, sous le titre « Ereignismeldungen UdSSR » les rapports des Einsatzgruppen, numérotés en fonction de la date. Les originaux se trouvent dans R 58/214 à 221.

49. *Dienstkalender.*

50. BAB, R 20/79, KTB Pol. Btl. 322.

51. Interrogatoire du 20 avril 1966 (ZStL, *73/61*, vol. 6, p. 1510 et s.).

52. BAB, R 20/79, KTB Pol. Btl. 322, 9 juillet 1941.

53. BAB, R 20/80, KTB Pol. Btl. 322 (annexe), ordre du 11 juillet 1941.

54. Angrick *et al.*, « Tagebuch », p. 334 et s. ; jugement du tribunal de Bochum à l'encontre des membres du 316e bataillon de police, qui participa également à ce massacre (LG Bochum du 6 juin 1968, ZStL, II 202AR-Z 168/59).

55. *Dienstkalender* ; EM 21.

56. Andrzej Zbikowski, « Local anti-Jewish pogroms in the occupied territories of Eastern Poland, June-July 1941 », in Lucjan Dobroszycki et Jeffrey Gurock (dir.), *The Holocaust in the Soviet Union. Studies and Sources on the Destruction of the Jews in the Nazi Occupied Territories of the USSR, 1941-1945*, Armonk, New York-Londres, 1993, p. 173-179, cite 35 sites rien que dans l'est de la Galicie. Aharon Weiss, « The Holocaust and the Ukrainian victims », in Michael Berenbaum *(dir.)*, *A Mosaic of Victims. Non-Jews Persecuted and Murdered by the Nazis*, New York, 1990, p. 109-115, recense 58 pogroms en Ukraine occidentale, Volhynie comprise. Voir également Bogdan Musial, *« Konterrevolutionäre Elemente sind zu erschiessen ». Die Brutalisierung des deutschsowjetischen Krieges im Sommer* 1941, Berlin-Munich, 2000, p. 172, avec de nombreuses indications sur d'autres pogroms.

57. BAB, NS 19/4008, discours devant les renforts pour le Kampfgruppe Nord, 13 juillet 1941.

58. Établi dans le décret du Führer sur l'administration dans les nouveaux territoires occupés à l'est du 17 juillet 1941 (doc. L-221, in *IMT*, vol. 38, p. 86 et s.).

59. BAB, R 43 II/683a. Rosenberg était déjà désigné pour cette mission depuis qu'Hitler, au début d'avril, avait ordonné la mise en place d'un bureau pour les « questions orientales ». Sur les préparatifs de Rosenberg pour la guerre contre l'URSS, voir Yitzhak Arad, « Alfred Rosenberg and the "Final Solution" in the Occupied Soviet Territories », in *Yad Vashem Studies* 13 (1979), p. 263-286, p. 265 et s.

60. Les décisions d'Hitler furent confirmées par écrit dans une série de décrets le 17 juillet 1941, dont celui cité dans la note 59 ainsi que, pour ce qui nous préoccupe, le décret essentiel du Führer sur le contrôle policier des nouveaux territoires occupés à l'est (IFZ, NG 1688, in « *Führer-Erlasse* », n° 99).

61. Voir note 2.

62. BAB, NS 19/1739.

63. IfZ, NO 4724, RFSS à Lorenz et Heydrich, 11 juillet 1941.

64. Ainsi, le 9 août, Rosenberg, pour confirmer ses dires, rapporte une déclaration de Goering, selon lequel « Himmler était exclusivement chargé du contrôle policier de ce territoire » et que « la mission du RFSS en ce qui concerne la consolidation de la nation allemande se limitait au territoire du Reich et ne s'appliquait nullement dans les territoires de l'Est » (BAB R 6123, transcription de Rosenberg). Voir également Müller, *Ostkrieg*, p. 98.

65. BAB, BDC, SS-O Globocnik, note archivée d'Himmler, 21 juillet 1941.

66. *Carnets de Goebbels*, 19 août 1941.

67. Pour de plus amples détails, voir Longerich, *Nous ne savions pas.*

68. OA Moscou, 500-1-25, également en copie in ZStL, Doc. UdSSR, n° 401 et in Klein (dir.), *Einsatzgruppen*, p. 342. Sur les rapports des Einsatzgruppen et leur diffusion, voir Ronald Headland, *Messages of Murder. A Study of the Reports of the Einsatzgruppen of the Security Police and the Security Service, 1941-1943*, Rutherford (éd.), 1992, ainsi

que Peter Longerich, *Der ungeschriebene Befehl. Hitler und der Weg zur « Endlösung »*, Munich-Zurich, 2001, p. 112.

69. IfZ, NOKW 2079, in Jacobsen, « Kommissarbefehl », p. 184 et s. Voir également YV, M 36/3 (copie des archives militaires de Prague), protocole de la réunion rédigé par un officier de Ia qui confirme qu'Himmler souhaitait déployer massivement les troupes de son commandement : « Les unités subordonnées à l'état-major de commandement seront déployées dans le secteur de l'administration politique. On peut envisager le déploiement de plus grandes unités sur les arrières du secteur de l'armée. Les membres de l'état-major de commandement et les unités qui leur sont subordonnées n'ont rien à faire dans le secteur des opérations. »

70. *Dienstkalender* ; Cüppers, *Wegbereiter*, p. 136.

71. KTB Kdostab RFSS, in *Unsere Ehre heisst Treue. Kriegstagebuch des Kommandostabes Reichsführer-SS, Tätigkeitsberichte der* 1. *und* 2. *SS-Infanterie-Brigade, der 1. SS-Kavallerie-Brigade und von Sonderkommandos der SS*, Vienne 1965, p. 219 et 30. La brigade de cavalerie fut créée le 2 août 1941.

72. *Dienstkalender*, 21 juillet 1941.

73. *Ibid.*, 29 au 31 juillet 1941.

74. OA Moscou, 500-1-25, Jäger-Bericht.

75. EM 96 ; Wilhelm, *Einsatzgruppe A*, p. 113.

76. Jugement d'Ulm du 29 août 1958, in *Justiz und NS-Verbrechen. Sammlung deutscher Strafurteile wegen nationalsozialistischer Tötungsverbrechen 1945-1966*, vol. 15, Amsterdam, 1976, n° 465.

77. KTB Kdostab RFSS, 31 juillet 1933, in *Unsere Ehre*, p. 33 ; BAB, R 20/45b, Journal de von dem Bach-Zelewski. Voir également *Dienstkalender.*

78. KTB Kdostab RFSS, 28 juillet 1941, in *Unsere Ehre*, p. 220 et s.

79. BAM, RS 3-8/36 ; sur la rencontre avec Himmler, voir également BAB, R 20/45b, Journal von dem Bach-Zelewski, 31 juillet 1941.

80. BAM, RS 4/441, Abt-Befehl n° 2 ; Cüppers, *Wegbereiter*, p. 143.

81. *Ibid.*, p. 142 et s.

82. BAM, RS 4/441 ; Cüppers, *Wegbereiter*, p. 151.

83. *Ibid.*, p. 253 et s. Les divergences dans les informations sont sans doute le résultats d'incompréhensions lors de la transmission des chiffres.

84. USHMM, RG-48.04, Reel 2, Karton 24, 2. Kavallerieregiment, Reitende Abteilung, rapport du 12 août 1941 (copie des archives militaires de Prague), in *Unsere Ehre*, p. 227 et s.

85. Cüppers, *Wegbereiter*, p. 194 et s.

86. *Ibid.*, p. 203. Dans sa communication de conclusion du 18 septembre 1941, la brigade rapporta, pour les deux phases de son « action de nettoyage », un total de « 14 178 pillards abattus, 1 001 partisans abattus ainsi que 699 soldats de l'Armée rouge abattus » (USHMM, RG 48.004, Reel z, Karton 24).

87. Entre autres avec Daluege, Jeckeln et Knoblauch *(Dienstkalender*, 8., 12. et 13 août 1941).

88. IfZ, NOKW 1165, rapport du HSSPF Sud au Armeeoberkommando 6, 1er août 1941, rapport sur l'action de nettoyage. Sur les meurtres commis par la 1re Brigade en juillet et août, voir Cüppers, *Wegbereiter*, p. 165 et s., ainsi que Bernd Boll, « "Aktionen

nach Kriegausbruch". Wehrmacht und l. SS-Infanteriebrigade 1941 », in *Zeitschrift für Geschichtswissenschaft* 48, 9 (2000), p. 775-788.

89. Rapport d'activité de la 1. Brigade-SS, 30 juillet 1941, pour le 27 au 30 juillet, in *Unsere Ehre*, p. 197 et s. Voir également BAB, NS 33/39, rapport de la 1. Brigade-SS, 30 juillet 1941, sur les activités du 27 au 30 juillet, plus loin NS 33/22, rapport d'activité du Kommandostab RFSS, 6 août 1941, pour la période du 28 juillet au 3 août 1941.

90. Rapport d'activité de la l. brigade-SS pour la période du 3 au 6 août, in *Unsere Ehre*, p. 108 et s. ; voir également Shmuel Spector, *The Holocaust of Volhynian Jews, 1941-1944*, Jérusalem, 1990, p. 76 et s., avec d'autres détails, ainsi que Cüppers, *Wegbereiter*, p. 174, dont les estimations sont reprises ici.

91. *Dienstkalender* ; BAB, NS 33/320, aide de camp du RFSS, 11 août 1941, ainsi que NS 33/312, Kommandostab, 12 août 1941. La comparaison des chiffres des victimes montre que la brigade de cavalerie avait déjà à cette époque exécuté un nombre considérablement plus élevé de Juifs.

92. Rapport d'activité de la 1. brigade 10 août 1941 pour la période du 6 au 10 août, in *Unsere Ehre*, p. 111 et s. ; EM 59 du 21 août 1941 ; NS 33/22, rapport du Kommandostabs du 10 septembre 1941 sur les activités du 1er au 7 septembre. Pour de plus amples détails voir Cüppers, *Wegbereiter*, p. 203 et s.

93. EM 60 ; voir également NS 33/22, communications de Jeckeln à l'état-major du RFSS, 27 au 30 août 1941.

94. Randolph L. Braham, « The Kamenets-Podolsk and Delvidek massacres : Prelude to the Holocaust in Hungary », in *Yad Vashem Studies*, 9 (1973), p. 133-156 ; Klaus Michael Mallmann, « Der qualitative Sprung im Vernichtungsprozes. Das Massaker von Kamcnez-Podolsk Ende August 1941 », in *Jahrbuch für Antisemitismusforschung*, 10 (2001), p. 239-264.

95. EM 88 ; voir également NS 33/22, télégramme du HSSPF Sud, 5 septembre 1941.

96. EM106.

97. Sur le massacre de Babi Yar voir Krausnick, « Einsatzgruppen », p. 189 et s. ; Hartrnut Rüss, « Wer war verantwortich für das Massaker von Babij Jar ? », in *Militärgeschichtliche Mitteilungen* 57, 2 (1998), p. 483-508 ; Erhard Roy Wiehn (Hg.), *Die Schoa von Babij Jar. Das Massaker deutscher Sonderkommandos an der jüdischen Bevölkerung von Kiew 1941 fünfzig Jahre danach zum Gedenken*, Constance, 1991 ; Klaus Jochen Arnold, « Die Eroberung und Behandlung der Stadt Kiew durch die Wehrmacht im September 1941. Zur Radikalisierung der Besatzungspolitik », in *Militärgeschichtliche Mitteilungen* 58,1 (1999), p. 23-63.

98. Sur l'Einsatzgruppe C voir Dieter Pohl, « Schauplatz Ukraine. Der Massenmord an den Juden im Militärverwaltungsgebiet und im Reichskommissariat 1941-1943 », in *Ausbeutung, Vernichtung, Öffentlichkeit. Neue Studien zur nationalsozialistischen Lagerpolitik* ; à la demande de l'Institut für Zeitgeschichte, Norbert Frei, Sybille Steinbacher et Bernd C. Wagner, Munich, 2000, p. 135-173 ; « Die Einsatzgruppe C 1941-1942 », in Peter Klein (dir.), *Die Einsatzgruppen* in *der besetzten Sowjetunion* 1941-1942. *Die Tätigkeits- und Lageberichte des Chefs der Sicherheitspolizei und des SD*, Berlin, 1997, p. 71-87. Sur les unités individuelles, on dispose des informations suivantes : l'Einsatzkommando 5 abattit pour la première fois à la mi-septembre tous les habitants d'un village, y compris les femmes et les enfants, puis il adopta définitivement cette pratique (EM 119 du

20 octobre 1940 : Bogusslaw, Uman, Cybulow). À partir du début d'août, le Kommando 4a fusilla dans les environs de Jitomir un grand nombre de femmes, puis très vite également des enfants (ZStL, jugement du tribunal de Darmstadt du 29 novembre 1968). Le Polizeibataillon 45, qui appartenait au Polizeiregiment Sud, entreprit à la fin de juillet et au début d'août d'exécuter sans distinction tous les Juifs (ZStL, II 204 AR-Z 1251/65, plainte et verdict). Le commandant Besser reconnut qu'il avait agi sur ordre du commandant du Polizeiregiment Sud, qui se serait quant à lui réclamé d'un ordre général de liquidation d'Himmler (*ibid.*, plainte). Le Polizeibataillon 314, qui dépendait aussi du Polizeiregiment Sud, exécuta dès le 22 juillet des femmes et des enfants (ZStL, 204 AR-Z 1251/65 D, conclusion du département de la police criminelle de Bavière, 19 décembre 1977). Plus loin BAB, NS 33/22, télégramme du HSSPF Sud du 21, 24 et 27 août avec communication sur les exécutions du Bataillon 314).

99. *Dienstkalender.*

100. *Ibid.* ; sur ce voyage voir en particulier Gerlach, *Morde*, p. 571 et s.

101. Klaus Hesse, « "...Gefangenenlager, Exekution... Irrenanstalt... Walter Frentz" Reise nach Minsk im Gefolge Heinrich d'Himmler im août 1941 », in Hans Georg Hiller von Gaertringen (Hg.), *Das Auge des Dritten Reichep. Hitlers Kameramann und FotografWalter Frentz*, Munich-Berlin, 2006, p. 176 -194.

102. Paul D., déclaration du 8 janvier 1963, ZSt1208 AR-Z 203/59, Rotakte, Z-Prot. II, vol. 3, cité d'après Riess, *Anfänge*, p. 275 et s. Riess démontre qu'il est faux qu'Himmler se soit trouvé mal lors de cette exécution et que c'est cette expérience personnelle qui aurait favorisé le recours aux camions pour effectuer les gazages à l'est.

103. ZStL, 201 AR-Z 76/59, 8 octobre 1971, vol. 11, p. 7605 et s.

104. Gerlach, *Morde*, p. 572 et s. D'après Gerlach, les déclarations, après la guerre, de von dem Bach-Zelewski ne permettent pas de supposer qu'Himmler ait parlé dans son discours de l'assassinat de tous les Juifs.

105. *Dienstkalender*, 15 août 1941.

106. *Ibid.* ; BAB, BDC, SS-O Pflaum, lettre d'Himmler du 11 juillet 1941 ainsi que note de Pflaum du 25 août 1941.

107. BAB, R 6/23, Himmler à Rosenberg, 19 août 1941, ainsi que Rosenberg à Lammers, 23 août 1941.

108. Heinemann, « *Rasse* », p. 420 et s.

109. *Dienstkalender.*

110. OA Moscou, 1323-1-53, et BAB, R 43 II/684a, lettre de Lammers à Rosenberg au sujet des compétences d'Himmler, 6 septembre 1941.

111. Dans une discussion entre Lammers et Himmler le 22 octobre, les deux hommes s'entendirent à reconnaître que l'affaire, dans un premier temps, ne devait pas être portée à la connaissance d'Hitler, ce qui, selon Lammers, serait de toute façon indispensable à la poursuite du processus (BAB, R 43 II/396), Heydrich à Lammers, 18 septembre 1941, ainsi que note de Lammers du 23 octobre 1941, in *Deutsche Politik im « Protektorat Böhmen und Mahren » unter Reinhard Heydrich* 1941-1942. *Eine Dokumentation*, dir. von Miroslav Kärny, Jaroslava Miletova et Margita Kärnä, Berlin, 1997, p. 82 et s. ainsi que p. 132 ; voir également *Dienstkalender*, 22 octobre 1941. Le 14 et le 15 octobre, Rosenberg se plaignit de nouveau des tentatives de la SS et de la police pour étendre leurs compétences dans les territoires soviétiques (BAB, R 43 II/684a, remarque de Lammers du 23 et du 28 octobre 1941). Ce qui eut pour conséquence la discussion

entre Himmler et Rosenberg du 15 novembre 1941, dont Himmler informa Lammers le 25 novembre 1941 (voir plus loin, p. 641).

112. BAB, NS 191734.

113. BAB, R 6/9, note de l'HSSPF Ostland, 17 février 1942.

114. *Dienstkalender.*

115. *Ibid.*

116. *Ibid.* ; PRO, HW 16/32, Himmler à HSSPF Koppe, Poznan.

117. *Dienstkalender* ainsi que BAB, NS 19/3957, programme du voyage, sur lequel est indiqué Kherson.

118. ZStL, 213 AR 1898/66, plainte du 8 mars 1966. Voir également IFZ, NOKW 3233, rapport sur l'activité du Sonderkommandos 11a à Nikolaïev du 18 au 31 août 1941 ; Angrick, *Besatzungspolitik*, p. 241 et s.

119. *Dienstkalender*, 4 octobre 1941 ; le discours d'Himmler est cité dans une déclaration, après la guerre, de l'ancien chef de l'Einsatzkommando 11a, Paul Zapp.

120. StAnw Munich, 118 Ks 268, plainte du 8 mars 1966 ; BAM, RH 20-U/488, rapport sur l'activité du Sonderkommandos 11a à Kherson du 22 août au 10 septembre 1941. Voir Angrick, *Besatzungspolitik*, p. 251 et s.

121. BAB, R 6/34a, in Werner Koeppen, *Herbst 1941 im « Fuhrerhauptquartier ». Berichte Werner Koeppens an seinen Minister Alfred Rosenberg*, dir. Martin Vogt, Coblence, 2002, p. 59.

122. *Dienstkalender.*

123. *Ibid.*

124. *Ibid.* ; Christian Gerlach, « Failure of Plans for an SS Extermination Camp in Mogilev, Belorussia », in *Holocaust and Genocide Studies* 11, 1 (1997), p. 60-78.

125. *Dienstkalender.*

126. *Ibid.*

127. Hitler, *Monologe*, 25 octobre 1941.

128. BAB, R 6/9, Ordonnance commune d'Himmler et Rosenberg du 19 novembre 1941.

129. BAB, R 43 II/684a.

130. BAB, NS 19/3885, note archivée d'Himmler, 15 novembre 1941 ; R 6/9, note de Rosenberg du 19 novembre 1941. Sur la rencontre chez Hitler, où Bouhler fut également présent, voir *Dienstkalender.* Voir également Piper, *Rosenberg*, p. 587. Trois jours plus tôt, Himmler avait en outre tenté – sans succès – d'être reconnu aussi par le parti comme l'unique responsable de la « consolidation de la nation allemande ». Il dut se contenter d'un « bureau sur les questions de nationalité » (*Dienstkalender*, 13 novembre 1941).

131. BAB, NS 19/4010, in Himmler, *Geheimreden*, p. 162 et s., citation p. 169.

132. BAB, NS 19/4014, in Himmler, *Geheimreden*, p. 203.

Des massacres à la Solution finale

1. En revanche, l'hypothèse qui veut que le régime ait pris dès l'été 1941 une décision sur le massacre systématique de tous les Juifs d'Europe et ait dressé des plans en conséquence n'est plus tenable aujourd'hui (Longerich, *Politik*, p. 421 et s.). Ainsi,

cette thèse de Richard Breitman, selon laquelle, à la fin du mois d'août, quelques semaines après que Goering avait donné les « pleins pouvoirs » à Heydrich, Himmler aurait autorisé la mise en œuvre d'un « plan » de Heydrich déjà prêt et prévoyant l'assassinat des Juifs d'Europe par les gaz, repose sur une erreur : l'entrée, dans le calendrier d'Himmler, au 26 août 1941, sur laquelle s'appuie Breitman, se réfère en réalité à l'autorisation d'un « plan de voyage » de Heydrich, qui avait l'intention de se rendre en Norvège (Breitman, *Architekt*, p. 262 et 272 ; *Dienstkalender*, 26 août 1941). Même les déclarations du commandant d'Auschwitz Rudolf Höss, qui prétend que durant l'été 1941, il aurait été convoqué par Himmler qui lui aurait révélé d'homme à homme qu'Hitler avait « ordonné la Solution finale de la question juive » et que lui, Himmler, avait prévu Auschwitz dans ce but, ne saurait être exacte, puisque les « sites d'extermination à l'est » dont Himmler lui aurait parlé n'existaient pas encore à l'époque. Si cette rencontre a jamais eu lieu, la date de 1942 semble plus plausible, d'autant plus que Höss a souvent mélangé ces deux années dans ses déclarations d'après-guerre (Rudolf Höss, *Kommandant in Auschwitz. Autobiographische Aufzeichnungen*, dir. Martin Broszat, Stuttgart, 1958, p. 157 et s. ; voir également sa déclaration du 14 avril 1946 in *IMT*, vol. 11, p. 438-466).

2. Longerich, *Politik*, p. 427.

3. Wolf Gruner, « Von der Kollektivausweisung zur Deportation der Juden aus Deutschland (1938-1945). Neue Perspektiven und Dokumente », in *Beiträge zur Geschichte des Nationalsozialismus* 20 (2004), p. 21-62, p. 48, le souligne. Sur les preuves voir *Dienstkalender*, 2 et 4 septembre 1941. Les éditeurs rappellent que la lettre de Kopp n'a pas été conservée mais qu'il est possible de reconstituer cette rencontre à partir des archives de l'état-major personnel du RFSS.

4. Otto Bräutigam, « Aus dem Kriegstagebuch des Diplomaten Otto Bräutigam », sous la direction de H. D. Heilmann, in *Beiträge zur nationalsozialistischen Gesundheitsund Sozialpolitik*, 4 (1989), p. 123-187, 14 septembre 1941. Bräutigam était l'agent de liaison de Rosenberg à l'OKW.

5. *Dienstkalender*. L'auteur de la proposition, Carltheo Zeitschel, avait déjà formulé cette idée en août (CDJC, V-821.8.41, in Klarsfeld, *Vichy*, p. 367). Zeitschel informa Dannecker, alors chargé des affaires juives à la Gestapo de Paris, de la discussion entre Himmler et Abetz le 8 octobre (CDJC, V-16 ; in Serge Klarsfeld, *Die Endlösung der Judenfrage in Frankreich*, Paris, 1977, p. 25).

6. *Dienstkalender* ; *ADAP*, série D, vol. 13, 2, n° 327, 16 septembre 1941.

7. BAB, NS 19/2655, in Longerich, *Ermordung*, p. 157.

8. BAB, R 6/34, Koeppen-Aufzeichnungen, 21 septembre 1941, in *Herbst* 1941, p. 34 et s. Koeppen avait obtenu ces informations de l'émissaire Gustav Adolf Steengracht, membre du cabinet de Ribbentrop. On ne peut exclure qu'à cette époque, Steengracht n'ait pas encore été informé de la décision d'Hitler sur les déportations.

9. Goebbels recommanda d'expliquer aux correspondants que les Juifs partaient « travailler » à « l'est » (NS 18 alt/622, protocole de la conférence de propagande, 23 octobre 1941). Pour de plus amples détails, voir Longerich, *Nous ne savions pas*.

10. Voir par exemple la *Neue Zürcher Zeitung* du 20 octobre 1941, que reprend un communiqué de l'UPI du 18 octobre sur les déportations depuis la Rhénanie et Berlin. Le *New York Times* en avait déjà fait état le 18 octobre 1941, avec davantage de détails sur la situation des Juifs berlinois. Le 22 octobre, la *Neue Zürcher Zeitung*, s'appuyant sur

un communiqué de l'UPI du 20 octobre, annonça que les déportations se poursuivaient et qu'elles concernaient en tout 20 000 personnes.

11. Longerich, *Politik*, p. 427 et s.

12. Longerich, *Nous ne savions pas.*

13. Heydrich, le 4 octobre, parla du « plan d'une expulsion totale des Juifs hors de l'Europe » et fit référence le 6 novembre à une déclaration « des plus hautes instances » selon laquelle « la juiverie » devait « disparaître définitivement d'Europe » (BAB, NS 19/1734, sur une réunion avec les représentants du ministère de l'Est ainsi que CDJC, I 28, in Klarsfeld, *Vichy*, p. 369 et s., lettre au quartier-maître général de l'Armée de Terre). Voir en outre Longerich, *Befehl*, p. 188 et s.

14. Manoschek, « *Serbien* », p. 43 et s.

15. Ahlrich Meyer, « "...dass französische Verhältnisse anders sind als polnische", Die Bekämpfung des Widerstands durch die deutsche Militärverwaltung in Frankreich 1941 », in Guus Meershoek u. a., *Repression und Kriegsverbrechen. Die Bekämpfung von Widerstands- und Partisanenbewegungen gegen die deutsche Besatzung in Westund Südosteuropa*, Berlin-Göttingen, 1997, p. 43-91 ; Weber, *Sicherheit*, p. 59 et s. ; *Die Okkupationspolitik des deutschen Faschismus in Dänemark und Norwegen (1940-1945)*, dir. Fritz Petrick, Berlin-Heidelberg, 1992, p. 33.

16. Bohn, *Reichskommissariat*, p. 92 et s. et p. 95 et s.

17. Meershoek, « Machtentfaltung », p. 391.

18. Kommunistische Aufstandsbewegung in den besetzten Gebieten, 16 septembre 1941, in *Kriegstagebuch des Oberkommandos der Wehrmacht*, vol. 1, doc. n° 101. Le 28 septembre, Keitel modifia l'ordre : il était désormais possible de fusiller des otages pris dans les cercles nationalistes et démocrates de droite (Doc. PS- 1590, in *IMT*, vol. 27, p. 373 et s.).

19. Brandes, *Tschechen*, vol. 1, p. 207 et s.

20. Peter Klein, « Die Rolle der Vernichtungslager Kulmhof (Chelmno), Belzec (Belzec) und Auschwitz-Birkenau in den frühen Deportationsvorbereitungen », in Dittmar Dahlmann (dir.), *Lager, Zwangsarbeit, Vertreibung und Deportation. Dimensionen der Massenverbrechen in der Sowjetunion und in Deutschland 1933 bis 1945*, Essen, 1999, p. 459-481, p. 473.

21. Cette réunion est confirmée par l'aide de camp de l'Armée de Terre d'Hitler, Gerhard Engel : IfZ, ED 53/1, le « journal d'Engel », en réalité des transcriptions manuscrites d'Engel datant d'après la guerre, à partir, faut-il supposer, de notes contemporaines, 2 novembre 1941 ; in Gerhard Engel, *Heeresadjutant bei Hitler 1938-1943. Auszeichnungen des Majors Engel*, dir. Hildegard von Kotze, Stuttgart [1975], datation erronée (2 octobre 1941) et mal transcrites en deux endroits. Du fait de ces erreurs de transcription, le rapport d'Engel a généralement été ignoré par la recherche, puisqu'Himmler, apparemment, ne se trouvait pas au quartier général le 2 octobre. Pourtant, une rencontre entre Himmler et Hitler le 2 novembre 1941 est attestée par une entrée dans le *Dienstkalender* d'Himmler. Heydrich, Jodl et Keitel étaient également présents.

22. Voir plus loin, p. 786.

23. Manoschek, « *Serbien* », p. 55 et s.

24. Ulrich Herbert, « Die deutsche Militärverwaltung in Paris und die Deportation der französischen Juden », in Christian Jansen (dir.), *Von der Aufgabe der Freiheit.*

Politische Verantwortung und bürgerliche Gesellschaft im 19. *und* 20. *Jahrhundert. Festschrift für Hans Mommsen zum*, 5 novembre 1995, Berlin, 1995, p. 427-450, p. 437 et s.

25. BAB, NS 19/2655 11 octobre 1941, ainsi que réponse négative d'Himmler du 22 octobre 1941.

26. *Ibid.*, Uebelhoer à Himmler, 4 et 9 octobre 1941, Heydrich à Himmler, 8 octobre 1941, Himmler à Uebelhoer et Greiser, 10 et 11 octobre 1941 ; on trouve d'autres documents à ce sujet dans le même dossier.

27. *Ibid.*, 4 octobre 1941.

28. Cela ressort d'une lettre de Greiser à Himmler du 1er mai 1942, où il lui signale que « l'action spéciale visant 100 000 Juifs dans [son] secteur, en accord avec le chef du Reichssicherheitshauptamt le SS Obergruppenführer Heydrich [...] » pourrait être « bouclée dans les 2 ou 3 prochains mois » (*Faschismus, Ghetto, Massenmord*, p. 278). Le chiffre de 100 000 Juifs « inaptes au travail », et donc condamnés à être assassinés, se retrouve dans un autre document de janvier 1942, voir YVA, 051/13b, rapport du bureau de recherche du 16 janvier 1942.Voir également Klein, « Rolle », p. 474.

29. BAB, 19/2655, Heydrich à Himmler, 8 octobre 1941.

30. BAB, R 6/34 a, rapport de Werner Koeppen, représentant permanent de Rosenberg auprès d'Hitler, in *Herbst 1941*. Les Juifs, d'après Hitler, ne devaient pas être déportés vers le Gouvernement général, mais « beaucoup plus loin à l'est », ce qui fut rendu impossible par la pénurie de moyens de transport.

31. YVA, M. 58/23 (copie des archives centrales de Prague, 114-2-56) in *Deutsche Politik im « Protektorat »*, doc. n° 29.

32. Heydrich aurait entendu par là des camps pour prisonniers civils, comme il en existait par exemple à Minsk et Moghilev (voir Gerlach, « Failure », p. 62).

33. Präg und Iacobmeyer (dir.), *Diensttagebuch*, 14 octobre 1941.

34. Lors de la réunion à Lublin le 17 octobre, la troisième réglementation sur les limitations au séjour dans le Gouvernement général fut introduite, ainsi que la peine de mort pour quiconque quittait le ghetto (*ibid.*, part. p. 427 et s., la réglementation fut antidatée au 15 octobre, voir *Faschismus, Ghetto, Massenmord*, p. 128 et s.). Lors de la réunion du gouvernement à Cracovie, le gouverneur du district Otto Wächter déclara le 20 octobre qu'une « solution enfin radicale de la question juive est inévitable et qu'il ne faudra faire preuve d'aucune considération, techniques, par exemple » (IFZ, MA 120, en version abrégée in Präg et Jacobmeyer [dir.], *Diensttagebuch*, p. 436). Lors de la réunion du 21 octobre à Lvov, Eberhard Westerkamp, directeur de la Hauptabteilung de l'administration intérieure du Gouvernement général, préconisa « l'isolement des Juifs du reste de la population », qui devait s'accomplir « aussi vite et aussi totalement que possible ». Westerkamp affirma par ailleurs qu'un « décret du gouvernement interdit la construction de nouveaux ghettos, puisque nous avons l'espoir que les Juifs soient expulsés du Gouvernement général dans un avenir proche », bien que Rosenberg ait décrit, quelques jours plus tard, cet « espoir » comme illusoire (MA 120, abrégé in Präg et Jacobmeyer [dir.], *Diensttagebuch*, p. 436). Voir également les déclarations du directeur du département de la santé du Gouvernement général, Jost Walbaum, lors d'une conférence médicale qui eut lieu entre le 13 et le 16 octobre à Bad Krynica : « Il n'y a que deux solutions : nous condamnons les Juifs à mourir de faim dans le ghetto, ou nous les fusillons » (ZStL, Polen 98, Tagungsbericht).

35. Dieter Pohl, *Nationalsozialistische Judenverfolgung in Ostgalizien* 1941-1944. *Organisation und Durchführung eines staatlichen Massenverbrechens*, Vienne 1996, p. 140 et s. L'action contre l'intelligentsia à Stanislav est typique de cette phase, et elle coûta la vie à 600 hommes (IfZ, Gm 08.08, 5 Ks 4/65, jugement du tribunal de Münster du 31 mai 1968). Voir également sur ces premiers meurtres Thomas Sandkühler, « *Endlosung* » *in Galizien. Der Judenmord in Ostpolen und die Rettungsinitiativen von Berthold Beitz 1941-1944*, Bonn, 1996, p. 148 et s.

36. Détails chez Pohl, *Ostgalizien*, p. 138 et s.

37. *Dienstkalender.*

38. BAB, BDC, SS-O Globocnik, lettre à Himmler du 1er octobre 1941. Voir également Pohl, *Lublin*, p. 101.

39. Idée que défendent également les éditeurs du *Dienstkalender*, p. 233, note 35. Le fait que cette rencontre fut l'occasion d'une « percée » décisive est confirmé par une lettre qu'un collaborateur de Globocnik, l'Hauptsturmführer Hellmuth Müller, adressa le 15 octobre 1941 au directeur du RuSHA, Hofmann, et qui montre ce qu'il savait de la réunion décisive entre Himmler et Globocnik deux jours plus tôt (Globocnik se rendit d'abord le 14 octobre à Berlin, voir *Dienstkalender*). Müller affirma que Globocnik considérait « la situation politique dans le GG comme un stade de transition » ; il estimait que « le nettoyage progressif de l'ensemble du GG des Juifs et aussi des Polonais par le contrôle des régions de l'Est, etc., est indispensable », et il travaillait à des « plans exhaustifs et efficaces dont l'application n'était freinée que par les limitations de sa propre autorité ». Ce qui allait changer après son voyage dans le Reich (BAB, BDC, SS-O Globocnik).

40. ZStL, 208 AR-Z *252159*, vol. 6, p. 1179, déclaration de Stanislaw Kozak, début des constructions le 1er novembre, in *Nationalsozialistische Massentötungen*, p. 152 et s. ; Michael Tregenza, « Belzec Death Camp », in *Wiener Library Bulletin*, 30 (1977), p. 8-25, confirme la date.

41. Pohl, *Lublin*, p. 101 et 105 et s.

42. *Dienstkalender*, 20 octobre 1941.

43. Klein, « Rolle », p. 478, l'a déjà évoqué. Des indices, non confirmés, tendraient à prouver que la construction de Sobibor ait été envisagée dès la fin de 1941 (ZStL, Doc. 643, 71-4-442, Aussage des polnischen Eisenbahnarbeiters Piwonski von 1975) ; vgl. Jules Schelvis, *Vernichtungslager Sobibór*, Berlin 1998, p. 37 ; Browning, *Entfesselung*, p. 525. Il est impossible d'établir avec certitude que les plans du chantier correspondaient effectivement à un camp d'extermination.

44. Cette mission peut être reconstituée à partir des déclarations de témoins, voir Beer, « Entwicklung », p. 407 ; tribunal de Munich, jugement contre Karl Wolff, 30 septembre 1964, in *Justiz und NS- Verbrechen*, vol. 20, n° 580, ici p. 434 et s. ; *Dienstkalender*, 15 août 1941.

45. Gerlach, *Morde*, p. 648 ; PRO, HW 16/32, 16 et 18 août 1941.

46. Beer, « Entwicklung », p. 408 ; « Die Ermordung psychisch kranker Menschen in der Sowjetunion. Dokumentation », sous la direction d'Angelika Ebbinghaus et Gerd Preissler, in *Beiträge zur nationalsozialistischen Gesundheits- und Sozialpolitik* 1 (1985), p. 75 -107, p. 83 et s. ; Gerlach, *Morde*, p. 648.

47. Beer, « Entwicklung », p. 408 ; « Errnordung », p. 88 et s. ; ZStL, 202 ARZ 152/159, déclaration de Widmann, 11 janvier 1960, p. 33 et s. Plus loin, déclaration de

Georg Frentzel, 27 août 1970, ainsi qu'Alexandr N. Stepanov (à l'époque médecin chef de l'institut psychiatrique de Moghilev), 20 juillet 1944.

48. Avant Noël 1941, d'autres camions furent envoyés de Berlin à Riga pour l'Einsatzgruppe A ; voir Beer, « Entwicklung », p. 413. Sur le Sonderkommando 4a (Einsatzgruppe C), voir *ibid.*, p. 412. Sur l'Einsatzkommando 8 (Einsatzgruppe B), voir StAnw Munich, Zentraler Untersuchungsvorgang 9, déposition d'Otto Matonoga, 8-9 juin 1945, devant des enquêteurs soviétiques. L'Einsatzgruppe D, selon un témoin, utilisa un camion à gaz à la fin de 1941, voir Beer, « Entwicklung », p. 413 ; tribunal de Munich, 119 c Is 1/69, jugement ; Aussage Jeckeln du 21 décembre 1945 (in Wilhelm, « Einsatzgruppe A », p. 548).

49. Alfred Gottwaldt et Diana Schulle, *Die « judendeportationenc aus dem Deutschen Reich 1941-1945. Eine kommentierte Chronologie,* Wiesbaden, 2005, p. 52 et s. Sur les déportations depuis l'Allemagne, citons la littérature traditionnelle, outre le travail de pionnier d'Adler, *Mensch,* surtout les contributions d'lno Arndt pour le Luxembourg, de Ionny Moser pour l'Autriche ainsi que d'Eva Schmidt-Hartmann pour la Tchécoslovaquie, tous regroupés dans la collection de Wolgang Benz, *Dimension des Völkermords. Die Zahl der jüdischen Opfer des Nationalsozialismus,* Munich, 1991. Sur les déportations vers Riga voir surtout *Buch der Erinnerung. Die ins Baltikum deportierten deutschen, österreichischen und tschechoslowakischen Juden,* Wolfgang Scheffier et Diana Schulle, 2 Bde., Munich, 2003 ; Gottwaldt et Schulle, « *Judendeportationen* », p. 110 et s. Sur les déportations des Tziganes voir Zimmermann, *Rassenutopie,* p. 223 et s.

50. *Nationalsozialistische Massentötungen,* p. 110 et s.

51. Tribunal de Bonn, jugement du 23 juillet 1965, in *Justiz und NS- Verbrechen,* vol. 21, n° 594 ; *Nationalsozialistische Massentötungen,* p. 110 et s.

52. IFZ, NO 365, Helmut Krausnick, « Judenverfolgung », in Hans Buchheim *et al., Anatomie des SS-Staates,* 7. éd., Munich 1999, p. 545-678, ici p. 649 et s.

53. Andrej Angrick et Peter Klein, *Die « Endlösung » in Riga. Ausbeutung und Vernichtung 1941-1944,* Darmstadt, 2006, p. 338 et s.

54. Voir plus haut, p. 652.

55. Patricia Heberer, « Eine Kontinuität der Tötungsoperationen. T 4- Täter und die -Aktion Reinhardt. », in Bogdan Musial (dir.), « *Aktion Reinhardt* ». *Der Völkermord an den Juden im Generalgouvernement 1941-1944,* Osnabrück, 2004, p. 285-308, p. 295. La rencontre d'Himmler et Brack est indiquée dans le *Dienstkalender* au 14 décembre 1941 avec la mention « Euthanasie ». Voir également lettre de Brack à Himmler du 23 juin 1942, où il se dit prêt à mettre davantage de personnel à disposition et où il rappelle l'accord antérieur avec Himmler (BAB, NS 1911583).

56. Jean-Claude Pressac, *Die Krematorien von Auschwitz. Die Technik des Massenmordes,* Munich-Zurich 1994, p. 19.

57. Stanislaw Klodzinski, « Die erste Vergasung von Häftlingen und Kriegsgefangenen im Konzentrationslager Auschwitz », in *Die Auschwitz-Hefte,* Hamburger Institut für Sozialforschung, Weinheim/Bâle 1987, vol. 1, p. 261-275 ; Danuta Czech, *Kalendarium der Ereignisse im Konzentrationslager Auschwitz-Birkenau* 1939-1945, Reinbek bei Hambourg, 1989, p. 115 et s. ; Ierzy Brandhuber, « Die sowjetischen Kriegsgefangenen im Konzentrationslager Auschwitz », in *Hefte von Auschwitz* 4 (1961), p. 5-46, und Wojciech Barcz, « Die erste Vergasung », in Hans G. Adler, *Auschwitz : Zeugnisse und Berichte,* 2. Aufl., Köln/Francfort/Main, 1979, p. 17 et s.

58. Voir Browning, *Entfesselung*, p. 13 ; Steinbacher, « *Musterstadt* », p. 276 et s.

59. Voir Aly, « *Endlosung* », p. 342 et s. ; Gerlach, « Failure ».

60. Himmler exprima cet avis dans sa lettre à Greiser du 18 septembre 1941 (voir plus haut).

61. Ce qui ressort d'une note de Goebbels sur une discussion avec Heydrich le 17 novembre (*Carnets de Goebbels*, 18 novembre 1941).

62. Il ressort de la communication de Leibrandt à Lohse du 4 décembre 1941 que Heydrich souhaitait maintenant installer ce camp près de Pleskau (YIVO, Occ E 3-35, in Gertrude Schneider, *Journey into Terror. Story of the Riga Ghetto*, nouvelle édition Newport, Conn./Londres, 2001, p. 130).

63. IfZ, Fb 101129, Jäger-Bericht. Voir Wolfgang Scheffler, « Massenmord in Kowno », in *Buch der Erinnerung. Die ins Baltikum deportierten deutschen, österreichischen und tschechoslowakischen Juden*, dir. Wolfgang Scheffler et Diana Schulle, vol. 1, Munich, 2003, p. 83-190.

64. Gerald Fleming, *Hitler und die Endlösung. « Es ist des Führers Wunsch... »*, Wiesbaden/Munich 1982, p. 87 et s. ; EM 151 du 5 janvier 1942.

65. Déposition du 15 décembre 1945 devant des enquêteurs soviétiques, in Wilhelm, « Einsatzgruppe A », p. 566 et s.

66. In *Dienstkalender*. L'heure indiquée était 13 h 30.

67. Angrick et Klein, « *Endlösung* », p. 239 et s. Les Juifs des 22 transports suivants qui arrivèrent à Riga furent généralement transférés dans le ghetto de Riga ou dans les deux camps de Salaspils et Jungfernhof. Il y eut semble-t-il deux exceptions : la plupart des passagers d'un transport du 19 janvier 1942 ainsi que 500 autres Juifs d'un autre transport à la fin janvier furent manifestement exécutés dès leur arrivée.

68. *Dienstkalender*, 30 novembre et 4 décembre 1941 ; PRO, HW 16/32, télégramme Himmler an Jeckein, 1er et 4 décembre 1941.

69. Hitler, *Monologe*, 25 octobre 1941.

70. Concept du discours, cité par Hans-Heinrich Wilhelm, *Rassenpolitik und Kriegfunrung. Sicherheitspolizei und Wehrmacht in Polen und in der Sowjetunion 1939-1942*, Passau, 1991, p. 131 et s., d'après PAA, Pol XIII, 2S, VAA-Berichte ; voir la note d'un correspondant de presse, in Hagemann, *Presselenkung*, p. 146.

71. Breitman, *Architekt*, p. 288 et s. ; BAB, R 43 II/684a, Brandt à Lammers, transfert des notes d'Himmler sur la discussion, 25 novembre 1941.

72. *Dienstkalender* ; Hitler, *Reden und Proklamatione*, [Domarus] vol. 2, p. 1794 et s.

73. *Carnets de Goebbels*, 13 décembre 1941.

74. C'est ce qu'affirme Christian Gerlach, « Die Wannsee-Konferenz, das Schicksal der deutschen Juden und Hitlers politische Grundentscheidung, alle Juden Europas zu ermorden », in *WerkstattGeschichte* 6, 18 (1997), p. 7-44.

75. *Dienstkalender*. D'après Gerlach, « Wannsee-Konferenz », p. 22 et 27, le terme de « partisan » se rapporte à tous les Juifs d'Europe ; Hitler, sur la base de sa nouvelle « décision de principe » sur l'assassinat des Juifs d'Europe du 12 décembre, aurait confié la mission à Himmler dans le cadre de ses nouvelles prérogatives. Cette thèse n'est pas assez étayée. L'utilisation, à l'époque, du terme « partisan » la dément.

L'assassinat des Juifs d'Europe

1. Pour toutes les dates voir *Dienstkalender.*

2. PAA, Intérieur IIg 177, lettre de Heydrich à Luther, 29 novembre 1941 ; la réunion du 8 décembre 1941 fut annulée. Pour toute référence sur la conférence de Wannsee, voir Gerlach, « Wannsee-Konferenz » ; Eberhard Jäckel, « On the Purpose of the Wannsee Conference », in James S. Pacy (dir.), *Perspectives on the Holocaust. Essays in Honor of Raul Hilberg*, Boulder, CO, 1995, p. 39-50 ; Peter Klein, *Die WannseeKonferenz vom 20 janvier 1942. Analyse und Dokumentation*, Berlin [1995] ; Peter Longerich, *Die Wannsee-Konferenz du 20 Januar 1942. Planung und Beginn des Genozids an den europäischen Juden*, présentation publique dans la maison de la conférence de Wannsee le 19 janvier 1998, accompagnée d'une bibliographie sélective et commentée sur la conférence et le début du génocide des Juifs d'Europe, avec un fac-similé du protocole de la conférence, Berlin 1998 ; Kurt Pätzold und Erika Schwarz, *Tagesordnung : Judenmord. Die Wannsee-Konferenz am 20 janvier* 1942. *Eine Dokumentation zur Organisation der « Endlösung »*, Berlin, 1992 ; Safrian, *Eichmann-Mannet*, p. 171 et s.

3. Voir en particulier Cornelia Essner, *Die « Nürnberger Gesetze » oder die Verwaltung des Rassenwahns 1933-1945*, Paderborn, 2002, p. 410 et s. ; Ieremy Noakes, « The development of Nazi policy towards the German-Jewish "Mischlinge", 1933-1945 », in *Leo Baeck Institute Year Book* 34 (1989), p. 291-354 ; Iohn A. p. Grenville, « Die-Endlösung. und die "Judenmischlinge" im Dritten Reich », in *Das Unrechtsregime. Internationale Forschung über den Nationalsozialismus*, Ursula Büttner, Werner Johe et Angelika Voss, vol. 2 : *Verfolgung, Exil, belasteter Neubeginn*, Hambourg, 1986, p. 91-121.

4. PAA, Intérieur IIg 177, protocole de la conférence.

5. *Ibid.*, copie du protocole n° 16, in Longerich (dir.), *Ermordung*, p. 83 et s.

6. La déportation vers les régions occupées d'URSS était encore une option sérieuse à l'époque, comme le prouvent non seulement les projets de travaux forcés développés au même moment, mais aussi le fait que le HSSPF Ukraine, quelques jours seulement avant la conférence de Wannsee, le 12 janvier 1942, ait ordonné aux commissaires généraux à Brest, Jitomir, Nikolaïev, Dniepropetrovsk et Kiev d'entreprendre immédiatement la construction de ghettos afin de « pouvoir liquider dans le courant de l'année 1942 les Juifs venus du Reich » (Staatsarchiv Shitomir, p. 1151-1-137). Un grand merci à Wendy Lower pour m'avoir indiqué ce document.

7. Präg et Jacobmeyer (dir.), *Diensttagebuch*, 16 décembre 1941.

8. « Nous ne pouvons pas fusiller ces 3,5 millions de Juifs, nous ne pouvons pas les empoisonner » (*ibid.*).

9. PAA, Intérieur IIg 177, copie du protocole n° 16, in Longerich (dir.), *Ermordung*, p. 83 et s.

10. Voir Kaienburg, « *Vernichtung* », p. 144 et s. ; Schulte, *Zwangsarbeit*, p. 332 et s.

11. *Ibid.*, p. 334 et s.

12. *Ibid.*, p. 351 et s. ; Christian Streit, *Keine Kameraden. Die Wehrmacht und die sowjetischen Kriegsgefangenen 1941-1945*, Bonn, 1997, p. 212 et s.

13. Schulte, *Zwangsarbeit*, p. 208 et s.

14. IFZ, NI 11086 ; Schulte, *Zwangsarbeit*, p. 209 et s. Sur l'usine Buna voir Wagner, *IG Auschwitz ;* Gottfried Plumpe, *Die LG. Farbenindustrie AG. Wirtschaft, Technik und Politik 1904-1945*, Berlin, 1990, p. 382 et s.

15. Schulte, *Zwangsarbeit*, p. 211 ; Hans Mommsen et Manfred Grieger, *Das Volkswagenwerk und seine Arbeiter im Dritten Reich*, Düsseldorf, 1996, p. 496 et s. ; l'ordre d'Hitler se trouve in Klaus-Jörg Siegfried (dir.), *Rüstungsproduktion und Zwangsarbeit im Volkswagenwerk* 1939-1945. *Eine Dokumentation*, Francfort/Main, 1986, p. 61.

16. BAB, NS 19/2065 ; voir également Schulte, *Zwangsarbeit*, p. 343 et s.

17. *Faschismus, Ghetto, Massenmord*, p. 268. Sur cette décision et ses conséquences, voir en particulier Allen, *Business*, p. 48 et s., ainsi que Schulte, *Zwangsarbeit*, p. 361. Un jour plus tôt, Himmler avait déjà confié à Heydrich la mission par téléphone de se « débarrasser des Juifs » (*Dienstkalender*, 25 janvier 1942).

18. Voir plus loin, p. 668.

19. La décision d'Himmler sur la fusion fut prise semble-t-il durant une réunion le 15 janvier 1942 (*Dienstkalender*) ; l'ordre de Pohl correspondant fut émis le 19 janvier 1942 (IFZ, NO 495); l'ordre de Pohl du 13 mars 1942 sur l'intégration de l'inspection des camps de concentration dans le WVHA existe sous forme de fac-similé in Johannes Tuchel, *Die Inspektion der Konzentrationslager* 1938-1945. *Das System des Terrors*, Berlin, 1994, p. 88 et s. Pour plus de détails, voir Schulte, *Zwangsarbeit*, p. 197 et s. et p. 357.

20. *Ibid.*, p. 344 et s. ; IFZ, NO 3795, Himmler à Pohl, 31 janvier 1942 ; BAB, NS 19/2065, proposition de Kammler du 10 février 1942, transmise le 5 mars 1942 à Himmler.

21. BAB, NS 19/2065 ; voir également Karl Heinz Roth, « "Generalplan Ost" – "Gesamtplan Ost", Forschungsstand, Quellenprobleme, neue Ergebnisse », in Mechthild Rössler (dir.), *Der « Generalplan Ost ». Hauptlinien der nationalsozialistischen Planungs-und Vernichtungspolitik*, Berlin, 1993, p. 25 - 95, p. 74 et s.

22. BAB, NS 19/2065, 23 mars 1942.

23. Doc. R-129, in *IMT*, vol. 38, p. 362 et s. ; voir Walter Naasner, *Neue Machtzentren in der deutschen Kriegswirtschaft 1942-1945. Die Wirtschaftsorganisation der SS, das Amt des Generalbevollmächtigten für den Arbeitseinsatz und das Reichsministerium für Bewaffnung und Munition, Reichsministerium für Rüstung und Kriegsproduktion im nationalsozialistischen Herrschaftssystem*, Boppard a. Rh., 1994, p. 269.

24. Doc. R-129, in *IMT*, vol. 38, p. 365 et s. ; Roth, « "Generalplan Ost" », p. 77.

25. Steinbacher, « *Musterstadt* », p. 276 et s. ; voir également plus loin.

26. Voir Hermann Kaienburg, « Jüdische Arbeitslager an der "Strasse der SS" », in *1999*, 1 (1996), p. 13-39. Sur le département galicien du DG IV voir Sandkühler, « *Endlösung* », p. 41 et s. ; Pohl, *Ostgalizien*, p. 338 et s. Himmler inspecta le DG IV en août 1942.

27. *Dienstkalender.*

28. Voir part. Pohl, *Lublin*, p. 13 et s., ainsi que David Silberklang, « Die Juden und die ersten Deportationen aus dem Distrikt Lublin », in Bogdan Musial (dir.), *« Aktion Reinhardt ». Der Völkermord an den Juden im Generalgouvernement 1941-1944*, Osnabrück, 2004, p. 41-164.

29. Pohl, *Lublin*, p. 18 et s. ; Silberklang, « Juden », p. 50 et s. ; Musial, *Zivilverwaltung*, p. 254 et s.

30. *Carnets de Goebbels.* Il ressort également d'une déclaration d'Eichmann qu'à ce stade, Globosnik avait reçu la mission d'assassiner les Juifs « inaptes au travail » du district. D'après Eichmann, Globocnik, alors que le massacre avait déjà commencé, aurait obtenu

de Heydrich l'autorisation d'exécuter 150 000, voire 250 000 personnes (*The Trial of Adolf Eichmann. Record of Proceedings in the District Court of Jerusalem*, vol. 7, Jérusalem, 1995, p. 240). La déclaration de Josef Oberhauser, adjoint du commandant Belzec, Christian Wirth, du 10 novembre 1964, va dans ce sens (StA Munich, I 110 Ks 3/64, Vol. 14, p. 2918 et s.) ; voir Pohl, *Lublin*, p. 25 et s.

31. Pohl, *Ostgalizien*, p. 79 et s.

32. Sur la troisième vague de déportations voir en particulier la circulaire d'Eichmann du 31 janvier 1942 (Doc. PS-1063, in Longerich [dir.], *Ermordung*, p. 165 et s.) ainsi que Besprechungsprotocole du 9 mars 1943 (Eichmann-Prozess, doc. n° 119, in *ibid.*, p. 167 et s.).

33. Longerich, *Politik*, p. 485 et s., ainsi que Gottwaldt et Schulle, « *Judendeportationen* », p. 137 et s. Quatre transports finirent dans le ghetto de Varsovie (*ibid.*, p. 167 et s.).

34. *Dienstkalender*, 20 octobre 1941. Les éditeurs citent une déclaration de Machs du 26 mars 1942 du conseil d'État slovaque, sur lequel se fondait l'offre allemande.

35. À ce sujet ainsi que sur le déroulement des déportations voir Ladislav Lipscher, *Die Juden im slowakischen Staat 1939-1945*, Munich-Vienne, 1980, p. 99 et s. ; Raul Hilberg, *Die Vernichtung der europäischen Juden. Die Gesamtgeschichte des Holocaust*, Francfort/Main, 1990, p. 766 ; Yehoshua Büchler, « The deportation of Slovakian Jews to the Lublin district of Poland in 1942 », in *Holocaust and Genocide Studies*, 6 (1991), p. 151-166.

36. Robert-Ian van Pelt et Deborah Dwork, *Auschwitz. Von 1270 bis heute*, Zurich/Munich, 1998, p. 335 et s. ; Czech, *Kalendarium*, cite par exemple le gazage de 1 500 hommes, femmes et enfants juifs de Sosnowitz dans le Bunker I le 12 mai 1942.

37. PAA, Büro StSekr, vol. 2, in *ADAP*, Série E, vol. 2, n° 93.

38. Longerich, *Politik*, p. 496.

39. Büchler, « Deportation », p. 153 et 166, ainsi que Czech, *Kalendarium.*

40. Büchler, « Deportation », p. 155 et s.

41. On ne peut pas déduire de la transcription de l'état-major d'Himmler ce qui s'est dit lors de cette rencontre. La seule exception se trouve par sa présentation à Hitler du 3 mai. On peut déduire de la transcription des notes d'Himmler que la question de la Waffen-SS a éré abordée, ainsi que d'autres sujets, non militaires, qu'Himmler a consignés en détail (*Dienstkalender*, p. 415, note 6).

42. BAB, NS 19/3899, note d'Himmler du même jour sur cette « réunion » (auch IfZ, NG 3333).

43. VOGG 1942, p. 263 et s., décret du Führer sur la mise en place d'un secrétariat d'État pour les questions de sécurité dans le Gouvernement général ; Eisenblätter, « Grundlinien », p. 247 et s.

44. VOGG 1942, p. 321 et s., décret sur le transfert de services au secrétaire d'État pour les questions de sécurité ; Pohl, *Ostgalizien*, p. 204 et s., Krüger était déjà mandataire du RKF, mais avait apparemment dû partager ses compétences avec Frank.

45. Yitzhak Arad, *Belzec, Sobibor, Treblinka. The Operation Reinhard Death Camps*, Bloomington 1987, p. 37 et s.

46. Pohl, *Lublin*, p. 20 et s. Sur Sobibor, voir Schelvis, *Sobibór.*

47. Steinbacher, « *Musterstadt* », p. 285 et s.

48. Arad, *Belzec*, p. 387 et s.

49. Longerich, *Politik*, p. 48 et s. ; Gottwaldt et Schulle, « *Judendeportationen* », p. 237 et s.

50. Dont les rapports d'un Sonderkommando du Waffen-SS-Bataillon z.b.V. vor : *Unsere Ehre*, p. 236 et s.

51. Lucjan Dobroszycki (Hg.), *The Chronicle of the Lodz Ghetto, 1941-1944*, New Haven, CT, 1984, p. 53 et s., p. 56 et s., p. 59 et s. et p. 194.

52. On peut en être sûr pour trois transports qui quittèrent le territoire du Reich le 13 et le 15 juin 1942. Peut-être quelques trains aboutirent-ils aussi dans le camp d'extermination durant la première moitié du mois (Gottwaldt et Schulle, « *Judendeportationen* », p. 211 et s.).

53. Le 18 mai, la moitié d'un groupe de 800 personnes déportées quelques jours plus tôt de Theresienstadt à Siedliszce ainsi que les Juifs locaux furent transférés à Sobibor et assassinés ; voir Gottwaldt et Schulle, « *Judendeportationen* », p. 206 ; Peter Witte, « Letzte Nachrichten aus Siedliszce. Der Transport Ax aus Theresienstadt in den Distrikt Lublin », in *Theresienstädter Studien und Dokumente*, 1996, p. 98 -113.

54. Gottwaldt et Schulle, « *Judendeportationen* », p. 215 et s., sur les trois transports vers Sobibor le 15 et le 19 juin. Il est possible que l'on ait procédé de même avec les gens de deux autres convois venus de Theresienstadt, et qui arrivèrent dans le district de Lublin les 15 et 16 juin (*ibid.*, p. 215 et s.).

55. Büchler, « Deportation », p. 153 et 164.

56. ZStL, Doc. UdSSR 401, in Klein (dir.), *Einsatzgruppen*, p. 410 et s.

57. Dieter Wisliceny, un des plus proches collaborateurs d'Eichmann, affirma dans ses interrogatoires qu'il avait vu un ordre écrit d'Himmler à Heydrich où Himmler aurait ordonné l'extermination totale des Juifs inaptes au travail, conformément aux ordres d'Hitler. Il aurait pu s'agir d'une autre version de l'ordre du 18 mai 1942 – Wisliceny le date d'avril – ou de l'ordonnance « générale » d'Himmler, à l'origine de son ordre du 18 mai (*Trial*, vol. 9, Jérusalem 1995, doc. n° 85, déposition Wislicenydu 14 novembre 1945).

58. Gruner, *Arbeitseinsatz*, p. 291 et s. ; Adler, *Mensch*, p. 216 et s.

59. *Carnets de Goebbels*, 30 mai 1942 ; voir également Gruner, *Arbeitseinsatz*, p. 298 et s.

60. Cette visite a été reconstituée par le tribunal lors du procès de Heuser, voir *Justiz und NS- Verbrechen*, vol. 19, Amsterdam, 1978, n° 552, jugement du 21 mai 1963, p. 192 ; voir, au sujet de la nouvel escalade des massacres, la description détaillée de Gerlach, *Morde*, p. 694 et s.

61. Pohl, « Schauplatz ».

62. Sur l'attentat contre Heydrich, voir Brandes, *Tschechen*, p. 251 et s. ; Guenter Deschner, *Reinhard Heydrich. Statthalter der totalen Macht*, Esslingen, 1977, p. 273 et s. ; Edouard Calic, *Reinhard Heydrich. Schlüsselfigur des Dritten Reiches*, Düsseldorf, 1982, p. 476 et s. ; Hellrnut G. Haasis, *Tod in Prag. Das Attentat auf Reinhard Heydrich*, Reinbek bei Hambourg, 2002.

63. Protocole de Frank du 27 mai 1942, cité d'après : Brandes, *Tschechen*, p. 254.

64. Télégramme d'Himmler du 27 mai 1942, cité d'après *ibid.*, p. 255.

65. *Ibid.*, p. 256 ; transcription de Frank, in Die *Deutschen in der Tschechoslowakei*, p. 474 et s.

66. *Dienstkalender* ; Deschner, *Heydrich*, p. 297.

67. Brandes, *Tschechen*, p. 260 et s. ; transcription de Frank, in *Die Deutschen in der Tschechoslowakei*, p. 474 et s.

68. Sur le massacre de Lidice voir Brandes, *Tschechen*, p. 262 et s.

69. Heinemann, « *Rasse* », p. 515.

70. Gottwaldt et Schulle, « *Judendeportationen* », p. 213.

71. Sur la rencontre voir *Dienstkalender*, 27, 28, 30 et 31 mai, 3, 4 et 5 juin 1942.

72. BAB, NS 19/4009.

73. *Ibid.*

74. La forme la plus souvent rencontrée de Reinhardt (mais aussi Reinhard, ou Reinhart) s'explique par le fait que Heydrich lui-même préférait la forme Reinhardt pour son prénom. Himmler l'expliqua à ses plus proches collaborateurs dans un discours en mémoire de l'ancien chef du RSHA, voir Richard Breitman et Shlomo Aronson, « Eine unbekannte Himmler-Rede vom Januar 1943 », in *Vierteljahrshefte für Zeitgeschichte* 38 (1990), p. 337-348. Voir également Peter Black, « Die Trawniki-Männer und die Aktion Reinhard », in Bogdan Musial (dir.), « *Aktion Reinhardt* ». *Der Völkermord an den Juden im Generalgouvernement 1941-1944*, Osnabrück, 2004, p. 309-352, part. p. 308 et s.

75. Sur le déroulement détaillé des déportations voir Gottwaldt et Schulle, « *Judendeportationen* », p. 260 et s.

76. CDJC, RF-1217, Note du 15 juin 1942, in Klarsfeld, *Vichy*, p. 379 et s.

77. CDJC, RF-1223, Note de Dannecker du 1er juillet 1942, in Klarsfeld, *Vichy*, p. 390 et s.

78. BAB, BDC, SS-O Oberg.

79. Juliane Wetzel, « Frankreich und Belgien », in Wolfgang Benz (dir.), *Dimension des Völkermord die Zahl der jüdischen Opfer des Nationalsozialismus*, Munich, 1991, p. 105 -135, p. 120 et s.

80. Klarsfeld, *Vichy*, p. 412. En réalité, le taux de 10 % exigé par Himmler fut largement dépassé sur ce premier convoi : 375 personnes sur 1 000 furent victimes de la sélection.

81. Czech, *Kalendarium*.

82. Gottwaldt et Schulle, « *Judendeportationen* », p. 230 et s.

83. Pohl, *Lublin*, p. 27.

84. Sur les déportations depuis chaque district, voir Arad, *Belzec*, p. 383 et s.

85. Voir à ce sujet Pohl, *Lublin*, p. 27 et s.

86. BAB, NS 19/2655, 29 juillet 1941 ; ici se trouve également la lettre de remerciements d'Himmler du 13 août 1941.

87. Le 28 juillet 1942, Himmler écrivit au directeur du SS-Hauptamt, Gottlob Berger : « Les territoires occupés à l'est seront débarrassés des Juifs. Le Führer a fait peser sur mes épaules l'application de cet ordre très difficile. Personne ne saurait m'en retirer la responsabilité » (IfZ, NO 626.)

88. *Dienstkalender* ; Höss, *Kommandant*, p. 57 et s. ainsi que p. 176 et s.

89. Christopher R. Browning, « A final Hitler decision for the Final Solution ? The Riegner telegram reconsidered », in *Holocaust and Genocide Studies*, 10 (1996), p. 3-10 ; Walter Laqueur und Richard Breitman, *Der Mann, der das Schweigen brach. Wie die Welt vom Holocaust erfuhr*, Francfort/Main, 1986 ; Höss, *Kommandant*, p. 78.

90. BAB, NS 19/1757, in Longerich (Hg.), *Ermordung*, p. 201. Voir également PoW, *Lublin*, p. 28.

91. Voir la vision d'ensemble de Jace Andrzej Mlynarczyk, « Treblinka-ein Todeslager der "Aktion Reinhard" », in Bogdan Musial (dir.), « *Aktion Reinhardt* ». *Der Völkermord an den Juden im Generalgouvernement* 1941-1944, Osnabrück, 2004, p. 257-281. Sur la phase de construction, voir Arad, *Belzec*, p. 37 et s.

92. Pohl, *Ostgalizien*, p. 215 ; *Lublin*, p. 57 et s. ; Sandkühler, « *Endlösung* », p. 81 et s.

93. BAB, NS 19/1765, note du chef d'état-major du SSPF Cracovie, 27 juillet 1942, in Longerich (dir.), *Ermordung*, p. 202 et s. Il est ici question d'un « nouvel ordre » de Krüger. Sur l'ordre d'Himmler du 18 mai 1942 voir plus haut.

94. BAB, NS 19/2462.

Colonisation et sélection raciale

1. BAB, R 49/889, ordonnance d'Himmler du 4 juin 1941.

2. Pour de plus amples détails, voir Stefan Karner, « Die Aussiedlungen der Slowenen in der Untersteiermark. Ein Beispiel nationalsozialistischer Volkstumspolitik », in *Österreich in Geschichte und Literatur*, 22 (1978), p. 154-174.

3. Une collection des ordonnances correspondantes se trouve ins *Der Mencheneinsatz. Grundsätze, Anordnungen und Richtlinien*, Hauptabteilung I des Stabshauptsamts des Reichskommissars für die Festigung deutschen Volkstums, 1. Nachtrag, Berlin, 1941, p. 44 et s.

4. Sur les plans depuis 1939, voir plus haut, p. 529.

5. *Dienstkalender* ; lettre d'accompagnement de Meyer à la version de juillet du Plan général (non transmise), 15 juillet 1941, in Czeslaw Madajczyk (dir.), *Vom Generalplan Ost zum Generalsiedlungsplan*, Munich, 1994 ; voir Heinemann, « *Rasse* », p. 362.

6. *Ibid.*, p. 363 et s. Le plan du RuSHA n'a pas été conservé, mais il en existe une copie du ministère de l'Est : IfZ, NG 2325, in Helmut Heiber, « Generalplan Ost », in *Vierteljahrshefte für Zeitgeschichte*, 6 (1958), p. 281-325, p. 297 et s.

7. BAB, R 491157a, Generalplan Ost, rechtliche, wirtschaftliche und räumliche Grundlagen des Ostaufbaus, juin 1942, ainsi que R 49/985, résumé du 28 mai 1942, in Madajczyk (Hg.), *Generalplan Ost*, doc. n° 21 et n° 23 ; voir également Heinemann, « *Rasse* », p. 368 et s.

8. IFZ, NO 2255, Himmler à Greifelt, 12 juin 1942 ; voir Heinemann, « *Rasse* », p. 370.

9. Les documents ainsi que la lettre d'accompagnement de Greifelt du 23 décembre 1942 se trouvent dans Madajczyk (dir.), *Generalplan Ost*, doc. n° 70 et n° 71. Durant la période prévue par Himmler pour la germanisation, et qui devait durer vingt ans, une « réserve de colons » de 8 millions de personnes devait se développer.

10. Lettre du 12 janvier 1943, in Madajczyk (dir.), *Generalplan Ost*, doc. n° 72.

11. Heinemann, « *Rasse* », p. 370.

12. BAB, NS 19/4009 ; voir Heinemann, « *Rasse* », p. 371.

13. Iuni/Iuli-Heft, également in Madajczyk (dir.), *Generalplan Ost*, doc. n° 21.

14. BAB, R 43 III1411 ; voir l'introduction au *Dienstkalender*, p. 81 et s. (sans signature correspondante).

15. Le dernier rapport de situation de Heydrich du 18 mai 1942 comprend des données plus précises sur « l'inventaire national » déguisé en enquête sur la tuberculose, in *Deutsche Politik im « Protektorat »*, p. 264 et s., citation p. 272. Sur l'examen racial dans le Protectorat, voir Heinemann, « Rasse », p. 158 et s.

16. Il s'agissait de Ferdinand Fischer, voir Heinemann, « *Rasse* », p. 151.

17. BAB, R 2/11402, Lammers aux autorités du Reich, 14 novembre 1941. En réalité, Himmler fit du HSSPF Frank son mandataire dans le Proctorat, tout en ordonnant qu'il soit remplacé par Heydrich, voir Brandes, *Tschechen*, p. 345.

18. Document sur le plan de peuplement, envoyé par Greifelt à Himmler le 23 décembre 1942, in Madajczyk (dir.) *Generalplan Ost*, doc. n° 70 et n° 71.

19. Déclaration du 4 février 1942, in *Deutsche Politik im « Protektorat »*, p. 221 et s., ici p. 229.

20. Heinemann, « *Rasse* », p. 377.

21. *Dienstkalender*, 20 juillet 1941 ; BAB, BDC, SS-O Globocnik, note d'Himmler du 21 juillet 1941.

22. Avec la prétendue caserne SS de Lublin, rebaptisée par la suite centre de recherche sur le logement à l'est, il disposait d'un bureau de planification pour la restructuration démographique du district, et donc du Gouvernement général. Il avait obtenu l'autorisation d'Himmler de fonder cette institution en octobre 1940 (Heinemann, « *Rasse* », p. 382 et s.); Michael Esch, « Das SS-Mannschaftshaus in Lublin und die Forschungsstelle für Ostunterkünfte », in Götz Aly (dir.), *Modelle für ein deutsches Europa. Ökonomie und Herrschaft im Grosswirtschaftsraum*, Berlin, 1992, p. 206 et s.

23. USHMM, RG 15.027M, Reel i. Akte 4, discours pour une réunion d'officiers à Lublin.

24. Heinemann, « *Rasse* », p. 384 et s.

25. *Ibid.*, p. 386 et s.

26. *Ibid.*, p. 398 et s.

27. *Ibid.*, p. 402.

28. *Dienstkalender ;* Heinemann, « *Rasse* », p. 400 et s. Éléments sur la visite dans BAB, R 69/601, Examinateur Bender, EWZ-Kommission XV Zamosc, au directeur du bureau du RuS Lodz, Dongus, 20 juillet 1942.

29. BAB, NS 19/1757.

30. Sur le projet de Zamosc voir la vision d'ensemble de Heinemann, « *Rasse* », p. 403 et s., la présentation détaillée de Bruno Wasser, *Himmlers Raumplanung im Osten. Der Generalplan Ost* in *Polen* 1940-1944, Bâle, 1993, part. p. 133 et s., ainsi que la documentation (avec de nombreuses sources allemandes) von Czeslaw Madajczyk, *Zamojszczyzna - Sonderlaboratorium* 55. *Zbior dokumentow polskich i niemieckich z okresu okupacji hitlerowskiej*, 2 Bde., Warschau 1977 ; voir également IfZ, NO 2562, ordonnance générale n° 17C du RFSS en tant que commissaire à la nation sur le peuplement d'un premier site dans le Gouvernement général, signé Himmler, 12 novembre 1940.

31. Schulte, *Zwangsarbeit*, p. 262 et s.

32. Heinemann, « *Rasse* », p. 420 et s.

33. *Ibid.*, p. 422 et s. Sur la nomination et les activités voir BAB, NS 2/116, chef du RuSHA, lettre du 4 octobre et du 6 novembre 1941.

34. BAB, NS 19/1704 (auch IFZ, NO 2703), note archivée de Berger sur la réunion au quartier général du Führer au sujet des Allemands d'origine ; d'après *Dienstkalender*, p. 527, cette réunion eut lieu le 10 août 1942 ou quelques jours plus tard.

35. BAB, NS 19/2837, lettre d'Himmler à Koch ; in Madajczyk (dir.), *Generalplan Ost*, n° 47 ; voir également Wendy Lower, *Nazi Empire-Building and the Holocaust in Ukraine*, Chapel Hill, 2005, p. 174.

36. Heinemann, « *Rasse* », p. 448 et s.

37. BAB, R 70 SU 35, rapport de conclusion du commando pour la Crimée, 31 mai 1944 ; voir Heinemann, « *Rasse* », p. 464 et s.

38. *Ibid.* p. 453 et s. ; Lower, *Empire-Building*, p. 162 et s.

39. *Dienstkalender*, 20 octobre ainsi que 27 octobre au 1er novembre 1942.

40. Heinemann, « *Rasse* », p. 461 et s.

41. BAB, R 49/3537, 12 septembre 1941 ; Heinemann, « *Rasse* », p. 312 et s. Berkelmann était jusqu'alors l'adjoint de Bürckel en sa qualité de mandataire du RKF.

42. Heinemann, « *Rasse* », p. 314 et s.

43. *Dienstkalender*, p. 512.

44. BAB, NS 19/2747, Greifelt à Himmler ainsi que la réponse de ce dernier du 7 septembre 1942, également in Madajczyk (dir.), *Generalplan Ost*, p. 485 et s.

45. BAB, NS 19/2747, transcription d'une réunion entre Himmler et Bürckel, sign. Himmler, sans date. Brandt envoya ce protocole le 4 septembre 1942 au RSHA, à la direction du RKF et à d'autres bureaux en précisant que l'accord datait de quelques jours. Ce doit donc être le 31 août 1942, quand Himmler rencontra Bürckel à Wiesbaden (*Dienstkalender*).

46. BAB, R 49/2615, note de Stier du 3 mai 1943 ; voir Heinemann, « *Rasse* », p. 317 et s. et p. 328 et s.

47. *Ibid.*, p. 319.

48. Ludwig Nestler (dir.), *Die faschistische Okkupationspolitik in Frankreich (1940-1944)*, Berlin 1990, n° 103 (cite l'ancien ZStA Potsdam, film n° 10951).

49. Lettre du 18 juin 1942, in Nestler (dir.), *Okkupationspolitik*, n° 17.

50. Autrement dit, les populations « inférieures » reconnaissables à leurs dialectes.

51. Doc. R-114, note du 7 août 1942, in *IMT*, vol. 38, p. 330 et s. ; Heinemann, « *Rasse* », p. 321. Contrairement à ce que pensait Wagner, les participants à la conférence furent d'avis de repousser le déplacement des « locuteurs de patois » à après la fin de la guerre.

52. *Dienstkalender* ; Heinemann, « *Rasse* », p. 322.

53. Doc. R-114, note archivée Hinrich du 29 août 1942, in *IMT*, vol. 38, p. 334 et s.

54. Heinemann, « *Rasse* », p. 322 et s.

55. Henry Picker (dir.), *Hitlers Tischgespräche im Führerhauptquartier*, Francfort/Main, 1989, 5 avril 1942.

56. Voir Heinemann, « *Rasse* », p. 331 et s., ainsi que Kettenacker, *Volkstumspolitik*, p. 255 et s.

57. Heinemann, « *Rasse* », p. 331.

58. *Ibid.*, p. 332 ; sur les directives d'Himmler pour ce bureau et pour le retour des gens d'origine allemande (transmises avec la lettre de Greifelt du 15 mai 1941) voir *Menscheneinsatz*, p. 39 et s.

59. BAB, R 69/650, 2 mars 1942.

60. Heinemann, « *Rasse* », p. 335 et s. ; BAB, NS 47/49, transcription de la réunion du 12 mars 1943 au VoMi sur l'attribution de la citoyenneté allemande aux Allemands ethniques du nord de la France ; note du RKF, direction du bureau des Allemands d'origine, du 21 mars 1943 sur la naturalisation des Allemands ethniques rassemblés dans le nord de la France ; note du directeur de l'EWZ sur le regroupement et la naturalisation des Allemands d'origine du nord de la France (Communauté culturelle des Allemands d'origine de Douai), 25 mars 1943.

61. BAB, NS 2/153, ordonnance du chef du RuSHA, sans date : « Le Reichsführer-SS a ordonné l'élargissement du processus de regermanisation aux anciens citoyens soviétiques (donc aux Ostarbeiter). » Voir Heinemann, « *Rasse* », p. 486 et suivante, qui date cette ordonnance de janvier 1944.

62. BAB, NS 2/154, ordonnance du RuSHA, 29 septembre 1944.

63. BAB, NS 2/153, décret du RuSHA, sans date, d'après Heinemann, « *Rasse* », p. 485, janvier 1944.

64. BAB, R 49/73, ordonnance N° 51 I, 1er octobre 1941. La condition en était l'acceptation des groupes I II.

65. BAB, NS 191150, lettre d'Himmler aux chefs du RSHA et du RuSHA ainsi qu'au Stabshauptamt, 10 juillet 1941.

66. *Ibid.*, rapport du Stabshauptamt, Creutz, 20 février 1942.

67. Heinemann, « *Rasse* », p. 482 et s. Voir également décret de Müller du 10 septembre 1942 (BAB, NS 47/31).

68. Heinemann, « *Rasse* », p. 488 et s.

69. *Ibid.*, p. 499 et s.

70. *Ibid.*, p. 501 et s. Les décrets les plus importants à cette occasion émanèrent du chef du RSHA, 9 juin 1942 (IFZ, NO 3520) et 27 juillet 1943 (NO 1383) ainsi que du chef du RuSHA, 23 août 1943 (NO 933).

71. BAB, NS 19/3680, ordonnance n° 70 I du 23 mars 1942 ; voir Heinemann, « *Rasse* », p. 476 et s.

72. *Ibid.*, p. 508 et s.

73. BAB, NS 2/58, ordonnance de Greifelt, 19 février 1942 ; voir Heinemann, « *Rasse* », p. 510 et s.

74. BAB, NS 19/2621.

75. IFZ, NO 3074, lettre du 12 août 1941.

76. Heinemann, « *Rasse* », p. 510 et s.

77. Au départ, la mission ne porta que sur la région de la Volga, puis elle fut étendue à l'ensemble du territoire européen de l'URSS (BAB, BDC, SS-O Pflaum, lettre d'Himmler du 11 juillet 1941 et du 25 août 1941). Sur l'entrée d'enfants essentiellement russes dans l'orphelinat, voir IfZ, NO 5223, déclaration de Willibald Zwirner, 19 juin 1947, responsable de leur supervision à une époque en tant que médecin SS.

78. BAB, NS 2/81, rapport de travail du RuS-Führer Russie Sud pour la période du 1er au 15 octobre 1942, 25 octobre 1942. Il aurait eu plusieurs entretiens avec le BdS sur les orphelins qui devaient être rassemblés par le SD dans les camps ; voir Heinemann, « *Rasse* », p. 514.

79. BAB, NS 19/2216, Stabshauptamt au RFSS, 13 mai 1942. Himmler renouvela ces instructions en janvier 1942 en relation avec les enfants lettons et estoniens (*ibid.*, Jeckeln au RFSS, 13 juin 1942).

80. USHMM, RG 15.007 M/113, décret du 16 février 1942 ; voir Heinemann, « *Rasse* », p. 521 et s.

81. *Ibid.*, p. 522 et s., d'après les observations de l'historien polonais Czeslaw Madajczyk.

82. BAB, NS 19/4009.

83. Doc. PS-1919, in *IMT*, vol. 29, p. 110 et s., citation p. 123.

84. Heinemann, « *Rasse* », p. 515 et s.

85. *Ibid.*, p. 515.

86. IFZ, NO 681 ; voir Heinemann, « *Rasse* », p. 519.

87. BAB, NS *1911436*, ordre d'Himmler du 6 janvier 1943 ; voir Gerlach, *Morde*, p. 1015 et s.

88. Voir Heinemann, « *Rasse* », p. 525 et s.

89. *Ibid.*, p. 528 et s.

90. BAB, NS 2/82, rapport du Hauptsturmführer Dörhöfer sur le voyage en Ukraine, 10 au 22 septembre 1942. Dès octobre 1942, le chef du SS-Hauptamt évoquait les mesures à prendre dans cette région avec Rosenberg (NS 19/1976, rapport du 22 octobre 1942).

91. Heinemann, « *Rasse* », p. 529 ; Gerlach, *Morde*, p. 1081.

92. Heinemann, « *Rasse* », p. 530.

93. Sur les critères voir *ibid.*, p. 50 et s., et p. 64 et suivante sur la constitution d'une « carte raciale ».

La « loi de fer de la nation » : recrutement dans la Waffen-SS

1. Stein, *Geschichte*, p. 181 et s. ; *Dienstkalender*, 29 décembre 1942.

2. BAB, NS 19/2251, Himmler à Hitler, 12 décembre 1941.

3. Voir par exemple pour le premier semestre 1942 le *Dienstkalender* d'Himmler, 1er janvier, 17 février, 8 et 17 mars, 3, 11 et 27 mai 1942.

4. IfZ, NO 1087, note d'Himmler du 29 juin 1942 ; il est ici question des légions norvégiennes, croates, espagnoles et italiennes. Stein, *Geschichte*, p. 137.

5. *Ibid.*, p. 137.

6. *Ibid.*, p. 138 ; Thomsen, *Besatzungspolitik*, p. 96 et s.

7. Stein, *Geschichte*, p. 138, ordonnance du 26 juillet 1941.

8. *Ibid.*, ordonnance du 30 juillet 1941.

9. *Ibid.*, p. 139.

10. IFZ, MA 109/263 3910, Vue d'ensemble des volontaires germaniques présents dans la Waffen-SS, situation au 15 janvier 1942 ; Stein, *Geschichte*, p. 139 et s.

11. NARA, T 175/109, ordre d'Himmler sur la formation et le déploiement d'unités de volontaires étrangers dans les pays « de sang allemand et congénérique » du 6 novembre 1941.

12. Stein, *Geschichte*, p. 140 et s.

13. NARA, T 175/109, note de Gerlinger sur une discussion avec le chef de la police d'État finlandaise, Aaltonen, 8 janvier 1942.

14. Stein, *Geschichte*, p. 143 et s.

15. *Ibid.*, p. 142 et s. ; NARA, T 1 175, 109, rapport de Berger sur les volontaires des pays germaniques du 9 février 1942.

16. IfZ, NO 1787, RFSS, mission du chef du SS-Hauptamt dans les pays germaniques, 6 mars 1942.

17. Stein, *Geschichte*, p. 145 ; ordre du 13 avril 1942, in *SS en Nederland*, doc. n° 144.

18. Stein, *Geschichte*, p. 146.

19. Picker (Hg.), *Tischgespräche*, 5 avril 1942 ; voir Stein, *Geschichte*, p. 145.

20. Stein, *Geschichte*, p. 146.

21. *Ibid.*, p. 147. Les deux unités furent reformées en tant que 28e SS-Freiwilligen-Grenadierdivsion « Wallonien » (jusqu'à l'automne 1944 : Sturmbrigade Wallonien) et 33e Waffen-Grenadierdivision « Charlemagne ». Après le repli de France, l'unité française se composa entre autres des membres de la Milice de Darnand (voir correspondance in PAA, Intérieur IIg, R 101058, période de septembre à décembre 1944).

22. Stein, *Geschichte*, p. 145 et s.

23. BAB, NS 33/213, sans date.

24. BAB, NS 2/79, lettre de Hofmann à Lippert sur l'examen des volontaires néerlandais, 4 avril 1941. Voir Heinemann, « *Rasse* », p. 341 et s.

25. BAB, NS 2/82, ordre du 3 juillet 1942 ; Heinemann, « *Rasse* », p. 344 et s. En Norvège et aux Pays-Bas se trouvaient, depuis le printemps et juillet 1942 respectivement, des « SS-Führer pour la race et le peuplement », chargés en particulier de la sélection raciale des candidats à l'entrée dans la SS ainsi que de l'application de l'ordre sur le mariage et de la supervision des SS dans un sens « idéologique ».

26. Stein, *Geschichte*, p. 124 et s. Ces données reposent sur l'évaluation de l'ancien général SS Felix Steiner, *Die Freiwilligen. Idee und Opfergang*, Göttingen, 1958, p. 373. Lors de son discours à Sonthofen devant des généraux de la Wehrmacht le 21 juin 1944, Himmler parla de 30 000 volontaires germaniques ; les données de Steiner se fondent sur le *total* de toutes les recrues pendant la durée de la guerre. C'est pourquoi elles peuvent paraître surestimées (BAB, NS 19/4014).

27. IfZ, Partei-Kanzlei, ordonnance A 54/42 du 12 août 1942.

28. Gerhard Hirschfeld. *Fremdherrschaft und Kollaboration. Die Niederlande unter deutscher Besatzung 1940-1945*, Stuttgart, 1984, p. 34 ; selon Hirschfeld, il s'agit du décret de la Chancellerie du Reich 3 février 1943.

29. Thornsen, *Besatzungspolitik*, p. 138 et s.

30. Bohn, *Reichskommissariat*, p. 44 et s.

31. Kwiet, *Reichskommissariat*, p. 146 et s. Voir par exemple BAB, NS 19/3363, deux lettres d'Himmler à Seyss-Inquart, 5 mars 1942, ainsi que lettre d'Himmler à Rauter, 28 mars 1942.

32. Cette attitude généreusement résignée d'Himmler transparaît dans son rapport sur une discussion avec Mussert le 8 juillet 1943, dont il informait Rauter (BAB, NS 19/3364). Himmler se limita provisoirement à l'espoir « que nous allons nous entendre de cette façon avec Mussert jusqu'à la prochaine fois » (*ibid.*).

33. Meinoud Marinus Rost van Tonningen, *Correspondentie*, sous la direction d'E. Fraenkel-Verkade en collaboration avec A.J. van der Leuw, 2 Bde., 's-Gravenhage 1967, vol. I, p. 162 et s., ainsi que p. 912.

34. Sur le retrait de Rost von Tonningen voir Hirschfeld, *Fremdherrschaft*, p. 193.

35. Warmbrunn, *German Occupation*, p. 132 et s. ; sur le soutien d'Himmler voir ses déclarations du 12 juillet 1944 (BAB, R 43 II/678a).

36. Warmbrunn, *German Occupation*, p. 135 ; Wagner, *Belgien*, p. 248. En tout, jusqu'à la fin de la guerre, la SS recruta environ 20 000 volontaires en Flandres et en Wallonie (Stein, *Geschichte*, p. 124 et s.).

37. Il tint son discours au Palais du Sport de Bruxelles à l'occasion d'une manifestation monstre organisée par les rexistes, à laquelle participèrent de nombreux représentants des forces d'occupation ; voir Martin Conway, *Collaboration in Belgium. Leon Degrelle and the Rexist Movement, 1940-1944*, New Haven-Londres, 1993, p. 173 et s.

38. BAB, NS 19/419, 20 janvier 1943 ; voir Wagner, *Belgien*, p. 248.

39. Franz Petri, « Die geschichtliche Stellung der Germanisch-Romanischen Grenzlande im Westen », in *Westland. Blätter für Landschaft, Geschichte und Kultur an Rhein, Mosel, Maas und Scheide*, Reichskommissar für die besetzten niederländischen Gebiete, 2. Folge (1943), p. 66-72, in Hans Derks, *Deutsche Westforschung. Ideologie und Praxis im 20. Jahrhundert*, Leipzig 2001, p. 270 et s. La suggestion de « clichés biologiques raciaux » se trouve dans un autre aticle de Petri dans le même périodique, 1. Folge (1943), p. 61, in Derks, *Westforschung*, p. 267 et s. Voir également Wagner, *Belgien*, p. 249 ; Derks, *Westforschung*, part. p. 85 et s., qui s'oppose de façon critique aux recherches plus anciennes, surtout à Karl Ditt, « Die Kulturraumforschung zwischen Wissenschaft und Politik. Das Beispiel Karl Petri (1903-1993) », in *Westfälische Forschungen*, 46 (1996), p. 73 -176.

40. IFZ, NO 1469, Berger à Himmler, 27 octobre 1942. Hitler approuva la création de deux gaue sur le territoire belge, appliquant ce faisant un concept qui visait purement et simplement à l'annexion, ce qui ressort de ses déclarations lors de la réunion sur l'introduction de l'administration civile en Belgique le 12 juillet 1944 (BAB, R 43 II/678a).

41. *Ibid.*, Protocole de la réunion sur l'introduction de l'administration civile en Belgique du 12 juillet 1944.

42. Voir plus haut, p. 600.

43. BAB, NS 19/1846, Himmler à Berger, 29 octobre 1941 ; d'après le *Dienstkalender* d'Himmler, la rencontre eut lieu le 20 octobre 1941.

44. Kaiser, « Politik », p. 549 et s.

45. Spannenberger, *Volksbund*, p. 310 et s.

46. Stein, *Geschichte*, p. 135 ; Casagrande, « *Prinz Eugen* », p. 167 ; Shimizu, *Okkupation*, p. 223.

47. Holm Sundhaussen, « Zur Geschichte der Waffen-SS in Kroatien 1941-1945 », in *Südost-Forschungen*, 30 (1971), p. 176 -196, p. 178.

48. PAA, Inland Hg 309. L'accord fut confirmé par un échange de notes du ministre des Affaires étrangères (*ibid.*) ; voir Sundhaussen, « Geschichte », p. 180 et s. ; Casagrande, « *Prinz Eugen* », p. 197 et s.

49. Sundhaussen, « Geschichte », p. 179.

50. BAB, R 49/13, ordonnance du RFSS sur le développement du travail national propre au parti et la délimitation des domaines de compétences des directions centrales de la SS, 28 novembre 1941. D'après l'ordonnance de Hess du 26 février 1941 Himmler fut nommé « spécialiste du NSDAP responsable de toutes les questions de frontières et de nationalités » (IfZ, Partei-Kanzlei, Anordnungen). Voir Lumans, *Auxiliaries*, p. 137 ; *Dienstkalender*. Introduction, p. 54. Le VoMi et le Stabshauptamt passèrent en juin 1941 au statut de directions centrales (IfZ, NO 4047, ordonnance d'Himmler du 11 juin 1941).

51. Voir *Dienstkalender* sur la conversation téléphonique avec Bormann, 13 novembre 1941.

52. Disposition 2/42, in « *Fuhrer-Erlasse* », n° 148.

53. *Dienstkalender*, 6 novembre 1941 ; Sepp Ianko, *Weg und Ende der deutschen Volksgruppe in Jugoslawien*, Graz/Stuttgart 1982, revient sur cette rencontre (p. 214) ; voir également Casagrande, « *Prinz Eugen* », p. 185 ; Shimizu, *Okkupation*, p. 209.

54. BAB, NS 19/3519, Keitel à Himmler, 30 décembre 1941.

55. Shimizu, *Okkupation*, p. 148 et s.

56. *Ibid.*, p. 152 et s. Sous l'autorité de Meyszner, une structure de direction de la police fut mise en place dotée d'un commandant de l'Orpo, de la Sipo et du SD respectivement, et qui, jusqu'en septembre 1942, prit le commandement des forces de police jusqu'alors subordonnées au commandant militaire : unités de police allemande, renforcées par des Allemands d'origine et par la « Garde d'État serbe ».

57. *Ibid.*, p. 225 ; décret du Führer du 22 janvier 1942 sur la mise en place d'un HSSPF dans le secteur du commandant militaire de la Serbie, in « *Führer-Erlasse* », n° 139 ; voir également BAB, NS 19/1728, lettre d'Himmler à Werner Lorenz, qui devait à l'origine défendre le principe sur place, 24 janvier 1942.

58. Shimizu, *Okkupation*, p. 225 et s. Il rédigea lui-même le premier projet d'appel. Après consultation avec les Affaires étrangères, le texte fut finalement publié en février 1942 (BAB, NS 19/1728, Himmlers Entwurf für den Aufruf ; in Shimizu, *Okkupation*, p. 225 et s. ; PAA, Intérieur IIg 323, Entwurf des Auswärtigen Amtes). Casagrande, « *Prinz Eugen* », p. 191 et s., compare les deux versions.

59. Shimizu, *Okkupation*, p. 228 et s., Casagrande, « *Prinz Eugen* », p. 188 et s. ; Stein, *Geschichte*, p. 153 et s.

60. Casagrande, « *Prinz Eugen* », p. 196.

61. Shimizu, *Okkupation*, p. 206 et s.

62. IfZ, NO 5901, Berger an Brandt, 16 juin 1942.

63. Lettre du 13 juillet 1942 à Lorenz, citée in Sundhaussen, « Geschichte », p. 184, d'après un travail réalisé à la demande des œuvres de l'Église protestante d'Allemagne à la fin de 1951 (l'original du document se trouverait in NARA, T 580/76/0345).

64. Casagrande, « *Prinz Eugen* », p. 196.

65. *Ibid.*, p. 233.

66. PAA, Intérieur IIg 305, note de présentation de Luther pour von Ribbentrop, 18 octobre 1941 ; Casagrande, « *Prinz Eugen* », p. 197 et s., ainsi que Sundhaussen, « Geschichte », p. 181.

67. PAA, Intérieur IIg 309, lettre de la mission allemande à Agram, 16 juin 1942, qui cite la lettre du général allemand à Agram, 21 mai 1942, selon lequel il fallait que « la SS se charge du rassemblement, de la création et de la formation des Allemands ethniques

aptes à porter les armes dans l'espace sud-est une fois prise la décision nécessaire » ; Casagrande, « *Prinz Eugen* », p. 198, ainsi que Sundhaussen, « Geschichte », p. 182.

68. Les Affaires étrangères défendaient l'idée qu'en déplaçant les Allemands ethniques, on donnait aux Italiens, qui occupaient une partie de la Croatie, l'impression que l'Allemagne était disposée à leur céder le pays. On retrouve cette formulation dans PAA, Intérieur IIg 309, note de présentation de Luther pour von Ribbentrop, 12 juin 1942.

69. Voir documents dans PAA, Intérieur IIg 201 ; Sundhaussen, « Geschichte », p. 183. Voir entre autres les documents dans les dossiers de PAA, Intérieur IIg 305 et 309. L'ordre de Bergers sur la mise en œuvre de l'examen fut émis le 26 août 1942 (BAB, NS 19/319, lettre à Nageler).

70. PAA, Intérieur IIg 309, transcription du SS-Hauptamt, Amt VI, 24 juillet 1942, sur la discussion du 23 juillet avec le secrétaire d'État Luther au sujet de la Hongrie, de la Croatie et de la Slovaquie : « Extérieurement, l'appel doit s'effectuer sur la base du volontariat – intérieurement, en ayant recours à des mesures énergiques. » Sundhaussen, « Geschichte », p. 184, ainsi que Casagrande, « *Prinz Eugen* », p. 201. La *Deutsche Zeitung in Kroatien* publia le 22 septembre un ordre du chef de la minorité ethnique qui réglementait respectivement l'entrée des Allemands ethniques dans la Waffen-SS (de 17 à 35 ans), dans les forces des « Unités allemandes » ou dans les formations allemandes de l'armée croate (de 35 à 50 ans).

71. PAA, Intérieur IIg 305, Berger et Lorenz signèrent une « Festlegung des Werbeverfahrens in der deutschen Volksgruppe », 29 août 1942. Voir Casagrande, « *Prinz Eugen* », p. 202 et s. ; Sundhaussen, « Geschichte », p. 188 et s.

72. Casagrande, « *Prinz Eugen* », p. 201, ainsi que Sundhaussen, « Geschichte », p. 191.

73. *Ibid.*, p. 188 et p. 191 ; Casagrande, « *Prinz Eugen* », p. 204. PAA, Intérieur IIg 307, note croate du 10 octobre 1942 ; une autre note, où les Croates se disaient d'accord avec les mesures allemandes, est citée dans le télégramme de Kasche du 1er novembre 1943 (*ibid.*) ; Intérieur IIg 306, lettre de Luther du 8 novembre 1942.

74. Valentin Oberkersch, *Die Deutschen in Syrmien, Slawonien, Kroatien und Bosnien. Geschichte einer deutschen Volksgruppe in Südosteuropa*, Munich 1989, p. 387 et s.

75. Spannenberger, *Volksbund*, p. 311 et s.

76. *Ibid.*, p. 314 ; *Dienstkalender*, 18 novembre 1941.

77. PAA, Intérieur IIg 305, projet de Rintelen pour le secrétaire d'État, 19 décembre 1941 ; voir également Spannenberger, *Volksbund*, p. 315.

78. *Ibid.*, p. 319 et s.

79. Voir plus loin, p. 799.

80. Voir plus loin, p. 797.

81. BAB, R 49/2612, note de Stier du 3 septembre 1942 sur une discussion avec Himmler (du 1er septembre, *Dienstkalender)*, où le RFSS aurait donné l'ordre de n'exercer aucune pression sur la Hongrie dans ce domaine.

82. Gerhard Seewann et Norbert Spannenberger (dir.), *Akten des Volksgerichtsprozesses gegen Pranz A. Basch, Volksgruppenführer der Deutschen in Ungarn, Budapest*, 1945-1946, Munich, 1999, p. 69.

83. PAA, Intérieur IIg 305, prise de position de Luther du 3 (?) septembre 1942 ; Sundhaussen, « Geschichte », p. 187. De même, l'argumentation de Luther dans Inland

Hg 255, 5 novembre 1942, selon laquelle le déplacement entraînerait des « conséquences psychologiques et ultérieurement politiques catastrophiques pour l'ensemble des 2,5 à 3 millions de représentants de la germanité du Sud-Est », tandis que la politique allemande à l'égard de ce groupe ethnique constituait un « préjudice » inadmissible. Voir également Intérieur IIg 255, Rintelen à Ribbentrop, 27 septembre 1942, Affaires étrangères au VoMi, 4 novembre 1942, ainsi que note de présentation du secrétaire d'État, 5 décembre 1943 ; plus loin Intérieur IIg 305, Berger à Triska, 2 septembre 1942.

84. PAA, Intérieur IIg 214, transcription de Triska, 7 janvier 1943.

85. Cela vaut également pour la petite minorité allemande dans le Schleswig du Nord danois. Le régime d'occupation allemand utilisait les groupes ethniques comme un simple « réservoir dans lequel puiser pour la conduite de la guerre de l'Allemagne » (Thomsen, *Besatzungspolitik*, p. 109) – en les recrutant pour la Waffen-SS, pour les milices locales, pour le prétendu service volontaire temporaire, ainsi que toutes sortes de services auxiliaires.

La terreur règne dans toute l'Europe

1. Pour de plus amples détails voir *Dienstkalender* d'Himmler, 28 juillet au 6 août 1942.

2. Hannu Rautkallio, *Finland and the Holocaust. The Rescue of Finland's Jews*, New York, 1987, p. 163 et s. Voir à ce sujet l'opinion critique de William B. Cohen et Jörgen Svensson, « Finland and the Holocaust », in *Holocaust and Genocide Studies*, 9, 1 (1995), p. 70-92, part. p. 82 et s.

3. Hilberg, *Vernichtung*, p. 761 et s. ; Holm Sundhaussen, « Jugoslawien », in Wolfgang Benz (dir.), *Dimension des Völkermordp Die Zahl der jüdischen Opfer des Nationalsozialismus*, Munich, 1991, p. 311-330, p. 323.

4. Angrick, *Besatzungspolitik*, p. 131 et s.

5. PAA, Intérieur IIg 200, communications de Killinger aux Affaires étrangères, 12 août 1942, ainsi qu'à Himmler, 26 juillet 1942 ; voir Christopher R. Browning, *The Final Solution and the German Foreign Office. A Study of Referat D III of Abteilung Deutschland, 1940-1943*, New York-Londres 1978, p. 115 et s.

6. Comme l'estimation de Luther dans PAA, Inland Hg 177, transcription du 21 août 1942.

7. PAA, Inland Hg 208, lettre de l'OKW, bureau de l'Intendance, aux Affaires étrangères, 21 juillet 1942 ; également Randolph L. Braham, *The Politics of Genocide. The Holocaust in Hungary*, 2 Bde., New York, 1994, p. 284 et s.

8. PAA, Intérieur IIg 208, Himmler à Ribbentrop, 30 novembre 1942.

9. Frederick B. Chary, *The Bulgarian Jews and the Final Solution 1949-1944*, Pittsburgh, 1972, p. 69 et s.

10. Daniel Carp, « Notes on the history of the Jews in Greece during the Holocaust period. The attitude of the Italians (1941-1943) », in Michael R. Marrus (dir.), *The Nazi Holocaust. Historical Articles on The Destruction of European Jews*, vol. 5, Westport, 1989, p. 731-768, part. p. 738 et s. ; Browning, *Referat D III*, p. 136 et s. et p. 140 et s.

11. Klarsfeld, *Vichy*, p. 122.

12. *Ibid.*, p. 122 et p. 434 et s.

13. Hirschfeld, *Fremdherrschaft*, p. 148 et s.

14. Bureau des Affaires étrangères à Bruxelles, rapport du 24 septembre 1942, ainsi que commandant militaire aux commandements de campagne et de théâtre, 25 septembre 1942, in Serge Klarsfeld et Maxime Steinberg (dir.), *Die Endlösung der Judenfrage in Belgien. Dokumente*, New York, 1980, p. 45 et s.

15. PAA, Inland Hg 182, rapport du bureau de Bruxelles, 27 novembre 1942.

16. Pohl, *Ostgalizien*, p. 216 et s.

17. *Dienstkalender* ; Pohl, *Ostgalizien*, p. 220.

18. *Dienstkalender.*

19. *Ibid.*, 21 août 1942.

20. Entre le 31 août et le 3 septembre 1942, il se rendit en particulier à Wiesbaden, Mayence, Cologne, Düsseldorf, Münster, Osnabrück, Brême, Hambourg et Lübeck, et il s'entretint entre autres avec les Gauleiter Bürckel, Sprenger, Grohe, Florian, Wegener et Kaufmann. Sur les trois brigades de construction composées de déportés et prévues à l'origine pour des missions à l'est, ainsi que pour la fabrication de cadres de portes et de fenêtres, voir BAB, NS 19/14, ordonnance à Pohl, 9 septembre 1942. Déjà, le 31 septembre 1942 Himmler avait fourni des instructions détaillées à Daluege pour l'Ordnungspolizei concernant le dégagement des ruines à la suite des bombardements aériens, afin d'éviter par exemple que les canalisations ne gèlent en hiver (NS 19/3165) ; voir *Dienstkalender* ainsi que Karola Fings, *Krieg, Gesellschaft und KZ. D Himmlers SS-Baubrigaden*, Paderborn, 2005, p. 55 et s.

21. Willi A. Boelcke (dir.), *Deutschlands Rüstung im Zweiten Weltkrieg. Hitlers Konferenzen mit Albert Speer 1942-1945*, Francfort/Main, 1969.

22. Voir *Dienstkalender*, 22 septembre 1942, présentation au Führer : « Judenauswanderung - wie soll weiter verfahren werden ? » Parmi les autres points importants de la discussion, Himmler nota « Occupation de Lublin - Lorrains, Allemands de Bosnie Bessarabie » ainsi que « relations Gouv. gén – Globus [le surnom de Globocnik (NdA)] ». Le fait que « l'émigration », autrement dit l'assassinat des Juifs de Lublin, n'avait pu être perpétré conformément au calendrier recommandé par Himmler eut donc manifestement des conséquences directes sur les projets de peuplement dirigés par Globocnik.

23. IfZ, NO 1611.

24. *VOGG* 1942, p. 665 et suivante, 1er novembre 1942, ordonnance de police du 28 octobre 1942, ainsi que p. 683 et suivantes, 14 novembre 1942, ordonnance de police du 10 novembre 1942.

25. IfZ, NO 5194, rapport Korherr, 23 mars 1943.

26. Doc. PS-3428, in *IMT*, vol. 32, p. 279 et s., rapport de Kube au Reichskommissar Ostland, 31 juillet 1942. Voir Gerlach, *Morde*, p. 694 et s.

27. IfZ, NO 626.

28. Pohl, « Schauplatz », p. 160 et suivantes, ainsi que Gerlach, *Morde*, p. 709 et s.

29. *Reichsführer !*, n° 167.

30. Gerlach, *Morde*, p. 719 et s.

31. Pohl, « Schauplatz » ; Spector, *Holocaust*, p. 186.

32. IfZ, NO 3392, reproduit en tant que fac-similé dans les illustrations de Fleming, *Hitler.*

33. Boelcke (dir.), *Deutschlands Rüstung*, p. 89.

34. *Carnets de Goebbels*, 30 septembre 1942.

35. BAB, R 22/5029, rapport du ministre de la Justice, 18 septembre 1942 ; voir également doc. PS-654, in *IMT*, vol. 26, p. 200 et s.

36. IfZ, NO 5522 ; voir Orth, *System*, p. 173.

37. Klarsfeld, *Vichy*, p. 161 et s.

38. CDJC, XXVC-177, lettre du BdS Knochen à RSHA, 23 septembre 1942, in Klarsfeld, *Vichy*, p. 469.

39. *Ibid.*, p. 474.

40. Samuel Abrahamsen, *Norway's Response to the Holocaust*, New York, 1991, p. 83 et s., Hilberg, *Vernichtung*, p. 582 et s.

41. Lipscher, *Juden*, p. 129 et s.

42. Voir divers textes de Richter ainsi que de Luther dans PAA, Intérieur IIg 200.

43. Hilberg, *Vernichtung*, p. 851 et s.

44. Chary, *Bulgarian Jews*, p. 72 et s.

45. Braham, *Politics*, p. 287 et s., ainsi que Browning, *Referat D III*, p. 128 et s.

46. PAA, Intérieur IIg 208, lettre d'Himmler à Ribbentrop, 30 novembre 1942.

47. Voir PAA, Intérieur IIg 208, communication de Luther pour Rademacher, 14 décembre 1942.

48. Voir la correspondance abondante entre les missions et Luther en octobre et novembre 1942 dans PAA, Intérieur IIg 194, ainsi que plus particulièrement Browning, *Referat D III*, p. 137 et s.

49. Transcription d'Himmler du 11 au 14 octobre 1942, in Helmut Krausnick, « Himmler über seinen Besuch bei Mussolini », in *Vierteljahrshefte für Zeitgeschichte, 4*, (1956), p. 423-426.

50. PAA, Intérieur IIg 194, rapport de la mission à Zagreb.

51. Keitel, dans un ordre du 23 juillet 1942, fit référence à cette décision, qu'il est impossible de dater avec précision (BAB, NS 1911671). Sur l'affectation d'Himmler à la « lutte contre les bandes » durant l'été 1942, voir Gerlach, *Morde*, p. 921 et s.

52. IfZ, NO 681, ordre du 25 juin 1942.

53. Aucun détail ne filtra sur la mise en œuvre de « l'action » ; mais les exécutions d'otages augmentèrent en juillet et août, et l'arrestation de proches des « suspects d'activités partisanes » et leur déportation dans les camps de concentration (ou l'adoptation forcée des enfants « de valeur raciale ») atteignirent leur paroxysme en août ; voir Milan Zevart, « Geiselerschiessungen im Besatzungsgebiet Untersteiermark (Spodnja Stajerska) », in Gerhard Jochern et Georg Seiderer (dir.), *Entrechtung, Vertreibung, Mord. NS-Unrecht in Slowenien und seine Spuren in Bayern 1941-1945*, Berlin, 2005, p. 197-205.

54. BAB, NS 19/1671, ordre d'Himmler du 28 juillet 1942. La veille, Himmler, en réponse à Daluège, lui avait expliqué en style télégraphique qui devait être responsable de la lutte contre les partisans : « Moi personnellement. Sur place, les HSSPF respectifs. Pour les unités distinctes, les officiers et commandants déjà présents » (BAB, NS 19/1432).

55. Ordre d'Himmler du 31 juillet 1942, in Rürup (dir.), *Krieg*, p. 132.

56. Weisung n° 46, in Hubatsch (dir.), *Hitlers Weisungen*, p. 232 et s. Le RFSS était selon cette instruction « l'autorité centrale pour la collecte et l'évaluation de toutes les expériences dans le domaine de la lutte contre les bandes ».

57. BAB, NS 19/1671, note du 9 juillet 1942 ; sur l'infaisabilité voir Gerlach, *Morde*, p. 924. Sur la réunion au sujet de la lutte contre les partisans, voir *Dienstkalender*, 9 juillet 1942.

58. Uk-Stellung, qui est jugé « indispensable » n'avait pas besoin d'entrer dans la Wehrmacht.

59. BAB, NS 19/1671, ordre sur le renforcement des forces opérationnelles de la SS et de la police dans le Gouvernement général et les territoires occupés à l'est, 17 août 1942.

60. *Ibid.*, ordre d'Himmler sur l'élimination des bandes en Biélorussie et dans le district de Bialystok, 7 août 1942, inspiré d'un ordre du même type pour les régions de Carniole et de Basse-Styrie du 25 juin 1942 (*ibid.*).

61. Sur le déroulement des opérations voir Gerlach, *Morde*, p. 930 et s. On sait relativement peu de choses sur « Wisent ».

62. BAB, NS 19/1671, von dem Bach-Zelewski à Himmler, 5 septembre 1942.

63. *Dienstkalender*, 22 septembre 1942, « Aufgabe für von d. Bach ». Le 9 septembre 1942 Himmler avait rencontré von dem Bach-Zelewski (*ibid.*).

64. BAB, NS 19/1671, contient les cinq décrets datés du 23 octobre 1942.

65. Sur von Gottberg, plus haut, p. 416 et 506.

66. Sur Dirlewanger, voir plus haut, p. 415.

67. Gerlach, *Morde*, p. 928.

68. Voir la compilation *ibid.*, p. 900 et s.

69. BAB, NS 19/1432.

70. *Ibid.*, Himmler à Sauckel, 9 février 1943 ; voir Gerlach, *Morde*, p. 996 et s.

71. *Ibid.*, p. 1055 et s.

72. *Ibid.*, p. 1058 et s.

73. Piper, *Rosenberg*, p. 547 et s.

74. BAB, NS 19/1681, note archivée du 18 novembre 1942 : « Ne jamais promettre un État national aux Russes. »

75. *Der Untermensch*, Reichsführer-SS et SS- Hauptamt, [Berlin, 1942], p. 2.

76. Présenté en détail par Piper, *Rosenberg*, part. p. 562 et s. et p. 587 et s.

77. BAB, NS 19/1704, 9 avril 1942.

78. Piper, *Rosenberg*, p. 563 et s.

79. Bohn, *Reichskommissariat*, p. 113 ; dans dix-neuf cas, il y eut cependant amnistie.

80. *Ibid.*, p. 84.

81. Weber, *Sicherheit*, p. 115.

82. Décret du Führer du 9 mars 1942, in « *Führer-Erlasse* », n° 147.

83. Kasten, « *Franzosen* », p. 26 et s.

84. *Ibid.*, p. 69 et s.

85. Meyer, *Besatzung*, p. 99 et s.

86. Brandes, *Tschechen*, vol. 2 : *Besatzungspolitik, Kollaboration und Widerstand* im *Protektorat Böhmen und Mähren von Heydrichs Tod bis zum Prager Aufstand (1942-1945)*, Munich-Vienne, 1975, p. 21 et s.

87. Naasner, *Machtzentren*, p. 300 et s. Rainer Pröbe, « Der Arbeitseinsatz von KZ-Häftlingen und die Perspektive der Industrie 1943-1945 », in Ulrich Herbert (dir.), *Europa und der « Reichseinsatz ». Ausländische Zivilarbeiter, Kriegsgefangene und*

KZ-Häftlinge in *Deutschland 1938-1945*, Essen, 1991, p. 351-383, signale que les déportés, tout au long de l'année 1942, furent essentiellement affectés à des travaux de construction, parfois à la construction d'usines, mais généralement pas encore à la production.

88. IfZ, NO 569, protocole Saur ; voir Schulte, *op. cit.*, p. 213 et s.

89. BAB, NS 19/755, ordonnance de Schieber du 17 mars 1942 ; IfZ, NO 505, Glücks au RFSS, 2 avril 1942, sur la préparation de la chaîne de montage des carabines à Buchenwald ; plus tard, on évoqua la production de pièces pour la société Weser-Flug et pour Klöckner à Neuengamme (NO 1215, note de l'Amtsgruppe C sur la discussion avec Schieber du 16 mai 1942). Voir Schulte, *op. cit.*, p. 214 et s.

90. IfZ, NO 598, Himmler à Pohl, 7 juillet 1942 ; voir Schulte, *op. cit.*, p. 215.

91. Sur l'échec de l'industrie SS, voir *ibid.*, p. 216 et s. En août 1943, Speer tenta de rejeter la faute de la production défectueuse de carabines de Buchenwald sur les usines Gustloff (BAB, NS 19/367, Brandt à Pohl, 17 août 1943).

92. Schulte, *op. cit.*, p. 2124 et p. 231.

93. Himmler à Speer, 5 mars 1943 (BAB, NS 19/3637).

94. Schulte, *op. cit.*, p. 218 et s. ; IfZ, NIK 15392, rapport de Pohl à Himmler, 16 septembre 1942, in Pingel, *Häftlinge*, p. 276 et s.

95. Boelcke, *Deutschlands Rüstung*, 20 au 22 septembre 1942 : Schulte, *op. cit.*, p. 220 et s.

96. Orth, *System*, p. 169 et s. ; Mommsen et Grieger, *Volkswagenwerk*, p. 50 et s.

97. Sur le changement de la structure de la criminalité, voir Wagner, *Volksgemeinschaft*, p. 316 et s.

98. BAB, NS 19/219, in Detlev Peukert, *Die Edelweisspiraten. Protestbewegungen jugendlicher Arbeiter im Dritten Reich. Eine Dokumentation*, Cologne, 1980, p. 156 et s.

99. Picker, *Tischgespräche*, 7 avril 1942.

100. Wagner, *op. cit.*, p. 314.

101. Herbert, *Fremdarbeiter*, p. 167, d'après une déclaration, après la guerre, du représentant du RSHA responsable, Bernhard Baatz.

102. IfZ, PS-3040 comprend les réglementations générales ainsi que la directive correspondant à la Sipo et au SD ; voir Herbert, *op. cit.*, p. 181 et s.

103. Doc. PS-654, note de Thierack du 18 septembre 1942, in *IMT*, vol. 26, p. 200 et s. ; *Dienstkalender*. Il était déjà courant de placer en « détention préventive » les prisonniers une fois qu'ils avaient purgé des peines jugées pas assez strictes du point de vue de la police. Voir Wagner, *op. cit.*, p. 336.

104. *Ibid.*, p. 337.

105. Le chef de la Sipo et du SD signala par décret du 21 juillet 1942 que les personnes dont l'aptitude à porter les armes n'était pas confirmée devaient être placées en détention préventive « à la moindre manifestation hostile ». Le département de la police criminelle du Reich recommanda le 28 décembre 1942, dans le cas de procédures d'enquête contre des « inaptes », à vérifier que des mesures de détention préventive s'appliquaient, avant même que l'enquête ne soit confiée au ministère public (IfZ, Doc 17.02, *Collection de décrets sur la lutte préventive contre le crime*) ; voir Wagner, *op. cit.*, p. 338 et s.

106. RSHA, 23 décembre 1942, in IfZ, Doc 17.02, *Collection de décrets sur la lutte préventive contre le crime*.

107. Wagner, *op. cit.*, p. 342 et s.

108. BAB, NS 19/4010, 14 octobre 1943, discours à l'occasion de la réunion des commandants en chef à Bad Schachen. Il est intitulé *Sicherheitsfragen. Vortrag, gehalten auf der Befehlshabertagung in Bad Schachen am 14. Oktober 1943*, sous la direction national-socialiste du haut commandement de la Wehrmacht, Berlin, 1943. Les chiffres ne devaient pas tenir compte des camps de concentration et des prisonniers de droit commun.

109. Broszat, *Polenpolitik*, p. 152 et s.

Le tournant de la guerre, une chance ?

1. Rappelons ici qu'Himmler avait déclaré en 1937 qu'en cas de guerre, outre les trois fronts militaires terrestre, aérien et maritime, les SS auraient également le devoir de protéger un quatrième « théâtre des opérations » constitué par « l'Allemagne intérieure » (Doc. PS-1992) [A], déclaration d'Himmler sur la nature et les missions des SS dans le cadre d'une formation politique nationale de la Wehrmacht, 15-23 janvier 1937, dans *IMT*, vol. 29, p. 206 et s., p. 231.

2. BAB, NS 19/3402, 15 novembre 1942.

3. *Ibid.*, 10 décembre 1942. Comme pour les « présentations réservées au Führer », ce document a été tapé en très gros caractères et porte la mention « Abl.10.12 ».

4. *Dienstkalender*, 10 décembre 1942 ; note d'Himmler du 10 décembre 1942 (citation *Ibid.*) et correspondance d'Himmler au RSHA (BAB, NS 19/1807).

5. BAB, NS 19/1929, croquis signé d'Himmler et annoté : « À présenter à AH », 18 décembre 1942.

6. BAB, NS 19/120, télex à Oberg, 30 décembre 1942. Sur la préparation et l'exécution de l'opération à Marseille, voir Meyer, *Besatzung*, p. 115 et s.

7. BAB, NS 19/120, 4 janvier 1943.

8. *Ibid.* 5 janvier 1943.

9. BAB, NS 19/3402, lettre à Oberg, 5 janvier 1943.

10. BAB, BDC, SS-O Oberg, 6 janvier 1943.

11. BAB, NS 19/3401, lettre à Oberg, 11 janvier 1943.

12. BAB, NS 19/3402, 18 janvier 1943.

13. Meyer, *Besatzung*, p. 123 et s.

14. BAB, NS 19/120, télex à Müller, 13 février 1943, et à Kaltenbrunner, 17 février 1943.

15. *Dienstkalender, Himmler*, 25 au 30 décembre 1943 (notamment les remarques du 25 décembre) ; Heinen, *Legion*, p. 460 et s. Sur les conditions d'internement de Sima, lire le rapport de Heydrich du 18 janvier 1941 (BAB, NS19/2863).

16. Kasten, *Franzosen*, p. 213.

17. PAA, secrétaire d'État pour la France 15, de Rudolf Schleier au ministre des Affaires étrangères du Reich sur cette réunion informative accordée par Laval, 6 avril 1943 ; voir Kasten, *Franzosen*, p. 205 et s. D'après Schleier, cette rencontre aurait eu lieu le 3 avril 1943 à Paris ; voir aussi BAB, NS19.1944 (rendez-vous).

18. Kasten, *Franzosen*, p. 208.

19. *Ibid.*, p. 219 et s.

20. BAB, NS 19/1504, Berger à Oberg, 8 février 1944.

21. *Ibid.*, Oberg à Himmler, 10 février 1944.

22. *Ibid.*, télex de Meine à Oberg, 18 février 1944.

23. BAB, NS 19/236, mention au dossier pour le RFSS en vue d'un entretien avec le SS-Obergruppenführer Berger, 11 avril 1944.

24. *Die Deutschen in der Tschechoslawakei*, n° 407.

25. Brandes, *Tschechen*, vol. 2, p. 22.

26. *Die Deutschen in der Tschechoslawakei*, n° 414a, 7 septembre 1944 ; le 3 janvier 1944, à la demande de Frank, Himmler réclame cette autorisation qui ne sera délivrée que le 31 décembre 1943 (*ibid.*, n° 414b et c) ; voir Brandes, *Tscheche*, vol. 2, p. 23.

27. Thomsen, *Besatzungspolitik*, p. 130.

28. *Ibid.*, p. 131 et s., citation en lien avec une lettre d'Himmler à Best, datée du 19 janvier 1943 et extraite des archives danoises du Reich.

29. BAB, NS 19/3473, Himmler à Berger, 15 juillet 1943.

30. Thomsen, *Besatzungpolitik*, p. 192 ; BAB, BDC, SS-O Best, lettre d'Himmler d'octobre 1943.

31. Thomsen, *Besatzungspolitik*, p. 201 et s.

32. *SS en Nederland*, doc. n° 319, 6 février 1943, et doc. n° 320, réponse d'Himmler du 6 février 1943. Sur la politique de répression aux Pays-Bas, lire également Christian Spieker, « Enttäuschte Liebe. Funktionswandel der Ordnungspolizei in den Niederlanden » extrait de Johannes Houwink ten Cate et Alfons Kenkmann (dir.), *Deutsche und holländische Polizei in den besetzen niederländischen Gebieten. Dokumentation einer Arbeitstagung*, Munster, 2002, p. 67-95.

33. Télex d'Himmler à Rauter, 10 février 1943 (*SS en Nederland*, doc. n° 328).

34. *SS en Nederland*, doc. n° 331, d'Himmler à Rauter, 11 février 1943.

35. *Ibid.*, doc. n° 368, d'Himmler à Rauter, 31 mars 1943.

36. *Ibid.*, doc. n° 387, lettre à Rauter, 9 mai 1943 ; voir Kwiet, *Reichskommissariat*, p. 150.

37. *SS en Nederland*, doc. n° 466, 24 septembre 1943.

38. *Ibid.*, doc. n° 467, 27 septembre 1943.

39. Meerschoek, « Machtenfaltung », p. 400 ; Spieke, « Liebe », p. 76.

40. Thomsen, *Besatzungspolitik*, p. 200 et s. ; Herbert, *Best*, p. 373 et s.

41. Bohn, *Reichskommissariat*, p. 86.

42. Warmbrunn, *German Occupations*, p. 146 et s.

43. IfZ, NO 2306, 10 novembre 1942.

44. BAB, NS 19/2648, ordre du 11 janvier 1943.

45. BAB, NS 19/2638, Krüger à Himmler, 16 février 1943.

46. *Ibid.*, prise de position d'Himmler, 12 mars 1943.

47. Madajczyk, *Okkupationspolitik*, p. 217.

48. BAB, NS 19/1432, note d'Himmler du 22 juin 1943 sur cet entretien.

49. *Ibid.*, différents ordres, 21 juin 1943 ; voir Gerlach, *Morde*, p. 952.

50. BAB, NS 19/1432, note d'Himmler sur la conférence d'Hitler, 3 avril 1944.

51. Madajczyk, *Okkupationspolitik*, p. 195 et s. et p. 191.

52. Gerlach, *Morde*, p. 1010.

53. BAB, NS 19/1432 (également IfZ, NO 2034), ordre d'Himmler du 10 juillet 1943 ; voir Gerlach, *Morde*, p. 1023 et s.

54. *Ibid.*, p. 1010 et s. Sur les surfaces, voir p. 1034.

55. *Ibid.*, p. 999 et s.

56. *Ibid.*, p. 999.

57. BAB, NS 19/1681, 18 novembre 1942.

58. BAB, NS 19/4010, 4 octobre 1943, aussi imprimé dans doc. PS-1919, vol. 29, p. 110 et s., citation p. 117 et s.

59. *Ibid.*, p. 122 et s.

60. Peter Black, *Ernst Kaltenbrunner. Vasall Himmlers. Eine SS-Karriere*, Paderborn *et al.*, 1991, p. 143 et s. et p. 195 et s.

61. Lettre de Thierack à Bornmann, 16 novembre 1941, d'après Herbert, *Fremdarbeiter*, p. 285 ; Broszat, *Polenpolitik*, p. 153.

62. Décret du 30 juin 1943 cité dans *Ibid.*, p. 154 ; Herbert, *Fremdarbeiter*, p. 286 ; Wagner, *Volksgemeinschaft*, p. 341.

63. Broszat, *Polenpolitik*, p. 154.

64. Décret du 10 août 1943 ; Kaltenbrunner mentionne cet ordre dans un décret du 5 avril 1944 (doc. PS-3855, dans *IMT*, vol. 33, p. 243 et s.) ; voir Black, *Kaltenbrunner*, p. 152.

65. Doc. PS-1650, dans *IMT*, vol. 27, p. 425 et s. ; voir Black, *Kaltenbrunner*, p. 152.

66. Michel Abitbol, *Les Juifs d'Afrique du Nord sous Vichy*, Paris 1983 ; Klaus-Michael Mallmann et Martin Cüppers, *Halbmond und Hakenkreuz. Das Dritte Reich, die Araber und Palästina*, Darmstadt 2006, p. 199 et s.

67. Sur les persécutions des Juifs en France après l'occupation de la zone sud, voir Klarsfeld, *Vichy*, p. 193 et s., ainsi que Susan Zuccotti, *The Holocaust, the French, and the Jews*, New York, 1993, p. 166 et s.

68. Klarsfeld, *Vichy*, p. 200 et s.

69. Sur l'histoire des Juifs d'Italie sous le fascisme, se référer à Susan Zuccotti, *The Italians and the Holocaust. Persecution, Rescue, and Survival*, New York, 1987 : Meir Michaelis, *Mussolini and the Jews. German-Italian Relations and the Jewish Question in Italy, 1922-1945*, Oxford, 1978.

70. De Müller à Bergman, bureau extérieur, 25 février 1943, avec extrait d'une lettre d'Himmler à Ribbentrop, 29 janvier 1943, dans Klarsfeld, *Vichy*, p. 495 et s.

71. IfZ, NG 4956, télex à Wolff depuis le train spécial de Westphalie ; réponse du service allemand du 24 février 1943.

72. Hagen Fleischer, *Im Kreuzschatten der Mächte : Griechenland 1941-1944*, 2e partie, Francfort/Main, 1986, 1re partie, p. 273.

73. Chary, *Bulgarian Jews*, p. 129 et s. Voir aussi Nir Baruch, *Der Freikauf. Zar Boris und das Schicksal der bulgarischen Juden*, Sofia, 1996, p. 103 et s., ainsi que Dieter Ruckhaberte et Christiane Ziesecke (dir.), *Rettung der bulgarischen Juden – 1943. Eine Dokumentation*, Berlin, 1984.

74. Chary, *Bulgarian Jews*, p. 178 et s. et p. 224 et s.

75. PAA, bureau du secrétaire d'État bulgare, Ribbentrop à Beckerle, 4 avril 1943 : voir aussi Chary, *Bulgarian Jews*, p. 269 et s.

76. Adler, *Mensch*, p. 224 et s.

77. IfZ, NO 1882, Himmler à Krüger, 11 janvier 1943.

78. BAB, NS 19/1740 ; voir ordre d'Himmler à Krüger, 16 février 1943 (*Ibid.*).

79. Arad, *Belzec*, p. 392 ; Yisrael Gutman, *The Jews of Warsaw, 1939-1943. Ghetto Underground, Revolt*, Bloomington/Indianapolis, 1989, p. 307 et s.

80. Stroop avait transmis à Himmler un rapport comportant des photographies ainsi que des slogans tels que « Il n'y a plus de quartier juif à Varsovie ! » faisant fièrement état de son œuvre destructrice (rapport de Stroop, doc. PS-1061, dans *IMT*, vol. 30, p. 357-472).

81. BAB, NS 19/2648, 12 mai 1943 ; voir aussi la note au dossier d'Himmler du 10 mai 1943 confirmant « l'évacuation en toute urgence des 300 000 Juifs restant dans le gouvernement général » (*Faschismus, Ghetto, Massenmord*, p. 354 et s.) ; voir aussi Sandkühler, *Endlösung*, p. 197.

82. Präg et Katzmann (dir.), *Diensttagebuch*, 31 mai 1943 ; voir aussi les notes téléphoniques d'Himmler du 20 mai 1943 « Judenevakuierung » (BAB, NS 19/1440).

83. Pohl, *Ostgalizien*, p. 246 et s. ; Sandkühler, *Endlösung*, p. 149 et s.

84. Rapport de Katzmann à Krüger, 30 juin 1943, dans *Faschismus, Ghetto, Massenmord*, p. 358 et s.

85. BAB, NS 19/1432, note d'Himmler du 22 juin 1943 sur cette réunion.

86. BAB, NS 19/1740, d'Himmler à Pohl et Kaltenbrunner, 11 juin 1943. En lieu et place de l'ancien ghetto, il faudrait « construire un grand parc ».

87. BAB, NS 19/1571, ordre d'Himmler du 5 juillet 1943, retiré le 20 juillet 1943 à la demande de Pohl et Globocnik (*ibid.*, lettre de Brandt du 20 juillet 1943) ; quatre jours plus tard, Himmler réitérait son ordre, voir Schelvis, *Sobibor*, p. 173 et s.

88. Pohl, *Lublin*, p. 160. Pohl, Krüger et Globocnik confirmèrent la prise de contrôle du camp le 7 septembre 1943 (note de Pohl du même jour, IfZ, NO 599, dans *Faschismus, Ghetto, Massenmord*, p. 459 et s.).

89. IfZ, NO 1036, mention au dossier concernant la reconversion du camp de travail du SSPF en camp de concentration, 19 janvier 1944.

90. Steinbacher, *Musterstadt*, p. 296.

91. *Ibid.*, p. 300 et s.

92. Himmler s'écarte de nouveau de cette directive jusqu'en septembre 1943 avant de la reconfirmer en décembre.

93. *Faschismus, Ghetto, Massenmord*, p. 369 et s., lettre de Greiser à Pohl, 14 février 1944. Il est également fait référence à l'ordre – introuvable – d'Himmler, daté du 11 juin 1942, concernant la transformation du ghetto. Voir les détails dans Michael Alberti, *Die Verfolgung und Vernichtung der Juden im Reichsgau Wartheland 1939-1945*, Wiesbaden, 2006, p. 472 et s.

94. *Ibid.*, p. 473 et s.

95. Arad, *Belzec*, p. 396 ; Sara Bender, « The Reinhardt Action in the Bialystok District » dans Freia Anders (dir.), *Bialystok in Bielefeld. Nationalsozialistische Verbrechen vor dem Tribunal de Bielefeld 1958-1967*, Bielfeld, 2003, p. 186-208, p. 204 et s.

96. *Enzyklopädie des Holocaust. Die Verfolgung und Ermordung der europäischen Juden*, vol. 3, Yad Vashems *et al.*, dir. Israel Gutman, éd. allemande d'Eberhard Jäckel, Peter Longerich et Julius H. Schoeps, Berlin, 1993, art. Bialystok. Sur la situation antérieure, lire Sara Bender « From underground to armed struggle. The resistance movement in the Bialystok ghetto », in *Yad Vashem Studies 23* (1993), p. 145-171.

97. Gerlach, *Morde*, p. 739 ; Jakow Suchowolskij, « Es gab weder Schutz noch Erlösung, weder Sicherheit noch Rettung. Jüdischer Widerstand und der Untergang des Ghettos Glubokoje », in *Dachauer Hefte 20*, (2004), p. 22-38.

98. Sur Treblinka et Sobibor, voir Reuben Ainsztein, *Jüdischer Widerstand im deutsch-besetzten Osteuropa während des Zweiten Weltkrieges*, Oldenburg, 1993, p. 396 et s.

99. Sur le district de Lublin, lire Helge Grabitz et Wolfgang Scheffer (dir.), *Letzte Spuren. Ghetto Warschau, SS-Arbeitslager Trawniki, Aktion Erntefest. Fotos und Dokumente über Opfer des Enlösungswahns im Spiegel der historischen Ereignisse*, 2e éd., Berlin, 1993, p. 328 et s. Référence aux camps de travail de Szebnie et Plaszow. Le 19 novembre, la totalité des prisonniers du camp de Janowska à Lemberg dans le district de Galicie (sur le district de Galicie, voir Jan Erik Schulte, « Zwargsarbeit für die SS. Juden in der Ostindustrie GmbH », in Norbert Frei (dir.), *Ausbeutung, Vernichtung, Öffentlichkeit. Neue Studien zur nationalsozialistischen Lagerpolitik*, Munich, 2000, p. 43-74, p. 69).

100. L'ordre initial datait du 2 avril et prévoyait la création d'un ghetto à Riga pour le 13 mars (OA Moscou, 504-2-8). Voir les détails dans Angrick et Klein, *Endlösung*, p. 382 et s.

101. IfZ, NO 2403. Outre Bach-Zelewski, étaient présents à cette réunion le HSPP de la Russie du Nord, Prützmann, le HSSPF de l'Est, Krüger, le chef de la RSHA, Kaltenbrunner, le chef du WVHA, Pohl, et le chef du personnel d'état-major RFSS, Knoblauch.

102. Le 13 août 1943, sur ordre d'Himmler, le nombre de Juifs susceptibles d'être « appelés général en chef » par l'OKH est désormais limité (BAB, NS 2/83). Les Juifs se voient également interdire l'accès à des emplois de bureau ou « de service particulier » (IfZ, NOKW 2368, Kriegstagebuch Oberkommando3. Panzer-Armee, Quartiermeister 2, 4 novembre 1943) ; voir également Gerlach, *Morde*, p. 739.

103. Avraham Tory, *Surviving the Holocaust. The Kovno Ghetto Diary*, édition et préface de Martin Gilbert, Cambridge, Mass./Londres 1990 ; Alfred Streim, « Konzentrationslager auf dem Gebiet der Sowjetunion » dans *Dachauer Hefte 5* (1989), p. 174-187, p. 176 ; *Enzyklopädie*, article « Kowno ».

104. Yitzhak Arad, *Ghetto in Flames. The Struggle and Destruction of the Jews in Vilna in the Holocaust*, Jérusalem, 1980, p. 401 et s.

105. Streim, « Konzentrationslager », p. 177 et s. ; *Enzyklopädie*, art. « Vaivara ».

106. Gerlach, *Morde*, p. 739 et s.

107. PAA, Intérieur IIg 194, correspondance entre le service étranger et la légation, mars-avril ; voir Hilberg, *Vernichtung*, p. 764 ; d'après Czech, *Kalendarium*, les trains seraient arrivés à Auschwitz les 7 et 13 mai.

108. IfZ, NG 4407, 29 juin 1943. Hanns Elard Ludin, ministre plénipotentiaire, a déclaré en juin devant le service étranger que « l'évacuation des Juifs de Slovaquie » était « pour le moment suspendue ».

109. Dans Klarsfeld et Steinberg (dir.), *Endlösung*, p. 70.

110. Wetzel, « Frankreich und Belgien », p. 130.

111. CDJC, XXVII-17, de Hagen à Röthke, 16 juin 1043, dans Klarsfeld, *Vichy*, p. 535.

112. *Ibid.*, p. 256.

113. CDJC, XXVI-35, note de Hagen, 11 août 1943, dans Klarsfeld, *Vichy*, p. 550 et suivante ; XXVI-36, note de Röthke, 15 août 1943, sur la rencontre de la veille, in *ibid.*, p. 551 et s., voir également la représentation in *Ibid.*, p. 262 et s.

114. CDJC XXVII-33, lettre du bureau du chef d'État à Fernand de Brinon, représentant du gouvernement de Vichy à Paris, 24 août 1943, dans Klarsfeld, *Vichy*, p. 556 ; voir également la représentation dans *Ibid.*, p. 270.

115. Circulaire du RSHA du 17 octobre 1939, dans IfZ, Doc 17 02, arrêtés sur la prévention de la délinquance. Sur les déportations du mois de mai, voir Zimmermann, *Rassenutopie*, p. 172 et s.

116. *Ibid.*, p. 168

117. Circulaire du 27 avril 1940, signée Himmler, conservée in IfZ, Doc. 17.02, Erlassammlung vorbeugende Verbrechensbekämpfung ; voir Zimmermann, *Rassenutopie*, p. 167 et s.

118. *Ibid.*, p. 186, cité en rapport avec la lettre du bureau du gouverneur général du 3 août 1940, actuellement dans les archives d'État de Lublin.

119. *Ibid.*, p. 186, d'après les dossiers des archives générales de Karlsruhe.

120. Pour plus de détails, consulter *ibid.*, p. 176 et s.

121. BAB, NS 19/2655, 10 octobre 1941, réponse à la lettre d'Uebelhoer du 4 octobre (*ibid.*) ; voir Zimmermann, *Rassenutopie*, p. 223 et s.

122. *Dienstkalender*.

123. Zimmermann, *Rassenutopie*, 20 avril 1942, citation d'un décret du BdO du gouvernement général de l'OA de Moscou.

124. Zimmermann, *Rassenutopie*, p. 275 et p. 315, citation d'un ordre du BdS de l'Est du 19 octobre 1942, soulignant le rôle d'Himmler dans cette décision.

125. *Ibid.*, p. 297 et s.

126. IfZ, NO 1725, 16 septembre 1942 ; Zimmermann, *Rassenutopie*, p. 297.

127. 13 octobre 1942, décret de la police judiciaire du Reich, dans IfZ, Doc 17.02, arrêtés sur la prévention de la délinquance.

128. Note du ministère de l'Alimentation du Reich, 14 novembre 1942, cité dans Martin Luchterhandt, *Der Weg nach Birkenau. Entstehung und Verlauf der nationalsozialistischen Verfolgung der « Zigeuner »*, Lübeck, 2000, p. 239.

129. Ordre d'Himmler du 16 novembre 1942, dans IfZ, Doc 17.02, arrêtés sur la prévention de la délinquance.

130. Zimmermann, *Rassenutopie*, p. 305 et s.

131. BAB, NS 19/180, lettre de Bormann, 3 décembre 1942.

132. Zimmermann, *Rassenutopie*, p. 297.

133. Le compte rendu est reproduit dans Joachim S. Hohmann, *Robert Ritter und die Erben der Kriminalbiologie. « Zigeunerforschung » im Nationalsozialismus und in Westdeutschland im Zeichen des Rassismus*, Francfort/Main, 1991, p. 75 et s. Lire également Zimmermann, *Rassenutopie*, p. 302 et s. ainsi que Karola Fings, « Eine 'Wannsee-Konferenz' über die Vernichtung der Zigeuner ? Neue Forschungsergebnisse zum 15 Januar 1943 und dem 'Auschwitz-Erlass' », in *Jahrbuch für Antisemitismusforschung 15* (2006), p. 303-333.

134. IfZ, Dc 17.02, arrêtés sur la prévention de la délinquance ; voir Zimmermann, *Rassenutopie*, p. 303 et s.

135. *Ibid.*, p. 305 et s. sur les méthodes de sélections.

136. *Ibid.*, p. 326 et s.

137. *Ibid.*, p. 375.

138. *Ibid.*, p. 339 et s.

139. *Ibid.*, p. 259 et s.
140. *Ibid.*, p. 277 et s.
141. *Ibid.*, p. 381 et s.
142. *Ibid.*, p. 289 et s.
143. *Ibid.*, p. 292.
144. *Ibid.*, p. 235 et s.
145. Stein, *Geschichte*, p. 182 et s.
146. BAB, NS 19/4010, 6 octobre 1943, dans Himmler, *Geheimreden*, p. 162 et s., citation p. 179.
147. Wegner, *Politische Soldaten*, p. 275 et s.
148. IfZ, NO 2015, « Volksdeutsche in der Waffen-SS », extrait du Reichsleiterdienst, 28 décembre 1943 ; voir aussi Stein, *Geschichte*, p. 157.
149. *Das Schicksal der Deutschen in Rumänien*, édité par le ministère fédéral pour les Expatriés, les réfugiés et les victimes de guerre, Berlin 1957, 8e éd., 147 E ; IfZ, NO 2336, accord du 12 mai 1943.
150. Böhm, *Gleichschaltung*, p. 306 et s. ; Casagrande, « *Prinz Eugen* », p. 207 et s.
151. *Schicksal der Deutschen*, 56 X.
152. IfZ, NO 2213.
153. Spannenberger, *Volksbund*, p. 389 et s.
154. PAA, Inérieur IIg 327, accord du 22 mai 1943.
155. *Ibid.*, rapport sur la deuxième « Aktion » de la Waffen-SS, 8 juin 1943.
156. Spannenberger, *Volksbund*, p. 400.
157. BAB, NS 19/2133, ordre d'Himmler du 29 mars 1944.
158. Spannenberger, *Volksbund*, p. 412 et s.
159. Stein, *Geschichte*, p. 157.
160. Casagrande, « *Prinz Eugen* », p. 204.
161. BAB, NS 19/319, d'Himmler à Phleps.
162. Stein, *Geschichte*, p. 162 et s. ; BAB, NS 19/2601, d'Himmler à Phleps, 13 février 1943. Sur l'histoire de la division, lire le très détaillé George Lepre, *Himmler's Bosnian Division. The Waffen-SS Handschar Division, 1943-1945*, Atglen, 1997.
163. NARA, T 175/111, d'Himmler à Kammerhofer, 1er juillet 1943.
164. BAB, NS 19/2601, 6 août 1943 ; voir également l'enquête de Berger sur la position du Grand Mufti, 2 juillet 1943, ainsi que la réponse de Berger du 26 juillet 1943 (*ibid.*).
165. *Ibid.*, 26 novembre 1943.
166. *Ibid.*, Himmler à Berger, 24 avril 1943.
167. BAB, NS 19/4013, discours devant la 13e SS-Gebirgsdivision, 11 janvier 1944.
168. BAB, NS 19/4013, 26 janvier 1944.
169. Stein, *Geschichte*, p. 164 et s.
170. *Ibid.*, p. 166.
171. BAB, NS 19/2601, d'Himmler à Phleps, 10 mai 1944.
172. Sur la constitution des unités baltes, voir Stein, *Geschichte*, p. 157 et s.
173. IfZ, NO 3301, RFSS au SS-Hauptamt et SS-Führungshauptamt, 13 janvier 1943.
174. *Ibid.*

175. IfZ, NO 3300, de Berger à Himmler, 11 décembre 1942.

176. IfZ, NO 3379, de Berger à Himmler, 17 avril 1943.

177. Stein, *Geschichte*, p. 160.

178. IfZ, NO 3044, communication de Jeckeln au ministère du Reich pour les Territoires occupés, 2 juillet 1944, concernant la fixation du montant des réquisitions en Lettonie pour les années 1925 et 1926 et en Estonie pour l'année 1926 ; NO 4884, arrêté sur le recrutement des hommes nés entre 1904 et 1923 pour le service militaire, 30 janvier 1944 (Estonie) ; voir Stein, *Geschichte*, p. 160.

179. *Ibid.*, p. 160.

180. *Ibid.*, p. 167.

181. BAB, NS 19/4013, 16 mai 1944.

182. Stein, *Geschichte*, p. 166 et s.

183. *Ibid.*, p. 168 et s.

184. Helmut Heiber, *Hitlers Lagebesprechungen. Die Protokollfragmente seiner militarischen Konferenz 1942-1945*, Stuttgart, 1962, p. 938 et s.

185. BAB, NS 19/4014, adresse aux généraux de la Wehrmacht le 24 mai 1944 à Sonthofen, dans Himmler, *Geheimreden*, p. 208 et s. ; voir Heinemann, « *Rasse* », p. 540 et s.

186. BAB, NS 2/19, mai 1944. Voir aussi BAB, NS 19/4014, discours à Kochem, 25 mai 1944 : « les hommes ne sont pas naturellement des hommes SS » ; NARA T-175/111, d'Himmler à Jüttner, 7 juillet 1942 ; Stein, *Geschichte*, p. 161.

187. BAB, NS 2/153, télex du 25 janvier 1944, cité dans circulaire du chef du RuSHA, Turner, 22 février 1944.

188. Il est ici question des divisions « Prinz Eugen », « Horst Wessen » et de la division de cavalerie ; BAB, NS 2/154, SS-Hauptamt aux renforts, 24 juillet 1944, avec référence aux dispositions d'Himmler du 27 juillet 1944.

189. *SS en Nederland*, doc. n° 349, note d'Himmler du 3 mars 1943 ; voir Wegner, *Politische Soldaten*, p. 313 et s.

190. NARA, T 175/74, enregistrement d'Himmler du 10 février 1943. Dans la note, il est question de la constitution d'une autre division germanique baptisée « Waräger ».

191. NARA, T 175/88, note de Brandt du 7 septembre 1943.

192. « Die Rede Himmlers vor den Gauleitern am 3. August 1944 », in *Vierteljahrshefte für Zeitgeschichte, 1* (1953), p. 357-394, note p. 394.

193. Détails dans *SS en Nederland*, doc. n° 604, d'Himmler à Jüttner et Berger, 4 décembre 1944, ainsi que doc n° 434, note d'Himmler du 13 juillet 1943.

194. L'acte de nomination officiel précisait « ministre de l'Intérieur du Reich et de Prusse ». Cette appellation en usage pour les deux ministères regroupés en 1934 n'était plus utilisée depuis 1938. Le retour de cette ancienne dénomination peut être interprété comme un geste envers Göring, Ministerpräsident de fait et homme politique prussien. Sur les titres et activités du ministère, voir Dieter Rebentisch, *Führerstaat und Verwaltung im Zweiten Weltkrieg. Verfassungentwicklung und Verwaltungspolitik 1939-1945*, Stuttgart, 1989, p. 499 et s. ; Stephan Lehnstaedt, « Das Reichsministerium des Innern unter Heinrich Himmler 1943-1945 », in *Vierteljährshefte für Zeitgeschichte 54* (2006), p. 639-672 ; ainsi que Birgit Schulze, « Heinrich Himmler, das Reichsministerium des Innern

und das Verhaltnis von Staat und Partei, 1943-1945 », in Klaus Möltgen (dir.), *Kriegswirtschaft und öffentliche Verwaltung im Ruhrgebiet 1939-1945*, Gelsenkirchen, 1990, p. 9-33.

195. *Carnets de Goebbels*, 10 août 1943.

196. Neliba, *Frick*, p. 354 et s., BAB, R 43 II/136a, sur la procédure de dénomination.

197. *Carnets de Goebbels*, 21 août 1943. Le 9 août 1943, Goebbels avait suggéré à Hilter de diviser le ministère de l'Intérieur et de nommer Himmler ministre de la Police (*ibid.*, 10 août 1943).

198. Voir Rebentisch, *Führerstaat*, p. 502, pour plus de détails.

199. Michael Fahlbusch, *Wissenschaft im Dienst der nationalsozialistichen Politik ? Die 'Volksdeutschen Forschungsgemeinschaft' von 1931-1945*, Baden-Baden, 1999, p. 738 et s.

200. Sur le style de gouvernement d'Himmler au ministère de l'Intérieur, lire Rebentisch, *Führerstaat*, p. 508.

201. Cette exigence est également reprise dans son discours du 4 et du 6 octobre 1943 (BAB, NS 19/4010) ainsi que dans son adresse au congrès du président de gouvernement à Breslau les 10 et 11 janvier 1944 (enregistrement dans R43 II/425a) ; il en sera tenu compte dans une circulaire du 28 octobre 1943 (MBliV 1943, Sp.1875) ; voir Rebentisch, *Führerstaat*, p. 509.

202. Remarque concernant le discours du 6 octobre 1943 (BAB, NS 19/4010) ; voir Rebentisch, *Führerstaat*, p. 509 et s.

203. Discours des 4 et 6 octobre 1943 (BAB, NS 19/4010).

204. Hans Mommsen, « Ein Erlass Himmlers zur Bekämpfung der Korruption in der inneren Verwaltung vom Dezember 1944 », in *Vierteljahrshefte für Zeitgeschichte* 16 (1968), p. 295-309. Himmler s'était déjà prononcé sur le sujet dans on discours du 6 octobre.

205. BAB, NS 19/3280, discours devant le congrès des Oberbürgermeister et Landeshauptman les 12 et 13 février 1944 à Posen. Voir aussi NS 19/4010, discours du 4 octobre 1943, dans lequel il fait de la « lutte contre la corruption et les mauvaises pratiques » sa première priorité en tant que ministre de l'Intérieur.

206. Il avait déjà noté ce terme lors de sa prise de fonctions le 26 août 1943 ; voir aussi BAB, NS 19/4010, discours du 6 octobre 1943. Lire également Rebentisch, *Führerstaat*, p. 503 et s.

207. *Ibid.*, p. 503 et s. ; Longerich, *Stellvertreter*, p. 187 et s.

208. Voir les discours du 4 et du 6 octobre 1943 (BAB, NS 19/4010) ainsi que son adresse au congrès des Oberbürgermeister et Landeshauptmänner les 12 et 13 février 1944 à Posen (NS 19/3280) ; BAB, R 1501/1272, de Stuckart à Kreiss, 14 février 1944. Himmler songea ensuite à faire publier les monographies sous le titre « Deutsche Bürgermeister als Träger des Reichsgedanken ».

209. Rebentisch, *Führerstaat*, p. 508.

210. Décret du Führer du 1er avril 1944 dans *RGBl*, p. 109 et s.

211. BAB, R 43 II/364a, lettre d'Himmler à Lammers, 4 septembre 1944. Stuckart et Lammers convinrent de ne procéder à aucune fermeture confirmant la soumission, réclamée par Bormann, du chef de gouvernement prusse à l'Oberpräsidien.

212. BAB, NS 19/1272, extrait du protocole d'appel au service militaire du gouvernement général, 18 novembre 1943.

213. Détails sur le congrès des Regierungspräsident dans Lehnstaedt, « Reichsministerium », référence à l'origine d'un protocole inconnu de l'Archiwum Akt Nowych de Varsovie ; on pourra trouver une description de ce discours dans BAB, R 43 II/425a.

214. BAB, NS 19/3280.

215. Rebentisch, *Führerstaat*, p. 505 et s.

216. *Carnets de Goebbels*, 8 novembre 1943 et 31 janvier 1944.

217. *Ibid.*, 25 et 29 février 1944.

218. *Ibid.*, 20 décembre 1943. Réaction à la candidature supposée d'Himmler au poste de ministre de l'Éducation.

219. *Ibid.*, 25 janvier 1944. Sur les commentaires critiques de Bormann sur l'ascension d'Himmler, voir aussi les entrées du 13 et du 18 mars et du 27 avril 1944.

220. *Ibid.*, 11 mai 1944.

221. Voir ci-dessus, p. 652 et s.

222. Schulte, *Zwangsarbeit*, p. 226.

223. Les DEST firent fabriquer des pièces d'avions à Flossenbürg et Mauthausen pour les Messerschmidt et à Natzweiler pour les Junkers ainsi que les équipements d'une usine pour l'Armée de l'Air dans le camp de concentration de Herzogenbusch, aux Pays-Bas. À Oranienburg, une grande briqueterie fut transformée en centre de production de grenades. Himmler eut beau demander à Pohl de procéder au rééquipement « en improvisant avec les Russes », la production demeura toujours très en dessous des objectifs (BAB, NS 19/443, Himmler à Pohl, 11 mars 1944). Les sociétés Deutsche Edelmöbel AG de Butschowitz et Deutschen Meisterstätten de Prague produisirent néanmoins des pièces d'avions. Sur la production d'armes dans les usines, voir Schulte, *Zwangsarbeit*, p. 227 et s.

224. BAB, NS 19/4010, discours à Posen, 4 octobre 1943, également dans doc. PS-1919 dans *IMT*, vol. 29, p. 110 et s., citation p. 144.

225. Schulte, *Zwangsarbeit*, p. 234 ; Kaienburg, *Wirtschaft*, p. 483 et s.

226. BAB, NS 19/1802, extrait du rapport de l'Amtsleiter W-5 au WVHA sur les expériences définies. Sur le projet KOK-Sagys, voir Gerlach, *Morde*, p. 1023 et s. ; Kaienburg, *Wirtschaft*, p. 847 et s. ; Susanne Heim, *Kalorien, Kautschuk, Karrieren, Pflanzenzüchtung und landwirtschaftliche Forschung in Kaiser-Wilhelm-Instituten, 1933-1945*, Göttingen, 2003, p. 144 et s.

227. BAB, NS 19/1802, lettre d'Himmler à Göring sur la conférence du 20 février 1943, 22 mars 1943.

228. *Ibid.*, non daté, note en six points. Sur les équipements en fonctionnement dans le cadre du projet chardon, voir Heim, *Kalorien*, p. 131 et s.

229. BAB, NS 19/1802, note du 15 avril 1943 ; rapport de la séance de travail des personnes concernées par le projet chardon-caoutchouc au quartier général des SS, 25 juin 1943.

230. BAB, NS 19/1802, Göring, 9 juillet 1943.

231. *Ibid.*, télex d'Himmler au HSSPF, 21 juillet 1943 ; enregistrement d'Himmler du 7 juillet 1943 sur l'organisation du service pour la production de caoutchouc ; lettre d'Himmler à Darré, 2 août 1943.

232. Heim, *Kalorien*, p. 172 et s.

233. BAB, NS 19/1802, note sur l'entretien avec Himmler du 24 juillet 1943.

234. Durant l'été et l'automne 1943, il s'entretint plus longuement avec le gouverneur général Frank, à qui il promit plus de 10 000 hectares (BAB, NS 19/1802) ; voir la correspondance du même dossier ainsi que la note d'Himmler du 22 novembre 1943.

235. BAB, NS 19/1802, courte présentation, 29 mars 1944 ; il fut ensuite décidé de planter 30 000 hectares de chardon pendant l'hiver 1943-44.

236. *Ibid.*, correspondance entre communautés allemandes en Roumanie, Landesbaueramt.

237. *Ibid.*, lettre de Brandt à Winkelmann, 28 juin 1944.

238. *Ibid.*, rapport du capitaine Stahl sur son voyage du 15 au 27 mai 1944, 2 juin 1944, où il mentionne l'entretien avec Himmler du 20 mai 1944.

239. BAB, NS 19/1802, de Backe à Himmler, 20 décembre 1944. Backe demanda à Himmler son accord sur la réduction des superficies, approuvée dans une lettre de Brandt du 13 janvier 1945.

240. *Ibid.*, Stahl, rapport sur son voyage en Ukraine occidentale, 9 novembre 1943.

241. *Ibid.*, Backe à Himmler, 20 décembre 1043.

242. *Ibid.*, lettre du 14 mars 1944. Avec 10 000 hectares, la production ne devait pas excéder les 150 à 300 tonnes. L'objectif d'origine était de 600 tonnes.

243. *Ibid.*, 5 avril 1944.

244. Schulte, *Zwangsarbeit*, p. 392 et s., Orth, *Systems*, p. 175 et s.

245. IfZ, NO 1523.

246. Orth, *Systems*, p. 192.

247. Michael J. Neufeld, *Die Rakete und das Reich. Wernher von Braun, Peenemünde und der Beginne des Raketenzeitalters*, Berlin 1997, p. 21 et suivante : Heinz Dieter Hölsken, *Die V-Waffen. Entstehung, Propaganda, Kriegseinsatz*, Stuttgart, 1984, p. 40 et s.

248. Neufeld, *Rakete*, p. 217 et s.

249. *Ibid.*, p. 220 ; BAB, BDC, SS-O de Braun, engagé dans les SS le 1er mai 1940.

250. Neufeld, *Rakete*, p. 221 et s.

251. *Ibid.*, p. 221 et s. Le développement des fusées fut également décalé de quelques jours, à Stollen dans les Alpes autrichiennes. Baptisées Zement, elles furent réalisées sous l'égide de Kammler et grâce au travail de prisonniers de camp de concentration (*ibid.*, p. 246 et s.).

252. BAB, NS 19/1444 ; R 3/1583, lettre d'Himmler à Speer, 21 août 1943. Voir aussi Neufeld, *Rakete*, p. 241 et s.

253. Résultat de l'entretien sur l'équipement du 15 au 20 août 1943 dans Boelcke (dir.), *Deutschland Rüstung*, p. 291.

254. Neufeld, *Rakete*, p. 258 et s. Ces informations se fondent sur la description de Braun. Après la fin de la guerre, celui-ci déclara avoir été affecté au service d'Himmler en février 1944, lequel aurait suggéré que les SS reprennent le programme de développement des fusées. Braun aurait refusé. Les tracasseries qu'il aurait ensuite subies auraient eu pour objectif de le faire changer d'avis.

255. *Ibid.*, p. 260 et s.

256. Voir l'aperçu de Rainer Fröbe, « Hans Kammler – Technokrat der Vernichtung », dans *Die SS Elite unter dem Totenkopf. 30. Lebensläufe*, dir. Ronald Smelser et Enrico Syring, Paderborn, 2000, p. 305-319.

257. BAB, NS 19/4010, discours de Posen, 4 octobre 1943, également in doc. PS-1919 dans *IMT*, vol. 29, p. 110 et s., citation p. 145 et s.

258. BAB, NS 19/4010, dans Himmler, *Geheimreden*, p. 162 et s., citation p. 169.

259. BAB, NS 19/2662.

260. Katrin Paehler, « Ein Spiegel seiner selbst. Der SD-Ausland in Italien », in Michael Wildt (dir.), *Nachrichtendienst, politische Elite, Mordeinheit. Der Sicherheitsdienst des Reichsführers-SS*, Hambourg 2003, p. 241-266. Sur les prévisions d'Himmler, voir Josef Schröder, *Italiens Kriegsaustritt 1943. Die deutsche Gegenmassnahmen im italienischen raum : Fall 'Alarich' und 'Achses'*, Göttingen, 1969, p. 196.

261. Stein, *Geschichte*, p. 192 et s.

262. Querg, *Spionage*, p. 311 et s.

263. *ADAP*, série E, vol. 6, n° 311 du 11 septembre 1943.

264. Lutz Klinkhammer, *Zwischen Bündnis und Besatzung. Das nationalsozialistische Deutschland und die Republik von Salo 1943-1945*, Tübingen 1993, p. 117 et s.

265. *Ibid.*, p. 120 et s.

266. BAB, NS 19/1881, ordre du 31 août 1943 ; voir Klinkhammer, *Bündnis*, p. 356.

267. BAB, NS 19/1881, ordre d'Himmler du 2 octobre 1943 ; voir Klinkhammer, *Bündnis*, p. 357.

268. BAB, R 70 Italie, vol. 5, note au SS-Sturmbannführer Wenner du 13 février 1944 ; voir Klinkhammer, *Bündnis*, p. 364 ; Stein, *Geschichte*, p. 270 fait mention de la constitution d'une division de grenadiers (ital. n° 1) en avril 1945.

269. Sur les persécutions contre les Juifs en Italie à partir de septembre 1943, voir Liliana Picciotto Fargion « Italien » in Wolfgang Benz (dir.) *Dimension des Völkermords. Die Zahl der jüdischen Opfer des Nationalsozialismus*, Munich, 1991, p. 199-227 ; Michaelis, *Mussolini*, p. 342 et s. ; Klinkhammer, *Bündnis*, p. 530 et s.

270. Sur les activités de Dannecker en Italie, voir Steur, *Dannecker*, p. 113 et s.

271. PAA, Intérieur IIg 192, note de conférence de Wagner du 4 décembre 1943, dans *ADAP*, série E, vol. 7, p. 111.

272. *Ibid.*

273. Fargion, « Italien », p. 215 et s.

274. *Ibid.*, p. 206 et p. 222 et s.

275. Voir Fleischer, *Griechenland*, p. 260 et s.

276. Voir les Mémoires d'Errikos Sevillias, *Athens-Auschwitz*, Athènes, 1983. Une telle action fut, par ailleurs, menée en avril en Albanie. Quelque 300 Juifs y participèrent et furent déportés de Belgrade à Bergen-Belsen, Gerhard Grimm, « Albanien » in Wolfgang Benz (dir.), *Dimension des Völkermords. Die Zahl der jüdischen Opfer des Nationalsozialismus*, Munich, 1991, p. 229-239, p. 237.

277. Fleischer, *Griechenland*, p. 265 et s.

278. Sundhaussen, « Jugoslawien », p. 325.

279. Sur la politique juive de la France après la chute de l'Italie, voir Klarsfeld, *Vichy*, p. 276 et s. ; Jonathan Steinberg, *Deutsche, Italiener und Juden. Der italienische*

Widerstand gegen den Holocaust, Göttingen, 1992, 206 et s. ; Zuccotti, *Holocaust*, p. 180 et s.

280. Klarsfeld, *Vichy*, p. 278 et s. ; Zuccotti, *Holocaust*, p. 181 et s.

281. Voir plus haut, p. 224.

282. Klarsfeld, *Vichy*, p. 289.

283. *Ibid.*, p. 298 et s. ; Zuccotti, *Holocaust*, p. 190 et s.

284. Sur le remaniement ministériel, voir Eberhard Jäckel, *Frankreich in Hilters Europa. Die deutsche Frankreichpolitik im Zweiten Weltkrieg*, Stuttgart, 1966, p. 293 et s.

285. CDJC, CXXXII-56, in Klarsfeld, *Vichy*, p. 574 et s. ; Zuccotti, *Holocaust*, p. 197 et s.

286. Klarsfeld, *Vichy*, p. 320. Les sources citées comportent des chiffres légèrement différents de ceux présentés dans Wetzel, « Frankreich und Belgien », p. 132 et s.

287. Sur le sauvetage des Juifs danois, voir Herbert, *Best*, p. 360 et s. ; Leni Yahil, *The Rescue of Danish Jewry ; Test of a Democracy*, Philadelphie, 1969 ; Hans Kirchhoff, « SS-Gruppenführer Werner Best and the Action against the Danish Jews – October 1043 », in *Yad Vashem Studies, 24* (1994), p. 195-222. Sur la transmission d'informations sur les déportations en cours, lire Thomsen, *Besatzungspolitik*, p. 183 et s.

288. Braham, *Politics*, p. 250 et s.

289. Fin mai 1943, Kallay déclarait sans ambages que « l'expatriation de la totalité de la communauté juive » était la « réponse définitive » à la « question juive », mais qu'il s'agissait avant tout de « savoir où envoyer les Juifs » (*Donauzeitung* du 1er juillet 1943, voir Hilberg, *Vernichtung*, p. 883 et s.).

290. Braham, *Politics*, p. 381 et s. ; sur l'organisation de l'administration en territoire occupé, voir *ibid.*, p. 406 et s.

291. *Ibid.*, p. 396 et s.

292. Christian Gerlach et Götz Aly, *Das letzte Kapitel. Realpolitik, Ideologie und der Mord an den ungarischen Juden 1944-1945*, Stuttgart-Zurich, 2002, p. 259.

293. Braham, *Politics*, p. 510 et s, et p. 446 et s.

294. *Ibid.*, p. 674 et s.

295. *Ibid.*, p. 850 et s.

296. *Ibid.*, p. 1205 et s.

297. Télégramme de Veesenmayer à Ribbentrop, 6 juillet 1944 ; dans *ADAP*, série E, vol. 8, n° 101.

298. BAB, NS 19/4013.

299. BAB, NS 19/4014, Himmler, *Geheimreden*, p. 203.

300. BAB, NS 19/4014, Himmler, *Geheimreden*, p. 203.

L'effondrement

1. Bernhard Kroener, *« Der starke Mann im Heimatkriegsgebiet » – Generaloberst Friedrich Fromm. Eine Biographie*, Paderborn, 2005, parle du « monopole de la violence sur le front intérieur » (p. 658).

2. En janvier 1944, les membres du cercle Solf et James von Moltke furent internés, Hartmut Plaas en mars 1944 et, le 20 juillet 1944, Goerdeler et Beck étaient sur le point d'être arrêtés.

3. D'après la conclusion de l'enquête de Johannes Tuchel, « Heinrich Himmler und die Vorgeschichte des 20. Juli 1944 » (manuscrit), mis gracieusement à la disposition de l'auteur. Toutes les autres affirmations que l'on rencontre dans la littérature ne sont que des spéculations ; voir par exemple Yehuda Bauer, *Freikauf von Juden ? Verhandlungen zwischen dem nationalsozalistischen Deutschland und jüdischen Repräsentanten von 1935 bis 1945*, Francfort/Main, p. 173 et s.

4. BAB, NS 19/4015.

5. « Die Rede d'Himmler vor den Gauleitern am 3. August 1944 » in *Vierteljahrshefte für Zeitgeschichte*, 1 (1953), p. 357-394, part. p. 375 et s. Dans son discours, Himmler mentionna également sa discussion avec Popitz le 26 août 1943. Il affirma qu'il avait soupçonné Popitz d'être membre de l'opposition conservatrice et qu'il avait obtenu l'autorisation d'Hitler pour cette discussion.

6. Sur la fin de la tentative de coup d'État, voir Kroener, *Fromm*, p. 669 et suivantes ; Peter Hoffmann, *Widerstand, Staatsstreich, Attentat. Der Kampf der Opposition gegen Hitler*, 3e édition, Munich 1979, p. 627.

7. Ulrike Hett & Johannes Tuchel, « Die Reaktionen des NS-Staates auf den Umsturzversuch vom 20. Juli 1944 » in Peter Steinbach et Johannes Tuchel, *Widerstand gegen der Nationalsozialismus*, Bonn 1994, p. 377-389, p. 378.

8. BAB, NS 19/1447.

9. Hett et Tuchel, « Rekationen », p. 379.

10. *Ibid.*, p. 383 et s.

11. BAB, NS 6/3, Kaltenbrunner à Bormann.

12. BAB, R 58/1027.

13. BAB, NS 19/1447 ; Jürgen Zarusky, « Von der Sondergerichtsbarkeit zum Endphasenterror. Loyalitätserzwingung und Rache am Widerstand im Zusammenbruch des NS-Regimes », in Cord Arendes, *Terror nach innen. Verbrechen am Ende des Zweiten Weltkrieges*, Göttingen, 2006, p. 103-121.

14. Winfrid Meyer, « Aktion "Gewitter". Menschenopfer für Macht und Mythos der Gestapo » in *Dachauer Hefte*, 23, (2005), p. 3-20, ainsi que Hett et Tuchel, « Reaktionen », p. 382 et s. Les ordonnances correspondantes de Müller se trouvent dans BAB, R 58/775. Du fait d'une faute de frappe, l'action fut aussi parfois nommée « Aktion Gitter ».

15. Zarusky, « Sondergerichtsbarkeit », p. 113.

16. BAB, NS 33/7, transcription de la discussion du 15 juillet 1943. Deux des trois nouveaux commandements généraux, et les troupes de soutien qui y étaient subordonnées, furent mis en place avec l'aide de l'Armée de Terre ; voir Andreas Kunz, *Wehrmacht und Niederlage. Die bewaffnete Macht in der Endphase der nationalsozalistischen Herrschaft 1944 bis 1945*, Munich, 2005, p. 123 et s.

17. *RGBl* 1944 I, p. 161.

18. Deuxième décret sur l'autorité en zone d'opération sur le territoire du Reich, 20 septembre 1944, in « *Führer-Décret* », n° 363. L'armée ne pouvait exercer son autorité que dans la zone immédiate des combats. Le décret est en rapport avec le deuxième décret du Führer sur la coopération entre le parti et la Wehrmacht en zone d'opération sur le territoire du Reich, daté du même jour (*ibid.*, n° 362). Le 13 juillet, Hitler, par décret, avait accru les compétences des Gauleiter à la coopération entre le parti et la Wehrmacht

en zone d'opération sur le territoire du Reich, mais seulement en ce qui concernait les activités du parti (*ibid.*, n° 337).

19. Kroener, *Fromm*, p. 714.

20. BAB, NS 19/3910, 26 juillet 1944.

21. BAB, NS 19/4015.

22. *Ibid.*, discours à Grafenwöhr, 25 juillet 1944, ainsi que discours sur la place d'armes de Bitsch, 26 juillet 1944.

23. « Die Rede d'Himmler vor den Gauleitern am 3 août 1944 », présenté in *Vierteljahrshefte für Zeitgeschichte*, 1 (1953), p. 357- 394, citation p. 371.

24. BAB, NS 19/4043, 2 août 1944 ; voir Kroener, *Fromm*, p. 712 et s. ; Kunz, *Wehrmacht*, p. 109.

25. BAB, NS 19/3191, Pohl à Himmler, 17 août 1944, ainsi que réponse du 19 août 1944.

26. *Ibid.*, 13 octobre 1944 ; voir Kunz, *Wehrmacht*, p. 126 et s.

27. *Ibid.*, p. 122 et s.

28. BAB, NS 19/2409, lettre de Berger à Himmler, 1er août 1944.

29. Kunz, *Wehrmacht*, p. 125 et s.

30. BAB, NS 19/4010, in Himmler, *Geheimreden*, p. 162 et s., citation p. 164.

31. Matthias Schröder, *Deutschbaltische SS-Führer und Andrej Vlasov* 1942-1945. *« Russland kann nur von Russen besiegt werden » : Erhard Kroeger, Friedrich Buchardt und die « Russische Befreiungsarmee »*, Paderborn, 2001, p. 156. Sur le rôle militaire de l'Armée Vlassov, voir Joachim Hoffmann, *Die Tragödie der « Russischen Befreiungsarmee » 1944/45. Wlassow gegen Stalin*, Munich, 2003.

32. Schröder, *SS-Führer*, p. 192 et s.

33. *Ibid.*, p. 198.

34. *Ibid.*, p. 206 et s.

35. Norbert Haase, « Justizterror in der Wehrmacht am Ende des Zweiten Weltkrieges », in Cord Arendes (dir.), *Terror nach innen. Verbrechen am Ende des Zweiten Weltkrieges*, Göttingen, 2006, p. 80-102.

36. Ordre du 5 septembre 1944, cité d'après Haase, « Justizterror », p. 81 (l'original se trouve dans les Archives fédérales allemandes).

37. D'après Klaus-Dietmar Henke, *Die amerikanische Besetzung Deutschlands*, 2e édition, Munich, 1996, p. 812.

38. Neufeld, *Rakete*, p. 287 et s. ; l'instruction est reproduite ici sous forme de fac-similé (p. 289).

39. *Ibid.*, p. 295.

40. Voir les statistiques dans Hölsken, *V-Waffen*, p. 163.

41. BAB, NS 19/4015, discours devant le corps des officiers d'une division de grenadiers sur la place d'armes de Bitsch le 26 juillet 1944, in Himmler, *Geheimreden*, p. 215 et s., citation p. 231 et s.

42. Churchill annonça devant la Chambre des communes que les tirs allemands avaient coûté la vie à 2752 personnes depuis le début du mois de juillet (*ibid.*, p. 232, note 44).

43. *Carnets de Goebbels*, 24 août 1944.

44. Kunz, *Wehrmacht*, p. 129.

45. Doc. D-762 (avec le décret d'application de Keitel du 18 août) in *IMT*, vol. 35, p. 503 et s.

46. Bohn, *Reichskommissariat*, p. 110 et s.

47. Meershoek, « Machtentfaltung », p. 401.

48. Hirschfeld, *Fremdherrschaft*, p. 38.

49. Thomsen, *Besatzungspolitik*, p. 206 et s.

50. *Ibid.*, p. 193 ainsi que p. 210 et s.

51. BAB, NS 19/4015.

52. Lipscher, *Juden*, p. 178 et s. ; Gila Fatran, « Die Deportation der Juden aus der Slowakei 1944-1945 », in *Bohemia*, 37 (1996), p. 99-119, p. 116 et s.

53. Braham, *Politics*, p. 890 et s.

54. PAA, Intérieur IIg 210, mission de Budapest aux Affaires étrangères, 19 août 1944, in *ADAP*, série E, vol. 8, n° 167. Sur les opérations en août voir Braham, *Politics*, p. 911 et s.

55. PAA, Intérieur IIg 210, Veesenmayer à Affaires étrangères, 24 août 1944.

56. PAA, Intérieur IIg 209, Veesenmayer à Ribbentrop, 25 août 1944, in Randolph L. Braham (dir.), *The Destruction of Hungarian Jewry. A Documentary Account*, 2 Bde., New York, 1963, n° 214.

57. Braham, *Politics*, p. 916.

58. Bauer, *Freikauf*, p. 347, voit dans l'ordre d'Himmler du 24 août 1944 une réaction au début des négociations entre Kurt Becher et Saly Mayer en Suisse le 21 août, qui portèrent sur une éventuelle libération de Juifs contre des devises, mais cette vision des choses est difficile à étayer.

59. Braham, *Politics*, p. 947 et s.

60. À ce stade, la décision de démonter les installations d'extermination à Auschwitz avait déjà été prise, ou était sur le point de l'être : Czech, *Kalendarium*, cite les dates du 31 octobre 1944 (dernier assassinat au gaz) et du 25 novembre 1944 (début du démontage des crématoires).

61. Rapport de Veesenmayer aux Affaires étrangères, 18 octobre 1941, in *ADAP*, série E, vol. 8, n° 275. Eichmann défendit cette opinion jusqu'à la mi-novembre (PAA, Intérieur IIg 209, Meldung Veesenmayer du 13 novembre 1944).

62. Braham, *Politics*, p. 957 et s.

63. *Ibid.*, p. 976 et s.

64. Alexandra-Eileen Wenck, *Zwischen Menschenhandel und « Endlösung ». Das Konzentrationslager Bergen-Belsen*, Paderborn, 2000, p. 78 et s.

65. *Dienstkalender*, 10 décembre 1942. Himmler avait noté : « 4. Camp spécial pour les Juifs qui ont des attaches en Amérique. 5. Déplacement des Juifs – libération contre des devises – ne suis pas pour – plus importants comme otages. » Himmler avait rajouté près de la mention « libération contre des devises », manifestement suite à la réunion, les mots « de l'extérieur ». Dans une note du même jour, il soulignait qu'Hitler lui avait donné l'autorisation de « libérer les Juifs contre des devises », s'ils « rapportent des sommes fabuleuses [*sic* !] de l'extérieur », cité d'après *Dienstkalender*, p. 639. Sur la mise en place du camp spécial, voir BAB, NS 19/2159, RFSS à Müller, décembre 1942.

66. Wenck, *Menschenhandel*, p. 102 et s.

67. Bauer, *Freikauf*, p. 149 et s.

68. Wenck, *Menschenhandel*, p. 289 et s. ; Bauer, *Freikauf*, p. 231 et s. ; Braham, *Politics*, p. 1069 et s.

69. Wenck, *Menschenhandel*, p. 294 ; Braham, *Politics*, p. 733 et s. et p. 1088 et s. ; Bauer, *Freikauf*, p. 309 et s.

70. *Ibid.*, p. 353 et s.

71. Il s'exprima ainsi devant Bernadotte (PRO, Prem 31197/6, ambassadeur Mallet au Foreign Office sur le rapport confidentiel de Bernadotte, 13 avril 1945), ainsi que devant Masur, son partenaire de dialogue (voir note 144 ci-dessous). Avant la discussion avec Masur, Schellenberg avait suggeré à Himmler qu'il serait bien qu'« il montre qu'avec ses mesures, il était en contradiction ouverte avec Hitler et la camarilla qui l'entourait, et qu'il lui désobéissait » (IfZ, Ed 90/7, manuscrit Schellenberg, p. 51).

72. Orth, *System*, p. 272 et s.

73. Sur l'évacuation des camps de concentration et les marches de la mort, voir *ibid.*, p. 270 et s. ; Daniel Blatman, « Die Todesmärsche - Entscheidungsträger, Mörder und Opfer », in Ulrich Herbert (dir.), *Die nationalsozialistischen Konzentrationslager. Entwicklung und Struktur*, vol. 2, Göttingen, 1998, p. 1063-1092 ; Yehuda Bauer, « The Death Marches, January - May 1945 », in Michael R. Marrus (dir.), *The Nazi Holocaust. Historical Articles on the Destruction of European Jews*, vol. 9 : *The End of the Holocaust*, Westport, 1989, p. 491- 511.

74. Angrick et Klein, « *Endlosung* », p. 419 et s. ; Christoph Dieckrnann, « Das Ghetto und das Konzentrationslager in Kaunas 1941-1944 », in Ulrich Herbert (Hg.), *Die nationalsozialistischen Konzentrationslager. Entwicklung und Struktur*, vol. 1, Göttingen 1998, p. 439-471, p. 458 ; Streim, « Konzentrationslager », p. 184.

75. Angrick und Klein, « *Endlösung* », p. 436 et s.

76. Orth, *System*, p. 282 et s. ; Angrick und Klein, « *Endlösung* », p. 442 et s.

77. Orth, *System*, p. 271 et s.

78. *Ibid.*, p. 276 et s. ; Andrzej Strzelecki, « Der Todesmarsch der Häftlinge aus dem KL Auschwitz », in Ulrich Herbert (dir.), *Die nationalsozialistischen Konzentrationslager. Entwicklung und Struktur*, vol. 2, Göttingen, 1998, p. 1093-1112.

79. *Carnets de Goebbels*, 2, 3 et 4 septembre 1944.

80. BAB, NS 19/4015, 21 septembre 1944.

81. La Landwacht fut établie par le décret des RFSS du 17 janvier 1942, la Stadtwacht par le décret des RFSS du 9 novembre 1942 (BAB, NS 6/338, circulaire de la Chancellerie du parti du 9 décembre 1942, n° 192/42). Voir Rudolf Absolon, *Die Wehrmacht im Dritten Reich*, vol. 6 : 19 décembre 1941 à 9 mai 1945, Boppard a. Rh. 1995, p. 72 et s., ainsi que Klaus Mammach, *Der Volkssturm. Das letzte Aufgebot 1944/45*, Cologne, 1981, p. 31.

82. *Ibid.*, p. 32.

83. *Ibid.*, p. 168 et s. Le décret était daté du 25 septembre 1944.

84. BAB, NS 19/4015, discours du 21 septembre 1944.

85. BAB, NS 19/4016.

86. Mammach, *Volkssturm*, p. 54.

87. Voir Mammach, *Volkssturm*, p. 56 et s. ; voir également Franz W. Seidler, « *Deutscher Volkssturm* ». *Das letzte Aufgebot 1944-1945*, Munich-Berlin, 1989, p. 56 et s.

88. *Ibid.*, p. 57 et s.

89. *Ibid.*, p. 57 et s.

90. Henke, *Besetzung*, p. 128 et s. ; Mammach, *Volkssturm*, p. 134.

91. *Ibid.*, p. 62.

92. *Ibid.*, p. 63.

93. *Ibid.*, p. 70 et s. et p. 108 et s.

94. *Ibid.*, p. 72 et s.

95. *Ibid.*, p. 110 et s.

96. Henke, *Besetzung*, p. 131 ; Mammach, *Volkssturm*, p. 34 et s.

97. BAB, NS 19/4016.

98. On retrouve cette estimation plus ancienne par exemple chez Henke, *Besetzung*, p. 943 et s. Sur la révision de cette image voir en particulier Perry Biddiscombe, *Werwolf! The History of the National Socialist Guerrilla Movement*, 1944-1946, Toronto, 1998 ; voir également Cord Arendes, « Schrecken aus dem Untergrund. Endphaseverbrechen des "Werwolf" », in *Terror nach innen. Verbrechen arn Ende des Zweiten Weltkrieges*, Göttingen, 2006, p. 149-171.

99. Tribunal d'Aix-la-Chapelle, jugement du 22 octobre 1949, in *Justiz und NS-Verbrechen*, vol. 5, Amsterdam, 1970, n° 173.

100. Rainer Mennel, *Die Schlussphase des Zweiten Weltkrieges im Westen (1944/45). Eine Studie zur politischen Geographie*, Osnabrück, 1981, p. 317 et s.

101. Karl Volk, « "Gell, seller B'suech !" Heinrich Himmler in Triberg », in *Die Ortenau*, 1997, p. 509-538 ; voir également BAB, NS 19/1793.

102. *Ibid.*

103. *Carnets de Goebbels*, 20 janvier 1945.

104. *Ibid.*, 22 janvier 1945.

105. *Ibid.*, 23 janvier 1945.

106. BAM, N 2651127, transcription de l'Oberst i.G. Eismann : en tant que « Ia » du groupe d'armées Vistule, Historical Divison, US Army. Merci à Andreas Kunz de m'avoir signalé l'existence de ce document.

107. BAB, NS 19/4015, discours de Grafenwöhr, 25 juillet 1944.

108. Kunz, *Wehrmacht*, p. 281, cite le télégramme d'Himmler à Fegelein, 30 janvier 1945.

109. Mammach, *Volkssturm*, p. 81.

110. *Carnets de Goebbels*, 8 février 1942.

111. BAM, N 2651127, transcription de l'Oberst i.G. Eismann.

112. Kunz, *Wehrmacht*, p. 236 et s.

113. Hans-Dieter Schmid, « Die Geheime Staatspolizei in der Endphase des Krieges », in *Geschichte in Wissenschaft und Unterricht* 51, 9 (2000), p. 528-539.

114. Kershaw, *Hitler*, vol. 2 : 1936-1945, Stuttgart, 2000, p. 948 et s. ; *Carnets de Goebbels*, 20, 21 et 23 septembre (à cette date se trouve aussi le texte du mémorandum).

115. Hansjakob Stehle, « Deutsche Friedensfühler bei den Westmächten im Februar/März 1945 », in *Vierteljahrshefte für Zeitgeschichte* 30 (1982), p. 538-555, ici p. 538, qui s'appuie sur Pierre Blet *et al.* (dir.), *Actes et documents du Saint-Siège relatifs à la Seconde Guerre mondiale*, vol. 11, Citta del Vaticano 1981, n° 371.

116. BAB, NS 19/1447.

117. PRO, HW 1/3196.

118. PAA, Intérieur IIg 6 a, Kaltenbrunner à Wagner (AA), 9 mai 1944. Kaltenbrunner mit à la disposition de Wagner une copie de la lettre écrite trois mois plus tôt afin qu'elle puisse être « exploitée en cas de besoin dans le domaine de la politique extérieure ».

119. Il pourrait s'agir d'un télégramme qui n'était pas destiné à Churchill, mais qui aurait pu être intercepté par les services d'écoute britanniques. On ne voit de toute façon pas pourquoi Churchill le fit détruire.

120. *Carnets de Goebbels*, 23, 26 et 28 janvier, 1er, 12 et 13 février, 5, 12 et 22 mars 1945.

121. *Ibid.*, 5 mars 1945.

122. *Ibid.*, 8 mars 1945.

123. *Ibid.*, 12 mars 1945.

124. *Ibid.*, 15 et 16 mars 1945.

125. *Ibid.*, 14 mars 1945.

126. *Ibid.*, 15 avril 1945.

127. *Ibid.*, 16 mars 1945.

128. *Ibid.*, 22 mars 1945.

129. BAM, N 2651127, transcription de l'Oberst i.G. Eismann.

130. Sur l'ordre dit du brassard, voir *Carnets de Goebbels*, 28 mars 1945 ; Messenger, *Gladiator*, p. 168.

131. L'original de l'accord Kersten-Himmler n'existe plus, il n'a été transmis que par Kersten (Kersten, *Totenkopf*, p. 343). À l'en croire, un document correspondant aurait été signé le 12 mars 1945. Mais ce document n'est pas reproduit sous forme de fac-similé chez Kersten, comme d'autres pièces de sa correspondance avec Himmler. Pages 353 et s., on ne trouve que le fac-similé d'une lettre de Kersten à Himmler du 20 mars 1945, où il dresse une nouvelle fois la liste des points de l'accord.

132. Également en présence de Bernadotte (transmis par le chef des services secrets Walter Schellenberg) : voir Folke Bernadotte, *Das Ende. Meine Verhandlungen in Deutschland im Frühjahr 1945 und ihre politischen Folgen*, Zurich-New York, 1945, p. 71, ainsi que devant l'ancien président suisse Musy (IfZ, ED 90/7, manuscrit Schellenberg, p. 30). Les informations fournies par Schellenberg comptent parmi les sources les plus importantes pour cette ultime phase. Schellenberg, qui joua un rôle non négligeable à la fin dans le sauvetage de prisonniers scandinaves et autres, séjourna, après la capitulation allemande, d'abord en Suède, où il rédigea un rapport sur les événements des derniers mois. À cette époque, il resta en contact avec Bernadotte ; voir le « Final Report » rédigé en 1945 par les services secrets britanniques à propos de Schellenberg, in Reinhard R. Doerries, *Hitler's Last Chief of Foreign Intelligence. Allied Interrogations of Walter Schellenberg*. Londres, 2003, p. 200 et s. Lors de ses interrogatoires par les services secrets britanniques à Londres en 1945, après son séjour en Suède, Schellenberg s'appuya considérablement sur son manuscrit original, et sembla à l'époque si fiable que sa présentation fut reprise presque *in extenso* dans le « Final Report ». En prison – il avait été condamné à six ans de détention et fut libéré en 1950 –, il écrivit ses Mémoires, qui furent traduits en anglais et publiés. Les derniers chapitres de ses Mémoires sont une fois encore identiques à son rapport de 1945. Dans l'ensemble, les informations fournies par Schellenberg sont donc fiables. On peut évidemment se poser la question de savoir s'il n'exagère pas

l'influence qu'il exerça à la fin de la guerre afin de pousser Himmler à mettre fin au conflit, afin de faciliter sa propre défense.

133. IfZ, NO 1210, déclaration de Höss, 14 mars 1946 ; Orth, *System*, p. 303.

134. Comme le rapporte l'ambassade britannique au Foreign Office, lettre du 27 mars 1945 (PRO, FO 188/526).

135. Bernadotte, *Ende*, p. 32 et s. ; « Final Report », in Dörries, *Chief*, p. 167 et s. ; IfZ, ED 90/7, manuscrit Schellenberg, p. 17 et s. et p. 22 et s.

136. Bauer, *Freikauf*, p. 380 et s. ; sur la problématique des chiffres divergents quant au nombre de Juifs sauvés, voir Steven Koblik, *The Stones Cry Out. Sweden's Response to the Persecution of the Jews 1933-1945*, New York, 1988, p. 138 et s.

137. Bernadotte, *Ende*, p. 33.

138. PRO, FO 188/526, envoyé à Stockholm au Foreign Office, 27 mars 1945, avec la lettre en annexe. Un fac-similé de la lettre se trouve dans Kersten, *Totenkopf*, p. 358.

139. PRO, FO 954123B, note pour le Premier ministre, 14 avril 1945. Sur la rencontre, voir également Bernadotte, *Ende*, p. 66 et s. ; IfZ, ED 90/7, manuscrit Schellenberg, p. 35b.

140. PRO, Prem 3/197/6, Mallet au Foreign Office, 13 avril 1945.

141. Bernadotte, *Ende*, p. 69 et s. ; IfZ, ED 90/7, Schellenberg-Manuskript, p. 56.

142. Lutz Graf Schwerin von Krosigk, *Memoiren*, Stuttgart, 1977, p. 239 ; « Final Report », in Doerries, *Chief*, p. 176.

143. Wenck, *Menschenhandel*, p. 374 et s. ; sur le décompte des victimes voir Eberhard Kolb, *Bergen-Belsen. Geschichte des « Aufenthaltslagers » 1943-1945*, Hanovre, 1962, p. 308 et s. ; sur la littérature britannique abondante à propos de la libération de Bergen-Belsen, nous recommandons Joanne Reilly, *Belsen. The Liberation of a Concentration Camp*, Londres-New York, 1998.

144. PRO, FO 188/526, rapport de Masur. Une version plus longue de ce rapport, dont plusieurs détails ont été omis, a été publiée par Masur en 1945 en Suède sous le titre *En jude talar med Himmler*. Il en existe une version allemande manuscrite in USHMM, A-000786, outre la (rétro) traduction de Hauke Siemen « Ein Jude spricht mit Hitler », in Niklas Günther und Sönke Zankel (dir.), *Abrahams Enkel. Juden, Christen, Muslime und die Schoa*, Stuttgart, 2006, p. 133-144. Sur la discussion voir également IfZ, ED 90/7, p. 48 et s. ; « Final Report », in Doerries, *Chief*, p. 176 et s. ; Kersten, *Totenkopf*, p. 371 et s.

145. Bernadotte, *Ende*, p. 176 et s. ; IFZ, ED 90/7, manuscrit Schellenberg, p. 53 et s. ; « Final Report », in Doerries, *Chief*, p. 179.

146. PRO, WO 208/4474, rapport sur l'interrogatoire de Grothmanns, 13 juin 1945.

147. PRO, FO 954/32, télégramme de Churchill à Staline, 25 avril 1945, retranscrit dans le rapport du chef de la mission britannique à Stockholm.

148. IFZ, ED 90/7, manuscrit Schellenberg, p. 63 et s. ; « Final Report » in Doerries, *Chief*, p. 184 et s. ; Bernadotte, *Ende*, p. 78 et s.

149. Karl Dönitz, *Zehn Jahre und zwanzig Tage*, Bonn, 1958, p. 431.

150. IfZ, ED 90/7, manuscrit Schellenberg, p. 73 et s.

151. Charles de Gaulle, *Mémoires 1942-46. L'unité, le salut*, Düsseldorf, 1961, p. 456 et s.

152. Testament politique d'Hitler, in *Kriegstagebuch des Oberkommandos der Wehrmacht*, vol. 4 : 1er janvier 1944-22 mai 1945, Francfort/Main, 1961, p. 1666 et s., citation p. 1667.

153. Voir réflexions de Reimer Hansen, *Das Ende des Dritten Reiches. Die deutsche Kapitulation* 1945, Stuttgart, 1966, p. 50 et s.

154. Wenck, *Menschenhandel*, p. 374 et s.

155. Sur la libération des camps voir la présentation d'ensemble chez Orth, *System*, p. 305 et s.

156. *Ibid.*, p. 335.

157. Carnets, USHMM, Archiv, Ace. 1999.A.0092, 16 janvier 1945.

158. *Ibid.*, 2 février 1945.

159. *Ibid.*, 21 février 1945.

160. PRO, Wo 204/12603 ; le lieu précis du séjour, d'après ce dossier, était le camp d'internés « R », 334 PWE. Voir également le rapport du commandant Wedekind, CSDIC Sub-Centre, 15 Army Group, 22 mai 1945, dans le même dossier. Dans un entretien avec Margarete Himmler paru le 13 juillet 1945 dans le *Giornale del mattino*, il s'avère qu'elle séjournait alors dans une villa à l'extérieur de Rome. En septembre, la mère et la fille rentrèrent en Allemagne en avion.

161. BAK, NL 1126/37, lettre du 30 décembre 1944 ainsi que du 5, 11 et 12 janvier 1945.

162. PRO, HW 1/3741, Himmler à Kaltenbrunner, 30 avril 1945.

163. Marlis G. Steinert, *Die 23 Tage der Regierung Dönitz*, Düsseldorf, 1967, p. 77 ; les informations sur cette rencontre se fondent sur des données fournies par Dönitz, *Zehn Jahre*, p. 432 et suivante. Sur la visite, voir également « Final Report », Doerries, *Chief*, p. 192.

164. Steinert, *23 Tage*, p. 141 ; Dönitz, *Zehn Jahre*, p. 435 et s.

165. Steinert, *23 Tage*, p. 143 ; Dönitz, *Zehn Jahre*, p. 461 ; l'aide de camp de Dönitz cite à ce sujet une autre transcription de l'amiral : Walter Lüdde-Neurath, *Regierung Dönitz. Die letzten Tage des Dritten Reiches*, 3e éd., Göttingen, 1964, p. 89 et s.

166. *Ibid.*, p. 90 et s. (entre autres sur les projets de passer dans la clandestinité) ; Schwerin von Krosigk, *Memoiren*, p. 90 et s.

167. Bernadotte, *Ende*, p. 76 et s. et p. 80.

168. IfZ, ED 90/7, manuscrit Schellenberg, p. 68 et p. 78.

169. PRO, WO 208/4474, rapport sur l'interrogatoire de Grothmann, 13 juin 1945.

Index

Achevé d'imprimer
sur Roto-Page
par l'Imprimerie Floch
à Mayenne, en octobre 2010.
Dépôt légal : octobre 2010.
Numéro d'imprimeur : 77564.

Imprimé en France